경제편

농업·임업정책(1)

일제 식민농정-식량 관련 생산 및 유통·공출 정책

경제편

일제침탈사
자료총서 31

농업·임업정책(1)

일제 식민농정–식량 관련 생산 및 유통·공출 정책

동북아역사재단 일제침탈사 편찬위원회 기획
이송순·노성룡·이대열 편역

동북아역사재단
NORTHEAST ASIAN HISTORY FOUNDATION

| 발간사

일본이 한국을 침탈한 지 100년이 지나고 한국이 일본의 지배로부터 벗어난 지 70년이 넘었건만, 식민 지배에 대한 청산은 이루어지지 못하고 있다. 일본의 독도영유권 주장은 도를 넘어섰다. 일본은 일본군'위안부', 강제동원 등 인적 수탈의 강제성도 인정하지 않고 있다. 일본군'위안부'와 강제동원의 피해를 해결하는 방안을 놓고 한 · 일 간의 갈등은 최고조에 이르고 있다. 역사문제를 벗어나 무역분쟁, 안보위기 등 현실문제가 위기국면을 맞고 있다.

한 · 일 간의 갈등은 식민 지배의 역사를 어떻게 볼 것인가 하는 역사인식에서 기인한다. 역사는 현재와 과거의 대화이며 이를 기반으로 미래로 나아갈 수 있다. 과거 침략의 역사를 미화하면서 평화로운 미래를 말하는 것은 불가능하다. 식민 지배와 전쟁발발의 책임을 인정하지 않고 반성하지 않으면 다시 군국주의가 부활할 수 있고 전쟁이 일어날 위험성도 배제할 수 없다. 미래지향적 한일관계를 형성하고 나아가 동아시아의 평화와 번영의 기틀을 조성하기 위해 일본은 식민 지배의 책임을 인정하고 그 청산을 위해 노력해야 할 것이다.

식민 지배의 역사를 청산하기 위해서는 식민 지배는 어떻게 이루어졌는지 그 실상을 명확하게 규명하는 일이 긴요하다. 그동안 일본제국주의에 맞서 조국의 독립을 위해 헌신한 독립운동가들의 활동을 찾아내고 역사적으로 평가하는 일에는 상당한 성과를 거두었다. 반면 일제 식민침탈의 구체적인 실상을 규명하는 일에는 충분한 노력을 기울이지 못했다. 제국주의가 식민지를 침탈했다는 것은 너무나 당연한 사실로 여겨졌기 때문에, 굳이 식민 지배에서 비롯된 수탈과 억압, 인권유린을 낱낱이 확인할 필요가 없었는지도 모른다. 그러는 사이 일본은 식민 지배가 오히려 한국에 은혜를 베푼 것이라고 미화하고, 참혹한 인권유린을 부인하는 역사부정의 인식을 보이는 데까지 이르고 있다. 일제의 통치와 침탈, 그리고 그 피해를 종합적으로 조사하고 편찬할 필요성이 여기에 있다.

일제침탈사를 체계적으로 정리하는 일은 개인이 감당하기 어렵다. 이에 우리 재단은 한국학계의 힘을 모아 일제침탈사 편찬위원회를 꾸렸다. 편찬위원회가 중심이 되어 일제의 식민지 침탈사를 정치 · 경제 · 사회 · 문화 모든 방면에 걸쳐 체계적으로 집대성하기로 했다. 일제 식민침탈의 실체를 파악하기 위해 2020년부터 세 가지 방면으로 사업을 추진하고 있다. 하나는 일제침탈의 실상을 구체적이고 생생한 자료를 통해서 제공하는 일로서 〈일제침탈사 자료총서〉로 편찬한다. 다른 하나는 이들 자료들을 바탕으로 연구한 결과물을 〈일제침탈사 연구총서〉로 간행한다. 그리고 연구의 결과를 대중들이 이해하기 쉽게 〈일제침탈사 교양총서〉를 바로알기 시리즈로 간행한다. 자료총서 100권, 연구총서 50권, 교양총서 70권을 기본목표로 삼아 진행하고 있다.

〈일제침탈사 자료총서〉에서는 정치 · 경제 · 사회 · 문화 모든 방면에 걸쳐 침탈의 역사를 자료적 차원에서 종합했다. 침략과 수탈의 역사를 또렷하게 직시할 수 있도록 생생한 자료를 제공하는데 목표를 두었다. 그동안 관련 자료집도 여러 방면에서 편찬되었지만 원자료를 그대로 간행한 경우가 많았다. 이번에 발간되는 자료총서는 해당 주제에 대한 침탈의 실상을 체계적으로 이해할 수 있는 구성방식을 취했으며, 지배자의 언어로 기록되어 있는 자료들을 독자들이 쉽게 읽을 수 있도록 모두 번역했다. 자료총서를 통해 일제 식민 지배의 실체와 침탈의 실상을 있는 그대로 이해할 수 있게 되기를 기대한다.

2021년

동북아역사재단 이사장

| 편찬사

1945년 한국이 일제 지배로부터 해방된 지 76년의 세월이 지났다. 그럼에도 불구하고 일본 사회 일각에서는 여전히 일제의 한국 지배를 합리화하고 미화하는 주장이 나오고 있으며, 최근에는 한국 사회 일각에서도 일제 지배를 왜곡하고 옹호하는 주장이 나오고 있다. 이는 한국과 일본 사회, 한일 관계와 동아시아 국제관계의 미래를 위해서도 결코 바람직하지 않은 일이다.

이에 동북아역사재단은 일제의 한국 침략과 식민 지배에 대한 학계의 연구 성과를 총정리한 〈일제침탈사 연구총서〉를 발간하기로 하였다. 이에 따라 2019년 9월 학계의 전문가를 중심으로 편찬위원회를 구성하였으며, 편찬위원회는 학계의 연구 성과를 토대로 정치 · 경제 · 사회 · 문화 부문에서 일제의 침탈이 어떻게 이루어졌는지 정리하여 연구총서 50권을 발간하기로 하였다.

주지하듯이 1905년 일제는 러일전쟁에서 승리한 뒤, 한국에 군대를 주둔시키면서 한국의 외교권을 빼앗고 통감부를 두어 내정에 간섭하였다. 1910년 일제는 군사력으로 한국 정부를 강압하여 마침내 한국을 강제 병합하였다. 이후 35년간 한국은 일제의 식민 통치를 받았다.

일제는 한국의 영토와 주권을 침탈하였을 뿐만 아니라, 군사력과 경찰력으로 한국을 지배하면서, 정치 · 경제 · 사회 · 문화의 모든 부문에서 한국인의 권리와 자유, 기회와 이익을 박탈하거나 제한하였다. 정치적으로는 군사력과 경찰력, 각종 악법을 동원하여 독립운동을 탄압하고, 한국인의 정치활동을 억압하고 참정권을 박탈하였으며, 집회와 결사의 자유를 억압하였다. 경제적으로는 일본자본이 경제의 주도권을 장악하고, 일본인 위주의 경제정책을 수행했으며, 식량과 공업원료, 지하자원 등을 헐값으로 빼앗아 갔고, 농민과 노동자 등 대다수 한국인의 경제생활을 어렵게 하였다. 사회적으로는 한국인들을 차별적으로 대우하고, 한국인의 교육의 기회를 제한하고, 한국인으로서의 정체성을 박탈하여 결국은 일본의 2등 국민으로 만들고자 하였다. 문화적으로는 표현과 창작의 자유, 종교와 사상의 자유를 억압하고, 한

글 대신 일본어를 주로 가르치고, 언론과 대중문화를 통제하였다. 중일전쟁, 아시아태평양전쟁을 도발한 뒤에는 인적 · 물적 자원을 전쟁에 강제동원하고, 많은 이들을 전장에 징집하여 생명까지 희생시켰다.

〈일제침탈사 연구총서〉는 침탈, 억압, 차별, 동화, 수탈, 통제, 동원 등의 단어로 요약되는 일제의 침략과 식민 지배의 실상과 그 기제를 명확히 밝히고자 하였다. 이를 통해 일제의 강제 병합을 정당화하거나 식민 지배를 미화하는 논리들을 비판 극복하고, 더 나아가 일제 식민 지배의 특성이 무엇이었는지, 식민 통치의 부정적 유산이 해방 이후에 어떤 영향을 미쳤는지를 밝히고자 하였다.

편찬위원회는 연구총서와 함께 침탈사와 관련된 중요한 주제들에 관하여 각종 법령과 신문 · 잡지 기사 등 자료들을 정리하여 〈일제침탈사 자료총서〉도 발간하기로 하였다. 아울러 일반인과 학생들이 보다 쉽게 읽을 수 있는 〈일제침탈사 교양총서〉를 바로알기 시리즈로 발간하기로 하였다.

일제의 한국 침략과 식민 지배의 역사는 광복 후 서둘러 정리해냈어야 했지만, 학계의 연구가 미흡하여 엄두를 내기 어려웠다. 이제 학계의 연구가 어느 정도 축적되어 광복 80주년을 맞기 전에 이와 같은 작업을 할 수 있게 된 것을 다행으로 생각한다. 한일 양국 국민이 과거사에 대한 올바른 역사인식을 갖고 성찰을 통해 미래를 향해 함께 나아갈 수 있기를 기대하면서 삼가 이 책들을 펴낸다.

2021년

동북아역사재단 일제침탈사 편찬위원회

| 차례

일러두기

1. 일제침탈사 자료총서는 가급적 일반 시민들이 읽고 이해할 수 있는 현대적인 문장과 내용으로 구성했다.
2. 인명 및 지명 등 고유명사는 처음 등장할 때 원어를 병기하고 이후에는 한글만 표기했다. 한글 표기는 국립국어원 외래어 표기법에 따랐다.
3. 연도는 서력 표기를 원칙으로 하고 관련 연호는 병기했다. 날짜는 원문 그대로 하고 음력과 양력 여부를 알 수 있는 경우에만 '(음)', 또는 '(양)'으로 기재했다.
4. 숫자는 천 단위까지 아라비아 숫자로 표기하고 만 단위 이상은 '만' 자를 넣어 표기했다. 도표 안의 숫자는 가급적 그대로 표기했다.
5. 국한문 혼용체와 같이 탈초만으로 문장을 이해하기 힘든 경우 가급적 현대어에 가깝게 윤문했다. 단 풀어쓰기 어려운 낱말이나 문구는 원문을 병기하거나 편역자 주를 이용했다.
6. 낱말이나 문구에 대한 설명이 필요한 경우, 또는 편찬 사업의 취지에 따라 자료 해설이 필요한 경우 편역자 주를 적극 활용했다. 단, 편역자 주는 1), 2) 등으로 표기하고, 원 자료의 주석이 있는 경우는 *, **, *** 등으로 표현했다.
7. 판독이 불가한 글자의 경우 ■로 표기했다.
8. 화폐 단위는 원문에 따라 원, 엔을 그대로 표기했다. 일제강점기 조선에서는 조선은행권 '원(圓)'을 사용했지만 일본은행권 '엔(円)'과 등가교환권이었기 때문에 표기에서는 원과 엔이 혼용되어 사용되었다. 한글신문이나 잡지, 한국인 저서에는 대부분 '원'으로 표기했고 일본어 자료나 저서에는 '엔'으로 표기하는 경우가 많았다.
9. 본 자료집은 자료 원문에 많이 나오는 '역사적' 용어는 시대적 상황을 드러내기 위해 원문 그대로 표기했다. 그러나 이해를 돕기 위해 현재 사용되는 용어와 그 뜻을 다음 표로 정리했다.

원문	뜻 (내용)
내지(內地)	일본
외지(外地)	조선 · 대만
내외지(內外地)	일본, 조선 · 대만
일선(日鮮)	일본, 조선
선일(鮮日)	조선, 일본
지나(支那)	중국
지나사변(支那事變)	중일전쟁
북지(北支)	화북
만지(滿支)	만주, 중국
일만지(日滿支)	일본, 만주, 중국
내선만(內鮮滿)	일본, 조선, 만주
화태(樺太)	사할린
답(畓)	논
전(田)	밭
수전(水田)	논
수도(水稻)	논벼
육도(陸稻)	밭벼
미(米)	쌀
대두(大豆)	콩
소두(小豆)	팥
채두(菜豆)	강낭콩
잠두(蠶豆)	누에콩
낙화생(落花生)	땅콩
속(粟)	조
서(黍)	기장
고량(高粱)	수수
옥촉서(玉蜀黍)	옥수수
모맥(牟麥)	보리 · 밀
대맥(大麥)	보리
소맥(小麥)	밀
소맥분(小麥粉)	밀가루
나맥(裸麥)	쌀보리
연맥(燕麥)	귀리
맥아(麥芽)	엿기름

감저(甘藷)	고구마
마령서(馬鈴薯)	감자
패(稗)	피
상(桑)	뽕나무
상원(桑園)	뽕나무밭
잠견(蠶繭)	누에고치
다(茶)	차
제충국(除蟲菊)	국화
우(牛)	소
우피(牛皮)	소가죽
금비(金肥)	판매비료
자비(自肥)	자급비료
두박(豆粕)	콩깻묵
대두박(大豆粕)	콩깻묵
유박(油粕)	깻묵
유안(硫安)	유산암모늄(황산암모늄)
가리(加里)	칼륨
도동(渡東) / 동상(東上)	일본 도쿄로 가는 것, 주로 조선총독부 관리들이 일본 본국 정부 관련 부서에 업무차 가는 경우를 말함
선은(鮮銀) / 조은(朝銀)	조선은행
식은(殖銀)	조선식산은행
동척(東拓)	동양척식주식회사
금조(金組)	금융조합

| 편역자 서문

일제강점기 식민지 조선의 현실은 전 인구의 80%가 농촌 지역에 살면서 농업에 종사하는 농민이었고, 생산량의 70%가 농산물이었다. 여전히 전통적인 농업사회의 모습이었다 할 수 있다. 일제는 한국을 강점하고 식민지 자본주의적 제도 및 시설을 구축하며 제국주의적 확장을 꾀하였다. 근대적 경제제도 및 기간시설의 정비는 개항 이후 조선(대한제국) 정부도 나름대로 추진했지만 이는 일제 식민지배의 기반이 되어 버렸고, 일본 제국주의의 한 부분으로 포섭되었다. 이에 따라 식민지 조선은 일본의 자본주의 발전과 제국주의 확장에 필요한 식량·원료 공급지로 자리매김되었다. 조선총독부는 쌀 중심의 증산정책을 시행하여 조선의 농업구조를 쌀 단작형으로 재편하고 지주를 식민지배의 동맹자로 삼아 농촌사회를 장악하고자 했다.

일제는 1910년대 토지조사사업으로 식민지지주제의 토대를 마련하고 미작개량사업을 통해 일본시장에 적합한 조선 쌀의 증산을 꾀했다. 그럼에도 1918년 일본의 쌀소동 발발과 제1차 세계대전을 거치며 성장한 일본 독점자본의 요구에 따라 값싼 쌀 공급이 더욱 필요해지자 1920년 조선에서 산미증식계획을 실시했다. 식민지지주제를 바탕으로 '증산을 통한 최대한의 수탈'체제를 형성한 것이다. 1929년 세계대공황의 발발은 농업공황을 동반하면서 일본 제국권 내의 쌀 수급 상황이 공급 부족에서 공급 과잉으로 전환되었다. 경제공황하에서 쌀 수요가 감소했지만 1920년대 식민지 쌀 증산과 일본에 이입이 증가하면서 일본 쌀 시장에서 쌀값이 폭락하자 조선 쌀의 일본 이입을 제한하자는 목소리가 커졌다.

조선 내에서는 지주 및 미곡상의 주도하에 1인당 쌀 소비량의 감소를 바탕으로 쌀의 기아(飢餓) 이출이 이루어지고 있었는데, 이를 제한하려는 것이었다. 세계대공황은 일본 제국권 전체에 타격을 주었지만, 그로 인한 모순은 계속 전가되어 피해 피라미드의 마지막은 식민지 민중들이었다. 일본 제국의 요구에 따라 진행된 1920년대 조선의 쌀 증산정책인 산미증식계획은 역시 일본 제국의 이익을 위해 1934년 중단되었다. 이 과정에서 조선 농촌경제와 농민생활은 파탄 상황에 직면했고 이것은 식민통치에 대한 격렬한 저항을 불러왔다. 1930년대 조선총독부의 식민농정은 이제 식량증산보다는 생산 및 유통에 대한 통제로 방향이 전환되었고, 농촌사회를 일정 정도 안정시키기 위한 '농촌진흥운동'이 전개되었다.

세계대공황은 선진 제국주의 국가들의 블록경제화와 후발 제국주의 국가의 파쇼화 흐름 속에서 일본 제국주의 역시 식민지 조선과 대만을 넘어 중국 대륙으로의 침략을 꾀하기 시작했다. 그 신호탄은 1931년 '만주사변'이었고 결국 1937년 중일전쟁을 도발했다. 일제는 침략전쟁을 수행하기 위해 전시 총동원체제를 구축하여 물적 · 인적 자원을 군수로 총동원함에 따라 민간의 일상생활은 '최대 노동, 최소 소비' 구조하에 극도로 궁핍하고 고달파졌다.

다시 조선의 농산물은 가장 중요한 군수물자로 수탈 대상이 되었다. 중단되었던 식량 증산정책은 1939년부터 다시 부활되었고, 생산된 식량은 '공출'이라는 강제적 유통 통제하에 놓이게 되었다. 이제 농민들이 생산한 식량은 그들의 의사와 상관없이 국가가 정한 가격으로 정해진 양을 강제로 판매해야 했다. 농민들은 할당된 공출량을 맞추려면 자신들의 식량 소비 부분도 확보할 수 없었다. 그야말로 기아 공출이었다. 공출 대상은 식량뿐만 아니라 면화 · 대마 등의 의류작물, 기타 가공품까지 망라되었다. 전쟁이라는 특수한 상황으로 전시 총동원체제의 강제 동원과 수탈을 변명하기도 하지만, 일제의 침략전쟁 도발과 전시 강제 동원 및 수탈은 일본 제국주의의 본질이자 역사적 과오이다.

〈일제침탈사 자료총서 : 경제편-농업 · 임업정책〉은 1910~1945년까지 일본 제국주의의 조선 식민농정의 본질과 내용, 그 과정에서 자행된 수탈과 강제 동원의 양상을 당대 자료에 나타난 언설을 정리한 것이다. 〈일제침탈사 자료총서 : 경제편-농업 · 임업정책〉은 3개년에 걸쳐 '1권 일제 식민농정-식량 관련 생산 및 유통 · 공출 정책', '2권 일제 식민농정-토지소유 및 생산관계'(예정), '3권-일제 식민임정 및 의류작물 수탈'(예정)의 총 3권으로 편찬될 예정이다.

자료집 구성은 각 장 · 절별로 해당 자료의 역사적 · 정책적 맥락 이해와 사료 비판을 위한 해제, 일제 식민정책 집행 및 과정, 결과에 대한 조선인 사회의 반응과 문제점, 대응 양상을 살펴볼 수 있는 한글로 발행된 신문 · 잡지의 관련 기사, 일제 식민정책의 의도와 내용을 기술한 조선총독부 정책 당국의 자료 순으로 정리했다. 이러한 식민정책을 뒷받침한 법령과 정책 집행 및 결과에 대한 통계 자료도 수록하여 일제 식민농정의 기획, 집행, 결과, 그에 따른 조선 사회의 변화 및 대응 양상을 일괄적으로 정리했다. 자료집에 수록된 신문 · 잡지 및 자료는 자료집 말미의 '수록 자료 및 참고 문헌'에 정리했고, 각 장 · 절별로 해당 자료에 대한 자료 해제를 정리했다.

1권의 내용은 총 3장으로 구성했다. 1장은 식량 생산정책으로 1910년대 미작개량정책,

1920~1930년대 산미증식계획, 전시체제기 미곡증산정책, 전시체제기 식량발작물정책으로 시기별 조선총독부 식량 생산 정책의 변화 양상과 내용을 정리했다. 2장은 식량 유통 및 공출 정책으로 일본 정부의 미곡 통제와 조선미 대책, 1930년대 조선총독부의 미곡유통정책, 전시체제기 식량 관리와 공출로 1930년대 제기된 일본과 조선의 미곡통제정책에 대한 일본 정부와 조선총독부의 주장과 정책 내용, 전시 식량 동원을 위한 공출 정책을 정리했다. 3장은 식민농정 관련 기관으로 조선총독부 관련 부서(농상공부-식산국-농림국-농상국)와 농업기술기관(권업모범장-농사시험장), 농촌 통제를 위한 관변단체(조선농회, 산업조합)의 기능과 역할을 정리했다.

본 자료집에 수록된 자료는 일제강점기 당대에 생산된 자료인 만큼 가독성에 어려움이 있다. 조선총독부의 정책 자료 및 문서는 일본어로 기술되어 있고, 한글 신문 · 잡지는 한글이지만 현재의 맞춤법과 어휘와는 상당한 차이가 있다. 이에 일본어 자료는 번역 수록하였다. 원문의 문맥과 내용을 전달하기 위해 가능한 직역했지만 현재의 맞춤법과 문법에 따라 가독성을 높이고자 했다. 신문 · 잡지 기사는 현재 사용하지 않는 어휘나 국한문 혼용체는 내용을 훼손하지 않는 수준에서 윤문했고, 전문적이거나 역사적 어휘에 대해서는 각주와 〈일러두기〉를 통해 이해를 돕고자 한다. 〈일러두기〉에는 신문 · 잡지 기사에 자주 나오는 단어이지만 현재 사용하지 않거나 역사적 용어라 할 수 있는 것을 정리했다.

『일제침탈사 자료총서-경제편 농업 · 임업정책(1) : 일제 식민농정－식량 관련 생산 및 유통 · 공출 정책』은 일제 식민농정 중 생산력과 유통 관련 부문을 정리했다. 품종개량, 비료증투, 토지개량, 생산량 증가 등은 일제강점기 당대의 일본 제국주의 식민통치 담당자 · 친일 협력자, 현재 일본 정부 당국과 '식민지 근대화', '문명화'를 주장하는 한일 양국의 언론 · 학계의 일부 논자들이 식민지 시혜론 · 개발론 · 근대화론의 근거로 선전하는 것이기도 하다. 특히 총독부 생산 자료를 좇아가다 보면 이러한 논리에 빠질 수도 있다. 이에 대한 조선인 사회의 반응과 조선 민중의 삶을 함께 살펴볼 필요가 있다. 신문 · 잡지 기사를 통해 그 단면을 살펴볼 수는 있으나 그 역시 한계를 가지고 있다. 일제강점기 자료를 통해 식민지 시기 역사상을 살피는 작업은 보다 냉철하고 신중할 필요가 있다.

편역자를 대표하여

이송순

I

식량 생산 정책

1. 1910년대 미작개량정책

1) 신문 기사를 통해 본 미작개량정책

(1) 개관 및 해제

일제는 조선을 자국 자본주의 발달에 필요한 식량·원료 공급지로 만들기 위해 농업정책의 초점을 생산물의 개량 증식을 통해 일본으로의 이출을 증가시키는 데 두었다. 이것은 1912년 3월 데라우치 마사타케(寺內正毅) 총독이 각 도장관과 권업모범장장에게 내린 「미작(米作)·면작(棉作)·양잠(養蠶)·축우(畜牛)의 개량 증식에 관한 중대 훈시」[1]에서 제시한 쌀·면화·누에고치·소의 개량 증식 방침으로 구체화되었다. 이 중에서 가장 핵심은 쌀 증산정책이었다. 이를 위해 조선총독부는 품종개량, 비료(多肥), 물(灌漑)의 세 요소를 개선하여 단위면적당 수확량을 높이는 이른바 개량농법을 보급하는 데 주력했다. 특히 품종개량에 중심을 둔 것은 조선 쌀을 일본에서 보급하고 있는 품종으로 바꾸어 일본인 입맛에 맞는 쌀을 생산하기 위한 것이었다.

1876년 강화도조약에 따른 개항으로 조선은 세계체제에 편입되었고, 이를 주도한 일본은 자국 발전에 필요한 조선 쌀 수입에 눈독을 들였다. 개항기 조선의 쌀은 대부분 일본으로 수출되었다. 일본은 1890년 이후 항상적 쌀 부족 상태였기 때문에 일본의 쌀값은 높은 수준을 유지했다. 당시 동남아 지역에서 일본으로 수입되는 쌀은 가격은 저렴했지만 품질이 좋지 않아 주요 소비 계층은 빈민층이었다. 반면 조선 쌀은 자포니카 계통의 쌀로 일본 시장에서 질적 우위를 가지고 있었다. 일본 내에서 조선 쌀의 수요는 증가했지만 조선 국내에서 소비하고 남는 잉여량이 많지 않아 일본으로의 수출은 무작정 확대될 수 없었다. 그러나 1910년 일제에 의한 한국 강제병합 이후 식민지 조선은 일본 제국주의의 발전을 위한 식량·원료 공급지이자 상품 시장으로서의 역할에 집중되었다.

1 「朝鮮總督府訓令第8號-棉作」·「朝鮮總督府訓令第9號-畜牛」, 『朝鮮總督府官報』 제459호(1912.3.11); 「朝鮮總督府訓令第10號-米作」·「朝鮮總督府訓令第11號-養蠶」, 『朝鮮總督府官報』 제460호(1912.3.12).

이를 위해 쌀 생산량 증가와 품질 개량이라는 목표가 설정되었다. 조선총독부는 미작개량을 명분으로 우선적으로 품종개량을 강요했다. 단위면적당 생산량 증가를 위해 다수확이 가능한 품종의 재배면적을 증가시키고자 했다. 총독부가 장려한 '우량품종'은 일본 품종을 말하는 것으로 일본에서의 도입 경로는 조선총독부 농업기술기구(권업모범장 등)가 직접 가져온 것과 일본에서 이주한 농가, 예를 들면 '동양척식주식회사'(이하 '동척')와 불이흥업 이민, 일본인 농장 및 농업회사 등 민간에서 도입한 것이었다. 총독부는 조선에서 벼 재배법의 개량만으로 적어도 70~80%의 증수가 가능하다고 판단하여 벼농사 기술의 개량과 우량품종 도입에 집중했다. 이에 우량품종 보급률은 1912년 3%에 불과했지만 8년 뒤인 1920년에는 60%를 차지했고, 남한 지역은 70%를 상회했다. 이와 함께 쌀 상품화를 촉진했고, 조선 쌀의 상품가치를 높이기 위해 1915년부터 미곡 검사가 실시되어 건조와 조제를 감독했다.

1910년대 쌀 증산은 품종개량과 자급비료 투여량 증가에 의한 것으로 일정 정도 성과를 거두었다.[2] 그러나 쌀의 안정적인 증산을 위해서는 무엇보다 관개시설이 갖추어져야 했다. 당시 조선의 논은 대부분 천수답으로 물의 안정적 공급이 필요한 벼농사에서 상당한 제한이 있었다. 이에 조선총독부는 보다 안정적인 쌀 증산을 위한 수리관개시설 확충에 눈을 돌리기 시작했다. 여기에 1918년 일본에서 발생한 쌀폭동으로 조선 쌀의 필요성이 절실해지면서 본격적인 쌀 증산정책을 강구하기 시작했다.

이러한 1910년대 조선총독부의 미작개량정책에 대해 당시 세간의 여론, 특히 생산 담당자인 지주, 농민들의 목소리를 들을 수 있는 자료는 찾기 어렵다. 조선총독부의 무단통치는 언론·결사의 자유를 허용치 않아 조선인·민중들의 목소리는 흘러나올 틈이 없었다. 1910년대 조선인 대상 언론은 총독부 기관지 성격의 《매일신보(每日申報)》[3]가 유일했다. 《매일신보》의

---

2 일제 통계자료에 의한 1910년대 쌀 생산량 추이에 대해서는 논쟁이 제기되었다. 허수열은 1910년대 초반 쌀 생산량이 과소 집계되었다고 보고 1910년대 미곡의 단보당(300평) 생산량 증가율을 24.3%로 추계했다. 반면 박섭은 1910년대 통계에서 재배면적은 5% 줄이고 단보당 생산량은 통계를 그대로 인정하여 단보당 증가율을 47%로 추계했다. 1910년대 쌀 생산은 증가율 추계의 차이는 있으나 새로운 품종 보급과 퇴비 증투로 일정 정도의 증산이 있었음을 알 수 있다(허수열, 2005, 「제6장 농업개발」, 『개발없는 개발-일제하 조선경제 개발의 현상과 본질』, 은행나무 ; 우대형, 2001, 『한국근대농업사의 구조』, 한국연구원).

3 1910년 일제 강제병합 이후 데라우치 총독은 신문의 총독부 비판을 일체 불허하고 총독부를 찬양하는 어용신문들만 허용했다. 각각 독자를 달리하는 3개 언어의 조선총독부 기관지로서 일본어 《경성일보(京城日報)》, 한국어 《매일신보(每日申報)》, 영어 《The Seoul Press》만이 허가되었다. 이 신문들은 총독부의 정책을 선전하고 조선 통치의 정당성을 대변하는 신문이 되었다. 이 중 《매일신보》의 독자는 새로운 통치 대상이 된 조선

기사 내용은 대부분 정책 홍보나 사건·사고에 대한 내용 전달이었지만, 주 독자층이 지방의 관료·유지층이었던 만큼 조선총독부 정책 담당자나 관련자 들의 생각과 의도를 전달하는 기사를 살펴볼 수 있다. 1910년대《매일신보》기사를 통해 조선총독부의 미작개량정책의 의도와 내용을 살펴보는 것은 일면적이긴 하지만 그 정책의 성격을 파악하는 데 조금 더 접근할 수 있을 것이다.

1910년대《매일신보》에 실린 미작개량 관련 기사는 1912년 3월 데라우치 총독의 4대 농업 관련 훈령에 대한 해설 기사, 식민농정의 실질적 최고 책임자였던 총독부 농무과장 나카무라 히코(中村彦)의 설명 등이 있다. 품종개량을 우선시하는 미작개량 방침은 1913년 총독 훈시에서도 이어졌다. 1914년부터는 쌀 상품화를 위한 건조·조제 방침과 이를 규제하기 위한 미곡 검사의 필요성이 강조되고 있다. 일본 시장에서 조선 쌀에 대한 수요가 증가함에 따라 증산의 필요성은 커져 갔고, 항구적이고 안정적인 증산을 위한 수리관개사업의 필요성이 제기되었다. 1917년 7월「조선수리조합령」발포는 이를 위한 첫 포석이었다. 천수답이 전체 논의 70%에 달하는 현실에서 "조선 현금의 농사를 개량함은 수리관개와 배수 사업의 시설이 최급무(最急務)"라는 주장이 제기되고 있다.

1919년 3·1운동을 계기로 조선 식민통치 방침을 전환하면서 1919년 8월 19일 대대적인 조선총독부 관제 개정이 이루어졌다. 이에 새로 부임한 초대 식산국장 니시무라 야스요시(西村保吉)는 부임 소감에서 "조선의 전야(田野)는 아직 증수력이 충만"하고, "조선미의 진가는 요즘 내지(일본) 방면에서 현저히 인정"된다고 하였다. 1920년대 조선에서 본격적인 미곡 증산 정책이 시작되는 시점이었다.

1910년대 일제의 무단통치에 조선인들은 숨죽이고 있었고, 모든 언로는 차단되었다. 그러나 사회 저변에 흐르는 민심을 도외시한 채 무력을 앞세운 억압과 탄압을 일관할 수는 없었다. 식민당국은 조선인의 반발이나 저항에 촉각을 곤두세우고 있었다. 이에 민심을 파악하

인이었다.《조선신문》이 1911년 10월부터 한글판을 발행하자《매일신보》는 1912년 3월 지면 혁신을 통해 국한문판과 한글판을 통합하고 활자도 바꾸었다. 사회면에서 사회비판을 강화하고 독자의 흥미를 끄는 소설 등의 읽을거리를 보강했다. 또한 지국과 분국의 전국적 보급망을 확대하고 조선총독부의 지원과 관료에 대한 강제 보급으로 1910년대 후반에는 2만 부 내외를 발행하였다. 조선총독부의 정책은《매일신보》와 그 독자를 통해 전국적으로 보급되었다(장신·임동근, 2017.9,「1910년대 매일신보의 쇄신과 보급망 확장」,『동방학지』180, 318·337쪽).

기 위한 '비밀사찰'이 이루어졌다. 『주막담총』은 공주헌병대 본부와 충청남도 경무부가 1911년부터 1914년경까지 관할구역 내의 주막이나 장터에서 수집한 담화와 풍설을 번역·편찬한 일종의 '염탐활동 보고서'이다. 현재까지 확인된 『주막담총』은 1912년 2월 등사된 1권, 1914년 2월과 1915년 2월에 등사된 제3권과 제4권으로 총 3권이다.[4] 당시 농민들의 직접적인 목소리를 들을 수는 없지만, 총독부 경찰당국이 비밀사찰을 통해 민심을 파악하고자 했고 그것을 기록으로 남긴 『주막담총』을 통해 부족하지만 당시 농민들의 이야기를 접할 수 있다. 이 자료 중 총독부의 미작개량정책 관련 내용뿐만 아니라 당시 쌀값 변동, 그를 둘러싼 농민 생활 관련 내용을 정리했다.

강제병합이 이루어진 직후인 1911년 흉년이 아님에도 쌀값이 올라 '오늘 저녁 넘기기도 어려운' 상황에 내몰려야 했고, 그 이유는 "최근 많은 일본인이 오고 있는 데다가 일본이 흉작으로 인해 자기 나라에 쌀을 들여간 결과라고 생각합니다"라고 했다. 이제 열심히 농사를 지어 생산한 쌀이 자신의 필요대로 활용될 수 있을지를 걱정하고 있다. 또한 새로운 식민 통치자들은 '논의 피를 제거하라는 엄중한 명령'을 내렸고 내년에는 인부를 한두 명 추가로 고용해서 제초를 해야 한다는 것이다. '개량'이라는 명분으로 농민들의 노동력을 최대한 활용토록 했지만 새로 교부한 신품종 벼는 "이삭도 나지 않고 힘만 들었다" "조선 전체에 몇만 엔의 손해를 볼 것인가"라는 탄식이 쏟아졌다. 1910년대 미작개량정책은 일정 정도 생산량 증가를 가져왔지만, 이것은 농민들의 고된 노동의 결과였고, 현지 적응성이 떨어지는 신품종을 강제로 재배하며 손해를 감수해야 했던 농민들의 고통이 뒷받침된 것이었다.

(2) 신문 기사를 통해 본 미작개량

〈자료 01〉 사설: 미작개량의 훈령(매일신보, 1912.03.15, 1면 1단)

오늘날 문명이 일진(日進)하여 우리의 입는바 의복도 반드시 정결케 할지요, 우리의 거주하는바 가옥도 반드시 정결케 할지요, 우리의 다니는바 도로도 또한 정결케 할지어늘, 하물며

4 지수걸, 2017, 「『酒幕談叢』의 사료 가치와 읽기 방법」, 『주막담총 : 1910년대 일제의 비밀사찰기-공주를 주막에서 엿듣다』, 국립공주대학교 공주학연구원 · 공주시, 11쪽.

우리의 식(食)의 원료 되는 미(米)를 어찌 불정결의 감이 있게 하리오. 이전에는 일반 미작업을 당국의 단속이 없이 개인 자기에 맡겼으니, 자연 간세자류(姦細者流)가 획리(獲利)를 시도하여 미를 경작할 때에 혹 백토를 섞어 미색(米色)을 더하게 하며, 혹 비강(粃糠) 및 패립(稗粒)을 제거하지 않아 사람으로 하여금 감식(堪食)하기 어려울 뿐 아니라.

또 곡물 제조 시에도 이미 불정결을 면치 못하나니, 즉 조선 농가의 관습은 곡물을 야지(野地)에 적치하였다가, 하물며 사장(沙場) 위에서 타수(打收)하였으니, 자연 잡물의 혼입함은 면할 수 없는 세이라. 곡물이 이미 불정하고 제미(製米)가 또한 불정하니 타인으로 하여금 우리 쌀을 보면 어떠한 조평(嘲評)이 있을까. 그러한즉 일반 농업가는 이 훈령의 뜻을 철저히 이해하여 농무를 한층 힘을 쓰는 동시에, 반드시 곡물도 정성껏 거두고 미품(米品)도 정제하여 당국의 장려한 효과가 있게 할지어다.

〈자료 02〉 중요 농산물과 총독의 훈령(1), 나카무라(中村) 농무과장의 담(매일신보, 1912.03.17, 2면 2단)

▲ 미작 훈령의 요지

내지에 대한 수이입 화물의 총액은 4억 원을 초과하되, 그 반 약 2억 원은 식료 혹은 공업 원료품이라. 식료는 미, 대두, 소맥분, 계란, 맥아(麥芽), 포도주, 우(牛)오, 공업 원료품은 면화, 양모, 마, 우피(牛皮), 잠견(蠶繭) 등이니, 미에 대하여는 종래 내지로 향하여 약 400만 원을 이출하였으되 도저히 이로써 만족스럽다 말할 수 없으니, 다시 그 증액을 도모하지 아니하지 못할지요. 미 산액 증수의 방법으로 용이하고 또 확실함은 우량품종의 보급에 있으니, 우량종 보급의 필요는 육도(陸稻)도 수도(水稻)에 지지 않는지라. 조선 육도는 비교적 적다 하되, 7, 8월의 양 시기 즈음에는 육도작은 소위 천혜를 가진 고로, 전(田)이 많은 지방에서는 원래 육도 작부를 장려하지 아니하지 못할지요. 조선 내에서 소비하는 미에 대하여는 수이출품과 같이 건조 조제에 주의하지 아니할지로되, 수이출미에 있어서는 1일이라도 속히 건조, 조제에 유의하여 그 개량을 도모함이 가장 급무라 하노라. 원래 조선의 기후는 대개 청천으로, 내지와 반대로 매년 풍작이 될 천혜를 가지고 있음에도 불구하고, 해에 따라서 풍흉의 차가 지대한 까닭은 인위를 다하지 않은 결과에서 벗어나지 않으니, 직언하면 수리의 편리함을 도모하지 아니함에 있는지라. 이 수리에 대하여는 유래로 당국이 힘을 다하는 바로되, 내년도 즉 본년에는 한층 힘을 다하여 유지(溜池)[5]의 수축을 완성케 할 방침이라. 이렇게 한편으로 수리의 편리를 여는 동시에 비료 공급에 또한 유의치 아니하지 못할지니, 아무리 우량한 미종(米種)을 재배하여도 시비에 준비하지 아니하면 도저히 그 효과를 거둘 수 없는지라. 그런즉 대지주 등은 이 비료 공급에 가장 노력치 아니하지 못할지로다.

〈자료 03〉 데라우치(寺內) 총독 담(11), 미작개량(매일신보, 1913.07.06, 1면 1단)

총독은 또 왈 "전술한 것처럼 산업정책에 따른 농작물의 개량 증진에 대하여는 나의 전력을 경주하는 바이라. 그중에서도 미는 조선의 농산물 중 가장 중요한 것이오, 그 산액이 또한 1위를 점하는데, 조선인의 일상 식량으로 소비하는 액은 원래 막대하다 할지라도 또한 수이출액이 적지 않은지라. 지난 1911년(明治 44)의 산미액 조사의 결과를 본즉, 작부단별 93만 1,669정보에 그 실수액은 907만 2,170석에 달하고, 동 연도의 수이출액은 59만 881석인데 그 가액이 428만 3,772원을 헤아리며, 다시 1909년(明治 42)의 미 산액 조사 통계를 보면 식부단별이 72만 9,185정보에 실수고가 745만 7,916석이라. 즉 수년 식부단별이 약 10만 석의 증가를 보이니, 이는 완전히 미작의 개량 장려를 꾀한 결과라 하노라. 선농(鮮農) 종래의 경운 방법은 유독 미작뿐 아니라 모두 심히 유치하여, 거의 자연에 방임하고 돌아보지 않는 자가 있어 개량 증수의 여지는 극히 많으니, 이 개량 장려는 용이한 사업이 아닐지라도 어려운 사업은 즉 유망한 전도를 가지고 있으니라. 단지 미작의 개량으로 말할지라도 경종 방법의 개선, 농구의 개량, 종자의 선택, 시비, 제초, 수확, 건조, 포장의 개량 등으로부터 관개 수리의 편리를 꾀하는 등이 하나, 둘에 그치지 않은지라. 지금에 모범 수전에 대하여 미작개량의 결과를 보건대 예상외의 호성적을 거두어 모두 1단보의 수확이 2배 이상에 달하고, 원래 조선에는 남북 각지의 지미(地味), 풍토가 같지 않아 파종 경운의 적부(適否) 완급이 있으니, 요즘에 처하여 개량 장려를 꾀하고자 하면 조사 고려를 요함은 물론이고 나아가 조선 미가의 증수를 꾀함에 소홀치 못할 것은 다른 이유가 없다. 숙전(熟田) 이외에 경운할 호망(好望)의 미간지가 심히 많은 한 가지 일인즉, 권농이 그 의(宜) 얻어 이러한 미간지를 일으켜 숙전을 경작하면 그 수확은 금일보다 배로 늘어나서 넉넉히 2,000만 석의 생산액을 얻을지요. 총독부 현재 권농기

5 물이 고이거나 물을 저장하고 있는 부지.

관을 들어 보면 일 모범장 및 대구, 평양, 용산, 목포, 독도(纛島)〔뚝섬〕의 이 지장과 각도 10개소의 종묘포(種苗圃)를 가지고 있으며, 나아가 농림학교, 조선농회 등의 설치가 있으니, 이러한 제 기관의 양잠, 목축, 면화 및 과수 재배, 기타 일반 농사의 개량 지도됨은 물론이고 또한 미작의 개량 장려에 치중함은 누구라도 자세히 아는 바이라."

〈자료 04〉 조선의 지방행정, 총독부 모 당국자의 담(매일신보, 1914.01.03, 2면 1단)

조선의 미 산지 지방에는 고래 제언 또는 보가 있어 수리관개의 설비가 없지 않다 말하나, 다년 폐정에 돌아가게 하였을 뿐 아니라 수해 한발이 매년 잇따라 발생하는 상태에 있으므로, 내지인(內地人) 영농자가 증가함에 따라 수리조합 설립의 필요를 외치는 자 적지 않은 고로, 1906년(明治 39) 구 한국 정부는 수리조합조례를 발포하고 이래 이 조례에 의하여 설립된 것이 8개가 있는데, 그중 이미 공사의 완성한 보 옥구 서부, 임익, 밀양, 연산, 전익 등 각 조합의 사업 성적은 모두 양호하므로, 근래 신설치를 계획하는 자가 점차 많아서 현재 설립 신청 중에 있는 것이 4개요, 평안북도 용천군 소재와 같은 것은 미간지 4,000정보, 기간지 3,000정보로써 조합구역을 만들고 약 100만 원을 투입하여 관개의 설비를 하고자 하는 것이라. 김해수리조합을 제하고 기타의 기설 7조합에 대하여 1913년도(大正 2)의 세출 예산 통계를 보이면, 총계 37만 907원인데 그중 사업비는 24만 8,722원에 달하고 기채 상환비의 8만 855원이 그다음이요, 나머지는 사무소비 기타라 함.

〈자료 05〉 선미개량과 검사, 이시즈카(石塚) 장관 담(매일신보, 1914.12.12, 2면 5단)

오랫동안 현안이었던 조선미 협잡물 제거 문제는 내지 취인소의 조선 참고 표준미 폐지 문제로 근시에 또다시 의론을 야기하는데, 이에 대하야 이시즈카(石塚) 농상공부 장관은 말하여 왈 "선미 협잡물 제거에 대하여 이의 근본되는 그 조제법 개량에 있음은 물론이라. 본부와 각도에서는 전일부터 각종 방법으로 그 개량에 노력하였으나, 인습 구폐가 제거하기 어렵고, 또 조선인의 취반(炊飯)에는 간단한 자갈 제거기가 있으므로, 그 수용(需用)의 미는 아무리 협잡물에 혼입되어도 조금도 고통을 느끼지 않으므로 그 성적을 들기는 용이한 업이 아니라. 고로 나아가 근본적 개량에 노력함과 함께, 한편으로 수이출지에서 지방의 동업조합 혹은 상업회의소로부터 수이출미 검사소를 설치하고, 부산, 군산, 목포, 인천, 진남포 및 평택과 같이 수이출미에 대하여 대개 도의 혼입 비례 100분의 5 이상을 불합격으로 정하고 이전부터 검사를 실행하였으나, 이는 단지 도의 검사에 불과하고, 단지 경북 김천, 왜관, 대구 3개소에는 도의 혼입 비례를 100분의 1로 제한하며, 또 자갈에 대하여도 상당히 단속하나 시행 후 일천(日淺)하여 아직 성적을 보지 못한지라. 이에 각지 검사소에서 각 자의대로 제각기 다른 검사를 시행함은 불편이 적지 않을 뿐 아니라 그 성적이 또한 제각기 다르다고, 근래 총독부에 향하여 자주 검미규칙(檢米規則) 발포 건을 요구하며 각처가 동일 규정하에서 엄중한 심사를 단행하여 그 공과를 완전하게 하기를 희망하는 중이라. 본부에서는 이에 대하여 현재 심의 중으로 명확한 성안(成案)은 얻지 못하였으나 선미 협잡물 제거는 각하의 급무라. 근본 문제인 조사의 개량이 용이하게 실적을 거둘 수 없다 하면, 결국 검사 방법을 하나로 정하고 그 방면에 대한 공과(功課)를 거둘 외에 다른 길이 없다" 운운하더라.

〈자료 06〉 사설: 선미개량의 추세(1) (매일신보, 1915.05.04, 1면 1단)

새로운 희망과 새로운 계획과 새로운 노력으로써 힘차게 나아가며 용감히 나아가며 창조하며 건설치 않으면 안 될 것이 조선 농업계 현재의 추세인데, 우리는 이전에 조선미는 정미를 만들어 판로를 엶이 급무임을 논하였더니, 과연 우리의 의견대로 근래에 점점 정미를 만드는 경향이 있음은 경축할 만할 것이오. 현재 조선미가 다수 매출되지 않는가. 물론 가격이 저렴하고, 가격이 저렴하다 할지라도 하등 손실이 없어서, 소비자나 상인은 오히려 내지미(內地米)보다 이익이 있다 하며, 우선 가격을 비교할지라도 조선미는 규슈(九州)미보다 3원가량이 저렴하니, 1원이라도 저렴하면 그 영향이 막대하거든, 하물며 3원의 차가 있음이리오. 현재의 첩경은 한편 농업에 대하여 제종의 개량 시설을 진전시키는 동시에, 한편 저렴함에도 불구하고 판매하는 방법 즉 조선미의 산액 증진과 수이출의 민활(敏活)을 도모하지 않으면 불가하니, 어찌 현상대로 방임함을 허할 시대이리오.

즉 등한에 부치지 않지 못할 것은 어떻게 하면 조선미와 내지미의 가격이 비견할까 하는 문제니, 조선 농업계의 추세와 급무는 이에 있고, 역시 조선미에 대한 가장 급하고 또 간절한 문제의 일이라. 과연 즉 어떻게 하면 이 문제의 해결을 얻을 것인가. 우리의 사고에는 미의 조제와 수이출의 민활을 도모하는 이 이 점 외에는 방법과 수단이 없다 하노라. 내지에서 다년 조선미를 취급하는 대상점에서도 조선미의 실질에 대하여는 일언반사(一言半辭)가 없고, 다만

미에 모래가 혼합한 것만 시비하여, 완전히 발석(拔石)을 어떻게 할까 하는 것이 문제라.

일반이 모두 아는 바와 같이 조선미는 금일까지 내지로 판로를 구한다 하면, 최초에 오사카(大阪)나 도쿄(東京)로 수이출되어 그곳 정미소에서 정미를 조제한 후에야 각지로 살포되는 경로를 밟음으로 그간에 시일을 허비하고, 상인으로 말하면 자금에 대한 금리도 계산치 아니하지 못할 경우에 또 시세의 위험이 따르는 도다. 오사카 등지는 조선미를 취급하는 미상(米商)이 대소 1,000여 명이 있어 각 상점에서는 조선미 조제에 대한 일절의 설비 즉 인마(籾磨)라든지 석발(石拔)이라는 기계가 있고, 기계가 없는 곳에는 손가락 끝으로 돌을 선출하여 조제미는 내지미로 하여 각지로 반출하고, 도쿄에도 이 종류의 상점은 있으나 45인에 불과하고 실로 휑하여 그 설비 등도 도저히 오사카에 비교하지 못할지니 일언이폐지(一言以蔽之)하고, 금일까지의 조선미가 내지, 기타에서 소비자에게 공급됨은 혹은 현미로 하든지 혹은 백미로 하든지 오사카와 도쿄의 출구를 통과치 못하면 각지의 판로로 향하기 어렵고, 조선미의 이출지로 말하면 오사카와 도쿄에 한하였다 하리로다.

그런즉 조선미로 하여금 내지미와 마찬가지의 품격을 보유케 하고자 하면 어떠한 방법에 의할 것인가. 아니라. 조선미의 품격이 원래 열등함이 아니라 모래 및 잡초의 잡물이 혼합하여 이를 열등하게 함인즉 실로 선천적이 아니오 일시적인 것에 그친 것이니, 모래 및 잡초를 선출하면 족함이 아닐까.

〈자료 07〉 사설: 선미개량의 추세(2)(매일신보, 1915.05.05, 1면 1단)

실로 조선미는 모래의 혼입이 비상히 많아 조(租) 1승 중에는 90입가량의 소석(小石)이 반드시 있음으로, 일찍이 이에 관하야 발석법을 현상 모집한 일까지 있다 한즉, 개중의 소식은 불언가상(不言可詳)이라. 지난해 부산 공진회 시에 데라우치(寺內) 총독은 지방 낭로자(當路者)에 대하여 이 발석의 일을 친히 훈시하였다는 것을 들었거니와, 이러한 때를 당하여 하나의 복음이 전래하였으니, 이는 수원 권업모범장 고(雇) 사카이 츠토무(酒井勉)라 하는 사람이 석발당기(唐箕)[6]를 발명한 것이라. 이는 실로 하나의 작은 일에 불과할지라도 조선미계에 일대 혁신을 획하였다 할지로, 조선미계에 일대 혁신을 획한 것은 즉 조선 농업계의 일대 혁신이라

6 풍구. 바람을 일으켜 곡물에 섞인 먼지, 쭉정이, 겨 등을 제거하는 농구.

말할지니, 이 석발 당기로써 하면 용이하게 수이출하던 자가 현미를 만들어 수이출하게 되었도다.

현재의 추세는 바로 이와 같고 발석은 작금 경축할 만할 호성적을 거두어, 군산의 발석 현미는 1승에 10입 내외가 있거나 없거나 하여 도쿄의 시부야(澁谷) 상점에서 조제하는 특별미로 다른 것보다 2원의 고가 되는 것보다 상등이라. 이와 같이 조선미는 근래 산액의 증진과 함께 조제의 점에도 현저한 혁신을 획하였고, 작년의 인천, 기타 각 개항장에서 수이출한 현미가 심히 증가한 동시에 조의 수이출은 현저히 감소하였으니, 이 현상은 실로 경축할 만할 것이오. 즉 조선 농업계의 혁신기를 말함이 아닌가. 또는 조선 농업계의 새로운 광명을 드러냄이 아닌가. 기왕은 조(租)대로 매매하고 수이출하던 것이 시대의 추세로 인하여 미(米)가 되어 농가에서 시장에 나오게 됨은 농업계의 일대 혁신이 아니고 무엇인고. 대저 조는 현미가 되고, 또 현미는 백미가 되어 시장에 나오게 되면 싸라기는 남고, 화물은 운임의 지출이 감소하며, 또 이를 매매하는 상인도 종래와 같이 구매자가 있은 연후에, 조로 현미를 만드는 노고가 없으며, 그 기간의 금리를 계산할 것도 없는즉 시세의 위험도 없게 된지라. 고로 미의 조제를 완전히 함은 즉 그 판로를 윤활히 하는 바이라 하노라.

또 하나는 조선미에 대한 건조 문제인데 이것이 제일 곤란한 문제라. 어째서인가 하면 조선의 기후니, 12월경이 되면 태양의 광선이 약하고 설상이 내리다가, 호천기(好天氣)로 광선이 강하면 동결하였던 지면이 융해됨으로 건조가 곤란하여, 조선미는 건조가 충분치 못하게 되고 자연 미질에 영향이 있는지라. 고로 수납기에 혁신을 행하여, 가을볕이 쬘 때에 충분히 건조치 아니하면 불가하도다. 요컨대 조선 농업계의 추세는 조선 산물의 대종 되는 조가 현미로 변하여 현해탄을 건넘에 이름과 이것이 금후 조선미는 오사카나 도쿄의 출구를 통과치 아니할지라도 직후로 각 지방에 이출됨에 이름이오, 그 급무는 판로의 윤활을 꾀하는 동시에 타 종자, 기타 제종의 개량 시설을 장려하여 산액 증진과 미제(米製)의 정교를 다하여 내지미와 가격의 차를 접근케 할 것이라.

〈자료 08〉 수리관개와 미작, 신수리조합령 발포에 대하여, 가와카미(川上) 동척 이사 담(매일신보, 1917.07.20, 2면 5단)

조선수리조합령은 제령으로 지난 17일에 발포되어 오는 10월 1일부터 실시될 터인데, 이

전 수리조합조례로 현행되는 것은 전 한국 시대에 제정된 것인 고로, 이래 시세의 변천으로 진보가 현저한 금일로 본다면 실로 갖춰지지 못한 점이 있더니, 이를 보충한 신령이 발포됨은 기뻐할 만할 것이라 하노라. 10월 1일 이후에 인가될 수리조합은 법인으로 인정하여, 그 체형이 완전히 정비됨이니, 이로부터 회사 금융부에서도 종래 조선의 수리조합에는 상당한 자금의 융통을 하였거니와, 금후로는 수리조합에 대하여도 한층 편리하고 안심이 되리니, 조합을 조직하여 자금을 얻고자 함도 매우 용이하기로다. 다만 조합령과 시행규칙이 매우 장문이오 또 그 조직이 복잡한즉, 금일 정도의 조선 농민에게는 그 조합의 조직을 불편히 생각하고 또 이해도 용이하지 못할 점이 혹 있을까 기우하는 바인즉, 이 점은 당국과 생각자 등이 십분 지도하여 유감이 없게 할 것을 기하리로다. 조선 현재의 농사를 개량함은 수리관개와 배수 사업의 시설이 가장 급무라 하노라. 금일 조선의 수전으로 개량 미종(米種)의 보급이 가능한 면적에는 약 8할이나 식부되어, 회사에서 수납하는 소작미와 같은 것은 그 6할가량이 양미종(良米種)인데, 그 개량 미종의 성적은 식부 개량한 초년과 그 익년까지는 진기(珍奇)하게 잘되나 제3년부터는 점차로 불성적이 되어, 4년 5년만 되면 대개 개량미라는 것이 모두 악미(惡米)로 변하여, 최초 인(籾) 1석 80근이나 되는 것이 120~130근으로 감퇴함이 있도다. 그 원인은 금비(金肥)를 사용하지 아니하는 까닭이라. 또 그 금비를 사용하지 아니하는 이유는 대개 수전의 관개 설비가 없는 고로, 금비를 투입할지라도 무효할까 하는 우려가 있는 까닭이라. 그런즉 개량미를 보급할지라도 헛수고에 불과한 결과가 된즉, 이 결함은 수리사업이 서서히 흥기됨을 기다려 미작의 안심을 얻을 수 있으리로다. 우리 조선의 수전이 100여만 정 중에 천수(天水)만 기다려 식부하는 면적이 7할 이상에 달한다 함은 실로 한심할 사실인즉, 이에 대한 설비는 반도 농산상 결코 등한에 부치지 못한 대문제이라. 이때에 다행히 완전한 신 수리조합령이 발포되어 조합에는 제종의 부담도 있거니와 또 상당한 권리도 인정되었은즉, 금후 수지의 채산만 될지면 각지에서 다수 그 계획이 있기를 절망불이(切望不已)하노라. 회사에서도 상당한 방법으로 금후 수리사업 종류에 대하여 가급적으로 노력할지오, 또 각지의 계획에 대하여도 원조와 호의를 마다하지 않고나 하노라.

〈자료 09〉 미작개량의 급무, 니시무라(西村) 식산국장 담(매일신보, 1919.09.04, 2면 6단)

니시무라(西村) 총독부 식산국장은 1일 오후 7시 5분 남대문 도착 열차로 착임하였는데, 씨는 사중(事中)에서 말하여 왈 "조선은 완전히 초행이오 금일까지 신영토에는 ■족한 경험이 없고 겨우 홋카이도(北海道)에 ■5년 있었을 뿐이오, 포부로 말할지라도 착임 후 각 방면의 의견을 듣고 또 실지에 당하여 견문하여 지식을 넓힌 후에 서서히 진행코자 하여, 원래 식산 흥업의 일은 일조일석에 공을 거둘 수 있을 것이 아니오, 또 조선은 고유의 풍속 관습 등이 내지와 자연 틀리는 고로, 이러한 사도 충분히 연구한 후에 이에 대한 시설을 행함이 필요할 줄로 생각하오. 요컨대 점차 진행함이 양책(良策)으로 믿으며, (…) 금일 식료 문제는 천하의 문제가 되어, 여러 가지로 논의하는 일본에서는 금일의 경우로는 식료 수량에 대하여 하등의 부족이 없는바, 신미 출하기까지의 미 수량은 우려할 필요가 없고, 다만 가격의 문제인데, 일반의 물가가 다 앙등한 금일에 미가만이 수년 전의 가격으로 매매될 이유는 없으나, 여하간 이때 관민이 일치하여 미작의 개량 증식을 도모하며 개간에 진력할 것은 각하의 급무로 생각하오. 미작도 종래는 단당 2석 내외의 수확에 불과하던 것이 금일에는 넉넉히 4석 내지 5석의 수확을 얻을 방법까지 발견되었는데, 농민이 일치 협력하여 이러한 양법(良法)을 강구하면 완전한 식료의 독립을 얻을 것은 용이한 것이오. 단지 사창(事窓)에서 조망할 뿐으로도 조선의 전야(田野)는 아직 증수력이 충만하여 있는 듯이 생각되오. 이러한 것들은 적당한 방법으로 개발에 노력치 아니하면 불가할지며, 정부가 외미(外米)의 수입에 쓰는 재력으로서 조선의 전야에 투입하였으면 하는 등의 의견도 물론 존중할 만한 것이오, 조선미의 진가는 최근 내지 방면에서 현저히 인정된 것은 사실인데, 조선미라 운하면 외미로 알던 시대도 있었고 혼사(混砂)의 비난의 소리도 있었으나, 금일은 비상히 개량한 효과가 현저하여 호평 자자함은 기쁜 일이라" 운운.

〈자료 10〉 『주막담총(酒幕談叢): 1910년대 일제의 비밀사찰기-공주를 주막에서 엿듣다』(국립공주대학교 공주학연구원 · 공주시, 2017.)

『주막담총』 1권, 원본 306~307쪽. (번역 175~176쪽)

〈1911년 12월 18일 공주군 유구 시장〉

"올해는 흉작이 아닌데 왜 백미 한 말 가격이 70전인 게 웬일이래유?"

한 사람이 "최근 많은 일본인이 오고 있는 데다가 일본이 흉작으로 인해 자기 나라에 쌀을 들여간 결과라고 생각합니다"라고 말함.

『주막담총』 1권, 원본 308쪽. (번역 179쪽)

〈1911년 12월 18일 공주군 유구 시장〉

"백미 가격이 이렇게 높으니 우리같이 가난한 사람들은 내년 봄에 살기 어려울 것입니다" 하자, 한 사람이 "당신한텐 내년 봄 이야기겠지만, 우리는 오늘 저녁을 넘기는 것도 어려워요"라고 답함.

『주막담총』 1권, 원본 332~334쪽. (번역 227~231쪽)

〈1911년 12월 20일 공주군 공주읍 시장〉

지금처럼 곡물 가격이 크게 오른다면, 가난한 이들이 앞으로 생활하기가 생각만큼 쉽지는 않겠음. 또 요즘 지주는 논의 수확량도 알아보지 않고 가을에 이삭이 난 것만 보고 어림잡아서 도조[7]를 정하니까 소작인은 무척 어려움. 도조의 두량(斗量)도 매 석당 2, 3두씩 부족하니 소작인들은 정말 걱정하고 있음.

『주막담총』 1권, 원본 441~443쪽. (번역 297~301쪽)

〈1911년 11월 중 관내 주막〉

올해 논의 피를 제거하라는 엄중한 명령이 있어 이에 따라 논밭의 피를 뽑고는 있지만 완벽하게 제거할 수는 없다. 어떤 곳은 제거한 후에도 간간히 [피가] 생겨서 [명령을] 완전히 실행하는 게 불가능한 곳도 있다. 원래부터 조선 백성들 중에도 피 이삭을 제거하는 사람이 있었지만 게으른 이도 있었다. 그래서 올해 엄중한 명령을 받았으니, 내년 8월 제초할 때에는 반드시 논 한 두락에 인부 두세 명을 고용하지 말고 인부 서너 명을 고용해서 제초를 한다면 분명 전국의 농작물이 깔끔하게 개량되리라 말했다.

『주막담총』 1권, 원본 14쪽. (번역 375쪽)

〈1913년 12월 공주군·회덕군·연산군·진잠군·노성군〉

---

7 고정된 액수로 소작료를 결정하는 소작 관행.

올해는 농가에서 주로 신료쿠[8] 벼(神力稻種)를 경작했으나 이삭도 잘 나오지 않고, 힘만 들 뿐 쌀은 얻지 못하고 이 벼로 경작한 이들은 큰 손해를 입었다. 이것을 모두 계산한다면 조선 전체에 몇만 엔이나 될 것인가.

2) 미작개량정책 실행 계획 및 내용

(1) 자료 해제

일제강점기 조선총독부의 농업정책을 살펴보는 데 기초가 되는 자료로서 『조선농업발달사』(小早川九郎 編著, 1959, 『補訂 朝鮮農業發達史 - 政策篇·發達篇·資料篇』, 友邦協會)가 있다. 일제 조선총독부 36년간 식민정책의 중심은 농업을 근간으로 한 농촌·농민정책이라 할 수 있다. 조선총독부 식산국장(1932~1941)을 역임한 호즈미 신로쿠로(穗積眞六郎)는 '조선 식민통치는 치안 유지와 농업 개선의 역사'[9]라고 했다. 그런 만큼 식민농정 관련 많은 자료가 있지만 전반적인 정책의 흐름과 전개 과정, 내용을 아우를 수 있는 자료는 흔치 않다. 이에 『조선농업발달사』는 식민농정 전체를 살펴볼 수 있는 주요 자료라 할 수 있다.

『조선농업발달사』의 원편 『朝鮮農業發達史 - 政策篇·發達篇』(朝鮮農會, 1944)은 1936년 조선농회 30주년을 맞아 당시 조선농회장 하야시 시게죠(林繁藏)가 미야자키(宮崎)고등농림학교 교수인 고바야가와 규로(小早川九郎)[10]를 위촉하여 편찬하기 시작했고, 고바야가와의 8년에 걸친 작업으로 1944년 발간되었다. 이 책은 정책편과 발달편의 2권으로 발간되었으나, 우방협회[11]가 이 자료를 재간행하면서 고바야가와는 상당 부분 보강·개정하였고, 자료편을 별권으로

---

8 일제가 1906년 경기도 수원에서 시험 삼아 경작한 뒤 1910년 이후 보급한 벼의 품종.

9 小早川九郎 編著, 1960, 『補訂 朝鮮農業發達史-發達篇』, 財團法人 友邦協會, 序文(1쪽).

10 그의 약력은 다음과 같다. 1912년 7월 도쿄제대 농과대학 농학실과 졸업, 1914년 4월 조선농회 이사, 1918년 6월 조선총독부 권업모범장 기수(技手), 1919년 10월 조선총독부 식산국 기수, 1921년 4월 큐슈제대 농학부 조수(助手), 1926년 4월 미야자키고등농림학교 교수, 1929년 미국 유학, 1930년 영국·루마니아 재류, 1936년 6월 조선으로 돌아옴, 1937년 4월 조선농회 기념사업 「조선농업발달사」 편찬주임, 1942년 7월 충청남도 합자회사성환농장 지배인·농장장, 1945년 일본 패전으로 귀환.

11 우방협회는 패전 후 일본으로 귀환한 조선총독부 관료를 포함한 조선 통치 관계자들이 1952년 조직한 단체로서 식민지 통치 사료를 수집·정리·출판하여 '침략의 주구', '민폐집단'이라는 일본 사회 좌우 양측으로부터의 비판에 대응하고자 했다. 이들은 문서보관소(우방문고), 전문적인 사료 편찬(『일본인의 해외활동에 관한

추가했다.

이 자료는 조선농회 30주년 기념사업의 일환이었던 만큼 그 편찬 목적은 분명하다. 일제의 식민농정을 '농업의 개선 발달'이라는 입장에서 그 성과를 정리한 것이다. 따라서 식민당국자의 시선이라는 자료의 근본적인 한계를 갖는다. 그럼에도 상대적으로 이 자료는 '객관적인 관점'을 유지했다고 자평하고 있다. 호즈미는 간행사에서 고바야가와가 "각 시기 관청, 회사, 단체, 개인 등 각 관계 방면의 출판물, 기타 문서, 기록, 구술 등을 인용하여 저자의 풍부한 학식과 경험으로 체계화한 뛰어난 성과"라고 했다.

고바야가와는 1906년부터 1936년까지를 대상으로 책을 집필했는데, 이 시기 조선 농업의 현저한 발달은 일본의 경제 사정을 배경으로 한 것으로 일본 경제의 일환이 된 조선 농업의 경제적 발달의 일면을 표현하였다고 했다. 이 자료의 대상 시기가 1936년에 그친 것은 조선농회 30주년 기념사업으로 진행되었기 때문이기도 하지만 더 중요한 이유는 1937년 중일전쟁 발발로 이후는 전시체제가 되면서 전쟁 일색으로 덮어 씌여져 '변칙적인 상태'가 되었기 때문이라 했다.[12] 그러나 일본 제국주의의 진행 과정에서 전쟁은 우연적이거나 변칙적인 상황이 아니었다. 무모한 침략전쟁의 수행을 위해 일본 본토와 식민지에서 행해진 동원과 수탈은 바로 일본 제국주의의 본질이었다.

일제 식민당국이 생산한 각종 자료는 일제강점기 식민지 조선 연구에 중요한 자료이지만, 그 안에 내포되어 있는 제국주의 논리와 그를 합리화하려는 각종 장치를 걷어내려는 연구자들의 노력이 필요하다. 『조선농업발달사』는 일본 제국주의의 식량·원료 공급기지 역할이 부여된 식민지 조선에서 식민당국의 의도와 계획, 실행 내용을 파악하는 데 유용한 자료이다. 본 자료집에서는 조선 식민농정의 전반적인 내용과 흐름을 파악할 수 있는 자료로서 『조선농업발달사』의 관련 내용을 정리했다. 식민당국자의 논리와 언설을 그대로 전달함으로써 식민지의 역사상에 접근하고자 한다. 그러나 이것은 분명한 지배자의 시선이기에 이를 보완하고 체크할 수 있는 안목과 관점이 더욱 필요할 것이다.

역사적 조사』, 우방시리즈, 녹음 기록 등)과 같은 형태로 그들 집단의 기억을 가시화하는 활동을 펼쳤다(이형식, 2015.06, 「패전후 조선통치관계자의 조선통치사 편찬-우방협회를 중심으로」, 『동양사학연구』 131, 475-476쪽).

12 小早川九郎 編著, 1959, 「編纂に當つて」, 『補訂 朝鮮農業發達史 - 政策篇』, 財團法人 友邦協會.

다음 자료는 『조선농무제요(朝鮮農務提要)』(朝鮮農會, 1936)이다. 이 책은 1936년 4월 현재 농무, 토지개량 등의 관계 법령 예규 및 농업기술관회의 지시·협의협정 사항을 수록해 놓은 것이다. 이 책에 수록된 법령, 예규는 총 15편의 주제로 분류해 놓았다. 농업생산관계(지주-소작관계, 토지소유 등)와 일본 본국의 미곡정책(미곡법) 등 관련 법령을 정리한 농정(農政)편을 시작으로 산업단체, 권농기관, 농업창고, 작물(쌀·밭작물·면화), 식물 검사 및 병충해, 비료, 저리자금, 곡물 및 가마니 검사, 잠사, 축산, 수렵, 토지개량, 국유지 개간, 잡편의 15주제이다. 농업생산관계와 생산력 관련, 농작물의 생산 및 유통정책, 관련 기구, 양잠, 축산업을 망라하고 있다.

일제강점기 법령은 『관보』나 각종 법령집을 통해 정리할 수 있지만, 농업 관련 법령은 『조선농무제요』에 주제별로 집중되어 있어 식민농정을 살펴보는 데 유용한 자료이다. 또한 이 자료에는 1912년부터 1930년까지 매년 발표된 '농업기술관회의 지시사항'이 수록되어 있다. 농업기술관회의는 정책을 입안 계획하는 조선총독부의 고위급 행정관료가 아닌 정책을 현장에서 직접 실행하는 기술관료들(총독부 농업기술관료와 각도 기술관료, 기사(技師)와 기수(技手))의 회의인 만큼 매년 당시에 가장 긴요하게 시행되어야 할 정책 내용이 지시되고 논의되었다. 이에 정책의 구체적 시행 과정을 살펴보는 데 유용하다고 할 수 있다. 이 회의에서 지시된 사항뿐만 아니라 협의·협정 사항도 12개의 주제(지주 및 소작인, 농구, 농무통계, 품평회 및 강습회, 작물, 비료, 병충해 구제, 잠사, 축산, 미간지 및 수리, 농작시험, 잡)로 분류하여 수록하고 있다.

이상의 두 자료는 1910년대 식민농정의 핵심은 미작개량정책이었고 이것의 실시 배경과 원인, 구체적인 정책 내용을 정리하는 데 기본이 되는 것이라 할 수 있다. 1910년대는 언론의 자유가 극도로 제한된 만큼 이 시기를 파악하는 데 조선총독부 당국의 정책 홍보·선전 자료 외에 다른 내용을 갖는 자료를 확보하기 어렵다. 신문 및 잡지도 조선인의 시선과 목소리를 담을 수 있는 매체가 되지 못했다. 그런 만큼 1910년대 식민정책 연구에서는 자료에 대한 비판적 해제가 더욱 중요할 것이다.

이 두 자료를 발간한 주체는 모두 조선농회이다. 조선을 강제 개항시킨 후 한반도에 진출한 일본인들은 토지 투자와 농업 이민을 확대하면서 식민주의적 농사개량사업을 수행할 농업단체의 필요성을 인식하고 있었다. 러일전쟁 전부터 일본 영사관은 주재지를 중심으로 일본인 곡물상과 농업 경영자들의 권익을 도모할 농업단체 조직을 지도했다. 1906년 목포농회(8월), 대구농회(11월)가 설립되면서 '농회'라는 명칭의 일본인 농업단체가 나타났다. 통감부 설치로 일제의 한국 식민통치가 시작되면서 민간 차원에서 통감부의 대한 농업정책에 부응하며 농사개량사업의 주도권을 장악하고자 1906년 11월 '한국중앙농회'가 설립되었다.

1910년 8월 소위 '한일합방조약'이 체결되자 한국중앙농회는 '조선농회'로 명칭을 변경했다. 그러나 이는 명칭만 변경한 것이고 회원이나 임원, 조직을 개편한 것은 아니었다. 조선총독부는 1926년 산미증식갱신계획을 추진하면서 고양되는 농민운동에 대처하고 산미증식계획에 농민의 참여와 협조를 유도하기 위해 일사불란한 농민통제체제를 확립하고자 했다. 일본의 '농회법'(1922년 4월 제정)을 모법으로 1926년 1월 '조선농회령'(제령 제1호, 1926.1.25.)을 제정 공포하고 그에 의거하여 기존의 농업단체를 통폐합하여 군·도(郡·島)농회(1926.6) → 도(道)농회(1926.10) → 조선농회(1927.3)로 조직된 조선농회 계통체제를 완성했다.

한국중앙농회 설립 이후 농회가 가장 중요시한 사업은 『조선농회보』의 발행이었다. 농회보는 한국중앙농회 창립 다음 달인 1906년 12월부터 『한국중앙농회보』라는 제호로 처음에는 부정기로 간행하다가 1908년 1월부터 월간으로 정기 간행되었다. 1910년 9월 '조선농회'로 개칭되자 『한국중앙농회보』는 1910년 9월호부터 『조선농회보』로 제호를 변경했다. 『조선농회보』는 농업 관련 학자·관리 등이 농업 관계 논설, 농업 관련 조사 자료와 통계, 농업 관련 법령, 농업계 소식인 잡보와 농계 시사, 조선농회의 본회(本會) 기사 등으로 구성되었다.

그 내용을 살펴보면 농업 관계 논설은 신농법·우량종자·시비법 소개 등 주로 농사개량에 관한 기사였고 조사 자료와 통계는 각지의 농업 환경과 물가가 조사되었다. 이러한 내용은 농산물의 상품화와 상품성 제고를 위한 농사개량 자료의 보급과 식민지 농업경영 확대를 위한 정보 제공의 의미를 갖는 것이었다. 농회보의 발행과 배포 사업은 총독부의 식민농정을 홍보 지원하고 농사개량 사업을 선전 전파하기 위한 것이었다.[13]

『조선농회보』에 게재된 농업관계 논설을 통해 당대 농업 부문의 전문가 집단의 지식 수준과 이를 식민정책에 활용하는 논리를 파악할 수 있다. 일제강점기 식민농정에 대한 연구에서 『조선농회보』는 가장 많은 정보와 내용을 제공해 줄 수 있는 자료라 할 수 있다. 본 자료집에서는 1910년대뿐만 아니라 일제강점기 식량 관련 생산 및 유통정책에 대해 『조선농회보』에 게재된 자료 중 식민정책의 의도를 파악할 수 있는 자료를 뽑아 정리했다. 이 절에서는 『조선

---

13 김용달, 2003, 『일제의 농업정책과 조선농회』, 혜안, 124-125쪽.

농회보』의 논설 중 1910년대 조선총독부가 시행한 미작개량정책의 의도와 구체적 내용을 파악할 수 있는 것을 선별하여 번역 수록했다.

(2) 실행 계획 및 내용

① 대한제국 및 통감부의 농사개량 방침

〈자료 11〉 대한제국 농상공부 훈령(1904년, 光武 7)(小早川九郎 編著, 1959,『補訂 朝鮮農業發達史-政策篇』, 友邦協會, 38-39쪽)

한국 농상공부 훈령*14 (13도)

농(農)은 대본이다. 대개 곡식 농사에서는 반드시 요령을 얻어, 그런 후에 노동력을 덜고 수확을 증가시킬 수 있어야 한다. 우리 한국의 농업은 구습을 고집하여 시의적절하게 하는 데에 있어 완전히 어둡기 때문에, 노동력을 쓰는 것이 많고 이익을 얻는 것이 적어 농사개량상 개탄할 만하다. 따라서 농사개량법 3항을 아래에 게재한다. 관내 각 군에 옮겨 두고 일상적으로 좇아 시행해, 노동력을 덜고 증수를 기하게 하기 위하여 이에 훈령을 한다. 이에 따라 시행할 것.

제1 종자의 선택

농민은 종자의 선택에 유의하지 않기 때문에 순량(純良)한 쌀 중에 소위 적립(赤粒)을 많이 혼입한다. 따라서 그 평판을 잃는다. 종자 선택을 하는 것은 그 폐를 제거할 수 있다.

제2 제초

쌀은 그 품질이 순량해도 피를 혼입하는 바가 많으면 평판을 잃는다. 이는 필경 파종 후 제초에 부주의하기 때문이므로, 제초에 유의하는 것은 미가의 상승을 가져오는 긴요한 일이라 본다. 또한 제초를 하는 데에는 특히 비용을 필요로 하지 않는다. 단지 경작자가 그 노고를 싫어하지 않으면 충분하다.

---

14 * 岡庸一, 1913,『最新韓國事情』, 45-46쪽. 원문은 언문 혼용이지만, 여기에는 그 의역을 게재했다.

제3장 타작

농민이 타작하는 방법을 살펴보면 기계를 쓰지 않고 도속(稻束)[15]을 손으로 잡아 돌절구 혹은 땅 위에 쳐서 탈곡하는 데 불과하다. 이 방법은 타작이 완전하지 못할 뿐만 아니라, 낟알 중에 자연히 모래나 자갈이 혼합된다. 이에 따라 가령 미질이 순량하다 하더라도 모래나 자갈이 혼입되어 가격의 저락(低落)을 초래하게 되는 것은 유감이 아닐 수 없다. 농민이 적절히 타작에 깊이 뜻을 두고 뜰 위에 거적을 깔아서 모래나 자갈의 혼입의 방지를 꾀하면, 수확은 증가하고 모래나 자갈은 혼합되지 않아 필연적으로 미가 상승을 초래한다. 게다가 본항도 전항과 동일하게 매우 간단하게 개량을 실행할 수 있는 것이다.

〈자료 12〉 통감부의 한국 농업에 대한 개입 방침(小早川九郎 編著, 1959, 35-36쪽)

통감부도 1905년(光武 9) 11월의 제2차 한일협약에 기초해 동년 12월 발포된 통감부 관제에 의하여 익년(1906) 2월 실현되었다. 하지만 통감은 당초 '오로지 외교에 관한 사항을 관리하기 위하여 경성에 주재'(제2차 한일협약 제3조)한 것으로, 당초 사무분장으로 동부(同府) 내에 농상공부를 두고 그 밑에 농림과로 하여금 농림 관계 업무를 관장하게 하거나, 권업모범장을 설치하여 육지면의 재배 장려, 국유 미간지의 이용 등에 관한 사업을 창시했다 하더라도, 본래 일반 행정에 대해서조차 전면적인 지도권을 확보하고 있던 것은 아니다. 하물며 진보하는 경제 사회 정세에 즉시 대응할 수 있도록, 실효적 농업 시설의 계획 및 실시에 대하여 직접적으로 한국 정부를 지도하는 것과 같은 영역까지 나아갈 수는 없었다. 따라서 당시 한국 정부가 발포한 권농 훈령과 같이 구태의연하고 형식적이었던 것은 어쩔 수 없는 바였다.

그것이 1907년(隆熙 1) 7월 제3차 한일협약의 결과로 '한국 정부는 시정 개선에 관하여 통감의 지도를 받는다'(동 협약 제1조), 또한 '통감이 추천하는 일본인을 한국 관리에 임명한다'(동 제5조)는 것으로 되어, 정치상 한국 정부를 지도하는 통감의 권한이 매우 확대되었다. 동시에 위 협약의 결과 관제의 개정이 행해져서 동년 9월에는 오카요시 시치로(岡喜七郎)가 일본인으로서 처음으로 농상공부 차관에 임명되었다.*[16]

---

15 벼의 묶음.

16 * 韓國中央農會, 1907, 『韓國中央農會報』 1-4.

〈자료 13〉 농상무성 한국토지농산조사사업(小早川九郞 編著, 1959, 46-47쪽)

농업개량 실시상 의거할 만한 준거를 조선의 과거에서 조금도 구할 수 없는 이상, 그 당시 실정에 조응하여 우리나라(일본)에서 메이지 유신 이래 농업 발달상 얻었던 귀중한 체험과 그것이 가진 우수한 농업 기능과 조선 농업에 관한 조사를 활용할 수밖에 없었다. 그중에서도 우리나라의 체험 및 기능에 대해서는 여기에서 새삼스레 얘기할 필요가 없지만, 조선 농업에 관한 조사의 경우에는 다행히도 우리나라 농상무성에서 실시한 한국토지농산조사[17]가 있었다. 원래부터 당시의 위정(爲政) 당국이 이 조사를 기초로 해 농정의 방침을 확립하였는지 아닌지에 대해서는 확실히 고증할 수 없지만, 실제로 실현된 농업개량 장려 방침을 검토하고, 초기 농업정책의 수립 및 실시에 대하여 강력히 참여한 당시의 농업 기술관에 위 조사를 담당한 인물이 있었음을 미뤄 보면, 저간의 사정을 엿볼 수 있다. 즉 당시 통감부와 한국 정부의 농업 진흥의 대안목(大眼目)은*[18]

1. 기후·토질의 적부(適否)를 미뤄 보아 적절한 곳에 적절한 작물을 분포할 것.
2. 재래작물의 품종을 개량할 것.
3. 유리한 새로운 작물을 수입하여 재배의 보급을 도모할 것.
4. 비료의 증시를 도모할 것.
5. 수리관개의 설비를 개선할 것.
6. 미간지의 이용을 증진할 것.
7. 가축·가금 및 그 제품의 개량 증식을 행할 것.
8. 양잠, 기타 부업 장려를 행할 것.

등으로 그 기초를 세우고, 이것의 실시에 있어서는

1. 장려 사항이 다기(多岐)에 걸치지 않을 것.

---

17 통감부가 설치되기 전인 1904~1905년에 일본 농상무성이 농업기술 연구원들을 동원하여 한반도 전체의 토지, 농산 실태를 조사한 사업.

18 * 朝鮮總督府, 1935, 『朝鮮總督府施政二十五年史』, 79-80쪽.

2. 그 실행이 간단하고 비용의 지출은 전무 또는 소액일 것.

3. 그 효과가 적확한 것.

4. 실행에 대하여 구체적으로 지도할 것.

이라는 4대 요강에 따르기로 하였다. 이를 개관하면 농업 진흥의 소위 점진주의, 지공주의(遲功主義)를 취했던 것으로, 참으로 당시의 민정(民情)을 미뤄 본 대방침이라고 할 만한 것이다. 그런데 이것들은 아래에서 기술할, 1907년(隆熙 1) 5월에 거행된 통감부 권업모범장 개장식에서 당시 장장 혼다 곤스케(本田幸介) 박사가 그 식사(式辭) 중에 대담하고 솔직하게 피력한 포부와 비교하면, 박사가 위 농상무성 조사를 담당하였던 한 사람이었다는 사실만으로도 이 조사가 조선 농정의 대방침을 수립하는 데 유력한 지침이 되었을 것임을 수긍할 수 있다.

〈자료 14〉 권업모범장의 농업개량 의견(小早川九郎 編著, 1959, 58~59쪽)

본 시기는 또한 한국토지농산조사에 기초한 농업 생산 증식 장려기라고도 칭할 수 있다. 즉 〔1907년(隆熙 1) 5월에 거행된 권업모범장 개장식에서〕 혼다 장장(場長)의 식사(式辭) 중 농업에 관한 한 구절을 예로 들면 다음과 같다.*[19]

1. 당국의 농업은 아직 개인 경제를 면하지 못하여 물산 공통의 길이 발달하지 못했기 때문에 생산상 손실이 적지 않다. 장래 교통기관의 발달에 따라 기후, 토질의 적부(適否)를 미뤄 보아 적당한 곳에 적응 작물을 배치하여 생산력을 증가시키고자 한다.
2. 농산물의 종류가 좋지 않기 때문에 생산액도 많지 않을 뿐만 아니라 품질 또한 졸렬하여 이들의 개량을 도모하지 않을 수 없다.
3. 기후와 토질을 미뤄 보아 새로운 작물을 수입하여 물산의 증가를 기한다. 고래로 새로운 작물이 물산으로 고정되기 위해서는 다대한 곤란과 다수의 연월이 필요하다는 것은 역사가 보여 주는 바이다. 부디 권업모범장은 그 적부를 살펴보고 연구함으로써 차질이 없도록.

---

19 * 朝鮮總督府農事試驗場, 1931, 『朝鮮總督府農事試驗場二十五周年記念志』(上卷), 14쪽.

4. 농산물이 풍부하지 않은 일대 원인은 비료의 결핍에 있다. 지금 그 공급 방법을 깊이 연구하는 것은 초미의 급무다.
5. 수리시설이 완전하지 않아 생산력은 크게 저해되고 불시의 재해를 입어 생산이 감소한다. 만약 적절한 정도로 점차 개량을 더해 간다면 생산의 안전과 증가를 가져올 수 있음은 아마 의심의 여지가 없다.
6. 토지 이용의 길이 완전하지 않은 유용한 땅이면서도 방기된 것이 있기 때문에, 이것의 이용 방법을 강구하면 필연적으로 생산의 증가를 가져올 것이다.
7. 가축, 가금 및 그 제품에 관한 사업도 개량 증식의 여지가 상당히 많다. 그 일반적 개량은 많은 세월과 자본이 필요하기 때문에 갑자기 실행을 기할 만한 것은 아니라고 하더라도, 양계, 양돈의 개량 같은 경우에는 비교적 용이할 것이다.
8. 양잠은 기후 관계상 적당하다고 인정되지만 종래 거의 볼만한 것이 없었다. 만약 적절히 보급된다면 생산은 현저히 증식될 것이다.
9. 농업의 부업은 생산상 중요한 관계를 가지고 있음에도 불구하고 한국에서는 거의 주목받지 못하였다. 장래 장려를 더할 필요가 있을 것이다.

〈자료 15〉 이토(伊藤) 통감 농업 소견(小早川九郎 編著, 1959, 49–50쪽)

이와 같은 원대한 포부를 더욱 뒷받침한 한 단락을 그 개장식〔1907년(隆熙 1) 5월에 거행된 권업모범장 개장식〕에 임석하였던 이토 통감의 훈사(訓辭) 속에서 발견할 수 있다. 즉 동 통감은 "원래부터 공업, 상업, 통신 등의 기관도 각각 필요하기 때문에 물론 이들의 개량 발달을 도모하지 않으면 안 되지만, 우선 국산(國産)을 증가시키고 국민의 부력을 만드는 것은 농작이다. 또한 산림, 광물 모두 필요하다 하더라도, 의식(衣食)을 위하여 가장 급한 것은 농(農)이다. 나라의 부강을 바라는 염려가 있다면, 금일의 농사를 개량하는 것이 실로 초미의 급무임을 인식할 것이다. 따라서 한국의 관민 모두 자국의 융성을 바라는 마음이 있다면, 이에 대해 힘을 충분히 다하지 않으면 안 된다고 생각하고 있다. 〔중략-원문〕 이 모범장의 박사, 학생 및 이에 부속되어 있는 곳의 제군이 한국 농사의 개량에 마음을 쓰고 충분히 힘을 다하며, 이 방면에서 적절한 지도를 하고, 한국의 지방관 또한 이를 충실히 실행하게 된다면, 농산과 같은 경우 1년 1년 춘하추동 순환하여 수확을 얻는 수 있는 것이기 때문에 점차 개량하여 나아갈 수 있다고 생각한다."*[20] 운운하였다고 서술되어 있다.

② 1910년대 농사개량 방침

- 조선총독부의 미작개량 방침

〈자료 16〉 조선총독부 훈령 제10호(朝鮮總督府官報 제460호, 1912.03.12)

미작은 조선 농업의 수위를 점하고 있고 그 생산액이 다량이다. 본토(조선) 일반의 수요를 충족시키는 것 외에 내지에 이출하고 외국에 수출하는 수량과 액수가 적지 않다. 그런데 농민들이 예로부터 그저 하늘의 은혜에 의존해 왔을 뿐 인력에 의한 이용 방법을 등한시해 왔던 결과, 품질은 열악하고 수확 성적은 양호하지 않다. 이전에 농업 개선이 급무임을 인식하고, 이를 위해 필요한 식림, 수리 등 각종 시설을 하는 동시에, 미작개량상 직접적으로 필요한 조치로 우량품종의 배분, 수확 후 건조 조제 방법 및 비료 사용 등에 관해 종래 누차 장려 지도의 방침을 보여 왔음에도 불구하고, 아직 충분히 민심에 철저하게 미치는 데 이르지 못했다는 유감이 없지 않다. 미곡은 일상의 필수품인 동시에 중요한 수이출품으로, 다른 잡곡에 비하여 한층 그 개량을 촉진하는 데 힘쓰지 않으면 안 된다. 그리고 이것의 수이출세를 전면 폐지하도록 했던 취지 또한 여기서 벗어나지 않는다. 그러므로 아래 개량 요항에 따라서 성심성의껏 농민 지도에 힘을 다하여 실효를 거두게 할 것을 기해야 할 것이다.

1912년(明治 45) 3월 12일 조선총독 백작 데라우치 마사타케(寺内正毅)

1. 우량 벼 품종의 보급

미작의 개량상 가장 행하기 쉽고 효과가 확실, 신속한 것은 품종의 선택에 있다. 권업모범장 및 종묘장 등의 실험을 미루어 보면, 풍토에 따라서 반드시 품종을 일정하게 할 수는 없다 해도, 예를 들어 수도에 있어서는 히노데(日の出)는 북부에, 조신력(早神力)은 중부에, 곡량도(穀良都)는 남부에 적합하다. 또한 육도에 있어서는 '오이란'과 같은 경우에는 그 성적이 가장 양호하고 재래종의 우량종과 차이가 없기 때문에, 이렇게 성적이 현저한 것들은 신속히 보급을

20 * 朝鮮總督府農事試驗場, 1931, 『朝鮮總督府農事試驗場二十五周年記念志』(上卷), 15-16쪽.

도모함으로써 잡박(雜駁)한 열등 품종을 배제하는 데 힘쓸 것.

1. 건조 조제의 개량

기존 미곡 조제법은 헛되이 미질을 손상시키고, 토사, 기타 협잡물을 혼입하는 것이 많다. 또한 그 건조는 극히 불충분해 수이출미로서 적당하지 않다. 현재 군산의 실례를 미루어 보면, 조신력 등이 조제가 완전하고 건조가 충분한 것은, 재래 벼가 재래 조제법에 의한 것에 비해 항상 1석당 2엔 이상의 고가이다. 따라서 조제에 있어서는 거적 및 도급기(稻扱器)를 사용하게 하고, 벼 수확 시에 평건(平乾)을 하고, 벼의 건조에는 거적을 사용해 점차 그 개량을 도모하게 하며, 특히 수이출미를 산출하는 지방에서는 가장 빨리 이 실행을 기할 것.

1. 관개수의 공급

수도작이 관개수를 그 생명으로 한다는 것은 논하지 않는다고 하더라도, 조선 논은 적당량 이상의 관개수 공급을 가진 것이 전체 논 면적의 겨우 2할 이내이다. 이것을, 내지가 적당량 이상의 관개수를 가진 논이 전체 논 면적의 8할여를 차지하고 있는 것과 비교하면 실로 큰 차이가 있다. 이와 같은 경우에는 아무리 기후상 하늘의 은혜가 다대하다 하더라도 그 진가를 발휘하게 할 방도가 없으므로, 황폐해진 저수지의 복구 공사와 관련해서는 전부터 별도로 국고에서 보조금을 지출하여 수리하게 하였는데, 내년도 이후에는 국고 보조금을 한층 더 증가시켜 이를 크게 장려할 계획이다. 이에 따라 이 복구 공사 중 그 부역으로 할 수 있는 부분은 관계 지주 및 소작인이 스스로 나아가 그 노동에 복무하고 신속하게 이 복구를 수행하게 하여, 오랫동안 관개의 편의를 열어서 안전히 도작의 이익을 누리게 할 것.

1. 시비의 장려

우량품종의 재배는 그 수확이 다대한 동시에 비료를 필요로 하는 바 또한 많아, 종전에 비하여 이것의 시비량을 적절하게 증가시키지 않을 수 없다. 조선 농가는 아직 비료를 중요시하지 않는 폐습이 존재하므로, 지금부터 이를 착착 각성시켜 적어도 농가 각자의 힘에 의하여 제조할 수 있는 구비(廐肥)[21], 녹비(綠肥) 등의 종류는 힘써 다량으로 제조·시용하게 하고, 또한 농계(農契) 혹은 지방 금융기관을 적절하게 활용하거나 대지주에게 권유하여 판매 비료를 적절하게 구입, 시용할 방법을 강구하도록 의뢰해 우량품종 재배의 효과를 거두는 데에

21 가축의 배설물과 먹이의 찌꺼기를 썩힌 비료.

유감이 없게 할 것.

〈자료 17〉 농업기술관 회동 지시(1913.12)(朝鮮農會, 1936, 『朝鮮農務提要』, 1078–1079쪽)

1. 미작에 관한 건

(1) 우량 수도종자의 보급에 관한 주의

우량 수도종자의 본년 작부단별은 13만여 정보로 본년의 수도 총작부단별과 대조하여 1할 3분여에 불과하지만, 그 작부 증가의 비율은 작년에 비하여 27할여, 재작년에 비하여 약 179할이 증가했다면 우량종 보급이 실로 현저하게 빠르다고 할 만하다. 이때를 맞아서 지도자가 가장 주의할 필요가 있는 것은 우량품종의 차이에 따라서 농민으로 하여금 작부지의 선정에 주의하고 시비 관리를 그르치지 않도록 하는 것이다. 그 지도가 불충분하여 우량품종 작부로 인해서 손실을 입게 하는 것과 같은 경우가 있는데, 우량품종 보급의 장애는 물론 장래 농가 개량상 제반의 사항에 미치는 악영향이 아마도 의외로 클 것이니 깊이 유의할 필요가 있다.

(2) 제언 및 보의 수축에 관한 주의

제언 및 보의 수축을 완료한 것은 1912년도(大正 1) 말 현재 합계 350개소로 이에 따른 본년도의 증수는 현미 약 2만 8,000석, 가액 약 39만 엔이다. 수축의 효과가 이와 같이 크기 때문에 최근 농민이 스스로 나아가 이 실시를 계획하는 것이 증가하는 데 이르렀다. 이 기운을 잘 선도하여 유감이 없을 것을 기해야 할 것이다.

제언 또는 보의 수축공사 시 그 비용의 대부분을 점하는 것은 토목공사이다. 그 대다수는 농한(農閑)을 이용하여 소위 부역으로 시행할 수 있을 만한 것임에도 불구하고, 최근 왕왕 부역을 폐하고 모두 현금 지출에 의하는 것이 있어 오류가 심각하다고 할 만하다. 장래 수축 공사의 진보에 따르되 좋은 관습에 기초하여, 토목 공사에 대해서는 농한의 노동력 이용을 더욱 도모해야 할 것이다.

〈자료 18〉 농업기술관 회동 지시(1914.12)(朝鮮農會, 1936, 1082–1083쪽)

1. 미작에 대한 시비량 증가에 관한 건

1913년(大正 2)의 미작은 한해를 입은 바 있지만 그 수확고가 1,000만 석 이상에 미치고, 본년의 미작은 풍수해를 입은 지방이 있지만 미증유의 풍작으로 1,200만여 석의 수확을 얻을 것이라 예상된다. 이와 같은 풍작이 연이어 도래한 것은 기후의 순조로움으로 인한 바가 적지 않았다고 하더라도, 농사개량의 효과 또한 컸음을 의심할 수는 없다. 그렇다고 하더라도 수확이 많으면 이에 따라 토지의 비료 분도 많이 소비되기 때문에, 풍작 다음 해에는 특히 시비량을 증가시키지 않으면 충분한 수확을 거두기 어렵다. 따라서 이때 더욱 퇴비의 제조, 녹비의 재배 등을 장려하고 내년의 미작에 대하여 시비량을 증가시킴으로써 더욱 다대한 수확을 거두게 할 것을 기해야 할 것이다.

2. 논의 패발(稗拔)[22], 벼, 조 등의 선수(選穗)[23], 콩의 입선(粒選)[24] 등에 관한 건

논의 패발, 벼, 조 등의 선수, 콩의 입선 등에 힘써야 하는 것은 누누히 주의를 준 바이다. 그런데 이러한 사항은 농가의 노동력을 이용하여 용이하게 실행할 수 있기 때문에, 그 성적의 거부(擧否)는 오로지 당사자가 용의주도한가 아닌가에 달려 있는 것이라고 해야 할 것이다. 지방의 실정을 잘 미뤄 보아 이것의 독려에 힘써서 머지않아 이러한 개량 사항이 대성(大成)하길 기해야 할 것이다.

〈자료 19〉 농업기술관 회동 지시(1915.12)(**朝鮮農會**, 1936, 1085–1087쪽)

1. 농사의 지도 장려에 관한 건

조선 농업의 개량, 진보는 현재 점차 그 시작된 데 불과하고, 지도, 장려에 관한 제반 시설은 그 취지가 지금 아직 농민의 뇌리에 철저하게 되지 않아, 그 진행 과정 중에 방황하고 현실적으로 효과를 거둘 수 있었던 바가 드물었던 것을 유감으로 생각한다. 금후 한층 그 취지의 관철에 힘쓰는 동시에, 제반 시설이 중도에 중지 또는 단절되는 일 없이 시종일관 반드시 최종적 효과를 거두기 위해서는 쉬지 않을 각오로 힘써 노력하는 것이 필요하다.

(중략)

---

22 피를 뽑는 것.

23 이삭을 선별하는 것.

24 낟알을 선별하는 것.

3. 적미(赤米) 제거에 관한 건

조선미 중에 적미가 혼효된 것은 그 명성을 훼손하는 것이 크기 때문에, 이전에 각도에 통첩하여 농가로 하여금 선수의 방법에 의하여 볍씨를 정선하고 적미를 혼합하지 않은 종자를 채취하게 해야 한다고 지시했다. 각지에서 모두 선수의 실행에 노력하고 있을 거라 믿지만, 또한 한층 더 농가를 독려하여 그것을 반드시 행하게 할 것을 기하고 속히 적미 근절의 실을 거두어야 할 것이다.

(중략)

5. 금비 시용에 관한 건

비료에 관해서는 주로 녹비, 퇴비 등 농가에서 제조할 수 있는 것의 시용을 장려하고 금비 특히 수이입 비료의 사용은 피하게 해야 한다는 것은 누차 지시된 바이다. 그런데 여전히 내지인 농업자와 같은 경우에는 툭하면 중점을 콩깻묵(豆糟), 기타 수이입 금비에 두는 자가 있어, 조선 농민이 이에 익숙해질 우려가 있다. 대체로 금비 사용은 농민으로 하여금 비료 생산의 번거로움을 싫어하게 하고 게으름에 빠지게 하는 폐해가 있을 뿐만 아니라, 생산비를 증가시켜 하루아침에 곡가가 저락하는 경우를 만나면 농민이 예상치 못한 손해를 입지 않을 수 없으니 깊이 경계하고 타일러야 할 것이다.

〈자료 20〉 농업기술관 회동 지시(1916.12)(朝鮮農會, 1936, 1089-1092쪽)

1. 농사의 실지 지도에 관한 건

농사의 실지 지도를 기정방침에 기하여 행하고, 농민들이 귀향(歸鄕)하는 바에 미혹되는 것과 같은 일이 없게 하기 위해, 본부에서는 이전에 실지 지도자가 이해해야 할 법규, 훈시, 지시는 물론 농사개량상 필요한 사항의 대요를 망라하여 소책자 「농사지도자필요휴(農事指導者必要携)」를 편성하고 이것을 각도에 배부했다. 그런데 지도에 종사하는 자 중에는 왕왕 이를 숙독(熟讀)하지 않는 자가 있다. 이로 인해 농사 장려의 취지를 이해하지 못한 자가 있다. 따라서 향후 위 책자의 이용에 관하여 한층 더 주의를 더하는 동시에, 실지 지도자 교양에 더욱 더 힘써야 할 것이다.

(중략)

6. 금비 시용의 주의에 관한 건

시비량의 증가는 농사개량상 긴요한 사항에 속하기 때문에 종래 농사에 있어서 극력 자급 비료의 생산, 사용에 노력하게 하였지만, 금비의 시용은 농사의 현상을 미뤄 보아 경계했다. 그런데 최근 금비를 사용하는 자가 점차 많아지고 있을 뿐만 아니라, 1915년(大正 4)에는 전체 토지에서 소비액이 약 35만 엔에 달한다고 한다. 게다가 그 약 3분의 1은 수이입에 의존하는 상황이다. 따라서 금후 자급 비료의 생산 사용에 대하여 일단의 노력을 더하는 동시에, 금비 사용에 대해서는 아래 각 항에 준거하여 더욱 주도한 주의를 기울여야 할 것이다.

(1) 금비는 대개 품질을 식별하기 곤란하여 간사한 상인이 편승하기 쉽다. 또한 지식 정도가 낮은 농민에게는 그 사용 방법이 곤란하므로, 가능한 한 화학비료보다는 어비(魚肥), 깻묵, 겨(糠) 등을 선택하게 해야 할 것.

(2) 금비는 가능한 한 조선 내 생산품을 사용하게 하고, 가능한 한 사용지와 가까운 곳에서 생산된 것을 선택하게 할 것.

(3) 금비의 종류 선택, 사용 방법에 대해서는 가장 간절히 지도할 것.

(4) 농가의 금비 구입에 대해서는 공동구매, 기타 적당한 알선을 할 것.

(5) 평야부 지방과 같이 자급 비료 제조 재료가 부족하고 그 사용할 만한 비료가 부족해 금비로 보충을 하지 않을 수 없는 경우에는, 가능한 한 상당한 부업을 일으키고 이에 따라 비료 구입에 필요한 자금을 얻게 하는 길을 강구할 것. (…)

8. 미간지 이용에 관한 건

미간지 이용은 토지 개발상 기뻐할 만한 것임에도 불구하고, 근래 왕왕 경지로 하기에 적절한 미간지에 대하여 식수(植樹) 계획을 세우는 자가 있다. 이와 같은 경우 토지 이용의 편의를 얻는다고 할 수 없다. 따라서 식수는 가능한 한 산지를 선택하게 하고, 어쩔 수 없는 경우 이외에는 미간지를 경지로 이용하게 하도록 노력해야 한다.

- 각 도별 미작개량 방침

〈자료 21〉 산미개량에 관한 유고(朝鮮農會報 6-8(1911.08), 조선문 22쪽)

경기도 장관은 산미개량에 관하여 아래와 같이 유고하다.

관내 산미는 종자의 선택, 재배, 수확, 건조 및 조제 등의 방법이 적절하지 않아, 적미 및 다른 종자의 혼합은 물론이고 토사, 피, 기타 협잡물이 극히 많아 그 품질을 훼손하는 것이 다대할 뿐만이 아니다. 나아가 시가에 영향이 적지 않음은 항상 유감인 바이다. 이 개량 방법은 여러 종류가 있으나 현재 그 실행이 가장 용이하고 효과가 있는 것은 피의 발취에 있으니, 피는 일단 쌀에 혼입될 때에는 그 제거가 매우 곤란하므로 벼의 출수(出穗)[25] 전후에 두루 이 발취를 시행할지어다. 당업자는 먼저 아래 방법에 의하여 시기를 잃지 않도록 이 제거에 노력할지어다.

아래

1. 피는 종실(種實)이 성숙하기 전에 벼를 해하지 않도록 신중히 도주(稻株)로부터 나누어 근주(根株)와 함께 발취함을 요함. 만약 피의 줄기만 절취하는 때에는 근주로부터 발아, 신장하여 결실되는 것이 있을 터이니 반드시 그 근주를 발취할 것.
2. 발취한 피는 결코 논밭의 두렁 혹은 하천 또는 도로 도랑에 방기하지 말고 속히 충분히 끓여서 가축의 사료로 사용하거나 또는 일정한 장소에 운반하여 건조한 후 연료로 이용하는 등 종자가 산란, 발아하지 않도록 처리할 것.
3. 피의 채취는 두루 실행하지 아니하면 그 효과가 적으니 면 또는 동리 등 편리한 구역 내에서 협의한 후 기간을 정하여 결행할 것.

〈자료 22〉 산미개량에 관한 전북장관의 유고(朝鮮農會報 6-12(1911.12), 조선문 18-20쪽)

지난번 전라북도 장관은 그 관내의 산미개량에 관하야 아래와 같이 유고를 발한지라.

본도의 산미는 종래 군산항을 거쳐서 관외에 수출되는데, 일시 군산 미는 조선 내 각지 산미에 대하여 우등미의 성가를 얻은 것이 있었으나, 근래 타도 산미의 개량이 행해져 본도 미

---

25 이삭이 나오는 것.

를 능가하고, 근시 오사카(大阪) 및 고베(神戸) 시장에서 조선 미에 대한 강평(講評)을 조사함에, 우등의 지위는 마산 미의 점한바 되고, 그다음은 인천, 진남포, 목포, 부산 등이며, 군산 미는 최열등의 지위에 타락한지라. 대개 그 본도 미는 수확의 시기, 건조 및 조제의 방법에 구관(舊慣)을 묵수하고 추호도 개선을 하지 아니함에 기인하고, 본도 미는 미질은 오히려 타 산지 미에 지지 않으나 건조와 조제의 방법에 결함이 있는 고로, 장마기에 이르면 변질하여 영구히 저장치 못함이 열등의 지위에 빠진 바니라. 또 군산의 현미 1석에 대한 1910년(明治 43) 1월부터 12월에 이르는 1개년간의 평균 가격을 봄에 건조와 조제에 주의한 자는 그 그렇지 않은 자에 비하여 1엔 37전의 고가를 유지하고, 또 고베 상업회의소에서 품질 동격의 내지 미 및 조선 미를 비교 품평한 평가를 봄에 많은 것은 2엔 62전, 적은 것은 1엔 27전, 이 평균 2엔 3전의 차액을 보인지라. 이러한 차액이 있으므로 가령 1정보를 경작하는 농가가 미 10석을 수확한다 하면, 그 건조 조제를 개량한 고로 14~15엔의 증수를 얻겠고, 관내 농가 17만 호에 대할 때는 1호 10엔의 증수로 하더라도 170만 엔이니, 종래 평년의 산미 총가액 700만 엔에 비하면 2할 4분의 증수이라. 직접 농가의 이익을 증가시킴은 물론이오, 실로 일반 경제상에 미치는 영향이 적지 않은지라. 본도 산미의 현상이 이러한 고로 본년부터 개량을 행하여 실추한 성가를 회복할지며, 특히 본년은 각 면에 채종전(採種田)을 설치하야 고천수, 조신력의 개량종을 배포, 재배함으로써, 이들은 당연 적기의 예취(刈取)를 하고 또 합리적인 건조 및 조제법을 행함을 요하고, 또 일반 재래종을 재배하는 자에 있어서도 제연(製筵)[26], 제승(製繩)[27]의 부업을 행함에는 짚의 품질을 선택하며 이 그 수확의 시기를 그르치지 말고 강인한 원료를 채취함에 주의치 않으면 안 될지라.

이상 서술함과 같이 수곡(收穀), 건조, 조제의 개선은 중요한 급무인데 아래 각 항을 실행치 않으면 그 목적을 달성하기 어려운지라. 당업자는 차례대로 주지하여 실행상 계산의 틀림이 없음을 기할지어다.

---

26 돗자리를 만드는 것.

27 새끼줄을 만드는 것.

실행 요건 및 방법

1. 도[벼]의 수확 시기

수수(穗首) 황변의 시기에 달하면 즉시 예채(刈採)할 것. 재래법과 같이 볏짚이 완전히 갈색을 보임에 이름은 미질 및 수확량에 손실이 있느니라.

2. 도의 건조법

(1) 예취한 도는 가급적 소파(小把)로 하여 도가(稻架)[28] 건조법에 의하게 할 것.

(2) 도가 건조법에 의할 수 없는 자는 건지(乾地)에 있어서는 답면(畓面)에 확포(擴布)하여 3, 4일간 건조케 할 것.

(3) 지건(地乾)은 수수를 고 위에 두어 확포하고 직접 이삭을 지면에 접촉하지 않게 할 것.

(4) 흩어놓은 도는 2일 이상 반드시 돗자리에 확포, 건조케 할 것.

(5) 재래법과 같이 예취한 도를 대파(大把)로 하여 두렁에 배열함이 장시일에 이르는 때는 미질은 물론 고의 품질을 해하여 제연, 제승의 용에 적합하지 않음에 이르느니라.

3. 도의 제조법

산미 조제의 요는 건조 조제를 충분히 하는 동시에 도(稻), 쭉정이, 싸라기 및 토사 등의 협잡물을 제함에 있으니 즉 다음 각 항을 실행함을 요함.

(1) 패의 혼합을 제하기 위하여 출수 전후에 발취를 시행할 것.

(2) 도를 흩어놓은 곳은 반드시 돗자리를 펼쳐서 토사의 혼합을 막을 것.

(3) 도의 파선(簸選)을 충분히 하여 쭉정이의 혼합을 제할 것.

4. 제연, 제승의 부업을 행하여 조제 용구의 준비를 할 것.

〈자료 23〉 미곡개량에 관한 충남도장관 훈령(朝鮮農會報 13-11(1918.11), 63-64쪽)

미곡은 본도 물산의 대종이며 도민의 경제 및 생활 문제는 하나로 연결되어 이에 달려 있기 때문에, 이것의 생산 증진, 품질 향상, 거래 개선, 수급 조절 등에 관해 예전부터 시설이 태만한 바가 없었다. 그중에서도 미곡의 건조, 조제, 포장 및 저장의 개선에 이르러서는 구체적 방법을 보여서, 이것의 실행을 독려하게 한 것이 하루이틀이 아니다. 그리고 이전에 현미 및

28 벼를 말릴 때 쓰는 건조대.

백미에 대해 미곡 검사를 실시한 이래, 본도 산미의 명성이 갑자기 상승을 보는 데 이른 것은 실로 환영할 만하다. 그런데 돌이켜 도내 생산지의 실상을 생각하면, 미곡의 수수 거래는 지금 벼로 하는 것이 매우 많다. 여러 해 전부터 도에서 현미 거래가 옳다고 보아 이것의 장려에 노력해 왔음에도 불구하고, 인습이 오래되어 이를 용이하게 바꿀 수 없었다. 이로써 널리 농업자를 각성시켜 근본적으로 또 보편적으로 본도 산미개량의 실적을 거두고자 한다면, 단지 미곡 검사를 현미, 백미에 그치지 말고 벼에 미치고, 수이출 반출의 경우 이외에도 생산지 검사를 행하는 것이 매우 급무라고 생각한다. 그러므로 장래 생산 검사 개시를 시작으로 먼저 도 외 반출 벼에 대해 검사를 실시하게 하기로 하고, 현재 심의 중에 있는 것의 경우에는 미리 군 내 농가에 대하여 위 취지를 주지시키고 지금부터 이것의 준비를 정비하게 하여, 벼 검사 실시에 따라 착오가 없도록 주의하게 해야 할 것이다. 더욱이 여기서 고려할 필요가 있는 것은 지주 대 소작인, 거래업자 대 생산자의 관계로, 위에서 서술한 개선에 따른 성과를 단지 지주 또는 거래업자가 농단하게 하는 일 없이 양자 간 공평하게 그 이익을 향유하게 하는 것이다. 이에 대해 각 군이 각 그 상황에 따라서 계획하는 바가 있을 거라 하더라도, 아래에 필요하다고 인정된 사항을 들어 보임에 따라 좇아서 조치를 취함에 유감이 없기를 기해야 할 것이다.

1. 1917년(大正 6) 10월 본도 유고 제1호에 의해 벼의 건조를 좋게 하고 협잡물의 혼입을 방지하는 것은 물론 그 마무리 때 충분히 정선을 행하게 할 것.
2. 개량 농구를 설비하고 사용법에 익숙하게 할 것. (가) 각 군의 농구 보급 계획에 의거하여 농가 각호 또는 공동으로 설비하게 할 것. (나) 자금력이 부족한 자에게는 지주가 대여 또는 급여(給與)하게 할 것. (다) 구입 자금은 금융조합에서 융통을 구하게 할 것. (라) 사용방법의 전습(傳習)을 행하고 농구 사용의 장려를 기할 것.
3. 포장을 개선하게 할 것. (가) 재래 섬은 운반 중 벼의 탈루가 심하므로 가능한 한 속히 이를 가마니로 바꾸고 1가마니의 용량은 5두로 하게 할 것. (나) 각 군 기정 제연기(製筵機)를 설비하게 할 것. (다) 기타는 제2항과 동일함.
4. 개량 가마니를 사용하는 소작인에 대해서는 지주로 하여금 그 비용의 일부를 보급하게 할 것.

5. 우량 벼를 제공하는 소작인에 대해서는 지주로 하여금 장려로 여미(戾米)[29]를 주거나 또는 이를 표창하게 할 것.
6. 지주로 하여금 단독 또는 공동으로 소작미 품평회를 열고 우량품의 생산자를 포상 또는 표창하게 할 것.
7. 미곡업자로 하여금 우량품은 고가로 거래하게 할 것.
8. 지주회·진흥회·농우회원으로 하여금 벼의 건조·조제·포장·저장의 취급에 대해서는 솔선하여 농민에게 모범을 보이고 이것의 지도를 하게 할 것.

- 일본 농업기술자의 미작개량에 대한 의견

〈자료 24〉 사키사카 기사부로(向板幾三郎), 도작개량론(상)(朝鮮農會報 8-12(1913.12), 1-4쪽)

그렇다면 어째서 조선은 이와 같이 내지나 대만에 비해서 수량이 적은가 말씀드리면, 물론 여러 가지 원인이 착종되어 있는 것은 틀림없습니다만 그 주된 원인은 세 가지입니다. 즉 첫 번째는 용수의 불충분, 두 번째는 품종의 열악, 세 번째는 비료의 결핍 이것입니다.

조선에서 흉작의 해라고 하면 어떠한 해인지 말하면, 거의 전부 한발의 해입니다. 즉 조선은 수리의 편리함이 없기 때문에 일단 한발이라 하면 물을 공급할 수 없습니다. 여기서 이미 흉작을 초래하는 것이기 때문에 이 용수에 대해서는 크게 연구하지 않으면 안 됩니다. 이 한 가지 적합한 사례를 말씀드리면 권업모범장의 여기산 기슭에 있는 수전입니다. 면적 4단 2무보 정도 있고 관개는 종래 그 일부에 솟아나는 1개의 우물에 의하고 있었습니다. 그 수전이 모범장의 관할이 된 해에는 정리할 틈이 없고 이미 조선인이 작부를 하고 있었기 때문에 그대로 소작에 부치고 있었습니다만, 그해의 수확고는 1단보 평균 현미 4두가 되지 않았을 정도입니다. 그런데 그다음 해 즉 1910년(明治 43)은 그 토지를 모범장의 직영으로 하고, 새롭게 그 위쪽의 밭을 남겨서 7무보 정도의 저수지를 개착(開鑿)하고, 그 아래쪽 3단 5무보 여에 관개하기로 했습니다. 즉 수전의 면적이 저수지 면적의 5배에 이르렀습니다. 흡사 내지에서 저수지 사업이 가장 발달해 있는 아와지시마(淡路島)에서의 그것과 동일한 비율이 되고 있습니

29 할려미(割戾米). 한 번 받았던 쌀의 일부를 되돌려주는 것.

다. 그리고 그 저수지를 개축한 결과는 어떤지 말씀드리면, 평균 1단보당 현미 2석 2두라는 수확을 거두고 있습니다. 즉 저수지 개착 전에 비해 5배라는 도저히 예상할 수 없었던 정도의 실적을 거두고 있습니다. 이는 단지 한 예에 불과하지만, 조선에서의 용수 문제가 어떻게 필수, 긴급한 사항인지를 알 수 있게 하는 동시에, 어떻게 물 부족으로 인하여 작물의 개량 증식에 지장이 생기고 있는지를 엿볼 수 있게 하리라 생각합니다. 내지에서는 반하반작(半夏半作)이라는 것을 말하고 있는데, 그것은 반하[30] 즈음에 모내기를 하면 반작밖에 수확할 수 없다는 것입니다만, 규슈 지방에서는 반하가 되어도 8, 9분 정도까지는 수확합니다. 그리고 규슈 지방은 따뜻하기 때문에 그 정도로 되지만, 도호쿠(東北) 지방에서는 좀처럼 8분도 수확되지 않습니다. 특히 조선에서는 어떤가 말씀드리면, 물이 없기 때문에 이앙기가 매우 빨리 끝납니다. 그 때문에 때때로 반작은커녕 4분작도 어려운 때가 자주 있습니다. 일반 조선인의 생활 상태를 보면, 어떤 해에 차금을 하는지 말씀드리자면 말할 것도 없이 흉작인 해입니다. 흉작인 해라면 일단 거의 한발인 해입니다. 그렇지 않아도 돈을 변통하기 쉽지 않은 농민이 흉작의 해에 차재(借財)를 하면 한층 그 부담은 증가하고, 부담이 증가하면 빈곤과 고통이 한층 심해지게 되고, 또한 도작개량은 행해지지 않습니다. 그래서 도작이 농업의 주된 것인 이상 도작개량이 행해지지 않는다는 것은 즉 일반 농사개량이 행해지지 않는다는 것이 됩니다. 요컨대 반복해서 말하는 듯합니다만, 치수 사업은 현재 제1의 급무라고 생각합니다.

30 하지로부터 11일째, 양력으로 7월 2일경.

2. 1920~1930년대 산미증식계획

1) 신문·잡지 기사를 통해 본 산미증식계획

(1) 개관 및 해제

1910년대 조선총독부의 개량농법 보급과 품종개량을 바탕으로 한 쌀 증산은 상당한 성과를 거두었다. 1913~1920년간의 미곡 생산성은 연 1.4% 정도의 성장을 거두었고, 특히 개량종 보급률이 높은 남한 지역이 더 높은 생산성 증대 효과를 나타냈다.[31] 그러나 일본 본국에서 1918년 쌀폭동이 발생하는 등 쌀의 안정적 공급이 더욱 중요해지면서 일제는 식민지 조선에서 본격적인 쌀 증산정책을 실시하게 되었다. 대규모 쌀 증산을 도모하기 위해 1920년 토지개량을 중심으로 한 산미증식계획을 실시했다.

일제는 일본제국권 내의 식민지 조선의 산업정책을 정비하기 위해 1921년 6월 '산업조사위원회' 규정을 발포하고[32] 1921년 9월 제1회 위원회를 개최했다. 이 위원회에서 〈농업계획요항〉이 결정되었는데, 제1항이 "조선의 실력을 증진하고 또한 제국의 식량 충실에 공헌하기 위해 산미증식을 도모할 것"이었다.[33] 즉 산미증식계획은 조선 내 식량 수요에 대응한 것이 아닌 일본으로의 미곡 이출이 주 목적이었음을 알 수 있다.

1920년 산미증식계획에서는 30년 동안 논 관개 40만 정보, 지목 변환 20만 정보, 개간 · 간척 20만 정보 등 합계 80만 정보의 토지개량을 목표로 그중 1기 15개년 동안 43만 정보의 토지개량과 경종법 개선으로 900여만 석의 증산을 계획했다.[34] 토지개량공사를 통해서 약 350만석, 이와 함께 토지개량답에서의 각종 개량사업을 통해 총 580여 만 석을 증수하고, 토지

---

31 우대형, 2006, 「일제하 조선에서의 미곡기술정책의 전개」, 『한국근현대사연구』 38집(2006년 가을호), 94쪽.

32 「산업조사위원회규정」(훈령 제36호, 1920.6.6) 위원회는 정무총감을 위원장으로 하고, 위원에는 일본의 관리 및 전문가 9인, 실업가 11명과 조선주재 관리 8명, 재조일본인, 조선인 실업가 각 10명, 총 48명이 임명되었다. 조선의 산업정책을 논의하는 위원회에 일본 정부 관리와 일본의 실업가가 20명이나 포함된 것으로 일본제국 전체의 이해관계를 위한 조선의 식민정책 수립이라는 목적이었음을 알 수 있다.

33 小早川九郎 編著, 1959, 『補訂 朝鮮農業發達史-政策篇』, 財團法人 友邦協會, 373쪽.

34 이송순 · 정병욱, 2000, 「식민지 자본주의의 형성과 발전」, 『한국 자본주의의 역사』, 역사비평사, 108쪽.

개량은 시행하지 않고 농사개량만으로는 315만 석 정도를 증수한다는 계획이었다

산미증식계획은 일본제국 전체의 식량문제를 해결하기 위한 것이었던 만큼 1910년대 농사개량 중심의 증산정책에서 '토지개량' 중심으로 전환했다. 토지개량사업을 법적으로 뒷받침하기 위해 1920년 12월 '토지개량사업보조규칙' 제정[35], '수리조합보조규정' 개정[36]이 이루어졌고, 1923년 3월 '조선공유수면매립령'을 제정했다.[37] 1926년 산미증식갱신계획이 시작되면서 법적으로 토지개량사업을 총괄할 수 있는 '조선토지개량령'이 제정되었다.[38]

그러나 토지개량은 당초 계획을 밑돌아 1926년까지 실제 착수된 면적은 9만 7,500정보로서 착수 예정 면적 16만 5,000정보의 59%에 머물렀다. 토지개량을 중심으로 한 산미증식계획은 당초 계획을 밑돌았고, 오히려 1920년대 전반기에는 논 면적과 쌀 생산량의 정체 현상이 나타났다. 이것은 1920년 '전후 공황'과 물가 앙등으로 인한 공사비의 증대, 고율소작료에 따른 토지소유 수익이 토지개량 수익보다 높았던 것, 시중금리 상승, 총독부 재정 압박 등에 의한 것이었다. 이에 조선총독부는 1926년 산미증식갱신계획을 새로 세워야 했다. 갱신계획에서는 토지개량사업에 대해 저리자금 대부에 의한 자금 보조를 늘리고 대규모 토지개량사업을 주도할 조선토지개량주식회사 같은 반관반민(半官半民)의 사업 대행 기관을 설치했다. 총독부가 적극적으로 개입해서 사업을 촉진하고자 한 것이었다.[39]

이와 같은 1920년대 조선에서 시행된 산미증식계획의 시행 배경, 내용, 전개 과정 및 문제점, 결과에 대해서는 '민족언론'이라 불렸던 한국어 신문《동아일보》및《조선일보》,《시대일보》,《중외일보》등에 많은 기사가 게재되었다. 1920년대는 조선인 민간 신문이 가장 활발하게 발행되었고, 그를 통해 당시 시대 상황에 대한 조선인의 인식과 주장을 살펴볼 수 있다. 1910년대 총독부 기관지 성격의《매일신보》만이 발행되었던 것과 비교하면 1920년대는 상

---

35 「土地改良事業補助規則」(부령 제197호, 1920.12.27).

36 「水利組合補助規程 改正」(부령 제198호, 1920.12.27).

37 「朝鮮公有水面埋立令」(제령 제4호, 1923.3.12).

38 「朝鮮土地改良令」(제령 제16호, 1927.12.28) 이미 토지개량 관련 법률로 조선에 공포되었던 「조선공유수면매립령」(제령 제4호, 1923.3.12)은 시행일을 총독이 정하는 것으로 규정되었는데, '조선토지개량령 시행일로부터 시행'토록 했다. 또한 「조선수리조합령」(제령 제2호, 1917.7.17)도 개정(제령 제18호, 1927.12.28)되었다.

39 1926년 '산미증식갱신계획'은 14개년 동안 35만 정보의 토지개량과 농사개량으로 총 817만 석의 쌀 증산을 한다는 목표를 세웠다(이송순 · 정병욱, 2000, 108쪽).

대적으로 언론·출판·집회·결사의 자유가 일부 허용되면서 식민지라는 한계 속에서도 이를 통해 일제 식민통치에 대한 저항과 독립운동을 전개할 수 있었고, 조선인들 내부의 근대적 계몽과 발전을 도모하기 위한 노력도 이어졌다. 이러한 1920년대 언론매체 중 중심이 된 것은《동아일보》였다. 이에 본 자료집에서도《동아일보》기사를 중심으로 1920년대 식민지 산업정책의 핵심이었던 산미증식계획에 대해 살펴보고자 한다.

1919년 3·1운동으로 폭발한 조선인의 저항을 무마하기 위하여 일제는 1910년대 '무단정치'에서 '문화정치'로 통치 방식을 전환했다. 이러한 통치 방식의 변화는 언론정책에서도 영향을 미쳐 한일합병 이후 발행을 금지시켰던 조선인 민간 신문 발행을 엄격한 감시와 언론 검열을 전제로 제한적으로 허용했다.《동아일보》는 이러한 시대적 배경하에서 창간되었다.《동아일보》는 창간 이후 지면을 확대하고 발행 부수를 꾸준히 늘려 가면서 민족의식을 고취하고 민족계몽운동에 앞장서기도 했다. 조선총독부는 조선인 신문 발행을 허가해 주었지만 기사 내용을 문제 삼아 신문 발매를 금지하거나 기사 삭제, 언론인에 대한 사법 처분을 통해 강력한 언론 검열을 실시했다.《동아일보》는 발행 금지 4회, 압수 489회, 판매 금지 63회, 삭제 2,423회를 당했다. 그러나 1924년 이광수가 집필한「민족적 경륜」이 조선인의 게으르고 무지한 민족성을 교육과 계몽을 통해 개조하여 실력을 양성하는 일이라 강조하여 민족의 즉시 독립을 열망하는 사람들에게 호된 비판을 받았다. 1937년 중일전쟁을 도발한 일제는 물자 부족과 효율적인 언론 통제를 위해 신문사를 통폐합했고,《동아일보》는 1940년 8월 10일 지령 제6819호로 폐간되었다.[40]

일제 시기《동아일보》와 함께 상당한 영향력을 가졌던 신문이《조선일보》이다.《조선일보》는《동아일보》보다 앞서 1920년 3월 5일 창간되었다.《조선일보》는 사료로서는 신간회의 기관지 역할을 담당하던 1920년 중후반의 기사 내용이 민족운동 관련하여 많이 활용되고 있다. 1925년에서 1930년대 초반까지《조선일보》의 논조는《동아일보》보다 진보적·민족적인 성향이 강해서 총독부 식민통치에 대해서도 보다 날카로운 시선을 보이고 있다. 이 자료집에서도 산미증식계획 관련하여《조선일보》의 비판적 기사를 정리했다.

---

40 국사편찬위원회 한국사데이터베이스《동아일보》자료소개~해제. http://db.history.go.kr/ download.do?levelId=npda&fileName=intro_npda.pdf

1920년대는 신문뿐만 아니라 다양한 한국어 잡지가 발행되었다.《개벽》(1920~1935년 발행),《별건곤》(1926~1934년 발행),《동광》(1926~1933년 발행),《삼천리》(1929~1942년 발행) 등이 발행 기간이나 내용 면에서 대표적이다.《개벽》과《별건곤》은 천도교계의 개벽사가 발행한 잡지이고,《동광》은 수양동우회의 기관지였다. 잡지 기사는 월간지인 만큼 신문처럼 사건·사고에 대해 즉각적인 기사는 아니지만 사안에 대해 분석·해석이 이루어지기 때문에 신문 기사를 보완할 수 있는 내용을 가지고 있다. 본 자료집은《동아일보》와 이상의 잡지에 실린 기사를 통해 조선총독부가 시행한 산미증식계획의 내용과 이면, 문제점, 특히 조선인들의 반응과 대응을 정리했다.

산미증식계획은 1910년대 미작개량정책을 체계화하고 확대한 것으로 36년간의 식민통치 기간 동안 1930년대 초반 몇 년간을 제외하면 전시 미곡증산계획으로 부활하면서 계속 추진된 식민지 산업정책이었다. 그 목적은 일본제국의 식량 공급과 확보였다. 본 자료집에서는 그러한 내용을 1921년 개최된 조선총독부 산업조사위원회와 이에 대응한 '조선인 산업대회' 개최, 여기서 제기된 조선인의 대응과 주장을 살펴보았다.

다음은 조선총독부가 제시한 제1차 산미증식계획(1920~1926)과 1차 계획의 실패를 만회하기 위해 재편된 제2차 산미증식갱신계획(1926~1934)의 구체적 내용을 살펴보았다. 1910년대 미작개량사업은 농사개량을 중심으로 진행되었는데, 쌀의 경우는 안정적인 생산량 확보를 위해서는 수리시설이 중요했다. 이에 산미증식계획은 농사개량뿐만 아니라 토지개량사업에 주력했다. 이에 산미증식계획하에 진행된 농사개량사업과 토지개량사업을 나누어 살펴보았다. 신문 기사를 통해 조선총독부와 정책 담당자, 일본 정부의 입장과 정책 시행 과정을 살펴볼 수 있을 뿐만 아니라 산미증식계획이 조선인에게 미친 영향, 그에 대한 이해관계를 파악할 수 있는 기사를 살펴볼 수 있다. 산미증식계획은 일본의 식량 확보를 위한 것일 뿐 조선인 삶의 향상과는 무관한 것이라는 입장, 수리조합이나 농사개량 자금 대출은 대자본가의 토지 겸병을 확대시키는 것, 이로 인한 자작농 몰락, 소작농 확대라는 식민지지주제가 심화되는 상황에 대해서도 비판적으로 지적하고 있다.

1929년 세계대공황 발생과 이어진 농업공황, 산미증식계획 기간 동안 일본으로의 쌀 이출량 증가로 일본 본토에서 쌀 공급량 과잉과 쌀값 폭락이 이어지면서 미곡 통제·관리에 대한 요구가 커졌다. 이에 조선 식민농정의 근간이었던 미곡증산정책은 일시 정지되었다. 1934년

공식적으로 산미증식계획이 중단되었다. 이러한 과정에 대한 다양한 논의를 살펴볼 수 있다.

(2) 신문 기사를 통해 본 산미증식계획

① 산업조사위원회 개최

〈자료 25〉 조선인산업회 조사 방침 결정(동아일보, 1921.07.05, 2면 6단)

이전에 발기된 임시 조선인 산업대회에서는 3일 오후 5시부터 조선경제회 내에서 그 조사위원회를 열고 산업조사 방침에 대하여 토의한 후 조사 사항을 대략 아래와 같이 정하고 동시에 조사위원으로 이범승, 이강현, 남정규, 유전, 김상옥, 강반, 장홍식, 김윤진 제씨가 추가되었더라.

조사 사항 : 농업, 상업, 공업, 광업, 임업, 수산업 등 각종 산업에 대하여 조사하되

1. 금융관계에 대한 실황, 결함, 희망
1. 교육기관에 대한 결함 및 확장의 희망
1. 기타 법률 및 경제적으로 관찰한 각종 산업의 실황 및 결함과 희망

등이며 또 이번에 회동 발기인으로 추가한 제씨는 아래와 같다더라.

이승용, 고은상, 조병택, 권태균, 홍종수, 신구범, 장현식, 김연수, 이준수, 이찬재, 이교석, 김수희, 장두희, 박일병, 최창선, 홍종조, 이상무, 정건상, 정은종, 김창희, 윤명은, 김진현, 조희문, 윤기로, 박운조, 이해조.

〈자료 26〉 조선인산업대회 건의안(동아일보, 1921.09.16, 1면 2단)

조선인임시산업대회에서는 어제 15일 오전 9시에 그 집행위원 윤치호, 김치수, 여병섭, 김종법, 조종구 제씨로 하여금 동회 건의안을 산업조사 위원장 미즈노(水野) 정무총감에게 제출케 하였는데 그 건의안의 내용은 아래와 같더라.

의견서

(중략)

이제 조선의 산업정책을 토의하기 위하여 산업조사위원회가 개최될 즈음에 우리는 충심(衷心)을 피력하여 소견을 개진하노니 바라건대 명찰(明察)할지어다.

건의안 강령

1. 조선인 본위의 산업정책을 확립하되 소수 유산계급의 이익을 목적으로 하지 말고 일반 다수 민중의 행복을 목표로 할 것.
2. 농업을 토대로 하여 상공업의 발달을 기하되 보호정책을 채용하여 경쟁의 참화를 제거할 것.

농업에 관하여

1. 치수, 소수(疏水) 및 관개사업을 성히 하여 토지의 개량을 도모할 것.
   가. 토지개량 기술관을 증치할 것.
   나. 단체적 수리법을 제정할 것.
   갑. 일정한 지역 내의 토지 소유자 및 농업 노동자로 하여금 공동적 단체를 조직케 하고 수리에 관한 각반의 설비를 행하게 하는 동시에 그 단체로 하여금 용수, 기타의 권리, 의무에 관한 규정을 설치하게 할 것.
   을. 경비에 관하여는 국가가 적절히 보급할 것.
2. 권업기관을 확장하여 농업에 관한 일반 지식을 보급케 할 것.
   가. 일반 농업학교, 동기(冬期) 농업학교, 농업보습학교 등을 증설할 것.
   나. 권농모범장을 증설하고 그 주지를 철저케 할 것.
   다. 일반 농업 관계자로 하여금 농회를 조직케 하고 농업 발달에 관한 조사 및 시설을 행하게 할 것.
3. 소작인을 보호할 것. (중략)
4. 특수금융기관을 증설하고 토지개량 및 개간의 자금을 융통케 하기 위하여 토지 저당권 신용을 확장하며 그 토지의 수확 중으로부터 장기에 걸쳐서 연부 상환케 할 것.

5. 각 지방에 금융조합을 증설할 것.

가. 조합원은 소농에 한할 것.

나. 조합의 업무를 축소하고 소농에 한하여 대부할 것.

다. 대인 신용을 향상케 할 것.

라. 운전 자금의 충실을 도모할 것

마. 이사는 각 지방의 신용 있는 조선인으로서 채울 것.

6. 농업 보험제를 설치할 것. (중략)

7. 재면(栽棉) 및 양잠을 장려하고 기타 부산업을 발달케 하기 위하여 특별한 편의를 줄 것.

8. 토지 및 곡류 가격의 심심한 변동을 예방하기 위하여 적절한 정책을 행할 것.

9. 동양척식회사의 이민은 아래의 이유로 이를 폐지하고 일본인 이민에 대한 제도를 조선 농민에 적용할 것. (중략)

10. 만주에 있는 조선 농민을 특별히 보호하여 그 생활을 편안케 할 것.

〈자료 27〉 사설: 조선산업조사회 개회를 맞아서(2). 농업(조선일보, 1921.09.16, 1면 1단)

그러나 재래의 농법은 집약 농법이 아니오 조방한 약탈적 농법일뿐더러 또한 국가에서 하등의 보호를 허락하지 아니함으로 인하여 조선인의 농업은 별로 볼만한 자 없고 거의 위미(萎靡), 부진에 빠지는 중이며 특히 농법 교육기관의 설치가 적어 농업에 관한 지식의 보급이 충분치 못하고 주로 소농의 자금 공급을 목적하는 금융조합은 극히 소수인 이상에 소농과 교섭이 희박하여 농민의 수요를 여의케 아니하는지라. 고로 자금의 빈약을 고하여 수리도 일으키지 못하고 비료도 시비하지 못하고 미간지, 황무지도 개척치 못할 뿐 아니라 기타 내외인의 부호 및 동척 이민에 의하여 재래의 농민은 점차 구축되며 또는 지주의 횡포에 의하여 대다수의 소작인은 거의 곤고(困苦)를 견디지 못하니 금일 조선인의 농업은 도저히 전도의 낙관을 허락하지 않는 현상이다. (…) 조선 전 인구의 8할 되는 농민, 산업 총산액의 8할 되는 농산액의 향상 발전을 도모하려면 상하가 모두 거대한 자금을 투입하여 농사개량의 근본적 시설을 하지 않으면 할 수 없을 것이오 동시에 조선 및 조선인을 본위로 하는 정신을 한각(閑却)치 못할 것이니 이것이 주로 산업조사회에 희망하는 바이다.

〈자료 28〉 산업조사회 결의안(동아일보, 1921.09.22, 2면 5단)

결의안

(중략)

조선 산업에 관한 계획 요항

제1. 농업에 관한 건

1. 조선의 부력을 증진하고 또 제국의 양식 충실에 공헌키 위하여 산미의 개량 증식을 도모할 것.
2. 양식을 충실키 위하여 미 이외의 식용작물의 개량 증식을 도모할 것.
3. 수이출에 적합한 농산물의 개량 증식을 도모할 것.
4. 조선 내 공업의 소지를 배양키 위하여 공업 원료에 적합한 농산물의 개량 증식을 도모할 것.
5. 농가의 부업으로 잠업의 장려 보급을 도모할 것.
6. 농가 노동력을 충족하고 또 식육(食肉)의 충실에 이바지하기 위하여 소의 개량 증식을 도모할 것.
7. 조선의 적합한 말 및 면양의 종류 시험을 행할 것.
8. 농업의 견실한 발달을 기하기 위하여 소작 관행을 개선하고 기타 소농 보호에 관한 시설을 할 것.

〈자료 29〉 사설: 산업조사회의 결의안, 조선인 본위의 반대로 일본인 본위의 정책 (동아일보, 1921.09.23, 1면 1단)

지난 20일에 폐회된 총독부 산업조사위원회의 결의안은 본보에 이미 보도한 바와 같거니와 우리는 종래에 동회에 대하여 조선인 본위의 산업정책을 확립하기를 요망하였노라. 이제 이 근본정신하에 서서 동회의 결의안을 고찰하건대 우리는 그 결의안이 우리의 요망 환언하면 일반 조선인의 여론과 크게 모순됨을 간취하나니 동 결의안은 벽두에 논하되 "조선의 산업상 계획은 제국 산업정책의 방침에 순응할 것을 기하라" 하였으며 계획 요항 제1점에 "제국의 양식 충실에 공헌키 위하여 산미의 개량 증식을 도모하라" 하고 경제 발달에 대하여는 "장래에 더욱 지식 기능의 향상 발달을 촉진하고 근면 협동의 습관을 조장하여 산업 제반의 조직 및 교통 통신의 기관을 정비하며 재력의 충실 및 금융의 소통을 도모하여 일선인 및 일선의 관계 연락을 한층 밀접케 하는 방법을 구하라" 하였도다. 대체상으로 이를 논하여 경제 발달에 지식 기능의 향상 발달이 필요한 것은 물론이며 근면, 협동의 습관을 양성하여 산업의 각반 조직을 정비함이 긴요함은 또한 물론이나 그러므로 우리는 조선인의 산업을 발달시키기 위하여 각 업에 관한 교육기관의 확장을 요구하였거니와 재력 충실과 금융 융통에 관하여 조선인에게 특별한 보호를 더하지 아니하면 환언하면 지식과 기능과 재력의 정도가 아직 저하한 조선인의 향상과 발달을 주요한 목표로 정하고 산업정책을 확립하지 아니하면 결국 일본인과 조선인의 밀접한 관계 연락은 고사하고 상호 적대하는 계급에 분립할 것은 도저히 면치 못할 필연한 사세이니 원래 평화를 초래하는 밀접한 관계는 평등한 지위에 서서 연락이 있을 때에 비로소 오는 것이오 불평등한 지위에 서서 일례를 들면 농노와 농주(農主)와 같은 관계에 있어 평화의 밀접한 연락을 가히 희망치 못할 것이라. 그런즉 밀접한 관계 연락에는 양종(兩種)이 있는 것을 우리는 가히 알지니 도저히 노예의 기반을 벗어나지 못할 관계도 일종의 밀접한 관계이며 상호의 행복과 이익을 증진하기 위하여 도저히 단절하기 어려운 관계도 또한 일종의 밀접한 연락이라. 전자는 동일한 밀접한 관계이나 포학의 관계이며 후자는 전자와 달리 평화와 환희의 관계라. 일본인이 조선인에게 대하여 부과하는 밀접한 관계, 조선인에게 대하여 요망하는 연락은 명칭은 여하간 그 실은 불평등의 연락이며 노예의 밀접한 관계라 할지니. 일본인의 풍부한 재력과 우수한 지식으로써 빈약한 조선인에게 임하면 그 귀결이 혹자의 말과 같이 하나는 차 위의 귀객이 되고 하나는 차 아래의 천부(賤夫)가 될 것이라. 이것이 곧 융화하지 못하고 상호 적대하는 계급에 분립하는 것이며 조선인에 대하여 특별한 보호를 더하지 아니하는 필연한 귀결이라.

조선의 산업상 계획을 일본 산업 방책에 순응케 하라 하는 의미는 무엇이며 일본의 양식을 충실키 위하여 산미의 개량 증식을 도모하라 하는 까닭은 무엇인고. 후자는 전자의 결론이오 전자는 후자의 전제라 할지니 이를 요컨대 조선의 산업 계발은 조선인의 경제적 발달을 위주하는 것이 아니라 일본인의 필요에 응하여 양식을 공급할 필요가 있으면 조선을 일으켜 일본의 양식지로 변할 것이며 원료를 공급할 필요가 있으면 또한 조선을 거하여 원료지를 만들지며 일본인을 이주시킬 필요가 있으면 그 사회적과 경제적과 군사적의 이유를 불문하고 조선을 거하여 일본의 식민지로 변할 것이라. 조선인의 생존권은 제2이오 그 제1은 일본인의 발전권이로다. 이 소위 조선 산업정책은 일본 산업정책에 순응하여야 한다는 의미이니 한층 적절히 그 주지를 척결하면 일본은 정치적으로 군사적으로 조선을 지배할 뿐 아니라 경제적으로 철저히 조선을 일본에게 예속케 하자 하는 것이라. 토지의 예속뿐 아니라 조선인 그 전체의 생활을 거하여 일본인의 그것에 예속케 하자 하는 것이로다. 오호라. 이는 기왕 정책에 돌아보아 분명한 바이라. 조선인 본위의 산업정책을 희망한 우리의 우려를 오히려 연소(憐笑)함이 가하도다.

② 산미증식계획 실시

〈자료 30〉 산미증식계획, 보급금(補給金) 여하에 의하여(동아일보, 1921.11.07, 2면 6단)

산업조사위원회에서 심의 결정한 조선 산업 진흥에 관한 근본 방침 중에는 이미 총독부에서 종래 시설 경영한 것도 있고 혹은 실행할 계획에 속한 것도 있으며 또 재정상 관계로 지금 바로 이를 실행할 수 없는 것도 있어 우선 내년도의 기정 방침인 산미증식계획의 일부와 원종(原種) 개량계획 등을 실행하게 되어 이의 경비를 내년도 예산에 계상 요구하였는데 그 산미증식계획은 15년의 계속으로 총경비 6,000만 원을 투입하여 약 42만 7,500정보의 양전(良田)을 얻어 조선 산미의 증식을 도모하며 식량문제 해결에 힘을 쏟고 또 조선 산업의 대종인 조선미의 위치를 한층 향상케 할 취지인데 현재 총독부와 중앙 정부 간에 문제가 된 보급금 증액 경과 여하에 지대한 관계가 있는 것으로 만약 보급금의 증액이 총독부 요구대로 통과치 아니하면 이 계획도 근본적으로 전복될 터라더라.

〈자료 31〉 보급금 불성립과 정무 영향 여하(동아일보, 1921.11.16, 2면 7단)

총독부 내년도 예산 중 일반회계의 보급금 1,500만 원을 2,000만 원으로 증액하여 중앙 정부에 요구한 것은 누보와 같거니와 본 문제에 대하여는 중앙 정부와 총독부 간에 누누 교섭한 바가 있어 필경 사이토(齋藤) 총독도 이를 위하여 도동(渡東)이던바 대장성(大藏省)[41] 당국에서는 내년도 일반회계 예산의 팽창을 구실로 하여 결국 이를 불허하게 되었는데 총독부에서

41 세입, 세출, 조세, 국채, 조폐, 은행 등을 담당했던 일본의 중앙 행정 기관으로 2001년에 폐지되었다.

는 이 보급금 증액 불성립으로 인하여 내년도 정무 집행상 일대 타격을 받게 되어 허다 신규 사업은 부득이 중지치 아니하지 못하게 된 고로 따라서 예산안을 변경치 아니하지 못하게 되어 식산국의 산미계획과 같은 것은 전부 수포에 되돌아가게 됨과 같은데 위에 대하여 그저께 14일 도쿄로부터 귀임한 하야시(林) 사계과장(司計課長)은 이야기하여 왈

"보급금 500만 원 증액의 건은 그간 각종으로 진력 운동한 효과가 없이 운명이 이미 결정되어 예산 각의에서 불성립으로 결정하였도다. 의회 소집기도 불원(不遠)에 있는즉 이로부터 급속히 내년도 예산안의 변경을 하여야 하겠도다. 그래서 평원(平元) 철도와 산미증식계획 등의 운명도 이로부터 신중 심의를 이루지 아니하면 오늘에 명언할 수 없도다" 운운.

〈자료 32〉 산미증식계획 내용, 경비 245만 원을 계상하여 15개년간에 40만 정보 토지개량(동아일보, 1922.01.17, 2면 7단)

조선총독부 본년도 예산에 신사업으로 계상된 사업 중 특히 산미증식계획에 대하여 그 경비로 245만 8,543원이란 타 경비보다 가장 다액을 계획하였는데 지금에 이 사업 계획의 내용을 들은즉 현재 조선의 답은 150만 정보에 달하였으나 용수의 설비가 완비된 자는 그 5분의 1 즉 30만 정보에 불과하고 그 나머지의 120만 정보는 거의 천연에 방임하여 5년 내지 3년에는 1회의 한발로 인하여 전부 수확 불가능에 빠지거나 또는 대부분의 수확을 감쇄하는 상태에 있어 수리 관개가 가장 급무인 것은 의심할 여지가 없는 사실인즉 이에 대한 설비를 완전히 함은 물론이라. 관개 설비의 완성에 의하여 양답(良沓)이 될 토지가 약 40만 정보, 지목 변경에 의하여 20만 정보, 개간에 의하여 3만 정보, 간척에 의하여 17만 정보, 합계 80만 정보가 될 터인바 그 반수의 40만 정보에 대하여 15개년간 토지개량을 행하고자 함인데 이상의 숫자는 아직 정확한 숫자가 아닌 고로 이때에 첫째로 경작개량에 관한 기본 조사를 조선 전도에 개시한 후 이에 계속하여 토지개량사업에 대하여는 보조금을 교부하게 되었는데 이는 1920년(大正 9) 이전에는 대체로 토지개량에 요하는 투자금의 2할 정도에 상당한 보조금을 교부하던 것을 현재에는 기성전의 관개개선에 대하여는 2할 이내, 개간할 목적으로 지목을 변경하는 자에 대하여는 2할 5분 이내, 개간에 대하여는 3할 이내의 보조금 교부를 세목을 나누어 이 사업의 장려에 노력케 할지며, 둘째로는 토지개량에 관한 장려로써 그 지방의 정세에 순응하는 특수기관을 설치하고, 셋째로는 소규모의 토지개량사업을 보호하여 자작

농자에 대한 편리를 주며 넷째로 조선에는 토지개량사업에 대하여 민간 지도자의 적임자가 극소한 고로 사업의 감독 조성하는 관리를 설치하고, 다섯째로는 경종법의 개량 장려에 적절한 시설을 할 것 등인데 조선의 소작인은 근면치 못하여 시비, 기타 불충실한 고로 미작이 부진하는 근본적 까닭은 수리 관개가 극히 불완전하여 3년 내지 5년에는 1회의 대한발 또는 수해를 당하는 것을 거의 불가항력과 같이 전통적으로 농민이 의식함이 아니면 농사개량의 근본은 수리 관개를 완비하여 한해, 수해 등의 재액을 방비하는 의미에 기인함이라더라.

〈자료 33〉 토지개량을 목적하는 특수회사 설립 문제, 현재 의회에 심의하는 중, 통과하면 금년 설립 착수, 시노하라(篠原) 총독부 농무과장 담(동아일보, 1922.02.05, 2면 5단)

총독부에서는 조선 산미증식계획에 따라서 토지개량을 목적하는 자본금 2,000만 원의 특수회사를 설립코자 현재 의회에 제안되어 사이토(齋藤) 총독 및 니시무라(西村) 식산국장이 이의 설립할 필요에 대하여 설명하는 중이라 함은 별항 동전(東電)[42]과 같거니와 이에 대하여 시노하라(篠原) 총독부 농무과장은 이야기하여 왈 조선의 산미증식을 위하여 기획한 시설로는 기본 조사의 실시, 공사비 보조금의 교부 및 기타 관리에 의한 지도 장려 등이 있는 바가 많으나 그러나 현재 조선의 실정에 비추어 고량(考量)하는 때는 더욱 이외에 특별 시설을 할 필요가 있으니 대개 조선의 농가는 (1) 일반으로 민도가 낮고 인순고식(因循姑息)하여 타산에 소홀한 것 (2) 수리사업은 위험하다 하여 두려워하는 것 (3) 토지개량사업과 같이 곤란한 공동사업의 중심 되는 인물이 부족한 것 (4) 기술자와 자본을 얻기에 곤란한 것 등으로 인하여 이상의 시설만으로는 농민 자체의 기업을 촉진함과 같은 것은 용이하게 바랄 수 없는 바이라. 종래 조선에서 왕왕 특정한 개인에 의하여 수세 징수의 방법에 의한 관개사업과 같은 것 혹은 근래 시행하는 토지개량사업이 대개 일본인의 소유지 구역에 비교적 다함과 같은 것은 명확히 저반의 사정에 의함이라 운하겠도다. 고로 본 계획과 같이 일정한 기간에 적지 않은 면적에 대한 사업의 수행을 기함에는 공사비를 보조하는 등 이외에 신용과 실력을 아울러 가진 자로서 이러한 사업의 중심 기관이 되게 하여 일반 기업자를 위하여 일정한 책임을 부담하여

---

42 도쿄(東京)에서 온 전보.

기술 및 자금의 조달 또는 알선 등에 담당케 하여 전술한 장애를 제거함이 긴요하다 하며 또한 개간, 간척사업과 같은 것은 대개 상당한 재력 및 경험을 가진 기업가에 의하여 경영함이 상례이나 수로 및 수량 등의 관계상 청부(도급) 사업과 병합하여 이를 경영함이 유리한 개간사업과 같은 것은 특설한 기관으로써 이를 경영케 하는 정부의 감독하에 이를 자작농 양성의 목적에 이용하면 세농의 보호상 패익(稗益)이 적지 않을지로다. 그러므로 아래와 같은 강요(綱要)에 의하여 토지개량사업에 목적하는 특수 회사를 설립코자 하는바 이것이 금기(今期) 의회에 통과하는 때는 금년도부터 이를 설립하려 하노라.

〈자료 34〉 사설: 소위 산업제일주의와 조선 경제계(조선일보, 1924.12.20, 1면 1단)

5. 우리는 이러한 견지에서 단언한다. 민중의 생활 안정을 떠난 정치의 본의가 몰각(沒却)되는 것을 또한 소위 산업제일주의 정책의 적극, 소극 양 방면에 있어 어떠한 실적을 드러낸다 하더라도 그것은 다만 기업적인 국가 생산을 적극적으로 증식하게 할 따름이오 조선 민중은 소극적으로 상품, 노동의 임금 소득에 불과할 것이라고.

가령 일보를 양보하여 당국자의 주장하는 대로 또한 예상하는 대로 착착 실시되고 발전이 된다 하더라도 아울러 민중이 근검, 저축의 풍을 진작하더라도 오늘날 모든 자본주의적으로 산업이 발달한 나라와 같이 민중의 생활은 여전히 불안정할 것이다. 다만 다른 나라에 있어 기업가가 개인 혹은 동 민족임에 반하여 정부 혹은 외민족(外民族)이라는 차이가 있을 뿐일 것이다. 요컨대 한 기형적 자본주의를 조선에다 부식하자는 것이 곧 산업제일주의 정책이다.

〈자료 35〉 사설: 조선의 산미증식(조선일보, 1924.12.23, 1면 1단)

그런데 시모오카(下岡) 씨의 산업제일주의 정책의 첫소리로 조선 산미증식계획을 실행하리라 한다. 물론 이것은 멀리 데라우치(寺內) 총독 시대부터 역대 총독의 간판 정책이 되어 있었다. 그러므로 시모오카 씨의 신정책이라고 할 수는 없으나 하여튼 다소의 신면목을 쓰고 나올 것은 가히 예상할 바이다.

오늘날 조선을 경제적 궁상에서 건져 내냐는 계획을 세움에 당하여 조선 산업의 중심인 산미에 치중하는 것은 어떠한 의미로 보아서 당연한 것이다. 그러나 이 산미증식계획으로 말미암아 증수되는 산미가 오직 일본제국의 식량문제를 해결하기 위함에 그 근본주의가 있는 것은 이제 새삼스럽게 지적, 비난할 필요가 없는 문제이지마는 이제 그 소위 신계획의 의도로 엿보건대 소작농까지를 일본 이민으로써 하겠다는 것이 명료한 사실이다. 그러면 이 소위 산미계획이 조선인의 생존, 발전을 조장, 부식함에 전혀 무의미할 뿐 아니라 도리어 조선인의 생존, 발전을 위협하는 것임을 당국자는 고려함이 있는가 없는가. 우리는 동 계획의 전도(前途)에 주목을 불태(不殆)하는 바이다.

③ 산미증식갱신계획 실시 – 토지개량사업의 강화

〈자료 36〉 시평: 산미정책(조선일보, 1925.06.22, 1면 3단)

일본 정부 당국자 및 조선총독부 당국자는 말할 때마다 반드시 조선 산미증식책이라 한다. 그것은 소위 제국의 식량문제 해결상 조선이 그 중요한 지위에 있는 까닭이라 한다.

양을 치는 자가 양을 기르는 목적은 물을 것 없이 털을 깎아 먹는 데 있을 것이니 그네가 우리를 통치한다는 것은 그들의 이해를 떠나서 상상키 어려울 것은 당연한 바이다. 그러나 그들이 말하기를 양을 치는 목적이 양을 위하는 것이라 하는 것이 도리어 골계(滑稽)[43]이다. 일본인의 자작, 자급을 위하여 조선의 산미를 증식하거나 조선미를 흡수하기 위하여 관세를 철폐하고 우대 방법을 강구하거나 그것은 그들의 임의이어니와 그 반면에 우리의 식량문제는 우리가 스스로 강구치 않으면 안 될 것이다.

〈자료 37〉 사설: 소위 산업제일주의 정책과 미곡 이출 문제에 관하여(조선일보, 1925.07.09, 1면 1단)

3. 이와 같이 그럴듯한 구실하에 실행되는 산업제일주의 정책은 현재에 있어 또 장래에 있어 조선인의 실생활과 어떠한 관계가 있는가. 과연 당국자의 표방하는 바와 같이 조선인의 생활은 불안에서 안정으로 저하에서 향상으로 또 궁핍에서 부유로 전환될까? 아니다. 사실은 정반대의 결과로 역행하고 있다.

보라! 반관적 회사 및 개인 영리회사의 토지개량과 산미증식의 제반 계획으로 말미암아 증

---

43 익살스러워 웃음을 자아내는 일.

수되는 미곡이 직접 우리의 생활 자료가 되는가 아니 되는가. 또 일본의 5정보 이민이 장려되는 반면에서 조선인은 집약농의 이익과 그의 모범을 향유하기 전에 먼저 소작권을 잃고 미로에 방황하게 될 뿐이 아닌가. 그리고 조선미 이출이 점차 왕성하게 되는 동시에 미가가 분등(奔騰)하는 결과는 마음속이 부유하여지는 것은 극소수의 호농과 무곡상배(貿穀商輩)에 그치고 다수한 소작인 즉 생산물이 수출의 여유는 고사하고 타조장(打租場)에서 식량이 부족하게 되는 그들과 고가의 미를 또한 따라 고가가 되는 외래 만속(滿粟)을 소비하게 되는 외에 어떠한 이익이 있는가. 다만 식량문제의 해결도 말미암아 한 걸음 한 걸음 생활이 간고(艱苦)하여질 뿐이 아닌가. 이만하면 소위 산업제일주의 정책이 현재, 미래에 있어 조선인의 생활에 어떠한 효과를 나타내게 될는지 이것을 명백히 깨달아 헤아릴 수 있지 아니한가.

〈자료 38〉 사설: 산미증식책의 표리(시대일보, 1925.08.07, 1면 1단)

3. 이와 같이 산미증식책은 그 경영 관계가 반관반민, 일보를 나아가서는 각 방면의 사무운용이 조선총독부의 직접 관리제로 보아 사실상 정부의 사업이라 할 것이니 그 이유와 필요가 어디에 있다 하는가! 조선 산미는 조선 산물 중 대종이 되는 농산이니 그 경작지를 개량 혹은 개간하며 그 품질을 향상하는 동시 생산량을 증가하여 조선 부력을 증식하려는 데 있다 하면 그 이상 및 주의에 대하여 찬의를 표하지 아니하지 못할 것이다. 그러나 이에 관하여 하등 성의의 단서라도 실지적(實地的)으로 표현됨이 없는 이상은 맹목적으로 부화(附和)하지 못할 것이다.

4. 어째서요. 비록 경작지가 개량 증가된다 하며 그 생산 수량이 증식된다 할지라도 경작지의 사용 및 산물 분배제가 적절치 못한 현재 상태로는 특히 소농민의 안정 및 이익을 유지할 수 없으며 이와 반하여 사용 및 분배제가 공평하다 할지라도 법률상 부담이 또한 증가된다 하면 이에 이르러서는 득실 일반으로 소농민의 생활력 증진, 농촌 생활의 안정을 실현치 못할 것이다. 그러므로 (1) 지주의 경작지 처분권 조절 (2) 소작물 분배의 공평 (3) 세제의 공평을 실현함이 아닌 이상은 소농민의 생활상 또는 사회정책상 산미증식의 목적이 관철되었다 못할 것이다.

5. 그런데 재래 당국의 소위 산미증식정책은 이에 위배된 혐의가 없지 않다 할 것이니 즉 조선 산미증식책은 일본의 식량문제를 해결하려는 데 전심(專心)된 농정이며 또는 일본 이민

을 증가하는 것은 물론 일본인 자본을 수입케 된 것이다. 다시 말하면 전기(前記) 조선토지개량주식회사는 즉 제2 동척이 될 것이 명약관화한 사실이다. 그러면 경지의 증가 개량 결과 산미증식의 대계획이 수립되었다 할지라도 결국은 일본인을 위한 정책으로 보아 이것이 과연 사실이라 할진대 그 표리부동한 것을 수긍하고 인정하지 못할 것이니 시모오카(下岡) 씨의 성의 여하를 주목치 아니하지 못할 것이다.

〈자료 39〉 산업제일주의, 각상(各相)에 역설(동아일보, 1925.09.25, 1면 9단)

일본 식량문제의 항구적 해결은 인구 문제에 관련하여 매우 중요한 문제로 역대 내각이 이의 대책에 부심하였으나 아직 확립을 보지 못하게 되었다. 현 정부는 국민 생활의 현재 및 장래에 비춰 보아 이때 기어이 항구적 식량정책의 확립을 기하여 조속 농상은 주로 조선총독부와 협력 노력 중이오 조선총독부는 시모오카(下岡) 정무총감의 소위 산업제일주의에 의하여 산미증식 10개년계획을 중심으로 조선척식대계획을 수립하고 지난번 총감이 상경하여 수상, 장상과 회견하여 내용을 설명하고 의견을 역설하여 구체적 교섭을 시작하려 할 당시 병이 들어 현재 자택에서 요양 중임으로 구사마(草間) 조선 재무국장은 급거 상경하여 오늘내일 중에 내각, 대장성, 척식국 등 관계 방면과 절충할 터인데 조선 척식대계획안은 1915년도부터 1924년도까지 10개년 계속으로 산미증식계획을 수립하여 사업비 2억 5,000만 원으로 800만 석을 증수하랴 함이오 치수비는 총액 1억 5,000만 원으로 10년계획이라더라.

〈자료 40〉 사설: 토지개량과 토지겸병(동아일보, 1925.10.12, 1면 1단)

3. 즉 생산이 발달되면 반드시 일반 국민의 경제적 행복이 증가하여야만 할 것인데 실제는 이와 반대되는 현상이 허다하니 각국에서 논의되는 사회 문제는 이것을 웅변적으로 증명하는 바가 아니고 무엇이냐. 다수 국민의 경제 행복의 향유는 도리어 쇠잔되어 있다. 그것은 무슨 까닭이냐 하면 증가되는 생산이 소수인에게 독점되기 때문이다. 그러나 분배 제도 개선에 대하여 노력할지언정 생산 감축을 도모할 필요는 없다고 하는 것과 같이 우리는 조선의 산미 증수에 대하여 반대치 아니하나 토지개량, 산미증수계획에 따라서 토지 그것이 겸병이 발생하고 따라서 그 수익의 독점이 더욱 맹렬할 것을 우려하는 바이니 토지개량 경영비가 정부의 저리 금대(金貸)하에 의하게 되거나 정부 보증의 토지 공채에 의하게 되거나 어떠한 재원과

지출 방법에 의할까를 물론하고 결국 그 경비 부담자는 수리조합이면 조합원, 토지 소유자이면 일반 지주가 될 터이니 대지주에 한하여는 그러할 염려가 없다 할지라도 소지주 근근히 보농(保農)하는 자작농자는 장래보다도 현장의 곤경을 피하기 위하여 소유지 원매(願賣)[44]에 내놓을 자 많을 것이오 이를 매수할 자는 자본 계급 또는 일본인 투자가가 될지니 토지개량계획이 진행되는 그동안에 대부분의 토지는 겸병되고 말 것이다. 이것은 다만 추상론이 아니오 현재에 있어서 그러하다. 수리조합 발달된 지방에 얼마나 많은 소농자의 소유 토지가 조합비 부담 곤란으로 자본가와 대지주에게 매수되는가를 보면 명확하지 아니한가.

〈자료 41〉 산미증식의 제1안은 실패, 제2안의 실현 노력(동아일보, 1925.10.25, 1면 8단)

조선 산미증식계획은 지난번부터 당국자 간에 절충을 거듭하였으나 대장(大藏) 당국의 방침은 비모채주의(非募債主義)[45]를 지속할 때를 당하여 특히 조선만 적극적으로 모채를 행하게 함은 당국의 주의에 반하는 것임으로 재원을 공채에 구함은 인정할 수 없다고 하여 제1안은 매장되었으므로 구사마(草間) 재무국장이 일차 조선에 귀환하여 연구를 거듭하고 재차 도동하여 현재 관계 방면에 제2안의 양해를 구하며 만약 2안이 용인되지 않으면 제3안을 실현할 의향으로 필사 활동 중이다. 들은 바에 의하면 재원을 공채에 구하는 것은 위의 이유로 단념하고 있으나 다시 재원을 저리자금에 구하든지 또는 총독부의 직영이 불가능하게 되면 별항의 회사에 경영케 하여 조성법을 취하든지 어떠한 방법으로든지 기어이 실현시키려는 모양이더라.

〈자료 42〉 산미 타협 드디어 성립, 총경비 1억 900만 원 축소, 14년 계속사업으로 (동아일보, 1925.11.20, 1면 7단)

조선 산미증식계획은 시모오카(下岡) 정무총감의 경륜에 의하여 일시 해결 곤란에 빠지게 되었으므로 사이토(齋藤) 총독은 재차 도동하여 각 방면에 극력 권장을 시도한 결과 아래와 같은 타협안이 성립되어 원만 해결을 보게 되었더라.

44 팔고자 하는 것.
45 공채 모집을 하지 않고자 하는 방침.

▲ 총독부 원안

1926년도(大正 15)부터 10개년 계속 총액 3억 원, 10년도 할(割) 3,000만 원을 저리자금에 의함.

▲ 타협안

1926년(大正 15) 이후 14개년 계속으로 연장(4개년 연장)하여 총경비를 1억 900만 원에 감소하고 1926년도(大正 15) 이후 연 할당액을 850만 원으로 하되 저리자금을 융통함.

〈자료 43〉 사설: 다시 산미증식 문제를 논함(조선일보, 1925.11.20, 1면 1단)

4. 그러므로 총독부 측에서 융통하며 보조할 금액은 염려 없게 되었다고 볼 수 있다. 그러나 민간의 사업가는 토지개량비 2할 내지 3할의 보조만 받아 가지고 그 나머지 7할 내지 8할의 개량비를 용이하게 융통할 수 있을까 하는 것이 그 계획의 실현 여부에 대하여 중대한 관계를 가지고 있는 것이다. 총독부에서 그 원안 즉 10년간 3억 원 계획을 실행하려 함에 당하여 대장성으로부터 매년 3,000만 원의 융통을 받기를 요구하였다 함은 민간의 사업가에 대하여 토지개량비의 7할 내지 8할을 저리로 융통코자 함이오 또 그러한 민간 사업가가 없는 경우에는 총독부에서 자진하여서라도 그만한 계획을 실행할 만한 준비를 하려 한 것을 의미한 것이었었다. 그러나 연액 3,000만 원 안이 실패되고 본즉 총독부에서는 금후에 별개 방법을 취하여 토지개량 자금을 융통하지 않는 이상 민간의 사업가는 선은(鮮銀), 식은, 동척 등에 향하여 장기의 자금 융통을 구하지 아니하면 아니 될 것이다. 그러나 상기의 세 금융기관은 과연 그에 응할 만한 준비가 있을지 퍽 의문이다. 더군다나 동척은 문제 되는 90만 원 부정 대부 사건을 위시하여 다액의 부정 대부가 있는 듯하고 식은은 기왕에도 토지개량에 대하여 이미 1,600여만 원, 수리사업에 대하여 2,680여만 원을 융통하고 있는 터인즉 얼마만 한 여력이 있을는지 의문이다. 또 선은으로 말하면 그 은행의 목적상으로 보아서 설사 여력이 있다 할지라도 토지개량과 같은 사업에 대하여 거액의 장기대부를 행할 수 있을는지 또 선은이 그만한 여력이 있다 하면 총독부에서 대장성에 요구함이 그와 같이 간곡한 이유를 알 수 없을 터이니 요컨대 선은에도 그러한 능력이 없다고 볼 수밖에는 없다. 이와 같이 보아오면 시모오카 쥬지(下岡忠治) 씨의 800만 석 안은 매우 실현성이 박약하다고 보지 아니할 수 없다. 즉 총액 3억 원으로 보면 1억 900만 원을 제한 1억 9,100만 원 판출(辦出)의 어려운 문제가 있다. 금액에 상당하도록 계획을 근본적으로 축소한다면 이 소위 태산명동서일필(泰山鳴動鼠一匹)의

류라고 보지 아니할 수 없을 것이다.

〈자료 44〉 타협이 성립된 산미증식안 내용, 14년 후 수입 인(籾) 401만 석(동아일보, 1925.11.21, 1면 8단)

조선 산미증식계획을 포함한 1926년도(昭和 15) 조선총독부 특별회계 예산 신규 요구는 현재 대장성 주계국(主計局)에서 심사 중이던 바 19일 오전 9시 조선총독부의 구사마(草間) 재무국장이 대장성에 출두 그 안의 설명을 하였다. 그 내용은 극비에 부치고 있으나 측문(仄聞)한 바에 의하면 개척 단별 27만 정보인데 사업비 1억 6,600만 원, 10개년 완성의 계획으로 위는 수리조합 및 경지조합으로 하여금 행케 하는 것이고 1억 6,600만 원의 사업비 중 법규에 의하여 총독부는 4,700만 원을 보조하여 잔액 1억 1,900만 원은 동척 및 조선식산은행에서 융통하게 되었으며 그 자금의 1억 원은 예금부에서 1,900만 원은 일반 시장에서 얻으려는 것이다. 사업이 완성될 때에는 인(籾) 410만 석을 얻게 되고 위 안에 의하면 총독부 예산은 수리조합 및 경지조합 보급금 금년도 할(割) 470만 원 및 산미증식계획에 의한 수원(水源) 함양림(涵養林) 사방공사, 하천 개수, 도로 개축 등의 조성비를 요하는 것이라 다시 이에 대하여 주계국은 사정하려 한 것이다. 그런데 위 산미계획에 관련하여 현재 수리조합에 맡긴 융통은 9분 5리에 상당하고 농업자금으로 고리에 과함으로 8분에 이하(利下)하도록 예금부 자금의 융통을 함에 대하여서도 교섭하여 대체 양해를 얻은 것이더라.

〈자료 45〉 산미증식 진용 3과 신설, 개간, 서무, 수리로(동아일보, 1926.05.09, 1면 9단)

총독부는 금년도부터 시작할 토지개량사업은 처음 관제를 개정치 않고 총독부의 사무분장규정을 개정하여 식산국 내에 토지개량부를 설치하고 부장을 두어 사무를 통할하고 1927년(大正 16)부터 수리국으로 승격시킬 예정이었던바 법제국에서는 불철저한 안이라고 인정치 아니함으로 부득이 부(部)를 두지 않고 개간, 서무, 수리의 3과를 두고 개간과장은 칙임 사무관으로 하여 전 과를 통일케 하나 사실상 부장 대우로 하기로 되고 수리부의 진용은 개간과장으로 아다치(安達) 상공과장, 소노다(園田) 이재(理財)과장 양씨[중 한 명이 온다는] 설(說)이 오고 가고 수리과장은 이케다(池田) 기사, 서무과장은 유무라(湯村) 토지개량과장으로 내정된 모양이더라.

〈자료 46〉 사설: 산미증식계획 수행에 맞아서, 소작농과 자작농(동아일보, 1926.10.30, 1면 1단)

2. 이를 불구하고 당국자의 소위 산미증식계획에 대한 성명은 완전히 일본인의 식량문제 해결에 그 필요를 주지로 하였던 것이다. 어찌하여 조선의 모든 산업이 대다수의 조선인의 행복과 발전을 위하여 계획되며 수행되지 못하고 완전히 일본의 인구 문제 해결을 위하여 또는 소수의 일본인 주민을 위하여 발안이 되며 실현이 되어 가는가 이를 생각하고 저것을 생각할 때에 우리의 불만과 불평이 실로 그 끝이 없었던 것이다. 그러면 그 소위 산미증식계획에 대한 수행 방침은 과연 어떠하였던가. 일로 인하여 반관적 토지개량회사가 출현되고 또한 조선인의 원부(怨府)[46]가 되는 동척회사의 활동을 보게 된 것이다. 이리하여 당국의 원호(援護)하에서 거대한 자금을 포옹하고 특수한 기술을 더하여 개간과 수리의 양대 업무를 계획, 집행한다는 표방하에서 조선 반도의 토지는 석권의 세로 독점 겸병의 결과를 당할 것은 예측키 어렵지 않을 것이다. 그러고 보면 조선 인민은 마저 남은 농토까지 잃어버리게 되는 판이 아닌가. 이것이 만일 당국자의 산미증식계획에 대한 근본 방침이라 하면 우리는 다시 군말을 필요로 하지 않거니와 그렇지 아니하고 착오된 '산업제일' 정책의 폐단과 근심이라고 할 것 같으면 우리는 이에 있어서 소작농의 보호와 자작농의 창설을 절규하여 마지아니하는 바이다.

3. 요컨대 현대의 사회 문제는 자본주의의 전횡에서 그 화근이 발하고 자본주의는 자유방임의 생산정책에서 그 폐맥(弊脉)이 배태된 것은 부정치 못할 역사적 사실이다. 그러므로 이 화근과 폐맥을 예방키 위하여 또는 분배의 공평을 기하기 위하여 적극적으로 보호책과 제한책을 단행하는 것은 보통의 관례이다. 독점 겸병이 장려될 것도 예상할 바이며 또한 이에 따라서 소작권의 이동과 자작농의 감축도 현저할 사실일 것이며 이리하여 중대한 사회 문제가 야기될 것도 필연한 형세일 것이다. 이에 있어서 소작권의 확립과 자작농의 창설과 보호가 긴급한 방책일 것이다. 적극적 생산책이 있으면 동시에 공정한 분배법이 있을 것도 물론이다. 당국자의 소견과 성의가 과연 어떠한가.

46 사람들의 원한이 쏠리는 곳.

〈자료 47〉 사설: 토지와 농사의 개량, 조선인 본위로 하라(동아일보, 1926.12.22, 1면 1단)

3. 일례를 들면 식은(殖銀)과 동척에서 취급하는 농사개량 저리자금은 7주 9리이면서 금조(金組) 취급은 담보 있고도 7주 8리, 담보 없으면 9주 6리라 하니 이것은 혹 부득이한 사정인지 모르거니와 이것도 대자본가에게 유리하고 소자본의 농민에게 불리한 결과를 초래할 것이 아닐까. 기왕 국가적으로 하는 사업이라 하면 좀 더 소지주에게 유리한 방법을 내일 수는 없을까. 또 대행기관이란 것도 대규모의 토지개량을 목적으로 하는 대자본가의 전용물이 되지 아니할까. 이리하여 토지와 농사의 개량이 대자본가로 대규모로만 가능하게 되어 더욱 조선의 토지겸병의 폐를 조장함이 없을까. 만일 당국자에게 좀 더 소자본인 조선인 농가의 이익을 고려하는 성의가 있다 하면 차라리 저리자금의 이익을 소농에게도 균점케 하고 토지개량의 기술자를 정부 직속으로 하여 소규모의 토지개량을 소농 자신이 가능하도록 하게 하는 편법이 없을까.

4. 더구나 대자본 융통을 동척과 식은에 위임한다 하면 비록 그 대부 방법을 법규로 정한다 하더라도 자연 일본인 제일주의에 빠질 위험이 있지 않을까. 차라리 조선인의 사정을 더욱 잘 아는 조선인 은행에 일부라도 위임하는 것이 조선인 위하여서는 이익이 되지 아니할까. 만일 그것이 다 불편하다 하면 2억 3,800여만 원이라는 대금으로 토지와 농사개량을 목적으로 하는 특수기관을 정부 직할하에 두는 것이 도리어 공평하지 아니할까.

〈자료 48〉 사설: 조선인의 식량(조선일보, 1927.05.21, 1면 1단)

4. 줄여 말하면 조선 농민은 금년도에는 약 600만 석의 백미를 남에게 주고 자기들의 생활은 300만 석의 만주 속으로 벌충하는 것이다. 그리하여 비례는 매년 증가하여 간다. 조선의 산미증식안이 얼마나 큰 효과를 나타낼는지 모르나 조선인의 백미 주고 속식(粟食) 하는 이 경향을 얼마나 경감할는지? 알지 못하겠구나. 이 경향이 더하지나 않았으면 다행한 일이겠다. 일본의 금융자본의 침입은 이 토지 투자로 그 형세가 격증할 것이며 오늘날의 격렬한 산업 경쟁은 중소의 농지 경영자들의 몰락이 점점 심하여 갈 것이오 산물의 증가로 인하여 이때껏 유지하여 오던 그 가격은 비교적 저락을 면치 못하게 될 것은 머지않은 장래의 일일 것이다. 조선 사람의 주요 산업인 농업도 차차로 조선 사람의 손에서 떠나가는 현상은 이 어찌 평범한 일이랴. 백미의 이출, 만주 속의 수입 증가의 현상은 이 또한 조선 사람의 무산화하여

몰락하여 가는 경향의 일단을 여실히 증명하고 남음이 있다. 우리들의 크게 각성하지 않고는 안 될 때가 돌아온 줄로 믿고 바라는 바이다.

〈자료 49〉 사설: 자작농의 몰락(조선일보, 1932.07.30, 1면 1단)

2. 모든 농업국에 있어서 자작농의 사회적, 경제적 지위가 얼마나 중요시된다는 것에 대하여는 이제 새삼스럽게 구차한 순리적 설명을 가할 필요조차 없는 것이지만 조선의 농업 경제의 중견적 부분이 전 단에 표시한 바 숫자와 같이 급격한 템포로 몰락 과정을 밟게 된다는 것은 무엇보다도 조선 경제의 불건전한 병적 상태를 단적으로 표시하는 것이다. 자작농이 이와 같이 급격히 몰락되지 아니하지 못하는 데는 여러 가지의 원인이 있겠지마는 먼저 수리조합의 조직에 의한 대지주의 자작농 압박을 들 수 있다. 그러고 그다음 농산물의 가격 저락, 생산비의 상대적 증가, 생활비의 팽창, 국가, 지방에 대한 부담의 비교적 중과 등등을 열거할 수 있을 것이다.

(중략)

4. 요하건대 조선의 농촌 경제의 중견적 부분인 자작농을 철저적으로 보호하여 빈사의 농촌에 생기를 주입하려면 무엇보다도 산미증식계획의 전환, 수리조합의 적극적 정리, 부담의 누진적 법칙에 의한 경감, 저리자금 이용 범위를 확장하여 소자농(小自農)에게도 직접 이익이 점급(霑及)케 할 것 등등의 사회정책적 시설의 주도를 기치 아니하면 안 될 것이 아닌가. 그런데 산미증식계획의 변경으로 인하여 일본의 식(食)지 문제를 우려한다던 수리조합과 수리사업의 필요성을 혼동한다는 것은 인습에 얽매여서 혹은 부질없는 관권 만능주의의 적폐에의 굴종을 반복하여 조선 농촌의 갱생을 방해하는 것이라 한다. 그러면 조선 농촌을 구원할 광명은 어디로부터 오려는가?

④ 토지개량사업

〈자료 50〉 사설: 토지개량사업에 대하여, 수리조합과 민원(동아일보, 1922.05.10, 1면 1단)

무론(無論) 이에 대하여는 여러 가지 원인이 있을지니 첫째 조선인 지주의 일부는 수리사업이 종국의 이익됨을 깊이 생각하지 못하고 수리사업으로 거액의 채무를 짐에 불안의 생각을 품음과 둘째 소유 토지에 대한 공과 부담은 매년 증가함에 따라서 토지로부터 얻는 수익이 감소하는 이때의 수리자금을 다시 부담할 때는 비록 다소의 수확 증가가 있을지라도 향촌의 소지주는 채무 변상의 완료 시까지 그 생계에 영향을 미치게 하는 것이 주요한 반대 이유이므로 당국자는 이러한 사정에 비춰 보아 상세하고 세밀하게 주의하며 간독히 지도하여 관계인의 완전한 양해를 얻기까지 부단히 노력함이 가하거늘 제일 당국자는 사공(事功)에 시급하여 관계 지주에게 고압적 태도로써 동의를 강요하여 반대로 지방 인민의 반감을 삼과 셋째 수리사업의 경영에 의하여 최대의 이익을 얻을 자를 위하여 그밖에 다른 지주에게는 반대로 손해가 있음을 생각하지 않는 정실의 폐가 있는 것 등은 당국자에게 있는 결점의 주요한 것이라.

〈자료 51〉 수리조합 실패, 지가 대저락(조선일보, 1923.08.21, 2면 6단)

수리조합은 총독부 산미증식의 대방침으로 적극적 장려를 행하고 2할 내지 2할 5분의 장려금, 보조금을 교부하여 식은 및 동척으로 하여금 9분 3리로 연부 자금을 융통케 하는 바 1차 수해 등으로 공사가 파괴한 때의 특별 보조금과 같은 것도 소액에 불과하고 아직 개시 후 일천한 고로 충분한 결과는 판명치 아니하나 대체로 다수 실패하는 모양이라. 즉 조합에서 즉 해산의 건백서를 제출한 자가 둘, 셋에 그치지 않으니 이는 예정과 같이 증수치 못하고 부담만 증수한 결과 지가는 반대로 조합 성립 전보다 저하한 현상이므로 총독부의 보조금을 증가할 수밖에 없는지라. 원래 간선 수로와 같은 것은 국가사업이 될 것이어늘 전혀 생각하지 않는 것과 같은 것은 근본적 착오라더라.

〈자료 52〉 토지개량과 자금, 니시무라(西村) 식산국장 담(동아일보, 1924.10.20, 1면 10단)

20일 입경할 가와타(河田) 박사 및 현물단(現物團)에 대하여 니시무라(西村) 식산국장은 조선의 수리관개사업에 대하여 설명할 터인데 그 현상에 관하여 기자에게 말하되

"산미증식을 도모하기 위하여 제1기 사업으로 40만 정보의 토지개량을 계획하던 당시에 비하면 현재 사업의 상태는 늦어진 감이 있다. 이 원인은 물론 실행기관이 설치되지 못한 것과 예산이 삭감된 까닭이지마는 이외 특종의 사정에 의하여 때로 둘, 셋의 사업의 보조금을 증가하리라고 예산은 여전히 증가되지 아니함으로 자연 축소하여 가는 형편이다. 특수기관

을 설치하려 하여도 국영안이든지 회사안이든지 그 자체는 근소한 자금으로 될 수 있으나 사업을 행함에는 이를 합하면 이자를 계산치 않고도 약 3억의 자금을 필요로 한다. 이에 이자를 가산하면 5억쯤은 될 줄 생각하는데 15개년의 연부상환으로 할지라도 원금만이라도 매년 2,000만 원을 계상하여야 되겠기로 일본 정부와 조선의 현상에 있어서는 실현 곤란이라고 사료되나 이 점에서 일대 결심을 가지고 상당한 설비를 행치 아니하면 제1기 사업도 언제 완성될지 의문이므로 총감도 이 점은 양해한 줄 생각한다. 그러하나 현물단의 입성을 맞아서 이렇게 추상적이고 막연한 일을 말할 수는 없다" 운운.

〈자료 53〉 시평: 2배 된 수리비(조선일보, 1924.11.16, 1면 2단)

내년도의 수리자금이 금년에 비하여 2배의 거액이 되리라 한다.

시모오카(下岡) 씨가 일래(日來)에 역설하는 산업 입단(立團)과 궁민 구제의 방침에 의하여 안출(案出)한 조선 산미증식과 한해 복구, 수리조합 적극적 원조의 실현안으로 식은으로 하여금 1,300만 이상의 수리자금을 저리로 융통케 하고 동척으로 하여금 다시 4, 500만 원의 수리자금을 정부의 보증채무 중으로 할출(割出)할 터이며 이에 식은과 동척의 계속 지출액 360만 원을 합하면 약 2,000여 만 원이 수리사업에 운용되리라 한다.

이로 인하여 수리사업 경영자 및 토목사업 청부업자는 드문 호기를 만나게 될 것은 물론이다. 그러나 이러한 청부업사, 경영자의 거의 전부가 조신인이 아닌 깃은 물론이어니와 세력상 권형(權衡)을 얻지 못한 조선인은 이러한 경우에도 항상 쫓겨 가는 이의 비애를 보게 되는 것은 매우 흔한 일이다. 시모오카 씨가 모처럼 서두는 일도 그 결과가 이래서는 조선인은 드디어 소득이 별로 없을 것이다. 그러나 그는 꼭 시모오카 씨의 과실은 아니다. 일선인의 대치한 관계가 필연으로 그리되게 한다.

〈자료 54〉 산미증식계획 동척에 의촉?(동아일보, 1925.03.26, 1면 8단)

총독부에서는 이미 산미증식계획을 수립하여 제1기 토지개량사업으로 1920년도(大正 9)부터 동 1934년도(大正 23)까지 42만 5,000정보의 토지개량사업을 완성하려고 하여 그 방법으로는 혹은 관영안 혹은 반관반민의 사업회사안으로서 수년래 매기 의회에 제안하여 왔으나 늘 여러 가지 지장으로 부결되어 금일까지 불성립 중이던바 시모오카(下岡) 정무총감이 부임 이래 구체적으로 연구 고려한 결과 민간의 기설 사업회사에 의촉 경영시키고 총독부는 다만 그 사업 경영상 감독 및 원조하여 주는 것이 이 사업을 완성함에 최선의 방책이라고 의견이 일치되어 금회 도쿄에 머무는 중에 도쿄 정부와 교섭 중이라 하며 동시에 후일 귀임하여 경영을 위임할 만한 동척회사와 그 방법에 대하여 협의를 할 터이다. 난관 문제도 과거 5개년간 총독부에서는 해 계획 실현 방조(幇助)의 방법으로 민간 사업가의 신청에 의하여 수리조합, 기타 개인 경영자에 대하여 국고보조금으로 1,065만여 원이나 보조였다더라.

〈자료 55〉 관영 토지개량안 식량정책상 긴요한 문제(동아일보, 1925.08.20, 1면 7단)

최근에 이르러 일본 정부는 식량정책 문제로 조선 토지개량사업에 대하여도 내지 및 각 식민지와 연락 통일을 꾀하며 고려 중인데 이 문제에 대하여는 총독부는 이미 그 필요를 통감하고 수년 전 일본 정부에 향하여 일본 식량정책상 산미증식계획 등은 방침을 일정히 통일된 방법에 의하여 사업을 진행하고자 하며 일본 정부가 일정한 방침으로 토지 상황에 의하여 시행세칙을 바꾸고 행하면 가하다고 하였던바 당시는 일본 식량 보급에 대한 생각이 현재와 같지 아니하였으므로 그대로 되어 왔다. 총독부는 일찍이 이에 대하여 특종회사를 창설하고 개량사업을 수행하려고도 하였으나 의회에서 부결되어 이내 관영안, 반관반민 영업안이 기안되었으나 세상에 출현되지 아니하고 현행 방법으로 되었다. 즉 산미증식계획으로 현재 토지개량을 요하는 것은

1. 현재 수전 관개 설비로 개선할 수 있는 토지 약 40만 정보.
1. 현재 전을 변환하여 수전으로 할 수 있는 토지.
1. 황무 간석지를 개간하여 수전으로 할 수 있는 토지 약 20만 정보.

계 80만 정보 중 그 약 2분의 1, 42만 7,500정보를 15개년에 개량하고 농사개량이 되면 900만 석이 증수될 것이다. 그 약 2분의 1과 현재 이출미고 450만 석을 합하여 약 1,000만 석을 장래 일본에 이출할 수 있는 것이 그 제1기 계획이니 현금 보조법에 의하여 개량 방법은 누보와 같이 계획 수립 이래 5개년을 보았으나 아직 진행이 지지부진하다. 그러므로 이를 관영으로 하자는 것은 누년 총독부 중대 문제인 동 사업에 일 진전을 가져오는 것이니 총독부

로는 내년도부터라도 시행하도록 조사는 다 되었으니 혹은 1927년(大正 16)부터 실현될는지도 알 수 없다. 그것이 실시되면 토지개량국 제1국의 창설과 각지에 출장소를 내여서 정부자신이 사업에 착수하게 될 것이다.

〈자료 56〉 사설: 토지개량사업의 관영 문제(조선일보, 1925.08.21, 1면 1단)

5. 요컨대 조선의 산미증식 또는 그의 토지개량사업에 대하여 우리는 아, 반대코자 함이 아니다. 그러나 그것이 일본의 식량정책을 위하여 즉 일본인 본위의 행복 증진책인 점에서 반대하는 바이다. 그리고 그것이 곧 조선에 대한 일본인의 산업적 공격전인 점으로서 그 장래의 귀추가 자못 의외의 결과를 초래할 것을 예고하는 바이다. 그리고 특종회사의 위임으로부터 관영의 방침으로 변경한 당국자들은 그 재원이 1,800만 조선인 대중의 주머니로부터 징수한 세금의 집적으로부터 그 대부분을 이룸에 돌아보아 엄정한 조선인 본위의 방책을 세우기를 경고하는 바이다. 일좌(一座)의 임야의 대부에도 오히려 누백 년의 연고자를 제외하고 일본인에게 우월한 대우를 하고 싶어하는 저들은 마땅히 일단의 유의가 있기를 고하는 바이다.

〈자료 57〉 사설: 토지의 개량과 농민의 장래(상)(시대일보, 1925.10.06, 1면 1단)

3. 그러나 그 계획이 어찌 간단히 이것에만 그치고 말 뿐이랴. 그 이면을 다시 살펴보면 순연히 개량을 요할 토지가 35만 정보인 중에서 (1) 조선총독부로부터 직접 착수할 것이 14만 정보 (2) 지방관청 혹 민간의 소규모 사업으로 시행할 것이 11만 정보 (3) 특수회사에 위탁하여 시행할 것이 10만 정보, 이와 같이 삼종으로 구별한 바에 (1), (2) 양종의 사업은 관유지, 민유지를 통괄하고 일본인의 농호(農戶), 조선인의 농호를 혼합하여 지도 장려하는 가운데에 보조의 급여와 저자(低資)의 융통에 관용적 수단의 차별은 없지 않을 것이지마는 그래도 또 오히려 조선 농민에게 근본적 위협은 없다 할 것이나 (3)의 계획이 그대로 진행되어 동양척식회사에서 그것을 인수하거나 선전하는 바와 같이 일본 유력자로 발기된 특수회사가 신설된다 하면 그 영향의 미치는 바를 추측하기가 참으로 어렵다.

4. 그리하여 동척회사 혹은 신설 회사가 이것을 인수하여 일본 측의 민간사업이 대두하고 보면 그 사업의 범위가 어찌 동척의 현재 소유인 기십만 정보 또는 일본인의 소유인 기백만 정보에 그치고 말 것이랴. 그 사업의 확대되는 도정에 들어가서는 제1착으로는 아직까지도

조선 농민이 겨우 붙들고 있는 몇몇 관유지의 경작권을 옮길 것이오, 제2착으로는 조은, 식은, 동척에 저당한 토지의 권리를 처분하는 대로 반드시 이동할 것이오, 제3착으로는 조선 각지에 널려 있는 12만 7,000여 정보의 국유 미간지라는 것을 착수하다가 일보를 더 나아가면 산림 원야의 완경사지와 해구(海口), 강안(江岸)의 간석·간척의 지대까지 모두 그 범위에 권입(捲入)할 것이다. 그와 같이 되는 그때에 가서 조선의 전 넓이를 돌아보면 순연한 조선인의 소유 토지는 고사하고 관유지 혹 일본인의 소유지라도 조선 농민이 경작하면서 그 개량의 여력을 맛볼 것이 있을 것을 능히 기할 자신이 없다.

〈자료 58〉 사설: 토지회사 설립에 대하여(상)(동아일보, 1926.05.19, 6면 1단)

조선에 대한 산업정책의 거본(巨本)이 되는 산미증식계획은 반드시 실현케 되어 이 계획 실현 기관으로 조선토지개량주식회사(朝鮮土地改良株式會社)가 설립케 되었다. 조선총독부가 이상(理想)하는 산미증식은 12개년이라는 장기에 걸쳐서 3억여 만 원의 거자(巨資)를 투입하여 조선총독부가 기본 조사를 개시한 토지 80만 정보를 개량하여 800여 만 석에 미의 증수를 도모하고자 하는 것인데 800여 만 석의 증수는 실로 거대한 부의 증가이니 이것이 이상이요 실현 어려움이 있다 할지라도 어찌 대사업의 계획이라 하지 아니하랴.

◇ 조선토지개량주식회사는 이 계획에 의하여 정부 응원하에서 설립되는 특수회사로 동사가 목적하는 바 사업의 내용을 보면 수리조합, 기타 기업자의 위탁에 응하여 수리, 개간, 간척 등 일반 토지개량사업의 측량, 설계, 공사, 감독, 기타 이상에 대리 행위까지 겸하였으며 이상 사업 목적에 부대되는 사업까지 경영코자 하는 실로 영업의 목적이 범활(範濶)한 회사이다.

◇ 이 회사는 정부 응원하에서 창립되는 특수회사로 특색이라 할 만한 것은 동 회사의 위탁을 받아 시행코자 하는 토지개량 전업은 조선총독부가 기본 조사를 행한 개량 사업지의 면적 80만 정보 중 우선 유리한 부분에 대하여 시행되는 것으로 활동 소요 자금은 정부의 보조금, 일본 대장성 예금부의 저리자금을 융통하는 이외 조선에서 토지금융기관으로 유력한 조선식산은행, 동양척식회사로부터 특별 금융의 공급을 받게 된다는데 발기인을 대표한 창립위원장으로는 조선의 토지 사정과 산업 경제에 견식이 있다는 아라이 겐타로(荒井賢太郎) 씨이다.

〈자료 59〉 사설: 토지회사 설립에 대하여(하)(동아일보, 1926.05.21, 6면 1단)

일본의 조선에 대한 경제적 요구의 하나가 되는 상품 판매 정책은 금일의 현상으로 보아서는 실패에 돌아갔고 실패의 중요한 요인이 조선인의 빈수(貧瘦) 즉 구매력 감퇴에 있는 것도 부인키 어렵다. 상품 판매 정책의 후를 이어서 생긴 것이 토지정책일지니 토지정책의 내용 목적은 첫째는 일본을 본위로 하여 조선의 일반의 토지에 대하여 개량을 행하여 미의 생산을 증가하여 일본의 국가적 대문제인 식량의 부족을 보완하고자 하는 것, 둘째는 조선의 토지 정리를 행한 후 갑자기 증가한 조선총독부의 소유지를 적절하게 개량 또는 이용하여 총독부 재정의 수입 증가를 도모하는 동시 다른 한편 일본인의 경제적 지반을 공고코자 하는 것이 중요한 내용 목적이 될지니 창립 중에 있는 조선토지개량주식회사도 이와 같은 목적과 의미 하에서 만들어지는 것이 아닌가 한다.

◇ 동사에 대한 조선총독부의 응원 보조의 구체적 내용은 창립 후 또한 상론될 바이나 대체로는 총독부가 소유한 막대한 면적의 토지를 동회에 양여〔정부 출자로〕 혹은 불하하여 회사로 하여금 유리하게 이를 이용케 하는 이외 활동 자금에 대하여서도 저리금 주선에 진력하리라 한다. 그러나 이와 같은 정책은 일찍이 현존하는 동양척식회사에 대하여 일부 시행되었던 정책인데 그 결과가 오늘날에 미쳐서 어떠한가 하면 도리어 정책 최초의 목적과는 어긋나는 바 많은 사실에 의하여 정부의 조선토지개량주식회사에 대한 희망이 후일에 완전히 실현될까는 극히 의문이다. 조선 토지를 개량하는 것은 국가를 위하여 필요한 사업이 되고 정부의 보조 응원하에 만들어지는 회사임으로 사업의 장래가 유리하고 확실하다 하여 일반의 인기를 끌고자 하나 훗날 장래에 모사(某社) 모행(某行)의 수령, 간부들과 같이 크게는 정당과 추악한 관계를 매기며 작게는 사욕적 탐심을 발하여 예의 회사, 예의 은행과 같이 세평거리의 회사나 되지 아니할까를 의측(疑測)하는 바이다. 어찌하여 그러냐 하면 응원 보조하는 정부가 전일의 그 정부이오 회사를 대표한다 하며 발기한다는 인물들이 전일의 그 인물과 동출동배(同出同輩)의 인물임으로써라.

〈자료 60〉 수리조합 소멸? 토지개량령으로(동아일보, 1926.09.12, 6면 2단)

산미증식계획 수행으로 현행 수리조합의 불비(不備)한 총독부는 현행령을 개정하든가 또는 신법규를 제정할까 함에 대하여 연구 중이던 바 최근 유무라(湯村) 토지개량과장은 신법령의 초안을 탈고하여 이를 토지개량령으로 현재 아다치(安達) 개간과장의 수중에 있는데 이 안은 머지않아 심의실에 회부되어 심의한 후 법제국을 경유하여 제령으로 발포될 터라는 바 이에 대하여 아다치 개간과장은 아래와 같이 말하더라.

현행 수리조합령에 대하여는 산미증식사업의 견지로 여러 가지 불비를 느끼게 되었으므로 금회의 토지개량령은 수리조합령과 일본의 경지정리법을 합한 것이다. 지목 변환, 개간, 간척, 관개 개선, 토지 교환 분합 등이 될 수 있게 되었으므로 동령 발포와 동시에 현행법은 소멸될 터이다. 그 안의 내용에 대하여는 설명이 어려운 점도 있으나 발령(發令)의 이유로는 현행법에 대한 불비한 점을 열거하면

(1) 현행법은 수리조합이란 법인 외 수리사업을 행함에 요하는 현행법의 균점을 받지 못함으로 이를 개인에게로 균점케 하려는 것.

(2) 현행법은 수리만이 목적임으로 개간 등에 경우는 개답계(開畓契)와 같은 것을 필요로 하여 1개의 토지개량사업에 2개의 법인을 필요로 하는 불편.

(3) 토지개량사업을 행함에 필요한 토지의 분합, 교환을 행함에 대한 법규가 없는 것.

등으로 토지개량사업은 농회와 밀접한 교섭을 유지하여 농사개량을 행하도록 한다고 운운.

〈자료 61〉 사설: 1,700만 토지개량 저자, 우리에게 이익은 무엇?(동아일보, 1927.04.10, 6면 1단)

1926년도(大正 15) 토지개량 저리자금의 융통액은 동척, 식은을 합하여 1,970만여 엔이라고 한다. 1,000만 엔 이상의 토지개량 자금은 누구의 수중에서 누구의 부를 증진키 위하여 사용되었는가. 융통을 받은 자를 분명히 할 수 없으니 단언키 어려우나 조선인이 이용하였다는 금액은 실로 황우일모(黃牛一毛)일까 한다.

그런데 현재 조선의 산업 상태로는 농업이 수위인 것은 인구의 8할 2분이 농민이오 산물의 7할 3분이 농산물인 것으로 보아 명백하다. 그러면 현실에서는 그나마 생명 연장이라도 하려면 농토에 애착하여야 할 것이다. 그러면 조선의 농법이라든가 토지의 상태로 보아 농업상 완비하다고 볼 수 있는가. 일본인이 자기네의 식량문제의 해결을 조선 농토에 구하기 위

한 산미증식책이 아닐지라도 우리 스스로 개량사업에 착수할 힘이 있다면 우리가 살기 위하여 할 일이다. 그러나 우리는 역량, 금력(金力), 기술 방면에 있어 불완비한 점이 있을 뿐 아니라 위대한 힘의 결함으로 감히 못할 뿐이다.

우리의 일부에서 수리조합은 마약시하게까지 되는 것은 조선의 원대한 이익을 위하여 부의 증식 방법이 아니오 토착의 농민을 해한다는 것이라는 견해에서 나온 것이 아니다. 수리조합 그 자체는 조선의 부를 증진하는 방법인 줄도 충분히 알고 있다. 그러나 수리조합의 경영의 임무에 당하는 자의 아름답지 못한 소행에서 그런지 위정 당국자의 근본 방침인지는 모르나 종래 몽리장(蒙利場)으로써의 조선인 소유답은 수조(水組) 즉 일본인의 소유가 되게 되는 까닭으로 수조를 사갈시(蛇蝎視)하였으며 토지개량사업을 경원주의(敬遠主義)로 대하게 되는 것이다. 물론 우리의 능력 문제도 있겠지만은 장래 자기네의 농토가 송두리째 없게 될 일을 생각하고 반대하여 온 사람도 많았다.

그런데 금년도에는 토지개량 저자와 농사개량 저자를 합하여 1,700만 원에 달한다고 전한다. 이 저리자금은 대부분 일본인이 사용하게 될 것이다. 그러나 우리의 견해로는 이 중의 자금을 일본인에게만 맡기지 말고 많이 융통하여 스스로 개량사업에 착수할 것이라 한다. 일인(日人)과 수조를 경영함은 우리 또한 위험성을 시인하는 까닭이다.

〈자료 62〉 사설: 문제되는 수리정책, 그 전환책이 여하?(조선일보, 1927.08.06, 1면 1단)

2. 수리조합에 대한 불평의 요점은 (1) 한해에 대한 시설에 치중하여 배수 설비를 소홀히 함으로 한해의 대(代)에 홍수의 화를 당하는 것 (2) 조선 토질, 유세(流勢) 등에 대한 연구가 부족하기 때문에 수리공사에 실패가 많고 조합비를 무리로 팽창케 하는 것 (3) 증수율이 처음 예정대로 되지 않음에도 불구하고 수리세만 예정과 같이 징수함으로 지주의 채산이 되지 않는 것 등이다. 제1의 불평에 관하여는 각지 수리조합에서 많이 당하는 바로써 제방 이내 저수지 부근의 토지 및 동리가 아울러 그 홍수의 해를 입으니 한강의 하류, 김포 일대에 건설된 불이농장(不二農場)의 제방에 인하여 경성 연강(沿江) 일대가 건듯하면 침수의 해를 받고 고양군 수색역 일대의 옥답이 매년과 같이 물속에 녹아나는 것은 그를 방증할 수 있는 일례이다. 제2에 관하여는 이제까지 토목사업에 경험이 부족한 조선인들의 많은 경우에 언(堰) 막이로 그 재산을 탕진하는 예도 있었거니와 근자 저들 소위 과학적 기술을 베풂에도 불구하고 왕

왕 공사에 실패하여 수축, 개축의 비용이 다단함으로 막대한 부담이 돌아오게 하여 먼저 조합원의 재산의 피폐를 보게 하니 최근에 문제 되는 경남 함안(咸安)의 수리조합은 완전히 공사의 불비에 말미암은 제방의 파괴로서 재차 기채 문제를 앞에 두고 조합원과 조합 수뇌자 사이에 분규가 일어난 것이다. 물론 이러한 예는 거의 각 조합에 다 있다시피 자못 빈번한 일이다.

〈자료 63〉 토개령(土改令) 발포에 대하여, 아다치(安達) 토개과장(土改課長) 담(동아일보, 1927.12.30, 4면 7단)

1912년(大正 1) 산미증식계획 실시 이래 조선의 토지개량사업은 장족의 진보를 이루었으며 특히 지난번 그 산미증식계획은 갱신되어 토지개량사업도 다시 한층 더 진전을 보인바 종래 조선에서는 토지개량에 관한 법규는 완비치 못하고 겨우 관개 배수를 목적하는 수리조합령 외에는 공유수면매립령(公有水面埋立令), 국유미간지이용법(國有未墾地利用法)을 운용하여 경지의 개량 확장에 관한 시설의 장려 보호를 가하여 왔었다.

그런데 전기와 같이 토지개량사업의 이상한 성황은 토지개량에 관한 법규상의 결함을 일일이라도 소홀에 부칠 수 없는 사정에 도래한 고로 지난번부터 이를 준비 중이던바 금번에 어(御) 재가를 받아 본일로써 이를 공포함에 이르렀다.

금회 제정 공포한 토지개량령은 대체 범위를 일본의 경지정리법에서 취하였으나 조선의 실정을 짐작하여 특별한 규정을 설치한 점도 많다. 그러고 경지정리법 중 경지정리조합에 관한 사항은 조선에서는 수리조합으로 하여금 이에 담당하게 하기로 하고 토지개량령과 동시에 수리조합령에도 어느 정도의 수정을 가하여 그 목적을 달성하게 하기로 하였다. 또 공유수면 매립, 간척의 면허를 받은 자, 국유 미간지의 대부 허가를 받은 자 등에게는 직접 토지개량령의 적용은 없으나 본인의 희망에 의하여 소정의 신고를 할 때는 토지개량 시행자로 보아 토지개량령의 적용을 받게 될 수 있도록 하였다. 이러한 규정은 현행 법제의 불편한 점을 개정하여 실제의 사정에 적응케 하는 동시에 종래 오랫동안 제정의 필요를 인정하고 있던 제점을 대개 망라하여 제정한 것인 고로 본령의 실시와 함께 조선토지개량 시행자는 법규상 제반의 편익을 얻어 산미증식계획 실시상 일단의 진경(進境)을 볼 것을 확신한다. 그러고 이러한 제령은 시행규칙의 제정과 함께 머지않아 실시할 예정이다.

〈자료 64〉 지방 논단: 수조 공사의 대행 문제, 재령 일 기자(동아일보, 1928.02.05, 4면 2단)

수리사업이 관개 미비의 토지를 위하여 또 미개척지의 개척을 위하여 자못 필요한 것임은 이제 다시 번거롭게 논의할 바 아니다. 그러나 만일 그 방법을 그르치면 오히려 큰 해를 면치 못하나니 이는 연해, 부평 등의 실례가 증명하는 바이다. 그러므로 수리사업 당국자는 마땅히 그 조합원이나 일반 주민의 부담 문제에 치중하여야 될 것은 물론이다. 그런데 이제 수리사업에 관한 모든 정책과 방법을 보면 여러 가지 폐해가 있음을 발견할 수 있다. 첫째 공사대행 제도와 같은 것은 일대 폐풍이니 다시 번론할 여지가 없는 바어니와 수리조합이 그 공사 시행에 있어서 또는 사무 시행에 있어서도 공연히 비용을 확대하여 조합원이나 그 주민이 부담을 과중케 하는 경향이 적지 아니하니 공사 시행에 있어 일절을 청부업자에게만 일임하는 것은 크게 불가하다 할 것이다. 원래 기술을 요하는 공사는 전문가를 필요로 한다. 그러나 하등 기술을 필요치 아니하는 공사까지도 모두 청부업자의 이익을 증대하는 것이오 동시에 주민의 부담을 그의 반비례로 과중케 하는 것이다. 수리사업의 정책과 방법이 이러하므로 일반이 수리사업이란 토지개량회사, 동척, 청부업자 등의 이익을 표준한 것이라고까지 혹평하는 것이다. 보라. 청부업자에게 공사를 일임하는 것이 기술 문제로 모두 극히 필요하다 하나 반면에 발견하지 못하는 하자가 얼마나 큰가를 부평의 예가 증명하는 것이 아닌가. 그런데 안녕수리조합의 공사 시행에 관한 개요를 보면 1926년(昭和 1)부터 1928년도(昭和 3) 간의 공사비 지출 총액은 595만여 원을 계상했고 공사비의 내용을 보면 토공비(대부분 기술을 요치 아니하는 것)의 총액이 약 200만 원이오 그 외 300여 만 원은 수문, 암거(暗渠), 잠관(潛管), 축제(築堤) 등 대부분 기술을 요하는 공사비이다. 그러면 기술을 요하는 공사는 그것을 전문가에 맡길 수밖에 없다 하나 기술을 불요하는 착토(鑿土), 축제 같은 간이한 것까지 청부업자에게 일임하는 것은 어떠한 필요에서 기인한 것인가. 이러한 것은 당연히 그 지방 주민에게 맡기어 주민의 수익을 도모하는 것이 어떤 방면으로 보든지 필요한 방편이 아닌가. 이는 수리조합 당국자는 고사하고 실제 그 공사 청부업자라도 불가하다고 반대할 수 없을 것이다. 그러함에 불구하고 오히려 일절을 청부업자에게 맡기어 그의 이익을 도모코자 함은 여하히 선의로 해석한다 할지라도 당국자의 심사를 의심치 아니할 수 없다. 그러고 사무비에 있어서도 일일이 논거키를 피하거니와 오히려 부족함인지 고급의 노(老) 관리와 같은 것은 이미 관계에서 불필요로 인정하면서도 이러한 인물을 오로지 채용함은 그들이 얼마나 조합 자체를 위하여 무성의함을 알 것이다. 안녕수조 당국자에 과연 반성할 성의가 있는가 없는가 다언을 필요치 않거니와 지방 주민을 위하여 좀 더 충실하라. 조합 자체를 위하여 좀 더 성의가 있으라. 모든 일이 정실 관계를 무시키 어려우나 지금과 같다고 하면 수리조합이란 수리사업을 위한 것이 아니라 청부업자를 위하여 또 퇴직 노 관리의 구제를 위하여 존재한 것이라 할 수밖에 없지 않은가.

〈자료 65〉 사설: 토지개량령에 대하여(동아일보, 1928.05.28, 1면 1단)

1. 작년(1927년) 12월 28일 부 관보로써 공포된 조선토지개량령(제령 제16호), 개정조선공유수면매립령(제령제17호), 개정조선수리조합령의 삼자는 금일 즉 5월 28일 관보로써 그 시행규칙을 공포하여 가지고 오는 7월 1일부터 이를 실시한다고 한다. 그런데 이 신령 및 개정령을 제정, 실시하게 된 이유 및 동기가 어디 있느냐 하면 일본제국 식량문제 및 인구문제의 해결책의 하나로 입안하여 이미 그 실행기에 들어간 토지 및 농사개량에 의할 820만 석의 산미증식계획을 14년이라는 기정 기간 내에 실행하는 데는 재래의 토지개량 및 농사개량의 관계 법규만으로는 여러 가지 불비가 있다고 당국이 생각한 데 있다.

2. 상세히 말하면 조선총독부는 산미증식계획안을 가장 유효하게 실행하여 소기의 목적을 달성하기를 위하여 (1) 2억 3,800만 원의 자금을 알선하며 (2) 식은, 동척의 양대 금융기관에 여러 가지 특권을 주며 (3) 조선토지개량회사 및 동척 토지개량부 등 대행기관을 설치하며 (4) 6,500만 원의 보조금을 주는 등 모든 수단 및 방법을 다하여 토지 및 농사개량 시행자에게 실질적 편리를 주어 왔으며 또한 현행 조선수리조합령과 기타 관계 법규에 있어서도 역시 "토지의 소유자, 점유자, 관계인, 기타 토지개량시행지에 대하여 권리를 가진 자"의 이익의 일부 혹은 전부를 고려하지 않았더라도 '토지개량 시행자'를 편호(偏好)하여 왔으며 또는 이에 대한 관청의 감독에 관한 규정도 이를 '감독'이라는 것보다는 도리어 '과도한 간섭'이라 하여도 과언이 아니 되리만치 엄밀한 규정이 있었다.

3. 이렇게 토지개량 촉진에 대한 법규상의 보호는 이미 주도면밀하였을 뿐만 아니라 도리어 폐해는 토지개량 시행자 편호에 있었으니까 만약 법규를 개정 혹은 신제정 한다 하면 토지개량 시행자의 편호의 폐해를 어느 정도 간이라도 완화하는 편으로 개정 신제정 해야 될 것인데 이제 사실은 이와 반대로 종래의 편호도 오히려 부족하다 하여 토지개량 시행자를 종

래보다 한층 더 보호하고자 하는 신령 및 개정령을 제정, 공포, 실시하게 되면 결국 이해관계상 토지개량 시행자와 반대의 지위에 처하게 되는 다수의 토지의 소유자 및 관계인은 종래보다 한층 더 불리하게 됨을 면치 못할 것이다.

〈자료 66〉 사설: 수조 시설과 지방민, 민간 이해를 무시하는 폐해(중외일보, 1930.09.12, 2면 1단)

2. 이제 소화수조(昭和水組)의 진정 내용을 보면 제1안의 설계는 사업비 2,041만 원, 몽리 구역 2만 5,500정보, 공사 기간을 3개년으로 하여 그 공사가 완성되면 매 단당에 공사비 78원 50전, 조합비 6원 76전임에 반하여, 제2안의 그것은 몽리 구역은 다소 확대되나 공사비가 거대함을 따라 지주의 부담이 약 600여 원의 거액에 달하며 조합비가 매 단당에 80전가량이 증가된다 한다. 이 양 안의 장점, 단점을 비교해 보면 제1안의 장점은 1) 대동강, 희천강의 천연의 지리적 편리로 인하여 공사비가 절약되는 것 2) 천혜의 수리를 이용하여 하등의 시설이 없으므로 홍수의 피해 위험이 없는 것 3) 조합비의 부담 감소 등이며, 제2안은 1) 몽리 구역의 확대(7,500정보) 2) 대동강의 수량을 조절하여 하류 지방의 주집(舟楫) 운행을 편리케 하는 것 3) 발전사업의 병행 등의 장점이 있음에 반하여 1) 대동강의 체절(締切) 및 장수도(長隧道)의 공사가 극히 어려운 것 2) 따라서 대동강의 홍수로 인하여 피해 위험이 많은 것 3) 조합비의 부담 과중 등이 있다.

3. 이상의 양 안에 대하여 민간 측과 관청 측의 견지의 차이가 어디 있느냐 하면 첫째 관청 측에서는 민간의 이해는 여하튼 소위 몽리 구역을 확장시키어 산미증식의 목적만을 달성함에 있고, 둘째 수력을 이용하여 발전사업을 병행하려는 데 그 의의가 있는 듯하다. 그러나 수리조합이란 그 자체의 사업을 위주로 하는 이상 부대사업의 편의를 위하여 일부러 공사비를 증가하여 지방민의 부담을 가중할 필요가 없을 것이며 또는 수조 시설의 근본 목적이 산업을 개발하여 농민의 이익을 도모함에 있다면 불완전한 탁상공론으로써 수만 명 관계자의 이해 개진을 무시할 수 없을 것은 물론이다.

〈자료 67〉 사설: 수리조합과 농민, 속히 그 선후책을 강구하라(조선일보, 1931.05.06, 1면 1단)

3. 비록 이 현상이 전 조선 149개소의 수조 구내(區內)가 다 그렇다는 것은 아니라 할지라도, 우리의 듣고 알게 된 바에 의하면 적어도 반분 이상이 이러한 현상에 있는 것은 분명하다. 최근 총독부에서도 소작 관행 조사의 그 일부로 전 조선 수리조합 현상을 조사 발표하였는데 그 가운데는 역시 전 조선 수리조합은 대부분이 경영난에 빠져 있는 것을 지적하고 그중 28개소의 수리조합은 적극적 후원을 요구하고 있다는 것을 말하였다. 이 수조의 경영난이라는 것은 무엇을 말하는 것일까. 이것은 즉 조합비를 염출할 도리가 없어서 조합 기채를 변제할 수 없다는 것을 의미한 것으로서 환원하면 수조 구 내에 있는 농민 생활 궁핍을 말하는 것이다. 그러나 채무는 반드시 원금과 이자를 상환할 의무가 있는 것이오 또 수조령에 의하면 채무 상환이 완료되기까지는 조합의 자발적 해산을 금하는 바인즉 어떠한 희생으로서라도 꼭 이것을 바치지 않으면 안 된다. 이리하여 농민은 그 고율의 조합비에 오로지 그 혈한의 대가를 바치고 생활의 최저층으로 떨어지고 만다. 어찌하여 좋은 성적을 예상하던 수조 사업이 이같이 역전되고 있는가 왈 설계의 오류, 왈 창립비 과대, 왈 기채 이자의 고율, 왈 국고보조의 근소, 왈 조합 기술자의 결핍, 왈 인건비의 과다, 왈 민도 무시의 수조 강제 창립 등 어느 것이 그 이유 안 될 것이 없을 것이다. 이제야 특수한 부분을 빼놓고는 모조리 조합자(組合資) 염출에 허덕이고 있으며 파멸의 위기에 임박한 자도 하나, 둘이 아니니 이에 대한 긴급대책을 강구하여 농민의 생도(生途)를 붙들어 나가도록 하여야 할 것이오, 신규 수조 발기는 이같은 때 그 엄밀한 감독 운운과 조건 운운을 말할 것이 아니라. 일정한 연한까지 즉 적어도 조선의 농업 경제가 족히 그 조합비 부담에 감내할 수 있는 그때까지 정지하는 것이 마땅할 것이다. 우리의 신문지 방면은 수조의 민원으로서 늘 그 지면이 차고 있다. 귀가 있으면 민성(民聲)을 들을 일이다.

〈자료 68〉 사설: 대난관에 봉착, 수리사업의 궁상은 어떻게 진전되려나(조선일보, 1931.05.18, 1면 1단)

1. 최근 조선의 대문제의 하나는 수리조합에 관한 분의(紛議)일 것이다. 이는 갈수록 확대되어 모든 부족과 무리가 계속 폭로된다. 이러한 중에서도 산미증식사업은 좀 더 급'템포'로 수

행하려 하고 토지개량공사의 급진을 고조 강권하는 터이니 그 앞날의 더욱 큰 암영을 말하지 아니할 수가 없다. 그 계획의 수행의 급하고 또 시설 면적이 넓어질수록 그 분의의 소리는 높아지는 것이라. 따라서 분의의 대책은 더욱 첨예화하여 새로운 방침이 나타나고 있으니, 저 평남의 미림수리조합(美林水利組合)에서는 수세(水稅) 2할 납입을 도 당국이 불허함으로 말미암아 지주들이 폐답을 결의하였다. 늦어지는 파종기에 묘판의 준비까지 빠뜨려서 장차 어찌 될 것이 문제이니 일반의 중대시하는 바이오 또 저 울산의 수리조합에서는 법적 해결책을 취하여 동척 총재를 피고로 불량 공사의 손해배상 소송을 부산지방법원에 제기하였으니 그러한 분의의 진행은 매우 주목되는 바이다. 즉 신안의 대책으로써 분의의 더욱 노골화하는 것이라. 조선에서 수조 창시 이후에 처음 있는 현상이다.

2. 그도 그렇지마는 최근의 수리조합비의 납입 성적은 극히 불량하여 저 함북 지방은 3월 말일 현재로 총액의 1할 6분밖에 아니 된 곳까지 있었다. 총평균은 6할 8분의 성적을 거두었으니 각지의 수세로 인한 재산의 차압, 경매가 빈번하고도 그만한 성적밖에는 거두지 못한 것이라. 그 궁상을 가히 알 만한 것이다. 그러나 다른 한편으로는 이때에 착공함이 유리한 것을 고창(高唱)하여 좀 더 급설(急設)과 확장을 강권하여 동척의 대행 공사는 작년보다도 도리어 증가하는 편이며 또 총독부에서는 그 토지개량사업으로 인한 일반 농민의 피로, 전락을 보지 못하지는 않는 모양이나 그 적극적 의향은 돌리지 않으려 하는 터이다. 최근에 이르러서 총독부 내에서도 토개(土改) 사업의 방침을 변혁해야 된다는 논의가 분분하다고는 하나 아직 구체화한 성안을 보지 못하였을 뿐 아니라 그가 있다 할지라도 그는 근본적 대책이 아니라 일부분적의 색책(塞責)에 불과한 것을 믿고자 하는 바이니 이것이 실상이라면 아무라도 농민들의 손실로 인한 대항은 더욱 격화할 것을 또한 추측치 아니할 수가 없게 된다.

〈자료 69〉 지주와 소작인 공동으로 파탄, 부평수조 평의원 현정운 씨 담(조선일보, 1931.12.10, 6면 1단)

수리조합에 대한 고통은 지주 측에게만 미치는 것이 아니라 구역 내에 있는 소작인들이 더욱 고통을 받고 있는 것이다. 그의 원인은 현재 보통 소작제도로 말하면 5할 제도이나 수리조합 구역 내에서는 조합비 관계로 6할제를 실시하고 있으며 그 외에도 농사개량이니 무엇이니 하고 과다한 영농비와 비료대 등을 합하면 결국 소작인의 실수입이 단 2할도 못 되는 참담한 현상임으로 현재 부평수리조합 구역 안에는 수년 이래로 소작권을 내놓는 사람이 매년 격증하여 도리어 지주가 고통을 받고 있는 편인데 만약 이 현상대로 계속된다면 종당은 지주 소작인을 물론하고 모두 파산을 당하고 말 것이다. 이에 대책으로는 첫째로 조합에서 지주의 부담력을 경감시키고 소작인의 소득을 적어도 5할 이상으로 하여 생활에 여유가 있도록 현재 6할 제도를 폐지하여야만 반드시 그만한 효과가 있을 것이다. 이에 대하여는 아직 완전한 소작법이 있지 아니함으로 일반적 실행은 곤란한 일이나 먼저 지주로서 고려할 필요가 있을 것이라 하겠다.

〈자료 70〉 사설: 토지겸병의 급속화(조선일보, 1932.01.30, 1면 1단)

3. 산미증식의 계획이 소유권의 동태에는 하등의 관심할 바 아니라 할지라도 이 토지겸병으로부터 발생하는 소작층의 당면의 생활 문제와 대자벌(大資閥)의 농촌 진출로부터 조선 농촌은 갈수록 파탄의 비운을 부르짖게 되며, 따라서 권기(捲起)되는 사회적 불안은 현실이 웅변으로 증명하는 바이다. 고로 농촌의 구제와 소작 문제의 해결책에 있어서는 사회적, 계급적 문제를 떠나서 인도적, 도덕적 문제로 전향된 요즈음, 수리조합 구역 내에서 발생되는 조합비의 가중, 소작료의 고율도 그의 현실의 참담에 의하여 당국으로서 자진 조정, 연기 등을 감행하는 것은 수리정책의 모순을 자백하는 일 예증인 동시에 그 근본적 개혁을 부르짖게 됨도 최근 당국의 정치적 발로이다.

4. 원래 수리조합의 설치는 그 설계에서부터 일개 탁상이론(卓上理論)의 시험적 실천으로밖에 볼 수 없는 것이니 조합비 평당 6원 90전을 최고로 조합령의 입책(立策)과 발표가 무엇보다 현실과 너무나 요원의 감을 가지게 하는 것이다. 적어도 지리, 기후, 작물 등의 지방적 연구이며 또 후보지에 대한 과거의 수익 상태에 일일이 참고가 없으면 도저히 효과를 내일 수 없는 설계인 동시에 금후 수리조합에 대한 토지겸변책(土地兼辯策)도 그의 양호한 수확을 보기는 어려울 줄로 아는 것이니 즉 말하면 수조 구역 내의 소지주의 소작인화와 일반 소작농의 생활의 궁극으로부터 발생하는 모든 생활상의 불안은 대지주의 불안과 공황을 장만하는 동시 가중의 조합비는 토지겸변책으로도 도저히 예상의 회수를 못 볼 것이다.

〈자료 71〉 사설: 수리조합비 부과에 대하여(1) (중앙일보, 1932.11.30, 1면 1단)

2. 여기에 우리는 조합 자체에부터 있는 내재적 결함과 또 경기 관계로 오는 외래의 영향을 나누어 오늘날 조합 경영의 궁박해진 원인을 추구하려 한다. 첫째에 산미증식계획을 장려하기 위하여 착수한 35만 정보의 토지개량사업이 오늘날 예정대로 진행되지 못하였다 할지라도 당초의 당국의 태도는 너무나 사업을 위한 사업 같은 혐의가 없지 아니하여 재래의 농민에 대한 이해를 돌보지 않고 수리조합만을 설립함으로써 그 목적을 삼는 폐단이 적지 않았다. 그리하여 수리조합이 설립됨으로 말미암아 기간(既墾) 전답은 도리어 재해를 더 입어 지가의 폭락을 보기까지 한 것도 있다. 물론 광범위의 이익을 위하여는 일부의 희생도 면치 못할 일이나, 대체의 경향이 기간지보다 너무 치중한 까닭이다. 그러고 수리조합의 법규는 조합원의 권리를 소유 면적에 표준(標準)케 함으로 비교적 소규모의 기간지를 가지고 있는 조선인 측 지주로서는 그 이해를 대변할 만한 기회조차 없게 된다.

3. 그러고 지질, 유세(流勢)에 대한 불충분한 조사도 한 원인이 되나 토지개량의 대행 기관을 영리회사에 맡긴 결과 공사의 불완전이 조합 경비를 턱없이 팽창케 하여 조합 자체의 결손 그러고 이것이 조합비를 과다케 하는 결과를 낳게 한다. 그러고 다음에는 인건비, 기타의 비용이 많음도 중대한 원인이 되는 것이니 이것은 조선의 모든 사업계에 관료의 폐가 많이 침투되는 한 예가 되는 것이다. 마지막 경기 관계를 들어본진대 수리조합이 족생(簇生)[47]하던 당시에 있어서는 경기가 오늘날과 같이 악변(惡變)하지 아니하여 물가, 노임이 비교적 높았으므로 예산상 모든 평가가 오늘날에 비하여 과대한 것을 볼 수 있다. 더구나 조선미의 이출에 많은 제한이 생기게 되며 또한 곡가의 폭락이 따라옴으로 전일의 조합비를 가지고 오늘날에 적용하기는 어렵게 되었다. 다시 말하면 조합원의 부담력이 감퇴되어 부득이 조합비의 감면을 행하지 아니할 수 없게 되었다. 작년도의 조합비 징수 상태를 볼 것 같으면 실제로 조합비를 부과한 139조합 중 연도 내 완납이 14조합, 전 조선을 통하여 평균 징수 비율이 8할 7분이니 전년도 동기에 비하여 1할 9분이 증가되었다 하나 이는 조합비의 납기를 통일하고 비상한 독려를 가한 까닭이다.

47 무더기로 자라는 것.

〈자료 72〉 사설: 팽대(膨大)하는 수리조합사업비(조선중앙일보, 1933.04.07, 1면 1단)

2. 우리는 먼저 최근 4개년간의 전답 매매 가격과 그 수익에 대하여 식은이 조사한 바를 들어보기로 하자. 〔제1회는 1927년 7월로부터 1928년 6월까지로 하여 1931년까지에 완료한 4회의 조사를 참조함.〕 중등답 1정보에 대하여 그 평균 가격이 제1회는 1,410원, 제2회는 1,350원, 제3회는 1,140원, 제4회는 810원이 되는 터이니 제1회의 조사에 비하여 약 600원이 저락됨을 보게 된다. 그러면 그동안에 약 623원 60전의 수리조합사업비를 쓰고도 매매 가격은 도리어 약 600원이 저락되었으니 그 모순이 심함을 알게 된다. 물론 답의 실수 소작료는 양으로 다소 증가된 곳도 없지 아니하나 소작료 환산 금액은 4할 이상의 감소를 보게 되었으니, 수리조합비의 증대로 인한 조합원의 거듭하는 손실은 이로써 넉넉히 추측되는 바이다.

〈자료 73〉 13만 원 보조받아 설립되기도 전에 소비, 김포수리조합 부정 사실, 총독부는 반납 독촉(조선중앙일보, 1933.05.21, 2면 7단)

수리조합을 설립하겠다고 공사 설계 내용, 사업 개요 등을 총독부에 제출한 후 국고보조금을 자그만치 13만 원이나 받아 써 버린 미증유의 사실이 다 있다. 경기도 김포수리조합은 총독부 산미증식계획에 의하여 수리조합을 설립하고자 국고보조금 13만 원을 받아 가지고 토지개량회사에 설계 측량비로 8만 원을 지불하고 2만 원으로 사택, 사무소, 설계 비품 등 구입비로 하려 한 것이나 구역 내 일반 지주가 맹렬히 반대하여 동 사업은 갑자기 꺾이어 흐지부지되고 있는 한편 분규만 계속함으로 총독부에서는 이미 교부하였던 국고보조금 13만 원을 반납하라고 명령하여 문제의 김포수조를 중심으로 다시 감독 관청의 실태와 씻어 버리지 못할 추태가 발로되었다.

⑤ 농사개량사업

〈자료 74〉 사설: 때가 늦어도 호우(好雨)라 할까(시대일보, 1926.07.17, 1면 1단)

2. 그러나 그런 것이 아니다. 이제 결실기가 앞으로 100일은 남았으니 기후만 고르다 하면 우연만 한 것은 이제 심어도 수확의 실효를 볼 수 있을 것 같다. 모를 내일 수 있는 것은 내이고 참으로 낼 수 없는 것은 메밀이라도 갈아서 절반의 수확이라도 거둘 것이다. 그러나 옛

날에는 중복 허리에 모를 심어도 넉넉히 먹던 것이 최근 와서는 초복이 못 된 이때에도 때를 다 보낸 것같이 실망하는 것이 많으니 이것은 무슨 까닭이라 할까. 소위 토지개량, 산미증식이란 방침하에서 개량종이라 볍씨를 보급시키고 보니 그 볍씨는 재래종보다 1개월 내지 반개월을 앞서 심지 않으면 수확이 되지 않으므로 그렇다 하는 것이다. 그러면 비의 은택이 늦은 금년 같은 때에는 개량종이란 것이 도리어 손해가 아니라 할까. 만일 과연 이러하면 금년에 농공(農功)을 실패하는 것은 개량종을 보급시킨 관계가 깊고 절실하다 할 것이다. 그러므로 일 국가 혹은 일 지역의 산업상 대방침을 수립코자 할진대 그 지미(地味)의 적절한 것과 기후의 조만(早晩)되는 것을 모두 짐작한 뒤에 그 어떠한 조치가 있을 것이오 외미(外米)의 문명을 수입한다는 구실로써 덮어 놓고 그 지방의 전래하는 것은 모두 압도하기만 일삼으면 모든 것이 그러한 낭패를 보고 마는 것이 아닐까 한다.

〈자료 75〉 수도종자갱신계획, 내년부터 제2기(동아일보, 1926.08.27, 6면 3단)

지난 1922년(大正 11)부터 착수된 수도종자갱신사업(水稻種子更新事業)은 금년도로써 제1기의 5년을 종료하고 내년도부터 다시 제2기 계획에 들어갈 터라는데 제1기의 성적으로서는 수도 이식 면적 150만 정보 중 그 후 관개 등의 관계로 갱신 불가능한 4,000만 정보를 제한 110만 정보는 완전히 갱신을 마쳐 매우 양호한 자 있다. 내년도부터 제2기 계획으로서는 기간을 단축 4개년으로 하고 갱신 가능 지역은 물론 불가능하다 인정하던 4,000만 정보에도 재래종의 우량종을 더하여 갱신을 도모할 계획이다. 그러나 현재의 우량종자는 무비료 종자이기 때문에 산미증식계획에 따른 시비 장려가 예정과 같이 진보한 경우에는 도리어 시비로 인하여 성육이 저해될 우려가 있다. 그리하여 감비(堪肥) 종자를 선정할 필요가 있어 현재 수원 모범농장에서 일본 내지에서 수십 종의 종자를 매입 시험 중이므로 내년부터 즉시 이의 갱신은 곤란하다 하나 내후년경부터는 신우량종과의 갱신에 착수할 터라더라.

〈자료 76〉 지주의 탐리로 저자가 즉 고리, 농사개량 저자 대출 문제와 총독부 금융책의 일단(동아일보, 1926.12.15, 6면 1단)

금회 겨우 결정한 1926년도(大正 15) 각도 할당 농사개량 저자금 600만 원은 금년부터 내년

3, 4월경까지에 각 그 수요자에게 대출될 터인바 그 이자는 동척, 식은 7분 9리, 금융조합 9분 6리(최고)이며 금융조합은 직접 자작농에게 대출함에 반하여 동척, 식은의 분은 1차 지주에게 대출하여 다시 소작인에게 다시 소작인에게 전대함으로 소작인은 담보를 제공하여 간접 대출을 받게 된다. 물론 표면상 지주는 소작인에 대한 대출에 대하여는 차익을 취하는 자가 대부분으로 결국은 연 1할에 가까운 고리가 되어 대장성 예금부에서의 특별 저리도 그 의의를 몰각(沒却)하게 된다. 그렇게 됨은 저금리 정책에 반할 뿐 아니라 원래 총독부의 근본정신에 위반함으로 당국으로서는 다시 이 자금 대출 정신을 일반 지주에게도 철저시킬 의향을 가진 바 마침 오는 30일, 31일의 양일에 이르러 총독부에서 개최되는 지주간담회에서는 특히 간담하여 양해를 얻기에 노력하고 자금 수요 소농자를 구제할 예정이라더라.

〈자료 77〉 형식에 그치는 농사개량 방식, 농민들의 피해는 생각하지 않고 철도 연변에만 개량(조선일보, 1930.06.18, 6면 6단)

서고천면(西古川面) 당국이 이종기[이앙기]에 임박하여 개량식으로 모판을 만들지 아니하였다는 이유로 모판을 밟고 모를 뽑고 하여 도동(道洞) 200호는 모가 부족할 것이라 하여 지방민들이 분개하기를 마지않는다 함은 별항 보도와 같거니와 수년 내로 장려하여 오던 정조식(正條植)[48]을 금년에도 실시할 터라는데 이제 서고천면 정조식 장려는 참으로 우수점이 있으니 서고천은 조선철도가 관통되면 무엇보다도 기차 탄 손님들이 차창으로 바라볼 만한 한 지점까지는 적극적으로 정조식을 장려할 방침이라는바 참으로 농사를 개량시킬 성의가 있다 하면 어느 지역을 물론하고 현재 이종기에 있어서 후박이 없이 좋지 못한 점을 개량하고 좋은 방식을 장려시켜 농사개량을 보편으로 지도하여야 할 것인데 유독 철도 연변을 적극적으로 장려한다 함은 참으로 언어에 그치는 방법이라 하여 일반 식자의 비평거리가 되어 있다고 한다.

〈자료 78〉 자급비료 증시, 각 도 장려 계획(동아일보, 1926.08.08, 6면 3단)

총독부 금년도부터 실시한 녹비 지도 동리 남선 6도[1군 1개소]와 퇴비 동리[남선 6도 1군 3개

48 간격을 고르게 하여 심는 것.

소, 기타 7도 1군 5개소)의 설치와 동시에 각 도에 대하여 비료증시계획을 수립케 하여 그중 자급 비료의 증산에 대하여 극력 원조를 하고자 앞에서 서술한 지도 동리에는 1개소 1인의 지도원에 연 수당 50원을 국비보조로 하고 또 비료 장려 기술원을 각 도 1명씩 배치하여 총액 2,500원을 국고보조 중이라더라.

〈자료 79〉 유안(硫安) 수요 증가, 두박(豆粕)이 구축된다(동아일보, 1927.12.21, 6면 1단)

조선 내 금비의 소비는 현재 1개년 1,600만 원가량인바 그중 1,000만 원이 대두박, 400만 원이 유안으로 그 외가 200만 원인바 질소비료로는 유안이 비교적 저렴함으로 대두박이 1매 1원 20~30전가량으로 저렴치 않으면 점차 유안이 대두박을 대신하여 수요가 증가되리라고 관측되는바 이에 현재 1톤 130원가량의 유안이 외국 유안과 격심히 경쟁한 결과 금년, 내년 중에는 100원으로 저락함은 필연임으로 다시 가속도로 유안의 수요가 증가되리라더라.

〈자료 80〉 비료취체령으로 일본의 부정품 방지(동아일보, 1928.02.03, 6면 3단)

일본서 조선에 이입되는 금비는 유안 3만 5,000톤, 과인산 60만 입(叺), 배합비료 10만 입, 약 1,000만 원에 달하는바 종래 조선에는 비료취체령이 없으므로 일본, 대만에서 취체령에 저촉되어 판매할 수 없는 양목(量目) 부족품과 품질 불량품이 모두 조선에 오는 정세이었으나 조선에서도 비료취체령이 발포되어 본년 1월로부터 이미 실시기에 들어갔으므로 종래와 같은 비료를 함부로 조선 내에 이출하면 취체령에 저촉되어 판매를 금지할 뿐만 아니요 고의로 부정한 일이 있을 때는 벌금형에 처하고 과실이라도 반송하며 기타 징벌 방법이 있으므로 총독부에서도 미리 이러한 부정비료의 이입을 방지하려고 농무과의 오자키(尾崎) 기사가 출장하여 일본의 비료상과 협의케 되었다. 또한 비료취체령에 의하면 거래 상인은 면허를 얻게 되어 1월 말이 접수 종료일로 출원자는 약 60명에 달하고 차등은 주로 한신(阪神), 간몬(關門), 도쿄(東京) 지방의 비료상임으로 오자키 기사는 그 각지를 방문 협의하고 또 식산국에서는 각 도지사에게 통첩하여 효능을 과찬하는 비료상을 단속할 방침이라더라.

〈자료 81〉 고리대 얻어서 산 인조비료 피해 격심, 농촌을 전율케 하는 도열병, 물경(勿驚)! 피해 3,500만 원, 직접 원인은 아니다, 총독부 농무과 미쓰이(三井) 기사 담(조선일보, 1929.01.21, 2면 5단)

한재와 수재와 도열병(稻熱病)[49]의 재앙 속에서 절체절명의 치명상을 받아 기갈의 사선에 헤매는 조선 농민의 인조비료 배척열은 수확이 끝나기 전부터 비등하던바 수확이 전무 혹은 반감한 인조비료 사용자에게 비료 대금의 독촉이 격심한 근일에는 실로 절정에 달하여 인조비료 사용은 조선 농업의 멸망의 원인이라는 '슬로건'이 나게 되었으며 따라서 해마다 1,000여 만 원의 인조비료를 수입 판매하는 조선 비료업자의 걱정이 여간이 아닐 뿐 아니라 모처럼 농사개량의 장려에 막대한 경비를 없애는 총독부 농업 장려에 중대한 문제 거리가 되리라는데 이제 그 내용을 탐문하면 작년 1년에 전 조선에 만연한 도열병의 피해는 실로 막심하여 17만 5,215정보가 수확이 전무하고 30만 정보 이상이 수확 반감에 이르는 심혹한 한재지의 갑절 되는 광대한 면적-90여 만 정보가 벼농사의 절대한 병적(病敵)인 도열병의 습격을 받아 135석(백미), 3,510만 원가량이 감소하였는데 그 도열병은 과도한 열기가 내려 쪼이다가 갑자기 비가 와서 벼가 불시에 급속히 성장하려 할 때에 많이 발생하는 것으로 그러한 때에 만약 질소비료를 주면 발육이 과도하여 벼의 체질이 약하게 되는 까닭으로 일시에 그 병균이 번식하여 불과 며칠 동안에 온 들은 볏목이 말라 버린다 한다. 그런데 지방 농민은 총독부가 농사개량의 근본 방침을 삼아 해마다 200여 만 원의 장려 보조금과 저리자금까지 대부하는 인조비료의 사용에 대하여 실로 경이의 눈으로써 그 효과를 보고 해마다 그 사용을 과도하게 하던 까닭으로 작년과 같은 한재 끝에 격심한 도열병을 일으켜 작년 1년에 있어 전기한 바와 같은 막대한 손실을 보게 되었다 하는데 이에 대하여 기갈의 사선을 헤매는 전 조선의 지방 농민은 원망의 눈으로써 농사개량을 대하게 되었다 한다.

〈자료 82〉 금비 장려의 폐(상). 쓸데없는 부담만 늘어가, 안성 일 기자(동아일보, 1929.10.03, 3면 4단)

전기(前記) 각 기관에서 금비 공동구매 알선의 절차는 대개 각 기관의 직원 또는 구장(區長)

49 벼의 잎, 가지, 마디, 이삭 등이 위축되면서 말라 죽거나 땅속으로 배배 꼬여 들어가는 병해.

등이 농가에 향하여 금비 사용의 이점을 설명하고 공동구매에 참가를 권유하여 소요 수량이 결정되면 이를 동척, 기타 회사, 상점 등으로부터 공급을 받아서 농기(農期)에 배급하고 추수 후에 상당한 이자를 붙여서 대금을 회수하는 것이므로 무지한 농가에서는 금비 시용이 수확을 증가한다는 권유와 대금을 현금으로 상환하지 않는다는 조건에 즐겁게 따라서 금비 공동구매에 참가하여 왔다. 그러나 수확이 얼마나 증가되고 비료 대금이 얼마인즉 농가의 순이익 증가는 얼마나 된다는 채산은 하지 못하고 추수하면 가장 먼저 비료 대금을 상환하지 아니하지 못하나니 원래 공동구매 참가 시에 농민 상호 간 2인 이상의 보증인이 연서한 차용증서를 제공하였을 뿐 아니라 금비 배급 대금 회수 등 사무를 군, 면 등 관공청에서 처리하기 때문에 금비 대금은 세금 공과금과 같이 중요시하지 않을 수 없는 관계에 있다.

금비를 사용한 결과로 과연 수확은 증가된다. 그러나 자작, 자급의 퇴비를 폐지하고(설사 퇴비를 폐지하지 않더라도 금비 때문에 퇴비의 감소는 면할 수 없음) 비싼 값을 내고 금비를 사용한 결과 농가의 부담이 증가하여 수지가 상상(相償)되지 않고 따라서 손실을 면치 못할 뿐 아니라 일차 금비를 시용한 답은 당년에는 수확이 증가될지라도 익년부터는 토질이 악화되어 전답의 지미(地味)를 척박하게 한다는 사실은 도내에서 손꼽히는 농사개량가의 누누히 설파하는 바이다.

(중략)

이렇게 되고 보니 당초에 금비 공매(共買) 참가자 모집에 열중하던 당국자도 금비 공매 희망자가 예상외에 다수임으로 처리상 곤란이라 하여 최근에 이르러서는 금비 공매 알선 수량을 제한하여 중농 이상의 계급에게만 배급하게 되고 소농 계급은 이에 참가할 수 없이 되었나니 관공서에서 알선하는 금비는 비교적 저렴한 이자를 붙여서 추수 후에 대금을 상환하는 것이나 소농이 이에 참가할 수 없게 되고 보니 금비 아니고는 농사를 지을 수 없는 것을 생각하는 농촌에 있어서 대다수의 농민이 비료 문제로 머리를 앓게 된 것이다.

〈자료 83〉 금비 장려의 폐(하). 쓸데없는 부담만 늘어가, 안성 일 기자(동아일보, 1929.10.04, 3면 5단)

소작법이 제정되지 않은 조선에 있어서 지주 소작인 간의 제반 관계는 전래의 관습에 의하는 것이나 예로부터 지주의 부담이 증가한다는 이유로 지주는 지주의 이익될 점을 골고루 생각하여 임의로 소작인에게 부과하는 경향이 현저한 이때에 지주는 금비로써 이익을 보려고 애를 쓰고 소작인에게 금비 사용을 강제하여 소작인이 금비를 구매할 능력이 없는 기회를 보아 고리를 붙여서 금비를 대부하는 간악한 지주가 있는 한편으로 타조(打租)[50] 반분하는 답에 금비를 지주가 선당(先當)하고 추수 후에 그 대가를 지주와 소작인이 반분하는 지주도 있고 후한 지주는 타조답(打租畓) 또는 도조답(賭租畓)〔정조답(定租畓)〕에 대한 금비를 지주가 홀로 부담하는 지주도 없지 않다. 관공서의 공매(共買) 알선, 지주의 대부, 대금업자, 상인 등의 대부 형식의 판매 등으로 소비되는 금비가 매년 증가하여 작년 1개년간 안성군 내에서 소비된 금비〔대두박, 유안, 유박(油粕), 과인산석회〕는 약 11만 원에 달한다는 통계이다. 그러고 여기 또 한 가지 문제 되는 것은 이와 같이 거액에 달하는 금비 중에는 비료 성분이 희박한 불량 비료가 적지 않다는 것이니 무지 농민들은 이것을 알지 못하고 고가로 사용하게 되고 간상배는 더욱 교활한 수단을 쓰게 되니 이 어찌 등한시할 바이랴.

〈자료 84〉 시평: 유안 폭등(중앙일보, 1932.11.23, 1면 1단)

그런데 그 직접 소비자인 농가 경제로 미루어 보면 미가의 상승세는 현저치 못한 데다가 일반 물가는 이보다 몇 걸음을 먼저 하여 가뜩이나 구제를 요하도록 궁박해진 농가로서 견딜 수 없는 일인데 이와 같이 유안 가격이 배가하여서는 실로 설상가상의 어려운 일라고 아니할 수 없다. 어떠한 상품을 막론하고 그 소비가 보급되어 한 사회적 습관이 생긴 이상에는 용이하게 대용 상품으로 소비를 전환할 수 없는 것이다. 오늘날 유안비료의 지위를 보건대 농가에 대하여 대용 비료는 아무리 장려한다 하여도 일조일석에 그대로 될 수는 없을 것이다. 이것이 경제상으로나 군사상으로나 일시를 주저키 어려워도 상당한 기간을 요할 것이니 우리는 먼저 일전의 구급책부터 강구하지 않을 수 없다.

무엇보다도 필요한 것은 유안 배급의 독점 형태를 타파함에 있다. 이번 폭등의 주요 원인이 지난 9월부터 조직된 유안배급조합의 부당한 가격 인상에 있는 이상 여기에 우량한 회사의 생산비를 기준 삼아 유안의 공정가격을 설정하여 독점가격을 허하지 않도록 할 것이다. 그리고 유안수출입허가규칙의 적용을 수입보다도 수출에 대한 제한을 엄중하게 하여 때로는 수입보상제도를 채용함도 그 일책이 될 것이다. 다음에 또 주의할 것은 조선 농민에 있어

---

50 일정한 비율로 소작료를 수취하는 소작 관행.

서 더욱 절실한 것인데 이는 생산자에서 소비자의 손으로 오는 동안의 중간 이익을 배제함이다. 농민의 단체적 조직이 미약한 조선에 있어서는 중간 상인이 탐하는 폭리가 막대하다. 경북도 내의 예를 들어보면 농민 중 저리자금을 이용치 못하는 소작인이 3할 이상을 차지하여 그들은 부득이 지방의 비료상으로부터 추기 수확물을 선저당(先抵當)하고 비료를 사용하는 터인데 어떤 지방에서는 1부대 겨우 2원 40~50전의 유안에 벼 120근을 제공하기로 계약한 지방도 있다 한다. 그리하여 도 당국에서는 비료가의 이익을 연 3할의 법정 이자를 넘지 못하도록 엄명하였다 한다. 그러므로 한 입으로는 폭리취체령 같은 것으로 비료상을 감독함도 필요하거니와 농민 자신들도 이러한 중간 채취를 배제키 위하여 협동조합의 조직을 촉성함이 급무가 아닐까 한다.

〈자료 85〉 사설: 금비 장려책과 농가 증산책의 부수하는 부담고(조선중앙일보, 1934.12.03, 1면 1단)

2. 시비 장려는 농가 생산을 위하여 불가결할 요건사임에 틀림없다. 오랜 세월에 이른 무시비로서 지력을 소모만 하는 것은 농업을 파멸로 유도하는 것이니 어찌 여기에 대하여 다른 뜻이 있으랴. 그러나 농가로서는 금비를 적극적으로 사용하여 그 단(段) 평균 경작비가 격증하고도 그 과실의 수확량이 그 비례로 증가하지 못한다면 영농상의 결손을 피하지 못할 것이다. 더욱 불안정한 미가의 현실하에서는 그러한 위험이 더욱 큰 것이다. 금년의 미가가 점점 높아지고 미자(米資)의 수요가 좀 증가한 것이 사실이다. 일본 내지의 흉작이 조선미의 지위에 다소 유리한 실정을 유도하였더라도 이로써 그 장래도 그러할 것을 보장할 수가 없지 아니한가? 금년과 같은 양지(兩地) 미곡 실정하에서도 조선미 통제 문제가 시끄러워서 저지할 바를 모르고 또 일단 미곡 사정이 달라져서 과잉 숫자라도 나타낸다면 미가의 유지 난은 농가의 일절 수지 관계를 전복하고 말 것이니 금비 장려의 소극화로 인한 부담의 과중이 어찌 문제 되지 아니하랴.

3. 최근 조선의 판매 비료 소비고를 살펴보건대 그 연액은 실로 3,000만 원을 돌파하였다. 이를 1931년(昭和 6)의 1,680만 원에 비한다면 약 배가하였는데, 3,000만 원에서 또 배가한다면 그 증수로서 능히 증시액을 충당할 수 있다 하면 얼마나 다행할 것인가? 그러므로 다수확도 무엇보다 바라는 바이지마는 그 다수확을 얻기 위한 지출의 부담을 감당치 못하는 곳에

농가의 어려운 사정이 있으니 이가 토지개량사업 전반에 관한 중대 문제임은 우리의 평소에 굳게 주장하던 바이다. 토지개량사업은 이미 중지되지 않았는가. 산미증식계획이 중단된 금일에 금비 사용을 또 적극적으로 장려한다는 것은 수조비 부담을 중하시(重荷視)하던 농가로 하여금 또 비료 대금의 부담에 고통케 할 것이 아닌가. 요컨대 산미업도 분명한 경제 행위인 이상 그 증산을 누가 희구치 아니하랴마는 그 증산책의 사물(賜物)이 결손으로 드러난다면 농가 실정의 무시도 심한 바일 것이니 금비의 적극 장려를 이러한 의미에서 조선 농가의 사활 문제시함도 결코 우연한 일이 아닐 것이다.

⑥ 농업공황 발발과 산미증식계획의 중단

〈자료 86〉 사설: 산미증식안을 중지하라, 미가문제의 근본 대책(동아일보, 1930.10.25, 1면 1단)

3. 이렇게 수립, 실시하는 바 산미증식안의 목적은 조선의 산업개발이니 농가경제의 충실이니 하나 그 실은 이러하다. 현재 일본의 식량 수급 상태는 매년 부족함을 느끼게 되어 경지정리법 시행의 철저, 개간조성법 발포, 경종법의 개선 등 백방으로 권장책을 더하나 유유부족(猶有不足)이라 하여 식량 해결책으로 조선 농민과 농토를 상대로 수립하게 된 것이다. 조방한 정치적 필요감에 의하여 엄연한 경제적 추리에 등한한 탓으로 생산 편중만을 위주한 위정 당국에 묻노니 금년과 같이 풍작의 흉년을 어떻게 설명하는가. 금년의 풍작은 일시적 현상이며 따라서 현재의 세계적 불황에 영향된 것임에 국가 백년대계를 변경할 수 없다고 하니 과연 농촌의 공황은 그대들 말과 같이 일시적 현상일까. 금일의 세계적 불황의 주인이 농업공황에 있어서 농업공황은 생산의 증대와 시장의 협애화로 인하여 절대 및 상대적으로 공급과잉을 보인 탓이다. 구미 각국에 있어서 소맥(小麥), 면화, 사탕 등등에 이를 입증하는 바이며 조선에 있어서는 미의 과잉 생산이 곧 금일의 참상을 초래한 것이 아닌가. 시장 즉 소비자의 구매력이 소화하지 못하리만큼 생산은 유리하다는 것보다도 오히려 해독이라 아니할 수 없다.

4. 조선 농민도 쌀밥을 먹고 싶어하나 조밥을 먹게 되며 조밥이나마 구하나 어찌 못하는 빈약한 구매력의 소지자이다. 과거 2, 3년간 수재, 한재로 흉작의 비참을 당하다가 금년엔

300여 만 석이 증가되었으나 도리어 미증유의 미가 폭락으로 구매력의 증대는 고사하고 일반 농민은 생사의 기로에서 방황하며 일본 시장은 조선미 배척을 결의하지 않았는가. 불과 300여 만 석 증가도 소비할 수 없는 일본 시장을 상대로 한 820만 석의 산미증식안의 전도는 이미 운명을 결여한 것이 아니냐.

〈자료 87〉 사설: 산미증식계획을 중지하라, 체면 문제가 아니다(동아일보, 1931.04.19. 1면 1단)

2. 산미증식계획의 발표 당초 본사는 전 조선 각 수리조합에 특파원을 파견하여 그 실정을 조사케 하고 그 계획의 불완전한 것을 지적하였으며 그 계획이 실행되던 도중에는 그 속출되는 폐해를 적출하여 산미증식계획의 중지를 주장했거니와 이제 각 도의 자료가 한 곳에 종합되어 평소 우리의 지적하던 불완전한 점이 사실로서 증명하게 된 것은 기뻐하면서 슬퍼할 사실이다.

우리는 첫째 공사에 대행제도를 반대하였었다. 그 이유는 수리공사를 동척 토개부(土改部) 및 토지개량회사에 대행케 하였기 때문에 감독에 이중제도가 존재하고 따라서 그 경비에 이중 부담 및 공사의 조악을 면치 못하였다. 안녕수리조합(安寧水利組合)의 예는 대행공사제도의 폐해를 여실히 폭로하였다. 각 도가 (1) 설계의 오류 (2) 창립비의 과대를 말한 것은 우리의 이것을 말하였음이 아니랴.

3. 셋째 우리의 반대한 것은 조합 간부의 인건비의 과대한 것이었었다. 조합장, 이사 중에는 연봉 7,000원의 간부가 비일비재니 이 인건비의 과대, 결국 조합비의 과대로 될 것이 아니랴. 이것은 도의 (6)의 인건비의 과대를 말한 것일 것이다.

이밖에 도가 국고보조의 사소(些少), 조합 기술자의 결핍을 들은 것은 또한 수긍할 일이나 이것은 그중 가장 부차적 일이라 않을 수 없다. 여하간 각 도의 보고가 우리의 주장과 부합한 것은 가장 흥미 있는 일이다.

〈자료 88〉 산미자금 감액으로 내정(동아일보, 1931.04.28. 8면 2단)

작년도 산미증식 저리자금은 총독부 계획대로 예금부에서 885만 원(비료자금 80만 원을 포함)을 동척 430만 원, 식은 455만 원으로 분할 수입하였던바 미가 저렴 등 기타 환경 불량으로 자금의 수요 감퇴와 금년 내에 전부 소비되지 못함에 돌아보아 식은에서는 소지 자금의 운용난에 빠져서 이전에 120만 원을 예금부에 반제(返濟)하였으나 아직도 연도 말에 7만 원 잔여, 동척의 180만 원을 합하면 결국 작년도는 370만 원 잔여, 실제 사용된 자금은 515만 원(비료 자금 80만 원 포함)으로 성적이 매우 불량하여 금년은 다시 미가의 참락 등으로 수조의 신설 ■■ 종래와 같이 큰 기대를 할 수 없는 까닭에 계획대로 종래와 같이 다액의 수입을 하는 때는 또 작년도와 같이 많이 남을 염려가 있어 본년은 실제 필수액을 조사하려고 현재 총독부에서 각 도 수조 기술관 회의를 열고 각지의 상황을 청취하는바 위 회의가 종료하는 대로 총독부에서 수집하여 계획을 세우기로 결정하였다. 위 계획이 수립되는 대로 총독부 이케다(池田) 수리과장은 도동하여 대장성과 자금의 수입액과 방법 등에 대하여 협의 결정하기로 결정하였는데 금년도부터 자금은 2회로 분할 수입함을 결정하고 제1회 수입은 5월 상순으로 되었다. 또한 작년도의 잔여금 370만 원은 머지않아 대장성과 협의한 뒤 예금부에 반제하기로 결정하였다.

〈자료 89〉 사설: 문제 많은 수리조합, 다시 산미계획 중지를 촉구함(동아일보, 1931.04.29, 1면 1단)

2. 수조 계획의 파탄은 과연 당국자가 성명하는 바와 같이 일시적 미가 참락에 의한 영향에 인함이요 미가가 회복만 되면 능히 채산에 맞게 될 수가 있을까. 여기 대하여는 두 가지의 함정을 발견한다. 첫째는 과연 미가가 회복되겠느냐 하는 것이요 둘째는 미가가 회복되더라도 재래에 조선인 지주의 이토(離土)를 촉진하는 모든 조건이 어떻게 제거가 될까 함이다.

만일 당국이 미가의 회복을 확신한다고 하면 어찌하여 그들의 생각대로 '예외적'인 금년에 있어서 수세의 연납(延納)을 용인하지 않는가. 아마도 당국 자신도 미가 회복에 대한 자신이 없기 때문에 모 과장의 말대로 "수세가 수확 전부가 되더라도 초과만 안 되는 한에서 이를 징수할 방침"을 세우고 있는 것이 아닌가.

3. 농촌 공황 습래 이전에 있어서도 수리조합은 중소지주에게는 농토 분리의 원인을 만들고 있었음을 우리는 간단 없이 지적해 왔다. 보조액의 근소, 공사비의 과다, 이자의 고율, 인건비의 낭비, 거치 기간 및 상환 기간의 단축 등등 여러 가지의 이유에 의하여 수리조합은 '국가 대계'로서는 채산이 될는지 모르나 지주로서는 채산이 못 될 것이 사실이다. 몽리 구역 내

의 전답이 ■■되는 것은 단적으로 이를 증명하는 것이 아닌가. 관리가 탁상에서 '백년대계'를 논하는 동안에 조선의 농촌의 중견층은 일도(一途) 몰락의 과정을 밟고 있는 것이다.

〈자료 90〉 사설: 단연 중지하라, 기로에 선 산미증식계획(동아일보, 1931.06.02, 1면 1단)

2. 이에 돌아봄이 있었던지 대장성에서는 근자 산미증식계획에 대부월(大斧鉞)[51]을 가하여 매년 정부 알선자금으로서 800만 원을 융통하던 것을 390만 원으로 줄이고 국고보조금도 매년 400만 원이던 것을 200만 원으로 줄이라고 한다. 이리하면 정부 알선 자금과 동액으로 하던 동척 및 식은의 융자도 390만 원으로 감하될지오 따라서 연 경비 2,000만 원이던 토개 자금은 1,000만 원으로 감하할지니 예년의 반밖에 자금을 얻지 못하는 산미증식계획은 예년 같은 성적을 나타내지 못할 것은 필연한 귀결이다.

3. 미의 소출이 과잉됨으로써 농업공황을 일으킨 작금에 그 소출 증가의 원인인 산미증식계획을 변경하는 것은 쌍수를 들어 찬성할 일이다.

그러나 산미증식계획의 변경이라 하였고 하등 구체적 방안을 보지 못하니 그 찬부(贊否)를 즉시 결정할 수는 없다. 자금의 감소라고 반드시 미가의 수지를 맞게 함은 아니라. 종래의 예를 보면 농업의 수지 불상쇄와 융자의 다액임에 있지 않고 그 운용의 불량에 있었으니 개량자금을 감하한다고 곧 미의 수지를 맞을 수는 없다.

4. 전에도 누차 논평한 바와 같이 앞에서 시술한 산미증식계획을 실행하기 위하여는 인민의 찬부 여하를 불문하고 거의 반강제적으로 수리조합을 조직케 하여 하등 수조의 필요를 인정하지 않는 지주까지 수조비에 얽매게 하고 또 그 공사야말로 대행제도가 되어 부질없이 이중감독제로 되고 이중부담으로 되었다. 또 자금의 이자는 고율이고 거치 기간은 단축하며 조합 간부의 인건비는 과대하여 수조비의 부담이 더욱더욱 방대하니 이는 곧 토지개량사업의 불완전을 말함이었었다.

5. 대장성이 산미증식계획의 변경을 착안한 것은 찬성할 일이다. 그러나 자금의 감하만이 반드시 농업의 수지를 맞게 하는 것이 아니니 대장성은 반드시 산미증식계획의 근본 조건을 강구할 필요가 있다.

---

51 큰 도끼.

첫째 수조 창립은 관계 지주들의 요구가 없으면 강권치 말라. 이미 개시한 수조 구역은 지원에 의하여 계속 또는 중지하라.

둘째 공사의 대행을 폐하고 당국의 직영으로 하며 이율은 내리고 거치 기간은 늘리며 조합 간부의 인건비는 훨씬 축소하라.

〈자료 91〉 조선 농민에 관계 깊은 산미증식계획사업 중지, 미가의 저락과 일본 반대로 수리조합 신설도 이제부터는 중지, 수조난 잠시 모면(동아일보, 1932.12.21, 2면 1단)

산미증식계획에 의한 토지개량사업은 금년과 내년의 2년도 사업을 중지한다는 것을 19일 밤 도쿄로부터 돌아온 후루쇼(古庄) 토지개량과장이 20일 아침에 성명하였다.

토지개량사업 중에도 수리조합사업은 설계의 오류와 공사의 방만과 공사 담당자 또는 사업 당국자의 부정행위 등으로 산미가 증식되는 반면에 조합비 부담 불능으로 인한 중소지주의 몰락을 촉진하여 미가가 참락한 만근 수년엔 수리조합이 지주와 농민의 원망의 과녁이 되어 왔다. 그러나 당국에서는 이 문제를 소극적으로 미봉만 할 방침으로 지나오더니 최근 일본에서는 제국농회 등 각 농민단체는 물론 정부의 일부에서까지 조선미 이입 제한을 열렬히 주창하게 되고 조선서도 일본의 조선미 통제에 대한 대책인 소위 아리가(有賀)안에도 조선미 작부 면적 축소론이 제창되어 사위의 형세가 도저히 현상에 모순되는 산미증식계획의 진행을 고집할 수 없이 되었음으로 필경 금년 양 연도의 산미증식사업의 일시 중지를 공포하게 된 것이다.

〈자료 92〉 산미증식계획 중 신규 사업은 중지, 그러나 소화수리조합은 한다고, 재무국의 예산 방침(동아일보, 1933.01.08, 2면 3단)

내년도 총독부 예산안을 가지고 도동하여 대장성과 절충 중이던 하야시(林) 재무국장은 6일 저녁에 귀임하여 다음과 같이 예산의 내용에 대하여 말하였는데 그중 중요한 것을 들면 다음과 같다.

산미증식계획은 1932년도(昭和 7) 예산이 372만 원(경지개량 45만 원 포함)이었는데 내년도에는 이것보다 200만 원의 증액을 요구하였었다. 그러나 조선미 통제 문제, 기타로 중앙 정부가 조선미 증산을 기뻐하지 않으므로 결국 140만 원이 삭감되어 60만 원 증액으로 낙착된 것이다. 이와 같이 되었으므로 원칙으로 신규 사업을 중지하게 되었으나 이미 결정된 소화수리와 낙동강 연안의 수리조합은 그래도 할 수 있게 되었다.

중앙 정부의 방침이 공채 사업을 일체로 반대한다. 그러나 조선의 특수 사정이 용인되어 3,300만 원을 얻었으므로 대만, 기타에 비하면 성공이다.

〈자료 93〉 사설: 산미증식계획의 실적(조선중앙일보, 1933.09.14, 1면 1단)

3. 만일에 산미증식계획이 중지되고 생산 통제를 단행하여 조선의 산미량을 감소시킨다면 그 결과는 어떠할까? 빈약한 조선 농민은 물론 근년 토지 투자에 크게 진출하던 외래의 대지주들도 영향이 적지 않으니 모처럼 자본을 유도하여 토지개량사업을 장려하던 총독부 당국으로도 이를 갑자기 중지하기에는 너무나 곤란한 사정이 있을 것이다. 그러므로 일본미와 조선미의 생산 통제상 지나치게 심한 차별은 반대하지 않을 수 없는 처지에 있다. 그러나 오늘날 일본 농촌의 피폐도 약간치 않은 바 있어 그들의 이익을 옹호하려는 적극적 활동은 정계를 움직임에 더 큰 위력을 가지고 있으니 결국은 조선의 농민과 지주를 희생해서라도 보상할 길을 강구할 것이다. 총독부 당국자의 의견으로 전하는 바에 의하면 대국적 견지로 생산 통제의 필요가 있다면 이에 추수할 수밖에 없으나 백년대계의 산미증식은 중지할 수 없고 다만 목전의 문제로 적극적 증식의 조성만은 중지한다고 한다. 생산 통제에 미쳐서는 실행난이 따름으로 미의 매상과 저장 장려의 강화 외엔 별 도리가 없다고 한다. 이와 같이 당국자 간에도 다소 의견이 불일치되는 것 같으나 조선을 안중에 두기에는 너무도 아량이 없는 터이니 이러나 저러나 조선의 농민은 더욱 생활의 안정을 얻지 못할 것이다. 그중에도 소작농 이하 세농들은 지주의 손실까지 전가받아 궁박한 정도를 더할 것이다.

〈자료 94〉 사설: 산미계획의 계속설을 듣고(조선일보, 1933.10.07, 1면 1단)

3. 그는 하여간 감단(減段)과 증식을 동시에 행하는 것이 관념상으로 모순이라는 일 점은 고사 막론하고 잠깐 이것을 국가적 견지로 본다고 할지라도 국가는 무슨 때문으로 한편으로 거액의 국비를 기울여 경지의 일부분을 폐지하면서 다른 한편 이와 동시에 그 이상 거액의 국비를 투입하여 경지를 확장하지 아니하지 못할 이유가 있을까. 더구나 될 수 있으면 한

분을 둘로 쪼개 써야 될 이 비상시에 처하여 그러한 낭비를 감행할 필요가 있을까. 이렇게 생각하면 조선 산미증식계획의 계속은 제일, 일본의 비상시적 재정 관념이 결단코 허락되지 아니하는 바일 것이다. 총독부 당국이 품은 산미증식계획 계속 이유라 하여 전하는 바에 의하면, (1) 감단 계획은 임시적이오, 영구적이 아니다 (2) 일본 내 인구 증가에 따른 수요 증가는 연 70~80만 석에 달할 것이다 (3) 경제적 변화에 따른 수요 증가도 예상된다 (4) 흉작에 의한 감수도 이것을 고려해야 된다 등등의 네 가지가 산미증식을 계속해야 될 이유라 하나 우리의 안목에 비치는 바에 의하면 이것들은 도무지 이유가 못 된다.

4. 어째서요. 하면 첫째 감단이 임시냐 영구냐는 금후의 풍흉 및 수급 상황 여하로 결정될 문제요 다만 탁상의 관념적 공론으로 결정될 문제가 아니다. 다음 일본 인구 증가에 반한 미 소비 증가가 연 70~80만 석이라는 설은 일본의 미 수급 통계의 숫자로 실증할 수 없는 말이다. 통계 숫자는 도리어 감퇴의 경향까지 보인다. 다음 경제적 변화에 의한 수요 증가설은 일본 아니 전 세계적으로 경제 공황이 더욱 심각해 가는 금일에는 주장할 수 없는 말이다. 다음 흉년이 들면 감수가 될 것은 물론이어니와 설사 그런 불행이 있다고 할지라도 거기는 1,500만 석의 과잉미가 있다. 그러므로 첫째 국가적 견지로 보더라도 산미증식은 당분간 적어도 중지해야 된다.

5. 다음 이것을 민간의 견지로 본다고 하면 더구나 이들을 이중의 고통으로부터 구출하려면 이때 단연 중지할 수밖에 없다. 감단이 실시된다 하면 이 때문으로 적지 않은 희생을 당할 터인데 게다가 산미증식으로 인하여 막대한 부담을 또 짊어지게 되면 이것은 실로 저들에게 대하여는 이중, 삼중의 타격으로써 도저히 그 하중에 감내치 못할 것이다. 우리는 물론 조선의 이 계획이 폐기 혹은 중지되면 그 때문으로 (1) 종래 토지개량에 종사하던 토목업자, 또는 (2) 그 공사를 대행함으로써 유일한 업무를 삼던 동척의 토지개량부 및 토지개량회사 (3) 또는 이에 자금을 융통하여 차익을 얻음으로써 그 업무를 삼던 동척 및 조선식산은행에 적지 않은 타격이 될 것을 모르는 바가 아니다. 그러나 극소수의 토목업자, 영리회사, 금융기관보다도, 이때 인민 대다수의 이익을 먼저로 한다고 하면 조선의 산미증식계획은 당연히 폐기해야 될 것이라고 우리는 생각한다.

〈자료 95〉 산미증식계획은 의연 속행 방침, 항구 대책이라는 총독부 의향, 감산 문제와는 별개(동아일보, 1933.10.07, 4면 1단)

미곡통제 문제로 떠드는 이때 조선 산미계획은 어떻게 될까. 일부에는 축소설, 중지설이 전하여 토지개량회사의 해산설까지 나는데 총독부에서는 기정 방침에 따라 계속할 방침이다.

현재 문제가 되어 있는 산미 감산안(減産案)은 임시적의 것으로 항구 대책은 아니다. 통계가 보이는 바에 의하면 일본 내지, 외지(外地)를 통틀어 매년 100만 인 가까운 인구 증가를 보고 있으므로 그중 미를 상식(常食)하지 못하는 자가 있는 것 또는 경제적 환경으로 소비량의 증감이 있는 것을 알고도 매년 평균 70~80만 석의 수요 증가를 내는 것은 명백한 일이다. 따라 일시적 대책으로서의 감산안에 불구하고 증식계획은 계속하여 수행한다는 것인데 35만 정보 토지의 토지개량을 행하여 420만 석을 증산함과 함께 개량에 따라 430만 석을 증산하려는 산미증식계획은 계획년이 남기를 4년으로서 16만 정보의 토지개량을 행하여 농사의 진보와 공히 어림잡아 200만 석의 증산을 보았을 뿐임에 불구하고 벌써 산미 과잉을 고하게 되므로 증식계획은 일시 중지할 것이라는 의론이 대두하였는데 그러나 예정의 토지개량을 완료하여도 산미액은 갑자기 증대하는 것은 아니라는 것은 16만 정보의 토지개량에 따라 얻은 증산액은 겨우 90만 석 내에 불과하다는 사실을 보아도 분명하다. 한편 인구 증가에 따른 수요 증가, 흉작에 의한 감수 등을 예상하면 계획 중지의 필요는 없고 감산 문제와는 별개로 계속한다는 총독부의 의향이다.

〈자료 96〉 사설: 산미증식계획을 중지하라(조선일보, 1934.01.16, 1면 1단)

1. 조선총독부는 산미증식계획을 중지해야 된다. 이 이상 이 계획을 계속한다는 것은 백해(百害)가 있고 일리(一利)가 없다. 과잉미 처분난과 생산력의 과다가 일본, 조선, 대만 3지를 통하여 중대한 정치 문제화하여 그 결과로 미에 대한 경지 축소가 절규되는 금일에 있어서 특히 조선미로 인하여 일본 농민까지 위협을 받는다는 비난이 높은 금일에 있어서 이 이상 더 산미증식계획을 계속한다는 것은 모순된 일이오 어리석은 일이다. 이런 견지에서 우리는 당국에 대하여 속히 그 중지를 선언하고 예산의 세출 항목에서 경지개량 및 확장비라는 비목을 삭제해야 된다는 것을 제언하는 바이다.

(중략)

4. 이러한 사실을 목전에 두고 산미 증가를 초래하는 수리조합을 신설하며 또는 황무지 개간을 조성한다는 것은 홀로 거액의 국비를 무용한 데 던진다는 폐해뿐만 아니라 조선 전체로 보아서는 일종의 자살행위라고 할 수밖에 없다. 총독부 예산서에 의하면 경지개량 및 확장비라는 비목하에 쓰는 돈이 350만 원 내지 500만 원의 거액에 달한다. 이제 산미증식계획을 중지한다고 하면 총독부로서는 달리 유용한 사업에 쓸 수 있는 이만한 재원이 생길 뿐만 아니라 이 이상의 산미 증가를 방지한다는 일석이조의 좋은 결과를 얻을 것이다.

〈자료 97〉 산미증식책을 포기코 토개사업을 중지, 신규의 수조, 간척은 전부 파멸, 전 조선적으로 영향 심대(동아일보, 1934.05.31, 2면 1단)

미곡 대책은 현재 정세에 있어 가장 중요한 문제임은 다시 말할 필요도 없거니와 이에 대한 항구 대책에 대하여는 총독부 당국에서 연구 중이라 하거니와 우선 이에 대한 제1 착수로서 산미증식계획을 중지하기로 하고 조선 산미증식계획의 근간이 되어 있는 토지개량사업계획은 이제 급박하여 온 사정이 해소되기까지 당분간 이것을 중지하기로 되었다.

이 까닭에 미쳐지는 영향이 큰 것은 조선 산업에 있어서의 쌀의 지위 또는 조선 농가에 대한 미작의 중요성에 미뤄 볼지라도 토지개량 공사 시행에 매년 1,600~1,700만 원의 자금이 산포된 사정으로 볼지라도 명백하다. 이제 이 계획의 과거 8개년간의 실적을 볼 때에는 토지개량 시행 면적이 35만 정보로 완전한 실적을 나타낸 것은 16만 5,000정보인데 이것은 전 계획 면적에 비교하면 4할 7분에 해당한다. 그러면 결국 총계획 면적으로 보면 약 반수가량이 완성된 것인데 이외에도 공사에는 착수치 아니하였으나 이미 창립 사무를 개시한 수리조합이 30지구요 이미 면허를 얻은 간척사업이 19지구로 이를 총합하면 49지구다.

이것도 역시 금후로는 조성금의 교부는 없어질 것이다. 이에 따라서 이미 들인 측량 설계비와 기타 창립비에 대하여도 상당한 것이다. 당국으로서는 어찌할 수 없는 사정이라 한다. 그러나 토지개량 신규 사업은 앞에서 서술한 것과 같으나 토지개량 금후 시설에 대하여서는 현재에 계속사업의 완성을 도모키 위하여 추가 개량 공사와 재해 복구 공사의 유의 시행만은 인정할 것이오 종래에 자칫하면 건설적 사업에 지도 조성이 불철저하여 이에 따르는 폐해가 많았으므로 금후로는 기실 사업에 개선 충실에 힘을 쓰기로 하고 그중에서도 제정 곤란에 빠져 있는 수리조합의 정리 등에 관하여는 별도로 계획할 방침이라 한다. 그리고 종래의 미작 편중의 풍을 전환시키기 위하여 전작지 등의 토지개량사업에도 연구하는 중이라 한다. 이에 관한 것을 30일 오전 이마이다(今井田) 정무총감의 말로서 발표하였다.

〈자료 98〉 산미증식 중지의 경제적 영향 별무(別無), 사위(四圍) 정세의 호전으로(동아일보, 1934.06.01, 4면 1단)

미곡 사정의 급박 완화로 산미증식계획은 내년도부터 일시 중지하기로 결정. 30일 이마이다(今井田) 정무총감은 정식으로 이것을 언명하였던바 산미증식계획 중지의 영향에 대하여 식은 당국은 아래와 같은 관측을 내리고 있다. 산미증식계획의 중지는 사실상 이미 일반으로 예상되던 바이며 결론에서 그의 경제적 영향은 별로 없을 것이라 한다. 단지 이론적으로는

1. 매년 실제 살포되던 근 1,000만 원(예정은 저자 자기 자금 절반으로 1,700만 원) 자금이 전혀 나오지 않게 되므로 노은(勞銀) 소득이 그만치 감소된다.
1. 간척 수리사업의 보조금 1개년 약 500만 원(실제는 매년 다르나)이 전혀 나오지 않게 되는 것

등 관계로 그만치 타격을 받을 터인 바 한편으로는

1. 1933·1934·1935년(昭和 6·7·8)의 3개년 계속 사업으로 궁민구제사업(窮民救濟事業)[52] 자금 6,000만 원이 살포되어 있고 1936년도(昭和 9)는 다시 1,600만 원을 추가 지출하고 있다.
1. 수리조합의 기정 계속사업 자금 및 이에 따른 보조금은 내년도도 당년 예산에 계상될 터이다.
1. 수리조합은 미곡통제의 실시에 의한 미가고와 저금리 차체(借替)[53]에 의하여 조합의 부담이 현저히 경감된다.
1. 각종 공업의 발흥 시대에 들어가 특히 금광사업의 발흥은 노은의 살포를 증대시키고 있고 산미 자금의 살포 중지를 보완하기 충분하다. 등의 좋은 재료에 의하여 이 타격을 커

52 궁민 즉 가난한 이들이 노동을 통하여 임금을 얻을 수 있도록 실시되었던 각종 토목사업.

53 기채를 발행하여 구채를 상환하는 것.

버하고 있으므로 결국 산미증식계획 중지로 인한 좋치 못한 의미의 영향은 거의 없을 것이다 하여도 과언이 아니다. 단지 대장성 당국이 산미 저자의 구채 4분 5리 분을 신규 융통의 4분에 차체할 것을 용인하는 것은 관계 방면의 요망하는 바이다.

(3) 잡지 기사를 통해 본 산미증식계획

〈자료 99〉 우리의 정중동관(靜中動觀): 산업대회와 산업조사회, 정반대의 기미가 있는 양 결의문(개벽 16호, 1921.10.18)

지난 9월 12일에는 종로중앙기독교청년회 관내에서 순 조선인으로 이뤄진 산업대회의 총회가 있어 금후 조선 산업개발의 근본 방침에 대한 결의안을 가결하였으며 동 15일부터 20일까지의 5일간에는 총독부 회의실 내에 일본인 39인, 조선인 10인으로 이뤄진 조선총독부 임시산업조사위원회가 있어 역시 조선 산업개발의 근본 방침에 대한 결의안을 가결하였는데 여기에 그 전문을 보일 수 없으나 양 결의안의 강령뿐을 보이면

1. 산업대회의 결의 강령

   갑. 조선인 본위의 산업정책을 확립하되 소수 유산계급의 이익을 목적하지 말고 일반 다수 민중의 행복을 목표로 할 것.

   을. 농업을 토대로 하여 상공업의 발달을 기하되 보호정책을 채용하여 경쟁의 참화를 제거할 것.

2. 산업조사회의 결의의 총령

   조선의 산업상 계획은 제국산업정책의 방침에 순응하기를 기할지며 내외의 정세 특히 일본 내지, 중국, 노령, 아시아 등 인접 지방의 경제적 사정을 고찰하여 대안을 강구할 필요 있도다. 조선의 산업은 시정 이래로 진보된 흔적이 현저하나 그 진보는 필경 초창의 시기에 있어 그 기초가 오히려 박약하여 전도(前途) 발전의 요건에 결여된바 적지 아니한즉 장래로는 더욱 지식 기능의 향상 발전을 촉진하고 근면 협동의 습관을 조장하여 산업 제반의 조직 및 교통, 통신의 기관을 정비하여 재력의 충실 및 금융의 소통을 도모하

여 일선인 및 일선의 관계 연락을 한층 밀접케 하는 방법을 강구하여 조선 경제력의 진보와 일선 공동의 복리 증진을 기하지 아니하지 못할지로다. (이하 생략)

우의 양개(兩個) 결의문을 대조하면 누구라도 곧 생각할 것이 있으니 전자는 어디까지 조선인 본위의 산업정책을 확립하되 특히 조선인 보호정책을 채용하여 경쟁의 참화를 제거케 하자 함에 대하여 후자는 조선의 산업상 계획은 일본국 산업정책의 방침에 순응하여 일선 및 일선의 관계 연락을 한층 밀접케 하는 방법하에서 일선 공동의 경제적 발전을 기하자 하였도다. 물론 조선의 금일 형편에 있어 산업정책상에 일선인 및 일선의 관계 연락을 취하게 될 것은 비록 면할 수 없는 것이라 할지나 기능상으로나 재력상으로나 기타 무엇으로나 정도가 같지 않은 양개의 민족을 동일한 경우에 두고 다만 양 민족의 연락 관계만 밀접케 하면 그 구실로는 아무리 양 민족 공동의 경제 발전을 기한다 할지라도 결국은 정도 우월한 한편 민족을 본위로 하는 산업정책에 돌아갈 것이라. 이 의미에서 조선인의 산업에 대한 특별 보호정책을 쓰지 아니하고 다만 조선인보다 정도 우월한 일본 및 일본인과 그렇지 못한 조선 및 조선인과의 관계 연락뿐을 밀접케 하기에 주의를 둔 금회 조선산업조사회의 결의안은 결국 일본인을 본위로 한 산업 방침이라 할 수 있다. 일언으로 덮으면 전자의 결의안과 후자의 결의안과는 정반대되는 기미가 있도다.

이것이 무슨 까닭일까. 아무 까닭이 없다. 다만 전자는 순 조선인으로 된 회(會)의 행한 결의안이오 후자는 49인 중에 겨우 조선인 10인을 포함한 회의 결의안이 되는 그 까닭뿐이다. 그런데 전자는 의견뿐이나 후자에는 실행이 따른다.

우리는 이 산업 문제에 있어 우리 조선 사람이 당할 사정이 얼마나 긴박하다는 것을 본지 9월호에서 말할 수 있는 데까지는 말하였다. 이제 다시 군말하지 아니하겠거니와 다만 한 가지 말뿐으로 형제에게 부탁할 것은 이 산업 문제야말로 우리의 사실상 사활 문제인즉 우리가 이 경제적 발전에 향하여는 오직 평화적 총동원이라는 가장 긴장한 태도로써 그에 대함이 있으라 함뿐이다.

〈자료 100〉 마명(馬鳴), 조선 사람의 운명을 지배하는 당면의 농촌정책 문제(상). 사회는 모름지기 큰 주의를 이에 던지라(별건곤 34호, 1930.11.01)

그러면 산미증식계획의 근본 목적은 대체 어디 있는가. 위에 인용한 당국의 문구에 의하면 그것은 "일은 조선의 산업을 개발하여 농가의 경제 따라서는 반도의 경제를 충실하고 일은 제국 식량문제의 해결에 이바지하기 위하여"라 함을 보게 되었다. 이제 당국의 이 성명을 에누리 없이 그대로 승인한다 하면 산미증식계획에 의하여 제일차적으로 그 이익을 받게 될 자는 말할 것도 없이 농가를 중심으로 한 조선 전체가 아니면 아니 되는 것이다. 물론 쌀은 농가의 손에 의하여 산출되는 것이니까 쌀의 산출이 증식되면 그만큼 농민의 생활을 충실히 하게 될 것이 사실이며 이에 따라 조선의 경제가 또한 충실하게 되리라는 것은 누구나 긍정치 아니할 수 없는 것이다. 그러나 쌀의 수량 증식만을 만능으로 하는 이러한 정책은 현대 경제 제도의 옹호자인 그들로서 스스로 수급 법칙을 부인하는 큰 모순이라 아니할 수 없는 것이다.

이 조선 사람의 살림 기초가 된다는 것은 그에 의하여 다만 문제가 해결됨으로써뿐만 아니라 그것으로써 다시 먹는 것 이외의 다른 생활 자료까지를 교환하여 얻을 수 있게 되기 때문이니 그러므로 쌀은 다만 그 수량의 증식으로뿐만 아니라 다시 그 가격의 상승을 필요로 하지 아니하면 아니 되는 것이다. 아무리 수량상으로는 증식에 증식을 거듭한다 할지라도 그 가격에 있어서 하락을 보게 된다 하면 그것은 도리어 어느 정도의 흉작보다도 못하게 된 사실은 우리가 방금 앞에 보게 될 수 있게 된 것이다.

이번의 미가 폭락은 가령 그 원인의 일부가 세계적으로 습래(襲來)하는 재계 불황에도 있다 하지만은 그에 인한 미가 저락율은 실로 극히 경미함에 지나지 아니한 것이오, 그 원인의 대부분은 도리어 대풍작과 및 월별 평균 이출제의 실시에 있음을 보게 되는 것이며 그리고 이 두 가지 원인의 그 근원을 다시 추구하면 그것은 또한 다 무모한 산미증식계획의 결과로부터 발생하는 것으로 그 최후 책임은 아무리 하여도 당국에 있다 아니할 수가 없는 것이다. 만일 당국자가 참으로 조선 농가의 경제와 아울러 조선 전체의 경제 충실을 위하여 산미증식계획을 실시하였다 하면 그들은 계획의 당초부터 증수 후의 처치에 실수 없는 대책을 강구하고 또 일본의 이출에 대하여도 충분한 시설을 고려하였다면 이제 와서 이렇게 갑자기 미가가 폭락하여 조선 농민으로 하여금 큰 낭패에 빠지게 하는 일은 없었을 것이다. 한갓 수량 증식만에 중점을 두고 가격 조절에 별단의 방책을 논하지 아니한 당국의 진의가 다른 데 있음은 이로써 족히 짐작할 수 있는 것이다. 그러므로 우리는 산미증식계획의 근본 목적은 당국의 표방하는 바와 같이 결코 '조선 농가의 경제 충실 운운'에 있지 아니하고 도리어 그다음 '제국 식량문제의 해결에 이바지하기 위하여'라 함에 있음을 알게 되었다.

일본에서는 이래 식량상에 적지 아니한 부족을 초래하여 〔산미 장려에 의하여 비록 지금은 거의 그 수급이 들어맞게 되었다고 하지만은〕 조선이나 대만으로부터 해마다 800~900만 석의 이입을 하고도 다시 얼마쯤의 외미를 수입치 아니하지 못하게 되었다. 그러나 현재의 상태보다도 장래가 더욱 말이 아님을 보게 되었나니 1957년(昭和 32)에는 일본 내의 총인구 8,880여만 인에 그 미 소비고가 약 1억 1,200만 석〔1인당 1석 2두 5승〕에 달하게 될 추정임에도 불구하고 이것을 현재 일본의 미 생산고와 대조하면 실로 2,000만 석이라는 막대한 수량의 부족을 발생하게 되어 이제부터 벌써 일본 전 인구의 생활상에 한 중대한 문제를 이루지 아니하지 못하게 되었다. 이것은 일일 전쟁이 일어나서 만일 일본의 해외 항로가 완전하게 봉쇄를 당하여 미의 수입이 불가능하게 된다면 일본 사람으로 꼼작 못하고 아사할 수밖에 없다는 것을 약속하는 것이라 아니할 수 없는 것이다. 그러므로 일본의 당국자는 '일국의 봉쇄 상태를 가정'하고도 식량상에 하등의 우려가 없을 만한 식량정책 아래 사력을 다하여 산미증식을 고조할 뿐만 아니라〔부민협회에서는 단당 10석의 생산을 표준으로 하여 현상부(懸賞附) 장려를 행하게까지 되었다〕 다시 각 식민지에 대하여서도 또한 동일한 정책으로 이것을 장려하게 되었나니 그들의 추정으로써 하면 1957년(昭和 32)에는 우리 조선에서만 해도 약 1,470여만 석의 미를 일본에 공납치 아니하면 아니 될 의무를 가지고 있게 되었다. 그러므로 이제 조선에서 진행하고 있는 소위 산미증식계획이라는 것은 실로 일본 인구의 백 년의 생활 대계를 위한 것으로 가령 목전에 얼마쯤의 희생을 치르게 된다 할지라도 그들은 이것을 돌아볼 여유가 없이 오직 30년 후의 목표를 향하여 일로매진치 아니하면 아니하게 된 것이다.

이러한 당국의 정책 아래 조선 농민은 마침내 금년에 치명상을 입게 되고 말았다. 농민들은 농회 기수에게 따귀를 맞아 가면서 앙판을 밟히고 식묘(植苗)를 도로 뽑히고도 이것이 오직 우리를 위하여서니라 하고 모든 고통을 감내하고 당국의 지도하는 대로 농사를 지어 놓은 것이 마침내 이렇게 석 6원이라는 톡톡 떨어도 비료대도 못 되는 참경에 빠지지 아니하지 못하게 된 것이다. 이것은 오로지 당국자가 너무나 구원한 계획에만 치중하여 미의 수급 관계와 및 미가의 전도에 대하여는 하등의 고려와 시설을 더함이 없이 농민에게 몽둥이찜을 대면서 덮어놓고 식으로 생산을 강제한 결과인 것이니 그 책임은 또한 당국에 있다 아니할 수 없는 것이다. 장래는 아직 잘 모르겠거니와 이제 조선, 대만과 및 일본에서 산출되는 미만으로도 단경기(端境期)[54]의 이월고가 해마다 몇백만 석이나 됨을 보면 아직 얼마 동안은 그렇게 일본의 식량을 위하여 서두를 필요가 없음에도 불구하고 미리부터 너무나 겁을 집어먹고 야단법석하기 때문에 마침내 오늘과 같은 사태를 연출하게 된 것이다. 다행히 여러 해 전부터 한재와 수해가 속출하여 천연적으로 수확을 얼마쯤 감손하였으므로 이제까지 우리 농민이 그만큼이라도 부지하여온 것이오 만일 금년, 작년 같은 양호한 기후(올해도 비록 일부에는 재해가 있다 할지라도)가 몇 해 전에만 왔다면 우리 농민은 무모한 증식정책 아래 진작 이렇게 큰코를 다치지 아니하지 못하게 되었을 것이다.

(중략)

그러므로 당국자로 만일 이러한 병행 조건을 해결할 능력이 없다 하면 우리 농민은 차라리 산미증식계획의 즉시 중지를 요구코자 한다. 총독부에서는 이번의 미가 폭락과 같은 일로 인하여 증식계획을 조정하여서는 절대로 아니 된다 하고 각 도에 대하여 어디까지든지 견실히 토지개량사업의 계속에 노력하라는 통첩을 발하였다 하지만은 미가문제에 대한 근본적 방책을 수립함이 없이 다만 말총으로 콩 엮음 같은 오늘의 미봉책을 가지고 꾸준히 계획을 고집하여 매진함은 그야말로 뒷일을 생각지 못하는 무모한 용기로 우리는 대담함에 도리어 놀라지 아니하지 못하는 자이다. 이 계획의 실행으로 인하여 가령 숫자상으로는 얼마쯤의 증가를 얻게 된다 해도 그 대신 그 가격에서 도리어 감손을 초래하게 된다 하면 우리는 절대로 이 계획에 추종할 수 없게 되나니. 보라 이제 예를 들면 1926년(昭和 1)에는 578만 석의 미 수이출 가액 1억 9,500여 만 원에 달하였음에도 불구하고 그 익년에는 647만 석을 수이출하고도 겨우 1억 9,100만 원을 수취함에 지내지 아니하냐. 결국 수량으로는 69만 석을 남의 손에 던져주고도 가액에서는 도리어 400만 원의 큰 손실을 보게 되었었다. 산미증식계획 그 자체는 아무리 필요하다 할지라도 그 병행 조건의 불비로 인하여 이같이 채산이 들어맞지 아니하는 이상 우리로서 어떻게 그에 맹종할 수 있느냐는 것이다. 그러나 이러한 요구는 다만 산미증식 그것에 한하여서만 하는 것이 아니다.

54 묵은쌀이 떨어지고 햅쌀이 나올 때.

〈자료 101〉 마명(馬鳴), 조선 사람의 운명을 지배하는 당면의 농촌정책 문제(하). 사회는 모름지기 큰 주의를 이에 던지라(별건곤 35호, 1930.12.01)

그러면 수조의 시설은 우리 농민에게 과연 얼마나 한 혜택을 입게 하는 것일까. 아닌 게 아니라 수조 당사자의 말과 같이 이에 의하여 얼마만큼의 증수를 보게 되는 것은 사실이라 할 수 있는 것이다. 그러나 증수는 결코 하늘에서 떨어지는 빗물에 의하여서와 같이 무료로 되는 것이 아니오. 그에는 눈에서 벼락불이 번쩍 나는 무거운 부담을 하지 아니하면 아니하게 되는 것이며 그러고도 그것은 다시 농민의 오막살이 집에 붙어 있을 겨를이 없이 모두 도망하고 말게 되므로 미안하다는 것이다.

이러한 내용을 말함에는 우리는 수리조합 그것이 어떻게 된 것인가를 먼저 알지 아니하면 아니 되겠다. 수리조합은 수리조합령에 의하여 설치되는 것으로 조합원은 그 구역 내의 토지 소유자로서 하고 시설 경비는 2할 내지 3할의 국고보조를 받는 외에는 전부 기채에 의하게 되었으며 그리고 그에는 평의회라는 자문기관이 있다 하나 그것은 금일의 중추원 이상의 무력한 것으로 하등의 쓸모를 하지 못하는 것이요. 그것은 오직 도지사의 직접 감독 아래 조합장을 필두로 한 그 고급 역원들이 모든 전횡을 행하게 된 것이다. 이렇게 국가의 법률을 배경으로 하여 출현된 것이므로 수리조합이라 함보다도 차라리 그 조합장과 및 그 역원의 세력은 비상히 강대하여 다수 조합원의 의사를 무시하고도 능히 그 사업을 진행할 수 있게 된 것이니 우리가 신문에서 흔히 보게 되는 조합 대 조합원의 분규는 이러한 까닭이었으므로 해서 일어나게 되는 것이다.

여기에서 우리가 특히 주의치 아니하면 아니 될 것은 조합 사업비가 당초부터 기채에 의하게 된 것이다. 그러므로 조합에서는 시설만 완료하게 되면 그다음부터는 진정한 조합의 유지 존속을 위하여 노력하는 일보다도 도리어 그 부채의 상환으로서 나머지의 한 큰 임무를 삼지 아니하지 못하게 되는 것이니 그 상환 방법은 수조의 시설에 의하여 받게 되는 이익의 대상으로 조합원으로부터 조합비를 징수하여 조합 유지비를 제한 나머지의 전액을 이에 충당하게 된 것이다.

농민과 조합 사이의 이해 충돌은 대개 이 조합비의 징수 문제로부터 일어나게 되는 것이다. 조합비는 이렇게 조합의 유지비 밖에 다시 그 부채 상환비까지를 겸하게 된 것이므로 그것은 언제나 과중치 아니할 수가 없게 되는 것이며 수조 당사자의 말과 같이 그들도 또한 이것이 과중한 줄을 모름이 아니지만은 조합 자체의 탄생에 절대적 조건이 된 이 부채만은 아무리 하여도 상환치 아니하지 못하게 된 것이므로 그들도 또한 어찌할 수 없이 그것을 징수하게 된다는 것이다. 이리하여 소위 수조의 시설에 의하여 발생하는 이른바 그 증수라는 것은 마침내 조합비라는 명목 아래 그들이 전부를 도로 가져가게 됨은 물론이오. 때로는 거의 총수확의 반액까지를 이에 밀어 넣지 아니하면 아니하게 되는 일도 또한 없지 아니한 것이니 예를 들면 동진수리조합의 특등지 증수 추정액은 단당 2두, 시가 1원 40전에 지내지 아니한데 그 조합비는 1원 38전인즉 이것은 거의 그 증수 전액을 가져가는 것이오. 미림수조의 평당 생산액은 6전인데 조합비는 3전인즉 이것은 에누리 없이 총수확의 절반을 그대로 빼개가는 것이다. 그러나 수조 당사자가 풍을 치는 그 증수라는 것은 결코 전부가 그 시설에만 의한 것이 아니오. 이에는 또한 그 전보다 농민의 노동력과 비료가 훨씬 더 많이 주입되어 된 것인즉 이제 수조에서 이것이 다 내의 공로로 된 것이다 하는 듯이 그 전액을 송두리째 가져감은 실로 무지하기 짝이 없는 일인 것이다. 그런데 이제 그로도 오히려 부족하여 이렇게 총수확의 반분까지를 빼개어 가니 어찌 되겠느냐는 것이다. 물론 조합비는 형식상 토지 소유자에게 징수되는 것이므로 표면으로 보면 소작 농민에게는 하등의 통양(痛痒)이 없는 것이다. 그러나 실제에 있어서 그것은 언제나 우리 소작농의 부담이 되고 마는 것이니 지주들은 누구나 그것을 다시 소작인에게 착취치 아니하는 이가 없는 것이며 그러고도 그 위에 다시 증수를 구실로 하고 그 소작료까지를 인상하게 되는 것이다.

(중략)

그러므로 우리 농민은 이 수리 정사(政事)에 있어서는 또한 그 전환을 요구치 아니하지 못하게 된다. 나는 일찍 다른 기회에서 수리사업은 수리국과 같은 기관 아래 순수한 국가적 시설로 하여 농민에게 무상으로 그 이익에 입게 아니하면 아니 된다 함을 주장하였었다. 이 주장은 이제도 또한 모든 농민의 의사를 표시함에 족한 것으로 당국자의 반성을 재촉하여 마지아니하는 바이며 만일 재원과 및 그밖에 다른 관계로 하루아침에 이것을 실행하기가 어렵다면 우선 그 전제로 현행 수리조합령을 개정하여 그것을 완전히 농민 본위로 하고 그 공사설계에 있어서는 조합비는 언제이나 그 시설에 의한 증수 추정액의 1할을 초과치 않도록 명정(明正)히 제한을 붙이기를 요구한다. 이러한 최소한도의 요구에도 응치 못하여 준다 하면 산업 장려는 마침내 죽도 밥도 아니 되고 말 것이다. 〔이 항은 1929년 5월 중에 《동아일보》에 게재된 졸

고「수리조합론」참조.]

〈자료 102〉 이광수(李光洙), 시화(時話)(동광 17호, 1931.01.01)

조선 금년의 미 수확 예상은 2,000만 석에 달하리라고 한다. 아마 조선 천지개벽 이래에 초유의 현상일 것이니 이러한 풍년을 초래한 요인은 1) 과학적 농사개량에 의한 증수 2) 산미증식계획에 의한 수전 면적 격증 3) 금년의 기후의 세 가지를 들 것이다.

아모러나 풍년이란 환영할 것이요 감사할 것이니 만일 풍년이 저주할 것이라 하면 그 사회에는 무슨 큰 결한(缺限)이 없을 수 없을 것이다.

그런데 괴이도 해라. 지금 조선은 상하를 들어서 이 풍년을 저주하고 있다. 그리고 이 풍년을 만들어 내인 농민은 곧 지금까지 없던 대전황(大錢慌)을 만들어 내인 원흉과 같이 되고 말았다. 그래서 그들은 대풍년을 앞에 놓고서 울고 앉았다. 웬일인가.

첫째는 농민이 부담하는 농자(農資)[농량(農糧), 비료, 농구, 의약 등등]와 각종 세납이 화폐 본위로 된 까닭이다. 현재와 같이 금융자본벌이 각국의 정권을 잡는 시대에 있어서는 화폐가 경제의 주인이 되어 가지고는 어떠한 물건이든지 안 먹고는 못 살 양식까지도 화폐가치로 환산하여서 비로소 그 가치를 계량하게 된다. 그런데 화폐 총액은 거의 증감이 없는데 농산품은 조건이 좋으면 생산이 증가한다. 그러할 때에는 그 농산품과 노임의 화폐적 가치는 저락할 수밖에 없을 것이다.

그러니까 농민이 금년과 같이 자기의 노역의 압박을 자기가 받는 불합리가 없게 하려면 농민의 모든 부담은 농산품[예를 들면 미] 본위로 하여야 할 것이다. 그렇게 아니한 동안 농민은 풍년을 만들어야 될 것인지 흉년을 만들어야 될 것인지를 은행에 물어 보기 전에는 결정치 못할 것이다.

둘째는 조선총독부의 산미 수책(收策)이 일본의 식량 공급의 일 보조가 되게 함이 금년 미가 폭락의 한 원인이다. 조선 내에서 일 년간에 소비될 양을 표준을 해야 할 터인데 혹시 일본 내지의 식량이 부족하면 어찌 할까 해서 나중에야 어찌 되든지 우선 지어 놓고 보아라 식으로 하고 보니 일본이 흉년이 들면 조선의 풍년은 조선 농민에게 복이 되지마는 일본이 풍년이 들면[금년 모양으로] 조선의 풍년은 조선 농민에게는 도리어 화가 되는 것이다. 그러므로 산미증식계획을 전부 포기하거나 그렇지 아니하면 평년작의 판로를 확실히 고려한 후에 산미증식계획을 실행해야 할 것이니 조선총독부 1931년도(昭和 6) 예산에 화전 장려비를 계상한 것은 이 산미증식계획의 불명을 자백하는 것이라고 할 수밖에 없다.

셋째는 자작농 이하의 농민보호계획의 시설과 입법이 불비한 것이다. (1) 화폐로 환산 말고 농산물 현물로 결제할 저리 농자 금융기관의 결핍 (2) 미가 최저표준의 제정이 없는 것 (3) 미를 자유경쟁의 상품으로 하는 것(당연히 국가가 전매, 통제할 것이다.)

〈자료 103〉 마명(馬鳴), 농촌문제 특집: 농업공황과 농민의 몰락 과정(동광 20호, 1931.04.01)

그들은 우선 소작료에서부터 큰코를 다치게 되었다. 농작이라는 구실 아래 가을에 간평을 하는 소작료 감정에서는 말할 것도 없거니와 소작 계약 당시에 쌍방이 서로 단단히 약속한 정조(定租)에 있어서까지도 그들은 계약상의 납입 요구를 받게 되었다. 그리하여 그들은 먼저 이른바 농작에 의한 증수라는 것부터를 거의 다 지주의 점취(占取)에 맡기지 않으면 아니 되게 되었다.

그러나 공전의 풍작이라는 해에 이렇게 벼로써 납부하게 되는 소작료의 증징 요구쯤은 오히려 견딜 수 있는 것이다. 농작 자금이라든가 비료 대금이라든가 또는 농업 자금이라든가 하는 여러 가지 명목으로 얻어 쓴 부채의 상환이야말로 그들의 사명(死命)을 지배하는 것이라 않을 수 없는 것이니, 조(租) 1석당 10원 이상을 상정하고 얻어 쓴 각종의 채금은 반액과 동일한 조가(租價) 참락으로 그들의 손가락 99에 대위산(大違算)[55]을 낳게 되어 소작료를 제한 나머지의 전부를 톨톨 떨어도 아니 될 뿐만 아니라 대개는 소작료 줄 것까지를 이편의 급채(急債)에 밀어 넣고도 오히려 얼만지 모르게 부족함을 보게 되는 것이다. 그러고 이러한 타격은 호농(豪農)이라는 말을 듣는 큰 소작농에 이를수록 더욱 혹렬하여 100두락에 가까운 농사를 짓는 평야지방의 소작인들 중에는 7, 800원의 채금과 20, 30석의 소작료 미납을 진 사람이 경성 드뭇하게 있음을 보게 되었나니 이번에는 대개 많은 자금을 던지어서 농사를 지은 사람일수록 더 큰 손실을 받지 아니하지 못하게 되기 때문이다.

원래 소작농은 동시에 거의 누구나가 다 채무자 아닌 사람이 없는 것이다. 이제 어떤 두 마

55 계획이 크게 틀림.

을의 실사로써 하면 갑촌 29호와 을촌 30호의 소작농이 한 사람도 부채를 갖지 않은 이가 없음을 보게 되었다. 이것은 비록 그 한, 두 예에 지나지 않는 것이라 할지라도 조선 농촌의 전부가 어떠한 것을 뵈어 주는 것이라 않을 수 없는 것이니 대개 해마다 가을에 그 채금을 상환하고 그 자리에서 다시 새로 얻어 내거나 그렇지 않으면 그 이자라도 지불하여 오는 것이 상례이었다. 그러나 올해는 원금의 미상환은 고사하고 이자 지불도 못하게 된 것이 대부분이었으며 그러고도 흔히는 그 위에 다시 산더미 같은 소작료의 미납까지를 짊어지게 된 것이었다.

그러므로 올 한 해에 그들은 (1) 적체 이자의 원금에의 가산과 (2) 미불 소작료의 채금화(債金化)와 (3) 및 그들의 유일한 생산품인 정조의 가격 폭락에 의한 화폐 가격의 고등 등의 여러 가지 원인에 의하여 그 부채가 일반적으로 약 3배 이상으로 격증함을 보게 되었다. 3배의 채금 증가는 반면으로 곧 그들의 생활이 3배 이하로 몰락함을 의미한 것이라 않을 수 없는 것이다. 이러한 그들에게 먹을 것이 있을 턱이 없는 것이다. 한재를 입었다 할지라도 전년에는 그래도 음력 세전(歲前)에 절량(絶粮)이 된 사람은 그렇게 많지는 않았었다. 그러나 올해는 전기(前記) 두 마을에서만도 벌써 7할 이상의 절량자가 있게 되었으며 그러고 그중에는 추수가 끝나면서부터 바로 굶게 된 사람도 없지 않았다. 눈도 미처 녹지 않은 양지 쪽에는 겨우 뾰족뾰족하게 나오는 나물을 캐는 아낙네가 얼만지 모르게 널려 있음을 보게 되었다. 지난봄까지는 주든지 안 주든지 간에 그래도 문 앞에 찾아오는 거지를 맞게 되는 사람들이 이제는 그들이 도리어 바가지를 들고 나실 준비를 하는 것을 나는 방금 목도하고 있다. 그들은 지난봄에 1년 전에 2, 3원의 고가를 주고도 간신이 샀던 소작권을 팔려고 소리를 높이 지르지마는 이제는 물어보는 사람조차도 볼 수가 없게 되었다. 이대로 가다 가는 올봄의 소작권 매매의 시장에서는 여러 해 전부터 벼락부자를 이루든 사음(舍音)이나 지주들도 코를 골치 아니하지 못하리라는 것이 요새 농촌의 풍평인 것이다.

〈자료 104〉 오기영(吳基永), 농촌문제 특집: 수세연납운동과 미림수조 항쟁기(동광 20호, 1931.04.01)

풍년 기근이라는 이 현상이 조선에 나타나자 그 필연적 결과의 하나로써 소위 산미증식의 계획하에 커다란 의문 속에서 조선 농촌에 생겨난 수리조합의 조합비 연납운동이 봉기하였다. 평남 대동군 하 미림수리조합은 이 연납운동의 제1성(第一聲)을 발한 자로서 또 가장 꾸준한 항쟁을 해를 걸쳐 두고 아직까지 계속하고 있다. 필자는 이런 일을 따라 다니면서 보도하는 것으로써 직업을 삼는 탓으로 작년 가을 미림수리조가 발한 수세 연납의 제1성에서부터 최근에 이르기까지의 그 항쟁을 친히 보고 들어온 바이다. 편집자 그 항쟁기를 쓰라 명하시기로 이에 붓을 드는 바어니와 이것이 유독 미림수조에 국한한 문제가 아닌 점에서 필자는 조선 수리조합이란 자의 정체의 일각을 거듭 알아볼 수 있다고 생각한다.

미림수조가 작년 10월 5일 수세 1년 연납운동을 제창하매 각지에서 이에 호응하여 삽시간에 전 조선적 중대 문제화하고 신문은 이 사실을 들어 사설로 논하고 기사로서 앞다투어 보도에 열중하게 되었다. 그만큼 농촌에 있어서 중대한 문제인 것이다. 글에 순서로 보아서 현재 수리조합은 수세의 연납을 아니하지 못할 이유가 무엇인가를 알아볼 필요가 있다. 금년의 농촌 수입 특히 수조 몽리구 내의 지주 및 작인은 과연 손실을 보았는가. 이에 대하여 필자는 평남 8개 수리조 몽리구역 내의 실수확고와 생산비를 숫자적으로 조사한 바를 제시하면 아래와 같다.

(중략)

이로써 수세연납운동이란 것이 시세에 비춰 보아 필연적 산물임은 긴말을 할 것 없다. 풍년이 들면 격양가(擊壤歌)를 부르든 것은 옛적 역사책이나 뒤져야 알 일이요 이제는 풍년이 들어서 농촌은 파멸에 임박한 것이다. 그 원인을 어째서 자연에만 돌리랴. 무모한 산미증식계획과 수리조합의 발생 그것이 중대한 원인의 하나가 아니 될 수 없다. 더욱 수세 그것을 정조로서 납부한다면 차라리 문제는 좋을 것인데 이것이 꼭 현금으로써 납부케 하기 때문에 곡가가 참락한 현상에 현금 납부는 생산된 정조를 모두 쓸어 넣어도 예산이 맞지 않는다.

〈자료 105〉 주요한(朱曜翰), 내외 대관(大觀)(동광 21호, 1931.05.01)

작년 가을, 미가가 폭락에 폭락을 고할 즈음에 총독부 당국은 "산미계획의 예정을 변경할 의사가 없다"는 것을 수고스럽게도 각지에 통첩한 일이 있었다. 그러나 그 후 냉혹한 사실의 세력은 마침내 총독부 당국이 '생각'하지 않는 수리계획상의 여러 가지의 난관을 거듭 나타나게 하여 인제 와서는 필연적으로 그 '생각치 아니한' 변경이 사실화하게 되었다.

경남도 당국자와 같이 아주 솔직하게 '불량수리조합'의 속출을 승인하고 거액의 보조로서 이를 구제하는 곳을 제하고는 수리조합에 대한 원성이 도처에서 일게 되었다.

평남 미림수조는 그 대표적 일례다. 수확의 전부를 집어 넣어도 수세를 채 못 물게 되는 것은 극단의 실례려니와, 대부분이 수세를 물고 남는 것이 없는 형편이라 하면 재래의 수리조합은 물론, 신설 계획에 대한 영향은 치명적일 것이 아니냐. 정조 1석 12원 가격의 예산으로 채산을 세운 수리조합이 1석 5, 6원이라는 참락을 직면하여 어찌 파탄을 아니 보일 수 있을까. 황해수조(黃海水組)나 예당수조(禮唐水組)에서 해산, 중지의 소리가 이는 것은 이 공포에 대한 단적 표현이다.

산미계획 파탄의 원인은 여러 가지로 구할 수가 있을 것이다. 책임을 회피코자 하는 자는 우선 세계적 농업공황을 구실로 하여 불가피설을 출장할 것이다. 오직 조선의 수리조합은 매년 수만의 채무 및 이자의 상환이란 거대한 재정적 의무를 지고 있는 것을 잊어서는 안 된다. 만일 농업공황이 자연적 불가피의 일이라 하면 수세(즉 채무 상환)의 감삭, 연납을 원칙적으로 승인해야 할 것이다. 당국은 아직까지 완강히 이를 거절하고 있다.

미림수리조합원은 수세의 납입 기한을 44개년으로 연장하고 동 수조를 불량 수조로 편입하여 달라고 하여 조합 당국의 발부한 고지서를 반환하며 최후에는 토지를 차압해 가라고까지 강경하다.

황해수리조합 설계 반대운동의 골자는 수리계획이 아니라도 이미 상당한 양답(良沓)으로 인정되는 지역을 수조 몽리 구역 내에 편입함에 있는 것이다. 과거에 있어서 수리조합 설치에 이 문제로 인하여 폐해가 막심한 것은 주지의 사실이다. 개간지를 광활하게 짐유한 대지주, 혹은 투기적 기업가가 자가의 부담을 될 수 있는 대로 경감하기 위하여 몽리 구역을 확장하려 함은 있음 직한 일이다. 이리하여 혹은 감언이설로, 혹은 관권과 결탁하여 채산 안 될 구역, 또는 양답을 몽리 구역 내에 넣으며 소수 반대하는 지주의 의견을 다수로 우기어서 조합을 성립케 한 일이 없지 않았을 것이다. 이러한 사실은 금일에 와서 수리계획의 오류를 공격하는 한 재료가 되는 모양이다.

공사에 치중하고 농업기술의 향상에 노력하지 않은 것도 수리조합 실패의 한 원인으로 간주되는 모양이나, 그보다도 차라리 생산력 증진에만 치중하고 그 분배 소화에 등한한 전체적 농업정책이 더욱 근본적 문제일 것이다.

당초에 생산자의 이익을 도외시하고 식량정책의 입장에서, 또는 개간 이윤과 공사 이윤에 의한 정당비(政黨費)의 염출, 및 동척, 식은을 통하여 거대한 금융자본의 소화를 목적으로 하여 생긴 산미증식계획이 금일이 있는 것은 필연의 결과다. 무리를 무릅쓰고 예정 계획을 강행하려는 당국, 이윤을 보고 여름벌레처럼 덤벼드는 토지 투기가, 및 생사의 문제를 목매고 있는 지주 및 소작인, 이 삼중주의 행진곡에 맞추어 산미계획이 걸어가는 길은 과연 어딘가. 그보다도 가속도적으로 늘어 가는 토지 겸병의 밑에서 나날이 질적으로 양적으로 쇠퇴하는 조선 농민 – 따라서 조선인 – 의 가는 길은 어딘가.

〈자료 106〉 임병철(林炳哲), 조선 농촌문제 해부, 주로 농업정책에 대하여(동광 29호, 1931.12.27)

이러한 대계획이 그 예정 연수의 반기(半期)를 맞이하는 금일에 와서 변경하지 않으면 안 될 곤경에 처하였다. 대장성으로부터 이 계획을 변경하여 정부의 간선자금 800만 엔을 390만 엔으로 국고보조금 400만 엔을 200만 엔으로 줄이게 되었다. 이같이 정부의 알선자금과 동액이든 식은 및 동척의 융자도 마찬가지로 반감되게 되었으니 이름 높던 토지개량사업도 연 경비를 반감하여 1,000만 엔으로 사업을 진행하게 되었다.

그러면 어찌하여 이 같은 국가적 대계획을 변경하지 않으면 안 되게 되었던가? 복잡한 이유는 그만두고라도 미의 소출이 과잉되어 미가 폭락으로 농업공황을 일으키어 농촌은 빈혈증에 걸리었다. 그런 데다가 부채는 늘어나고 수조비는 과중하여 농촌은 마침내 회복의 여지 없이 쓰러지게 되었다. 입도 차압[56] 8,000건, 농촌 부채 5억 엔, 수조 지주 작권 포기 등이 이를 증명하고 있다. 이러한 현상임으로 강력한 권력을 가진 수조비이지마는 그 5할밖에는 건지지 못하였으니 어찌 사업을 진행할 수 있으랴.

우리는 과거를 비치어 보아 비록 토지개량자금을 반감하였다고 사업의 완전을 기할 수 없음을 알 수 있다. 마땅히 그 근본적 결함을 고치지 않아서는 안 될 줄 믿는다.

(1) 수조를 불필요로 하는 곳에 강제적 창립을 말 것.

(2) 설계계획을 충분히 할 것.

(3) 공사 제일주의를 버리고 농가 경제를 위주로 할 것.

---

56 논에서 자라고 있는 벼를 압류하는 것.

(4) 자금은 저리로 기한은 늘릴 것.

(5) 조합 인건비를 과대히 말 것.

(6) 답〔논〕만을 위주하지 말 것.

등이다.

농사개량에 대하여서도 이상에서 논하였거니와 금년〔1931년(昭和 6)〕에 배정된 저자는 1,083만 7,270엔인데 이에 대한 대부 실적은 736만 150엔으로 배정액에 대한 비율은 겨우 6할 7분이다. 원체 그 배정이 전 조선 농호에 비하여 심히 적은 것인데 그에다 배정액도 겨우 반을 넘었다 하니 이 얼마나 심한 축소이냐. 그나마도 대부 조건이 가혹하여 지주나 중농 이상의 계급이 이용할 뿐으로 농사개량을 가장 필요로 하는 빈농은 돈 소리만 듣는 셈이니 이 얼마나 근본 정신에 어그러지는 일인가.

〈자료 107〉 이훈구(李勳求), 수리조합의 위기, 조선 농촌의 암종(癌腫)(동광 30호, 1932.01.25)

어쨌든 작년 가을 이래 미가의 공전적 폭락은 이 수리조합사업에 지대한 '쇼크'를 주었다. 아니 한 치명상이었다. 기성 수리조합에 있어서도 그 유지가 곤란한 소위 불량 수리조합이 속출하게 되었다. 또 장래 이 사업 진행상에도 무한한 지장을 초래하였다. 그뿐 아니라 소위 선량 수리조합도 또한 유지의 경영이 곤란하게 되었다. 지금 한 구체적 일례를 들어 보겠다.

상술한바 수리조합의 몽리 면적 20만 172정보 중 가장 크고 또 모범적이라는 동진수리조합의 현황을 보자. 동 수리조합는 1만 7,000정보의 몽리 면적을 포옹하고 960만 원의 거액의 사업비를 투입하였다. 이 사업비는 연리 최고 9분, 최저 5분 9리로 차입하였는데 그중 560만 원 내외는 평균 연리 8분 3리 내외의 고리로 차입하였다. 사업계획 당시에 공장 준공 후에는 몽리 구역 이외 것까지 합하여 토지 수확의 증가가 매년 7할 2분 이상이 될 것이라고 예상하였다. 그러나 이 예상은 한 착각에 불과하였고 현재 수리조합비로 평균 매 단보에 5원 37전을 부과하여 원리 상환에 충용하고 있다. 게다가 벼금은 매 석에 6원가량이므로 지주의 고통은 극도에 달한다. 몽리 구역 내의 지가는 저락되어 벼 3석 5두의 수량을 내는 특등지가 1단보에 100엔 이하요, 또 2석 7, 8두의 수량이 있는 6, 7등지는 1단보에 37, 8엔으로 저락되었으나 매수가 없어 토지의 매매가 두절된 현상이요, 더욱이 6, 7등지는 조합비가 단당 6엔 11전으로 6엔 97전이라는 고액이므로 지주는 소작료를 받아야 조합비와 지세를 지불함에도 부족하고 더욱이 이 토지 소유로 인하여 부과되는 각종 공과 금액이 증가되는 편이므로 지주는 결국 타산상 '마이너스'를 지게 된다. 설상가상으로 이 토지를 저당하고 기채를 하려고 하여도 동척, 식은, 금융조합에서는 거절하거나 내켜 하지 않으므로 지주는 진퇴유곡의 궁지에 빠져 있다. 그러하므로 조합비 지불 불능자, 체납자가 속출하고 그 위에 이와 같은 곤경이 20년을 두고 나간다 하므로 지주야말로 비명을 아니하려고 하여도 하지 아니할 수 없을 것이다.

이상에 말한 것은 동진수리조합의 실례이지만 현재 수리조합은 거진 다 이 비운에 조우하였고 따라서 경제적으로 타산하여 보면 그 존립의 여지가 위태하게 되었다. 그러하므로 조선농업자대회에서 수리조합 관계자들은 고리 차금을 저리로 차환할 것과 상환 연한의 연장을 절규하고 특별히 국고보조를 대성질호(大聲疾呼)로 부르짖은 것이다. 그러나 사업 설계의 기본적 착오, 사업 경영의 불량 등 여러 가지의 원인으로 몰락의 운명을 가진 불량 수리조합의 낭비를 그 수리조합 관계자 이외의 전 조선 농민에게 국고 수입을 통하여 물리려고 하는 것은 너무도 '내 앞에 큰 감을 놓으라'는 격이다. 수리조합의 경제적 파탄을 이와 같이 미봉하려고 하는 것은 전 조선 농민의 견지로 보아 지정하기 어려울까 한다.

이 외에도 논자의 말하는 모든 사실 또 필자도 생각하는 모든 것을 기탄없이 말하기는 불가능한 것인 것을 독자도 잘 양해할 줄 안다. 그러나 수리사업이 그 계획 당시에 있어서 조선농촌경제에 지대한 영향을 준 것같이 이와 같은 위태한 경우에 있어서도 또한 지대한 영향을 줄 것은 사실이요. 따라서 현재 조선 농민 사회의 큰 한 문제인 것도 사실인 것을 지적하여 둔다.

2) 산미증식계획의 내용

(1) 자료 해제

1920년대 산미증식계획은 '일본 자본주의 발전을 뒷받침하는 식량·원료 공급 기지화'라는 조선 식민지배의 목적을 가장 직접적으로 실현하기 위한 식민정책이었다. 이에 조선총독부는 산미증식계획을 실시하며 이와 관련된 정책 자료를 다수 출간했다. 1920~1925년까지 진행된 1차 산미증식계획은 소기의 성과를 거두지 못하면서 1926년 산미증식갱신계획으로 정책을 수정했다. 이에 관련 자료는 1926년 이후 산미증식갱신계획 기간 이전의 정책을 정리·분석하고 새로운 계획을 수립하게 된 근거와 이유를 정리하는 형태로 만들어졌다. 1926년 산미증식갱신계획은 1차 계획에 비해 토지개량사업을 보다 체계화하고 보완하는 것에 중점을 두었던 만큼 토지개량 관련 자료가 중심 자료라 할 수 있다. 정책 당국의 편찬 자료는 정책을 홍보하고 합리화하는 내용이므로 이를 활용하는 데는 당대의 사회적 맥락을 바탕으로 살펴볼 필요가 있다.

먼저 산미증식계획 관련 조선총독부의 정책 내용을 전반적으로 살펴보는 데는 1절에서도 정리한 『조선농업발달사』와 『조선농회보』의 관련 기사를 활용할 수 있다. 이와 함께 1920년대 산미증식계획에 대해 계획 내용과 실적을 살펴볼 수 있는 자료는 『조선산미증식계획의 실적(朝鮮産米增殖計劃ノ實績)』(朝鮮總督府 農林局, 1933)이다. 조선총독부 농림국에서 1933년 산미증식계획의 중단을 앞두고 그간 진행된 산미증식계획의 실적을 정리하기 위하여 『조선산미식증식계획의 실적』을 편찬했다. 조선산미증식계획의 개요, 토지개량사업의 실적(시행 면적, 사업 자금, 산미의 증수), 농사개량사업의 실적 등의 내용이 정리되어 있다. 총독부가 추진한 산미증식계획과 산미증식갱신계획의 전반적인 내용을 파악할 수 있다.

다음은 『토지개량사업의 개황(土地改良事業の概況)』(朝鮮總督府, 1932)이다. 1926년 산미증식갱신계획이 실시되면서 토지개량을 현실화하기 위해 법적 제도 마련, 재정 및 금융 지원의 확대, 기술 및 인력 확충이 이루어졌다. 1926년 조선총독부관제 개정으로 식산국 산하에 토지개량사업을 전담하는 토지개량과, 개간과, 수리과의 3과 체제가 확립되었고, 1927년에는 토지개량부가 신설되어 이 3과를 총괄 관리했다.[57] 하지만 1930년 초 농업공황이 발생하고 쌀값이 폭락하면서 오히려 쌀의 과잉 문제가 대두되었다. 이에 조선에서 쌀 증산정책을 전환하면서 관련 기구도 축소하여 1932년 토지개량부는 폐지되고, 1934년에는 산미증식계획이 중단되었다.

조선총독부는 토지개량부가 폐지되자 토지개량부의 활동을 정리하기 위해 1932년 『토지

57 이송순, 2018, 「1920년대 식민지 조선의 산미증식계획 실행과 농업기술관료」, 『史叢』 94, 184-185쪽.

개량사업의 개황(土地改良事業の概況)』을 편찬했다. 1927년 5월 토지개량부가 설치된 후부터 1932년 7월 폐지되기까지 토지개량부가 실시한 사업의 개황을 모아 기록하는 것을 목적으로 했다. 그러나 토지개량사업은 1920년 산미증식계획 시작 단계부터 진행되었던 만큼 1926년 산미증식계획이 갱신되기 이전의 토지개량 관련 실적 및 산미증식계획 외의 시설 사항에 대해서도 기술[58]되어 있다. 조선산미증식계획의 갱신(토지개량사업의 실시 계획), 토지개량사업의 수행(수리조합에 의한 토지개량사업, 수리조합에 의하지 않은 토지개량사업, 토지개량사업지 경작자 이주 초치의 장려) 등 토지개량사업과 관련된 내용이 정리되어 있다.

한편 산미증식계획은 토지개량과 농사개량(품종 및 비료, 영농법)의 두 축으로 진행되었다. 이미 1910년대 미작개량정책에서는 품종개량에 주력했고, 산미증식계획 기간에는 새로운 품종에 적합한 영농법과 시비(施肥) 문제에 집중했다. 비료반응성이 높은 소위 '개량품종'을 보급했기에 증산 효과를 높이기 위해 비료 투입에 정책을 집중했다. 이에 퇴비·녹비의 자급비료 증산을 독려했고, 1920년대 후반부터는 판매비료(金肥)를 장려했다. 1930년대 이후는 흥남조선질소에서 화학비료가 생산되면서 화학비료 사용도 장려했다.

『조선의 비료(朝鮮の肥料)』(朝鮮總督府 農林局, 1938~1942)는 조선총독부 농림국에서 1938년, 1941년, 1942년 세 차례에 걸쳐서 발행한 자료이다. 본 자료집에서는 관련 내용이 집대성된 1942년판을 정리했다. 1920년대 중반 이후 비료의 생산과 소비가 확대되자 이 내용을 정리·편찬한 것으로 이 자료의 내용은 자급비료 증산 장려, 판매비료 장려, 비료 단속(取締) 등 1920년대 중반 이후의 비료정책 내용을 담고 있다. 이외에도 비료 수급 상황, 비료 관련 법령(비료취체법, 조선비료취체령, 조선중요비료통제령, 조선임시비료배급통제령 등) 등이 수록되어 있다. 이를 통해 산미증식계획에서 진행된 비료 중심의 농사개량정책을 살펴볼 수 있다.

산미증식계획은 일본 제국주의가 일본 본국의 식량문제 해결과 그를 통한 자본주의 발전의 토대를 마련하기 위해 실시한 식민정책이었다. 그러나 식민 본국의 요구에 따라 만들어진 산미증식계획에서 조선 내 쌀 생산 주체인 농민들의 삶과 계급적 이익은 고려되지 않았다. 조선총독부와 지주는 농민들에게 물길을 만들고 새로운 품종을 재배하도록 했고, 피 제거와 퇴비를 만들고 판매비료를 사서 뿌리도록 강제했다. 이로 인해 생산량은 늘었지만 농민들의

58 朝鮮總督府, 1932, 『土地改良事業の概況』, 5쪽.

밥상에는 쌀밥이 오르지 못했다. 이러한 조선총독부의 쌀 증산정책의 본질과 그로 인해 심각해지고 있는 조선 농민들의 피폐하고 고단한 삶을 날카롭게 지적하는 조선인 사회운동가, 지식인의 글을 살펴보았다. 이여성·김세용의 『숫자조선연구』[59]에 실린 산미증식계획에 대한 비판, 사회주의 지식인 박문병[60]과 도쿄제대 출신 강정택[61]의 쌀 증산정책의 본질과 조선 농촌·농민의 뼈아픈 현실에 대한 분석을 정리했다.

---

59 일제강점기 언론인이자 독립운동가, 사회주의 운동가로 활동한 이여성은 매부인 김세용과 함께 1931년부터 5년 동안 신문에 연재한 글을 엮어 『숫자조선연구』(제1집~제5집, 5책)를 출판하였다. 『숫자조선연구』는 일반 대중을 대상으로 숫자를 통해 조선인의 '삶의 질'과 일제의 수탈적인 측면을 실증적으로 분석하였다. 1부는 일제의 조선인 통제와 탄압, 2부는 일제의 금융 장악과 조세 수탈, 3부는 조선의 산업과 실업, 4부는 조선인의 삶과 민족 차별로 분류하였다. 이 자료집에 수록한 산미증식계획의 실상과 문제에 대한 내용은 4부에 포함되어 있다.

60 1920년대 말 이후 조선의 농민·농업 문제에 대한 관심은 사회 각 방면에서 제기되었다. 부르주아민족주의 계열에서도 '농촌구제' '농민계몽'을 외치며 적극적으로 농민을 획득하려 했다. 사회주의 계열에서는 합법적 농민조합으로부터 혁명적 농민조합으로의 조직 개편과 함께 전면적인 반제반봉건투쟁에 나서게 되었다. 조선의 사회주의자들은 코민테른의 「12월테제」에서 조선혁명의 현 단계를 부르주아민주주의혁명으로, 그 내용은 토지혁명이 주축을 이룬다는 점이 공식적으로 천명되면서 토지문제, 농업문제에 대한 연구에 박차를 가하게 되었다. 이러한 사회주의 계열의 농업문제 연구와 논쟁에 전면에 나선 대표적 인물이 박문병이었다(오미일, 1990, 「1930년대 사회주의자들의 사회성격논쟁–농업문제를 둘러싼 인정식·박문병의 논쟁을 중심으로」, 『역사비평』, 1990년 2월호 참고).

61 강정택은 일제강점기 도쿄제국대학 농학부 농업경제학과를 졸업했다. 졸업 후 '부수(副手)'를 거쳐서 전임강사에 해당하는 '조수(助手)' 직위에 올라 농업경제학과에서 10년(1933~1943)을 근무했지만, 강좌 담임을 맡은 교수 신분이 아니었기에 자신의 제자를 양성할 수는 없었다. 귀국 후 해방이 되면서 미군정하에서 경성대학(京城大學) 법문학부 경제학과의 농업정책학 담당교수로 임용되었으나 정치적 소용돌이 속에서 한 학기 만에 학과 자체가 없어지면서 학문적 역량을 펼칠 기회를 갖지 못한 채 강단을 떠났다. 대한민국 정부 수립 후 잠시 농림부 차관을 역임했지만 6·25전쟁 발발과 함께 납북되었다. 강정택은 학문적 능력과 열정에도 불구하고 식민지 지식인으로서 안정적으로 활발하게 학술활동을 계속할 수 없었다. 그러나 도쿄제대 조수로 근무한 10여 년간 식민지 조선의 농촌사회 및 농업경제에 관한 활발한 현지 조사 연구를 했고, 이렇게 해서 수집한 자료에 기초해 주목할 만한 연구 업적을 남겼다.

(2) 산미증식(갱신)계획(1920~1934)

① 산업조사위원회 개최

〈자료 108〉 산업조사위원회(小早川九郎 編著, 1959, 『補訂 朝鮮農業發達史-政策篇』, 友邦協會, 371-373쪽)

본 시기(1920년대)를 지목하여 농업 발달의 약진기라 하는 이유는 과거 농정의 수립 및 실시상의 고된 체험을 바탕으로 약진하는 일본의 경제 사정에 조응하면서도, 농산 증식을 중핵으로 하는 각종 농업 시설에 강력히 매진하고, 그 기세가 1919년(大正 8) 3월 소요의 뒤를 이은 농업 장려 도상의 하나의 작은 차질과 같은 것에, 하등 개의치 않는 기개가 있었기 때문이다. 애초에 그러한 약진적 계획의 실시에 있어서는 이미 서술한 것처럼 경제 환경의 변동에 의하여 여러 가지 고난에 조우할 수밖에 없었지만, 지금 이 기간 시설의 두서너 가지에 대해서 보아도 먼저 면작제2기확장계획(綿作第二期擴張計畫)은 장래에 그 제2년에 들어가기로 했고, 면양(綿羊)의 증식, 말의 개량, 사탕무의 장려 등 이전 시기부터의 계획도 점점 실시로 옮겨졌다. 나아가 신사업으로는 산미증식의 대규모 계획이 있었고, 후에는 산견(産繭) 100만 석 계획이 수립되었으며, 축우의 증식이 기도되고, 결국에는 전작개량증식계획도 수립되는 데 이르러서, 농업 조선의 약진적 양상을 관망할 수 있다. 이와 같이 약동하는 조선 농업의 도화선에 불을 붙인 것으로 주목할 만한 것이 1921년(大正 10)에 설치된 산업조사위원회이다.

당시 총독부의 신수뇌부는 조선의 산업은 현저한 발전을 해 왔다고 하더라도 그 상태가 여전히 유치하고, 시대의 진보에 따라서 장래 이의 개발 시설이 시급을 요하는 바가 적지 않으므로, 이때 철저한 방침을 정하여 그 기본을 확립하는 것이 극히 필요하지만, 대개 산업상의 시설은 각종 사업에 걸쳐서 관계된 바가 매우 광범위하기 때문에, 관민의 협력을 기다리지 않으면 그 효과는 거두기 어렵고, 또한 일선 경제 공통의 실을 거두기 위해서는 양 지역 실업가의 융합, 협력을 구할 필요가 있다는 취지 아래 1921년(大正 10) 6월 산업조사위원회 규정을 정하여, 정무총감에게 위원장을 맡기고, 위원에는 일본의 관리 및 전문가 9명, 실업가 11명, 조선 주재의 관리 8명, 실업가 일선인 각 10명, 계 48명을 임명하여, 동년 9월 제1회 위원회를 개최했다. 총독부가 얼마나 이 위원회를 중요시했는지는 이 위원회의 결의를 거친 답신에 기초하여, 신규 계획 또는 증액된 산업 시설비 예산액 약 470만 엔을 1922년도(大正 11) 예산에 계상한 것을 미뤄 보아도 극히 명확하다. 따라서 지금 이 답신을 보면 조선 산업에 관한 일반 방침으로서는 다음과 같이 서술하고 있다.

"조선의 산업상 계획은 제국 산업정책의 방침에 순응할 것을 기할지며 내외의 정세 특히 내지, 중국 및 노령 아시아 등 인접 지방의 경제 사정을 고찰하여 이의 대책을 구할 필요가 있도다. 조선의 산업은 시정 이래로 진보적 궤적이 현저하나 그러나 그 진보는 필경 초창의 초기에 속하여 그 기초 또한 박약하여 전도(前導) 발전의 요건이 결여된 바가 적지 않다 하노라. 따라서 장래 더욱 지식 기능의 향상, 발전을 촉진하고, 권면, 협동의 관습을 조장하여, 산업 제반의 조직 및 교통, 통신의 기관을 정비하여, 재력의 충실 및 금융의 소통을 도모하며, 내선인 및 내선의 관계 연락을 한층 밀접케 할 방법을 구하여, 조선 경제력의 진보와 내선 공동의 복리 증진을 기하지 않을 수 없는지라. 조선 산업에 관한 제반 정책의 실행에 관해서는 미리 내지 및 인접지와의 관계, 조선 내부의 사정 및 재정상의 관계 등을 고려하여 그 규모를 정하고 경중을 교량(較量)하고 완급을 안배할 것이 필요하다."

〈자료 109〉 산업계획위원회의 「농업계획요항」(小早川九郎 編著, 1959, 373-374쪽)

위의 일반 방침에 기초해 입안된 「조선 산업에 관한 계획 요항」은 농업, 임업, 수산업, 공업, 광업, 연료 및 동력, 산업자금, 해외 시설, 철도 시설, 도로·항만·하천 등 10개 부문에 걸쳐 있지만, 그중에서도 농업에 관한 요항을 적기(摘記)하면 다음과 같다.

1. 조선의 실력을 증진하고 제국의 식량 충실에 공헌하기 위해 산미의 개량 증식을 도모할 것.
2. 식량을 충실하기 위해 쌀 이외의 식용작물의 개량 증식을 도모할 것.
3. 수이출에 적합한 농산물의 개량 증식을 도모할 것.
4. 조선 내 공업의 가능성을 배양키 위하여 공업 원료에 적합한 농산물의 개량 증식을 도모할 것.
5. 농가의 부업으로 잠업의 장려 보급을 도모할 것.
6. 농업 노동력을 충족하고 식육(食肉)의 충실에 이바지하기 위하여 소의 개량 증식을 도모할 것.

7. 조선에 적합한 말 및 면양의 종류 시험을 행할 것.
8. 농업의 견실한 발달을 기하기 위하여 소작 관행을 개선하고 기타 소농 보호에 관한 시설을 할 것.

위 이외에 별도로 농업, 임업 및 수산업에 관한 특별위원회의 심의에 부치고 나아가 위원총회의 의결을 거쳐서 답신한 사항이 있다. 그중 농업 전반에 공통된 것을 아래에 적기하기로 한다.

농업에 관한 건

농업은 조선 산업의 대종으로 조선 인구의 8할이 이에 종사함으로써 이의 흥폐(興廢)는 직접 민중의 복리에 영향할 바가 크도다. 고로 농업의 진작 장려는 산업에 관한 계획 중 가장 진력할 것으로 인정함. 농업에 관하여 금회 제출한 계획 요항은 대체로 적당타 인정함으로써 이의 시설의 진보를 기할 것을 바라노라. 특히 산미에 대해서는 경지의 확장, 개량 및 경종법의 개량과 같은 것, 쌀 이외의 농작물에 대해서는 면화, 과수의 재배 장려와 같은 것, 잠사업에 대해서는 양잠 호수의 증가와 같은 것, 축산에 대해서는 축수의 개량 증식과 같은 것, 또 소농 보호에 대해서는 소작 관행의 개선 및 부업의 장려와 같은 것은 유의할 필요가 있다 인정함.

산미의 증식 개량은 단지 농업 중에 주요한 사항임에 그치지 아니하고 조선 산업 중 가장 중요한 것인즉 총독부의 산미증식에 관한 제1기 계획은 현재의 예정을 최저한도로 간주하여 철저적으로 수행을 기할 필요가 있다 사유함. 그래서 (1) 경지의 확장 개량에 관한 기본 조사의 속성, (2) 토지개량사업에 대한 보조금의 증가, (3) 토지개량사업의 촉진을 목적으로 하는 특설 기관의 설치, (4) 경종법의 개량에 관한 시설에 대해서는 특히 재원의 충실을 도모하여 계획의 수행상 유감이 없기를 기할 것을 바람.

다음으로 아래 사항은 계획 요항 또는 동 참고서 중에 특기(特記)를 결여하였으나 산미개량증식상 필요하다 인정함.

1. 개간, 간척 또는 지목 변환에 관계된 토지의 개척 연한을 적어도 일본 내지와 마찬가지로 할 것.

2. 조선의 산미는 제국의 식량문제와 중대한 관계가 있음으로써 그 일본 내지에서 소통하는 길에 대해 특별히 유의 고려할 것.

② 산미증식계획의 전개

〈자료 110〉 조선산미증식계획의 실적(朝鮮總督府 農林局, 1933, 『朝鮮産米增殖計劃ノ實績』, 1-5쪽)

1. 조선 산미증식계획의 개요

조선 산미의 증식은 가장 긴요한 사업임에도 불구하고, 민도 및 정부 재정의 관계 등으로 인하여 이것의 장려 조성이 충분하지 않았다. 때문에 경지에 대한 관개의 설비가 심히 불완전하고 천수답이 대부분을 점한다. 따라서 재배법도 자연히 조방적으로 흘러서 품종의 개량 및 시비의 증식 등은 도저히 바랄 수 없고, 수도 생산고는 평균 단당 벼 1석을 채우지 못하는 상황에 있었다.

총독부에서는 위에서 서술한 실정을 미뤄 보아 1920년(大正 9) 조선 내 쌀 수급 증가에 대비하고, 농가 경제의 향상을 도모하며, 아울러 제국 식량문제의 해결에 이바지하기 위하여, 논 80만 정보의 개량 확장을 30개년에 완성하고자 하는 안을 수립했다. 먼저 그 제1기 계획으로 15개년을 기하여 42만 7,500정보의 토지개량사업을 완성하는 한편 경종법을 개선하고, 양자 함께 약 920만 석의 산미를 증가시킨다는 소위 조선산미증식계획을 수립하여 실행에 착수했다.

그런데 이것의 실시 중 재계의 변동에 조우해 기업열이 갑자기 쇠퇴하고 일반 금리가 고율이 되었기 때문에 사업 채산이 매우 곤란하게 되었으며, 경종 및 시비의 방법이 유치하여 증수 예정에 도달하지 못하는 등 실행상 여러 가지 장애가 초래됐다. 사업의 진전이 예상과 같지 않음을 미뤄 보아 1926년(大正 15) 본 계획을 갱신하고 또한 저리자금(低利資金)을 알선 공급하여 기업 자금의 원활을 도모했다. 동시에 총독부에 토지개량부를 신설하여 계획 수행의 특무 기관이 되게 하는 한편, 사업 대행의 기관을 창설하고 사업 시행지의 측량, 설계 및 공사 감독을 주도면밀하게 했다. 나아가 비료 증시 계획을 세워서 판매비료의 시용을 증가시키는 동시에 자급비료의 증식, 기타 농사개량을 촉진함으로써 사업의 촉진에 이바지하기로 하였다.

지금 본 갱신 계획 중 토지개량사업의 개요를 서술하면 본 사업은 1926년도(大正 15) 이후 12개년(완성 24개년)을 기하여 기성답의 관개개선 19만 5,000정보, 밭을 논으로 바꾸는 지목변환 9만 정보, 개간 및 간척 6만 5,000정보, 합계 35만 정보의 토지개량을 시행하고, 사업 완성에 의하여 약 280만 석 및 위 토지개량 시행 구역에 대한 시비의 증가 및 경종법 개량에 의해 약 192만 석, 합계 약 472만 석의 산미증식을 도모하기로 했다. 본 갱신 계획은 이상 외에 기성답 139만 정보에 대한 농사개량에 의하여 증수 약 344만 석을 예정하고, 이것을 가산해 약 86만여 석의 산미증식을 기하기로 했다.

그리고 토지개량사업에 필요한 소요자금 총액은 2억 8,533만 4,000엔이 예상되어, 이 중 국고보조금 657만 엔 및 기업자가 조달해야 할 자금 2,206만 7,000엔을 공제한 잔액 1억 9819만 7,000엔에 대해서는 정부에서 자금의 알선을 하기로 하였다.

덧붙여 본 계획은 미곡 사정의 변천을 미루어 1932년(昭和 7) 7월 계획 수행의 특무 기관인 토지개량부를 폐지하여 그 사무를 농림국 소관으로 하고 규모를 축소했다. 또한 최근에는 내외 양지에서의 급박한 미곡 사정이 해소될 때까지 이 계획 수행을 중지하기로 하였다.

2. 토지개량사업의 실적

1926년(大正 15) 산미증식계획 갱신 후 이미 8개년 예정 계획 기간의 3분의 2를 경과하였는데, 그 사이 토지개량사업 시행의 상황을 보면 당초 3, 4년간은 대체로 큰 지장 없이 순조롭게 진척되었지만, 1930년(昭和 5) 추수기 이래 미가 참락은 사업의 채산을 곤란하게 하는 동시에 농가 경제를 현저하게 핍박하게 했기 때문에 예정 계획의 수행이 곤란하게 되었다. 이 때문에 수리조합 설치의 수익 채산 기초인 벼의 석당 가격이 10엔 내지 12엔이었던 것을 8엔 이내로 하고, 공사비는 물가, 노임 저하의 추세를 미루어 2할 정도를 감액하기로 했다. 또한 기채 이율을 저하하는 것 외에 사업 대행 기관을 통일하여 기업의 통제를 도모하는 동시에, 대행 수수료를 인하하게 하는 등 임시로 각종 대응 조치를 강구한 결과 1933년(昭和 8) 말 현재에 아래의 실적을 거둘 수 있었다.

(1) 시행 면적

구분	총예정계획(정)	1933년까지의 예정계획(정)	1933년까지의 실적(정)	총예정계획에 대한 실적의 비율(%)	1933년까지의 예정계획에 대한 실적의 비율(%)
착수	350,000	221,600	159,639	46	72
준공	350,000	188,600	142,095	41	75

* 비고 : 본 표 착수란에 게재된 실적 면적 159,639정보는 1926년도 이후 매년도 공사에 착수한 것의 누계로 하고, 이것과 준공 면적 142,095정보의 차이 17,544정보는 현재 공사 중인 것의 면적이다.

(2) 사업 자금

본 사업에 사용된 사업 자금 총액은 주로 토지개량 시행 면적이 예정계획에 달하지 못함에 따라서 아래 표와 같이 감소했다.

구분	총예정계획(엔)	1933년까지의 예정계획(엔)	1933년까지의 실적(엔)	총예정계획에 대한 실적의 비율(%)	1933년까지의 예정계획에 대한 실적의 비율(%)
국고보조금	65,070,000	37,928,000	27,610,710	42	73
기업자조달자금	22,067,000	15,046,000	12,832,664	58	85
정부알선자금	198,197,000	117,501,000	77,970,264	39	66
계	285,334,000	170,475,000	118,413,638	42	69

(3) 산미의 증수

반대로 1933년도(昭和 8)의 산미증식계획 갱신 후의 토지개량 시행에 의한 쌀의 증수고를 보면, 아래 표에 보인 바와 같이 117만 3,000여 석으로 전 계획 472만 석의 2할 5분에 해당하고, 전 조선의 쌀 수확량 1,819만 2,000여 석의 6분 4리에 상당한다. 그리고 단당 평균 증수고가 예정계획에 도달하지 못한 것은 토지개량을 시행한 지 얼마 되지 않아 토질의 개선 및 농사개량 등이 충분하지 않은 것에 기인하는 것으로 보인다. 이외에 산미증식계획 갱신 전에 설치한 수리조합 및 수리조합에 의하지 않은 토지개량 시행 지구의 1933년(昭和 8) 쌀의 총수확량은 120만여 석을 헤아리며, 이러한 지구에서 토지개량 시행 전의 수확량에 대한 증수고는 87만 6,000여 석에 달한다.

구분	총예정계획	1933년까지의 예정계획	1933년까지의 실적			총예정계획에 대한 실적의 비율(%)	1933년까지의 예정계획에 대한 실적의 비율
			수리조합	수리조합에 의하지 않은 것	계		
작부면적(정)	350,000	160,600	119,134	9.537	138,671	37	80
증수량(석)	4,720,000	2,114,000	1,112,975	60,337	1,173,312	25	56
단당 증수량(석)	1.35	1.32	0.94	0.63	0.91	67	69

3. 농사개량사업의 실적

산미증식계획 갱신 이래 농사개량사업의 시행에 대해서는 소기의 증수 실현을 기하기 위하여, 이전부터의 시설에 관계된 지도 감독 직원의 충실, 수도 우량품종의 개량, 기타 경종법 개선의 촉진을 도모하는 것 외에, 비료 개량 증시 계획의 수립, 농사개량 저리자금의 융통, 수리조합 자체의 농사개량 시설 등 신규로 각종의 시설을 시행함으로써 농사개량에 의한 증수고의 확보를 기하고자 했다.

그중에서도 농사개량 저리자금 융통 총액은 아래 표에 보인 바와 같고, 예정계획에 비하여 감소한 것은 1930년(昭和 5) 가을 이래 미가의 폭락 및 농촌 불황 등으로 인하여 자금이 감소한 것으로 인한 것이다.

구분	총예정계획(엔)	1933년까지의 예정계획(엔)	1933년까지의 실적(엔)	총예정면적에 대한 실적의 비율(%)	1933년까지의 예정계획에 대한 실적의 비율(%)
정부알선자금	40,000,000	17,250,000	11453,887	29	66

(3) 토지개량사업

〈자료 111〉 토지개량사업의 개황(朝鮮總督府, 1932, 『土地改良事業の概況』, 1-25쪽)

제1장 조선산미증식계획의 갱신

(중략)

제2절 토지개량사업의 실시 계획

(1) 토지개량사업 실시 계획의 개요

지금 본 갱신 계획의 중요 시설인 토지개량사업의 개요를 서술하면, 본 사업은 1926년(大正 15) 이후 12개년(완성 24개년)을 기하여 기성답의 관개개선 19만 5,000정보, 지목변환 9만 정보, 개간 및 간척 6만 5,000정보, 합계 35만 정보의 토지개량을 시행하고, 사업 완성에 의해 약 280만 석 및 토지개량 시행 구역에 대한 시비의 증가 및 경종법 개량에 의해 약 192만 석, 합계 약 472만 석의 산미증식을 도모하고자 했다. 본 갱신 계획은 이상 외에 토지개량을 시행하지 않는 139만 정보에 대한 농사개량에 의하여 증수 약 344만 석을 예정하고, 이를 가산하여 약 벼 816만 석의 산미증식을 기하고자 했다. 이를 종래의 계획에 비교하면 연한이 1934년(昭和 9)까지였던 것을 1939년(昭和 14)까지 5개년을 연장하고, 면적이 42만 7,500정보였던 것을 44만 7,500정보(그중 9만 7,500정보는 본 계획 갱신 전에 사업 착수 완료)로 하여 약 2만 정보의 증가를 가져오게 되었다.

그리고 토지개량사업에 필요한 소요자금 총액은 2억 8,533만 4,000엔이 예상되어, 이 중 국고보조금 6,507만 엔 및 기업자가 조달해야 하는 자금 2,206만 7,000엔을 공제한 잔액 1억 9,819만 7,000엔에 대해서는 저리자금을 공급하여 사업의 진전을 도모하기로 했다. 즉 위 저리자금의 반액은 대장성 예금부 자금에 의존하고, 다른 반액은 동양척식주식회사 또는 조선식산은행으로부터 자금의 융통을 받기로 했다. 당초 양자를 합한 대출 이율은 평균 연 7분 4리(예금부 자금 연 5분 9리, 보통자금 연 8분 9리)이었지만, 몇 차례 이율이 인하된 결과 현재 평균 연 6분 7리(예금부 자금 연 5분 3리, 보통자금 연 8분 1리)로 저하했다.

(2) 지도장려기관의 설치

종래 농업 수리에 관한 사무는 총독관방 토목부의 소관이었지만 토지개량사업의 계획 수행에 있어서는 독립의 주무과를 설치할 필요를 인정하여, 1920년도(大正 9) 추가 예산으로 소요경비를 계상하는 동시에 본 사무를 식산국이 통할하게 했다. 동년 11월 본 계획 수행상 필요한 임시 직원 설치제를 공포하는 동시에, 토지개량과를 신설하여 전적으로 토지개량사업 계획 수행에 관한 획책을 담당하게 했다. 이후로 사업의 진전에 따라서 사무는 점차 팽창하고 직원도 또한 증가함으로써, 1926년도(大正 15)의 산미증식계획의 갱신을 계기로 하여 종래 내무국 사회과에서 주관했던 수리조합에 관한 사무를 식산국으로 옮겼으며, 동시에 기존의 토지개량과를 폐지하고 새로이 토지개량과, 수리과, 개간과의 3과를 설치했다. 나아가 1927년(昭和 2) 5월 26일 토지개량부를 신설하여 이들 3과의 사무를 통할하게 했다. 지금 토지개량부에 속하는 사무의 분장을 보이면 다음과 같다.

토지개량과

1. 토지개량사업의 감사에 관한 사항
2. 토지개량 기본 조사에 관한 사항
3. 수리조합 및 토지개량사업을 수행하는 회사에 관한 사항
4. 기타 수리과 및 개간과 주관에 속하지 않는 사항

수리과

1. 수리조합의 설치 및 수리조합의 사업계획 변경의 인가에 속하는 사항
2. 수리조합에서 행하는 토지개량사업의 조성에 관한 사항

개간과

1. 국유 미간지에 관한 사항
2. 농업 목적으로 하는 공유수면 중 소택(沼澤) 및 간석의 매립에 관한 사항
3. 수리조합 이외의 토지개량사업의 조성에 관한 사항

이외에 토지개량사업 지도 장려의 철저를 기하고 사업 시행의 적정을 도모하기 위하여, 소규모〔한 지역 200정보 미만〕의 토지개량사업은 점차 지방청 소관으로 옮기고, 각 지방의 실상에 따른 시설을 하게 할 방침하에 지방청〔13도〕에 각 기사 1명, 기수 2명, 고원 2명의 배치를 기획하여 1926년도(大正 15) 및 1927년(昭和 2)에 이 설치를 완료했다. 그 후 사업의 진전 및 사무의 폭주에 따라서 속의 신규 배치 및 기수의 증치를 행했지만, 경비 절감 또는 행정 정리의 결과 감원을 행했기 때문에, 지방청의 국비 직원은 현재 기사 12명, 속 4명, 기수 28명, 고원 24명이 되었다.

(3) 토지개량사업 대행 기관의 설치

산미증식계획 갱신 후 토지개량사업에 대해서는 조성을 두텁게 하고 저리자금을 공급했음에도 불구하고, 민도가 낮아 농민 자신이 기업을 촉진하는 것 같은 경우는 쉽게 기대하기 어려울 뿐만 아니라, 내지 자본가라 하더라도 원격지의 사업 시행 및 관리에 속하여 위구의 염려를 품고 기업을 주저하는 경향이 없지 않았다. 때문에 일반 기업자를 대신하여 사업 수행의 임무를 담당할 조직, 통제 있는 특수 기관을 설립하여 공사의 조사 설계, 공사의 시행 감독, 사업의 유지 관리 등을 수미일관하게 담당하게 하는 것은 견실한 기업의 발달을 촉진하고, 소지주도 대기업적 이윤을 거둘 수 있게 하여 농가의 복리를 증진할 뿐만 아니라 계획 수행상 가장 필요한 사항이라고 본다.

그리고 이 기관으로서는 동양척식주식회사에 토지개량부를 신설하고 본 계획의 일부분(35만 정보 중 약 10만 정보)을 담당하게 하기로 하였다. 한편 정부 종용하에 종래 조선에서 한결같이 이 사업의 조사, 기업 경영에 종사하여 그 업무의 권위를 인정받은 인물을 망라해서, 그 대동단결하에 새로운 회사를 조직하고 본 계획의 일부분을 담당하게 하기로 했으며, 1926년(大正 15) 7월 13일 조선토지개량주식회사의 설립을 보는 데 이르렀다. 양쪽 모두 항상 총독부와 밀접한 연락을 취하여, 기업자의 위탁에 따라 공사 조사 설계 및 공사 감독의 중요한 역할을 담당하기로 하였다.

또한 대행회사 수입의 근간인 대행에 관한 보수의 인정, 기업자와의 계약 등에 있어서는, 엄중한 정부의 감독하에 두지 않으면 회사 자체의 업무가 견실한 발전을 도모하고 산미증식계획이 원활한 수행을 기하는 것이 곤란할 것임을 미루어, 총독부에서는 동양척식주식회사에 대해서는 동 회사법에서 정부의 감독권을 규정함으로써 위에 기반한 감독을 행하는 것 외에 특히 토지개량사업 대행에 관한 명령을 발했다. 조선토지개량주식회사에 대해서는 회사 영업상에 관한 감독에 대하여 규칙상 근거가 결여되어 있었기 때문에, 회사와 협정한 뒤 토지개량사업 대행 업무 취급 요항을 정하고, 이의 감독상 유감없을 것을 기했다.

(4) 경지개량확장 기본 조사 사업

토지개량사업 실시가 가능한 개소는 전 조선에 걸쳐서 매우 많지만 그 기본적 조사가 결여되어 있었기 때문에, 이따금 그 사업을 기획하는 데에 있어 사업의 완급, 연락 및 통일을 적확하게 하기에 불편이 많았을 뿐만 아니라, 기업의 촉진을 저해하는 것도 역시 적지 않았다. 그러므로 1920년(大正 9) 산미증식계획의 수립할 때에는 먼저 토지개량사업의 기초가 될 기본조사를 시행하는 것이 긴요함을 인정하여 산미증식계획의 일부분으로서 본 사업을 창시했다. 조선 전토에 걸쳐서 널리 수계별, 지번별 지구의 소재, 면적, 용배수의 관계, 이용 개선의 방법 및 사업비의 개산 등 토지개량사업 시행상 필요한 각반의 사항을 조사하고, 이를 공표해 일반 기업자의 지침으로 하여 기업의 촉진에 이바지하는 동시에 사업의 통제를 도모했다. 이로써 산미증식계획의 수행을 적확하고 원활하게 할 것을 기했다.

그리고 본 조사는 1920년도(大正 9) 개시 이래 10개년의 세월을 거쳐서 총사업비 276만 3,000여 엔의 거액을 투자하여 1929년도(昭和 4)에 완료되었지만, 그 조사 면적은 육상 면적 1만 4,312만 리, 해상 면적 298만 리이고, 이 중 토지개량사업을 시행할 수 있는 지구 수는 2,158개소, 면적 65만 558정보에 미쳤다. 이러한 지구에 대해서는 조사서의 완성에 따라 지구의 소재, 면적, 사업의 종류 및 사업비 개산 등 사업의 대요를 순차적으로 공표하는 한편, 상세한 사업계획서를 본부 및 지구 소재의 도·부군도청(道·府郡島廳)에 비치하여 기업가의 열람에 이바지하고 있다. 1931년도(昭和 6)로 이 공표 사무를 종료했다.

제2장 토지개량사업의 수행

제1절 개설

(1) 토지개량사업의 실적 개요

1926년(大正 15) 산미증식계획 갱신 후 1931년도(昭和 6)까지 6개년간의 토지개량사업 시행의 상황을 보면 당초 3, 4년간은 대체로 큰 지장이 없이 순조롭게 진척되었지만, 1930년(昭和 5) 가을 이래 미가의 참락은 사업의 채산을 곤란하게 하는 동시에 농가 경제를 현저하게 핍박했기 때문에 예정계획이 수행상 매우 난국에 직면했다. 그러므로 종래 수익 채산의 기초인 벼의 석당 가격 10엔 내지 12엔인 것을 8엔 이내로 하고, 공사비는 물가, 노임 저하의 추세를 미루어 2할 정도를 감액하기로 하였다. 또한 기채 이율이 연 7분 4리인 것을 6분 7리로 저하하는 것 외에, 별항에서 기술한 것처럼 사업 대행 기관을 통일하여 기업의 통제를 도모하는 동시에, 대행 수수료의 인하를 하게 하는 등 각종 임시 대응 조치를 강구하고 예의 견실한 사업 진전에 노력했다. 그 결과 1931년도(昭和 6) 말 현재 사업 착수 예정 면적 16만 5,600정보에 대하여 수리조합 지구수 122(이외에 사업 말 착수 8조합), 면적 12만 9,321정보, 수리조합에 의하지 않은 것 지구수 162, 면적 1만 9,843정보, 합계 14만 9,164정보의 실적을 거둘 수 있었다. 또한 준공 예정 면적 13만 1,200정보에 대하여 수리조합 지구수 109, 면적 10만 7,822정보, 수리조합에 의하지 않은 지구수 98, 면적 6,697정보, 합계 11만 4,519정보의 실적을 거둘 수 있었다. 그 예정계획에 대한 실적의 비율은 착수 9할, 준공 8할 7분이어서 비교적 양호한 성적을 거둘 수 있었다. 이를 전 계획에 대해 비교할 때에는 예정면적 35만 정보에 대하여 착수 4할 3분, 준공 3할 3분에 상당한다.

그리고 본 사업에 사용한 사업자금 총액은 예정계획에 의한 1억 2,551만 2,000엔에 대하여 그 7할 6분 즉 약 9,575만여 엔이고, 사업 진행의 정도에 대하여 사업비가 비교적 소액인 것은 일부 국고보조금의 교부 보유액이 있는 것 외에, 대개 공사 재료 및 노임이 예정계획보다 저하한 것에서 기인한다. 이 중 국고보조금 교부액은 예정계획 2,743만 2,000엔에 대해 1,969만 5,000여 엔, 정부 알선 저리자금 융통액은 예정계획 8,564만 4,000엔에 대해 6,437만여 엔이고, 기타 약 1,168만 4,000엔은 기업자 자신이 조달한 것으로 본다. 이 예정계획에 대한 실적의 비율은 국고보조금 7할 2분, 정부 알선 저리자금 7할 5분, 기업자 조달 자금 9할 4분에 상당하며, 전 계획에 의한 사업자금 총액 2억 8,533만 4,000엔에 대하여 3할 4분에 상당한다.

(2) 산미의 증수

반대로 1931년(昭和 6)의 토지개량사업 시행에 의한 쌀의 증수고를 보면, 산미증식계획 갱신 후에 설치된 수리조합 130 중 개답 공사를 시행하고 식부를 한 조합 95, 그 작부 면적 8만 179정보의 수확량 벼 203만 6,000여 석, 이 사업 시행 전에 대한 증수고 벼 103만 1,000여 석 및 수리조합에 의하지 않은 토지개량 시행지구 90, 그 작부 면적 5,792정보의 수확량 벼 10만 2,000여 석, 이 사업 시행 전에 대한 증수고 벼 4만여 석, 합계 수확량 벼 213만 8000여 석, 증수고 벼 107만 9,000여 석이다. 전 계획에 의한 토지개량 시행 구역 중 산미 증수 예정 472만 석에 대해 2할 3분에 상당하고, 가령 이를 기왕 6개년간의 벼 석당 평균 가격 11엔 55전으로 환산할 때에는 1,246만 2,000여 엔의 증수익이 될 것이다.

이외에 산미증식계획 갱신 전에 설치된 수리조합 61, 그 작부 면적 8만 2,493정보의 수확량 벼 242만 5,000여 석, 이 사업 시행 전에 대한 증수고 벼 161만 8,000여 석 및 수리조합에 의하지 않은 토지개량사업 시행지구 66, 그 작부 면적 6,088정보의 수확량 벼 13만 5,000여 석, 이 사업 시행 전에 대한 증수고 벼 6만 2,000여 석, 합계 수확량 벼 256만여 석, 증수고 벼 168만 1,000여 석을 가산할 때에는 토지개량 시행지구 내에서의 쌀의 총수확량은 벼 469만 9,000여 석에 달한다. 이 사업 시행 전에 대한 증수고는 벼 276만여 석이고, 그 환산 증수익은 3,187만 8,000여 엔에 달한다.

그리고 1931년(昭和 6)의 전 조선의 쌀 수확량은 벼 3,527만 3,000여 석이다. 그중 수리조합 구역 내 446만 1,000여 석, 수리조합에 의하지 않은 토지개량 시행 구역 내 23만 8,000여 석, 합계 469만 9,000여 석으로, 토지개량 시행 구역 내의 쌀 생산 비율은 1할 3분에 상당했다.

(3) 토지개량사업 대행 기관의 통일

전 장에서 기술한 것처럼 토지개량사업 대행 기관으로는 조선토지개량주식회사를 창립하는 외에, 동양척식주식회사에 토지개량부를 설치하고 약 10만 정보의 대행을 담당하게 했다. 그리고 당초에는 양사 모두 상당한 업적을 거둘 수 있을 거라 예상하였지만, 실적은 대체로 이에 반하였다. 특히 최근 세계의 불황 및 미가 폭락으로 인해 기업열이 쇠퇴하여 한 회사로 충분히 이를 소화할 수 있는 상태가 되어, 양사의 병립은 각 그 회사 경제의 유지를 곤란하게 하는 데 이르렀다. 때문에 이의 개선책으로 2사의 병립제를 바꾸어 이를 1사로 하고, 대행 업무 외에 조선 개발상 중요한 사명을 가진 동양척식주식회사의 대행 업무를 폐지하여, 조선토지개량주식회사로 하여금 전적으로 이를 담당하게 하기로 하였다. 이에 따라 동양척식주식회사에서는 신규 대행을 폐지하고, 현재 대행 중인 것의 완료를 기다려 그 직원 중 우수한 자는 점차 조선토지개량주식회사에 이어 채용하게 하기로 했다. 이로 인해 양사는 종래에 비하여 대행 업무를 증가시켜서 영업 상태를 호전시키는 동시에, 우수한 기술원을 배치하여 대행상의 과오를 방지할 수 있을 뿐만 아니라, 장래 회사의 수익이 증가할 때에는 대행 수수료의 인하를 행하게 함으로써 기업을 유리하게 할 것을 기도한 것이다. 동양척식주식회사에서는 1931년(昭和 6) 8월 15일 부로 그 직제를 개정하여 토지개량부를 폐지하고, 1932년(昭和 7) 6월 말일 대행 업무 완료와 동시에 이를 폐지했다.

제2절 수리조합

(1) 수리조합의 개황

수리조합은 1906년(光武 10) 수리조합조례 발포 후 정부 감독하에 공적 법인의 경영으로서 장려한 데서 시작되었다. 이 규정은 병합 후에도 존속되었지만, 그 내용이 간단하고 급격한 시운의 진전에 따라서 족출(簇出)하려 하는 조합 신설의 기운에 순응할 수 없는 감이 있었다. 때문에 1917년(大正 6) 7월 조선수리조합령을 공포하여 동년 10월 구령을 폐지하는 동시에 시행하고, 조합 제도 일단의 정비를 가져오는 데 이르렀다. 그렇지만 수리조합 설립에 필요한 사업의 조사 설계 완비에는 적당한 기술자와 다액의 경비가 필요하다. 게다가 이와 같은 일시적인 조사에 상당한 기술자를 얻는 것은 곤란하다. 이로 인해 수리조합에 관한 제도는 면목을 새롭게 했음에도 불구하고 사업의 흥기가 늦어서, 1908년(明治 41)부터 1919년(大正 8) 말에 이르는 12개년간에 조합 설치를 한 것은 16, 이 몽리 면적은 3만 680정보에 불과했다. 이로 인해 1919년(大正 8) 4월 수리조합보조규정을 제정하여, 기업자의 신청에 의하여 정부가 사업의 조사 설계를 시행하는 동시에, 공사비에 대해 100분의 15 이내의 보조금을 국고에서 교부할 길을 열었다. 1920년(大正 9) 12월 별도 토지개량사업보조규칙을 제정하여, 사업에 대한 조성은 종래의 수리조합에 대한 것 외에 개인 경영의 사업에 대해서도 보조금을 교부하기로 하고, 동시에 보조율도 공사의 종류에 따라서 2할 내지 3할로 증율했다. 이로 인해 사업이 점차 발흥하는 데에 이르러서, 1920년도(大正 9) 이후 1925년도(大正 14) 말에 이르는 6개년간에 창립된 것이 51, 이 몽리 면적이 7만 2,453정보에 달했다. 나아가 산미증식계획의 갱신에 의하여 새로이 저리자금의 알선 공급, 사업의 대행 기관 정비를 기했다. 다음으로 1927년(昭和 2) 토지개량령을 제정하여 종래의 관개 배수 및 수해 예방 이외에 새로이 토지의 교환, 분합(分合), 개간, 지목변환, 기타 동령 1조가 정하는 사항을 행할 수 있는 것으로 사업 능력의 확장을 하였다. 또한 법령상 여러 가지 특전을 부여하는 등 한층 보호 조성을 두텁게 하였다. 그 결과, 더욱 기업의 진전을 봄에 이르러서 1926년도(大正 15) 이후 1931년도(昭和 6) 말에 이르는 6개년간에 설립된 것이 124, 이 몽리면적이 1만 1,205정보, 이외에 기설 수리조합에서 구역의 확장을 한 것이 24, 이 몽리면적이 1만 8,305정보에 달하여, 현재 조합 총수가 191, 이 몽리면적이 22만 2,643정보를 헤아리는 데 이르렀다〔조합 폐지, 합병 및 구역 변경인 것은 각각 가감 수정한다〕.

(2) 기설 수리조합의 구제

① 고리채의 차환

기설 수리조합 중 산미증식계획 갱신 전 즉 1925년도(大正 14)까지 공사를 시행한 것은 정부의 조성이 충분하지 않았을 뿐만 아니라, 대개 그 사업자금이 고율로, 연 8분 5리 내지 9분 5리 정도의 고리의 채무가 있어서, 조합원의 부담이 매우 과중하여 경영 곤란을 초래한 것이 적지 않았다. 이 고리채를 가지고 경영 원활을 결여한 조합에 대해서는 1924년도(大正 13) 및 1925년도(大正 14)에 지방공공자금으로 대장성 예금부 자금을 각 400만 엔씩 융통을 받아, 이 태반을 수리조합에 할당하여 1924년도(大正 13)에 345만여 엔, 1925년도(大正 14)에 190만 9,000여 엔의 고리채를 교체하게 하고, 재정상 위급을 필요로 하는 조합을 일시 구제했다. 그럼에도 불구하고 1926년도(大正 15) 산미증식계획 갱신 후 설치된 조합에 비하여 그 채무가 또한 현저하게 고이율이어서 여러모로 균형이 맞지 않을 뿐만 아니라, 재계의 불황이 점차 심각한 정도를 더하는 것을 미루어, 1927년도(昭和 2)에 지방 공공단체 고리채 교체 자금으로 융통을 받은 예금부 자금 200만 엔 중 169만 6,000엔을 수리조합에 돌렸다. 또한 1929년도(昭和 4)에 특수 수리조합 고리채 교체 자금 및 토지개량사업 일반 고리채 교체 자금 1,100만 엔을 융통받아, 이러한 고리채의 일부를 교체하게 함으로써 점차 그 부담을 완화시킬 수 있었다.

그렇지만 위 융통액만으로는 교체 후의 평균 이율 또한 연 8분 정도의 고율인 조합도 적지 않아 아직 충분하다고 할 수는 없을 뿐만 아니라, 1930년(昭和 5) 추수계 이래 현저한 미가의 폭락은 농가 경제에 심각한 타격을 주어서, 조합비의 부담을 견디지 않기로 하고 연납 운동 등 비상수단에 나서는 자도 있다. 사태가 이와 같은 것은 조합 재정의 기초를 동요시켜 그 유지 관리를 곤란하게 하여 이것의 존립을 위태에 빠지게 하는 데에 그치지 않고, 산미증식계획 수행상 일대 장애를 초래할 우려가 있다. 나아가 통치상에 미치는 영향이 적지 않을 것을 우려하여, 이 대책으로 다음 항에서 기술할 조합비 징수상의 제 시설 등을 강구하는 외에 대장성과 절충을 거듭해, 1930년도(昭和 5)에는 3회에 걸쳐서 2,480만 엔의 저리자금의 융통을 받아서 산미증식계획에 속하는 조합 중 일부 성적 불량한 것도 더해 고리채 교체를 하게 하고, 이로써 조합원의 부담을 경감시키는 동시에 조합 재정의 안정을 기했다. 이를 요컨대 1924년도(大正 13) 이후 고리채 교체를 한 금융은 산미증식계획 갱신 전 즉 1925년도(大正 14)까지

535만 9,000여 엔, 1926년도(大正 15) 이후 1931년(昭和 6)까지 4,014만 7,000여 엔, 합계 4,550만 7,000여 엔에 달했다.

② 조합비 징수상의 시설

전술한 것처럼 1930년도(昭和 5) 가을 이래 심각한 재계의 불황과 공전의 농작의 결과, 미가는 현저하게 폭락을 초래하여 벼 석당 6, 7엔 대가 되어, 수리조합의 설치 계획에서 정한 수익 채산의 기초인 벼의 가격 석당 10엔 내지 12엔 정도와 심한 차이를 초래하였다. 따라서 예정한 수확을 얻었다고 해도 수지가 균형을 이루지 못한 상황으로, 조합비 징수가 매우 곤란할 것이라 예상하여 조합 재정 경리상 우려할 만함을 미루어, 1930년도(昭和 5)에는 이 대응 조치로서 각 조합마다 도 또는 군 직원이 입회한 뒤에 수확량 조사를 엄밀히 행했다. 지주의 전 수익(총수익의 6할)에서 생산비(공과·비료대·관리비)로 단당 평균 약 4엔 이내를 공제한 잔액 전부를 조합비로 충당해도 부족을 낳은 경우는, 해당 부족액에 상당하는 조합비의 연납을 용인했다. 이외에 극력 일반 경비를 긴축하는 동시에, 임시 시설의 사업은 가능한 한 연기하고, 적립금의 이월 및 적립 정지를 하게 했다. 채무의 상환 기일 및 거치 기간의 연장을 인정하고, 채무 상환 기일을 변경하며, 세출에 잉여를 낳게 하여 부담 경감의 방도를 강구했다. 이상의 방법을 강구해도 세입이 부족한 것에 한해 신규 기채를 인정했다.

위 외에 조합비 징수의 편의상 조합원이 생산한 벼를 조합 책임으로 보관하고, 이에 대해 저리자금을 알선, 공급하여 조합비로 충당할 방법을 강구하고, 그 납입을 용이하게 한 것이 23조합, 이 조합비 충당액이 78만 5,000엔에 달했다.

다음으로 1931년도(昭和 6) 조합비 징수기에도 여전히 미가 회복의 전망이 없고, 나아가 작황이 일반적으로 양호하지 않은 것 등으로 인하여 조합원의 고통이 한층 심각했으므로, 특히 지주 부담력의 한도에서 조합비를 부과하고, 부담력을 초과한 부분은 이를 감면하기로 하였다. 즉 위 부담력의 채산에 있어서는 전 수확량의 6할에서 조합 설치 전 수확량의 5할을 공제한 것을 지주의 수득(收得)으로 하고, 11월 초순의 시가 환산액에서 다시 증수를 거두는 데에 필요한 영농비의 증가액을 공제한 잉여액을 사업에 의한 증수익 즉 부담력의 최고한도로 간주하여, 조합비를 위 부담력의 범위 내에서 부과하기로 하였다.

위의 결과 1931년도(昭和 6) 조합비를 징수할 153조합 중 부담력 부족으로 인하여 감면을 한 것이 88조합, 그 비율이 5할 7분에 상당하고, 이 조합비 예산액 808만 1,000여 엔 중 감면을 한 금액이 375만 6,000여 엔에 달하며, 그 예산액에 대한 비율이 4할 6분에 상당했다. 그리고 위 감면에 의한 세입 결함에 있어서는 전년도와 마찬가지의 조치를 강구하여 세출의 절약금을 충당하고, 부족액에 있어서는 기채에 의하여 보전하게 하기로 했다. 위 기채에 있어서도 총액 221만 8,000여 엔 중 97만 7,000엔은 저리자금을 융통하여 장래의 부담 완화를 도모했다.

이상과 같이 매우 관대한 조치를 취한 결과 조합원의 부담이 현저하게 경감되었을 뿐만 아니라, 동년 12월 금의 수출 재금지 후 일반 물가의 상승에 따라서 미가도 상당히 등귀하고 조합원의 채산이 한층 유리하게 되었기 때문에, 조합비의 징수가 대개 양호한 성적을 거둘 수 있었다.

③ 불량 수리조합의 정리

기설 수리조합 중 천재, 기타 불가항력에 의하여 예측하지 못한 손해를 입거나, 당초의 조사 설계가 불완전하여 수차례의 설계 변경, 추가 공사를 시행한 결과 기채가 현저하게 늘어나거나, 기타 수량 부족 또는 구역 내 지구의 삼투가 많아 식부가 불가능한 개소를 낳는 것 등 사업 계획에 착오가 초래되었다. 이로 인해 조합의 재정은 극도로 피폐, 곤비(困憊)하고 조합 존립상 실로 우려할 만한 상태에 봉착하여, 현상 그대로 방치할 수 없는 데 이르렀다. 이러한 것에 대해서는 일반 기설 수리조합에 우선적으로 고리채의 교체, 기타 조치를 강구하는 외, 나아가 적극적으로 개량 공사를 시행하고 몽리 구역의 안정을 도모함으로써 조합 재정의 기초를 확립케 하기로 하고, 이 공사비에 대해서는 국고에서 특별 보조금을 교부하여 공사의 시행을 용이하게 했다. 또한 관개의 지도를 하고 농사의 개량을 장려하게 하여 조합원의 부담력 함양을 도모하는 등 각종의 구제 시설을 행하여 대체로 소기의 효과를 거둘 수 있었다. 하지만 3, 4 조합에서는 결국 근본적 사업의 차질을 초래하여 사업 계속의 전망이 없는 데 이르렀기 때문에, 관계 조합원 및 채권 은행의 희생적 부담 및 국고의 특별 보조에 의해 조합을 폐기했다. 그 폐지한 조합의 개황은 아래와 같다. (…)

제3절 수리조합에 의하지 않은 토지개량사업

(1) 수리조합에 의하지 않은 관개개선사업

한국 정부 시대에는 관개사업의 기업 경영에 대해서 하등의 단속을 가하지 않고 완전히 민간의 자유로 방임하였지만, 그 계획, 설계의 양부(良否)는 직접 기업자 자신의 이해, 휴척(休戚)에 관해서는 물론 다른 관개, 배수, 도로 또는 치수 사업 등 공공의 이익에 영향을 미치는 바가 적지 않다. 더하여 자칫하면 영리적 관개사업 경영자가 농민이 과학과 숫자에 통달하지 못한 것을 이용하여 이익을 농단하고자 할 우려가 없지 않기 때문에, 1912년(大正 1) 9월 통첩을 발하여, 제언, 보의 수축, 준설에 의한 것을 제외하고 그 신설, 부흥 및 기계력에 의한 양수의 설비는 모두 관의 인허를 받게 하는 제도를 만들고, 이 설계를 심사하고 관개 관계의 내용을 검사하는 등 그 감독을 엄중히 행하여, 이로써 농민이 예측하지 못한 손해를 입는 등의 일이 없기를 기했다. 그 후 이것의 감독을 한층 주도면밀하게 하고 그 견실한 발달을 기하기 위하여 1927년(昭和 2) 12월 조선토지개량령을 발포하여, 개인 또는 공동에 의한 토지개량사업은 모두 동령에 의하여 보호 감독을 더하기로 했다. 위 방면은 1931년도(昭和 6) 말 현재 지구수 89, 그 면적 9,499정보이다.

(2) 국유 미간지 및 공유수면

조선에서의 국유 미간지 및 공유수면(간석지, 소택지를 칭한다)의 소재, 면적 및 분포의 상황에 대해서는 정확한 조사를 행한 것이 없고, 따라서 명확히 그 상황을 알 방법이 없음에도 불구하고, 상당한 시설을 하는 데 있어서는 개간 및 간척에 적합한 것이 도처에 존재했다. 그 종류의 주된 것은 강변 황무지, 산록 경사지 및 간석지이다. 강변 황무지 및 산록 경사지는 함경남북도 지방에서 1지구의 면적이 수백 정보 내지 수천 정보에 달하는 집단지가 있지만, 기타는 대개 각 지방에 방임되어 집단을 이루는 것이 적다. 간석지에 있어서는 지세상 서해안 및 남해안에 많으며, 1지구에 수백 정보 내지 수천 정보에 달하는 것이 적지 않다. 이것의 상당한 시설을 하는 데 있어서는 이용할 만한 대략적 면적을 간석지 20만 7,000여 정보, 강변 황무지 7만 3,000여 정보, 산록 경사지 81만 8,000여 정보, 합계 109만 9,000여 정보로 본다.

① 국유 미간지의 처분

구 한국 정부 시대에는 국유 미간지 이용 허가의 통제를 결여하고 또한 지적이 명확하지 않았기 때문에 국유 및 민유의 구분이 분명하지 않아, 기타 이해관계를 확인하지 않고 만연히 이용 허가를 주는 등의 결과, 이미 분란을 야기하는 한편 인습이 오래된 모경(冒耕) 침탈의 폐풍이 여전히 교정되는 데 이르지 못하여, 국유 미간지의 이용 처분에 대해 특별한 신법령의 제정을 촉진하여 1906년(光武 10) 7월 국유 미간지 이용법의 발포를 보는 데 이르렀다. 이 규정은 현재에도 존속되고 있는데, 이 대부는 그 토지에서 일정한 사업을 하는 것을 조건으로 하고 사업이 성공할 때에는 부여 또는 불하하는 것으로 하였다. 산미증식계획 실시 후 경지개량 확장에 관한 기본 조사의 진척에 따라 이것의 이용을 출원하는 자가 증가하여, 1931년도(昭和 6) 말 현재에 부여 또는 불하한 것이 누계 1만 2,229건, 그 면적이 2만 3,628정보에 달했다.

② 공유수면의 처분

공유수면(간석지, 소택지를 칭한다)은 종래 국유 재산으로서 국유 미간지 이용법에 의하여 처분되어 왔지만, 1924년(大正 13) 8월 조선공유수면매립령이 시행되는 데 이르러 모두 본령에 의하여 처분하기로 되었다. 그리고 공유수면 매립에 관한 사무는 주로 내무국에서 분장하고 있지만, 산업 정책상 농업의 목적으로 하는 공유수면 중 소택 및 간석의 매립에 관한 사항은 이를 토지개량부의 주관으로 하였다. 이것의 매립 면허는 사업 성공 후 준공 인가에 의하여 기업자가 매립지의 소유권을 취득하는 것으로 했다. 매립 면허의 출원은 수년 증가의 추세를 보이고, 특히 1929년도(昭和 4) 이후 국고 보조율을 5할로 증율한 결과 채산이 한층 유리하게 되었기 때문에 사업이 갑자기 발흥하여, 1931년도(昭和 6) 말에 준공 인가를 한 것의 누계가 1,442건, 그 면적이 1만 5,311정보에 달했다.

(3) 소규모 토지개량사업의 조성

조선에서 답의 태반을 점하는 천수답은 관개의 설비가 전혀 없기 때문에, 경미한 한발에도 바로 격심한 피해를 피할 수 없어서, 매년의 수확은 오로지 기후의 순부(順否)에 따를 수밖에 없고, 이 경작에 종사하는 농민의 생활은 극히 불안정한 상황에 있다. 특히 이러한 천수답은 대체로 산간부의 경지 협소한 지방에 개재되어 있으므로, 대규모 기업의 기초가 결여된 농촌에서는 특히 이 관개시설이 급무일 뿐만 아니라 농촌 진흥상 가장 긴요한 바라고 본다. 그런데 산미증식계획은 30만 정보 이상의 지구의 관개 설비의 개선에 한하여 조성하는 방침하에 수립되고, 토지개량사업보조규칙도 또한 이러한 지구가 아니면 적용되지 않은 결과, 사업 면적 30정보 미만의 관개 설비 개선 또는 공사비 예산액 5,000엔 미만의 소규모 사업에 대해서는 전적으로 지방청에서 조성의 방법을 강구하게 했다. 보조금과 같은 경우에도 도 지방비의 지출을 기다리기로 하였지만, 도 지방비 재정의 현상은 이것의 조성에 충분한 힘을 다할 여유가 없기 때문에, 1930년도(昭和 5) 이후 도 지방비에 대해 국고보조금을 교부하여 도 지방비 보조와 아울러 5할 정도의 보조금을 지불하게 했다. 이로써 소규모 토지개량사업의 촉진을 도모하기로 하였다. 그리고 본 사업에 대하여 국고보조금을 지출한 것이 1930년도(昭和 5) 1만 엔, 1931년도(昭和 6) 2만 5,000여 엔, 합계 3만 5,000여 엔으로 본다.

(4) 농사개량사업

① 품종개량

〈자료 112〉 조선총독부 농산과, 수도종자갱신계획 및 그 실적 개요(朝鮮農會報 8-6 1934.06, 58-62쪽)

2. 우량품종의 종자 갱신

그런데 농가의 다수는 아직 극히 조잡하고 거친 농법에 의하여 미작을 경영하기 때문에 볍씨의 취급 등도 조잡함을 면하지 못하고, 이에 따라 일단 우량품종을 보급한 지방에서도 수년 다른 품종의 혼효가 야기될 뿐만 아니라 그 특성도 열변(劣變)하고 수확량도 감소하여, 재래종과 다르지 않는 듯한 것이 점차 늘어나게 되는 추세에 있었다. 이에 우량품종 종자 갱신의 필요를 인정하기에 이르렀기 때문에 도, 군, 면에 각각 채종답(採種畓)[62]을 설치하게 했다. 먼저 도에서는 순량한 원종(原種)을 육성하고 그곳에서 얻은 종자를 군에 배포하며, 군은 이를 다시 군의 채종답에서 재배하여 각 면에 배포하고, 면은 다시 그 면의 채종답에서 재배하여 그곳에서 생산한 종자를 일반 농가에 교환, 배포한다고 하는, 소위 계통적 채종답 경영의 방법에 의해서 매년 우량품종 총보급면적의 4분의 1 내지 5분의 1씩 갱신할 계획을 수립하고 1917년(大正 6) 이후 이를 독려하였지만, 예상한 성적을 거둘 수 없는 상태였다.

3. 제1기 종자갱신계획

그런데 산미증식계획의 수립을 기하여 앞에서 서술한 계통 채종답 중 그 실행이 가장 곤란

62 씨앗의 개량과 배포를 위하여 운영하던 논.

했던 최하급 채종답 즉 면 채종답의 확실한 설치, 경영을 기하여, 그 소기의 목적을 달성토록 하기 위해 1922년(大正 11) 제1기 종자갱신5개년계획(種子更新實施伍個年計劃)을 수립했다. 이를 위해 국고에서 도비에 있어서, 당해 연도에 설치한 면 채종답에 대하여 단당 2엔 이내의 보조금을 교부하고, 도는 또한 2엔 이내의 경비를 계상하여 국고보조와 맞추어 면에 보조하며, 면은 단당 2엔 이내의 경비를 지출하여 확실한 채종답의 설치, 경영을 하도록 하였다. 이와 같이 이 제1기 계획은 5개년을 기하여, 대략 100만 정보의 이미 보급되어 있는 우량품종의 종자 갱신에 필요한 채종답을 설치했던 것이었는데, 연차적으로 실시한 결과 1926년도(大正 15)의 갱신으로 본 계획을 완료하는 데 이르렀다.

위 제1기 계획 완료까지의 지출 보조 총액은 51만 3,513엔으로, 면 채종답 총면적은 2만 8,533정4단7무보, 갱신 총면적은 102만 6,488정3단보로 늘어서, 예상한 갱신 총면적 100만 정보에 비하면 2만 6,400여 정보의 초과를 보이고 있다.

4. 제2기 종자갱신계획

제1기 갱신계획은 1926년도(大正 15)에 완료됐으므로, 이어 제2기 갱신계획을 수립, 실시했다.

그런데 본 계획에서는 제1기 계획에 비하여 우량품종의 갱신 면적을 확대하는 것과 재래종의 갱신도 인정하고, 또한 도의 사정에 의해 갱신 연한을, 5개년 내지 3개년을 한 기로 하는 것을 인정했다. 이로 인해 충북, 경북, 함남의 3개 도는 3년, 충남, 전남, 경남, 강원의 4개 도는 4개년을 한 기로 했다.

이 계획에서는 전술한 것과 같이 우량품종의 갱신과 동시에 재래종의 갱신을 수행했다. 종래 각 도에서 장려한 우량품종은 토지개량사업의 진척과 함께 점차 보급하여 그 실적을 계속 올리고 있었지만, 관개설비가 완비되지 않은 곳에 있어서는 이들 우량품종의 재배는 오히려 재래종보다 뒤떨어지는 경향이 있었기 때문에 이러한 지방에서는 재래종을 재배할 수밖에 없었다. 그렇긴 하지만 재래종은 품질, 수확량이 모두 열등하기 때문에, 재래종 중의 우량한 품종을 계통적으로 채종하고 이것의 갱신을 행할 필요가 있다고 인정했다. 이에 따라 제2기 갱신계획 중에 위 재래종에 대해서도 우량품종과 마찬가지로 1927년(昭和 2) 이후 5개년을 기하여, 경기, 황해, 평남북, 강원의 5개 도에 대해서 계통적 채종답을 설치하게 하고, 그 최하급 채종답에 대해서는 단당 2엔 이내의 국고보조를 도비로 보조하여, 이와 같이 재래종 산미의 개량을 한층 확실하게 했다. 즉 제2기 계획에 있어서는 우량품종, 재래품종 모두 130만 정보의 갱신을 기해 실시해 왔지만, 1931년도(昭和 6)에 설치한 채종답의 생산 종자로 그 계획을 완료하는 데 이르렀다.

제2기 종자갱신계획의 5개년간 지출했던 보조 총액은 58만 207만 엔으로, 면 채종답 총면적은 3만 5,140정1단8무보, 갱신 총면적은 182만 6,190정4단3무보로 늘어서, 예상한 갱신 총면적 135만 정보에 비하면 47만 6,000여 정보의 초과를 보였다. 다만 갱신 총면적에는 단기갱신을 실행했던 도에서 제3기 갱신계획에 의거하여 실시했던 갱신 면적 35만 5,000여 정보도 추가하여 계산하고 있다.

5. 제3기 종자갱신계획

제2기 갱신계획의 완료에 의해서 종자의 개량 통일 및 품질의 향상, 특히 적미의 감퇴에 의한 검사 표준의 인상 등으로 인하여, 생산된 쌀은 내지 시장에서 호평을 얻는 데에 이르렀지만, 아직

(1) 최근 비료 증시 장려에 따르는 내비성(耐肥性) 우량품종을 보급할 필요
(2) 이모작〔보리, 녹비〕 장려에 따라서 중생(中生) 품종 및 만생(晩生) 품종의 적지(適地)에도 조생(早生) 우량품종을 신규로 보급할 필요
(3) 내지에서의 조선 쌀 품종 기호의 변화

등을 고려하여 새롭게 제3차 계획을 수립하고 실시 중에 있지만 본 계획 수립의 방침 및 내용 개요는 아래와 같다.

(1) 갱신 연한을 3개년으로 단축

내지 시장에서의 조선 쌀 품종 기호의 현저한 변천에 응하기 위하여, 단기간에 신규 우량품종의 보급을 도모할 필요가 있고, 아울러 열등한 것을 방지하는 효과를 촉진키 위하여 종래의 5개년을 3개년으로 했다.

② 비료증투

〈자료 113〉 자급비료의 증산 장려(朝鮮總督府 農林局, 1942, 『朝鮮の肥料(昭和 17年)』, 2-20쪽)

二. 자급비료의 증산 장려

자급비료의 증산 장려는 조선에서의 비료 장려의 근본 방침으로서 시정 이래 극력 이것의 증산에 노력해 왔지만, 천연 녹비에 있어서는 여러 사정에 의하여 많은 바랄 수 없는 상태이기 때문에, 먼저 재배 녹비 및 퇴비의 증산을 도모하기로 했다. 그 개요는 다음과 같다.

(一) 제1차 자급비료증산계획

(1) 기간 및 목표

본 계획은 1926년도(昭和 1)의 창시에 의하여 동년도 이후 10개년을 제1기로 하여 그 당시 가장 급히 필요하다고 인정된 자급비료의 증산을 도모하는 것으로서, 당초 1935년도(昭和 10)를 기하여 퇴비 44억 관, 녹비 7억만 관, 합계 51억 관의 비료를 자급하게 할 것을 기했지만, 1931년(昭和 6) 이후 종래의 실적을 미뤄 보아 원 계획의 일부를 갱개(更改)하여 1935년도(昭和 10)에 퇴비 66억 관, 녹비 8억 관, 계 74억 관의 비료를 자급하게 할 것을 목표로 하기에 이르렀다.

(2) 시설의 개요

앞에서 서술한 방침에 기초해 판매비료의 장려에 관한 적극적 시설은 잠깐 미뤄 두고, 자급비료의 장려 그중에서도 녹비의 증산 및 퇴비의 증산에 전력을 거두고자 했다.

1. 녹비의 재배 장려

(가) 1926년(昭和 1)부터 1930년(昭和 5)까지는 우선 종래 녹비 재배에 대해 경험을 가진 남선 6도에 대해 자운영(紫雲英), 청예대두(靑刈大豆)를 보급하기로 하고 소요 종자대에 대해 보조금을 교부했음에도 서북선 지방에서의 녹비의 장려는 당시 시험적 장려에 그쳤다. 하지만 1930년도(昭和 5) 녹비 적부(適否) 시험 종료의 결과 전 조선적으로 '베치' 재배가 유망함을 인정함으로써, 1931년도(昭和 6) 이후에는 종래 장려되어 온 자운영, 청예대두 외에 새롭게 '베치'를 더하여 전 조선적으로 녹비의 보급을 도모하기로 하고 매년 신규 재배면적 1단보에 대

해 그 종자대로 50전 이내를 보조하기로 했다.

(나) 녹비 지도 동리 설치비 보조

집중적으로 녹비의 재배를 지도하기 위하여 1926년도(昭和 1) 이후 1930년(昭和 5)까지는 종래 녹비를 재배하던 남선 6도에 대해서만 1군당 3개소씩 지도 동리를 설치하게 하기로 했지만, 1931년(昭和 6) 이후에는 녹비의 전 조선적 보급에 따라서 아래와 같이 녹비 지도 동리를 설치하기로 하고 각 지도 동리에 1명의 지도원을 두고 그 수당으로 1인 연 50엔 이내를 보조하기로 했다.

남선 4도(전남북, 경남북)에 대해서는 1군당 6개소

중선 2도(충남북) 동 5개소

서북선 7도(경기 이북 7도) 동 4개소

2. 퇴비의 장려

(가) 퇴비 지도 동리 설치비 보조

집중적으로 퇴비의 증제를 지도하기 위해 1926년도(昭和 1) 이후 1930년(昭和 5)까지는

남선 6도에 대해서는 1군당 3개소

중부 이북 7도에 대해서는 1군당 5개소

의 지도 동리를 설치하기로 했지만, 1931년도(昭和 6) 이후에는 아래와 같이 지도 동리를 설치하게 하고, 각 지도 동리에 1명의 지도원을 두고 그 수당으로 1인 연 50엔 이내를 보조하기로 했다.

남선 4도(전남북, 경남북)에 대해서는 6개소

중선 2도(충남북) 동 7개소

서북선 7도(경기 이북 7도) 동 8개소

3. 비료 지식의 보급

비료 강습, 강화회비 보조

본 보조는 1931년도(昭和 6) 이후 신설된 것으로 군면 기술원의 비료 지식의 향상을 기하게 하기 위해 강습 또는 강화회를 개최하고 그 여비로 1군당 50엔 이내를 보조하기로 했다.

4. 비료 장려 기술원의 설치

이상 비료 장려 사무에 종사하게 하기 위해 1926년도(昭和 1) 이후 1930년(昭和 5)까지는 각

도에 산업 기사 1명을 설치했지만, 1931년(昭和 6) 이후에는 새롭게 산업 기수 1명을 증치하고 위 인건비의 3분의 2(1도당 3,500엔) 이내를 보조하기로 했다.

(3) 소요 경비

연별	녹비 종자비 보조				녹비 지도 동리 설치비 보조(엔)	퇴비 지도 동리 설치비 보조(엔)	비료 강습, 강화 회비 보조(엔)	비료 장려 기술원 설치비 보조(엔)	합계
	자운영 (엔, 정)	청예대두 (엔, 정)	베치 (엔, 정)	계 (엔, 정)					
1926	-	-	-	-	-	-	-	-	200,000
1927	-	-	-	-	-	-	-	-	234,353
1928	-	-	-	-	-	-	-	-	278,626
1929	-	-	-	-	-	-	-	-	291,828
1930	-	-	-	-	-	-	-	-	303,030
1931	50,945 (10,189.0)	26,915 (5,382.9)	20,000 (4,000.0)	97,860 (19,571.9)	53,000	79,000	11,000	45,000	286,360
1932	50,945 (10,189.0)	26,915 (5,382.9)	39,945 (7,989.0)	117,805 (23,560.9)	53,000	79,000	11,000	45,000	306,305
1933	50,945 (10,189.0)	26,915 (5,382.9)	64,400 (12,880.0)	142,260 (28,451.9)	53,000	79,000	11,000	45,000	330,760
1934	50,945 (10,189.0)	26,915 (5,382.9)	64,400 (12,880.0)	142,260 (28,451.9)	53,000	79,000	11,000	45,000	330,760
1935	50,945 (10,189.0)	26,915 (5,382.9)	64,400 (12,880.0)	142,260 (28,451.9)	53,000	79,000	11,000	45,000	330,760

* 비고

1) 녹비 지도 동리 설치비 보조 : 1,060개소분

2) 퇴비 지도 동리 설치비 보조 : 1,580개소분

3) 비료 강습, 강화회비 보조 : 320개소분

4) 비료 장려 기술원 설치비 보조 : 기사 13인, 기수 13인

(4) 실시 성적

① 퇴비

연별	계획		실적		
	제조 예정 수량(천 관)	전 경지 단당량(관)	제조량(천 관)	단당 제조량(관)	제조 농가 1호당(관)
1927	2,399,000	55	3,970,135	90	1,737
1928	2,672,000	60	4,201,660	96	1,691
1929	2,865,000	66	4,684,265	107	1,849
1930	4,180,000	95	5,122,759	117	1,984
1931	4,664,000	106	5,445,424	114	2,055
1932	5,148,000	116	5,954,635	136	2,202
1933	5,632,000	128	6,396,699	145	2,315
1934	6,116,000	139	6,730,531	152	2,431
1935	6,600,000	150	7,006,740	158	2,487

② 녹비(본 표는 파종 연도를 기초로 한 것)

연도 계획		자운영		청예대두		헤아리베치		기타	합계	
		실적	계획	실적	계획	실적	실적	계획	실적	
실시 직전	면적(정보)	-	3,757.9	-	22,713.3	기타 중에 포함		-	-	26,471.2
	수확고(천 관)	-	14,280	-	38,613	기타 중에 포함		-	-	52,893
	단당(관)	-	380	-	170	기타 중에 포함		-	-	-
1926	면적(정보)	9,270.0	27,621.9	26,102.7	34,028.9	-	-	625.2	35,372.7	62,276.0
	수확고(천 관)	35,690	79,966	45,680	60,234	-	-	1,164	81,369	141,364
	단당(관)	385	290	175	177	-	-	-	-	-
1927	면적(정보)	16,987.0	30,439.3	29,492.1	42,187.4	-	-	1,171.4	46,479.1	73,798.1
	수확고(천 관)	66,249	143,840	53,086	53,088	-	-	4,376	119,335	301,364 (201,304)
	단당(관)	390	528	180	126	-	-	-	-	-

1928	면적 (정보)	29,113.6	51,432.7	32,881.5	47,841.6	-	-	2,670.4	61,995.1	101,944.7
	수확고 (천 관)	114,999	170,006	60,831	63,764	-	-	12,314	175,829	246,084
	단당 (관)	395	354	185	133	-	-	-	-	-
1929	면적 (정보)	41,240.2	67,877.8	39,660.2	50,829.7	-	-	6,745.0	80,900.4	125,452.5
	수확고 (천 관)	264,961	219,192	75,354	47,580	-	-	28,214	340,315	294,986
	단당 (관)	400	343	190	94	-	-	-	-	-
1930	면적 (정보)	67,429.2	82,139.7	45,876.1	49,398.1	7,737.0	9,664.9	569.2	121,042.5	141,771.9
	수확고 (천 관)	269,717	185,469	45,876	64,960	30,948	35,876	2,130	346,541	288,436
	단당 (관)	400	253	100	132	400	423	-	-	-
1931	면적 (정보)	77,618.2	72,187.0	51,259.2	55,487.1	11,737.0	17,609.6	192.5	140,614.4	145,576.8 (145,476.2)
	수확고 (천 관)	310,473	251,447	51,259	69,773	46,948	62,173	1,147	408,680	384,539
	단당 (관)	400	378	100	126	400	411	-	-	-
1932	면적 (정보)	87,807.2	85,989.4	56,642.1	59,083.8	19,726.0	32,770.9	189.7	164,175.3	178,033.8
	수확고 (천 관)	352,229	230,142	56,642	86,235	78,904	98,099	710	487,775	415,186
	단당 (관)	400	297	100	147	400	334	-	-	-
1933	면적 (정보)	97,996.2	96,634.2	62,025.0	66,212.4	32,606.0	40,595.0	47.4	192,627.2	203,489.4
	수확고 (천 관)	391,985	286,506	62,025	91,446	130,424	129,874	112	584,434	507,938
	단당 (관)	400	323	100	138	400	367	-	-	-

1934	면적(정보)	108,185.2	105,038.6	67,407.9	74,618.5	45,486.0	53,631.3	20.4	221,079.1	233,308.8
	수확고(천 관)	432,741	311,118	67,408	96,483	181,944	168,032	67	682,093	575,700
	단당(관)	400	296	100	129	400	313	-	-	-
1935	면적(정보)	118,374.2	107,350.8	72,790.8	77,029.2	58,366.0	66,327.8	10.6	249,531.0	250,707.9 (250,718.4)
	수확고(천 관)	473,497	285,438	72,791	102,014	233,464	158,107	44	779,752	545,603
	단당(관)	400	283	100	132	176	176	-	-	-

* 비고 : 괄호는 보정치.

위에서 서술한 것처럼 제1차 계획에서는 대체 예상한 성적을 거두어 농가 경제의 갱생에 도움이 되었던 바 적지 않다. 또한 한편 농민의 근로정신의 계발, 자급자족주의의 철저에 공헌한 바가 적지 않았다.

(5) 산미증식계획에 대한 조선인 사회의 대응과 인식

〈자료 114〉 이여성 · 김세용, 1931, 『數字朝鮮硏究 1』, 世光社, 32-48쪽.

제2절 산미증식의 이해(利害)

(중략)

2. 조선의 식량문제

산증계획이 실현되어 800만 석이 증수된다면 과연 그중 500만 석을 능히 일본 내지로 이출하고도 조선 내 미 수급에 부족함이 없을까. 이것을 말하기 전에 우선 조선미 산액과 미 소비량을 보자. 미를 표준 식물(食物)로 하는 조선인의 처지에 있어서는 평균 1년 18두(실지 조사에 의함)의 미가 꼭 필요하다. 그러나 1년 365일을 꼭 삼시로 쌀밥만 먹고 지나는 사람은 극히 적으므로 1인당 미 소비량은 자연 그 이하로 떨어지는 것이니 조선 내 일본인은 거의 전부가 미를 상식(常食)하는 터이로되 1인당 미 소비량은 평균 1석 2두인 것을 보아도 알 것이다. 만약 2,043만 7,219인이나 되는(국세조사 숫자) 조선 내 조선인이 전부 연 1석 2두씩 미를 소비한다면 2,924만 6,628석에 달할 것인 고로 작년과 같은 공전의 대풍작 1,900만 석의 미산(米産)으로서도 약 1,000만 석의 부족을 고하게 될 것이다. 거기다가 조선 내에 거주하는 일본인 52만 7,940인〔국세조사 숫자〕의 미 소비량 63만 5,400여 석을 이에 더하면 2,980여만 석이 되는 터이니 평년도 조선미 산액 1,500만 석을 이에 비하면 약 2배나 소비량이 부족하다. 여기다가 약 500만 석을 또 일본 내지로 매년 이출하는 터인즉 조선미는 그 소비량에 엄청나게 부족한 것을 알 수 있을 것이다. 다음에 게재한 통계는 무엇을 말하는가.

(중략)

이상 통계에 의하면 조선인의 실제 1인당 소비량은 5두 2승 5합〔1928년(昭和 3)〕으로서 일본인의 불변하는 미 소비량 1석 2두에 대하여 반액 이하로 떨어진 것을 알 수 있다. 그러고 보면 조선인은 이 부족한 미량(米量)으로서 어떻게 1년을 먹고 살아가는가. 그들은 전작 곡물과 만주 속 등을 대용하여 호구를 잇고 살아가는 터이며 그나마 대용할 수 없는 경우에는 기근에 당면하여 초근목피로 죽을 쑤어 먹는 형편에 떨어지고 만다. 〔『농민의 생활상태』 참조〕

(a) 800만 석이 늘면

산미증식계획으로 이제부터 6년 뒤에 800만 석이 붓는다 할지라도 그 가운데 500만 석이 일본으로 이출될 것인즉 조선 내 인구의 식량으로서는 300만 석이 처질 뿐이다. 혹은 이 300만 석의 쌀이 더 생긴 것으로 보고 부족한 조선 식량에 큰 도움이 될 것같이 생각하는 바이나 "늘어갈수록 조밥만 먹고 산다"는 조선에서만 볼 수 있는 변태적 식량 수요를 보면 다시금 의아가 생기지 않을 수 없을 것이다. 쌀이 늘어가는 대로 조밥만 가지고 배를 채우게 되는 고로 미 소비량은 오히려 줄어들게 된 괴기한 현상을 나타내게 되었으니 다음에 통계를 보면 더욱 분명하다. (중략)

이상 통계에 의하면 1912년(大正 1) 미 1,156만 석이 생산될 때의 미 소비량보다 1928년(昭和 3) 미 1,729만 석이 생산될 때의 미 소비량은 오히려 67만 석이 적은 것을 발견한다. 그리고 보면 600만 석이나 불은 쌀은 전부 소비미로서 쓰인 것이 아니오 해외시장으로 수출키 위한 생산이었던 것을 알 수 있다. 이것으로 보면 이제로부터 6년 후 설령 800만 석이 증가된다 할지라도 그것으로 말미암아 조선인이 쌀밥 구경을 더 많이 하리라는 것은 믿기 어려운 일이 될 것이다.

다만 "쌀이 늘면 조밥을 더 많이 먹게 된다"는 것만 확실케 되는 것이니 1912년(大正 1) 때

속의 수이입은 1만 5,900여 석에 불과하였다. 1928년(昭和 3) 때에는 193만 4,500여 석으로 격증된 것을 보아 이것을 증거하고도 남음이 있지 않은가. 인구는 매년 12.7만 명〔1928년(昭和 3) 『太陽年鑑』〕씩 늘어왔으며 미산 또한 18년간〔1911년(明治 44)부터 1928년(昭和 3)까지〕 700만 석이 늘어온 터이로되 미 소비량만은 이에 비하여 점점 줄어들고 외속(外粟) 수입만이 격증되고 있으니 조선의 식량문제로 보아 산미증식이 반갑다 할 것이 무엇일까. 더욱이 이 산미증식을 위하여 조선 농민에게 무거운 부담을 덮어씌워서 농촌 파멸의 절규를 발하게 하는 바인즉〔다음 절 참조〕 그들이 산미증식계획의 실시를 환영치 않을 것은 또다시 그 이유가 명백하다 할 것이다.

(b) "쌀을 내면 돈이 되지 않나?"

독자 중에는 이러한 의문이 생길 것이다.

'산미증식계획'으로 조선의 미산이 800만 석이나 늘어 그 가운데서 500만 석을 외지로 이출한다면 조선 농가의 경제는 그만큼 풍부하여질 것이 아닌가 … 라고

이러한 의문은 누구나 가질 수 있는 의문인 것만큼 그 대답에는 친절한 설명이 필요할 것 같다.

첫째 이 의문을 풀자고 하면 '산미증식계획'이 과연 조선 농가에게 500만 석 미 이출에 상당한 금액을 그냥 펴줄 것인가 또는 그 500만 석 이출이 가능할 만한 미의 증산을 얻기 위하여 소비되는 돈과 상쇄되고 말 것인가 혹은 상쇄되고도 오히려 부족할 것인가를 물어보아야 할 것이다. 그러나 누구든지 전자는 말 되지 않는 의문이라 할 것이오 후자만이 검토를 요할 의문이라 할 것인즉 이제로부터 이것의 검토에 들어가 보자.

제3절 수리조합

1. 수리조합과 농민

산미증식계획에는 토지개량사업이 으뜸이오 토지개량사업에는 수리조합에 의한 것이 그 으뜸이 된다. 그러므로 산미증식의 이해를 논의할 때는 반드시 수리조합과 농민의 이해를 살펴볼 필요가 있다. 수리조합은 1917년 제령 제2호와 1927년 개정 제령 제18호 조선수리조합령에 의하여 설립된 것인데 1930년(昭和 5) 3월 현재 전 조선 수리조합 수는 149개소로서 그 총공사비는 1억 1,556만 5,744엔〔이 공사비란 것은 총독부에서 보조금을 산출할 때 기초가 되는 순공사비 및 그 직접 부대비용만을 친 것이다〕으로서 동년 전 조선 149조합의 조합비 총액(1년간)은 1,347

만 4,473엔에 달하였는바 단당 평균 수조에서 이미 기채 사용한 것이므로 그 몽리면적 20만 6,016정보는 단당 6엔 54전씩의 꼭 바치지 않으면 안 될 버거운 빚을 지게 되었으니 이에 대하여 농민은 과연 이 수세를 치르고도 먹을 것이 남을 것인가.

본론 『농민의 생활상태』 중에서 수리조합 구역 내에 있는 자작농, 소작농, 지주 등의 농작 수지를(총독부에서 조사한 것) 말한 바 있었으므로 이에 다시 자세를 말하지 않겠으나 자작농 15엔, 소작농 5엔, 지주 9엔씩 손해가 나는 터인즉 어찌하여 수세를 물고 농가의 생활 경제를 붙들어 나갈 수 있을 것인가.

그뿐 아니라 몽리 구역 내에 있는 토지는 토지에 대한 일정한 과세가 있는 이외에 또 수리조합 공과금이 덧붙어 있는 까닭에 지가가 저락하여 지주는 이중 손실을 받고 있는바 이제 수조 구내에 있는 지가의 저락을 도별로 보면 (중략)

이 통계에 의하면 경기도, 전남도, 황해도, 강원도는 수리조합 시공 전보다 시공 후는 지가가 엄청나게 저락한 것을 볼 수 있다. 이 시공 후라 하는 것은 1929년(昭和 4) 현재 지가를 든 것이기 때문에 1930년(昭和 4) 이래 지가 폭락될 때보다는 지가가 훨씬 고귀할 때의 평균 숫자이다. 만일 1930년(昭和 5) 이래 미가 폭락에 따라 폭락된 지가의 평균 숫자를 든다면 충북, 충남, 전북, 경북, 평남, 평북 등 수조 구내의 평균 지가도 대체로 수조 시공 전 지가보다 저락되어 있을 것을 상상치 않을 수 없다. 총독부에서는 일찍 각도를 통하여 각도의 수리조합의 실정을 조사하여 오던바 최근 진상이 발표되었는데 이에 의하면 '전 조선 149의 수리조합은 대부분이 경영난에 빠지고 그중 28조합은 적극적 구제를 요구하게 되었다' 하였던즉 수조비 징수가 곤란하여 수조 경영이 곤란케 되었다는 것을 의미하는 것은 물론이겠거니와 한걸음 들어가면 수조 공과금 과중, 수조 구내 지가 폭락이 조합원의 조합에 대한 애착을 여지없이 빼앗아 간 까닭에 수조비 징수가 곤란케 된 것을 이해할 것이다. 수조비를 무는 까닭에 농작에는 결손이 있다 할지라도 만일 지가만 올라 준다면 혹은 참고서 수조비를 물 것이나 이것도 저것도 결손되는 것을 아는 터이니 어찌 수조비 징수가 여의할 것이며 수조 경영이 원만히 되어 갈 것인가.

2. 수조 경영난의 원인

수리조합이 어찌하여 경영난에 빠졌을까? 최근 총독부에서 그 원인을 조사한 바에 의하면

1. 설계의 오류
2. 창립비의 과대
3. 기채 이자의 고율
4. 국고보조금의 근소
5. 조합 기술자의 결핍
6. 인건비의 과다

등 6항목을 들었던바 대체로 이것은 그 통폐(通弊)로서 수긍될 점이다.

첫째, 설계의 오류라 하는 것은 수리공사의 대행제도에서 더욱 많이 생기게 되는 것으로서 그 행동기관인 동척 토지개량부와 토지개량회사가 자신의 중간 이익을 목표로 하여 설계를 꾸미게 되는 것이매 어찌 그 오류됨을 면할 것인가. 동척 토개부나 토지개량회사가 이것을 그 영업의 중요 과목으로 잡아넣은 이상 아무리 총독부에서 그 감독을 힘쓴다 할지라도 어느 정도까지의 감독에 그치는 것이므로 설계 오류의 폐해는 점차 늘어가게 되었으며 그 대행제도로 말미암아 감독의 이중 제도가 생겼으므로 이중 부담이 생겨나게 되어 창립비가 또 과대하게 되었다. 그리고 기채 이자가 연 7분 내지 1할인 데다가 상환 기간이 25개년이며 거치 기간이 3개년 내지 4개년에 지나지 못하니 기채 금액에 비하여 저리라 할 것이 없으며 기간이 급박한 것을 말치 않을 수 없으며 조합장이나 이사는 지사나 참여관 같은 것을 내어놓고도 들어 덤비는 자리인 만큼 연봉 7,000엔 짜리쯤은 흔해 버린 것이다. 그 외에 국고보조의 사소한 것과 수조 기술자의 결핍도 그 이유되지 않을 것은 아니나 그중 가장 부차적일 것이라 않을 수 없다. 〔이상 1931년(昭和 6) 4월 19일 《동아일보》 사설 참조〕

이러한 원인 이외에 우리는 또 다음과 같은 원인을 더 들 수 있다.

1. 수조 창립 시의 민의 무시
2. 수세 등급 조정의 불공평
3. 수조 중역급의 관선
4. 몽리 구역의 부당 사정(査正)

무릇 수조 사업은 정부의 계획에 의한 것이나 그것이 그 지방 농민과 직접 이해관계가 심절한 것인 만큼 민의를 존중하여야 할 것이다. 그러나 관변 친근자(親近者) 등이 이것을 발기한 뒤 관변의 힘을 빌려 지주 등의 날인을 강청(强請)하다시피 한 것은 비일비재이니 최초로부터 지주 등의 환심을 얻지 못한 수조가 어찌 잘되어 나갈 것을 바랄 것인가? 수세 등급을 사정하는데도 수조 당국의 전제적 폐단은 날로 폭로되어 농가의 비난은 비등하였으며 보수(洑水), 기타 수리를 얻어 몽리 구역에 들 필요가 없는 곳도 많으며 수조비를 징수키 위하여 무리하게 사정하는 등 스스로 민원을 사고 있으며 수조 이사 등을 관선 임명하는 까닭에 조합원과 의사가 소통치 못하는 데다가 그 지위의 안전 유리를 도모하기 위하여 조합원 일반 이익을 무시하는 폐단이 적지 않음으로 지주 대 조합 간부의 반목은 날로 심하여 가고 있다. 이와 같이 수리조합은 그 자체 내에도 백폐가 겹들어 있는 까닭에 경영이 원만히 돌아가기는 극히 어려운 형편에 있다.

〈자료 115〉 박문병, 농업 조선의 검토(19)·(20)(조선중앙일보, 1936.07.9·10; 오미일, 1991, 『식민지시대 사회성격과 농업문제』, 풀빛, 360–361쪽)

영세농적 경영에 있어서 가장 특징적인 것인 기계화보다 노동의 직접적 투하의 강화 그리고 비료 사용은 집약농업의 의존하는바 두 특징적 계기이니 최근의 조선 농업의 특징적 현상은 또한 노동의 강화와 함께 비료의 적극적 사용에 나타나고 있다. 이제 조선의 비료 생산 및 소비량표를 들어 보이면 〈표 26〉과 같다. 이 표에서 보면 조선의 비료 생산은 급격히 증가하고 그와 동시에 그의 소비량도 차례차례 비약적인 격증의 일로를 밟고 있으며 그리고 항상 생산량보다는 소비량은 그를 능가하고 있어 1931년도의 부족액은 945만 원이라는 거액에 달하고 있음을 본다. 이 비료의 소비 증가는 조선 농업생산의 평탄한 궤선상의 수량적 증가뿐만이 아니라 그 증가의 이면에는 상당히 농업생산 자체의 구조적 재편제에도 상당한 관계를 가지고 있으니 그는 즉 전래 조선 농업의 타성에서 눈 뜬 농업자의 기술적 농업에로의 전향 즉 화폐경제의 확립 과정과 아울러 농업의 수지 타산의 관념적으로 반영한바 기술적 재배의 급격한 증가에 기인한 바 많으니 과수, 소채, 원예, 기타 특용작물의 급격한 증가에 따른 비료 사용의 증가가 그것이다.

보통의 곡류 농작에 있어서는 비료의 소비량 수가 증가된 것은 사실인 것이나 그의 대부분이 퇴비, 가축, 인분 등의 자가생산의 비료로써 충용하고 질산암모니아, 석회석 등등의 근대 화학적 비료 또는 대두박 등의 특수농작에의 비료는 대부분 금비로 되어 있으니 이는 가뜩이나 허약증에 시달려 있는 조선 농가에 과중한 부담으로써 그는 결국 비료상의 독점적 거리(巨利)로서 전화되고 있으니 금비 사용의 전국적 보급과 아울러 고리대, 상업 금비 자본의 농촌 지배의 복선은 여기에 엄연한 일 계기를 발견케 되는 것이다.

최근 급격히 증가의 일로에 있는 금비대는 전 농업생산비 중에서 상당히 중요한 지출을 구성하고 있음은 물론이니 결국 소작인의 부담하에 투하된 비료대가 고율의 소작료, 부채의 중압에 몰려 전차(前借)에 대한 자본이자 등에 의하여 비료 투하에 인한 생산적 결실의 전부는 지주와 자본가의 수중에 전화하는 것 이외에 아무 것도 없으며 더구나 생산적 효과 그것이 비료대의 지출에 상당치 못할 때에는 그는 결국 영세농의 빈곤화와 부채의 거대한 퇴적에 결과하고 말 것이다. 이제 시비에 의한 농업 증수와 비료 지출에 대한 경비를 대조해 보면 〈표 27〉과 같다. 이 표를 보면 매 정당(町當) 시비액은 지수에서 8배 내지 11배의 격증을 하였음에 불구하고 매 정(町)당 생산가액의 지수는, 증가는 고사하고 1912년 이후에는 오히려 급격한 감하를 보고 있으니 이와 같이 시비 격증에 따른 경제적 부담과 생산물 가액의 급격한 저감의 이중적 경제의 부담은 결국은 농민의 소작농의 어깨 위에 떨어지고 있는 것이니 이 비료의 동향에서도 우리는 금일 농촌 관계의 일단이 여실하게 발현되어 있음을 알 것이다. 앞에서 농산물가액의 저감은 물가 운동에 연관되어 있으므로 그로써 곧 생산물의 수량의 저감을 의미하는 것은 아니니, 생산물 수량의 다소 증가 경향이 있더라도 그는 결코 비료 사용 증가 지수에는 추급치 못할 것은 명료하며, 그리고 농업의 경제적 관계에 있어서도 절대의 수량보다는 가격에의 환산이 그의 경제성의 최후의 규제적 표현임으로써 전기의 가격적 표현의 저하 과정은 그냥 조선 농민의 부채 과정에 대한 '엎치기와 덮치기'의 작용으로 결론하는 털끝만 한 영향도 없을 것이다. 여기에서 우리는 비료 강화가 농업 보급과 함께 하등 자본주의 경영의 과학적 응용으로서의 표현이 되지 아니하고 단지 그것이 상업자본의 농촌 침입, 일리치의 이른바 '상업자본의 실'로서의 작용 이외에 아무런 생산성의 의의를 초래치 아니함을 알 것이다. 그러므로 그들은 조선 농업생산에 의하여 하등의 자본주의적 생산의 발전형으로 나타나지 못하고 다만 상품의 척후를 통하여 침입된 자본에의 종속적 원인, 따라서 조선의 중농 이하 빈농민의 경제적 부담에 가중적 압력으로 기능하게 되며, 따라서 부채의 증대, 토지의 석방 이를 반면으로 말하면 고리대 상업 독점자본에 대한 영원한 질곡에 대하여 보충적 공작임에 불과하다.

〈자료 116〉 강정택, 1940, 「조선 식량문제의 발전과정 : 내지로의 쌀 보급과 관련하여」, 『農業經濟研究』 16-2.(강정택, 2008, 『식민지 조선의 농촌사회와 농업경제』, YBM si-sa, 225-230쪽)

3. 잡곡 생산의 지체와 미곡 생산의 과잉

위에서 말한 것처럼 식량 소비에서와 같은 제약과 모순은 생산에도 존재한다. 그것은 먼저 식량 생산의 저생산성으로 나타나고 있다. 〈제2표〉에서 볼 수 있는 것처럼 농가 1호당 식량 생산량은 1934년경까지는 오히려 매년 감소하는 경향이었다. 최근 5개년 평균 14석대에서 16.2석으로 급증하고는 있지만 그래도 일본의 1호당 생산량 17.6석〔1937년(昭和 12)〕에는 미치지 못한다. 특히 이것을 정곡(精穀)으로 환산해서 대비하면 일본의 16석대에 대해 조선은 겨우 13석에 불과하다. 더욱이 조선에서는 총재배면적의 85.3%가 쌀, 보리, 콩류, 잡곡에 배분되어 있어서〔1937년(昭和 12) 현재〕 일본보다도 높은 비율이었음에도 그렇다. 조선의 소작 관계가 생산력 발전에 좁은 한계를 설정할 뿐 아니라 농민의 빈궁은 그 한계 속에서조차 생산을 충분히 전개할 조건을 갖추고 있지 않기 때문이다. 이와 같은 사정 때문에 조선은 아직도 총호수 및 인구의 7할 이상이 농업에 종사하고 있다. 앞에서 말한 바와 같이 농업을 식량 생산에 집중하고 있지만 식량 생산 증가율은 인구 증가율에 훨씬 미치지 못한다. 최근 5개년 평균에서 생산 통계 개정으로 급증한 데도 불구하고 아직 인구 증가율을 따르지 못하는 것이다. 그렇기 때문에 만약 1915(大正 4)~1919년(大正 8)의 5개년 평균 식량 소비를 기준으로 하면 1925년(大正 14) 이후 1934년경(昭和 9)까지는 소비 잉여가 조금도 생기지 않는 것이 되고, 최근 5개년에 겨우 280만 석〔그중 콩을 주로 하는 잡곡 130만여 석을 포함〕을 수출할 수 있는 것에 불과하다. 이것으로 보아 조선 쌀 이입과 연결되어 있던 일본은 미곡이 풍부했는데, 이것은 다분히 조선 농촌의 불안정화에 기초를 두고 있었기 때문이다.

그것은 차치하고 여기서 더 고찰해야 할 점은 같은 저생산성의 지배하에 있으면서 미곡 생산과 잡곡 생산 간에 균형적 발전이 이루어지지 않고 있다는 것이다. 〈제2표〉에서 볼 수 있는 것처럼 잡곡 생산은 정체 내지는 소걸음처럼 느린 진행을 보이는 데 반해 쌀 생산만은 인구 증가와 보조를 맞추고, 특히 최근에는 인구 증가를 훨씬 추월한 듯한 상태이다. 이처럼 쌀 생산만을 불균형적으로 미는 힘은 말할 것도 없이 일본의 강렬한 수요와 유리한 상품성 때문이다. 따라서 조선 전체가 쌀 생산에 광분하고 정부는 많은 보조금을 지원하고 지주자본가는 막대한 자본을 투하함으로써 오늘날의 미작 발전의 기초를 만든 것이다. 그런데 잡곡 생산에서는 이런 종류의 좋은 조건을 찾아볼 수 없다. 옥수수와 최근에는 적으나마 밀이 그 견인력을 인정받을 뿐 일반적으로는 완전히 자급 생산으로서 방치되어 왔다. 그러므로 잡곡 생산은 미작 발전의 희생이 될 수밖에 없었던 것이다. 미작과 잡곡 재배는 경지, 노동력, 생산수단에 대해 경합 관계에 있으며 그 경우 미작이 항상 우선하기 때문이다. 예를 들어 1919년(大正 8)과 1927년(昭和 2)의 경지 대비에서 논 19만 정보가 증가한 이면에는 밭 6만 5,000정보가 감소(신규 개간에 의해 보충된 분을 제외하고)한 사실이 숨어 있다. 비료에서도 금비는 물론 자급비료도 미작에 배분하는 것이 보통이다. 총독부 조사에 의하면 논벼 단보당 금비 시용액은 320~330전인 데 비해 밭벼를 포함한 나머지 작물 전체의 평균 단보당 금비액은 겨우 50전에 불과하다.*

특히 노동력 배당에서 잡곡에 대한 경시가 가장 현저히 나타난다. 보통 잡곡과 미작은 이앙과 수확의 시기(쌀·보리·콩 등)가 일치하는 경우가 많은데 그때 조금이라도 많은 노동력을 미작에 투입하려고 한다. 잡곡의 작업 기간이 탄력성이 크다는 것 때문이기도 하지만 잡곡을 등한시하는 관념이 노출된 것임에 틀림없다. 그 때문에 보리 수확을 적기에 하지 않으며 보리의 탈곡과 파종 시기를 놓치기 일쑤이다. 소작지에서 밭작물에는 무관심한 지주**가 미작에 대해서는 온갖 간섭을 하고 강제적으로 일을 시킨다. 당국에서도 복잡작에 대해서는 미작과 같이 강력하게 독려도 하지 않고 또 막대한 경비를 투입하려는 열의도 없는 것이 확실하다. 산미증식계획과 전작개량증식계획***과의 대조는 이 관계를 가장 잘 보여 준다. 이와 같은 입장은 현재의 식량문제에 대응하는 긴급 방책을 수립하는 경우에도 완고하게 지켜지고 있다. 즉 당국에서는 지난가을 식량을 확보하기 위하여 보리 재배를 강제적으로 증가시켜 전조선에서 17만 정보의 작부 확장을 했다. 그런데도 비료 배급은 보리보다 벼를 중요시해 보

* 『朝鮮米穀情報』, 1938.03.01, 1936년에 관한 조사.

** 최근 농장지주 중에서 밭작물에 관심을 두고 재배 영역을 확장하려고 하는 사람들이 많다.

*** 朝鮮總督府農林局, 1936, 『朝鮮に於ける食用田作物』, 43쪽 이하.

리에 필요한 비료를 거부한 것*은 좋은 예이다.

그러나 이와 같은 지주의 강제와 당국의 방침과는 별개로 소작농과 농민 일반이 쌀에 세력을 집중하는 것은 간과할 수 없는 사실이다. 이것은 유리함을 추구하는 것 때문만이 아니라 화폐 수요에 적극 대응한 결과이다. 이 때문에 주된 자급 식량인 잡곡 생산이 희생된 것을 고려할 여유가 없는 것은, 즉 화폐수지 균형이 급한 나머지 소비용의 쌀을 방매하는 것과 서로 대응하는 관계이다. 잡곡은 자급하는 것이기 때문에 품질이 손상되어도 크게 문제가 되지 않고, 또 수확이 감소되어도 여러 가지 융통이 가능하다. 그러나 쌀은 대외관계의 유대이며 그 강약은 생활과 경영의 존망과 관계가 있으므로 농민에게 중대 관심사가 될 수밖에 없다.

원래 조선의 잡곡 생산의 발전 단계는 매우 낮아서 단보당 수확량은 대체로 일본의 2분의 1 전후이며, 이 점에서 보면 생산 발전의 가능성은 매우 크다. 뿐만 아니라 당국의 전작개량지도포(田作改良指導圃)의 1931(昭和 6)~1934년(昭和 9)에 걸친 수확량 실적은 부근 일반 평균 단보당 수확량에 비해 각각 보리 58~97%, 쌀보리 14~38%, 콩 31~41%, 조 39~80%의 증가세를 나타내고 있다.** 따라서 농민이 실시할 수 있는 경제기술 단계 내에서, 잡곡 생산량의 증가가 인구 증가를 따라가지 못하는 문제를 해결해야 할 것이다. 추가 자본 투하의 생산성은 앞서 든 지도 성적에 비추어 잡곡 재배에서 높여야 한다. 수확량의 증가분은 정조제가 지배하며 소작료가 낮은*** 밭작물을 많이 확보해야 하기 때문에 농민에게 잡곡 생산개량은 매우 유리할 것이다.

그런데 농민은 너무 가난해 신기술 채용에 필요한 수단****과 위험부담을 가지고 있지 않고, 또 미작에서와 같이 지주로부터 할당 혹은 벼로 갚기로 하고 빌리는 것도 불가능하다. 여기서 잡곡 생산 발전에 한계가 생기는데, 미작을 해야 한다는 압력은 여기에 더욱 제한을 가한다. 그래서 잡곡 생산은 미작에서 쓰다 남은 자급비료로 하는 조방적인 재배법으로 하든지, 상호보험적 작용을 하는 혼작작부(混作作付) 방식으로 할 수밖에 없는***** 것이다. 단 최근의 잡곡 가격의 상대적 상승은 위와 같은 제한을 깨고 종래의 쌀에 편중된 관념을 버릴 수

---

* 『京城日報』, 1940.03.13.

** 朝鮮總督府 農林局, 1936, 위의 책, 57-60쪽.

*** 朝鮮殖産銀行調査部, 1940.1, 『殖銀調査月報』 20, 86-87쪽

**** 山本壽己, 1936.9, 「小麥增産の好機を逸する勿れ」, 『朝鮮農會報』 10-9, 5·8-9쪽 참조.

***** 朝鮮殖産銀行調査部, 1940.1, 『殖銀調査月報』 20, 13쪽.

있는 기회이지만 전술한 비료 배급에서 볼 수 있듯이 당국의 방침은 그 기대를 저버리게 한다.

한편 이와 같이 추진된 미작의 불균형적 발전이 동시에 미작의 불안정성을 더욱 심화하는 것은 주목해야 할 현상이다. 그것은 두 가지 방향에서 나타나고 있다. 첫째는 부농이 수리, 기타 생산의 기초적 요건을 무시하고 단보당 7~8엔 혹은 그 이상의 과다한 금비를 시용해 도열병이 빈번하게 발생하고, 특히 1936년에는 발생 면적 23만 정보, 피해 금액 9,100만 엔에 이르러 피해를 보게* 되었다. 이와 같은 경향은 수리조합 지구에서 특히 강하게 나타난다. 원래 조선의 수리조합은 "용수량, 기타의 시설은 겨울 현미 2석 내외의 수확을 목표로 하기 때문에 (…) 경종법 개선에 따라 일본의 논과 같이 다수확을 얻으려고 하는 것은 전혀 생각지도 못한다. 최근 미작개량 지역에서 거의 매년 도열병 때문에 고민하는 이유는 오로지 토지개량을 시행해 목표 이상의 수확을 예상하고 맹목적으로 많은 비료와 기타 수단으로 증산에 애쓴 결과로, 이와 같은 증산 방법은 한번 천후기순(天候其順)을 잃을 때는 실로 참담한 작황이 되며 올해의 작황은 그것을 여실히 증명해 주고 있다."** 이와 같은 과도함과 함께 빈농이 거의 비료를 주지 않고 재배를 하고 있는*** 것은 미작 발전의 부족을 가장 잘 표현하는 것이다. 경종법 개선을 주로 하는 신산미증식계획은 이런 종류의 폐해를 구제하는 것을 중요 사항의 하나로 하고 있는데 지도만으로 과연 소기의 목적을 달성할 수 있을지는 의문이다.

미작 불안정화가 또 하나 드러나는 것은 "미작에 편중한 결과는 비에만 의존하고 당연히 밭으로 경작해야 할 토지를 논으로 바꾸어 벼농사를 하고 있는 곳도 적지 않다. 이 토지는 매년 가뭄으로 피해를 입는 상습지(常習地)로 항상 불안한 곳이다. 올해는 피해율이 더욱 커서 점점 더 어려워지고 있는"**** 것이다. 이와 같은 논이 조선에는 52만 정보[천수답]에 달하며 그중 40만 정보 이상이 작년의 한발 지대에 있다. 만약 여기에 수리불안전 관개시설이 있는 논 38만 정보를 더하면 90만 정보로 논 총면적의 52%에 해당한다. 이 정도의 면적이 항상 한발의 위험에 노출되어 있고, 한발은 그대로 한해로 통하기 때문에 조선의 한해 빈도는 매우

---

* 『朝鮮米穀情報』, 1938.03.01.

** 三井榮長, 1939.9, 「時局下の産米增殖に就いて」, 『朝鮮農會報』 13-9 참조.

*** 『鮮米情報』, 1938.03.01.

**** 岸勇一, 1939.12, 「旱害大策に就て」, 『朝鮮農會報』 13-12, 18쪽.

크다. 가장 피해가 큰 한해만을 헤아리더라도 과거 20년 동안 1919년(大正 8), 1924년(大正 13), 1929년(昭和 4), 1930년(昭和 5), 1939년(昭和 14)의 5회로 5년에 1회 비율이며, 수확 감소는 작년을 제외하고 최저 188만 석, 최고 237만 석이다. 소규모 혹은 국부적 한해가 계속해 있는 것은 남해 조선 7도의 1930(昭和 5)~1938년(昭和 13) 사이 평균 6월 말 현재 모내기율〔적기는 6월 20일까지이며 그 후는 수확 감소를 초래한다고 한다*〕이 최저 경북 62%, 최고 경기 89%, 7도 평균〔도 평균의 산술평균〕 76%에 지나지 않는** 것에서 잘 알 수 있다.

한해 정도는 아니지만 수해가 빈번하게 일어나는 것도 조선 미작의 특징이다. 이들의 재해가 합해서 쌀 수확에 동요를 일으킨다. 1911년(明治 44)~1922년(大正 11) 간의 단보당 수확량 추세에서 평균편차 비율은 일본의 평균 4.64%에 대해 조선은 6.4%이며, 1915년(大正 4)~1935년(昭和 10) 간 전 5개년 평균 실제수확고에 대한 증감 보합은 일본 ±6.72%에 대해 조선 ±8.43%이다.

이와 같은 사실은 조선의 논과 벼 재배가 극도로 불안정하다는 것을 여실히 드러내는 것이다. 작년의 한해는 이와 같이 불안정한 것이 자연의 변덕과 부딪혀서 폭발한 결과에 불과하다. 그러므로 한발은 그대로 한해를 의미하는 것이 아니라 자본과 기술 장비가 어느 정도냐에 따라 피해 정도가 달라진다. 앞에서 이미 말한 것처럼 조선 논의 반 이상은 거의 헐벗은 채이며 용수시설 중 가장 좋다고 하는 겨우 23정보도 안 되는 수리조합 시설도 용수량은 일본과 비교해서 "실로 하늘과 땅 차이"***로 불충분하다고 한다. 이와 같은 상태에서 작년의 한발 때문에 수리조합의 저수지가 마르고 수확이 전혀 없거나 7할 이상 수확량이 감소한 경지면적이 69만 정보〔이것은 남부조선의 천수답과 수리불완전답 면적의 합계에 필적한다〕나 되는 것도 결코 우연이 아니다.

---

* 和田滋穗, 1938.9, 「水稻植付割合と實收高」, 『朝鮮農會報』 12-9 참조.

** 『朝鮮米穀要覽』, 水稻植付狀況에서 작성.

*** 三井榮長, 1939.9, 위의 글, 『朝鮮農會報』 13-9.

3. 전시체제기 미곡증산정책

1) 신문 기사를 통해 본 전시 미곡증산정책

(1) 개관 및 해제

1930년대 초 세계대공황과 농업공황으로 쌀값이 폭락하면서 쌀 증산을 기반으로 했던 조선 식민농정은 전환되어 쌀 과잉 문제와 농촌사회 안정에 초점이 맞춰졌다. 이에 산미증식계획이 중단되고 농촌진흥운동이 실시되었다. 그러나 일본제국권의 식량 공급 기지라는 조선의 역할은 여전히 불씨가 남아 있었다. 이는 일제가 1937년 중일전쟁을 도발하면서 현실화되었다. 중일전쟁의 장기화와 함께 1939년 조선 중남부의 대가뭄으로 쌀 생산량이 크게 감소하면서 식량 수급 불균형이 심화되자 식량증산의 필요성이 적극 제기되어 1940년 '조선증미계획'이 마련되었다. 전시 물자부족이라는 조건하에서 경종법 개선을 중심으로 추진한 '조선증미계획'이 소기의 성과를 거두지 못하자 1942년 '조선증미개정(改訂)계획'을 마련하여 토지개량을 통한 증산을 꾀했다.

총독부는 1920년대 산미증식계획을 시행하며 수리안전답 확보에 진력했지만 큰 성과를 거두지 못한 채 중단되어 조선 농업생산력은 여전히 불안정한 상태였다. 총독부는 전시 농업생산력 증강을 위해 토지개량사업의 중요성을 인식하고 있었지만 물자 부족 등을 반영하여 사업을 추진했다. 그러나 1942년 '개정계획'에서는 '조선증미계획'에서 이루어지지 않았던 개간 및 간척을 통한 경지 확장이 계획되었다. 이것은 절대 부족한 식량을 증산하기 위해서는 토지생산성을 높이는 방법 외에 경지의 외연적 확대가 필요하다는 견해를 수용한 것이었다. 개간 및 간척 사업 등 대규모 관개개선사업은 경지 자체를 확대하기 때문에 증산의 확실한 방법이었지만 많은 공사비(자재 및 노동력)가 요구되는 것으로 1942년 이후 아시아·태평양 전쟁으로의 확대와 장기화로 심각한 물자 및 노동력 부족에 처해 있던 상황에서 계획대로 시행될 수 없었다.

전시체제기 토지개량사업은 노동력만을 활용한 소규모 사업 위주로 진행되어 일단 1944년에도 예전보다 많은 면적이 착공되었다. 그러나 워낙 소규모 사업이었기에 절대적으로 토지개량이 진행된 면적은 많지 않았다. 전시하 물자와 노동력 부족이 점점 심각해지는 상황에서 전개된 토지개량사업의 한계를 잘 보여준다. 또한 응급적으로 만들어진 각종 시설들은 내구성을 갖지 못해 이후 한국의 농업생산력 향상으로 연결될 수 없었다.

이러한 전시하 미곡증산정책을 신문 기사를 통해 살펴보았다. 1937년 중일전쟁 이후 군수식량 확보를 위해 다시 조선이 식량 공급 기지로서 부활되는 과정과 이를 위해 미곡증산정책이 계획되는 과정을 정리했다. 이러한 상황에서 1939년 조선 중남부 지역을 강타한 대가뭄은 전쟁을 확대하고 있던 일제에게는 가장 가혹한 시련이 되었다. 이에 급속히 일본제국권 내에 식량문제가 대두되어 1940년 '조선증미계획'을 실시하게 되는 과정을 정리했다. 전시 물자부족 상황을 고려하여 경종법 개선 위주의 증산정책을 도모했으나 이를 통해 증산 효과를 보기는 어려웠기 때문에 결국 1942년부터 토지개량사업을 대폭 확충하는 '조선증미개정계획'을 실시하는 상황을 살펴보았다. 자료는 1940년 8월 폐간될 때까지 《동아일보》의 미곡 증산 관련 기사를 정리했다. 1937년 이후는 한글 신문도 '친일적' 논조로 전향하며 총독부 정책에 협력하여 선전·홍보하는 역할을 크게 벗어나지 못했다. 이에 이 시기 신문 기사 역시 조선인의 실정과 삶의 고단함을 살펴볼 수 있는 내용은 거의 찾아볼 수 없다.

(2) 신문 기사를 통해 본 전시 미곡증산

① 중일전쟁 도발과 미곡증산정책의 부활

〈자료 117〉 산미증식 재계획, 총독부는 추세 정관(靜觀)(동아일보, 1935.10.05, 4면 3단)

1934년(昭和 9) 미의 흉작에 계속하여 금년도 조선과 일본 내지 모두 천재로 흉작을 예상하고 있어 반미(飯米) 기근의 현상을 보여 일시 중지하였던 산미증식계획 문제의 재검토를 중앙정부에서 조선에 요청하였다고 전한다.

아직 총독부에는 정식 요청이 없으니 이에 대한 총독부 농림국의 태도는 아래와 같다.

"적어도 국책으로서의 정책을 1, 2년의 사태로써 경솔히 단정할 것은 못 된다. 근본적 입장에서 달관하여 선처하지 아니하면 아니 된다. 산미증식의 중지는 어떤 의미로 보아 현실적 정세의 급박이 작용하였던 것으로서 작금(昨今) 양년의 흉작으로써 곧 재착수할 수는 없고 좀 더 신중한 태도로 연구를 거듭한 후 그의 가부를 결정할 것이다."

더구나 그는 일본 내지 미곡문제 여하의 귀추 여하에 의하여 결정되는 것이 그의 전부이므로 일본 내지에서의 취하는 추이를 정관할밖에 없다는 것이다.

〈자료 118〉 소규모로 증산 부활, 농림 당국에서 구체안 작성 중, 구재(救災)의 일책으로 영농개량(동아일보, 1936.06.03, 2면 9단)

재작년 산미증식계획 사업의 중지를 선언한 이래로 조선에서는 토지개간사업 또는 수리개량사업은 거의 정체 상태에 빠져 있다. 그의 영향은 해마다 수재, 한재가 계속되고 있는 조선 농촌의 근본적 구제책을 막는 동시에 피폐 농촌의 진흥을 저해하게 되고 있다. 그리하여 총독부 관계 당국에서는 현재 그의 부활책을 강구 중이라는데 그의 골자는 산미증식이라는 간판을 농촌진흥책이라는 간판으로 바꾸어 걸고 소규모의 개간, 수리, 개량 사업을 종전과 같이 계속하려는 것이다. 그는 미곡통제 상하 등 저촉되는 것이 아닐 뿐만 아니라 그 같은 사업을 계속치 않으면 해마다 한수해에 신음하고 있는 대다수의 농민을 구제할 길은 없다는 것이다.

더구나 농촌진흥운동에 있어서도 당국이 어떠한 노력과 지도 건설이 있다 할지라도 자연적 또한 농촌 생산의 요소는 인력은 무력하여 그의 8할까지가 자연 조건이므로 농민의 생명선인 경작지의 자연적 재해를 제거하는 것이 무엇보다도 농촌 구제의 선결 문제라는 것이다. 그리하여 총독부 농림국에서는 산업조사위원회에 그의 대강을 제출하고 계속하여 그의 대책을 다각적으로 연구 중이라 한다.

〈자료 119〉 사설: 산미증식사업 부활설, 항구적 정책을 수립하라(조선일보, 1937.03.28, 1면 1단)

3. 조선 산미증식사업은 이상과 같은 사정으로 부득이 중지되었으나 이 사업 진행에 대하여 조선 농민 자신들의 여론을 들으면 산미증식의 결과 미가가 폭락되었다 하여 반대하는 것보다는 방법의 잘못에 반대가 많았다. 즉 종래에 있어서 대장성의 저리자금 융통은 식은 및 동척을 거치기로 되어 있었으니만치 위 양 기관은 이유 없이 중간 이익을 취하게 되어 그만치 이자가 비싸게 되었을 뿐 아니라 토지개량 공사는 위 양 기관의 독점 사업처럼 되었으

므로 설계, 기타 공비가 부당히 많았고 또 지주 측의 의사를 무시한 불필요의 인건비가 매우 높았으며 수조 설립 즈음에 몽리 구역 이외의 토지가 강제로 편입되는 사실에 의하여 일반 지주의 불평이 적지 않았던즉 이 역시 산미증식계획 진행이 순조롭지 못한 한 가지 이유가 되었던 것이다. 물론 이번 총독부에서 유의한다는 산미증식책은 대규모적이 아니므로 이러한 염려는 기우에 불과할는지 모르나 소규모의 토지개량사업이라 하더라도 종래의 위와 같은 폐단을 고려에 넣고 이 사업을 진행하려니와 토지개량 또는 산미정책을 조석으로 변경하여 일반 농민을 미혹케 하지 말 것은 물론 이에 대하여 항구적 정책을 수립하기를 바라는 바이다.

〈자료 120〉 산미증식계획 5년계획으로 부활, 신산업 5개년계획과 병행하여 현재 구체안 입안 중(동아일보, 1937.07.10, 4면 1단)

조선 산미증식계획은 1929년(昭和 4)부터 12개년계획으로 증산 1,500만 석 목표로 실시되어 160만 정보의 수전에 대하여 35만 정보의 토지개량을 행코자 하였는데 동 계획은 계획 중간인 1934년(昭和 9)에 중단되어 토지개량사업도 대규모가 소규모로 축소되었던바 농림국은 신산업 5개년계획의 실시에 따라 각종 산업의 전면적 5개년계획을 수립, 조선 산미의 증식에 박차를 가하기로 되었다. 그러고 동 계획의 구체안을 현재 미곡과에서 입안 중인데 종래의 계획을 그대로 할지 혹은 이를 일부 축소시켜 국부적 증산으로 할지는 다소의 의문을 가진 모양인바 하여간 산업의 전면적 증산계획에 병행하여 진행할 것이라는 견해하에 명(明) 13년도에 이의 실현을 볼 것으로 관측되고 있다.

〈자료 121〉 임시비료배급통제령 전문 6조 금일 공포, 주로 배급업자를 대상, 호즈미(穗積) 식산국장 담(동아일보, 1937.07.10, 4면 1단)

금일 제령 제18호로써 조선임시비료배급통제령이 공포되어 근일 중에 시행되기로 한 것에 대하여 다소 동령 제정의 취지 및 그 내용에 관하여 말하고자 한다.

(중략)

위와 같은 정세에 대처하여 내지는 이전 임시비료배급통제법이 공포되어 지난달 25일부터 그 실시를 보았는데 조선도 사태는 응급 입법의 제정을 요하는 것이 절실하고 배급 통제의 완벽을 기함에는 내선 동일의 보조를 취함이 필요로 하므로 이에 비상시 비료 대책의 철저를 기하고자 본령이 제정된 터이다.

본령의 내용은 대체 내지의 임시비료배급통제법과 마찬가지인데 다만 내지 법의 제1조는 현재 조선의 실정으로 규정할 필요가 없어서 이를 제하고 전문 6개 조의 극히 간단한 법령이어서 결국 제1조가 골자가 되어 있다. 즉 동조에 의하면 필요에 응하여 비료의 판매, 사용, 소비 및 수입에 관하여 필요한 명령을 할 수 있고 사태의 추이 여하에 의하여 수시 적당한 조치를 강구할 수가 있게 되었다. 그러고 동조에 기한 명령의 주된 것으로는 판매가격의 감독 취체, 지방적 배급 할당 등이 예상되어 있다.

그리고 본령의 운용상 특히 일언코자 하는 것은 제1로 본령의 적용을 받는 비료에 대하여는 하등의 제한이 없고 따라 어느 종류의 비료에도 미칠 수 있으나 현상은 당분간 판매비료 중 화학비료가 주된 단속의 대상을 삼았다. 다음 현행 조선중요비료업통제령은 중요 비료의 제조업자를 대상으로 비료의 수급 원활 및 가격 공정을 도모한 것이나 본령은 주로 배급업자를 통제해서 소기의 목적을 달성코자 하는 것으로 구국의 목적은 동일이나 통제의 주된 대상은 다르고 본령 적용을 받는 자는 극히 광범위에 이르고 있다. 최후에 결국 본령은 현재의 비상시국에 처하는 임시 입법이므로 특히 관계 당업자의 협력을 기대하는 터이다. 운용에 있어서도 현재의 배급 조직에 현저한 변혁 등을 함이 없고 우선 당업자의 자치적 통제에 의하여 배급의 원활과 가격 공정을 기하고자 생각한다.

〈자료 122〉 사변과 사업 · 상품계의 현황(3). 화학공업, 대체 비관 무용, 의외로 불안은 희소(동아일보, 1937.10.21, 4면 1단)

비료는 평화와 전쟁 양 시에 있어서 항상 필요한 것이고 특히 전시에 있어서는 제1로 일어날 수 있는 식료 문제의 완벽을 기함에 중요시되는 것이다. 비료라 해도 과인산석회와 같이 인광석과 유산으로 제조하는 것, 카바이트에 공기 중의 질소를 흡수시키어 만드는 석회질소, 암모니아 합성법에 의한 유산암모니아, 초산, 인산암모니아, 가리(加里) 등을 서로 직접 화합시키어서 만드는 화성비료, 제(諸) 원료를 배합하여 만드는 배합비료 등이 있다. 그중 암모니아 합성법은 공기 중에서 질소를 포집하여 수소와 화합시키어 암모니아로 하고 이를 기본으로 비료, 화학, 염료, 기타 질소 화합물을 유도하려는 기초 공업의 원리가 되는 것으로 근시

화학공업계에 있어서 꽃이라 해도 좋을 것이다. 더구나 금일과 같이 비상시국에 맞아서는 즉시 군수공업으로 전환할 수 있는 것으로 그 역할은 큰 것이다. 비료의 중요 원료는 유산, 인광석, 가리, 대두박인데 전력도 또한 중요하다. 인광석은 남양 방면에서 수입되는 것이 많고 우리 무적 해군의 주재는 이의 필요를 해소함에 충분할 것이다. 가리류 즉 유산가리, 염화가리는 독일서, 대두박은 만주국에서 각각 수입되고 현재에 있어서는 하등 지장 없이 배급되고 있다. 그러나 이 제 원료는 모두 국외에서 수입되고 있는 관계상 자금의 국외 도망을 피코자 강한 정도의 환율 관리를 실행하고 있으므로 원료의 수입 수량이 자연 제한되고 종래와 같이 충분한 재고 유지는 각사가 상당히 곤란할 것이다.

〈자료 123〉 금비의 합리 시용으로 공급 부족을 완화, 녹비, 구비, 퇴비 등 자비(自肥)들 적극 장려, 농림성서 방법을 지시, 비료 대책(동아일보, 1937.12.05, 5면 1단)

차차 확대 심각화하는 전시체제의 진전에 따라 농촌 노동력의 부족, 일부 비료 제조가의 군수공업에의 전화 등 사정에 의하여 자급비료 및 금비로 포함된 전반적 비료 부족은 작년의 수확기에 중대한 영향을 미칠 것으로 농림성에서는 이전부터 국내 유안의 증산, 시비의 합리화, 녹비, 구비, 퇴비 등 자급비료의 증산 등을 극력 지방청을 통하여 실행하고 있는데 위에 대하여 농림성 농무국 비료과 스즈키 하라노스케(鈴木原之祐) 기사는 아래와 같이 비료 공급난 완화 방법을 지시하여 농가에 주의를 촉진하고 있다.

자급비료. 1935년(昭和 10)의 숫자로는 1개년의 퇴비 생산고가 약 3,400만 톤, 녹비가 약 730만 톤인데 금번은 어떤 정도의 퇴비 감소가 예상되느냐 하면 말 1두에 대하여 약 2,000관의 퇴비 생산이 있었던 것으로 약 3분의 1이 줄어든다. 그러나 마가 없어도 그 부고(敷藁)[63]를 줄이도록 이용하는 외, 도고(稻藁)[64], 맥간(麥稈)[65], 잡초를 사용하여 종래에도 해 왔던 속성 퇴비를 증산하도록 노력할 것이다.

녹비의 증산에 대하여는 도의 이작으로서의 자운영, 맥의 간작으로서의 청예대두의 증산을 계획하지 아니하면 아니 되나 이외 과수원, 상원(桑園)의 간작으로서 루~빙, 사~도윗겐, 청

---

63 마구간 바닥에 까는 짚.
64 볏짚.
65 밀짚이나 보릿짚의 줄기.

예대두 등의 증산도 필요, 특히 자운영과 루빙의 근류균[66]은 각 부현에서 무상 배포하고 있으므로 이용치 않으면 안 된다. 요컨대 자급비료의 증산을 도모키 위하여는 ▲녹비 종자의 박파의 장려, 작부단별을 확장할 것, ▲자운영, 기타 녹비에 대하여 극력 자가 채종을 행하고 작년도 작부 녹비의 증식에 대비할 것, ▲내년 춘파 대두의 증식을 도모키 위하여 계통 농회의 알선에 의하여 종자의 공동구입을 행하는 등의 일이 필요하다.

금비를 과다하게 사용함을 배제하고 작물의 종류, 토질, 기후 등에 응하여 적당히 사용하는 것이 간요하다. 금일 금비 공급의 실정은 유안이 약 20만 톤 부족, 석회질소는 아직 국내산이 여력이 있고 과인산석회는 연 150~160만 톤의 소비에 대하여 약 8할은 수입, 유산가리, 염화가리는 거진 독, 불, 미국으로 수입, 대두박은 만주로 약 30, 40만 톤의 수입, 어비는 대체 국내산으로 공급, 채종유박[67], 면실유박[68]은 거진 지나(支那)로 수입하고 있는 관계로 두절되고 있는 상태이다.

〈자료 124〉 토지개량사업 진전. 농산자원의 개발, 토지협의회 석상 농림국장 훈시

(동아일보, 1938.03.26, 5면 3단)

1. 산미증식계획에 기한 토지개량사업의 완결과 금후의 조치. 작년 3월 개최의 본 회동에 있어서 산미증식계획에 기하여 토지개량사업의 최종 연도인 본년도는 자타 함께 서로 격려하여 최후의 노력을 경도하여 사업의 완성을 도모하여 본 계획으로 하여금 명실공히 의의 있도록 유의를 재촉하여 두고자 하니 다행히 각자의 노력에 의하여 나머지 공사를 대개 순조로 진보하여 그 완결을 보게 되려고 하고 있음은 실로 환희 감당할 수 없는 바이다.

1938년도(昭和 13) 이후는 이러한 시설의 전반적 유지 관리기에 들어가는 것인데 산미증식계획의 성과의 거양(擧揚)은 일로 금후에 있어서의 시설 운영의 양부(良否)와 농사개량의 진전 여하에 달려 있으므로 각자는 잘 관계 각 기관과 연락 협조를 유지하여 그 지도 감독에 만일의 빈틈이 없기를 기하고자 하는 바이다. 특히 다수의 조합원을 거느리는 수리조합에서는 시설의 원만한 운영에 의하여 산미의 증수에 전력을 기울이는 동시에 조합비의 부담 경감과 부

---

66 식물의 뿌리에서 공생하며 질소를 고정하는 박테리아.

67 채소씨의 기름을 짜고 난 찌꺼기.

68 목화씨의 기름을 짜고 난 찌꺼기.

과의 공평에 대하여 세심의 주의를 하지 않으면 안 될 것으로서 따라서 조합 이사자의 활동에 기다리지 않으면 안 될 것이 비상히 많다. 그런데 최근에 있어서의 조합 간부 특히 이사의 소질을 보건대 반듯이 유능의 사(士)만이라고는 인정할 수 없을 뿐 아니라 중에는 책임 관념에 결핍되어 복무 상태 양호하지 않은 자 혹은 노후 그 직에 견딜 수 없는 것과 같은 자 등을 볼 수 있어서 현상대로는 도저히 수리조합의 사업의 진전을 기대키 어려운 경향이 있는 것같이 인정되므로 이때 각 조합 이사자의 인물에 대하여 충분 검토를 가하여 적임에 있지 않다고 인정하는 인물은 단호히 이것을 도태하여 유능으로서 성의 있는 인물을 기용하여 수리조합에 청신(淸新)의 기를 주입하고 소기의 목적 달성에 매진하고자 생각하는 터이다.

그리고 조선에 있어서의 수리 관개의 상황은 주지하는 바와 같이 조선 산미증식계획에 의한 토지개량사업과 같은 대계획의 조성을 행한데도 불구하고 아직 답 총면적의 5할 5분에 달하는 94만 정보의 수리불안전답을 거느려 매년 한발의 위협에서 면할 수 없는 상태에 있고 또 남선 지방에서는 이미 경지 현저하게 부족을 고하여 농촌 증가 인구의 수용에 현저한 곤란을 느껴 농촌 진흥상에도 우려할 상태에 있는 바이다. 이에 더해 시국에 따른 국책적 각종 전작물의 증산계획의 수행, 사변의 영향에 의하여 농촌 노동력 및 축력의 감소, 비료의 공급 부족 혹은 금융의 핍박 등을 예상되는 내지에서의 농산물의 감수에 대한 대책 등 현재의 정세가 이대로 추이되는 데 있어서는 조선에서의 토지개량사업의 전면적 진전을 고려하지 않으면 아니 되고 기회에 직면하지 않으리라고 단정할 수 없다고 사고되는 바이다.

각자는 이러한 정세를 도탑게 인식하여 함부로 현행 보조사업의 범위에 포착되는 일 없이 잘 사업의 전도를 달관하여 항상 진취 적극적의 의기로써 상시, 비상시의 양 국면에 대처할 준비를 위태롭지 않도록 이해하지 않으면 안 된다. 근년에 이르러 회의의 지시 또는 통첩으로서 보인 국유 제언, 보의 유지 관리의 개선, 응급대책 준비로서의 관개개선 공사의 측량 설계의 실시, 자작농 창설의 목적을 가지고 하는 국유 미간지의 대부 및 농촌진흥운동의 촉진 시설로서의 100정보 미만의 공유수면 매립의 면허 등의 방침은 모두 전술의 관점에 입각하여 결정한 것에 벗어나지 않는 것이다. 그런데 기왕의 실적에 미뤄 보건대 이러한 보조금을 동반하지 않는 시설에 대하여는 아직 그 계획 또는 성적의 볼만한 바 적은 것은 심히 유감으로 하는 바로써 이제부터 그 취지의 주지 철저와 효과의 거양에 관하여 각자의 한층 공부와 연구를 간절히 바라 마지않는 바이다.

〈자료 125〉 자급비료증산계획에 의한 보조액 16만여 원, 금년부터는 헤아리베치에 치중, 7일부 보조 지령 발포(동아일보, 1938.06.10, 6면 1단)

조선에 있어서의 농경지의 지력 유지의 문제와 현재 비료계의 정세를 대조할 시 조선 농업 성장을 위하여는 자급비료의 적극적 증산을 필수로 하는 것인데 총독부에서는 1926년(昭和 1) 제1차 자급비료증산계획을 수립, 1935년(昭和 10)에 완료되었는데 자급비료 생산액은 단당 215관에 불과하여 경지의 지력 유지에 부족한 상태이어서 다시 1936년(昭和 11)부터 10개년 간으로서 제2차 자급비료증산계획을 수립하여 1945년(昭和 20)에는 경지 단당 300관의 증산을 기하여 ① 녹비 증산 확장 ② 비료 강습회 ③ 지도 기술원의 설치 등을 포함 10개년간 약 170만 원의 계획으로 경지의 지력 배양에 의한 농업 개발을 기하고 있는데 금년도(제2차 계획 제3년째)부터는 녹비 중 자운영, 청예대두 등이 있고 헤아리베치에 주력을 경주하여 증산을 계획하기로 되었다.

〈자료 126〉 비료 통제의 강화, 배급기구 개혁 치중(동아일보, 1938.06.12, 8면 1단)

임시비료배급통제령의 실시 이래 본 비료 연도의 비료계는 다난한 도정을 더듬고 있으나 대체에 있어서 소기의 목적 효과를 거두었는데 총독부서는 본년도의 경험에 비춰 보아 8월부터의 내년도에 있어서의 배급 통제의 완벽을 기하기로 되어 통제기구의 개혁에 대하여 성안을 얻었으므로 7월 초순 각 도의 토성조사계 비료검사관을 모아 비료 통제 회의를 개최하기로 되었다. 동 회의의 주요 문제는 1) 유산가리, 과인산의 공급 곤란에 의한 배합의 개선 기술적 가능성 및 신배합률의 결정 2) 배급 조직의 강화에 있는데 본회의에 계속하여 나아가 농회의 비료 배합 회의를 개최, 농회에 있어서의 배급 및 배합의 타협을 행할 터이다. 그러고 배급 조직의 개혁 문제에 관하여는 통제 강화의 필요로 중앙, 지방 각 조합을 통틀어 다음과 같은 방침하에 현행 기구를 개조키로 결정하였다.

1. 현재의 중앙배급통제조합은 비공식으로 성립하였음에 그치고 아직 발회식도 행치 않았고 조합 각사에 대하여 총독부 측에서 각기 달리 지휘함과 같은 상태에 있는데 이의 조직 형식을 명확히 시킴과 함께 내지의 유판회사(유안판매회사)의 지점 내지 출장소를 설치하게 해서 내지 유안을 공급하고 있는 미쓰이(三井), 미쓰비시(三菱), 가타쿠라(片倉), 스미

토모(住友), 일질〔일본질소비료주식회사〕[69]의 종합적 통제에 담당케 하고 총독부로는 이 출장소, 일만상사(日滿商事), 조선질판〔일본질소비료판매회사〕의 3자에 의한 중앙조합을 통하여 통제의 단일화를 꾀하며 전하는 바와 같은 판매회사는 이를 설치할 것.

2. 이와 함께 전 조선은 경남북, 중조선, 호남, 서조선, 북조선의 5구로 임의적인 조합연합회와 같은 것을 설치하여 중앙조합과 협력, 총독부에 직접 배당을 행하고 단 이 구조합(區組合)은 법제적 조직을 하지 않고 임의 조직에 그치게 함.
3. 현재의 행정 구획에 의한 지방조합은 경제적 실정에 부합하지 않는 바가 있으므로 지방조합은 가급적으로 경제 구역에 의한 조직으로 고쳐 단 감독권의 경탈(競奪)을 피하기 위하여 사무소 소재지의 지사로 하여금 감독에 담당케 함.
4. 비료상의 총수는 작년의 정리로 4,000에 감소되었으나 의연 너무 많은 것은 물론 그 산재 상태도 자못 불합리한 것이므로 평균 2면 1개소쯤에 수의 정리를 강행함. 더불어 정리에 관해서는 특히 수요 실정 및 철도 관계를 고려할 것.

〈자료 127〉 조선미증식계획 내년부터 본격적 착수, 14년도에 신규 예산을 계상할 터, 경지 불확장, 경종개량(동아일보, 1938.09.04, 8면 1단)

내지의 산미 300만 석 증산계획에 호응하여 조선도 토지개량, 경지 확장 등의 방법에 의치 않고 완전히 경종법의 개선에 의해서 조선미의 증식을 도모하여 전시하에 있어서의 제국의 식량정책에 기여하기로 되었다. 즉 어제까지 개최되었던 각 도 산업부장 회의 벽두에 미나미(南) 총독은 산미증산의 용의 있는 바를 언명하였는데 제2일에는 동회 석상에서 유무라(湯村) 농림국장으로부터 "미곡의 증산 및 품질 향상에 관한 건의 지시사항을 토의함에 앞서서 최근 조선미의 생산액은 현저히 증가하여 제국 식량의 자급 확보에 공헌하는 바 극히 큰 것이 있으나 현재 시국의 진전에 따라 조선미가 지고 있는 사명은 더욱 중대하고 그 생산 증가는 진전의 급한 것이 있으므로 도, 군, 면, 곡물검사소는 물론 농창〔농업창고〕, 수리조합, 곡물협회, 금조 등의 협력, 원조하에 관내 관민 총동원으로 우선 금 13년 산미에 대하여는 낙수기

69 노구치 시타가우(野口遵)가 1908년 일본에서 설립한 회사. 1925년에 조선에 진출하여 1927년 함경남도 흥남에서 조선질소비료주식회사를 설립하여 화학비료를 제조했다.

(落水期)[70]의 적정, 적기 수확의 장려, 건조 조제의 개선, 병충해 방제의 철저를 실시하고 있으나 차년도 산미에 대하여는 특히 수도 퇴비의 증산, 보비(保肥)[71] 재배의 장려, 추경(秋耕) 심경(深耕)의 장려, 건묘(健苗)의 육성 등 일반에 걸쳐 개선을 가하고 일정 수량을 증산 확보할 생각이다."라고 설명하여 이의 경비를 내년도에 산미개량비로 신규 계상하기로 되었다. 그러고 금년 추수의 성적과 시국의 진전을 본 뒤 다시 경종법 개량으로 증산에의 일보를 전진시키고 1934년(昭和 9)에 중단한 산미개량증식계획 부활, 일부 경지의 확장을 행하게 될 모양이다.

〈자료 128〉 수급 부족 징조 없는 한 적극 증식은 문제, 전년 산미증식계획 부활 요망에 농성 오하마(小濱) 국장의 답변, 시조(時調)에서 논란된 조선미 문제

(동아일보, 1938.09.09, 8면 1단)

시국대책조사회 제2분과회 제16자문사항인 미의 증산에 관한 건은 8일의 분과회에 상당한 물의를 일으켰는데 즉 전국의 식량 자치의 한 방책으로서 아직도 증산의 여지가 상당히 큰 것, 대륙과 내지와의 중심에 개재한 지리적 호조건에 비춰 보아 조선에서도 속히 종래의 산미증식계획의 실시의 필요가 있는 것, 단 현재의 촉급한 요구에 적응키 위하여 수도 경종법은 근본적으로 개정하여 급속한 증식의 실을 거두는 것이 필요하고 다른 한편 지도력을 충실 강화하여 각지에 적응하는 경종법을 확립할 것과 미리 노동력(축력을 포함) 및 관개수의 배급 계획을 확충시켜 조정함과 동시에 지력의 유지 증진의 방책을 강구하여 지주와의 협력을 촉진할 것 등이 문제되어 있는데

▲ 아리가(有賀) 위원 : 인구의 증가의 현황에 비춰 보아 단순히 요성법[72]의 개량에 그치지 않고 전년의 증식계획의 부활의 필요가 없을까.

▲ 현준호 위원도 산미증식계획의 부활에 대한 희망을 진술

이에 대하여 농림성 오하마(小濱) 농림국장은 미의 문제는 내지, 조선, 대만 및 만주를 통틀

---

70 가을에 곡식이 익어 논의 물을 빼는 시기.

71 비료의 유실을 방지하는 것.

72 품종, 비료 등을 개량하는 것.

어 수급 상태를 재검토하여 근본적 대책을 고려할 필요가 있다. 장래에 대한 충분한 부족의 징조를 보기 전에는 적극적 증산책은 미가 유지상 상당히 고려를 요한다고 대답하였고

▲ 미쓰이(三井) 위원 : 기후의 지배를 받는 일이 극히 큰 미에 대하여는 흉작년의 대책도 신중히 고려하여 내정을 변경하여서라도 증산계획을 부활시킬 필요가 있다.

다른 위원도 대개 동일한 의견을 진술하고 끝마치었다.

〈자료 129〉 조선미증산계획 좌절, 예산 80만 원을 반삭(半削)코 현재 생산 확보에만 치중(동아일보, 1939.01.07, 8면 3단)

조선의 산미증식계획은 전시 식량문제에 있어서 그 의의가 중대하여 총독부에서는 그 예산 80만 원을 요구하게 되었는데 이 예산도 사실에 있어서는 최소한도라 하겠는데 여기서 또 삭감한다는 설이 있어서 총독부 미곡과장이 갑작스럽게 동상(東上)한 일이 있었으나 결국 예산 긴축의 바람에 반이 삭감되어 40만 원으로 결정되고 말았다. 그러므로 산미증식5개년 계획의 200만 석 증수 목표는 필경 좌절되게 되었으니 40만 원으로는 현재 상태 유지비에 불과함으로 이 예산의 목표는 증수가 아니라 현재 수량의 생산 확보에 공용된다는 것이다.

이에 대하여 총독 미곡과 당국자 이야기를 들으면 아래와 같다.

"현 시국에 있어서 조선미 증식은 장기전에 대비할 필요한 문제이나 예산 문제로 좌절되었으니 할 수 없는 일이고 또 현재 상태로는 생산 확보만 한다 하여도 아직 큰 문제 없을 것 같다. 물론 앞으로의 수요 격증을 예상된다면 증산을 하고야 말 것이다" 운운.

〈자료 130〉 토지개량사업 부활, 공유수면 매립 등 미간지 이용, 농림국의 응급대책 (동아일보, 1939.02.03, 2면 7단)

산미증식을 목적한 토지개량사업이 1934년(昭和 9) 이래 중지되어 오다가 다시 식량 등 생산력 확충이 대두되자 다시 이 토지개량사업의 부활 계속이 문제되는 중이나 신규 예산에는 실시되지 못하게 되었으므로 농림 당국에서는 응급대책으로 농업 목적의 공유수면 매립 등 미간지 이용에 대하여 다음과 같이 처리를 하기로 결정하였다.

농업의 목적을 위한 공유수면의 매립과 국유 민간 토지의 이용에 관한 출원 사무를 이 방침으로 처리키 위하여 20일부로 각 도 지사에게 통첩을 발했다.

1. 용수원 확실한 것이 아니면 조사하지 아니한다.
2. 국고 조성이 없고도 채산 가능하고 또 농촌진흥상 필요한 것에 대하여는 실경작 면적 200정보 정도를 한도로 하여 이를 인정할 것.
3. 토지개량 기본조사지구의 분할용은 가급적 이를 피하고 단지 이용상 지장이 없는 것에 한하여 전항의 예에 의할 것.
4. 제2항의 제한 면적을 초과하는 것에 대한 조사 검토는 특별한 사정이 없는 한 당분간 이를 보류할 것.

〈자료 131〉 조선미 증산 목표 결국 90만 석 정도, 추가예산이 통과된다 해도 120만 석 증산은 난망(동아일보, 1939.03.12, 8면 1단)

조선의 산미증식3개년계획은 200만 석 목표로 수립되었던 것인데 그 예산의 반감으로 생산 확보에 끝이고 말았던바 현재 미곡 정세로 보아 국내 소비 증가, 만지(滿支) 수출 격증 등으로 증산의 필요는 더욱 통감하게 되어 조선미 증산은 그 사명이 큰바 있다 하여 추가예산으로 증산계획을 부활케 되어 금번 의회에서도 의견이 일치된 모양으로 추가예산으로 50만 석을 증산하는 동시에 반감된 40만 원으로는 기정 계획년 70만 석을 증산하라는 주장이 강경하여져서 합 120만 석을 증산하라는 것이라는바 추가예산으로 50만 석 증산은 아직 그 액수가 발표되지 않았으므로 그것은 방금 농림국장, 미곡계 호소미(細見) 사무관, 이토(伊東) 기사 등이 도쿄에 체재 절충 중이라 그 결과를 보지 않으면 알 수 없으나 기정 계획 금년 70만 석 증산은 이 40만 원으로 도저히 불가능하다고 총독부에서는 일대 문제시하고 있어서 이에는 적지 않은 알력이 있을 것으로 보이고 있으며 50만 석 추가예산이 근근 된다 해도 미작은 기후, 기타 자연적 사건에 좌우되는 만큼 90만 석 내지 100만 석 이상은 증산될 수 없다고 한다.

〈자료 132〉 조선미 증산 시설 구체적 내용 결정, 종자 개신(改新) 등 3항 실천(동아일보, 1939.03.31, 4면 1단)

제국의 주요 식량인 미곡의 수급 현상을 보면 군수 및 국민 소비의 증가 등으로 반드시 낙관을 허할 수는 없을 뿐 아니다. 장기전을 예상한다면 이에 증산을 계획하는 것은 가장 시급한 급무로 사료됨으로 이전 1939년(昭和 14)의 시설로 국비 40만 원에 도비, 농회비, 수리조합비 등을 더해서 미곡 생산 유지의 시설을 행하기로 되었다.

즉 본 시설은 감손 방지로서 당연 있어야 할 것이었는데 타 사정하에 잃었던 것을 방지하고자 하는 것이다. 그 주된 점은

제1. 수도 종자 갱신의 강화 철저

제2. 병충해의 방제 시설

제3. 이의 지도를 위한 군농회 직원의 증치의 세 가지다.

그러나 최근의 핍박한 미곡 사정은 이러한 소극적 미봉책으로써는 제국 식량 보전을 기할 수 없고 적극적 증산의 필요가 각 방면으로 떠들썩하게 되며 중앙 정부에서는 국책으로 내외지(內外地)를 통틀어 급속히 대량 증산을 꾀하기로 되어 국비 80만 원의 경비 추가를 계상해서 나아가 미곡의 적극적 증산 시설을 실시하기로 되었다.

이 미곡 증산 시설은

제1. 지도망의 확충 강화를 도모하기 위하여 인적 요소의 확충으로 도농회 직원의 신설 및 읍면에 있어서의 임시지도원의 신설.

제2. 기설 지도 직원의 활동을 촉진키 위한 여비 증액 배부.

제3. 도작 적기 작업의 장려 철저를 기하기 위하여 부락에 있어서의 전습회의 개최.

제4. 비료의 증산, 증시를 장려하기 위한 자급비료 증산 품평회의 개최 및 금비 수당.

제5. 이상의 시설 철저를 기하는 일 방책으로 미곡 증산 품평회의 개최.

즉 전술한 생산 유지 시설 및 본 시설의 실시에 의하여 1939년(昭和 14)에는 120만 석의 증산을 꾀하기로 된 터이다.

〈자료 133〉 조선미증식에 대처 비료 배급 계획 결정, 배급은 농회, 금조(金組) 양편으로 알선, 소요자(所要資) 600만 원 융통(동아일보, 1939.04.21, 8면 1단)

1939년도(昭和 14) 산미 120만 석 증산계획에 따른 비료의 증시는 주로 자급비료의 증산을 목표로 하고 있는데 이의 부족분은 판매비료로써 보급하기로 되었고 농림국서는 위 비료 배급 계획을 아래와 같이 결정하였다.

1. 소요자금의 융통

산미증식에 요하는 판매비료는 약 600만 원으로 추정됨으로 이의 구입자에 대하여 농사개량 저리자금을 융통하기로 하고 농회 및 금조로 하여금 그 구입을 알선시킴.

2. 비료의 배급

위 600만 원 중 약 400만 원은 농회 계통에서 다음의 조선 조합비료를, 또 약 200만 원은 주로 유인안을 금조 계통으로 알선시킴.

가. 조선질소(조선질소비료회사) 제 조합비료 : 조합비료 인안 1호 2만 톤, 동 2호 1만 톤.

나. 위의 함유 성분(1입(叺) 10관 중) 조합비료 인안 1호 질소 19%, 인산 15%, 동 질소 19.2%, 인산 9%.

다. 판매 가격 : 조선비료판매가격취체규칙에 의하여 지정된 유안과 동일한 수탁 장소 및 취인 조건으로 인안 1호, 동 2호를 모두 정미(正味)[73] 10관 입으로 5원으로 함.

3. 구입 신청도 4월 말까지 조선농회 또는 금조 연합회에 반드시 도착할 것.

〈자료 134〉 사설: 농가경제와 비료 가격(조선일보, 1939.05.04, 1면 1단)

2. 농가의 영농비 중 주요한 것의 하나는 비료 비용이다. 이 점은 1937년도(昭和 12)에 각종 판매비료 소비고가 7,420여 만 원의 거액에 달한 것만 보아도 알 수 있는 바다. 뿐만 아니라 사변하에 농산 확충이 절대로 필요하고 따라서 산미증식계획도 수립을 보았는데 이 산미증식에는 비료 사용량의 증가를 필수조건으로 되지 아니할 수가 없고 수요 증가의 비료에 대한 가격 문제도 또한 큰 주의를 요할 바이다. 당국에서는 지난 3월 10일 비료 가격의 부당 인

73 포장을 제외한 무게 정량.

상을 억제하려고 조선비료판매가격취체규칙(朝鮮肥料販賣價格取締規則)을 발포한 바도 있었지만 춘경기에 들자 비료 사용량의 증가가 시현되고 따라서 가격을 1대에 2 내지 10전의 인상을 허용하기로 된 모양이다. 요컨대 농촌경제는 도시경제에 비하여 저하의 지위에 서 있는데 비료, 기타 영농비의 증가와 생활필수품 가격의 고등은 실로 우려될 결과를 초래할 위험성이 있다고 아니할 수가 없다. 이 점은 일반 농가는 물론 당국에서도 일고선처(一考善處)하지 아니하면 아니 될 것이다.

② 1939년 대가뭄 발생과 식량문제 대두

〈자료 135〉 사설: 한발과 대책(동아일보, 1939.06.03, 1면 1단)

1. 작금 불순한 기후는 전 조선으로 한발의 소동을 일으키고 있다. 아직 이앙기가 아니므로 미작에 대해가 없다 하겠으나 지방에 따라서는 묘대가 고갈하며 병충해까지 아울러 발생하여 묘 생육에 영향이 적지 않고, 모맥류(牟麥類)는 성숙한다는 것보다도 그저 말라서 시드는 형편이어서 농가의 우려는 자못 심각한 바 있다. 묘대의 고갈은 묘의 부족을 초래할 것은 물론 그 발아, 성장이 불충분한 묘종은 후일에 도열병 등 각종 병충해를 유도하기 쉽다. 이에 대하여는 농림 당국에서도 이미 그 대책을 통첩한 바 있어서 묘대 관리, 시비, 대파(代播) 등의 독려 사항을 지시한 모양이다. 그러므로 우리는 이만한 정도의 한발은 능히 인위적으로 극복할 수 있으리라고 믿거니와 원래 한해가 다른 어느 재해보다도 비교적 만성적이면서도 오히려 실해(實害)가 많은 것을 지적하여 현재의 피해 범위가 더 확대되지 않도록 만전의 대책이 실시되기를 재촉하는 것이다.

2. 조선에는 각종 재해가 연중행사 격으로 순방한다. 근대 문명 시설로 인한 교통화 등을 제외하고 자연적 재해만을 들어도 홍수화를 비롯하여 풍재, 충재, 서리·우박, 화재 등 종별이 많다. 이것은 조선의 독특한 지세와 기상에 관계되는 원인이 크다 하지마는 근세에 와서 치산치수의 행정이 그 의를 얻지 못하였기 때문에 한번 발생한 재해를 방제하지 못하고 도리어 그 만연을 관망하는 수밖에 없어서 사람과 가축의 사상과 농작의 피해는 실로 숫자적 추단(推斷)을 불허하는 터이다. 그러므로 농절이 가까운 이때에 한발을 우려하게 되는 것이 항다반사(恒茶飯事)에 속할지라도 모른다. 그런데 우리가 주의하지 않으면 안 될 것은 이상(以上)

재해가 가장 큰 위협이 된다는 것이다. 첫째 한재는 시간상으로 지리하고 둘째로는 피해 면적이 광대하며 셋째로 그 정도가 심각하여 재해 이후 대책이 극히 어렵다. 수해 등 기타 재해는 급격하기는 하되 그 미치는 바 지역과 기간이 아주 좁고 짧다. 그러기 때문에 홍수가 나면 풍년이 오고 한발이 있으면 기근이 온다는 것은 조선 재해의 성격을 그대로 말하는 경험방(經驗方)이다.

3. 혹은 말하리라. 묘대와 모맥의 고사쯤으로 한소(旱騷)를 말할 때가 아니라고… 이것은 역시 한재의 특성을 인식치 못하는 까닭이다. 한재가 앞에서 서술한 특성을 가졌기 때문에 그 본성을 발로하고 만 때는 정말 아무 대책이 있을 수 없게 된다. 현재의 한재를 우리가 중대시하는 이유로 또 두 가지가 있다. 첫째 무슨 생물에 있어서고 다 그러지마는 농작물도 먼저 종자의 우성(優性)을 요구하는 것이오. 다음으로는 농작은 다른 산업과 달라서 절대로 계절적 산업이 되는 만치 파종에 실시를 하면 일년사가 헛되게 된다. 그러므로 이 한절(旱節)을 당하여 어떻게 하면 우량한 묘종을 육성시켜 가고 또 파종에 실기를 하지 않을까 하는 것이 당면한 타개책이다. 더구나 금년은 120만 석의 미곡 증산계획이 실시되고 시국은 점점 식량의 확보를 요구하므로 재해 방지는 일단 긴요한 바 있으니 농림 당국은 모름지기 먼저 농민들을 안정시켜 기우 등으로 소동하는 일이 없게 하고 대책의 실시에 당하여는 과학적 지식과 방법을 응용하기에 총동원하여 만일의 빈틈이 없게 하기를 바라는 바이다.

〈자료 136〉 결정된 한해 대책 요강, 대책위원회 설치, 정무총감이 위원장 취임·각 위원도 임명, 금월 중 불우(不雨) 시에 대처, 묘를 평균 분배·대작(代作) 종자 도에서 알선, 대작 종자 운임을 5할 인하, 대작 못하면 부업 장려

(동아일보, 1939.07.22, 2면 1단)

총독부에서는 금년의 한해 대책으로써 그 근본 방침과 실시 사항을 실현하기 위하여 임시재해대책위원회를 설치하기로 결정하고 21일 아래와 같이 당국 담화를 발표하였다.

(중략)

(1) 지방에 따라서 모가 부족한 곳도 있고 남는 곳도 있으므로 이의 균분 배급을 도모할 것

(2) 이앙의 가능성이 없는 지방에는 대작을 하게 하되 현재 농민의 경제 상태로는 대작 종자를 구입할 여유가 없으므로 각 도에서 이의 알선을 해줄 것

(3) 될 수 있는 대로 각 도에서 자급을 하도록 하되 만일 부족이 있을 때에는 총독부에서 북조선 각지에 통지하여 메밀과 조를 구입하는데 그 운임은 5할을 인하할 것

등으로 제반 준비가 되어 있으며 대작도 못하게 된 지방에는 사방 공사, 부업 장려 등으로 구제할 준비까지 되어 있다.

이 임시재해대책위원회는 오노(大野) 정무총감을 회장으로 하고 총독부 각 국장 외 마츠자와(松澤) 외사부장, 니시오카(西岡) 심의실 수석사무관을 위원으로 하고 총독부 각 과장을 간사로 11일에 임명되었다.

〈자료 137〉 사설: 한해 대책의 목표(동아일보, 1939.07.28, 1면 1단)

3. 그러면 재해 대책의 목표는 무엇일까. 그것은 더 말할 것도 없이 항구적 대책이 아니면 안 될 것이다. 금년과 같은 한재의 경우에 있어서도 응급책보다는 항구책이 요구된다. 더욱이 한재는 다른 재해와 성격이 달라서 피해가 심각하고 만성적이기 때문에 일시의 응급 구제만으로는 복구를 할 수 없다. 아무리 농작물을 고사시키는 한발이라 해도 산야에 초목이 있는 만치 여름, 가을 사이에는 초근목피로 연명할 수 있는 일이오 또 반작 농사라 해도 추수기에는 그래도 약간의 수확이 있을 것이다. 그러나 한해의 피해를 가장 많이 받는 시기는 당장 당시의 일이 아니고 내년 봄 이후가 된다. 그것이 한 걸음 나아가서는 다음 해 농작에도 영향이 미친다. 그러니 적어도 이재민 구제를 말할 때는 내년 봄 이후까지를 고려하지 않으면 안 되고 구제 방법도 그때까지 적절한 것을 채택하여야 할 것이다.

4. 그리고 언제나 재해 대책이 요구되는 것이니 우리가 누누이 지적한 바와 같이 조선은 시기, 지역, 종류를 달리하고 바꿀 뿐이지 수해, 풍재, 박재(雹災), 한재 등이 연속된다. 매년 재해가 있는 것을 보고서 그때그때마다 응급대책을 준비한다는 것은 일종(一種) 재해를 반복하는 것과 같아서 그야말로 백년하청(百年河淸) 격이 되고 만다. 멀리 기록을 더듬어 보아도 백제 온조왕 시 이래 대소 재해가 많았으며 또 선조들이 그 각종 재해와 지긋지긋 싸워 왔다. 구제 시설에 있어서도 진휼청, 사환창 등 여러 가지가 있었다. 지나(支那)에 있어서 황하를 잘 다스리는 자가 제왕이라 하듯이 조선에서는 각종 행정의 중목(重目)이 재해 방지와 구제에 있었다 해도 틀림없다. 현 당국이 이 재해에 대한 방책과 시설을 미상불 특별 힘을 쓰는 것도 잘 아는 바이다. 그러나 좀 더 치산치수책의 강화, 각 부문에 걸친 사회 시설의 완비로써 재해를 예

방하고 재해 이후의 구제에 빈틈이 없게 하는 데 항상 목표를 두기를 바라는 바이다.

〈자료 138〉 한재 대책의 전면적 강화, 농경민의 이동을 방지, 축농산을 적극 보존, 소를 파는 것을 절대로 금지코 응급자금도 대부, 식량의 무상 배급책도 강구(동아일보, 1939.08.10, 2면 1단)

한재의 장기화에 따르는 당국과 일반의 이에 대한 관심과 대책은 구체화되고 확대되어 가고 있는 중이나 예년에서 보는 그런 국부적 문제나 일시적 문제보다도 전시하의 목적 관철에 있어서 지장을 제하고 속히 복구의 공작을 실현시켜야 되겠다는 목표 아래 지방과 중앙을 연하여 여러 가지 방책이 강구되고 있으나 상당한 물자와 거액의 재정을 요하는 위에 상당한 연월을 요구함으로 종래의 보던 그런 응급대책도 필요하겠지마는 그 위에 항구적 대책도 세우게 되었는데 임시대책위원회에 당해 관계 각 도에 한해대책위원회가 서고 각 군에서도 이 위원회가 서서 활동 중으로 중요 문제와 및 그 대책은 다음과 같다.

농촌의 생산력을 금후 확보시키기 위하여 첫째 노동 농민을 현지에 안착시켜야 되고 이 농업 노동력을 구성하는 소를 이동시키지 않아야 되고 그들의 가진 바 축산물과 농산품로 각지 보존해야 되는데 먹일 풀이 없고 다른 식량도 없으므로 또 선금에 몰리는 위에 현재 소를 살릴 필요도 없으므로 여기에 브로커의 반동도 있어서 한재지 각처에는 소값이 반절로 떨어져 가고 있는 중인데 이는 생산력 확충상 극히 중대한 문제가 되었으므로 당국에서는 각지의 사항을 조사하여 극력 소를 파는 일과 농민의 도시 집중을 방지하기에 주력하고 있는 중으로 이 한재로 하여 농촌에 비치는 바 그건 실수 없고 회복할 수 없는 결과를 전력을 들여서 방지하도록 하려는 것으로 이에 대하여는 여러 가지 방책이 고려되고 있고 소의 가격의 유지와 또 그 소의 이전을 방지하며 여기에 식량의 무상배급, 응급 자금의 대부분이 진행 중에 있는 대책이다.

〈자료 139〉 사설: 한재의 대책(2). 토목사업의 대규모적 진흥(조선일보, 1939.08.17, 1면 1단)

3. 이와 같이 하여서 집합된 거액의 사업비는 곧 이재민의 자력갱생을 돕고 또 국가 백년의 대계가 될 생산 사업으로 지불하는 방법을 강구하여야 할 것이다. 이런 의미에서 우리는 수한재의 발본색원이 되는 토목사업을 지적하고 싶은 것이다. 그래서 제1에는 낙동·섬진·

영산·금강·한강 등 본지, 대소 하천의 정리, 개수 공사를 진행하여야 할 것이다. 이것은 총독부에서 미리부터 계획, 입안된 것이 있을 터이므로 이때에 일제 기공하여 착수, 진행할 것이요, 둘째로는 토지개량사업 즉 경지의 정리 공사와 산미증식계획의 부활로 간척지의 매립과 지목변환 등 공사를 진행하고, 제3에는 기왕에 설계 미착수가 되었던 수리조합의 설치로 토목사업을 진흥할 것이요, 제4로는 철도 연선 지대의 미착수분의 독산(禿山)과 및 오지 독산의 사방공사를 급속 진행하도록 하여야 할 것이다.

〈자료 140〉 한해 극복에 총동원, 당국의 항구적 대책 달성(동아일보, 1939.09.01, 2면 1단)

미증유의 한재에 대하여 관민 일치의 난관 돌파와 구빈 운동이 이미 일부 개시되어 본격적 활동이 가로 놓여 있거니와 이 한재를 극복함에 있어서는 여러 가지 문제가 놓여 있고 이에 대하여 이미 당국자로서는 대책을 수립하였고 또 이미 조사하여 수립 중에 것도 있는데 원래 이번의 한재로 하여금 전화위복이 되게 하기 위하여 응급 대책이면서도 동시에 영구 대책이 되게 하기 위하여 만일의 경우에 금후 이와 같은 재변이 있더라도 이와 같은 재난이 되지 않도록 대책을 강구하고 있음은 누보와 같은데 이미 각종 대책 이외에 현재 일어나는 문제와 당국의 방침은 다음과 같다.

소작, 비료, 구채 문제로 7개도 지주 대회 개최, 7월 10일 전후를 택해서.

이번 재난에 있어서 당 극한 농민의 자력갱생과 한해 극복의 용기는 더욱더 권장할 일이지마는 이 일에 당하여 제1선을 독려하여 공동 협력으로 난관을 돌파할 자는 소위 지주 계급에 부과된 책임의 하나이므로 각 지방별로 이미 지주들을 회합시켜서 여러 가지로 협력을 구했고 또 소작료 감액 등에 대하여 이미 당국의 통첩한 데도 있지마는 이제 전면적 대책에 협력을 구하기 위하여 조선농회의 알선하에 한재지 7개 도에 토지를 가진 지주대회를 개최하기로 방침을 결정하고 이미 그 참석을 종용하는 통지를 발송하였다. 기일은 9월 10일 전후가 될 것으로 소작 문제, 비료 문제, 구채 정리, 농경지 문제 등을 중심으로 당국자가 협력하여 소작 농민으로 더불어 이 난관 돌파의 대평쟁을 하기로 되었는데 이 대회에는 이혼비, 미곡 식량문제도 상정되어서 적극적으로 지주 계급의 협력을 하기로 되었다.

③ 조선증미계획 실시 – 토지개량사업의 부활

〈자료 141〉 사설: 토지개량사업의 부활설(조선일보, 1939.07.05, 1면 1단)

3. 그러므로 조선에서는 토지개량사업과 같은 적극적인 산미증식책을 확립하여 시대의 필요에 응하지 않으면 안 된다. 금년에도 120만 석의 증산계획을 수립하고 이것을 단순히 비료 배급, 기타 기술적 원조로서 수행코자 하지만 이 계획이 그 적극적 방책이 아님은 당국에서도 인정하는 바일 것이다. 어느 편으로 보든지 조선에 토지개량사업이 부활되는 것은 시의를 얻은 사업임에 틀림없으나 다만 한 가지 이 사업계획을 수행함에 있어 주의할 점은 농민의 과중한 부담이다. 이 점에 대하여는 몇 해 전부터 각처에서 생긴 수조 사건을 상기하면 족할 것이다. 기술 문제라 함부로 시비를 말하기 어렵지만 이 사업 수행에 있어서 가장 긴요한 일은 농민 부담의 경감만이 문제로 남을 것이다.

〈자료 142〉 사설: 토지사업 부활 긴급(동아일보, 1939.08.03, 1면 1단)

1. 조선의 농경지 면적은 전토의 2할 3분인 500만 정보를 가지고 있어서 연산액이 15억 6,000여 만 원에 달하고 있다. 이 중에 300만 정보는 전작이고 170여 만 정보는 수도작이어서 그 산액은 반반으로 개산할 수 있으니 미작이 농업의 대종이고 중심이라는 것은 불언자명(不言自明)한 사실이거니와 이 수도 경작면적 중에는 소위 천수답이라는 것이 약 85만 정보에 달하여 전 수도답의 5할을 점령하고 있어서 한수해에 민감되고 있으며 전작 300만 정보라는 것은 필요에 응하여 어떤 작물이 증산되는 반면에는 타 작물은 면적 감소, 생산 격감을 초래하여 항시 마찰을 면치 못하고 있다. 금년의 예로만 보아도 천수답은 전부 이앙이 못 되었고 작년부터 시국 관계로 마류와 면작 등 경작면적이 증가됨을 따라서 속, 두류, 맥류 등의 생산이 현저히 감소되어 공급 부족을 보게 하니 이러고야 농업에 대한 안정성이 있다고 할 수 없고 경지의 융통성이 있다고도 할 수 없는 것이다.

2. 조선의 토지개량사업이라는 것은 수리조합 189개소 설치, 몽리면적 22만 정보를 한도로 하고 사업은 중지되고 있어서 현재에는 현상 유지로 침체되어 있는데 수리조합 몽리 구역의 단당 수확량을 보면 3석 9두 5승으로서 보통답 1석 6두 7승에 비하여 2석 3두의 현격한 증수를 보이고 있다. 현재 몽리면적 22만 정보를 전 수도 면적의 6할인 100만 정보로 확대시킨다면 적어도 1,400여 만 석은 증수할 수 있다는 숫자가 나오는 것을 볼 수 있으며 또 간석, 강가와 산록 경사지 같은 것으로 가경할 국유 미간지를 적극적으로 대부, 부여하여 개간 이

용한다면 개측에 의하여 약 100만 정보는 상당한 전답지로 이용할 수 있다니 미작에 1,000만 석 증수가 확보되고 전작에 100만 정보의 여유가 있을진대 자연의 재해에 탄력이 있을 것은 물론이오 응급 증산, 전작(轉作)에도 신축성이 있을 것은 말할 것도 없는 일이 아닌가?

3. 농경지 500만 정보가 광대한 면적은 아닌 것은 아니로되 전토의 5할인 1,000여만 정보의 광구(鑛區)에 비하면 반에 불과하고 2,350만 석의 미작을 자랑하고 있으나 전 인구에 비하여 1인당 1석도 못 된 데다가 내지로 1,000만 석 가까이 이출되고 만주, 북지(北支)로 전에 못 보든 대량 수출이 있는 것을 참작하여 생각컨대 조선의 농업은 결코 자제적, 소극 정책에만 구애될 시대는 아니다. 조선미는 벌써 세계시장에 출회되고 있고 기타 여러 가지 농작물과 또는 그것을 원료로 한 각종 제품이 국제무대에 차차 진출을 보이고 있지 않은가? 자급을 원칙으로 하고 생산이 그 경계를 지나면 곧 생산과잉이 되어 가격이 폭락되고 농촌이 희생되어 경제 동요, 사회 불안을 야기했던 옛 시대와는 다르다. 식량에 곤란을 본 적이 없고 또 때가 전시라 군수품 생산과 산금 계획이 우선권을 가질 것은 사실이로되 식량에 조금이라도 부족할 염려가 있으리라고 가정해 본다면 다른 물자와 달라서 융통할 길이 묘연할 뿐 아니라 생산에는 장구한 시일이 필요하다는 것은 생각해야 할지니 내년도 예산 사정기를 앞두고 토지 개량사업에 대한 요구 예산만은 충분한 참작이 있어서 전시 식량 해결책의 근간을 세워 농경지 확충, 산미증식 등 영업의 합리화를 철저히 하여 농업국으로서의 면목을 일신케 하는 동시에 전시 식량 공급의 중대 사명을 완전히 수행할 수 있도록 하는 것이 현재 긴급한 일의 하나로 되어 있는 것이다.

〈자료 143〉 일전(一轉) 대규모 계획화, 유무라(湯村) 농림국장 담(동아일보, 1939.10.11, 8면 1단)

총독, 척상 회담에 의한 7개년 500만 석 증미계획에 대한 유무라(湯村) 농림국장은 아래와 같이 말하였다.

"금회 척상, 총독 회담의 결과 농림국안의 5개년 300만 석 증식계획은 상당히 대규모의 것으로 변경하게 되었으므로 다시 농림성과도 타협을 이룰 필요가 있으므로 혹은 근근 동상(東上)하게 될 것이다.

산미 국책상 조선의 중요 위치가 점차 중앙으로 인식되기에 이른 것은 기쁘지 않을 수 없다. 이번 증미계획에 있어서의 사무적 자재의 입수도 척상의 열의 있는 알선에 따라 순조로갈 것이라 확신된다. 조선 산미계획은 증식의 경계에서 비약하여 증미의 시대로 왔다고 생각된다."

〈자료 144〉 토개사업도 부활! 총독, 구체 입안을 명령(동아일보, 1939.10.11, 8면 1단)

이에 미나미(南) 총독은 즉시 사무당국에 신정세에 대응한 신미곡증산계획의 입안을 명했으므로 현재 농림국은 임시미곡증산계획을 근본적으로 재검토하여 조선증미계획안을 확립키로 하고 현재 입안을 급히 하고 있는바 조선증미계획안과의 차이점은 이와 같다.

1. 임시미곡증산안은 5개년 300만 석의 증산계획에 대하여 신계획은 7년계획 500만 석 정도로 확장.
2. 소규모의 토지개량사업에 병행하여 대규모의 토지개량도 적극적으로 진행.

즉 임시미곡증산계획이 전시에 대응한 임시적으로 또 응급 계획이었음에 대하여 금회 산미계획은 제국 식량 해결을 이상으로 하는 근본적 또 항구 대책이다. 이에 따라 계획 중인 소화수리, 기타 대규모의 수리조합도 속속 인가될 터이고 여기에 일시 중절의 상태이던 조선미증식계획은 재차 부활되어 거보(巨步)로써 대증산에 매진키로 되었다.

〈자료 145〉 토개와 농사개량의 병진주의로 매진, 조선미 500만 석 증미계획안 금후, 농성과 절충 개시(동아일보, 1939.10.14, 8면 1단)

조선미증식계획은 기보한 바와 같이 증미계획으로의 비약을 보게 되어 5개년 300만 석에서 7개년 500만 석으로 확장키로 총독과 가네미츠(金光) 척상과의 사이에 의견 일치를 보았는데 그 뒤 총독부에서는 이에 대한 구체적 계획 내용은 급속히 결정하여 이미 성안을 얻어서 앞으로 농림성과의 절충이 끝나기까지는 공표치 않을 것이어서 명확치 않으나 대체로 700만 석 증미계획의 골자는 일찍이 산미증식계획에 포함되었던 소위 불성립 수리조합 5만 9,000정보 중 설계를 완료한 것은 전면적인 부활을 단행하여 토지개량사업의 적극화와 농사개량사업의 확충 등의 병진주의로써 임해서 소기 목적 달성에 매진할 것으로 보여지고 있다.

〈자료 146〉 금비에서 자비주의(自肥主意)로, 퇴비, 녹비 다산 다용, 자비는 3대 요소 풍재(豊在), 수입도 증진, 내년도 비료정책 강화(동아일보, 1939.11.07, 8면 1단)

한발의 피해로 금년 농작물이 감수되었을 뿐 아니라 내년도의 수입, 지출에 심대한 지장을 초래할 것이므로 상당히 신중 고려하여 비료 사용에 주의하지 않으면 아니 되게 되었다. 매년 금비주의(金肥主意)로 나오던 농가에서는 말할 수 없는 고통이 있는 것임에 반하여 자급비료주의로 영위하던 사람은 조금도 염려가 없게 되어 총독부 농림국에서 종래로 자급비료를 장려해 오던 터이나 내년부터는 특별한 방법으로 지도 장려하기로 방법을 강화할 터라 한다.

그러면 자급비료주의로 나가는 것이 안전하다는 것은 어디가 의의가 있는가를 살펴보자. 자급비료는 농가에 있는 것을 농민 자신의 손으로 만드는 것이므로 금전이 아니 든다. 그러나 이것을 사용하여 얻은 수입은 전부 순이익이다. 다시 말하면 자급비료는 돈을 쓰지 않는 비료일 뿐 아니라 돈을 낳는 비료이다.

그뿐 아니라 자급비료는 질소, 인산, 가리의 3요소 외에 여러 가지 양분을 함유하고 있다. 최근에 와서는 3요소 이외의 양분도 심히 중요하여 그중에 하나만 결여되어도 생육이 불충분할 뿐 아니라 수확이 적고 병이 발생하는 등 사실이 판명되었다. 또는 3요소의 비효를 충분히 발휘하기 위해서도 이 퇴비, 녹비와 같은 유기질 비료를 충분히 사용하는 것이 최선의 방법으로 인증하게 되었다. 그래서 총독부에서 강력적으로 자비를 사용하도록 장려하겠지마는 일반 농가에서는 자진하여 자비 생산 사용에 주력하기를 바란다고 한다.

〈자료 147〉 사설: 증미계획의 실현(동아일보, 1940.01.11, 1면 1단)

2. 이제 그 계획의 내용을 보건대 완성 기간은 10개년으로 하고 경종법 개선에 약 511만 석, 토지개량사업에 약 169만 석, 합계 680만 석을 증산하되 그 방법에 있어서는 지도력 충실 정비, 지대별 경종 방법 장려, 다수확 우량품종 육성 및 암거수(暗渠水) 조사 연구, 판매비료 배급의 적정 및 합리적 시용 철저, 지력 유지 증진을 위한 심경 및 추경의 실시 및 자비의 증산 증시 장려, 노동력 및 관개수의 배급망 정비 확립, 적기 작업의 장려, 부락 공동 작업 실시 장려, 증산 품평회 개최, 지주와의 협력 등의 경종법 개선이 있고 토지개량사업으로는 개간, 개

척, 지목변경 등에 중점을 두는 것이 아니라 기성답의 관개 개선에 주력을 경주하여 약 16만 3,000정보에 시행하되 대지구 사업은 총독부에서 실시하고 소지구 사업은 도에서 실시하여 시설에 국고보조가 있고 기술적 조성이 있게 되었으니 여기서 주목되는 것은 과거의 토지개량사업 중점에서 토개, 경종 개량의 병행으로 전환한 것이라 하겠다.

3. 원래 토개사업이란 물자가 과다하게 수용되고 시일이 많이 걸리는 것이니만치 경종 개량에도 주력하겠다는 것은 의당한 일이라 하겠으나 이에 의하여 증산 총량의 거진 8할을 기대한다는 것은 실제에 있어서 어려운 바가 있다 하겠으니 비료 적시, 종자 갱신, 병충해 방제, 적기 수확 등등의 경종법 개선은 종래로 장려해 오든 결과에 의하여 드러난 실적이 별로 없고 토개사업에 의하여 수리의 완비를 본 구역에는 시설비 과다와 농민 부담 과중의 폐단은 있으되 수확 실적에 있어서는 현저한 증수를 보았음은 과거 증미계획의 실적이 증명해 주는 것이다.

그러거늘 그 예산 개요를 보아도 경종법 개량 관계 예산과 인건비를 합하고 보면 약 340여만 원으로 총예산의 4할 8분을 점령하고 있고 실질적 공사비와 또는 장려 보조금 같은 것이 비교적 적은 감이 없지 않으니 이 대계획에 있어서 먼저 민도를 향상시키고 농법을 개선해야 한다는 것은 재언할 필요도 없거니와 이의 기한부 급시(急施)가 곤란한 정도는 토개사업의 실효가 시급히 기대할 수 없다는 정도에 지나지 않을 것을 생각할 때에 계몽적 사업은 언제나 꾸준히 진행하고 증미를 목표하는 사업으로서는 무엇보다도 수리시설의 완비가 없어서는 아니 될 것이다. 조선과 같이 강우가 부족한 농업지에는 물이 절대성을 가지고 있는 것이니 대규모 수조 같은 것이야 급시가 곤란하지만 소규모로 적소에 증설하고 공동 저수시설을 장려하여 상당한 보조를 급여하는 등 수리 관개 충실에 만전을 기하는 동시에 기타 장려에 조성금이 적당히 살포되고 경종 개선의 지도도 순조로 진행되어야만 그 목표를 완전히 달성할 수 있을 것이다.

〈자료 148〉 사설: 증미계획과 기술자 부족(조선일보, 1940.01.19, 1면 1단)

2. 더욱이나 금번 증미계획 실시에 있어서는 산미증식계획 당시의 토지개량사업 실적에 비추어 200정보 이상의 대지구 사업은 총독부가 직접 측량, 설계를 하고 소규모 사업도 각 도에서 측량, 설계는 물론 공사 감독까지 실시하기로 된 만큼, 기술직원 정비 여하는 증미계획

성적에 다대한 영향을 미칠 것으로 예상 이상의 호성적을 얻으려면 먼저 우수한 기술 부대를 획득하여야 할 것이다. 1940년도(昭和 15)에 사업을 실시키로 된 면적 16만 3,000정보에 필요한 기술자만 하여도 약 600명으로 그중 군면 기수를 제한 도 기수 이상만도 180명이 필요한데, 현재의 인적 자원으로는 고급 기술자는 물론이고 군면 기수도 정비할 예상이 서지 않아 그 응급대책으로서 총독부에서는 우선 1940년도(昭和 15)부터 경기농업학교(京畿農業學校)에 간이농업토목과(簡易農業土木科)를 신설하여 1년간 단기강습을 시켜서 토지개량사업의 제일선 기술자로 채용하기로 결정하는 한편 수원농업에도 간이농업토목과를 신설시키고자 경기도로 하여금 조사시키는 중으로서 저급 기술자는 이 같은 방법으로 보충할 계획이나 고급 기술자는 도저히 단기간에 양성할 방도도 없고 또 내지 방면에서 초빙할 길도 막연하여 닥쳐오는 사업 기기를 앞두고 증미계획은 고급 기술자의 빈곤으로 적지 않은 불안을 느끼고 있는 현상이라 하니 이 어찌 일모도원(日暮途遠)을 한탄할 일이 아니랴.

3. 기술자의 부족 문제는 비단 금번 증미계획 실시에 처음 나온 문제가 아니다. 산금계획(産金計劃) 진행에도 그렇고 경중공업 유치에도 그렇다. 어느 부문을 물론하고 조금만 규모가 큰 사업을 진행하려면 언제든지 기술자 부족을 느끼는 것이 조선의 현상이다. 이와 가치 모든 부문에 걸쳐 기술자 부족을 운위하고서 어떻게 공업 조선을, 산업 조선을 형성, 발전시킬 수 있으랴! 고래로 농업을 위주로 하여 온 조선에서 증미계획 실시를 앞두고 기술자 부족을 느끼게 되다니, 이러고도 농업 조선을 운위할 수 있을까. 조선에는 너무나 고급 기술자 양성기관이 적다. 인구의 8할이 농민인데 그곳에 고등농업학교가 겨우 한 개밖에 없지 않은가. 기술자의 부족 원인은 이곳에 있는 것이다. 당국은 기술자 부족을 운위하기 전에 모름지기 먼저 그 원인을 구명하여 필요한 때에는 어느 때이고 유용하게 쓸 수 있는 기술자를 양성할 기관 정비 확충에 주력하여야 할 것이다. 과거는 여하튼 현금 조선은 광업으로, 공업으로, 각종 산업으로 수많은 각종 고급 기술자를 필요로 하게 되었다. 지금부터도 늦지 않으니 장래의 필요를 위하여 고급 기술자 양성기관 확충에 더욱 한층 유의해 주기를 간절히 바라는 바이다.

〈자료 149〉 조선증미계획 타진(3). 부활계획 요강과 증산안의 빈약상. 장현칠(동아일보, 1940.01.20, 8면 1단)

이상이 금번 증미계획의 요강 골자라 하겠는데 그 증산 방법과 예산 내용은 다음에 검토하겠지마는 도대체 10개년간에 680만 석이라는 증산 목표부터가 계획 자체의 빈약성을 폭로하는 것이라 하겠다. 왜 그러냐 하면 단적으로 보아 이 계획의 1개년 증산은 평균 68만 석 가량밖에 아니 되게 되는 것으로 이만한 증수는 계획까지 수립할 필요가 있을까 하는 의아를 가지게 하는 것이니 최근 5개년간 조선 내 미 소비 추세만 보아도 1935년(昭和 10)에 800만 석, 1936년(昭和 11)에 854만 석, 1937년(昭和 12)에 1,240만 석, 1938년(昭和 13)에 1,578만 석, 1939년(昭和 14)에 1,764만 석으로서 최저 50만 석, 최고 200만 석의 소비 증가를 매년 언제나 보이고 있으며 생산에 있어서 보아도 14년도는 예외로 하고 1935년(昭和 10)부터 13년까지에 평균 100만 석 이상의 증수를 보이고 있으니 연 68만 석의 증수는 조선 내 소비 증가율에도 미치지 못하는 숫자여서 가만 두어도 이만한 정도의 증수는 볼 수 있는 미미한 숫자라 할 수 있을진대 이 계획의 실적 여부는 고사하고 그 계획 목표대로 해도 어찌 대국적 견지에서의 식량 확보를 기대할 수 있으리오!

급속히 효과를 거두어야 한다고 하면서도 소요예산은 겨우 700여 만 금(金)밖에 아니 되니 물가고, 기술자 구득난 시대에 이만한 목표도 그 실은 농림국의 영단이 아니면 볼 수 없는 것이라 하겠으매 "이것밖에 없으니 나 살려라" 하는 식으로 겁내던 조선미 증산에 이만한 예산을 통과시키고 기대는 턱없이 커서 덮어 놓고 보내라 보내라 큰소리 치게만 되었으니 물론 이것만의 증산이라도 단행해야 할 필요는 있지마는 이런 불완, 불비한 계획에 모순되고 비현실성의 부분이 많아서 그것의 실현이나마 이렇다 할 만한 실적을 내지 못할까가 실로 우려되는 바이다.

〈자료 150〉 조선증미계획 타진(4). 품종개량 실적과 최근의 체감 경향. 장현칠(동아일보, 1940.01.21, 8면 1단)

위 표에서 본 바와 같이 육우 132호는 재배를 장려한 지가 몇 해 되지 않은 것이니만치 예외로 하거니와 은방주를 제하고는 모두 작부 면적과 수확고가 체감하고 있는 것을 뚜렷이 볼 수 있으니 이것은 신품종인 풍옥(豊玉, 경기도 남부에서 경북, 전북), 서광(瑞光, 전북, 충남), 일진(日進, 경북), 영광(榮光, 전남, 경남) 등이 진출 확장하고 있는 것에 기인한 바도 있겠지마는 이 신품종은 1938년(昭和 13) 현재에 있어서 합계 겨우 137만 석에 작부면적은 13만 4,000정보에 불과한 것을 보면 품종개량의 실적은 포화 상태에서 냉각 과정에로 향하고 있는 것이 아닌가

하고 생각된다.

품종개량으로 조선미가 시장에 상품화하였고 따라서 상당한 증수를 본 것만은 사실이다. 그러나 품종개량은 지방적 선택을 요구함으로 재배 장려에 제한이 있게 되고 묘판부터 개선이 되어야 할 터이니 노력과 시일이 적지 아니 요구될 터라는 것을 예상할진대 단시일의 품종개량으로는 증수를 반드시 기할 수 없다 함을 알 수 있는 것이다.

종래에도 이 사업이 꾸준히 진행해 왔고 그것이 벌써 한 곱배를 넘게 되었거늘 새삼스럽게 종자 갱신이란 또다시 신품종을 개선한다는 말일지는 모르나 그것이 극히 어려운 바이요 서북조선 조도(早稻) 지대에 총독부 농사시험장 직영의 신품종 육성기관을 설치하고 동 지방에 급속히 적합한 다수계 우량품종을 육성하여 그것을 보급시킨다 하니 경지 개선에 박차를 가하고 증수에도 일조가 될 것은 사실이로되 그것이 곧 증산의 대상이 될 리는 없는 것일진대 종자 갱신에 의하여 증수를 기도함은 여러 가지 사실로 보아서 비현실적이 아닌가 생각되는 바이다.

〈자료 151〉 조선증미계획 타진(5). 경종법 개선으론 증산 기대 난망. 장현칠(동아일보, 1940.01.23, 8면 1단)

그러나 시국하에 있어서 금비, 자비 증산 증시는 기대하기가 곤란할 것이니 자비의 제2차 증산계획이 8억 9,000만 관을 목표로 1935년(昭和 10)부터 10개년간 진행 중에 있으며 금비에 대해서 외국 수입에 의뢰하던 것이 많았는데 사변과 구주대전에 결쳐서 수입 비료가 두절되었을 뿐 아니라 국내에서 제조하던 것도 자연 감산, 생산량 제한, 원료 전무 등 사실로 공급 부족을 초래하고 있다 함은 주지하는 바가 아닌가? 이번 증미계획으로 말미암아 비료 정책에도 대강화를 단행하여 1945년(昭和 20)에는 유기, 무기의 전 비료에서 질소분을 유안으로 환산하여 100만 톤, 인산분을 16도로 환산하여 70만 톤의 수급 추산을 수립하고 있는데 이것은 현재 행하고 있는 자급비료의 질소분 15만 톤, 인산분 5만 톤이 완성된 경우의 예상으로 현재의 유기, 무기 전 비료의 질소분 유안 60만 톤, 인산분 과인산 30만 톤에 비교하여 실로 질소분, 인산분 각각 40만 톤의 증산을 계획하고 있어서 결국 80만 톤의 대증산을 단행하여 증미계획에 지장이 없도록 한다는 것이다. 증미에는 증비가 선행하여야 한다고 할지나 증비가 된다고 그 비율로 증미가 반드시 되느냐 하는 것은 이에 한도가 있는 것이요, 금비 생산에 원료 수입난, 생산력 부족이 있고 자비 생산에도 작년과 같은 대한해는 예외로 하더라도 이의 장려에는 언제나 종자 배급, 지도 설비, 강습 강화 등의 제반 시설이 필요하게 되고 그에 대한 경비도 적지 않은 것이며 작부 면적에 대한 배정도 상당히 곤란한 바가 있는 것이므로 이는 농업의 경영상 영구 대책에 불과하고 현재 정세로는 증산은 고사하고 현상 유지도 극난한 처지이요 또는 다비 일관은 도리어 생산비 팽창, 병충해 증가의 양실(兩失)되는 부면을 고려한다면 증미계획에 빠질 수 없는 조건은 되겠지마는 이것으로 시급 기대는 할 수 없는 것이다.

다음으로는 병충해 구제 문제인데 조선에 과연 이 피해가 언제나 매년 많이 있는 것은 사실이다. 이제 최근 7개년간 미작 병충해 통계를 보면

1932년(昭和 7) 2,636,121원
1933년(昭和 8) 2,688,945원
1934년(昭和 9) 1,086,443원
1935년(昭和 10) 2,526,711원
1936년(昭和 11) 30,764,900원
1937년(昭和 12) 232,338원
평균 2,234,550원

으로 상당한 거액에 달하고 있는 것만은 사실이다. 그러나 1936년(昭和 11)은 특별히 많았지마는 평균 200만 원 내외라면 1년에 약 5, 6만 석가량이 피해 본 것으로 환산할 수 있는 것이다. 병충해 중에는 제일 많은 것이 도열병, 마록묘병(馬鹿苗病), 부진자(浮塵子), 명충(螟蟲) 등으로 매년 발생하게 되었으나 이에 대한 시설이란 완전히 0이라고 할 만치 빈약하여 소위 병리 곤충 전임 기술관이라는 것이 있어서 총독부 농사시험장에 기사 2명, 기수 5명이 있고 도 농사시험장에는 경북에 기수 1명, 황해도에 기수 1명이 있고, 기타 도에는 전혀 없으며 병충 등에 대한 국고보조라는 것은 1년에 4,800원밖에 아니 되니 거진 방치해 두었던 것이나 다름이 없었던 것이다.

그러므로 이 증미계획이 실시됨에 따라서 이의 방제도 철저히 한다는 것은 당연한 거사겠

으나 이것으로써 증미에 기대는 할 수 없으니 만전의 결과라야 5, 6만 석 확보일진대 조선 내미 소비의 1일분에 조금 여유가 있을 정도이요, 원래가 병충 등 구제에 등한하였기 때문이지 그것이 증산책의 큰 부분은 아닐 것이다.

끝으로 추심경, 적기 작업 등도 장려 필요가 있는 것이니 추경은 토양의 팽창과 축소, 풍화 작용으로 병해충을 멸살하고 양분을 증가하여 지력 증진에 효과가 있고 심경은 수분 양분의 흡수를 충분케 하여 생육을 촉진하며 적기 작업은 가령 남조선의 이앙은 6월 20일까지, 중조선은 6월 10일까지, 북조선은 5월 31일까지에 종료한다면 수확기에 있어서 단당 수확고를 증가시킬 뿐 아니라 도열병의 발생도 방지하는 관계가 있으므로 이의 장려는 필요한 것이다. 그래서 종래에도 시행해 온 것이나 이 증미계획에 당하여 여행의 철저를 기하는 것은 당연하겠으되 이것은 부수적, 부차적의 지엽 사항에 불과한 것이고 이것으로 특별한 증산책의 한 부분이라고 기대해서는 아니 될 것이다.

이상과 같이 품종개량, 시비 합리화, 병충해 구제, 추경, 심경, 적시 작업 등 경종법 개선으로는 시급 증미에 일조는 될지언정 그것이 곧 대계획, 큰 부분이라고 기대할 수는 없다 함은 약술한 바이거니와 금번의 계획에는 총 증미 수량 목표 680만 석 중 경종법 개선에 의뢰하는 것이 463만 석, 토개사업에 의뢰한 것이 약 120만 석으로 경종법 개선에 기대하는 목표 수량이 토개사업의 그것의 거진 4배나 되고 전 목표 수량의 6할 이상이 된다는 것은 아무리 해도 이해할 수 없는 바이다.

〈자료 152〉 조선증미계획 타진(7). 시행 가능 면적과 토개사업의 전도, 장현칠(동아일보, 1940.01.25, 8면 1단)

금번의 토개사업에 대하여는 기술한 바 있거니와 대체로 10개년간 시행면적 16만 3,000정보라는 것은 너무 소규모인 것이 지적되는 바이니 과거의 12개년간 35만 정보에 비하면 4할 6분에 불과하며 토개 시행면적 35만 정보에 472만 석 증수 즉 1정보당 13석 4두와 금번의 16만 3,000정보에 169만 석 증수 즉 1정보당 1석 3두 목표는 실로 3석 이상을 줄 쳐서 계산한 것이 확실할진대 증미를 경종 개선에 치중한다는 것은 별대 문제로 하고 시행면적 1정보당 증수 목표가 3석 이상의 차가 있게 된 것은 이해할 수 없는 점이라 하겠고 다시 이것을 토개사업의 1정보당 예산을 보면 과거에는 1정보당 812원 40전가량이 되었는데 금번에는 아직 10개년간 예산이 대략 1억 3,000만 원으로 추정될 뿐으로 그 구체적 내용은 알 수 없으나

15년도 예산의 비율로 보아 토개사업 예산이 전 예산의 6할 3분가량 점령한 비율로 따져보면 10개년간 약 8,109만 원으로 추산됨으로 결국 1정보당 예산은 524원 50전가량이어서 약 287원의 차가 있게 됨을 볼 수 있다.

이렇게 토개사업의 1정보당 예산부터가 심한 차이를 가지고 있느니 만치 과거의 그것과 동률의 증수를 기대할 수야 없겠지마는 1정보당 3석 이상이 차로서 계획을 세운 것은 의아되는 바 적지 않으니 이는 적극성과 정당성을 결여한 군색점(窘塞點)[74]이 명확히 보이는 것이라 하겠다.

그리고 토개 시행면적 16만 3,000정보라고 하되 그중에 신규 개답은 관개개선 면적 12만 7,000정보의 2할인 2만 5,000정보에 불과하고 기타는 모두 기성답의 정리 개선 및 암거배수에 해당한 것이며 과거의 토개사업에는 1년당 3만 정보 시행에 금번은 불과 1만 6,000정보인 것 등을 볼 때에 극히 소극적임은 틀림없는 사실이다. 그러나 이 시행 공사비 보조에 있어서는 과거에 공사비의 2할 정도 보조에 대하여 금번에는 그 보조율을 높이어서 관개개선과 소규모 사업에 5할 이내, 소용(小用) 배수시설에 3할 이내로 결정한 것과 또는 과거 계획 당시에는 당국은 단지 지도 및 감독에 당하고 측량, 설계, 공사 감독 등은 모두 기업자가 실시하는 것은 금번 계획에 있어서는 대지구 및 소용 배수시설 등에 있어서 총독부와 도에서 직접 측량, 설계, 공사 감독을 시행하게 된 것은 자못 합리적, 실질적, 효과적이라는 것을 인정할 수 있는 것이다.

〈자료 153〉 조선증미계획 타진(8). 예산 배정 내용과 기술 자재 문제. 장현칠(동아일보, 1940.01.28, 8면 1단)

다음으로는 기술자 문제인데 현재 상태로 보아서도 기술자가 상당히 부족하여 미곡에 관한 기술자를 총계해 보면 전 조선에 겨우 1,400명가량으로 1도에 100명 남짓밖에 아니 되는 터이고 특히 토개사업의 중지 이후로 모두 분산되어 있어서 현재 토개사업 관계 직원은 모두 305명밖에 아니 되는데 여기서 최소한도로 관제 개정을 기다려서 393명을 증원하지 않고는 토개 사업은 시작할 수가 없다는 것이다. 그래서 적어도 오는 7월까지는 이 수대로 증원

74 필요한 것이 없거나 모자라 옹색한 점.

이 되어야 착수하게 되리라는데 그 내용인즉 총독부에 사무관 1, 기사 4, 속 3, 기수 30, 고원 45인, 용원 33, 계 115명이고 지방청에는 도 기사 2, 도 산업기사 6, 속 9, 기수 47, 지방 산업기수 65, 고원 81, 용원 68명, 계 278명, 총합계는 393명의 증원이요 경종법 개선에 필요한 기술자는 총독부에 기사 1, 속 1, 기수 1명, 도에 기사 10, 도 기수 10명, 군에 기수 130, 산업기수 70명, 면에 주재 지도원 2,000명, 계 2,423명으로 이번 증미계획에 필요한 기술자 총합계는 실로 2,800여 명이어서 이것이 시급히 증원되지 않으면 아니 되게 된 것이다. 그러면 이 다수의 기술자를 어디서 구할까가 문제인데 그중에는 조선 내에서 보충할 길도 전혀 없는 것은 아니로되 대다수는 내지에서 초빙하지 않으면 아니 될 터이나 내지에서도 기술자가 그렇게 여유가 있지 않을 뿐 아니라 초빙하자는 데는 여러 가지 조건과 요구가 있어서 곤란하다는 것은 일반적 상례로 되어 있는 중에도 특히 토개 관계에 있어서는 과거에 다수 기술자를 초빙하였다가 토개사업이 중지되는 바람에 자기들의 크나큰 희망이 수포로 돌아가는 동시에 각처로 배정 혹은 분산하기에 흡흡(吸吸)하였으니만치 또다시 끌어오기는 더욱 곤란할 것이 명약관화의 사실이다. 그 수나 적다면 별문제(別問題)이지만 3,000에 가까운 기술자란 종래 양성도 하지 않았던 조선에 있어서 중대한 문제로 되지 않을 수 없는 것이다.

끝으로 이 사업에 있어서 문제 되는 것은 자재 구입난이다. 여러 가지 자재 중에도 토개사업에는 무엇보다도 철과 양회가 제일 중요하면서도 제일 구입하기가 곤란한 것으로 총독부에서 이번 토개사업에 필요 자재의 수요량을 최소한도로 추정한 바에 의하면 철이 2만 3,000톤, 양회가 42만 톤으로 사업 초년인 15년도에만 철 2,000톤, 양회 3만 8,000톤을 요하게 된다는데 철에 있어서는 전시하 전국적으로 강력 통제를 행하고 있어서 현재 상태로도 그 수급이 군색되어 있는 데다가 이 다량의 공급은 어디서 변통할까가 문제이요 양회에 있어서도 조선에 연산 150만 톤 생산능력이 있으나 그 생산에 필요되는 석탄, 기타 물자가 부족하고 또는 생산량 중에서도 북지, 만주 등지에 수요가 격증했을 뿐 아니라 조선 내에서도 압록강댐, 한강댐, 기타 철도 공사 등 그 수요는 극도로 팽창하고 있어서 그의 공급 확보에 최선의 노력을 하고 있음은 주지의 사실이 아닌가? 이렇게 본다면 어데서 어떤 방법으로 이상 인적, 물적의 부족 자원을 공급해 나갈 것인가가 자못 주목되지 않을 수 없는 것이다.

〈자료 154〉 증미에는 기술자가 필요. 속성으로 대량 양성, 경성농교에 농업토목과 신설(동아일보, 1940.02.16, 2면 5단)

조선증미계획은 1940년도(昭和 15)부터 실시되었는데 이에 따라 농업 토목 기술자의 수요는 관민 간에서 급격히 증가의 예상이므로 그렇지 않아도 부족을 고하고 있는 기술자를 다량으로 획득하기에는 극히 곤란한 관계상 농림국에서도 머리를 앓고 있는데 이 응급대책으로 다음의 양성기관을 설치하여 기술 진용을 충실하게 하기로 하였다.

1. 경성농업학교에 농업토목과를 신설하고 우선 금년 신입생을 모집하고 이어 3, 4, 5년생 중으로부터 희망자를 모와 농업토목과에 옮긴다.
2. 총독부에서 단기 강습소를 창설하고 중등농업과 전문을 나온 졸업생을 강습원으로서 3개월의 속성 강습을 하고 1기 60명, 연 340명의 기술자를 양성할 계획이며
3. 수원고농의 3년생 중 희망자에 대하여 강습시키기로 되었다.

〈자료 155〉 사설: 비료 기근의 원인과 대책에 대한 고려(동아일보, 1940.04.14, 6면 4단)

토양 중의 비료는 매년 식수에 의하여 흡수되는 고로 이를 보충해 가지고 가지 않으면 안 될 터인데 우리나라와 같은 경사지가 많은 곳에는 전부터 토양 중에 포함되어 있는 천연비료도 만든 비료도 관개수에 의하여 유출되는 것이 많다. 우리나라의 하천은 상류와 중류만으로 하류는 없다 할 수 있는 정도이므로 일견 수평으로 보이는 수전에도 수는 많이 흘러내리는데 이 때문에 잊어버리는 비료는 실로 막대한 것이다. 우리나라의 농업에는 다량의 비료를 요하는 것으로 이런 나라는 세계에 유례가 없다. 1938년도(昭和 13)에 있어서의 비료 소비액은 판매비료 약 6억 원, 자급비료 견적 약 7억 8,500만 원, 합계 약 13억 8,000만 원으로 농업가의 현금 지출액의 4할 이상은 실로 비료대에 써지고 있다.

그런데 비료 공급의 현상은 어떠하냐 하면 먼저 우리나라에서 가장 다량으로 사용되고 있는 유안, 즉 유산암모늄은 우리나라에서의 생산액은 연 150여만 톤인데 그것만으로는 수요를 만충(滿充)할 수 없으므로 매년 30만 톤 이상을 해외로부터 수입하고 있다. 다음 중요한 과인산석회는 원료로 하여 인광석이 필요한데 이는 약 8할을 가리비료에 이르러서는 거의 전부를 수입하고 있다. 그런데 사변 이래, 군수품 수입 때문에 일반 물자의 수입이 억제되어

부족하여지고 있는데 구주 전쟁이 발발하여 유안의 수입을 바라고 있던 독일부터는 안 오게 되고 그 선박 부족 때문에 인광과 가리비료도 들어오지 않는다. 나아가 군수 및 수출 향상 상공업이 왕성하여 그렇지 않아도 전력이 부족하고 있는데 수 기근 때문에 한층 부족을 고하여 다량의 전력을 사용하여 제조하는 유안의 감산을 일으키었다.

자급비료 즉 농가에서 자기가 제조하는 비료는 사람 손을 요하는데 장정이 소집에 응하기 때문에 충분히 만들기 곤란하게 되어 긴요한 원료인 구비도 말이 징발되기 때문에 감소하여 이것 또한 공급 부족을 고하게 이르렀다. 최근에는 나아가 인조비료의 부족을 보충하기 위하여 만주로부터 수입하고 있던 대두박이 만주국 정부의 정책의 과실에 의하여 농민의 반감을 사기 때문에 수입이 불여의하게 되었다. 이런 상태이므로 전국의 농촌에서는 당연 비료 기근을 초래할 농민은 비상한 불안에 빠져 그중에는 비료가 입수될지 안 될지 몰라 농작을 단념, 방기하여 생활의 길을 공장에 구하는 것도 적지 않다. 이런 비료 부족에 대한 대책으로서 정부의 계획하고 있는 것은 제1로 비료제조회사에 조성금을 교부하고 물론 전력도 거기에 돌려 유안, 과인산석회, 석회질소 등을 증산케 할 것, 제2로 일본비료회사라는 국책회사를 설립하고 인조비료의 배급을 한 손으로 통제할 것이다.

〈자료 156〉 사설: 수리조합계획(조선일보, 1940.04.22, 1면 1단)

3. 수리의 현상을 보면 기왕 설치한 것 중에도 그 소기의 목적을 달성치 못하는 것이 있고 특히 작년과 같은 해에는 전고 미증유의 한재라고는 하지만 기설 수리조합으로 하등 이익을 몽리 구역의 농민에게 초래치 못할 뿐 아니라 도리어 이 수리조합의 존재로 인하여 관개비를 허비하고 영농비를 손실하므로 인하여 실제상 농민에게 막대한 손해를 주고 따라서 재해의 이중고를 보게 한 곳도 적지 않다. 그러므로 신설 수조의 남설은 삼가야 할 것이다.

4. 조선의 농작은 수도가 대종이요, 또 수도작은 다량의 용수가 절대 요건임은 췌언을 기다리지 않는 바다. 게다가 작년과 같은 대한재를 당한 후라 농민은 수조의 증설을 희망하고 계획하는 것이 인정상 당연한 일이다. 그러나 수조의 남설은 국가적으로 손실일뿐더러 농민 자신에게도 불리를 초래하는 것인즉 극히 신중히 설계, 입안하여서 진행치 아니하면 도리어 재해를 미래에 끼치는 것이 된다. 이와 같이 보아 오면 농림 당국이 신설 수조 계획에 재검토를 가하고 신규 인가에 태도가 신중한 것은 적절하지만 몽리 구역의 농민도 자중하여서 완

전한 계획화에 만전한 수리조합을 설립하도록 힘쓸 것이요 한갓 한해에 놀래어서 오우천월(嗚牛喘月) 격으로 수조의 남설을 꾀하여서는 안 될 것이다.

〈자료 157〉 증미계획 달성 목표로 조선 총력을 응집, 계통적 지도망을 조직(동아일보, 1940.04.25, 8면 1단)

총독부서는 제국 식량의 항구 대책을 도모하고자 15년부터 6개년간에 680만 석의 증산을 기하기로 되어 이의 목적 달성에 필요한 제 시설을 할 터인 바 한편 위 증산계획 실현을 위한 지도력을 집중 통일하기로 하고 각도 직원은 물론 도, 군, 읍, 면, 곡물검사소, 학교, 농회, 수리조합, 금조, 농촌진흥 및 국민총동원 제 단체를 망라한 계통적 지도망을 조직시키기로 되었다. 한편 민간의 농장, 지주, 사음에 대해서도 이의 목적 달성에 협력 방책을 결정하고 관민일치 협력으로 긴밀한 연락하에 반도 총력을 여기서 응집하고 제국 식량문제 해결에 매진키로 되었다.

〈자료 158〉 증미계획과 자재난, 현재 설계의 재차 변경은 여지 거의 없음, 가급적 자재 불필요 지점에 허가 방침(동아일보, 1940.05.02, 4면 1단)

조선증미계획 실시에 따른 자재는 현재 기획원에서 사정 중으로 그 전모는 5월 말에나 알게 될 터인데 현재의 정세로 보아 반드시 낙관만도 허락되지 않고 농림국 요구 자재의 전부를 획득하기는 곤란타고 예상되고 있다. 그러나 미곡 증산은 시국에 비춰 보아 드디어 긴요함으로 자재가 다소 원안보다 억압되어도 기정 계획은 극력 수행하고자 현재 신중 연구를 진행 중이다. 즉 토지개량, 경종개선의 설계는 자재의 결핍을 예상하여 극력 절감하고 있으므로 이 이하로 설계를 변경하기는 곤란하고 설계의 변경에 의한 절약의 여지는 거의 없어서 사업 지구를 엄선하여 가급적으로 자재를 필요로 하지 않는 지점에만 이를 허가할 방침이고 현재 이와 같은 사태에 대처하여 기정 계획을 신중 재검토 중이다.

〈자료 159〉 공동묘판, 수조 개방으로 묘 부족을 방지하라. 각 도 내의 묘 수급계획을 확보하라고 유무라(湯村) 각 도지사에 통첩(동아일보, 1940.05.15, 2면 1단)

식량의 충실을 위해 조선에서도 증미계획이 중요성을 띠고 있고 또 작금 전답 용수가 다소 부족한데 이루어 금년 농사에 풍년이 오게 하자면 지금부터 묘판을 유감없게 설치하는데 있으므로 금 15일 유무라(湯村) 농림국장은 각 도지사에 향해 다음과 같은 통첩을 하였다.

즉 각 도에서 증미계획 실시에 상당한 실적을 올리고 있으나 현지 독려관의 보고에 의하면 못자리 설치와 작금의 강우 상황을 참작하여 특별히 연구 노력할 것이 한두 가지가 아니다.

1. 물이 부족한 지방에서는 못자리 용수의 절약 지도 감독의 철저를 기하기 위하여 용수가 많은 지대에 극력 집합시키고 또는 공동묘판을 설치하여 갈 것.
2. 수리조합에 있어서는 부근 농가로 하여금 못자리 물이 부족한 자에 대해 조합원이 아니더라도 그 지구 내에 못자리를 설치하게 할 것.
3. 한 주(株)의 수를 적게 하여 소주밀식(小株密植)[75]에 노력하고 모 부족을 방지할 방책을 강구하는 것은 물론이나 도에서는 이앙 소요 묘에 대하여 미리 도내의 수급 계획을 세우고 그 부족지대에 대한 모의 배급은 반드시 도내에서 확보 공급하도록 만전의 대책을 다하여 둘 것.
4. 못자리 용수 보급의 방법으로 지하수의 이용과 하천, 시냇물의 언지(堰地) 이용, 휴반도(畦畔塗)에 의한 누수 방지와 빗물의 저류(猪溜) 등을 장려하여 갈 것.

   충남 조선 지방의 천수답 지방 등 용수가 결핍된 지대에 있어서는 지난번 지시한 개량 육못자리의 설치를 장려시킬 것.

〈자료 160〉 증미계획 측면 추진, 수련(水聯) 창설과 유무라(湯村) 농림국장 담(동아일보, 1940.07.14, 8면 1단)

금번 수립된 조선증미계획에 기한 토지개량사업의 실시를 맞아서는 과거에 있어서 위와 같은 귀한 경험을 기조로 하고 조사 설계의 조밀, 보조율의 인상, 채산의 안전 타당, 경종법 개선의 촉진, 지도 감독의 철저 등 모든 각도에서 검토를 가하여 주도한 용의하에 각 항의 조치를 강구한 것이어서 종래와 같은 위험성은 대개 방지할 수 있는 것으로 사료되는데 조합의 생명이라고도 칭할 설치 공사의 감독에 당할 전문기관인 조선토지개량회사는 벌써 해산되

75 모내기를 할 때 한 포기의 모 수를 적게 하여 전체 포기 수를 많게 하는 것.

고 시국하 인적 자원의 결핍, 자재 배급의 불원활은 극히 심각하고 조합의 설치 사업을 각 조합 단독으로 시행할 경우 사업의 진보상 여러 가지 난관에 봉착할 것은 상상하기가 어렵지 않다. 한편 천재지변 등에 인한 재화는 인력으로써는 어떻게 해도 하기가 어렵고 만전의 방책을 강하여 인위적 결함을 방제하려고 불가항력에 인하여 재정 경영 곤란에 빠질 조합이 있으므로 대개 면할 수 없는 바일 것이다.

그러므로 이러한 대책으로서 각 조합의 호조(互助), 공려(共勵)를 근본정신으로 된 유기적 단체를 조성하고 그 공인한 조직력에 의하여 인적, 물적 자원을 집중 종합하여 공사 감독의 완벽을 기하는 동시에 장래 불행히 재해 때문에 최악의 재정 상태에 직면한 경우에 대한 구제의 보장을 함은 이번 증미계획의 수행을 원활케 하는 위에 있을 극히 긴요한 것이어서 사전에 차등의 방책을 확립하여 전장(前章)의 복철(覆轍)을 피하지 않으면 후일 공연히 서제(噬臍)[76]의 탄식을 보게 될 것이다. 제국 장래의 식량과 농민 경제의 안정 향상의 중책을 부과한 획기적 대사업의 암종이고 따라서 식량기지 조선에 일말의 암영을 던질 결과가 될 것이다.

돌이켜 기설 조합의 상황을 보건대, 관개 배수, 방수 등의 시설 운용, 경종법 개선의 보급 철저, 경지 정리의 시행과 시행 후의 환지(換地)[77] 교부, 지가 배부 및 등기 등 조합 사업의 전반에 걸쳐 그 원활한 운영을 기함에 있어서 개선, 쇄신을 도모할 필요가 절실한 바 있을 뿐 아니라 장래의 시설에 기할 바도 극히 많고 일면 이러한 직무에 분주할 조합 직원이 교양 훈련도 또한 중요한 임무이다. 그러고 이것들을 모두 관청의 지도 독려에 의존함과 같은 것은 본래 조합의 건전한 발달을 기하는 바가 아니고 한편 조합 개개의 힘으로써 충분한 효과를 거두는 것도 또한 기대키 어려운 바이므로 각 조합의 결합에 의하여 이러한 시설을 베풀어서 공동이익을 증진하고자 1938년(昭和 13) 5월 조선토지개량협회를 설립해서 점차 그 실효를 거두었으나 동 협회는 단지 협약단체로 활동력이 약하고 격화소양(隔靴搔癢)의 감을 면하지 못하였으므로 그 구성력을 강화해서 법인격을 갖추는 강력적 기관으로 할 필요를 통감하고 있었던 터이다.

이상과 여한 정세에 비춰 보아 금회 증미계획의 실시에 따라서 이와 호응하여 전 반도를

76 서제막급(噬臍莫及)의 준말. 일이 그릇된 뒤에는 후회해도 아무 소용이 없다는 뜻.

77 토지개량이나 도시계획 등의 사업을 위하여 토지의 소유권 및 그 밖의 권리에 변동을 가할 필요가 있을 때, 해당 토지를 다른 토지나 금전으로 청산하는 것 또는 그 땅.

일환으로 한 강력적 조선수리조합연합회를 조직하고 위에서 서술한 기설 조합의 공사 감독 및 재정 안정 방책을 실시하여 본 사업의 측면적 추진력이 되게 하게 함은 그 초래할바 효과는 대개 절대한 것이 있을 것이고 본회에 부과된 사명은 극히 중대하여 그 장래의 활동에 대해서 대기대를 부치는 바이다.

〈자료 161〉 수리조합연합회 창설, 금일 인가 즉일 시무, 증미계획의 완수에 협력

(동아일보, 1940.07.14, 8면 1단)

증미계획의 완수를 위하여 토지개량사업의 부활에 따라 이의 공사 감독, 회원의 재정 안정을 위해서 수리조합사업연합회를 창설하기로 결정하고 일찍이 농림국에서 준비 중이더니 지난번 완성되었으므로 13일부로 조선수리조합령에 기하여 인가되었고 즉일 업무를 개시하였던바 사무소는 전 토지개량협회 내에 두기로 결정하였는데 수련(水聯)의 개요는 이와 같다.

1. 조직 : 조선수리조합령에 기한 연합회도 기설의 수조의 일절을 망라한 중앙기관인 것.
2. 목적 : 회원의 공동의 이익을 도모하는 것.
3. 사업의 종류
1) 회원의 사업 운영에 관한 조성, 알선 및 복리 증진에 관한 것.
2) 회원의 재정 안정에 관한 것.
3) 회원 사업의 측량 설계 및 공사 감독 등의 수탁에 관한 것.
4. 기관
1) 본부 : (1) 회장, 부회장 각 1인, 이사 참여이사 약간 인을 둠 (2) 고문 약간 인을 두고 회장이 이를 위촉함 (3) 평의회를 두고 중요사항을 자문함.
2) 지부에는 지부장 1인, 부지부장 2인을 둠.
5. 재무 : 본회의 경비는 회원의 분부금(分賦金), 수수료, 사용료, 기타 수입으로써 함.

〈자료 162〉 조선의 미곡 대책을 검토, 산미는 경종법 개선보담 토지개량사업에 중점, 농촌에는 잡곡, 도회에는 미의 배급량 증가, 조선미곡조사위원 종합 의견(동아일보, 1940.08.09, 2면 1단)

총독부에서는 당면한 조선의 미곡 대책을 다시 검토하고 각 부분에 걸친 구체안을 세우고자 지난 5일부터 7일까지 3일에 걸쳐 제2회 임시조선미곡조사위원회를 열고 미나미(南) 총독 임석, 오노(大野) 정무총감 통제로 여러 가지 항목을 협의하였는데 이번에 식량문제의 중요성에 비춰 보아 위원을 위 식자 중에서 선정하여 그 기구를 강화 확충하였던 만치 회의 내용도 자못 신중하게 결말을 얻었다. 그리고 협의 결정된 사항은 다음과 같다.

제1. 식량증산 문제

1. 증미계획은 일시적 대책이 끝이고 항구적 계획을 세울 것. 따라서 경종법 개선에만 중점을 두지 않고 토지개량사업도 병행하여 실시하든지 혹은 토지개량사업에 주력할 것.
2. 증미계획의 수행상 필요 자재의 우선적 배급을 고려하는 동시에 특히 비료의 풍부한 배급과 인적 자원의 조선 내 보류에 유의할 것.
3. 토지개량사업의 실시에 대하여는 좁은 의미의 토지개량에 그치지 않고 암거배수, 기타 입체적 계획도 고려할 것.
4. 금비의 배급에는 한도가 있으므로 녹비 계획과 그중 구비에 대하여는 가축의 사료 문제와 관련시키고 가축의 배를 통하여 유기질 비료를 공급하게 할 것.
5. 식량증산에 대하여는 증미에만 그치지 말고 넓게 잡곡 증산도 고려할 것(이 문제에 대해서는 조선 실정으로 보아 잡곡 증산에 중점을 둘 것이라는 의견과 농산물의 수확량, 영양가 등으로 보아 될 수 있는 대로 증미에 추격하자는 의견이 있었다).
6. 증미계획에는 특히 축우의 증산을 도모하고 심경을 철저히 할 것.
7. 천수답의 처치에 대하여는 연구를 진행시키고 이용 구분을 명백히 할 것.

〈자료 163〉 적확한 계획을 수립, 증미 목표 달성하라, 농무과장회에서의 야마자와(山澤) 농림국장 훈시(매일신보, 1942.02.06, 4면 2단)

돌이켜 조선증미계획 실시 제2년째의 작년에 상황을 보면 관민의 비상한 노력으로 7월 10일 현재에는 겨우 식부를 완료하여 전례가 없는 호성적이었으나 그 후 7, 8월경 다우 저온한 기후가 연속하기 때문에 도의 생육에 다대한 장해가 온 뒤에 국부적이라고는 하나 전선 각지에 수해가 있고 게다가 북선 지방은 냉해를 동반하는 등 기후적 장해가 많고 그리고 병충해의 발생 또한 극심의 징후가 있었으나 잘 이러한 악조건을 극복하여 증미 보국의 일도에 매진한 결과 실수고에 있어서 2,488만 6,000석을 보게 되어 증미 목표 2,633만 3,000석에 비하여 144만 7,000석의 부족이다. 작년의 기후 불량의 상태를 고려하면 이 정도의 감수에 그친 것은 완전히 각자의 헌신적 노력의 결과로서 각자의 노고에 대하여 충심으로 감사하는 바다. 그러나 시국의 추이는 더욱 식량증산에 시급한 바 있어 현행의 증미계획으로서도 아직 불충분하여 내지의 주요 식량증산에 순응하여 현행 증미계획을 확충하고 1942년(昭和 17) 이후 14개년간에 경종법 개선과 토지개량사업에 의하여 1,138만 3,000석의 증산을 하고 계획 완성 연차인 1955년(昭和 30)에 3,463만 6,000석의 미산(米産)을 확보하려고 현재 이에 요하는 경비를 금 의회에 제출 중인데 본 확충 계획의 분은 조선의 특수 사정에 비춰 보아 토지개량사업에 의한 항구적 시설 정비를 주로 하고 강우의 순역(順逆)에 그 사명을 지배하는 수리불안전답을 완전케 하여 수리시설의 완료 지구의 단당 수량을 내지의 현재의 단당 평균 수량 정도까지 인상할 계획인데 이것은 물론 수리시설만으로는 도저히 예정의 증산을 얻을 수 없고 위 지역에 대한 집약한 농사개량 등을 실시하여 비로소 그 효과를 더욱 발휘할 수 있는 것이므로 이 점 특히 유의한 뒤 토지개량 관계 방면과도 밀접한 연락을 취하여 경종법 개선사업 수행상 유감없는 조치를 강구하려는 것이다.

근시 증미계획 실행의 진전에 따라 미곡 증산에 대한 지도도 점차 밀접 주도케 된 뒤에 일반 농가도 또한 시국을 잘 인식하여 각종 농용 자재의 부족을 감수하고 혹은 또 근년 빈발하는 각종의 재해를 극복하여 식량증산에 처신하고 있는 것은 현저한 사실로서 진실을 힘있게 생각하는 바인데 아직 유감의 점이 적지 않으므로 각자는 이때 더욱 부하 직원을 지도 독려하여 종래의 경종법에 근본적 개선 쇄신을 가하고 특히 증미 실시상의 중점인 적기 작업의 장려, 건묘의 육성, 소주밀식(小株密植)의 필행, 합리적 시비법의 개선, 자급비료의 증산 증시, 심경의 철저, 병충해의 방제 등의 장려에 대하여 더욱 일반의 공부, 검토를 더하여 이 실시를 맞아서는 미리 주도 적확한 계획을 수립하고 급속히 또 전면적으로 성과 발양에 전력을 경도하여 본년 증미 목표 2,700만 석 필수의 각오로써 맞이하기를 바란다.

2) 전시 미곡증산정책 실행 계획 및 내용

(1) 자료 해제

전시체제기 조선의 미곡증산정책 관련 자료는 총독부가 편찬 발행한 자료가 대부분이다. 전시 사상·출판 통제가 이루어지면서 소위 '국책에 순응'하는 입장이 아닌 경우 상당한 제약을 받았다. 앞에서 살펴본 『조선농업발달사』의 경우도 1936년까지의 농업정책사를 정리하고 있다. 이에 전시 식량정책을 살펴볼 수 있는 자료로 『조선의 농업(朝鮮の農業)』(朝鮮總督府 殖産局·農林局, 1921~1942)이 있다. 이 자료는 조선총독부 식산국 및 농림국에서 1921년부터 1942년까지 20여 년간 지속적으로 식민농정에 대한 개괄적인 내용을 매년 정리 발행했다. 본 자료집에서는 1937년 이후의 식민농정을 전체적으로 파악할 수 있는 1942년판을 사용했다.

『조선의 농업』은 1910년 이후의 농업 정책 및 최근 상황을 기술하고, 조선 농업의 전반적 흐름을 명확히 밝히겠다는 목적으로 편찬되었다. 내용은 총설, 기상, 토지, 농가, 비료, 기타 자재, 농산물의 생산, 잠사업, 축산, 주요 농산물의 수급, 농가 경제, 소작 관계 및 자작농지 설정, 판매·구매 및 금융, 농업단체 및 이에 준하는 것, 농무 행정기구, 농업교육으로 구성되어 있다. 『조선의 농업』 1941년·1942년판에는 부록으로 1939년 이후 다급해진 식량문제에 대응하기 위해 마련된 '식량대책'과 '농산물증산계획'을 정리하고 있다. 본 자료집에서는 이 내용을 중심으로 정리했다.

다음은 『오노 로쿠이치로(大野綠一郎) 관계문서』이다. 『오노 로쿠이치로 관계문서』는 일본 국립국회도서관 헌정자료실에 소장되어 있는 문서로 원본 자료 총계 5,233점에 이르는 방대한 문서군이다. 문서는 대체로 그 경력에 따라 구분·보존되어 있는데(아키타현 지사 시기, 내무성 시기, 관동국 총장 시기, 조선총독부 정무총감 시기, 귀족원 의원 시기), 자료 내용은 자신이 받은 편지를 비롯해 다양한 문서가 포함되어 있다. 일기·각서 등 개인 문서와 자택으로 가지고 간 공문서·행정 관계 사료(법안 초고나 관련 메모 등)·의견서 등이다.[78] 오노 로쿠이치로(大野綠一郎)는 사이타마현(埼玉懸) 출생으로 1912년 도쿄제국대학 독법과를 졸업하고 내무성에서 근무했다. 1932

78 김경남, 2016.8, 「조선총독부 정무총감 오노 로쿠이치로(大野綠一郎) 컬렉션」, 『복현사림』 34집, 47쪽.

년 1월 경시총감이 되었지만 5·15사건[79]으로 사임했고, 1935년 3월 관동군 경제고문이 되었다. 1936년 6월 관동군 사령관이었던 미나미 지로(南次郎)가 조선총독에 부임하면서, 조선총독부 정무총감에 발탁되었다. 1942년 정무총감을 사임했고 이후 귀족원 의원을 지냈다.[80]

오노는 미나미 총독의 조선 지배 파트너로 선택되어 1936년 8월부터 1942년 6월까지 조선총독부 정무총감으로 재직하면서 조선인을 총동원하여 대륙병참기지로 만들기 위한 정책 브레인 역할을 담당했다. '조선공업화'를 통한 병참기지화정책, 1938년 국민총동원법에 의거한 조선의 인적·물적 자원 총동원정책, 황국신민화정책, 창씨개명정책 등을 주도했다.

『오노 로쿠이치로 관계문서』 중 조선총독부 관계 자료는 시정(施政), 산업, 경제, 풍속기행, 기타로 편성되어 있다. 행정 자료는 1936년 8월부터 1942년 2월까지 작성된 것으로 약 40롤 1만 5,000장의 방대한 자료이다. 정책 결정 과정에서 작성된 문서, 예산과 인사 관련 문제, 창씨개명 관련문서 등 전시체제기 식민지 지배에서 가장 핵심적인 사안들이 포함되어 있다. 식량배급, 조선산업개발문제, 창씨개명, 국방국가체제, 지원병제도, 징병령 시행, 제국의회 설명 등과 관련된 자료가 보존되어 있다.[81] 이 문서에 식량증산 관련한 많은 자료가 있는 것은 아니지만 공식적으로 발표되지 않은 채 1943년 긴급하게 시행된 「식량증산응급대책요강」과 같은 정책 관련 비공개 자료가 포함되어 있다. 「식량증산응급대책요강」은 1943년 이후 식량부족이 심각해진 상황에서 일본 본국 및 제국권 전체의 식량증산 방향을 살펴볼 수 있는 자료이다.

(2) 일제의 침략전쟁 도발과 미곡증산정책 부활-조선증미계획(1940~1945)

〈자료 164〉 조선증미계획(朝鮮總督府 農林局, 1942, 『朝鮮の農業(昭和 17)』, 289-297쪽)

(一) 증미계획

(가) 증미의 필요성

---

79 1932년 5월 15일 일본의 해군 청년장교들이 무장을 하고 내각총리대신 관저에 난입하여 총리대신 이누카이 츠요시(犬養毅)를 살해한 사건.

80 한국사데이터베이스 한국근현대인물자료. http://db.history.go.kr/id/im_215_20860

81 김경남, 2016.8, 50쪽.

제국의 주요 식량인 미곡의 자치 확보는 평시인지 전시인지를 불문하고 군수의 충족, 국민생활의 안정, 국제수지의 균형 등의 견지에서 보아 중요한 임무라고 하는 바이지만, 특히 흥아(興亞)의 성업에 매진하고 있는 현 시국하에 있어서는 아마 절대적으로 필요한 것이다.

그런데 제국의 미곡 수급의 현황 및 그 장래를 대국적인 관점에서 보면 현재 이미 반드시 비관을 허하지 않는 사정이지만, 장래의 인구 증가, 외지 특히 반도에서의 문화, 경제의 향상에 따른 소비 증가, 대륙에 대한 미곡의 공급 등 수요의 증가는 클 것임이 예상되는 데 대해, 노동력, 축력 및 생산 자재 등의 부족 등으로 인한 영향도 고려하지 않을 수 없다. 게다가 시국은 항구화하여 흥아의 대업 완성은 또한 상당히 긴 연월이 필요할 것으로, 이러한 사태에 대처하기 위해 미곡 자급 확보의 항구적 대책을 수립하는 것은 초미의 급무라고 본다.

그리고 반도는 그 지리적 지위에서 내지와 대륙의 중간, 일만지(日滿支) 경제 블록의 대략 중심에 위치하고, 현지 및 내지에의 식량 공급지로서 절호의 지위를 점하고 있을 뿐만 아니라, 경종법의 개선 및 토지개량사업의 실시에 의한 증수의 여지가 비교적 많아 증미계획의 실시에 대하여 극히 적절한 조건을 구비하고 있다.

반대로 이를 반도 자체의 입장에서 봐도 미곡은 내지에서와 마찬가지로 그 주요 식량에 속하고, 최근의 문화 경제의 약진, 인구의 증가에 따른 미곡 소비 격증의 경향에 대처하기 위해 미곡의 증산을 도모할 필요가 있는 것은 물론, 반도 농가의 주요 생산물인 미곡의 증산은 전 인구의 7할 이상을 점하는 농민 광구(匡救)의 첩경인 동시에 반도 경제력의 신장을 도모하는 바이다. 특히 토지개량사업의 실시는 현재 또한 90만여 정보의 수리안전답을 포함하여 매년과 같이 한해로 고통받고 있는 반도 농민의 생활 안정의 근본 방책이라 할 만하고, 나아가서는 반도 통치에 공헌하는 바 클 것이다.

(나) 증미계획의 기간 및 목표

제1. 기간

1. 경종법 개선 : 1939년(昭和 14) 실시의 증미계획에 이어 1940년(昭和 15) 이후 6개년의 계획으로 한다.
2. 토지개량사업 : 1939년(昭和 14) 실시의 한해 구제 토지개량사업에 이어 1940년(昭和 15) 이후 6개년(준공 8개년, 농사개량 완성 11개년)의 계획으로 한다.

제2. 증산의 목표

계획 완성 연차〔1950년(昭和 25)〕의 증산 목표 수량은 약 680만 석으로 총생산 수량 약 3005만 석을 확보하고자 한다. 이것의 내역은 아래와 같다〔1945년(昭和 20)의 증산 목표 수량 약 583만 석, 총생산 수량 약 2,904만 석〕.

(1) 경종법 개선에 의하여 얻을 증산 수량 약 511만 석〔1945년(昭和 20)에는 463만 석〕

(2) 토지개량사업에 의하여 얻을 증산 수량 약 169만 석〔1945년(昭和 20)에는 120만 석〕

계 약 680만 석

(다) 증산의 방법

이전의 산미증식계획에 있어서는 토지개량사업을 주로 하고 경종법 개선에 의한 증산은 부수적으로 행하는 데 불과했지만, 금회의 증미계획에서는 경종법 개선과 토지개량사업을 아울러 실시하는 것으로 하며, 시국의 요구를 미뤄 보아 급속한 증산의 실현과 자재의 절약에 대해서는 특히 고려했다. 시설 사항의 개요는 아래와 같다.

제1. 경종법 개선

산미증식계획에서의 경종법 개선의 중점은 금비의 시용과 종자갱신사업의 장려에 있었지만, 금후는 이상의 방법에만 의한 증산은 기할 수 없게 되었기 때문에, 금회는 모든 각도에서 검토하여 실적의 거양에 힘쓰는 것으로 하였다. 즉 조선에서의 현행 경종법은 여전히 여러 개선의 여지가 있기 때문에 재래의 경종 관행을 근본적으로 쇄신하고 급속히 대량의 미곡 증산의 실을 거두고자 하는 것으로, 민도가 여전히 낮은 조선 농가의 특수 사정을 미뤄 보아 아래 각반의 사항을 정비 시설하고 관민 일도로 이것의 목적 달성에 힘쓰고자 하는 것이다.

1. 계획의 실시 단위의 설정

본 계획의 실행 단위는 국민총력부락연맹 및 이에 준하는 단체 및 수리조합, 농장 등으로 한다.

2. 지도력의 충실 정비

(1) 지도 체계의 정비 : 공사 지도 기관은 물론 주요 미작지대의 부락 중심인물 등을 총동

원하여 지도망을 조직, 정리하고 지도, 정비의 완성을 기한다.

(2) 지도 직원의 신설 또는 증치 : 실행 단위마다 지대별 경종법을 수립하고 재래의 경종법에 근본적 쇄신을 가하기 위하여 이것의 감독 지도를 담당할 본부, 도, 군, 읍, 면 지도 직원을 신설 또는 증치한다.

(3) 지도 여비의 증액 : 기설 지도 직원의 활동력을 증가시키기 위하여 이에 여비를 증액한다.

(4) 강습회, 전습회 및 적기 작업 타합회의 개최 : 경종법 개선에 관하여 특단의 기술적 훈련을 행하기 위하여 제1선 지도자에 대하여 도작 강습회를, 부락 중심인물, 국민총력 부락연맹 간부 등에게는 적기 작업 장려상 필수적인 전습회 및 타합회를 개최한다.

(5) 인쇄물의 배포 및 유성영화 환등의 영사에 의한 농가의 지도 훈련, 증미계획서 및 선전 삐라 등을 제작, 배포하여 취지의 주지 철저를 도모하는 동시에, 일반 농가에 대하여 묘대 개량, 심경, 적기 식부, 시비법 개선, 병충해 방제 등 주요 작업을 환등으로 영사하고, 발성 장치에 의하여 적절한 해설을 행하여, 농가의 지식 계발에 힘쓴다.

3. 경종법의 개선 시설

(1) 지대별 경종법의 수립 장려 : 기상, 토질, 작토(作土)의 심천(深淺), 지하수의 상황 등 재배 환경에 순응한 각 지역마다 경종법을 확립하고 이의 장려에 힘쓴다.

(2) 건묘 육성을 위하여 공동 또는 집합 묘대의 설치 장려 : 종래 묘대는 농가 개개에 설치하였지만, 한수해의 우려가 없는 적당한 장소에 집단 설치하게 하고 지도의 만전을 기함으로써 건묘의 육성을 달성한다.

(3) 수도 채종답의 경영 및 종자갱신의 확립 : 채종답의 경영 개선에 힘쓰고, 순정하고 우량한 다수계 품종을 급속히 또한 확실히 보급한다.

(4) 병충해의 방제 : 조선에서의 벼 병충해는 최근 재배의 집약화에 따라서 점차 증가하는 경향에 있고, 특히 도열병, 마록묘병, 부패병(腐敗病), 이화명충(二化螟蟲) 등의 방제에 대하여 지도 독려를 행할 것.

(가) 도열병, 마록묘병의 방제 : 도열병 및 마록묘병의 피해는 매년 격심한 것으로 아래에 의하여 이것의 방제시설을 강구한다.

ㄱ. 볍씨 포르말린 소독

ㄴ. 볍씨 염수선(鹽水選) 및 포르말린 소독 공동작업장의 설치

ㄷ. 분무기의 구입, 구비

ㄹ. 도열병 방제용 살포 약제의 구입, 살포

(나) 이화명충의 구제 : 이화명충의 피해도 역시 매년 격증하고 있기 때문에 유아등(誘蛾燈)의 설치, 난괴(卵塊)의 매상, 피해 줄기의 발취 등 이것의 방제에 힘쓴다.

(다) 마록묘병의 방제 : 서북선 지방의 한랭지대에 묘대에 부패병이 발생하고 피해가 상당히 많기 때문에 방풍단(防風壇)을 설치하고 수온의 상승을 도모하여 이것을 방제하는 동시에 건묘의 육성에 도움을 준다.

4. 다수계 우량품종의 육성 및 암거배수 조사 연구

(가) 서북선 조도(早稻) 지대에 본부 농사시험장 직영의 신품종 육성기관을 설치하고, 급속히 동 지방에 적절한 다수계 우량품종을 육성하고 이것의 보급을 도모한다.

(나) 남선에서 지하수 수위가 높아 토양의 이화학적 성질을 악화하여 증수 곤란한 지대에 대해서 본부 농사시험장 남선지장으로 하여금 암거배수의 경제적 시행 방법 및 경종법을 연구하게 하여 이들 지대의 도작 개선에 힘쓴다.

5. 판매비료 배급의 적정 및 합리적 시용 방법의 철저 : 시국의 영향에 의하여 주요 금비의 배급은 곤란한 정도를 더하고 있기 때문에 이것의 배급 불원활 및 시비의 편용을 시정하고 그 적정과 배급의 원활을 기한다.

6. 지력 유지, 증진을 위하여 심경 및 추경의 실시 및 자급비료의 증산, 증시 장려 : 금비의 시용 격증과 자급비료 시용의 점감 및 경운의 조방에 의하여 지력의 감퇴를 초래하고 있으므로 자급비료의 증산, 증시 품평회를 개최하고, 또한 심경 및 추경을 장려함으로써 지력의 유지, 증진에 힘쓴다.

7. 노동력 및 관개수의 배급 조정의 확립 : 농촌에서의 노동력 과부족을 조사하고 이것의 원활한 배급을 계획하며 아울러 관개수의 관계를 정밀하게 조사하여 각각 사전에 이것의 배급계획을 수립하고 실시상 유감없을 것을 기한다.

8. 적기 작업의 장려 : 도작 주요 작업에서 그 적기를 놓쳐서 수확을 감소시키는 사례가 적지 않기 때문에, 이것의 실행 세목을 계절별로 배열하고 적확히 실시하게 한다.

9. 부락 공동작업 실시의 장려 : 병충해의 방제, 노동력 및 관개수의 배급 조정, 적기 작업 등 부락 공동작업을 장려하고, 그 성적 양호한 부락을 표창한다.

10. 미곡 증산 품평회의 개최 : 전선(全鮮) 주요 미작 지대에서 동리 단위의 증산 품평회를 개최하게 하고 증산 확보의 일조가 되게 한다.

11. 지주의 협력 : 지주에 대하여 본 계획에 관한 충분한 이해를 주는 동시에 이것의 수행에 노력을 구하여, 솔선이 필요한 시설을 강구하게 한다.

제2. 토지개량사업

1. 사업의 종류 및 시행면적

이전의 산미증식계획에서는 관개개선 사업 외 개간, 개척, 지목변환 등 논 면적의 적극적 확장을 도모하였지만, 금회의 계획에서는 급속한 증산의 효과를 거두는 동시에 자재 특히 강재의 절약을 기하고 또한 나아가 반도의 한해 대책으로서의 견지에서 주로 기성 논의 관개개선에 중점을 두고 신규 개답은 관개개선과 동시에 실시하는 것이 유리하다고 하는 것에 한하는 것으로 하고, 또한 종래의 실적을 미뤄 보아 경지 정리 및 암거배수도 실시하고 경종법의 진보에 대응하고자 한다. 그 시행면적은 아래와 같다.

시행면적 : 163,000정보

내역

관개개선 : 127,000정보(그중 2할 정도의 신규 개답지를 포함하는 것으로 한다)

대지구 : 70,000정보(1지구 200정보 이상인 것으로 한다)

- 미성립 조합 지구 : 42,500정보

- 신규 지구 : 27,500정보

소지구 : 57,000정보(1지구 200정보 미만 10정보 이상인 것으로 한다)

- 경지정리 : 18,000정보

- 암거배수 : 6,000정보

- 소규모 사업 : 12,000정보(1지구 10정보 미만의 관개개선 또는 소규모 제언, 보의 개수로 한다)

위 외에 1939년(昭和 14) 한해 구제 토지개량사업으로 제언, 보의 신설 개축 1만 3,000여 정보(대개 소지구 사업에 해당한다) 및 제언, 보의 준설, 기타 약간을 실시 중이다.

2. 사업에 대한 조성

이전에 산미증식계획의 실적 및 최근의 물가, 노임 등의 등귀를 미뤄 보아 아래와 같이 특히 사업에 대한 조성을 두텁게 한다.

(1) 보조금의 교부 : 산미증식계획 당시는 관개개선에 대해서도 공사비의 2할 정도의 보조금을 교부했던 데에 불과하였지만, 금회는 아래와 같이 보조율을 높인다.

(가) 관개개선 : 5할 이내(전액 국비)

(나) 소용(小用) 배수시설 : 3할 이내(전액 국비)

(다) 소규모 사업 : 5할 이내(국비 2할 5분, 도비 2할 5분)

(2) 기술적 조성 : 산미증식계획 당시는 단순히 지도 및 감독을 하는 데에 그치고 측량, 설계, 공사 감독 등은 모두 기업자가 실시하였지만, 금회의 계획에서는 아래의 방침을 취하기로 했다.

(가) 대지구 사업 : 본부에서 측량 설계를 실시한다.

(나) 소지구 사업 및 소규모 사업 : 도에서 측량 설계 및 공사 감독을 실시한다.

(다) 소용 배수시설 : 본부 및 도에서 특히 농후한 지도를 한다.

〈자료 165〉 3,500만 석을 목표, 개정 증미계획 수립(매일신보, 1942.01.24, 1면 5단)

대동아전쟁의 완수와 대동아 공영권 건설에 식량 기지로서의 중공(重貢)을 부하(負荷)하고 있는 조선에서는 이 임무의 완수를 기하고자 총독부를 중심으로 하여 전 공영권을 기초로 하여 미곡의 수급 관계를 지역성과 시대성에 비추어 일대 증미계획안을 작성하고 기획원, 농림성, 대장성, 척무성 등의 관계 방면과 연구 절충을 거듭하여 왔었던바 이에 관한 예산이 대장성 사정에 통과하여 각의 결정을 보고 총독부 본예산에 계상, 의회의 협의를 거쳐 1942년도(昭和 17)부터 총경비 7억 5,000만 엔 10개년계획으로 1,139만 석을 증수하여 1955년(昭和 30)에는 조선미 총연산액 3,500만 석을 확보하기로 되어 금일 총독부로부터 별항과 같이 발표되었다. 이 개정 증미확충계획은 진행 중에 있는 경종법을 중심으로 하여 1939년도(昭和 14)부터 실시하여 왔던 증미계획의 내용을 계승하여 토지개량에 중점을 두고 경종법 개선을 종으로 하여 초년도인 1942년(昭和 17)에 5만 4,000정보에 걸쳐 토지개량을 실시하고 동시에 경종법 개선을 시행하여 1942년(昭和 17) 총생산 목표 2,700만 석을 확보하기로 되어 예산 1,690만 엔을 계상하고 그중 1,440만 엔을 국고에서 보조하며 총독부, 농지개발영단(신설), 수리조합을 일체로 하여 이 계획의 완수에 매진하게 되었다.

증미계획 내용

▲ 기간

一. 경종법 개선 = 1939년(昭和 14) 이후 계속하여 실시하고 있는 6개년계획을 10개년계획으로 갱신한다.

二. 토지개량사업 = 1942년(昭和 17) 이후 10개년〔준공 1951년도(昭和 26), 농사개량 완성 1955년(昭和 30)〕으로 하고 1939년(昭和 14)에 실시한 한해 구제 토지개량사업과 1940년(昭和 15) 이후 6개년계획으로 실시한 사업을 계승한다.

▲ 증산 목표 : 완성 연차〔1955년(昭和 30)〕의 증산 목표 수량 1,138만 석으로 총생산 수량 약 3,500만 석을 확보하려는 것이다.

▲ 증산 방법

一. 경종법 개량에 의하여 518만 석

二. 농지개량사업으로 1942년(昭和 17) 이후 53만 정보를 우량 경지화하여 증산 수량 620만 석을 확보한다. 그리고 내역은 다음과 같다.

1. 관개개선 : 28만 정보

2. 개간, 지목변환 : 12만 정보

3. 경지 정리 : 6만 정보

4. 암거배수 시설 : 2만 정보

5. 간척 : 3만 정보

6. 소지구 농지개량 : 2만 정보

합계 : 53만 정보

그런데 증미확충계획에 따라 기사 1명, 기수 3명, 속관(屬官) 4명이 있을 것으로 보인다.

농지개량영단, 신년도부터 사업

개정 증미확충계획이 수립되어 1942년도(昭和 17)부터 실천의 제1보를 발족하게 되었는데 획기적 대증미계획의 완수를 기하기 위하여 총독부에서는 이번에 자본금 1,000만 엔으로 농지개발영단을 설치하고 신년도부터 사업을 개시하게 되었는데 이 농지개발영단은 측량 설계, 개척 사무를 담당하고 총독부에서는 종전의 직접 개발사업 전부를 영단에 이관하는 동시에 총독부는 통사(統査), 채산 사무를 담당하고 영단에서는 수립한 설계를 수리조합에 청부하기로 되었다. 그리고 자본금 1,000만 엔은 국고 출자 300만 엔, 민간 출자 700만 엔으로 하야 3개년간에 걸쳐서 각각 출자하고 영단으로서 5,000만 엔의 기채를 할 수 있게 되었다. (…)

〈자료 166〉 히사마 겐이치(久間健一), 1943, 『朝鮮農政の課題』, 成美堂書店, 409–411쪽.

제15장 수리사업의 재발전

4. 수리조합의 재발전

(중략)

이상 간단하게나마 사변(중일전쟁)하에서 증미계획에 기초한 수리사업의 전개를 개설하였다. 그런데 어찌 되었든 이 계획이 사변하의 제 조건의 제압을 받은 것은 어쩔 수 없었다고 하더라도, 그 규모가 극히 소극적인 것은 부정할 수 없다. 그것이 얼마나 미온적이었는지는 제11표 관개시설별 면적표의 수리불완전답 면적과 대비해도 판연하다고 할 수 있을 것이다. 이렇게 조선 수리시설의 중요성은 여전히 장래에 남겨진 문제라고 하지 않을 수 없다.

즉 제11표에서 알 수 있는 것처럼 12만 7,000정보의 관개개선을 1947년(昭和 22)까지 완성한다고 하더라도 여전히 약 26만 정보의 불완전답과 52만 정보에 이르는 천수답을 남기고 있는 것으로, 양자를 합하면 약 78만 정보, 총면적의 약 45%는 수리불완전답으로 잔류하게 된다.

하지만 이상의 추정은 기존의 논에 대해서만 서술한 것으로, 이를 만약 단순한 관개개선에만 한정하지 않고 신규 개간을 포함한 조전(造田) 가능면적과 비교하면 그 여지는 더욱 확대된다. 지금 이를 총독부 도쿠노(得能) 기사의 추정에 따라서 보이면 제12표와 같다.[82] 이로써 조선 수리농업 발전의 가능성이 얼마나 큰지를 알 수 있을 것이다.

이렇게 조선 수리농업은 사변하에서 재발전하고 있음에도 불구하고 그 범위는 한정되지 않을 수 없었던 것으로, 여전히 천수답 농업이 지배적이라는 것은 부정할 수 없다. 따라서 증미계획이 아무리 경종법 개선에 의하여 소기의 목적을 달성하려 한다 해도 그 기본인 수리의

82 * 得能繁男, 1939, 「農産物增産と土地改良」, 『自力更生彙報』 75.

안정 없이는 용이하지 않다. 즉 수리의 합리적인 배급 체제를 시행하는 것 없이는 생산을 안정시키는 것은 불가능하다. 시험 삼아 생각하면, 1939년(昭和 14)의 한해가 극단적인 것이었다고 하더라도, 그 미증유의 한해는 모든 경종법 개선을 무효가 되게 하였다.

어떻든 금회의 증미계획이 '장래의 인구 증가, 외지 특히 반도의 문화 경제 향상에 따른 소비 증가, 대륙에 대한 미곡 공급 등 수요의 증가는 클 것이라 예상되'어 수립된 것으로서는 충분한 것이라고 할 수가 없다. 왜냐하면 지금 간단히 외지, 대륙이 미곡의 생산, 소비에 있어 변화가 없을 것이라 가정한다 해도, 내지의 수급에 가까운 장래에 불균형이 초래될 것임은 내선만(內鮮滿)의 수급 상황으로부터도 용이하게 예상할 수 있기 때문이다. 사람들은 제13표에서 보여 주는 최근의 정형적 수급 상태를 주목하여 읽길 바란다.

〈자료 167〉 식량증산응급대책요강(1943년 6월 4일 각의 결정)(大野綠一郎 關係文書, 1-6쪽)

국민 생활 확보의 절대적 요청에 따라서 속히 식량 자급 태세의 확립을 기하고 이것의 달성에 기여할 수 있을 만한 모든 방도를 강구할 필요가 간절한바 이때 보리, 감자·고구마류 등 주요 식량 농산물 및 수산물의 증산에 관한 기정 계획 외에 아래 응급대책을 실시하기로 한다.

〈식량 농산물 증산 대책〉

1. 불경작지의 해소 및 잡곡 등의 증산에 관한 조치

당면한 도작에 만전을 기하고, 재식(裁植) 밀도의 증가, 질소비료의 전층(全層) 시비, 제초 필요 횟수의 장려 등에 힘쓰며, 생산 목표의 달성을 도모하는 동시에 이때 특히 아래의 조치를 강구하고자 한다.

(1) 경작되지 않는 논의 해소를 목표로 시정촌(市町村) 농회, 부락 농업단체 등으로 하여금 공동 경작 등의 방법에 의하여 수도의 작부를 완수할 것.

(2) 경작 폐지 밭은 물론 벌목 적지(跡地), 하천부, 황무지, 공장 건축 예정지, 기타 모든 휴한지를 동원하여 각 방면의 노동력을 동원하고 메밀, 조, 콩, 피, 옥수수 등의 잡곡 또는 호박 등 각 지방에 적합한 식량 농작물의 작부를 행하는 동시에 과수원, 뽕나무밭, 과류(瓜類), 기타 작부지에 대해 지방의 실정에 따라서 콩의 주원작(周園作) 또는 간작을

행하고 또한 윤작 방법의 개선에 의해 메밀 등의 작부에 힘쓸 것.

(3) 홋카이도에서의 식량 생산 확보에 대해서는 그 특수 사정을 미뤄 보아 이때 당장 불경작지의 발생을 방지하기 위해 필요한 조치를 강구할 것.

2. 감자·고구마류는 증산의 여지 가장 커서 그 주요 식량화를 강화, 촉진하는 것은 식량 정책상 특히 긴요, 적절하기 때문에 기정방침에 따라 우량 묘 보급 등의 시설을 실시하는 외에 아래의 조치를 강구할 것.

(1) 감자·고구마류 증산에 관해 이때 품종, 재배, 저장, 가공 등에 걸쳐 급속히 기술의 개선을 추진하고 민간 경험자의 우수한 기능의 활용에 힘써서 적절한 기술의 보급을 기할 것.

(2) 감자·고구마류의 주요 식량으로서의 활용을 철저하게 하기 위해 그 가공에 관해 각별한 조치를 강구하고 저렴하고 우량한 가공 제품의 생산을 도모할 것.

(3) 감자·고구마류의 가격 및 그 통제 기구에 검토를 더하여 이것의 증산을 확보하는 동시에 실정에 따라서 신속, 원활한 배급을 기할 수 있는 것과 같이 급속히 필요한 바의 개정을 행할 것.

3. 노동력 보급에 관한 조치

소요 노동력에 대해서는 현지 노동력의 활용에 힘쓰는 동시에 대개 아래의 조치에 의해 이것의 보급을 하게 하기로 한다.

(1) 농촌의 부근 도시 특히 지방의 정(町) 등에서 청소년, 일반 시정민(市町民) 등의 노동력을 대정익찬회, 제 단체를 중심으로 하는 자발적인 국민운동으로서 적당한 근로 보국대 등을 동원하고 현지 농촌의 요청에 응하게 할 것.

(2) 일반 학도 그중에서도 농학교 생도의 동원을 극력 실시하기로 하고 전문학교 이상의 학도에 대해서도 적극적으로 이를 행할 것.

(3) 지방의 실정에 따라서 농촌 청소년 등으로 식량증산대를 편성하고 수시로 도처에 출동하여 농경 또는 개간에 종사하게 할 것. 또한 농촌 국민학교 아동의 취로에 대해서 더욱 적절한 조치를 강구할 것.

4. 기타

(1) 비료에 관한 조치

판매비료 특히 무기질 비료의 공급 확보에 유감이 없도록 필요한 여러 가지 방도를 강구하는 것은 물론, 자급비료의 개량 증산 및 시비의 개선에 관한 종래의 시설을 추진하고 특히 녹비 작물 종자의 확보, 도시 분뇨의 농촌 배급 강화, 농업용 석회 및 석회 원료 분말의 공급 확보 등에 필요한 조치를 강구할 것.

(2) 자급비료에 관한 조치

자급비료의 증산에 관한 기정 계획의 완수에 힘쓰는 외 각종 짚류, 고구마 줄기, 기타 경엽(莖葉)의 이용을 철저하게 하기 위해 사일로[83]의 보급을 확충하는 동시에 미이용 자원의 활용 및 초류(草類) 이용 등에 관해 필요한 조치를 강구할 것.

(3) 향토식(鄕土食) 운동에 관한 조치

각 지방에는 각각 그 토지의 생산 사정에 따라서 존중할 만한 고유한 향토식이 좋은 것이 적지 않으므로, 대정익찬회 등을 중심으로 하여 향토식의 존속, 부활을 목표로 하는 운동을 지방 사정에 따라서 자발적으로 전개하는 것과 같이 적당한 방도를 강구할 것.

(4) 만주국에서의 응급 증산에 관한 조치

만주국에서의 일본 내지인 개척용지(開拓用地)의 미간지를 급속히 개발하여 식량의 응급 증산을 도모하기 위해 만주국의 협력을 얻어 적당한 조치를 강구할 것.

또한 토지개량을 확충하는 동시에 이작의 보급 개량을 도모하고 농지의 생산력을 증강하기 위해 별도로 필요한 시책을 강구할 것. (중략)

비고

1. 주요 식량의 자급 강화 시책의 전개에 관련하여 특히 아래의 사항을 고려하기로 한다.

(1) 농업 기술자 및 지도자의 기술 동원 태세를 강화할 것.

(2) 주요 식량 농산물의 종묘(種苗)에 관한 나라의 시설을 정비할 것.

(3) 불요불급 작물의 생산 억제, 기타 작부 통제의 철저를 기하는 동시에 불경작지의 해소 및 공한지의 이용 등에 관해 필요하면 법령에 의한 조치를 강구할 것.

(4) 농경지의 타 용도로의 전환은 이때 특히 억제하는 동시에 농업자의 징용 및 타 부문에

83 가축의 겨울 사료나 곡물 등의 저장용 원통형 창고.

의 수출에 대해서는 각별한 주의를 할 것.

2. 주요 식량의 자급력 강화에 대해서는 외지에서도 그 실정에 따라 대개 본 요강에 준하여 조치할 것.

4. 전시체제기 식량밭작물정책

1) 신문·잡지 기사를 통해 본 전시 식량밭작물정책

(1) 개관 및 해제

일제강점기 조선 농민들은 총독부의 강제적인 쌀 증산정책과 환금작물로서의 중요성 때문에 쌀 생산에 매달렸지만 오히려 농민들의 쌀 소비량은 감소했다. 농민들의 식생활에서 실제로 중요한 것은 바로 보리, 조, 콩 등의 잡곡이었다. 자연 조건으로도 잡곡 생산에 유리한 점이 많았다. 그러나 일제하 조선에서 잡곡은 생산량이나 재배면적에서 전반적인 정체 내지 감소 경향을 보였다. 농민들은 쌀을 기아(飢餓) 판매하고 잡곡으로 그것을 보충해야 했지만 생산량이 증가하지 않아 쌀과 잡곡 모두 1인당 소비량은 점차 감소해 농민들의 식생활은 더욱 열악해질 수밖에 없었다.

총독부는 1930년대 들어 쌀 과잉과 농촌경제 파탄을 해소하기 위해 생산정책 면에서 쌀에만 초점을 맞추던 것을 전환하여 잡곡(밭작물)에도 관심을 갖기 시작했다. 1931년 '전작개량증식계획'을 수립하여 맥류·콩·조 3종류의 작물에 대해 1931년 이후 1942년까지 12개년간 총 약 1,100만 석을 증산한다는 계획이었다. 1937년 중일전쟁 발발 이후 전쟁의 장기화와 1939년 조선 중남부의 대가뭄으로 식량 수급 불균형이 심화되자 1941년 5개년계획으로 '식량전작물(畑作物)증산계획'이 실시되었다. 이것은 기존의 '전작개량증식계획'을 개정하여 증산작물도 주요 양곡인 맥류 및 조에 한정했다. 이것은 쌀 증산이 한계에 부딪치게 되자 저비용으로 보다 많은 생산량을 확보할 수 있는 잡곡 증산에 박차를 가하게 된 것이다.

전시체제하에서 식량 부족이 심화되자 총독부는 '미곡중점주의(稻作第一主義)' 정책을 수정했다. 아시아·태평양전쟁 발발 이후 조선의 식량 사정, 나아가 일본제국권 전체의 식량 사정은 전체적으로 생산량은 감소하고 전시 수요는 계속 증가하는 수급 불균형이 매우 심화되었다. 이런 상황에서 그간 상대적으로 등한시되었던 잡곡 우선의 증산정책으로 전환하여 절대적인 식량 생산량 증가를 꾀했지만 그 역시도 실현되지 못했고, 식량문제 해결의 유일한 방법은 조선인들의 소비를 무리하게 줄이는 내핍과 수탈뿐이었다.

이러한 식량밭작물정책에 대해 신문·잡지 기사를 통해 살펴보았다. 자료는 1930년대 이후 《동아일보》를 중심으로 《조선일보》, 《매일신보》의 식량밭작물 증산 관련 기사를 정리했다. 일본제국의 요구에 따른 쌀 중심의 생산정책이 식민통치의 안정과 전시 식량 확보 상황하에 잡곡(밭작물) 증산으로 전환·확대되는 과정을 살펴볼 수 있다.

(2) 신문 기사를 통해 본 식량밭작물정책

① 1929년 서북부 전작증수계획

〈자료 168〉 총독부의 농사개량 대책, 비료 자금, 전작 장려, 각 도 기술관 회의에서
(동아일보, 1928.03.23, 6면 1단)

각 도 농업기술관 회의는 지난 19일로써 종료하고 20일에는 특별 타협 사항에 관하여 협의를 진행하였다는바 본회의 중 논의의 중심이 된 안건 및 이에 대한 방침은 아래와 같이 결정된다. (중략) 1. 전작 장려에 대하여 산미증식계획과 떨어질 수 없는 관계에 있는 전작에 대하여는 종래 적극적의 장려 방법을 강구하지 아니하였던 고로 현재 조선내산(朝鮮內産)의 속(粟)은 겨우 470만 석에 불과하여 200만 내지 300만의 속을 만주로부터 수입하고 있는 상태인 고로 금후는 다만 속뿐만 아니라 일반 전작물의 장려에 적극적 조장정책을 채용하기로 한다.

〈자료 169〉 속 수입 방지책 전작증식계획(동아일보, 1929.04.07, 6면 2단)

외미(外米) 및 속의 잡곡은 매년 300만 석의 수이입을 보는데 오히려 점증의 경향이 있다. 조선에는 전작의 장려에 의하여 속 및 잡곡의 증식을 도모하기는 용이한 사업인 고로 1929년도(昭和 4)부터 총독부에서는 전작 증식안을 계획하여 속작을 위시하여 그 타의 잡곡을 장려하여 수이입의 방지책을 강구하고 있다는 바 1928년(昭和 3) 중의 이러한 수이입고는 341만 6,922석으로 그 내역은

▲외미 518,563석, ▲속 1,973,486석, ▲대맥(大麥) 및 나맥(裸麥) 18,349석, ▲소맥 117,660석, ▲패(稗) 4,103석, ▲고량(高粱) 69,525석, ▲옥촉서(玉蜀黍) 8,496석, ▲서(黍) 50,442석, ▲

대두 323,935석, ▲소두(小豆) 83,742석, ▲녹두 23,793석, ▲채두(菜豆) 931석, ▲잠두(蠶豆) 89,617석, ▲연맥(燕麥) 46석, ▲낙화생(落花生) 3,568석, ▲기타 두 64,322석, ▲합계 3,416,923석.

〈자료 170〉 속 모범 작포(作圃)의 적작(適作) 장려, 내년도로부터(동아일보, 1930.10.17, 8면 1단)

현재 실시 중인 서북도의 전작증수계획으로 인한 속 모범 작포에 대하여 적작으로 대맥, 소맥의 작부를 장려하더니 금년의 성적은 4할 내지 6할의 호성적인데 이 적작 장려에는 하등 보조금을 지급치 않고 심경 및 퇴비 증시, 휴폭(畦幅)[84]의 개량, 품종의 선택뿐으로 부근 일반작에 비하여 5할 이상의 성적인데 총독부에서는 위 실적에 대하여 각 도의 보고를 수집 중으로 내년도부터 품종의 선택을 우량품종으로 지정하고 금비의 시용을 증시함에는 무려 10할 이상의 증수는 용이하겠다고 총독부 농무과 야마모토(山本) 기사는 말한다. (중략)

② 1931년 밭작물(畑作物)개량증식계획 : 속류(조), 맥류(보리), 두류(콩)

〈자료 171〉 전작개량증식 농민실업 완화로, 맥, 두, 기타 잡곡 수확은 5할 내지 10할의 증가(동아일보, 1930.09.18, 8면 1단)

◇ 총독부의 계획

수년 이래 재원의 결핍으로 실현의 기회를 일흔 전작개량증식계획은 재해 적작의 보급 혹은 농민의 실업 완화에 이바지할 필요로서 조선에서는 극히 유효 적절한 계획이라 하며 또 이것을 실시하면 맥, 두, 기타 잡곡류의 수확은 5할 내지 10할의 증수로 되어 일약 현재의 거의 배액의 수확이 확실하다 하므로 식산국에서는 긴축 절약의 다단한 1931년도(昭和 6) 예산에서 온갖 어려움을 물리치고 이에 실현을 기하려고 노력하기로 되었는데 그 계획안에 의하면 1931년(昭和 6)부터 1942년도(昭和 17)에 이르는 12개년 계속사업으로 하고 총경비 1,100만 원을 계상하여 이것을 각 도에 배당하여 국고 지출로 하기로 하였는데 1931년도(昭和 6)에서는 재정의 형편을 참작하여 40만 원여를 계상하기로 되었다.

---

84 이랑의 너비.

〈자료 172〉 전작증식계획으로 잡곡의 생산 증가, 1억 원이 증식되는 동시에 6,000만 원 수입을 막게 된다, 마쓰무라(松村) 총독부 식산국장 담(동아일보, 1930.10.30, 8면 2단)

총독부의 전작증식계획은 식산국 다년 숙원이 달성되어 1931년도(昭和 6) 예산에 12개년 계속 370만 원(그중 1931년도(昭和 6) 액 6만여 원)을 계상케 된 바 그 계획의 내용은 아래와 같다.

1. 우량품종 종자 보급

1. 전 조선 200군에 기술원 배치

1. 각 도 종묘장 품종개량에 관한 기술원 배치

1. 모범 작포 설치와 동시에 재배 지도에 요하는 지도원의 배치

1. 농사시험장 서선지장에 전작 품종개량 기술원 설치

에 의하여 속 6할, 맥 5할, 대두 2할의 증식을 하고 속 520만 석, 맥 900만 석, 대두 400만 석을 목표로 계 1,820만 석 내의 수입을 방지하여 1억만 원의 생산 증식을 하려는 것이며 초년도 액에 약 6만 원의 소액이 계상된 것은 긴축 시 재정 관계를 고려한 것으로 차년도 이후 매년 30여만 원을 계상하여 약 7할 액은 인건비를 빼놓고 농가 본위의 국고보조를 하게 된바 이에 대하여 마쓰무라 국장은 아래와 같이 말하였다.

"여론의 추이를 보고 계획을 한바 원래 전작은 미작과 달라서 수확 전부는 경작자의 수득(收得)으로 되고 특히 소작 방면에 유리케 한다 생각하여 한편에는 사회 정책을 가미하는 것으로도 생각한다. 물론 본 계획의 진행에 따라 매년 조선 내에 수입되는 잡곡 5,000~6,000만 원 수입 방지를 기하게 되는 바 사업의 범위가 확대됨에 비하여 경비가 겨우 400만 원 미만의 소액인 줄로 생각하는바 나로는 산미증식계획과 병행하여 사업의 대성에 노력하기로 한다."

〈자료 173〉 전작개량증식계획(1). 산미증식계획과 병행될 새로운 농사정책을 수립(동아일보, 1930.11.29, 6면 1단)

금년의 대풍작에 비춰 보아 총독부에서는 산미증식계획과 병행하여 전작개량증식계획을 수립하여 내년도 예산에 계상하게 되었다. 산미증식은 토지개량과 식량문제의 해결에 있고

전작증식도 또한 식량문제에 중요한 사명을 갖고 있다.

산미의 증수로 말미암아 농촌경제는 극도의 불안을 일으켰으며 외미의 수입 제한, 만주 속 수입세 인상 등을 행하였고 이제 조선 농촌을 구제하려고 하는 이 전작개량증식계획은 실로 우리의 주목을 끌고 있다. 이제 이 전작개량증식계획의 정책 내용을 들어 보려 한다.

이제 당국의 신계획인 전작증식이 중요한 바를 소개하기 전에 1929년도(昭和 4)부터 전작의 주요 산지인 서북선(황해, 평남, 강원, 함남, 함북) 6도에서 전작개량증식 장려에 의하여 실시의 성적 또한 1930년도(昭和 5)의 국비 및 지방비의 시설 상황을 보면 속 모범 작포에서 평균 단당 수량은 1석 8두 3승 1합을 거두었고 모범 작포 부근에서 일반 반작의 단당 수량 1석 4두 7합에 대하여 증수량이 7두 8승 4합 즉 7할 4분 9리의 증수 보합이었다. 그리하여 모범 작포를 설치한 군의 평균 단당 수량 7두 2승 3합에 대하여 1석 1두 8합의 증수로서 실로 15할 3분 3리의 보합을 보이고 있다. 다시 금년도의 실시는 전년과 마찬가지로서 지도원비가 국비 3만 5,000원, 지방비 6,750원, 모범 작포 설치비가 국비 1만 7,500원, 지방비 2만 5,164원, 계 국비 5만 2,500원, 지방비 1만 4,405원이다. 이것의 내역은 다음 같으나 내년도부터 전작증수계획의 실시에 따라 자연 중지가 된다.

전작증식계획 요령

12개년 계속사업으로서 국비 총액 368만 원을 다하여 아래의 방법으로서 증수량 속 6할(295만 석), 대맥 5할(470만 석), 소맥 5할(154만 석), 나맥 4할(24만 9,000석), 대두 2할 6분(111만 석)의 각 증식을 도모하고 전 조선에 보급하게 하여 완성 후는 약 1,060만 석, 그 가격 1억 1,500만 원의 증수와 동시에 속, 대두, 소맥 등 연 60만 원의 수입을 방지하게 된다. 그리하여 전작물은 미작과 달라 소작 세농민의 수득이 많게 된다.

1. 우량품종 종자 보급
1. 전 조선 200군에 기술원 배치
1. 각 도 종묘장 품종개량에 관한 기술원 배치
1. 모범 작포 설치와 동시에 재배 지도에 요하는 지도원의 배치
1. 농사시험장 서선 지장에 전작 품종개량 기술원 설치

〈자료 174〉 전작개량증식계획(2). 산미증식계획과 병행될 새로운 농사정책을 수립

(동아일보, 1930.11.30, 6면 1단)

전작 증시 실시가 중요한 까닭은

1. 농민 경제 향상상 중대성

조선에 있어서 전작물인 맥류, 속, 두류, 기타 잡곡류는 전 조선에 재배되어 전 면적 283만 정보에 대하여 그 작부 전체 면적은 370여만 정보에 달하는데 전답 총면적의 약 8할 5분을 점한다. 딸하 조선 총인구의 8할에 달하는 농가는 거의 전작에 종사하고 또한 중소농 기타 대다수의 민중은 이러한 양식 이외에 전작 생산은 주요 식량에 이바지하고 있으나 경종이 적절하지 못한 까닭으로 그 생산은 아직 수요를 만족시키지 못하고 매년 그 부족은 수이입을 바라는 실황이다. 그러므로 차등 전작의 개량 증식을 기함은 직접 다수 민중의 식량을 충당하여 생활 안정이 되게 하여 농촌경제의 향상에 도움이 되게 하려 함임은 췌론 불요의 사실이다. 그리하여 지방 농촌경제의 진전은 곧 근시의 중대한 사회문제이다. 즉 본 계획의 실시는 농업정책상 중대한 문제이다.

2. 무역 개선과 공업 진흥상 효과

조선에 있어서 속, 맥류, 두류, 기타 잡곡류의 수이입고는 매년 평균 380여만 석, 가격 60만 원의 다액에 달하고 인구 증가에 따라 장래 더욱 증가의 추세이다. 따라 이 대책인 본 계획을 실시함에 있어서 단기간에 수이입을 방지할 수 있고 나아가 달리 말해 품질 우량의 정평 있는 조선산 대두 또한 소맥의 수이출을 증가함으로써 무역의 개선을 기할 수 있고 아울러 조선 내에서 이러한 잡곡의 가공에 의하여 제분업, 국수 제조, 기타 공업의 진흥을 촉진하고 산업개발에 도움이 될 것이다.

3. 경비 소액과 자작 확립의 효과

전작의 개량증식은 미작과 같이 토지개량의 경비를 요하지 않고 한수해에 대하여 또한 안전할 뿐 아니라 소액의 생산비에 의하여 그 증수를 거둘 수 있음은 기왕의 실적이 증명한다. 또한 전작은 수전작에 있어서와 같이 작지가 많지 않고 그 대다수가 자작농인 까닭에 개량 증식의 효과를 적확히 거둘 이익이 있다. 또 2모의 소작료는 면제됨을 통례로 하므로 실제 경작에 종사하는 농가의 전작에 대하여 노동력의 보수는 미작에 비하여 한층 큰 것이다. 그러므로 이 전작개량증식계획은 그 시행 여하에 따라 세농민을 구제할 것이다.

〈자료 175〉 전작 장려비 1억 1,000만 원, 상당히 증수될 모양(동아일보, 1930.12.13, 8면 1단)

척무성 승인을 얻고 내년도 총독부 예산 중에는 기보와 같이 전작 장려비로 10만 원 계상된 바 위 전작 장려는 현상 조선의 전은 전 경지면적의 약 3분의 2를 점하는바 그 토질과 수확은 매우 빈약하고 품종의 개량, 비료 증시 등 합리적 경영을 하면 상당히 증산될 모양임으로 종작(從作) 속작만 장려하였던 것을 내년도부터는 대두, 맥 등의 장려를 하려고 12개년 계속사업으로 총예산 360만 원을 예정하고 먼저 내년도에 10만 원을 계상된 것으로 위 10만 원이 결정되면 조선 내 200군, 도에 증수 선전키 위하여 2,289개소의 지도포를 설치하고 또한 우량품종을 만들기 위하여 원종포(原種圃)를 설치하는 외 일반 전작을 장려코자 총독부 농사시험장, 동 지장과 각도 종묘장에 기술원을 증원케 되었는데 이에 의하여 총독부에서는 속 6할, 맥 4 내지 5할, 대두 2할 즉 금액으로 환산하여 1억 1만 1,000원의 증수를 예상한다.

〈자료 176〉 방대한 전작 계획 1억 1,000만 원 증수, 12개년 계속의 전작증식 계획안, 계획 완성되면 1,600만 석을 증수, 2,300의 지도포 신설(동아일보, 1931.01.30, 2면 6단)

총경비 380만 원의 경비와 12개년 계속사업으로 시행하는 전작개량계획에 대하여 총독부 식산국으로부터 29일에 정식 발표된 바에 의하면 다음과 같다.

전작개량은 우선 보리·두류·조 세 가지만 개량 증식을 도모하는 것이다. 조선은 밭의 면적이 283만 정보나 되고 그 작부면적은 370여 만 정보에 달하여 경지 총면적의 8할 5분이나 된다. 그러나 그 생산은 아직 조선 내의 수요를 채우지 못하고 수이입에 기다리는 형편으로 그 수입고가 매년 평균 380여만 석, 가격이 6,000여 만 원에 달함으로 1개년에 전작을 개량하여 12년 후에는 맥류에는 4할 내지 5할, 대두는 2할, 조는 6할의 증수를 얻어 현재의 수확고 1,880여 만 석을 2,940만 석에 증가(증가 석수 1,060만 석, 가격 1억 1,500만 원)케 하고자 하는 것이다.

이 계획 실행 방법으로 전 조선 220군, 도(島) 중 주요 재배 지방 200군, 도에 대하여 1면 1개소 평균, 총수 2,289개소의 지도포를 설치하여 개량 증식의 모범을 보이고 전작개량 경작조합을 조직하고 중심인물을 조합장에 선임하고 농구 비료 등의 공동구입 경종법의 공동판매의 사업을 하게 한다.

〈자료 177〉 사설: 전작증식계획 검토, 증식만이 능(能)이 아니다(동아일보, 1931.02.01, 1면 1단)

2. 그러하나 이 계획을 엄밀히 검토할 때에 우리는 세 가지의 결함 혹은 착오를 발견할 수 있는 것이다.

(1) 첫째로 계획 발표의 시기를 그르친 것이다. 전술도 한 바와 같이 금일은 전 세계 각 공황 중에 있고 특히 농업공황이 더욱 심한 중 조선에 있어서는 엎친 데 덮치기로 미증유의 미의 전 동양적 대풍작을 만나 500여만 석이라는 쌀의 증수로 말미암아 미가가 작년의 반 이하로 저락하는 참상을 일으켜 저 경제가들의 소위 생산과잉의 현상을 연출하고 있으니 당국자로서 생산의 제한, 국가적 미가 조절 혹은 보상 등의 방법을 강구할 필요가 있을 터인데 조선에 있어서는 이출 조절이란 구급책 외에는 그 방면에 대하여 아직까지 시원한 대책이 없으면서 그 반면에 생산과잉의 현상을 조장할 수 있는 증식만을 제창한다고 하는 것은 심리적으로나 또는 실제적으로나 타당치 못한 일이오 공황을 증식하게 하는 일이다. 혹은 말하기를 미의 생산과잉, 농촌의 공황은 일시적의 현상이요 얼마 뒤에 경제계가 정상으로 회복되면 이 현상도 소멸될 것이라 하리라. 이 이론은 조선의 특수사정과 미가의 특수사정을 망각한 이야기다. 당국자는 미의 820만 석 대증수 계획을 그냥 앞으로 추진하려고 성명도 했고 애쓰고 있지 않는가. 그 반대로 미의 소비란 것은 일부 동양인의 식량 및 양조 등에 사용될 뿐으로 금후 그 소비량의 약간의 자연 증가가 있을는지는 모르나 현저한 증가가 없을 것은 알 만할 일이 아닌가. 그러면 비록 세계적 불황이 된다 하더라도 미가의 회복이란 것은 어디서 전쟁이나 돌발하기 전에는 크게 바랄 것이 못 되는 것이 아닐까. 이러한 정세를 앞에 두고 '단순한' 증식만을 목표로 하는 설계는 차라리 무모한 일이 아니랄 수 없다.

3. (2) 둘째로 만일 이 전작증식의 계획을 가리켜 조선 내의 식량의 자작 자급을 목표로 한 것이라 인정하며 따라서 만속(滿粟)과 외맥(外麥)의 수입을 먹게 하자는 것으로 인식하는 이가 있다 하면 이는 착오다. 전작의 개량에 의하여 조선 속과 조선 맥의 증수가 예정 계획대로 된다고 가정하면 물론 외속맥(外粟麥)에 대하여 약간의 영향이 없을 것은 아니지마는 그 영향의 대부분은 미의 일본 이출 증가로서 나타날 것이요 따라서 조선인의 잡곡 소비는 그만큼 증가가 되고 일본 시장에 쇄도하는 조선미의 수량은 더욱 증가할 것뿐이다. 그로 인한 일본 미가에게 끼친 영향, 조선에서 잡곡 생산자에게 끼친 영향 등은 전쟁의 발발을 예상하는 외에

있어서는 실로 재앙적일시 분명하다.

(3) 그러므로 이 두 가지의 고찰이 자연이 인도하는 결론으로 셋째 요점, 즉 단순한 증식에만 열중하지 말고 그와 수반한 시설이 있어야 된다는 것이다. 즉 생산의 증가를 도모하는 동시에 소비 판매의 길을 미리 닦으며 공업과 농업의 관계, 도시와 농촌의 관계, 자본 대 노동력, 지주 대 소작 등의 제반 관계, 통틀어 말하자면 분배에 대한 제 문제를 합리적으로 해결할 방책을 세워야 할 것이니 그렇지 아니하면 증식의 계획도 도리어 화를 일으킬 가능성이 절대로 없다고 못할 것이다. 금일의 경제 상황에 대하여 일 견문이 있는 자 중에도 언필칭 산업이 발달 내지 농산의 증가는 비록 그 이익의 대부분이 자본가에게로 가더라도 그 일부분이나마 대중에게 떨어지지 않느냐고 말하는 자가 종종 있다. 이것은 일견 그럴듯하면서도 근본적으로 착오된 이론인 것은 금일 산미증식계획의 실적이 우리에게 명백히 보여 주는 것이다. 당국자는 말할 때마다 반드시 우리를 가리켜 냉정치 못하다 하거니와 우리는 겨우 말하고 싶은 일각만을 들어서 당국자의 냉정한 반성을 재촉하는 바이다.

〈자료 178〉 전작계획 실시 성적 양호, 식산국 야마모토(山本) 기사 담(동아일보, 1931.11.25, 8면 2단)

본년도로부터 실시한 전작계획에 의한 실시 상황에 대하여 총독부 식산국 야마모토(山本) 기사는 본년도부터 계속사업으로 연차 계획에 의하여 실시한 결과 예정계획 이상에 달했다는 것을 기뻐하는 태도로 아래와 같이 말했다.

"그 실시 상황은 아래와 같다. 품종개량 방면은 농사시험장에 기술원을 배치하고 경기·충남·전남·경북·황해 및 평남 6도의 종묘장에 기술원을 증원하여 원종답 12정 6반, 제1차 채종답 63정 6반, 제2차 채종답 1,075정을 각각 설치하여 내년 봄부터 우량한 품종을 보급하게 되었다.

1. 실시 지도 방면은 213군에 814개소 3정보씩의 지도포를 설치하여 550정, 대두 549정, 춘파 맥 87정을 작부했다. 그러고 이러한 지도포 및 일반포에 대한 경종법 지도를 위하여 경기·충북·충남·전북에는 각 3인씩 전남·경북·경남도에는 각 4인씩 기타의 도는 각 1인씩의 전임 기술원을 배치했다. 그러고 전작에 관한 전임 기술자에게는 종래 설치된 35인을 합하여 65명이 되었다" 운운.

〈자료 179〉 사설: 전작개량증식계획(동아일보, 1932.10.22, 1면 1단)

3. 그렇지만 이미 산미증식의 실적을 보아서도 알 수 있는 것과 같이 전작증식계획에 있어서도 그 고질적 결함은 항시 그 생산에 대한 정책만을 문제로 하고 그 판로에 대하여서는 너무나 등한하는 데 있다. 현재 자본주의 경제 시대에 있어서는 그 판매상의 제 활동과 정책은 농업경영의 중요 부면을 구성하여 어떠한 경우든지 이것을 도외시하고는 농업경영을 생각할 수 없다고도 할 것이다. 설령 기술상으로는 그 생산과 증식이 가능하다 할지라도 그것이 반드시 경제상으로는 가능한 것은 아니다. 언제든지 그 생산은 판매를 통하여 소여(小與)의 경제적 제 조건에 의존한 것이기 때문에 면작, 기타 전작이 아무리 증산된다 할지라도 그것을 소화시킬 시장을 발견치 못한다고 하면 하등의 의의를 갖지 못할뿐더러 현재와 같이 세계가 농산물의 생산물에 고뇌하는 이때에 고식적 증산정책은 시세에 순응함이라 할 수 없다. 그러므로 이런 점에 대한 예비적 경계와 면밀한 주의가 없는 전작의 개량증식은 도리어 조선 농민의 일반적 부담을 증대시킬 우려가 있을 뿐만 아니라 지역적으로나 계급적으로나 농촌 소득의 불평균을 조장할 결과에 이를는지도 모른다. 이 점을 충분히 인식하여 산미계획의 전철을 밟지 않도록 당국에 일언한다.

〈자료 180〉 보식작물 증식, 계획안도 삭제(동아일보, 1932.12.27, 1면 7단)

총독부 1933년도(昭和 8) 신규사(新規事)의 보식 작물 증식계획은 척무성업(拓務省業)의 승인을 경유하여 대장성에서 사정의 결과 모두 삭제가 된바 이 안은 감저(甘藷), 마령서(馬鈴薯)를 적극적으로 장려하여 현재 실시 중의 전작증식장려와 한가지로 춘궁의 농가 호수 125만 호 즉 전 조선 농가 총호수 4할에 상당한 궁농 구제를 목적으로 한 것이다. 그래서 총독부 농무과 당국에서는 조선 농가의 실정을 모르는 대장성의 사정에 대하여 비난하고 추가 요구라도 하려고 하는 모양이다.

〈자료 181〉 근본 대책으로 전곡증식계획, 특례 설안(設案)은 일 소극책, 아직도 전도 요원(동아일보, 1933.03.20, 2면 4단)

별항과 같이 만주 속 수입 관세 인상에 특례를 만들어 가격 앙등을 제한한다 하나 이것은 극히 소극적 방침에 불과하다. 총독부에서는 근본 대책으로 전작개량증식계획을 시행하여 자작 자급책을 강구한다 하나 이는 10년보다도 2년이나 늦은 12년계획으로 1942년(昭和 17)에야 295만 1,000석의 증수를 얻어 겨우 만주 속의 수입을 방지할 수 있겠다는 계획인즉 전도가 자못 요원하다 한다.

〈자료 182〉 전작개량계획 내년도 제안(동아일보, 1933.07.10, 1면 5단)

농업 다각화를 목표로 하는 전작장려12년계획 촉진안은 작년 농무과에 입안하고 예산 기타의 관계로 보류되어 실현되지 못한 까닭에 총독에서는 1934년(昭和 9) 다시 재차 제안하기로 한다. 안은 기정 12년계획을 3년 내지 5년 닦아 올려 촉진하는 동시에 특용작물의 재배 장려를 행하려는 것이다.(중략)

③ 밭작물(畑作物)증식개량계획 확대(1935~1940)

〈자료 183〉 미작 만능시대에서 다원농업으로 전환, 미가는 해마다 저락 일로이나 대 · 소 · 나맥가는 3할 내지 9할이 앙등, 전도 유망한 조선 전작(동아일보, 1934.02.23, 4면 1단)

산미증식계획에 기인한 조선의 농업은 실로 미작 만능화하여 맥작은 거의 생각하지 않더니 미의 과잉 문제를 낳아 현재 두통 중임은 모두 아는 바어니와 총독부 농산과에서는 맥작, 기타 전작에 주력하는 것이 득책이라는 견지에서 적극적으로 이를 장려하기로 되었다. 그런데 그 증거로는 미가가 매년 저락할 경향임에 반하여 맥류의 가격은 매년 상승을 보여 최근 3개년간의 통계에 의하면 대맥은 1931년(昭和 6) 중 매 석 4원 80전이던 것이 1932년(昭和 7)에는 5원 21전, 1933년(昭和 8)에는 6원 30전으로 되고, 소맥은 1931년(昭和 6)에 있어 매 석 6원 19전이던 것이 1932년(昭和 7)에는 8원 86전, 1933년(昭和 8)에는 한층 약진하여 10원 34전이며, 나맥은 1931년(昭和 6)에 7원 14전이 1932년(昭和 7)에는 8원 31전, 1933년(昭和 8)에는 9원 82전, 이렇게 최근 3년간에 대맥은 약 5할, 소맥은 약 9할, 나맥은 약 3할 정도의 누년적 앙등을 보여 미작 만능에서 전작 만능시대의 출현을 예상케 한다. 그리고 1933년(昭和 8) 중의 맥류 생산은 수확량 대맥 750만 304석, 소맥 176만 2,287석, 나백 102만 3,153석, 계 1,037만 744석이요, 가액은 대맥 4,778만 6,730원, 소맥 1,821만 9,110원, 나맥 1,005만 15원, 계 7,605

만 8,155원으로 이것을 전년에 비하면 수확에 있어 대맥 41만 8,452석(5분 2리) 감소, 소맥 1만 6,200석(9리) 감소, 나맥 18만 6,400석(2분 2리)의 감소를 보였으나 가액으로는 대맥, 소맥 모두 수확고는 감소를 보였으나 가액은 앞에서 서술한 것과 같이 증가를 보였다.

〈자료 184〉 영농 근본 개정, 각 도 연락시험 10년도부터 실시(동아일보, 1934.03.01, 1면 7단)

미작 제일주의로 내려온 조선의 농업은 근년 계속되는 내외지를 통튼 풍작으로 미사(米飼) 과잉을 초래하여 드디어 대난국에 빠지어 총독부의 허울 좋은 간판의 하나인 산미증식계획은 사실상 중지되어 농정 근본 방침도 종래의 미작 편중주의를 버리고 사축(飼畜), 전작을 가한 다각적 영농주의로 전향하게 되었는데 이에 대응할 각 도 농사시험장의 시험 방침도 미작주의로부터 전작주의로 그리하여 각 도 고립주의로부터 연락 협조주의로 방향 전환을 하게 되었다. 이것은 지난번의 각도 농사시험장장 회의에서 대체의 결정을 본 것인데 드디어 1935년도(昭和 10)부터 실시하기로 결정하였다. 이 신방침의 대강은

1. 현재 각 도에서 시험하고 있는 항목 1,170여 항목은 너무도 다기적(多岐的)인데 또 8할까지는 미작에 관한 사항이므로 이것을 적당히 정리하여 면작, 천수답의 전작, 수출될 과수, 소채, 기타 전작 시험을 가한다
1. 각 도가 제각기의 입장을 고수하던 고립주의를 버리고 각 도 상호 간 연락을 취하여 시험 효과를 많게 한다

는 것으로 이 시험의 결과는 조선 영농 형태의 근본적 변혁을 초래하는 것이라 하여 기대되어 있다.

〈자료 185〉 전작개량증식 장려보조비 결정 총액 20만 5,000원(동아일보, 1934.04.27. 4면 3단)

금년도의 전작개량증식 장려보조비는 21만 5,209원으로 예산액보다 2원이 준 셈인데 내별(內別)은 다음과 같고 각 도별로 배정되어 이미 통지를 냈으며 현금 교부도 머지않았다고 한다.

1934년도(昭和 9) 전작개량증식장려보조계획

一. 원종포 설치 보조 1,155원 : 원종포 5정보에 대하여 단당 23원 10전씩

二. 지도포 설치비 보조 120,554원

1. 신설분 763개소에 대하여 1개소당 88원씩 67,144원

2. 기설 제2년차 763개소에 대하여 1개소당 44원씩 33,572원

3. 기설 제3년차 763개소에 대하여 1개소당 26원씩 19,838원

三. 전임 직원 설치비 보조 93,500원

1. 기설 농사시험당 근무 산업기수 13인에 대하여 1인당 1,200원씩 15,600원

2. 기설 군 근무 산업기수 95인에 대하여 1인당 20원씩 77,900원

〈자료 186〉 미작에서 전작에로 전향! 다각농업 구체안 작성, 국유 미간지 불하하여 재원 염출 개간비에는 3할 정도의 국고보조를 지급코, 내년도 신규사업으로 예산 요구(동아일보, 1934.05.25, 4면 1단)

조선총독부의 산미증식계획은 당분 중지하게 되고 이것을 계기로 미곡문제 해결의 한 방책으로써 재래 미작을 전작으로 전향케 하여 농업경영의 다각화를 도모하기로 되었다 함은 누보하였거니와 작년 이후 총독부에서는 토지개량과가 중심이 되어 그의 연구를 거듭하고 있던 중 이제 대체의 성안을 얻어 내년도부터 신규 사업으로 예산을 요구하게 되었다 한다. 이 신계획은 전작지개간조성계획으로 하여 면화 증식, 북조선 개척 등 사업의 수행을 원활하게 하는 한편에 전작의 확장으로 다각형의 농업경영 보급을 철저히 하려는 것이라 한다. 이 계획이 실현되는 때에는 조선 농업경영에 일 전기를 가져올 것이며 동 계획의 재원으로는 국유 미간지를 불하하여 약 80만 원을 염출하고 개간비에 대하여는 대체로 3할 정도의 국고보조를 지불할 터라 한다.

〈자료 187〉 산미에서 잡곡으로 전향, 전작지 개간 조성 10개년계획 수립, 전 조선 120만 정보 미간지 제1기로 3만 정보 개간(동아일보, 1934.07.21, 2면 7단)

조선의 영농 방법은 종래로 산미증식에 치중하고 백미 이외의 양식은 등한시하여 온 까닭에 조선에서의 토지개량사업 같은 것도 수전에만 힘을 써 왔다. 수리조합이나 간석지 개척

등이 모두 여기에서 발한 것이다. 그리던 것이 최근에 이르러서는 산미증식계획을 중지하는 동시에 다각적 영농 방법을 채택하기로 하는 한편 산미증식계획을 잡곡증식계획으로 전환케 되었다.

즉 내년도부터는 조선 농림국 토지개량과에서 전작을 장려하기 위하여 전작지개간조성계획을 세우고 10개년 계속사업으로 미간척지 120만 정보 중에서 가장 적당한 산야의 30만 정보를 선택하여 제1기 사업을 진행하기로 되었다. 그리하여 매년 1만 5,000정보 내지 3만 정보씩을 개간하여 숙전을 만들기로 되었다. 이 계획을 세우는 동시에 토지개량과 안에다가 전작개간 조성 계를 설치하고 전임 기사와 기수, 속관, 고원 등을 증원하고 각 도에도 이에 대한 전문 계를 설치하는 동시에 기술자를 증원하여 대대적으로 이 계획을 진행시키게 되었는바 이 계획은 산미증식계획에 대신하는 조선 영농 방침의 중대한 획기적 대방침이라 한다.

〈자료 188〉 전작개량조합 1,090여 신설, 총계는 4,138개 조합, 금후도 증설 개량 방침(동아일보, 1935.06.11, 2면 6단)

농림국에서 지도하는 전작개량조합의 설치 상황을 들어본다 하면 작년 중에 새로이 설치한 것이 1,097조합으로 예정 수효 763조합에 비하면 334조합의 증설이었다. 이것을 최초로 계획한 연도 1931년(昭和 6), 1933년(昭和 8)에 설치한 것 등을 합친하면 그 총계가 4,138조합에 달하고 조합원 수는 지도포를 경작하는 사람 6,969인이오 그 외의 경작자가 2만 3,547로 총경작자가 3만 516인에 달한다. 이것을 또다시 1조합 평균으로 본다 하면 28인에 상당하고 그 조합원이 경작하는 지면은 합계 4만 4,427정 3단보에 달한다고 한다.

이 개량조합에서 하는 중요 산업은 종자를 우량한 것으로 사용하도록 하고 이것을 보급하도록 하며 경종법을 개선하고자 자급비료의 증산, 증시, 추경의 실시 등 전작개량을 주안으로 하는 것이라는바 이 앞으로도 이들의 증설을 장려하여 전반적 전작개량을 목표로 진행시킬 방침을 농림국에서 세우고 진행하는 가운데 있다 한다.

〈자료 189〉 조선 잡곡 자급의 증식계획을 성안 중, 북조선 산지대에 장려하려고, 현 면적 130만 정보(조선일보, 1935.06.23, 4면 1단)

조선 내의 잡곡 재배는 면적 132만 정보, 900만 석의 생산이 있으나 식량 소비에는 현저히 부족하고 수이입액 연 128만 석, 1,004만 원의 거액에 달한다. 이 중 속만 전작 증식에 의한 증식계획이 시행되더라도 기타 패, 고량, 옥촉서, 마령서, 기타는 재배 53만 정보에 달하고 하등 장려책의 시행이 없다. 이 잡곡의 재배지는 서북조선의 4도가 8할을 점하고 여기에는 잡곡이 유일무이의 생산인 동시에 그 식량품이다. 그런데 작년, 재작년과 같은 흉작으로 그 궁상이 그 극에 달한 바 이 실상을 보고 농산과에서는 기보한 냉해, 근본 대책 토구(討究)와 병행하여 그들의 춘궁 절멸, 생활 안정, 또 적극적으로 거액에 달하는 잡곡의 조선 내 자급자족을 하기 위하여 북조선 산지대의 잡곡증산장려계획을 입안하고 현재 농산과에서 빨리 성안 중이라고 한다.

〈자료 190〉 전작개량증식계획 실시를 철저, 농림국에서 각 도에 통첩(조선일보, 1936.03.25, 4면 4단)

전작개량증식계획은 1931년도(昭和 6)에 계획에 착수하는데 각 도의 실시 상황을 자세히 관찰하면 아직 유감된 점이 없지 않다. 즉 보조금의 운용, 우량품종의 육성 보급, 지도포의 선정 및 지도 감독, 장려 기술원의 훈련 향상 등에 대하여 연구 개선을 요하는 바 있으므로 계획 취지의 주지 철저에 노력하는 동시에 실시를 맞아서는 1931년(昭和 6) 1월 30일부 전작개량증식장려보조의 건 통첩에 준거하는 외 아래 사항에 대하여 신중 유의하여 실적 거양상 유감이 없도록 하기를 농림국장으로부터 각 도 지사에게 통첩이 있었다.

1. 지도포의 토지 선정에 당하여서는 포지(圃地)를 되도록 1개소에 접속(接續), 집단(集團) 시킬 것. 만약 선정이 곤란한 때는 가급적 접하게 하여 2개소에 분산 설치하여도 무방하나 이 경우 지도포 면적은 되도록 균등케 하고 또 각 개소별로 표본을 세울 것. 그리고 경작자 수는 5인 내지 10인을 표준으로 선정할 것.
2. 1군 내의 지도포의 배치 상황을 보면 지도상 편리한 지방에 집단 설치하는 경향이 있으나 지도상 큰 지장이 없는 한 될수록 분산 설치할 것.
3. 전작물의 증수는 정지(整地), 파종 및 시비의 적부(適否)에 지배되는바 가장 큼으로 지도포의 이러한 중요한 작업에 관하여서는 미리 계획을 정하게 하고 군면 기술원이 직접 농후한 지도를 할 것. 그중에서도 시비 및 그 방법은 증수에 지대한 관계를 가지므로 장래

에 있어서는 품종, 포지, 기타를 고려하여 지방적으로 경종 표준의 수정을 가하는 등 한층 적절한 시비에 노력할 것.

4. 지도포 보조 중 경작 보조의 일부로써 액비류(液肥溜)를 축조시킴은 적당한 시설이나 위 경우 생산 액비는 지도포와 동시에 지도포가 아닌 경작지에도 시용하는 결과 지도포의 비료 부족을 초래할 염려가 있으므로 지도포에 대하여서는 우선적으로 반드시 충분한 시비를 하게 하도록 특히 독려할 것.

5. 조성 기간 중의 지도포의 재배 작물은 맥류, 속, 대두 및 동작(冬作) 녹비에 한하게 하고 만약 타 작물의 작부를 필요로 인정하는 때는 지도포 소재 지방의 상세한 실정을 구하여 총독부의 승인을 받을 것. 단, 하작(夏作)의 적작(跡作)으로 작부하는 소채류는 이에 한하지 않음.

6. 조성 기간 만료 후의 지도포에 대하여서는 갑자기 지도를 중지하지 말고 조성 기간 중에 준하여 적절한 지도를 가하고 이를 부락의 모범포 혹은 전작개량조합의 공동 경작포로 하는 등 전작 일반 지도 장려상 이를 이용하는 방법을 연구, 실시할 것.

7. 전작개량 조합원의 범위는 농가의 취락, 경지의 분포 및 기타의 사정을 참작하여 적절히 결정할 것이나 조합 사업의 수행상 지장이 없는 한 될수록 다수 농가로써 조직시킬 것.

8. 전작개량조합의 사업은 우선 생산물의 증수에 의하여 조합원의 식량 충실 또는 현금 수입의 증가를 도모함에 있음은 물론이나 다시 증수의 일부를 저금 혹은 저곡(貯穀)하는 관습을 순치하여 조합원의 장래의 금비 구입, 기타의 농사개량비의 조성에 노력케 할 것.

9. 전작물 우량품종 보급사업은 작물에 의하여서는 아직 우량품종 결정에 이르지 못하였으므로 보급의 영역에 달하지 못한 것도 있고 혹은 잠정적 우량품종으로써 보급에 충당하고 있는 등 보급 계획이 심히 미온적임으로 그 실적이 현저치 못한 것이 있으니 계획 내용에 대하여 검토 갱개를 가하여 보급의 촉진을 도모하는 동시에 선출 육성 시설의 충실, 위탁시험의 확충에 의하여 속히 우량품종의 선출을 기할 것.

10. 우량품종 육성 보급용 채종출(採種出)의 경영 상황을 보면 원종출(原種出)을 제하고 거의 독농가의 위탁 재배에 의하고 있는바 위탁 보조가 충분치 않거나 혹은 비배(肥培) 관리가 적절치 않기 때문이고 그 경영이 조방하여지기 쉽고 특히 하급 채종출에 있어 그러함으로 채종출 경비의 충실에 대하여 특히 고려하는 동시에 지도 감독을 치밀히 하여

경종 비배의 적절 및 수확 조제의 주도(周到)를 도모하여 순량 종자의 생산을 기할 것.

11. 기술원을 특히 전임으로 설치한 취지에 비춰 보아 매년도 초에 실지 지도상의 구체적 계획을 정하여 지도 장려의 철저를 기하게 하는 동시에 필요에 응하여 전작 장려에 관한 협의회의 개최 등 기술원의 소질 향상에 대하여 특히 고려할 것.

〈자료 191〉 서북조선에 2년 3작 확충, 주목되는 합리적 영농(동아일보, 1936.04.28, 8면 1단)

조선은 토지 관계로 이모작 재배 지대가 한정된 관계상 농림국에서는 서북조선 각 도에 대하여 윤작을 장려하고 그 2년 3작법의 보급을 꾀하고 있어 전작의 합리적 영농에 착착 효과를 내고 있다. 이미 황해도와 같은 곳은 현저히 보급하여 전 전지의 7할에 달하고 있는데 마찬가지 조건에 있는 평남북, 강원, 함북과 같은 곳은 의연 3할 전후에 불과하여 함남은 2할 가량에 불과하다. 함남, 평남의 고지대는 재배 기술적으로 가능하지 않으나 평지대는 대개 재배 가능하기 때문에 농림국에서는 전작개량증식계획과 병진하여 금년도 이후 2년 3작법의 확충 철저를 기하기로 되었다.

〈자료 192〉 농사시험장의 시험 범위를 확대, 전작, 기타 시험에도 착수 계획(조선일보, 1936.07.25, 8면 4단)

총독부 농림국에서는 조선 농업의 발달 단계에 비춰 보아 내년도 이후 조선 각 농사시험장의 기능 발휘에 관하여 한층 더 고려를 가하여 농업 개발의 중요 사명을 다하게 되어 이에 요하는 경비 약 80만 원을 내년도 예산에 요구할 터이다. 즉 전 조선 각 농사시험장 종래의 시험 방침은 주로 작물의 품종개량과 적종(適種) 발견에 중점을 두고 조선 농업의 대종이 미작임으로 주력은 도작 시험에 집중되어 목포의 면작, 북조선의 내한(耐寒) 작물 등 일, 이 특별한 경우를 제외하고는 전작시험 내지 기타의 시험 연구는 경비의 관계도 있어 이차적으로 취급한 경향이 있었으나 농업 개발의 선구가 되는 농사 시험이 편중함은 좋지 못하다는 견지에서 내년도부터는 시험 범위를 확대하여 종래 그리 중시치 않던 과수, 소채류, 상(桑), 기타 양잠 관계의 시험과 병충해의 연구는 물론 농구류의 성능 시험에까지 손을 대 명실공히 조선 농업의 선구가 되게 하려는 것으로 특히 이론보다도 실제에 치중하여 소위 상아의 탑을 벗어나 농민 대중에게 부르짖으려는 것으로 한층 주목되고 있다 한다. 그런데 종래 전 조선 각 시험장의 시험이 왕왕 중복하는 경우도 있었으므로 내년도부터는 특히 이 점을 고려하여 각 시험장 간의 연락 통제를 한층 긴밀히 할 터라 한다.

〈자료 193〉 전작개량조합을 적극적으로 조성(조선일보, 1936.07.30, 8면 5단)

총독부에서는 농촌의 식량 충실, 기타를 목표하고 1931년(昭和 6) 이래 12개년 계속사업으로 전작증산계획을 수행 중이던바 이 계획에 의한 주요 전작군(田作郡) 200군에 대한 지도 기술원의 배치 계획은 금년도에 75명의 증원으로써 완료됨으로 지도포를 중심으로 하는 농가 훈련에 박차를 가하게 되고 전작개량조합의 증설에 적극적 조성을 하기로 되었는데 금년도 신설 예정의 조합을 가산하면 전작개량 조합 수는 약 8,000조합에 달하여 이 계획 완료 후의 조합 수도 약 2만에 달하리라고 한다.

〈자료 194〉 공업용 작물 장려 10개년계획 수립, 농림국 구체안 성립(동아일보, 1936.08.09, 4면 1단)

농림국에서는 농촌경제 안정을 도모함에는 종래의 미작 일원주의를 버리고 영농 다각화에 매진하기로 되어서 1932년도(昭和 7) 이후 전작개량계획을 수립하고 착착 실행에 옮기는 한편 가축의 증산, 부업의 장려에 노력하였는데 가공 공업의 발달에 비춰 보아 농촌경제 안정의 일책으로 이러한 공업용 특수작물의 적극적 장려에 진출하기로 결정하고 이 경비 200만 원을 내년도 예산에 계상하였다. 그러고 장려할 특수작물로서도 우선 아마(亞麻), 저마(苧麻), 채종(菜種), 호프, 박하, 제충국(除蟲菊)의 6종을 정하고 연료 국책에 기하는 동시에 알콜 사업의 발흥에 따라 이 원료인 전분을 얻고자 다시 마령서 또는 감저를 더하여 동시에 식료품, 기타 농산물 가공업의 연구를 나아가 그 결과에 대응하여 점차 유망한 원료 농작물의 장려를 시도할 방침이어서 1차 장려계획의 구체안은 대체 아래와 같다.

1. 농림국 농산과에 전임기사, 기수 등을 배치하여 특수작물 계를 신설하는 동시에 각 도에도 각각 전임 기술원을 증원하여 지도 장려에 담당케 할 것.
1. 1937년(昭和 12)부터 14년 계획으로 대체 다음 목표까지 증산할 것.

▲ 아마 : 재배면적 1만 5,000정보, 산액 540만 관, 주로 북조선 개척지에 장려함.

▲ 저마 : 7,000정보, 200만 관을 목표로 충남, 전남북에 장려함.

▲ 채종 : 충남, 전남북, 경남북에 1만 5,000정보, 15만 석을 목표로 함.

▲ 박하 : 경기, 황해, 충북, 경북, 전남 5,000만 관, 2,500정보.

▲ 제충국 : 전남 지방 35만 관, 2,500정보.

▲ 홉프 : 북조선 개척지에 10만 관, 1,000정보를 목표로 함.

즉 종전의 권업 보조, 공업으로 되었는데 근년에는 거의 도비 주체로 개정되었으며 그리고 국비 보조는 최고 5할, 최저 3할 정도의 보조에 불과하고 기타는 지방비의 부담으로 되어 있다. 내무국에서는 이 대책으로 지방교부금제의 확립을 주장하는 반면 관계 당국에 대하여 이 정세의 고려를 구하기로 되었다.

〈자료 195〉 전작 단당 수확을 적극적으로 증대 도모, 12년도 이후부터 주력(동아일보, 1936.08.11, 8면 1단)

전작개량증식계획은 1931년(昭和 6) 착수 이래 착착 실적을 내어 1935년(昭和 10)의 실적을 경작면적별로 보면 대맥 87만 6,843정보, 나맥 32만 6,543정보, 소맥 16만 2,941정보, 대두 79만 1,857정보에 달하여 증식계획의 경작면적 확장 예정에 대조하면 대맥은 8할 9분, 나맥 19할 9분, 소맥 8할, 대두 10할 1분의 예정 계획에 대조하여 나맥, 대두는 완전히 능가하고 대맥, 소맥도 8할을 초과하여 경작면적 확장에는 계획 달성의 영역에 달하고 있다.

그러나 이와 같은 경작면적은 예상 이상의 증대를 보았는데 그 수확은 계획에 비하여 심히 저조를 보이는 상황이므로 농림국에서는 1937년도(昭和 12) 이후 위 증식계획의 경작면적에 대하여 확충 계획을 진전시키는 동시에 반면 수량 증대를 위하여 적극적 보강 시설을 행할 방침이어서 신중 연구를 진전시켜 여러 가지 소독, 액비류 설치, 공동 판매, 개량농구 보급, 지도포 증치, 공진회 개최 등의 제 계획을 강구하고 있다.

〈자료 196〉 5개년계획으로 소맥증산계획(동아일보, 1937.07.30, 4면 1단)

일본 내지에 있어서의 캐나다산 소맥의 수입은 4,000~5,000만 원에 달하고 이의 수입은 해마다 증가의 경향인데 1933년(昭和 8) 농림성에서 수립한 소맥증산계획은 겨우 1개년으로 목표인 1,000만 석에 달하였는데 일본 내지산 소맥은 거의 분상질(粉狀質)[85]이어서 예년 수요 증가가 되어 있는 초자질(硝子質)[86] 소맥은 여전히 수입 증가를 보이고 있음에 비춰 보아 총독부 농림국은 조선산 소맥의 제분 시험의 결과 자신을 얻어 드디어 소맥증산5개년계획을 수립, 명(明) 1938년도(昭和 13)부터 이의 실시에 들어가기로 되었다. 종래도 소맥은 전작개량증식계획의 중에 포함하고 실적을 거두고 있는데 서북선 지방은 금후 상당히 광범에 걸친 재배 장려를 행할 여지가 있으므로 신증산계획은 일본 내지와 같이 국립에 의한 소맥 시험장을 설치하지 않아도 기술원, 지도원 등을 증원, 5개년 후에는 현재의 33만 정보, 180만 석을 400만 석에 달하게 할 방침이다.

〈자료 197〉 동척은 다시 전작 진출(동아일보, 1937.12.01, 4면 3단)

동척의 대(對) 조선 내 농지 경영 방침은 정조 수납 50만 석을 목표로 노력 중인데 드디어 금년도는 이상 목표를 완전히 돌파하였다. 이에 따라 지사 지소과(地所課)는 1~2년 전부터의 연구, 조사에 기하여 답 경영과 병진해서 전작 경영의 개량 지도 방면에 새로운 노력을 경주하기로 방침이 결정되었다. 현재 동척의 농지에서 전작을 주로 하는 것은 신계, 사리원 등 황해도, 전남, 경북의 집단지를 가지고 있고 면작, 소맥이 재배되고 있는데 동척은 본격적으로 이러한 비배 관리의 철저 지도에 진출할 의향이다. 현재는 이러한 전작지도 정조납으로 된 터로 답 중심주의이었으나 이것도 재검토를 가하고 있다.

〈자료 198〉 사설: 농산물증식계획(동아일보, 1938.09.03, 1면 1단)

2. 농산물 증식 문제는 전시 식량의 유지 확충을 위하여 부르짖게 된 만큼 그 정책은 지금 중대 전기를 획하려 하고 있다. 즉 일본은 구주대전 당시의 영, 불, 독 등 제국과 달라 자작, 자급을 하게 되어 현재 시급한 문제로는 되어 있지 않지마는 기후 관계에 많이 지배되는 만큼 언제나 안심할 수 없고 또 응소(應召)에 의한 노동자의 감소와 군수공업에의 전출, 가축 등의 징용으로 생산력이 저하될 우려가 많고 일만지(日滿支) 경제의 블록의 결성에 의하여 농

85 무른 형태(연질).
86 굳은 형태(경질).

업 원료품의 공급국이 될 수 있는 광대한 농업 지역과 연계됨으로 말미암아 자작, 자급으로만 만족할 수 없고 수출 농산물의 증식 등에도 매진하여야 될 필요가 있어 농업정책은 종래의 소극주의에서 적극주의로 전환할 정세에 처하였다. 이러한 예비공작으로 농림성에서는 8월 중순 일주일간 동아 농림 협의회를 열고 일만지의 농업 관계의 조정과 농림 행정의 연락 협조로써 농업생산력을 유지, 확충하고 배급의 계획화를 도모할 기초를 닦고 뒤이어 농림성에서는 내년도부터 대대적으로 계획 증산을 실시하기로 되어 2,500만 원을 내년도 신규 요구 예산에 계상하였는데 계획 생산되는 것은 주요 식료로서의 미맥류, 연료 국책에 등장한 감저, 마령서를 필두로 1939년(昭和 14)에 있어 농산물만으로써 적어도 1억 원을 국제수지에 이바지하기 위하여 다(茶), 제충국, 채종, 관힐(罐詰, 통조림)용 소채, 감귤류 등을 증식하려는 중이다. 이는 종래 생산력 유지로써 만족하고 가격 통제에만 시종일관하던 농산물을 금후는 생산력 확충, 농산물 증식을 위하여 계획 생산을 하려는 것이다.

3. 여기에 우리의 가장 주목을 끄는 점은 이 농산물 증산 계획과 조선 관계 여하이다. 농업정책의 일원화엔 물론 이의가 없다 하여도 조선엔 조선의 특수사정이 있으므로 이를 인정치 않으면 안 될 것이다. 조선미 이출 관리 문제에 대하여서도 여러 가지 설이 전해졌지마는 미가 고(高)로 사탕 노동자까지 농업 노동자로 전출하는 대만과 조선은 사정이 현격히 다르니 유무라(湯村) 농림국장이 절대 반대하였다는 것은 당연한 일이다. 이외 동아 농림 협의회의 결론에 있어 조선 관계를 보면 조선은 소맥의 증산이 가능하지 않으나 면화는 증산하며 마류는 블록 내의 수요 충족에 응하여 생산을 확보한다. 마정에 관하여서는 척성(拓省), 대만, 화태(樺太) 간에 제휴를 밀접히 하고 사료로는 배급통제법의 일부 시행을 고려한다는 것 등이다. 이것만 가지고는 조선과의 관계가 막연하여 견사류, 유지 원료, 수산, 임산 등은 또 어떻게 되는지 잘 알 수 없으나 그러나 농업 조선의 지위를 너무나 중시하지 않았다는 감이 없지도 않다.

〈자료 199〉 전작물개량증산 신목표로 매진 결정, 면적 증대, 수량 인상 등(동아일보, 1938.11.29, 4면 1단)

전작개량증식계획은 1931년(昭和 6) 실시 이래 벌써 7개년을 경과하여 그 실적에 미뤄 봄에 적절히 증산 목표에 갱개를 가하여 계획의 적절과 강화를 기할 필요를 인정하여 아래 방침에 의하여 이의 갱개를 하기로 되었다.

1. 목표 작부단별

(가) 대맥은 남조선 제도(諸島)에 있어서 나맥으로 작부 전환하는 것이 많기 때문에 작부 점감의 상황에 있으나 식량 및 군수 마량으로서 극히 중요하므로 서북조선 지방에 작부 증가를 도모하여 현재 작부면적의 유지에 노력할 것.

(나) 나맥은 남조선 지방에 있어서 약 10만 정보의 작부 증가를 도모할 것.

(다) 소맥은 최근 가격의 고등에 의하여 점차 작부 증가의 추세를 보이고 또 국제 무역 개선의 견지에서라도 이의 증산은 극히 중요한 사항이어서 약 12만 정보의 작부 증가를 목표로 하여 장려의 철저를 기할 것.

(라) 대두 및 채(菜)는 감저, 귤, 옥촉서 등 국책적 신규 작물의 작부 증가에 따라 약간의 감반은 부득이한 실정에 있어서 최소한도의 감반을 인정할 것.

2. 목표 단당 수량

(가) 기왕의 실적에 비춰 보아 대맥, 나맥 단당 수량 목표를 인상할 것.[87]

(나) 소맥, 대두 및 속은 일단 현행 계획대로 하나 도의 실정에 의하여는 이것을 인상할 것.

(중략)

④ 1941년 식량밭작물증산계획

〈자료 200〉 상업작물 편중 시정, 내년부터 잡곡 증산, 휴한지 이용, 기전 집약 고도화로, 당국 구체적 연구 착수(동아일보, 1940.05.08, 4면 1단)

현재의 식량 사정에 비춰 보아 조선 내 농업생산자의 직접 식량이 되는 맥류, 두, 잡곡의 증산이 시급한 급무로 되어 지난번 지사회의에서의 각 도지사로부터 서로 이를 강조였었고 조선 내의 잡곡 증산에 대한 요망은 점차 치열화하기에 이르렀으므로 농림 당국도 이의 증식을 꾀하기로 하여 국내 의견이 일치되어 현재 이의 증산계획에 대한 구체적 연구에 착수하고 있

87 "목표를 인상할 것"은 원문에는 누락되어 있음.

는바 사무 당국으로서는 신년도 예산에 계상하여 1941년도(昭和 16)부터 적극 증산을 할 방침이라고 보인다. 그리고 조선 내에 있어서의 농업 지도 방침이 미, 면, 상, 연초 등의 상업작물의 증산에 편중하였었음에 대하여 농가의 직접 식량이 되는 잡곡 증산을 병행적으로 진행시킴은 이 상업작물 편중을 시정할 수 있고 식량문제의 해결과 농촌경제의 충실을 의도할 것이어서 주목된다. 그러고 조선에 있어서의 전작개량증식계획을 1931년(昭和 6)에 수립하고 12개년계획을 현재에 이미 9개년을 경과했으나 면작의 강화, 지도진의 빈약 등에 의해서 점차 계획의 반분을 달성했을 뿐이며 극히 부진을 보이고 있는데 이의 기정 계획을 닦아서 강화할 것인지 신규 계획을 진행할지는 아직 방침이 결정되지 않았으되 기정 계획의 불성적(不成績)과 시국에 비춰 보아 아래의 점을 중점에 두고 금후의 증식계획을 수립할 것으로 보인다.

1. 현재의 소요 자재, 기타의 관계로 신규 개답은 곤란하므로 휴한지의 이용, 기전의 집약의 고도화를 기함.
1. 종자 갱신 시비의 합리화를 철저화함.
1. 지도진의 강화를 꾀함.

〈자료 201〉 사설: 농업의 종합적 계획(동아일보, 1940.05.10, 1면 1단)

3. 경지면적은 거진 일정해 있는 데다가 증가되는 작물 면적은 한정이 없으니 한편의 증가는 다른 한편의 감소를 초래하지 않을 수 없는 것이요 하나는 가급적임에 반하여 다른 하나는 강요적이므로 그 이면에 폐단이 첩출되고 있는 것이다. 증산에 면적 증가를 주안으로 하지 말고 기술적 개량 향상을 기도하며 장려 지도에 관료적 '섹트'주의를 일소해야 할지니 아무리 기정 계획이 시행되고 있다 하여도 이미 파종되어 있고 발아되어 있는 경지에 면이나 군에서 필요하다고 인정하는 때에는 그것을 희생시켜서라도 목적을 달성하는 것과 같은 극단의 예는 농가의 손실인 동시에 국가의 손실임으로 이런 것은 철저히 금해야 하고 농민의 지도에는 강제적 수단을 가미할 필요도 있다 하겠으나 이에 앞서서 가장 민감적인 자기들의 이해관계를 이해케 하고 일정한 기준 밑에서 시행해야 할 것이며 이에는 현실에 부합되는 계획이 있어야 하고 이를 충분히 구현화할 설비와 기구가 정비되어야 할 것은 물론이어니와 대국적 견지에서 일증일감(一增一減), 일득일실(一得一失)의 결과가 아니 되도록 충분한 노력이 있

기를 바라는 바이다.

〈자료 202〉 전작식량증산, 예비금 지출 결정에 대비하여 농무과장회의도 소집(매일신보, 1941.05.10, 4면 1단)

농림국에서는 식량 확보를 기하기 위하여 맥작 증산에 한층 더 박차를 가하고 있어서 1941년도(昭和 16) 예산에는 지도 직원 설치에 6만 1,224원, 증산장려 보조에 125만 7,183원, 맥류 신품(新品) 육성에 8만 7,858원, 도합 140만 6,265원의 대예산을 계상한 외에 금일 각의에서 결정된 예비금에서 416만 8,500원 중에 맥 증산 장려 보조로 100만 9,000원을 계상하여 답 이작 맥 신규 작부 200정보에 대하여 보조로 64만 원, 나맥 작부 보조로 총면적 5만 정보에 대하여 45만 원을 보조하게 되었는데 농림국에서는 이와 같은 팽창한 전작식량 확보를 기하기 위하여 오는 13, 4 양일 간 본부 제2회의실에 농무과장 회의를 소집하고 다음과 같은 사항을 협의하게 되었다.

(1) 경종 개선 규준과 시기별 지도 요강에 관한 건 (2) 식량전작물증산계획 실시 요강에 관한 건 (3) 맥류 장려 품종갱신 실시 요강에 관한 건 (4) 맥류 지대별 장려 방침에 관한 건 (5) 속(粟) 병충 방제 실시에 관한 건 (6) 답 이작 맥전 암거배수 실시에 관한 건 (7) 식량전작물증산계획에 관한 건 (8) 1941년도(昭和 16) 임시 맥류 증산 실시에 관한 건.

〈자료 203〉 전작증산계획 실시, 금일 본부서 타합회(매일신보, 1941.05.14, 6면 1단)

농림국에서는 내외지를 통틀어 현재 식량 사정의 급속한 대책을 수립하여 동아공영권의 식량 확보에 매진하려 증미계획을 강화 확충을 도모하는 동시에 식량전작물증산계획을 수립하고 금년도 이후 5개년간을 기하여 주요 식량 잡곡인 맥류와 속의 적극적 증산에 착수하여 1941년도(昭和 16) 예산으로 140만 6,265원의 본예산과 제2예비금에서 109만 원의 예산을 추가하여 총합 249만 6,000여 원의 예산을 계상하여 대체로 다음과 같은 근본 방침으로서 전작식량증산계획을 추진하게 되어 금 13일부터 각 도 농무과장과 관계관을 소집하고 본부 제2회의실에서 농림국장 통재(統裁)하에 식량 전작 증산 사무 타합회를 개최하였다.

1. 종전의 전작개량증산계획의 실시 성적이 불량하였던 원인으로 (1) 잡곡의 작부면적이 확대하면서 작부 방식이 복잡하며 지도관청의 지도력이 극도로 부족하였고 (2) 품종개량이 불철저하였으며 (3) 중요 신규 전작물(면·감저 등)의 증가로 인하여 경지가 부족하여졌고 (4) 비료의 배급과 증산이 불충분하였던 것을 들 수가 있는데 이와 같은 점을 검토하여 신증산계획에 반영시킨다.
2. 작물의 종류의 중점주의를 채택하여 맥류와 같은 식량 가치가 큰 작물을 장려하며 타 작물과의 경합을 피한다.
3. 품종개량과 작부면적의 확대에 제일차적 주력을 경주하되 수원 농사시험장을 비롯하여 지방 시험장을 동원하여 적지, 적종의 신품종 발견에 주력을 경주하고 맥류의 이작을 적극 장려하여 신규 작부면적 10만 정보와 이작 신규 작부면적 15만 정보, 합계 25만 정보 면적 확대를 도모하는 동시에 1만 정보의 암거배수 공사를 시행한다.

(3) 잡지 기사를 통해 본 식량밭작물정책

〈자료 204〉 시상만화(時相漫話): 소위 전작증식계획(별건곤 35호, 1930.12.01)

매년 1억 원 가액의 증식을 얻는 동시에 6,000만 원 가액의 외국산품 매입 방지의 호결과를 얻게 되리라는 예측하에 총독부 식산국에서는 그 다년 숙망(宿望)이라고 일컫는 조선농가 전작증식계획을 12개년의 계속사업으로 370만 원의 예산을 세워 내년도부터 실시하리라 한다.

물론 조선의 토질은 만일 개량을 가한다 하면 속, 대맥, 대두 등 전작물을 증수를 할 가능성이 충분히 있으므로 그 산액이 비단 1억 원에만 그칠 것이 아니요. 동시에 재래 가장 많이 수입되는 만주 속 같은 것에 공급에 의존하지 아니하여도 족하게 될 것이다. 이러한 점으로 본다 하면 우리는 이 전작계획에 대하여 쌍수를 들어 환영하기를 아끼지 아니하는 바이다. 그러나 이 전작증식계획이 진행됨에 따라 조선의 농촌경제에 대하여 수요 공급의 원리상 아무런 지장도 미치지 아니할까? 하는 의문을 가지지 아니할 수가 없다.

조선의 산미는 작년도까지 연평균 1,400만 석이다. 그중 약 900만 석은 식량으로 소비가 되고 나머지 500만 석은 일본 등지로 수출이 되어 왔다. 그리 하던 것이 금년에 들어 전례에 없이 600만 석의 산미가 증수되었기 때문에 금년도의 조선 잉여미는 말하자면 1,000만 석 이상으로 되어 있는 형편이다. 이 500만 석으로부터 그 배 이상인 1,100만 석이라는 잉여는 조선의 미가를 반감시켜 현재 우리의 목전에 있는 미가의 대참락을 보게 한 것이다. 이것이 예외인 연풍(年豐)의 관계에도 그 영향을 다소간 받았겠으나 당국자의 산미증식 정책의 결과인 것은 다시 말할 것도 없는 것이다.

그러면 전작증식과 산미증식과 사이에는 어떠한 관련이 있는가?

일견에 전작증식은 그 증식으로 얻는 이득과 아울러 외국품의 수입을 방지하는 등 적지 않은 이익이 독자적으로 작용만을 하는 듯이 보이기도 하나 그 실내용에 있어서는 전작물의 증식은 조선 사람의 백미 소비에 지대한 영향을 미치는 크나큰 관계를 가지고 있다. 그것은 대맥이 풍등(豐登)된 연도에 백미의 소비량이 격감되는 것으로만 보아도 넉넉히 증명할 수가 있는 것이다.

이와 같이 산미증식에 대한 소극적 작용을 하고 있는 전작증식계획을 아무 기탄없이 그 실시에 착수하는 당국자의 심정을 어떻게 보아야 할 것인가? 물론 우리는 조선의 산업의 기초인 산미와 전작물 증식을 무조건하고 반대하는 바는 아니다. 조선이 아직도 농업국인 이상 우선 산미와 전작만으로라도 산업의 수단을 삼아야 할 것이며 또 인구가 매년 증가되는 만큼 그에 비례한 산미도 증식이 되어야 할 것이다. 그러나 제 아무리 증수가 된다 하더라도 생산품의 단가가 그에 반비례하는 그러한 증수는 바라지 아니하는 바이다. 모름지기 당국자는 생산품 단가의 저락을 방지할 만한 시설을 조건으로 한 산미증식 장려를 할 것이며 겸하여 전작증식의 계획도 착수함이 가할 것이다.

〈자료 205〉 임병철, 조선 농촌문제 해부, 주로 농업정책에 대하야(동광 29호, 1931.12.27)

(2) 전작증식계획

전작증식계획은 총경비 380만 원을 들이어 1931년(昭和 6)부터 12개년 계속사업으로 매년 잡곡〔맥·두류·속〕 1,060만 석, 가격 1억 1,500만 원의 증수를 얻고자 하는 계획으로 주목을 끌고 있다.

이 계획은 계획 초년이라 그 성적 여하를 아직 논하기 어려우나 계획만은 답을 너무 위주하는 조선에 있어서 적절한 것이라고 할 수밖에 없다. 그러나 미의 연장물(延長物)인 맥, 두류, 속만을 하지 말고 보다도 실용적 보조식물(食物)이 될 감자, 고구마, 옥수수 같은 것이나 그 외에 낙화생, 기타 과수 같은 것이며 또 한 걸음 나가서나 각종 축산을 적극적 장려할 필요를 느낀다. 즉 맥, 속 등은 미의 증수나 별 차이가 없어서 농업공황의 일 조력물에 불과할 것이요 이출미 증가를 보조하는 계획에서 지나지 않는다.

또한 계획 중에 전작 재배 주요 지대 200개 군과 도(島)에 각 군 1인을 두어 지도케 하며 농사시험장에는 기사 1인, 기수 2인(1인당 보조 1,000원, 봉급 6,000원, 여비 400원), 고용 4인이다. 이러한 인건비의 과대는 수조에서의 실패와 마찬가지로 될 것이다. 차라리 명목적을 떠나 실제적으로 실익이 있는 작물의 종자, 가축의 원종을 대가 없이 혹은 실제 비용으로 제공하는 등 사업이 우리 농촌에 실익이 될 줄 믿는다.

2) 전시 식량밭작물정책 실행 계획 및 내용

(1) 자료 해제

조선의 식량밭작물정책 관련 자료 역시 총독부가 편찬 발행한 자료가 대부분이다. 특히 전시 식량정책을 살펴볼 수 있는 자료인 『조선의 농업(朝鮮の農業)』(朝鮮總督府 殖産局·農林局, 1942년판)을 통해 1941년 식량전작물증식계획 및 식량이나 공업 원료로서 중요해진 고구마증산계획에 대한 내용을 파악할 수 있다.

『조선농회보』에 게재된 농업관계 논설 중 1910년대부터 조선의 농업 현실에서 잡곡이 차지하는 비중과 중요성에 대해 정리한 글이 있다. 그러나 필자가 일본의 농업 전문기술자인 만큼 제국의 입장에서 일본이 필요로 하는 쌀을 확보하기 위해서 오히려 조선 내의 잡곡 생산에도 관심을 기울여야 한다는 논리를 살펴볼 수 있다.

조선총독부 농업 관료이자 연구자였던 히사마 겐이치(久間健一)[88]의 저서인 『조선농정의 과

88 1902년 일본 에히메(愛媛)현에서 출생. 19세인 1920년 수원 농림전문학교에 입학했다. 1922년 졸업과 동시에 강원도 종묘장 도기수(道技手)로 관료 생활을 시작했고, 1926년 수원고등농림학교 조교수가 되었다. 1930년 조선총독부에 신설된 소작관 제도에 따라 충청남도 소작관보(小作官補)로 임명된 후(1933년 소작관으로 승진), 황해도(1934~1936), 경기도(1937~1944)에서 1944년 강제 퇴직할 때까지 소작관으로 활동했다. 그는 소작관으로 근무하며 1930년대 피폐해진 조선 농촌현장에서 실상을 보고 느낀 자신의 경험을 바탕으로 3권의 저서와 40여 편에 달하는 논문을 발표하였다.

제(朝鮮農政の課題)』(久間健一, 1943, 成美堂書店)에 실린 전시체제기 쌀과 잡곡에 대한 증산계획 관련 부분을 발췌 수록했다. 히사마는 일본인 관료였지만 총독부의 식민정책과 참담한 식민지 조선의 현실에 대해 비판적 관점을 가지고 있었다. 그의 두 번째 저서인 『조선농정의 과제』는 출판되자마자 문제가 되어 판매 금지되고 사법처리 위기에까지 몰리면서 그는 강제로 소작관에서 물러나게 되었다. 전시체제기 식량증산정책의 본질과 그 결과를 파악하는 데 유용한 자료라 생각된다.

(2) 식량전작물증식계획의 내용

〈자료 206〉 다케다 소시치로(武田總七郎), 도작개량에 대하여(상)(朝鮮農會報 9-2(1914.02), 1-6쪽)

1911년도(明治 44) 조선총독부 통계연보가 보이는 바에 따르면, 조선에서의 밭 면적은 173만 4261정 9단보로 논 면적의 약 1.7배이고, 그중 곡류와 두류의 재배에 쓰인 것이 1909년(明治 42), 1910년(明治43), 1911년(明治 44) 3년 평균 153만 1,500정 9단보, 그 수확이 1,095만 6,972석을 헤아리며, 미 산액을 초과하는 것이 실로 249만 5,993석이라고 한다. 그리고 이러한 곡류와 두류는 어느 것이든 대부분 식량에 쓰이고 미곡의 대용이 되는 것이기 때문에, 그 증수는 곧 미곡의 수이출을 증가시키는 방법이고, 또한 조선 경제상 이것의 개량이 긴요한 일이라는 것을 충분히 알 수 있을 것이다.

그런데 조선 밭농사의 현재 상황을 보면 일견 그 토지가 척박하다고 생각하게 하고, 실제로도 작물의 생육이 극히 불량하여 그 수확량이 심히 적다. 이것은 그 원인이 여러 가지 있겠지만, 주로 품종의 열악, 비료 양분의 부족, 지하수의 결핍, 재배의 조잡 등에 기인하는 것이라고 말하지 않을 수 없다.

품종이 양호한 것을 선정하여 이를 재배하는 것이 이익이 된다는 것은 애초에 논할 필요가 없는데, 이것이 수량 증가의 최첩경이고, 또한 가장 실행하기 쉬운 것에 속하기 때문이다. 하지만 우량품종의 선택, 육성에는 이에 대한 방법을 자세히 아는 것 외에도 여러 가지 경험, 숙련이 필요하고, 상당한 설비 및 비용이 필요하지 않을 수 없다. 지금 이에 속하는 강령을 서술하면 아래와 같다.

각지에서 다수의 품종을 모집하고 비교 재배를 행하여 우량품종을 결정하는 것은 가장 용이한 방법이고, 그 목적을 달성하는 것도 또한 비교적 많다. 이는 즉 종래 내지 부현군 농사 시험장 등에서 시행된 종류 시험에서 비교적 용이하게 행해지고 상당히 성적을 올린 예가 매우 많았던 이유다. 전기(前記)의 경우 어떤 품종이 그 수량에 있어서 재래종을 능가하는 것일 때는 이것을 우량품종으로 인정할 수 있고, 우리 조선의 현재 상황과 같이 단지 재래종을 내지의 우량종으로 교체한 것만으로 이미 큰 이익을 거두고 있는 것이 적절한 예이다. 그렇지만 이는 단지 신품종을 수입하는 것에 그쳐, 결코 이를 개량하거나 신품종으로 변성시키지 않는다. 그러므로 이 우량품종으로 인정된 것도 또한 개량의 여지가 없는 것이라고는 할 수 없다. 그리고 여러 가지 사정에 따라서 전기의 방법에 의해서는 그 목적을 달성하기 어려운 우려가 있는 곳에서는 반드시 다른 방법에 의해, 재래종의 개량 및 신품종의 육성을 행하지 않으면 안 된다. 그 방법은 곧 선택법 및 잡종법 두 가지 외에는 없다.

현재의 조선에서는 아직 보리, 쌀보리에 대하여 우량품종으로 널리 장려되고 있는 것이 없는 듯하다. 원래 조선에서는 보리 및 쌀보리의 우량종이 부족하지만 내지에서는 다수의 우량종이 있기 때문에, 이를 이입하여 비교 시험을 행하면 우량품종을 발견하는 것이 결코 곤란하지는 않을 것이다. 또한 그 품질에 대해 더욱 개량을 더하면 한층 유익한 것이 될 수 있을 것이다. 그런데 한기가 혹심하여 겨울에 동사할 우려가 있는 지방에서는 춘시(春蒔) 파종에 있어서는 이 방법에 의하여 우량품종을 이입해야 한다 하더라도, 추시(秋蒔) 우량품종을 바란다면 당연히 그 지방의 재래품종 중에서 선택법(순계 선택을 가장 유효하다고 봐야 할 것이다)에 의하여 우량품종을 선출하는 것이 적절하다고 보아야 할 것이다. 만약 이때 재래종의 품종이 불량하여 꺼려지면, 어쩔 수 없이 이들 지방의 재래종과 품질이 우량한 품종의 잡종을 행하여, 품질이 양호하고 내한성(耐寒性)이 풍부한 신품종을 육성하지 않으면 안 될 것이다.

밀에 대해서는 이미 품종 비교 시험의 결과, 지방에 따라서 칼리포르늄(Californium) 또는 마틴스 앰버(Martin's Amber)의 두 품종이 우량품종으로 결정되어 현재 장려 중에 있는데, 이것들은 한기에도 저항이 강하기 때문에 가장 적당한 품종이라고 말할 수 있다. 그렇지만 이 두 품종은 모두 아직 수입되고 있는 상태이기 때문에, 이를 개량하여 한층 양호한 품종을 만들 필요가 있을 것이다. 적어도 현재의 좋은 성질을 유지할 필요가 있을 것이다. 또한 견경(堅硬) 밀과 같은 경우에는 내한성이 강하다고 일컬어지고, 구미의 건조지에서는 왕성히 그 재배가 확장되고 있는 것과 같이, 이 품종의 밀의 재배도 또한 조선에서는 유망할 것이다. 다만 성숙기가 늦기 때문에 이것의 보급은, 조숙성(早熟性)으로 변성시킨 후가 아니면 곤란할 것이다.

조, 옥수수, 수수, 기장, 피, 대두 등은 재래종에 비교적 우량품종이 많은 듯하다. 그러므로 이것들은 주로 재래종에 대해서 선택법을 행하여 우량품종을 육성해야 할 것이며, 경우에 따라서 잡종법을 적용하는 것이 가하다고 보아야 할 것이다.

시비는 원래 필요하다. 그렇지만 금일의 현재 상황에서는 비료 구입은 매우 곤란할 것이고, 그러면 녹비, 기타 유기질 비료와 같이 비교적 염가로 얻을 수 있고 토지개량상 가장 유효한 것을 시용하는 것을 급무로 하지 않을 수 없다. 원래 조선 밭의 토양에서 가장 이목을 끄는 것은 그 색이 붉은 데 있고, 이것은 명확히 유기질의 결핍을 보이는 것이니, 따라서 토양의 물리적 성질에서 결함을 보이는 것이다. 이 점은 조선과 같이 비가 적은 지방에서는 한층 농가의 곤란을 많게 하는 것이다. 예로부터 조선에서는 밭에는 극히 소량의 시비를 하여 거의 박탈 농업이라고도 할 수 있을 만한 농법을 행하여 매년 상당한 수확을 거두면서도 지력의 소모가 내지와 같이 심하지 않은 것은, 미쓰이(三井) 농학사가 말한 바와 같이 한기가 준열(峻烈)하여 지층이 동결되고 풍화 작용이 지하 깊은 곳에 미치는 데 기인하는 바가 많다. 이외에 또한 수량이 적고 토양 중의 양분을 섭취하는 것도 따라서 적으며, 또한 내지와 달리 토지의 이용이 심하지 않은 데 기인할 것이다. 그렇지만 이 상태에서는 도저히 장래에 증수를 바라기 어려울 것이니, 필시 이에 대한 토지의 개량, 비료 양분의 보급을 하지 않는다면 머지않아 지력의 소모를 초래하는 데에 이를 것이고, 이것이 장래의 농업에 특히 유기질 비료를 가능한 한 다량으로 시용하는 것이 필요한 이유이다. 이에 더해 시비라는 것은 단지 토질을 개량하고 비료 양분을 보급하는 데에 그치지 않으며, 이외에 종래 완전히 등한시되고 비가 적은 지방에 대하여 필요한 작용을 한다. 즉 작물의 증발 수량을 절감하는 것이 그것이고(후항 참조), 이것은 한층 조선에 시비가 필요한 이유이다.

다음으로 조선 밭에 있어 내지와 기후 상태에서 현저하게 다른 점은 우량이 적고 생육 중 한발의 해를 입는 것이 누차 발생하는 데에 있다고 한다. 지금 조선 우량 및 그 분배의 상태를 보이면 다음과 같다.

	1년간의 우량 (mm)	6~9월의 우량 (mm)	이외 8개월간의 우량 (mm)	1년간의 우량에 대한 6~9월의 우량 비율(%)
원산	1,536.9	1040.2	496.7	68
부산	1,433.0	889.66	543.4	62
대구	1,007.8	697.0	310.8	69
목포	1,002.1	595.9	406.2	60
경성	944.2	662.3	281.9	70
인천	888.6	612.9	275.7	69
용암포	869.7	591.7	278.0	68
평양	855.6	607.1	248.5	71
성진	655.1	410.1	245.0	63

앞 표에 따르면 원산 및 부산을 제외하면 모두 1개월간의 우량은 약 1,000mm 내지 그 이하이고, 더욱 적은 것은 성진의 655.1mm라 한다. 게다가 이러한 우량의 약 7할은 6, 7, 8, 9 4개월간에 강하하는 것으로, 겨울 작물과 같은 경우에는 거의 이것의 은혜를 입을 수 없고, 그 성숙기가 늦는 경우에는 오히려 과다한 비로 인해 큰 손해를 입는다고 한다. 또한 여름 작물과 같은 경우에도 강우의 분배가 그 생장의 초기에 편중되어 있으므로, 후기에는 또한 누차 한해를 입는 것을 면할 수 없다. 이와 같이 조선 밭작물은 여름 작물, 겨울 작물 모두 안전하지 않고 해에 따라 현저하게 풍흉을 달리하는 것이 일반적이다. 아마 1년간 1,000mm의 강우량으로는 여름, 겨울 어느 쪽의 작물인지를 불문하고 충분히 평범한 생장을 완료할 수 있지만, 강우의 분배가 편파적이면 토지의 처리가 불합리하고 헛되이 귀중한 수분을 흘려 버리게 한다. 토양 중에 보유된 것이 적은 것은 이따금 이같이 나쁜 결과를 초래하게 된다고 한다.

구미 제국에서는 50년 전 이래 dry-farming(구한농법)을 행하여, 종래 지하수가 과소하여 완전히 불모의 땅으로 방기된 토지도 왕성히 농지로 이용되고, 특히 그 생산물은 품질이 양호하여 시장에 우위를 점하는 데 이르렀다. 이러한 지방은 조선에 비하면 우량이 매우 적고, 많은 것은 20인치(504mm) 이하라 한다. 그리고 우량 10인치 이하인 지방은 이를 건조지라 칭하고, 10인치 내지 20인치인 지방을 반건조지라 하며, 이러한 지구에서 이 구한농법이 행해지는 것이다. 다년의 경험에 의하면 적당히 이 농법을 응용하면 우량 15인치 내지 20인치인 지방은 결코 나쁜 결과를 초래할 수 없다. 10인치 내지 15인치인 지방은 거의 실패를 보지 않지만, 10인치 이하인 지방은 완전히 안전하다고는 할 수 없는 듯하다. 일반적으로 20인치 내지 30인치인 지방은 보통 습윤 지방의 농법을 채용하여 지장이 없지만, 강우의 분배가 불균등하거나 온도, 풍화 등의 관계에 의하여 지하수의 증발이 왕성한 곳에서는 구한법을 행하는 것이 이익이 된다고 한다.

지금 앞에서 게재한 우량 표를 검토하면 조선의 우량은 오히려 적지 않아 충분히 습윤지에 속한다. 따라서 전기 건조지, 반건조지와 같이 지하수가 결핍되는 일이 없는 듯하다고 하더라도, 실제로 여름 작물, 겨울 작물 모두 한해를 입는 것은 어쩔 수 없는 사실이기 때문에, 단지 우량이 많은 데 안도하여 이 구제책을 강구하지 않는 것은 어리석음의 극치라고 말하지 않을 수 없다. 즉 구한농법을 조선 밭작물에 가미, 응용할 필요를 느끼지 않을 수 없다. 그리고 이것에 의하여 얻을 수 있는 효과는 다음과 같을 것이다.

1. 소량의 강우라고 하더라도 이를 잃게 하지 않고 땅속에 보축(保蓄)하는 것.
2. 이 보축 수분을 작물의 흡수기까지 보전하는 것.
3. 수분이 지표에서 직접 증발하는 것을 막는 것.
4. 시비를 행할 경우에는 작물의 흡수 수분을 절감할 수 있는 것.
5. 이상 서술한 바의 효과로 생산물의 수량 및 품질을 상진(上進)하는 것.

강우는 보통의 경우 그 대부분은 지표에서 흘러가기 때문에, 이를 땅속에 침투하게 하는 것이 극히 필요하다. 이 목적을 달성하기 위해서는 지표로 하여금 가능한 한 속에 이를 흡수하는 성질을 갖게 해야 한다. 즉 토지를 심경하여 항상 지표를 가볍고 거칠게 하고 다공질(多孔質)이 되게 하는 것이 가하다고 본다. 만약 천경(淺耕)될 때는 표층이 바로 물에 가득 차서, 잉여의 물은 헛되이 흘러가게 하는 데 이를 것이다. 또한 지표를 가볍고 거칠게 하는 것은 빗물로 하여금 용이하게 땅속에 침입하게 하는 동시에, 청천인 날에는 지표 증발을 막는 데 극히 유효하다. 서양에서의 실험에 의하면 4인치의 깊이에 교요(攪擾)[89]한 것은 교요하지 않은 것에 비해 60%의 수분의 증발을 막았다고 한다. 또한 이 교요를 행할 때에는 그 경송층(輕鬆

89 어지럽히는 것.

層)[90] 밑은 항상 적절히 습윤하게 되기 때문에 수분의 강하를 용이하게 한다. 만약 표토의 상태가 적당할 경우에는 50mm 내지 75mm의 비는 수 시간에 약 1인치의 깊이로 확산되지만, 심히 건조하여 재와 같이 된 토양은 수분과 서로 반발하는 성질을 가져서 이를 용이하게 삼투하게 할 수 없기 때문이다. 그렇다면 지금 토양을 교요할 때에는 표토는 매우 건조하게 한다 하더라도 가볍고 거칠어 지므로 빗물을 잘 침투시켜, 습윤한 하층의 지하수는 이를 잘 인도하여 용이하게 심층에 도달하게 할 것이다.

〈자료 207〉 식량전작물증산계획(朝鮮總督府 農林局, 1942, 『朝鮮の農業(昭和 17年)』, 297-302쪽)

맥류, 조 및 기타의 잡곡은 조선 민중의 주요 식량이지만 생산은 아직 강내의 수요를 충족하지 못하여 매년 2백 수십만 석의 잡곡을 수이입하길 바라고 있는 실정임을 미뤄 보아 1931년도(昭和 6) 이후 12개년을 기간으로 하는 전작개량증산계획을 수립하고 주요 식량 작물인 맥류, 콩 및 조의 개량 증산을 실시 중이다. 하지만 사변하 식량의 소비는 급격히 증가하고 있고, 더하여 작년도 격심한 한해를 입는 데 미쳐 현저하게 식량 수급의 핍박을 초래하고 있을 뿐만 아니라, 나아가서는 조선 미의 수이출을 감쇄하고 제국 식량 수급상 극히 우려할 만한 사태를 드러내 식량 전작물 증산의 필요를 통감하게 되는 데 이르렀다. 때문에 현행 증산계획을 근본적으로 개정하여 증산 작물도 주요 양곡인 맥류 및 조에 한정하여 1941년도(昭和 16) 이후 5개년의 단기간에 급속한 증산을 도모하고자 하는 식량전작물증산계획을 수립하고 현재 이것의 소요경비를 요구 중인데, 지금 그 계획의 내용을 약술하면 아래와 같다.

1. 증산 작물의 종류 : 보리, 밀, 쌀보리 및 조로 한다.
2. 증산 연한 : 1941년도(昭和 16) 이후 5개년간으로 한다.
3. 증산 목표

---

90 가볍고 거친 층.

작물별 구분		현재 수량	증감(△) 수량	목표 수량
보리	작부단별(정)	870,000	98,000	968,900
	수확고(석)	9,796,820	3,125,485	11,102,305
밀	작부단별(정)	350,400	104,000	454,400
	수확고(석)	2,027,075	1,303,936	3,331,031
쌀보리	작부단별(정)	317,700	48,000	365,700
	수확고(석)	2,793,438	1,258,659	4,232,097
조	작부단별(정)	761,000	△108,300	652,700
	수확고(석)	4,984,550	576,454	5,561,004

4. 시설의 개요

(1) 품종개량 시설

(가) 맥류 신품종 육성 시설 : 논 이작(裏作)용 조숙(早熟), 내한(耐寒), 내습성(耐濕性) 품종의 선출 및 밭에서의 전작(前作)용 조숙(早熟), 단간(短稈), 내한성(耐寒性) 품종의 선출은 장래 맥작 장려의 성부(成否)에 가장 관계있는 중요 사항이기 때문에, 이것의 육성 시설을 본부 농사시험장에 신설한다.

(나) 맥작 지정 시험의 실시 : 본부 농사시험장의 품종개량 및 경종법 개선 시험의 결과 새롭게 육성된 맥 신품종의 이방적 적부(適否)를 시험하여 우량품종 선정의 적확 신속을 기하는 동시에, 지방의 기후, 토성, 기타 도작 사정 등을 짐작한 경제적 응용 시험의 성적을 속히 지방 농가에 보급하고, 이로써 맥작 증산의 촉진을 기하기 위하여 전남, 경북, 평남, 함남도 농사시험장에서 지정 시험을 실시한다.

(다) 맥류 우량품종의 보급 및 갱신 : 보리, 밀 및 쌀보리 작부 목표 면적의 7할 내지 8할의 면적에 대하여 3개년간에 우량품종의 보급 갱신을 완료하기 위하여 각도 계통 채종전을 설치하고 소요 종자의 증식을 도모하는 것으로 한다. 그리고 계통 채종전의 기구는 원종전〔도 농사시험장 직영〕, 군도 채종전〔군도 농회 경영〕, 부락 채종전〔국민총력부락연맹 공동경영〕, 농가복생전(農家複生田)으로 한다.

(2) 작부 확장 장려 시설

논 이작 배수 시설 : 남선 지방 논 이작 보리의 적극적 확장을 도모하기 위하여 매년 2,000

정보씩 5개년간 1만 정보의 소규모 보리 배수 시설을 행하는 것으로 하고, 공사비의 보조 연액 12만 엔을 계상한다.

(3) 병충 방제 시설

맥류 및 조의 종자 소독 : 보리 및 쌀보리의 겉깜부기병(稞黑穗病), 밀의 호숙병(胡椒病) 및 비린깜부기병(腥黑穗病), 조군데병(粟白髮病)의 종자 소독을 실시하는 것으로 하고, 겉깜부기병은 원종전에서 그 채종용 종자 및 생산 종자(군도 채종 전용 종자)를, 군도 채종전에서 그 생산 종자(부락 채종 전용 종자)를 각각 냉수온탕침법(冷水溫湯浸法)에 의하여 방제하며, 이를 위해 군도 채종전의 방제 용구대의 일부를 조성하고, 호숙병 및 비린깜부기병은 각급 채종전에서 그 채종용 종자를 아비산연에 의하여 소독하는 것으로 하며, 군도 채종전 및 부락 채종전의 약제비의 일부를 조성하고, 조군데병은 농가 채종용 종자를 전면적에 걸쳐서 '세레산'[91]에 의한 종자 소독을 실시하고 약제비의 일부를 조성한다.

(4) 강습회 및 전습회의 개최 : 군도, 읍면 및 농회 기술원 및 독농가, 중심인물에 대하여 그 지식 정도에 따른 강습 또는 전습회를 아래와 같이 개최한다.

(가) 군도, 읍면 및 농회 기술원의 강습회 : 도를 수 구역으로 나누어 군도, 읍면 및 농회 기술원의 강습회를 개최함으로써 제1선 지도 능력의 증진을 도모하기로 한다.

(나) 군도 주최로 군도를 수 구역으로 나누어, 실지 지도를 주로 한 독농가 및 중심인물의 전습회를 개최하여 경종법의 개선 및 증산의 촉진을 도모하기로 한다.

(5) 경작회(競作會) 및 품평회의 개최

(가) 다수(多收) 경작회의 개최 : 각 군도 농회로 하여금 맥류 및 조의 다수확 경작회를 개최하게 함으로써 증산의 촉진을 도모하기로 한다.

(나) 부락 채종전 품평회의 개최 : 부락 채종전은 왕왕 지도 감독 불철저로 인해 관리 조방하게 되어 품종 열변(劣變)할 우려가 있기 때문에 2년째 이후 군도 단위로 부락 채종전의 품평회를 개최하고, 이것의 자극에 의하여 우량 종자의 생산을 기하기로 한다.

(6) 전임 직원의 설치 : 종래 전작물 증산 장려 사무는 본부, 도·군도 및 읍면을 통틀어 극단적인 지도력의 부족을 고하고 있던 실정이었음에 비추어, 본 계획에서는 가급적 지도진의

91 아세트산페닐수은을 주성분으로 했던 소독제.

강화를 도모하기로 하고, 아래와 같이 전임 직원의 설치를 고려하기로 했다.

본부 : 기사 1, 속 1, 기수 2, 고원 3

농사시험장 : 기사 1, 기수 1, 고원 2

도 : 도기사 4, 도기수 13

도농사시험장 : 산업기수 30

군도 : 산업기수 220, 지방 산업기수 220

읍면 : 읍면기수 2,348

5. 소요 경비 : 위에서 서술한 시설의 실시를 위하여 1941년도(昭和 16) 보조비 156만 엔을 계상하는 외에 본부, 도 및 농사시험장에서의 경비 예산 16만 엔을 현재 요구 중이다.

〈자료 208〉 고구마증산장려계획(朝鮮總督府 農林局, 1942, 『朝鮮の農業(昭和 17年)』, 302-306쪽)

조선에서는 다량의 미곡을 내지에 이출하는 반면 조, 기타 잡곡의 수이입 초과 약 2백 수십만 석에 달하여 농촌의 식량은 부족한 경향에 있지만, 이에 더해 사변(중일전쟁) 이래 마량(馬糧) 보리의 대량 공출 등에 의해 농촌의 식량 부족은 더욱 심해지고 있다. 이로 인해 이 대책으로서 한편으로는 식량 전작물의 증산 계획의 확충을 고려하는 동시에 경지 단위 면적의 식량 가치가 가장 높은 고구마의 재배를 특히 보급하게 하는 것으로 하고 현재 실시 중인데, 고구마는 식량인 것 외에 소주 및 무수(無水) 알코올의 원료로 쓰이고 또한 가축 사료로 중시되고 있기 때문에 이것의 성과는 크게 기대되고 있다.

시설의 개요는 아래와 같다.

또한 후술할 것처럼 제주도에서는 별도로 알코올 원료 고구마의 증산계획을 수립, 실행 중에 있다.

1. 계획 목표

(1) 계획 연한 : 1939년도(昭和 14) 이후 5개년

(2) 보급증산 장려 구역 : 함남북을 제외한 11개도 내 재배 적지(適地) 161개군

(3) 증산 목표

(가) 목표 면적

기보급 단별 : 23,000정보

신규 작부 확충 단별 : 50,000정보(매년 10,000정보씩)

계획 완성 후 목표 단별 : 73,000정보

(나) 목표 수량

목표 작부 단별 : 73,000정보

동상 단당 수량 : 250관(현재 235관)

총수량 182,500,000관

2. 장려 시설 사항

(1) 신규 보급 면적에 필요한 고구마 종자 구입비에 대하여 보조를 하는 동시에 고구마 종자의 구입 배급을 알선한다.

(2) 우량묘의 육성은 고구마 증산상의 제1 요건이 되기 때문에 모판의 개량 및 육묘(育苗) 지도의 철저를 기하기 위하여 공동 또는 집합 모판을 설치하게 하고, 신규 보급용 모판의 설치비에 대해서 보조한다.

(3) 육묘와 고구마 종자 저장에 관한 기술의 체득은 고구마 재배상 가장 긴요한 사항이기 때문에 그 시기에 전습회를 개최하고 아울러 삽식(揷植), 비배 관리의 강습을 하게 한다.

(4) 실지 지도의 철저를 기하기 위하여 장려군 중 100군을 지도군으로 하고, 특히 농밀한 지도를 하기 위하여 전임 군농회 기수를 설치한다.

(5) 군 기술원을 보좌하여 농가 호별로 주도한 재배 지도를 하기 위하여 면에 지도원을 설치한다.

(6) 고구마 신품종 선출, 육성 및 경종법 개량에 관한 시험, 조사를 위하여 본부 농사시험장의 시설을 충실하게 한다.

〈제주도에서의 고구마 증산계획(무수 알코올 원료용)〉

내지에서의 연료 국책에 순응하여 조선에서도 휘발유에 무수 알코올을 혼입하기 위하여 1944년(昭和 19)까지 무수 알코올 30만 석을 증산할 필요가 있지만, 그 500만 석은 목재를 원료로 하고 잔여의 25만 석은 농산물을 원료로 하여 생산하고자 하는 방침이다. 이에 기초하여 제주도에 2만 석 단위의 한 공장을 건설하기로 하고, 이것의 원료 고구마 808만 5,000관을 도내에서 공급하게 하기 위해 아래처럼 증산계획을 수립하고 실시 중에 있다.

기(記)

1. 계획 목표

(1) 계획 연한 : 1938년도(昭和 13) 이후 3개년

(2) 증산 목표

(가) 목표 면적

기보급 단별 : 4,500정보

신규 작부 확장 단별 : 2,000정보〔1938년도(昭和 13)〕

계획 완성 후 목표 단별 : 6,500정보

(나) 목표 수량

목표 작부 단별 : 6,500정보

동상 단당 수량 : 258관〔현재 240관〕

총수량 : 1,675만 관

2. 장려 시설 사항

(1) 신규 보급 면적에 필요한 고구마 종자 구입비에 대하여 보조를 하는 동시에 고구마 종자의 구입 배급을 알선한다.

(2) 강건한 묘의 육성은 고구마 다수확상 가장 중요한 사항이기 때문에 모판의 개량 및 육묘 지도의 철저를 기하기 위하여 공동 또는 집합 모판을 설치하게 하고, 신규 보급용 모판의 설치비에 대해서 보조한다.

(3) 고구마 재배 주요지대에 매년 60개소의 지도포를 설치하고, 일반 농가에 대해 증수 방법의 실제를 범시(範示)하는 동시에 그 생산물로 수확, 저장 및 가공 등의 실지 지도를 행한다.

(4) 재배 기술의 향상은 증산의 근본이기 때문에 면 기수, 지도원 및 독농가에 대해 육묘, 삽식, 절간(切干)[92] 가공, 고구마 종자의 저장 방법 등에 대해 각 면마다 전습회를 개최하게 한다.

92 고구마 따위를 썰어서 말린 것.

(5) 원료 고구마는 그 대부분을 절간으로 할 필요가 있기 때문에 판매 수량의 약 6할을 재단하는 데에 필요한 절단기를 구입하도록 하기 위해 이것의 구입비에 대해 보조한다.

(6) 원료의 공급을 확실하게 하고 장래 단당 수량의 증가에 의하여 알코올 생산비의 저하를 도모하기 위해서는 지도 기관의 충실이 긴요하다고 보기 때문에 도(道) 및 도(島), 도(島) 농회에 전임 직원을 설치하는 동시에 기술원을 보좌하여 부락민에 대해 생산, 가공 및 판매 등에 관한 지도의 철저를 기하기 위하여 부락 지도원을 설치한다.

〈자료 209〉 히사마 겐이치(久間健一), 1943, 『朝鮮農政の課題』, 成美堂書店, 40-44쪽.

제2장 농정에 있어서 모순과 조화

3. 전작개량증식계획

(중략)

새로운 생산 기술은 또한 새로운 자본의 투하를 필요로 한다. 농구에, 비료에, 노동력에 … 이것들이 없어서는 새로운 생산 기술도 그 효과를 발휘할 수 없다. 게다가 농민 다수는 이러한 자금력이 결여되어 있다. 그렇다면 지도포에서처럼 개량 농구나 경작 수당 및 비료 자금을 많은 농민에게 보조하는 것은 도저히 실현될 수 없다. 전작개량증식정책이 안고 있는 모순 중 하나가 이것이다. 사람들은 산미증식계획에서 정부가 이러한 개발 자본을 기업가들을 통하여, 어째서 거액을 주입했는지를 생각하는 것이 좋다. 게다가 그것은 이미 상당한 자본력을 가진 기업가에 대해서조차, 이렇게 많은 금액의 자금 알선과 보조가 없으면 도저히 개발을 일으킬 수가 없었기 때문이었다. 전작 농업의 증식이 이러한 자금력 없이, 영세 농민에 대한 약간의 보조금에 의하여 자동적으로 쉽게 발전할 수 있다고 생각하는 것은 너무 낙관적이다. 아무리 증식 대상이 농민적 식량이라 하더라도, 농민적 식량이 될 수 없기 때문에.

농민 그 자신에게 전작증식정책을 자동적으로 개발하게 하는 것이 곤란하다면, 어떠한 방법에 의하여 외부로부터 개발의 충격을 가하지 않을 수 없다. 이에 두 가지 방법을 생각할 수 있다. 하나는 국가가 산미증식정책에서와 같이 다액의 개발 자금과 보조금을 지출하여 농민 식량증산정책을 실행하는 것이다. 하지만 이와 같은 경우 현실에서는 그저 한 조각의 이상으로 끝나고 말 것이다. 왜냐하면 이러한 증식은 추호도 자본이 좋아하는 바가 아니고, 국가의 재정적 부담이 감당할 수 없기 때문이다. 전작증식정책이 미온적이지 않을 수 없는 일면의 이유는 여기는 있다.

그렇다면 다른 방법은 어떠한가. 그것은 기업적 자본가 계급의 손에 의한 개발이다. 하지만 이 방법은 그것이 자본가의 영리 충동을 만족시키지 못하는 한 도저히 기대할 수 없다. 영리 충동을 만족시키는 개발 방향은 간단히 말하면 농산물의 상품화이다. 상품으로서 이익이 적은 것은 자본에게 있어 일고의 가치도 없다. 이렇게 전작개량증식은 그것이 지주에게든 가공업자에게든 자본가에게든 자본 지배하에 있을 때는, 필연적으로 농산물 상품화를 기축으로 하여 발전되지 않을 수 없는 운명에 놓인다. 거대한 자본주의적 식량정책에 의하여 농민의 식량인 미곡이어야 할 미곡이, 금일에는 유일한 상품으로서 화폐 수입의 원천이 된 것은 사람들이 잘 알고 있는 바이다. 그런데 농민의 식량 생산 부면으로 남겨져 있는 전작 농업을 향하여, 일찍이 미작 농업에 대해서 더해진 것과 같은 상품화가 강력하게 전개되었다고 하면 농민은 식량을 어디에서 구해야 할 것인가? 여기에 전작개량증식정책의 근대적 개발에 대한 기본적인 모순이 있다.

게다가 이 모순은 장래의 문제가 아니라 이미 현실의 문제이다. 면화증산계획, 산견백만석 증산계획, 소맥개량증식계획 혹은 최근의 무수주정(無水酒精) 원료로서 고구마, 감자의 증산계획 등 일련의 국책적 증산계획의 실시는 산미증식계획에 의하여 전가된 농민의 식량문제 해결과 관련하여 어떠한 조화하에서 시행되려 하는 것일까. 국책 혹은 광의 국방의 견지하에서 시행되는 이들 원료 농산물의 증산계획이 더욱 농민의 식량문제를 심각화한다면 그것도 또한 국책 혹은 광의 국방상 간과할 수 없는 문제이다. 모순은 또 다른 한 가지 모순을 가져오는 데 이르러, 조화는 더욱 곤란을 더해 간다.

이렇게 전작 농업의 전개는 바야흐로 근대적 개발하에서 변동하려 하고 있다. 거기에는 농산물의 상품화를 통하여 지주, 가공업자, 상인 등에 의한 지배의 대도(大道)가 절개(切開)되어 농민의 궁핍은 한층 심각화될 우려가 있다. 게다가 농민적 식량 농산물의 증식은 자동적인 개발력을 갖지 못했기 때문에, 또한 그 스스로 자본 투하의 충동을 가지고 있지 않기 때문에, 더욱 가능한 범위로부터 멀어져 간다. 이렇게 새로운 농민의 식량 충실 문제는 단지 혼미에 빠져 있을 뿐이다.

전작 농업이 상품화를 기축으로 하여 전개되는 한에서는 일찍이 미작 농업의 개발이 초래한 것을 반복할 뿐이다. 농산물은 시장에 동원되고, 농민 경제의 자급자족은 점점 파괴되지 않을 수 없다. 이는 전작 농업의 증식정책이 갖고 있는 모순이지만, 여기에는 또 다른 모순이 있다. 그것은 상품화될 농산물 상호 간의 경합 그것이다. 소위 대항작물 상호 간의 경합은 어떻게 조화될까 하는 문제 이것이다. 여기에도 미묘한 대립-모순-조화의 문제가 남겨져 있지만, 지금 여기에서는 깊이는 들어가지 않는다.

일찍이 야마모토(山本尋已) 씨는 조선 전작의 중요성을 고조시킨 한 문장에서 전작 농업의 개발이 농민 자체에 의하여 자동적으로 전개되는 것은 당분간 전망이 없다고 하시고, 이로 인해 "마음으로부터 이들 소농의 경제 향상을 조장하고, 전도에 광명을 얻게 하고자 하는 동정이 있고, 게다가 국토의 생산을 급속히 향상시키고자 하는, 애국적 열의 있는 기업자"의 활동을 간절히 바라셨다. 이 '선량한 기업자의 정신적, 물질적 가호(加護)의 혜택'에 의하여 소농의 갱생을 도모하고, 생산력의 급속한 증대의 가능성을 강조하셨다. 이것의 실례를 남선의 기업적 미작 농업의 결과에서 구하셨는데, 이 한 문장은 실로 전작개량증식정책의 의도가 어디에 있는지를 보여 주는 것으로, 우리들이 특히 주목할 만한 점이다.[93]

주목할 만한 견해이기는 하지만 이러한 자본주의 농업 개발이 스스로 내포하는 대립과 모순은 이미 많은 곳에서 내가 지적한 바이다. 이 모순을 조화하는 고려 없이 헛되이 기업가적 개발을 운운하는 것은 위험하다. 사태는 이렇게 간단히 소농의 갱생 및 생산력 증대의 양 목적을 동시에 달성하는 것이 가능하지 않다는 것이다. '애국적 열의 있는 기업가'라는 것은 어떠한 것인지 알 수 없지만, 적어도 오늘까지의 미작 농업 기업가의 경제 활동 성격에서 생각하면 그것은 역시 이윤 추구에 무관심한 것일 수 없고, 농민 경제의 향상을 조장하고 전도에 광명을 주는 것만을 목적으로 하는 것은 아니다. 따라서 전작 농업에 한해서만 이러한 애국적 기업가의 출현을 기대하는 것은 단순한 몽상이다. 이것은 일찍이 미작 농업에서 기업적 지주가 금일의 농민의 궁핍을 갱생시키고자 하는 저 농촌진흥운동에 대해서 얼마나 냉담한가를 아울러 생각하면 명확하다.[94]

요컨대, 전작 농업의 개발에 의한 농민의 식량문제 해결은 농민 스스로 자본과 기술을 가지고 있지 않기 때문에 자동적으로 개발을 기대할 수 없다. 게다가 그 때문에 자본가, 지주

93 * 山本尋已, 1937.5, 「朝鮮畑作の重要性」, 『朝鮮行政』 1-5, 12쪽.

94 * 본서 제11장 「거대 지주의 농민 지배」.

에 의한 개발은 그것이 상품화를 기축으로 하여 진전되기 때문에 더욱 식량 생산 부면을 협애하게 하고, 이로 인해 식량문제를 심각화시킬 뿐이다. 이 경향은, 각종 원료 농산물의 증산정책이 그 분야를 서로 확대하면 할수록, 한층 심각한 상극 관계에 빠진다는 것을 전술한 바 있다. 전작 농업이 원료 농산물의 증산을 기조로 하여 전개되는 한에서는 이 개량증식정책도 결국 산미증식계획과 마찬가지로, 여전히 농민의 식량 충실이라고 하는 전게 세 목표 중 첫 번째 주요 목표의 달성은 곤란하게 되고, 전작개량증식정책은 다른 증산정책과 동일하게 근대적 공업의 원료 획득 정책으로서의 본령을 발휘하여 농민적인 사회정책적 성격은 희박하게 될 따름이다. 전작농업의 장래에 부과된 이 모순은 소위 '농공병진'의 새로운 미나미(南)이즘과 함께 점점 고양되려 하고 있다.

5. 미곡 생산 관련 법령 및 실행 결과

1) 미곡 생산 관련 법령

(1) 법령 목록 및 해제

〈식량증산 관련 법령 목록〉

연번	법령(명칭/호수/제정 연월일)				출처
1	수리조합조례	제정	부령 제13호	1906년(光武 10) 3월 26일	『舊韓國官報』, 1906.4.4.
2	조선수리조합령	제정	제령 제2호	1917년(大正 6) 7월 17일	『朝鮮總督府官報』, 1917.7.17.
		일부개정	제령 제18호	1927년(昭和 2) 12월 28일	『朝鮮總督府官報』, 1927.12.28.
		일부개정	제령 제34호	1940년(昭和 15) 8월 19일	『朝鮮總督府官報』, 1940.8.19.
3	국유미간지이용법	제정	법률 제4호	1907년(光武 11) 7월 4일	『舊韓國官報』, 1907.7.6.
4	조선토지개량령	제정	제령 제16호	1927년(昭和 2) 12월 28일	『朝鮮總督府官報』, 1927.12.28.
5	공유수면매립법	제정	법률 제57호	1921년(大正 10) 4월 9일	朝鮮農會, 1936, 『朝鮮農務提要』, 985-994쪽.
6	조선공유수면 매립령	제정	제령 제4호	1923년(大正 12) 3월 12일	『朝鮮總督府官報』, 1923.3.12.
7	비료취체법	제정	법률 제51호	1907년(明治 41) 4월 11일	朝鮮總督府農林局, 1942, 『朝鮮の肥料(昭和 17年)』, 68-71쪽.
8	조선비료취체령	제정	제령 제14호	1927년(昭和 2) 9월 3일	朝鮮總督府農林局, 1942, 『朝鮮の肥料(昭和 17年)』, 67-68쪽.
9	조선중요비료 통제령	제정	제령 제1호	1937년(昭和 12) 3월 6일	朝鮮總督府農林局, 1942, 『朝鮮の肥料(昭和 17年)』, 81-83쪽.
10	조선임시비료배급 통제령	제정	제령 제18호	1937년(昭和 12) 12월 10일	朝鮮總督府農林局, 1942, 『朝鮮の肥料(昭和 17年)』, 90-91쪽.

미곡 생산 관련해서 일본 제국 의회에서 제정 공포하는 법령, 천황의 재가로 공포되는 칙령, 조선총독이 제정하는 제령 이상의 법령은 토지개량사업 관련 법령과 비료 유통 관련 법령이 있다. 각 시기별로 결정되는 각종 '증산계획'과 '식량대책'은 조선총독부의 행정적 조치로

발포되어 시행되었다.

토지개량사업은 사회인프라 구축의 의미가 강하고 그런 만큼 국가 재정이 투입되고 민간의 자본과 인력도 대규모로 동원되는 경우가 많으며 토지 소유권 분쟁 등의 우려도 있었다. 이에 법적 규정을 통해 그 근거를 명확히 할 필요가 있었다. 대한제국 말기 통감부 시기 '수리조합조례'를 탁지부령으로 발포하여 공동의 수리관개사업을 시작하였다. 강제병합 이후 '조선수리조합령'으로 수리조합사업의 토대를 마련했고 산미증식갱신계획(1927년), 조선증미계획(1940년), 조선증미개정계획(1943년) 실시에 따라 법령 일부를 개정하며 토지개량사업의 중심으로 수리조합사업을 추진했다.

기존 토지에 대한 관개사업인 수리조합사업뿐만 아니라 새로운 경지를 창설하는 개간·간척사업도 추진되었다. 1907년 '국유미간지이용법'을 제정하였고, 산미증식계획 실시와 함께 1923년 '조선공유수면매립령'을 제정했다. 이는 일본 본국의 '공유수면매립법'을 모법으로 한 것이었다. 조선공유수면매립령은 1923년 제정되었지만 시행을 총독이 정하도록 규정하여 '조선토지개량령 시행일부터 시행'토록 하였다. 이는 조선에서의 공유수면 매립은 농지에 대한 전반적인 토지개량사업의 일환으로 운영하고자 하여 법적으로 토지개량사업을 포괄하는 '조선토지개량령'의 제정·시행과 함께 추진하려는 것이었다. 이에 1927년 12월 28일 '조선토지개량령'이 공포·시행됨에 따라 같은 날 '조선공유수면매립령'도 개정하여 시행되었다. 조선토지개량령은 1934년 산미증식계획 중단, 전시 토지개량사업 부활(1943년)에 따라 일부 개정되었다.

다음은 비료 관련 법령이다. 자급비료의 경우 각 농가별로 비료의 재료나 조제 방법은 다양하여 통일적 규정을 마련할 필요가 없었으나, 판매비료의 경우는 비료 성분이나 제조 방법, 유통(판매자)에 대한 법적 규정이 필요했다. 1907년 '비료취체법'이 제정되어 비료를 제조하여 판매하는 경우에 대한 규정을 마련했다. 1920년대 산미증식계획으로 비료 사용량이 많아지고 판매비료 유통이 본격화되자 1927년 '조선비료취체령'을 제정하여 이에 대한 통제와 관리에 들어갔다. 1937년 중일전쟁 발발로 전시 군수물자에 대한 수급 통제가 시작되면서 비료는 그 원료가 화약 등의 군수물자와 직접 관련 있게 되자 이에 대한 수급 통제를 위해 '조선중요비료통제법', '조선임시비료배급령'을 제정하여 비료의 생산·판매를 통제하였다.

(2) 관련 법령

1. 「수리조합조례」(부령 제13호, 1906년(光武 10) 3월 26일)

제1조 수리조합은 수리(水利)를 이유로 토지의 관개 소착(疏鑿)과 개척 보호에 관한 사업을 위하여 설치한다.

제2조 조합은 조합 사업을 위하여 이익을 얻을 토지로써 구역을 정하고 이 구역 내에 있는 매유자(買有者)로써 조합원이라 한다.

제3조 조합을 설치하고자 할 시에는 탁지부 대신에게 인가를 청해야 한다.

제4조 조합은 탁지부 대신이 지정한 자가 탁지부 대신의 지휘 감독을 받아서 이를 관리한다.

제5조 ① 조합의 비용은 토지의 면적 등급에 따라서 조합원이 이를 부담한다.

② 조합의 사업으로 특히 이익을 얻은 토지에 대하여는 그 이익에 따라서 특별한 부담을 담당케 할 수 있다.

제6조 조합은 그 사업을 위하여 부역 현품 및 토지를 조합원에게 부과할 수 있다.

제7조 제5조의 부담의 사정 및 제6조의 부과를 하고자 할 시에는 미리 탁지부 대신의 인가를 받아야 한다.

제8조 조합비의 징수 및 체납 처분은 결호세(結戶稅)의 예에 의거한다.

제9조 조합은 탁지부 대신이 지정한 적립금을 적립함을 요한다.

제10조 조합은 탁지부 대신의 인가를 경유하지 않으면 부채를 얻을 수 없다.

제11조 관리자는 예산 및 결산을 작성하여 탁지부 대신에게 보고해야 한다. 탁지부 대신은 이를 조합원에게 포고한다.

제12조 조합의 부채 원리금의 지불에 대하여는 정부가 이를 보증할 수 있다.

제13조 조합 관리자 및 그 사무에 종사하는 자에 대하여는 관리에 관한 규정을 준용한다.

2. 「조선수리조합령」(제령 제2호, 1917년(大正 6) 7월 17일)

제1조 ① 관개 배수 또는 수해 예방을 위하여 필요한 때에는 수리조합을 설치할 수 있다.

② 수리조합은 법인으로 한다.

제2조 수리조합은 조합사업을 위하여 이익을 취할 수 있는 토지를 구역으로 하고 조합규

약이 정하는 바에 의하여 그 구역 내의 토지 또는 가옥, 기타 공작물을 소유하는 자를 조합원으로 한다. 다만, 국유 미간지를 대부하는 것에 대하여는 그 대부를 받는 자를 토지의 소유자로 본다.

제3조 ① 수리조합을 설치하는 경우에는 조선총독이 정하는 바에 의하여 조합원 5인 이상이 창립자가 되어 조합규약을 작성하고 조합원의 2분의 1 이상으로 하여 조합의 구역으로 하는 땅의 총면적의 3분의 2 이상에 해당하는 토지의 소유자의 동의를 얻어 조선총독의 인가를 받아야 한다.

② 수리조합은 전항의 인가를 받은 때에 성립한다.

제4조 ① 창립자가 전조의 인가 신청을 위하여 필요한 때에는 조선총독이 정하는 바에 의하여 타인의 토지에 무단으로 들어가서 측량 또는 조사를 하거나 장해물을 제거할 수 있다.

② 전항의 경우에 있어서는 조선총독이 정하는 바에 의하여 손해를 보상하여야 한다.

제5조 ① 수리조합의 합병·분할 또는 폐지를 하고자 하는 때에는 조합규약에 의하여 조합원의 동의를 얻어 조선총독의 인가를 받아야만 한다. 이 경우에는 제3조 제1항의 규정은 조합원의 동의를 얻어 이를 준용한다.

② 분할의 경우에는 분할 후의 각 조합의 조합원들에 대해서 전항의 규정에 의한 동의를 필요로 한다.

③ 조합은 채무를 완제한 후가 아니면 폐지할 수 없다.

④ 제1항 및 제2항의 규정은 조합구역을 변경할 경우에 이를 준용한다.

제6조 ① 수리조합에 조합장을 두고 도장관이 이를 명하며 임기는 4년으로 한다.

② 조합장은 무급으로 한다. 다만, 조합규약이 정하는 바에 의하여 유급으로 할 수 있다.

③ 조선총독이 필요하다고 인정한 경우에는 부윤, 군수 또는 도사로 하여금 조합장의 직무를 행하게 할 수 있다.

제7조 조합장은 조합을 대표하며 조합의 사무를 담당한다.

제8조 수리조합에 조합장 이외에 유급 또는 무급의 사원을 둘 수 있다.

제9조 본령에서 정한 것 이외에 조합 이원(吏員)의 조직·면직·임명·직무 권한·복무 규율·

징계·배상 책임·신원 보증 및 사무 인계에 관한 사항은 조선총독이 정한다.

제10조 ① 수리조합에 평의회를 둔다.

② 평의회는 조합장 및 평의원으로써 조직한다.

③ 특별한 사정이 있는 조합은 조합원의 총회로써 평의회를 대신할 수 있다.

제11조 ① 평의원은 조선총독이 정하는 바에 의하여 조합원 중에서 호선한다.

② 평의원은 무급으로 하며 임기는 4년으로 한다.

제12조 수리조합은 평의원의 선임에 대하여 도장관의 인가를 받아야 한다.

제13조 ① 조합장은 조합에 관련한 중요한 사항을 평의회에 자문하여야 한다.

② 평의회에 자문하여야 할 사항은 조선총독이 지정한다.

제14조 본령이 정하는 것 이외에 평의회·평의원 및 조합원의 총회에 관련한 사항은 조선총독이 정한다.

제15조 평의회를 여는 것이 불가능할 때 또는 평의회가 조합장의 자문에 대하여 답변을 하지 아니한 때에는 조합장은 도장관의 지휘를 청하여 자문 사건을 처리할 수 있다. 다만, 시급을 요하는 경우에는 전결 처리하고 도장관에게 보고하여야 한다.

제16조 평의원 및 조합 이원의 비용변상·보수·급료·퇴직급여금·사망급여금·은퇴연금·유족부조금 그 이외의 급여에 관련하는 사항은 조선총독이 이를 정한다.

제17조 ① 비상 재해로 인하여 필요한 경우에는 수리조합이 타인의 토지를 일시적으로 사용하거나 토(土)·석(石)·죽(竹)·목(木) 기타 현품을 사용 또는 수용할 수 있다.

② 전항의 경우에는 조선총독이 정하는 바에 의하여 손해를 보상하여야 한다.

제18조 ① 수리조합은 조합원에 대하여 조합비 및 부역 현품을 부과할 수 있다.

② 조합비 및 부역 현품은 관개 배수를 목적으로 하는 조합에 있어서는 토지에, 수해예방을 목적으로 하는 조합에 있어서는 토지 및 가옥, 기타 공작물에 대하여 부과할 수 있다.

③ 조합 구역 내의 일부에 대하여 특히 이익이 되는 사건에 대해서는 조합은 불균일하게 또는 특별 부과를 할 수 있다.

④ 조합은 조합규약이 정하는 바에 의하여 제2조 단서의 규정에 의한 조합원에 대하여 그 조합원 간에 생기는 조합 채무의 이행을 위하여 필요한 조합비를 부과할

수 있다.

제19조 수해예방을 목적으로 하는 조합은 부역에 의하여 그 구역 안에 거주하는 자에 대하여 부과할 수 있다.

제20조 관개 배수 및 수해 예방을 목적으로 하는 조합의 조합비 및 부역 현품의 부과에 대하여는 제18조 제2항 및 전조의 규정을 준용한다.

제21조 수리조합은 새로 편입한 구역 안의 토지·가옥, 기타 공작물에 대하여 가입금을 징수할 수 있다.

제22조 ① 수리조합은 영조물(營造物)을 사업의 방해가 되지 아니한 범위 안에서 다른 목적으로 사용하게 할 수 있다.

② 전항의 사용에 대해서는 사용료를 징수할 수 있다.

제23조 ① 수리조합은 조합비, 기타 조합의 수입에 대한 징수를 부면에 촉탁할 수 있다. 이 경우에는 조합은 조선총독이 정하는 바에 의하여 부면의 징수 금액의 100분의 4 이상을 부면에 교부하여야 한다.

② 피할 수 없는 재해로 인하여 부면에서 이미 징수한 조합비, 기타 조합의 수입을 잃어버린 때에는 그 징수금에 대하여 조합은 조선총독이 정하는 바에 의하여 부면에 대한 납입의 의무를 면제하여야 한다.

제24조 조합비, 부역 현품, 가입금 또는 사용료의 부과 징수를 받은 자가 그 부과 징수에 대하여 위법 또는 착오가 있다고 인정한 때에는 조선총독이 정하는 바에 의하여 이의 제기를 할 수 있다.

제25조 ① 조합비, 기타 조합의 징수금의 독촉, 체납처분, 추징 및 환부의 대하여는 국세의 예에 의한다.

② 전항의 징수금의 선취특권[95]의 순위는 부면의 징수금 다음으로 한다.

제26조 수리조합은 특정한 목적을 위하여 금품을 적립할 수 있다.

제27조 수리조합은 그 사업의 관계상 필요한 경우에는 기부 또는 보조를 할 수 있다.

제28조 ① 수리조합은 부채원리의 상환, 조합의 영구 이익이 되는 사업 또는 천재지변 등

95 다른 채권자에 앞서 채무자의 재산에서 변제받을 권리.

으로 필요한 때에는 조합채를 발행할 수 있다.

② 조합은 예산 내의 지출을 위하여 일시적으로 차입금을 차입할 수 있다.

③ 전항의 차입금은 그 회계연도 내의 수입으로 상환하여야 한다.

第29조 ① 수리조합은 매 회계연도의 세입·세출 예산을 편성하여야 한다.

② 조합의 회계연도는 정부의 회계연도에 의한다.

第30조 수년에 걸쳐 지출하여야 할 비용은 그 연 기간에 각 연도의 지출액을 정하여 계속비로 할 수 있다.

第31조 수리조합의 수입금 및 지불금에 관한 시효에 대하여는 정부의 수입금 및 지불금의 예에 의한다.

第32조 본령이 정한 이외의 조합비·부역 현품·가입금 또는 사용료의 부과 징수, 기타 조합의 재무에 관한 사항은 조선총독이 정한다.

第33조 ① 둘 이상의 수리조합이 공동사업을 위하여 필요한 때에는 협의에 의하여 조선총독의 인가를 받아 수리조합연합회를 설치할 수 있다.

② 수리조합연합회는 법인으로 한다.

③ 수리조합연합회의 조합 수의 증감 또는 공동사업의 변경은 그 조합의 협의에 의하여 조선총독의 인가를 받아야 하며 연합회의 폐지에 대하여도 같다.

④ 수리조합연합회에 관하여는 수리조합에 관한 규정을 준용하며, 준용하기 이려운 사항에 대해서는 조선총독이 별도로 정할 수 있다.

⑤ 전 4항에 정한 것 이외에 수리조합 연합회에 관하여 필요한 사항은 조선총독이 정한다.

第34조 수리조합은 제1차로 부윤, 군수 또는 도사가, 제2차로 도 장관이, 제3차로 조선총독이 감독한다. 다만, 부윤, 군수 또는 도사가 조합장의 직무를 행하는 경우 또는 조합의 구역이 2 이상의 부군에 걸치는 경우에 있어서는 제1차로는 도 장관이, 제2차로는 조선총독이 감독하며, 조합의 구역이 둘 이상의 도에 걸치는 경우에 있어서는 제1차로 조선총독이 지정하는 도 장관이, 제2차로 조선총독이 감독한다.

第35조 ① 감독관청은 수리조합의 감독상 필요한 명령 또는 처분을 할 수 있다.

② 상급 감독관청은 수리조합의 감독에 관하여 하급 감독관청이 행한 명령·처분을

정지 또는 취소할 수 있다.

제36조 도장관은 감독상 필요하다고 인정한 때에는 조합장 또는 평의원을 해임할 수 있다.

제37조 수리조합이 집행하여야 할 사건을 집행할 때에는 조합의 비용으로 제1차 감독관청에서 집행할 수 있다.

제38조 다음 각호의 사건은 조선총독의 인가를 받아야 한다.

1. 조합규약을 변경하는 것
2. 조합채의 발행과 그 발행 방법, 이율 및 상환 방법을 정하거나 변경하는 것
3. 조합의 사업 계획을 정하거나 또는 변경하는 것

제39조 다음 각호의 사건은 도장관의 인가를 받아야 한다.

1. 부동산의 관리 방법 및 처분에 관한 것
2. 적립 금품의 설치와 그 관리 방법 및 처분에 관한 것. 다만, 적립한 목적을 위하여 처분하는 경우는 그러하지 아니하다.
3. 기부 또는 보조를 하는 것
4. 일시적으로 차입을 하는 것
5. 예산으로 정하는 것을 제외하고 새로 의무의 부담을 하거나 권리를 포기하는 것

제40조 감독관청의 인가를 받아야 하는 사건에 대하여 감독관청은 인가 신청의 취지에 반하지 않는다고 인정되는 범위 안에서 정정하여 인가할 수 있다.

제41조 제38조 또는 제39조의 규정에 의하여 감독관청의 인가를 받아야 할 사건에 대해서는 조선총독이 정하는 바에 의하여 그 인가권을 하급 감독관청에 위임하거나 경미한 사건에 한하여 인가를 받게 할 수 있다.

제42조 도장관은 조합장에 대하여 징계를 할 수 있으며 그 징계는 견책 및 해직으로 한다.

부칙

① 본령 시행 기일은 조선총독이 정한다.

② 수리조합조례는 폐지한다.

-「조선수리조합령」 일부 개정(제령 제18호, 1927년(昭和 2) 12월 28일)

제1조의 2 토지개량을 목적으로 하는 수리조합은 당분간 조선총독이 정한 바에 의하여 토지개량 외에 조합구역 안의 토지의 농업상의 이용을 증진하기 위하여 필요한 시설을 할 수 있다.

제2조 수리조합은 조합사업을 위하여 이익을 취할 수 있는 토지를 구역으로 하고 조합규약이 정하는 바에 의하여 그 구역 내의 토지 또는 가옥, 기타 공작물을 소유하는 자를 조합원으로 한다. 다만, 국유 미간지를 대부하는 것에 대하여는 그 대부를 받는 자, 역둔토로 역둔토특별처분령에 의하여 판매 계약을 한 것에 대하여는 그 매수의 계약을 행하는 자를 토지의 소유자로 본다.

제2조의 2 본령의 적용에 대하여는 공유수면으로 조선공유수면매립령에 의하여 매립의 면허를 행하는 것은 이를 토지로, 그 면허를 받은 자를 토지 소유자로 본다.

제2조의 3 수리조합에 있어서 조합의 목적이 되는 사업 시행을 위하여 토지를 분할할 필요가 있는 때에는 조합은 토지의 소유자를 대신하여 이에 관한 절차를 밟을 수 있다.

제2조의 4 ① 수리조합의 명칭 중에는 수리조합이라는 문자를 이용하여야 한다.

② 본령에 의하여 설치한 수리조합이 아니면 그 명칭 중에 수리조합이라는 문자를 사용할 수 없다.

제5조의 2 ① 수리조합의 설치·합병·분할·폐지 또는 구역의 변경은 조선총독이 고시한다.

② 조합의 설치·합병·분할·폐지 또는 구역의 변경은 전항의 고시가 있기 전까지는 이를 가지고 타인에게 대항할 수 없다.

제5조의 3 수리조합을 합병하고자 하는 때에는 합병으로 인하여 해산한 조합에 속하는 권리·의무는 합병 후 존속하거나 합병에 의하여 설치된 조합으로 이전한다.

제5조의 4 수리조합을 분할하고자 하는 때에는 그 정하는 바에 따르고 분할에 의하여 설치된 조합이 그 권리 및 의무의 일부를 승계한다.

제12조 수리조합은 평의원의 선임에 대하여 도지사의 인가를 받아야 한다.

제15조 평의회를 여는 것이 불가능할 때 또는 평의회가 조합장의 자문에 대하여 답변을 하지 아니한 때에는 조합장은 도지사의 지휘를 청하여 자문 사건을 처리할 수 있다. 다만, 시급을 요하는 경우에는 전결 처리하고 도지사에게 보고하여야 한다.

제17조의 2 ① 제4조 제3항 또는 전조 제2항의 규정에 의하여 보상하여야 하는 금액은 협

의에 의하여 정하며, 협의가 되지 아니한 때 또는 협의가 불가능한 때에는 도지사가 결정한다.

② 전항의 결정에 불복하는 자는 그 결정의 통지를 받은 날의 익일부터 기산(起算)하여 30일 이내에 조선총독의 재정(裁定)을 요청할 수 있다.

제20조 관개 배수·토지개량 및 수해 예방을 목적으로 하는 조합의 조합비 및 부역 현품의 부과에 대하여는 제18조 제2항 및 전조의 규정을 준용한다.

제34조 수리조합은 제1차로 부윤, 군수 또는 도사가, 제2차로 도지사가, 제3차로 조선총독이 감독한다. 다만, 부윤 군수 또는 도사가 조합장의 직무를 행하는 경우 또는 조합의 구역이 2 이상의 부군에 걸치는 경우에 있어서는 제1차로는 도지사가, 제2차로는 조선총독이 감독하며, 조합의 구역이 2 이상의 도에 걸치는 경우에 있어서는 제1차로 조선총독이 지정하는 도지사가, 제2차로 조선총독이 감독한다.

제36조 도지사는 감독상 필요하다고 인정한 때에는 조합장 또는 평의원을 해임할 수 있다.

제39조 다음 각호의 사건은 도지사가 인가를 받아야 한다.

제42조 도지사가 조합장에 대하여 징계를 할 수 있으며 그 징계는 견책 및 해직으로 한다.

-「조선수리조합령」 일부 개정(제령 제34호, 1940년(昭和 15) 8월 19일)

제5조의 2 ① 수리조합이 그 구역을 변경하고자 할 때에는 평의회의 자문을 거쳐 조선총독의 인가를 받아야 한다. 다만, 새로 조합구역에 편입하여야 할 토지가 있는 때에는 조합원들의 동의를 얻어야 한다. 이 경우에는 제3조 제1항의 규정을 준용한다.

② 조합구역에 편입되어야 할 토지가 조합 사업에 의하여 현 조합의 구역 내의 토지와 같은 이익을 받는 경우에는 전항의 동의가 없더라도 조선총독이 필요하다고 인정할 때에는 이를 그 구역에 편입할 수 있다.

제5조의 3 ① 수리조합의 설치·합병·분할·폐지 또는 그 구역의 변경은 조선총독이 이를 고시한다.

② 조합의 설치·합병·분할·폐지 또는 그 구역의 변경은 전항에서 고시가 있기 전까지는 이를 가지고 타인에게 대항할 수 없다.

제5조의 4 수리조합을 합병하고자 하는 때에는 합병으로 인하여 해산한 조합에 속하는 권

리·의무는 합병 후 존속하거나 합병에 의하여 설치된 조합으로 이전한다.

제5조의 5 수리조합을 분할하고자 하는 때에는 그 정하는 바에 따르고 분할에 의하여 설치된 조합이 그 권리 및 의무의 일부를 승계한다.

3. 「국유미간지이용법」(법률 제4호, 1907년(光武 11) 7월 4일)

제1조 국유 미간지는 민유 이외의 원야, 황무지, 초생지, 소택지 및 간석을 칭한다.

제2조 ① 국유 미간지는 본법의 규정에 의하여 대여할 수 있다.

② 대여 기간은 10개년을 초과할 수 없다.

제3조 대여를 받은 자가 예정의 사업을 성공한 시는 농상공부 대신은 이 대여를 받은 자에게 대하여 이 토지를 불하 또는 대여할 수 있다.

제4조 대여를 받고자 하는 자는 농상공부 대신에게 청원하여 허가를 받아야 한다.

제5조 ① 대여를 받은 자는 농상공부 대신의 지정한 바에 의하여 대여료를 납입해야 한다.

② 농상공부 대신은 공공 사용이나 기타의 사유로 인하여 필요하다고 인정할 시는 대여료를 감면할 수 있다.

제6조 ① 대여를 받은 자는 농상공부 대신의 허가가 없으면 그 권리를 매매 양여하거나 담보로 제공할 수 없다.

② 대여를 받은 자의 권리는 상속할 수 있다.

제7조 국유 미간지 이용의 방법이 공익을 해하는 염려가 있을 시는 농상공부 대신은 개량 혹은 정지를 명해야 한다.

제8조 농상공부 대신은 다음의 경우에 대여 허가를 취소할 수 있다.

1. 사기 혹은 착오로 인하여 허가됨을 발견한 시
2. 대여를 받은 일로부터 1개년 이내에 사업에 착수치 아니하거나 또는 착수 후에 상당한 사유가 없이 예정의 진행을 하지 않는 시
3. 전조의 명령에 불복하는 시
4. 대여 허가의 조건에 위배된 시
5. 법정 및 지정의 기간 내에 대여료나 벌금을 납입하지 아니하는 시

제9조 본법에 의하여 불하 또는 대여한 토지의 세율은 그 익년부터 5개년간은 그 토지 소

재 도의 최하급에 속한 토지의 부담 3분의 1로 한다.

제10조 자기의 편의로써 대여를 받은 토지를 반환할 시나 또는 제8조의 규정에 의하여 대여의 허가를 취소한 경우에 그 토지에 존재한 구축물과 기타의 물건이 있는 자는 농상공부 대신의 지정한 기간 내에 제거해야 하며, 그 기간 내에 제거하지 않을 시는 이 물건은 국유로 귀속한다.

제11조 ① 본법의 규정에 의하지 않고 국유 미간지를 이용한 자는 5엔 이상 200엔 이하의 벌금에 처한다.

② 전항의 처분은 농상공부 대신이 행한다.

제12조 본법을 시행함에 필요한 명령은 농상공부 대신이 정한다.

제13조 본법 및 시행세칙의 규정에 의할 처분은 통감의 동의를 경유함을 요한다.

제14조 3정보/9,000평 이내의 국유 미간지의 이용에 대하여는 당분간 구관(舊慣)에 의하고 본법의 규정에 의하지 않을 수 있다.

제15조 ① 본법 발포 전에 국유 미간지의 이용 허가를 받아 그 효력이 상존한 자는 본법 시행일로부터 3개월 이내에 농상공부 대신의 인증을 청구하고 그 인증을 받은 시는 제4조의 허가를 받은 자로 간주한다.

② 인증을 받은 자가 그 사업을 성공한 시는 농상공부 대신은 이 인증을 받은 자에게 대하여 이 토지를 불하 또는 대여한다.

제16조 본법에 저촉되는 법령은 폐지한다.

제17조 본법은 1907년(光武 11) 9월 15일로부터 시행한다.

4. 「조선토지개량령」(제령 제16호, 1927년(昭和 2) 12월 28일)

제1조 본령에서 토지개량이라 함은 토지의 농업상의 이용을 증진할 목적으로 본령에 의하여 다음 각호의 1에 해당하는 사항〔조선총독이 정하는 소규모의 것은 제외〕을 행하는 것을 말한다.

1. 관개 배수에 관한 설비 또는 공사
2. 토지의 교환, 분합, 개간, 지목변환, 기타 구획 형질의 변경 또는 도로, 제방, 두렁, 도랑, 저수지 등의 변경 혹은 폐치

3. 전 2호 사항의 시행 또는 시행의 결과 필요한 공작물의 설치 또는 유지 관리

제2조 본령에서 토지개량 시행자라 함은 제7조의 인가를 받은 자 및 토지개량을 목적으로 하는 수리조합(이하, '수리조합'이라 함)을 말한다.

제3조 본령에서 관계인이라 함은 것은 토지개량 시행지에 대하여 소유권 이외의 등기 권리를 가진 자를 말한다.

제4조 본령의 적용에 대하여는 다음에 게기하는 자를 토지의 소유자로 본다.

1. 1907년(光武11) 법률 제4호 국유미간지이용법에 의하여 국유 미간지의 대부를 행한 것에 대하여 그 대부를 받은 자
2. 조선공유수면매립령에 의하여 공유수면의 매립면허를 행한 것에 대하여 그 면허를 받은 자
3. 역둔토특별처분령에 의하여 역둔토의 매도 계약을 행한 것에 대하여 그 매수 계약을 행한 자

제5조 ① 농업상의 이용을 목적으로 국유 미간지의 대부를 받거나 또는 공유수면 매립의 면허를 받은 자로서 조선총독이 정하는 바에 의하여 신청을 한 자는 본령의 적용상 토지개량시행자로 본다.

② 전항에 게재된 자가 해당 허가 또는 면허에 준하여 행하는 국유 미간지의 개간 또는 공유수면의 매립은 본령의 적용에 의하여 토지개량으로 본다.

제6조 토지개량은 토지의 소유자 및 수리조합이 아니면 시행할 수 없다.

제7조 토지의 소유자가 토지개량을 시행하고자 하는 때에는 사업계획서를 작성하여 관계인의 동의를 얻고, 다수 공동으로 시행하고자 하는 경우에는 규약을 만들어 조선총독의 인가를 받아야 한다. 다만, 관계인의 동의를 얻기가 불가능할 때에는 그 이유를 구비한 서류를 첨부하여야 한다.

제8조 ① 전조의 사업계획서 혹은 규약을 변경하거나, 1인이 시행하는 토지개량을 다수 공동이 시행하는 것으로 하거나, 혹은 다수 공동이 시행하는 토지개량을 1인이 시행하는 것으로 하거나, 토지개량을 정지 혹은 폐지하고자 하는 때에는 조선총독의 인가를 받아야 한다.

② 토지개량 시행지구 변경의 인가를 받고자 하는 경우에 새롭게 토지개량 시행지구

에 편입되어야 하는 토지에 해당하는 때에는 관계인의 동의에 관한 전조의 규정을 준용한다.

③ 채무의 분담에 관한 규약의 변경, 토지개량의 폐지 또는 토지개량 시행지구 감소의 인가를 받고자 하는 경우에 토지개량으로 인하여 마련한 차입금이 있을 때에는 채권자의 동의를 얻을 것을 요한다. 다만, 동의를 얻기가 불가능할 때에는 그 이유를 구비한 서류를 첨부하여야 한다.

제9조 조선총독은 토지개량의 시행·정지·폐지 또는 토지개량 시행지구의 변경에 대하여 인가를 하는 때에는 그 취지를 고시하여야 한다.

제10조 토지개량의 정지·폐지 또는 토지개량 시행지구의 변경은 전조의 고시가 있을 때까지 이것으로써 제3자에 대항할 수 없다.

제11조 ① 다수가 공동으로 토지개량을 시행하는 경우에 있어 공동 시행자가 그 사업을 위하여 마련한 차입금, 그 이자, 기타 토지개량의 시행으로 인하여 발생한 채무에 대하여는 공동 시행자가 연대하여 책임을 진다. 다만, 규약에 별도의 정함이 있는 때에는 그러하지 아니하다.

② 국가는 전항의 책임을 지지 아니한다.

제12조 토지의 소유자, 점유자, 관계인, 기타 토지개량 시행지에 대한 권리를 가진 자는 별도의 정함이 있는 경우를 제외하고 토지개량의 시행에 대하여 이의를 제기할 수 없다.

제13조 ① 조선총독 또는 도지사는 토지개량에 관한 조사를 행하기 위하여 필요한 때에는 관리 또는 이원으로 하여금 타인의 토지에 출입하여 측량 혹은 조사를 행하거나 부득이한 경우에는 그 토지에 있는 장애물을 변경 혹은 제거시킬 수 있다.

② 전항의 규정에 의하여 출입하고자 하는 경우에는 토지의 점유자에게, 장애물의 변경 또는 제거를 행하고자 하는 경우에는 소유자 및 점유자에게 사전에 그 취지를 통지할 것을 요한다.

③ 제1항의 규정에 의한 처분으로 인하여 손해를 입은 자가 있을 때에는 국가 또는 도지방비에서 그 손해를 보상하여야 한다.

제14조 ① 토지개량 시행의 인가를 신청하고자 하는 자가 토지개량 시행에 관한 준비를

행하기 위하여 필요한 때에는 사전에 부윤, 군수 또는 도사의 허가를 받아 타인의 토지에 출입하여 측량하거나 조사를 행할 수 있고, 부득이한 경우에는 그 토지에 있는 장애물을 변경 혹은 제거할 수 있다.

② 전항의 경우에서 손해를 입는 자가 있을 때에는 토지개량 시행의 인가를 신청하고자 하는 자가 그 손해를 보상하여야 한다.

③ 전조 제2항의 규정은 제1항의 규정에 준용한다.

제15조 토지개량 시행의 인가 혹은 수리조합 설치의 인가를 신청하고자 하는 자 또는 토지개량 시행자는 토지개량 시행지를 관할하는 등기소, 부·군·도청 또는 면사무소에서 수수료 없이 토지개량에 관하여 필요한 등기부, 기타 부서도면의 열람 또는 등사를 요청할 수 있다. 다만, 등기소 또는 부·군·도청이 필요하다고 인정하는 때에는 청구자의 자격에 관하여 부윤 또는 면장의 증명서를 제출하도록 할 수 있다.

제16조 토지개량 시행을 위하여 토지 또는 건물에 대한 등기를 행하는 때에는 등기세를 면제한다.

제17조 ① 토지개량 시행자는 토지개량 시행을 위하여 필요한 때에는 토지개량시행지구 안에 있는 장애물을 변경 또는 제거할 수 있다.

② 전항의 규정에 따른 장애물의 변경 또는 제거로 인하여 손해를 입은 자가 있을 때에는 토지개량 시행자가 그 손해를 보상하여야 한다.

제18조 토지개량 시행지에서 어업권을 가진 자에 대하여 토지개량 시행자는 어업권자가 토지개량 시행으로 인하여 입는 손해를 보상하여야 한다.

제19조 ① 제13조 제2항, 제14조 제2항, 제17조 제2항 또는 전조의 규정에 의하여 보상하여야 하는 금액은 협의에 의하여 이를 정하여야 하며, 협의가 조정되지 않을 때 또는 협의를 행하는 것이 가능하지 않을 때에는 도지사가 결정한다.

② 전항의 결정에 불복하는 자는 그 결정의 통지를 받은 날의 익일로부터 기산하여 30일 내에 조선총독의 재정을 요청할 수 있다.

제20조 ① 토지개량 시행지에 대하여 가지는 어업권이 조선총독의 허가를 받아서 설정한 저당권의 목적인 경우 제18조의 규정에 의하여 보상금을 지불하여야만 하는 때에

토지개량 시행자는 그 금액을 공탁(供託)[96]하여야 한다. 다만, 저당권자의 동의를 얻은 경우는 그러하지 아니하다.

② 전항의 규정은 토지개량 시행지에 대하여 가지는 어업권이 소송의 목적이 되어, 소송당사자에 의한 청구가 있는 경우에는 이를 준용한다.

③ 조선총독의 허가를 얻어서 설정된 저당권을 가지는 자 또는 소송 당사자는 전 2항의 규정에 의하여 공탁한 금전에 대하여도 그 권리를 행사할 수 있다.

제21조 토지개량 시행자는 제18조에서 규정한 손해를 보상하거나 또는 전조의 규정에 의하여 공탁을 행한 후가 아니면 공사에 착수할 수 없다. 다만, 어업권자의 동의를 얻은 때 또는 제19조 제1항의 규정에 의하여 도지사가 결정한 금액을 공탁한 때에는 그러하지 아니하다.

제22조 공동 시행자 또는 수리조합의 조합원은 토지개량 시행을 위하여 받은 손해보상을 청구할 수 없다. 다만, 본령 또는 규약에 별도의 정함이 있는 때에는 그러하지 아니하다.

제23조 ① 토지개량을 시행하기 위하여 국유에 속하는 도로, 제방, 도랑, 저수지 등의 전부 또는 일부를 폐지함에 의하여 사용하지 아니하게 된 토지는 토지개량 시행자에게 양도한다.

② 토지개량의 시행에 의하여 개설하는 도로, 제방, 도랑, 저수지 등에서 전항의 폐지한 것을 대신하여야 하는 것은 무상으로 이를 국유지에 편입한다.

제24조 ① 토지개량으로 인한 환지는 종전 토지의 지목, 면적, 등위 등을 표준으로 하여 교부하여야 하며, 지목, 면적, 등위 등으로 상쇄하는 것이 가능하지 아니한 부분에 대하여는 금전으로 청산하여야 한다.

② 특별한 사정에 의하여 전항의 규정에 따르는 것이 가능하지 아니한 경우의 처분에 대하여는 규약의 정한 바에 의한다.

③ 전 2항의 규정에 의하는 처분은 도지사의 인가를 받아야 한다.

④ 도지사가 전항의 인가를 하는 경우에는 이를 고시하고 지체없이 그 취지를 관

96 재산 및 물품을 정부가 지정한 기관에 임시로 맡기는 것.

할 등기소에 통지하여야 한다.

第25조 전조 제1항 또는 제2항의 규정에 의한 처분은 토지개량 시행지 전부에 대한 공사를 완료한 후가 아니면 이를 행할 수 없다. 다만, 규약에 별도의 정함이 있는 때에는 그러하지 아니하다.

第26조 ① 환지는 별도의 정함이 있는 경우를 제외하고 제24조 제4항의 고시일로부터 이를 종전의 토지로 본다.

② 전항의 규정은 행정상 또는 재판상의 처분으로써 종전의 토지에 전속하는 것에는 영향을 미치지 아니한다.

第27조 종전 토지의 전부 또는 일부에 대하여 이미 등기의 소유권 이외의 권리 또는 처분의 제한이 있는 때에 이에 대한 환지의 교부는 그 권리 또는 처분의 제한이 목적인 토지 또는 그 부분을 지정하여 행하여야 한다.

第28조 제24조 제3항의 인가가 있는 때에 토지개량 시행자는 지체없이 이미 등기한 토지 및 건물에 대하여 등기의 촉탁 및 신청을 하여야 한다.

第29조 토지개량 시행지구 안의 토지 및 그 위에 있는 건물의 등기에 대하여는 조선총독이 별도로 정할 수 있다.

第30조 ① 토지개량 시행으로 인하여 임차를 행한 목적을 달성할 수 없을 때에 토지의 임차인은 계약의 해제를 행할 수 있다.

② 전항의 규정에 의하여 계약을 해제하는 경우에 임차인은 토지개량 시행자에 대하여 계약의 해제로 인한 손해보상을 청구할 수 있다.

③ 전항의 규정에 의하여 임차인에 대한 손해보상을 행하는 때에 토지개량 시행자는 규약의 정하는 바에 의하여 임대인에 대하여 보상을 요청할 수 있다.

第31조 토지개량 시행에 의하여 임차지의 이용을 방해받았을 경우에 임차인은 차임에 상당하는 감액 또는 선불한 차임에 상당하는 환불을 청구를 할 수 있다.

第32조 ① 토지개량 시행에 의하여 현저하게 임대지의 이용이 증가하는 경우에 임대인은 차임에 상당하는 증액 청구를 할 수 있다.

② 전항의 청구가 있을 경우에 임차인은 계약을 해제하여 그 의무를 면할 수 있다.

第33조 ① 토지개량 시행으로 인하여 지상권, 영소작권 또는 지역권을 설정한 목적을 달성할 수 없을 경우에 지상권자, 영소작권자 또는 지역권자는 그 권리를 포기할 수 있다.

② 제30조 제2항 및 제3항의 규정은 전항의 규정에 의하여 권리 포기를 하는 경우에 이를 준용한다.

제34조 ① 토지개량 시행지 위에 존재하는 지역권은 토지개량 시행 후에도 종전의 토지 위에 존재한다.

② 토지개량 시행으로 인하여 지역권자가 그 권리를 행사할 이익을 얻는 것을 요청할 수 없음에 다다른 경우에 그 지역권은 소멸한다.

③ 토지개량 시행으로 인하여 종전과 동일한 이익을 얻는 것이 가능하지 아니하는 때에 지역권자는 그 이익을 보존하는 범위 안에서 지역권의 설정을 청구할 수 있다.

제35조 제31조 및 제32조의 규정은 지상권, 영소작권 또는 지역권에 이를 준용한다.

제36조 전 6조의 규정에 의하여 임대차의 해제, 지상권 혹은 영소작권의 포기, 지역권의 포기 혹은 설정 및 차임, 지대, 소작료 혹은 지역 대가의 감액, 환불 또는 증액의 청구는 제24조 제4항의 고시한 날의 익일로부터 기산하여 30일을 경과한 때에는 이를 행할 수 없다.

제37조 ① 토지개량 시행지 또는 그 위에 존재하는 건물이 등기한 선취특권, 질권 또는 저당권이 목적인 경우에 있어서 제17조 제2항, 제22조 또는 제24조 제1항 혹은 제2항의 규정에 의하여 지불하여야 하는 금전이 있을 때에 토지개량 시행자는 그 금액을 공탁하여야 한다. 다만, 토지개량 시행지 또는 그 위에 존재하는 건물에 대하여 앞에서 기술한 권리를 가진 자의 동의를 얻은 때에는 그러하지 아니하다.

② 전항의 규정은 토지개량 시행지 또는 그 위에 존재하는 건물이 소송의 목적이어서 소송 당사자로부터 청구가 있은 경우에 이를 준용한다.

③ 선취특권자, 질권자, 저당권자 또는 소송당사자는 전 2항의 규정에 의하여 공탁한 금전에 대하여도 그 권리를 행할 수 있다.

④ 3항의 규정은 제14조 제2항의 규정에 의하여 지불하여야 하는 금전이 있는 경우에 이를 준용한다.

제38조 ① 토지개량 시행의 인가 혹은 토지개량 시행지구 변경 인가의 고시 또는 수리조합의 설치를 고시한 후에는 도지사의 허가를 얻을 수 없고, 토지개량 시행지에 대한

권리를 가진 자가 토지의 형질을 변경하여 공작물의 신축·개축·증축 혹은 대수선을 행하거나 물건을 부가로 증치한 경우에는 이에 관한 손해보상을 청구할 수 없다.

② 전항의 고시가 있은 후에 토지에 대한 권리를 취득한 자는 종전의 권리자가 얻을 수 있는 범위 안에서만 손해보상을 청구할 수 있다.

제39조 ① 토지개량을 시행하는 토지의 지가는 토지개량 시행지구 안의 토지의 현지가 합계액을 각 토지에 상당하도록 배분하여 이를 정한다. 다만, 환지의 교부를 행하지 아니하고, 또 각 토지의 등위 관계에 이동이 없는 경우에는 그러하지 아니하다.

② 규약으로 토지개량 시행지구를 구분하는 경우에는 그 각 구역을 전항의 토지개량 시행지구로 본다.

제40조 제23조 제2항의 규정에 의하여 국유지로 편입된 토지의 면적이 동조 제1항의 규정에 의하여 양도한 토지의 면적보다 큰 경우에는 그 면적의 차액을 토지개량 시행지 현 지가의 평균액으로 곱한 금액을 전조 제1항의 현 지가의 합계액에서 공제하여, 그 금액을 전조 제1항의 현 지가의 합계액으로 본다.

제41조 ① 토지개량 시행지구 안에서 지세(시가지세를 포함, 이하 같음)를 부과하는 토지가 이를 부과하는 다른 지목의 토지가 된 경우에는 지세령 제4조 제2항 단서의 규정에 구속받지 아니하고, 공사를 완료하는 때에 종전 지역에 의하여 그 지가를 수정한다.

② 토지개량 시행지구 안에서 지세를 부과하지 아니하는 토지가 이를 부과하는 지목의 토지가 된 경우에는 제23조 제1항의 규정에 의하여 양도한 토지를 제외하고 공사를 완료하는 때에 종전 지역에 의하여 새로이 지가를 설정한다.

③ 전 2항의 규정에 의하여 수정 또는 설정한 지가를 제39조 제1항의 현 지가로 한다.

제42조 토지개량 시행지구 안에서 지세를 부과하는 토지가 이를 부과하지 아니하는 지목의 토지가 된 경우에는 제23조 제2항의 규정에 의하여 국유지에 편입한 토지를 제외하고, 그 면적을 토지개량 시행지 현 지가의 평균액에 곱한 금액을 제39조 제1항의 현 지가의 합계액으로부터 공제한 금액을 제39조 제1항의 현 지가의 합계액으로 본다.

제43조 ① 토지개량 시행지구 안의 토지로서 지세령 제9조의 3 제1항의 규정에 의하여 지

가의 저감 기간 중의 토지는 제41조 제1항의 규정에 의하여 지가를 수정하는 경우를 제외하고 원 지가를 제39조 제1항의 현 지가로 한다.

② 토지개량 시행지구 안의 토지로서 지세령 제10조의 규정에 의하여 지가의 거치 기간 중의 토지는 제41조 제1항의 규정에 의하여 지가를 수정하는 경우를 제외하고 공사를 완료하는 때에 종전 지역에 의하여 그 지가를 수정한다.

③ 전항의 규정에 의하여 수정한 지가를 제39조 제1항의 현 지가로 한다.

제44조 ① 토지개량을 시행한 토지가 지세령 제9조 내지 제10조의 3의 규정에 의한 지세의 면제 기간 중이거나 지가의 저감 혹은 거치 기간 중인 때에는 사업 관계자는 협의로 종전 지세의 면제 또는 지가 저감 혹은 거치 이익을 받아야 하는 토지 및 지가액을 정하여 정부에 신고하여야 한다. 다만, 협의를 조정하지 아니한 경우, 협의를 행하는 것이 가능하지 아니한 경우 또는 신고가 없는 경우에는 정부가 이를 정한다.

② 전항의 규정에 의하여 신고하여야 하는 토지에 대하여는 지세의 면제 기간 중 또는 지가의 저감 또는 거치 기간 중 그 토지의 지가액으로부터 이익을 얻어야 하는 지가액을 공제한 액수에서 지세를 징수한다.

③ 제41조 제1항 또는 제2항의 규정에 의하여 지가를 수정 또는 설정한 토지에서 새롭게 지가의 거치 또는 지세의 면제를 행한 것에 대하여도 전 2항과 같다.

제45조 ① 토지개량을 시행한 토지의 지세는 토지개량 시행지구의 전부에 대하여 토지대장 또는 지세대장의 정리를 완료하는 때까지 종전 토지의 지목, 면적 및 지가에 의하여 이를 징수한다.

② 제39조 제2항의 규정은 전항의 경우에 이를 준용한다.

제46조 본령 또는 본령에 준하여 발하는 명령에 의하여 행하는 처분, 수속, 기타 행위는 토지개량 시행지의 소유자, 점유자 또는 관계인의 승계인에 대하여도 그 효력을 가진다.

제47조 ① 토지개량 시행지의 소유자에 속하는 토지개량에 관한 권리·의무는 토지의 소유권과 함께 그 승계인에게 이전한다.

② 전항의 규정의 적용에서, 제4조의 규정에 의하여 토지의 소유자로 여겨진 자에

대하여는 1907년(光武 11) 법률 제4호 국유미간지이용법, 조선공유수면매립령 또는 역둔토특별처분령에 의한 권리로써 토지의 소유권으로 본다.

第48조 ① 주소 또는 거소(居所)가 불분명하거나, 기타 사유에 의하여 토지개량에 관한 서류의 송부를 행할 수 없을 경우에 조선총독, 도지사 또는 토지개량 시행자는 조선총독이 정하는 바에 의하여 공고를 하여야 한다.

② 전항의 규정에 의하여 공고를 한 때에는 그 공고의 날로써 서류를 발송한 것으로 보며 익일로부터 기산하여 20일을 경과한 때에는 그 말일에 서류의 송부를 마친 것으로 본다.

第49조 토지개량 시행지구가 2개 이상의 도에 걸쳐 있는 경우에, 본령에 의한 도지사의 직권은 관계 도지사 중 조선총독이 지정하는 자가 행한다.

第50조 조선총독은 토지개량 시행자의 행위가 사업계획서, 규약 또는 법령에 위반되고, 기타 공익을 해한다고 인정되는 경우에 토지개량 시행의 인가를 취소하거나 사업의 정지를 명할 수 있다.

第51조 ① 조선총독은 감독상 필요하다고 인정되는 경우에 사업계획서 또는 규약의 변경을 명할 수 있다.

② 조선총독 또는 도지사는 감독상 필요하다고 인정되는 경우에 토지개량 시행자로 하여금 토지개량사업에 관한 보고를 하도록 하며, 부서도면, 출납 또는 공사를 검사하고 기타 필요한 명령 또는 처분을 할 수 있다.

第52조 조선총독 또는 도지사는 본령 또는 본령에 준하여 발하는 명령에 의한 인가의 신청에 대하여 신청의 취지에 반하지 아니하다고 인정되는 범위 안에서 정정하여 인가를 할 수 있다.

第53조 본령에 의한 조선총독 또는 도지사의 직권은 조선총독이 정하는 바에 의하여 그 일부를 하급 행정관청에 위임할 수 있다.

第54조 토지개량 시행에 관하여 설정한 표지를 변경 또는 제거하는 자는 50원 이하의 벌금 또는 과료에 처한다.

第55조 ① 토지개량 시행자(수리조합은 제외한다) 또는 수리조합의 조합장이 본령 또는 본령에 준하여 발하는 명령에 위반하는 때에는 50원 이하의 과료에 처한다.

② 비송사건수속법 제206조 내지 제208조의 규정은 전항에 준용한다.

부칙

본령의 시행 기일은 조선총독이 정한다.

5. 「공유수면매립법」(법률 제57호, 1921년(大正 10) 4월 9일)

제1조 ① 본법에서 공유수면이라 하는 것은 하천, 해조(海潮), 늪지, 기타 공공의 용도로 사용되는 수류(水流) 또는 수면에서 국가의 소유에 속하는 것을 칭하며, 매립이라 하는 것은 공유수면의 매립을 말한다.

② 공유수면의 간척은 본법의 적용에 있어서는 매립으로 간주한다.

③ 본법은 경지정리법에 의한 구거 또는 유지(溜池)의 변경을 위하여 필요한 매립, 기타 칙령으로 지정하는 매립에 대하여 적용하지 않는다.

제2조 매립을 하고자 하는 자는 지방장관의 면허를 받아야 한다.

제3조 전조의 면허는 지방장관이 기간을 지정하고 그 지방 시정촌회의 의견을 비춰 보고 주어야 한다.

제4조 지방장관은 매립에 관한 공사의 시행구역 내 공유수면에 관하여 권리를 가진 자가 있을 때는 아래 각호 중 하나에 해당하는 경우를 제외한 외에는 매립의 면허를 줄 수 없다.

1. 그 공유수면에 관하여 권리를 가진 자가 매립에 동의했을 때
2. 그 매립으로 인하여 생긴 이익의 정도가 손해의 정도를 현저하게 초과할 때
3. 그 매립이 법령에 의해 토지를 수용 또는 사용할 수 있는 사업을 위하여 필요할 때

제5조 전조에서 공유수면에 관해 권리를 가진 자라 하는 것은 아래의 각호 중 하나에 해당하는 자를 말한다.

1. 법령에 의해 공유수면 점용의 허가를 받은 자
2. 어업권자 또는 입어권자(入漁權者)[97]

---

97 공동 어업권자 어장에서 공동으로 어업을 할 수 있는 권리.

3. 법령에 의해 공유수면에서 인수(引水)를 하거나 공유수면에 배수를 하는 허가를 받은 자

4. 관습에 의해 공유수면에서 인수를 하거나 공유수면에 배수를 하는 자

제6조 ① 매립의 면허를 받은 자는 칙령이 정하는 바에 따라 제4조의 권리를 가진 자에 대해 그 손해의 보상을 하거나 그 손해 방지의 시설을 해야 한다.

② 어업권자 및 입어권자가 전항의 규정에 의한 보상을 받을 권리는 공동으로 가지는 것으로 한다. 제1항의 보상 또는 시설에 관해 협의가 조정되지 않을 때 또는 협의를 할 수 없을 때는 지방장관의 재정을 구해야 한다.

제7조 ① 전조의 규정에 따라 어업권자에 대해 손해의 보상을 해야 하는 경우, 그 어업권이 등록된 선취특권 또는 저당권 목적일 때에는 매립의 면허를 받은 자는 그 보상의 금액을 공탁해야 한다. 단, 선취특권자 또는 저당권자의 동의를 얻은 때에는 이에 한하지 않는다.

② 전항의 규정은 매립에 관한 공사의 시행 구역 내 공유수면에 대해 존재하는 어업권 또는 입어권이, 소송을 목적으로 하여 소송 당사자로부터 청구가 있는 경우 적용한다.

③ 등록된 선취특권자 또는 저당권을 가진 자 또는 소송 당사자는 전 2항의 규정에 의한 공탁금에 대해서도 그 권리를 행사할 수 있다.

제8조 ① 매립의 면허를 받은 자는 제6조의 규정에 의해 손해의 보상을 해야 하는 경우에는, 그 보상을 하거나 전조의 규정에 따른 공탁을 한 후가 아니면 제4조의 권리를 가진 자에게 손해가 생길 때 공사에 착수할 수 없다. 단, 그 권리를 가진 자의 동의를 얻었을 때 또는 지방장관이 재정한 보상 금액을 공탁한 때에는 이에 한하지 않는다.

② 매립의 면허를 받은 자는 제6조의 규정에 의하여 손해 방지의 시설을 해야 하는 경우에는, 그 시설을 한 후가 아니면 제4조의 권리를 가진 자에게 손해가 생길 때 공사에 착수할 수 없다. 단, 그 권리를 가진 자의 동의를 얻은 때에는 이에 한하지 않는다.

제9조 제6조의 규정에 의해 손해의 보상을 해야 하는 어업권을 목적으로 하는 선취특권 또는 저당권을 가진 자는 전조 제1항 단서의 규정에 의한 공탁금에 대해서도 그 권

리를 행사할 수 있다.

제10조 공유수면의 이용에 관하여 한 시설이 매립으로 인하여 그 효과를 방해받을 때는 지방장관은 칙령이 정하는 바에 따라 매립의 면허를 받은 자로 하여금 그 시설을 한 자에 대해 이를 대신할 만한 시설 혹은 그 효과를 보전하기 위하여 필요한 시설을 하게 하거나 손해의 전부 또는 일부를 보상하게 할 수 있다.

제11조 지방장관이 매립을 면허할 때에는 그 면허의 일 및 그 사건의 요항을 고시해야 한다.

제12조 ① 지방장관은 매립에 대해서 면허료를 징수할 수 있다.

② 전항의 면허료 징수 및 귀속에 관하여 필요한 사항은 칙령으로 정한다.

제13조 ① 매립의 면허를 받은 자는 매립에 관한 공사의 준공을 지방장관이 지정한 기간 내에 해야 한다.

② 지방장관은 정당한 사유가 있을 때는 전항의 기간의 연장을 허가할 수 있다.

제14조 ① 매립의 면허를 받은 자는 매립에 관한 측량 또는 공사를 위하여 필요가 있을 때에는 지방장관의 허가를 받아서 타인의 토지에 출입하거나 그 토지를 일시 재료 보관 장소(置場)로 사용할 수 있다.

② 전항의 규정에 의한 출입 또는 사용을 하고자 하는 자는 그 일시 및 장소를 적어도 5일 전에 그 토지의 시·정·촌장에게 통지해야 한다.

③ 시·정·촌장은 전항의 규정에 의한 통지를 받았을 때에는 그 뜻을 토지의 점유자에게 통지해야 한다. 통지할 수 없을 때에는 고시해야 한다.

④ 전 3항의 규정은 매립의 면허를 받고자 하는 자에 관해 준용한다.

제15조 전조의 규정에 의한 출입 또는 사용으로 인하여 생기는 손해는 그 출입 또는 사용을 한 자가 보상해야 한다.

제16조 ① 매립의 면허를 받은 자는 지방장관의 허가를 받지 않으면 매립을 할 권리를 타인에게 양도할 수 없다.

② 전항의 규정에 의하여 매립을 하는 권리를 양수(譲受)한 자는 매립에 속하는 법령 또는 이에 그에 해당하는 처분 혹은 그 조건에 의해 양도인에게 생긴 권리, 의무를 승계한다. 단, 제6조 제1항, 제10조 또는 전조의 규정에 의한 의무는 양도인 및 양수인이 연대하여 부담한다.

제17조 ① 매립의 면허를 받은 자의 상속인은 그 피상속인이 소유한 매립을 하는 권리를 승계한다.

② 전조 제2항의 규정을 전항의 경우에 준거한다.

제18조 매립을 하는 회사의 발기인이 회사 성립 후에 회사가 하는 매립에 대해 면허를 받은 경우 회사가 성립한 때에는 매립을 하는 권리, 기타의 매립에 속한 법령 또는 이에 그에 해당하는 처분 혹은 그 조건에 의하여 생긴 권리, 의무는 회사가 승계한다.

제19조 매립의 면허를 받은 회사가 합병에 의하여 소멸된 때에는 매립을 하는 권리, 기타의 매립에 관한 법령 또는 이에 기채하는 처분 혹은 그 조건에 의해 생긴 권리, 의무는 합병 후 존속한 회사 또는 합병에 의하여 성립된 회사가 승계한다.

제20조 전 3조의 규정에 의하여 권리, 의무를 승계한 자는 그 승계의 날로부터 기산하여 14일 내에 지방장관에게 제출해야 한다.

제21조 제16조 내지 제19조의 규정에 의한 권리, 의무의 승계가 있는 경우에는 본법의 적용에 있어서는 그 권리, 의무를 승계한 자를 매립의 면허를 받은 자로 한다.

제22조 매립의 면허를 받은 자는 매립에 관한 공사가 준공된 때에는 지체없이 지방장관에게 준공 인가를 신청해야 한다.

제23조 매립의 면허를 받은 자는 전조의 준공 인가 전에 매립지를 사용할 수 있다. 단, 매립지에 매립에 관한 공사용이 아닌 공작물을 설치하고자 할 때에는 명령으로 지정하는 경우를 제외하는 것 외에 지방장관의 허가를 받아야 한다.

제24조 ① 제22조의 준공 인가가 있는 때에는 매립의 면허를 받은 자는 그 준공 인가의 날에 매립지의 소유권을 취득한다. 단, 공유 또는 공유용으로 사용하기 위하여 필요한 매립지에 매립의 면허 조건을 특별히 정한 것은 이에 한하지 않는다.

② 전항 단서의 매립지의 귀속에 대해서는 칙령으로 정한다.

제25조 공공용으로 사용하는 국유지에 매립에 관한 공사의 시행에 의하여 불필요한 것으로 귀결된 것은 칙령이 정하는 바에 따라 유상 또는 무상으로 매립의 면허를 받은 자에게 하부(下付)할 수 있다.

제26조 전 2항의 규정은 경지정리법 제11조의 규정 적용을 막을 수 없다.

제27조 ① 매립지에 관한 권리의 설정 또는 양도에 있어서는 매립의 면허 조건으로 지방장

관의 허가를 받아야 한다는 취지를 정할 수 있다.

② 전항의 규정에 의하여 매립지에 관한 처분의 제한을 정하는 경우에는 지방장관은 제22조의 준공 인가를 한 후 지체없이 그 등기를 등기소에 촉탁해야 한다.

③ 부동산등기법 제129조의 규정을 전항의 등기에 대해서 준용한다.

④ 지방장관이 등기한 처분의 제한의 전부 또는 일부를 해제한 때에는 지체없이 그 등기의 말소 또는 변경을 등기소에 촉탁해야 한다.

제28조 전조 제2항의 등기를 한 매립지에 관한 권리의 설정 또는 양도에 동조 제1항의 허가를 받아야 하는 자는 그 허가를 받지 않으면 효력을 낳지 않는다.

제29조 전조의 인가를 받아서 권리를 취득한 자를 제외한 이외에는 제27조 제2항의 등기를 한 매립지에 관한 권리를 취득한 자는 그 취득의 날로부터 기산하여 14일 내에 지방장관에게 제출해야 한다.

제30조 지방장관은 전 2조의 매립지에 관한 권리를 취득한 자에 대해 매립의 면허 조건의 범위 내에서 업무를 명할 수 있다.

제31조 제8조 제1항의 규정에 의하여 매립에 관한 공사에 착수할 수 있는 경우에는 지방장관은 그 공사의 시행구역 내의 공유수면에 존재하는 공작물, 기타 물건의 제거를 그 소유자에게 명할 수 있다.

제32조 ① 아래에 게재한 경우에는 매립에 관한 공사 준공 인가 전에 한해, 지방장관은 매립의 면허를 받은 자에 대해 본법 혹은 본법에 기하여 발한 명령에 의해, 그 행한 면허, 기타 처분을 취할 수 있다. 그 효력을 제한하거나 혹은 그 조건을 변경하여, 매립에 관한 공사의 시행구역 내의 공유수면에 존재하는 공작물, 기타의 물건을 개축 혹은 제거하게 하여 손해를 방지하기 위하여 필요한 시설을 하게 하거나 또는 원상회복을 하게 할 수 있다.

1. 매립에 관한 법령의 규정 또는 이에 기초해 한 처분을 위반한 때
2. 매립에 관한 법령에 의한 면허, 기타 처분의 조건을 위반한 때
3. 사기의 수단으로 매립에 관한 법령에 의한 면허, 기타 처분을 받은 때
4. 매립에 관한 공사 시행의 방법이 공해를 낳을 우려가 있을 때
5. 공유수면의 상황의 변경으로 인하여 필요가 생긴 때

6. 공해를 제거하거나 경감시키기 위하여 필요할 때

7. 전호의 경우를 제외한 것 외에 법령에 의하여 토지를 수용 또는 사용할 수 있는 사업을 위하여 필요할 때

② 전항 제7호의 경우에 손해를 입은 자가 있을 때는 지방장관은 동호의 사업을 하는 자로 하여금 손해의 전부 또는 부분을 보상하게 할 수 있다.

제33조 매립에 관한 공사 준공 인가 후 매립에 관한 법령에 의한 면허, 기타 처분의 조건 또는 제30조의 규정에 의하여 명한 의무를 위반한 자가 있을 때는 지방장관은 그 위반에 의하여 생긴 사실을 경정하게 하거나 그 위반에 의하여 생긴 손해를 방지하기 위하여 필요한 시설을 하게 할 수 있다.

제34조 ① 아래에 게재한 경우에는 매립의 면허는 그 효력을 잃는다. 단 지방장관은 유서(宥恕)할 만한 사유라고 인정될 때에는 효력을 잃은 일로부터 기산하여 3개월 내에 한하여 그 효력을 부활시킬 수 있다. 이 경우에는 매립의 면허를 처음부터 효력을 잃지 않은 것으로 간주한다.

1. 면허 조건에 의해 매립에 관한 공사의 실시 설계 인가의 신청이 필요한 경우 신청에 대해 불인가의 처분이 있을 때 또는 면허 조건에서 지정한 기간 내에 신청을 하지 않을 때

2. 제13조의 기간 내에 매립에 관한 공사의 착수 또는 공사의 준공을 하지 않을 때

② 전항 단서의 규정에 의해 면허의 효력을 부활시킨 경우에는 지방장관은 면허 조건을 변경할 수 있다.

제35조 ① 매립 면허의 효력이 소멸한 경우에는 면허를 받은 자는 매립에 관한 공사의 시행구역 내의 공유수면을 원상회복해야 한다. 단 지방장관이 원상회복의 필요가 없다고 인정한 것 또는 원상회복을 할 수 없다고 인정한 것에 대해 매립의 면허를 받은 자의 신청이 있을 때, 또는 재촉을 했음에도 불구하고 그 신청이 없을 때에는 원상회복의 위무를 제거할 수 있다.

② 전항 단서의 의무를 제거한 경우에는 지방장관은 매립에 관한 공사의 시행구역 내의 공유수면에 존재하는 토사, 기타 물건을 무상으로 국가의 소유로 귀속시킬 수 있다.

제36조 ① 제32조 제1항 및 전조의 규정을 매립의 면허를 받지 않고 매립 공사를 한 자에 관해 준용한다. 매립의 면허를 받지 않고 매립 공사를 한 자가 있을 경우 지방장관은 원상회복의 필요가 없다고 인정할 때에는 매립의 추인을 할 수 있다. 이 경우에는 추인의 일에 매립의 면허가 있었던 것으로 간주한다.

② 매립의 면허에 관한 규정을 전항의 매립의 추인에 관해 준용한다.

제37조 지방장관은 제6조 제3항의 규정을 하거나 제10조 혹은 제32조 제2항의 규정에 의한 보상을 하게 하는 경우 감정인의 의견을 들을 때는 그 감정에 필요한 비용은 제32조 제2항의 경우에는 동항의 사업을 하는 자, 기타 경우에는 매립의 면허를 받은 자의 부담으로 한다.

제38조 제12조의 면허료로 국가에 귀속시킨 것 및 전조의 감정에 필요한 비용은 지방장관이 국세 체납 처분의 예에 따라 징수할 수 있다. 단, 선취특권의 순위는 국세 다음인 것으로 한다.

제39조 아래의 각호 중 하나에 해당하는 자는 1년 이하의 징역 또는 3,000엔 이하의 벌금에 처한다.

1. 매립의 면허를 받지 않고 매립 공사를 한 자
2. 사기의 수단으로 매립에 관한 법령에 의한 면허, 기타의 처분을 받은 자
3. 매립에 관한 법령에 의한 면허, 기타 처분의 조건을 위반하여 공유수면의 공유이용을 방해한 자

제40조 아래의 각호 중 하나에 해당하는 자는 2,000엔 이하의 벌금에 처한다.

1. 제23조 단서의 규정을 위반하여 공작물을 설치한 자
2. 제27조 제2항의 등기를 한 매립지에서 매립에 관한 법령에 의한 면허, 기타 처분의 조건을 위반하여 공사를 한 자
3. 제30조의 규정에 의해 명한 의무를 위반하고 매립지에서 공사를 한 자

제41조 제20조 또는 제29조의 규정에 의한 신청을 게을리 한 자는 100엔 이하의 벌금 또는 과료에 처한다.

제42조 ① 국가에서 매립을 하고자 할 때에는 해당 관청 지방장관의 승인을 받아야 한다.

② 매립에 관한 공사가 준공된 때에는 해당 관청이 바로 지방장관에게 이를 통지해

야 한다.

제3조 내지 제11조, 제14조, 제15조, 제31조, 제37조 및 제44조의 규정을 제1항의 매립에 관하여 준용한다. 단, 제14조의 규정의 준용에 의하여 지방장관의 허가를 받아야 할 경우에는 이를 대신하여 지방장관에게 통지해야 한다.

제43조 지방장관은 공공용으로 사용하기 위하여 필요할 때에는 칙령이 정하는 바에 대해 국가에서 매립을 한 매립지의 일부를 공공 단체에 귀속시킬 수 있다.

제44조 제6조 제3항의 규정에 의한 보상의 재정에 불복이 있는 자는 그 재정서의 송부를 받은 일로부터 기산하여 6개월 내에 통상 재판소에 소송을 제기(出訴)할 수 있다. 이 경우에는 소원하거나 행정 재판소에 소송을 제기할 수 없다.

제45조 본법 또는 본법에 기해 발한 명령에서 규정한 사항에 대해서 행정청이 한 처분에 불복이 있는 자는 소원할 수 있다.

제46조 본법 또는 본법에 기해 발한 명령에서 규정한 사항에 대해서 행정청이 한 위법 처분으로 인하여 권리를 훼손당한 자는 행정 재판소에 소송을 제기할 수 있다.

제47조 본법에 의하여 지방장관의 직권에 속하는 사항은 칙령이 정하는 바에 따라 주무대신의 인가를 받게 할 수 있다.

제48조 본법에 의하여 지방장관의 직권에 속하는 사항은 칙령이 정하는 바에 따라 그 경미할 것에 한해 하급 행정청에 위임할 수 있다.

제49조 ① 홋카이도구제(北海道區制) 또는 오키나와현구제(沖繩縣區制)에 의한 구(區)에 대해서는 구회 또는 구장에 관해 본법 중 시회 또는 시장에 속하는 규정을 준용한다.

② 정촌제를 시행하지 않는 구에 대해서는 정·촌회 또는 정·촌장에 준용하는 것에 대해 본법 중 정·촌회 또는 정·촌장에 관한 규정을 준용한다.

제50조 칙령이 정한 바에 따라 공유수면의 일부를 구획하고 영구적 설비를 구축하는 경우에 본법을 준용한다.

부칙

① 본법 시행의 기일은 칙령으로 정한다.

② 본법 시행 전에 한 처분 및 이에 붙인 조건은 본법 또는 본법에 기하여 발한 명령에 저

촉되지 않는 한 본법에 의해 한 처분 및 이에 붙인 조건으로 간주한다. 단, 지방장관이 공익상 필요하다고 인정할 때에는, 본법 시행일로부터 기산하여 3개월 내에 한해 제32조의 규정에도 불구하고 처분에 붙인 조건을 변경하거나 처분에 조건을 붙일 수 있다.

③ 지방장관에 대한 신청, 기타의 매립에 관한 수속으로 본법 시행 전에 한 것은 본법에 의해 이를 한 것으로 간주한다.

6. 「조선공유수면매립령」(제령 제4호, 1923년(大正 12) 3월 12일)

제1조 ① 공유수면의 매립에 관하여는 본령에 규정한 사항 외에 공유수면매립법에 의한다. 다만, 동법 제3조, 제25조, 제26조, 제44조 내지 제47조 및 제49조의 규정은 그러하지 아니하다.

② 공유수면매립법 중 입어권은 어업령 제5조의 규정에 의하여 입어(入漁)를 할 수 있는 권리, 등록한 저당권은 조선총독의 허가를 받아 설정한 저당권, 시·정·촌장은 부윤·면장, 지방장관은 조선총독, 칙령은 조선총독부령으로 하고 동법 제42조 중 제3조는 제4조로 한다.

제2조 공유수면매립법 제15조의 경우에 보상금액에 대한 협의가 조정되지 아니하는 때에는 지방장관의 재결을 청구하여야 한다.

제3조 본령 또는 본령에 의한 명령에 의하여 지방장관이 행한 처분에 불복이 있는 자는 그 처분을 받은 날부터 기산하여 60일 내에 조선총독의 재결을 청구할 수 있다.

7. 「비료취체법」(법률 제51호, 1907년(明治 41) 4월 11일)

제1조 본법에서 비료라 칭하는 것은 식물의 영양에 공용하는 물료를 말한다.

제2조 ① 비료의 제조, 수입, 이입 또는 매매를 영업으로 하고자 하는 자는 지방장관의 면허를 받아야 한다.

② 비료의 조합 또는 제조업에 따른 비료가 되는 부산물의 산출은 비료의 제조라고 간주한다.

③ 전항의 제조업 및 부산물은 주무대신이 지정한다.

제3조 ① 전조 제1항의 면허 지원서에는 제조자에 있어서는 제조장의 위치, 제조 및 저장

에 관한 설비, 비료의 명칭 및 제조 방법을, 수입자, 이입자 또는 매매자에 있어서는 비료의 명칭 및 영업소의 위치를 기재해야 한다.

② 전항에 의하여 지원서에 기재한 사항을 변경하고자 할 때는 지방장관의 인가를 받아야 한다.

제4조 비료영업자는 명령이 정하는 바에 따라 비료에 보증표를 첨부해야 한다.

제5조 ① 해당 관리는 비료영업자, 운송업자 또는 창고업자의 점포, 창고, 공장, 선차(船車) 등을 임검(臨檢)하여 물품 및 장부, 기타의 사항에 대하여 검사를 하고, 필요한 분량에 한하여 무상으로 비료 또는 제조 원료를 수거할 수 있다.

② 해당 관리가 임검할 때 비료에 관한 범죄라고 인정될 때에는 수색을 하거나 범죄의 사항을 증명할 만한 물건의 차압을 할 수 있다.

③ 임검, 수색 및 차압에 관해서는 간접 국세 범죄자 처분법을 준용한다.

제6조 비료영업의 면허를 받은 자는 정당한 이유 없이 그 면허의 날로부터 1년 이내에 개업을 하지 않거나 1년 이상 그 영업을 휴지(休止)한 때에는 지방장관은 그 면허를 취소할 수 있다.

제7조 ① 비료영업자가 본법 또는 본법에 기해 발포한 명령의 규정을 위반한 때 또는 공익상 필요하다고 인정될 때에는 지방장관은 면허를 취소하거나 영업을 정지 혹은 제한할 수 있다.

② 전항의 경우에 지방장관은 그 영업자에 대하여 3년을 초과하지 않는 기간에 비료 영업에 관한 일절의 행위를 금지할 수 있다.

제8조 식물의 영양에 공용하는 물료로 지방장관이 주무대신의 인가를 얻어서 지정한 것을 다른 용도로 사용하기 위하여 제조, 수입, 이입 또는 매매하는 경우에 한하여 본법을 적용하지 않는다.

제9조 아래에 게재한 각호 중 하나에 해당하는 자는 2,000엔 이하의 벌금에 처한다. 그 비료 및 원료는 형법 제19조의 물품이 아닌 경우라고 하더라도 몰수할 수 있다.

1. 사기의 행위로 면허를 받은 자
2. 비료를 위조하거나 사람을 기닉(欺匿)할 목적으로 비료에 다른 물건을 혼화(混和)한 영업자

3. 위조하거나 사람을 기닉할 목적으로 다른 물건을 혼합한 비료를 수입, 이입 또는 수수(授受)한 영업자
4. 비료에 허위의 보증표를 첨부한 영업자 또는 타인의 보증표 혹은 타인의 보증표를 가진 용기를 다른 비료에 사용한 영업자
5. 허위의 보증표를 첨부한 비료 또는 타인의 보증표 혹은 타인의 보증표를 가진 용기를 사용한 비료를 수입, 이입 또는 수수한 영업자

제10조 아래의 각호 중 하나에 해당하는 자는 1,000엔 이하의 벌금 또는 과료에 처한다. 제1호 내지 제4호의 경우에는 그 비료 및 원료가 형법 제19조의 물품이 아니라고 하더라도 몰수할 수 있다.

1. 면허를 받지 않고 비료 영업을 한 자
2. 제7조에 의한 명령을 위반한 자
3. 면허 또는 인가를 받지 않은 제조 방법에 의해 비료를 제조한 영업자
4. 면허 또는 인가를 받지 않은 비료를 제조, 수입, 이입 또는 매매한 영업자
5. 인가를 받지 않고 제조장의 위치 또는 제조자는 혹은 저장에 관한 설비를 변경한 영업자

제11조 아래의 각호 중 하나에 해당하는 자는 300엔 이하의 벌금 또는 과료에 처한다.

1. 제4조에 의한 보증표를 첨부하지 않은 영업자
2. 제5조에 의한 처분을 거부한 자

제12조 비료영업자가 미성년자 또는 금치산자인 때에는 본법 또는 본법에 기해 발포한 명령의 규정에 의하여 적용해야 하는 벌금을 법정대리인에게 적용한다. 단, 그 영업에 관해 성년자와 동일한 능력을 가진 미성년자에 대해서는 이에 한하지 않는다.

제13조 비료영업자는 그 대리인, 호주, 가족, 동거자, 고용인, 기타 종업원으로 그 업무에 관해 본법 또는 본법에 기해 발포한 명령의 규정을 위반한 때에는, 자기의 지휘에서 나오지 않았다는 사유로 처벌을 면할 수 없다.

제14조 1899년(明治 33) 법률 제52호를 본법 또는 본법에 기하여 발포한 명령에 의한 범죄에 준용한다.

부칙

① 본법 시행의 기일은 칙령으로 정한다.

② 본법 시행 전의 비료의 제조, 판매 또는 판매 면허의 효력은 1907년(明治 41) 12월 31일을 기한으로 한다.

8. 「조선비료취체령」(제령 제14호, 1927년(昭和 2) 9월 3일)

제1조 ① 비료의 단속에 관하여 본령에서 규정하는 것 이외의 것은 비료단속법에 의한다. 다만, 동법 제5조 및 제11조 제2호의 규정은 그러하지 아니하다.

② 비료단속법 중에서 주무대신은 조선총독으로 한다.

제2조 조선총독은 비료영업자를 제외하고 자가 사용 목적이 아닌 비료의 제조·수입·이입 또는 매매를 행하는 자에 대하여 본령의 전부 또는 일부를 적용할 수 있다.

제3조 ① 해당 관리는 비료영업자, 운송업자, 운송취급업자 또는 창고업자의 점포·창고·공장·선차 등을 임검하여 장부·물건을 검사하고, 필요한 분량에 한하여 무상으로 비료 또는 제조 원료를 수거할 수 있다.

② 해당 관리가 임검할 때 비료에 관하여 범죄가 있다고 인정하는 때에는 수색을 행하며, 범죄혐의자, 혹은 참고인에게 질문을 하거나 범죄의 사실을 증명하기 위한 물건을 차압할 수 있다.

③ 임검, 수색, 질문 및 차압에 대하여는 조선간접국세범칙자처분령을 준용한다.

제4조 전조의 규정에 의한 해당 관리의 임검·검사·수거·수색 또는 차압을 거부·방해·기피한 자, 질문에 대하여 답변을 하지 않거나 허위 진술을 한 자, 또는 허위 기재를 한 장부를 제시한 자는 100원 이상의 벌금 또는 과료에 처한다.

부칙

① 본령의 시행기일은 조선총독이 정한다.

② 본령 시행 시, 현재 비료단속법 제2조에서 규정하는 비료에 관한 영업을 행한 자가 그 영업을 계속하려고 하는 경우에는 본령의 시행일로부터 1월 내에 본령에 의하여 면허를 신청하여야 한다.

③ 본령 시행 시, 현재 전항의 영업을 행한 자는 전항의 기간 동안 그 영업을 계속할 수 있으며, 전항의 규정에 의하여 면허 신청을 행한 자에 대하여 전항의 기간이 경과한 후, 그 신청의 허부(許否)가 있을 때까지의 기간 또한 같다.

9. 「조선중요비료통제령」(제령 제1호, 1937년(昭和 12) 3월 6일)

제1조 본령은 비료 수급의 원활 및 가격의 공정을 도모하여 비료제조업 및 농업 경영의 개선·발달을 기하는 것을 목적으로 한다.

제2조 ① 본령의 적용을 받는 비료의 종류는 조선총독이 정한다.

② 본령에서 비료제조업이라 함은 조선총독이 정하는 바에 의하여 비료를 제조하는 사업을 말한다.

제3조 ① 비료제조업자는 비료의 생산·판매·수출·수입·이출 또는 이입에 관한 통제협정을 하고자 하는 때에는 조선총독의 허가를 받아야 하며 이를 변경하고자 하는 때에도 또한 같다.

② 조선총독은 비료 수급의 원활 또는 가격의 공정을 도모하기 위하거나 기타 공익상 필요하다고 인정하는 때에는 그 정하는 바에 따라 비료제조업자에 대하여 전항의 통제협정을 하도록 명할 수 있다.

③ 조선총독은 공익상 필요하다고 인정하는 때에는 비료제조업자에 대하여 전 2항의 통제협정의 전부 또는 일부의 변경 또는 취소를 명할 수 있다.

제4조 조선총독은 공익상 필요하다고 인정하는 때에는 비료제조업자에 대하여 제조 수량의 증감, 판매 가격의 변경, 기타 생산 또는 판매에 관하여 필요한 사항을 명할 수 있다.

제5조 조선총독은 공익상 필요하다고 인정하는 때에는 그 정하는 바에 의하여 기간을 정하여 비료의 수출 또는 수입을 제한할 수 있다.

제6조 ① 조선총독은 비료제조업자에 대하여 업무 및 재산 상황에 관하여 보고하게 하거나 기타 감독상 필요한 명령을 하거나 처분할 수 있다.

② 조선총독은 감독상 필요하다고 인정하는 때에는 해당 관리로 하여금 비료제조업자의 사무소, 기타 장소에 임검하여 업무 및 재산 상황 또는 장부·서류, 기타 물건을 검사하게 할 수 있다. 이 경우에는 신분을 나타내는 증표를 휴대하도록 하여야

한다.

제7조 ① 다음 각호의 1에 해당하는 자는 5,000원 이하의 벌금에 처한다.

1. 제3조 제1항의 규정에 위반하여 조선총독의 허가를 받지 아니하고 통제협정을 하거나 변경한 자
2. 정당한 사유 없이 제3조 제2항 또는 동조 제3항의 규정에 의한 명령을 위반한 자
3. 제4조의 규정에 의한 명령을 위반한 자
4. 제5조의 규정에 의한 제한을 위반하여 비료의 수출·수입을 한 자

② 전항 제4호의 경우에는 비료는 몰수할 수 있다. 만일, 그 전부 또는 일부의 몰수가 불가능한 때에는 그 가액을 추징할 수 있다.

제8조 정당한 사유 없이 제6조의 규정에 의한 보고를 하지 아니하거나 허위 보고를 하거나 검사를 거부·방해 또는 기피하거나 기타 조선총독의 명령 또는 처분을 위반한 자는 500원 이하의 벌금에 처한다.

제9조 ① 해당 관리 또는 그 직에 있는 자가 본령에 의한 직무 집행에 관련하여 지득(知得)한 개인 또는 법인의 업무상 비밀을 누설하거나 절용(竊用)한 때에는 1년 이하의 징역 또는 1,000원 이하의 벌금에 처한다.

② 직무상 전항의 비밀을 지득한 다른 공무원 또는 공무원이었던 자가 그 비밀을 누설하거나 절용한 때의 벌은 전항과 같다.

제10조 비료제조업자, 기타 비료에 관련된 업을 하는 자는 그 대리인·호주·가족·고용인, 기타 종업자가 그 업무에 관하여 본령 또는 본령에 의하여 발하는 명령 또는 이에 의하여 행하는 처분에 위반한 때에 자기의 지휘에서 나온 행위가 아니라는 이유로 그 처벌을 면할 수 없다.

제11조 본령 또는 본령에 의하여 발하는 명령에 의하여 적용해야 하는 벌칙은 그 자가 법인인 때에는 이사, 취체역, 기타 법인의 업무를 집행하는 임원에게, 미성년자 또는 금치산자인 때에는 그 법정대리인에게 적용한다. 다만, 영업에 관하여 성년자와 동일한 능력을 가진 미성년자에 대하여는 그러하지 아니하다.

부칙

본령의 시행 기일은 조선총독이 정한다.

10. 「조선임시비료배급통제령」(제령 제18호, 1937년(昭和 12) 12월 10일)

제1조 조선총독은 지나사변과 관련하여 비료 수급의 원활 및 가격의 공정을 도모하기 위하여 특별히 필요하다고 인정하는 때에는 비료의 판매·사용·소비·이동 또는 수출·입에 관하여 필요한 명령을 할 수 있다.

제2조 ① 조선총독 또는 도지사는 필요하다고 인정하는 때에는 비료의 제조·인수·보관 또는 운송을 직업으로 하는 자에 대하여 전조의 명령에 관계있는 사항을 보고하게 하거나 해당 관리로 하여금 장부 서류 및 기타 물건을 검사하게 할 수 있다.

② 전항의 경우에 해당 관리는 그 신분을 증명할 수 있는 증표를 휴대하여야 한다.

제3조 제1조의 규정에 의한 명령에 위반한 자는 5,000원 이하의 벌금에 처한다.

제4조 제2조의 규정에 위반하여 보고를 하지 아니하거나 허위 보고를 하거나 또는 검사를 거부·방해 또는 기피한 자는 500원 이하의 벌금에 처한다.

제5조 비료제조업자, 기타 비료에 관한 업을 행하는 자는 그 대리인·호주·가족·고용인, 기타 종업자가 그 업무에 관하여 본령 또는 본령에 의한 명령에 위반한 경우에는 자기의 지휘로 인한 행위가 아니라는 이유로 처분을 면할 수 없다.

제6조 본령의 벌칙은 그 자가 법인인 경우에는 이사·중역, 기타 법인의 업무를 집행하는 임원에게, 미성년자 또는 금치산자인 경우에는 그 법정대리인에게 적용한다. 다만, 영업에 관하여 성년자와 동일한 능력을 가진 미성년자에 대하여는 그러하지 아니하다.

부칙

① 본령 시행기일은 조선총독이 정한다.

② 본령은 지나사변 종료 후 1년 내에 폐지한다.

2) 미곡생산정책의 실행 결과

(1) 자료 해제

일제강점기 식민농정의 키워드는 '쌀 증산'이었다. 이것은 일본 본국의 안정적인 식량 공급을 위한 것이었다. 이를 위해 조선총독부는 식민 재정과 기술, 인력, 자본을 투입해서 이를 달성하고자 했다. 따라서 양적으로 본다면 쌀 생산량의 증가는 이루어졌다. 그러나 그 생산량이 식민지 조선인들의 삶에 미친 영향은 결코 '생산적'이고 긍정적이지 않았다. 식민지지주제라는 생산 관계를 확대 심화시키면서 증가된 쌀 생산량은 일부 지주들의 부를 축적시켰고, 생산된 쌀의 상당량은 일본으로 이출되었다. 유통 거래라는 과정을 통해 쌀은 일본으로 건너갔지만, 조선 농민의 이익을 보호할 수 있는 어떠한 조치도 없이 지주·미곡상의 이익과 저렴한 쌀값으로 일본의 노동자·도시 서민의 삶을 안정적으로 만들어 제국주의적 발전과 침략전쟁에 대한 지지를 확보하는 기반이 되었다.

본 자료집에서는 일제강점기 전 기간에 걸쳐 미곡 생산과 이를 위해 실시된 토지개량, 농사개량 관련 내용에 대한 통계를 작성했다. '미곡 생산량, 수이입량, 수이출량, 소비량, 1인당 소비량'을 통해 일제강점기 미곡 생산 실태와 유통, 소비 과정을 살펴보았다. 토지개량 관련 '관개답의 설비별, 경영별 면적', '수리조합 전체 수 및 몽리면적'에 대한 통계를 작성했다. 농사개량은 비료와 품종개량이 핵심적 내용이기에 비료 부문은 '자급비료 제조량, 소비량', '판매비료 제조량, 소비량, 수이입량, 수이출량' 품종 부문은 '우량품종 작부 단별 및 수확량'을 정리했다.

미곡 생산 관련 통계를 작성하는 데 사용한 자료는 역시 조선총독부와 관련 기관이 편찬 발행한 것이다. 이에 통계에 사용한 수치는 조선총독부의 입장에서 자신들의 치적을 정리하고자 하는 방향에서 정리된 것이라는 점을 전제로 살펴봐야 할 것이다.

『농업통계표(農業統計表)』(朝鮮總督府, 1930~1939)는 1930년부터 1939년까지 조선총독부가 조선의 농업과 관련된 통계를 정리한 것이다. 경지면적, 농업자 수와 미곡, 잡곡, 특용 작물, 채소, 과실 등의 경작면적 및 수확고, 녹비와 퇴비의 생산량 및 가액, 판매비료의 생산고 및 소비고, 우량품종의 경작면적 및 수확고, 농산품과 농산 가공품의 수이입 및 수이출, 양잠, 축산 관련 각종 정보 등 다양한 통계가 수록되어 있다.

『조선토지개량사업요람(朝鮮土地改良事業要覽)』(朝鮮總督府 土地改良部, 1928~1942)은 1928년부터 1942년까지 조선의 토지개량사업과 관련된 통계를 정리한 것이다. 토지개량사업 총괄표, 수리조합에 의한 토지개량, 수리조합에 의하지 토지개량으로 구분되어 있다. 토지개량사업 총괄표에는 답의 관개 설비별 면적 일람표, 토지개량사업 면적 일람표, 토지개량 시행 가능지표, 토지개량사업 보조금 교부액표, 정부알선자금 융통액표가 실려 있다. 수리조합에 의한 토지개량 부분에는 수리조합 일람표, 수리조합 주요 수원 공사 일람표, 수리조합 공사비 일람표 등이 수록되어 있고, 수리조합에 의하지 않은 토지개량 부분에는 수리조합에 의하지 않은 토지개량 보조사업 일람표 등이 수록되어 있다.

『한국토지개량사업10년사(韓國土地改良事業十年史)』(大韓水利組合聯合會, 1956)는 대한민국 정부수립 이후 대한수리조합연합회가 1956년 발행한 자료이다. 대한수리조합연합회는 1938년 5월 조선토지개량협회로 시작하여 1940년 7월 조선수리조합연합회로 설립되었다. 1949년 6월 대한수리조합연합회로 명칭을 변경한 뒤, 1962년 1월 조선농지개발영단과 통합하여 1962년 1월 토지개량조합연합회(현재의 한국농어촌공사)로 개편되었다. 『한국토지개량사업10년사』는 대한수리조합연합회가 광복 10주년을 맞아 토지개량사업 실시에 대한 실증적 자료를 수록, 편찬한 것이다.[98] 구한말 이전의 수리시설 상황과 일제시대의 토지개량사업, 광복 이후의 토지개량사업, 나아가 대한수리조합연합회의 실태(연혁, 재건 경위, 운영 개황, 조직, 사업, 재정 등)에 대한 내용을 담고 있다. 이외에도 수리조합 전체 수, 수리조합 몽리면적 등 방대한 통계도 수록되어 있다.

98 大韓水利組合聯合會, 1956, 『韓國土地改良事業十年史』, 2쪽.

(2) 미곡 생산 관련 통계

〈표 1-1〉 미곡 총생산량, 수이입량, 수이출량, 총소비량 및 1인당 소비량(단위 : 석)

연도	총생산량	수이입량	수이출량	전년도 이월량	이월량	총소비량	1인당 소비량
1912	10,865,051	220,238	576,658	-	-	10,508,631	0.6988
1913	12,109,840	300,809	1,291,490	-	-	11,119,159	0.7120
1914	14,130,578	35,570	2,331,123	-	-	11,835,025	0.7376
1915	12,846,085	17,296	1,823,462	-	-	11,039,919	0.6731
1916	13,933,009	64,397	1,933,562	-	-	12,063,844	0.7200
1917	13,687,895	65,495	2,192,517	-	-	11,560,873	0.6801
1918	15,294,109	51,174	2,958,889	-	-	12,386,394	0.7249
1919	12,708,208	60,414	1,862,190	-	-	10,906,432	0.6342
1920	14,882,352	17,930	3,270,051	-	-	11,630,231	0.6706
1921	14,324,352	167,618	3,389,375	-	-	11,102,595	0.6340
1922	15,014,292	114,291	3,662,995	-	-	11,465,588	0.6473
1923	15,174,645	403,764	4,753,319	-	-	10,825,090	0.6032
1924	13,219,322	949,398	4,634,490	-	-	9,534,230	0.5186
1925	14,773,102	807,703	5,438,738	-	-	10,142,067	0.5325
1926	15,300,707	922,793	6,197,268	-	-	10,026,232	0.5245
1927	17,298,887	469,379	7,421,180	-	-	10,347,086	0.5402
1928	13,511,725	690,326	5,618,880	-	-	8,583,171	0.4462
1929	13,701,746	585,087	5,433,322	-	-	8,853,511	0.4508
1930	19,180,677	66,572	8,412,414	321,531	619,834	10,536,532	0.5201
1931	15,872,999	105,575	7,585,967	619,834	620,356	8,392,085	0.4119
1932	16,345,825	110,917	8,074,418	620,356	494,586	8,508,094	0.4117
1933	18,192,720	124,006	9,501,222	494,586	600,523	8,709,567	0.4167
1934	16,717,238	292,566	9,001,231	600,523	475,503	8,133,593	0.3804
1935	17,884,669	156,563	9,513,412	475,503	495,350	8,507,973	0.3877
1936	19,410,763	199,876	7,201,588	495,350	325,033	12,579,368	0.5679
1937	26,796,950	44,233	10,996,704	325,033	385,668	15,783,844	0.7031
1938	24,138,874	308,403	6,894,501	385,668	292,322	17,646,122	0.7761
1939	14,355,793	372,640	601,807	292,322	436,856	13,982,092	0.6108

* 출전 : 朝鮮總督府農林局, 『朝鮮米穀要覽』(1940년판), 2-3쪽.

* 비고

1. 연도 : 본년 11월~익년 10월(『朝鮮米穀要覽』의 전년 11월~본년 10월을 수정함).
2. 생산량 : 각 연도의 생산량을 계상. 1936년부터 산정 방식이 바뀌었음.
3. 이월량 : 1930년 이전의 이월량은 조사되지 않음.
4. 소비량 : (생산량+수이입량+전년도 이월량)-(수이출량-이월량).

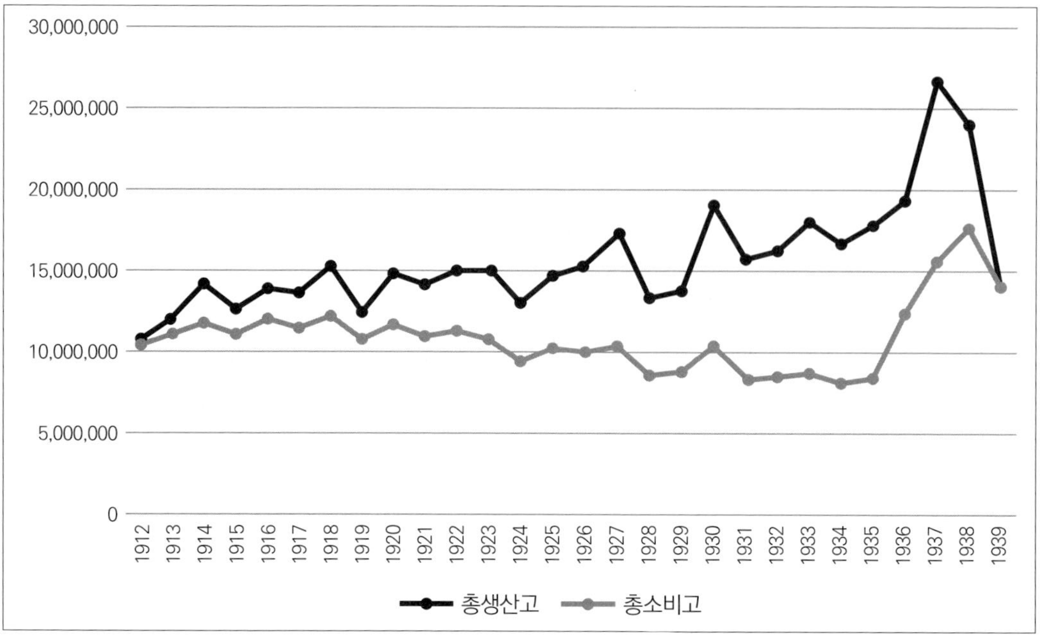

〈그림 1-1〉 미곡 총생산량 및 총소비량(단위 : 석)

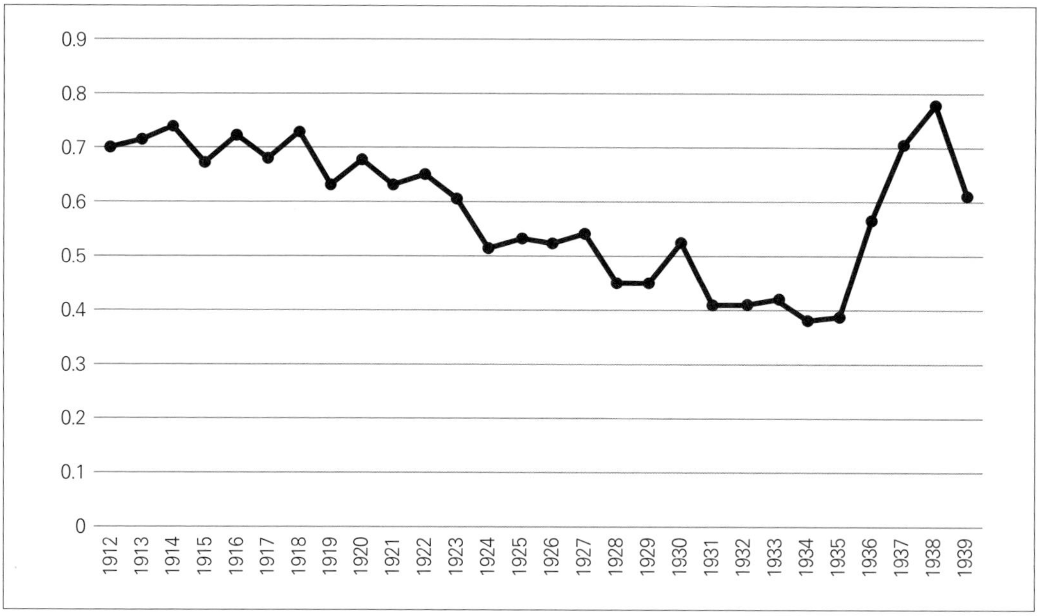

〈그림 1-2〉 미곡 1인당 소비량(단위 : 석)

〈표 1–2〉 관개논의 설비별, 경영별 면적(단위 : 정)

연도	논 면적		관개논의 설비별 면적				관개논의 경영별 면적			
	전체논	관개논	제언	보	양수기	기타	수리조합	공동	개인	기타
1925	1,576,459	764,528	112,326	437,395	18,046	196,761	59,925	440,999	220,738	42,867
1930	1,633,312	960,422	170,162	500,208	39,898	250,154	132,239	494,637	286,543	47,002
1931	1,662,325	1,018,959	188,621	527,856	42,674	259,808	160,857	510,198	293,619	54,286
1932	1,661,148	1,034,139	197,422	533,874	41,178	261,665	178,645	512,229	305,955	37,310
1933	1,670,321	1,112,532	217,906	567,628	42,624	284,374	189,372	556,829	325,458	40,874
1934	1,685,937	1,147,308	226,473	586,730	45,697	288,408	204,127	563,793	327,871	51,517
1935	1,701,498	1,161,448	243,282	581,573	52,565	284,028	210,735	563,717	329,784	57,212
1936	1,704,593	1,176,470	248,764	599,748	61,602	266,357	213,138	581,402	315,122	66,807
1937	1,738,613	1,219,742	253,400	602,891	66,877	296,574	212,289	589,712	324,466	93,275
1938	1,739,186	1,216,814	262,496	597,296	69,428	287,594	222,027	584,253	320,933	89,600
1939	1,753,717	1,236,677	268,461	595,846	76,829	295,541	223,905	575,963	339,800	97,009
1940	1,758,671	1,260,727	284,179	590,794	87,385	298,370	230,178	592,515	342,923	95,110
1941	1,760,042	1,219,512	286,834	553,482	83,673	295,524	236,299	549,925	330,871	102,417
1942	1,687,371	1,225,512	292,540	548,257	94,143	290,573	241,198	558,836	330,507	94,971
1943	1,742,442	1,174,949	333,589	467,702	101,369	272,290	261,483	499,754	313,327	100,385

* 출전 : 朝鮮總督府土地改良部, 『朝鮮土地改良事業要覽』,(1939 · 40년판), 2–3쪽 ; 朝鮮銀行調査部, 1942, 『朝鮮經濟年報』, Ⅰ–40쪽.

* 비고

1. 연도 : 본년 4월~익년 3월.

2. 면적 : 소수 첫째 자리에서 반올림함.

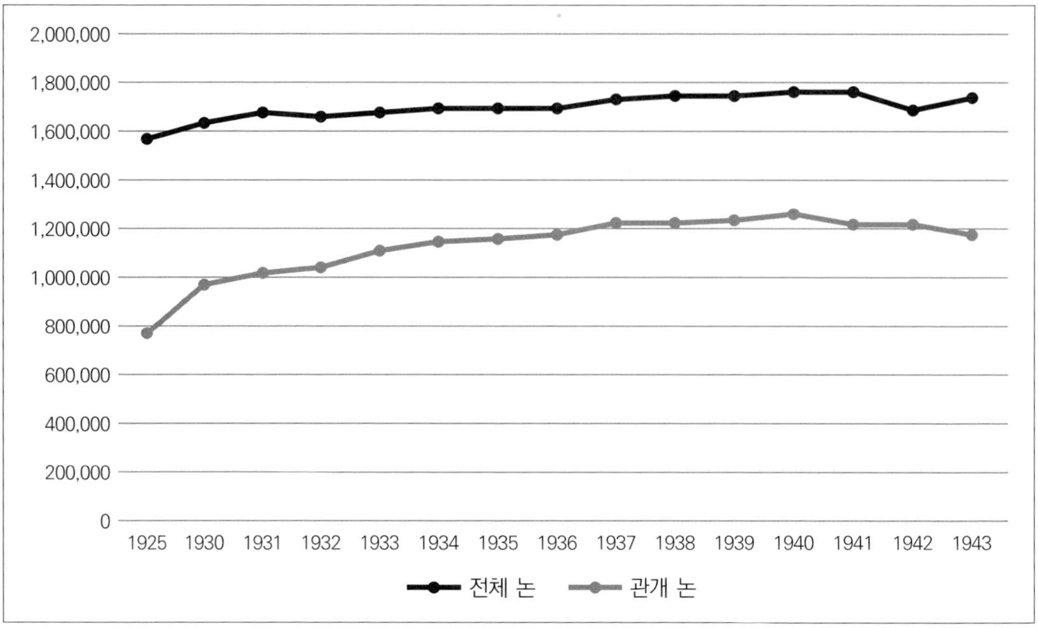

〈그림 1-3〉 전체 논 및 관개 논 면적(단위 : 정)

〈표 1-3〉 수리조합 전체 수 및 몽리면적

연도	수리조합	
	수리조합 전체 수(개)	수리조합 몽리면적(정)
1906	-	-
1908	4	4,301.0
1909	6	7,980.0
1910	6	7,980.0
1911	7	10,766.0
1912	8	12,763.0
1914	7	16,094.0
1915	7	16,621.0
1916	9	22,751.0
1917	12	24,747.0
1918	12	24,747.0
1919	15	40,863.0
1920	25	43,379.0

1921	37	49,889.0
1922	49	67,787.0
1923	54	78,020.0
1924	60	84,072.0
1925	72	112,934.0
1926	90	136,059.0
1927	107	145,688.0
1928	126	178,806.0
1929	149	206,016.0
1930	177	217,335.0
1931	193	223,577.0
1932	194	225,349.0
1933	196	226,793.0
1934	192	226,052.0
1935	192	229,512.0
1936	190	227,913.0
1937	190	229,035.0
1938	189	230,184.0
1939	245	236,192.0
1940	300	252,727.0
1941	373	294,192.4
1942	432	305,526.8
1943	483	321,543.6
1944	595	349,497.8
1945.08.05	598	356,677.6

* 출전 : 大韓水利組合聯合會, 1956, 『韓國土地改良事業十年史』, 92-93쪽.

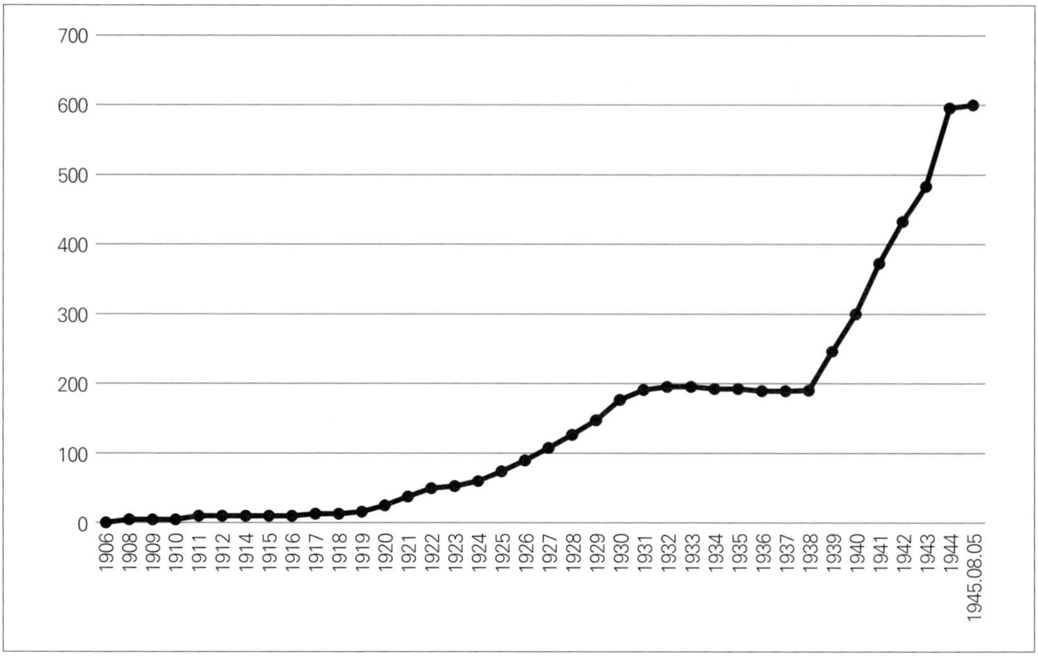

〈그림 1-4〉 수리조합 전체 수(단위 : 개)

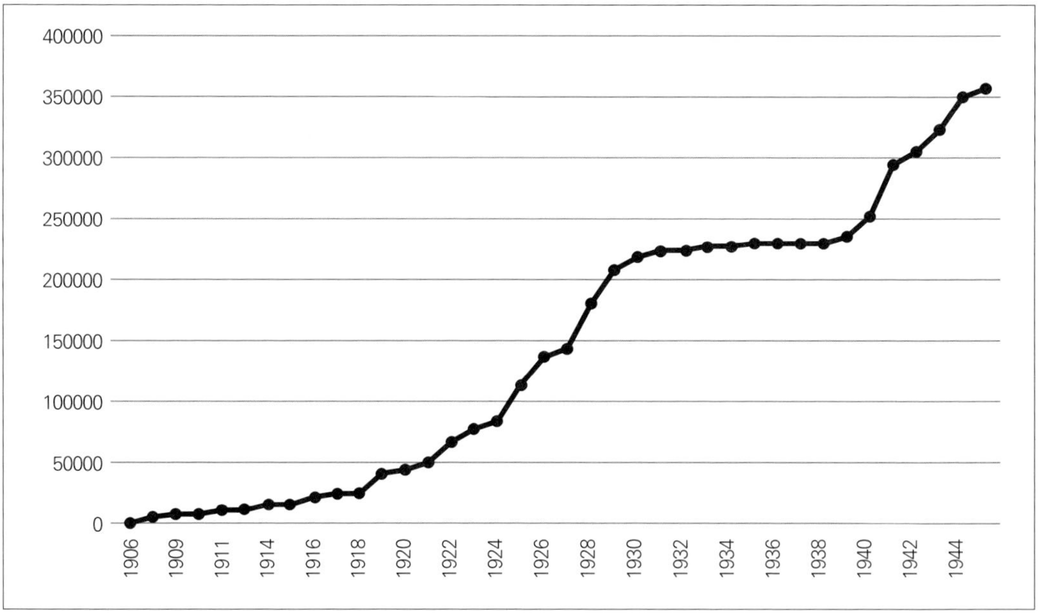

〈그림 1-5〉 수리조합 몽리면적(단위 : 정)

〈표 1-4〉 판매비료 제조량, 소비량, 수이입량, 수이출량 수량(단위 : 톤)

연도	제조량	소비량	수이입량	수이출량
1915	41,363	8,653	6,828	35,098
1925	104,865	124,691	91,691	80,128
1933	447,462	420,283	167,624	249,608
1934	595,791	560,490	257,217	260,389
1935	825,422	702,004	313,561	328,916
1936	991,362	809,437	405,104	387,118
1937	1,146,015	855,490	388,391	435,463
1938	1,220,372	919,049	397,712	425,896
1939	1,320,470	882,130	305,935	443,478
1940	1,149,503	809,490	286,802	286,518
1941	1,246,567	747,677	159,576	305,147

* 출전 : 朝鮮總督府農林局, 1942, 『朝鮮の肥料(昭和 17年)』, 44-52·59-61쪽.

〈표 1-5〉 판매비료 제조량, 소비량, 수이입량, 수이출량 가액(단위 : 엔)

연도	제조고	소비고	수이입고	수이출고
1915	988,000	330,557	113,482	917,382
1925	4,398,573	9,169,129	8,579,187	5,452,760
1933	36,429,837	28,789,008	9,226,842	22,374,788
1934	51,596,512	40,334,217	15,616,925	24,295,104
1935	77,236,574	55,658,562	20,221,051	31,567,878
1936	99,180,484	73,682,627	32,555,623	38,632,141
1937	107,452,459	74,292,486	28,804,118	42,621,690
1938	120,506,374	89,988,049	36,183,738	42,821,128
1939	162,694,701	90,820,541	27,314,530	64,192,087
1940	167,372,869	94,220,322	25,468,118	53,194,971
1941	174,073,930	93,534,892	13,985,832	59,913,938

* 출전 : 朝鮮總督府農林局, 1942, 『朝鮮の肥料(昭和 17年)』, 44-52·59-61쪽.

〈그림 1-6〉 판매비료 제조량 및 소비량 수량(단위 : 톤)

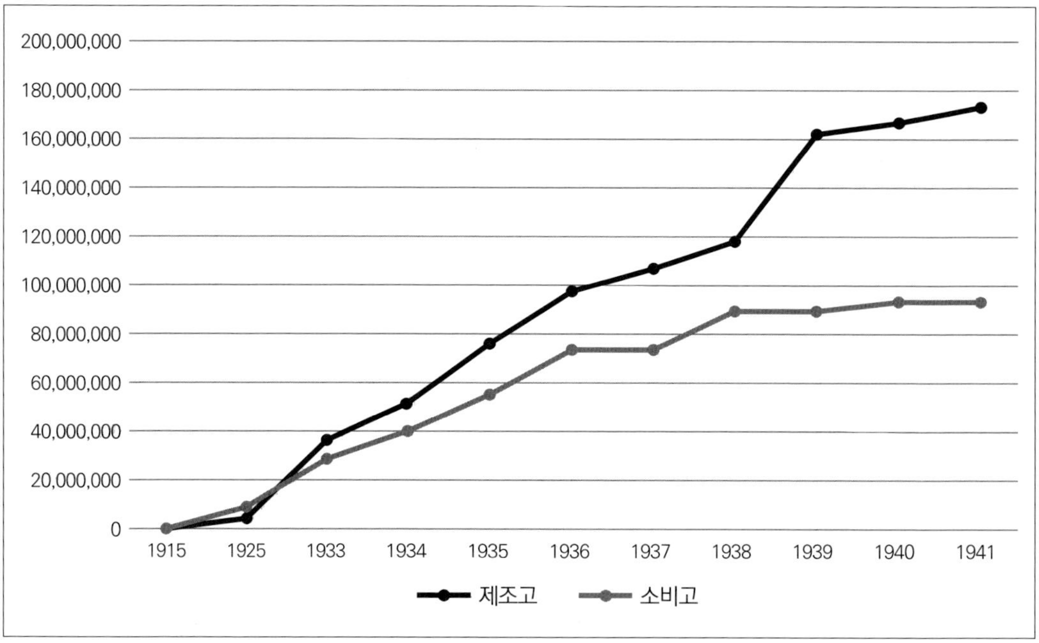

〈그림 1-7〉 판매비료 제조량 및 소비량 가액(단위 : 엔)

〈표 1-6〉 우량품종 작부 단별(단위 : 정)

연도	조신력(早神力)	곡량도(穀良都)	다마금(多摩錦)	은방주(銀坊主)	육우(陸羽) 132호
1912	23,191.2	2,766.3	199.6	-	-
1913	73,767.4	7,901.3	1,638.4	-	-
1914	107,307.8	20,258.3	4,915.2	-	-
1915	176,499.8	51,760.0	15,885.3	-	-
1916	230,765.9	110,477.3	48,400.6	-	-
1917	241,371.2	142,650.9	79,227.0	-	-
1918	253,212.4	201,239.2	111,918.0	-	-
1919	248,999.3	217,051.4	131,468.9	-	-
1920	250,913.1	241,911.7	156,135.4	-	-
1921	234,675.3	267,942.6	165,478.4	-	-
1922	241,613.1	287,034.2	162,280.8	-	-
1923	234,771.1	300,505.4	161,752.6	-	-
1924	220,667.0	319,621.6	161,535.6	-	-
1925	207,287.8	331,775.1	171,113.2	-	-
1926	191,677.4	341,791.3	167,612.8	-	-
1927	170,880.7	367,513.7	166,752.0	-	-
1928	130,608.4	361,577.9	156,985.4	-	-
1929	103,570.8	433,502.3	166,607.2	-	-
1930	74,095.3	463,374.2	168,262.4	36,591.3	-
1931	48,669.7	458,970.6	166,839.9	82,547.4	1,183.8
1932	34,378.8	428,626.3	169,674.5	99,197.1	5,906.8
1933	25,355.8	432,786.5	163,649.7	132,346.8	30,422.5
1934	16,091.8	410,043.2	159,048.7	223,390.6	84,745.1
1935	11,196.8	382,566.8	128,611.6	319,992.5	134,909.7
1936	1,985.8	332,881.1	96,568.1	420,014.5	160,114.0
1937	-	308,021.5	77,170.0	500,401.9	193,983.4
1938	-	279,695.7	59,721.1	522,162.0	207,163.2

* 출전 : 朝鮮總督府, 『農業統計表』(1938년판), 43-52쪽.

〈표1-7〉 우량품종 수확량(단위 : 석)

연도	조신력(早神力)	곡량도(穀良都)	다마금(多摩錦)	은방주(銀坊主)	육우(陸羽) 132호
1912	314,545	33,423	2,891	-	-
1913	988,080	105,612	18,979	-	-
1914	1,417,894	311,837	64,298	-	-
1915	2,042,980	666,504	173,475	-	-
1916	2,777,597	1,429,098	526,074	-	-
1917	2,739,065	1,793,110	884,183	-	-
1918	2,943,646	2,433,621	1,242,567	-	-
1919	2,490,067	2,419,188	1,134,264	-	-
1920	2,779,405	2,699,893	1,664,376	-	-
1921	2,514,531	2,897,295	1,690,437	-	-
1922	2,662,461	3,290,237	1,576,130	-	-
1923	2,597,813	3,516,722	1,589,867	-	-
1924	1,871,215	3,028,746	1,323,421	-	-
1925	2,062,201	3,560,716	1,603,658	-	-
1926	1,969,602	3,815,827	1,601,239	-	-
1927	1,899,544	4,335,843	1,849,182	-	-
1928	1,041,434	3,356,652	1,274,637	-	-
1929	788,489	3,569,788	1,422,138	-	-
1930	834,900	5,924,217	1,841,923	498,989	-
1931	431,221	4,708,117	1,521,812	920,854	19,964
1932	306,013	4,343,072	1,631,892	1,084,821	75,950
1933	258,278	4,952,462	1,662,232	1,555,258	395,879
1934	149,916	3,980,270	1,581,755	2,519,306	979,090
1935	105,737	4,246,712	1,216,261	3,363,438	1,719,646
1936	24,326	3,845,897	1,161,331	5,155,691	2,386,780
1937	-	4,976,571	1,249,307	8,394,200	3,422,470
1938	-	4,107,565	832,608	7,745,295	3,309,247

* 출전 : 朝鮮總督府, 『農業統計表』(1938년판), 43-52쪽.

Ⅱ

식량 유통 및 공출 정책

1. 일본 정부의 미곡통제와 조선미 대책

1) 신문·잡지 기사를 통해 본 일본제국의 미곡통제

(1) 개관 및 해제

일제의 조선 식민지배의 강력한 경제적 필요는 일본에 대한 안정적 식량 공급에 있었다. 이에 식민농정의 근간은 쌀 증산정책이었지만, 이것이 식민지배 전 기간을 통해 항상적으로 실현되지는 못했다. 이는 식민지인 조선과 대만에서 지속적인 일본으로의 쌀 공급이 이루어졌고 그 결과 1920년대 이후 일본 본국의 쌀의 수급은 여유로운 상황이 되었다. 조선의 산미증식계획으로 쌀 증산과 많은 양의 이출로 일본은 쌀 부족을 벗어나 오히려 과잉 상태가 되어 그에 대한 대책을 수립하기에 이르렀다.

1918년 일본의 쌀소동으로 시작된 미곡정책은 식민지 조선에서는 공급을 위한 쌀 증산정책을 실시하는 한편 일본 본국에서는 '쌀값 안정정책(미가유지정책)'을 실시했다. 일본에서 시행된 '미곡정책'은 미곡의 매입과 매도에 의한 국가의 시장개입과 미곡 저장 및 공동 판매 장려를 의미한다. 일본은 1910년대 후반부터 미곡정책이 실시되었지만 조선의 경우는 1930년대 초반 농업공황기 미곡 과잉과 그로 인한 미가 폭락이 문제가 되자 식민지쌀 이출입통제정책의 일환으로 실시되었다. 그러나 조선의 미곡정책은 이출입 그 자체를 근본적으로 통제하는 데까지 나아가지는 않았다. 조선의 경우 심각한 농업공황하에서 미가 유지의 필요성이 한층 더 컸음에도 불구하고 국가의 시장개입에 의한 미가유지정책은 실시되지 않았다. 대신 미곡 저장과 공동 판매 장려가 미곡정책의 중심을 차지하고 있었다.[99]

농업공황기 식민지쌀 이출입 대책으로 실시된 조선의 미곡정책을 이해하기 위해서는 먼저 일본의 미곡정책 전개 과정을 살펴볼 필요가 있다. 일본에서 미곡정책이 본격적으로 실시되는 것은 1921년 4월 '미곡법'을 제정하면서부터였다. 미곡법에 의한 미가유지정책은 미가 하

---

99 전강수, 1993, 『식민지 조선의 미곡정책에 관한 연구-1930~45년을 중심으로』, 서울대대학원 경제학과 박사학위논문, 1-2쪽.

락 시에 정부가 미곡을 매입하고 반대로 미가 등귀 시에는 매입미를 시장에 방출함으로써 미가의 안정을 꾀하는 것으로 미가의 평준화가 목적이었다. 1931년까지는 매입·매도 시의 기준 가격의 결정 방식도 정하지 않고 오로지 정부의 자유재량에 맡겨져 있었다.

이러한 상황에서 1930년 농업공황을 맞게 되고 일본 정부의 자의적인 미곡법 운영으로 재정 부담 등의 문제가 발생하자 1931년 미곡법이 개정(2차)[100]되었다. 1932년 농업공황이 더욱 심각한 양상을 드러내자 1932년 9월 다시 미곡법의 개정(3차)이 이루어졌다. 그러나 미곡법 만으로는 미가 유지 기능이 미흡해 '항구적인 미가 대책'으로 1933년 3월 '미곡통제법'이 제정 공포되었다. 미곡통제법을 통해 일본 정부는 1934년 1,030만 석이라는 대량의 미곡을 수매했고 이에 1934년 중반 이후 미가가 등귀했다. 그 이후 농업공황도 서서히 극복되면서 1935년경에는 공황기의 미곡문제가 일단락되었다.[101]

한편 조선쌀의 이출 대책이 본격화된 것은 1920년대 후반 농업이 서서히 불황의 양상을 드러내기 시작하면서부터였다. 1928년 2월 그 이전까지 일본산 쌀에만 적용되던 '미곡법' 제2조 "정부는 미곡의 수량 또는 미가를 조절하기 위해 특히 필요하다고 인정될 때에는 칙령에 의해 기간을 지정하여 미곡의 수입세를 증감 또는 면제할 수 있다"는 규정을 조선에 적용해 외국 쌀의 조선으로의 수입을 제한함으로써, 간접적으로 조선쌀의 이출을 제한하고자 했다. 이후 불황이 심화되면서 일본에서 식민지쌀 이입 제한 요구가 점점 커지자 일본 정부는 1929년 5월 미곡조사위원회를 설치하고 식민지쌀 이출입 통제 대책을 본격적으로 논의하기 시작했다. 1932년 '미곡법' 3차 개정으로 조선쌀의 계절 수매가 실시되었고, 1933년 3월 '미곡통제법' 제정으로 조선쌀의 계절 수매는 항구적 조치가 되었다.

이러한 일본 정부의 미곡정책에 대해 식민지 조선에서는 조선총독부, 지주, 미곡상, 농민 등 각 주체별로 이해관계가 엇갈리면서 찬반양론이 제기되기 시작했다. 농업공황이 심화되면서 결국 조선쌀의 이입 제한이라는 결론에 이르게 되자 쌀 이출을 전제로 증산과 유통에 매달렸던 지주·미곡상들의 격렬한 반대가 이어졌고, 식민지배의 동맹자였던 재조일본인과 대지주·미곡상들의 이해관계를 대변하는 조선총독부도 일본 정부에 대응하여 목소리를 내

---

100 미곡법 1차 개정은 1925년 3월에 이루어졌다.

101 전강수, 1993, 23-24쪽.

게 되었다. 일본의 미곡정책 전개 과정에서 일본의 '미곡법'과 '미곡통제법'이 조선에 적용되는 과정과 그 내용, 영향에 대해 《동아일보》를 중심으로 살펴보았다. 《동아일보》는 타 신문에 비해 기사 내용과 정보 분량이 많고, 특히 미곡정책의 주요 주체들의 입장이 게재되고 있어 1920년대 후반부터 1930년대 중반까지 조선쌀의 이입 제한을 중심으로 하는 일본제국 미곡정책의 내용과 각 주체의 역관계를 파악하는 데 가장 적합한 자료라고 생각된다. 그러나 신문 자료에서도 직접 생산자인 농민·소작농의 목소리는 찾기 힘들다. 또한 《개벽》, 《별건곤》, 《동광》 등의 한글 잡지에는 조선에서의 미곡정책 시행에 대한 보다 깊이 있는 분석이 이루어지고 있다. 이에 대한 내용도 정리했다.

이상의 신문·잡지 기사를 통해 1920년대 중반 이후 일본 '미곡법'의 조선 적용에 대한 논의가 시작되는 과정과 1928년 '미곡법' 제2조의 조선 적용을 둘러싼 논의와 갈등을 살펴보았다. 다음으로 농업공황으로 미가가 폭락하면서 조선쌀의 일본 이입 반대 목소리가 커지게 되었고 이에 일본 정부는 '미곡조사위원회'를 만들어 조선쌀의 생산·유통·이입 실태를 파악하고자 했으며 이에 대한 조선 측의 대응 양상을 살펴보았다. 1932년 이후 농업공황의 심화로 결국 1933년 '미곡통제법'이 제정되면서 조선의 미곡통제도 더 강화되어 가는 양상을 살펴보았다.

(2) 신문 기사에 비춰진 미곡통제

① 미곡법 제정과 조선 적용

〈자료 210〉 일본 미곡법 조선에 적용 상조, 일본농상무성 견해(동아일보, 1924.09.16, 1면 6단)

미작 풍흉이 한결같지 않은 조선에 대하여 1921년(大正 10)에 제정된 일본 미곡법을 실시하면 다시 한층 좋은 효과가 있으리라는 의미로 조선총독부는 가끔 일본 농상무 당국의 고려를 독촉하는바 농상무 당국의 견해로 보면 아직 그 시기가 아니라 하여 거절한다. 그리고 그 이유로는 조선의 미작은 매년 1,500만 석을 평작으로 생각하는바 하천의 범람 때문에 가끔 흉작이 있음에 불구하고 매년 일본으로 약 400만 석이 이입되는 것은 농가경제를 확립하는 점으로 보아 도저히 피하기 어려운 일이다. 풍흉에 따라 변동이 있지 아니하고 한편 조선 농민 중에는 패(稗)를 상식(常食)으로 삼으므로 소위 식량 수급 조절의 확립을 위하여 미곡 이외의 식량에도 영향이 있어 미곡법 적용은 아직 고려할 점이 있더라.

〈자료 211〉 미곡법 조선 적용, 일본 측도 희(동아일보, 1925.02.24, 4면 1단)

미곡법을 조선에 적용하지 아니함은 각 방면에 장해가 되므로 이 적용을 조선 측에서 희망하였더니 또 머지않아 일본 측에서는 해당 법이 조선에 적용을 희망하게 될 모양이며 미곡법은 이번 의회에서 양 조절 이외에 가격을 조절하는 의미 문자를 가입하였으나 조선미 등 제외한 것은 실책이다. 금회 매상으로 일본미는 매우 강경한 경향이 있으나 도쿄(東京), 오사카(大阪), 고베(神戶) 등의 시장 시세는 선미(鮮米)의 압박을 받아 시세가 제자리걸음을 보인바 즉 매상하지 않은 선미의 산지 시세가 변치 아니하므로 일본의 중심 시장에는 일본의 시세가 강경할지라도 매상미 이외는 판매처가 없고, 또 미곡법을 조선에 적용하지 않은 결과는 전기(前記)와 같은 관계로 선미 시세, 일본미 시세의 색채가 현저한바 하여간 선미가 일본미를 압박하게 되므로 필경 일본 측에서 희망하게 될 것이라더라.

〈자료 212〉 미곡법 적용은 신중 정사(精査)한 후에(조선일보, 1926.06.19, 1면 2단)

이번 함흥 및 원산에서 개최된 전선곡물상조합대회(全鮮穀物商組合大會)에 제안된 군산안 제출의 「미곡법을 조선미에 적용하기를 농림대신에게 요망 건」에 대해서는 가볍게 논단하기 어려운 중대 문제다. 만일 해당 법령이 조선에 적용하게 되면 자연 조선미도 미가 조절의 필요에 응해서 정부에 매수될 것이나, 일본과 조선과는 미작의 풍흉이 일치하지 못함으로 미곡법이 공통됨으로 인하여 일선〔일본과 조선〕 간의 이해가 양립될지 여부를 연구할 필요가 있을 것이다. 이런 점에 대해서는 서서히 정사한 후 시비를 결정하고자 생각한다.

다음에 대구의 제안인 「곡물검사를 상공과에 이관하는 방법 요망의 건」은 이상으로는 가능할는지 모르나 이 전제로는 현재의 식산국 내의 농무과를 상공과로 조직을 개혁하고 내용의 충실을 도모하여 미곡의 생산 검사를 농무과 소속의 전문 기사에게, 수이출 미곡 검사를 상공과 소속의 전문 기사에게 분담하게 할 것인데 현재의 재정 상태로는 실현 불가능한 사정이 있으므로 이 요망도 당분간 용인되기는 지난하겠으며 오사카 측 제출의 「백미의 중량 거래 요망」에 대해서는 극히 합리적이라고 하겠으나 조선의 민도로는 상조하겠으므로 이 요망을 실현할 수는 없으나 장래는 반드시 그 시기의 도래를 볼 것이다 운운.

〈자료 213〉 미곡법의 조선 적용 문제, 미곡대회에서 열렬한 주장(동아일보, 1927.02.17, 6면 2단)

금년의 조선미곡대회에서는 조선에 미곡법 적용을 열심히 요망하는 형세인바 외미수입관세 철폐에 즈음하여 미곡법의 조선 부적용 때문에 농림성이 불편을 절실히 느끼는 이 기회를 멀리하지 않고 그 주장을 관철하리라 한다. 본래라면 금년은 조선이 풍년인즉 굳이 외미 수입관세를 철폐할 필요는 없는데 농림성의 종용도 있고 조선도 철폐를 결정하였다 하며 재차 이 단경기(端境期)[102]의 등귀를 방지하기 위하여 쌀을 매상한다 하더라도 흉작의 일본미를 매상함은 고려를 요하는 점이 있다. 하여간 조선미는 일본 식량정책상 중요한 부분을 점하기에 이르렀고 어느 방면으로 보든지 미곡법의 조선 부적용은 간과하지 못할 상태가 되었더라.

〈자료 214〉 미가 조절을 조선뿐만은 불능, 미곡법 적용이 필요(동아일보, 1927.08.19, 6면 1단)

◇ 이케다(池田) 식산국장 담

미가 조절을 조선에 적용해서 조선미도 매상(조선은 생산과잉으로 팔아넘길 필요가 없다)해 달라는 바람에 대하여 농림당국은 미곡법을 조선에 적용하기는 지난하므로 조선은 조선만의 조절책을 강구함이 좋겠다는 의향인 듯한데 이에 대하여 이케다 식산국장의 의견은 아래와 같다.

"식량정책은 일본 전체로 보아야만 될 것으로 이 점에 대해서 조선미를 제외하고 과연 완전히 미가의 조절이 될지. 특히 근년 조선미의 일본 이출은 500~600만 석에 달함으로 이를 제외하고 미가 조절이라 함은 지난하다고 생각하며 조선만의 조절책을 강구한다 함은 총독부 현재의 재정 상태로 보아 도저히 될 수 없다. 조선에 함부로 쌀의 증산을 장려할 뿐으로 그 가격 유지에 대해서는 하등의 시설이 없다고 말할 수 있으나 효과가 있는 가격유지책을 강구하는 것에는 많은 경비를 요할 뿐만 아니라 종래 인력으로 과연 얼마만큼 미가 조절의

102 묵은쌀이 떨어지고 햅쌀이 나올 때.

효과가 있었는가를 생각하면 이는 물론 가능하지 않다. 그러나 일본에는 미곡법이 생긴 뒤로 다소 인위적 조절의 효과를 얻었으므로 이를 운용하여 조선미 가격이 유지되기를 바라며, 다만 일본 당국자는 일본미를 만약 그냥 두고 조선미를 매상함에는 곤란한 사정이 있을는지 알 수 없다" 운운.

〈자료 215〉 일선공풍(日鮮共豊)으로 미가 유지 심란, 조선미 매상 불능, 미곡법의 일대결함(동아일보, 1927.09.18, 6면 2단)

도쿄정부는 미가 유지를 위해 미곡법을 운용하여 일본미의 매상을 단행함과 동시에 신미(新米)의 쇄도를 방지하기 위해 저리자금 융통의 편의를 도모하기로 결정하였는데, 일본에서 실제로 시장에 출회하는 부동미는 많아야 1,000만 석가량에 불과하나 조선미와 이출고는 넉넉히 600만 석 이상에 달할 것이므로 설사 일본미의 유출 방지책을 강구한다 할지라도 이 대량의 조선미가 일시에 일본 시장에 유출하게 되면 도저히 미가유지책으로는 선미협회에 대한 보조 및 이출미 검사책에 그쳐서 근본적 방책인 농업창고법과 같은 것도 내년도의 예산에 계상되지 않았으며 금융조합에도 농업창고의 직능을 주기는 하였으나 거의 활동하고 있지 않는 고로 조선에서는 미가 유지의 방책으로는 금일까지는 볼만할 것이 없는 고로, 이번 가을부터 연말에 걸쳐서 대량의 쌀이 일본 시장에 유출되어 자타 공히 미가 압박의 곤경을 당할 것은 명백한 사실인데, 이는 요컨대 현행 미곡법의 일대 결함으로 최근 현저히 식자의 주의를 촉구하는 데 이른 것이며 특히 금년 말의 조선미의 동태는 가장 주목되었다. 그러나 전기와 같이 조선미의 부동량은 일본미의 부동량과 거의 큰 차이 없는 대량인 까닭에 조선의 일시매를 방지하는 것은 도저히 용이한 일이 아니라더라.

〈자료 216〉 논설: 미가 조절 문제 필경 무책(無策)(중외일보, 1927.10.27, 1면 1단)

먼저 소위 조선미의 매상 운운에 대하여 말해 보자. 소위 미곡법이라는 법조 해석상 조선미를 가입하기가 곤란하다 함은 단순한 표면 이유에 불과한 것이오, 그 이면에는 정당자류(政黨者流)의 정책 관계 때문인 것이 분명한 사실인즉 일본의 농촌을 위한다는 표방하에 공공연하게 조선 농촌 내지 농민은 희생을 당하게 하는 것이라 할 것이다. 또 농림성 당국이 말하되 조선미는 조선총독부의 자력에 의하여 적절하게 조절하라고 하나 조선총독부는 이에 필

나 조선으로 앉아서 보면 이중삼중으로 위협을 받을 경우가 많을 것이라는 말이다.

〈자료 218〉 미곡법 문제로 총독부는 두통, 실시되어도 곤란(동아일보, 1927.12.07, 6면 1단)

미곡법의 적용 범위를 확장하여 조선에도 실시되리라는 형세로 조선 측에 유리하게 전개되는바 만일 이것이 실현될 때는 그 시행 매상에 관한 일체 사무는 농림성이 일본의 미곡 매상 취지와 모순되지 아니하므로 조선에서도 이를 취급함은 실제적으로 편리하나 조선총독부의 사무 범위에 들어가 불편함으로 결국 농림성의 사무는 조선총독부에서 이관 대행의 형식을 취함이 타당하다 해석된다. 그러니 총독부 측은 일면 산미증식계획을 수행하여 쌀의 생산 증가에 노력하는 처지이므로 그 미가 조절책도 자기의 손으로 행함이 당연하다는 견지로 될 수 있으면 농림성 측의 권한 개입을 원치 않는 의향임은 사실이므로 미곡법의 조선 실시 근본의가 확립된다 할지라도 그 운용 세칙에 이르기까지 의견이 일본 측과 일치하는 데는 상당한 곡절을 요할 모양이며 게다가 매상 실시를 결행할지라도 그 보관창고의 설비점, 가령 100만 석 정도의 소량이라도 현재 조선은 상당히 민간 기설 창고를 이용할 수 없는 상태이오, 그 보관창고의 설비 충실에는 추가예산 또는 차입금 등의 별개 방법을 취함이 선결 문제이므로 이 문제에 관해서는 아직 많은 난관이 놓였다 운운.

〈자료 219〉 소농의 생활비만 높여, 텐니치 쓰네지로(天日常次郎) 씨 담(동아일보, 1928.01.15, 6면 1단)

미곡법 제2조를 조선에 적용하는 것은 멀지 않아 조선에도 미곡법 전부를 적용하는 한 과정으로 볼 수 있을 것이나 일본과 조선과는 사정이 상이한 까닭에 제2조의 적용에 의하여 선일(鮮日)이 모두 외미의 수입을 제한한다는 것만으로는 불철저하다. 일본에서의 쌀의 조절이 주효하면 자연히 조선도 조절이 될 수 있는 듯이 보는 모양이나 결코 그렇지 않다. 외미의 제한의 결과는 한층 조선미의 이출을 유치하는 까닭에 일본에 미산(米山)을 쌓아야 일시에 저락되는 결과를 불러올 것이다. 그 한편에는 조선 소농은 비싼 대용식을 매식하지 않으면 안 될 경우에 빠질 것이다. 특히 본년과 같은 미가 저렴에는 외미의 수입도 적어서 그 제한의 효과도 조선에서는 거의 없을 것으로 본다. 하여간 미곡에 대한 관세는 농림성에 옮겨서 총독부가 이에 대한 권한은 전혀 없게 되어 중앙에서 결정한 대로 이에 따르지 아니하면 안 되게 되는 까닭으로 제2조만의 적용으로는 총독부는 대권한의 하나를 잃어서 미곡에 대한 관세가 원활하게 될지 의문이다. 한편 조선으로서는 그 은택을 받는 점이 적을 것으로 생각된다. 그러나 당국으로부터 내용을 들어보지 않고는 상세한 말은 할 수 없다 운운.

〈자료 220〉 논설: 미곡법 제2조의 조선 적용(중외일보, 1928.01.18, 1면 1단)

중앙정부는 미곡정책의 근본적 통일을 꾀하기 위하여 여러 해 전부터 미곡법 적용 범위 이외에 있던 조선에까지 해당 법 제2조의 규정을 적용할 의사로 농림성 당국자는 그 칙령안을 내각에 회부해서 머지않아 그 결정을 보리라 한다. 이에 미곡법 제2조라 함은 '정부는 미곡의 수량 또는 시가를 조절하기 위하여 특히 필요가 있다고 인정할 때는 칙령으로써 기간을 지정하여 미곡의 수입세를 증감 혹 면제하며 또는 그 수입 혹은 수출을 증감할 수 있음'이라 함이다. 그러면 이와 같은 미곡법을 조선에 적용하는 그 본의가 어디에 있는가? 원래 이 규정은 외미가 일본 내지에 자유로 수입함을 방지하여 미곡 시가를 조절하려 함이 그 목적이다. 그러나 이 법률의 적용 범위를 일본 내지에만 제한하면 그 결과로 외미는 이 법률 시행 범위 외에 있는 조선에 자유로 수입, 소화되어 조선미는 아무 제한 없이 일본 내지에 이입하므로 일본 미곡시장을 교란하여 미가의 조절을 불가능하게 할 것이다. 그럼으로 제2조를 조선까지 적용하면 일본에서 외미관세를 인상할 때는 조선도 보조를 동일하게 할 것이므로 외미가 일본에서 조선으로 이입하며 또 반대로 이출하는 일이 발생 못함은 물론 염가의 외미를 식료로 하는 조선인이 고가의 조선미를 다량으로 일본에 이출해서 미곡시장을 압박할 일이 없을 것이므로 미가의 조절이 용이할 것이다.

이상 이론을 일본인의 이익이라는 입장에서 관찰하면 논리적이나 조선인 경제의 입장에서는 비이론적이다. 왜? 조선산 쌀이 해마다 증식함은 숫자가 표시하는 바이다. 그러므로 흉년을 제외한 이외의 보통 상태에서는 문제의 제2조는 외미에 대한 관세 인상 혹은 수입 제한의 형식으로 적용될 것이 분명하지 않은가? 그리하여 일본의 미가를 조절하기 위하여 본 규정을 조선에까지 적용해서 외미의 조선 내 자유수입을 제한한다면 조선인은 염가의 외미를 소비 못하고 고가의 조선미를 소비할 것이어서 결국 조선미의 일본 이출은 감소될 것이다. 그러면 조선인 경제의 가장 중요한 원천은 쌀 이출-작년 중 이출고만 보아도 645만여 석에 그 가격은 1억 9,113여만 원-인데 이 쌀 이출이 감소된다면 조선인의 경제는 명백히 위축될 것

아닌가? 이에 대하여 중앙정부는 조선에 국립창고를 설치하고 조선미를 매수하여 조선 내에 저장하였다가 일본미가 고가일 때에 그것을 본 내지에 이입할 것이라 한다. 정부가 대대적으로 조선산 쌀을 매수하면 조선미 이출의 감소가 초래하는 조선인 경제난을 얼마만큼 완화할 것이다. 그러나 정부가 그 고귀의 미가를 조절하기 위해서는 조선에서 조선미가 염가일 때에만 매수하고 고가일 때는 매수를 정지할 것이어서 미곡 매매는 정체 상태에 이르게 된다. 그러는 한편 조선의 외미수입관세를 인상하여 그 수입을 제한하면 일반 농민은 미곡의 호시세(好時勢)를 기다려 매각하지 못하고 그 대신 산미를 곳간에 남겨 놓고 소비만 하게 될 것이 아닌가? 그렇게 되면 소비하는 대신 염가이지만 매각하려 할 것이니 이것이 과연 조선인 경제에 호황을 초래하는 방책이라 할까?

〈자료 221〉 미곡법 제2조 적용은 선거의 대책, 일본 농민 환심 목적(동아일보, 1928.01.18, 6면 1단)

도쿄정부가 조선에 미곡법의 일부 즉 2조 적용의 의향이 있음에 대하여 총독부 당국에서는 이렇게 미곡법의 일부 적용이 되면 오직 미곡관세의 관리권 이양에 불과하므로 쌀의 매상과 창고 설치까지 적극적으로 적용하지 아니하면 아무런 효과가 없다고 보나 일부에서는 이것이 조선미 매상의 전제라고 낙관하며 또 일본 농민은 항상 조선의 미곡관세특례에 반대하고 일본과 동일한 관세로 하도록 빈빈히 요망하는 점에 비추어 정부는 해산 총선거를 예상하며 미곡법 제2조의 조선 적용 즉 조선의 미곡관세 관리권을 정부가 가져서 일본 농민에 적합하게 하고자 하는 정책으로 즉 정부의 선거 대책 중 하나로 이용하려는 것이라더라.

〈자료 222〉 미곡법 제2조 조선 적용에 절대 반대, 【이유는 관세권 침해와 부담 과중】 재무당국 태도 강경(동아일보, 1928.01.20, 6면 1단)

도쿄정부는 미곡정책을 위하여 미곡법 제2조를 조선에도 적용하기로 방침을 결정하고 조선총독부 식산국도 이에 절대로 반대하여 만약 동법 제2조가 조선에 시행되는 날이면【1】조선총독의 권한이 침범될 뿐 아니라【2】외미의 관세 부담에 의하여 조선 민심에 악영향을 미치게 되리라 하여 이 뜻으로 구사마(草間) 재무국장으로부터 16일에 지금 도동(渡東) 중인 야마나시(山梨) 총독에게 반대의 급전을 발하였다. 구사마 국장은 직을 걸어서라도 동 2조의 시

행에 반대한다 하며 그 반대 이유는

1. 일본이 외미 관세를 인상할 시에 만약 조선도 이에 추종하여 관세를 인상하지 아니하면 일본에 수입되는 외미는 일단 조선에 수입되는 형식을 취하고 조선으로부터 다시 일본에 역이입되는 까닭에 일본은 그만치 누(累)를 받게 된다고 하지만 이를 방지하기 위하여 조선 각 세관에서는 출항세를 부과하고 있기 때문에 이것은 문제가 될 것 없다.
1. 그뿐만 아니라 만약 동법 제2조를 조선에 시행해서 외미를 인상할 시는 조선인의 생활 필수품인 외미의 관세 부담이 아주 심해질 것인데 일본 내지를 위하여 이렇게 심한 부담을 질 이유가 첫째 없다. 또 만약 조선의 외미 관세가 낮기 때문에 일본에 해일과 같이 다량으로 조선미가 이입되어 곤란하다 하면 이는 관세 문제가 아니오. 차라리 일선 간의 쌀의 관리 문제로 하여 정부는 미곡법 전부를 조선에 시행하여 조선미 매상의 행동에 나옴이 지당할 것이다.
1. 외미의 조선 내의 수입은 겨우 90만 석에 불과하고 만주 속은 300만 석이나 수입되는 형편인데 조선에 이해관계가 깊은 만주 속은 도외시하고 단순히 외미 관세만을 논하는 것은 이해할 수 없는 일이다.

상기가 재무국의 주장인데 이에 대해 식산국에서는 약간 높은 외미 관세를 부담할지라도 이 때문에 조선미 전체가 그 가격이 높아지면 그 편이 대국으로 보아 이익이다. 미곡법 전부를 조선에 시행했으면 좋겠지만 총독부로는 매상비가 없고 또한 지금 저락되고 있는 조선미의 절박함을 구할 수가 없다. 미곡법은 단순히 미곡만의 수량과 시가 조절에 있는 것인즉 만주 속과 같은 것은 문제 삼을 것이 없다. 이렇게 양국 간에 길항하고 있는데 당업자들은 동 문제가 어떻게 진전할까를 응시하고 있는 중이다.

구사마 국장 담

이케가미(池上) 정무총감에 수행하여 도동(渡東) 도중에 있는 구사마 국장은 예의 미곡법 제2조의 조선 시행에 관하여 분연작색(憤然作色)하며 아래와 같이 이야기하더라.

"이 문제는 식산국 모(某) 과장이 도쿄에서 쓸데없는 말을 하기 때문에 그렇게 된 것이라.

원래 미곡법 제2조 즉 관세에 대해서는 총독부의 권한에 속한 것으로 조선의 실정에 적합하도록 때에 따라 총독부령 또는 제령으로 관세를 상하(上下)하여 적절히 조처할 수가 있는 것이다. 그런데 일본 내지 측에서 미가 조절을 위해 외미 수입을 제한할 때에 즈음하여 조선만은 전기 총독부의 권한에 의하여 제외되게 되어 있는 것인데 이때에 일선이 함께 통일되기를 희망하는 의향을 말하자 식산국은 조선미를 매상해 줘도 좋다고 해서 미곡법 제2조의 시행은 좋다고 성명한 고로 이러한 결과를 보게 되었다. 그러나 나로는 미곡법 제2조의 시행에 대해서는 전연 반대다. 미곡법 제2조 즉 쌀 매상 농업창고 설치에 대해서는 조선 시행은 희망하는 바나 제2조만의 시행은 어떻게 연구해 보아도 찬성하기 어렵다" 운운.

〈자료 223〉 2조 적용과 조선미 매상 문제, 선일 양지 간의 상호 영향(동아일보, 1928.01.28, 6면 1단)

미곡법의 제2조 조선 적용은 간신히 실현될 모양인데 당업자 간에는 누구나 다 불철저하다는 비난이 높다. 사이토 히사타로(齋藤久太郎) 씨는 다음과 같이 이야기하더라.

"2조의 적용만으로 조선미 매상은 상관하지 않는 것으로 해서는 더욱더욱 조선을 일본의 희생으로 하는 감을 깊게 한다. 2조의 적용만으로는 매상의 영향은 간접이오, 외미관세 인상의 고통은 직접이다" 운운. 다만 종래 농림성과 총독부가 권한 다툼에 세월을 보내고 영농자의 이해는 안중에 두지 않더니 2조만이라도 적용하기를 협의한 것은 한발 나아간 것으로 보는 사람도 없지 아니하다.

(중략)

1. 일본미는 1,500만 석 대에서 부동(浮動)하는데 조선미는 700만 석 근방에서 부동하는 데 불과한 까닭에 부동미가 적은 조선미를 파는 편이 효과가 크다.
2. 조선미는 출곡기에는 시세의 고하를 불문하고 투매를 안 하지 못할 것이 많으나 일본에는 그런 것이 적다.
3. 같은 대농이라도 조선에는 특히 큰 것이 많아서 이들은 금리의 고통도 도저히 일본의 대농 측에 비할 바가 아닌 까닭에 조선에서는 대농 측에도 급매가 많다.

4. 조선미 매상은 원(源)을 청(淸)하게 하는 것이요,[103] 일본미 매상은 백년하청을 기대하는 어리석은 짓이다.
5. 일본미 매상은 더욱 조선미의 일본 유출을 왕성히 하여 도리어 시장을 압박하는 우려가 있다.

〈자료 224〉 총독부의 계획 중인 미가 조절의 대책, 3정책 중 1을 선정(중외일보, 1928.03.15, 1면 4단)

총독부 다년의 현안인 미가 조절책에 관해서는 작년의 대풍작으로 특히 당황하게 되어 농림성 내지 대장성, 제국농회(帝國農會)와의 양해를 얻고자 이케다(池田) 식산국장, 와타나베(渡邊) 농무과장은 재삼재사 도동(渡東)해서 절충을 시도하고 현재에도 운동을 계속 중인바 이번의 외미 제한은 다소 미가를 유지하는 소극적 방면에는 효과가 있으나 농림성, 대장성, 외무성 등이 각각 입장을 달리한 까닭으로 태국미(暹羅米)를 제외하는 등 결국 불성공에 종료하였다 하여도 좋을 상태이다.

지금 총독부에서 장래의 미가 조절책으로 획책하고 있는 것은 대체 다음과 같은 방법에 의하고자 하는 것이다.

1. 국립창고 설치안

농림성에서 사카타(酒田), 시모노세키(下關) 등의 미곡 대집산지에 국영의 미곡창고를 설치한 것을 조선에 연장하여 조선에도 군산, 진남포 등의 주요 집산지에 국립창고를 신설하고 일본 내지와 현미 매상에 대하여 조선에서는 저장할 수 있는 ■을 매상하여 임기응변으로 매상 또는 불하하고자 하는 것인바 이는 창고의 건설비, 매상 자금으로 적어도 4,000만 원 내지 5,000만 원을 요한다.

1. 조선매상안

미곡법 제2조의 조선 적용은 일면 선미 매상의 전제라 하나 이는 인구식량문제의 식량부회(食糧部會) 및 제국농회 등과 연락을 취하여 현재 쌀 매상 특별회계 2억 원을 3억 원 또는 4

103 원청즉유청(源淸則流淸)에서 나온 말로, 조선미를 사들이는 것이 근본적 해결책이라는 것을 말함.

억 원에 증가하고 그중에 조선미까지 포함시키고자 하는 것이며 총독부의 희망으로는 매상할 때는 될 수 있으면 산지인 조선에서 매상을 실시하여 줄 것이며 만일 이 방법이 불가능한 경우는 오사카(大阪)의 조선미 대집산지에서 선내 취급 상인으로 하여금 입찰을 행하게 하여 매상을 하여 달라 함이며

1. 미곡자금저리융통안

이 안은 국립창고 및 선미 매상이 급속히 실시될 것 같지 못함으로 총독부에서 지금 입안 중인 궁여의 일책이라고 할 것이다. 농림성에서 이전에 대장성 예금부로부터 3,000만 원의 저리자금을 융통하여 권업은행으로부터 지방농공은행 및 권업은행 지점을 통하여 사소한 이차(利差) 혹은 무차(無差)로써 농회 알선하에 직접 지방 농민에게 대부하여 적극적으로 평균매를 하게 하여 소극적이나마 미가 유지에 돕고자 하는 정책을 통해서 조선에서도 우선 400~500만 원가량의 예금부 저리자금의 융통을 받아 식은을 통해 거의 무이자로 농회 알선하에 각 금융조합으로부터 직접 자작농 또는 소작농민에게 상당한 담보 물건을 선정하여 대부하여 방매를 방지하는 동시에 점차 평균매를 보급하게 하여 가급적 미가 폭락을 방지하고자 함이다. 이 안은 지금 식산국에서 입안하는 중인바 금년 중에 실현하기는 지난할 것이다.

총독부의 미가 유지 혹은 조절책으로 지금 계획 실현을 기하고 있는 것은 대체 앞의 3안인바 조선미 매상의 선결 문제로 혹은 제3차의 매상에서는 20~30만 석의 조선미를 포함하지 아니할까 하나 그 앞길은 일부에서 위태시하고 있다. 그러나 내년도쯤부터 상당히 실현성이 있는 모양이다. 국립창고와 같은 것은 이미 농림성으로서도 여러 차례 기사관(技師官)을 조선에 파견하여 조사의 진도를 진행하고 있는 모양인즉 조선미 매상 실현 후는 조만간 해결될 문제이다. 최후에는 미곡자금 저리자금 융통에 관하여 단순히 총독부로서의 복안에 불과하나 전 2안이 만일 실현치 못하는 때에는 궁여의 일책으로 보는 것이 지당할 것이라 한다.

〈자료 225〉 사설: 미곡법 전부 적용 문제, 주목할 금후의 추세(동아일보, 1928.10.08, 1면 1단)

1. 5일부터 강경(江景)에서 개최된 조선곡물상조합연합회에서는 (1) 조선에 미곡법 전부를 적용하여 국립창고를 설치하며 또 농업창고를 속히 설립하기를 요망함(의안 제1호의 1, 군산미곡상조합 제출), (2) 조선 각지에 농업창고 건설 촉진 요망의 건(제1호의 2, 강경미곡상조합 제출), (3)

농업창고의 설치 및 저리자금 융통 요망의 건(제1호의 3, 경성곡물상조합 제출)의 3건을 일괄하여 의안 협의, 벽두에 전원일치로 가결하여 그 실현의 촉진을 당국에 요망하기로 되었다. 여기서 우리가 첫째로 주목할 것은 의안의 제출 지방에 따라서 요망 내용에 차이가 있다는 것이다. 이와 같이 차이가 있는 이유의 하나는 적어도 각 지방의 특수 사정에 따라서 지방적 색채를 띠었다는 것이다. 일례를 들면 강경 같은 데서는 국립창고의 후보지가 될 가망이 없는 고로 국립창고의 설치 요망이라고 하지 않고 단순히 농업창고의 건설 촉진 요망이라고 한 것이다.

2. 이제 앞 3건을 일괄하여 요약하면 (1) 미곡법의 전부 적용 (2) 농업창고의 설치 (3) 미곡에 대한 저리자금 융통의 삼자이다. 그런데 쌀의 가격 또는 수량을 조절하기 위해서 쌀의 수출입 제한에 관한 미곡법의 제2조는 지난 3월에 이미 실시된 것인즉 이제 한발 더 나아가 미곡법의 전부 적용을 요망하는 근본 정신은 조선미의 매상 및 저장용 국립창고의 설치를 요망하는 데 있다. 대개 일본 내에 현행되는 미곡법은 쌀의 가격 또는 수량을 조절하자는 목적으로 1921년(大正 10)에 발포, 실시된 것인데 이것의 실시 당시에는 조선미로 일본에 이출되는 수량이 아직 적었기 때문에 같은 목적으로 조선미를 매상하는 일은 포함되지 않았었다. 그러던 것이 그 후 일본으로의 조선미 이출이 해마다 증가하여 8년을 지난 지금에 와서는 조선미의 일본 이출이 일거에 700여만 석으로 증가하였다. 여기서 현행 미곡법의 주지대로 일본 산출미를 매상하는 것만으로는 일본 내의 미가 또는 수량 조절의 근본 목적을 달성하지 못할 정세에 이미 이르렀을 뿐만 아니라 장래에는 현재보다 그 정도가 더 심하게 될 형세에 있다.

3. 이제 이 방면을 좀 더 자세히 말하면 1923년(大正 12)부터 1927년(昭和 2)에 이른 일본미 실수의 5년간 평균은 5,800만여 석인데 그중에서 대부분은 각 현(縣) 내에서 자소비되고 현외에 반출되어 상품화하는 수량은 겨우 1,200~300만 석에 불과한데 이에 반해 조선 산출미는 동기간의 5년간 평균이 일본 산출미의 약 4분의 1인 1,515만여 석에 불과하나 그중에서 일본 이출미는 예를 들면 금년에는 700만 석을 초과할 지경에 있다. 그러므로 결국 일본의 쌀 시장에 매년 현출하는 쌀 조선미, 일본미를 합하여 약 2,000만 석에 달하는데 그중에서 약 3분의 2에 불과한 일본미만을 매상하는 수단으로는 미곡법의 근본 목적인 일본 내의 미가 또는 수량의 조절을 철저히 달성할 수 없다. 따라서 일본 농민 간에도 현재 조선미 매상의 필요를 절감하고 있다.

4. 그뿐만 아니라 해마다 700여만 석이나 이출되는 조선미가 첫째 저장용 창고가 없고, 둘째 생산자에게 대한 저리자금 융통이 없기 때문에 수확기에 일시 이출되는 관계로 일본 내의 미가에 큰 타격을 준다. 종래의 경험에 의하여 상세히 말하면 조선미는 수확 후 4개월간에 연이출 전수의 약 5할이 이출되고 그 후 4개월간에는 약 4할의 이출이 있고 나머지 7월부터 10월에 걸쳐서는 4개월간에는 연이출 전수의 약 1할에 불과하다고 한다. 이처럼 조선미는 수확 직후에 일시 이출되는 관계로 더구나 일본 내의 일본 미가에 대요(大要) 영향을 미친다. 여기서 조선미 평균매의 필요가 생기고 따라서 저장용 창고와 미곡 생산자가 금전에 궁핍하여 미곡을 방매하는 폐를 덜기 위해서 저자(低資) 융통의 필요가 생긴다.

5. 또 이를 조선 내 미곡상의 입장으로 보아도 이미 연 700만 석이나 이출될 뿐 아니라 장차 그 이출의 수량이 해마다 증가할 형세에 있는 조선미가 매년의 풍흉에 따라서 그 가격의 변동이 커 가지고는 매매의 안전을 지킬 수 없을 뿐 아니라 이를 조선 내의 생산자 측으로 보아도 쌀의 생산상 막대한 불안이 있을 것이다. 이런 의미로 조선곡물상조합연합회의 이번 요망이 있었으나 그중 미곡법의 전부 적용 문제는 매상 자금의 한도 확장과도 관계되는 문제이기 때문에 급격한 실현은 용이하지 않을 것이나 하여간 이들 여러 문제에 대한 금후의 추세는 주목할 만한 것이라 한다.

〈자료 226〉 농림성 미가 대책에 희생되랴는 조선미, 일본 이입 방지는 대불가(大不可)(중외일보, 1928.11.22, 1면 6단)

농림성은 미가 조절에 대하여 고심 중으로서 미곡법에 의한 특별회계의 2억 원을 4억 원으로 증액하여 쌀을 매상하게 되리라고도 하는데 특별회계에 기인한 경상비까지 차입금으로부터 지출함은 근본 제도에 착오가 있다는 의미로 유력한 반대가 있는 듯하며 또한 1안으로 조선미의 이입량을 어떠한 방법으로 제한하든지 또는 만주 속의 조선 수입을 조절함에 따라서 조선미의 일본 이입을 가급적 방지하려 하는 의견이 있어서 혹은 다음 위원회에서 의론이 될지도 모르는 형세라 한다. 이것은 일본의 처지로 보아서는 그러할지도 모르나 조선에서는 다음과 같은 이유로 도저히 실현하기 어려울 것이다.

1. 이제 새삼스럽게 일본미와 조선미에 차별대우를 함은 도저히 안 될 일이오, 더욱이 일본

미가 부족할 때에는 조선미를 환영하고 다소 풍족할 시에는 조선미의 이입을 방지함과 같은 것은 매우 온당치 못하다.

1. 조선미를 정부가 산지에서 매상하여 조선에 보관하게 되면 가장 이상적이라 하나 이게 즉시 될 수는 없고 여하튼 금년에는 안 될 이야기이다.

1. 만주 속의 조선 수입을 방지하면 자연 조선미의 일본 이입이 감소될 것은 명료하나 금년은 조선 내에 한해를 입은 지방이 많고 궁민이 많으므로 이미 농민의 상식이 된 속의 수입을 제한 방지함은 총독부에서도 승인할 수 없는 일이다. 중앙정부가 가령 안을 세워 가지고 총독부에 강박할지라도 조선에서는 현재의 외미수입제한과 같이 유명무실이 될 것이다. 그러나 이 기회에 신고만으로서 거의 자유롭게 수입할 수 있는 외미만은 조선 수입을 좀 더 제한한다더라도 그다지 불가함이 없을 것이요 이에 의해 다소 미가 조절이 될지 모르리라고 관측되더라.

〈자료 227〉 조선 대만에 미곡법을 실시, 정부와 위원의 의견 일치(동아일보, 1929.06.21, 6면 1단)

【도쿄 전】 별항 소재한 바와 같이 19일의 미곡조사 제1회 특별위원회는 하등의 결정을 보지 못하고 산회하였으나 현재 문제 중에 있는 외미, 대만미의 관리와 조선 대만에 미곡법 시행, 국립창고의 설치 문제에 대하여 정부와 위원 양자가 모두 필요를 인정하여 의견 교환의 결과 일치를 보았은즉 21일의 차회까지에는 위원, 농림당국, 조선·대만 양 총독부에서 각각 구체안을 작성 심의할 것이라는바 앞 문제만은 해당 조사회 유일의 수확으로 실현될 것으로 관측하더라.

미곡법의 결함

【도쿄 19일 발】 오전부 미곡조사회 제1회 특별위원회는 19일 오전 수상관저에 개회, 마에다(前田) 위원장 이하 각 위원 출석 심의한 순서에 관하여 의견을 교환한 후 현행 미곡법의 불비한 점에 관하여 농림당국으로부터

1. 대만·조선미의 통제가 제외되어 있는 것

2. 현행법은 과잉미의 일부 매상 저장에 그치고 전체의 통제력이 없는 것
3. 현미 정조(正租)의 저장법이 불완전한 것
4. 민간 보관창고가 불완비한 것
5. 통상조약의 관계로 외미에 대한 통제가 불충분한 것〔이하 2항 생략〕

등 7항의 결함을 들어서 설명하고 이에 대하여 위원으로부터

1. 조선미 외미의 관리를 행하려면 비용이 얼마나 드는지 조사하라
2. 대만·조선 산미증식계획을 수립할 경우는 일본 내 제 기관과 협의하라
3. 조선미 이입의 계절적 조절을 행하기 위하여 이입을 인가제도로 하면 어떠한지
4. 미곡 조절이 기준가격을 예정하여 이 기준가격은 생산비를 기준으로 하라
5. 외미 통제는 현행 조약에는 불가능한데 이를 가능하게 하기 위하여 조약을 개정할 수는 없느냐

등의 의견이 나와서 마쓰무라(松村) 국장, 기타로부터 회답이 있은 후 휴게하다.

매입자금이 문제
【도쿄 19일 발】 미곡조사특별위원회는 19일 오후 1시 반에 속개하고 각 위원으로부터

1. 대만 및 조선미에 관한 대책을 확립하기 위하여 일본미 본위를 개정하여 대만 및 조선미를 주요 목적으로 하여 운용하라
1. 정선미(精選米) 통제법으로 이입세를 과하라

등 설이 나왔으나 반대론이 강하여 그 실행이 불가능하다는 결론에 달하였고

1. 이입을 제한하기 위하여 인가제를 쓰자는 설도 용인되지 못하고
1. 미곡법을 조선·대만에 시행하여 농업창고의 설치에 의하여 공급의 계절적 평균화를 행

하라 이것이 최선의 책이다

라는 의견에 도달하였으나 그러나 이를 실행하기 위해 400~500만 석의 평균매를 행하는 데 막대한 비용을 요하는 까닭으로 재정상 고려를 요한다는 의견이 나와서 하등의 결정을 보지 못하고 3시에 산회, 차회는 21일 오전 10시부터 농상관저에서 개회한다더라.

〈자료 228〉 미곡법 조선에 적용, 식산국장 주장(동아일보, 1929.06.23, 6면 1단)

◇ 미곡조사회에서

【도쿄 21일 발】 미곡조사 제2회 특별위원회는 21일 오전 10시부터 농상관저에 열고 조선 대만에 미곡법을 시행함에 대한 협의가 있었는데 조선총독부 식산국장으로부터

(1) 일본에 이입하는 조선미는 백미 4, 현미의 비례로 이입되어 이 통제에는 매우 주의를 요할 일
(2) 미곡법 시행에 있어서 백미상(白米商)이 조선 주요 도시에 다수임을 고려할 일
(3) 조선의 쌀 생산비는 수원 지방은 1석 30원 정도로 저렴하지 않은 일
(4) 미곡정책은 산미증식을 예상하여 이를 행할 필요가 있는 일
(5) 금융관계를 고려하여 매상은 현금으로 해야만 될 일
(6) 미곡법 시행은 농업금고의 장려와 병행할 필요가 있는 일

의 의견을 개진

〈자료 229〉 사설: 미곡법 실시 문제(동아일보, 1929.06.24, 1면 1단)

1. 우리는 일찍이 본란에서 조선의 미가 조절 문제를 논할 때에 조선의 중소농업자가 연말 부채 상환, 동절 준비, 기타에 궁핍하여 수확기 근방에서 소유미를 일시매하는 정세에 대해서는 아무런 대책을 강구하지 아니하고 미곡이 이미 상인의 손으로 넘어온 후에 있어 가지고 정부의 매입 혹은 미곡조절자금 융통 등으로 이를 평균매시키는 방도를 강구한다 하면 이것은 다만 일부 미곡상인의 폭리조장책에 불과한 것이오, 쌀 생산자 보호의 근본 목적을 달성

하는 이유가 아니라는 것을 전제하고 조선의 미곡정책에서는 일시매로 인한 미가의 폭락에 의하여 막대한 타격을 받는 중소농의 보호책을 강구하는 것이 초미의 급무라는 것을 극론하는 바가 있었다.

2. 그런데 이번 미곡조사회에서 조선미 및 대만미의 통제에 관한 실행 방법에 대하여 논한 바를 들어보면 (1) 조선미 및 대만미에 대하여 이입세를 부과하는 것이 한 가지 수단이나 이것은 일본미와 양지 쌀과의 사이에 차별을 두는 폐가 있으니까 실행이 곤란하다고 하고 (2) 다음 이입제한 즉 이입에 대하여 인가제도를 쓰는 것도 한 가지 수단이나 이는 조선 및 대만의 산미증식계획을 좌절하는 결점이 있을 뿐만 아니라 양지의 생산자(실제로는 미곡상)를 고달프게 하는 결과를 초래할 것인 까닭에 실행이 곤란하다 하고 (3) 셋째로 미곡법을 조선 및 대만에 시행하며 농업창고의 설비 등에 의하여 미곡의 계절적 공급의 평균화를 꾀하는 것이 또 다른 한 가지 수단인데 이에 관해서는 연 400만 석의 매취 및 평균매를 하는데 막대한 비용을 요하기 때문에 재정상으로 보아 중대한 문제이나 실행 방법으로는 가장 적당한 것이라 하여 조사회의 의견은 거의 이에 일치한 모양이다.

3. 다음 조선총독부를 대표하여 해당 회의에 참석한 이마무라(今村) 식산국장이 진술한 의견이라는 것을 보아도 (1) 조선미의 생산비도 석 30원으로 결코 싸지 않다든가 (2) 미곡정책은 산미증식의 진행을 예상하여 이를 기초로 입안 실시해야 된다든가 (3) 조선미를 매입할 때에는 금융관계를 고려하여 현금으로 매입해야 된다든가 조선의 실제 사정의 일부를 첨부한 것 외에는 결국 미곡법의 전부를 조선에도 실시하여 달라는 데 있다. 다음 소위 조선의 민간을 대표하였다는 아리가(有賀) 위원의 의견을 들어보면 그는 그 실시의 결과로 보아 일본 내에서 이미 실패한 미곡법을 조선에 새삼스럽게 실시할 것이 없는지라 쌀의 수급 조절은 일절로 이를 상인의 자발적 수단에 일임하고 상인으로 하여금 조절의 임무를 다하게 하기 위하여 (1) 자원을 예금부, 기타로부터 구하여 이를 상인에게 수시 융통하라 (2) 다른 한편 총독부에서는 창고를 건설하여 가지고 보관료를 싸게 하라. 이렇게 하면 상인은 미가가 저락할 시에 매입 저장하였다가 아무 때나 적절히 평균매할 수가 있는 고로 따라서 일본의 미가를 조절할 수가 있다는 것이다.

4. 아리가 씨의 의견이라는 것이 미상 혹은 대지주 보호정책의 노골적 표현인 것은 누구나 일목요연할 바거니와 전게 위원회의 협의사항 또는 식산국장의 의견이라는 것도 생산자 보

호라는 미명의 하에 사실 미상 혹은 대지주의 편을 들려는 데 있는 것임은 구안자(具眼者)라면 누구나 다 엿볼 수 있는 바이나 이런 의미로 보아 우리는 일본의 현행 미곡법을 그대로 실시하는 것에는 찬성할 수 없다. 그러면 어떻게 할 것이냐 하면 (1) 매입기는 반드시 출곡기 직후로부터 2개월 이내로 할 것 (2) 매입에는 중소농에게 우선권을 줄 것 (3) 식산국장의 말대로 조선에서의 조선미 매입에는 대금을 현금으로 지불할 것 등 적어도 이 3가지 사항을 조문에 명기한 수정 미곡령을 제정 실시하는 것이 아니면 이것은 이름을 미가 조절에 빌려 가지고 한낱 상인 및 대지주 편을 든다는 비방을 면치 못할 것이라 한다.

〈자료 230〉 미곡법 폐지에 조선 찬성 결정, 16일 경성곡물상이(동아일보, 1929.07.18, 6면 2단)

16일 경성구락부에서 경성의 텐니치(天日), 군산 모리(森), 부산 이타니(井谷), 인천 가토(加藤) 등이 모여 15일 도쿄에 개최한 전국미곡상조합연합대회에 대하여 미곡법 폐지에 찬성을 결의하였는데 그 이유는 일본에서도 미곡법 발포 이래 아무 효과가 없고 함부로 국고를 낭비하였음에 불과하니 정부는 350만 석여의 쌀을 가지고 필경 미가를 조절하지 못하여 미곡법의 파탄을 자인하게 된 미곡정책의 근본적 개정을 꾀하는 상황을 보여서라도 미곡법의 존치는 필요가 없다 하며 만약 존치하면 미곡법의 내용을 개선하여 달라는 조건을 희망한다더라.

〈자료 231〉 소비자로 본 미법(米法) 철폐 문제, 사계정통(斯界精通)의 모 방면 관측(동아일보, 1929.08.01, 5면 1단)

미곡법의 철폐는 생산자의 입장으로는 절대로 반대할 수밖에 없다. 간단히 말하면 쌀의 폭락은 생산을 감소하고 소비를 증가하게 되며 그 반동으로 당연히 폭등이 따라온다. 쌀이 폭등하면 생산은 증가하고 소비는 감소하는데 그것이 다시 폭락의 원인이 되어 끊임없이 시세가 격변하게 된다. 그 결과로 상당한 재력이 있고 지구력이 있는 생산자는 폭락을 감내하고 소비자 중에서도 상당한 재력이 있는 자는 비싼 쌀을 먹을 수 있으나 중류 이하 지구력이 없는 소비자는 폭등하면 생활의 안정을 얻을 수 없고 폭락하면 재력이 없는 농민은 비상한 고경(苦境)에 빠진다. 즉 재력이 있는 자는 시세가 격변하여도 수년간의 평균을 보면 대국을 보아 변함이 없으나 재력 없는 생산자와 소비자는 비상한 곤경에 빠질 것이기 때문에 쌀의 가격대를 축소해서 급격한 변동을 방지해야 된다. 미가의 격변을 방지하면 사업은 안정하고 금융업자도 손해를 입힐 우려가 없다. 가격대를 축소하는 것에는 상당히 힘 있는 법률 또는 취급 방법을 제정하여 그 효과를 충분히 해야 될 것이다. 그렇게 하는 것에는 미곡법과 이에 따른 국립창고를 설치하여 철저하게 조절할 필요가 있다. 농업창고 등에 의하여 상인에게 취급하게 하는 것은 고식지계(姑息之計)로 조절을 꾀하는 데는 효과가 없다. 현재의 미곡법에는 물론 만족하지 아니한다. 그 운용 방법의 개선을 필요로 하는 것이나 이를 철폐한다는 것은 일본 전체의 식량정책상 또한 생산자, 소비자 및 사업계를 위하여 심히 재밌지 못한 일로 믿는다 운운.

〈자료 232〉 미곡전매 재론, 야하기(矢作) 안을 반대함(중외일보, 1929.09.17, 1면 1단)

2. 일반으로 물가의 조절에는 양면의 기관 관계를 무시하여서는 아니 된다. 즉 생산자 측만 고려하여서도 안 될 것이요 또 소비자 측만 치중하여서도 안 될 것이다. 더욱이 미곡과 같은 것은 국민의 생명을 좌우하는 특수상품이므로 일반 물가와 같이 경제계의 자연적 추세에만 맡길 수가 없음으로 현 정부도 이 점을 중시하여 특히 전 내각이 설치한 미곡조사회를 존치하고 각 방면의 전문가를 망라하여 그 의견을 청취하는 것이다. 그런데 여기에 기괴한 현상의 하나로 나타난 것은 생산과 소비를 초월하여 지역별로 곡가를 조절하자는 소위 야하기(矢作) 안이다. 물론 지역적으로 어떠한 제한을 함은 수량을 조절함에는 상당한 효과가 없을 것도 아니다.

(중략)

금년의 일본 미작 예상은 풍작이라 하여 지금부터 곡가가 저렴하여질 것을 예상하게 되었으므로 이 이상 조선미의 이입이 과다해서는 일본 미가가 더욱 압박을 당하리라는 것이 목전의 동기가 되어 농회의 결의로써 야하기 안이라는 것이 나타난 것으로 볼 수 있다.

3. 감탄고토라 함은 이러한 사실을 말하는 금언일 것이다. 일반적으로 금융 내지 경제계의 체계가 일본과 조선을 불가분의 처지에 서게 한 금일에 미곡에만 국한하여 일본과 조선을 차별한다 함은 조선이야 희생되든지 말든지 일본의 사정만 편하면 그만이라는 그야말로 아전인수식의 주장이라 아니할 수 없을 것이다. 야하기 안에서 한발 더 나아가 일본미, 조선미, 기타 전부의 미곡을 정부에서 전매한다 하면 이는 식량정책으로 보아 일고의 여지가 없는 것도

아니라 하거니와 조선미—그중에서도 일본으로 매년 이출하는 500만 내지 700만 석만 떼어서 전매를 한다 함은 조선미 전부의 시가를 거세하는 결과를 초래할 것은 명약관화의 사실이니 이로 인하여 조선 산업의 대종인 농업이 피폐하여질 것은 물론이요 전 인구의 8할을 점하는 조선 농민의 생활은 근저로부터 파멸되고 말 것을 우려치 아니할 수 없을 것이다.

〈자료 233〉 산미증식이면서 이입 제한은 모순, 조선에도 미곡법을 적용하라(동아일보, 1930.02.26, 8면 1단)

◇ 중의원의 문답

【도쿄 24일 발 전통】 24일 중의원 미곡법위원회에서 조선미 문제에 관하여 아래와 같은 문답이 있었다.

▲ 도고 미노루(東鄕實) 씨= 조선의 산미증식계획은 진행하게 하면서 한편 조선미의 이입은 월별 평균으로 제한함은 모순이 아닌가?

▲ 마쓰다(松田) 척상(拓相)= 장래의 식민지 사업의 통제는 중대문제로 척무성에서도 이를 어떻게 할까 함에 대하여 예의 연구 중으로 일본 식민지의 산업통제 연락을 기약하려고 한다.

▲ 도고(東鄕) 씨= 일본 식민지에서 쌀의 공급과잉이 생긴 경우, 해외 수출하면 좋을 것이다.

▲ 마치다(町田) 농상= 동감으로 금후도 해외 수출을 속행할 터이다.

▲ 도부(東武) 씨= 조선, 대만에 미곡법을 시행함이 가장 적당하다고 생각하는바 어떠한가?

▲ 척상= 본 문제에 대하여 고려하려 한다.

▲ 히가시(東) 씨= 조선의 농업은 미작을 주로 하는데 대맥, 소맥의 생산 증식을 도모할 의향이 없는가?

▲ 척상= 동감이다. 금년도 총독부 예산에도 경비를 계상하였다.

▲ 히가시 씨= 미곡법의 철저를 기하려면 조선에 이를 시행하여만 된다. 여기에는 매년 정부에서 조선미의 현미 800만 석을 매상, 저장함에는 4,200여만 원으로 충분하고 사업비 및 차입금 이자를 매각대금에 더하며 기타의 경비를 국고 부담으로 하면 2,550여만 원으로 되는바 정부에서는 이 문제를 조사 연구하는 것이 어떠한가?

▲ 척상= 충분히 참고하여 조사하려고 한다.

〈자료 234〉 미가 저락의 방지책 효과 여하, 만주 속 수입관리론 일부서 대두(중외일보, 1930.09.04, 4면 4단)

풍작 예상으로 조선미 대폭락이 예상되는데 지금 같아서는 이것을 도저히 면하지 못하리라 한다.

1. 조선미조절창고는 계절적 조절을 주로 하므로 이에 많은 기대는 할 수 없는 것.
2. 미곡법도 모자라게 되고 조절력도 거의 없으며 최근의 불하 등에 의하여 약간 여력이 있으나 대풍작년의 미가를 조절할 힘이 없는 것.
3. 미가기준안도 좋은 성적을 거두지 못할 것.

이상의 이유로 미가 저락은 방지할 수 없어 농촌에 타격이 되리라고 염려되는바 대책으로서는 만주 속의 수입을 방지하는 외에 방도가 없는데 총독부에서 농민에게 속을 먹고 쌀을 파는 것을 극력 종용하였으므로 만주 속 방지의 수입관리제한을 할 수 없는 사정도 있으나 이 정책은 금년의 풍작 여부에 불구하고 방기하여야 할 것이고 대용식물은 조선산품에 구하는 것이 지당하다는 설도 있더라.

〈자료 235〉 사설: 미곡법 연장 실시에 대하야, 속히 실시를 바란다(동아일보, 1930.11.22, 1면 1단)

2. 하여간 미곡법의 주안은 쌀의 매상 및 불하에 관한 제1조와 쌀의 수출입조절에 관한 제2조이다. 이 두 조는 마치 수레의 양측과 같아서 양쪽이 맞물려야 비로소 미곡법의 근본 정신인 미곡의 수량 또는 시가의 조절의 목적을 달성할 수 있다는 데 대해서는 쓸데없는 이론을 요할 바 아니다. 그런데 조선에는 쌀의 수출입 조절에 관한 제2조의 실시를 본 지가 이미 3년이나 된 데도 불구하고 미곡조절상, 보다 유효한 제1조가 아직도 실시를 보지 못해서 조선미의 조절상 일종의 기형적 상태를 드러내고 있는 것은 실로 막대한 결함이다. 그렇기 때문에 우리는 기회가 있을 때마다 미곡법 전부의 조선 실시를 주장해 왔었거니와 금일에 와서 비록 늦은 감이 없지 못하나 일본의 중앙정부 측에서도 그 필요를 느끼게 되었다는 것은 조선미의 장래를 위하여 다행으로 생각되는 동시에 척무성 측의 이 주장이 하루빨리 실현되기

를 바라는 바이다.

3. 물론 미곡법의 제1조를 실시하는 데 있어서 그 방법이 이전 제2조를 연장 실시할 때와 같이 간단할 수는 없는 것을 추상할 수가 있다. 제2조의 실시에서는 현재 시행 중의 외미수입 제한령에서 그 예를 보는 바와 같이 "외미를 수입하려는 자는 일본에서는 농림대신, 조선에서는 조선총독의 허가를 받으라"고 하는 일편의 명령으로 간단히 될 수 있고 또한 수입관세 인상의 경우에도 역시 일편의 명령으로 얼마를 인상한다면 되는 것이었지만 쌀 매상 및 불하에 관한 제1조의 실시에는 (1) 첫째 매상 및 불하의 주체를 농림성으로 할까 조선총독부로 할까 (2) 농림성이 주체가 된다고 가정하고 매입 장소를 일본으로 할까 조선으로 할까 (3) 농림성이 주체가 되어 조선 내에서 매입한다고 잡고 농림성이 직접으로 할까 또는 조선총독부에 의촉해서 행하는 형식을 취할까 (4) 기타 창고 설비의 문제도 있고 (5) 이 모든 문제보다도 더 큰 문제로 미곡 자금에 관한 문제도 있어서 그 방법의 결정에는 상당히 복잡한 문제가 끼어 있는 것을 추상할 수가 있다.

4. 그러나 여기서 미곡 대책에서 조선 농민의 이익을 본위로 하는 동시에 일본에 대한 이출 조절의 목적을 이상에 가깝게 달성하는 방법으로 우리가 품은 의견을 말해 보면 제1조 실시에 따른 (1) 쌀 매상 및 불하의 주체는 조선총독부로 하고 (2) 동시에 미곡 자금에 대해서는 조선미곡자금특별회계라는 것을 따로 세워서 매년 조절하되 조선에서는 정조 매상을 매년 12월 이내에 단행하는 데 지장이 없도록 해야 된다고 한다. 이렇게 하지 아니하면 첫째로 풍흉을 물론하고 해마다 신곡기 초에 투매가 속출하는 특수사정에 선처할 수가 없고, 또한 둘째로 양지의 풍흉이 서로 다를 때에 조절의 뜻을 얻을 수가 없을 것이다. 따라서 만약 이렇게 하는 데는 제1조의 연장 실시만으로는 되지 아니하고 조선에는 새로 다른 법령을 제정, 실시해야 된다고 하면 새로 그러한 형식을 취할 수밖에 없는 줄로 생각한다. 하여간 어떠한 형식으로든지 조선에도 미곡의 매상 및 불하에 관한 법령이 하루빨리 실시되어야 할 것이라고 한다.

〈자료 236〉 '조선미도 매상하라! 미곡법 시행 당연' 조선농회에서 운동(동아일보, 1931.02.11, 8면 4단)

【도쿄 9일 발 전보연합】 미곡법 개정안령 특별회계법 중 개정 법률안은 머지않아 의회에 상정하게 될 터인데 이에 관하여 최근 미곡법을 일본미만 적용함은 조선에 대하여 차별대우

를 주고 또 미가 조절의 본의를 그르치게 하는 것이라는 비난이 많아서 의회에서도 이 점이 주로 논의된다. 일본미의 가격 유지로 인하여 조선미의 일본 이입제한을 한바, 일본의 제2차 매상 실시, 저곡 증가에 동반하여 미가가 금일 이상 등귀하면 조선미는 이 제한을 무시하고 쇄도하여 미가를 폭락하게 할 것이 명백하고, 또 조선에서도 산미계획도 모순이 생겨 차별대우의 결과는 통치상에 지장이 생기는 사실이 있으므로 미곡법을 조선에도 시행하여 일본과 같이 쌀 매상을 하라고 조선농회에서는 조선상공회의소에서 호응하여 일본에 있는 중앙조선협회, 조선미협회가 맹운동을 한다.

〈자료 237〉 미두여화(米豆餘話)(조선일보, 1932.01.29, 8면 11단)

미곡의 통제 관리를 위하여 신미곡법을 제정하여 특별의회에 제출하리라고. 정우회가 재야 시에 미곡 전매를 주장한 것으로 보아 이만한 일은 있음 직한 일. 신미곡법의 제정은 미곡 전매의 전제라는바 이 같은 것이 용이하게 실현되리라고는 보기 어렵다. 미곡 전매를 매시(買施)하려면 거대한 경비를 요할 것은 물론 각종의 폐해가 따를 것이다. 특히 조선에서는 더욱 심할 것은 연초전매령에 걸리는 자가 많은 것을 보아도 그보다 더 광범한, 더구나 생활필요품인 식종미에서는 명백한 바이라 한다. 그런데 시세는 판강인약(阪强仁弱)[104]의 세를 보이니 살 수도 없고 팔기도 어려운걸.

〈자료 238〉 조선미 매상 주체 총독부? 정부? 신미곡법 제정설이 있으나 수속 번잡으로 가능성 적어, 결국 현 미곡법으로(동아일보, 1932.08.12, 8면 1단)

【도쿄 10일 발 전통】 농림성에서는 식민지 쌀의 이입 통제에 관해서는 대체 정부에서 매상하고 매월 평균으로 일본에 이입함을 결정하였는데 매상 수량은 5,000만 원을 한도로 하고 대만, 조선미를 합하여 약 250만 석을 매상하려는 것이다. 매상 방법에 대하여는 여러 이론이 있고 조선, 대만에 새로 미곡법을 제정하여 특별회계법을 설치하고 총독부에서 매상하게 하자는 말과 현행 미곡법의 운용에 의해서 식민지 쌀을 정부가 직접 매상하게 하자는 2설이 있다. 전자는 조선, 대만별로 법률을 제정하여 양 특별회계법을 할 번거로운 수속을 요하고 후

104 오사카(大阪)가 강세고 인천이 약세라는 뜻.

자는 현행 미곡법 운용에 의한 식민지 쌀 매상은 풍작 시 이것을 행하는 것은 이 정신에 위반되는 모순이 있어서 결국 양자의 중간을 취하여 현행 미곡법을 개정하고 미가를 조절하기 위해 식민지 쌀의 자유매상을 할 수 있는 항목을 더하는 동시에 수급조절특별회계법의 매상자금 한도 확장을 1억 원에서 다시 식민지 쌀 매상 자금으로 5,000만 원을 증액하여 1억 5,000만 원으로 하자는 말이 점차 유력해져 간다.

〈자료 239〉 개정미곡법의 모순(동아일보, 1932.09.14, 8면 1단)

12일 도쿄 전(電)에 의하건대 미곡의 매출동(買出動) 기준에 관하여 모순성을 전한다. 제63의회에서 율세(率勢) 미가를 중심으로 정우(政友)[105], 민정(民政)[106]의 왈가왈부로 정부의 수명까지 논하게 되리만큼 분규에 분규를 더하였다. 그리하여 최종으로 정우의 주장하는 대로는 되지 않았으나 하여간 미곡법을 개정하여 율세미가를 1933년(昭和 8) 12월 말일까지 중지하기로 하였다. 개정 내용으로 말하자면 율세미가 2할 저위였던 최저가격을 생산비로 개정하되, 이는 미곡위원회에 자문하여 결정하기로 된 것이다. 농림성은 이번 주 중 미곡위원회를 개최하여 생산비를 결정하려고 준비를 진행 중이라 한다. 개정 전 최저가격 즉 율세미가의 하위 2할은 17원 91전이었는데 지금부터 기준미가가 될 생산비, 즉 각 방면에서 조사한 생산비는 2, 3원의 고가가 되었다고 한다. 그렇다고 하면 율세미가에 의하였던 최저가격은 인상하지 않을 수 없다. 농림성에서 조사한 1931년도(昭和 6)의 미곡 생산비는 20원 11전이라 하며 제국농회에서 조사한 것은 22원 99전이라고 한다. 그러고 보면 농림성의 숫자는 율세미가 하위 2할에 비하여 2원 20전의 차이며 농회의 그것은 실로 5원가량의 큰 차이라고 한다. 이와 같이 농림성 및 농회의 숫자가 차이가 있으므로 생산비를 재음미하여 결정하되 하여간 농림성의 숫자인 20원 11전보다는 이상의 숫자로 결정하는 것이 타당하다는 의견이 유력하게 된다고 한다. 그리하여 머지않아 개회될 미곡위원회에 자문하리라는데 대체로는 22원대가 되리라 한다. 생산비가 21원대가 되든지 22원대가 되든지 간에 율세미가 하위 2할인 17원 91전

---

105 입헌정우회(立憲政友會). 1900년 결성된 일본제국의 정당. 지주계급과 재벌 세력의 지지를 받았고 주요 경쟁 정당인 민정당보다 보수적 강령을 채택했다.

106 입헌민정당(立憲民政黨). 다이쇼데모크라시를 중점으로 한 자유민권운동가들에 의해 1927년 창당된 일본 제국의 자유주의 성향의 정당.

보다는 2~3원은 고가가 될 것이 사실인 이상 이번 개정된 미곡법 자체가 모순된다는 것이다. 제63의회에서 미곡수급조절특별회계법의 매입 자금 1억 원 증가의 기초가 개정 전 미곡법에 의한 것이므로 매상 자금으로서 1억 원이 부족하다는 것이다. 다시 말하면 1억 원쯤의 증액으로 미곡법의 운용은 여의치 않으리라는 것이다. 현재 정미시장은 20원 5전가량이나 생산비 기준으로 매상한다는 것이 강제가 되어 시세가 등귀하게 된다면 더욱이나 미곡법의 활동은 의문이라 할 것이다. 뿐만 아니라 금년은 대풍이라 전하는 이 기회 미가의 전도는 실로 우려천만이라 아니할 수 없다. (종산생(鍾山生))

② 농업공황에 따른 미가 폭락과 조선미 통제

〈자료 240〉 미곡조사위원회는 미가 조절을 해결, 조선미의 통제는 상미정(尙未定), 이마무라 타케시(今村武志) 식산국장 담(동아일보, 1929.06.26, 6면 1단)

미곡조사위원회에 출석 다음 6월 7일부터 도동(渡東) 중인 이마무라(今村) 식산국장은 24일 밤 귀경하였는데 미곡 조절 등에 대하여 아래와 같이 말하더라.

"이번 미곡조사위원회는 1925년(大正 14)의 미곡조사위원회에 발표된 의견을 금일까지 보류한 문제를 해결하려는 것이며 미곡법의 폐지론과 미곡법의 활용론이 의론의 중심이 되어 필경 이번 미곡조사회에 제출한 것이다. 먼저 11일 간사회를 열고 대체 의사의 진행을 협의한 후 13일로부터 다나카(田中) 총리대신 회장 주재로 32, 33명의 위원이 출석하여 14일까지 회의를 속행한바, 요컨대 미곡을 조절할 필요의 유불에 대하여 일부는 미곡 조절이 인위적으로는 불가능하니 즉 대세에 일임하여 자연의 조절을 기다릴 수밖에 다른 길이 없다는 논자도 있었으나 미식(米食)은 세계적이지 않으며 일본인을 위한 미곡이라는 말이 대체로 유력하게 되어 결국 미곡을 조절할 필요론에 기울어서 14일에는 위원 중 특별위원으로 마에다(前田) 자작 외 하시모토(橋本), 카와사키(川崎), 도고(東鄕), 미와(三輪), 야스카와(安川), 미츠하시(三橋), 가토(加藤), 우에다(上田), 아루가(有賀), 기타 15씨를 특별위원으로 추거하고 19일 특별위원회 제1회의 결과는 대체 조선미, 대만미를 어떻게 통제할까 함이 의제로 21일의 제2회 벽두는 아리가 군의 시안을 말하였는데 계속하여 대만에서도 말이 있었고 22일 제3회 개회 석상에서 우에다, 미츠하시 씨 등으로부터 2, 3의 질문이 나와 특별위원회를 속행할 예정이었으나 중지하였다가 7월 1일로부터 계속 개회하게 되었는데 미쓰이(三井) 기사가 출석할 예정으로 결론을 보기까지는 아직 그 시기를 모르지만 금회의 미곡조사위원회는 개회 벽두 다나카 수상회장의 언명함과 같이 현재의 미곡에 구애받지 않고 완전히 백지로 근본적 해결을 하리라 하며 조선 미곡거래소 문제는 간단히 될 수 없는 즉 금후 새로운 정무총감의 부임 후 다시 방침을 정할 터이다" 운운.

〈자료 241〉 미곡문제엔 통일책을 쓰라, 농업자대회의 중심 문제(동아일보, 1929.09.28, 8면 3단)

조선농회에서는 25일 오후 1시부터 총독부 제3회의실에서 역원 간담회를 열고 오가와 미쓰이(小川三井)〔본부(本府)〕, 아리가(有賀), 나카야(中屋), 텐니치(天日), 아다치(足立), 후지이(藤井), 한상룡(韓相龍), 김한규(金漢圭), 도미타(富田), 가토(加藤)〔모범장장(模範場長)〕 등 제씨가 출석하여 농업자대회에 제안할 안건에 대하여 협의한 결과 농업자대회는 농촌 진흥을 전제로 하여 간담할 것은 물론이나 요사이 일본 내지에서는 조선미가 일본 내 시장을 교란한다는 이유로 전매제도, 이입 제한, 관세를 붙일 등의 문제가 왕성히 논의되는데 이는 일본과 조선을 별개의 입장으로 생각하기 때문에 일어나는 의론이오, 일본 전체로 보면 이러한 차별은 기할 리가 없다. 고로 조선으로서는 식량의 충실과 및 수급 조절은 모르기 때문에 이 일본과 조선을 통틀어 일본 영토 내를 통일한 정책에 따르지 아니하면 안 된다. 즉 조선으로서는 미곡문제에 대해서는 일선을 통일한 정책에 의해야 될 것을 주장하지 않으면 안 된다. 그러자면 일본문제를 농업자대회의 중심 문제로 하여 어떠한 형식으로써 고조하기로 결정하고 오후 4시에 산회하였더라.

〈자료 242〉 미곡조사회의 각 위원의 제출안, 수량 조절 철저가 주장(동아일보, 1929.10.09, 6면 1단)

미곡조사회 특별위원회는 7일부터 재개되어 이미 제출된 각 위원의 사안을 중심으로 토의를 계속하게 되었다. 앞 사안 중 세간에 공표된 자로 야하기(矢作) 안, 우에다(上田) 안, 미츠하시(三橋) 안의 삼자가 대표적 안인데 야하기 안은 제국농회의 대표자로 그 사안은 즉 제국농회의 제안이다.

야하기 안의 내용

그 안의 내용은

1. 현행 미곡법을 존속하여 양과 가격의 조절을 병행함. 양에 관해서는 생산, 소비의 균형을 고려하고 가격에 관해서는 미가가 생산비 이하로 저락되는 일이 없게 하는 것으로써 근본주의로 함. 앞 주지에 의하여 현행법 중 개정을 요하는 주요한 사항은 다음과 같음. (가) 미곡자금 차입한도를 4억 원으로 할 것 (나) 종래의 미곡법 시행에 의하여 생길 손익 계산은 이 기회 국고의 부담으로 옮기는 동시에 장래에도 매 5개년에 일차씩 일반회계로 옮길 것 (다) 미곡법 시행에 요하는 사업비 이외의 경비는 일반회계의 부담으로 할 것 (라) 미곡법의 운용을 정확하게 하기 위하여 일정한 기간을 한해서 미곡의 최고, 최저가격을 정하고 공표하여 이를 기초로 출동할 규정을 둘 것.

1. 조선, 대만으로부터의 이입미 및 외국 수입미는 이를 전매로 할 것.

1. 조선, 대만에는 별도로 상평(常平)제도를 실행할 것.

미와(三輪) 안과 우에다 안

이에 미와(三輪) 위원의 주장은 소위 일본미, 조선미, 대만미 전부의 전매안으로 정부는 농림성 소관하에 일본 내지에서는 전국 수 개소의 미곡 집산지에 전매국을 설치하고 각 도부현(道府縣)에는 지국을 둬서 쌀의 전매제도를 실행하여 이에 의해 생산자의 자가소비량을 공제한 잉여미를 각지마다 그 지방의 생산비를 표준으로 한 가격으로 매상하되 대가로는 미곡증권을 발행하여 이를 교부하게 하자는 것이 그 안의 골자이다.

다음 제3의 우에다 안은 우선 미곡법의 폐지를 주창하고 미곡정책의 취할 방책은 "미곡 조절을 위하여 투자하는 국비를 가급적 최소한도로 하기에 노력하며 미곡거래소, 기타의 경제기관에 지장을 초래하는 일이 없기를 주안으로 하고 정조 저장에 의하는 가장 경제적인 미곡저장법을 농가에 장려하되 저장자에게는 저리 융통을 하는 동시에 정조 저장 조합법을 작성하여 생산자 조합을 구성하게 하고 정부는 여기에 연 300만 원 정도의 보조금을 교부할 것. 제2로 조선, 대만미의 계절적 과잉을 조절하기 위해 반관반민의 회사를 설립하여 그 임무에 담당하게 하고 정부는 연 8주(朱)를 표준으로 하여 손실 보상을 하도록 하고 다음 외미의 통제도 그 회사로 하여금 담당하게 하라"는 것이 우에다 안의 주장이다.

실현성은 어찌됐든 앞과 같은 제안에 대하여 그 실현성 여하를 돌이켜 보면 안을 물론하고 자금 관계, 기타의 점에 있어 그 실현성이 극히 결핍하다.

제1 야하기 안에는 무려 수억의 자금이 새로 든다. 미와 씨의 전매안에는 한낱 그 매상 수속이 번잡 다단할 뿐만 아니라 기타의 방면에서도 실행하기 어려운 점이 많고 자금도 상당히 들 것으로 예상된다. 우에다 안에 이르러서는 실행난이 더욱 많다. 즉 정조의 저장 같은 것은 일본 내에서는 현재 이를 실행하는 자가 없는 까닭에 어떻게 장려할지라도 그 보급을 계도하는 데는 가장 먼저 소작료를 정조 납입으로 개선할 필요가 있는 점을 위시하여 여러 가지 난점이 있을 뿐만 아니라 미곡 조절과 같은 공공이해에 관계한 바가 큰 사항을 반관반민의 한 회사에 위임하려는 것이 불가하다는 것은 다언을 필요로 하지 않을 바이다. 그러고 조선미, 대만미, 외미 조절을 행하려면 앞 회사는 1년 약 800만 석의 매상을 할 필요가 있다. 그러고 우에다 씨는 계절적의 공급 과잉을 목적으로 하는 까닭에 일시의 매상은 200~300만 석 정도로 족하다고 하나 그 200~300만 석의 매상이 경제계를 위협하는 영향은 막대하다. 따라서 이 점은 우에다 씨가 경제기관(즉 미곡거래소)에 지장을 초래하지 않을 미곡정책을 희망한다는 전제와 당착하는 결과를 낳을 것으로 관측된다.

답신안은 어떠한가

위원회에서는 각자 자유로 사안을 제출, 토론하게 하고 당국은 소위 농림성 안이라는 것은 비밀에 부치고 있는 듯하다. 당국에서는 아직 정부 안은 결정되지 못하였다고 한다. 그러나 마치다(町田) 농상, 마츠무라(松村) 차관, 이시구로(石黑) 농림국장 등은 다 상당한 경험과 연구를 한 사람들이라 각각 육도삼략(六韜三略)적 사안을 가지고 있을 것이다. 그러나 아직 정부 안으로 공표할 수 있는 정도로 완성된 안은 없는 듯하다. 마치다 농상의 마음속을 추측하면 위원회에 각자의 사안을 토론하고 있노라면 그동안에 정련된 일종의 타협안이 구성될 것이니 이 타협안과 흐릿한 윤곽을 합류시켜서 최후의 결론을 작성하려는 데 있는 듯하다. 다음 농림성 당국은 정부안을 작성하는 데는 농림성 단독으로는 할 수가 없다. 대장(大藏), 외무, 상공 등의 여러 성과 타협해야 된다고 한다.

결국 외미 관리냐

위 사정으로 추측하면 정부안도 가격 조절은 배척하고 수량조절주의를 취하여 그 수량 조절에 대해 철저적 효과를 거둘 수단으로 종래의 매상은 단지 어떤 수량의 쌀이 민간으로부터 정부에 소유권의 이전을 행하였을 뿐으로 결국 국내 미곡의 절대 수량에는 변함이 없다는 견지로 보아 국내의 '미곡절대수량조절법'으로 외미관리책을 택하되 이에 따라 생기는 국제통상조약상의 지장을 피하기 위해 일본미, 조선미, 대만미, 외미를 통틀어 바다를 건너서 일본내지에 유입하는 모든 쌀에 대하여 정부 관리의 제도를 채용하는 형식을 취하게 하고 미곡특별회계결손금 7,000만 원에 대해서는 장기 상각(償却)의 정리 방법을 강구하게 될 것으로 상상된다. 따라서 위원회의 귀결안은 대개 이와 유사한 것이 아닌가 하고 일부에서는 추측하고 있더라.

〈자료 243〉 미조특별위원회(米調特別委員會)의 의제(동아일보, 1930.01.19, 8면 1단)

17일 수상 관저에서 개최된 미곡조사특별위원회에서 심의된 문제는 5항목이다. 이제 이것을 순서에 따라서 들어 보면

(1) 첫째는 "정부는 속히 미곡법의 발동에 필요한 미가의 최저 기준을 조사 결정하라"인데 이 문제가 문제가 되는 근본 이유를 말하면 일본의 미곡문제에서 현재 당면하고 있는 문제는 미곡의 수요 초과의 문제가 아니오, 공급 과잉에 있으며 미가 폭등에 있는 것이 아니라 미가 폭락에 있다. 따라서 공급을 수요에 맞도록 조절할 겸 가격의 폭락을 방지하기 위하여 쌀 매입, 기타의 가격 조절을 도모하여야 될 것은 물론이나 이렇게 하는 것은 적어도 미가의 최저 기준을 정할 필요가 있다. 어떤 까닭으로 미가가 어느 정도까지 저락되면 미곡법의 발동으로 조절한다고 하는 표준이 없다 하면 위의 사실에 있어 조절해야 될 경우에도 그 기회를 놓치는 폐단도 있을 것이오, 그다지 필요하지 않을 경우에도 미곡법의 운용이 발동하여 다수의 쌀 소비자를 희생하고 소수의 호상(豪商)을 이롭게 하는 폐단도 있겠는 까닭이다. 그러나 사실은 가령 쌀의 생산비를 표준으로 해서 최저 기준을 정하려고 할지라도 각 지방의 사정이 다른 만큼 그 생산비도 다를 것이기 때문에 실제 결정에서는 곤란함을 본다.

(2) 다음 둘째 문제는 "외미수입허가제를 설치하야 관리 통제를 행할 것." 이것도 역시 그 정신은 일본에 풍년이 들어서 쌀의 공급이 풍부하여 미가가 저락할 때에는 외미의 수입을 제

한하자는 데 있다. 그리고 미곡법 제2조에 의하면 현재도 정부가 필요가 있다고 인정할 때는 칙령으로써 수입세를 증가시켜서 수입을 제한할 수 있게 되어 있거니와 아마 이 제도에서 한 걸음 더 나아가서 아주 수입허가제를 쓰자는 모양이나 이 또한 상대 각국과의 통상조약, 기타의 관계로 그 해결이 그렇게 용이하지는 않은 모양이다.

(3) "농업창고를 장려하며 저리자금을 융통할 것." 이것은 일본 내 산미가 신곡기에 일시에 시장에 나와서 미가를 저락시키는 폐단이 없게 하기 위하여 그 대책으로 하는 말인데 그러자면 자연히 미곡의 저장용 창고가 있어야 하고 입고한 미곡을 담보로 저리자금을 융통할 시설이 있어야 할 것은 물론이다. 그러나 이 또한 일편의 결의로 되는 것이 아니라 상당한 재원을 요하는 것이므로 그 어느 정도까지 실현이 가능할까 하는 것은 두고 보아야 알 것이다.

(4) 넷째는 "종래의 미곡조절의 특별회계의 손실을 일반회계로 이관할 것." 이 문제는 현재 미곡법의 운용자금은 일반회계가 아니오, 특별회계로 되어 있다는바 그 자금이 현재 2억 7,000만 원 한도인데 1921년(大正 10) 4월 미곡법 실시 이내 지난해까지 벌써 약 7,000여 만 원의 손실을 보았다. 그런데 종래와 같이 미가가 저락 일방이라 하면 금후도 손실이 누적되더라도 회복될 가망은 없다. 그런데 손실을 보전할 재원이 달리 없으니까 할 수 없이 이 손실을 일반회계로 넘기고 말자는 것이다. 그러나 이 또한 재원난으로 용이한 문제는 아니다.

(5) 최후의 문제는 "일본 이출 조선미의 월별 조절을 하기 위하여 조선총독부는 적당한 방책을 수립할 것." 조선미가 일본 농민에게 걱정이 되는 요점은 첫째 조선미의 이출량이 수량으로 격증하여 지금은 일본 내 미곡 시장에 출회하는 수량 연액 2,000만 석 중 조선미가 600~700만 석으로 약 3~4할을 점하는 것. 둘째 그뿐 아니라 거대한 이출액의 약 반 수쯤은 신곡기인 11월로부터 3, 4개월 동안에 일시에 일본으로 유출되는 것의 2자이다. 그런데 일본과 조선과의 정치상 그 외의 관계로 보아 조선미 이출액의 수량을 직접으로 제한하는 책을 쓰기는 좀 거북하게 되었다. 이전 조선미의 이입(일본 편으로 보아)에 대하여 이입허가제를 채용하자는 의론이 일어났다가 그만 소멸하고 만 것은 그 때문이다. 그렇다면 부산·인천 등 주요 수출항에 미곡창고를 설치하며 입고미 소유자에게 저리자금을 융통하는 등 경제적 시설을 강구 실시하여 가지고 적어도 그 이입량을 미곡년도 11월부터 다음 해 10월 말까지 내의 각 월에 걸쳐서 매월 이출량이 평균하도록 하자는 말이다. 즉 1년 이입미가 600만 석이면 매 1개월에 50만 석씩 평균하게 이입되도록 하자는 말이다.

그러나 이 문제에 대해서는 이런 생각을 금치 못한다. 즉 그 소위 저리자금의 융통이 미곡의 그때그때의 매매 시세와 거의 동액을 유통할 주의를 쓰며 또한 어떠한 소수량의 쌀에 대해서도 융통하는 것이 아니면 도저히 약간 한 경제시설만 가지고는 소수의 미상 및 호농(豪農) 이외의 다수의 농민을 구제하는 도리가 못 될 것이오, 둘째로 각 이출항의 이출에서 당국의 행정적 간섭이 있다 하면 이것은 자연히 그 결과가 또한 미상, 호농에게 유리하고 일반 농민에게 불리할 것이오. 또한 그 간섭은 비록 그 목적이 이출량의 월별 평균조절에 있다고 할지라도 결국은 은연중 이출량의 제한을 초래할 것은 명약관화의 일이다. 예를 들자면 당국이 1개월 40만 석을 표준으로 하여 1개년간을 두고 이출을 시킨다고 하면 결국 480만 석밖에 이출되지 못할 것이 아니냐. 고로 조선미 이입에 아주 허가제를 쓰나 또는 월평균 이입제를 쓰나 그 결과가 일본 농민을 위하며 조선 농민을 돌아보지 아니한다는 점에서는 동일한 데로 돌아가는 것이다.

〈자료 244〉 미곡조사회 답신안 내용, 조선미의 이출 조절과 미가 표준의 설정, 기타

(동아일보, 1930.03.23, 8면 1단)

미곡조사총회는 20일 오전 10시부터 수상관저에 개최, 회장 수상 이하 위원, 간부 전부 출석, 제반 보고가 있은 후, 마에다(前田) 위원장이 특별위원회의 경과 및 답신안의 주지에 대하여 설명이 있었다. 설명 종료 후 질의에 들어가며

1. 조선미 월별 평균 조절에 대하여 조선총독부에서의 그 후의 계획이 어떠한가

(답) 농업창고, 상업창고 설치 상황에 대하여 현재 연구 중인데 아직 구체적으로 설명을 할 수 있는 정도까지에는 이르지 못하였다. 본 결의 결정 후에 속히 계획, 결정할 심산이다.

2. 외미의 조선 수입 답신에 대하여 총독부는 충분히 고려하고 있느냐

(답) 충분히 고려하는 중이다. 단 빈한(貧寒) 계급의 특수식량이 되어 있는 고로 엄격히 수입을 방지하기는 곤란하다. 작년 및 1작년의 평균 정도를 표준으로 하여 생각할 때는 그 이상으로 수입되도록 하지는 않겠다.

3. 미곡특별회계 장래의 수지를 어떻게 하느냐

(답) 본 답신안의 각 항목 실현의 후는 외미, 조선미의 통제 및 일본미의 농업창고 저자 융

통 등의 방책에 의하여 미곡의 출동이 그렇게 빈번하지는 않게 이를 것이오. 따라서 종래와 같은 손실을 입게 하지 아니할 것이다.

(중략)

◇ 답신

미곡의 수급 및 가격의 조절에 관하여 취할 방책을 다음과 같이 답신함.

1. 미가 기준을 결정하는 것이 긴요하다고 인식함. 따라서 정부는 미가의 최고, 최저 기준을 조사 결정하다.

◇ 설명= 미곡법의 운용에 대하여 취할 미가의 최고, 최저 기준을 마련하는 것은 미곡법의 발동을 공정하게 하는 데 극히 긴요한 것으로 인식함. 본회에서는 물가지수에 기하는 안, 생산비 및 생계비에 기하는 안, 물가지수 및 미가의 추세를 가미하는 안 등의 제출이 있었으나 각종 사정에 대하여 좀 더 충분한 조사를 수행할 필요가 있다. 따라서 정부에서 속히 성안을 얻도록 노력하며

2. 농업창고를 장려하며 이에 저리자금을 융통할 것

◇ 설명= 미곡의 수급을 조절하고 이 가격의 안정을 도모함에 관하여 오직 미곡법 운용만을 바라고 있을 수 없다. 생산자로 하여금 자치적으로 조절하게 할 법안도 한 가지로 하는 것이 적당하다 하여 농업창고의 보급과 발달을 도모하는 동시에 이에 대하여 저리자금을 융통해서 시장의 각부(各部)를 자치적으로 조절하게 함이 긴요하다고 인식함.

3. 일본에 이출하는 조선미의 수량을 월별 평균적으로 조절하기 위하여 빨리 조선총독부에서 적당한 방책을 수립할 것

◇ 설명= 요즘 격증하게 되는 조선미의 일본 이입은 추수 시에 일시로 쇄도하므로 미가가 저락하고 일본미를 압박함이 클 뿐 아니라 조선미에 대해서도 악영향을 주는 것이 적지 않고 이 이입을 조절하면 오직 일본뿐 아니라 조선에 대해서도 이익이 되고 따라서 일본에는 이출하는 조선미의 수량을 월별 평균적으로 조절하기 위하여 특히 조선총독부에서 적당한 방책을 수립할 것으로 함.

4. 외미수이출입허가제도를 설치하고 일정한 수량의 수입을 허가하는 동시에 수출도 허가를 받게 하기로 하고 외국미 수출입의 관리 통제를 꾀할 것

◇ 설명= 외미의 수입 및 수출의 제한에 대하여는 현행 미곡법 제2조의 미곡의 수량 또는 시가를 조절하게 하고 특히 필요하다고 인정할 때는 기간을 제정하여 이를 제한할 규정이 있으나 이는 임시적 조절책에 불과함으로써 미곡정책의 수행상 유감이 적지 않고 따라서 외미의 수출입을 정부의 관리 통제 아래에 두기 위하여 상시 허가가 필요하다 하고 조절의 철저를 기함.

5. 종래의 미곡수급조절특별회계의 손실을 일반회계에 이관할 것

◇ 설명= 미곡수급조절특별회계의 손실은 이를 소각할 도리가 없다. 따라서 미곡법 개정의 즈음 이를 일반회계에 이관하라.

〈자료 245〉 전 조선의 농업자대회, 미가 조절의 대책으로 농회의 계획(동아일보, 1930.09.10, 8면 4단)

조선미 이출을 조절하기 위하여 설치되는 농업창고, 상업창고는 10개년계획으로써 완성하는 것이며 금년 시설은 계획의 10분 1의 기능을 발휘함에 불과하여 10분 9의 시설 조절을 어떻게 할까 전국적 농작의 연황(年況)으로 특히 필요함은 물론이며 조선농회에서는 이러한 견지에서 10월 중순 경성에 전조선농업자대회를 열고 미가 조절에 관한 대책을 협의할 터이라고 한다.

〈자료 246〉 풍년공황과 농민의 각성(6), 이봉수(李鳳洙)(동아일보, 1930.11.12, 4면 7단)

기타 소작료 반감, 채무 연기, 저자 융통, 수리조합비 저감, 각종 세금 연기, 외미수입 제한, 만주 속 수입 제한, 총독부 산미증식안 포기 등 여러 조(條)를 보면 모두 미가 인상에 필요한 것이나 소작료 반감과 같이 도저히 실현하기 어려운/실현할 수 없는 것과 결국에는 도리어 손실을 입을 저자 융통 같은 것은 말할 것도 없고 기타의 것도 일시 다소의 효과가 있다 하더라도 그 영향이 극히 미미할 것이다. 그러나 산미증식안 포기 같은 것은 산미의 수량을 낮춰서 미가를 보장하는 점만으로 보면 가장 철저하다. 그러나 용이하게 포기될 것 같지도 않다. 그것은 산미증식안이 일본의 식량문제에서 나왔기 때문만이 아니라 토지개량, 수리 공사, 종자개량, 비료 제조 등 사업을 통틀어서 일본의 불어 가는 돈을 투자하는 1안이기 때문이다.

요컨대 미가 조절책으로 비록 근본적은 못 되어도 일시라도 소작농에게 무슨 큰 도움을

줄 것 같지 않다는 말이다. 더군다나 이상에 말한 안책(案策)이 거의 모두가 직접, 간접으로 의식적, 무의식적으로 안출자(案出者) 그들의 이익을 위하여 만든 것이라고 생각하면 더욱 그러하다. 적어도 미가 조절로 인한 이익의 대부분은 그들이 획득할 것이다. 길게 말할 필요도 없이 전조선농업자대회는 소작인의 대회가 아니오, 지주/대지주들의 대회라는 것만 보아도 알 것이다. 지주가 농업자를 대표하고 공장주가 공장을 대표하는 경우에 그 대회가 소작인이나 노동자보다 지주나 공장주의 이익을 도모한 것은 당연한 일이 아닌가. 만일 지주와 소작인, 공장주와 노동자가 이해 동일하다고 인정하는 자가 있으면 그런 자에게는 내 말은 개소리로 끝날 것이다. 소작인들은 그러한 미가 조절책을 결정, 시행(관청에 애원하는 일)함에는 지식과 능력도 없을지는 모른다. 그러나 자기들에게 미치는 효과가 지극히 미미하고 상당히 효과가 있더라도 그것으로써 자기의 곤경을 구하기는 도저히 가능하지 않으리라는 것을 막연하게라도 알 것이다. 그러므로 소작인이 모여서 미가 조절책을 결정한 일은 없는 것과 같다. 더군다나 그러한 결의를 메고 총독부에 온다는 말도 없고 도쿄로 간다는 말도 없다. 모여서 혹 의론한다 해도 그것은 모두 지주에 대한 소작료 문제나 직접 지불할 세금이나 비용에 대한 연기 등의 것에 불과한 모양이다.

그러나 나는 미가 조절을 위하여 동분서주하는 양반을 나쁘다거나 미가 조절책에 대하여 반대하는 것은 아니다. 그것은 지주나 지주와 동일한 의식을 가진 자들이 자기의 직접, 간접의 이익을 위하여 애쓰는 것은 당연한 일인 동시에 그 조절책으로 인하여 소작농들이 특별히 더 곤란할 리도 없겠는 까닭이다. 다만 내가 말하는 것은 소위 미가 조절책은 소작농 구제에는 아무 상관이 없고 설혹 다소의 호영향이 있다고 하더라도 그로써 오늘날 농민의 곤궁/풍년의 공황을 제거하기는 도저히 불능하다는 것이다.

③ 미곡통제의 강화 – 미곡통제법 제정

〈자료 247〉 사설: 미곡통제법안, 조선의 처지로 본 비평(동아일보, 1933.01.17, 1면 1단)

2. 그러면 신통제법안이 현행 미곡법과 상이한 주요점은 무엇이냐 하면, (1) 현행 미곡법에서는 현행법 실시일인 1933년(昭和 8) 12월 말일까지는 미곡의 최저가격은 단지 '미곡생산비'에만 의한다고 있는 데 반해 신미곡통제법안에서는 '최저가격은 미곡 생산비, 물가, 기타의

경제 사정의 참작'이라는 현행법 제5조의 효력의 일부를 부활시킨 데 있으며 (2) 현행법에서는 "정부가 미곡의 수량 및 시가를 조절하기 위하여 미곡의 매입 또는 매도를 행하는 것은 미가가 정부의 고시한 최저가격 또는 최고가격을 초월하여 저락 또는 등귀하는 경우에 한함"이라고 하여 미곡법 발동의 표준을 주는 동시에 그 표준에만 맞으면 1년 사시 어느 때를 물론하고 매입 또는 매도를 행할 수 있는 데 반해, 신통제법안은 미곡법 발동의 경우를 이분하여 (1) 미곡 출회기에 매입을 행하며, 출회기 후에 매도를 행하는 경우와 (2) 정부는 공정가격(최저 및 최고)을 유지하기 위하여 정부의 '지정한 시장'에서 최고가격에 의한 매상의 신청 및 최고가격에 의한 매도의 신청에 의하여 미곡의 매입 또는 매도를 행하는 경우와 두 가지 경우로 이분한 데 있으며 (3) 새로 법문상, 일본 내의 각 도부현미(道府縣米)와 조선 및 대만미를 같이 취급한 데 있으며 (4) 현행법에서는 조선 및 대만미의 매상은 '당분간'으로 되어 있던 것을 신통제법안에서는 이를 본문에 삽입하여 이를 영구화한 데 있으며 (5) 현행법에는 역시, '당분간'이라는 조건하에 수입세 규정만이 있던 것을 이를 영구화하는 동시에, 다시 '잡곡'을 더하여 "속, 기타 잡곡의 수입세의 증감 혹은 면제를 행하며, 속, 기타 잡곡의 수입을 제한할 수 있음"이라 하여 '속, 기타 잡곡'의 수입 제한까지를 신설하고자 한 데 있다.

3. 우리는 이에 대하여 법안 그 자체의 정신 및 예상할 수 있는 결함에 대하여 평할 재료를 가졌으나 이는 일절 후일로 밀고, 잠깐 조선의 처지로서 한마디로 평하고자 한다. 물론 일시, 일대 문제화했던 조선미 이출의 법규적 제한안은 궤멸을 당했다. 그러나 신통제법안의 내용 중의 (1) 공정가격 없는 조선미 매입제 (2) 속, 기타 잡곡의 수입제한제 (3) 3지를 통틀어서의 생산통제제 (4) "출회기에 조선미 및 대만미의 쇄도를 방지할 목적으로 유효 적절한 방도를 강구하기 위하여 중앙 및 양 총독부에서 충분히 협의를 행한다"는 중앙 및 양 총독부의 협의제도 등등은 다 조선미의 이출 통제를 '보이지 않는 손'에 의하여 행하고자 하는 것으로서, 그 결과에서 '조선미 이출의 법규적 제한안'의 효과보다 못할 것이 없다. 상세히 말하자면 생산통제에 의하여 조선미의 생산 수량을 줄이고, 속·기타 잡곡 수입 제한에 의하여 쌀의 조선 내 소비량을 늘리고, 공정가격 없는 매입제 및 협의제에 의하여 이출을 제한하면, 그 효과는 법규적 제한보다 못할 것이 없다. 그러나 생산 제한은 수조(水組), 기타 토지개량사업에 대한 타격이오, 속 및 잡곡의 수입 제한은 세민의 필수생활에 대한 위협이요, 공정가격 없는 매입제 및 협의제는 조선 내 미가에 대한 비관 재료이다. 왜냐하면 공정가격 없는 매상제는 그 목

적이 전부 이출 수량 제한에만 있는 고로 미가에 대해서는 도리어 약재(弱材)가 될 염려가 있는 것이오, 협의제의 구극(究極)하는 바는 쌀 검사 국영제와 아울러서 이출에 대한 무자격미를 증가시킬 염려가 많기 때문이다. 우리는 이러한 견지로 보아, 조선미가 명실공히 일본산미와 동등 대우를 받도록 이 법안을 근본적으로 갱신하기를 바라는 바이다.

〈자료 248〉 미 문제 귀결이 어디로, 【2】 구미곡법으로 손실의 막대, 중외상업신보 소재(동아일보, 1933.08.17, 4면 1단)

내년도의 미곡 수급 상태를 추정함은 시기상조이나 현재에 기후가 대체로 순조롭고 이앙 상태로 보아 대체로 일본미 6,300만 석, 조선미 2,000만 석, 대만미 850만 석의 수량이 예상되며 이 합계가 9,050만 석으로 막대한 생산이다. 내년도에 조선미 800만 석, 대만미 350만 석도 이입될 경우를 고려하면, 내년도의 수급 상태는 다경기(多景氣)가 생겨 소비가 증가하더라도 통제법안에 의하여 과연 미수량, 미가의 조절이 잘 될지 매우 의문이다. 일부 식자 간에 금년이 만약 풍년이 되면 통제법도 파괴될지 모른다고 말한다. 쌀값의 동요가 그 당해의 풍흉 여하에 대체로 좌우되는 것은 물론이나 종래 주무성(主務省)에서 발표한 쌀의 수확량, 잔존미 등의 계수는 오류로, 단경이 되어 남은 쌀이 부족하고 부족할 쌀이 의외로 남게 되는 실례가 빈번하였다. 이와 같이 정부의 통계가 불완전한 까닭에 근년 그 통계조사비에 상당한 다액의 예산을 계상하여 가급적 정밀히 조사하고자 하고 실제에 최근 한 숫자가 발표된다. 이 점으로써 금년도의 단경기에 1,000만 석의 쌀이 다음 연도에 이월할 것으로 추정이 된다. 미곡법 창정 당시는 물론 재작년까지는 불완전한 계수를 토대로 미가 조절을 한 까닭에 연년세세로 실패하고 함부로 국고의 손실을 가중케 할 뿐이라고 때때로 미곡법의 유해무익론이 대두한 것이다. 또 1929년(昭和 4) 가을은 단경까지 총선거 관계로 농촌 영합에 주안을 둔 당리당략의 고미(古米) 100만 석 매상까지 감행한 시대도 있었으므로 미곡법 남용의 비난도 당시는 떠들썩하였다. 요컨대 미가 조절책의 미곡 운용으로 소기의 목적은 달성하지 못하고 실제상의 효과가 매우 빈약한 결과를 보인 동시에 재정상의 손실이 심대하였다. 그런데 미곡법 시행 이래 얼마큼이나 손실을 보았는가 하면 시행 당년인 1921년(大正 10)에는 120만 원 이익이 되었을 뿐으로 1922년(大正 11)에 곧 705만 8,000원, 1925년도(大正 14)는 2,368만 1,000원으로 되고 또 1927년도(昭和 2)에는 4,972만 9,000원, 4년도에는 1억 400만 원의 손실 계산으로 된

바 1932년(昭和 7) 12월 말 현재의 미곡 특별회계의 내용을 보면 아래와 같다.

▲ 자금총액 4억 8,000만 원, 차입금 2억 9,200만 원, ▲ 그중 현금 1억 7,500만 원, ▲ 미곡증권 1억 1,600만 원, ▲ 손실 총액 1억 8,500만 원, ▲ 차입 여력 1억 8,900만 원, ▲ 정부의 소유미 평가 8,300만 원

작년 12월 말까지 1억 8,500만 원의 손실이 계상되었다. 이와 같이 재정상 막대한 부담을 하고서도 충분히 가격 조절의 목적을 달하지 못하였으므로 금춘의 의회에서 (1) 미가공정제 (2) 미곡관리제 (3) 미곡전매제의 3안이 수립되고 그 (1)을 금년 11월 이후 즉 1934년도(昭和 9)부터 실시하기로 결정하였다. 그러고 이 신통제법인 미가공정제는 현행의 개정미곡법 기준미가에 의하는 미가 조절과 큰 차이가 없다고 생각이 된다. 신통제법의 내용을 요점만 뽑아 적자면 아래와 같다. 〔이하 단위 천 원〕

현행 회계에 의한 10월 말 현재 자금 여력 예상 212,000
신미곡통제법에 의한 확장 자금 220,000
합계 432,000

신통제법에 의한 즉 차입금은 종래의 4억 8,000만 원에 2억 2,000만 원 증액의 7억 원으로 함을 결정하였다. 이와 같이 금년 11월 현재의 미곡매상자금은 4억 3,200만 원으로 추정한 것이며 이에 의하여 1934년도(昭和 9)의 수급을 조절하려는 것이다. 즉 정부가 정하는 공정미가 최저를 깨트린 경우에 민간의 말을 따라서 수시 시가로써 쌀의 매입을 하고 매상 최대한도는 660만 석으로 발표하였다. 이것은 일본뿐만 아니라 이 통제하에 있는 조선미, 대만미도 포함된 것이다. 통제법은 고가와 저가도 조절하는 것이 물론이나 금년과 같이 일본, 조선의 대풍작이 예상되면 물론 저가 조절의 여하가 문제된다. (계속)

〈자료 249〉 미 문제 귀결이 어디로, 【3】 신통제법의 효과가 의문, 중외상업신보 소재 (동아일보, 1933.08.18, 4면 1단)

금춘 의회에서 농기의 말할 것을 요점만 뽑아 적자면 일대 풍작으로 비상한 공급과잉의 때

에는 자금이 결정되지 않을 것이나 수급회계의 개정에 따라 상당한 풍작이면 공정가격을 유지함에 상관이 없을 것이라 상상치 못한 대풍작에는 혹은 부족할 경우도 있을 것이나 비상시의 대책을 강구할 것으로 우선 대체로 생길 보통의 풍작, 기타의 경우에 응할 충분한 준비를 해 두는 정도로써 현재에는 만족하다고 답변하였다. 그러나 한정된 자금으로 금년과 같은 비상시에 과연 소기의 목적을 달성할 수 있을지 의문이다. 정부는 신미 출성기의 미가 폭락을 방지하기 위하여 매년 다량의 매상을 실행하여 왔다. 본 미곡연도에도 추수기에 200만 석의 매상을 3회에 나눠서 행하였으나 '인푸레(inflation)' 경기에 심취하여 물가의 고가가 뚜렷이 예상되므로 정부 매상에 응한 농가나 상인의 저 매상 실제고는 겨우 20만 2,325석에 불과하였다. 그러한데 금년 1월의 반동에 즈음해서는 정부에 대하여 매상을 요망한바 50만 석의 교체로 그 성적이 양호하였다. 나아가 그 후 100만 석의 매체를 위원회에서 결정하여 제1적 50만 석의 매손(買損)을 예정대로 마치고 잔여 50만 석의 매손이 기대되었으나 아직 실행이 없이 금일까지 왔다.

그 후 미가는 1,000만 석의 과잉 인기와 신미 작황에 대한 낙관한 모습으로 점락의 길을 걸어서 후카가와(深川), 칸다가와(神田川), 니시(西) 정미시장의 중미 표준미가 최저치 20원 86전을 하회함에 불구하고 정부 당국은 매상 시기가 아니라고 방관주의를 고집한 까닭에 미가는 금일도 저가 저속을 계속하고 있다.

법률론으로 보면 기준치를 하회하고 있으니까 당연히 법의 발동을 보게 될 것이나, 그러지 않는 이상 얼마나 금후의 미가 조절이 중대성을 가지고 있는 것인가는 찰지할 수 있다. 그런데 신통제법에 의한 공정 미가의 최고 최저는 현재의 기준미가 최고 29원 57전, 최저 29원 16전의 최저치보단 1원 이상 고가에 있으리라 예상되어 있으나, 이것을 22원으로 보면 이 이하로 된 경우는 중단 없이 매입을 행할 터인데, 실제 문제로서 신미출기의 11일부터 다음 해 1월경까지에 무제한으로 매입을 할 것인가? 4억 3,000만 원의 자금을 끼고 있는 고로 1석 22원을 가정하더라도 100만 석 매입이면 2,200만 원, 500만 석 매입에 1억 1,000만 원이다. 이로 보면 공급 대과잉년이라도 미가 유지는 가능할 것인데 2개년 3개년의 풍작으로 매년 1,000만 석 이상의 과잉이 될 것이면 신통제법도 파괴되고 말 것이다. 이러한 풍작이 계속하지 않더라도 무제한으로 매상한 결과 정부 소유미고가 막대한 수량을 보일 것은 만무하다.

현재에도 약 300만 석을 정부는 소유하고 있는 본년에 만일 일본미 6,300만 석, 조선미

2,000만 석으로 풍작이 되면 내년도 즉 11월 이후의 신미 출성기에는 200만 석, 300만 석으로는 불안정이고 500만 석 정도로 매상하지 아니하면 안 될 것이다. 일본에서도 일본미의 1개년의 상품화미는 1,400만 석, 내지 1,300만 석, 조선미 700만 석이라고 하면 500만 석 매상이 상당히 동력이 있을 것인데, 정부 소유미의 무제한 증가는 늘 시장을 압박하는 동시에 갈수록 법의 파탄을 결과할 뿐이다. 현재의 경제계가 모두 통제화하려고 하는 시대로서 쌀도 동일하게 통제하에 두려고 하는 것이나 미곡은 실제론으로 보아 전매를 안 하는 이상 통제도 좀 곤란하다. 또한 가격 조절 등 완전을 기하기는 불가능하다. 본년의 수급상태로 보아 신미 풍작이 발표되는 경우 만일 정부의 신통제법의 실시가 불철저하여 현행 미곡법의 운용과 큰 차이가 없는 것인 까닭에 미가도 어떻게 될는지 알 수 없다. 다년간 상당히 '가격의 유지'가 되더라도 그것을 안심할 수는 없다. 무제한 매상, 그리하고 무제한으로 재정의 부담을 가중하는 것을 능사로 하는 것이 미가 통제가 아닌 이상은 금후의 미가 조절 등 일은 실로 곤란한 것이다. 최후로 일본미가 조절에 즈음해서는 외지미의 통제에 만전을 기할 필요가 있다. 특히 조선미는 신곡의 11월부터 다음 해 2월경의 4개월간에는 1개년 이출의 6할은 이출되므로 본년작이 2,000만 석 혹은 2,200만 석이 되어야 이출력이 800만 석씩은 1,000만 석이 될 경우를 고려하면 조선미의 월별 이출 통제를 본년도부터 이상 더 철저히 하지 않으면 일본미만 조절하더라도 배후로부터의 조선미 압박에 의외의 실패를 초래할 것이다. 요컨대 신통제법인 미가 공정에 의한 조절은 전과 다름이 없어 그 효과에 의문을 가지게 된 것이다. (완)

〈자료 250〉 미곡문제, 미곡통제법 발동 절대로 불가능, 11월까지 정관(靜觀) 외 무방도(無方途), 농상이 수상에게 언명(동아일보, 1933.09.06, 1면 5단)

【전통 도쿄 전화】 고토(後藤) 농상은 5일 각의 전 사이토(齋藤) 수상을 방문하고 미곡통제법 시행의 경과 및 현재의 미곡 사정 등을 보고하여 수상의 양해를 구하였다. 이에 대하여 사이토 수상은 현재의 미가문제의 정세로 보아서 먼저 어떠한 구체적 방법을 강구할 수 있는가 혹은 없는가를 질문하였던바 고토 농상은

"현재의 미곡 사정은 아직 미곡법 발동의 시기에 이르지 않았으나 미곡법 이외의 대법(代法)을 취할 것이 아니므로 미곡통제법의 시행기일 단축 등은 사무상 실질적으로 보아 절대 불가능하다. 결국 11월의 통제법이 실시될 때까지 정관할 수밖에 다른 방법은 없다"고 상세

히 미곡법의 사정 및 통제법에 기대할 효과에 대하여 설명하였으므로 사이토 수상도 겨우 양해하고 미곡문제에 대하여 당분간 정관적(靜觀的) 태도를 취하고 통제법의 시행을 기다림에 대하여 동의하였다.

〈자료 251〉 정부 태도 정관, 정우회 태도(동아일보, 1933.09.06, 1면 5단)

【전통 도쿄 전화】정우회에서는 미가 인상 문제를 중시하고 지난번에 국책협정 작성에 대해서는 특히 이 문제를 구체적으로 지시하고 다시 스즈키(鈴木) 총재가 사이토 수상과의 제2차 회견에서 상세한 설명을 하여 임시의회를 소집하고 속히 이를 해결할 것을 요망하였다. 당내의 일부에 강경론이 있는데 스즈키 총재를 비롯하여 당 수뇌부로서는 국책 협정에 의하여 정책의 충돌을 피하려는 대국적 관계로 잠시 정부의 하는 일을 주시하고 정관적 태도를 취할 방침이다.

〈자료 252〉 통제법 시행 단축 결의, 민정당 간부회(동아일보, 1933.09.06, 1면 5단)

【전통 도쿄 전화】민정당은 미곡문제에 관한 당의 태도를 결정하기 위하여 5일 오후 2시부터 본부에 간부회를 열고 미가문제에 관한 다음의 결의를 하고 오후 5시 산회하였다.

결의

본년은 신미곡 출회 시기에 의하여 미곡통제법을 실시에 맞이해서 정부는 아래와 같은 방법을 고려하여 이에 준거하라.

1. 미곡통제법 시행 시일을 10월 1일로 단축하라.

1. 저리자금의 융통을 민첩하게 하고 쌀의 저가 매각에 투자하게 하라.

1. 미곡 축장(蓄藏) 장려를 속히 실행하라.

〈자료 253〉 미곡통제법의 효과, 조선 농촌에는 기대난, 현실적 효과는 상인에게 상품미가 넘어간 후?(동아일보, 1933.11.12, 4면 1단)

농촌구제책으로서의 미곡통제법은 11월 1일부터 실시되어 실질적 그 영향을 미칠 단계에는 들어간 모양이나 통제법에 의한 조선 농촌은 현재까지의 출회 상황으로 보아서 하등의 은혜를 입지 못하고 즉 철도국 조사에 의한 전년 11월 1일부터 8일까지의 출회 상황을 본년과 비교하면 다음과 같다.

〔11월 1일부터 동월 10일까지〕

	전년	본년
1일	2,875석	2,402석
2일	2,535	2,933
3일	3,417	2,789
4일	3,495	3,170
5일	2,230	2,950
6일	3,159	3,261
7일	2,899	3,261
8일	3,104	3,607
9일	2,170	4,177
10일	2,890	4,391

만일 미곡법이 조선 농촌에 호영향을 초래한다 하면 미가의 등귀로 인한 농가의 매석을 유치하고 따라서 출회는 작년보다 훨씬 감소될 터인데 숫자는 이를 일축하면 반대의 현상을 나타내고 있다. 이는 금년의 농작에 하나의 원인이 있었던 터로 농가 자체의 궁박함을 여실히 반영할 아무 것도 아니다라고 보고 있다. 즉 인플레(inflation) 침윤에 의한 소비물가의 앙등이 현금 지출의 과증을 초래하고 농촌에 박차를 가하여 환금적 쌀의 급매를 초래할 것으로 보는 견해가 정확한 모양이다. 따라서 미통법 자체가 현재의 변환경제기구에 들어가서 현실적의 효과를 내는 것은 상품화된 쌀이 상인의 손에 넘어간 뒤로 볼 수 있고 조선 농촌의 경제현상으로는 통제법의 효과는 그다지 기대할 수 없는 것으로 관측된다.

〈자료 254〉 조선 미곡문제는 어디로? 발전되어 가는 이해충돌에서 조선미를 어떻게 옹호할까(동아일보, 1934.02.13, 4면 1단)

- 자유전매제하에서 과잉미를 매상하라, 미곡통제법을 철저히 실시, 연전(延專) 교수 최순주(崔淳周)

일본 내 미곡통제법을 철저히 실시하여 소기의 미가를 유지함에는 조선미 이입을 관리하여야 된다고 주장한다. 소위 미곡조절특별회계자금을 두어 조선에서 일본으로 이출하는 예정량 중 불필요한 과잉 부분만 시가로 매상하여 두었다가 일본 시장에서 필요하게 되면 이출시킨다는 것이다. 현 시점 과잉미는 약 2, 3만 석이 된다고 한다. 근년에 이출되는 쌀은 매년 약 850여만 석인데 작년에는 일본 내 실수고가 소비량과 비등하게 되고 전년에 잉여된 쌀 양이 1,000여만 석이 되므로 만일 조선미 이입을 자유방임하면 쌀 홍수시대를 연출하여 미가는 자연 폭락되고 농민 대중의 구매력이 감소할 것이라는 것이다. 이 주장의 시비는 막론하고 이입 관리 등이 어떠한 형태로든지 이번 65의회에 통과가 급속도로 실현된다면 조선미에 대한 영향은 과연 어떠할 것인가?

(1) 정부가 매입 저장한 쌀은 시장으로부터 영구히 매장되지 않는 만큼 조선 미가를 항상 압박하여 하락하게 할 것이다. 물론 미곡 매상은 쌀의 수급을 다소 조절하면 일시적이라도 미가를 유지하고 고정시킬 형세에 있지만 쌀의 공급량은 불변하고 있다.

(2) 소위 매상 관리란 것이 '미가 관리'이지 '미작 관리'는 아닐 것이다. 그 이유는 미작은 다른 농산물과 같이 자연히 환경 지배를 절대로 받게 됨으로 천기가 순조로 가면 풍년이 들고 기후 불순이면 미작이 감소되는 것이므로 금년이 풍년이 되었다고 내년, 내후년이 풍년이 안 된다는 법은 없다. 토지개량과 시비(施肥)의 장려로 매년 수확량은 증가되는 형편이니 일시적 미봉 등으로 쌀을 매입, 저장한다 하더라도 도리어 후일 미가 폭락을 초래하며 따라서 농촌이 받는바 악영향이 더욱 막대하게 만든 것이겠다.

(3) 일본 시장의 미가를 고정키 위하여 조선미 이입을 관리하면 조선인의 심리적 반동이 클 것이다. 1925년(大正 14) 이후 인구, 식량문제를 해결하기 위하여 산미증식책을 수립하고 3억 2,000만 원의 재정을 계속 지출하면서 수평적으로 토지를 개량하여 식부(植付) 면적을 증가하고 수직적으로 품종개량, 비료 장려, 경작 방법의 발달로써 증식, 증산을 유도하여 왔다. 따라서 조선인의 모든 경제적 기구가 이 산미증식정책에 적응하도록 만들어지고 1인당 소비량은 해마다 감소하면서도 이출은 해마다 증가하게 되었고 그 대가로 제조품을 일본에서 이입해 들이게 되었다. 만약에 일본 농민의 미가문제 해결책을 위하여 독리적(獨利的) 견지하에 자유무역을 방지하면 전 조선 경제기구를 동

요하게 하는 것이며 조선인의 감정을 더욱 악화하게 하지 않을까 한다.

(중략)

3. 적극적으로 쌀의 소비량을 증가시키는 것이 가장 이상적이나 그 실현성은 매우 박약하다. 특히 조선인의 경제가 쌀을 방매하여 만주 속을 매식하는 처지이며 미가가 저락된 기회를 타서 더욱 많이 소비하도록 할 것이다. 조선 농민의 5할은 궁민이라 하니 총독부에서 미곡통제자금으로 쌀을 매입하여 빈민에게 저렴한 가격으로 공급함이 차라리 상책이 아닐까. 또 중국 방면에 판로를 탐구하는 것도 좋을 것이오, 화학공업을 발달시켜 주정(酒精), 풀(糊), 당분(糖粉) 등을 제조하는 것도 미가를 유지하는 데 일조가 될 것이다.

- 5상회의 결정까지의 경위

조선미의 위기는 작금에 일어난 문제가 아니다. 미곡통제법의 실시 이후 이 문제는 더욱 치열해져 갔고 다시 조선미에 대한 이입허가제, 강제관리법률화안 등의 의회 제출 등으로 한층 조선미의 위협은 더 가중되어져 왔다. 농림성 공표에 의한 1933년도(昭和 8) 일본 산미 실수량이 일본 미곡 생산사에서 경이적 기록을 돌파하여 실로 7,080만 석을 나타냈었고 지난해[1930년(昭和 5)]의 6,680만 석보다도 400만 석의 증수를 보여서 금년도의 이상적 이월미를 500만 석이라고 친다 하더라도 1,300만 석의 공급 과잉을 나타내어 수급의 균형을 얻지 못하여 미가의 저미(低迷)는 완전히 일본에서의 미통법의 실추를 초래할 현상에 당면하여 조선미에 대한 이입을 방지하자는 정치적 수단이 번복되기에 이른 것이다.

이리하여 총독부로서도 이에 극력 반대의 요지를 들어 이마이다(今井田) 총감의 도동(渡東)을 보았고 재차 2월 3일 강제관리법률화안이 의회에 제출된다는 정무총감의 정보로 조선은 관계 각 방면에게 일대 충동과 위협을 느끼게 되어 조선미옹호기성회를 중심으로 각 단체의 일치 궐기를 보게 되었다. 이에 2월 8일 척무성 원안의 결정과 농림성의 태도 강경에 조선 내 여러 단체는 극력 이에 반대운동을 일으킬 것을 선언하고 방금 치열한 운동을 지속 중에 있으니 과연 조선미를 중심으로 조선미의 옹호는 가능할 수 있을까? 조선미 옹호를 목표로 각 방면의 반대운동 상황을 대체로 서술하면 이러하다.

◇ 총독부의 반대 요지

▲ 조선미 이입세 부과의 불가한 이유

1. 조선의 최중요 물산인 쌀에 대하여 관세의 장벽을 설치하고 이입을 저지하려는 것은 너무도 일본 내지 본위이고 조선 통치의 대국에서 보아 불가하다.
2. 조선미 이입을 감소시키는 정도의 세율을 부과하는 데는 조선 내에 있어서의 미가의 저락을 유치하고 이어서는 조선에 있어서의 농업경영을 할 수 없게 하여 농촌의 존립을 위기에 유도하는 것
3. 수전(水田)의 담보 가격을 감소시키는 결과 은행, 농사회사 등의 자산을 저하하게 하여 조선의 경제 조직을 근본적으로 파괴할 두려움이 있는 것
4. 과세의 결과 농민의 구매력을 감퇴시키고 따라서 일본 내지의 물자의 조선 내 이입 무역을 감퇴하게 하는 것

(3) 잡지 기사를 통해 본 미곡통제 상황

〈자료 255〉 신태익(申泰翊), 증수로 인한 미가 폭락과 조선 농촌경제의 조락(별건곤 34호, 1930.11.01)

조선의 금년 미작은 무전대풍(無前大豐)의 수확을 거두리라 한다. 우리의 3식이 쌀로 된다. 또 쌀을 팔아서 우리의 수중에 돈 한 푼이라도 떨어지게 된다. 이러한 천혜의 대풍작을 보게 되었음에 우리는 격양가(擊壤歌)를 높이 부르며 허리띠를 끌러 배를 두드리는 기쁨을 안 가질 수가 없다. 그러나 세상은 옛날과는 아주 정반대가 되고 말았다. 풍년이라 하지만 시세가 떨어져 큰일났다고 소동들을 하고 있다. 그래서 풍년이라 하는 것은 이름만 좋을 뿐이고 실상인즉 흉년 이상으로 우리들의 살림을 위협하는 것이라 하여 인심이 몹시도 불안에 싸여 있다. 배고파 못사는 일은 있지만 배부르게 해줄 식량이 미증유의 대풍년이라고 하는데 좋은 낯으로 듣지 않고 도리어 누구의 입에서나 못살겠다는 비명만 나온다. 이 어찌 한심하지 않은가. 참으로 얄미운 피육적(皮肉的) 현상이다.

- 금일 조선미의 받는 대우

미가가 왜 떨어지나 하는 것을 말하기 전에 나는 먼저 조선쌀이 오늘에 어떠한 처지에 서

있는가를 간단히 말하려 한다. 조선 경제가 일본의 경제권 내에 있는 이때에서 조선미도 일본의 경제권 내에 있을 것은 다시 말할 것 없다. 더구나 일본의 식량문제를 해결함에서 조선미가 중요한 지위를 점하게 된 것은 필연한 이세(理勢)이다. 그러므로 조선미가 일본으로 이출되는 수량이 매년 늘어 가는 것만 가지고서도 조선미가 일본의 식량문제에 큰 공적을 가지고 있는 것을 알 수 있다. 이와 같이 조선미의 일본 이출이 매년 늘어 가는 점에서 일본의 식량 부족을 완화하게 한다고 하지만, 한편으로 일본 농민이 조선미의 압박을 받는다는 큰 난관이 앞길을 막고 있다. 즉 조선미의 이출이 매년 증가함으로 일본 내의 재미(在米)가 충족하게 되고 또 조선미가 일본미보다 값이 현저히 싼 까닭에 자연히 조선미의 수용이 늘어 가는 만큼 일본미가 압박을 받고 있다. 특히 추수기로부터 2, 3개월가량 조선미의 이출이 한층 쇄도하여 일본미가가 안 떨어질 수 없게 되고 따라서 일본 농민의 소득이 적게 되는 결과를 만든다. 그러므로 일본에서는 농민을 구제하는 동시에 미가 저락의 방지책으로 조선미의 이입을 제한하자는 말이 왕성하게 되는 것이다. 요컨대 조선미가 일본의 식량문제를 해결함에 큰 공적이 있었지만 오늘에 와서는 그 공적을 고맙게 생각해 주지 않고 도리어 조선미를 거의 배척을 하고 있는 것이 오늘에 조선미가 일본으로부터 받는 대우란 것이다.

(중략)

- 정신없이 떨어진 미가

자급자족 시대라 하면 이 대풍작이 얼마나 좋을까. 잘 안 된 것은 걱정이 될 일이지만 쌀이 너무 많아서 두통거리가 될 리 없다. 그러나 오늘에는 화폐경제의 시대이다. 쌀이 많이 산출된다고 이것만으로 살림살이가 모두 되지 못한다. 식량만 있어도 안 된다. 밥을 지으려고 해도 돈 가지고 나가 땔감을 사야 된다. 그런즉 쌀 팔아 돈 사야 되는 때이다. 그러나 미증수에 비하여 사는 사람 즉 구매력이 적은즉 자연히 쌀은 많이 남게 되니 즉 쌀의 생산과잉이라는 말이 나온다.

(중략)

다시 말하면 오늘의 쌀값 변동은 (1) 미가 평준의 개정 (2) 대풍작 예상으로 인한 공급 과잉이라는 것이 원동력으로 되어 있는 까닭에 물가의 지수평준점에서 쌀 자체의 공급 과잉만큼 더 떨어질 것이 아닌가 한다.

- 어떠한 대책이 있나

미가의 통제에는 수량의 조절과 가격 조절의 두 가지 방법이 있다. 먼저 수량통제가 어떠한 것인가. 글자 뜻과 같이 적당한 수량으로 조절한다는 말이니 즉 일본에서 수용할 만한 수량을 넘치거나 혹은 적당한 수량이 못 되거나 하지 않도록 정부에서 인위책을 쓰고 있다는 것이다. 또 가격 조절이라는 것은 쌀값이 너무 비싸면 일반 소비자에게 큰 고통을 주는 결과가 되며 이와 반대로 너무 값이 싸면 생산자인 농민에게 불리하게 되는 까닭으로 이것도 너무 비싸지 않도록 너무 싸지 않도록 하려고 정부에서는 불하와 매상 등의 대책을 항상 쓰고 있는데 이 두 조절의 방법이 보통은 합치되어 있다. 그런데 미가가 폭락함을 보고 위정자가 어떠한 대책으로써 그 저락을 막으려는지 오늘까지 대책이라고 발표된 것과 또는 전하는 소식을 들으면 아래와 같은 것이다.

△ 농림성에서는 일본미와 조선미 수확의 1회 예상이 너무 의외의 대숫자이며 또 미가의 대참락을 보고 당황, 낭패하여 특급책을 취하게 되었다.

(1) 미곡자금 운용자금 잔액 7,000만 원을 유효히 이용하여 먼저 신미 300만 석을 매상할 일.
(2) 운용자금 차입한도를 확장하여 매상자금의 충실을 도모할 일.
(3) 미생산자의 응급자금으로 상당한 거액의 저리자금을 융통하고 미곡창고 수용력 400만 석을 이용하게 하여 월별 평균매를 하게 할 일.
(4) 정조의 저장 방법을 장려하게 할 일.
(5) 조선 대만미의 이입을 조절하는 동시에 외속(外粟) 수입을 막을 일.
(6) 외미수입제한령을 1년 연장하여 칙령으로써 국세를 올리게 할 일.

등이었다. 그러나 미가의 참락이 어느 지경까지 모르도록 멀어져 가서 정부는 더욱 초초하게 되었다. 그러고 일본농회로서도 아래와 같은 의향을 갖지 않을 수가 없게 되었다.

(1) 응급의 대책으로 정부 소유미인 240만 석(이월잔미 500만 석)을 다소의 손실을 볼 각오 아래에 해외시장에 팔 것.
(2) 위 해외 투자의 수입금을 가하여 신미 300만 석을 매상.

(3) 약 200만 석은 생산자가 결속하여 내년 미곡연도까지 각종 창고에 저장하고 이에 정부는 특별 저리자금을 대부할 것.
(4) 조선미를 월별 평균으로 이입하며 또 일본미도 월별 평균매를 하게 할 것.

등으로 일본 전국에는 미가 저락에 대한 방지책으로 매우 긴장된 기분을 띠고 있다. 이상은 일본미의 중심으로 한 대책에나 조선미를 중심으로 한 조선총독부의 대책이라는 것을 보면

(1) 조선 내에 기설, 미설의 미곡창고를 총동원하여 200평의 창고 면적의 활용으로 미곡을 저장하게 할 일.
(2) 금융조합으로 하여금 야적 정조에 대한 금액을 융통하게 할 일.
(3) 수리조합, 산업조합 지주의 단체로 하여금 저리자금을 융통하게 할 일.

등의 계획을 가지고 310만 석을 조절하리라는 목표를 세운 것이라 한다.

이상의 대책을 보면 모두 철저한 미가의 조절이라고 보기가 어렵다. 다만 진열식으로 대책을 말해서는 그 효과에 대하여 의문을 안 가질 수가 없다. 물가는 수급 관계와 주변 정세의 경제 사정이 가장 공평하게 결정해 주는 것으로 이에 인위책을 가해서 부자연의 조절을 가할지라도 실제의 결과가 좋을 것이라고 생각할 수 없다. 오늘까지의 미가 대책이라는 것이 불철저하다는 이유를 지면 관계로 자세히 들지를 못하지만 그중의 일례를 들어 보려 한다. 일본에서 300만 석 매상, 조선에서 300만 석 목표의 조절이라는 것은 두 곳의 미작 증가율, 즉 과잉미에 비하여 너무 적은 것이다. 그렇기 때문에 부자연의 대책으로써 몰려오는 자연의 대세를 얼마만큼이나 방향을 몰리게 할지 주목해 마지않는 바이다. 이 미가 대책이 주효하게 된다고 할지라도 조선에서 다수인 중소농을 위하는 대책이 아닌 만큼 참으로 그 대책의 혜택을 입을 사람은 소수에 불과할 것이 틀림없을 것이다. 무슨 까닭에 중소농을 떠난 대책인가 하면 이상의 대책이라는 것은 모두가 대지주와 상인들의 편리를 돕는 데 족한 것인 때문이다. 어떻든지 산미증식계획 아래에 조선미가 더욱 증수가 되었지만 오늘에 와서는 그 생산량대로 처치할 길이 막힌 만큼 산미증식계획에 대하여 고맙게 생각할 수 없을 뿐 아니라 도리어 이 증식계획은 미가 참락의 근본적 일 원인이 된 감이 있는 것도 사실이다.

- 농가가 받는 영향과 일반의 관계는 어떨까

농산물 과잉이라는 것은 세계적으로 공통된 현상이다. 오직 조선과 일본에서만 보는 것이 아니다. 그리고 오늘의 불경기를 보면 농상공 모든 것이 소비자 측보다도 생산자 측이 더욱 떨치지를 못하고 있다. 원래 소비가 감퇴하는 것은 생산의 부진을 의미하는 말이며 소비와 생산이 상관적 관계를 맺고 있음으로 생산의 불황은 곧 소비의 불활발이라고 하겠으나 실상인즉 소비자 측보다도 생산자 측이 그 이상의 곤경에 빠져 있는 것이 사실이다. 즉 생산자 수난의 한 현상이라고 말할 수 있다. 이러한 환경 밑에 있는 쌀이 금년에 신기록의 대풍작을 보게 되었다 함에는 생산자인 농가가 받을 영향이 참으로 심대할 것은 피치 못할 일이다. 그래서 나는 조선 농가가 미가 저락으로 인해 받는 영향 여하를 주로 말하려 한다. 조선은 농민이 8할을 점하고 있으며 미곡을 빼놓고는 이렇다고 볼만한 수입의 원천이 매우 적은 만큼 더욱 조선 사람의 경제라는 것은 농작 풍흉과 그 값의 고저에 명맥을 달고 있다는 것이 사실이다. 그러므로 쌀값이 10원가량 떨어졌다고 한때에 그 영향을 받는 것이 일본보다도 조선이 더 심하게 되는 것은 물론이다. 그런 데다가 조선 사람이 일본 시장에 가져다가 직접 파는 것이 아니라 몇 손을 넘어가는 만큼 조선 사람이 받는 영향이야말로 남모르게 막심한 터이다. 이러한 관계를 가진 조선 농가에서 이번의 미가 저렴으로 해서 받는 영향 정도가 어떠할까를 나는 보려고 한다.

(1) 농민의 부채 증가. 조선의 농민은 거의 모두가 빚진 이들로 그 청산은 신곡이 나서 이것을 팔아 가지고야 된다. 빚진 것은 소작의 농가뿐만 아니라 대중소의 지주들도 거의 모두 빚진 이들이라. 대개가 식은, 동척과 금융조합에 문권이 저당권 설정이란 형식으로 들어가 있고 이에 대한 이자 혹은 변상은 추수해 가지고 하는 터이다. 그런데 미가가 폭락하여 가령 작년에 10석을 팔아 가지고 셈이 되던 사람이면 금년에는 20~30석을 팔아도 별로 남는 것이 없게 될 형세에 있다. 그런즉 이러한 여윳돈이 없는 사람은 이자를 덜 냈거나 혹은 못 갚게 되면 그들의 빚은 그대로 떨어져 있게 되어 결국 이로써 어떠한 지경에 갈지를 헤아릴 수가 있다.

(2) 토지가(土地價) 저락의 예상. 채무를 청산 못하게 되는 까닭에 할 수 없이 농토의 소유권을 지키지 못하게 되어 결국에는 방매하는 사람이 많아질 것이 예상되는 바이다.

(3) 유랑과 파산. 이상과 같은 형세임으로 소작인은 금년 봄에 진 빚을 갚지 못하기 때문에 당장 좁쌀이나 양쌀이나 사 먹을 수 없을 뿐 아니라 내년 봄에 무슨 자금을 가지고 농사를 질 수 있을지 의문이다. 물론 빚을 얻으려 하나 빌려주는 사람이 없을 것인즉 자연히 유랑의 길로 발을 옮길 것이다. 또 대중소농으로도 채무 청산 등 관계로 파산자가 상당히 생기지 않을 것이라고 말할 수 없다.

간단하지만 이상의 3항목에서 말한 난관을 앞둔 조선 농가의 불안이 가득한 것은 당연한 일이다. 이와 같은 미가 저락의 영향을 받을 것은 농가에만 그치지 않고 한걸음 더 나아가 일반 경제계에서 받을 영향이 상당할 것도 사리에 당연한 귀착이라고 생각한다. 그러므로 나는 긴말을 안 하려 하고 아래와 같은 간단한 결론으로써 우리의 안전이 암담한 것을 말하려 한다.

이미 출현한 시세만으로도 자작·소작농에게는 생산비 이하로 떨어졌으며 또 지주는 자본에 대한 이자는 고사하고 세금 납부까지 어렵게 되었다. 이 파동은 결국에 일반의 구매력을 크게 감퇴하게 할 것이다. 그러고 물가의 저락은 정부의 소극 정책과 한가지로 상공업을 몹시 쇠퇴하게 할 것이며 대소 지주 계급에 대한 채권의 회수 불능으로 인해 금융계에서 받는 영향이 상당할 것이 틀림없을 줄로 생각한다.(1930.10.13일에)

〈자료 256〉 주요한(朱耀翰), 내외대관(內外大觀), 과거 1개월간 조선과 세계의 정치적 경제적 동향의 객관적 기록(동광 17호, 1931.01.01)

조선 농촌 문제 – 미가 참락 농촌공황 점차 심각해 갈 뿐, 미곡법 적용 문제

가을에 들어서면서 조선의 가장 큰 문제는 미가의 저락이었다.

11월 7일에 관변으로부터 발표된 11월 1일 현재 조선 수확 제2회 예상고는 비록 예상보다 4만 6,742.2석이 감소되었다 하나 아직도 전년도 실수고에 비하여 550만 석의 증수라는 놀라운 숫자를 보였으니 희유의 대풍이라 아니할 수 없다.

미 수확고 누년 대조

연차	수도(석)	육도(석)	합계(석)
1925년(大正 14)	14,612,395	160,707	14,773,102
1926년(昭和 元)	15,108,178	192,628	15,300,707
1927년(동 2)	17,048,491	150,396	17,298,887
1928년(동 3)	13,297,987	213,738	13,511,725
1929년(동 4)	13,482,870	218,876	13,701,746
1930년(동 5) 제1회 예상	19,017,259	279,202	19,296,462
동 제2회 예상	18,963,585	286,134	19,249,719
대(對) 전년 증감(△)	5,480,715	67,258	5,547,973
대 전년 증감 비율	4.06(할(割))	3.07(할)	4.05(할)

미 2회 수확 예상고와 전년 실수고 비교

도별	제2회 예상고			전년 실수고		
	수도(석)	육도(석)	계(석)	수도(석)	육도(석)	계(석)
경기도	2,035,061	24,903	2,059,964	473,025	2,891	475,916
충청북도	708,825	3,806	714,631	180,615	2,257	182,872
충청남도	1,388,440	18,709	1,605,149	506,114	△1,287	304,827
전라북도	2,191,825	6,061	2,197,886	659,714	2,105	661,819
전라남도	2,544,691	35,756	2,580,447	725,882	7,283	733,165
경상북도	2,648,911	12,689	2,661,600	1,281,040	7,856	288,896
경상남도	2,271,562	34,466	2,307,028	970,209	20,423	990,631
황해도	1,389,571	31,982	1,411,552	351,896	6,943	358,839
평안남도	828,582	61,166	889,748	133,316	10,603	154,919
평안북도	1,033,836	19,005	1,051,841	131,271	1,763	133,033
강원도	961,481	5,801	967,282	136,380	1,433	137,812
함경남도	571,897	24,012	596,709	71,614	5,258	76,872
함경북도	190,103	4,779	194,882	57,639	△267	57,372
합계	18,963,585	286,134	19,249,719	5,480,715	67,258	5,547,973

이 풍작은 조선 안에 현상이 아니요. 일본, 대만, 중국 등지를 통틀어 공통된 현상으로 쌀의 생산은 미증유의 잉여가 되어 9월 이래로 미가는 거듭 하강을 계속하여 11월에는 기미(期

米)가 석에 12원대를 할하(割下)하는 소동을 일으키고, 정조 1근에 대하여 농촌에서는 4전 이하라는 참담한 가격으로 낙하한 곳도 있어서 매매가 없는 형편이었다. 이러한 중대한 사실을 원인으로 하여 대체로 3가지의 경향이 나타났으니 하나는 즉 미가 참락 방지의 운동이요 하나는 농촌 구급의 운동이며 또 하나는 산미계획에 대한 비판운동이다.

미가의 폭락을 방지하기 위하여 정부에서는 (1) 미곡법에 의해 매상 소유 중인 고미(古米)를 해외로 수출하고 새로이 쌀을 매상할 것과 (2) 조선미에 저리자금을 융통하여 월별로 이출고를 조절할 것 및 (3) 조선, 화태(樺太), 대만 등지에도 미곡법 제1조를 적용하여 매상을 행할 것을 고려하는 모양이다.

현미의 해외 수출은 중국 정부의 수입 금지로 좌절되었으나 하와이(布哇), 남양(南洋)으로 수출을 계획하며 결국에는 구미(歐米)에까지라도 쌀의 식량가(食糧價)를 선전하자는 제창자가 있다. 쌀 이출의 월별 조절은 물론 일본 시장에서의 미가를 조절한다는 것으로 이를 위한 미곡창고 회사도 함남지사 마쓰이 후사지로(松井房太郎)를 사장으로 하여 11월 중에 성립이 되었고 또 후지이 긴타로(藤井實太郎)를 중심으로 하여 소위 쌀 조절 회사의 설립을 획책하는 중에 있다. 당국에서는 농업창고 및 상업창고에 입고할 쌀에 대한 금리를 11월 17, 18 양일에 발표했다. 즉 농업창고는 일률로 일보(日步) 1전 5리, 상업창고에 대해서는 일본에 이출을 목적으로 한 신곡에 한해 3월 1일 이후에 출고하며 그때까지에 재고 3개월 이상이 될 자는 일보 1전 3리, 기타는 1전 8리로 되었다. 그러나 가장 요긴한 1,270만 원의 자금의 융통에 관해서는 정부와의 교섭이 진전되지 않아 우선 조선은행으로 하여금 재할인하는 형식으로 응급책을 세웠다.

이상의 월별 이출 조절을 목적으로 한 미자(米資) 융통은 대지주 및 미상에게는 이용할 수가 있고 따라서 미창회사(米倉會社)류의 권회사(權會社)는 배부르게 할지언정 일반 소농 및 빈농에게는 어떠한 이익이 없는 것이라 하여 한편에서는 조선에서의 백미 매상론 특히 정조의 매상론이 대두한바 마침내 척무성에서는 21일에 열린 미곡법 개정에 관한 연합협의회 석상에서 미곡법 제1조의 조선, 대만 적용, 즉 조선, 대만 제지에서도 쌀을 매상할 수 있도록 하자는 제안을 하게 되었다.

이러한 여러 대책으로 인하여 미가는 겨우 더 낙하됨을 면하고 있는 상태에 있으나 이미 세농, 빈농으로서는 낙하된 가격으로 부득이 처분한 자가 전부일 것이며 매상안이 실현된다

하더라도 그 혜택을 입은 자는 춘계에 매출하는 대지주 및 미고뿐일 것은 명료한 일이다.

〈자료 257〉 서춘(徐椿), 오를까 내릴까 이번 가을의 미가 관(觀), 1근 3전 9리 호(乎)(동광 24호, 1931.08.04)

1931년 7월 9일 기(記)

(중략)

(4) 대중의 빈곤화에 대하여 미식(米食) 계급은 점차 잡식 계급으로 옮아간다

일본, 조선을 통틀어 재작년 말부터의 심각한 불경기로 인하여 실업자가 격증해 가며 빈곤이 점차 극심해져 간다. 따라서 종래의 미식 계급은 점차 잡곡을 먹는 계급으로 옮아간다. 이것이 쌀의 수요 감소를 불러일으켜서 미가를 점점 저락의 일로로 몰아넣는 일대 원인이 될 것은 물론이다. 이 네 가지의 원인이 있기 때문에 미가는 더욱 저락할 정세에 처했다고 보는 것이다. 특히 감봉과 및 행재정 정리의 영향은 현재의 정세로 보면 지금부터 3개월 후에 현실로 나타날 것이다. 지금부터 3개월 후면 그것은 거의 신곡 출회기에 가까운 것이다. 또한 대중의 빈곤화는 작년보다 금년에 더 현실로 나타나고 있다. 조선 사람은 종래는 미식으로부터 속식(粟食)으로 옮아오더니 금년부터는 속식을 유지할 힘조차 없어서 속보다 더한층 떨어지는 식물로 옮아가고 있다. 금년 5월까지의 만속(滿粟) 수입고가 작년에 비하여 반감한 원인은 결코 그 전부를 작년 풍작의 한때에 돌리기만 할 수는 없는 것이다. 풍작으로 인하여 미식으로 옮아간 사람도 다소 있겠지만 그 대부분은 역시 속식조차 유지 못하고 그 아래 계급으로 떨어진 것으로 볼 수밖에 없다. 이와 같이 경제계의 대세로 본 미가의 전도에는 그저 비관의 일로가 있을 따름이다. 따라서 작년 신곡기의 쌀 1석 값이 13원이라 하면 금년 신곡기에는 그 이하로 더 내려갈지도 모르는 형세며 따라서 정조 1근이 3전 이하로 내려갈지 모르는 정세다. 그러나 이것은 경제계의 대세로 본 말이오, 이번 가을의 미가에 대한 사실인즉 그렇지 아니하다. 그 까닭은 전혀 미곡법의 개정 실시라는 것에 있다. 여기서 개정미곡법의 실시와 미가와의 관계를 서술하여 일반의 참고거리를 삼고자 한다.

3. 개정미곡법과 미가와의 관계

지난 3월 제59의회를 통과한 법률 중에서 1931년(昭和 6) 이후의 미가 조절상 중대한 관계

를 가진 것은 1. 미곡법의 개정이요 2. 미곡수급조절특별회계법의 개정이다. 전자의 개정으로 (1) 외미 수입의 관리, 통제가 종래에 비하여 철저하게 되며 (2) 미곡법에 의거하여 출동할 기준 미가가 규정되었고 후자 즉 미곡수급조절특별회계법의 개정으로 미곡 자금이 풍부해졌다. 즉 종래의 2억 7,000만 원으로부터 다시 8,000만 원 증가되어 3억 5,000만 원으로 되었다. 물론 미곡법의 정신은 미곡 수량에 과불급이 없이 하며 미가에 과고과저(過高過低)가 없이 하야 수량, 가격 양자가 모두 중용을 얻게 하는 데 있지만 미가 폭락으로 곤경을 당하는 재작년 이래의 현상에서는 미가의 저락 방지와 미곡의 공급 과잉 배제가 거의 유일한 목적이 되다시피 되었는데 이런 시대에서 개정미곡법과 개정미곡수급조절특별회계법이 실시되어 (1) 외래의 수입제한을 철저히 하며 (2) 미곡법에 의한 쌀의 매상을 단행할 최저가격을 규정하며 (3) 쌀 매상을 풍부히 할 수 있도록 미곡 자금을 8,000만 원이나 증액한 것은 이 법을 실시한 1931년도(昭和 6) 이후의 미가에 대해서는 퍽 유리한 정책인 것은 두말할 것 없이 명백한 사실이다.

이제 이것을 좀 더 자세히 말하면 양법이 실시된 1931년도(昭和 6)부터는 (1) 호혜조약관계에 있는 소수의 외국미를 제외하고는 일체로 그 수입에 허가를 요하게 된 관계로 외미 수입량의 제한을 한층 유효하게 할 수가 있고 (2) 개정미곡법에는 기준 미가에 의한 최저가격이 규정되어 있어 가지고 미가가 그 최저가격 이하로 내려갈 지경이면 정부의 쌀 매상이 단행될 것인 까닭으로 미가는 그 최저가격 이하로 내려가지를 못한다. 물론 기준 미가는 해마다 다르다. 그런데 1931년(昭和 6) 7월 1일부터 동 11월까지에 의거할 기준 미가는 22원 85전이다. 그러고 이 기준 미가에 의거한 최저가격(기준 가격보다 2할) 염가는 18원 28전이요 최고가격(기준 가격보다 2할) 고가는 27원 42전이다. 즉 금년 7월 1일부터 11월까지의 사이에는 미가가 18원 28전 이하로 떨어지게 되면 정부에서 매상을 단행하고 27원 42전 이상으로 올라가게 되면 정부에서 소유 쌀의 불하를 단행할 것인 까닭으로 미가는 경기 여하에 불구하고 이 기간 중에는 최저가격 이하로 내려갈 수 없고 최고가격 이상으로 올라갈 수 없는 것이다. 즉 18원 28전과 27원 42전의 범위 내에 있게 되는 것이다.

이것은 물론 도쿄의 후카가와(深川) 정미소의 가격을 기준으로 한 것이다. 또는 일본산의 정미를 표준으로 한 것이다. 또한 미곡법 제1조가 아직도 조선에 실시되지 못한 까닭으로 매상의 대상은 일본미에 한한다. 그러나 양법의 개정이 일본산 미가에 이만한 영향을 미친다

하면 조선미에도 이와 거의 비등한 정도의 간접 영향을 미치게 되는 것이다. 가령 조선 인천의 미가를 일례로 들어 말하면 원칙상 전기 최저가격에서 도쿄 정미 시세와 인천 정미 시세와의 가격 차이를 감제한 가격이 인천에서의 최저가격이 될 것이다. 가령 도쿄와 인천과의 간의 정미 시세에 3원의 차이가 있다고 하면 인천 정미의 1931년도(昭和 6) 최저가격은 18원 28전에서 3원을 감한 액, 즉 15원 28전이 될 것이다. 고로 양지 간의 가격차가 3원인 한에서는 금년의 인천 정미 시세는 15원 20전 이하로 떨어지지 아니할 것이다. 그러나 조선에는 이출 통제, 기타의 약간 불리한 사정이 있는 고로 꼭 이 원칙대로는 되지 못할 것이다. 그렇지만 이 근방에 있을 것은 물론이다.

따라서 정조 1근의 가격이 얼마일 것을 헤아려 보면 이러하다. 정미 1석에는 정조 330근을 요한다고 하고, 또한 1석의 정미비를 2원 50전으로 잡고 정조 1근의 가격을 계산해 보면 1근 3전 9리다. 따라서 이번 가을은 대개 조선 정조 가격은 3전 9리 근방 이하로 퍽 떨어지지는 않을 것으로 볼 것인데 이것은 개정미곡법의 효과다.

〈자료 258〉 서춘(徐椿), 미 전매 문제(동광 26호, 1931.10.04)

1931년 9월 8일 기

(중략)

이상을 보면 개정미곡법의 운용을 가지고도 미곡법의 근본 정신인 수량 및 시가조절의 목적을 완전히 달성하기가 곤란한 사정이 있다는 것은 대개 이를 추측하기에 곤란하지 않을 것으로 생각하거니와 이제 그 난점을 들어 보면,

1) 율세미가로 미곡법 발동에 의거할 표준을 정했으나 매상에 의거할 최저치와 불하에 의거할 최고치와의 사이의 가치 폭이 너무 크다. 예를 들면 금년은 최저치가 18원 28전이요 최고치가 27원 42전이니 그 사이의 가치 폭이 실로 9원 이상에 달한다. 쌀과 같이 일국민 전체에 중대한 이해관계를 가진 상품을 이와 같이 넓은 가치 폭의 사이로 변동하게 하는 것은 이를 신미곡법의 중대한 결점으로 볼 수밖에 없다. 그렇다고 그 가치 폭을 적게 하면 정부는 미곡의 매상 및 불하의 빈번에 감내하지 못할 것이다.
2) 비록 개정미곡법을 가지고도 종래와 같은 이유 및 원인에 의한 미곡자금의 손실은 이를

피할 도리가 없다. 그러고 미곡법 실시 이래로 이미 1억 5,000만 원의 손실을 보았은즉 이와 같이 거액의 손실을 도저히 영구히 계속해 갈 수는 없는 것이다.

등등이 그것이다.

이러한 여러 난점이 있기 때문으로 일본의 미곡법은 이를 폐지하고 쌀 매매를 전혀 자유경매에 방임하고 말거나 그렇지 않으면 달리 보다 유효한 미곡 대책을 강구 실시하거나 두 가지 길밖에 없다. 그런데 비록 미곡법의 무능을 말하는 자라도 쌀 매매를 전부 자유경쟁에 방임할 수 있다는 주장을 가진 이는 드물다. 그런데 미곡법보다 유효한 미곡 대책이 무엇이냐 하면 금일까지의 학리와 경험이 가르치는 바를 토대로 해서 생각하면 그것은 쌀 전매제밖에 없다. 따라서 현재의 미곡법은 조만간 폐지될 운명을 가지는 반면으로 쌀 전매제는 미곡법의 대신으로 채용될 날이 있을 것을 추측할 수가 있다.

이러한 이유에 의해 쌀 전매제는 조만간 실제 문제화할 경향이 농후하였다. 그러나 그렇다고 이 문제가 개정미곡법을 실시한 지 한 달이 채 못 된 지난 7월 말일에 벌써 창도되어 세인의 주의를 끌게 된 데는 특별한 이유가 달리 있어야 할 것이다. 그러면 그 이유는 무엇이냐?

그것은 즉 재작년 이래의 경제공황과 작년의 풍작으로 미가가 폭락하여 농촌경제가 거의 파멸에 가깝다는 사실이다. 파멸에 가까운 금일의 농촌은 여간 현재 미곡법에 의한 저락 방지책만 가지고는 구제할 수가 없다. 환언하면 현행 미곡법은 쌀이 적어도 생산비 이상으로 팔릴 것을 보증하지 못했다. 그렇기 때문으로 농민은 손실을 보기가 쉽게 되었다. 그런데 금일 농촌의 파멸의 일대 원인은 미가 저락에 있다. 여기서 일본 농민은 당면의 급박한 파멸 구제의 일책으로 보다 유효한 미곡 대책을 절실히 요구하게 되었다. 즉 이러한 사정이 있기 때문으로 쌀 전매 문제는 비교적 속히 문제화한 것이다. 고로 쌀 전매 문제는 정우회 농촌 관계 의원으로 조직된 농정회의 결의를 계기로 하여 재연된 것이다.

3. 정우회 안

이것은 아직 정우회의 당의로 결정된 것은 아니요 다만 동회 정무조사회 특별위원회에서 입안한 것이다. 이 안의 운명은 장래를 보아야 알 것이거니와 우선 그 안의 요강을 보면 아래와 같다.

(1) 쌀 매매는 가격의 공정한 결정과 수량의 완전한 조절을 도모하기를 목적으로 함. 따라서 연초전매와는 정반대로 재정적 비수익주의에 의함.

(2) 쌀 전매에 의하여 생산자의 수익을 확실히 안전하게 함과 함께 소비자에게도 일정한 염가의 식량을 공급해서 농가경제의 불안을 일소하는 동시에 일반 국민생활의 안정을 확보함.

방법

(1) 민미(民米)의 배상

① 미곡거래소, 도매상, 소매상 등 쌀 전매의 실시에 의하여 업무를 잃는 자에게 대해 정부는 이를 배상함.

② 배상 가격은 배상위원의 심의에 의하여 이를 결정함.

③ 배상금은 교부공채로써 하되 원래 도매상, 소매상 이 두 자로써 쌀 전매의 전 매팔인(賣捌人) 또는 소매인으로 지정된 자에 대해서는 이를 배상치 아니함.

④ 민업 배상액(賠償額)을 대략 계산해 보면 이러하다. 거래소 배상액 2,762만 7,000원(거래소 불입은 전액 배분), 동 중매상 배상 935만 원(거래소 매매고 1억 8,735만 석에 대한 수수료 1석 5전의 비율로 배분), 미곡 판매업자 배상액 6,414만 원(일본미 매매고 3,270만 석을 석 25원으로 하여 그 이익을 2할로 보고 그 금액 1억 6,035만 원 내 그 6할은 전 매팔인 및 소매인으로 지정한 자로 간주함), 앞 민업 배상액 합계 1억 100만 원은 5분리(分利) 부(附) 교부공채 20개년 소각으로 함.

(2) 쌀 전매의 범위

① 일본미는 농가 자신의 소비량을 공제하고 그 외는 정부의 전매로 함.

② 조선미 및 대만미의 이입, 외국미의 수입 및 일본미의 수이출은 정부의 전매권에 속함

(3) 쌀의 수납 보관과 매각

① 쌀의 수납은 생산지의 시정촌(市町村)을 1구역으로 하는 미납입자조합을 통하여 행함.

② 수납 가격의 결정은 쌀의 생산비를 보상하는 것을 표준으로 함.

③ 쌀의 수납에 대하여 정부는 증권을 발행하고 증권에 대한 현금의 지불은 쌀의 매도 대금으로 함.

④ 쌀은 국립 창고의 농업창고, 민영 창고 및 생산 농가의 개인 창고를 이용하여 보관함.

⑤ 정부는 현미를 매입하여 백미를 매도함. 쌀의 매도는 전 매팔인을 거쳐서 소매인에게 행하게 함.

⑥ 매도 가격은 매입 가격에 정백료(精白料), 운대(運貸), 기타 여러 잡비를 가산한 범위 내에서 결정함.

(4) 쌀 전매의 기관

① 중앙에 쌀 전매국, 각 부·현에 지국, 그 외 필요한 장소에 출장소를 설치하여 쌀의 검사, 수납, 정백(精白) 매도, 이입, 이출, 수입, 수출에 관한 사무를 담당함.

② 쌀 전매국에 평의원회를 설치하고 쌀의 수납 가격, 매도 가격의 결정, 기타를 심의함.

위가 그 요강이다.

그런데 앞 요강에 대한 해석과 및 여러 종류의 의문을 다 말하자면 심히 많다. 그뿐 아니라 그 가운데는 내가 아직 모르는 점도 상당히 많다. 그렇기에 그중에서 우리의 흥미를 끌 만한 것을 골라서 몇 가지만 말해 보고자 한다.

(중략)

(2) 조선미의 지위

조선미의 일본에 대한 지위는 지금은 일본미, 외미의 중간적 지위를 가지되 어느 편이냐 하면 일본미 편에 비교적 가까운 대우를 받고 있다. 이를 구체적으로 말하면 조선미는 일본미 모양으로 미곡법에 의한 매상의 대상이 되지 못하는 만큼 일본미보다 대우가 통한다. 그러나 일본에서 일본미를 매상하면 조선미의 가격도 따라서 올라가는 만큼 그 유리한 대우에 균점할 수가 있다. 그리고 조선미는 소위 이출통제라는 약간의 이출 장애를 받으나 저 외미 모양으로 이입에 허가를 요한다고 철저한 제한을 받지 아니한다. 즉 일본미와 외미와의 중간적 지위다.

그런데 이제 정우회 안을 보면 "조선미 및 대만미의 이입, 외국미의 수입 및 일본미의 수이출은 정부의 전매권에 속함"이라 해서 조선미를 외미와 동렬의 지위로 떨어뜨리고 말았다.

따라서 이러한 제도가 실시된다고 하면

(1) 조선미는 일본 내의 쌀 소비량의 부족을 보충하는 정도로만 이출될 가능성을 가지는

동시에

(2) 그 가격은 독점권에 지배되어 올리고 내리는 것이 전혀 그때그때의 정부 당국자의 의사에 달리게 된다.

따라서 일본에 풍년이 들어서 일본미만으로 일본 내의 소비를 채울 수가 있는 해에는 조선미는 한 톨의 이출도 보지 못할 것이요 또한 다소의 이출을 볼지라도 때에 따라서는 일본미를 생산비 이상으로 매입하고 '생산비를 표준하여 매입'한다는 보증을 가지지 못한 조선미는 생산비 이하로 매입하여 고하를 평균해서 이를 소비자에게 염가로 제공하는 책을 쓸 때도 없지 아니할 것인즉 적어도 정우회 안이 실현을 보는 날이면 조선미의 지위는 종전보다 악화할 것으로 볼 수밖에 없다.

〈자료 259〉 오익은(吳翊殷), 동아보(東亞報)상(上)의 궁민구제안 비판(동광 37호, 1932.09.01)

조선인 수입의 대부분은 농산물이다. 고로 과거 농산물가가 고등할 시에는 비교적 넉넉한 생활이었으나 농산물가가 저락된 금일에 당하는 곤경은 피할 수 없는 바이다. 그러면 다수한 조선 농민을 구하는 대책은 농산물 가격을 인상시키는 데 있다. 어찌 하야 농산물가가 저락되는가? 경제의 원리에 의하여 공급하는 양이 수용되는 양보다 많아짐인가? 이는 개간, 농사개량, 금비 사용, 수리조합 등의 관계로 많이 생산됨인가? 특히 수년 이래 미곡 산출이 증가됨은 숫자적으로 인증하는 바다만 이시즈카(石塚) 총독부 기사 담에 의하면 매년 120만의 인구가 증가한다. 그러면 매년 100만 석 이상의 수용 증가를 보는 것이니까 도리어 미산 증가율이 부족하게 되는 편이다. 그렇다면 금일 농산물가 저락이 공급 수량 과다에 있지 아니하고 구매력이 없어져 가는 것이 원인이다. 다시 말하면 한편으로 곡식은 창고에서 썩고 한편으로 배를 주리는 궁민의 수는 헤아릴 수 없다. 이 점에서 조선미와 남양(南洋)의 고무, 브라질의 커피(coffee)와 미국의 면화 문제와는 다르다고 본다. 다시 말하면 커피, 면화, 고무 등은 실로 공급이 수용보다 많으므로 산출을 제한하지 아니할 수 없는 경제문제가 됨이다.

5. 현 정치 및 사회제도하에서 어떻게 하여야 구매력을 증가시킬 수 있을까 하는 것이 일대 문제인 줄 안다.

1) 위급책으로 토목공사로 노동자 수입이 있도록 만들어 주는 것.
2) 소중농, 상공인에게 저리로 자금을 융통해서 그들의 현상부터 유지하게 하고 흥성하게 하여 다수한 노동자에게 직업을 주도록 만들어 주는 것이다.
3) 위정 당국자의 경기회복책의 확립과 선전으로 인심을 안정, 완화하게 해서 은행, 생명보험, 기타 금융기관에 사장된 자금이 활용하도록 만드는 것이다.
4) 현재 교육제도를 개량하여 쉬운 생활을 도모하려는 대신에 근로성을 가지도록 하며 또는 소·중·대학 혹 전문학교 15, 16 혹 17년이나 허비하는 것보다 의무교육을 8년간 하고는 단기 직업학교에 자립 생활을 보장할 만한 기술을 습득하는 것

등이다.

이 밖에도 산출 제한, 수입 금지, 수출 장려, 인플레슌(inflation), 평가절하, 정부로 하여금 매상하는 여러 가지 방법으로 미가를 인상시킬 수 있으나 그에 따라 복잡하고 어려운 문제가 많이 일어나므로 용이한 일이 아닐 것이다.

〈자료 260〉 서춘(徐椿), 미로선상(迷路線上)의 조선미(개벽(신간) 1호, 1934.11.01)

1934년 7월 4일 기

(중략)

4. 조선미의 전도

전기 7개 항목에 걸친 조선미 대책을 보면 자연히 알 일이거니와 조선미 이입에 대한 기설 대책은 이것을 내지 내 농민 측으로 보면 실로 격화소양(隔靴搔痒)의 감이 없지 못할 것이다. 왜냐하면 아래와 같다.

(1) 외미, 속, 고량(高粱), 서(黍) 등의 조선 내 수입을 막으며 (2) 현미 및 정조를 조선에 가두어 두며 (3) 내선[일본과 조선] 내에 산미증식계획을 중심하는 등등의 미미한 수단을 가지고는 조선미의 내지로 향하여 도도한 유입의 세는 이것을 방지할 도리가 없고 따라서 내지 내 쌀 시장으로 말하면 조선미 유입으로 인한 미가 폭락의 세를 막아 낼 도리가 없겠기 때문이다.

그러면 내지 측으로 보아 조선미 대책으로 가장 유효 적절한 대책은 무엇이겠느냐 하면 그것은 말할 것도 없이 (1) 조선미 이입에 대하여 허가제를 쓰며 (2) 이입 조선미에 대하여 과

세를 하는 것이다. 이 허가제와 과세제는 전술로 이에 소개한 바와 같이 외미, 조, 수수, 기장 등에 대해서는 이미 실시하고 있는 것이다. 그럼으로 이 제도를 그냥 옮겨서 조선미의 내지로의 이입에 대해 채용하게 되면 내지 측으로는 조선미 대책은 거의 소기의 효과를 낼 수가 있을 것이다.

상세히 말하면 미곡통제법의 조문 가운데

1. 미곡의 이입 또는 이출은 정부의 허가를 받지 아니하고는 이를 할 수 없음이라고 하거나 또는
2. 정부는 미곡의 통제를 도모하기 위하여 필요하다고 인식하는 때는 칙령의 정하는 바에 의하여 기간을 지정하여 미곡의 이입을 제한함을 허가함이라고 해서 조선미 및 대만미의 이입을 제한하는 규정을 설치하고 동시에 이와 병행하여
3. 정부는 미곡의 통제를 도모하기 위하여 특히 필요하다고 인식하면 칙령으로써 기간을 지정하여 미곡의 이입세를 증액 또는 면제할 수 있음

이라고 해서 조선미 및 대만미에 대하여 과세하는 규정을 조문화(條文化)해서 미곡통제법 내에 삽입하여 이것을 실시하게 되면 내지 측으로서는 조선미 및 대만미의 이입으로 인하여 받는 타격은 이것을 안 받을 수가 있다.

따라서 그 조선 및 대만미의 이입에 대하여 제한제도를 채용하며 과세제를 쓰는 것은 이것을 내지 측으로 보면 효과적 근본 대책이라고 할 것이다.

그렇기 때문으로 내지 측에서는 3, 4년 전부터 조선미에 대한 이입제한제와 과세제와의 채용을 주장하는 이가 상당히 많다. 사실은 지난봄 제65의회에 제출될 뻔하다가 말게 된 농림부 안(조선미·대만미 대책에 관한) 외에도 이 색채를 다분히 포함한 내용이 있었다. 그러나 아직까지는

1. 조선미에 대하여 제한제와 과세제를 쓰게 되면 차별대우가 되니까 조선 통치상, 재미가 없다.
2. 또한 내지의 인구, 식량문제를 해결하기 위하여 조선에 산미증식계획을 실시해 놓고 그

결과로 증가된 조선미의 이입을 제한한다면 이것은 신의와 체면에도 관계된다.

의 두 가지 이유로 아직은 실시되지 못하고 있다.

그러나 금후로 여전히 내지, 조선, 대만의 3지를 통틀어 흉작보다 풍작의 횟수가 많고 과잉미가 여전히 산적하여 처분할 도리가 없고 또 쌀의 새로운 용도가 개척되지 아니한다고 하면 머지않아 필경 조선미는 이입제한제와 이입과세제의 실시를 보고야 말 경향이 농후하다고 볼 수밖에 없다.

상세히 말하면 아직까지는 제한제 또는 과세제의 법률적 제한은 없다. 따라서 전기 7개 항목의 조선미 대책이 있음에도 불구하고 법률상으로 보면 아직까지는 조선미의 일본 유출은 자유다. 따라서 비록 매상제가 있다고 할지라도 그 매상에 응하지 않고, 내지로 이출할 수가 있으며 비록 장기저장제가 있다고 할지라도 그 저장에 응하지 아니하고 내지로 이출할 수가 있다. 그러나 일단 제한제가 법률화하는 날이면 이출의 자유는 아주 없어지고 말 것이다.

전에도 서술한 바거니와 지난봄 제65의회에 제출하려고 농림부 안은 이입제한제를 내용으로 했던 것이다. 그러나 이것은 전술한 정치적 이유에 의하여 의회에 제안도 안 되고 말았다. 그 대신에 의회에 제출하여 통과된 것이 즉 전술한 「임시미곡이입조절법안」이었다. 그러나 이것은 조선미의 이출자유를 여전히 인정한 것이기 때문에 내지 농민 측으로 보아서는 불만이 여간 아니었다. 그렇기 때문으로 제65의회는 이것을 통과시키면서도 이러한 미미한 대책만으로는 안 된다는 표로 한 가지 부대결의를 첨부하여 정부의 재고려를 제의하였다.

(중략)

환언하면 이출에 대한 제한제와 과세 제외의 병행 채용에 봉착하거나 또는 그와 비슷한 ■■■ 조선미관리제가 채용되거나 하는 결과로 조선미는 금일과 가치 자유로 이출할 수 없게 되지 아니할까 염려되는 바이다. 그러고 현재의 제반■■를 가지고 장래를 추측해 보면 조선미가 걸어갈 마지막 길은 조선미 전매제가 아닐까 하고 추측된다.

〈자료 261〉 신태익(申泰翊), 조선 미가의 전망(개벽(신간) 2호, 1934.12.01)

1934년 11월 12일 기

(중략)

이와 같이 조선미 이입을 어느 정도까지 못 들어오게 하지 않고는 도저히 내지 미가의 폭락을 막을 도리가 없다고 내지에서는 떠들어 오는 이때, 작년에 조선미가 풍작일 뿐만 아니라 내지미의 무전대풍의 최고 기록을 나타내게 됨에 따라 내지에서 미곡 대책의 수립이 긴급하다는 논의가 백열화했던 것이다. 농가는 물론 농림성으로서도 그 대책에 분주하게 되고 그 결과는 필경 미곡법을 버리고 작년 11월 1일로부터 오늘에 시행되고 있는 미곡통제법이란 새로운 법률에 의하여 미가 폭락에 대한 방지 공작이 시작되었던 것이다. 그러고 일면으로는 미곡 근본적 대책, 다시 말하면 미가통제법에 의하여 쌀 매상, 정조 저장, 기타는 그때그때에 베푸는 임시적 조절 방법이므로 이곳에서 한걸음을 더 나아가 근본적으로 미곡 대책을 완전히 결정해 놓는 것이 가장 안심된 방법이라는 이유 아래서 농림성을 중심으로 한 미곡위원회, 기타의 협의가 작년 말로부터 이번 봄까지 빈번히 열렸다. 그렇지만 이 근본적 대책에서 중심점은 조선미, 대만미 이입에 대해 제한을 가할 방법에 있었던 만큼 파란곡절만 거듭하고 결국에는 아무런 소득이 없이 헤어지고 말았던 것이다. 그래서 다만 미곡통제법만으로써 작년 쌀 풍작으로 인한 미가 폭락에 대한 방지 공작이 진행되어 왔을 뿐이다.

(중략)

그러면 현재의 미곡 사정은 어떠한 정세로 되어 있는가. 세상의 일은 피육적이라고 할지 금년 미작은 조선은 1,600만 석대로 작년 실수(實收)에 비하면 20만 석 감소의 수확 예상 또 내지는 5,000만 석대가 될까 말까 한다는 대흉작의 수확 예상에 이르는 극도의 비관을 갖게 된다. 이 때문으로 금년 10월 말까지인 단경기의 미가고(米價高)가 이번에는 흉작 예상으로 계속되었다. 그러다가 요새는 어느 정도까지 흉작 예상이 완화되는 한편, 신곡 출회로 미가의 등세가 다소 머리를 숙인 경향이 있다. 그렇다고 해서 앞으로의 미가가 완전히 흉작 예상의 시세가 모두 나타났다고 말할 수 있을까 이것이 오늘에 있어 가장 큰 관심을 갖게 하는 점이다.

어떻든지 금년 산미는 풍년이 아닌 것이 사실이다. 즉 조선, 내지를 통틀어 이미 제1회 제2회 예상까지 정식 발표가 되었음으로 실수량이 그것과 다르다고 하더라도 큰 차이가 없을 것이므로 거의 확정된 사실이라고 말할 수 있다. 그러므로 금후의 미가 정세를 살핌에서는 아무리 봐도 흉작이란 두 자를 염두에서 떼어 버리기는 어렵다. 그뿐만 아니라 혹은 금후 미가의 추이 여하는 흉작 재료를 중심으로 한 바가 아닐까 하는 생각을 갖는 것도 무리가 아닐

줄로 생각한다. 이것은 무엇보다도 내지의 내년 쌀 수요 공급 추산의 숫자가 분명히 말해 준다. 즉

(1) 금년 산미가 흉작인 만큼 내년의 쌀 소비량도 줄게 될 것이므로 전년 소비 7,400만 석 금년 소비 예상 7,350만 석이나 내년 소비 예상은 7,100만 석 정도에 이르지 않을까 하는 말.
(2) 인구의 증가 정부의 광구사업(匡救事業), 기타로 내년 쌀 소비는 현저히 줄지 않을 것이다. 그러므로 금년처럼 7,350만 석 정도로 보아도 크게 틀리지 않을 것이라는 말.

이와 같이 내년 내지의 쌀 소비량에 대하여 두 가지의 관측이 있다. 그러므로 쌀 수급 예상을 먼저 전자로써 계산한다면 그 차인(差引) 과잉미가 950만 석, 다음에는 후자로써 계산하면 740만 석으로 된다고 한다. 이렇기 때문에 금후 미가의 추이를 좌우할 것은 내년 내지의 쌀 수급 상태 여하에 달렸고 따라서 본격적 흉작 중심의 미가도 그 수급 공급 추산 여하에 의하여 나타내게 될 것임으로 그동안 미가의 약등을 가리켜서 흉작 본위의 미가가 모두 끝난 것으로 보기가 어렵다.

그러면 쌀 수급 추산의 결과에 대해 확연히 알게 됨은 어느 때일까. 이것은 신곡 출회가 대체 일단락을 고한 뒤 즉 연례에 의하여 2월경이 될 것이다. 그러므로 흉작을 배경으로 한 미가가 있을 것인가 없을 것인가 하는 것도 내년 2월 이후로 보게 된다. 이것을 다시 말하면 흉작 중심의 미가 폭등을 나타내게 될까 혹은 요새의 고가를 천정(天井)으로 하고 뒷걸음을 치게 될까 하는 점은 내년 2월이 되지 않고는 말할 수가 없다. 이렇기 때문에 내년 2월 이전에 있어 흉작이 확실히 판명되기가 어려우므로 역시 흉작 중심의 미가도 본격적 전개가 못 될 것이다. 더구나 신곡 출회의 관계상 공정 최고가격 이내에서 왕래하는 데 그치지 않을까 볼 수도 있다.

그런데 눈앞에 있어 주목을 끄는 것은 이미 시작된 신곡 출회기의 미가 등락이다. 즉 이상에서 말한 바와 같이 금후 쌀 수확의 흉작을 중심으로 한 미가는 내년 2월 이후로 보는 만큼 그동안은 신곡 출회로 인한 미가의 연세(軟勢) 또는 단경기(10월 말)까지 폭등하였던 반동저(反動低)가 어느 정도까지 안 나타날까 하는 점이다. 그렇지만 미곡 사정이 대세상 흉작에 기울

고 있으므로 신곡기의 미가를 예년과 같은 심대한 저가가 있을 것 같지는 않아 보인다.

끝으로 내년 2월 이후의 미가에 대한 대세를 오늘에서 어떻게 볼까 함이 이곳에서 가장 중시되는 점이다. 그런데 이상에서 말한 바와 같이 내지미의 흉작과 조선미의 부작은 내지■미 수급 추산에서 얼마 정도의 그 익년 이월미를 남기게 될까, 다시 말하면 금년 산미로서 내년 10월 말까지 소비를 하고 그 남는 수량이 얼마가량이 될까 함에 대하여 아직 확실한 숫자를 알지 못하게 되는 만큼 내년 2월 이후의 미곡 사정에 대하여 뭐라고 예단하기 어렵다. 그러나 오늘에서 미곡 자체 사정을 가지고 생각한다면 대세상으로는 용이하게 팔기 어려운 상당한 고가가 계속되지 않을까 하는 관측을 하는 것도 무리가 아닐 듯하다. 그러나 오늘에는 미곡 자체 사정 외 미곡에 중대한 관계를 띤 문제가 있다. 즉 지금 논의되어 있는 미곡 근본 대책, 그중에서도 외지미 이입 통제 방법이 장차 어떻게 낙착을 보게 될까 그 내용 여하에 따라서 조선 미가에 중대한 영향이 미칠 것이다. 그러나 미곡통제법에 의한 최고공정가가 이 이상의 미가 약등을 불허하게 될 것인 만큼 오늘에서 미가고가 최고공정가를 돌파하는 정도에 이를 것을 믿을 수가 없다. 그러므로 다만 미곡 사정만 가지고 생각한다면 그 대세상으로는 상당한 미가고를 예상할 수가 있지만 이상의 사정 추이 여하로 어느 정도까지 미곡 대세에 변화를 주지 않을까 하는 점에 있어 막연한 미가고의 관측도 때에 따라서는 좀 생각할 바가 아닐까 한다. (종(終))

〈자료 262〉 왕촌생(汪村生), 재계단평(財界短評), 무장 평화의 경제전(개벽(신간) 2호, 1934.12.01)

1934년 11월 6일 기

(중략)

◇ 미가고와 세민층(細民層)

작년의 쌀은 무전대량이라 한다. 조선미 실수도 1,800여만 석, 농림성 관내 쌀 실수도 6,700여만 석. 그래서 작년 11월부터 12월까지는 미가가 그야말로 거저 주다시피 떨어졌다. 농민은 1년 동안 땀을 흘리고 지은 곡물을 우거지상으로 팔아 버렸겠다. 그랬더니 소위 미가 정책이라든가 미곡통제법이라든가 하는 정책이 나와 가지고 쌀 때에 그만 1,500~1,600만 석 매상하고 나서는 최후 공정가격이라는 것을 정하여 놓고 그것을 상회하지 않으면 안 된다고 버티고 왔음으로 미가는 그야말로 풍작기근으로 등귀에 등귀를 거듭하여 단경기에는 매석에 30원 가까운 고가를 내기 때문에 농민들은 싼값에 팔고 비싸게 사 먹으라고 부채만 짊어졌다. 이 정책이 세민층을 위하는 본의인가? 그렇지 않으면 지주, 대상을 목표로 한 것인가? 그러나 그네들은 용감하게도 농민과 세민층을 위함이라고 말만 들어도 고맙기는 하지만 좀 더 정책 같은 것은 삼갈 필요가 없을까? 금년 미작은 천재지변으로 조선미 수확 2회 예상은 1,655만여 석이라 한다. 즉 1회 예상에 비하면 15만 석 정도의 감수(減收)라 하며 농림성 관내 수확 예상은 30년 내의 처음 가는 대흉작인 4,900만 석 이하라고 한다. 풍작에는 무제한하고 매상하였으니 흉년에는 무제한하고 팔 용기는 없을까? 이로 인하여 조선미의 지위는 유리하게 되었다고 하나 조선미를 취급하는 이입상(移入商)에게는 유리할지 모르나 정작 쌀을 생산한 조선 농민에게는 이득이 없음은 짐작 못하겠지.

(중략)

◇ 토지겸병과 농촌 피폐

최근 토지겸병의 추이를 고찰해 보건대 20년간에 지주는 1000분의 17이 증가되어 약 배수에 달하고 자작농은 220에서 159로 즉 1000분의 61이 감소하였다. 그리고 자소작농은 1000분의 162이니 이것은 급속도의 몰락이다. 부익부 빈익빈의 원리는 자본주의 경제사회에 있어서 한 특징이라 그리 놀랄 것은 없으나 이같이 급속도로 몰락, 피폐하는 농촌을 생각하면 누구나 한줄기 눈물을 금하랴? 그러므로 조선 농촌의 사정은 ■히 핍박 처지에 있다. 인구는 과잉하여 실업 농민의 수가 팽대하고 농촌지 면적은 인구 비교하면 매우 협소하다. 이에 따라 토지는 끊임없이 겸병되고 마니 이는 중소지주의 몰락을 의미하는 것이다. 그 토지를 내놓으면, 그것을 대지주 자본가가 차지하게 되는 것이니 이리하여 계급의 분화가 되는 것이다. 이같이 대지주가 늘고, 소작농 수효가 는다는 것은 농촌민의 궁박이 격화된다는 것을 상징하는 것이니, 이 중간층의 몰락을 의미하는 것이 된다. 그럴수록 농촌의 사회 정세는 더욱 불안한 상태로 들어가게 된다. 이것이 비록 조선만의 현상이 아니오, 자본주의 농업계에 공통한 것이라고 하지만 어느 나라보다 궁박이 심하고 경제력이 빈약한 조선 농촌의 그것은 더욱 급속도로 진행하는 것이다. 이것이 앞으로 더욱 격화할 것이니 그 장래는 과연 어떠한 것인가? 실로 조선 농촌의 피폐와 몰락을 무슨 힘으로 막아 내려는지 농촌문제는 차라리 금후에 있다고 볼 수 있다.

〈자료 263〉 정인관(鄭寅寬), 쌀의 미(謎) '생산비' 문제(개벽(신간) 3호, 1935.01.01)

(중략)

다시 돌이켜 재작년(昭和 8) 11월에 미곡통제법을 실시하게 된 것도 결국 그 소위 과잉미를 어떻게 처치할까? 하는 데서 나온 것이다.

그 소위 과잉미를 처치하는 임시방편은 일본 내지에서 두 가지가 있으니 한 가지는 시장미를 좀 더 대량으로 매상해서 창고에 넣어 두는 것과 정조대로 저장하는 것이요. 또 한 가지는 외지미를 못 들어가게 하는 것이며 외지(조선·대만)에는 매상(1934년(昭和 9) 5월 20일부터 3월 31일까지, 임시미곡이입조절법에 의해 조선미, 또는 대만미의 매입을 행할 수 있게 되었다), 저장의 길이 있다.

매상을 하는 것에는 어느 시기에 얼마의 가격으로 살 것인가? 하는 것이 중요한 것은 사실인데 여기에서 시기와 가격을 동시에 고려하는 것은 무용한 일이니 가격의 최저, 최고의 범위를 정하고 그 범위 밖에서 매상, 매각하는 것이 가장 좋으리라고 생각한 것이다. 즉 공정한 최저가격 이하로 떨어질 때 매상하고 최고가격 이상으로 올라갈 때 매각하는 것이다.

그러면 최저, 최고 공정가격은 어떻게 정한 것인가? 미곡통제법 시행령 제2조에서 최저 공정가격은 (1) 그 연도 쌀의 생산비에 운임 비용을 가한 것 및 (2) 소위 율세미가의 염가 1할 및 2할의 두 가격의 범위 내에서 경제사정을 계산에 넣어 결정하는 가격과 그 (1) , (2) 두 가격의 범위 내에서 결정한다는 것인데(율세미가라는 것은 1900년(昭治 33) 11월 이래 일본은행조사 미가지수의 물가지수에 대한 보합미가율(步合米價率)을 기초로 하여 당해 미곡연도에서의 미가율의 추세치를 산출하고 그것을 기준 가격 결정 이전 달의 물가지수에 곱한 것을 11원 81전(일본은행조사의 기초연월인 1900년(明治 33) 10월의 미가)에 곱해서 산출한 가격을 말하는 것이다.) 또 동령 제3조에서 최고 공정가격은 (1) 그해의 조사에 기한 가계미가(家計米價)와 (2) 율세미가의 시세보다 비싼 2할 및 3할의 범위 내에서 경제 사정을 참작해서 정한 가격과 그 (1) , (2) 양 가격의 범위 내에서 결정한다는 것이다.

여기에서 가계미가라는 것은 각 층의 표준가족 가계를 조사할 때 쌀의 구매비는 대체로 일정한데 생활 정도의 차이는 주로 쌀 이외의 제입비(諸入費) 특히 제2차적인 생활비에 나타난 사실, 그리고 어떠한 가계에 있어서든지 일정한 정도까지는 쌀 이외의 지출을 절약하여 미가 등귀에 응할 수 있는 사실을 기초로 하여 산출한 것이 요컨대 그들 소비자가 감당할 수 있는 미가 등귀의 최고한도를 보이는 것이다.

이와 같이 미가 공정의 기준을 (1) 생산비 및 운임 비용 (2) 율세미가 (3) 가계비에 두었는데 그중에 쌀 생산비가 정치문제로 된 것은 지난 65의회부터였다. 그 전까지는 쌀 생산비는 정부의 미곡정책 내지 미가정책의 기준으로서 대체로 사무적 취급이 되어 왔고 세간에서도 그것으로써 만족하여 왔었다.

전기 미곡통제법의 공정가격을 결정할 때도 1933년(昭和 8)산 일본 내지 쌀 생산비가 22원 17전으로 발표되고 그것을 기초로 공정가격을 결정했는데 세간에서는 '그럴듯이' 여기고 그 생산비를 금과옥조와 같이 알고 있었다. 제국농회 조사의 생산비에 비하면 낮다느니 개인 전문가의 조사한 것보다 높다느니 하는 어느 정도의 비난과 비평이 있었으나 일반에게 그다지 큰 관심을 주지는 않았던 것이다.

그런데 65의회에서 쌀 생산비가 갑자기 정치문제화한 것은 척무성이 조선미 생산비 20원 98전, 대만미 생산비 17원 26전으로 발표한 데서 발단되는데 이것이 외지미 통제 문제에 직접 관계되기 때문이었다. 일본 내지 측에서는 종래 외지미는 일본 내지보다 5~7원은 생산비가 쌀 것이라고 보아 온 것이므로 외지미를 자유로 일본 내지에 유입시켜서는 안 되겠다. 될 수 있는 대로 어떠한 이입제한을 가할 것이라는 것이 일본 내지 미곡정책의 주장이었는데 외지미 생산비가 일본 내지미와 거의 동일한 고가로 발표되었으므로 일본 내지 측의 주장이 근저로부터 번복되지 않을 수 없게 된 것이다.

그러면 일본 내지미 생산비와 외지미 생산비는 얼마만큼 숫자에 차이가 있는가? 다음에 내지의 쌀 생산비 조사표를 열기(列記)한다.

쌀 생산비 조사〔1933년(昭和 8)산 쌀 생산비〕

(가) 일본 내지〔1석당, 농림성 조사〕

종인대(種籾代) 0.27

노임 7.65

축력비 0.86

비료대 4.13

제 재료비, 기타 0.67

농사비(農舍費) 0.44

농구비 0.62

조세, 기타 공과 1.36

미곡 검사 수수료 0.16

토지자본 이자 또는 소작료 7.88

제현비(製玄費) -

비용 합계 24.04

부수입 1.87

차감 석당 생산비 22.17

운임 비용 1.17

합계 23.34

(비고) 운임 비용은 농가의 타장(打場)에서 도쿄(東京) 또는 오사카(大阪)까지의 운임 비용으로 함.

(나) 조선 및 대만의 쌀 생산비

	조선		대만	
	단당	현미 석당	단당	현미 석당
종인대	0.52	0.33	0.45	0.24
노임, 축력비	11.52	7.15(7.88~)	1.28(4.25~)	0.68
비료대	5.15	3.25	7.59	4.10
제 재료비, 기타	1.22	0.77	1.71	0.92
농사비	1.60	1.01	0.48	0.26
농구비	0.70	0.44	0.63	0.34
조세, 기타 공과	2.62	1.65	1.25	0.68
미곡 검사 수수료	-	-	0.61	0.33
토지자본 이자 또는 소작료	1.31	7.23	2.00	5.95
제현비	0.79	0.50	0.91	0.46
비용 합계	35.25	83.32	33.79	18.24
부수입	1.98	1.25	1.82	0.98
생산비	33.27	20.98	21.97	17.26

운임 비용	-	0.72	-	0.55
합계	-	21.70	-	17.81

참고 = 조사 농가 수전 경영면적 1정 5,426(조선) 2정 7,472(대만)
동 현미 평균단당수량 1석 5,858(조선) 1석 8,525(대만)
(비고)

1. 본 조사는 조선에서는 1933년(昭和 8)산, 대만에서는 1930년(昭和 8) 제2기작 봉래미(蓬莱米)의 생산비로 함.
2. 제현미는 조선에서는 현미 조제비 및 검사 수수료의 합계액에서 탈곡할 때 생긴 부수입(싸라기, 왕겨 등)의 금액을 공제한 것 대만에서는 현미 조제비 및 포장비의 합계 금액으로 함.
   위 여러 비용은 일본 내지에서는 노임, 농구비, 검사수수료, 기타 항목 중에 각각 계상된 것이다.
3. 운임 비용은 조선에서는 농가의 타장에서, 대만에서는 산지의 미곡검사소에서 이출항까지의 운임으로 함.
4. 조사 농가의 호수는 조선에서는 108호, 대만에서는 봉래미에 관한 것 43호로서 생산비는 어느 것이나 조사 농가의 총평균이다.

그러니까 문제가 종래와는 달라져서 쌀의 생산비 특히 외지미 생산비의 재검토를 논하게 되고 정부안에서도 척무성은 척무성대로 "이 숫자에 1리(厘)의 착오도 없다고" 버티고 농림성은 농림성대로 "그런 엉터리인 숫자는 미가정책의 기준으로 사용할 수 없다고" 주장하다가 결국 외지미생산비조사회를 신설하고 농림성의 조사 방법대로 외지미 생산비를 재조사하게 되어 조선에서는 작년(昭和 9) 4월부터 22만 4,000원의 경비로 임시 촉탁 조사원 145명을 채용해서 전 조선 135개소 870호의 농가에 대해 조사한바 집계로 거의 완료되어 조만간 결과를 알 수 있다고 하거니와 신문지의 보도를 다 믿을 수는 없지만 작년〔1934년〕 생산비는 재작년〔1933년〕보다 훨씬 높아서 23~24원의 중간으로 되리라고 전하는데 관리들의 수중에 있는 것인 만큼 알기 어려운 일이다.

현재의 미곡통제법에는 물가 참작치의 염가 1할 내지 2할의 범위로 정한 액과 생산비 플러스(plus) 운임 비용의 액을 가지고 정하기로 되어 있으므로 생산비의 숫자는 본질적으로 상당히 큰 역할을 가지고 있다. 물가 참작치는 수반(數盤)상으로 누구든지 산출할 수 있는 기지수(旣知數)이니까 움직일 수 없는 일인데 생산비와 운임 비용은 다소 인위적 취사(取捨)를 가할 수도 있으리라고 한다. 1933년(昭和 8)에 일본 내지의 각 도, 부, 현에 대하여 중간 단위의 논을 경작하는 중위 경영 농가 2,000호를 지정하여 기장식(記帳式)으로 1년간 미작의 수입 지출을 조사하게 한바 그 생산비 1석당 11원대로부터 38원대까지 38원 단계로 되어 있는 것을 그 38단계 중에서 아래는 11원대로부터 17원대까지의 7단계를 떼어 버리고 위로는 34원대로부터 38원대까지의 5단계를 떼어 버리고 나머지 18원대 내지 33원대까지의 26단계를 취하여 그것을 평균해서 22원 17전으로 한 것이라 한다.

그러므로 그것은 실제 생산비가 아니고 평균 생산비로 한 것인 만큼 거기에는 수많은 책동이 가미되었다 하여 척무성과 외지 당국이 농림성 당국의 생산비야말로 믿을 수 없다고 반격하였던 것이다. 그러나 문제는 일시적 흥분에만 그칠 일이 못 되는 것은 매년 800만 석이나 들어가는 조선미(대만미도 문제될 것이나 수량상으로 보아 조선미가 단연 문제의 중심이 되는 것이다)를 막기 위해서는 일본 내지미와 외지미와의 사이에 생산비의 현저한 차이가 있다는 근거를 발견하지 않으면 안 될 것이다.

그리해서 지난봄(1934년(昭和 9)) 내각에다 호리키리(堀切) 서기관장을 회장으로 하는 외지미 생산비조사회를 두기까지에 이른 것이다. 그리하여 마치 일본 내지미 생산자를 대표한 자는 농림성인 것같이 되고 외지미 생산자를 대표한 자는 척무성 및 외지당국인 것처럼 되어 있어 그중에서 허다한 문제가 빚어지고 있는 것이다.

(중략)

그러나 조선미는 일본 내지에 비하여 특수한 점이 있으니 그것은 조선의 직접 쌀 생산자인 중농 이하의 농가가 미식을 할 수 없어서 쌀을 팔고 속, 기타 잡곡을 사서 상식(常食)하는 관계로 쌀은 화폐의 유일한 원천이 되는 것이다. 그러므로 일본 내지의 농가에서는 중농 이상이 미고(米高)를 절실히 희망함에 대해 조선 농가는 중농 이하도 그것을 요망하게 되는 것이다. 이러한 특수성이 있음에도 불구하고 조선미의 이입을 방지하기 위하여 온갖 수단을 다하는 것은 그 차별의 심한 자라 하지 않을 수 없다.

단 조선미 차별에 대하여 직접 생산자인 중농 이하의 대다수 농민은 무언의 차별 반대를 하고 있으나 이 대다수와는 별개로 자기 이해를 위하여 적극적, 정략적으로 책동하는 지주 및 쌀 상인 군(君)의 노력은 참으로 가관이다. 그런데 이것은 산업자본가 대 지주와의 다툼과 달라서 일본 내지의 지주 대 조선 내 토지소유 지주 및 쌀 상인의 쟁투인 것이 특색이다.

그러면 우리는 어떠한 태도를 취할 것인가. 일본 내지의 조야가 통틀어 외지미 이입 제한을 주장하는 이때에 조선미가 아무 통제 없이 이출되리라고 바랄 수는 없고 또 그렇다고 해서 초미의 현실 문제로서는 직접 생산자인 의농민의(진정한 의미의) 자발적 운동을 일으킬 수도 없는 이상 비록 그 동기와 이해의 결과에서 반드시 그 궤를 동일하게 하지 못할 뿐 아니라 상극의 지위에 있다고는 할지라도 일본 내지 측의 외지미 차별에 관한 조선 측의 지주 및 쌀 상인들의 적극적이요 또 효과적인 반대에 한해서만 은인자중할 것이라고 본다.

〈자료 264〉 박용래(朴用來), 조선미 통제 종횡관(縱橫觀)(삼천리 7권 5호, 1935.06.01)

1. 미곡통제법 제4조

1933년(昭和 8) 11월 1일부터 시행된 미곡통제법 제4조에 의하면 "정부는 도, 부, 현으로부터 해 지역 외로 또는 조선 또는 대만으로부터 내지로 이출하는 미곡의 수량을 월별 평균적으로 하기 위하여 칙령에 정하는 바에 의해 출회기에 미곡의 매입을 하고 출회기 후에 미곡의 매도를 할 수 있음"이라고 규정되어 있는바 이하 조선미를 표준하고 말한다면 이는 미곡이 쇄도하는 출회기에 조선미가 일시에 다량으로 이출되어 일본 내지 미곡시장에 한층 악영향을 주지 않도록 출회기에 정부에서 일정한 수량의 조선미를 매입하여 두었다가 출회기 후 미곡 출회가 일반으로 적어진 그때에 점차로 매각하여 조선미 이출을 월별로 평균하게 함으로써 내지 미가의 계절적 변동을 조절하려는 것인데 그 매입 또는 매도는 특별한 사정이 없는 한 조선미는 조선에서 하고(동법 시행령 제13조) 그 가격은 시가에 준거하여 이를 정하게 되었다(동법 제4조 제2항). 그리고 매입 수량은 "당해 미곡연도의 연 추산 이출 수량을 월평균으로 한 것의 4개월분을 당해 미곡연도에서의 11월부터 2월에 이르는 각월 추산 이출 수량의 합계액에서 공제한 수량을 한도"로 제한되어 있다. 그런데 여기에 연 추산 이출 수량이라는 것은 조선의 제2회 미곡예상수확고에 조선 미곡 생산고에 대한 그 산미의 이출 수량의 비례를 전 5년에 취하여 평균한 것을 곱하여 산출한 액이고 각 월 추산 이출 수량이라는 것은 각 월에서의 조선 산미의 이출 수량의 그 연 이출 수량에 대한 비례를 전 5년에 대해 평균한 것을 그 연 추산 이출 수량에 곱한 액이다(동법 시행령 제11조). 이리하여 매입한 미곡의 수량에 상당하는 미곡은 당해연도 내에 매도하는 것이 원칙적으로 되어 있으나 그 매도로 말미암아 미가가 최저가격 이하로 저락하게 되면 안 될 것이므로 후카가와(深川), 간다(神田), 및 도톤보리(道頓堀)의 3개의 정미시장의 표준 중 쌀 평균가격이 표준 최저가격보다 5분 비싸거나 이하인 때는 매도하지 않아도 좋다고 규정되어 있다(동법 시행령 제12조). 이러한 법규는 실제로 그 발동을 보게 되어 1933년(昭和 8)산 조선미의 계절적 매상은 170만 석이었는데 이 한에 있어서도 조선미 이출에 인한 일본 내지미의 계절적 타산이 그만치 경감되었을 것은 사실이다. 그런데 1934년(昭和 9)산 쌀에서는 미가고의 관계로 아직 그 매상이 없다.

1. 임시미곡이입조절법

미곡통제법 제4조가 외지미의 이출 조절에 어느 정도까지 유효함은 전술한 바와 같거니와 이 법규를 확충, 강화하였다고 할 임시미곡이입조절법이 또한 1934년(昭和 9) 5월 20일부터 실시되었다. 이 법령의 내용을 보건대 정부는 외지미의 내지 이출 수량을 조절하기 위하여 외지미를 매입할 수 있다고 하였는데(동법 제1조) 그 매입하는 미곡의 가격은 표준 최저가격 일본 내지미와의 격차, 운임 비용 등을 참작하여 농림대신이 정하는 액의 범위 내에서 시가에 준거하여 이를 정하고(동법 제2조 동법 시행령 제1조) 그 매입한 미곡의 매도 가격은 시가에 준거하여 이를 정한다(동법 제4조). 그러나 그 매도는 앞서 말한 바와 같이 내지 미가의 폭락을 염려하여 수출을 목적으로 한 매도 외에는 도쿄(東京), 오사카(大阪) 정미시장의 표준 중 쌀 가격이 표준 최저가격에 상당하는 가격 이상인 때로서 일본 내지의 미곡시장에 악영향을 미치지 않으리라고 인정되는 경우가 아니면 할 수 없게 되었다(동법 시행령 제2조). 그리고 매입한 미곡은 저장 및 가공도 할 수 있다. 그 매입 저장 및 가공은 특별한 사정이 없는 한 조선미는 조선에서 하기로 되었다. 즉 이 법령에서는 미곡통제법에서 보는 바와 같은 매매의 시기라든가 수량의 제한이 없고 또 매도의 조건도 한층 엄중히 되어 있으므로 외지미, 특히 조선미 이출에 의한 위협으로부터 내지미는 상당히 보호를 받게 되어 있다. 그러나 이 법령은 이번 10년 3월 31일까지의 임시적의 것이기 때문에 머지않아 이것은 폐지될 운명에 있으니 마침내 그 발동은 보지 못하고 말게 될 줄로 안다.

1. 정조 저장장려

또 한 가지 미곡통제법의 보강 공작으로 객년에 조선에도 실시된 정조 저장장려에 대하여 한마디 하면 미곡저장장려규칙에 기해서 일정한 장려금을 교부하고 농민으로 하여금 자발적으로 정조를 저장하도록 하는 것인데 이는 상당한 액의 장려금을 교부하는 대신 저장 기간 중은 일정한 조건—예를 들면 시가를 붕괴시킬 염려가 없다든가 함을 구비한 경우로서 정부의 허가를 맡은 때가 아니면 저장자가 임의로 처분할 수 없게 되어 있다. 그 자세한 내용에 대해서는 설명하지 않거니와 1933년(昭和 8) 산미에서 조선미는 장기 저장 300만 석, 단기 저장 80만 석이 저장되었고 1934년(昭和 9)산 쌀에서도 장기 저장은 중지되었으나 단기 저장은 하기로 되어 정조 43만 4,300석과 현미 14만 9,250석을 저장하였다. 그럼으로 이 방법에 의해서도 출회기에 조선미의 일본 내지 시장 쇄도는 어느 정도까지 방지될 것이다.

이상은 요컨대 현금에서도 조선미의 일본 내지 이출은 상당히 통제되고 있다. 그러나 일본 내지미 생산자는 이로 만족하지 않는다. 일련의 대표적 쌀 생산자는 제국농회를 중심으로 외지미에 대한 강력한 철저 통제를 주장하며 최근에 이르러 그 실현 운동은 맹렬의 정도를 더하게 되었다. 따라서 정부에서도 '미곡 근본 대책'을 강구하게 되었으니 제65의회의 중의원 결의에 기해서 정부는 오카다(岡田) 수상을 수반으로 한 미곡대책조사회를 설치하고 8월 말일(작년)에는 위원까지 임명하였다. 이리하여 미곡대책조사회 제1회 총회는 9월 25일 수상 관저에서 개최되었는바 당일 농림성으로부터 참고안으로 다른 안과 아울러 「미곡자치통제안」이 제출되었다. 이래 심의를 거듭한 결과 금년 1월 11일 소위원회에서 성안을 얻게 되어 15일의 특별위원회에서 대다수로 가결되고 19일의 총회에서 이 또한 무난히 가결된 것이 소위 「미곡자치관리안」이라는 것이다.

1. 미곡자치관리안

이 미곡자치관리안은 정부에서 미곡대책조사회로부터 정식 답신을 받아 이에 기해 법안을 정비하여 가지고 이번 의회에 제출하였던 것인바 방금 문제를 일으키고 있는 것인 만큼 그 전문을 소개함도 헛수고는 아닐지나 여기서는 그 골자만을 추려 참고에 제공하고 조선미의 이해에 직접 관련이 있다고 생각되는 조항만을 좀 더 자세히 인용하여 설명하기로 한다.

미곡자치관리안요령(Economist 2월 상순호 참조)

(1) 정부는 매년 일본 내지, 조선 및 대만을 통틀어 미곡의 수급 추산을 행하고 그 결과, 과잉을 낳는 경우는 그 과잉 수량의 범위 내에서 일정 수량을 정하여 일본 내지, 조선 및 대만에 이를 배정, 통제함.

(2) 정부는 필요한 경우에는 일본 내지, 조선 및 대만을 통틀어 일정 구역을 단위로 하는 미곡통제조합을 설립시킬 수 있음. 이 설립이 있을 때는 그 구역 내의 생산자는 원칙으로 그 조합에 가입한 것으로 간주함.

(3) 통제조합은 조합에 배정된 통제 수량을 그 조합원에게 배정하고 또 배정된 조합원의 미곡을 위탁받아 저장하며 기타 통제상 필요한 처치를 취함.

(4) 미곡을 취급하는 판매조합의 설치가 있는 시정촌에서는 미곡통제조합의 업무는 이 판매조합에서 행할 수 있음. 또 통제조합 또는 판매조합이 없는 시정촌에서는 농회가 행정 관청의 허가를 받아 통제조합의 업무를 행할 수 있음.

(5) 정부는 필요한 경우 통제조합 또는 그 업무를 행하는 단체에 대해서 지방미곡통제조합연합회에 가입을 명하고 또는 조합연합회에 대해서 중앙미곡통제조합회에 가입을 명할 수 있음.

(6) 정부는 조합연합회에 대해 일정 수량을 배정하고 통제하게 함. 조합연합회는 배정된 미곡을 그 소속 단체에 대하여 배정하고 통제하도록 함이 통제 수량 중 단체의 저장 능력, 기타의 사정을 참작하여 정한 것을 공제함. 잔여는 신청에 응해 정부에서 이를 매상함.

(7) 통제조합, 그 업무를 행하는 단체 또는 연합회는 최저가격 및 최고가격의 범위 내의 가격으로써 함이 아니면 미곡을 판매함을 불허함.

(8) 정부는 통제조합 또는 그 업무를 행하는 단체 또는 연합회에 대해 미곡 자금을 공급하며 조성금을 교부하는 방책을 강구하는 동시에 그 업무에 관해 공익상 필요한 감독을 함.

(9) 정부는 위와 같은 시설을 꾀할지라도 아직 미곡의 공급이 현저히 과잉하다고 인식할 때는 위원회의 논의를 거쳐서 일정 수량을 한해 일본 내지, 조선 및 대만의 미곡 이동에 대해 통제를 명할 수 있음.

여기서 제일에 문제되는 것은 조선에 얼마만큼의 배정이 돌아올까 하는 것인데 이 배정 비율을 말하려면 먼저 미곡 수급 추산부터 설명해야만 될 것이다. 수급 추산은 매년 일본 내지, 조선 및 대만을 통틀어 미곡 예상 수확고(대만의 제1기작에 대해서는 추정액), 11월 1일의 미곡 현재고, 과거의 소비 상황을 참작한 미곡 소비 예상고 및 목표 이월고를 기초로 한다. 그 결과 과잉이 있는 경우에는 그 수량의 범위 내에서 일정한 수량을 정해 가지고 일본 내지 조선 및 대만에 배정하여 통제하게 될 터인바 이제 1933년(昭和 8) 11월 1일의 미곡 사정에 의한 수급 추산을 보면

공급

전년도 지월 900만 8,000석

1933년(昭和 8) 실수 7,084만 7,000석

조선, 대만미 이입 예상 1,250만 석

계 9,235만 5,000석

수요

수출 예상 4만 석

이출 예상 38만 7,000석

소비 예상 7,318만 1,000석

계 7,360만 9,000석

차감 이월 1,874만 6,000석

인데 이 이월고에서 목표 이월고 50만 석과 당시의 정부 소유미 약 300만 석〔1933년(昭和 8) 11월 말 현재 정부미 296만 350석〕을 공제한 나머지 1,074만 6,000석이 과잉미이나 이하 계산은 900만 석을 통제될 수량으로 한다. 그런데 그 배정 비율은 당부 농림성에서 암시한 안에서는 일본 내지, 조선 및 대만의 미곡 관외 이출 수량을 기준으로 한 것이다.

	배정 비율	배정 수량	배정 수량의 이동고 또는 이출고에 대한 비율
일본 내지	3	450만 석	3할 3분 강(强)
조선	2	300만 석	3할 7분 6리(厘)
대만	1	150만 석	

비고 - (1) 배정 비율은 1933년(昭和 8) 관외 이출 수량의 비 (2) 이동고는 1933년(昭和 8) 일본 내지미의 현(縣) 외 이출 1,361만 4,000석을, 이출고는 동년 조선미의 일본 내지 이출 797만 2,000석을 말함〔1월 17·23일부 『조선일보』 참조〕으로 내외지 반반의 형세였던 것이 소위원회 원안은 관외 이출 수량의 '증가 추세'를 기준으로 하게 되어 있음으로 이에 의하면

	배정 비율	배정 수량	배정 수량의 이동고 또는 이출고에 대한 비율
일본 내지	3.1	279만 석	2할 5리
조선	4.7	423만 석	5할 4분 5리
대만	2.2	198만 석	

비고 - (1) 배정 비율은 관외 이출 수량 등 증가 추세의 최근 10개년 평균비 (2) 기타 앞과 같으므로 외지 측에 극도로 불리하게 되었다. 그러나 이렇게 불공평한 배정 비율은 외지 측의 반대운동을 일으키지 않을 수 없다. 이에 특별위원회에서는 외지 측의 입장을 일부분 고려에 넣어 최후적 결정을 하게 되었으니 그는

	배정 비율	배정 수량	배정 수량의 이동고 또는 이출고에 대한 비율
일본 내지	3.5	315만 석	2할 3분 1리 강
조선	4.4	396만 석	4할 9분 8리 강
대만	2.1	189만 석	

비고 - (1) 배정 비율은 관외 이출 수량 증가 추세를 기준으로 하고 이에 관외 이출 수량 기타 사정을 참작 (2) 기타 앞과 같으므로 그래도 통제될 과잉미 중 일본 내지는 그 3할 5분을 배정됨에 불과한데 조선은 실로 그 4할 4분이나 배정되며 따라서 일본 내지가 그 현 외로 반출되는 쌀의 경우 2할 남짓을 통제하면 되는 데 반해 조선은 그 이출되는 쌀의 반이나 되는 수량을 가두어 두지 않으면 안 되게 된다. 이 어찌 조선미에 대한 '차별대우'가 아니며 치상(致傷)이 아니리오. 일시 조선미곡협회연합회, 미곡연구회, 조선미옹호기성회 등이 '비율 반대' 운동을 한 것도 그 이유가 여기 있다.

여하간 이리하여 과잉미의 일정 수량은 일본 내지, 조선 및 대만에 결정되어 각기 그 통제조합에 결정하여 저장하도록 될 터인바 그 결정된 수량 중 통제조합의 저장 능력, 기타의 사정을 참작하여 정한 것을 공제하고 잔여가 있으면 정부에서 이를 신청에 응해 매상하기로 되었는데 그 가격은 일본 내지에서는 통제법의 최저가격이고 조선 또는 대만에서는 미곡 생산비, 물가, 기타의 경제 사정을 참작하여 정한다. 그리고 통제조합에 저장된 쌀은 일본 내지의 미가가 최저가격보다 상당히 고가인 때가 아니면 해제할 수 없고 최저가격의 범위 내의 가격으로 하지 않으면 매각할 수 없으며 또 통제조합연합회는 그 소속 단체에 대하여 쌀의 판매

를 통제하기 위하여 평균매의 실행, 기타 필요한 지령을 할 수 있게 되었다.

이를 개관하건대 미곡자치관리안은 그 주요 목적이 일본 내지미에 압박이 되는 조선미의 일본 내지 이출을 대부분 금지시켜 일본 내지 미가를 최저가격 이상으로 유지하고 그 가격을 해할 염려가 없는 때에 한해서만 조선 통제미의 이출을 허가하려는 것으로 이로 일본 내지미는 후환이 없이 보호될 것이지만 먹기 위해 생산하는 것이 아니고 팔기 위해 생산하는 조선미는 재래 이출자유제도하에서 누리고 있던 편익조차 극도로 제한되게 되었다.

2) 일본 정부의 미곡통제정책

(1) 자료 해제

1920년대 말부터 시작된 세계대공황과 농업공황의 여파로 조선에서도 조선쌀의 이입 통제를 주 내용으로 하는 미곡정책이 실시되었다. 이에 대한 일본 정부와 조선의 정책 당국이 마련한 미곡정책의 내용을 전반적으로 살펴보는 데는 1장에서도 정리한 『조선농업발달사』와 『조선농회보』의 관련 기사를 활용할 수 있다. 이와 함께 1930년대 조선 미곡정책에 대한 내용과 전개 과정을 살펴볼 수 있는 자료는 『조선에서 미곡통제의 경과(朝鮮に於ける米穀統制の經過)』(朝鮮總督府 農林局, 1938)이다. 이 자료는 1934년 조선총독부 농림국 농산과에서 발간한 것으로 1930년대 미곡통제와 관련된 각종 정책과 시설들이 전개되는 경과를 정리해 놓은 정책 설명서이다. 미곡통제와 관련한 각종 정책 및 시설의 전개 과정을 간단하게 설명하고, 해당 정책 및 시설에 관한 계획서들 원문을 첨부하는 형식으로 구성되어 있다. 유무라(湯村) 농산과장은 위 자료의 편찬 목적에 대해 미곡통제와 관련된 관계자들이 업무에 사용하도록 관련 자료를 모아서 편찬한 것이라고 밝혔다. 따라서 위 자료를 통해 미곡통제와 관련한 정책들의 변천 과정을 쉽게 파악할 수 있다.

(2) 실행 내용

① 농업공황으로 인한 미가 폭락과 조선미 이출 문제 제기 : 미곡법의 조선 적용

(1929~1932)

〈자료 265〉 미곡을 둘러싼 일선상극(日鮮相克)(小早川九郎 編著, 1959, 『補訂 朝鮮農業發達史 - 政策篇』, 友邦協會, 479-480쪽)

위정 당국과 당업자를 불문하고 일본 측과 조선 측의 미곡문제에 관한 견해의 차이, 의견의 대립, 나아가서는 나타나는 시설의 불일치 및 쌍방의 대처와 운동 등, 우리는 이것을 가리켜서 미곡을 둘러싼 일선(日鮮)의 상극(相克) 또는 마찰이라고 칭하고 있다. 이러한 상태가 이 사이에 발생한 것은 주목해야 할 일임과 동시에 산미증식계획(產米增殖計畫)의 수립이 우리나라 식량문제의 해결에 길을 타개하는 대승적 시설이었던 것을 돌아보면, 매우 우스운 모양을 나타내고 있는 것이라고 말하지 않을 수 없다. 이것은 조선미의 일본 공급량이 급증하고 또 장래 그 공급력에 의거할 수 있는 전망에 의해서 수량상으로부터 봐도 우리나라 식량문제는 일단 완화되고 또 불안도 제거할 수 있었다. 하지만 조선미의 일본 쇄도는 미가 압박이란 점에서 일본의 미곡 생산계에 적지 않은 위협을 주게 되었다. 여기에 미가를 둘러싼 일선 대립 관계가 발생했던 것이다. 따라서 일선 상극 또는 마찰이라고 칭해도 필경 미가를 중심으로 한 대립 관계에 지나지 않는다. 이 관계는 일선 모두 풍작이 이어지고 미가 저락의 정도가 심해짐에 따라서, 한층 절박해져 갔던 것에 비춰 봐도 명확하다.

즉 1925년(大正 14) 미곡법의 개정이 있었고 가격 조절의 목적으로써 미곡의 매상이 행해졌지만, 아직 조선미에까지는 미치지 않았다. 게다가 조선미의 일본 수입은 해와 함께 증가했기 때문에 일본미 만의 매상으로는 그 철저를 기하기 어렵게 되었다. 따라서 이미 같은 해 4월, 교토시에서 개최되었던 대일본미곡대회(大日本米穀大會)에서 조선미 매상을 정부에 요청했었다. 그 후 미곡법이 조선에서 행해졌다고는 하지만 그것은 단지 제2조뿐이어서 여전히 조선미의 매상이 행해지기까지는 이르지 못했기 때문에, 1928년(昭和 3) 4월 오카야마시(岡山市)에서 대일본미곡대회가 개최되었을 때, 다시 전 회원 일치로써 조선미의 품질 향상 상황, 일본 시장으로 쇄도의 계절적 편중 상황, 비교적 싼 가격 상황 등의 견지에서 정부 매상의 필요성과 실행성을 설명하고, 곧바로 그 매상의 단행을 요청했었다. 그렇기 때문에 그때까지는 조선미에 대한 일선 두 당사자 사이에는 아직 표면적인 의견의 분열은 없었다.

말할 것도 없이 일본에서도 미곡법을 중심으로 해서 정부의 대책에 대하여 논자의 입장에 따라서 여러 가지 의견의 분열은 피할 수 없었다. 미곡 당업자 또는 소비자 측을 대표하는 상공회의소(商工會議所)는 미곡법의 폐지를 열심히 요청했다. 어쨌든 조선미의 대량 수입, 특히 계절적 수입의 편중이 일본의 산미업자 및 미곡업자에 대한 중압으로 되는 것은 피할 수 없었다. 그렇기 때문에 제국농회(帝國農會)는 1929년(昭和 4) 9월 전국 도(道)·부(府)·현(縣) 농회장(農會長) 회의에서 미곡 대책 중 "정부는 속히 조선 및 대만으로부터의 수입미에 대하여 적당한 조절책을 강구할 것"을 결의하였다. 또 당시 빈번히 개최되었던 미곡조사회(米穀調査會)에서 외지미(外地米)에 대한 수입제한·수입관리제한·전매제 등의 차별적 대책을 입안·토의하고 있었던 것도 조선의 미곡 관계자를 크게 자극했다. 마침내 10월 조선농회가 주최한 전선농업자대회(全鮮農業者大會)에서는 식량문제에 관한 건의안이 긴급동의 형태로 제출되어 "제국 식량의 수급 조절에 관해서는 일선을 통틀어서 통일된 정책을 수립할 것"을 결의하였고, 대표자는 그 결의를 동상(東上)하여 정부 당국에 이것을 제출함과 함께 관계 요로(要路)에 그 취지를 전했다. 그러나 11월 미곡조사회 특별위원회 소위원회에서 조선미 월별 수입 제한 및 이것에 따른 정부 창고의 건설, 농업창고 장려 및 저리자금 융통을 행하고, 수입조절을 도모하는 안이 거의 확정된 것이 보고되었기 때문에, 유력한 조선 내 실업자(實業者)는 곧바로 경성에 회합해서 조선미수입제한반대동맹회(朝鮮米輸入制限反對同盟會)를 결성하기에 이르렀다.

〈자료 266〉 정부의 조선미 대책(小早川九郎 編著, 1959, 481-482쪽)

산미의 증수(增收)와 미가 붕락(崩落)의 정세는 1930년(昭和 5), 1931년(昭和 6)에 이르러서 일본의 대조선미 대책을 한층 혼돈스럽게 만들었다. 즉 1930년(昭和 5) 1월 마츠다(松田) 척무상이 총독부의 의향을 대표해서 "정부는 오는 가을에 조선미가 일시에 일본으로 수입 쇄도하는 것을 방지하기 위해 적당한 방책을 강구하고 이것을 조절할 용의가 있다"라고 미곡조사회 특별위원회에서 정식적으로 성명했기 때문에, 소위원회안이 가결되었고, 위 조사회 회장에게 보고해야 할 원안이 결정되기에 이르렀다. 그런데 그중에서는 "일본으로 수출하는 조선미 수량을 월별 평균적으로 조절하기 위해 조선총독부에서 적당한 방책을 수립해야 한다"는 항이 있어서 3월 마치마에(町前) 농무상은 사이토(齋藤) 총독을 회견했을 때 이것을 언급했다. 또한 조선의 외미(外米) 수입은 일본에 비하여 수입률이 많기 때문에 일본미가를 압박함으로써 엄정히 이것을 단속해야 한다는 취지를 질문한 것에 대하여 총독은 대체로 이것을 승인하였다. 다만 외미 수입 제한에 대해서는 외미가 조선 농민에게 필요한 실정을 서술하고, 급속히는 이것을 실행하기 어렵다는 뜻의 양해를 구하는 데 그쳤다. 총독부로서는 대체로 중앙정부의 의향에 순응해서 4월에는 외미 수입의 수량에 대해서 일정의 한도를 마련하기로 했고, 앞서 말한 농업창고 계획도 이렇게 해서 그 실현에 발걸음을 내딛었다. 그러나 같은 해 작황을 미루어 보면, 다음 미곡연도에 조선미의 수입고는 1928년도(昭和 3)의 700만 석을 돌파하는 형세였기 때문에 농림성은 이것의 대책으로서 9월 (1) 조선에서 외미 수입을 엄중 제한할 것 (2) 조선에서의 속(粟, 조) 수입제한정책을 강구할 것 (3) 조선의 미곡창고의 기능을 발휘하게 하여 조선미의 일시적 일본 쇄도를 방지할 것 (4) 조선총독부로 해서 월별 평균 수출을 즉시 행하게 할 것 등을 결정했다. 총독부가 9월 26일 이후 연말까지, 공업용 싸라기(碎米) 및 25가마(俵) 이하의 소량 수입미 이외의 상용미(常用米)는 일절 이것의 수입을 금지하기로 했던 것은 이것에 순응한 것이었다.

〈자료 267〉 조선미수출조절문제 간담회(小早川九郎 編著, 1959, 482쪽)

총독부는 같은 해 3월 상순, 조선 내의 주요한 금융업자, 창고업자, 미곡취급업자, 중요지 상업회의소 회두(會頭) 등 각 방면의 지식인을 망라한 조선미수출조절문제간담회(朝鮮米輸出調節問題懇談會)를 개최하여 (1) 농업창고 및 상업창고에 의한 조선미의 수출을 조절하는 경우의 여러 요항 (2) 그것 이외의 시설에 의해 조선미의 수출을 조절하는 방법에 대해 간담하였다. 그 결과 (1)에 대해서는 농업창고는 농회·산업조합·부(府)·면(面)·수리조합을, 상업창고는 회사를 경영 주체로 할 것 이외에 창고료, 금융 관계, 증권 관계, 보호 조성, 보조 조건, 신설 창고와 기설 창고의 관계를 중심으로 한 사항을, (2)에 대해서는 조생품종(早生品種)을 연구 보급해서 수출 시기를 앞당길 것, 연합 조직에 의한 쌀의 저장 방법 연구가 필요하다는 것 등의 결론에 도달했다. 또 9월에는 조선 내 각 은행, 농업 경영자, 조선농회, 곡물상조합의 대표자를 모아서 미가폭락대책간담회를 개최하였다. 그때 참가자가 제출한 미가 폭락 방지를 위해서 수확 예상고 발표의 보류 및 신설 농·상업창고에 대한 저리자금 융통 등의 희망에 대하여 극력 이것의 실현에 노력해서 미가의 유지를 도모하기로 했다. 이것에 호응해서 조선농회도 10월 전선농업자대회(全鮮農業者大會)를 개최해서 미가 대책에 대한 여러 가지 협의를 한 결과, 중앙정부에 대해서는 조선에서 속히 벼 600만 석의 매상을 단행할 것을, 또 총독부에 대해서는 (1) 다음 해 신곡기(新穀期)까지 속의 수입 제한을 단행하고, (2) 농업창고의 건설 및 미곡 저리자금 대출을 극력 확장하여 즉행할 것을 요청하는 건의를 의결하여 곧바로 실행위원의 손으로 옮겼다. 그리고 같은 달 개최된 제국농회 통상총회에서는 농림대신에 대한 미가대책 건의안 중, 조선미 응급대책으로서 월별 평균수입을 장려하고, 조선에서 속의 수입 관세 인상을 행하고, 또 만선(滿鮮) 국경에서 미곡의 위법 통과를 엄중히 감시하고, 그 항구책으로서는 일본과 조선·대만의 미곡정책의 통제를 도모할 것을 결의했다.

〈자료 268〉 미가대책 간담회(小早川九郎 編著, 1959, 483-484쪽)

1931년(昭和 6)에 들어서도 미가가 더더욱 부진을 나타냈기 때문에 조야(朝野)가 같이 이것의 대책 마련에 노심초사하여, 2월 총독부는 조선은행, 조선식산은행, 조선상업은행, 조선미곡창고주식회사[107], 금융조합 등의 관계자를 소집해서 간담회를 개최하였다. 작년 가을의 간담회 이후 미가 대책에서 미곡 저리자금의 대출 및 창고 성적이 예기의 효과를 거둘 수 없었던 실정 및 이유를 말하고, 금후의 대책을 간담하였다. 조선농회 또한 같은 달의 정기총회에서 긴급동의를 채택해서 당시 개회 중인 제국농회 미곡법개정위원회에 조선 벼의 정부 매상 방법을 요청했다. 그런데 일본에 있어서는 5월, 간사이(關西) 2부(府) 17현(縣) 농회역직원연합협의회(農會役職員聯合協議會)에서 "식민지 산미증식계획의 폐지에 노력할 것"을, 또 6월에는 제국농회8대농구대표자회(帝國農會八大農區代表者會)가 "대만·조선미 수입을 가능하다면 법률로써 제한하고, 조선미증식계획 같은 것은 속히 중단할 것"을 의결하였다. 더해서 3월 개정된 미곡법 제3조가 7월부터 조선·대만·화태(樺太)에 시행하는 것으로 되었다. 동법(同法) 시행령에 따라서 조선에서 미곡의 수입 또는 수출의 허가는 조선총독부가 이것을 행했다. 다만 그 수량은 미리 농림대신과 협의하기로 되었기 때문에 총독부는 10월 미곡의 수출입 제한에 관한 부령을 발포하였고, 이것에 수속을 규정하기로 되었다. 사태가 이 같은 상황이었기 때문에 조선농회는 11월 전선농업자대회를 개최해서 다음의 사항을 총독에게 진정함과 함께 (1)

---

107 조선산 쌀의 대일 반출량을 조절할 목적으로 1930년에 설립된 창고회사로 미곡창고 운영, 일반 화물의 보관, 위탁판매, 운송, 화재보험의 대리 및 이들에 부수한 업무를 수행했다. 자본금은 100만 원이었고, 본점은 경성부 남대문통 2정목 5번지에, 지점은 미곡 이출 항구인 인천·진남포·부산·군산·목포에 두었다(「조선미곡창고주식회사」, 『한국민족문화대백과사전』, http://encykorea.aks.ac.kr/Contents/Item/E0078201).

및 (2) 항은 별도로 이것을 내각총리대신 및 대장성·농림성·상공성·척무성 각 대신에게 전보 또는 서면으로써 청원하였고, (5)항도 이것을 별도로 체신국 및 철도국에 진정하였다. 또한 조선우선주식회사(朝鮮郵船株式會社)에 대해서는 배 운임의 저감(低減)에 대해서 깊은 반성을 촉구하기로 했다. 게다가 이 진정은 미곡에 관한 것뿐만 아니라, 이것과 병기해서 당시 정세의 일단을 보여 준다.

(1) 미곡법을 조선에 적용하여 벼의 매상을 실시할 것
(2) 야적벼에 대하여 금융의 길을 강구할 것
(3) 수리조합비의 저감(低減)을 도모할 것
(4) 각급 농회에 농산물 판매 알선 사업을 행하게 하고, 국고로부터 보조금을 교부할 것
(5) 미곡 운임의 저감을 도모할 것
(6) 산업조합에 신용 사업을 더할 것
(7) 농가의 부담을 정리할 것
(8) 소작법의 제정에 민의를 참작할 것
(9) 도·부·군·도 농회의 역원 및 의원의 과반수를 민간에서 임명할 것

이러한 혼돈의 한가운데 순진한 입장에서 미곡의 생산 및 배급에 관한 연구·간담·토의하는 기관을 설치하는 것이 특히 매우 긴요한 것으로 인정되어서, 경성 및 인천에 근거지를 두고 있는 미곡의 생산 및 배급 관계자는 같은 해 6월 모여서 조선미곡연구회를 창설하여 이해를 떠나 그 기능을 발휘하게 하기로 했던 것은 주목해야 할 일이라고 말하지 않으면 안 된다.

〈자료 269〉 후지이 간타로(藤井寛太郎), 제국의 식량문제와 조선의 미(米)(朝鮮農會報 3-7(1929.07), 2-12쪽)

제국의 식량문제라고 말하고 제국을 말하는 것은 말할 것도 없이 우리 조선의 1,954만 명의 동포를 포함하고 있는 대일본제국의 문제로 내지만을 의미하는 것이 아닙니다. 최근 산미증식계획이라든지, 인구 식량문제라든지 하는 것에 대해서 그것은 내지의 식량문제로 조선에는 아무런 관계가 없다, 관계가 없을 뿐만 아니라 오히려 조선은 내지에 의해 희생되고 있

다고까지 말하고 있습니다. 그것은 크게 유감인 것으로 내가 말하는 것은 물론 이 1,954만 명의 동포를 포함한 대일본제국의 식량문제로서 말씀드리고 싶다고 생각합니다. 특히 인구에 관해서는 아시다시피 우리나라의 인구는 내지만으로 5,973만 6,822명이 되고 있습니다. 조선의 최근 인구는 1,952만 2,945명으로 되고 있는데, 내지는 최근 5개년간 평균 증가율이 1년간 75만 4,000명입니다. 조선은 총인구 1,952만 2,000여 명에 대해 1개년 평균 증가율이 최근 5개년 동안 45만 1,000명으로 비상한 증가율입니다. 자주 사람들은 일본 내지가 가장 많은 인구가 증가하는 것처럼 생각하고 있지만, 실은 조선이 내지의 약 2배의 증가세로 늘어나고 있습니다. 총인구 5,900만 명 대 1,900만에 대해 늘어나는 인구는 75만 명 대 45만 명의 비율로서 대단한 기세로 조선의 인구는 늘어나고 있습니다.

더욱이 내지의 5개년간의 평균 증가율은 57만 명인데, 최근의 1개년간의 증가는 90만 명을 넘어서고 있습니다. 이처럼 대단한 기세로 늘어나고 있습니다. 장래에 이 같은 기세로 인구가 증가해 온다면, 이것에 대한 식량문제를 어떻게 할지, 이는 우리나라로서는 가장 중대한 문제입니다. 그것 때문에 내각에 인구식량조사회를 설치해서, 항상 깊은 주의를 기울이고 있습니다. 그런데 이 식량문제에는 조선의 쌀이 가장 중대한 관계를 가지고 있어서, 우리 국민의 장래에 비상한 안심을 줄 수 있습니다. 이와 동시에 조선에 있어서는 산업의 발달과 생활의 자원으로서 이 정도 대규모의 안성맞춤인 것은 없습니다. 그러나 앞서 말한 대로 조선의 쌀을 늘리는 것은 내지인의 식량을 위한 것이지 조선인을 위한 것이 아니라고 말하는 사람이 있는데, 그것은 오해라고 말해도 좋습니다.

조선 수입의 대부분은 쌀입니다. 쌀을 판 돈으로 1,950만 명 동포의 대부분이 생활을 하고 있기 때문에 이 쌀을 사는 사람이 없어진다면 큰일입니다. 이와 동시에 수입의 최대 재원인 쌀을 생산하는 것은 조선인의 수입을 증가하는 데 무엇보다 중요한 것입니다. 작년에도 내지로 조선의 쌀을 이출한 규모는 740만 석으로 되고 있는데 이 대금이 약 2억 원으로 쌀을 팔았기 때문에 2억 원이라는 돈이 내지로부터 조선에 오는 것입니다. 이러한 돈이 만약 들어오지 않는다면, 조선의 모든 일은 멈춰 버린다고 말할 수 있습니다. 즉 내지에서는 가장 부족하여 장래 걱정되는 식량이 조선에서는 부를 증가시키고 산업을 개발하고, 농업을 왕성하게 한 결과, 그것이 내지로 이출되서 조선에서는 무엇보다 큰 재원이 되었다고 하는 쌍방이 좋은 결과로 되었기 때문에 이러한 점을 특히 기억해서 말하지 않으면 안 된다고 생각하고 있습니다.

〈자료 270〉 한상룡(韓相龍), 미곡 이입(移入) 제한에 대하여(朝鮮農會報 4-1(1930.01), 10-12쪽)

조선은 말할 것도 없이 모든 경제가 농업의 풍흉에 의해 좌우되는 것이어서 흉작이 1년이라도 있으면 각 방면에 걸쳐서 영향을 주는 것이 심대합니다. 즉 산업 방면은 물론 교육 방면 및 사상 방면에까지 파급되는 곳이 매우 많습니다. 그것이 2년 동안 지속되었던 흉작으로 작년의 경우는 쌀의 수확이 1,370만 석이라는 숫자밖에 되지 않았고, 게다가 재작년 이래 미가가 크게 하락해서, 쌀이라는 것이 그다지 큰돈이 되지 않았습니다. 그 후 현 내각의 긴축 방침에 의해 각 방면에서 맹렬하게 긴축이 취해졌습니다. 따라서 조선에 있어서 경제계는 참으로 곤란한 시기에 조우하고 있습니다. 즉 물가는 하락하고, 상업과 산업은 부진합니다. 이에 따라서 각 방면에 다수의 실업자가 발생하고, 생활 곤란을 부르짖는 실로 참담한 광경이라고 말할 수밖에 없습니다.

요컨대 쌀은 세계적인 상품이 아니고 전부 동양인 일본, 조선, 중국의 일부 및 남양 방면의 식량품이기 때문에 그 거래도 참으로 협소한 범위로 제한되는 것입니다. 어느 사람의 조사에 의하면 세계의 쌀 생산액은 약 7억 석으로서 그 쌀의 생산지는 중국, 일본, 인도, 베트남, 태국, 남양, 이탈리아의 일부라고 하는데, 그중에서 생산이 부족한 나라는 중국과 일본뿐이고, 기타 나라는 대부분 생산과잉을 초래하고 있기 때문에 세계 전체에서 2,000만 석의 생산과잉을 초래하고 있다고 하는 계산이 있습니다. 이처럼 평년에 있어서 생산과잉을 초래하고 있는 쌀이 작금 조선에 한해서 흉작을 마주치고, 게다가 쌀의 가격이 매우 하락하고 있기 때문에 조선 농민의 고통은 매우 큽니다. 내지는 다행히 매년 풍작을 이어가서 식량문제 등도 점차 좋은 쪽으로 향해 가고 있습니다. 식량 조절의 의미에서 또 생산 분배의 의미에서 정우회(政友會) 내각이 미곡조사위원회(米穀調査委員會)를 설치했는데, 현 내각에 이르러서도 그것을 계승하여 업계의 권위자 및 학식이 있는 관민을 모아서 위원회로 조직하였고, 수십 회에 걸쳐서 협의를 개시하는 등 조선의 쌀 문제에 대하여 많은 노력을 기울이고 있습니다.

내지에 있어서는 해마다 풍작이 이어진 결과, 역시 쌀 가격이 하락해서 경제계의 부진을 초래하였기 때문에 미가 조절의 목소리가 높아지고 있습니다. 제국농회는 조선미의 이입 제한을 주창하였고, 조선의 산미증식계획을 중지해야 한다는 결의를 하였습니다. 또한 미곡조사소위원회에서는 조선미의 제한 문제까지 고창되고 있습니다. 여기에 관해서 조선 측의 위원인 정무총감 및 아리가(有賀) 식산은행 두취(頭取)[108]는 극력 반대하였습니다. 다른 방면에서는 조선의 각 단체가 모여서 이것에 반대함과 함께, 조선인 측에서 조선미이입제한반대동맹회(朝鮮米移入制限反對同盟會)까지 만들어 상당한 활약을 했습니다. 다행히 위원 내에서도 이 문제를 자각해서 조선미 이입제한은 부결되었습니다. 그렇다면 이것을 어떻게 할 것인지에 대해서는 조선미의 월별 평균 조절안을 연구하고, 한편으로는 보존 기관, 즉 농업창고 같은 것을 다수 조선 내에 마련해서 이것을 보존하고 월별 평균으로 매출(賣出)하여 내지로 이출할 계획을 세우고 있습니다. 이 안이야말로 가장 좋은 방안이라고 생각하는데, 그 시설을 만드는 것은 막대한 자금을 필요로 하기 때문에, 과연 어디까지 실행이 가능할지 지금부터 흥미롭게 보고 있습니다.

조선과 내지는 병합 이래 전부 하나로 되고 있음에도 불구하고 어떤 기회가 있으면 차별한다고 하는 경향이 있는 것처럼 보입니다. 일본 제국의 식량 조절이라면, 조선미도 내지미도 동일하게 취급해야 하는 것이 마땅하다고 생각합니다. 그러나 조선미가 마치 외국미처럼 취급을 받고 있는 것은 매우 불쾌합니다. 그것은 요컨대 내지에서 아직 충분히 조선을 이해하고 있지 않는 사람이 있는 것이 아닐까라고 걱정이 됩니다. 그러나 다행히도 조선 측 위원의 노력에 의해서 이 편파적인 원안이 부결되고 새롭게 조선미의 취급 및 법안이 생겨나고 있다는 것은 참으로 기쁜 현상입니다.

〈자료 271〉 사이토 히사타로(齋藤久太郎), 선미(鮮米) 수이출 통제에 대하여(朝鮮農會報 4-2(1930.02), 12-16쪽)

정부의 미곡조사회는 상당한 장기간을 요하고 그 사이 의론이 백출했는데, 최후의 결론은 아리가 안(案)이 유력한 기초로 되어서, 그 통제를 총독부 스스로가 해야 한다고 하는 것에 따라서 조사회는 폐회하였다.

(중략)

1930년(昭和 5) 쌀의 형편을 예상해 보면 1929년(昭和 4) 내지의 생산액은 5,850만 석으로, 그것에 잔존미(殘存米)가 700만 석, 대만미의 이입 예상량 250만 석, 조선으로부터의 이입 예

108 은행장.

상량이 450만 석, 외국미의 수입액이 150만 석, 이것을 합계하면 그 석수는 7,400만 석으로 이것이 올해 내지에서의 쌀 총결산의 합계이다. 한편 소비의 예상 수량은 7,000만 석으로서 정부가 가진 쌀 중 본년 100만 석을 방매하는 것으로 하고 잔존미 250만 석, 민간 잔존미 400만 석, 수출을 50만 석으로 보면 합계 7,700만 석으로 합산 300만 석의 부족을 보게 된다. 이는 원래부터 대략 예상으로 본년의 단경기(端境期)에 쌀이 부족한 것은 우선 틀림이 없음에도 불구하고, 미가가 싸다고 하는 것은 여러 가지 이유가 그 원인으로 되고 있는데, 정부의 긴축 방침에 의한 결과 자연히 은행 대출 같은 것이 경계되기 때문에 쌀에 대한 가수요가 일어나지 않았다. 그렇기 때문에 시세는 다소 싸도 외부로의 배출구가 없다. 그럼에도 불구하고 조선으로부터는 속속 이출이 있어 내지 농가도 또한 다소 싸더라도 팔지 않으면 곤란하다고 하는 것으로 조선과 가격 경쟁이 행해지게 되었다.

조선미의 수이출 통제에 대해서는 종래의 하등의 경제적 설비가 없었던 것은 매우 유감인데, 이번은 총독부로서도 뭔가 방법을 급속히 실행하지 않을 수 없었다. 작년처럼 남선의 흉작으로 1,400만 석의 생산도 충분하지 않은 시기조차 이입 제한이 문제로 되었는데, 금후 2,000만 석의 생산에 달할 것을 고려하면 크게 연구를 거듭할 필요가 있다.

그렇다면 어떻게 하면 내지의 뜻에도 맞추고 또한 조선으로서도 가장 유리하게 그 조절을 할 수 있을지에 대해서는 필경 농업창고와 저리자금의 공급에 의해서 그 완화의 일단은 실현될 것으로 생각한다. 그러나 매우 유감으로 생각하는 것은 상업창고와 농업창고에 대한 총독부의 본년도 예산이 겨우 50만 원의 보조에 불과할 만큼 매우 부족하다는 점이다. 그러나 없는 소매를 흔들 수 없기 때문에 어쩔 수 없이 이 자금을 가능한 만큼 끌어와서, 가능한 큰 평수의 건물을 집산지에 주로 건설하도록 연구하지 않으면 안 된다. 또 저리자금에 대해서 들은 바에 의하면 대장성(大藏省)의 예금 이자 4.8%, 이것에 더해진 수수료를 가령 0.3%로 보고 은행을 통해서 대출할 경우 대부에 대한 위험보증의 커미션을 가령 0.7%로 보면 합계 5.8%가 된다. 그것에 6% 정도의 이자를 날변으로 한다면 1전 6리 4모로 되어서, 종래 은행이 대부하고 있는 금리와 비교해서 그렇게 싸지는 않다. 저리자금이라고 해도 결국은 이름만인 느낌이 있다. 만약 저리자금을 대부받기 위해 어떠한 조건을 붙여서 대부를 어렵게 한다면 그 효과는 적을지도 모르기 때문에, 가능한 만큼의 방법을 강구해서 위 금리를 3% 이하로 하지 않으면 안 된다.

다시 지금까지 서술한 이상의 2가지 문제의 해결에만 의해서 평균 이출이 만족스럽게 행해지고, 미가의 유지가 행해질까라고 묻는다면 그렇지 않다고 생각한다. 이에 대해서는 물론 다른 여러 가지의 방법을 연구하지 않으면 안 되지만, 헛되이 당국에만 의뢰하는 것만이 능사는 아니다. 이 기회에 있어서 농가가 자각하지 않으면 안 된다. 소위 생산자 자신이 스스로를 보호한다고 하는 것이 제일 중요하다고 생각한다. 그 방법은 첫째 대지주 및 대지주에 속한 소작인에 의해서 일대 연합을 조직하는 것이다. 연합의 방법은 도저히 그 실행이 곤란하여서 일견 가능하다는 생각이 들지 않을지도 모른다. 물론 곡물 전부를 한곳에 모은다고 하는 것은 비용도 들고 또한 실제로 행해지는 것이 아니기 때문에 물품은 반드시 한곳에 모으지 말고 어느 곳에 둬도 좋다. 그리고 그것에 대한 금융 같은 것은 연합단을 선두에 세워서 이것을 행하도록 한다면 매우 알맞게 이 기관으로 진행하는 것이 가능하다. 세계의 연합제도의 안에서 가장 큰 것은 캐나다의 소맥에 대한 것이다. 그 훌륭한 예는 다음의 숫자가 가장 잘 보여 준다. 즉 가입 농가 14만 호의 연합 경지면적 1,500만 에이커(약 600만 정보), 판매고 연 2억 1,000만 부셀(약 4,200만 석)에 달하여 전체 생산 석수의 약 60% 정도에 상당한다. 게다가 또한 연합에 가입하는 자가 증가하고 있는 것을 보면, 어떻게 경영이 순조롭게 나아가고 있는지를 증명하는 것이 가능하다. 그렇기 때문에 이 제도의 연구를 진행하는 것도 가장 필요가 큰 사항이라고 생각한다.

한편 오늘날의 저미가를 구하는 눈앞의 방법으로서 조선 농가의 보유미를 급히 팔지 않는 것을 간절히 권유했다. 종래의 관습이 쌀이라고 하면 반드시 현미를 생각하여 활발히 현미가 장려되었기 때문에 미가를 붕괴시키는 원인을 만들었던 것은 심히 유감스러운 점이다. 어쨌든 저장에 편리한 벼를 현미로 만들어 값싼 재료로 하는 것을 장려하는 것은 기가 막힌 일이다.

농민이 현미를 조제하는 것은 그 공임(工賃)이 농가의 수입으로 되었기 때문에 농업의 큰 부업 중 하나였는데, 이 일이 뿔을 고치려 소를 도살하는 것과 같은 결과를 만들었다. 현미 조제를 장려해서 그 수량이 많아지면 많아질수록 저미가로 인도하는 원인을 만들어 내는 것으로 끝났다. 우리들 상인이 상략(商略)상 물가의 등락을 무엇에 의해서 판단할까라고 말하면, 오로지 그 재료에 따라서 판단하는 것으로서, 그 재료 즉 물품이 많으면 싸고, 물품이 적으면 비싸다고 하는 것은 상업의 원칙이다. 우리들이 매일 미곡의 등락 예상을 무엇에 의해서 생각해 낼까라고 말한다면, 내지에서는 6개 대도시의 쌀과 조선에서는 주된 집산지의 쌀을 조사해서 그 쌀이 예상보다 많을 경우는 쌀 것을 예상하고, 적다고 하는 경우에는 비쌀 것을 예상한다. 누구도 이 같은 궤도를 생각하고 있고, 현미 조제 장려가 시세에 큰 영향을 초래한다고 생각한다면, 장려해도 이익이 없다는 것은 누구라도 생각하는 바일 것이다. 그렇기 때문에 농가는 가능한 만큼 그대로 저장하고, 그것을 매출할 때에만 응해서 현미로 조제한다면, 값싼 재료가 될 수 없다. 즉 벼는 현미가 아니기 때문이다. 벼는 언제 현미로 될지 판단할 수 없기 때문에 어떤 상인도 그것을 주요 지역의 쌀에 더할 수 없어서, 값싼 재료로 만들어 낼 수 없다. 이 같은 점에서 생각하면, 금후 조선미를 통제한다는 것에 대해서는 반드시 벼 저장주의(籾貯藏主義)로 하지 않으면 안 된다고 생각한다. 마지막으로 한마디 더 해 두고 싶은 것은 정부 저장미가 밥맛(食味)의 감퇴로 매년 약 10%씩의 가치가 하락하고 있는 것은 현미이기 때문으로, 만약 이것이 벼라면 이 같은 막대한 손해는 절대로 없을 것이다.

〈자료 272〉 기무라 도우지로(木村東次郎), 조선 내에서 미곡 수요량의 고찰과 미가 대책(朝鮮農會報 5-3(1931.03), 87-89쪽)

지난가을 이래 미가의 파천황(破天荒)의 대폭락은 우리 농업계에 일대 타격을 주었고, 농가의 사명을 지배하는 일대 재액으로 되었다. 이것 때문에 농민은 전전긍긍해서 안심하고 생업을 하지 못하기에 이르렀다. 지금 본 문제는 조야의 일대 문제로 되어서 중지(衆智)를 모아 그 선후책에 고심하고, 이것의 구제에 하루 종일 매진해도 부족한 상태이다. 미가가 금후 이대로 추이하여 회복이 광명을 보지 못할 때는 중대한 사회적 문제로 되어 농민은 생사에서 방황하기에 이를 것이다. 이 때를 맞이하여 우리 조선에 있어서 미곡의 수급량을 고찰하는 것은 반드시 헛된 일이 아니다.

작년에 쌀의 풍작에 따라서 내지에서는 추산적으로 과잉미곡이 500여만 석에 달한다고 계산하고 있다. 그러나 조선에서도 똑같이 다량의 과잉미곡이 있다고는 말할 수 없다. 지금 조선에 있어서 1930년도(昭和 5)의 미곡 총생산액을 보면 1,925만 석이라는 것인데, 많은 사람은 이 중 수이출미를 약 800만 석으로 추산하고 있다. 그러나 나는 이것을 650만 석으로 가정하고 매년 국외로부터 수입하는 외국미 50만 석을 모두 그 수입을 두절하는 것으로 했다. 이 수입 외국미의 대용으로서 소비하는 조선미를 약 45만 석으로 추정하고, 이외 매년 만주로부터 수입하고 있던 속 160만 석도 조선미로 대체해서 소비한다고 하면, 수이출미, 외국 대용 및 조 대용에 필요한 미곡의 소비량은 무려 855만 석에 달한다. 이것을 앞에 언급한 실수고(實收高)에서 뺀다면 잔액은 1,060만 석으로 감정된다.

농림성의 발표한 바에 의하면 내지 인구 1인당 1개년의 미곡 소비량은 1석 1두 4승(升)이다. 지금 가령 조선에서 미곡 소비량이 내지와 똑같다면 반도의 인구 2,105만 명에 대해 2,399만 석을 필요로 하는 것이다. 앞서 상정한 잔액 1,060만 석을 인구로 나눈다면 1인당 겨우 5두 1승으로 되어서, 미곡에 잉여가 발생하는 곳에서 큰 부족을 고하는 것은 명확하다. 이외 정부의 저리자금에 의해서 저장되고 있는 것 또는 다음 연도로 넘기는 미곡도 또한 150만 석에 달하는 것으로 한다면, 조선에 잉여미는 더욱더 없게 된다. 이상의 관찰이 과연 정확한 건지 아닌지, 장래의 사실을 기다려서 이것을 증명할 수밖에 없지만, 나는 미곡의 수급상의 일고찰이라고 믿는다.

그 풍성학려(風聲鶴唳)[109]에 놀라고 대풍평(大風評) 대선전에 공포를 안고 겨우 500~600만 석의 과잉미에 깜짝 놀라 아무것도 아닌 투기꾼의 상술에 올라타 파격의 대폭락, 부당의 대참락을 초래했던 미가도 이상의 상태로부터 관찰하면 언젠가는 그 부자연의 상태로부터 탈각해서 평형으로 회복해 올 것은 믿어 의심하지 않는다.

들은 바에 의하면 오사카의 시장에 미곡이 넘쳤을 때가 미가의 최고점(最高時)이었다고 한다. 이것은 미곡이 농가의 손을 떠나서 모두 상인의 손에 들어갔을 때를 의미하는 것이다. 환언하면 미곡의 소유권이 상인에게 들어가고, 상매(商賣)가 미가의 실권을 장악했을 때를 말한다. 그 연파(軟派)라던가 판매자라고 칭하는 상대는 책략 또는 금력(金力)으로써 미가의 저가투매를 하여서 그 차액을 얻는 농민 공동의 원수이다.

이러한 상태에서 농민이 미가에 대해서 취해야 하는 방책은 무엇일까? 어쨌든 총독부가 많은 노력을 기울여서 융통하는 저리자금의 대부를 받아서, 그 상환 기한을 미곡의 단경기까지 연기하고 채산(採算)을 얻을 때까지 가지고 있는 것이 가장 필요하다. 중농은 그것을 행하기 어려울지 모르지만 대회사·대농장·호농(豪農)이라고 하는 무리들은 벼로 저장하는 것도 그렇게까지 곤란하지 않기 때문에, 반드시 이 방법에 따라서 가지고 있거나 또는 월별 평균매를 행하는 것에 의해서 이 궁경에 선처하지 않으면 안 된다.

---

109 '겁먹은 사람이 하찮은 일에도 놀란다'는 뜻.

내가 조선에서 대영농자에게 바라는 점은 똑같이 위 방법을 실행해 보고 싶다는 점이다. 특히 구래의 호농은 다음 해 쌀농사의 작황을 보고 전년도 생산미의 매출을 행하는 습관을 가지고 있기 때문에, 저장이월의 실행은 크게 곤란하다고 생각하지 않는다. 오사카의 시세를 다른 눈으로 보고 조선 특유의 미곡을 1931년도(昭和 6)에서 실현하는 것은 우리 농업자가 해야 할 대동단결의 힘이다.

〈자료 273〉 조선에 미곡법 제2조 시행(朝鮮總督府 農林局, 1938, 『朝鮮に於ける米穀統制の經過』, 1쪽)

조선의 미곡정책에 대해서는 내외지 공통의 방도를 내는 것이 지당하다고 인정되어 누누이 미곡법을 조선에도 시행하여 조선미의 매상 등을 실시하고 싶다는 뜻을 일본 정부에 전했지만 그 실현을 볼 수 없었다. 그러다 농업공황이라는 사태가 발생하기에 이르러 외국미 관리 같은 것을 내외지 공통으로 시행하지 않으면 그 실적을 거둘 수가 없다는 사실이 명백해지자 도리어 일본 정부가 희망하여 1927년(昭和 2) 2월 미곡법 제2조를 조선에서도 시행하기에 이르렀다.

(참고) 미곡법 제2조 정부는 미곡의 수량 또는 시가를 조절하기 위해 특히 필요하다고 인정될 때 칙령으로써 기간을 지정하여 미곡의 수입세를 증감 혹은 면제하거나 또는 그 수입 혹은 수출을 제한할 수 있다.

〈자료 274〉 미곡의 수출입 허가제도(1931년 7월 1일부터 전국적으로 시행)(朝鮮總督府 農林局, 1938, 6쪽)

외미의 관리통제에 대해서는 이전부터 미곡법 제2조의 조선 시행에 의해 내지와 똑같이 필요한 경우는 그 수입을 제한할 수 있었지만 원칙으로서는 어디까지나 자유수입을 표방했기 때문에 미곡통제상 유감스러운 점이 적지 않았다. 그뿐만 아니라 미곡조사회에서도 특히 이 점을 지적했다는 것을 비춰 볼 때 미곡법을 개정하여 제3조에 미곡의 수출입은 칙령에 의해 별도로 지정하는 경우 이외에 정부의 허가를 필요로 한다는 규정을 마련하기로 했다.

총독부는 외미의 관리 통제에 대해서는 내외지를 일관하여 통일할 필요가 있다고 생각하여 이전부터 미곡법 제2조를 조선에 시행하는 것에 대해서 흔쾌히 동의했었고 동일 정신에 기초하여 이번 개정에서도 미곡법 제3조의 규정을 1931년(昭和 6) 7월 1일부터 내외지를 통틀어서 시행할 것에 동의했다.

(참고) 미곡법 제3조 미곡의 수입 또는 수출은 칙령 별단(別段)으로 정한 경우를 제외하고 정부의 허가를 받지 않으면 이를 행할 수 없다.

〈자료 275〉 조선미의 계절매상(1932년 9월 8일 미곡법개정)(朝鮮總督府 農林局, 1938, 9쪽)

미곡창고 계획의 보급 충실과 야적벼(野積籾) 저장 시설에 의해 조선미의 이출은 종전에 비해 현저히 월별 평균적 이출의 추세를 나타내기에 이르렀다. 하지만 내외지를 통틀어서 불황의 심각화는 매년 미곡의 소비 감퇴를 초래했기 때문에 내지에서의 잔존미(殘存米)의 체증(遞增)은 미곡의 전도에 암운을 끼쳐 자칫하면 농가의 가을 방매의 풍조를 만들어 낼 우려가 있었다. 총독부에서 실시 중인 경제적 시설만으로는 월별 평균적 이출을 기하기 어려울 것으로 일본정부도 생각하고 있었다. 이에 1932년(昭和 7) 9월 8일 미곡법 개정에서 그 부칙으로 대만미 및 조선미의 계절매상에 관한 규정을 마련하여 1932년(昭和 7)산 쌀부터 이를 실시하기로 했다.

(참고) 미곡법 부칙. 정부는 당분간 조선미 및 대만미의 내지 이입 수량을 월별 평균적으로 하게 하기 위해 칙령이 정한 바에 따라 조선미 및 대만미의 매입, 매도, 가공 또는 저장을 할 수 있고 이 경우에 매입 또는 매도 가격은 시가에 준거해서 이를 정한다.

〈자료 276〉 미곡통제 3안(동아일보, 1932.10.23)

〈미가공정제요강(米價公定制要綱)〉

(가) 가격의 공정 : 최고 및 최저 가격을 정함

(나) 매매 가격의 제한 : 최고 및 최저 가격의 범위 외에서 매매함을 금지함

(다) 정부의 매매 및 매각 : 정부는 최고 및 최저 가격으로서 희망에 따라 매입 또는 매도함

(라) 미곡의 검사 : 미곡의 검사는 이를 국영으로 함

(마) 자치적 매매의 통제 : 산업조합(産業組合), 농업창고 등을 지도 장려하고 자치적 통제를 행하게 함

(바) 위원회 : 가격공정의 실시에 관한 중요 사항을 심의시키기 위하여 위원회를 설치함

(사) 회계 : 정부의 매입 매각을 경리하기 위하여 특별회계를 설치함

〈미곡관리제요강(米穀管理制要綱)〉

(가) 관리지구 : 전국을 10개 지구로 분할함

(나) 지구 외의 미곡 수송을 제한함〔관외 이출의 제한 또는 금지〕

(다) 지구 내의 과잉미 : 지구 내의 과잉미는 정부에서 매입하여 공급 부족의 지구에 매각함

(라) 정부의 매입 매각 : 정부는 일정한 가격으로써 당시 미곡의 매입, 매도를 행함

(마) 미곡 검사 : 이를 국영으로 함

(바) 자치적 통제 : 미곡 지구 내에서의 매매는 산업조합, 농업창고 등을 장려하여 자치적 통제를 행함

(사) 미곡 관리 기관 : 농림성 외국(外局)으로서 미곡관리국을 설치하고 미곡의 매입 매도의 가격 등을 심의시키기 위하여 위원회를 설치함

(아) 회계 : 특별회계를 설치함

〈미곡전매제요강(米穀專賣制要綱)〉

(가) 전매미의 범위 : 농가의 자가용 쌀을 제외한 미곡은 정부의 전매로 함

(나) 수납 방법 : 미곡납입조합(米穀納入組合)을 설치하여 이에 담당하게 함

(다) 수납 가격 : 매년 12월 전국 중용의 미곡 생산비, 물가, 기타의 경제 사정을 참작하여 이를 정함

(라) 미곡의 매각 : 백미로써 이를 행함. 매각 가격에 보관, 도정(搗精), 배급 등 요하는 경비를 더한 것으로 함

(마) 전매의 기관 : 농림성에 외국으로서 중앙미곡국(中央米穀局)을, 전국 10개 지구에 지방미곡국(地方米穀局)을, 각 도부현(道府縣)에 지방미곡국지국(地方米穀局支局)을 설치함

(바) 위원회 : 미곡 전매 실시에 관한 중요 사항을 심의시키기 위하여 위원회를 설치함

(사) 배급 : 특별회계로써 함

② 조선미 이출 제한과 미곡통제법 제정(1933~1938)

〈자료 277〉 일본에서의 다난(多難)한 미곡 대책(小早川九郎 編著, 1959,『補訂 朝鮮農業發達史-政策篇』, 友邦協會, 554-559쪽)

1932년(昭和 7)에 일본은 농업의 불황으로 인해서 실로 엄혹한 상황이 나타났다. 그것은 과거 수년간에 걸친 농업의 불황이 1932년(昭和 7)에 집적되었던 것이다. 특히 농가의 금전 수입의 대부분을 구성하는 쌀 및 견(繭)의 생산 부문에 있어서 그 타격이 가장 심대했던 만큼, 농가의 경제적 곤란은 한층 더 심해졌고, 그 부채는 누적해서 60억 원에 달했을 정도로 추산되고 있다. 그렇기 때문에 농촌 구제의 목소리는 농가 대부분이 경제적 괴멸의 지경에 빠진, 나가노(長野), 군마(郡馬), 도치기(栃木) 등의 양잠지대를 중심으로서 전국에 난무했기 때문에 임시의회도 수차례에 걸쳐서 소집되었다. 즉 이것을 미곡만 국한해서 봐도 금년 생산 미곡은 전년에 비해서 1,000만 석 이상의 격감이 나타났을지라도, 조선 및 대만 등의 미곡 공급지에서는 여전히 증산을 계속했기 때문에 미곡연도 이월미는 900만 석을 헤아리는 상황이었다. 우리의 미곡정책이 단지 그 생산 면에서뿐만 아니라 농업공황의 극복이라고 하는 의미에서도 매우 중요한 것으로서 부상해 왔던 것은 당연하지만, 어떻게 해서 일본에 대한 쌀의 공급에 지장이 없으면서 외지미(外地米)로부터 받는 압박을 상당히 완화할 것인지가 가장 긴요한 문제였다. 게다가 일본에 있어서 생산자 측과 배급업자 측의 대립 사이에서 이것을 처리하지 않으면 안 되었다. 1932년(昭和 7) 6월 농림성(農林省) 내에 임시미곡부(臨時米穀部)가 설치되어 한층 집중적으로 미곡정책이 행해지게 되었지만, 대(對)외지 미곡정책의 근본 요지에는 어떠한 변경도 초래하지 않았으며, 오히려 강화되기조차 했다. 농회를 중심으로 하는 농업단체 및 정당 등의 의견도 외지 미곡문제를 일본 농업공황 대책의 일환으로 결부시켜서 한층 이것을 중요시했다. 또 그 발표의 형식에 있어서는 때에 따라서 동일하지 않았을지라도, 요컨대 미곡법의 개정, 외지미의 정부 관리, 조선 및 대만에 적당한 미곡제도의 수립, 나아가서는 미곡전매제도(米穀專賣制度) 등의 안이 제창되었고, 정부도 당면의 대책으로서 마침내 1932년(昭和 7) 9월 미곡법을 개정하기에 이르렀다. 그 외지미에 관한 요지는 당분간 (1) 조선미 및 대만미의 일본 수입량을 월별 평균적으로 하기 위해 조선미·대만미의 매입·매도·가공, 또는 저장을 할 수 있다 (2) 미곡의 수량 또는 시가(時價)를 조절하기 위해 필요하다고 인정될 때는 속(粟)의 수입세를 증감 또는 면제할 수 있다는 것이었다. 다음으로 11월에는 미곡통제조사회가 설치되어서 (1) 미가공정제요강 (2) 미곡관리제요강 (3) 미곡전매제요강 (4) 미곡통제

제도요강 (5) 미곡생산통제안(아리가(有賀) 안) 등에 대해서 심의가 이뤄졌다. 한편 12월에는 농림성 경성미곡매입사무소(京城米穀買入事務所)가 경성에 설치되어서 처음으로 조선미 50만 석의 매입에 착수하게 되었다. 현물인계(現品受渡)의 장소를 부산·목포·인천·진남포에 있는 창고로 하고, 현품의 인계 기한을 1933년(昭和 8) 1월 7일로 하는 요지가 발포되었다.

1933년(昭和 8) 2월 경성미곡매입사무소는 농림성 미곡사무소로 개칭하였고, 다음으로 4월에는 부산 및 군산에 출장소를 설치해서 조선미 매입 사무의 충실을 도모하게 되었다. 또한 3월에는 미곡통제법이 의회의 협찬을 거쳐서 성립하여, 9월 나가이(永井) 척무상은 각의에 (1) 조선·대만미 증식계획은 금년에 중단할 정도로 축소한다 (2) 이것의 대용작물로서 조선에는 면화, 대만에는 사탕수수·감자의 재배를 장려한다 (3) 대용작물은 외지 농민의 경제를 고려해서, 수확이 반당(反當) 일정량에 달하지 않을 때는 보상을 하여 더욱 대용작물을 장려한다 (4) 이에 필요한 경비는 약 3억 원 이하, 10년 이내의 계획적 계속사업으로 한다 (5) 대용작물에 의한 압박을 감소하기 위해 사탕수수·감자로부터 가솔린 및 알콜 등을 채취하는 대(對)대만·조선미 척무성 안을 제시해서 이것의 양해를 구했다. 여기에 외지에 있어서 벼 대용작물 문제가 현실의 문제로서 대두하기에 이르렀다. 게다가 같은 달 일본농회대회는 "철저적 미가정책의 급시(急施)에 따라 참락한 미가의 앙등을 기한다"는 뜻을 결의하였고, 그 실현 방법으로서 (1) 수확이 이른 지방(早場地方)의 미곡 대책 결정 (2) 최저가격은 생산비에 제반의 조건을 참작하여 다시 상당의 이윤을 더해서 공정하게 정함 (3) 대만·조선미 수입의 정부 독점 (4) 오는 가을 이후의 미가 앙등 불충분의 시기는, 더욱더 생산 통제, 기타 적극적 특별 방책을 취할 것 등을 제창했다. 그 무렵 고토(後藤) 농무상의 벼농사 감산 문제가 물의를 일으켜서 문제를 한층 복잡화했지만, 정부에서는 10월에 우선 농림성 안 중, 벼 저장안을 먼저 의논하기로 했다. 11월에는 농림성 안으로서 조선의 벼 저장 수량 300만 석, 저장벼에 대한 정부 장려금의 교부 및 저리자금 융통, 벼 처분의 허가주의, 창고 건설 등이 발표되었고, 12월에는 미곡통제위원회에서 미곡통제법 제4조에 의한 계절적 출회 조절을 위해 일본미 35만 석, 대만·조선미 통틀어서 35만 석의 한도 내에서 1933년(昭和 8)산 미곡 무입(貿入)의 건, 쌀 및 벼 수입세 증징 기간 1개년(1934년 12월 31일까지) 연장의 건을 결정하였다. 다음으로 미곡통제법에 의한 기준 미가도 결정했는데, 이 기준 미가를 중심으로 해서 미 생산비에 관해서 또 새로운 논쟁이 야기되었다.

미곡의 과잉 대책의 하나로서, 그 신규 이용의 방면에 주의를 환기한 것은 자연스러운 흐름으로 이것을 논의하는 것도 많아졌기 때문에, 농림성은 1934년(昭和 9) 1월 이것에 관한 타합회(打合會)를 개최하기에 이르렀다. 외지미의 일본미에 대한 중압에는 당연히 변화가 없었기 때문에 2월에는 외지미연합협의회(外地米聯合協議會)가 개최되어 외지미에 대해서 (1) 대용작물로서 조선에서는 면화, 대만에서는 사탕수수의 재배를 장려 (2) 미곡의 알코올화, 직물용 풀(糊) 등의 화학 제조화 및 미곡창고 증가책 (3) 벼 장기 저장의 계속 (4) 생산미의 내외지 공동관리를 위한 통제법을 시행하고, 내외지에서 100만 석 내지 200만 석 이상의 매상 (5) 매상 자금은 미곡수급조절특별회계 자금으로부터 지출 등을 협의 결정했다. 또 같은 달 미곡대책5상회의(米穀對策伍相會議)에서는 외지미 조절안을 정부의 최고 방침으로 하기로 해서 (1) 외지미 조절 (2) 일본미 조절 (3) 정부 소유미 처리의 3대 요강을 확정하는 등, 수많은 우여곡절을 거쳐서 3월 임시미곡수입조절법이 발표되기에 이르렀다. 그 요지는 (1) 대만·조선미의 일본 수입 수량 조절을 위해 1935년(昭和 10) 3월 말일까지 대만·조선미 무입을 행할 수 있다 (2) 매입미 가격은 칙령이 정한 일정 가격 이내에서 임가(臨價)에 준해 처리한다 (3) 정부는 칙령이 정한 바에 따라 매입미의 매도·저장 및 가공을 할 수 있다 (4) 매도 가격은 임가에 준해 처리한다 (5) 이에 관한 일절의 세입·세출은 미곡수급조절특별회계에 속하게 한다 등이었다. 더욱이 속 수입세 징수 기한 연기가 각의에서 결정되었고, 쌀 및 벼 등의 수입세 증가 기한 연장도 칙령으로써 공포되었다. 4월에는 농림성에 미곡국(米穀局)이 신설되었고 게다가 미곡생산비조사회도 설치되었다.

한편 5월에 들어서 미가는 점차 등귀했지만 농민이 가진 미곡이 없어서 정부미 불하의 요망이 점차 격렬해져 소위 쌀의 '사재기' 문제를 발생시키기에 이르렀다. 마침내 각지에서 저장벼 해제의 신청을 하는 곳이 증가해서 6월 경성에서는 벼 근(斤)당 7전(錢) 4리(厘)로, 과거 4개년에 없는 최고가를 나타냈기 때문에 벼 장기 저장 해제 운동이 맹렬해졌다. 같은 달 16일 총독부는 그 장기 저장 벼 300만 석 중 60만 석을 7월 5일부터 해제한다는 뜻을 독자의 입장에서 발표했다. 이것은 말할 것도 없이 일본 미곡정책의 통일성 결여를 폭로하는 것으로 농림성 수뇌부는 곧바로 조선총독부와의 사이에 수많은 절충을 거듭하게 되었다. 그러나 결국 이것이 계기로 되어서 일본에서도 6월 29일, 미가에 영향을 미치지 않는 범위에서 그 저장벼 600만 석을 7월 1일부터 해제하는 뜻을 발표하기에 이르렀다. 게다가 미가는 여전히 상승하여서 9월 25일에는 미곡통제법 시행 이래, 최초로 최고 미가에 의한 불하가 오사카 미곡사무소에 나타났다. 이는 벼농사 시기까지 나아감에 따라서 기후의 불순에 의해 크게 영향을 받았다. 즉 규슈 지방의 한해, 시코쿠(中國)·간사이(關西) 지방의 풍수해, 도호쿠(東北) 지방의 냉해 등이 교대로 피해를 입혔을 뿐만 아니라, 조선에서도 남선 지방에 풍수해가 전해졌다. 10월 제국농회가 발표한 조사에 의하면 일본에서만 농촌 피해액은 4억 5,000만 원으로 추산되었고, 따라서 이것의 대책도 새로운 문제로서 등장했다. 더해서 미곡의 통제가 점차 강화됨에 따라서 미곡거래소 관계업자는 거래 부진의 정세에 직면해서 거래소 및 거래원에 대한 국가 보상을 요청할 것을 결의했다. 우선 정부는 8월 미곡대책조사회를 설치해서 종래의 미곡통제조사회를 대신하게 함으로써 전반적으로 미곡 대책을 수립하기로 했다. 9월 그 총회에서 정부 측의 참고안 (1) 미곡통제법 개정안 요강 (2) 수입 외지미 통제안 요강 (3) 일본 미곡자치통제안 요강 (4) 벼 공동저장안 요강 (5) 미곡자치적통제안 요강, 정우회 정무조사회안(政務調査會案)의 미곡관리 및 자치통제안 요강, 민정당 정무조사회안의 미곡수급통제안 요강 등 기타를 심의하였다. 그때 대일본미곡회(大日本米穀會)는 재정상의 이유, 가격 상승의 이익 향유자는 대농(大農)뿐이고 다수의 농가는 반대로 기근을 호소하고 있다는 등의 이유에 의해서 미곡통제법을 폐지하고, 이것에 대신하여 미곡의 자치적 통제를 골자로 하는 미곡 대책 의견서를 관계 각 상(相)에 제출했다. 기타 미곡정책을 둘러싸고 논의가 횡행했고, 사안(私案)이 속출하는 등 그야말로 1934년(昭和 9)은 미곡문제의 최고조에 달한 해였다고 할 수 있었다.

다음 1935년(昭和 10) 봄의 제국의회에 제안된 미곡자치관리법 외 관계 두 가지 법안은 때마침 산업조합운동과 소위 반(反)산업조합운동의 요란한 경합도 있어서 결국 심의가 미완료로 끝나다가, 1936년(昭和 11) 5월의 임시 특별의회에 이르러서 결국 통과했다. 어쨌든 1934년(昭和 9)에 비하면 그 후는 우선 소강을 나타냈다고 볼 수 있다. 위 법안 통과에 의해서 미곡문제도 우선 일단락된 상황이었는데, 그 소강 상태를 나타낸 중요한 이유는 미작의 불황에 더해서 미가가 상승했다고 하는 미곡 시장 사정에 기인하는 것이 컸다.

〈자료 278〉 조선미곡조사회 조직의 제창(小早川九郎 編著, 1959, 559–560쪽)

일본의 미곡 사정에 대응해서 조선 측에서는 어떠한 태세였을까?

우선 조선미곡연구회는 당시 일본에서 정부·정당·농회 등이 심의 입안한 미곡통제에 관한 여러 방책이 전부 일본 본위의 것으로 일본 농민을 구제하는 목적에 집중됨에 따라서 조선미에 대해서는 중압이 더해질 수밖에 없음이 예상되었다. 그것은 단지 조선의 미곡 시장뿐만 아니라 농촌경제상에도 심대한 영향을 미치기 때문에 조선으로서도 미리 이것에 대응해서, 독자의 대책을 만들 필요가 절실했다. 1932년(昭和 7) 6월 총독부에 진언하여 조선에 유력한 미곡 관계자들로 조선미곡조사회를 조직함으로써 미곡에 관한 여러 문제에 대해서 조사연구를 행함과 함께, 미곡 대책의 수립과 실행에 이바지했다. 또 7월에는 경성 재주의 유지가 모여서 선미옹호기성회(鮮米擁護期成會)를 결성하였고, 곧바로 그 대회를 경성에 개최해서 "조선미에 대한 차별적 미곡통제책은 조선의 미곡 생산 및 경제를 사지로 몰아가는 것이기에 이것의 실현을 저지함을 기한다"는 결의를 했다. 그다음 이것을 총리대신 이하 각 각료, 농림성 관계자, 기타 대의사(代議士) 등 49명에게 타전함과 함께, 위원들이 곧바로 동상(東上)해서 관계 각 방면에 대하여 진정 및 양해 운동을 행했다. 게다가 11월 개최된 조선농회와 전선농업자대회(全鮮農業者大會)에서도 일본에서 조선미의 차별적 정책의 철폐를 강력히 주장했다. 이와 같은 미곡 사정의 추이는 총독부의 행정기관에도 변경을 초래하여 1932년(昭和 7) 7월 토지개량부를 폐지하고, 그 소속 사무를 농림국에 속하게 하는 등, 산미증식에 관한 실행기관이 축소되기에 이르렀다.

〈자료 279〉 임시조선미곡조사위원회 설치 및 그 답신(小早川九郎 編著, 1959, 561–562쪽)

1933년(昭和 8) 초두에 주목을 받은 것은 1932년(昭和 7) 말 발포된 홋카이도에서의 정미취체규칙과 1월 총독부에 설치된 임시조선미곡조사위원회(臨時朝鮮米穀調査委員會) 2가지이다.

(중략)

임시조선미곡조사위원회는 조선미의 통제에 관한 중요 사항, 그중 출회기(出廻期)에 있어서 조선미의 일본 쇄도 방지의 방책에 대해서 조사·심의하기 위한 것으로 조선에 있어서 관민 유식자에 의해서 조직되었고, 정무총감(政務總監)을 위원장으로 해서 수차례 회합 심의하여 1월 하순 다음과 같은 답신안을 의결했다.

〈조선미 수출의 경제적 통제 요강〉

제1 본 요강은 출회기에 있어서 조선미의 수출 쇄도를 조절함을 목적으로 한다.

제2 이 목적을 달성하기 위해 조선총독부는 속히 미곡창고 계획의 확충을 도모함과 함께 지방 저장조합의 설치 장려 및 지방비 매수의 방법에 의해 소농의 벼의 부동(浮動)을 방지하는 것으로 한다.

제3 저장 및 매수 수량의 목표는 다음과 같다.

1) 저장을 장려해야 할 수량 : 현미 150만 석, 벼 350만 석

2) 매수를 해야 할 수량 : 벼 50만 석

3) 합계 : 현미 150만 석, 벼 400만 석

제4 확충해야 할 창고의 건설에 있어서는 종래에 비하여 국고의 보조율을 높이는 것으로 한다.

제5 총독부 시설에 의한 저장미 및 매수미에 대하여 보조금을 교부할 것

제6 저장미 및 매수미에 대해서는 저리자금을 융통할 것

제7 저장 및 매수의 시설을 철저히 하기 위해 관청 및 산미 단체에 필요한 직원의 충실을 도모할 것

부대 결의

제1 정부매상미(政府買上米)의 수량 증가 및 매상 방법의 개선을 도모함과 함께 매상미를 수용해야 할 국립 창고를 조선 내에 건설함으로써 수출 통제를 효과적으로 하게 할 것

제2 대만에서도 수출 통제 시설을 속히 강구할 것

제3 조선에서 벼의 건조 조제 및 포장의 개선을 철저하게 하는 방도를 강구할 것

위 답신안은 대부분 총독부 당국이 채택하여 이것에 기초해서 성안(成案)을 만들어 척무성·농림성과 협의했다. 그 결과 몇 가지의 변경은 면할 수 없었지만 대부분 이것에 가까운 방책으로 일치하여 이것을 실행으로 옮기게 되었다.

〈자료 280〉 조선미 정부 매상에 대한 요망(小早川九郎 編著, 1959, 562~564쪽)

조선 미곡 관계자가 미리 바라고 기다려 왔던 정부의 조선미 매상이 1932년(昭和 7) 12월 처음으로 실시되었고, 그 후 1933년(昭和 8) 1월 말까지 연속 3회에 걸쳐서 매상이 행해진 것

은 조선 측의 요망에 부응한 것이었지만, 그 실적은 다음 표에서 나타나는 것처럼 매우 불량했다.

조선미 정부 매상 성적

	제1회	제2회	제3회	
			현미	벼
매상 예정 수량(석)	500,000	465,000	300,000	200,000
매상 수량(석)	34,641	1,447	117,112	21,470

이처럼 본래부터 미가 상승하에서 투기적인 농민 심리에 기초한 것도 있었지만, 다른 면에서 농림성의 매상 방법에 있어서 (1) 가격의 여하에도 불구하고, 매각의 필요에 압박을 받고 있는 빈곤한 세농(細農)에게 증거금(證據金)을 모으게 하고 (2) 신청 장소가 경성 1개소이기 때문에 세농은 도처에 이것에 대응하기 어렵고 (3) 인계·금리 등의 부대비용에 대한 정부 측의 견적이 현저히 싼 감이 있고 (4) 벼에서는 검수에 즈음해서 반출자에 수많은 불리와 불안을 느끼는 등의 결함에 기초하는 것도 있어서, 만약 이에 대해 어떠한 대책을 강구하지 않으면 조선미 정부 매상의 시설도 그 목적 달성에 큰 효과는 기대하기 어렵다. 그렇기 때문에 1933년(昭和 8) 2월 조선농회, 조선상공회의소, 조선곡물상조합연합회는 서로 제휴하여 미곡부장(米穀部長)에게 매상에 관하여 다음과 같은 요망 사항을 제출했다.

1. 매상사무소를 인계지 5항(港)에 설치
2. 보증금을 경감〔상인은 1석 1원 정도, 생산자 단체는 면제〕
3. 벼 매상 품종의 증가
4. 매상 시기를 매년 10월 중에 발표
5. 4·5등 현미의 격차를 축소
6. 매상 가격의 결정에 있어서 예상되는 여러 경비를 실제 상당액으로 증가해 줄 것
7. 매상 결정은 늦어도 답신일의 다음 날 정도에 발표할 것
8. 미곡 증권의 교부가 매우 늦어서 당업자의 민폐가 심하기 때문에 속히 교부할 것

〈자료 281〉 조선미곡통제요강(小早川九郎 編著, 1959, 564-565쪽)

이때 제국의회의 정세는 미곡통제법안을 둘러싸고 미곡통제의 쪽이 점차 강해져 조선미에도 영향이 미쳤다. 오는 2월 미곡통제법 위원회에서 조선미의 일본 압박 대책의 질문에 대해 나가이(永井) 척무상은 "조선에 있어서 종래의 산미증식계획을 실업자가 생기지 않을 정도로 축소하고, 이를 면화 재배로 옮긴다"라고 답변했다. 조선산미의 방향에 점차 전환이 도래했음을 명시하였다. 이렇게 해서 조선에서는 1933년도(昭和 8) 이래, 면화증식계획을 수립하게 되었는데, 이 미곡통제법의 발포에 따라서 조선에서 행해진 직접적인 미곡통제의 요강은 다음과 같다.

〈조선미곡통제요강〉

1. 농림성의 조선미 매상은 별개의 문제로서 조선은 자치적으로 (1) 과거 5개년간의 가을 이후 4개월간 쇄도 수량 120만 석의 30% 증가 분량인 156만 석의 경제 통제 (2) 위 수량 중 83만 석을 현재 농업창고 및 미곡창고에 수용하고 (3) 다른 73만 석에 대해서는 미곡창고·농업창고의 연차 계획을 세운다.
1. 벼 저장 간이창고(수용력 20만 석)의 농회 시설
1. 야적 벼(80만 석)의 저장 장려(평당 1원의 보조)
1. 사환미 46만 석의 저장(벼의 저장창고에는 건설비 보조, 지방비 매수에는 이자의 보급)
1. 현미 20만 석, 벼 34만 석을 2월까지 출고하지 않을 것을 조건으로 해서 1석에 대해 현미에는 1원 20전 내지 1원 40전, 벼에는 1원 정도의 장려금을 교부해서 저장
1. 총독부 및 지방청에 직원의 대증원을 행함
1. 위 계획에 필요한 예산은 1933년도(昭和 8)에 약 70만 원, 1934년도(昭和 9) 이후 90만 원이며, 미곡통제 저리자금은 종래의 2,000만 원에서 2,500만 원으로 증액한다.

위 벼 저장 간이창고에 대해서는 창고 1개소의 규모 250평, 그 수용력을 1만 석으로 하여 1933년(昭和 8), 1934년(昭和 9) 2개년간에 매년 10개소씩, 합계 20개소를 생산지에 설치하고, 그 건설비에 대해서는 70%를, 경영비에 대해서는 1개소 600원을, 3개년간 국고로부터 보조하는 것으로 했다. 또 사환미 시설은 읍면을 사업 주체로 하여 미곡의 출회기에 벼를 매상하

고, 춘공기에 세농에 대하여 식량 또는 종곡(種穀)으로서 대부하고, 추수기에는 벼로 회수함으로써 미곡의 조절을 도모함과 함께, 세농의 구제에 이바지하는 것으로 했다. 이번 연도 경상북도에서 행해진 제도의 개요를 보면 (1) 매수 수량 벼 2만 석 (2) 매수 자금 도비 기채 20만 원(1석당 10원), 자금 차입 이자는 연 6%, 다만 국비에서 4%의 이자 보조가 있기 때문에 잔여 2%의 이자를 도비에서 부담 (3) 자금은 20개년 연부상환(年賦償還) (4) 벼의 매수 자금은 이것을 무이자로 해서 읍면에 대부하고 읍면으로서 벼의 매수를 할 것 (5) 매수는 11월 내지 12월 중에 행할 것 (6) 사환미의 대부 및 회수를 간편하게 하기 위해 사환미의 차수를 받는 자들로서 환곡계(還穀契)를 조직하게 할 것 (7) 환곡계는 계원을 30명 정도로 하고, 각 군을 통틀어서 1,000계를 설치한다 등 이었다. 이처럼 사환미 제도의 운용에 균점해야 할 농가 수는 봄 단경기(端境期)에 있어서 생활상의 궁민을 표준으로 했는데, 총독부의 조사한 바에 의하면 전국을 통틀어서 실로 125만여 호를 헤아리는 상태였다.

〈자료 282〉 조선미 자발통제의 미조절위원회 답신안, 「조선미 이출의 경제적 통제 요강」(동아일보, 1933.01.23)

제1 본 요강은 조선미에 이출 쇄도를 조절함을 목적으로 함

제2 위 목적을 달성하기 위하여 조선총독부는 속히 미곡창고 계획의 확충을 도모하는 동시에 지방저장조합의 설치 장려 및 지방비 매입 방법에 의하여 소농이 가진 쌀의 부동을 방지하기로 함

제3 저장 및 매입 수량의 목표는 다음과 같다.

(가) 저장을 장려할 수량 : 현미 150만 석, 벼 350만 석

(나) 매입을 할 수량 : 벼 50만 석

(다) 합계 : 현미 150만 석, 벼 400만 석

제4 확충할 창고의 건설에 담당해서는 종래에 비해 국고의 보조를 농후케 하는 것으로 함

제5 본 시설에 의한 저장 및 매입미에 대하여 보조금을 교부할 것

제6 저장미 및 매입에 대하여는 저리자금을 융통할 것

제7 저장 및 매입의 시설을 철저하게 하기 위하여 관청 및 산업단체에 필요한 직원의 충실을 도모할 것

부대 결의

제1 정부 매상미의 수량 증가 및 매상 방법의 개선을 도모하는 동시에 매상미를 수용할 국립 창고를 조선 내에 건설하여서 이출 통제를 효과적으로 할 것

제2 대만에서도 경제적 이출 통제시설을 속히 강구할 것

제3 조선의 조의 건조 조제 및 포장 개선을 철저케 할 방도를 강구할 것

〈자료 283〉 임시미곡조사위원회 설치(朝鮮農會報 7-2(1933.02), 92쪽)

내지에서의 미곡통제안은 1월 14일 개최한 미곡조사위원회(米穀調査委員會)에서 결정을 봤지만, 총독부에서는 출회기(出廻期)의 조선미 내지 쇄도 방지의 방책에 대해 연구하기 위하여 조선미곡통제위원회를 설치하여 1월 16일부터 1주일간에 걸쳐서 위 위원회를 개최했다.

위 임시조선미곡통제위원회 규정은 1월 16일에 부령으로써 발표되었는데 다음과 같다.

제1조 조선미의 통제에 관한 중요 사항을 조사 심의하기 위해 조선총독부에 임시조선미곡통제위원회를 둔다.

제2조 위원회는 위원장 및 위원 수 명으로써 이를 조직한다.

제3조 위원장은 조선총독부 정무총감으로써 이를 충당하고 위원은 조선총독부 부내(部內) 고등관(高等官) 및 학식 경험이 있는 자 중에서 조선총독이 이를 임명하거나 또는 촉탁한다.

제4조 위원장은 회무(會務)를 총리(總理)하고 위원장의 사고가 있을 때는 위원장이 지정한 위원이 그 사무를 대리한다.

제5조 위원회에 간사를 두고 조선총독이 이를 임명한다. 간사는 위원장의 지도를 받아서 서무를 장리(掌理)한다.

제6조 위원회에 서기를 두고 조선총독부 부내의 판임관 중에서 조선총독이 이를 임명한다. 서기는 상사(上司)의 지도를 받아 서무에 종사한다.

〈자료 284〉 미곡통제조사회 답신안(朝鮮農會報 7-2(1933.02), 96쪽)

지난가을 누누이 회합을 거듭해서 심의를 진행하고 있었던 미곡통제조사회는 1월 14일 수

상 관저에 개최, 사이토(齋藤) 수상의장석(首相議長席)에 대해 아오키(青木) 특별위원장으로부터 위원회의 경과에 대한 보고가 있었다. 이에 대하여 2~3개의 질문이 있은 후 토의에 들어가고 곧바로 채결을 행하여 만장일치로 다음의 답신안을 가결했다.

제1 목적. 본 제도의 목적은 미곡의 수량 및 가격의 조절을 도모하는 데 있다.

제2 수량의 조절

1) 미곡의 수출입의 허가

2) 정부는 필요하다고 인정될 때는 기간을 지정해서 외국미, 속, 기타 잡곡의 수입세 증감 혹은 면제를 하거나 또는 속, 기타의 잡곡의 수입을 제한할 수 있다.

3) 미곡의 계절적 출회 수량의 조절 및 지방적 편재의 광정(匡正)을 도모하기 위해 정부는 매년 각 도부현(道府縣), 조선 및 대만의 매달 관외 이출 수량을 추산하여 전국을 통틀어 이출 수량을 월별 평균적으로 하기 위해 출회기에 있어서 매입을 행하고 출회기 후에 매각을 행한다.

(중략)

제4 전 각항의 실행상 필요한 조사에 관해서는 명령을 하거나 또는 처분을 할 수 있다.

△ 부기(附記)

본 제도의 실시에 대해서는 다음 사항을 실행하는 것을 요한다.

제1 산업조합, 농업창고 등으로서 자치적 통제를 도모하게 할 것

제2 내지, 조선 및 대만을 통틀어서 미곡의 생산을 통제적으로 계획 실행할 것

전항의 목적을 달성하기 위해 관계 당국자, 기타의 사람들로 구성된 위원회에 자문해서 이것을 결정할 것

제3 출회기에 있어서 조선미 및 대만미의 쇄도를 방지하기 위해 유효 적절한 방도를 강구하는 데 대해서 중앙 및 양 총독부에서 충분한 협의를 수행하여 유감이 없음을 기할 것

제4 현행 미곡수급조절 특별회계는 이것의 정리 충실을 도모할 것

〈자료 285〉 농성감소시안요강(農省減少試案要綱) 금일 협의회에 제출, 「임시미곡작부 반별감소 시안요강(試案要綱)」(동아일보, 1933.09.22)

제1 본안은 1934년(昭和 9) 10월 말에 나올 가을의 예정 수확량 중 상당액을 일본, 조선 및 대만을 통하여 임시 감단(減段)을 행할 것으로 할 것

전항의 감단은 일본 및 조선에서는 1934년도(昭和 9) 산미에 대하여 대만에서는 1934년도(昭和 9) 제2기 및 1935년도(昭和 10) 제1기의 산미에 이를 행할 것

제2 일본, 조선, 대만에서의 감단 배정 수량은 과거 최대 이출 수량의 수량에 의할 것

전항의 이출 수량은 일본에서는 도부현 외의 관외 이출 수량, 조선 대만에서는 일본으로의 이출 수량에 의할 것

제3 감단은 벼농사 면적 제한의 방법에 의할 것. 경지 제한면적은 반당(反當) 수확량으로써 감단 배정 수량을 제외하고 이를 산출할 것

제4 일본의 경지 제한면적은 원칙으로서 최근 3개년 평균 도부현의 벼 면적의 비율에 의하여 도부현에 대하여 이를 배정할 것으로 할 것

조선 및 대만에서는 위에 준하지 않고 다른 방법으로 할 것

제5 경작면적의 배정은 원칙으로서 희망자로써 할 것

전항 희망자의 면적이 배정 면적에 차지 않을 때에는 잔여 면적에 대해서는 답(踏) 5반보(反步) 이상의 경작자에 이를 배정하여 실시하게 할 것

제6 (가) 경지를 제한한 답에 대하여서는 일본에서는 원칙으로서 콩 또는 팥의 재배를 권장할 것

(나) 조선에서는 제1차로 면작을 장려하고 이를 부적당하다고 생각하는 자에게는 기타 대작(代作)을 권장할 것

(다) 대만에서는 적당한 대작물의 재배를 권장할 것

제7 일본 내지에서는 경작을 제한한 답에 대해서는 지조부가세의 과세를 면제하고 또 자작농 소작농의 손실에 대해서는 보상금을 교부할 것

(가) 경작을 제한한 답에 대해서는 그 연도분의 경작료는 이를 지불함으로 요하지 않음

(나) 조선 및 대만에서는 작부를 제한한 답에 대하여서는 위에 준하여 별도로 방법을 정할 것

제8 본안 실시에 요하는 경비 일부에 충당하기 위하여 이동미에 대해서는 어느 정도의 부담을 고려할 것

〈자료 286〉 한만희(韓萬熙), 미곡통제법과 조선(朝鮮農會報 7-11(1933.11), 31-33쪽)

최근 전해진 농림성 안의 미곡통제책을 볼 때 귀착하는 점은 내지에서 농민을 옹호하기 위해 조선 혹은 대만미의 이입 방지 혹은 이입 제한을 시도한다는 안처럼 보인다. 나는 대만의 현상은 잘 모르지만 지금 조선에 있어서 경제 상태를 살펴보면 내지보다도 몇 배의 불황에 빠져 있을 뿐만 아니라, 조선에서는 아직 상공업이 발달하고 있지 않기 때문에 농업을 가지고 국본(國本)으로 해 왔던 것은 지금 다시 말할 것까지도 없다. 명백히 역사가 증명하는 사실이기 때문에 농촌의 부진은 한층 반도의 경제를 불황으로 만들고 있다. 이 농촌 불황 타개를 위한 총독 정치의 한 방법으로서 산미증식계획을 고창했던 것인데, 그것에도 불구하고 일시적 미곡 과잉을 이유로 해서 감반안(減反案)을 제출하고 다시 또 내지로의 이출 제한 등의 문제를 제기해서 조선의 농가를 고난에 빠뜨리고 있다고 하는 것은 과연 위정자가 취해야 할 길인지 아닌지, 크게 고려를 요하는 문제가 아닐까 생각한다. 나는 이러한 문제를 냉정히 고려할 때에 금일에 위정 당국자가 무엇이 어려워서 이와 같은 우책(愚策)을 부렸는지 그 해석에 고심할 것이다. 더욱더 하물며 현 내각의 수반 사이토(齋藤) 총리는 과거 10년간 조선의 총독으로서 재차 재임했던 인물임에도 불구하고, 조선 문제에 대해서 극단적으로 말하면 너무나도 냉담한 태도를 가졌다고 하는 것은 참으로 탄식해야 할 일이 아닐까라고 생각한다. 더욱이 이것이 정당내각이라면, 자기의 정당을 확장하는 정책의 일단으로서 혹은 이와 같은 우거(愚擧)가 나올지도 모르겠지만, 비상시 내각의 수반인 사이토 총리는 우리들의 조선 민중의 흥망에 관하여 조선 문제에 봉착했던 경우는 반드시 조선을 위해 충분 이해하고 양해를 기초로 해서 선처해 줘야 한다고 생각하고 있었다. 그러나 만일 전항과 같은 사정이 사실로서 행해졌다고 한다면, 그것은 우리의 기대에 반하는 일로 심히 유감스럽게 생각한다. 또한 척식상은 단지 조선 문제뿐만 아니라, 내지 본토 이외에 있어서 행정, 즉 척식 행정에 대해서 상당의 자신이 있고 상당의 수완이 있는 사람으로 자타(自他) 모두가 인정해서 우리들은 평소 척식상의 인격을 믿고 척식상의 아량을 의지하고 기대하는 점이 많았다. 그러나 농림당국과의 절충이 매우 연약하게 흐를 우려가 있을 것으로 보이는 것은 이 또한 유감인 점이다. 적어

도 위정자인 자는 국가 백년의 대계를 수립해서 본토 혹은 식민지로 구별하는 일 없이, 냉정한 태도를 가지고 자신의 소신에 따라서 용왕매진(勇往邁進)해야 할 책임이 있고 의무가 있음에도 불구하고, 그저 감정융화(感情融和), 평화유지를 위해 자신의 소신을 어느 정도까지 굽힌다고 하는 것은 과연 그것이 취해야 할 길일까?

금일 내지 농촌에서의 경제 구제에 관련해서 생각할 때, 조선·대만미의 이입 방지 또는 제한의 술책을 부리는 것도 한 방법일지도 모르지만, 신문지상에 보이는 것처럼 금일 농촌의 상태를 고찰하면 조선·대만을 불문하고 자신이 만든 쌀을 자신이 충분히 먹을 수 있다고 하는 농민이 과연 몇 명이나 있을까? 이 사실을 본다면 크게 이 점에 착안하지 않으면 안 되는 것이다. 다만 초미의 급무를 보완하기 위해 전술한 것처럼 어리석은 정책을 강구한다고 하는 것은 국가에 대하여 국민에 대하여 책임 관념이 희박하다고 할 수 있다. 앞에서도 말한 대로, 이것이 정당내각이었다면 자기의 정당의 세력을 확장하는 의미에서 국민을 속이고, 민중을 기만하는 술책도 감히 불사한다고 하는 우려가 있는 정책을 취해 왔던 예도 있다. 또한 취하는 것도 무리가 아닐지 모르지만, 적어도 비상시를 표방하는 현 내각으로서는 그저 내지 농촌에 영합하기 위해서 일시적으로 사실을 미봉하는 우책을 부리는 것은 크게 생각해야 할 문제이다. 내가 단언해서 거리낌 없이 말할 수 있는 것은 농림대신이 냉정하게 농촌문제를 생각할 때 조선·대만의 차별 대우 혹은 조선·대만미의 이입 제한이라는 정책의 실행은 어리석음에 이르는 것이라는 점을 틀림없이 스스로 알고 있을 것으로 생각한다. 다만 내각의 지지정책으로서 이러한 폭거가 나왔다고 하는 것은 농림대신으로서의 직책을 모독하는 것이라고도 말할 수 있지 않을까 라고 생각한다. 게다가 조선의 농촌문제에 대해서 생각할 때 금일 조선의 사상계가 점차 외래의 나쁜 사상에 감염되고 있는 것은, 요컨대 농촌의 피폐곤비(疲弊困憊)에 기인하는 점이 매우 심대한 것이다. 이것은 아마 조선총독부 및 현 내각에서도 인정하는 사실이 아닐까 생각한다. 현 조선의 재계 물가의 움직임은 내지 경제계의 여하에 의해서 좌우되는 것이 무엇보다도 명확한 사실임에도 불구하고, 금일 조선미에 대해서 차별적 대우를 취하게 된다면 결국은 미가의 폭락을 초래하고 동시에 구매력의 감퇴를 초래한다. 구매력의 감퇴는 나아가서 경제계의 불황을 불러온다고 하는 것은 당연한 귀착이다. 이 상태에서 조선미의 차별대우 영향은 막대한 것이라고는 점은 가장 미루어 알기 쉬운 사실이다.

그렇지 않아도 위정자로서는 무엇보다도 선결 문제인 국민의 사상을 어떻게 해서 선도해야 할지, 국가에 대한 관념을 어떻게 해서 습윤하게 해야 할지라는 점이 주된 문제이다. 더욱이 이를 나아가서 생각하면, 어느 때에는 산미증식계획을 수립해서 각지에 수리조합을 만들고, 쌀의 생산에 전력을 기울이지 않으면 안 된다고 하는 것을 모토로 하고 있음에도 불구하고, 내각이 변하면 이입 제한이라던지 기타 이른바 우책을 부리는 것은 총독부의 정책이 내지에 있어서 내각의 취지 여하에 따라서 어떻게 되든 변경되어야 할 것이라는 인식을 주는 결과로 되는 것이다. 이러한 문제에 대해서는 오히려 내지에서 내지인 조선인을 불문하고, 내지인 자신이 솔선해서 국가 백년의 대계를 생각하는 견지로부터 냉정한 태도를 가지고 옳고 그름을 논해 보고 싶은 느낌이 드는 것은 불가피하다. 나처럼 무력한 사람이 천언만언(千言萬言)을 가지고 절규해 보는 것으로 결국 얻을 수 있는 것이 적다는 것은 나 스스로도 생각했던 것이지만, 옛말에 필부의 말이라도 성인이 반드시 고른다고 하는 것처럼 예를 들어 무력한 우리들의 논지라도 위정 당국자가 냉정한 태도를 가지고 음미할 때에는 반드시 그곳에 무언가 찾아내는 것이 있지 않을까라고 살짝 생각했기 때문에 사양 없이 여기에 피력했던 것이다. 바라건대 이 조선미의 차별대우 문제에 대해서 재고 삼고해 봤으면 좋겠다. 그리고 조선 사상계의 악화, 재계의 불황, 농민의 피폐곤비가 없도록 노력을 부탁드리고 싶다.

2. 1930년대 조선총독부의 미곡유통정책

1) 신문·잡지 기사를 통해 본 미곡유통정책

(1) 개관 및 해제

1930년대 조선의 미곡정책은 미곡저장장려정책과 곡물검사제도·공동판매를 중심으로 전개되었다. 일본 정부 내 미곡조사위원회는 1930년 3월 "조선미의 내지(일본) 이출 수량을 월별 평균적으로 조절하기 위해 조선총독부에 적당한 방책을 수립할 것"을 제안했고 이에 조선총독부는 '조선미곡창고계획'을 수립했다.

그 내용은 제1기 계획으로 1930년부터 5개년간 현미 50만 석 수용의 농업창고를 생산지에, 동량(同量) 수용의 상업창고를 이출항에 설치, 제2기 계획으로 1935년부터 10개년간 현미 50만 석 수용의 농업창고를 추가 설치해 계절적 과잉 이출미의 수량을 조절한다는 것이었다. 그러나 이 계획은 1932년 개정되어 제1기 계획이 2년 연장되어 7개년계획이 되고 제2기 계획은 사실상 폐기되었다. 이로 인해 이 계획의 농업창고 중심적 성격은 사라지고 상업창고의 경우 차고(借庫) 중심에서 신설·매수를 통한 소유창고 확보로 중점이 옮겨 갔다. 이러한 창고계획의 실적은 농업창고는 1935·36년에 중단되었는데 전체적으로 93%의 달성률을 보인 반면 상업창고는 전체적으로 123%의 달성률을 보였다. 이 결과 1930년대 후반에는 상업창고가 전 조선 미곡창고의 최대 비중을 차지하게 되었다.[110] 조선총독부의 창고계획은 결국 생산자보다는 대규모 미곡을 유통하는 대지주·정미업자·미곡상의 이익을 우선하는 방향으로 진행되었다.

1933년 1월 조선미곡창고계획을 확대·강화하여 현미 100만 석 통제를 목표로 하는 '조선미곡이출통제계획'이 마련되었고, 1933년 12월에는 '벼장기저장계획'이 수립되었다. 이 계획은 300만 석의 벼를 1933년 12월부터 1934년 10월까지 장기적으로 강제 저장시키는 것으로 일본 미가가 '미곡통제법'의 표준 최저가격에서 10% 이상 상승할 경우 저장을 해제할 수 있

110 전강수, 1993, 65-67쪽.

다는 것이었다.[111]

일제 식민농정은 조선에서 생산된 쌀을 일본에 공급하는 것이 주목적이었기에 쌀의 증산과 함께 쌀의 품질에도 관심을 쏟았다. 이는 생산 과정에서 품종개량을 추진했고 유통 과정에서 검사제도를 통해 일본 시장에 우수한 품질의 쌀을 공급하고자 했다. 미곡에 대한 검사는 1910년 전남 목포상업회의소가 당시 일본으로 수출하는 미곡에 대해 수출 검사를 실시했는데 이것이 미곡 검사의 시작이었다. 1910년 강제병합 이후 도장관 감독하에 가급적 수출미의 검사를 시행하도록 장려해 진남포, 인천, 부산 등의 상업회의소와 대구, 평택 등 4개 곡물조합에서 현미 검사를 실시했다. 조선총독부는 1915년 2월 '미곡검사규칙'(부령 제4호, 1915.2.27)을 제정하여 미곡 검사를 도장관 권한에 위임하고 집행기관은 도 자체나 상업회의소 등의 단체로 하여 관할 구역을 통과해 수이출되는 현미에 대해 검사를 실시하도록 했다. 1917년 9월 '미곡검사규칙'을 개정(부령 제62호, 1917.9.8)하여 지방자치단체(道)가 도 지방비로 검사를 시행토록 했다. 이제 민간 단체는 배제하고 도가 직접 검사를 실시하는 '도영(道營)검사시대'가 되었다.

이러한 도영검사는 각 행정구역 단위로 자체 예산으로 독립적으로 시행되었기 때문에 통일적 검사가 이루어지지 못했다. 1930년대 농업공황기에 조선쌀의 일본으로의 과잉 이출 문제가 제기되면서 곡물검사제도도 강화되었다. 1932년 조선총독부는 '조선곡물검사령'(제령 제2호, 1932.9.24)을 제정하여 "조선총독이 지정하는 곳에서 또는 지정하는 곳을 경유하여 곡물을 반출하려고 하는 자는 그 곡물의 품질·건조·조제·용량 또는 중량 및 포장에 대해 조선총독부곡물검사소에서 검사를 받아야 한다"고 규정했다. 이어 '조선총독부곡물검사소관제'(칙령 제 264호, 1932.9.29)를 통해 곡물검사소를 조선총독의 관리하에 두었다. 이제 곡물 검사는 조선총독부의 지휘 감독하에 일원적으로 실시되어 소위 '국영(國營)검사'가 이루어졌다.

이 시기까지의 미곡 검사는 도정된 '현미·백미'에 대한 것이었는데, 1934년 10월 '조선벼(籾)검사규칙'(부령 제104호, 1934.10.19)을 제정하여 벼의 희망 검사가 실시되었고 1935년 10월 '조선곡물검사령시행규칙' 개정으로 오지(奧地)의 지주 또는 농민의 집합미에 대한 희망 검사와 함께 지정지로부터의 반출벼에 대한 강제 검사가 실시되었다. 해외로의 수이출 미곡뿐만

111 전강수, 1993, 69쪽.

아니라 조선 내에서 유통되는 것에 대해서도 벼 단계에서 검사가 이루어진 것이다.

조선총독부가 일본 정부의 미곡정책에 발맞춰 실시한 조선 내 미곡저장정책(미곡창고)과 곡물 검사의 국영화와 대상 확대에 대해 《동아일보》를 중심으로 살펴보았다. 신문 기사에서는 미곡창고 관련해서 발생한 지주, 상인 및 농민층의 어려움, 부담을 둘러싼 비판이 제기되고 있다. 또한 곡물 검사 관련해서는 이를 감독·시행하는 조선총독부와 곡물검사소가 식민지 행정기관으로서 권위적이고 고압적인 태도로 곡물 검사를 시행하는 모습, 이로 인한 농민들의 고통이 취재되고 있다. 누구를 위한 미곡 관리와 통제이고 검사였는지를 알 수 있는 상황이다.

(2) 신문 기사에 비춰진 미곡유통정책

① 미곡저장정책 - 미곡창고

〈자료 287〉 사설: 미곡창고 설치에 대하야(동아일보, 1928.04.14, 1면 1단)

1. 지난 2월 28일에 개최되었던 조선농회 총회에서는 (1) 미곡법 전부의 조선 내 적용과 (2) 국립 미곡창고 설치의 2건 요망에 대하여 농림대신에게 건의하기로 결의하고 이래 위원을 선출하여 조사 중이었든바 최근 조사가 완료한 까닭에 머지않아 농회장의 명의로써 야마나시(山梨) 총독을 통하여 농림대신에게 건의서를 제출하게 되었다 함은 작지(昨紙)로 보도한 바와 같다.

2. 이 건의의 제1 사항인 미곡법 전부의 조선 내 적용이라는 것은 즉 조선미 매상을 의미하는 것이다. 상세히 말하자면 일본 미곡법은 전부가 5개 조로 되어 있는데 그 근본 정신은 제1조 및 제2조에 있고 제3조 내지 제5조는 제1조에 규정된 미곡의 수량 또는 시가 조절의 완전을 기하기 위한 행정 수속과 미곡의 생산자, 거래업자, 창고업자, 기타 점유자에 대한 단속 규정에 불과한 것이다. 그런데 미곡의 수량 또는 시가 조절을 위해서 쌀의 수출입을 제한하려 하는 제2조의 규정은 지난 2월분에 이미 조선에 적용 실시된 것인즉 이제 남은 것은 제1조이다.

3. 이제 제1조를 보면 "정부는 미곡의 수량 또는 시가를 조절하기 위하여 필요하다고 인식하는 때는 미곡의 매입 매도, 교환, 가공 또는 저장을 할 수 있음"이라는 것이다. 따라서 미곡

법 전부의 조선 적용이라는 것은 사실 그 근본 요지가 조선미 매상 요구라 하는 것에 있다. 그러면 조선미 매상의 필요가 어디 있느냐. 이에 대하여 조선농회 총회가 든 이유의 요지를 들어 보면

4. 일본산 쌀로 매년 상품으로 되어 현 외에 이동되는 수량은 겨우 1,200만 석가량에 불과한데 조선미의 이출량은 이미 600만 석에 달한즉 일본 현 외 이동미의 절반에 달하는 지경이다. 따라서 일본 내 이동 총량의 거의 3분의 1에 달하는 조선미를 매상하지 않고는 일본 내 산미만의 매상을 아무리 열심히 할지라도 수량 또는 시가 조절의 근본 목적을 달성할 수 없다는 데 있다. 그러고 미 매상은 그 근본 목적이 미곡 생산자의 이익을 위하여 하는 것이기 때문에 상인의 손을 경유할지라도 1, 2차에 불과한 조선미를 매상하는 것이 조절의 근본 주지에 부합하는 것인데 그러자면 조선 내에서 매상할 수밖에 없는 것이요, 조선 내에서 이를 매상하려면 마땅히 그 보관 저장용의 창고가 필요할 것은 물론이다. 고로 결국은 조선 내 주요 집산지에 국립 미곡창고를 설치하기를 함께 건의하게 된 것이다.

5. 그러나 우리들이 이에 천명하고자 하는 것은 전기(前記)에 있지 않고 다음에 있다. 즉 금일에 와서는 조선 내의 대농 경영자는 거의 일본인이다. 조선인 중에 거농(巨農)이 전무하다는 말은 아니지만 그 수가 적고 또 점점 적어져 가는 중에 있다. 따라서 미가 조절로 현재 대이익을 보고 또 장래 더욱 큰 이익을 볼 추세에 있는 자는 일본인이다. 그렇기 때문에 조선농회 총회의 이 (1) 조선미 매상 (2) 국립 미곡창고의 조선 내 설치에 대한 실현운동은 첫째 다수 일본인 거농의 후원을 배경으로 한 점으로 보아, 둘째 현 정우회 내각이 대농 옹호주의의 내각인 점으로 보아 이번의 건의는 현 내각이 임시의회를 무사히 경과해서 존속만 하게 되면 실현의 가능성이 충분하다고 본다.

〈자료 288〉 미곡창고 제2단 계획, 설계는 이미 완성(동아일보, 1928.04.18, 8면 2단)

조선에 미곡 국립 창고를 설립함에 관해서는 이전 미곡법 제2조를 적용할 때에 농림성과 총독부 간에 상당히 양해가 된 것은 사실이나 의회 해산으로 인한 긴축 예산의 결과 금년도에 실현하지 못하고 할 수 없이 내년도 예산에 반드시 이 실현을 기하려는 모양이며 그 창고

설립 설계에 대해서는 이전 불이흥업(不二興業)[112]에 의촉 중이더니 수일 전에 완성되었음으로 15일 이케가미(池上) 정무총감의 도동(渡東)과 동시에 농림성에 제출하게 된바, 이에 의하면 제1기 계획으로는 140만 원을 투입하여 철근 '콩크리트(concrete)'의 창고 3동을 건설하고 여기에 현미 혹은 정조 150만 석을 수용하도록 한 것이며 또한 이와 함께 직접 농민에게 융통할 저자 약 2,500만 원에 대해서는 금년 중 대체로 대장성 예금부의 양해를 얻게 되고 그 창고의 설립지로는 현재 부산, 군산, 대구, 원산, 평양, 진남포 등의 청원이 있으므로 조만간 이들 중에서 최초는 1개소 내지 3개소를 선정할 모양인데 군산, 인천, 진남포 등을 유력한 후보지로 본다더라.

〈자료 289〉 창고 건설과 미곡 자금이 필요, 매상의 급속 실시는 곤란, 총독부 측의 관측(동아일보, 1929.06.13, 8면 1단)

현재 도동(渡東) 중의 이마무라(今村) 식산국장이 농림성 측과 회견한 후 조선에 미창고의 건설과 매년 400만 석의 미 매상을 협의하였다 함에 대하여 총독부 측에서는 아래와 같이 말하더라.

아직 어떠한 교섭이 없으나 조선에 미곡창고를 건설하여 미 매상을 실행하는 것은 정부에 대한 연래의 희망으로 이번 미곡위원회에서 어떻게 결정될는지 모르나 미곡법을 조선에 전부 적용하게 된다 하면 쌀의 매상은 곧 해결될 것이다. 그러나 매년 400만 석 정도로 매상하는 미곡자금의 근본문제가 해결되지 않고는 가령 400만 석의 매상을 함에는 약 1억 2,000만 원의 자금이 필요하고 금회 위원회에서 미곡정책이 결정될지라도 조선미의 매상은 미곡창고 약 10만 평이 건설된 후의 일이므로 급히 실현되기 어렵다고.

---

112 후지이 간타로(藤井寬太郎)가 1914년 설립한 농업회사이다. 수리조합사업을 중점으로 했으나 1920년대 말 경영 악화로 조선식산은행에 인수되었다. 1937년 이후 전시체제하에서 사세 확장을 도모하며 일제 말기까지 존속했다(「불이흥업주식회사」, 『한국민족문화대백과사전, http://encykorea.aks.ac.kr/Contents /Item/E0078099).

〈자료 290〉 미조위원회(米調委員會)와 조선 측의 제안, 산지 미곡창고 건설이 필요(동아일보, 1929.09.20, 8면 1단)

미곡조사특별위원회는 17일로써 폐회하고 10월 3일부터 재회하게 되었는데 총독부로부터 출석 중의 오가와(小河) 농무과장은 즉시 귀경하였던바 다음번에서 다시 도동(渡東) 출석할 예정이라 하며 오가와 씨는 귀경하여 이번 위원회의 문제였던 우에다 야헤이(上田彌兵衛) 씨의 제안인

1. 외미의 계절적 공급 과잉 방지를 위해서 반관반민의 회사를 설립하여 정부는 이에 4분을 표준으로 하여 손실 보상, 이익 보증을 하고 회사로부터는 외미 통제를 행하게 하라는 안과

미와(三輪) 씨 제안인

1. 일본미, 조선미, 외미에 대하여는 정부에서 매상제도안(買上制度案)

또 야하기 에이조(矢作榮藏) 씨 제안인

1. 미곡 자금 4억 1만 원 증자 및 쌀 전매제 등의 제안에 대해서 충분히 연구하여 재회에 임해 의견을 말하기로 되었는데 조선 측의 아리가(有賀) 씨의 제안은 총독부의 제안과 대동소이하여 조선에서는 산지의 미곡창고 건설 계획을 수립해서 저리자금의 융통과 맞물려서 미가 조절의 대책을 수립해야 되겠다는 고로 이 문제를 신중히 강구한다더라.

〈자료 291〉 조선의 미곡창고(1)(동아일보, 1930.02.13, 8면 1단)

조선미가 신곡 출회기 근방 약 3, 4개월간에 일시에 다량으로 일본에 유입하여 일본미의 가격을 폭락시키는 것이 병폐라 하여 이 통폐를 제거하기 위해 조선미의 이출을 월별 평균으로 하자는 안책이 즉 이른바 조선미 통제안이다. '월별 평균'이라는 것은 조선미의 이출을 자연에 방임한 현재의 모양으로 일시에 다량으로 이출되게 하지 말고 1년 12개월을 두고 달마다 평균적으로 이출되게 하자는 것이다.

(중략)

그러나 여기서 다시 한번 조선미의 '월별 평균'은 그 필연적 결과로 '이출 총량의 제한'을 겸하게 되는 이치를 말해 보면 이러하다. 조선미가 일본으로 유입하여 일본 시장 내의 일본미에 압박을 주는 원인은 (1) 일시에 대량으로 유출한다는 원인 이외에 (2) 이출 총량이 많다

는 것도 심대한 원인 중 하나로 되어 있다. 따라서 기왕 일본미의 저락을 방지하기 위하여 입안된 조선미 통제안이라 하면 단지 '일시 유입의 방지책'인 월별 평균책만 실행한다고는 볼 수 없는 것이다. 그렇기 때문에 일본미의 가격을 압박하는 또 다른 일대 원인이 되는 이출량 과다에 대한 제한 즉 '연이출 총량의 제한책'은 전게 월별 평균책과 동시에 실행될 것으로 볼 수밖에 없는 것이다.

고로 이번 조선미 통제안이 드디어 구체적으로 실현되는 날이면 그 때문으로 조선미 자체가 어떠한 영향을 받을까를 연구하는 것에는 그 문제를 둘로 크게 나눠서 (1) 월별 평균제가 조선미에 미치는 영향과 (2) 연이출 총량의 제한이 조선미에 미치는 영향의 두 가지를 따로따로 연구할 필요가 있는 것이다. 그러니 이 문제의 고구는 잠깐 뒤로 밀고 먼저 거기까지 가는 계제(階梯)의 전단으로 이번 통제안에서 '연이출 총수량'을 제한한다 하면 무엇을 표준으로 제한하게 될까를 먼저 연구해 보면 이러하다. 즉 조선미의 연이출 총수량을 제한하는 근본 목적은 일본 내 쌀시장에서의 쌀(일본미, 조선미, 대만미, 외미의 합칭)의 공급 과잉으로 일본 미가가 폭락하여 일본 농민에게 미치는 타격을 구제하자는 데 있는 것은 다언을 필요하지 않을 바이다. 고로 그 표준도 따라서 일본 내의 쌀의 수급 관계 여하에 따라서 작정될 것이오, 조선미의 이출 능력 여하에 의하여 작정되지 않을 것도 또한 명백한 일이다.

그러면 그 결과가 어떻게 되느냐 하면 일본 내에서의 쌀의 수급 관계를 좌우하는 유일한 원인은 일본미의 풍흉 여하에 따라 결정되는 것이다. 그렇기 때문에 (1) 일본에 만약 풍년이 든다고 하면 조선미의 연 이입액은 적어도 될 것인 까닭으로 조선미의 연 이출 총액은 적게 결정될 것이오 (2) 일본에 만약 흉년이 든다고 하면 조선미는 많이 들어오게 해야 될 것인 까닭에 이런 경우의 연 이출 총액은 많이 결정될 것이다. 이 결과로 일본과 조선에 동시에 풍년이 들면 조선미는 많이 나고도 적게 이출되는 관계로 조선미의 생산자는 이중의 타격을 받게 될 것이요, 또한 이와 반대로 일본과 조선에 동시에 흉년이 들면 조선미는 적게 나고도 많이 이출되기 때문에 조선 내에서의 쌀의 소비자는 이중의 타격을 받을 것이다. 또한 이 관계를 다시 한번 바꾸어 말하면 종래에도 조선과 일본이 동시에 풍년이 들면 조선미는 그렇지 않은 경우보다 더 저락되고 또한 반대로 양지에 동시에 흉년이 들면 조선미는 그렇지 않은 경우보다 더 등귀하여 조선 내의 쌀 소비자를 곤란하게 하는 경향이 해마다 심화하는 형세에 있었으나 이번의 조선미 통제안이 드디어 실현되는 날이면 이 경향은 한층 더 약진적으로 증대할 것이라는 말이다.

다음 조선미 이출의 월별 평균책은 그것이 조선 내에서의 대다수를 점령하는 중소 농민으로 있어서는 일시에 이출하지 않지 못할 정세에 있음에도 불구하고 이를 인위적으로 억제하는 결과는 억제하는 만큼 미가의 저락을 초래하여 이때에 판매하는 측에서는 중소 농민에게 막대한 타격을 주게 되는 것이다. 그러나 이 월별 평균의 타격은 다만 중소농에게만 있는 것이 아니라 중소농이 받는 타격의 여파는 자연히 조세 납입과 및 채권자 또는 일반 상공업에게까지 미칠 것도 또한 명백한 일이다. 조선의 중소농이 어째서 신곡기 근방 약 3, 4개월에 일시에 그 소지미(所持米)〔정조를 포함함〕를 투매하게 되는지는 그들이 대개 연말 납세와 부채환상과 각 절 필수품의 준비 등 필요불가결할 사정에 의해 그리되는 것이다. 그런데 만약 조선미 통제안의 실현의 결과로 (1) 미가가 부당히 저락되며 또한 미가 저락에 부수하기 쉬운 일로 (2) 저락된 시세로도 팔 수 없는 지경에 이르면 그 영향은 자연히 농민의 납세에 미치며 농민의 채권자에게 미치며 농민의 동절 준비의 소비 감소로 일반 상공업에까지 미치고 말 것은 자명한 이치이다. 그뿐 아니라 미가가 부당히 저락되며 또한 저락된 시세로도 팔지 못할 지경에 이르면 그 결과는 자연히 농민의 쌀의 자소비 증대로 되어 외미 및 만속(滿粟)에까지 그 영향이 미칠 것은 물론이다.

〈자료 292〉 조선의 미곡창고(2)(동아일보, 1930.02.14, 8면 1단)

이번 조선미 통제가 그 표면으로 나타나는 바를 보면 다만 이출의 월별 평균만을 목적으로 하는 것인 듯이 보이나 그 실은 이면에 이출 총량의 조절〔흔히 제한을 의미〕까지도 필연적으로 수반할 것이라는 데 대해서는 전회(前回)로써 이미 이를 명백히 한 바이거니와 이 이출 총량의 제한은 또한 조선에서 현재 계속 실행 중인 산미증식계획에도 적지 않은 영향을 미칠 것이다. 그것은 산미증식계획에 의해 조선미는 매년 그 산액이 증가하고 있는데 일본에서는 그 연 이입 총량을 제한한다고 하면 조선 내에서는 과잉미가 해마다 증가해서 그 때문에 조선 내의 미가가 해마다 저락의 일방을 계속하여 필경 시가가 생산비 이하로 되는 결과 산미증식계획의 진행상 일대 지장을 낳는 데까지 이르게 되는 까닭이다. 그뿐 아니라 월별 조절 및 총량 제한은 그 필연의 결과로 중소농의 이익의 일부분을 감소시켜서 소수의 호농 및 미곡상의 이익을 증대하게 될 것인바 이에 관해서는 이미 본지 지난 1월 19일 및 21일부 본란

'조선미 이입통제'라는 제목하에 이미 논한 바 있는 고로 여기에는 생략한다〔1월 22일부 본란 제3단 이하 참조〕.

그런데 조선미가 신곡기 근방에 일시에 일본으로 이출되는 원인 및 경로를 말해 보면 (1) 조선의 중소농은 납세, 채무 청산, 동절 준비 등의 급박한 사정에 몰려서 추수 타조(打租) 후 얼마 안 되어 다 팔아 버린다 (2) 파는 대로 사들인 미곡상 및 호농은 이를 현미로 하며 정미로 했으나 저장할 만한 창고가 없을 뿐만 아니라 미곡 자금도 결핍하기 때문에 중소농이 파는 대로 사 가지고 사는 대로 즉시 일본을 향하여 이출한다. 이러한 사정에 의해 조선미가 신곡기 근방 약 3, 4개월간에 일시에 다량으로 유출하여 일본미의 가격을 압박하는 것이다. 따라서 이 일시 다량 유출을 방지하는 데 두 가지 길이 있다. 즉 (1) 쌀의 생산자인 중소농에게 저자 융통, 기타의 방법에 의해 일시 투매 경향을 완화할 것 (2) 쌀의 이출항 인천, 부산에 미곡창고를 건설하며 저자를 융통하여 일시 이출을 완화하는 방법의 두 가지가 있을 것이다. 그런데 현재 조선총독부가 행하고자 하는 것은 이 제2단의 방법이다. 그러고 제2단의 방법의 구체안은 최근 보도에 의하면 이러하다.

"이출미의 통제는 조선총독부에서 행하되 (1) 주요 이출항에 상업용 미곡창고를 설치하고 (2) 창고 반입미에 대해서는 저리자금을 융통한다 (3) 대출 이율 및 보관료는 이를 저렴하게 하는 대신에 (4) 보관미의 출하에 대해서는 총독부의 특허를 부(附)함을 요한다 (5) 만약 조출(早出)을 행하는 경우에는 이율 및 보관료에 대한 특전을 박탈하는 방법을 채용한다."

우리들은 일찍이 지난 1월 19일부 본지 본란 제6단에서 조선총독부가 이출미 통제의 임무를 사실로 맡게 되는 날이면 비록 법령 발표의 형식은 취하지 아니할지라도 어떠한 형식으로나 행정상의 간섭 수단을 취하게 될 것이라고 논술한 바가 있었다. 그런데 전게 최근의 보도는 그 행정적 간섭 수단의 일부분을 구체적으로 표시한 것이다. 전게 보도는 아직도 약간 불분명한 점이 있는 것으로 생각하나 하여간 여기 나타나지 아니한 점까지 보태어서 그 뜻을 말해 보면 이러하다.

(1) 이출미 적재에는 조선총독부의 특허장(?)을 부여함으로 요한다〔이 부분은 전게 보도에는 나타나지 아니하였다〕 (2) 창고 반입미의 출하에는 조선총독부의 특허(?)를 요할 뿐만 아니라 조출

(즉 반출 기한 전)을 행하는 경우에는 이율 및 보관료에 대한 특전을 박탈해서 저자의 이율을 비싸게 하며 보관료를 높여서 받겠다는 말이다. 또한 여기 소위 '조출'이라는 말이 있는 점으로 추측하건대 쌀 보관에는 반드시 일정한, 적어도 개월 이상이라든가 또는 몇 주 이상이라든가 보관의 최단기간을 정할 모양이다. 하여간 이러한 방법을 채용하기만 하면 조선미 이출의 통제는 소기의 목적을 달성할 수 있는 것은 물론이다. 즉 월별 평균도 가능할 것이오, 연이출 총량의 제한도 마음대로 되는 것이다. 그리고 다른 한편으로 조선미의 이출을 목적으로 하는 일반 선박에 대해서 조선총독부의 허가가 없이는 조선미의 적재 출항을 못하게 하는 등의 형식까지를 구하면 그 이른바 조선미의 이출 통제는 실로 완벽을 기할 수 있을 것이다.

그러나 이출 통제의 방법이 이러한 형식을 취하게 된다고 하면 이것은 단순한 '경제적 시설'에 의한 이출 통제가 아니다. 즉 나의 추측의 부분은 고사하고 최근 보도의 내부만 들고 말해도 (1) 보관미의 출하에 총독부 특허를 요하게 한다든가 (2) 또는 보관미의 조출에 대해서는 이율 보관료에 대한 특전을 박탈하는 등의 방법은 벌써 그것이 단순한 경제적 시설에 의한 통제의 범위를 초탈하여 형식 여하에 의하는 법령 실시에 의한 통제의 형식은 아니라고 할지라도 일종 행정상의 강제수단에 의해 통제하는 것이다. 따라서 이 결과가 (1) 직접으로 이출상에게 타격을 주며 (2) 따라서 간접으로 쌀 생산자인 중소농에게 보다 큰 타격이 될 것은 대개 이를 추측하기에 곤란할 것이 없을 것이다. 종(終)

〈자료 293〉 미곡창고와 미가 문제 연구(1), 김우평(동아일보, 1930.09.16, 8면 1단)

2. 미곡창고

현재 총독부 당국에서 계획하는바 농업창고는 5개년계획으로 50개소 생산지에 설립하기로 하고 현재 그 장소를 결정하기 위해 각 도에 교섭 중이라 한다. 이외에도 조선총독부에서는 지난 9월 10일 미곡상업창고회사 설립을 목적으로 총독부 제3회의실에서 관민간담회를 열었었다. 그리하여 간담회에서는 총독부 안에 순응하여 자본금 100만 원(1주 50원, 4분의 1 납입 2만 주 내 5,000주 공모), 1만 5,000주는 발기인 중 기설 창고회사에 우선권을 부여함으로써 조선미곡창고주식회사를 설립하여 부산, 군산, 목포, 인천, 진남포의 5개소에 창고 건설의 대강을 결정하였다. 건설 대강은 (1) 설치 장소 및 평수는 각지의 미곡 출고에 응하여 적절하게 결정할 것 (2) 창고 건설은 5개년차 계획으로 하며 총평수 2만 2,500평(수용고 50만 석) 내

5,000평은 기설 창고의 매수 또는 차고(借庫) (3) 창고회사는 미곡창고의 외에도 일반 상업창고도 경영할 것 (4) 창고 설치 장소는 필요에 응하여 확장할 것 등이라 한다. 그리하여 일간 창립위원을 선임해서 구체적으로 창립 준비에 착수하리라고 한다. (계속)

〈자료 294〉 미곡창고와 미가 문제 연구(2), 김우평(동아일보, 1930.09.17, 8면 1단)

2. 미곡창고 (계속)

이번 상업창고주로 말하면 당초 계획으로는 공모하지 않을 방침이었다고 한다. 그러나 만일 공모하지 아니하면 일반 민간으로부터 독점사업이라는 비난을 면치 못할까 하여 일부를 공모에 붙이기로 한 모양이다. 다음으로 배당 문제에 관해서는 현재 연구 중임으로 예단하기 어려우나 대체로 8분 배당은 가능하리라 한다. 저리자금의 융통고는 갑-농업창고, 을-상업창고, 두 창고 합계 580만 원의 예정으로서 두 창고의 운전자금에 충용하리라는데, 그 내역은 상업창고에는 조선은행을 통해서 270만 원을, 농업창고에는 식은, 동양척식, 금융조합을 통해서 310만 원 정도의 금액을 대부하리라고 한다. 그리하여 이 창고화물 증권에 대한 은행자금은 미리 조선총독부 당국이 창고 자금으로서 일본 대장성의 양해를 구하여 예금부 융자 580만 원을 농업창고와 반으로 나눠서 290만 원을 융통하기로 되었다고 한다.

3. 생산과 미가 문제

회고하건대 일본은 1897년(明治 30)까지는 항상 자작 자급할 만한 미곡을 생산했었다고 한다. 그러나 인구의 증가와 생활 정도 향상에 의해 1인당 쌀 소비량이 증가되어 일본의 생산품으로든 공급 곤란이 되게 되어 매년 500만 석 내외의 쌀을 외국에서 수입하지 아니하면 아니 게 되었다. 그러나 매년 다액의 외국미를 수입함은 일본 식량정책으로 본다든지 일본의 국제대차(貸借)상으로 생각하면 실로 우려할 만한 정세라 하여 이것을 이유로 조선에 거액의 자금을 투자하여 산미증식계획을 수립했던 것이나, 뿐만 아니라 일본서도 동시에 산미증가책에 유의한 결과 자작자급의 위치에 도달하게 되었다 한다. 이와 같이 일본은 식량정책상으로 보아 성공이라 할 만큼 되었다 하겠으나 생산을 가능하게 함에 원동력이 되는 미가는 그들 두뇌에 없었던 것이 사실일까 한다.

그리하여 미가에 변동이 생길 때마다 미가 조절이라 해서 미 매상이니 조선미 수입 방지이니 외미 수입 금지이니 하게 되었다. 근래에는 합리화라는 술어가 유행됨에 따라 생산비 저하를 입에 올리게 되었다. 그렇다면 조선총독부에서는 어떻게 그 대책을 강구하는가. 산미증식계획이란 것을 생각해 내고 조선 농민을 위시하여 조선이 이에 따라서 곧 부자나 되는 것처럼 선전하였으며 가장 일본의 식량문제를 해결한 듯이 운위하는 한편으로 일본에서는 이를 배척하여 수입방지론을 주창하게 되니 당국은 기현상을 하여간 묘방(妙方)으로 변명하려 하는지 이해하기 어렵다 아니할 수 없다. 생산비를 보장하리만큼 한 물가로 생산량을 시장이 소비하지 못하는데도 불구하고 생산을 장려함이 합리적 산업정책이라고 할 것인가. 쌀 생산이 증가되는 동시에 시장가격이 저락되므로 일반 소비자의 소비량이 정비례하여 증가된다고 가정하더라도 이로 인해 수익의 특권을 향수할 소비자는 쌀 생산자 이외의 소비자에 국한될 것이다. 어째서냐면 (1) 농업 이외의 일반 생산품의 시장 물가 운동은 농산품 물가보다 수요 공급의 경제적 현상에 예리하게 추급적 운동을 하게 되는 동시에 (2) 시간상으로 본다 하더라도 농업 그것에 비해서는 비교하지도 못할 만큼 한 단기이며 (3) 농산품 물가와 일반 제조 생산품 값의 운동이 평행되지 못하는 것은 물론이나 시장가격의 일반적 추세로 보아 동일한 경향이 있는 것은 사실이라 할지라도 등락의 차이가 농산품 물가에 있어서 심하다는 것이다. 그런 까닭으로 일반 제조 생산업에 종사하는 소비자의 구매 역량을 의미하는 실수입이 농업자의 그것보다 여유가 있다는 것이다.

조선 인구의 8할이 농민이라 한다. 농업을 주로 생계를 꾀한다는 것은 농산품 생산자라고 물론 지명하겠지만 이와 동시에 소비자가 되는 것이다. 그렇다고 하면 농업자인 조선인은 생산자로서 손해만 당하는 것이 아니라 소비자로서도 타 소비자보다 불리한 경제 조건하에 생활하게 되는 것이 필연적으로 증명되는 바가 아니냐.

〈자료 295〉 미곡창고와 미가 문제 연구(3), 김우평(동아일보, 1930.09.18, 8면 1단)

3. 생산과 미가 문제 (계속)

전회에 논한 바와 같이 쌀의 생산과 미가 문제의 관계는 기묘하게도 복잡하다. 따라서 곤란한 문제라 하겠다. 이와 같이 곤란한 문제를 해결책을 강구함에 쌀의 생산 방면 조절에 관해서 당국은 염두에 두지 않고 다만 미가 조절을 운위하게 된다. 그리하여 그 소위 미가 조절책이라 해서 일본 미곡조사회에서 주창하는바 미곡법 폐지론, 일본 및 조선미의 전매론, 미곡 매상 자금의 4억 원 확장론 등도 있으며 특히 조선미 수입조절책으로 (1) 조선에서 외미 수입 제한을 엄중히 할 것 (2) 조선에서 속 수입의 조절책을 강구할 것 (3) 조선 내에 있는 미곡창고의 활용에 의해 일시 쇄도적으로 일본에 조선미 이입의 방지책을 강구할 것 (4) 조선총독부로서는 하루라도 속히 월할(月割) 이출제도를 실현할 것

이상 제반 방법론에 그 하나도 구체화되지 못한 것으로 보더라도 미가의 조절이 얼마나 곤란한지를 느낄 수 있을 것이다. 뿐만 아니라 현금 상태로는 미가 조절의 기준 설정에 대해 (1) 농업자의 생계에 의할 것인가 (2) 쌀의 생산비에 의할 것인가 (3) 그렇지 않으면 일반 물가지수에 의하여야만 될 것인가에 관해서도 협의 중이라고는 하나 하등의 결론에 도달하지 못한 모양이다. 물론 기준 설정이라는 것이 이론상으로 보아 어렵고 까다롭기도 하지만 실제 기술적 문제로 말하면 더욱이 곤란하다. 기술적으로 수요와 공급자를 동시에 만족하게 하기가 용이한 것이 아니다.

실시 이후 10년을 지난 일본의 미곡법은 그 운용 역사의 과정이 그다지 성공이라고 운위하지 못하는 반면에 도리어 최근 1억 원의 손실이 생겼다고 한다. 또 현재 230~240만 석의 쌀을 소유한 정부는 매상 자금으로서 겨우 7,000~8,000만 원의 자금을 가진 데 불과하다고 한다. 그런 데다가 금년 미곡은 일본, 조선 및 대만미를 합해서 약 800만 석의 증수를 전하게 되었다. 정부가 이번 추수 후 다소의 쌀을 매상한다고 하더라도 아무런 효과가 미가에 미치지 못할 것이 사실일까 한다.

(중략)

이와 같이 일본의 미가 조절 문제라는 것을 해결하는 것이라든지 일본의 식량정책을 완전히 수행함에 조선미 문제가 매우 중요한 관계를 가지고 있다. 그럼에도 불구하고 지금까지의 대책이란 것이 일본 본위였으므로 조선인은 조선인 본위로 즉 우리의 직접 이해에 관한 조선에서의 미가 조절을 고찰해 보아야 할 것이다. 산미증식계획이 실행되는 이때에 조선인이 농민이라는 점을 가미하여 고찰함에 이 어찌 사활 문제 그것이라고 생각하는 것이 무리라 하겠느냐. 이에 이상에 논의한바 조선미 조절 문제에 관해서 차회에 논하겠다. (계속)

〈자료 296〉 미곡창고와 미가 문제 연구(4), 김우평(동아일보, 1930.09.19, 8면 1단)

4. 미가 조절

현재 미가 대책이라 해서 논의되는 바는 전회에 논한 바와 같이 (1) 외미 수입의 제한을 엄중히 할 것 (2) 조선에 속 수입을 조절할 것 (3) 미곡창고를 설치해서 일본으로의 쇄도적 이입을 방지할 것 (4) 조선총독부에서 하루라도 속히 월할 이출제도를 실현할 것 등이라 한다. 이상 여러 조목을 고찰하면 이러하다.

연평균 외미 수입 50만 석의 금지라든지 조의 수입 제한이라는 것은 현재 조선인의 경제를 부지하는 자의 잠꼬대라고 하겠다. 이를 실행하기 위해 법령이나 혹은 증세에 의한다면 조선인의 식량문제에 중대한 결과를 초래하게 될 것이다. 조선 농민은 매년 한혈(汗血)을 다해서 추수라고 하게 되면 소작료, 비료대, 수리조합비 및 채무의 상환, 일용잡화 및 제반 공과금 지불 및 기타의 필수품을 매입하기 위해 미가에 대한 관념은 제2로 우선 농작물의 현금화를 위주로 즉시 벼(籾)를 방매하되 부득이 투매의 형식을 취하게 되는 것이다. 이의 간접적 영향으로 조선미의 일본 이출 상태를 고찰하면 이러하다. (1) 미 생산고와 (2) 인구 증가 및 (3) 속 수입의 비율을 고찰하건대 조선인의 쌀 소비량은 1인당 평균 1합 3작(勺)에 불과해서 그다지 증가된 그것이라 하지 못하겠다. 그러나 일본으로의 이출량은 과거 6, 7년간 200여만 석 내지 600여만 석의 범위였다. 최근 통계에 따르자면 일본의 이출미는 1년 약 630여만 석이라 한다. 그리하여 이 수량이 매월 평균 53만 석씩 일본에 이입된다 하면 일본 미가에 어떠한 변동이 생기지 아니할 것이나 재래의 사실에 의하건대 매년 11월로부터 2월까지의 4개월간에 310여만 석, 즉 1년 이출미의 반수 이상이 이출된다는 셈이다. 그리하여 조선인은 식량을 구하는데 외국미나 속에 의존했었다. 그러므로 속은 조선 농민에게 중요한 식량품이 되어 있는 것이 사실이다. 그러면 일본으로의 이입미를 조절하기 위하여 속의 이입을 증세로써 제한한다는 것은 조선 농민의 생활 근저를 위협하는 것이다. 즉 필수품의 가격을 높이는 동시에 미가 저락을 촉진하는 것이며 그 반면으로는 미곡 낭비의 폐가 생길 것은 물론이려니와 농가 경제력을 열약하게 하는 동시에 일반 산업 및 경제계는 극도로 쇠침해질 것이다. 그렇다고 하면 일종의 정치적 편견 즉 일본의 미가 조절을 원활히 하며 동시에 식량문제를 해결하기 위해서 조선 농민을 희생하는 모양이 되니 이 어찌 공정한 정책이라 하겠느냐.

이에 다시 농창(農倉)과 상창(商倉)을 통틀어 조선미 일본 이입 조절 문제에 관해 고찰해 보자. 즉 현재 일본에의 이입미가 월평균 53만 석의 4배 222만 석이 매년 11월로부터 익년 2월까지에 이출된다면 미가 조절상 장애가 없으나 약 100만 석이 과잉 이출되는 고로 일본에서의 미가 조절상 완전을 기하기 어렵다 하여 이 해결책으로 조선에 창고를 건설한다는 것이다. 그리하여 비교적 장기로 미곡을 예치하더라도 예주에게 손실이 없게 하기 위해 종래 1개월 1'가마니(叺)'의 창고료 3전 3리를 2전 5리에 금리 100원에 대해 2전 3리를 1전으로 변경해서 창고 이용자의 편의를 도모하는 동시에 과잉 이출을 방지하자는 것이다. 가령 1가마니 10원의 쌀 1,000가마니를 추수 후 즉시 방매하여 이를 은행에 예금한다 하면 4개월 후에는 1만 172원이 되어 결국 172원의 이익이 있으나 창고에 4개월간 예치하였다가 이로운 시세에 방매하면 1석 90전의 이익이 있으므로 금리 및 창고료를 제하더라도 233원의 이익이 된다 한다. 그러면 즉시 방매하는 그것에 비하야 61원의 이익이 있다. 그리하여 1, 2년 후에는 이로 인해 일본 미가 표준에 도달하리라고 한다.

그러나 이러한 추리는 탁상공론에 불과한 것이다. 물론 금리라든지 창고료는 신설의 것이 구설(舊設)의 그것에 비해 다소 저렴할 것이다. (1) 그러나 문제의 요점은 시세 변동에 있는 것이다. 즉 상품은 시세에 의해서 움직이는 것이지 창고 요금의 저렴에 의해서 움직이는 것이 아니다. 재래의 통일적 숫자에 따르자면 추수 후의 미가가 어느 시기의 것보다도 높았으므로 대개가 이 시기를 이용해서 방매하는 것이다. (2) 그야말로 이로운 시세라는 것을 기다리기 위해 창고에 1, 2년간이라도 예치한다면 다른 문제이나 조선 농민의 절박한 사정은 이상에서 논한 바와 같이 이를 불허한다. 그러므로 현재의 상태로는 조선의 과잉미를 시가에 따라 하루라도 속히 일본에 이출하지 아니할 수 없는 것이다. (3) 쌀이면 농창이 필요하다 할 것이다. 그러나 조선인은 노적(露積)하는 습관이 있으므로 많은 농민이 창고를 이용하지 않는 것이며 (4) 미곡상이 창고를 일종의 흥정 무기로 해서 가급적 저렴한 가격으로 벼를 매입하려 할 것이다. (5) 이러한 제반 관계를 고찰하면 창고를 설치하는 것이 아니라 반대로 일부 상인 특히 미곡 무역상의 보호정책에 불과하게 되며 따라서 쓸모없는 '투기'성을 자극하는 것에 불과하다.

이상 수회의 논문을 토대로 조선 내 미가운동을 고찰하건대 (1) 시가에 따라 자유이출이 가능하지 않은 것과 (2) 미곡상의 투기심 (3) 창고 설비의 불완전 (4) 풍년인 관계로 미가는 폭락될 것이 명약관화의 사실일까 한다. 예를 들자면 금년은 풍년인 관계로 벼 수(收) 3,000만 석으로 가정하면 할(割)을 대부한다 하더라도 300만 석, 현재 가격의 '7괘(掛)'로 계산하면 2,100만 원이 된다. 그러면 현재 14, 5원 하던 것이 9원쯤 될 것이라 하겠다. (종(終))

〈자료 297〉 특권 회사의 출현(동아일보, 1930.11.20, 8면 1단)

미증유의 대풍작에 즈음하여 일본으로 가려는 쌀이 여름비에 홍수 밀리듯이 밀리려는 틈을 타서 조선미의 일본 이출을 조절한다는 목적을 표방하고 요사이 새로 출현한 한 회사가 있으니 그 이름을 '조선미곡창고주식회사'라고 한다.

이 회사는 보통 다른 회사에서 보는 모양으로 자본금을 100만 원으로 해 가지고 이를 2만 주로 나눠서 1주의 금액을 50원으로 했으며 또한 다른 회사에서 보는 모양으로 총자본금 100만 원 중에서 그 4분의 1 납입금(1주 12원 50전) 25만 원을 가지고 우선 대풍작의 금년도부터 업무를 개시하게 되었는데 그 업무의 주요 목적은 먼저도 일언한 바와 같이 조선미의 이출 조절을 본위로 하는 창고업이다.

이 회사는 본점을 경성에 두나 그가 활약하는 무대는 조선미의 주요 이출항이다. 즉 우선 부산, 군산, 목포, 인천, 진남포 등에 창고를 신설, 매수 혹은 차고해 가지고, 일본으로 이출될 운명을 가진 미곡의 보관을 주요 임무로 하여 창고업을 개시할 터인데 이것이 즉 근래에 미가 대책을 중심으로 하여 넓이 세상에 선전된 미곡 상업창고라는 것이다.

여기까지는 별로 신기한 것이 없으나, 해당 회사는, 금년부터 5개년계획으로 조절미 50만 석의 수용력을 가질 만한 정도의 창고를 신설, 매수 혹은 차고하되 "이 신설, 매수 혹은 차고에 요하는 자금 105만 원 중에서 그 4할만을 자기 자금 제1회 납입금 25만 원 및 제2회 납입금 25만 원(제4년도에 불입시킬 예정) 합계 50만 원으로써 충당한다"는 일점만 보아도, 이 회사가 얼마나 생겨나기 전부터 특별한 특전을 가지고 배태하여 세상으로 나오는가를 알 수가 있을 것이다.

신설, 매수 혹은 차고를 합해서 창고시설비 105만 원의 6할이면 그 금액이 63만 원의 거액이다. 5개년간에 이 63만 원의 보조를 받기 위해 이 회사는 2회까지 납입시켜 가지고 그 납입금 50만 원 가운데서 42만 원이라는 것은 즉 전기 창고시설비 105만 원의 4할에 해당하는 금액이다. 42만 원이 가서 자기보다 큰 63만 원을 데리고 오는 것이니 이것이 즉 자본주의 제도하에서의 교묘한 요술이라고 하는 것이다.

그러면 이 특전적 보조의 혜택을 입을 자는 누구냐 첫째가 동사의 중역 제씨이나 혹은 연봉으로(매 1인에 1만 2,000원 이내) 또 혹은 상여금의 형식으로 배불리 잡수실 것이오, 둘째는 주주이니 혹은 배당으로 혹은 증자의 형식으로 은연 간 거리를 볼 것이오, 셋째는 이 기관을 이용해서 마음대로 이윤을 얻을 수 있는 호농 및 미상이다.

〈자료 298〉 미창 저자 부진은 요금고(料金高) 장소 불통, 금조(金組), 사창(私倉) 이용이 2원 유리, 보관료 감하 외 무도리(동아일보, 1931.02.01, 2면 10단)

농창의 저리자금 대출로 미가 저락을 방지하려던 계획이 여의치 못해서 미가는 저락할 뿐이므로 총독부 식산국 농무과에서는 그 원인을 조사하고자 각 도에 관계 당국자를 파견케 하였던바 농무과 서무주임 쿠라하라(倉原) 씨는 전북, 전남, 충남 각 도를 조사하고 30일에 귀임해서 그 상황을 말한다.

농업창고는 충남 강경과 전남 목포에 갑종 창고가 있고 영산포에 신설, 목포에 증축 등이 있으나 기설 창고 외에는 아직 수용하지를 못하고 다른 창고를 임시로 빌려 쓴다. 그러나 수용 상태는 전북, 충남은 6할 전남은 4할밖에 없어서 평균 절반에 지나지 못한다. 이와 같이 성적이 불량한 것은 창고 보관료가 벼 한 섬 10원 하던 당시를 표준으로 한 것이므로 4, 5원 하는 오늘에는 매우 비싼 것, 창고까지의 운반비가 비싼 것 등인데 가령 차수금 100원이라 하면 모든 비용이 그 금리가 일보 1전 5리, 1개월 45전, 보관료가 1원 20전, 입고 운반비가 1원, 합계 2원 60전이나 든다.

금리는 싸나 기타의 모든 비용은 이와 같이 비싸므로 자연히 개인 창고나 야적(野積)을 가지고 직접 은행과 금융조합에서 빌려 쓰게 되는데 직접 거래를 하면 금리는 일보 2전 1리로 높으나 보관료 운반 등이 낮거나 혹은 전혀 안 들기 때문에 농창 이용보다 2원 2전이나 싸게 들어 자연히 금융조합에서는 시가에 가까운 금액을 대부한다. 그러므로 무엇보다도 보관료를 싸게 하고 기타 모든 비용을 낮게 하며 농장의 설치 장소를 선택해서 운반에 편리하도록 하는 수밖에 없다.

저리자금 분당액은 충남에 33만 원 중 29만 원이 대출되었고 전북은 45만 원 중 28만 원, 전남은 53만 원 중 35만 원이다.

〈자료 299〉 정조 300만 석의 저장창고 도별 결정, 농업, 정조, 야적 및 미창 등(동아일보, 1934.01.10, 4면 4단)

조선 정조 300만 석, 배당 수량은 각 도별로 농업창고, 정조창고, 야적 및 미창 분 등을 지

난 12월 30일에 결정하였는데 그 상세한 내용은 다음과 같으며 아래 표 중

1. 야적 1은 기정 계획에 의해 내년 봄 건설할 정조창고에 수용할 것
2. 야적 2는 300만 석 저장계획에 의해 내년 봄 건설할 정조창고에 수용할 것이라 한다.

도별	농업창고	정조창고	야적의 1	야적의 2	계
경기도	30,025석	16,900석	16,900석	285,903석	349,728석
충북도	21,165	11,400	11,400	74,931	118,896
충남도	61,952	11,400	11,400	149,888	234,640
전북도	63,700	3,800	13,000	228,600	309,100
전남도	77,250	7,300	7,300	268,555	360,405
경북도	66,800	11,500	11,500	239,896	329,696
경남도	62,025	5,700	5,700	211,808	285,233
황해도	39,820	3,800	3,800	185,502	232,922
평남도	21,113	13,000	3,800	97,607	135,520
평북도	40,575	7,600	7,600	110,191	165,966
강원도	19,775	3,800	3,800	122,319	149,694
함남도	11,200	3,800	3,800	74,800	93,600
함북도	-	-	-	-	-
합계	515,400	100,000	100,000	2,050,000	2,765,400

(미창회사분 야적 2가 200,000석, 기정 계획에 의한 미곡창고 34,600석, 계 234,600석)

〈자료 300〉 미창 지점 원산 설치를 함흥부민은 반대, 미곡이 모두 원산에 집중된다고, 유지 궐기작전을 준비(동아일보, 1935.11.23, 4면 1단)

【함흥】 농림성 지정의 미곡창고의 지점이 원산에 설치될 기운이 농후하다는 설에 대하여 함흥 부민과 유지들은 경제적 근거에 기준해서 함흥 전체의 사활 문제로 중대시하여 대대적으로 반대의 봉화를 일으키려는 기초 공작을 진행 중에 있다.

그리하여 가장 먼저 도(道)와 총독부 당국에 그 반대의 진정을 제출하기로 되었는데 원래 함흥은 미곡으로써 모든 경제가 지배되어 오고 장래에도 미곡은 경제발전상 중요한 요소를 가지고 있는데 원산에 미곡창고 지점이 자리를 잡게 되면 정부 매상미는 전부 원산으로 집중될 것은 명약관화한 일로 미곡 경제로 살아가는 함흥의 사활 문제로 될 수밖에 없다는 견지

에서 철저적으로 원산 설치의 반대 기세를 올리고 은밀한 중에 종종 계획이 진행되고 있는데 그 결과는 경제적으로 지대한 파동을 일으킬 것으로 자못 주목시된다.

〈자료 301〉 천여 인부 미곡 운반을 곡창회사에서 거절, 인천 개항 이래 영신(永信), 인신(仁信) 양조(兩組)하던 일, 돌연 운임의 반감 요구(동아일보, 1936.02.22, 2면 4단)

【인천지국 전화】인천부두에 닿은 화물 가운데 곡물을 창고에 운반하여 넣는 일을 인천 개항 이래 영신조와 인신조에서 해 왔는데 오늘 22일 돌연히 조선미곡창고주식회사에서 자기의 인부를 쓸 터라고 선언을 하였다.

그런데 이 선언은 두 조의 소속 노동자 1,000여 명으로 그 가족을 합하면 5,000여 명의 생활상 근거를 잃어버리는 중대 사회문제가 되었는데 두 조에서는 우리의 살길이 없어지는 중대 문제라 하여 항의한 결과 창고주식회사로부터 그러면 종전에 삯을 매 가마니에 1전 5리, 1석에 3전 하던 것을 반감하라고 요구하였다. 두 조에서는 삯을 반감한다 해도 우리는 살 수 없는 형편이라 하여 태업 중에 있는데 영신조장 김정곤(金貞坤) 씨, 인신조장 박진석(朴鎭碩) 씨는 경찰서에 가서 조정을 요구하였다는데 그 귀결이 자못 중시되고 있다.

〈자료 302〉 미곡창고의 통제와 차고미(借庫米) 금융 폐지, 조선은행은 적극적 의향(동아일보, 1937.10.24, 4면 5단)

조선은행은 미곡 자금의 금융에서 종래 여러 종류의 폐해에 따른 문제를 낳기 쉬운 차고미(借庫米)에 대한 금융을 금년부터 폐지하기로 방침을 결정하고 실시 중인데 이것은 식은도 같은 방침을 취할 터로 금후 미창 중심의 창고미 금융만을 통제하기로 되었다. 그리고 이 차고금융의 폐지는 조선은행이 품고 있는 미곡창고의 통제론을 여실히 나타낸 것으로 주목되고 있다. 즉 선은(鮮銀)에서는 미곡 금융의 입장으로 창고 및 운수의 일관적 통제를 행하고 최후는 만주에서의 대두 혼합 보관과 같음을 목표로 하고 있다. 따라서 이를 위해서는 미창이 종래의 해항지 중심주의를 내던지고 벽지의 집산지까지 진출하여 대구, 경성, 평양, 함흥과 같은 집산지, 소비지에도 창고를 두어 벽지는 농창(農倉)으로써 통일할 필요가 있다고 보고 있다.

② 곡물검사제도 실시

〈자료 303〉 미곡 검사 통일 계획(동아일보, 1921.09.05, 2면 8단)

조선의 현재 미곡 검사는 각 도가 구구불일(區區不一)하여 혹은 그 도의 일등미가 타도의 일등미 또는 삼등미와 같은 미질(米質)이 있어서 자못 통일을 결여한 까닭으로 이를 일본 내지에 이출할 때에는 동일한 조선 일등미로도 그 미질에는 비상한 차이가 있어서 일본인도 그 번거로움에 곤란을 느끼게 되었으니 이는 조선미를 일본 내지에 이출함에 자못 불이익한 것이므로 각 도의 미곡 검사를 통일하여 일본 내지에 이출할 시에는 일등미의 진가를 양해하도록 하자는 희망이 있어서 총독부에서는 이 문제에 관해 자못 연구를 중히 하던바 지방의 사정은 각기 동일하지 않아서 미곡 검사의 통일은 현재 용이한 일이 아니나 일본 내지에서는 조선미에 적미(赤米)가 많음과 사석(砂石)이 다수 혼입되는 것이 조선미를 배척하는 일대 이유가 된다는데 특히 사용자가 사석이 혼입된 쌀에서 사석을 선발함이 이러한 일에 경험이 없는 일본인으로는 대단히 곤란한 일인즉 이 점에는 특히 유의하지 않으면 안 된다더라. 그래서 적미와 사석을 정선(精選)함과 미곡 검사를 통일하게 함은 조선미 이출상 중요한 것인데 이번에 이를 즉시 개혁할 것은 현재 현상에는 그리 용이한 문제가 아니나 어떻게 하든지 이를 속히 해결하지 않으면 안 될 것이라 하여 총독부 당국에서는 현재 고려 중이라더라.

〈자료 304〉 미곡검사규칙 개정 요점(동아일보, 1924.03.15, 1면 8단)

미곡검사규칙 중 일부의 개정이 있었다 함은 기보와 같거니와 이에 그 개정된 요점을 듣건대

1. 종래에는 불합격 쌀의 타도 이출을 금지하였던바 이번 개정 규칙에는 특히 필요한 경우에는 도지사의 허가를 얻어 이출을 할 수 있게 한 것이며
2. 또 한 가지는 전기 개정의 결과 종래 검사합격미와 포장을 구별하였던 재해미(災害米)도 구별의 필요가 없게 되었으므로 이를 폐지하게 한 것이오.
3. 종래에는 검사 때에 타인을 기만하기 위해, 또는 합격을 위해 부정 수단을 의도한 것에 대해 별도의 벌칙 규정이 없던바 개정규칙에는 200원 이하의 벌금을 규정하였으며

4. 종래는 검사 청구인의 청구에 의한 석발(石拔) 현미에 대해서는 포장 표면에 석발의 인증을 실시한바 일본 내지 시장에서는 석발 현미의 시가가 1원 50전 내지 2원이나 높은 결과, 간혹 부정 상인 등은 포장 내부에 불발미(不拔米)까지도 성가(聲價)를 잃는 자가 있는 결과, 이번 개정규칙에는 필요 사항 이외의 기입을 금지하여 이 폐단을 교정하고자 함이다. 또 대두검사규칙의 개정은 불합격 대두의 타도 이출의 길을 허가하는 개정이라더라.

〈자료 305〉 합격 못 되면 노임도 불급(不給), 고원 미곡 검사 노동자들의 불평 자자 (동아일보, 1925.12.25, 5면 9단)

요사이 함경남도 고원군에서는 읍내의 미곡 장사하는 사람들이 노동자들을 시켜서 미곡 섬을 결복하게 하는데 그 결복하는 임금은 그 미곡이 미곡검사소에 가서 검사의 합격이 되면 임금을 내주고 검사의 합격이 되지 못하면 임금을 한 푼도 주지 아니하여 하루 벌어 하루 연명하여 가는 일반 노동자들의 고통이 여간 아니라는데 합격되지 않은 미곡도 적지 않으므로 노동자들의 불평도 불평이려니와 임금을 그렇게 주는 것은 정당치 못한 일이라고 일반의 비난이 높다더라. (고원)

〈자료 306〉 고읍(古邑)에서도 미곡 검사 지연, 검사를 해 주지 않아 못 팔어, 일반 농민 곤란 막심(동아일보, 1930.12.10, 7면 3단)

【정주】 작보=정주 미두검사소에서 미곡 건조에 대한 것을 조사한다는 약품이 오지 않았다 하여 지난 29일부터 검사를 하지 않았으므로 정주읍 내에 있는 3개소의 현미공장에서는 일제히 벼를 사지 않은 까닭에 그 공장의 부속 노동자 200여 명은 실직하고 도로에 방황하며 전 정주군 내의 수만 호의 농가에서는 지세 납기인 오는 10일을 앞두고 벼를 팔고자 하나 그를 사는 사람이 없는 중에 정주미두검사소의 관할 구역인 경의선 고읍역 앞 4개소의 현미공장에서도 돌연히 정주읍과 같은 이유로 검사에 착수하지 않아 일반 농가에서는 비상한 곤란을 당하고 있다 한다.

〈자료 307〉 미곡 검사에 불평 등급 불공평과 불친절로, 검사원에 대한 비난 자자(동아일보, 1931.01.14, 3면 3단)

【영변】평북 영변군 연산면 청대소(淸岱沼)에 있는 미두검사소에서는 작년까지는 타군에 비해서 등급도 높이 줬는데 금년은 타군보다 엄청나게 등급을 높여 주지 않아서 연산면 농민들은 동 검사원 허(許) 모와 오(吳) 모에 대한 비난이 자자하다는데 들은 바에 의하면 연산면은 영변읍 시장 평남 개천역 시장 그 사이에 있는 면으로 영변 시장 교통이 불편하고 거리가 먼 까닭에 면민들은 개천역 시장에 미두(米豆)를 팔러 가다가 검사원에게 발각되어 폭행을 당하였다 하며 그중 심한 때는 점백미(粘白米) 자루를 압수하여 간색기(看色機)로 찔러 쌀을 도로상에 흘려 버린 일도 있다 하며 피해자는 10여 명에 달한다 하여 불일간 면민 측에서 군 당국에 진정위원을 파견하리라는데 쌍방의 말을 들으면 다음과 같다.

쌀을 흘려 버려, 전몽린(全夢獜) 씨 담

연산면 미두 검사원에게 피해를 당한 전몽린 씨는 말하되 "지세 체납으로 독촉은 나날이 심하여 할 수 없이 지난 24일 점백미 한 말을 군우시(郡隅市)에 팔러 가던 중 검사원이 그 쌀을 압수하여 눈에 흘려 버려도 아무 말도 못하고 해가 저물어 쌀을 쓸어 가지고 왔습니다. 그러니 우리와 같은 불쌍한 농민이야 어찌 이 세상에서 견뎌나겠습니까" 운운.

도 당국 방침 검사소 기수 담

영변 미두검사소 기수 모씨는 말하되 "농민은 불쌍합니다. 그래서 위반자의 사정을 보아 매인 5, 6번이나 권유해서 돌려보냈는데 나중에는 검사원의 입장을 곤란하게 하므로 욕을 해서 돌려보냈습니다. 그리고 이것은 도의 방침이니까 규칙을 변경하지 않으면 이 앞으로 추태는 더 심할 듯합니다" 운운.

〈자료 308〉 마산 미곡 검사 가혹, 1일 손해 2,000원, 타지방 합격미가 마산선 불합격, 곡상대회(穀商大會)서 당국에 항의(동아일보, 1931.02.17, 3면 1단)

【마산】마산 곡물검사소 검사원들의 곡물 검사 방침이 심히 가혹하며 태만하여 아침부터 부두에 쌓아 두는 곡물을 오후 두 시나 세 시가 되어야만 검사에 착수하게 되어 일반 곡물상들에게 손해와 불편이 적지 않다고 한다. 마산의 곡물 검사가 그같이 가혹하므로 마산의 불합격미가 진영 검사소 관내에서는 4등 합격이 된다. 그리하여 마산서 벼(稻)를 사다가 진영

서 현미를 만들어 검사를 마친 후 마산에 도로 갖다 팔더라도 이익이 난다고 한다. 그렇게 가혹한 마산 곡물 검사는 날이 갈수록 더욱 심해져 가면서 지난 10일에는 검사받은 현미 2,500~600가마니 중에 합격된 현미가 200여 가마니에 불과해서 당일에 곡상들의 당한 손해가 2,000여 원에 달하여 일대 소동이 일어났다. 가혹하고 태만한 검사에 시달려 오던 마산 미곡수검 조합원 40여 명은 지난 12일에 대회를 개최하고 대책을 토의한 결과 마산 곡물검사소 출장소 카덴(瓜田) 주임에게 검사 방침을 고쳐 달라고 요구하기로 결의되어 교섭위원이 교섭하였으나 파열이 되었다. 미곡수검 조합원들은 그날 밤에 다시 대회를 열고 합의한 결과 즉석에서 부산에 있는 경상남도 곡물검사소 본소 나리타(成田) 소장에게 전화로써 아래 사항을 진정하였다.

◇ 요구 사항

1. 검사 방침을 개선할 것.
2. 진영 검사는 경남 산미의 성적을 손상시킬 우려가 있는즉 특히 감시할 것.
3. 마산 검사소 주임 이하 검사원 전부를 전임시킬 것.
4. 전부 전임이 불능할 때에는 카덴 주임과 박(朴), 호리베(堀部) 두 검사원만은 전임시킬 것.

〈자료 309〉 미곡 검사 엄중으로 경북미(慶北米) 유출 격증, 당업자들은 당국에 완화를 진정(동아일보, 1931.03.22, 3면 1단)

【대구】 경북도의 미곡 검사는 금년에 들어 비상히 가혹하여 당업자들에게 막대한 공황을 줬는바 처음은 현미 검사가 엄중한 까닭으로 백미가 터무니없이 일본에 유출되는데, 놀란 당국은 다시 백미의 검사를 엄중히 하여 벼가 막을 수 없는 형세로 도외에 유출하게 되며 따라서 검사의 손이 부족하여 검사가 지연되고 한낱 등외미(等外米)만 많게 되면서 당업자의 고통은 물론 경북 경제계의 타격이 막대하므로 지난 19일 정오 대구 부내의 정미업자 김문재(金文在), 후쿠나가(福永) 등 아홉 명은 도청에 무라모토(村元) 곡물검사소장을 찾고 전기 사정을 진정하며 검사의 완화를 청하였는데 원래 등외미가 많게 된 것은 작년까지 4등 99근 5의 검사 표준이 일약 103근으로 향상된 결과 도 외 이출을 금지하는 등외미는 백미로라도 만들어서 이출할 수밖에 없는 만큼 따라서 1원 80전의 격하가 되어 경북의 손해가 1개년 45만 7,005원

에 달하므로 일반의 요망은 표준 근수를 군산(群山)과 같이 102근으로 하고 등급을 한 등씩 격상하고자 하는 것이라 하며 따라서 등외미가 많은 까닭으로 대구 부내의 현상은 11집의 토매공장이 전부 정미업으로 바뀌어서 종래 장날에 나오는 현미 9할 백미 1할이 최근은 반대로 현미 1할 백미 9할이 되어 경북 미곡계는 전도가 험악한 동시 자못 중대 문제화하려는 모양이라는데 전기 검사 엄격의 진정에 대하여 무라모토 소장의 말은 검사가 특별히 엄중한 것이 아니라 기후의 관계로 벼의 건조가 비상히 잘못된 관계라 한다.

- 4천 노동자 졸지에 실업, 검사가 혹독하다고 한다, 49정미소 휴업

별항 보도와 같이 미곡 검사가 너무 가혹하다 하여 정미업자가 하나둘씩 휴업을 해 오더니 오는 20일에는 대구 부내에 있는 49개소의 정미소가 기약없이 일제히 모두 휴업을 하게 되었다. 따라서 이 49개 정미소에서 작업을 하던 노동자 4,000여 명은 졸지에 실업을 당하게 되었는데 이 문제가 어떻게 해결될는지 당장에 실업을 당한 노동자의 생활이 큰 문제이다. 그런데 어젯밤에는 정미소주(精米所主) 박경욱(朴庚郁) 외 10명이 인천 백미검사 상황을 조사하여 대구의 그것과 대조하여 보기 위해 출발하였다.

〈자료 310〉 미곡 검사 국영의 계획, 현재 진행 중이다(동아일보, 1932.04.07, 8면 3단)

미곡 검사의 국영은 총독부 기정 방침대로 64만 원의 경비를 추가예산에 제출하여 임시의회의 협찬을 거쳐서 실시하기로 되었다. 이에 수반하는 관제의 공포 및 미곡검사령의 공포는 늦어도 7월까지 제령으로써 발포되어 10월 1일부터 전 조선에 6개 검사 지소를 설치하고 경성본소에서는 통할할 터라는데 현재 각 도에 있는 검사소 및 지소는 폐합해서 6지소의 하에 약 200의 검사출장소를 설치하여 흡사 전매국과 동일하게 경성의 본소에는 칙임소장 이하 국비 지불의 관리 판임 이상 약 600명의 직원이 배치되리라 한다. 64만 원의 경비는 반 개년간의 경비로 10월부터 실시될 것은 기정 계획이라 한다.

〈자료 311〉 미곡 검사 통일로 조합 유지 곤란, 결국 생산자 부담(동아일보, 1932.09.13, 8면 5단)

미곡 검사의 국영 통일은 10월 1일로부터 실시하게 된바 개정의 결과 각 도 발행의 검사권

은 폐지되고 개정 후는 수입인지(收入印紙)를 첩부하게 되었다. 따라서 종래 검사 신청마다 발행하던 검사권에 의해 5분의 수입을 얻어 조합비에 보전하던 조선 내 약 120조합은 이에 따라 전무가 되기 때문에 선후책으로 체신국에게 각 조합에서 검사용 수입인지의 판매를 진정하였으며 이로써 3분의 수입을 얻으려는 것이다. 그런대 수입인지의 판매는 군인 유족 또는 은급(恩給) 관계자에 한정되는 까닭에 법규상 조합 판매를 허가할 수 없다. 그렇다고 수입인지와 우표를 포함한 판매를 조합에 허가하면 우편소와 우표 판매원의 이해가 충돌되므로 체신당국은 앞 진정에 대해 아무런 책이 없음이 명료하게 되었으므로 곡물연합회에서는 현재 농림당국과 절충 중이나 농림당국으로도 어떻게 할 수 없어 결국 조합비의 보전은 조합 자체에서 염출할밖에 없게 되었다. 검사료 수입은 1조합 1개년 4,000원의 거액에 달하는 조합도 있고 약 120개 조합[연합회 가입 조합 45조합]의 1개년 연수입은 상당한 거액에 달하므로 결국 이 부담은 매상 단가의 절하가 되어 생산자의 농가에 돌아가게 될 것으로 연합회에서는 이 점을 역설하여 선후 조치를 농림당국에 압박할 모양이라고 한다.

〈자료 312〉 미곡 검사 국영 이래 불편과 불평성(不平聲) 발생, 지정지 운반비만도 상당한 거액(동아일보, 1932.10.16, 2면 1단)

◇ 자가용 양식을 가져올 때에도 검사, 입표(入俵)의 통일도 대번잡

종래 각 도에서 행하던 미곡 검사를 지난 이달 초하룻날부터 총독부에서 통일하여 국영으로 하게 된 이래 각지 미곡상과 농민 측에서 불편과 손해가 있다 해서 비난이 들린다.

국영으로 하기 전에는 한도 안에서는 검사를 받지 않고 자유로 운반할 수 있었는데 국영 후인 오늘에는 한도 안에서라도 검사 지정지로부터 다른 지정지에 운반하는 쌀과 동일 지정 구역 안에서라도 다른 구역 곡물상이 쌀을 매수하고자 할 때에 반드시 검사를 마쳐야 되므로 지주가 소작지로부터 약간의 가용 양식을 가져올 때에도 검사를 받아야 되고 자작농이 얼마의 쌀을 시장으로 가지고 갈 때에도 검사를 받아야 되게 되었다. 검사받는다는 것만이라도 수속이 대단한데 쌀은 반드시 가마니에 넣어야 되고 검사료로 한 가마니에 5전씩을 내야 되고 더욱 어떤 곳에서는 장날마다 나오는 검사원을 기다려야 되므로 물질적으로 받는 손해가 적지 않다.

미곡 검사 국영은 검사를 통일하기 위한 방침이지만 그 검사령에 실제 사정을 무시한 결점

이 있어서 결국 이와 같이 폐해가 많은 법령을 만들었으므로 이 법령을 고치지 않는 한에서는 일반 인민의 불편과 범죄를 조장할 염려가 있다고 한다.

〈자료 313〉 미곡 검사의 무료를 주장, 부읍면 사업금 40만 원 기채, 경남도 임시회 의서(동아일보, 1932.12.25, 5면 3단)

【부산】 경남도 임시평의회는 지난 22일 오전 10시에 도청 제1회의실에서 개최하고 다수 의원 출석 뒤에 의안 심리에 들어가서 각 의원으로부터 현재 농촌 궁핍이 심각화해서 구제를 일시라도 급히 요하는 중인데 산업조합을 각 지방에 설치하고 그 사업자금을 저리로 대부해 주도록 하며 미곡 검사 국영 후에 농민에게 막대한 해가 있어서 검사 방법을 완화시키고 검사료를 무료로 하도록 하여 농민의 손해가 적도록 하여 산업 장려를 함이 농민 구제에 효과가 많겠다고 질문이 분분하다가 각 부읍면과 공공단체 사업자금 30만 6,900원을 조선간이생명보험 적립금 예입에 의한 예금부 자금을 저자로 대부하여 전대하게 하고 국고보조 4,800원은 중소 농가의 야적도 보관시설비로 보조하게 하였다.

〈자료 314〉 미곡 검사 국영으로 미상입직자(米商叺織者) 타격, 4, 50리 와서 기다리다 묵어, 입대식비(叺代食費)에도 부족(동아일보, 1933.01.24, 3면 1단)

【영산포】 전남 영산포에는 미곡검사원 부족으로 말미암아 미곡과 새끼·가마니의 검사를 예정대로 받지 못하여 일반 미곡업자와 새끼·가마니 생산자들은 적지 않은 타격을 받는 중이라 하며 더욱 4, 50리 밖에서 몇 개의 가마니를 가지고 온 생산자들의 대부분은 종일토록 떨고만 있다가 밥을 사 먹어 가며 그 익일까지 기다려 겨우 검사를 받게 되므로 좁쌀값도 부족한 몇 개 가마니 값은 결국 숙박료로 다 녹아 버린다는 참혹한 현상을 연출하고 있다고 한다.

이제 그 자세한 내용을 듣건대 도영(道營)이던 재래에는 그 검사소원이 5, 6인에 달할 뿐만 아니라 필요한 시기에는 8, 9인씩의 임시 고인(雇人)을 채용해 왔으며 장날이면 타처 검사소원의 후원까지 받아 왔음에도 불구하고 국영이 된 뒤로부터는 예산이 없다 하여 타처의 후원은 고사하고 한 명의 임시고까지 채용하지 않는 까닭이라는바 이와 같은 현상은 지방의 산업 발전상 지장이 막대하다 하여 일반의 여론은 자못 비등해진다고 한다.

〈자료 315〉 미곡검사장료 때문에 검사 맡고 출하 불능, 김해 곡물검사장에서 2전 징수, 부산 운반 독점에 불평(동아일보, 1933.06.15, 3면 1단)

【김해】 경남 김해 곡물검사장에서는 검사한 미곡을 소위 장소 사용료로서 한 가마니에 2전씩을 내지 아니하면 출하를 못하게 한다고 한다. 그리하여 동군 곡물상조합에 대해 불평이 많으며 이번 동군 곡상조합에서 소위 곡물검사장을 따로 설치한 뒤는 종래 운송업에 종사하던 선박을 편벽하게 3척에만 지정을 해서 그 지정선만 폭리를 보게 할 뿐만 아니라 부산으로 출하한 뒤는 소위 장소 설비에 돈을 낸 부산 일본인 이시바시(石橋) 회조점(回漕店)[113]에만 하륙하게 하는 까닭으로 종래 일하고 있는 노동자에게도 큰 타격이 된다 하여 비난과 불평이 많다는바 각 관계자의 말을 들으면 다음과 같다고 한다.

조합 측 김금식(金今植) 씨 담

"곡물검사장 사용료를 받는 것은 사실입니다. 본군은 작년도에 미곡 운반 중 부정 사건이 발생한 뒤는 그만 신용이 떨어져서 가격이 폭락되니까 이것은 곡상뿐 아니라 농가까지 큰 타격입니다. 그런고로 쌀을 잘 운반할 방침을 강구하지 아니할 수 없습니다. 그래서 운송업자를 지정하고 곡물검사장을 설비해서 엄중한 감독을 하게 하고 또 운반 도중에 감축이 나는 것은 배상하기로 하고 전기(前記) 장소비로 돈 100원을 낸 부산 이시바시 회조부에게로 지정하였습니다. 그리하여 쌀을 운반할 때 실은 것은 지정한 배, 아무 배에 운반하여도 관계가 없고 다만 부산서 하륙할 때 이시바시점에서만 하면 사용료도 받지 아니합니다. 만일 그렇게 하지 않는 사람에게는 한 가마니에 1전씩 받지요. 2전씩은 안 받습니다."

비조합 측 문치모(文治模) 씨 담

"나는 한 가마니에 2전씩을 준 영수증을 가졌습니다. 곡물 검사만 하였으면 그만이지 잡사용료 안 낸다고 쌀을 못 가져가게 하는 경우가 어디 있겠소. 어디까지든지 이를 없이 하고자 합니다."

---

113 항구에서 운송선 등의 상선을 대상으로 하는 도매상.

스미타(住田) 검사원 담

"글쎄올시다. 나는 검사만 해 주는 사람이니까 사용료 안 낸다고 쌀을 못 가져가게 하는 것은 잘못입니다. 곡상조합에 배를 지정하였다 하지만 지금은 쌀이 적으니까 3척이라도 상관없지만 가을에는 도저히 감당 못 합니다. 현재 운반업자 5명이 있으니 그를 다 지정에 넣어야 할 것이올시다."

〈자료 316〉 미곡 검사 엄중으로 조가(租價) 폭락을 현출, 남북의 당사자가 호응하야 개선완화운동 전개(동아일보, 1933.12.02, 4면 1단)

미곡 검사가 엄중한 결과 출회가 쇄도하나 소화력이 이에 따르지 못해서 각지의 조(租) 폭락은 현출하고 있고 검사의 엄중은 생산의 개량을 목적으로 하는 것이나 이같이 뿔을 고치려다가 소를 죽이는 결과가 되어 농민의 고통, 당업자의 타격은 심대하다 하여 이미 지난달 이후 남조선의 업자는 결속하여 그의 개선을 요망하고 운동하고 있는바, 인천, 경성, 진남포 등 중·서 조선의 업자도 서로 호응해서 현재 대책 고구 중이며 10일 전후에 경성에 모여 대대적 운동을 일으키는 동시에 오는 미두사정회의(米豆查定會議)에 긴급동의를 제출하여 검사 완화의 목적 달성에 노력하게 되었다 한다.

〈자료 317〉 순천 미곡 검사에 조선인은 대불평, 차별적 검사를 한다고(동아일보, 1934.03.11, 6면 10단)

【순천】 순천에 있는 조선인 정미업자들은 미곡검사원 모의 검사 불공정으로 영업상 막대한 지장이 있어 일전에는 모 정미소와 검사원 모와의 사이에 육박전까지 연출되어 필경 감독관청과 경찰에까지 문제가 되었을 뿐만 아니라 앞으로 문제가 적지 않을 것이라고 하는데 지난번 순천에 주재하든 구마모토(熊本) 씨가 있을 때에는 아무 문제가 없이 영업자와 서로 원만해 왔다는데 작년에 새로 전근된 현 검사원 모는 검사에 민족적 차별을 한다 하며 얼마 전에 당지 산업정미소에서 200여 가마니의 현미를 4등으로 검인까지 해 놓았다가 그 자리에서 주인과 사소한 감정으로 다시 4등 검인 찍은 200여 석을 쌀이 마르지 않았다는 구실로 불합격 선언을 하는 등 여러 가지 불공평한 것이 많아 조선인 정미업자로서 큰 공황을 느낀다고 한다.

검사원 모 씨 담

“이번에 일어난 불상사는 뭐라고 하면 좋을지 모르겠습니다. 원만히 해결되기를 바라며 등급에 있어서는 목포로부터 온 주임이 보고 갔으니 그곳으로부터 등급 통지가 올 것입니다” 운운.

〈자료 318〉 미곡 검사에 불평, 검사관의 위약이 빈번, 남해 미곡상의 비난(동아일보, 1935.01.26, 4면 5단)

【남해】 남해군 남해면 차산리 정미업자 이시봉(李時鳳) 씨는 미곡 검사를 미곡검사국 삼천포 출장소에 의뢰하고 있던바 검사관 동영장(東英將)은 얼마 전에 전기(前記) 이 씨 등의 쌀을 검사하기로 약속한 기일에 오지 않아 쌀을 부산검사국으로 보냈다고 해서 인지료(印紙料) 5원을 반환하지 않은 일이 있으며 쌀가마니 색이 불량하다 하여 검사에 통과하지 못한 것을 부산 검사국에서는 통과한 일도 있고 또 지난 22일에는 이씨의 검사 청구가 제일 먼저 되었음에도 불구하고 다른 미곡상의 것만 먼저 하여 결국 이 씨의 것은 못하게 되어 쌍방의 의견 충돌까지 생겼으므로 남해경찰서에까지 동행한 일이 있다는데 쌍방의 의견은 다음과 같다.

피해자 이시봉 씨 담

“그전에도 검사관과 의견이 맞지 않아서 부산으로 쌀을 보내 검사하게 한 일도 있습니다. 청구서의 인지는 다음에 검사할 쌀로 계산하였는데 이 사람은 약속한 기일에 통지도 없고 오지도 않다가 후에 와서는 인지료를 소멸시켰으므로 손해를 보았고 오늘도 나는 일주일 전에 검사원을 제출하였는데 어제 제출한 사람들은 해 주고 우리는 해 주지 않아 결국 검사를 못하게 되었습니다. 이래서야 어떻게 시세를 맞춰 하는 장사를 할 수 있겠소” 운운.

검사관 동영장 씨 담

“검사일에 오지 않더라도 그다음 검사하러 갈 때까지 기다리지 아니하고 쌀을 다른 곳으로 보내면 수검(受檢) 포기로 인정하여 인지료는 미곡상이 부담합니다. 이번 일도 내가 잘못했다고는 생각지 않으나 이 씨 쌀을 순서대로 검사하지 않은 것은 사실이오” 운운.

〈자료 319〉 가마니 검사원 농민을 구타치상, 함평군 검사원 폭행에 피해자는 고소 준비(조선일보, 1935.01.29, 2면 7단)

【함평】 전남 함평군 미곡검사원 스즈키 슈스케(鈴木周助)는 지나간 21일에 함평 읍내 "가마니" 검사장에서 "가마니" 등급 사정을 하던 중 생산자 함평군 엄다면 성천리 김소동(金小東)(가명)은 종래로 "가마니" 짜서 팔아서 일가족이 겨우 연명하는 것만치 일등만으로 검사를 맡아 오던 중 별안간 이등으로 등급을 내리쳐 버린다고 혼자 중얼거리고 있던바 전기(前記) 검사원은 등급 사정에 불공평하다는 기색을 보인다고 손에 들고 있던 '잣팟〔검사하는 인장〕'으로 전기 김소동을 때려서 머리에 수십 일 간 치료를 요할 만큼 중상을 내서 방금 읍내 제생원에 입원 치료를 받고 있다. 전기 생산자 가족들은 격분하면서 검사원을 걸어 고소를 제기할 터인데 검사원의 망측스러운 태도에 대하여 일반 생산자들은 물론 지방 인사들의 비난이 거세다고 한다.

〈자료 320〉 미곡 검사 문제로 생로(生路) 잃은 수천 노동자, 정미업자와 미검소(米檢所)의 상지(相持)로 구세모(舊歲暮)에 일대 사회문제(동아일보, 1935.01.30, 5면 4단)

【대구】 대구의 미곡 검사가 가혹하여 부내의 수십 곳의 정미업자에게 많은 타격을 주고 동시에 각 정미소에 종사하는 2,000명 노동자가 1만여 명의 가족과 함께 실직 선상에서 방황하게 되었다 함은 이미 보도한 바와 같다. 문제가 단순하게 정미업자 대(對)검사소 사이의 검사 문제에 그치지 않고 만여 명의 사활에 관계되는 적지 않은 사회문제의 하나가 되어 이 문제의 해결은 각 방면의 주목을 끌게 되어 오는 것이다.

26일 이래 정미업자와 검사소 사이에 수차 회합하여 이에 대한 토의를 거듭하였으나 듣는바 검사소 대 정미업자 간에는 일률로 말할 수 없는 복잡한 문제가 혼재한 듯하며 하여간 검사소로는 의연히 15.8%의 검사 표준을 규정에 의하여 주장을 안 할 수 없다 하고 정미업자는 정미업자대로 비난의 소리는 그치지 아니하고 있다 한다.

27일까지 지금까지 만들어만 두었던 백미의 검사는 대개 마치고 금후는 베부터 검사한 뒤〔90근 한 가마니에 검사료 4전〕 백미를 만들게 된다는데 이것이 정미업자에게 열을 내도록 하는 조건이 못 되는 터이어서 음력 설은 목전에 닥치고 별이 없이 헤매는 수천 노동자에게는 별로 좋은 영향을 주지 못함은 마찬가지라고 한다.

〈자료 321〉 농민 무지를 이용 중간착취 우심(尤甚), 미곡 강제검사제가 나은 결과, 전주 미곡소에만 수건(동아일보, 1935.10.24, 3면 4단)

【전주】 금년 10월 1일부터 실시하게 된 미곡 강제검사제는 그것이 실시된 지 얼마 안 되는 만큼 각지에서 여러 가지 사건이 발생하는데 전주 미곡검사소에서도 다음과 같은 일이 종종 있으므로 철저히 단속하려 한다고 한다.

1. 지금 검사소에 검사를 맡으러 온 벼는 약 200가마니인데 그것을 대개 중매상인이 운반해 온 것으로 보아 혹 그들이 농민의 검사제에 대한 무지와 검사료가 없는 약점을 이용하여 극도의 염가로 사다가 검사를 맡아서 팔고 있는 것 같다.
2. 원래 소작인이 바치는 소작료에는 패를 붙여서 운반할 때 지정지를 통과하여도 관계없고 일단 지주가 받은 후에 검사하도록 제정되어 있는데 지주나 특히 마름들이 소작인의 법령에 대한 무지를 이용하여 소작인이 검사까지 맡아 오게 하는 자가 있다.
3. 지주가 소작인의 명부를 검사소에 제출하지 않은 탓으로 소작 미곡에 패가 붙지 아니한 채 지정소를 통과하여 그 때문에 소작인은 아무 잘못 없이 벌금을 물게 된다.

〈자료 322〉 검사 부정의 박 기수에 10개월(동아일보, 1936.03.13, 3면 5단)

【부산】 한동안 세인의 이목을 집중하던 경남 김해 미곡검사소의 부정 사건은 지난 10일 오후 1시부터 부산법원에서 공판이 개정되었는데 수뢰(受賂) 피고 검사소 기수 박덕길(朴德吉)은 구속으로 출정하고 나머지 증회(贈賄) 관계 피고 4명은 자유 출정하여 시오타(鹽田) 판사의 심문을 받았는데 피고 박덕길은 수회 사실을 극력 부인하고 금시계와 향응을 받은 것은 검사에 편리를 봐주고 받은 것이 아니라 우연이 받았다고 애매한 진술을 하고 결심(結審)하였는데 입회한 대국(大國) 검사는 다음과 같이 구형하였다고 한다.

▲ 징역 10개월 김해읍 부원동 김해 곡물검사소 기수 박덕길(34)

▲ 벌금 200원 장재두(張在斗, 31)

▲ 벌금 150원 배차수(裵次守, 34)

▲ 벌금 100원 손봉일(孫奉佚, 34)

〈자료 323〉 검사표준만 높여 합격품은 희소, 남포 관내 생산자 불평(동아일보, 1937.11.04, 4면 5단)

【진남포】 조선에 미곡검사제 실시는 그 제일 목적이 품질 향상에 있는 것은 잘 알고 있는 바거니와 이제 작년 이래의 진남포 검사지소 관내 금년 9월까지의 검사 실적과 작년 동기(同期)의 실적표를 한번 봐 보면

一. 정조(90근 환산)　×는 전년 동기

1등 141,582가마니　×524,105가마니

2등 1,434,802가마니　×1,434,802가마니

3등 2,163,946가마니　×615,216가마니

불합격 1,199,206　×85,025

二. 현미　×는 전년 동기

1등 13가마니　×433가마니

2등 1,661　×36,389

3등 258,555　×1,138,301

4등 761,724　×756,272

5등 278,008　×486,759

불합격 200,300　×184,232

三. 백미(60kg 환산)　×는 전년 동기

1등 1,295,887　×1,282,205

2등 126,828　×68,223

불합격 337,132　×144,596

로 작금 2년을 통틀어 1, 2등이 극히 소수에 불과할 뿐 아니라 그중 중요한 현미가 더욱 심

한 것은 그 이유가 어디에 있는가? 이에 생산자 측에서는 "무리하게 검사 표준만 높이는 것은 품질 향상이 아니요. 결국 검사 가혹으로 되고 만다" 하고 불평이 자자한 모양으로 설사 작년의 흉작을 구실로 한다 하더라도 해마다 그렇게 되어 나타남은 확실히 검사에 어떠한 결함이 있는 것만은 사실이라 아니할 수 없다. 따라서 이 문제는 전 조선을 통틀어 실로 중대한 문제가 되는바 금년과 같이 풍작이요 또 품질이 극히 양호한 때를 기회로 검사의 표준을 고쳐 1, 2등품을 많이 내도록 함이 좋겠다고 일반 유산자들의 여론은 자못 비등하여 생긴다고 한다.

(3) 잡지 기사를 통해 본 미곡유통정책

〈자료 324〉 마명(馬鳴), 조선 사람의 운명을 지배하는 당면의 농촌정책 문제, 사회는 모름지기 큰 주의를 이에 던지라(별건곤 34호, 1930.11.01)

3. 미곡창고 문제

나는 바로 이 앞에서 조선미의 일본 이출에서 월별 평균 이출과 같은 제한으로 인해 미가의 저락을 초래함과 같은 일이 있어서는 안 된다 함을 말하였다. 그러나 사실은 우리 농민의 희망과는 반대로 그것을 착착 실행의 한 걸음을 나아가서 미곡창고는 방금 건설의 여정에 있음을 보기까지 되었다. 대체 일본에서는 어찌하여 조선미의 월별 평균 이입을 주장하는가. 이것은 말할 것도 없이 "나는 너희의 쌀을 먹기는 먹겠으나 너희에게 이익을 주고는 먹지 않겠다" 함에 지나지 아니한 것이다. 조선미가 아니면 살아갈 수 없음에도 불구하고 그에 대하여 이렇게도 심한 학대를 자행함은 횡포하기 짝이 없는 일이라 아니할 수 없다. 일본에서는 조선미에 대해 그같이 희망을 가지고 있다 하니 (1)은 그 이입으로 인해 될 수 있는 한 일본 미가의 영향을 받지 않고자 하는 일이요 (2)는 어떻게 하든지 그것을 염가로써 먹으려는 것이다. 그러나 실제에서 수확하기가 바쁘게 매출되는 조선미는 언제나 일시에 대량으로 이입되어 일본 미가에 큰 압박을 주고 또 왕성히 상승하는 조선미의 품질은 거의 일본미와 어깨를 나란히 하게 되어 마침내 그들로 하여금 이 두 가지 희망을 깨뜨리지 않지 못하게 되었다. 이리하여 아주 안 먹을 수 없고 또 그렇다고 마음과 같이 염가로써 먹을 수도 없는 조선미 문제는 일본 미곡계에 큰 암으로 여러 해 제안이 되어 오다가 이번에는 마침내 월별 평균 이입이라는 제한을 붙이게 된 것이다. 그러면 이 월별 평균 이입의 결과는 어찌될 것인가. 그것은 말할 것도 없이 일본에 대해 많은 이익을 주고 그만큼 다시 조선 농민에게는 손실을 미치게 하고 마는 것이다. 일본의 이익은 무엇인가. 첫째는 이 점으로부터는 다달이 제한된 소수량의 쌀밖에는 더 이입하지 않게 되니까 일본 미가가 일시에 쇄도하는 조선미로 인해 위협을 받을 염려가 없게 됨이요, 다음에는 다시 조선미를 자유로 이입하지 못하게 함에 의해 그 활발한 매매를 억제함에 의하여 조선 미가를 얼마 정도 저락하게 한 뒤에 서서히 그것을 가져가게 된 것이다. 다시 말하면 월별 평균 이입에 의해 일본에서는 그 연래의 희망을 달성하게 되었다는 것이다. 그러나 이로 인해 받게 되는 조선 농민의 타격이야말로 거의 치명적이라 아니할 수 없는 것이다. 원래 조선 농촌에 경제 결제(決濟)는 대개 수확기로 결정되어 있으며 더욱이 조선 농민은 누구나 거의 다 빈농임으로 그들은 미처 수확도 완전히 마치기 전에 급급히 벼를 매출하지 않으면 안 되는 것이다. 그러나 월별 평균 이입의 제한이 실행되면 미곡업자의 활발한 매입을 보지 못하게 되어서 급속한 결제를 앞에 둔 그들은 쌀을 쌓아 놓고도 울지 않지 못하게 되었으니 농민의 이 곤란을 제거하기 위해 다시 말하면 그 전이랑 조금도 다름없이 벼가 매매되게 하기 위해 당국에서 새로운 시설을 한다는 것이 이른바 미곡창고제도라는 것이다. 그러면 미곡창고의 설치는 과연 조선 농민으로 하여금 월별 평균 이출로 인해 받을 손실을 보충할 만한 완전한 기능을 가진 것인가. 문제는 다만 이에 있는 것이다. 우리는 이제 이것을 검토하지 않으면 안 된다. 우리 농민은 미곡창고 설치 내용이나 또는 그 방법 여하를 문제 삼을 필요가 없는 것이다. 우리는 다만 그것의 출현을 인해 미곡의 매매가 그 설치 이전과 조금도 다름없는 상태로 자유로운, 또 비싸게 실행될까 아닐까 하는 것만 알면 그만이다. 미곡창고로서 만일 그만한 기능을 발휘할 수 있다면 우리는 월별 평균 이출에 대해서도 또한 아무런 이의도 갖지 않는 것이다. 미곡창고란 대체 어떻게 된 것인가. 간단히 말하면 그것은 미곡의 수이출이 왕성한 각 지방에 커다란 창고를 설치하고 매년 11월경으로부터 다음 해 3월까지에 매월 약 50여만 석의 쌀을 일본에 이출하고도 농민의 일시 매출에 의해 오히려 다량으로 남을 그 잔여 석수를 그곳에 저장하여 두었다가 농민의 매출이 점차로 희박해 가게 될 3월 이후부터 또다시 이제까지의 이출과 동일한 수량으로 천천히 그것을 이출하자는 것이다. 이렇게만 생각하고 보면 그것은 우리 농민에게 아무런 손실도 끼치는 것이 없는 실로 이상적 미곡정책이라고도 할 수 있는 것이다. 그러나 미곡창고는 순수한 국가적 시설이 아니고 주식으로 된 일종의 영리회사이니 그것을 이용함에는 창고료와 및 담보대부금에 대한 금리를 지불하지 않으면 안 될 뿐만 아니라 재고 중에는 다시 저장미에 얼마쯤의 밀리미터(mm) 손해를 내게 하는 등의 여러 가지 결함이 있어서 그에 따른 손실이 또한 부족함을 보게 되는 것이다. 이러한 손실은 결국 그것이 어디로 떨어지는가. 그것은 물을 것도 없이 우리 농민이니 가령 어떤 미곡상이 있어서 그 소지미를 미곡창에 넣게 된다 할지라도 그는 미리 입고에 의한 이러한 손실을 고려하고 농민으로부터 벼를 매입하게 되는 것임으로 그러고도 그는 그밖에 또다시 일본에의 자유이출의 불능을 구실로 하여 매입 가격의 인하를 도모하게 될 것이다. 뿐만 아니라 미곡창고는 그나마 그 설치가 지방적으로 제한되어 있으므로 원거리에 있는 농민은 그 미곡의 운수 관계상 아무리 해도 이것을 잘 이용할 수 없게 되었으며 그리고 가령 그 지방에 있는 농민이라 할지라도 여러 가지 관계로 다수량의 쌀을 가진 자는 모르겠지만 그밖에 겨우 몇 섬의 소량미를 가진 것에 지나지 않은 빈소 농민으로는 또한 이것을 이용하지 못하게 된 것이다. 그것은 너무나 하잘것없는 시설이라 하지 않을 수 없다.

이상에 의해 우리는 월별 평균 이출에 의한 미곡창고의 출현은 조선 농민에게 이중삼중의 손실을 약속하는 것밖에 아무 신통도 부지 못하게 됨과 그러고도 그것은 빈소 농민의 이용 범위 이외에 놓여 있음을 알게 되었다. 그러면 그것은 과연 누구를 위한 것일까. 그는 오로지 창고업 당사자와 및 미곡업자를 보호함에 지나지 아니한 것이니 창고업자는 이에 의하여 새로운 영리가 생기게 되었고 미곡업자는 원래 쌀 생산자가 아니므로 아무리 월별 평균 이출에 의해 미가가 저락한다 할지라도 그로 인해 본질적으로 어떠한 손해를 입을 것이 없을 뿐만 아니라 도리어 그것을 이용해 종종의 이익을 꾀할 수 있게 되기 때문이다. 그러므로 우리 농민은 미곡창고의 설치에 반대함은 물론이요 근본적으로는 다시 한걸음 더 나아가서 그것의 설치 원인이 되는 월별 평균 이출의 제한까지도 또한 반대하고자 하는 것이다. 그러나 월별 평균 이출과 같은 것은 그것이 다만 조선에만 한한 것이 아니요 일본에서도 또한 지금 각 부현을 통해서 월별 평균 매출의 제한을 하는 등의 소동을 보게 되어 그 철폐가 용이하지 않은 상태에 있는 터인즉 그 대신 미곡창고의 시설을 변경하든지 또는 그밖에 무슨 다른 방책을 취하든지 하기를 요구하지 않지 못한다. 미곡창고의 시설 변경은 예를 들면 그것을 완전한 국가사업으로 해서 미곡의 보관을 무료로 하고 그에 시가의 금액 대부를 행하게 하자 함이요 한걸음 다시 나아가서 다키 구메지로(多木久次郎)의 주장과 같이 도리어 그 이용자에게 보관장려금을 교부하여 진실한 미가 조절의 효과를 거두는 것이 가능하다는 것이다. 그밖에 다른 방책으로도 당국자에게 만일 조금만 성의가 있다 하면 얼마든지 좋은 도리를 발견할 수 있는 것이니 예를 들면 후지이(藤井) 안과 같이 미곡법을 조선에도 적용함과 동시에 미곡 매상을 일본에서 하지 말고 그 대신 조선에서 그에 상당한 정조를 매상, 보관함도 또한 일책이라고 생각한다.

(중략)

당국의 이 야적안이라는 것은 다만 발표되었을 뿐으로 그 구체안이 어떠한가는 아직 알 길이 없으나 아무리 주도면밀한 주의를 여기에 가한다 할지라도 야적 그것들은 비와 눈 및 새, 쥐 등을 완전히 방지할 수 없을 뿐만 아니라 그 운수, 저적(貯積)과 및 수호에는 또한 적지 않은 수속과 비용이 생기게 될 것은 말할 것도 없는 것이다. 그러므로 우리는 야적 그것보다도 차라리 일본 농림성에서 새로이 입안했다는 응급저자융통안을 조선에서도 또한 시행하여 무담보 융자를 실행하기를 요구하며 만일 그렇지 못하다면 적어도 마치 부동산 담보 대부랑 비슷하게 미곡 또는 정조의 자가 보관을 행하게 하고 자금 융통을 받도록 하지 않으면 안 되리라 생각한다. 이렇게 해서야 비로소 농민에게 진실한 편의와 이익을 주게 될지니 만일 당국의 방침과 같이 기어코 야적 방법만을 실행한다면 여러 가지의 불편과 손실 관계로 그것은 마침내 다수 농민의 활발한 이용을 보지 못하고 말게 될 것이다.

〈자료 325〉 시상만화(時相慢話)(별건곤 36호, 1931.01.01)

소위 미가 대책

쌀값이 뚝 떨어지면서 뒤따라 일어나는 소위 미가 대책은 들으니 기세뿐이요, 그렇다 할 만한 구체안은 전혀 보이지 아니한다. 모든 생활을 바쳐 얻어진 산미의 단가가 폭락이 되어 파산에 임박한 농민으로써 미가가 올라가게 한다는 미가 대책은 이름만이라도 고맙지 아니할 리가 없다. 그러나 당국의 미가 대책은 내용에서 결코 일반 농민의 기대에 부합할 만한 것이 아니라 도리어 불이익을 끼치게 하는 점이 많이 있다. 제1 미가는 오를 시기가 이미 늦은 것이다. 조선의 미가는 11월부터 다음 해 1월까지 신곡 출회기에 비싸야만 농민에게 유리하며 따라서 경제계에 호황을 미치게 되는 것이다. 그 이유는 조선의 전 인구의 8할이나 점하고 있는 농민들은 신곡 출회기까지는 벼를 파는 사람이 되고 그 후 1월부터 단경기 쌀까지는 쌀을 사는 사람인 까닭이다. 이러한 것으로 보아 금후의 미가 대책이라 하는 것은 도리어 농민에게 불리하다 함을 말할 수가 있는 것이다. 제2는 이상과 같은 관계로 신곡 출회기에 벼를 팔지 아니하여도 생활에 곤궁하지 아니할 사람 또는 적극적으로 그동안 매곡을 하여 둘 만한 상인들로 하여금 미가 대책의 실시에 따르는 고등(高騰)한 미가의 혜택을 입게 하는 데 지나지 못하는 것이다. 제3으로는 미가 대책 중 미곡창고의 이용이라 하는 것은 결국 벼를 다분히 가지고 있는 사람에게만 유리할 뿐 아니라 그것은 한편으로 조선미의 일본 이출(월별 이출)을 조절하여 일본에서의 조선미 활동을 제어하기 위한 것에 불과한 것이다(이것은 당국에서도 언명한 바이다). 이리하여 증수되어 처치할 길이 없는 산미의 증수책을 부둥부둥 쓰고 이익을 받아야 할 사람이 받지 못하는 미가 대책 등으로 민중을 우롱하려 하는 것이 우리에게 미친 바 ■■다.

2) 조선총독부의 미곡유통정책

(1) 자료 해제

일제는 일본제국권의 식량 수급 상황의 변화에 따라 조선에서도 미곡관리·통제정책을 실시했다. 조선총독부는 미곡저장정책과 곡물검사제도를 통해 일본으로의 조선쌀 이출을 통제했다. 조선총독부 미곡유통정책에 대해서는 앞절에서와 같이 『조선농업발달사』와 『조선농회보』의 관련 기사를 활용할 수 있다. 또한 조선총독부의 미곡통제정책 내용은 『조선에서 미곡통제의 경과(朝鮮に於ける米穀統制の經過)』(朝鮮總督府 農林局, 1938)에서 전체적인 개요와 내용을 살펴볼 수 있다.

(2) 미곡저장정책

〈자료 326〉 텐니치 쓰네지로(天日常次郎), 농업창고 건설의 필요를 절규한다(朝鮮農會報 3-1(1929.01), 28-30쪽)

근래 농업창고 건립 문제는 일보 나아가 국립창고 설립 문제로 되어서 각 방면에 논의되고 있다. 나도 또한 옛날부터 동감하여 그 주창자의 한 명이었는데, 그 실행에 이르러서는 좀처럼 곤란한 점이 있지 않을까 생각했다. 재작년 나는 동상했을 때 농림성 당국에 3~4시간에 걸쳐서 조선의 사정을 말하고 의견의 교환을 했다. 그때 당국은 조선미 조절의 필요는 인정하지만, 현행 법규하에서는 곤란할 뿐만 아니라 만약 국립 창고를 건설해서 조선미를 조절한다면 그것은 농림성의 손으로 집행하는 것으로 된다고 말했다. 이는 조선 측으로서는 자못 고려해야 할 문제로 조선은 내지와 사정을 크게 달리함에도 불구하고, 이것이 내지 당국의 손에 이양된다면 조선의 사정은 조금도 참작되지 않을 뿐만 아니라 내지 본위로 실행되기에 이를 것이다. 그렇다면 비상한 불편과 불합리가 생길 우려가 없지 않다. 어쨌든 생각하면 생각할수록 이 점은 무관심으로는 있을 수 없는 중대한 문제일 뿐만 아니라 정부는 현재의 미곡 자금을 조선 내에 있어서 국립 창고의 건설에 투자하고 더욱이 매상 자금까지 증액할지 아닐지 이점은 급히 예단할 수 없는 바이다. 가령 이러한 의향이 있다고 해도 실현은 쉽사리 할 수 없을 것이다. 어쨌든 정부의 일은 고려하는 것만으로도 2~3년은 걸리고, 조사한다고 해도 3~5년은 걸린다. 본 문제는 1919년(大正 8)경부터 진언하고 있었지만 계속 실현의 모양이 보이지 않았기 때문에 국립 창고 건설 같은 난문제는 뒤로 밀려날 수밖에 없었다. 그리고 당면의 문제로서 농업창고와 그 입고품에 대한 저리자금 융통의 길을 여는 것이, 도리어 첩경이자 긴요한 일이지 않을까라고 믿고 있다.

지금 내가 관계하고 있는 창고금융 회사의 7~8년간의 통계에 의하면 수확 직후의 쌀은 지주가 평균매의 목적을 가지고—또는 당업자가 수많은 이윤을 얻고자 하는 목적으로써—기탁 금융을 받은 성적은, 유감스럽지만 양호하다고 할 수 없다. 이는 봄여름을 넘어서 단경기(端境期)까지는 상당의 시세 앙등을 보았지만, 금리와 창고료를 통산하면 점차 빠듯하거나 또는 때때로 손해를 본다고 하는 결과로 되기 때문이다. 이는 도회지에서의 현상인데, 시골의 집산지 또는 생산지 부근에 있다고 한다면 금융의 관계상 금리는 비교적 고율이고, 또한 창고도 다수는 조악해서 금리상의 부담 증가를 초래할 뿐만 아니라 격납(格納)상의 위험이 더해진다고 하는 한층 비참한 상태를 실현한다.

사태가 이와 같이 되는 이상, 언제가 되어도 추수 직후의 남매(濫賣)를 끊는 것이 불가능하다는 결론에 도달하지 않을 수 없다. 이 같은 인과관계가 분명하게 되면 될수록, 경제상의 자연 현상으로서 이 경향은 더욱더 심해진다. 현재 작년처럼 한해가 있던 해조차 변함없이 각 항구에는 쌀이 몰려든다고 하는 것이 그런 경우가 아닐까? 이와 같은 관계가 내지 시장에 영향을 줘서 수확 직후 3~4개월간은 조선미의 시세는 내지미보다 현저히 하위에 있다가, 남매가 그침에 따라 조금씩 회복해서 여름경이 되면 내지미와의 격차가 매우 적어지게 된다. 조선미는 품질로부터 봐서 이 격차가 없는 것이 진가(眞價)라고 생각한다면 부당한 가격으로 싸게 팔던 쌀이 얼마나 다량으로 있었고, 따라서 그 손실이 얼마나 다액일지를 통감하지 않을 수 없을 것이다. 또한 진가에 따르지 않는 이러한 부당한 안가(安價)의 시대가 매년 있는 것이, 정기수도미(定期受渡米)의 등급에 영향을 주고, 내지미와의 사이에 부당한 격차를 공정(公定)인 것으로 보이게 하는, 명실공히 학대를 받는다고 하는 참상을 보여 준다.

그렇다면 이를 구제하는 방법은 무엇인가? 이것에 대한 답은 간단하고 평범하다. 쌀의 생산지 및 집산지에 보관료가 저렴한 저장기관과 여기에 배치되는 저리자금으로써 하는 것이 가장 타당한 방법이다. 현재 금융 및 창고업자의 채산으로부터 말하면 어떻게 고심참담(苦心慘憺)해도 쌀에 대해서 이것 이상의 대우는 바랄 수도 없다. 그렇다면 전술한 것과 같은 기관의 출현은 어떻게 하면 될지라는 것에 대해서는 나도 상당의 복안이 있지만, 종래 누누이 논했던 문제이기 때문에 여기에 상술하는 것을 피한다.

그렇게 된다면 이것의 해결은 추수 직후의 조선미 압박에 위협받고 있는 내지 농민의 복음으로도 된다. 다행히 작년 말에는 총독부 당국에서 이것에 관한 계획을 수립하고 중앙정부로 가지고 갔다고 들었다.

마지막으로 한마디 하고 싶다. 조선에서 내지로 가는 쌀을 1년 700만 석으로 해서 이 반분인 350만 석이 부당한 가격으로 거래된다고 가정하고 이를 30원으로 볼 때는 이 대금 1억 500만 원이기 때문에 1석에 대해 1원 높게 판매할 수 있다면 실로 350만 원의 이익이다. 즉 현재 조선 농가는 해마다 이것만큼의 불이익을 당하고 있는 것이다. 생각이 여기에 다다를 때 농업창고의 설치 및 저리자금의 융통이 왜 필요한지를 알 수 있다.

〈자료 327〉 농업창고의 시험적 설치(朝鮮總督府 農林局, 1938, 『朝鮮に於ける米穀統制の經過』, 2쪽)

1925년(大正 14) 이래의 조선미의 내지 이출 상태를 보면 신곡기(新穀期)인 11월부터 다음 해 2월까지의 기간에 1년간의 총이출량의 반수 이상을 이출하는 경향이 있다. 대개 조선의 농촌에 있어서 각종의 공과(公課), 비료 대금, 부채 같은 것으로 인해 신곡(新穀)의 취입(取入)과 함께 이를 방매(放賣)해서 충당하는 상황으로서 출곡기에 있어서 미가의 하락을 유도한다. 이는 내지 농촌을 자극할 뿐만 아니라 조선 자체에서도 큰 손실이기 때문에 1929년도(昭和 4) 농업창고를 3개소 설치하여 저리자금의 융통과 함께 평균매(平均賣)의 장려에 노력하였다.

〈자료 328〉 조선미곡창고계획 수립(朝鮮總督府 農林局, 1938, 2쪽)

앞서 시험적으로 설치한 농업창고 시설은 시행 후 짧은 시간임에도 불구하고 그 성적이 매우 좋았을 뿐만 아니라 때마침 개최 중인 미곡조사위원회가 통제책의 한 방법으로서 외지미(外地米)의 월별 평균 이출을 제안했다는 사실에 비춰 볼 때 조선 미곡창고계획을 수립하여 1930년(昭和 5)부터 5개년간〔경비 절감의 결과 1931년에 7개년계획으로 변경〕 생산지에 농업창고, 개항지에 상업창고〔조선미곡창고주식회사가 설립〕를 설치하고, 입고미에는 저리자금을 융통하는 것 이외에 농업창고 경영에 대한 창고료를 절감시킴으로써 극력 이출 통제를 도모하기로 했다.

〈자료 329〉 조선미곡창고계획 수립의 연혁(朝鮮總督府 農林局, 1938, 3-6쪽)

1) 최초의 총독부 안〔1929년 11월 입안〕

「전부 농업창고안으로서 그 규모는 제1기 계획 현미 200만 석의 수용 창고를 1930년도(昭和 5) 이후 11개년 동안 건설」: 위 총독부 안의 근거는 당시 가을 4개월의 이출 수량은 월별 평균 수량에 비하여 약 100만 석이 과잉됨으로써 그 2배 분량, 즉 200만 석 수용의 농업창고를 건설하여 재고미에 대해 조성의 길을 열어야 평균 이출의 목적을 달성할 수 있기 때문이었다.

2) 농업창고 국립 창고 병치안〔1929년 12월 입안〕

「현미 200만 석 수용의 농업창고 및 현미 150만 석 수용의 국립 창고를 건설하여 전자는 11개년 완성, 후자는 2개년 완성한다」: 개정안의 근거는 총독부는 전항의 농업창고안을 수립하여 대장성 등에도 이미 내시(內示)하였는데 그 후 당시 개최 중인 미곡조사회에서 조선미 통제 문제가 대두하여 도저히 전항과 같은 소규모의 안으로는 100만 석의 이출 과잉을 조절할 능력이 없다고 판단하여 그 규모를 확대함과 함께 농업창고 단일주의로서는 통제력이 박약하다는 목소리가 있었다. 이에 생산지에 농업창고를 추가로 건설함과 함께 이출항에 국립

창고를 건설하여 그 규모를 확대하기로 했다.

3) 농업창고 상업창고 병치안(1929년 12월 입안)

「현미 418만 석 수용의 농업창고 및 현미 102만 석 수용의 상업창고를 6개년간 건설하고 더욱이 제2기 계획으로서 현미 150만 석의 농업창고를 이후 9개년간 추가로 설치한다」: 본 안 개정의 주된 이유는 당시 이노우에(井上) 대신의 의견을 참작한 것으로, 즉 향후의 미곡 사정을 보면 이전의 농업창고 국립 창고 병치안처럼 제1기 계획으로서 350만 석 계획을 수립하는 것은 무모하며, 일반 경제 사정으로부터 봐서 국립 창고를 건설하기보다도 상업창고를 건설하는 것이 현명하다는 대신의 의견에 따른 것이다.

4) 확정안(1930년 3월)

「제1기 1930년(昭和 5)부터 5개년간 현미 50만 석 수용의 농업창고 및 현미 50만 석 수용의 상업창고를 건설하고, 계속해서 제2기 10개년간에 현미 150만 석 수용의 농업창고를 건설하여 합계 250만 석의 조절을 할 것」: 총독부는 현재의 가을에 나오는 과잉 이출 100만 석을 조절하는 데는 적어도 전항의 안(案)처럼 150만 석 수용의 농업창고 및 상업창고를 최단기간 내에 건설하지 않으면 그 목적을 달성할 수 없다고 봤다. 그리고 이것에 필요한 조성금은 연액 110만 원을 필요로 하지만 종래 총독부의 재정 계획에 있어서 미곡창고에 예정한 재원은 연액 50만 원 정도의 조성금으로서 잔여의 60만 원은 지출이 곤란하므로 중앙정부로부터의 보충금 교부를 요구했다.

이들의 요구에 대하여 당시 이노우에 대장대신은 여전히 소극론을 가지고 미곡 사정을 지켜보고 있는 현상에서 미곡창고계획은 가능한 그 규모를 작게 하여 총독부의 조성금 50만 원의 범위에서 계속 시행할 것, 중앙정부로부터의 보충금의 지출은 승인이 어려울 것, 상업창고는 이를 전부 신설하지 말고 원칙으로서 기설한 것을 빌리거나 매수할 것, 총독부 안의 축소에 대해서는 농림성 방면에 장래 이의가 없도록 미리 대장대신으로부터 농림·척무 두 대신에게 말할 것 등의 의견을 냈기 때문에 총독부로서는 (1) 미곡창고안의 규모 축소에 대해서는 책임을 지지 않을 것 (2) 장래 미곡 사정이 더욱더 창고의 증설을 필요로 하는 경우 적어도 상업창고의 조성금에 대해서는 중앙정부의 보충금에 의해 해야 할 것을 미리 각의에서 결정해 둘 것을 희망하고 본 확정안처럼 결정했다.

〈자료 330〉 조선미곡창고계획(1930)(朝鮮總督府 農林局, 1938, 17~28쪽)

최근 조선미의 이출고는 생산의 증가와 품질의 개량에 따라 모두 현저히 증가하고 있지만 조선 농가의 경제가 매우 빈약하고 또 금융, 저장 설비 등이 불충분했기 때문에 이출의 시기가 매우 편중되어 이출고의 태반은 가을부터 겨우 4, 5개월간에 반출되고 있는 실정이다. 이 때문에 일본 시장 및 농촌에 악영향을 미치는 것이 클 뿐만 아니라 조선 농가가 입는 손실 또한 적지 않음으로써 쌀의 이출을 적당히 조절하는 것은 매우 긴요한 사항이다. 따라서 총독부는 이전부터 농업창고보급계획을 수립하고 생산자의 평균매(平均賣)를 장려하여 점차 이출의 조절을 행할 것을 기도했다. 그러나 그 후 미곡조사회의 조선미 이출 통제에 관한 답신 등에 비춰 총독부는 앞서 말한 생산자의 평균매를 장려하는 시설과 함께 현재에 있어서 계절적 과잉 이출량 100만 석의 조절을 할 필요를 인정하여 종래의 농업창고안을 개정한 미곡창고안을 수립해서 목적의 달성상 유감이 없음을 기하도록 했다.

그래서 미곡창고는 그 내용에 따라 갑을(甲乙) 2종류로 구분한다. 갑종(甲種)은 주요한 쌀 생산지에 소규모의 창고를 가능한 다수 보급해서 주로 농민의 가을 방매(放賣) 구제를 목적으로 한다. 을종(乙種)은 주요한 쌀 이출지에 비교적 대규모의 창고를 설치하여 주로 농민으로부터 매입한 대량의 쌀의 일시적 내지 이출을 조절하는 것을 목적으로 한다.

제1기 계획

1930년(昭和 5)부터 5개년간을 기하여 현재 과잉 이출 수량 100만 석을 조절할 목적으로써 합계 100만 석을 수용하는 미곡창고를 설치한다(별표 제3호 참조).

제2기 계획

제1기 계획 종료 후 6개년간을 기하여 산미(産米)의 증가에 따른 이출 증가를 농가의 평균매에 의해 조절할 목적으로써 150만 석 수용의 미곡창고를 건설한다.

그리고 미곡창고설치계획의 내용은 다음과 같다.

1. 갑종 창고

(1) 건설 장소 : 주요한 쌀 생산지로 한다.

(2) 경영 주체 : 농회, 산업조합으로 한다.

(3) 창고의 규모 : 창고는 1개소의 건평(建坪)은 250평, 수용력 1만 석으로 한다. 제1기 계획의 5개년간은 매년 10개소씩 합계 50개소 1만 2,500평, 제2기 계획 10개년간은 매년 15개소씩 합계 150개소 3만 7,500평 합계 200개소 5만 평을 건설하기로 한다〔별표 제2호 참조〕. 다만 지방의 상황에 따라 기설 창고를 빌리거나 또는 매수하여 경영할 수 있다.

(4) 사업 : 기탁물(寄託物)의 보관, 위탁가공, 위탁판매

(5) 보관의 종류 : 특정 보관 및 혼합 보관

(6) 수기물(受寄物)의 종류 : 쌀, 다만 창고 상황에 따라서 다른 농산물도 입고하게 한다.

(7) 보호 조성

- 창고 건설비 보조 : 창고 1개소의 건설비는 4만 4,500원을 필요로 하는데 이에 대해 국비로부터의 보조액은 그 70%인 3만 1,150원으로 한다. 제1기 계획의 5개년간은 매년 10개소분 31만 1,500원, 제2기 계획의 10개년간은 매년 15개소분 46만 7,250원을 필요로 한다〔별표 4 참조〕.
- 경영비 보조 : 조선의 농민은 창고에 대한 이해가 부족하기 때문에 건설 당초에 있어서는 창고의 경영 곤란에 따라 창고 1개소에 대해 1,800원씩 3개년 보조한다〔별표 4, 5 참조〕.

(8) 지도 감독 : 창고의 경영 여하는 곧바로 기탁자인 생산자의 이해에 영향을 받는 것이 크기 때문에 이것의 지도 감독을 위한 직원 설치가 필요하다. 그러나 경비의 절약을 도모하기 위해 초년도에 있어서는 총독부에 촉탁 1명, 기수(技手) 1명, 지방청에는 기수 5명을 설치한다.

2. 을종 창고

(1) 설치 장소 : 주요한 쌀 이출지로 한다.

(2) 경영 주체 : 조절의 통일을 기하기 위해 전국에 하나의 신용이 있는 기관을 설치하여 이를 경영하게 한다.

(3) 창고의 규모 : 창고를 설치해야 할 장소의 미곡 집산 상황에 따라서 다소 다르지만 가령 1개소 평균 2,500평씩 5개소로 해서 1만 2,500평으로 한다. 그중 7,500평은 기설된 창고를 빌리고 5,000평은 신설 또는 기설 창고를 매수하는 것으로 한다. 다만 빌린 창

고(借庫) 및 신설·매수의 평수는 대체로 상정(想定)함으로써 시기에 따라 서로 유용할 수 있도록 한다.

(4) 사업 : 오로지 기탁물의 보관으로 한다.

(5) 보관의 종류 : 특정 보관으로 한다.

(6) 입고물의 종류 : 쌀

(7) 보호 조성

- 설치비 보조 : 조선에 있어서 이런 종류의 창고 경영은 채산상 자못 곤란하고 또한 본 계획에 따른 창고는 조절을 목적으로 하는 관계상 일반 영업 창고와 달리 그 유일의 수입인 창고료를 매우 저렴하게 할 필요가 있다. 따라서 조절의 목적을 달성할 수 있는 창고료로부터 채산해서 경영할 수 있을 정도까지 국고로부터 보조하기로 한다. 빌린 창고에 대해서는 해마다 대여료, 건설 또는 매수한 창고에 대해서는 건설 또는 매수비의 60%를 보조하게 한다.
- 저리자금의 융통 : 갑종 창고와 똑같은 시가의 80%를 융통하기로 한다. 또한 저리자금의 대출은 일반 은행으로써 이에 담당하게 한다.

(8) 경영 방법 : 경영 주체는 서술한 것처럼 특수기관으로서 경영하게 할 예정인데, 이것의 경영에 있어서는 조절의 목적을 달성할 수 있도록 창고료 및 저리자금의 금리 등에 대해서는 입고 기간의 장단(長短)에 따라 적당히 차이를 마련한다. 기타에 대해서도 일정의 조건을 붙여서 경영상 유감이 없도록 한다.

〈별표 2〉 연차별 창고 설치 계획표

연차			제1기 계획						제2기 계획		합계
			1년	2년	3년	4년	5년	소계	6~15년	소계	
갑종 창고	건설 개수(所)	당년	10	10	10	10	10		15		
		누계	10	20	30	40	50	50		150	200
	평수(坪)	당년	2,500	2,500	2,500	2,500	2,500		3,750		
		누계	2,500	5,000	7,500	10,000	12,500	12,500		37,500	50,000
을종 창고	대여 평수	당년	2,500	2,500	2,500						
		누계	2,500	5,000	7,500			7,500			7,500
	신설 또는 매수 평수	당년	1,110	1,000	900	1,000	1,000				
		누계	1,110	2,100	3,000	4,000	5,000	5,000			5,000
	소계	당년	3,600	3,500	3,400	1,000	1,000				
		누계	3,600	7,100	10,500	11,500	12,500	12,500			12,500
합계		당년	6,100	6,000	5,900	3,500	3,500				
		6,100	12,100	18,000	21,500	25,000	25,000		37,500	62,500	

〈별표 3〉 창고 수용력

연차		갑종 창고		을종 창고		합계	
		평수(坪)	수용력(石)	평수(坪)	수용력(石)	평수(坪)	수용력(石)
제1기 계획	1년	2,500	100,000	2,600	144,000	5,100	244,000
	2년	5,000	200,000	7,100	284,000	12,100	484,000
	3년	7,500	300,000	10,500	420,000	18,000	720,000
	4년	10,000	400,000	11,500	460,000	21,500	860,000
	5년	12,500	500,000	12,500	500,000	25,000	1,000,000
	6년	16,250	650,000	12,500	500,000	28,750	1,150,000
	7년	20,000	800,000	12,500	500,000	32,500	1,300,000
	8년	23,750	850,000	12,500	500,000	36,250	1,350,000
	9년	27,500	1,100,000	12,500	500,000	40,000	1,600,000

제2기 계획	10년	31,250	1,250,000	12,500	500,000	43,750	1,750,000
	11년	35,000	1,400,010	12,500	500,000	47,500	1,900,010
	12년	38,750	1,550,000	12,500	500,000	51,250	2,050,000
	13년	42,500	1,700,000	12,500	500,000	55,000	2,200,000
	14년	46,250	1,850,000	12,500	500,000	58,750	2,350,000
	15년	50,000	2,000,000	12,500	500,000	62,500	2,500,000

〈별표 4〉 보조금 연차표(단위 : 원)

연차		갑종 창고			을종 창고			합계
		건설 보조	경영 보조	계	대여 보조	신설 및 기설 보조	계	
제1기 계획	1년	311,500	18,000	329,500	26,700	143,800	170,500	500,000
	2년	311,500	36,000	347,500	53,400	126,000	179,400	526,900
	3년	311,500	54,000	365,500	80,100	113,400	193,500	559,000
	4년	311,500	54,000	365,500	80,100	126,000	206,100	571,600
	5년	311,500	54,000	365,500	80,100	126,000	206,100	571,600
	소계	1,557,500	216,000	1,773,500	320,400	635,200	955,600	2,729,100
제2기 계획	6년	467,250	63,000	530,250				530,250
	7년	467,250	72,000	539,250				539,250
	8~15년 (각 연도)	467,250	81,000	548,250				548,250
	16년		54,000	54,000				54,000
	17년		27,000	27,000				27,000
	소계	934,500	216,000	1,150,500				1,150,500
합계		2,492,000	432,000	2,924,000	320,400	635,200	955,600	3,879,600

비고 : 1. 갑종 창고 건설비 보조는 해마다 10개소씩 건설하는 것으로 하고 그 총액 445,000원의 70%를 계상한다.

2. 갑종 창고의 경영 보조는 신설 창고에 대하여 첫해부터 3개년간 각 연도 1개소에 대해 1,800원씩 계상한다.

3. 을종 창고의 보조는 경영비의 보조를 하지 않고 제2표의 연차 계획에 따라 대여의 분에 대해서 대여비를 총가격의 10%로 간주하여 그 60%를, 신설 또는 기설 창고의 매수에 대해서는 그 총액의 60%씩을 계상한다.

4. 첫해의 을종 창고의 보조액 중에는 창립비 보조 5,200원을 가산하여 계상한다.

〈자료 331〉 미가 대책에 의한 미창(米創)의 이용 확장(朝鮮農會報 5-1(1931.01), 128-129쪽)

총독부의 미가 대책에 의한 미곡창고의 저장 보관에 대해 미곡창고의 이용 확장은 다음과 같이 되었다.

갑종 창고(甲種倉庫) 이용 확장

1. 기설 갑종 창고 500평
2. 기설 창고의 증축 3,600평, 1개소 250평의 예정을 본년에 한하여 360평으로 증가시키고 10개소 2,500평을 3,600평으로 할 것
3. 갑종 창고 하옥(下屋)[114]의 이용 720평, 최초 계획에 예정되지 않았던 하옥을 이용할 것, 본 건축 1개소 360평에 대하여 20%, 즉 72평 10개소에 720평의 하옥을 만들어 이용할 것

농창(農創) 임시차고(臨時借庫) 70평

1. 함북을 제외한 각 도 농회에서 임시차고 경영을 하도록 한다. 이에 대하여 총독부로부터 차고료 보조를 받을 예정으로서 전국의 차고 평수는 7,000평으로 한다.
2. 위 임시 차고는 갑종 창고로 간주하여 경영하게 할 것
3. 갑종 창고 설치까지 잠정적 차고는 위 7,000평 이외로 할 것, 이에 대하여 총독부로부터 차고료 보조를 받을 수 없다.
4. 위 1항 및 3항의 임시 차고 외에 농회에서 차고의 필요가 있는 것은 적절히 창고를 빌려 지장이 없도록 할 것, 이에 대하여 총독부로부터 차고료 보조를 받을 수 없다.

을종 창고(乙種倉庫) 이용 확장

1. 신설 또는 매수 창고의 증가 1,560평, 1,100평의 예정을 1,560평으로 증가시킬 것
2. 을종 창고 하옥의 이용 312평, 최근 계획에 예정되지 않은 하옥을 이용하기로 함. 본 건축 1,560평에 대하여 20%, 즉 312평의 하옥을 만들 것
3. 을종 창고의 기정 차고 2,500평

---

114 기존 미곡창고에 딸린 작은 창고.

4. 위 임시 차고 3,860평

〈자료 332〉 1933년(昭和 8) 3월 조선미곡이출통제계획 요지(朝鮮總督府 農林局, 1938, 65–68쪽)

출회기에 있어서 조선미의 이출 쇄도를 조절하기 위해 1930년도(昭和 5)에 미곡창고계획을 수립하여 현미 100만 석을 통제하려고 계획 실시 중인데, 미곡 사정의 변화에 따라 위 계획만으로는 계절적 편중 이출을 교정할 수 없음으로써 이를 보강하여 목적 달성에 만전을 기하는 것으로 한다.

1. 조절 수량 : 현미 156만 석

기왕 5개년간에 있어서 출회기 4개월간에 월 평균을 초과하는 것 120만 석을 최고기록으로 한다. 따라서 위 수량에 약 30%의 조절 설비를 한다면 대략 통제의 목적을 달성할 수 있을 것으로 예상한다.

2. 조절 방법

갑. 조절의 설비

(1) 기설 미곡창고에 수용 : 현미 83만 석

(2) 잔량의 수용 설비 : 현미 73만 석

- 벼 저장창고(1933~34년에 완성) : 벼 20만 석
- 야적(野積) : 벼 80만 석
- 지방비 매수(신사환미제도(新社還米制度)) : 벼 46만 석

(3) 합계 : 현미 환산 156만 석

을. 강제저장과 자유저장

종래의 이출미 통제는 단지 저리자금의 융통에 의한 자주적 저장이어서 출고는 자유로웠는데 이렇게 해서는 경우에 따라 통제의 목적을 달성할 수 없음으로써 자주저장 이외 새롭게 출회 기간(2월 말일) 동안 출고하지 않는다는 계약하에 창고 또는 야적 저장을 하는 자에게는 저장보조금을 교부하는 제도를 확대하고 도 지방비 매수제도를 아울러서 실시하기로 한다.

(1) 강제저장 : 현미 환산 60만 석

- 출회 기간 동안 출고하지 않은 것 : 현미 환산 37만 석
- 지방비 매수 : 현미 환산 23만 석

(2) 자유저장 : 현미 환산 96만 석

(3) 합계 : 현미 환산 156만 석

3. 소요 경비

1933년(昭和 8) 예산 : 65만 9,000원

(1) 벼 저장창고 보조 : 7만 3,000원

- 건설비 1개소당 7,000원 10개소분 7만 원
- 경영비 1개소당 600원 10개소분 6,000원의 6월분 3,000원

(2) 야적벼 보조 : 2만 6,667원

(3) 도 지방비 매수 자금 이자 보조 : 6만 1,333원

(4) 미곡 저장 장려 보조 : 49만 8,000원

- 현미 20만 석 석당 1원 20전 : 26만 원
- 벼 34만 석 석당 70전 : 23만 8,000원

〈자료 333〉 벼장기저장계획(籾長期貯藏計畫)(1933)(朝鮮總督府 農林局, 1938, 74–87쪽)

1. 장기저장 장려 실시 요강

(1) 저장 수량 : 전국을 통틀어서 1933년(昭和 8) 생산한 수도(水稻) 벼 약 300만 석

(2) 경영 주체 : 농업창고업자, 금융조합 및 조선미곡창고주식회사

(3) 저장 장소 : 벼 300만 석 중 ① 65만 석은 기설의 미곡창고(농업창고, 벼 창고 및 조선미곡창고주식회사 창고)에 저장, ② 225만 석은 응급적 조치로서 야적저장(野積貯藏)하게 하고 1934년(昭和 9)도 예산으로써 오는 봄 벼 창고를 건설한 후 옮겨서 수용하는 것으로 한다.

(4) 야적벼 저장 시설 방법 : 별 지대로

(5) 저장 기간 : 벼 저장은 1933년(昭和 8) 12월부터 이를 개시하여 1934년(昭和 9) 10월 31일까지 이를 행하는 것으로 한다. 이 사이 저장의 해제는 인정하지 않는다. 다만 일본의 미가가

미곡통제법의 표준 최저가격보다 10% 이상 등귀했을 경우에 저장 의뢰자의 신청이 있을 때는 도지사(道知事) 또는 조선미곡창고주식회사 사장은 조선총독의 승인을 받아서 저장벼의 전부 또는 일부에 대해 해제를 인정할 수 있다.

(6) 보조금의 교부

1) 1933년도(昭和 8)

① 야적벼에 대한 부분

- 설비비 보조 : 야적에 필요한 설비비에 대하여 평당(坪當) 1원의 비율로 해서 야적 의뢰자에게 보조한다. 다만 평당 30석 수용으로 한다.
- 운임 보조 : 저장 장소까지의 운임에 대하여 석당(石當) 6전의 비율로 저장 의뢰자에게 보조한다.
- 경영비 보조 : 석당 월 2전의 비율로 농회, 금융조합, 산업조합, 조선미곡창고주식회사에 보조한다.

② 미곡창고에 저장하는 벼에 대한 부분

- 운임 보조 : 저장창고까지의 운임에 대하여 석당 6전의 비율로 저장 의뢰자에게 보조한다.
- 경영비 보조 : 미곡창고의 경영자에 대해서는 경영비로서 석당 월 3전의 비율로 보조금을 교부하고 보관료를 징수하지 않는다.

2) 1934년도(昭和 9)

1934년도(昭和 9)의 예산에 대해서는 지금 대장성과 절충 중으로서 대략 다음대로 실현될 것으로 예상되지만 경우에 따라서는 다소의 변경이 있을지도 모른다. 혹시 만일 예산이 성립되지 못할 때는 제5호의 저장 기간도 1933년(昭和 8) 12월부터 1934년(昭和 9) 3월까지로 할 수밖에 없다.

① 창고 건설비 보조 : 벼창고 5만 6,250평(총량 225만 석 평당 40석 수용)을 건설한다. 평당 건설비 40원을 표준으로 하여 평당 32원을 보조한다.

② 금리 보조 : 본 시설에 의한 저장 벼에 대해서 저리자금을 융통하는 것으로 하고, 그 대부 금리의 전액을 보조한다. 다만 저장 기한 경과 후의 재고는 1935년(昭和 10) 3월 31일까지 그 일수에 따라 금리를 보조한다.

③ 경영비 보조 : 기정 계획에 의한 미곡창고 및 벼창고의 경영자에 대해서는 석당 월 3전, 본 계획에 의해 건설해야 할 벼창고의 경영자에 대해서는 석당 월 2전의 비율로 보조하고 둘 다 보관료를 징수하지 않는다.

④ 적체비(積替費) 보조 : 벼창고를 준공하여 야적으로부터 창고로 옮기는 비용에 대하여 석당 6전의 비율로 경영자 또는 저장 의뢰자에게 보조한다.

⑤ 저장장려 보조 : 본 시설에 의한 저장벼에 대해서 석당 22전의 비율로 저장장려 보조금을 저장의뢰자에게 교부한다.

⑥ 품질 손상, 고미격(古米格) 및 가치 감소 보조 : 본 시설에 의한 저장벼에 대해서는 품질 손상, 고미격 및 가치 감소 보조로서 석당 1원의 한도로 보조금을 저장 의뢰자에게 교부한다. 또한 300만 석의 10%인 30만 석에 대해서는 석당 평균 40전을 증가한다.

⑦ 저장 해제자에 대한 제재 : 저장 의뢰자 제5호의 규정에 위반해서 저장벼의 전부 또는 일부의 저장을 해제했을 때는 경영자는 벼 1석에 대해 2원 이내의 위약금을 징수한다. 또한 이미 교부 한 보조금의 전부 또는 일부의 반환을 명령할 수 있다.

⑧ 저장장려 감독 여비 보조

- 1933년도(昭和 8) : 도(道)-500원, 군(郡)-100원. 단 본 시설을 행하는 군에 한함.
- 1934년도(昭和 9) : 도-1,000원, 군-200원. 단 본 시설을 행하는 군에 한함

⑨ 도의 계획 수립 및 보고 : 도는 앞의 각호에 따라 곧바로 1933년(昭和 8)산 벼장기저장계획을 수립하여 그 계획 및 저장 예상 수량을 다음과 같은 구분에 따라 속히 보고할 것

- 야적, 벼창고, 미곡창고, 본 시설을 행하는 군명

2. 야적벼 저장 시설 방법

(1) 야적벼 저장의 지도 독려 : 지방 관청 및 각종 단체로써 본 시설의 취지를 일반 농가에 주지시키고 동시에 야적벼의 저장을 지도 독려할 것

(2) 금융

1) 미곡자금의 수입자(受入者)는 조선은행, 조선식산은행, 동양척식주식회사로 한다.

2) 야적벼에 대한 차입 신청서에는 농회장, 수리조합장, 금융조합장, 산업조합장, 읍면장, 조선미곡창고주식회사 사장 등의 저장증명서를 첨부할 것

3) 저장 수량이 근소한 것은 여러 명의 연대로서 융통을 받을 것

4) 저장벼에 대해서는 확실한 화재보험회사와 보험계약을 체결할 것

(3) 저장 장소 : 군청, 농회, 수리조합, 금융조합, 산업조합, 읍면 등의 사무소 내 또는 그 부근으로서 감시를 하기 좋은 장소 및 자산 신용이 확실한 사람의 집 안(垈內)으로 할 것

(4) 저장 설비 및 방법

1) 습윤을 방지하기 위해 지반을 일단 높게 하고 가능한 토대석 또는 자갈을 깔을 것

2) 지면으로부터 1척 외의 공간을 둘 것

3) 야적의 주위에 배수구를 마련할 것

4) 지푸라기(藁)로 싸서 절대로 비에 젖게 하지 말 것

5) 주위는 지푸라기로 싸고 새끼(繩)로써 전면을 둘러쌀 것

6) 도난의 우려가 있는 장소에 야적한 경우는 주위에 철조망으로서 울타리를 만들 것

7) 야적의 외부에 소유자 주소, 성명, 품종별, 가마니 수 및 총용량을 기재한 표찰을 붙일 것

8) 저장벼는 건조 조제를 충분하게 할 것

(5) 감독 방법

1) 종래의 실적에 비춰 보면 자주 저장벼를 매각하는 사례가 있음으로써 이것의 단속을 엄중히 할 것

2) 벼 저장의 증명자는 경찰과 연락을 취해 때때로 실지 검사를 하는 등 감독을 엄중히 할 것

3. 벼 장기저장에 관한 경비

1933년도(昭和 8) 소요 경비

(1) 창고 건설까지의 응급 야적비 보조 : 5만 1,667원

벼 300만 석 중

- 기정 계획에 의한 야적 : 80만 석
- 기정 계획에 의한 벼창고 : 10만 석
- 기정 계획에 의한 미곡창고 : 55만 석

합계 : 145만 석

이것 이외에 155만 석에 대해서는 1평 30석으로 하여 5만 1,667평, 1평에 대해 1원의 비율

로 계산

(2) 경비 보조 : 26만 6,000원

1) 석당 월 2전으로 하여 235만 석에 대해 4개월분 : 18만 8,000원

2) 석당 월 3전으로 하여 65만 석에 대한 4개월분 : 6만 8,000원

(3) 운임 보조 : 18만 원

(4) 저장장려 감독 여비 : 2만 7,500원

- 총독부 : 1,500원
- 도 : 6,000원
- 군 : 2만 원
- 합계 : 2만 7,500원

(5) 합계 52만 5,167원

1934년도(昭和 9) 소요 경비

(1) 창고 건설비 보조 : 180만 원

벼 300만 석에서 기정 계획에 의한 벼 간이창고 20만 석 및 미곡창고 55만 석, 합계 75만 석을 뺀 225만 석을 평당 40석으로 하여 계산한 5만 6,250평에 대해 평당 40원으로 해서 그 80%인 32원을 보조한다.

(2) 금리 보조 : 143만 1,000원

연 이자 5.3%(예금부 저리자금) 벼 1석 9원의 전액을 융통한다.

(3) 경영비 보조 : 81만 원

1) 석당 1개월 2전의 비율로 225만 석에 대한 12개월분 : 54만 원

2) 석당 1개월 3전의 비율로서 75만 석에 대한 12개월분 : 27만 원

(4) 적체비 보조(야적으로부터 창고로) : 14만 1,000원

석당 6전의 비율로 235만 석분

(5) 저장장려금 : 65만 7,750원

석당 22전의 비율로 1935년(昭和 10) 3월까지 저장 300만 석분

(6) 품질 손상, 고미 및 가치 감소 보상 : 300만 원

(7) 운임 보조 : 9만 원

(8) 저장장려 감독 여비 : 5만 5,000원

- 총독부 : 3,000원
- 도 : 1만 2,000원
- 군 : 4만 원
- 합계 : 5만 5,000원

(9) 합계 : 810만 4,750원

〈표 1〉 벼 300만 석 할당 수량표(단위 : 석)

1933년(昭和 8) 12월 31일 결정

도별	도 할당					미곡창고회사 할당
	농업창고	벼창고	야적-1	야적-2	합계	
경기도	30,025	16,900	16,900	285,903	349,728	
충청북도	21,165	11,400	11,400	74,931	118,896	
충청남도	61,952	11,400	11,400	149,888	234,640	
전라북도	63,700	3,800	13,000	228,600	309,100	
전라남도	77,250	7,300	7,300	268,555	360,405	
경상북도	66,800	11,500	11,500	239,896	329,696	
경상남도	62,025	5,700	5,700	211,808	285,233	
황해도	39,820	3,800	3,800	185,502	232,922	
평안남도	21,113	13,000	3,800	97,607	135,520	
평안북도	40,575	7,600	7,600	110,191	165,966	
강원도	19,775	3,800	3,800	122,319	149,694	
함경남도	11,200	3,800	3,800	74,800	93,600	
함경북도	-	-	-	-	-	
합계	515,400	100,000	100,000	2,050,000	2,765,400	234,600

비고 : 1. 야적-1은 기정 계획에 따라 오는 봄 건설해야 할 벼창고에 수용해야 할 것

2. 야적-2는 300만 석 저장계획에 따라 오는 봄 건설해야 할 벼창고에 수용해야 할 것

〈표 2〉 벼창고 건설 예정 평수 표

도별	도 할당				미곡창고회사 할당
	야적-1		야적-2		
	저장 석수(石)	창고 평수(坪)	저장 석수(石)	창고 평수(坪)	
경기도	16,900	423	285,903	7,148	야적-2의 저장 석수 200,000석 창고 평수 3,000평
충청북도	11,400	285	74,931	1,873	
충청남도	11,400	285	149,888	3,747	
전라북도	13,000	325	228,600	5,715	
전라남도	7,300	182	268,555	6,714	
경상북도	11,500	287	239,896	5,997	
경상남도	5,700	143	211,808	5,295	
황해도	3,800	95	185,502	4,638	
평안남도	3,800	95	97,607	2,440	
평안북도	7,600	190	110,191	2,755	
강원도	3,800	95	122,319	3,058	
함경남도	3,800	95	74,800	1,870	
합계	100,000	2,500	2,050,000	51,250	

(3) 곡물검사정책

〈자료 334〉 오하라 신죠(小原新三), 미곡검사규칙의 개정 및 대두검사규칙의 제정에 대하여(朝鮮農會報 12-11(1917.11), 35-36쪽)

조선에서의 미곡 검사는 1915년(大正 4) 2월 총독부령 구 미곡검사규칙의 시행으로 시작되어 현재 검사를 실시한 것은 경기도, 충청남북도, 전라남북도, 경상남북도 및 평안남도의 8도라 한다. 지금 이들 각 도에서의 검사 성적을 보면, 당초 등급(格付) 등에 대해 검사원과 당업자가 일전 다소 분쟁을 면할 수 없을 거라 예상했음에도 불구하고, 각지 모두 매우 원만한 시행을 보았다. 그 결과 미곡 건조 조제의 개선을 촉진하고 용량 및 포장을 정확 견실하게 하여 수이출 시장에서의 성가(聲價)를 높인 바가 현저하며, 쌀 거래의 경우 검사 시행 전에는 전적으로 현물 견본에 의했지만 검사 시행 후에 이르러서는 검사 등급에 의하여 견본을 필요로 하지 않게 되었다. 그렇기 때문에 거래의 민활(敏活)과 금융의 원활을 촉진한 점이 매우 크다.

특히 검사미(檢査米)와 무검사미(無檢査米)는 그 거래 가격에 현저한 가격 차이가 생겼기 때문에 일반적으로 검사의 시행을 환영하는 데에 이른 것은 물론, 수이출미가 아닌 것에 대해서도 나아가 검사를 받는 상황을 보는 데까지 이르렀다.

또한 현재 대두 검사를 시행한 것은 충청남북도, 경상남북도 및 함경남도의 5도이고, 동(同) 검사는 각 도령에 의하여 대략 미곡 검사에 준하여 시행해서 그 성적 또한 커서 볼만한 것이 있다.

그렇지만 지금까지 미곡 개량 진보의 상황은, 부령 발포 당시에 비하여 매우 현저한 것이어서, 구 규칙은 도저히 현재 상황에 적응할 수 없는 데에 이르렀을 뿐만 아니라 점점 검사의 통일을 도모하고 그 표준을 높이는 등 기타 개정을 더할 필요가 생겼다. 이와 동시에 대두검사규정에 대해서도 부령으로 이를 일정하게 할 필요가 생겨서, 이번에 두 검사규칙의 개정 및 제정을 봄에 이르렀다. 지금 다음에 이것의 요점을 게재한다.

(1) 구 미곡검사규칙은 부령으로 검사에 관한 중요한 원칙을 정하고, 그 범위에서 도장관으로 하여금 총독의 인가를 받아서 도령으로 규칙을 정하게 한다는 주의(主義)로 제정되고, 또한 대두에 관해서는 상술한 것처럼 각 도 임의로 도령을 발포하여 검사를 시행해 쌀 및 대두 모두 지방비 또는 당업자 단체에서 검사를 시행했다. 신 규칙에서는 쌀에 대해 특히 제외된 도 이외에 쌀 및 대두 모두 각 도 동일하게 부령에 의하여 지방비로 검사를 시행하게 하기로 하고, 이로써 검사에 관한 규정 조항의 중복과 불통일의 폐를 제거하기로 했다.

(2) 신 규칙에서는 원칙적으로 수출, 이출 또는 도외에 반출하고자 하는 현미 및 대두에 대해 검사를 행하기로 했지만, 도에 따라 특수한 사정 및 종래 실행해 왔던 관계 등을 고려하여, 도 장관은 도령으로 중백미(鮮白米) 및 백미의 검사를 행할 수 있을 뿐만 아니라, 개항지에 반출하는 것에 대해서도 검사를 행할 수 있을 것이며, 또한 백미와 같은 경우에는 부령으로 규정한 검사 표준에 따르기 어려운 것은 도 장관이 별도로 이를 규정할 수 있도록 하기로 하였다.

(3) 검사의 범위에 관해서는 건조의 좋고 나쁨, 불순물 다소 혼입, 포장 및 용량 외 새로이 품질의 좋고 나쁨을 더하기로 하고, 또한 불순물의 종류를 가능한 한 명확히 규정하고

또한 적미(赤米)의 혼입 비율도 규정하기로 했다.

(4) 검사 등급은 종래의 특등, 상격(上格), 하격(下格) 및 불합격의 4등급을 특등, 1등, 2등, 3등 및 불합격의 4등급으로 바꾸고, 합격품의 불순물 혼입의 정도는 쌀의 경우 구 규정에서 그 최다(最多) 한도를 100분의 8 이내로 했던 것을 100분의 7 이내로 바꾸며, 대두의 경우 그 검사 표준이 각 도 각기 다른 것을 통일하고 대요(大要)는 미곡 검사 표준에 준하여 쌀 및 대두 모두 일반적으로 검사의 표준을 높였다.

(5) 용량 및 포장에 있어서는 1가마니의 용량은 종래 4두 또는 5두로 했던 것을 4두로 일정하게 하고, 포장은 구조가 완전한 가마니를 사용하고 그 매듭 마무리를 한층 견고(堅牢)하게 하기로 하였다.

용량을 4두로 일정하게 한 것은 주로 내지 수요지에서의 일반적인 추세에 적응하게 하고, 또한 때때로 피할 수 없이 손상된 가마니(亂俵)에서 곡식이 새는 것을 방지함으로써 더욱 조선미의 성가를 향상시키는 동시에, 이것의 취급을 편리하게 하고자 함이다. 그리고 외국 수출, 기타 특별한 용도에 따라서 마대(麻袋)를 사용한다. 또한 1가마니의 용량을 4두로 일정하게 하기 어려운 경우 등을 예상하여, 도 장관의 허가를 받았을 때에는 위의 원칙에 의하지 않을 수 있는 길을 열었다. 그렇다고 하더라도 단지 종래의 관습에 의한 용량인 5두를 유지하고자 할 경우에는, 그 예외를 인정하지 않기로 하였다.

(6) 수이출 및 도외 또는 도내 개항지 반출의 제한은 구 규칙에서는 불순물의 혼입 비율이 100분의 8 이상인 것을 금지하는 데에 그쳤지만, 신 규칙에서는 그 범위를 확장하여 품질, 용량 또는 포장에서도 불합격에 해당하는 것은 그 수출, 이출 및 반출을 금지했다.

(7) 검사의 표준을 통일하기 위해 도 장관은 총독이 승인을 받은 검사 표준품을 검사 사무소에 비치하고, 위 표준에 의하여 검사가 끝난 것에 등급을 부여하기로 하였다.

(8) 이상 외에 검사 청구의 방법, 검사 시행의 순서, 재검사, 검사에 대한 이의의 신청, 검사 증인(證印)이 있는 공 가마니(空叺)의 사용, 검사 증인(證印), 도명 기호 또는 소인(消印) 유사한 상표 기호, 기타의 표기의 금지, 벌칙 등에 관한 규정은 구 부령 또는 도령으로 정한 바와 동일하다.

이를 요약하면 이번의 미곡검사규칙 개정 및 대두검사규칙 개정의 취지는 검사에서의 쌀 및 대두 개량의 실적 및 검사 시행의 실황을 미뤄 보아 해당 부령 및 도령을 정리하고, 또한 그 유루(遺漏)를 보완함으로써 규정의 형식을 정비하고, 나아가 검사의 실질을 완전하게 하기 위해 검사의 범위를 확대하고 그 표준을 높여서 각 도에서의 검사를 통일하고, 이로써 쌀 및 대두의 품위(品位)의 향상을 높이고, 수이출 거래의 진보 발달을 기하며, 아울러 직접 또는 간접적인 쌀 및 대두의 품종, 품질, 건조 및 조리(調理)의 개량을 촉진하고자 하는 데에 있다.

〈자료 335〉 곡물 검사의 국영(小早川九郎 編著, 1959, 『補訂 朝鮮農業發達史－政策篇』, 友邦協會, 591–593쪽)

미곡의 상품성의 통일적 향상을 도모하기 위해 종래 지방비로써 시행되고 있던 미곡 검사는 1932년(昭和 7) 10월 1일부터 이것을 국영으로 옮기게 되었다. 9월에는 제령으로써 조선곡물검사령(朝鮮穀物檢査令)을 발포하고, 동시에 시행규칙 및 총독부 곡물검사소관제(穀物檢査所官制)가 공포되었다. 게다가 조선곡물검사령은 현미 및 백미 이외에 소맥(小麥)·대두·소두(小豆)·채두(菜豆)·완두(豌豆) 등도 일괄해서 검사하는 것으로, 종래처럼 미곡만을 검사의 대상으로 하는 것이 아니었다. 하지만 총독부가 발포한 다음의 내용에서 보이듯이 곡물 검사를 국영으로 하는 근본 이유로부터 고찰해 봐도 또 조선의 농산 사정으로부터 봐도 이 검사령은 미곡을 중핵으로 하는 것이었다.

〈현행 검사를 국영으로 하는 근본 이유〉

최근 조선미의 수출 수량은 연액 700만 석을 돌파하여 우리나라 미곡 문제의 중추가 되기에 이르렀다. 그런데 이것의 거래에 근본이 되는 검사제도는 현재에 있어서 각 도 구역마다 독립되었고, 그 행정구획을 검사 구역으로 함으로써 동일 생산 상태 혹은 동일 거래 계통의 것일지라도 다른 표준미(標準米)에 의해서 검사되어서 실제에 가깝지 않은 점이 많다. 거래상의 불편이 적지 않은 것과 검사상 다음의 결함이 있음으로써 이들을 시정하고 통일·타당한 검사를 하고자 하는 것이다.

1. 검사 수수료의 증수를 목적으로서 도 경계 부근에 검사소를 남설하고, 인접 도 생산미의 쟁탈에 부심하는 소위 호객검사(客引檢査)를 행해서, 스스로 검사 정도의 저하와 불통

일을 초래하고 조선미 불평의 원인을 만들었다.

2. 현행 제도하에서는 개항지에서 불량부정품을 발견했을 때 또는 수송의 도중 혹은 저장 중 피해를 입은 손상품을 발견했을 경우라고 할지라도, 다른 도의 검사품에 대해서는 이를 재검사하여 그 수출을 방지할 수 없었다.

이번에 이들의 폐해를 교정하고 나아가서는 거래의 원활을 기하기 위해 근본적으로 제도의 교정을 행하고 지방비 검사를 국영으로 이관하여 개항지를 중심으로 하는 검사 구역으로 변경하기로 했다. 또한 검사의 반사적 효과가 생산 개량에 미치는 영향의 심대함을 고찰하여 검사는 단지 개항지뿐만 아니라, 오지(娛地)의 주요 생산지에서도 이를 시행하는 것은 종래와 하등 변함이 없다.

미두(米豆)의 국영 검사는 이전부터 당업자 측에서 바라왔는데, 당국으로서도 그 필요가 인정되어서 이것의 실시 방침을 결정하였다. 1931년(昭和 6) 12월에 개최된 항례(恒例)에 의한 표준 미두 선정에 관한 각 도 곡물검사소장회의(穀物檢査所長會議)에서는 각지 곡물조합(穀物組合)의 수뇌부를 참가시켜서 식산국장(殖産局長)으로부터 곡물 검사의 국영을 1932년(昭和 7) 10월 1일부터 실시할 예정이라는 뜻을 언명받았다. 이것의 계획 실시상 여러 가지의 협의를 거듭하여 7월 다시 각 도 곡물검사소장회의를 개최해서, 시행한다고 하는 국영 검사의 개요를 설명함과 함께 시행상 필요한 준비 사항에 대해서 타합을 함으로써 검사의 국영 이관의 때에 사무에 지장이 없게 할 것을 기했다.

〈자료 336〉 곡물검사제도의 개요(小早川九郎 編著, 1959, 593-596쪽)

10월 1일부터 실시되기에 이른 곡물검사제도는 종래의 제도에 비교해서 특히 다른 점을 보면, 백미·현미·콩·소두·채두·완두 등의 곡물 검사를 일괄해서 행하기로 되었던 것은 물론이고, 전국을 통일해서 검사하기로 했다. 그 결과 검사 관할 구역이 종래는 행정 구획을 기준으로 했던 것을 폐지하고, 쌀의 생산 상태 및 거래 권역을 기준으로 해서 개항지를 중심으로 하는 다음의 6개 경제 구획으로 되었다. 본소는 경성에 두며 검사품에 날인하는 기호는 각각 그 구역을 소관으로 하는 지소의 것으로써 한다.

부산 지소 : 경상남도 및 경상북도 일대

목포 지소 : 전라남도 일대

군산 지소 : 전라북도 일대, 충청남도 중 경부선 조치원역·성환역 사이의 현 검사소 관내, 충청북도 중 경부선 조치원역·추풍령역 사이의 현 검사소 관내 및 보은·청산의 2군

인천 지소 : 충청남도 및 충청북도 중 군산 관내를 제외한 전부, 경기도 일대, 강원도의 동해안 지방을 제외한 전부, 황해도의 연안·해주 2군, 장단의 해안지방 및 경기선 신막역(新幕驛) 이남의 현 검사소 관내

진남포 지소 : 평안남도 및 평안북도 일대, 황해도 중 인천 관내를 제외한 전부

원산 지소 : 함경남도 및 함경북도 일대, 강원도의 해안지대

다음으로는 상표 등급에 대해서인데, 그 신구 양 제도의 관계는 대체로 다음과 같이 정리되어 있다.

부산 지소 : (현미) 1등부터 4등까지는 경상남도의 현재 표준과 같음, 5등은 현재의 4등부터 30전 이하, (대두) 경상남도의 현재 표준과 같음

목포 지소 : (현미) 1등부터 4등까지는 전라남도의 현재 표준과 같음, 5등은 4등부터 정미(正米)의 거래에서 30전 이하의 정도, (대두) 전라남도의 현재 표준과 같음

군산 지소 : (현미) 1등부터 4등까지는 전라북도의 현재 표준과 또 5등은 충청북도의 현재 4등과 같음, (대두) 충청남도의 현재 표준과 같음

인천 지소 : (현미) 1등부터 4등까지는 충청남도의 현재 표준과 또 5등은 황해도 일(日)의 출급(出級)이 현재 4등과 같음, (대두) 2등 이상은 강원도의 현재 표준과, 또 3등 이하는 경기도의 현재 표준과 같음

진남포 지소 : (현미) 1등부터 4등까지는 평안북도의 현재 구(龜)의 미(尾) 표준과, 또 5등은 황해도의 일의 출급의 현재 4등과 같음, (대두) 2등급 이상은 평안남도의 현재 표준과, 또 4등은 평안북도의 현재 표준과 같음

원산 지소 : (현미) 1등부터 4등까지는 평안북도의 구의 미 현재 표준과, 또 5등은 강원도의

현재 4등과 같음, (콩) 2등 이상은 함경남도의 현재, 또 3등 이하는 함경북도의 현재 표준과 같음

신제도에서는 또 특별 표기를 설정했다. 이것은 같은 지소의 같은 등급품에서도, 왕왕 가격에 차이 나는 것이 있기 때문에 종래에 있어서도 그것들에 특별의 표기를 하고, 거래상의 편의는 도모했었지만, 그것을 다시 명료히 통일하기로 했다. 즉 특별 표기를 하는 것은 구미(龜ノ尾)·육우(陸羽)132호·복방주(福坊主)·다마금(多摩錦)·은방주(銀坊主)·웅정(雄町)·대소립(大小粒)·재래종 등 가운데, 구미·다마금·육우132호·복방주·은방주를 전국 통일해 하나의 검사표준으로 하고, 웅정은 목포 검사지소, 대소립은 부산 검사지소, 재래종은 인천·진남포·원산의 3지소에서 이것을 행하기로 했던 것이다. 또 종래 백미·현미 및 소맥에 설정되어 있던 등외급은 이것을 폐지하고, 그 대신 이러한 불합격품도 조선 내에서는 자유롭게 이동하는 것을 인정하기로 했다.

곡물 검사의 국영은 이렇게 해서 실시되기에 이르렀는데, 그 실적이 매우 현저해서 1934년(昭和 9) 11월에는 빨라도 그 검사시행규칙의 일부를 개정하기까지 이르렀다. 즉 현미 중에 혼입하는 적미립(赤米粒) 수 제한의 정도를 높이고, 석발증인(石拔證印)을 석발대두(石拔大豆)에도 날인하기로 했고, 특별 표기에 관해서도 쌀에 있어서는 종래 대립 및 소립이었던 것을 중생신력종(中生神力種)·기내종(畿內種) 두 개의 특별 표기로 했다. 대두에도 새롭게 오알콘(オィアルコン)종·츠루노코종(鶴ノ子種)·금강종(金剛種)을 특별 표기에 더하기로 한 것 이외에 2, 3가지의 개정을 행했다.

이와 달리 벼 검사는 아직 실시되기까지에는 이르지 않았다. 그러나 조선 농촌의 실정을 보면, 그 생산했던 미곡의 매매는 거의 벼 그대로 이것을 하는 관습이 있다. 따라서 추수기 이후에 있어서 벼의 이동은 상당히 다량에 달하는 것임에도 불구하고 그 건조 조제는 매우 조잡하고, 또 그 포장·용량·중량 등 또한 구역마다 일정하지 않았기 때문에 거래상 다대의 불편을 느끼는 것은 말할 것까지도 없다. 따라서 농민이 입은 손실도 적지 않은 상태였기 때문에 이같은 결함을 교정하는 것은 단지 거래의 원활을 도모하는 이유뿐만 아니라, 농민의 이익을 옹호하고 또 산미개량(產米改良)의 효과를 결정적으로 하게 하는 부분에서 매우 긴요한 것이었다.

〈자료 337〉 곡물검사령시행규칙 개정(小早川九郎 編著, 1959, 597~598쪽)

총독부는 1935년(昭和 10) 8월, 곡물검사령시행규칙을 개정해서 10월 1일부터 이것을 실시했고, 벼에 대해서도 일반적으로 강력히 검사를 행하기로 했다. 그 시행 방법은 가능한 생산검사의 이상에 접근하게 하는 것에 힘쓴다(갑). 벼의 집산이 많은 장소에서 행하고, 게다가 그것은 강제로 하지 않고 종래 똑같이 희망검사로써 할 것(을)과 지정지로부터의 반출검사로써 하는 것 2종류였다. 환언하면 임의검사와 강제검사를 병행하는 것이다. 따라서 그 관계하는 사정도 상당히 복잡하기 때문에, 곡물검사령시행규칙의 개정이 발포되기에 앞서서 6월 조선농회는 미곡연구회와 함께 민간의 미곡 관계자를 회합해서 당국과의 사이에 벼 검사 시행에 관한 간담회를 개최하여 서로 의견 교환 및 요청 사항을 개진했다. 이렇게 해서 점차 실시로 옮겨진 벼 검사는 농회를 주요한 기관으로 하는 벼의 공동판매제도가 현저히 확충되는 결과도 초래했다. 그렇기 때문에 단지 이것을 상품성의 향상이라는 점만으로 관찰해도, 벼 검사 시행의 결과로서 (1) 벼의 건조 조제의 개량이 전면적으로 급속히 촉진 (2) 벼 거래의 원할 (3) 벼 가격의 향상 (4) 농민에게 공동판매의 이익을 인식시키고, 또 공동정신의 함양에 이바지 (5) 벼 검사 시행에 대한 의문 불식 (6) 검사가 끝난 소작 벼에 대해서는 지주가 소작인에게 상당의 보상을 하고, 공존공영의 실을 거두는 데 힘쓴 지방도 존재한다고 하는 것처럼 매우 순조로운 경과를 나타낼 수 있었다.

〈자료 338〉 가마니 검사(叺檢査)의 국영(小早川九郎 編著, 1959, 598쪽)

곡물의 반출 및 검사의 실시에 대해서 불가분의 관계에 있는 가마니에 대해서도, 그 검사의 필요가 인정되어서 기술한 것처럼 도 지방비로써 각 도 각각 이것을 실시해 왔다. 그런데 그 생산과 수요가 현저히 증가함에 따라서, 생산의 규격과 검사의 통일이 전국적으로 더더욱 필요하게 되었기 때문에, 1932년(昭和 7) 9월 부령으로써 가마니검사규칙을 발포하여 국비로써 검사를 전국적으로 통일했다. 이후 10월 1일부터 실시했고 그 사무는 곡물검사소에서 행하게 하기로 했다. 그 요지는 종래의 것과 큰 차이가 없고, 검사는 이것을 생산검사와 반출검사의 2종류로 나눴다. 생산검사에 있어서는 곡물용 가마니〔4두입〕·소금용 가마니·비료용 또는 곡물용 가마니〔3두입〕의 3종류에 대해서 각 그 표준 규격에 준거해서, 천위(天位)·지위(地位)·인위(人位) 3등급으로 나누고 이것에 각 검사 지소마다 소정의 검사증인을 날인했다. 반출검사에 있어서는 그 곤포(梱包)의 표준을 정해서 이것에 합격한 것에는 소정의 검사증인을 날인하고, 불합격품은 이것을 반출하지 못하게 했다.

〈자료 339〉 가마니 배급기관의 통제(小早川九郎 編著, 1959, 598–599쪽)

가마니 검사의 전국적 통일은 그 후 농촌진흥운동과 서로 호응하였다. 한편 조선질소비료주식회사처럼, 가마니의 집중적 대량 수요를 가진 회사의 설립과 비료의 이동이 점차 활발해지는 정세 속에서 가마니의 생산이 현저히 촉진되었다. 또한 가마니의 배급에 대해서도 종래처럼 소규모 조직으로써는 쉽게 이것에 응하기 어려운 점을 느끼기에 이르렀기 때문에 국영 검사를 계기로 해서 경기도에서 경기산업주식회사(京畿産業株式會社), 전라북도에서 전북승입주식회사(全北繩入株式會社), 경상북도에서 제일식산주식회사(第一殖産株式會社)처럼 각 도마다 각 1회사를 지정해서 이것에 취급을 맡길 방침을 채택하게 되었다. 원래부터 이 같은 영리회사에 통제를 맡기는 것이 과연 영세 농민의 이익 옹호로 될지 안 될지, 때로는 회사의 횡포로 되는 것도 있지만, 당면의 필요에 대처하는 하나의 수단인 것에는 틀림이 없다. 게다가 가마니의 수요는 해마다 증가하여 각 도 1회사의 할거적 상태로는 그 기능을 충분히 발휘하기 어려운 것이 인정되어서, 이것의 강력한 통제적 기관을 필요로 하기에 이르렀다. 1937년(昭和 12)에 들어서 이들 회사는 1929년(昭和 4)부터 이들의 연락기관으로서 존재해 왔던 조선승입협회(朝鮮繩入協會)를 강화하여 경성에 조선산업협회를 설치한 후 전국적으로 가마니의 생산·판매 통제를 하기로 했다. 가마니 검사의 국영은 이런 의미에서 가마니의 전국적 생산 및 판매 통제에 보조를 빠르게 하는 것을 가능하게 했다.

이렇게 해서 곡물검사제도는 점차 그 기능을 발휘해 왔던 것인데, 1936년도(昭和 11)에 있어서 현황을 보면 현미·백미·벼·소맥·대두·소두·채두 및 완두 8가지 종류의 검사 곡물 중 현미·백미·벼 및 대두는 13도 전부에 걸쳐서, 소맥은 전라북도의 일부와 경기도·충청북도·충청남도·경상북도·경상남도·황해도·평안남도·강원도 및 함경남도에서, 소두는 평안남도의 일부와 황해도·함경남도 및 함경북도에서, 채두는 함경남도 및 함경북도에서, 완두는 함경북도에서 검사를 시행했다. 이들의 업무는 총독부 곡물검사소 본점 및 지소 이외에 187개소의 출장소, 73개소의 주재소에서 담당하였고, 그 직원의 수는 기사(技師)·기수(技手)·고(雇)·조수(助手)·부수(副手) 등을 합쳐서 1,010명을 헤아린다. 그 검사 성적이 매우 현저해서 토사·기타의 협잡물의 혼입이 감소하였고, 내용 또는 중량 및 포장이 일정해짐으로써 조선산 곡물의 성가(聲價)를 끌어올리게 함과 함께 거래도 안전·확실히 행해져서 검사 개시 당초에 비하여 일본의 동격품(同格品)과의 가격 차이가 현저히 축소되기에 이르렀다. 그 사이 농민은 일단 건조 조제에 주의를 기울이게 됨과 함께, 현미 조제의 기운을 조장하는 효과도 얻게 되었다.

3. 전시체제기 식량 관리와 공출

1) 신문 기사 등을 통해 본 전시 식량 관리와 공출

(1) 개관 및 해제

1937년 일제는 중일전쟁을 도발하면서 전시총동원체제로 나아갔다. 그러나 식량문제에서는 1938년까지는 낙관적 전망을 가지고 있었다. 1930년대 이후 일본제국권 내의 식량문제는 오히려 '과잉미 대책'을 마련할 정도로 쌀 수급에서는 여유를 갖고 있었다. 그러나 1939년 조선 중남부와 일본 간사이 지방의 대가뭄을 계기로 식량문제는 군수 식량을 포함해 일본제국권 전체의 절대적 식량 부족의 문제로 다시 전환되었다. 이에 1939년부터 미곡에 대한 유통통제(供出)와 소비 통제(配給) 방침이 마련되었다.

미곡통제가 법령의 뒷받침하에 전개되기 시작한 것은 '조선미곡배급조정령'(1939.12.27)에 의해서였다. 이것은 유통기구 통제를 위한 조선미곡시장주식회사 설립과 서로 어울려 쌀의 이동 조정과 가격에 대한 법적 조치〔공정가격제〕로서 이를 통해 조선 쌀은 국가관리체제로 들어가게 되었다. 그에 따른 본격적인 식량 유통 통제는 1941미곡연도(1940.11~1941.10)부터 시행되었다. 1941·1942년의 미곡통제는 그 대상을 '과잉 지역의 과잉 수량'으로 한다는 원칙하에 잉여 수량 우선의 공출을 조장한다는 것이었다.

이후 증산정책이 파탄에 이르자 유통·소비 통제는 더욱 강도 높게 시행되었다. 1943미곡연도는 '자가보유미제도'가 도입되어 이전까지의 '과잉 지역의 과잉 수량'을 대상으로 한다는 통제 원칙이 '전 농민(全農民)의 과잉 수량'을 대상으로 한다는 원칙으로 확대·발전되었다. 또한 '부락책임공출제'라는 새로운 제도가 도입되었다. 이것은 공출 할당량이 개별 농가의 책임이 아니라 부락민 전체의 연대 책임이 되어 부락〔마을〕이라는 조직을 통해 농민 자신에 의한 농민의 통제를 의도한, 극히 교묘한 농민 통제 수단이었다. 1943년 8월 조선에서도 식량 통제기구를 강화하고 식량의 준전매제도라고 할 수 있는 식량의 국가관리체제를 확립하는 조치가 강구되어 '조선식량관리령'(제령 제44호, 1943.8.9)이 공포되었다.

식량의 강제 유통인 공출을 강화·촉진하기 위해 1943년 산미에 대해 공출 사전할당제가,

1944년 산미에 대해서는 그와 함께 농업생산책임제와 '보장제(報奬制)'가 실시되었다. 1943년 이후 생산량에 대한 공출량 비율이 상당히 증가했다는 사실은 공출의 사전할당제와 생산책임제가 수탈적인 공출 강화책이었음을 보여 준다. 한편 조선총독부는 사전할당제, 농업생산책임제 실시와 함께 식량증산과 공출의 극대화를 위해 공출 가격 인상이라는 '당근책'을 제시했다. 또한 공출 유인책으로 공출 성적이 좋은 농가 및 부락에 생필품과 비료·농기구 등을 우선 배급했다. 그러나 자발적인 공출을 유도하기 위해 실시한 공출 가격 인상과 보급금·보장금제도는 공출 할당량 자체가 생산량에 비해 훨씬 많았으므로 실효성이 없었고, 특배(特配)나 우선배급제도 역시 제대로 시행되지 않거나 공출 강제를 위한 도구로 사용되었다.

식량 공출은 농민들의 재생산마저도 불가능하게 할 정도의 수탈성을 여지없이 드러내며 전개되었다. 대다수 농민들은 무리한 공출 할당량에 모든 방법을 동원하여 저항했다. 과대 공출 할당은 농민들의 공출 기피와 저항을 초래했고 이에 대해 총독부는 경찰과 관공리들을 동원하여 가택 수색을 하여 적발해 내었다. 이 과정에서 염농(厭農)·반관(反官)·반전(反戰) 사상이 만연했다. 미곡 공출 문제는 더이상 경제문제가 아니라 치안문제로 비화되고 있었다.

이러한 전시체제하 식량 공출의 전개 과정과 실상, 조선 농민들의 반응과 대응 양상을 신문과 조선총독부 경찰의 정보보고를 통해 살펴보았다. 전시체제기 신문은 총독부가 1940년 8월 《동아일보》, 《조선일보》 등의 민간 신문을 폐간시키고 언론·출판 및 정보 통제를 위해 관제신문으로서 《매일신보》[115]와 《경성일보》(일본어판)만을 발행토록 했다. 따라서 내용에 한계가 많지만 시대상의 변화와 흐름을 파악하는 데는 중요한 자료라고 생각된다.

한편 총독부는 1938년 11월 3일 경무국 경무과 내에 '통제경제의 운영, 특히 물가 단속과 물자 조정만을 전담하는 경찰'로서 경제경찰을 설치했다. 경제경찰은 경제 통제 관련 법규 위반, 암거래 등의 소위 '경제사범'을 검거했지만, 각 지역의 경제 상황·내사 정보 등을 보고

115 《每日申報(每日新報)》는 일제 통치 36년간 중단되지 않고 계속 발행된 유일한 한국어 신문이다. 《매일신보》가 조선인 민간지가 발행되지 못하던 1910년대와 1940년대에도 계속 발행될 수 있었던 이유는 총독부 기관지로서 일제의 식민정책을 선전하고 대변하는 역할을 충실히 수행했기 때문이다. 《매일신보》는 1910년 8월 30일부터 《大韓每日申報》의 '大韓' 두 자를 떼어 《每日申報》라는 제호로 발행되었다. 《매일신보》는 1938년 京城日報社 독립하여 제호를 《每日新報》로 전환하여 발행되었다. 해방 후에는 1945년 11월 23일 제호를 《서울신문》으로 바꾸었다(한국역사정보통합시스템(http://kh2.koreanhistory.or.kr). 「한국근현대신문자료」의 신문 해제).

받고 이를 분석·정리하는 임무도 수행했다.

《정보주간전망(情報週間展望)》은 경무국 경제경찰과가 1941년 3월부터 1942년 3월까지 편찬한 주간지이다(국가기록원 조선총독부 기록물철). 각 도(道)는 그 지역의 경제 상황을 조선총독부 경무국에 보고했고, 조선총독부 경무국 경제경찰과는 이를 취합하고 정리해 《정보주간전망》을 펴냈다. 《정보주간전망》은 1941년 3월 15일 제1집을 시작으로 매주(每週) 발간되었는데, 현재 국가기록원 기록물철에는 제1집부터 제44집(1942.3.17)까지 편철되어 있다. 내용은 일반 정황, 물자 수급, 금융 상황, 상황(商況) 관계, 물가 관계, 배급 관계, 상공업조직 관계, 지도단속 관계, 업계와 일반 민중의 소리, 잡보 등 경제 전반에 대한 내용으로 이루어져 있다.[116] 각 도로부터의 보고를 기초로 했기 때문에 각 지역의 생생한 상황, 물자 수급관계뿐만 아니라 일반 민중의 전시통제경제에 대한 인식을 알 수 있는 점에서 1940년대 이후 조선 경제와 민심을 살펴보는 매우 유용한 자료이다.

《경제치안일보》, 《경제치안주보》는 1942년부터 역시 경무국 경제경찰과가 발행한 것이다. 《경제치안일보》는 전시 시국이 긴박해짐에 따라 경제치안의 상황을 신속하게 파악해 적절한 대책을 세우기 위하여 매주 1회 발행해 왔던 《정보주간전망》을 《경제치안일보》로 개편한 것이다. 《경제치안일보》는 1집부터 44집까지는 일보(日報)였으나 제45집부터는 《경제치안주보》라는 이름으로 개제(改題)하여 발행되었다. 현재 국가기록원 기록물철에는 《경제치안일보》 제1집부터 제29집까지, 《경제치안주보》 제45집부터 제85집까지 편철되어 있다. 이 기록물철은 전시체제하에서의 각종 경제문제에 관한 경무국의 내부 정보 활동에 근거하여 발행했기 때문에 일반 간행물에서는 보기 어려운 통계 수치와 정보들을 수록하고 있다는 점에서 역사적인 가치가 있다. 《경제치안일보》의 주요 내용으로는 첫째, 전시하 경제계의 특이 동향 둘째, 일반 경제 치안 상황 등을 중심으로 기술했고 전시하 경제계의 특이 동향에는 경제 단체의 동정, 전시 금융의 동향, 전시하 국민의 경제 동향, 물자 수급 상황, 유언비어의 상황 등의 내용을 기록하고 있고 일반 경제치안 상황에는 금융 관계, 생산 배급 관계, 상공 조직 관계, 상공단체의 동정, 지도 취체 관계, 잡보 등의 내용을 기록하고 있다. 《경제치안주보》의 주

116 국가기록원/조선총독부기록물/기록물철 정보주간전망 해제 http://theme.archives.go.kr/next/government/popDescription.do?id=0001564762&type=1

요 내용은《경제치안일보》와 크게 다르지는 않다. 생산 배급 관계, 금융 관계, 상공 조직 관계, 경제단체의 동정, 긴급식량 대책의 실시, 남방무역 관계, 지도 취체 관계, 국(局) 연락 사항, 내지정보, 만주 정보, 잡보 등의 내용을 기록하고 있다.[117]

《정보주간전망》, 《경제치안일보》, 《경제치안주보》는 조선총독부 경찰이 편찬한 자료이지만 흉흉한 민심에 대한 탐문을 통해 확보한 정보가 가감없이 실려 있기 때문에 언론 통제하에서 언론이나 다른 자료에서는 볼 수 없는 조선의 실상을 살펴볼 수 있다. 본 자료집에서는 이 자료에 포함되어 있는 식량 공출 관련 내용, 그에 대한 민심을 살펴볼 수 있는 내용을 정리했다.

(2) 신문 기사에 비춰진 식량 관리와 공출

〈자료 340〉 신체제의 쌀 문답, 미곡 조선의 중요성, 먼저 식량 사정을 알라(매일신보, 1940.11.14, 3면 1단)

그러면 금년 추수되는 쌀은 어떻게 배급이 되며 어떻게 정부에서 관리하게 되는가? 또는 자기 손에서 추수한 것을 얼마 정도 갖다 먹을 수 있나? 하는 '쌀의 이야기'를 '신체제하의 쌀의 문답'이란 제목으로 관계 방면으로부터 들어 보기로 하는데 오늘 특히 '쌀의 아버지'라고 할 만큼 쌀 문제에는 제일인자인 총독부 유무라(湯村) 농림국장으로부터 대답을 듣기로 한다.

【문】제일 궁금한 것은 앞으로 쌀 걱정을 하게 될 것인가? 문제인데 그것보다도 소위 식량 사정은 어떠하며 정부에서는 얼마나 사들이는가? 또 일반의 배급기구는 어떠한지 근본 방침을 말해 주시지요.

【답】금년도(11월 1일부터 내년 1월 말까지) 식량 대책은 지난달 14일에 발표한 대로 결정되었다. 오노(大野) 정무총감도 말씀한 것과 같이 작년의 큰 가뭄은 우리나라 식량문제에 크나큰 곤란과 위대한 시련을 주었다. 그러나 이 난국을 우리는 온갖 정성을 다하여 극복한 것을 생각하면 눈물겨운 사실이 한두 가지가 아니다.

---

117 국가기록원/조선총독부기록물/기록물철 경제치안일보 해제 http://theme.archives.go.kr/next/government/popDescription.do?id=0001564717&type=1

그리고 금년의 연사는 평년만은 못하다고 하여도 작년에 비하면 엄청나게 좋아졌다. 우리는 벌써 날마다 햅쌀을 먹게 되었는데 배급도 작년의 훈련으로 그다지 괴롭지 않고 일반적으로 분량의 부족을 느끼면서도 소비를 규모 있게 하고 절미를 잘하고 있으니까 문제는 없을 것이다. 우리는 이러한 긴장된 정신을 가지고 희생적으로라도 절미하는 실천력을 발휘하여 식량난을 타개함에 한층 더 노력하지 않으면 안 될 것이다.

조선의 식량문제는 조선만의 식량문제는 아니다. 말하자면 동아공영권(東亞共榮圈)의 식량문제로 생각해야 하고 조선은 이 공영권 내에서도 우수한 미곡 생산지라는 것을 스스로 깨닫고 전체의 식량정책에 공헌하지 않으면 안 된다.

내지에서는 농가에서 소비할 자가용 쌀을 제외하고 기타는 그 전부를 국가에서 관리하는 방법을 취하고 있다. 그래서 우리 조선에서는 우선 쌀과 잡곡의 조선 내 소비량과 수이출량을 비교해 보아서 적절한 안분(按分)을 하자고 하여 우선 조선에서 일반에게 배급하여 소비할 쌀과 내지, 기타 각지로 내보낼 쌀의 수량을 결정한 후 총독부의 명령으로 사들이든지 혹은 강제로 보관하도록 하였다. 이것이 말하는바 관리미라는 것이다. 조선 13도 중에는 도내 식량을 공급하고도 남는 도가 있고 부족한 도도 있으므로 남는 도에서는 부족한 도로 공급하게 하여 유무상통(有無相通)의 미덕을 발휘하기로 하였다. 그리고 도에 따라서는 이와 같이 유무상통을 하고도 남는 도가 있을 모양인데 이러한 경우에는 필요량 외 관리미로 공급한 외의 미곡은 자유로 판매할 수도 있는 것이다. 그러나 출하를 강제하지 않는다고 무턱대고 자기 집에서 소비해 버려서는 안 된다. 그러므로 어른 한 사람의 하루 소비량은 금년에도 역시 작년과 같은 것이므로 남는 것을 감추어 두어서는 안 된다. 다음으로 쌀을 모아들이는 방법을 말하면 이러하다. 즉 공출명령을 본부로부터 받은 도에서는 농회, 기타 산업단체의 원조를 받아 가지고 국민총력부락연맹을 단위로 공출필행회(供出必行會)를 조직하게 하여 협화정신하에 자발적으로 공출한다. 이렇게 공출된 양곡은 어디서 사들이는가 하면 도를 단위로 조직된 도 양곡조합의 손으로 일원적 집하를 하게 된다.

이것이 다시 조선양곡중앙배급조합의 손으로 총집합을 하게 되는데 도 양곡조합은 이번에 새로 조직하고 중앙배급조합은 당분간 조선미곡시장회사에서 대행하게 한다. 배급체계는 도 사이에서는 도 배급조합끼리 하고 도내에서는 도지사의 명령으로 부·군·도 배급조합을 통하여 일반에게 이르게 된다. 다음으로 주목을 끌게 된 것은 금년에는 얼마만큼의 쌀이 내지와 대륙 방면으로 나가게 되고 얼마나 한 잡곡이 조선으로 들어오는 것인가도 문제이다. 저번에 이노(井野) 농림차관이 만주를 거쳐 조선에 왔을 때에도 세상의 주목은 상당이 컸다. 그때도 말한 바와 같이 내지의 금년 농사는 신통하지 못하고 조선으로부터 상당한 공급을 받지 않으면 안 될 형편이어서 우리는 얼마를 주고 그 대신 잡곡으로 얼마를 받아들인다는 이러한 셈을 따지는 태도를 버리고 우선 동아공영권을 설립하는 데 필요한 식량을 서로서로 나누어 쓴다는 내선일체의 아름다운 정신 아래에 힘이 자라는 데까지 조선에서는 내지로 미곡을 보내고 만주에서는 조선으로 잡곡을 공급하기로 언약하였다. 금년도의 소비는 어느 정도로 할 것인가? 혼식하는 비율은 어떠한 정도인가 하고 일반은 햅쌀에 입맛을 붙이는 모양인데 금년은 작년에 비하여 연사가 조금 나아졌다고 헤프게 먹어서는 안 된다. 원래 포식난의(飽食暖衣)가 좋지 않은 생각이요 검소한 생활을 효과 있게 하는 것이 기특한 풍속이라는 것을 한번 다시 생각해야 한다. 이번에는 각지에 유력자로써 절미장려위원회를 조직시키고 총력연맹과 협력하여 대용식과 혼식의 상습화를 도모하고 엄격하게 소비 규정을 실현하게 할 생각이다. 혼식률은 종전대로 미곡 반 잡곡 반이다. 그러나 지방 실정과 그때그때의 사정에 따라서 약간 혼식을 변경할 수도 있는 것이니 이따위 숫자적 ■■보다도 먼저 필요한 것은 절약을 철저히 하자는 정신이다. 요컨대 금년 식량 대책을 수립한 근본 조건은 국민식량의 수급 조정, 국민생활의 안정적 군수 확보의 세 가지 큰 목표를 달성하자는 것이다. (계속)

〈자료 341〉 절미(節米)와 미곡 공출, 지시대로 철저 장려하라, 총력강원도연맹, 각 군에 비격(飛檄)(매일신보, 1940.11.21, 3면 1단)

【춘천】 작년 미증유의 대한해로 인하여 식량에 큰 곤란을 겪게 된 강원도에서는 금년에도 기후 불순으로 평년작 이하에 떨어져 내년 수확기까지의 식량 사정은 실로 걱정되는 바라 하겠는데 이제 국민총력강원도연맹에서는 비상한 결의로써 식량정책을 타개해 나가지 않으면 안 된다 하여 18일 부 연맹 현(現) 사장 명의로 각 군에 절미와 미곡공출운동에 대한 격(檄)을 날리었다고 한다. 즉 이역만리에서 침식을 잊고 목숨을 바쳐 용전분투(勇戰奮鬪)하고 있는 출정 장병의 노고를 생각한다면 1일 2식도 민망한 만큼 일반 민중은 당국의 식량정책에 순응하여 한층 절미에 힘쓸 것은 물론 미곡 공출에 대하여 인보상조(隣保相助), 유무상통의 정신으로써 당국의 방침을 받들도록 하라는 것인데 앞으로 전개될 절미운동의 구체적 방책을 보면

다음과 같다.

1. 운동의 방침

본 운동은 도시와 생산지를 통틀어 실시하되 특히 후자에 대하여 중점을 두도록 할 것.

2. 한 끼에 한 수저(匙米) 장려

저축 장려의 견지뿐만 아니라 절미의 견지로 보더라도 이 기회 한 끼에 한 수저의 장려를 하도록 할 것.

3. 대용식일(代用食日)의 설정

월 3회 대용식일을 설정하여 10일, 20일, 30일로써 이에 충당하고 각 가정은 물론 기타 일반에 해당 일의 주식에 쌀을 사용하지 말도록 할 것(종래 실시해 온 15일의 대용식일은 변경함).

4. 농가 자가용미 도정도(搗精度)의 저하

자가용미를 불완전한 이동식 소형 발동기 또는 수차 등에 의하여 도정할 때에는 완전 정백(精白)에 가까운 백미로 되어 절미의 효과를 기하기 어려우므로 되도록 사용을 금지함과 함께 도정도의 저하를 도모하여 절미의 목적 달성할 것.

5. 절미 실행의 추진

국민총력추진대 및 청년단총력추진부를 독려하여 당국의 지도에 따라 각 가정에 절미의 철저를 기하게 할 것.

6. 학교연맹의 추진

각 학교연맹에서는 생도 아동을 통하여 각 가정에 절미 취지의 철저를 도모할 것.

7. 1평 재배 또는 경작의 장려

각 가정에 이를 장려하되 종자는 알선 또는 무가(無價) 배포의 방도를 강구할 것.

8. 미곡 공출의 장려

인보상조, 유무상통의 정신에 의해 부락연맹에서 각 애국반원에 미곡 공출 실행의 협의를 하게 하여 목적 수행에 지장이 없도록 할 것.

9. 선전

1) 시일(市日) 등에 지지거(紙芝居, 종이광대) 실시

2) 좌담회 개최

3) 영화 상설관의 선전

4) 신문, 라디오 등과 협력

〈자료 342〉 공출미가의 선제저금(先除貯金), 강제적 장려는 회피, 농가의 실정을 충분히 참작, 유무라(湯村) 농림국장 담(매일신보, 1941.02.18, 3면 1단)

내외지의 식량문제 해결에 크게 한몫을 보는 조선 각 농촌의 공출미는 각 애국반의 활동으로 활발하게 나오고 있으며 이것을 사들이는 미곡 자금도 3억 원대를 돌파하고 있으며 그만큼 각 농촌에는 상당히 많은 돈이 돌고 있다. 그러나 이렇게 많은 돈이 드는 것을 기회로 하여 총독부에서는 적극적으로 저축을 장려하고 있어서 5억 원 저축으로 총진군을 명령하고 있는데 특히 쌀값의 1할은 의무적으로 저금을 하는 것에 대해 일부 농촌에서는 여러 가지 말이 많은데 이에 대하여 총독부 유무라(湯村) 농림국장은 다음과 같이 말한 바 있었다.

"공출미는 각 농촌의 열성으로 상당히 많은 수량이 나오고 있으므로 우리 당국으로서는 든든한 생각을 가지고 있으며 그만큼 식량문제 해결에 협력해 주는 것으로 고맙게 생각하고 있다. 그리고 여기에 대하여 많은 돈이 지불되고 있으며 5억 저축의 목적을 달성하기 위하여 1할 선금 저축을 하고 있으나 이것은 총독부 방침에 의한 것이고 총우봉공(寵遇奉公)의 한 가지로의 목적으로 이것을 실시하지 않아서는 안 될 것이다. 그러나 1할을 삭감당하면서 농가 경제에 큰 지장이 생기고 많은 영향이 있다면 그만한 실정은 참작해서 다소 융통성 있게 저축을 장려하지 않아서는 안 될 것이다. 그러므로 이 저축을 장려하는 각 지방 제일선의 관계자들은 농가의 형편과 사정을 잘 살펴야 할 것이며 절대로 강제적으로 장려해서는 안 될 성질의 것이라고 생각할 수도 있다. 그러나 다시 돌이켜서 생각하면 쌀 판 돈의 1할을 마저 제하고 받는다는 것은 결국 저축봉공이며 국책에 협력한다는 것이며 중소 상공업자가 국책에 의하여 실업하지 않아서는 안 될 딱한 처지를 생각한다면 훨씬 이보다 낫다는 점에서 1할 선제저금에 오해가 없기를 바라는 바이다."

〈자료 343〉 미곡 공출을 강화, 매인당(每人當) 연 1석을 공제(매일신보, 1941.09.24, 3면 2단)

【함남지사 발】 함경남도에서는 수확기를 앞두고 미곡 공출의 만전을 기하여 도에서 또 각 부군에서 각각 공출협의회를 열었는데 금년에도 이 공출을 더욱 강화하여 한 알이라도 통

제 밖으로 벗어나지 못하게 한다. 지난 22일부터 각 군에서 시행한 평예(坪刈)[118]에 의하여 실수를 산출한 다음에는 미작 농가에 한하여 자가 소비 양식으로 1명당 연 정조 1석, 종곡으로 단당 5승씩 공제하고는 전부 공출시키기로 방침이 결정되었다.

〈자료 344〉 이중 배급을 시정 – 경북서 미곡 공출 강화(매일신보, 1942.03.27, 3면 4단)

【경북지사 발】 현재 국내의 식량 사정에 비추어 총독부에서는 전폭적으로 협력하여 제국 전체의 식량 안정을 기하고자 식량의 공출과 절약을 한층 강화하기로 결정하고 그 구제책을 연구 중이었는데 이제 대체로 성안을 보았음으로 오는 4월부터는 실시를 보게 될 것이 예상되고 있는데 이에 곡창 경북이 짊어지고 있는 사명은 더욱 증대한 바 있음으로 도에서는 도민의 식량을 만주 좁쌀을 비롯하여 기타 외지의 쌀을 수입해서 충당하기로 하고 내지로 공출할 비상시 식량의 예정 수량을 확보하고자 절미운동을 훨씬 강화시킬 방침이다.

그리고 식량의 배급과 조정에 중심점을 두고 소비의 합리화를 계획하고자 각 공장 식당 등에 특별 배급하는 것과 일반에 배급하는 쌀의 이중 배급을 시정, 즉 상시로 식당을 이용하는 자에게는 쌀 배급을 중지하여 식량의 합리적 배급을 기하기로 되었다.

〈자료 345〉 소맥 공출 협의, 13일 황해도서 개최(매일신보, 1942.07.19, 4면 5단)

【황해지사 발】 황해도 내에서 소맥 공출의 완수를 기함과 함께 이에 매입에 만전을 기하고자 도 농무과에서는 황해도 양곡회사소■(糧穀會社所■) 도내 각 군 지정 매부인(買付人)을 소집하여 소맥 공출에 대한 협의회를 13일 오후 1시부터 도청 구내(構內)에 있는 부용당에서 개최하였다. 도(道)로서 나가이(長) 산업부장을 비롯하여 이와다(岩田) 농무과장 이하 각 관계 직원의 임석과 미창 마루보시(丸星), 조선미곡시장회사 등도 대표로 참석하여 도 방침에 근거한 소맥 조급 매상의 구체 방법에 대해 협의하는 동시에 또는 매상 금액에 대해 1할 선제 저금을 행하게 하며 또 이에 대해서는 ■채권(■債券)으로써 교부할 것 등을 지시, 협의한 후 오후 4시경 산회하였다 한다.

118 한 평의 곡식을 거두어 본 뒤 전체 수확량을 산출하는 것.

〈자료 346〉 식량 배급 조정코자 자가도정을 엄금, 강원서 미곡 출하 종료기까지(매일신보, 1942.10.23, 4면 1단)

【강원지사 발】 춘천에서는 식량의 소비 규정을 강화하기 위하여 수차의 사용 금지령을 내리게 되었다. 요즘 관내 각 읍면에서는 수차를 사용하여 생산한 벼를 낮밤 겸행으로 도정하는 경향이 있다는 것으로 이를 그대로 내버려 둔다면 식량의 배급 조정상 큰 영향을 미치게 될 것이라 하여 물방아, 발방아, 절구 등으로 도정하는 자는 엄중 단속하는 동시에 수차는 미곡의 출하가 끝날 때까지 전부 봉인하여 사용을 금지하도록 하라고 21일부 군수, 경찰서장 명의로 각 읍·면장, 주재소 수석에게 엄중 통첩하게 되었다.

〈자료 347〉 미곡 공출에 협력, 자가도정, 암거래에 주의하라(매일신보, 1942.11.13, 4면 9단)

【연백】 연백군 농회에서는 미곡에 증산과 군 내 식량 대책의 수지를 철저히 하려고 각 기관 총동원하에 긴밀한 지도를 해 오던 중 더욱이 이즈음은 전반적으로 타조(打租)가 시작되어 공동판매장에 신곡 공출이 시작됨에 즈음하여 각 농가에서는 군·읍·면 당국에 순응하여 공출 계획에 협력하기를 바라며 자가도정과 암거래, 밀매매를 단연코 염두에도 말라고 부르짖고 있다. 간혹 군경(郡警)의 지시를 무시하고 부정행위를 감행한 자가 폭로될 시는 전시하 엄중한 법규에 의하여 처벌하리라고 일반은 큰 주의와 자숙을 해야 된다고 한다.

〈자료 348〉 건조 조제를 독려, 가평군농회서 미곡 공출자에 주의(매일신보, 1942.11.15, 4면 7단)

【가평】 ■■공출기를 눈앞에 두고 고바라(幸原) 군수, 다마루(田丸) 과장은 자가도정과 암거래, 밀매매의 근절을 기하고자 솔선궁행(率先躬行) 농가에 다니며 공출 독려에 대박차를 가하고 있는데 특히 공출자로 하여금 다음 기재 사항을 유의, 엄수하여 노력, 장려를 바란다 한다. 신곡 공출 때에 검사관이 검사한 결과 건조 불충분한 때에는 1가마니 65전 감소, 오래된 가마니로 분실성이 많은 때에는 1가마니 25전 감소로 차감하여 공출자에는 막대한 손해가 돌아오니 건조 조제에 만전을 기하도록 바란다 한다. 신곡 쌀가마니당[90근 가마니] 생산자 수취 가격 다음과 같음.

(표)

은방주	3등	10원 73	가평면
동	3등	10원 76	외서면
동	3등	10원 3	상하면
동	3등	10원 26	북면

1등은 기준(3등) 가액에서 30전 상
2등은 기준(3등) 가액에서 15전 상
3등 외 상(上)은 기준(3등) 가액에서 45전 하
4등 외 하(下)는 기준(3등) 가액에서 100전 하

〈자료 349〉 미곡 공출 우량 부락엔 각종 물품 특배(特配)한다, 우스이(碓井) 황해지사 도내 순시귀임 담(매일신보, 1943.01.26, 4면 1단)

【황해지사 발】 요즈음 관하 순시 겸 양곡 공출의 독려, 조사를 마치고 오는 18년도 예산 편성, 기타에 관하여 분망 중인 우스이(碓井) 도지사를 23일 오전 10시 반경 지사실로 찾아서 23개의 문제를 화제로 하여 그의 의견을 물으니 그는 아래와 같이 이야기한다.

(중략)

문 : 양곡 공출에 있어 지사를 비롯하여 도 간부가 전력을 다하여 독려 지도하고 있는 모양인데 이제까지의 공출 성적은 어떠한가.

답 : 쌀은 목표 수량의 8할가량임으로 오래 지나지 않아 목표 수량을 달성할 수 있겠으며 잡곡은 아직 이 수에 달성하지 못한다. 그런데 농민들이 시국을 잘 인식하고 있으며 당국을 신뢰하고 공출하고 있으나 더한층 분발하여 잡곡을 공출하였으면 한다. 그러고 금일 오후부터 각지에서 독려하고 돌아온 관계 직원들을 소집하여 공출에 대하여 세부에 걸쳐서 청취한 후 이에 대책을 강구하여 소기 목적 완수에 노력하려 한다. 그리고 늦어도 오는 2월 5일경까지는 이를 종료하려 한다. 또 공출 계속 성적이 좋지 못한 군에는 한층 지도를 가하게 하고 있으며 또 그 반면으로 우량한 부락의 농민에게는 감사의 뜻으로써 각종의 물품을 특배하려 한다.

문 : 신년도의 신규 사업에 대하여 한 가지 -

답 : 생각하고 있으나 예산 관계로 이에 대해서는 아직 말할 수 없다. 대체로 보아 생산 확

충과 청년특별연성 등의 2문제가 중점이 되어 있음은 당연한 것이다. 이에 구체적 실행안은 예산 편성 후에 발표하려 하며 이에 대하여 여러 가지는 강구하고 있다 운운.

〈자료 350〉 미곡 공출 독려전, 양주군 은현면서 공직자대회 열고(매일신보, 1943.01.30, 4면 1단)

【덕정】 양주군 은현면에서는 미곡 공출에 만전을 도모하고자 지난 28일 오후 1시 면 회의실에서 부락연맹이사장 19인, 애국반장 52인, 면협의회원 8인, 경방단원 다수와 지주, 마름(舍音) 62인을 소집하고 군 후카쓰(深津) 속, 덕정경찰관주재소 기요후지(清藤) 수석, 은현국민학교 오무라(大村) 교장 이하 관공서원 임석하에 공직자대회를 개최하였는데 회순에 의하여 먼저 국민의례가 있은 후 니시하라(西原) 면장으로부터 전시하 식량 확보가 국민 의무의 중요성임을 논조하고 훈화와 지시가 있은 다음 기요후지 수석의 강화와 부락연맹이사장의 논의가 끝난 후 출석했던 공직자 전부와 지주, 마름 등 미곡 공출 책임 완료하지 못한 자는 현장에서 책임공출서약서를 제출하고 나가서 각 애국반에 책임공출량 달성 방법을 토의한 후 오후 5시 반 산회하였다.

〈자료 351〉 식량 절약도 전투다. 시장한 것쯤 참자! 공출 주저, 암취인은 비국민(非國民)의 행위(매일신보, 1943.02.07, 3면 4단)

▲ 특히 조선에 있어서 소비 규정의 철저를 필요로 하여야 할 이유

기왕의 조선 식량 사정은 내지에 비하여 다소 여유가 있었는데 작년에는 큰 한재와 수해를 겪었다. 특히 곡창이라고 하는 남선 지방이 전에 없던 한재로 말미암아 보리농사와 벼농사는 물론 밭곡식까지 크게 감수(減收)되었기 때문에 앞으로는 비상한 각오를 가지고 나아가지 않으면 안 되게 되었다. 지난 1939년(昭和 14)에도 조선은 큰 한재로 말미암아 처음에는 모를 내지 못한 곳이 많았었다. 그런데 이 뒤로 계속해서 조금씩 비가 왔기 때문에 겨우 늦게나마 모를 내어 어느 정도 수확이 있었고 밭곡식은 풍작이었다. 그러나 당시는 작년에 비해 상당히 많은 저장미가 있었을뿐더러 만주의 잡곡과 쌀도 많이 수입되었기 때문에 식량 사정에 그리 절박한 상태까지는 안 갔었다. 그런데 작년은 보리가 한창 익을 때에 때마침 비가 많이 왔기 때문에 보리농사에서 상당히 많은 감수가 있었고 모낼 때에 큰 한재가 계속되었으므로

벼농사와 밭곡식은 많이 감수되었다. 이 때문에 조선에서 식량이 약 700만 석이나 부족하게 되었다. 그런데 만주와 북지(北支)의 잡곡도 그곳의 흉년으로 말미암아 수입하기가 곤란하게 되고 남방 각지의 외미도 태국에 오랫동안 홍수가 계속되어 전장에의 군수 수송을 하게 되었기 때문에 선박의 부족, 기타 사정으로 수입을 기대할 수 없는 상태이다. 내지에서도 작년은 상당히 풍작인 모양이나 저장미가 감소하고 소비량이 자연히 증가한 것 등의 사정으로 아직 상당한 양이 부족함으로 조선 내에 이입할 수는 없는 상태이다. 이와 같은 사정을 모두 종합하여 생각하면 1943(昭和 18)미곡연도의 식량 사정은 참으로 용이하지 않은 상태로서 2,400만 반원이 최대의 소비절약을 하고 서로 양보하여 굶는 동포가 나지 않도록 하지 않으면 안 된다.

▲ 식량의 공출을 주저하지 말 것

양곡의 공출은 식량정책을 완전히 운영하는 데 절대로 필요함과 동시에 농민이 국가에 대해서는 숭고한 봉공이며 특히 1943(昭和18)미곡연도에서 급박한 식량 사정을 극복하는 가장 필요한 수단이므로 동포를 굶기지 않는다는 도의심에서라도 감춘다든가 공출하기를 싫어하는 등 반도의 적, 비국민적인 행위를 하여서는 안 된다.

▲ 식량의 배급에 관해서도 부정행위를 하지 말 것

식량의 배급을 적정 공평히 하는 것은 전시하 국민생활의 안정을 확보하는 데 그 중심이 될 뿐만 아니라 급박한 식량 사정 아래 굶는 사람이 없게 하기 위해서도 극히 필요한 것이므로 직접 배급에 당하는 자는 공평한 취급을 한 것은 물론 일반 대중도 여러 가지로 부정행위를 하여 이중배급을 받는다든가 암거래를 한다든가 비밀히 출입을 하여 자기 보위의 배급 거래를 책동하는 거 같은 일은 우리나라의 전력을 떨어뜨리고 동포 생활의 안정을 저해하는 도의 위반의 악질 행위임으로 절대로 삼가지 않으면 안 된다.

〈자료 352〉 미곡 사전할당과 농민의 협력, 지주, 작인 적극 협력, 책임량 공출에 전력을 경주, 황해편 최 특파원(매일신보, 1943.07.16, 2면 1단)

곡창 황해도의 미곡 공출 사전할당의 시책과 또는 이에 의한 지주, 자작농 및 소작농 등의 영향 여하를 조사한 바에 의하면 아래와 같다.

황해도의 할당 방책

1. 부·군별 공출 할당 개념, 수량의 결정

1) 공출 할당의 기준이 될 미곡의 예상 수확고는 최근 5개년간의 평균 수확고에 의함

2) 전년의 평균 수확고로부터 다음 미곡연도에서의 농민의 식량〔종십■과(種十■科)를 포함함〕이 될 수량을 상정하여 이를 제외한 과잉미로 함.

2. 할당 방법

1) 도는 부·군에 할당을 행하고 다시 읍·면에 할당하며 부·읍·면은 부락연맹에 할당을 행하게 함.

2) 부락연맹에서는 구장 또는 연맹이사장 및 애국반장이 주체가 되어 군경, 부·읍·면 직원이 입회하여 협의한 후 부락 내 경작면적을 기준으로 하여 경작하는 농민 개개에 할당을 행한다.

3) 농민에게 할당하는 것에서는 본 미곡연도의 할당 및 공출 수량 등을 감안하며 또 가족 ■ 기왕의 작부면적 수확고 및 보유고를 신중히 조사하여 미곡 공출 할당 기초에 의한 정확, 타당한 할당을 행한다.

4) 농민에 대한 할당은 통달서를 써서 농민으로 하여금 항상 공출 할당 개념 수량을 기억하게 한다.

5) 공출 할당 개념 수량 통지서는 농민 각 개인에게 이를 소지시켜 분실하지 않도록 처치하여 실제 공출할 때 공매장을 지참하게 한다.

6) 부락에서의 농민에 대한 할당에 대해 출입 경작자 관계는 가장 복잡함으로써 출입 경작자가 동 부·읍·면에 있을 때는 부윤, 읍면장이 재정(裁定)하여 이를 결정하며 읍·면 간에 걸칠 때는 군수가 이를 재정하게 한다. 또 부·군 간에 걸칠 때는 출입 경지면적이 현저히 다른 점이 없을 때는 상쇄하며 만일 다른 점이 있을 때는 관계 부윤, 군수가 협의하여 결정하게 한다.

7) 소작료에 대해서는 가령 소작인이 지주의 대리로 공출하게 하며 소작료를 포함한 것으로써 할당을 행함.

8) 지주 농장에 대해서는 공출 사전할당을 하지 않으나 증산에 대한 측면적 협조를 시키며 또 실로 공출에서는 지주 농장으로 하여금 직접 공출시키도록 하게 됨으로써 지주 대장(臺帳)을 부·읍·면에 준비하여 미리 지주와 농장에 대하여 공출 수량을 통지해 두게

하며 또 지주 농장이 소유지 또는 점유지가 수 개 읍면에 걸칠 때는 군수가 지주 대장을 설비하여 가지고 수량을 일괄하여 통지하게 한다.

9) 육도 경작자에 대해서도 수도와 동일하게 조치한다.

10) 확정 할당 수량은 제1회 예상 수확고에 따라서 따로 결정한다.

11) 공출 할당 개념 수량은 평년작을 예상한 것임으로써 흉년, 기타에 따라서 확정 수량이 결정될 경우 변경이 있을 것을 미리 농민에게 통지한다.

12) 농민 개개의 할당량을 결정할 때는 부락마다 이를 집계하여 부락 공동책임으로 하게 하고 부락연맹이사장에게 명확히 이를 ■■케 해 둔다.

3. 기타

1) 할당은 반드시 이앙기 전, 즉 5월 중에 완료하게 함.

2) 할당이 완료할 때는 곧 전보로써 각 부군에서 도에 보고하게 한다.

3) 농민에 대한 할당에 입회할 군경 직원 및 부·읍·면 직원은 특히 이동이 없는 한 반드시 공출 완료까지 책임을 분담하게 한다.

4) 미곡 공출 사전할당 송달서의 사본을 부·읍·면에 구비하여 실제 공출 시에는 뒷면을 공출대장으로써 이용하게 한다.

이상과 같은 방책과 방침으로써 도내 전반에 걸쳐 사전할당의 시책을 행하고 있다. 도의 이 방침이 말단에서는 어떻게 행해지는가를 조사하기 위하여 기자는 도내의 모범군인 연백군을 찾았다. 이 군에서는 도 방침에 체득하여 공출 사전할당에 만전을 기하기 위하여 관하 각 읍면에 통달하여 각 농가의 책임 공출량을 할당시키고 각 부락연맹이사장과 또는 각 부락 애국반장이 긴밀한 연락 밑에서 각 애국반장으로 하여금 각 농가를 시시로 방문하게 하여 책임할당량을 명심하도록 하는 동시에 이를 틀림없이 공출하도록 독려하고 있다.

증산 달성을 기필

그리고 해당 군에서는 관하 각지 각 농가에 대해 최대한의 노력을 베풀어 증산 자재의 특별배급을 하는 등 식량증산의 달성을 기하고 있다. 다시 말단인 동 군 내 연안읍에서는 군 방침에 체득하여 전기와 같은 방책을 가지고 읍내의 농가에 읍직원을 출동시켜 부락 애국반장과 함께 공출 할당 책임수량을 통달한 각 농가를 일일이 방문하게 하여 사전할당의 취지를 자세히 설명하여 이를 인식시키는 동시에 한층 미곡 증산 확보를 위하여 노력하도록 하여 다수확 생산을 이루기를 기약하여서 공출에 만전을 기하게 하는 동시에 공출량 외에 농가의 자가 수요량에도 많은 여유가 있도록 적극적 독려를 가하고 있다. 이 사전공출제에 대하여 과연 농민에게 어떠한 반응이 있는가. 연백군을 중심으로 조사한 바를 여기에 적기한다.

미곡 공출의 사전할당이 결정된 이상 지주는 소작인과 적극적으로 협력하여 책임 할당량을 공출하는 것 외에 또는 여유 있는 자가용 미곡을 생산하려고 전력을 다하고 있다. 그리하여 우선 눈에 띄는 것은 지주도 소작인과 같이 힘을 합해 잡비 또는 기타 자급비료 증산에 노력하고 있는 사실이다.

희망에 넘친 노력

사전공출제가 실시되기 전에는 이에 공출될 수량을 농민들이 알지 못하고 있었으므로 얼마나 공출하여야 되는지 우려하였으나 사전에 공출책임량을 알게 되었으므로 농민들은 이에 책임량을 공출하지 않으면 안 되겠다는 책임감과 한 톨이라도 더 생산하면 그만큼 충족한 자가소비량을 얻는다는 희망을 안고 이전보다 갑절의 노력을 하고 있는 것이 역력히 보인다. 이전에는 전답에 나오지 않는 부녀자까지도 총출동하여 미곡 증산을 위하여 열성껏 일하고 있는 현상을 목도하고 기자는 감개가 자못 깊었다. 그런데 일부의 여론은 이에 할당제의 실시를 더 좀 빨리 발표하였으면 하는 감이 있었다고 한다. 논벼의 이앙 준비를 하기 전에 이를 결정, 발표했으면 이앙 전부터 이 제도 취지의 인식을 더욱 널리 선전하여 지금보다 더 큰 효과를 얻을 수가 있었을 것이라는 것이다. 어쨌든 사전에 할당된 책임량을 반드시 공출하는 동시에 또는 공출 수량 외의 여유 있는 다수확 생산을 위하여 지주와 소작인 또는 기타 자작농 등은 미곡 증산을 위하여 혼신일체가 되어 관계 당국의 지도로 전 노력을 다하지 않으면 안 되겠다는 굳은 결의를 보이고 있다.

〈자료 353〉 미곡(米穀) 공출 상황 시찰 보고. 양정과 주최 좌담회, 농민의 심리를 파악 불안 없게 함이 필요(매일신보, 1944.01.27, 2면 2단)

농상 국장 : 영흥군수는 잘 학교의 아동을 이용하고 있다. 작년도 아동을 이용해서 잡비를

증산했다. 좌우간 열심히 하는 군수다.

을 : 함남은 가마니로 곤란을 받고 있습니다. 그래서 학교의 저학년은 낙수(落穗) 줍기에, 5, 6년은 농가에 가서 가마니 짜기를 노력하고 있었습니다. 농번기에는 한 사람도 놀지 않고 이용하였습니다.

기시(岸) 양정과장 : 만주국에 가 봤는데 그곳에는 촌경(村境)이 어디인지 알 수 없더군요. 그래서 밀매의 방지를 어떻게 하느냐고 물으니 지키는 사람을 두고 감시한다 하고 그밖에 차가 다니는 길을 정하여 두고 그 길 이외로 통과하면 밀매라고 본다 하였습니다. 실제로 밀매는 그 정한 길을 다니지 않는데요.

병 : 전남에 가 봤는데 공출이 시작되지 않았습니다. 요컨대 공출이라는 것은 농민의 심리를 파악하여야 하겠다고 생각하였습니다. 제1로 관이 하는 것이 잘되지 않는 것이 보였습니다. 식량이 없음에도 불구하고 있다고 해서 모두 가지고 가고는 뒤에는 주지 않습니다. 이처럼 농민을 불안하게 하는 것을 피하는 것이 공출이 잘될 것 같습니다. 방법에 따라서는 대단히 무리가 생깁니다. 그렇게 하면 공출에 대하여 농민의 협력이라는 것은 기대할 수 없다고 생각합니다. 그 반면 지난해의 대가뭄에 즈음하여서는 식량을 보급하여 주었으므로 이러한 것 등은 관에 대한 감사의 마음으로 가득 차 있습니다. 그러한 기분을 유지하게 하는 것이 현명하다고 생각합니다.

무 : 이러한 방법도 있습니다. 지난해 이리에서 어느 구장이 자기 부락에 할당된 분을 먼저 친척들에게 내게 했습니다. 다른 자는 내게 하지 않고 그러니 그 후부터 다른 자도 그에 따라 다 내놓은 일이 있습니다.

〈자료 354〉 미곡(米穀) 공출 상황 시찰 보고. 양정과 주최 좌담회, 조사의 정확과 가마니 준비를 하라(매일신보, 1944.01.27, 2면 2단)

기 : 나는 충청남도의 논산군에 갔었는데 여기서는 예상수확고도 많았고 할당도 제일 많은 곳입니다. 마치 눈보라가 치는 날이었는데 그래도 공출이 시작이 안 된 때였습니다. 나는 채운면이라는 곳으로 갔습니다. 면장에게 대강 공출 상황을 물어 보니 면리원이 부락에 상주하여 독려한다는 것이었습니다. 이어서 동면 ■촌(■村)부락이라는 모범부락으로 갔었습니다. 나는 연맹이사장에게 공출에 대한 이념을 들으니 "유무를 말하지 말고 어디까지든지 할

당은 완전히 내놓겠습니다. 만일 내놓을 수 없으면 나의 책임입니다. 그리고 지금까지는 잡곡은 그다지 만들지 않았는데 내년부터는 잡곡도 만들겠습니다. 나는 초근목피를 먹더라도 공출 완료에 매진합니다"라는 각오를 듣고 참으로 감탄했습니다.

정 : 전북에 가 봤는데 크게 노력하고 있었습니다. 독려의 방법으로서는 특수한 것은 듣지 못하였으나 11월에 들어서 비가 많이 왔기 때문에 탈곡 작업이 늦어져서 이래서는 안 되겠다고 해서 옥구군 등에서는 일제 탈곡 작업에 착수하였습니다. 이래 관계로 군에서는 근로봉사대 학동 등을 동원해서 하도록 명령하였다고 하는데 어디에도 근로봉사대 학동들은 보이지 않았습니다. 이것은 참으로 유감이었습니다. 그리고 공출의 애로라고 할 정도는 아니나 가마니의 부족이 상당히 있었습니다. 추수가 마침 파종의 시기였으므로 가마니 짜는 일만 할 수도 없습니다. 결국 가마니는 야업(夜業)이 되는데 등화용의 석유가 없으면 특배를 요망하고 있는 모양이더군요. 또 하나는 공매소까지의 운반용의 노력의 부족, 우마차의 부족이 있는 듯합니다. 이것은 예인데 이같은 것이 공출의 애로가 되고 있습니다.

경 : 강원도를 보았는데 참으로 공출 성적이 좋아서 11월 30일 현재로 이미 79%라는 성적을 거두고 있었습니다.

신 : 나는 충북에 가서 10개 군 중 교통 관계로 7개 군만 돌아봤는데 대체로 충북은 현재 80%를 초과하였을 것이라고 생각합니다. 내가 간 것은 11월 27일경이었는데 57%가량이었습니다. 옥천과 영동은 공출을 완료하였습니다. 군수, 서장을 비롯하여 기타의 간부가 부락의 상회에 나가 농민에게 공출이 필요한 소위를 말하고 비창(悲愴)한 지사의 각오를 전합니다. 옥천 같은 곳은 공출이 시작되어 2일 간에 완료하였다는 성적을 올렸습니다. 충북에서는 대체로 쌀은 절대로 공출하지 않으면 안 된다는 관념은 전부 가지고 있습니다. 옥천이 2일 간에 공출을 완료한 이면에는 또 이러한 일도 있습니다. 그것은 지난해 만든 가마니를 강제적으로 1호당 10매씩 보관시켰습니다. 그것이 금년의 공출에 대단히 유용하였습니다. 공출의 애로로서는 먼저 김(金) 군도 말했으나 가마니의 문제도 있으나 공매 장소가 적은 것입니다. 그리고 조선 전체로서 도처에서 느끼는 것은 농경 도로가 적은 것입니다. 이것은 모든 방면에 필요한 것입니다. 농민은 이 문제에 관해서는 기꺼이 근로봉사를 한다는 굳은 의사를 표명하고 있으니 관청도 크게 유의하기 바랍니다.

또 한 가지 애로라고 하는 것은 총독부가 매상하는 쌀과 도 조작미(操作米)를 합체해서 공출하고 있는데 비(非)농가가 많은 농촌과 그렇지 않은 곳과 할당이 대단히 다르기 때문에 농민 간의 불공평하다는 소리는 많이 듣는데 이것 등도 어떻게 선처할 방도가 없을까요.

기시(岸) 양정과장 : 국가관리제도에의 ■■시기인 때문이지만 이것이 철저해지면 잘될 것입니다.

계 : 나는 평남, 평북을 갔었는데 평북에서는 공출 방법으로 먼저 "공출하고 나머지를 먹자"는 주의를 실행하고 있었습니다. 잡곡 배급도 생각하고 있으나 농민이 너무 여기에만 기대하지 않도록 하고 있습니다. 그리고 평북은 지사가 진두지휘에 비상히 열심이었는데 이것이 결국 하층 방면에 좋은 영향을 준 듯합니다. 그리고 평남서는 부락의 연대책임이라는 것을 비상히 강조하고 있었습니다. 어떤 면에서는 "이제는 면장 등의 독려는 일절 필요가 없습니다. 공출은 책임을 가지고 완료하겠습니다"라고 하는 곳도 있었습니다. 지주의 식량 낭비란 것에도 상당히 힘을 기울여서 억제하고 있습니다. 이것도 일면으로 보면 인상 깊은 방법이 아닌가 생각됩니다. 결국 이 낭비라던가 ■류(■流)를 방지하면 자발 공출도 잘될 줄 생각했습니다.

기시 양정과장 : 대체 공출 방법에 관한 문제는 이것으로 끝내고 다음은 공출에 대한 생산자의 의기란 점이라던가 각오란 점에 대해서 말씀해 주기 바랍니다.

병 : 할당 과잉이라는 말이 각 방면에서 절규됩니다. 가령 생산고 조사에 대해서 보아도 본부에서 한 것과 도에서 한 것과 군에서 한 것 등 세 가지 생산고로 되어 있습니다. 군 생산고에 의하면 공출 후 식량이 비상히 적게 되고 그런 때는 어떻게 해 줄 것인가, 만약 도에서 잡곡을 보급해 주지 않으면 곤란하겠다는 곳이 있었습니다.

기시 양정과장 : 역시 사정을 말해서 납득하게 함이 필요합니다. 평안북도에 가서 보았는데 군의 직원은 물론 경찰관이 각 부락에 가서 상회를 열고 그곳에서 잘 설명해서 납득하도록 해서 상당히 좋았다고 합니다.

무 : 공출하고 그 뒤는 배급에 의뢰한다는 경향도 아마 있다고 생각합니다.

계 : 물론 쌀은 공출하나 그 뒤는 어떻게 하는가 농민은 우선 물어봅니다.

기시 양정과장 : 1942(昭和 17)미곡연도는 만주 잡곡 수입이 늦어져서 4월경부터 수입이 되어 6월경이 최감기(最減期)였던 관계로 잡곡을 배급하여 주려고 하여도 잘 수입이 되지 않았으나 금년은 만주가 순조로 진행되고 있으므로 빨리 들어오리라고 생각합니다. 만주의 집하

(集荷)는 종래는 일체 12월경부터 시작되어 출회는 4월이라고 하는데 금년은 만주가 비상히 빨리 집하가 되어 금년은 문제없다고 생각합니다.

경 : 생산고 조사가 정확히 되어 공출 할당이 적정한 때는 반가워 공출하나 그 반대로 부적정하면 조금이라도 감추려는 듯했습니다. 그러므로 생산고 조사는 절대로 정확히 하여야 할 것입니다. 개념 수량의 사전할당 문제인데 강원도에서는 동해안 일대는 흉작으로 개념 할당 수량에 대하여 공출 수량이 약 2할이나 적어졌으므로 본년의 매상은 상당한 성적을 거두고 있는데 이것이 반대가 된 경우는 성적이 나빴습니다. 생산고를 정확히 조사하지 않으면 공출이 잘될 수 없을 것입니다. 그것이 정확히 되면 별로 독려하지 않더라도 잘될 줄로 믿습니다.

기시 양정과장 : 생산고 조사에 대해서는 여러 가지 문제가 있습니다. 공출의 정확을 기하기 위해서 생산고를 정확히 결정하여 가지 않으면 안 되므로 내년의 예산에 그 경비를 요구하고 있습니다. 군(君)이 말한 대로 본부와 지방청이 일체가 되어 하려고 합니다. 예산이 될 터이므로 내년부터 엄밀한 조사를 하여 가려고 생각합니다.

〈자료 355〉 미곡 공출 성의로, 미곡에 토사를 섞지 말라(매일신보, 1944.10.15, 2면 9단)

【해주】 황해도에서는 지난 10월 1일부터 도내 전반적으로 조장미 공출을 비롯하여 이에 계속하여 미곡 공출을 행하고 있다. 그런데 농가에서 미곡을 공출하면서 미곡을 상납하는 정신으로 경건히 이에 적성을 다하여 공출하기를 도 당국에서는 이에 요망하고 있다. 그래서 미곡을 정성껏 건조하는 동시에 중량을 적당히 하며 또 우량한 미곡이 되도록 잘 조제하여 이를 쌀가마니에 넣게 하며 또는 이에 포장도 정성껏 조밀하도록 하라 한다. 그런데 이에 미곡을 공출함에 있어 쌀가마니의 중량을 속이고자 고의로 모래를 쌀과 같이 섞어 가마니에 넣는 악질적 행동을 하는 자도 있다고 한다. 그러므로 도에서는 이와 같은 악질의 행동을 감행하는 자는 미곡관리령 제62조에 의하여 용서 없이 처벌하겠으니 일반은 이런 일이 없도록 주의하라 한다.

〈자료 356〉 미곡 공출 현지 보고, 필승 식량전에 감투(敢鬪), 책임 완수에 관민 총친화의 실천(매일신보, 1945.01.22, 2면 1단)

- 강원도

【강원지사 발】 식량을 확보하지 않고는 전쟁의 승리를 바랄 수 없다. 그러므로 강원도에서는 식량증산과 공출에 총력을 기울이고 있는데 지난 10일 현재 공출 실적을 보면 미곡이 88.2%이고 잡곡 75.3%이어서 아직 할당 목표 수량을 달성하지 못하고 있는 형편이다.

(중략)

식량전에 필승의 열의

이렇게 농민들의 열의가 높아짐에 따라 각 군에서는 관민 일체가 되어 식량 공출에 전력을 기울이고 있는데 앞서도 말한 바와 같이 생산고 조사가 완전히 못 되어 여러 가지 곤란이 따르게 됨에도 불구하고 양구군의 107.8%를 필두로 인제, 회양, 강릉, 삼척, 영월, 홍천, 화천, 이천, 정선, 평창 같은 곳은 모두 지정 공출량 이상의 성적을 드러내게 되었다. 1년 동안 피와 땀을 흘려 만들어 낸 양식을 경우에 따라서는 한 톨도 남기지 않고 내놓게 되는 수도 있는데 여기에는 가지가지의 눈물겨운 공출 미담도 섞여 있다. 전혀 내 입에는 못 넣어도 공출만은 해야 된다는 농민들의 열의와 식량전에 이기겠다는 전통의 농민혼이 구현되어 있다. 철원군 인목면 내에 있는 모 구장은 저축과 공출에 철두철미 반대를 하여 일반의 오해까지 받은 일이 있었는데 구장 씨의 사랑하는 아들이 광영에 빛나는 황군이 되어 영예의 입영을 하게 된 다음부터 인식을 새롭게 하여 자신이 진두에 나서서 공출을 독려하는 등 종래에 가장 성적이 좋지 못하던 부락이 금일에 와서는 군 내에서 제일가는 성적을 드러내고 있다.

식량 소비 규정에 철저

원래 강원도는 산이 많고 농토가 적어서 식량 사정이 다른 도에 비하여 넉넉하지 못하기 때문에 전시는커녕 평시에도 다른 곳으로부터 식량을 수입해 온 실정이었으나 금일과 같은 결전 하에서 수송과 노동력 관계 등으로 그럴 형편도 못 되어 자작자급을 목표로 어려운 식량 사정을 타개해 나가고 있다. 그리하여 식량의 소비 규정을 강화하여 한 알의 양식이라도 알뜰하게 아껴 먹게 하고 혼식과 대용식을 장려하여 식량 절약을 꾀하고 있다. 더구나 춘궁기에 식량이 모자라서는 안 된다고 하여 금년부터 농가의 자가보유 양곡의 일부를 공동으로 저장하게 했다가 춘궁기와 농번기에 긴요하게 쓰도록 부락 공동저곡을 실시하기로 되었으며 봄철에는 산나물과 고비(古非), 고사리, 더덕, 도라지 같은 산채를 많이 채취하게 해서 양식에 보탬이 되게 하는 등 식량 사정에도 특공정신을 발휘하여 타개책에 눈물겨운 감투를 하고 있는 것이다.

- 전라도

【전라지사 발】 옛날부터 전남은 조선의 곡창이라는 명칭을 들어왔다. 과연 전남은 어느 지방보다도 미곡을 비롯하여 보리, 기타 잡곡, 소채 등 문자 그대로 제일의 생산을 보이고 있다.

생산에 각별한 책임감

따라서 결전 식량 기지로서 사명이 중대함을 자타 공인하고 있는 만큼 지도 당국이나 생산농민들이 다 같이 각별한 책임을 느끼고 있다. 어느 도, 어느 지방에서나 반도 농촌에서 느끼고 있는 오늘의 사정에나 전남은 더욱 곡창이라는 명예를 확보하고 결전 완수에 공헌하여야 할 것임에도 불구하고 수년을 계속해서 뜻하지 않은 천재를 비롯한 온갖 악조건이 매년 가로막혀 곡창 전남의 실력을 발휘하지 못함이 유감이다.

목표량의 7할을 달성

생산 농민들은 사실 자기집 식량문제는 뒤로 미루고 허리끈을 졸라매며 책임공출량만은 다하려고 분투하고 있는 사정은 눈물 없이는 볼 수 없는 현실이다.

지도 당국에서도 공출량만은 어떠한 일이 있더라도 전부 완료하도록 지도하고 농민은 순박한 사람들이지만 혹은 지도 당국이 신용 없는 일이 한 차례라도 있으면 ■■도정을 하여 가는 데 큰 문제라고 농민들과 약속한 것과 같이 공출 후 식량이 없는 농가에는 환원미(還元米)를 배급할 방침이다 한다. 전남은 금년 벼 공출 시기에 계속적으로 기후가 불순하여 예정보다 공출이 많이 늦어졌으나 10일 현재까지 2부 21군 1도(島) 중에서 벼 공출을 완료한 군이 여수군을 비롯하여 6개 군이며 9할의 성적을 보인 곳은 나주군을 비롯하여 4개 군 등으로 전도를 통틀어 평균 7할 5분의 공출 성적이다.

공출에 총친화의 실천

공출에서 미담은 헤아릴 수 없을 만큼 속출하고 있으며 그중에서도 애국반 연대책임으로 다른 애국반원의 공출 부족한 벼를 자기 가용도 부족한 중에서 도와줘서 공출을 완료하게 한 것은 총친화를 실천으로 보이고 있다. 전남의 식량 사정은 옛날부터 다른 도에 비해 세농이 많아서 전 농민의 3할은 벼 공출을 한하더라도 평시에 식량의 곤란을 보게 되므로 지금은 미루어 식량 사정이 어떻다는 것을 잘 파악한 도청 당국에서는 만주 잡곡 이입과 전남에서 많이 생산하는 감자와 소채 등으로 춘궁을 돌파할 방침이라고 한다.

〈자료 357〉 미곡 공출 현지 보고, 군량 맡았다는 자각, '콩깻묵'을 먹더라도 책임은 완수(매일신보, 1945.01.25, 2면 1단)

- 함남 편

【함남지사 발】"식량 공출은 우리가 맡은 유일한 봉공의 길"이라는 굳은 신념에서 솟아오른 농민들의 뜨거운 기세에는 일찍이 보지 못한 다량의 공출 부담 수량도 문젯거리가 아니었다. 10일 현재도 전도의 공출 실적은 8할 6분으로 나타나고 홍원, 신흥, 단천 각 군은 이미 전량을 돌파하고 있다. 그 외의 군도 지역이 넓고 좁은 차이로 혹은 평산(평야부, 산야부) 지대의 구별, 수송 집하 관계 등 곤란한 조건으로 지연된 것은 있을지언정 역시 지순지성(至純至誠) 같이 싸우고 있는 그들임에 틀림없다.

"공출 분량은 어떻게든지 확보해야만 한다" 이 한마디 소박한 표현으로도 오늘날 싸우는 농민의 각오를 엿볼 수 있을 것이며 어느 농부이고 다 같이 가지고 있는 심경의 표시이기도 하다.

사전 지도에 성공

도 당국에서는 때마침 전개 중인 '성지봉체도민총궐기운동(聖旨封體道民總蹶起運動)'의 실천 항목에다가 식량 공출의 만전을 기할 것을 제시하였고 운동 추진원을 각 부군에 파견하는 한편 식량 공출의 사전 지도로서 '가마니' 증산 공동작업, 공동보관, 공동출하 등 공출상 지장이 없도록 때를 놓치지 않게 조치를 하고 있었다.

제1선 지도자들은 낮이면 호별 방문, 밤에도 오전 2, 3시까지 좌담회 등 그야말로 분골쇄신 밤낮이 없다. 고원군 군내면 면서기 나카하라(中原淳衛) 씨는 장남의 위독한 병세를 보면서

도 먼 부락으로 독려를 나가 사흘 만에 마침내 아들의 참척(慘慽)을 전해 들었으나 “사사로운 일로 촌각을 다투는 공출에 지장이 미치는 일이 있어서는 안 된다”고 최후까지 독려를 계속하였다 하며 이 열성에 감동한 전 부락은 당일도 전량공출의 성과를 올렸다는 관민일체의 공출 미담도 있다. 또 모 회사에서는 단천군 남두일면 신풍리로부터 공출된 ○○석의 콩을 회사의 '케~블카~(cable car)'를 제공해서 삽시간에 약 20키로(km)의 거리인 산을 넘겨 집하소인 광천면 동암리까지 운반하였다.

학동을 통하여 독려

공출의 측면적 지도의 일례로서 함주군에서는 각 국민학교의 협력으로 학급 독려를 실시하고 있는데 그 방법은 면으로부터 재적 아동의 가정에 할당된 수량을 학교에 연락하면 학교에서는 학교별로 책임수량을 명백히 하고 선생 자신이 호별로 지도 독려함은 물론 아동을 통하여 부형들 공출을 촉진시켜서 좋은 성과를 올리고 있다.

(중략)

- 함북 편

【함북지사 발】평야가 적고 땅이 살찌지 못한 함경북도는 옛날부터 도민을 먹여 살릴 만한 식량을 생산하지 못했다. 쌀만 하더라도 평년작이 불과 26만 석이라고 하는데 이것은 경기도 수원 한 고을에도 미치지 못할 만큼 극히 적은 수량이고 잡곡이 역시 그러하다. 더구나 함북은 근년에 광산 공장이 갑자기 많이 생겨나고 식량의 소비는 점점 더 늘어 가고 있는데 그 확보의 대책은 당국자의 중요한 관심이 안 될 수 없게 되었다.

추가공출 5할 5분

함북에서 생산되는 평년작의 식량을 가지고 230만 도민을 살려 나가려면 불과 6, 7개월밖에는 보증할 수가 없고 나머지 부족한 수량은 다른 도로부터, 만주국으로부터 사들여 와야만 한다.

그런데 지난여름에는 중남선 지방의 현재로 말미암아 소비 도인 함북에는 식량이 예정대로 들어오지 못하게 되었다. 난관을 해결해 나가는 대책에 공출의 추가할당이 있다. 이와 같은 절실한 현실에 비추어 도에서는 지난가을에 식량에 대한 긴급회의를 열고 당초의 할당에 대하여 5할 5분이라는 엄청난 추가할당의 공출을 결정하고 방금 관민이 피나는 공출전을 싸우고 있다.

목표 돌파가 속출

"예정 수량만은 어떠한 사정이 있든 돌파하고야 만다…"는 굳은 결의 아래 아무런 불평도 없이 공출이 계속되고 있다. 이달 10일 현재의 실적은 벼가 88%, 잡곡 69%로 되어 있으며 벼는 길주군의 105%를 비롯하여 학성, 온성, 종성, 경흥, 청진은 모두 목표를 돌파하고 벼와 잡곡을 한해서 90% 이상을 공출한 군은 부녕, 온성이다. 현재로 보아 잡곡의 공출은 예정보다는 다소 늦은 감이 없지 않으나 관민의 일치협력은 반드시 예정 기간 내에 목표를 돌파할 것을 굳게 믿어 의심치 않는 바이다.

생산과 공출의 왕좌를 차지하고 있는 것은 무엇보다도 대두이다. 도에서는 금년도에도 ○○만 석의 대두를 다른 도에 이출하고 그 대신에 쌀을 사들여 오게 되었다. 또 대두는 기름을 짜낸 다음 대두박(大豆粕)으로서 도민에게 배급할 계획으로 되어 있다.

공출의 애로는 '가마니'의 부족에 있다. 함북은 본래 대부분의 '가마니'를 중남선 지방에서 사들여 오는데 생산 운반의 관계로 현품이 뜻대로 오지 않으므로 도에서는 관계 직원이 현지에 출정하여 알선에 노력하는 한편 도내에서도 '가마니' 짜기를 전면적으로 보급 장려하고 있다. 방금 '가마니'의 창고가 부족해서 모아온 양곡을 한곳에 쌓아놓은 농가 같은 것을 많이 볼 수가 있다.

공출에 보답하는 대책

농민의 수고에 보답하려는 당국의 보상 대책은 또한 무던하다. 공출 성적이 우수한 부락과 개인을 상주기 위하여 면포, 인조견(人造絹), 삼베 등의 섬유 같은 것 7,000 '아~루〔마(碼)〕[119]'를 준비하였는데 이는 전혀 5할 5분의 추가할당에 대하여 농민의 열성에 보답하기 위한 당국의 따뜻한 선물로서 그 특별배급의 수량은 다른 도의 10배나 된다고 한다. 이때 농민들은

119 직물의 길이 단위를 말함.

당국의 시책에 감사하여 더욱더 공출에 힘쓰고 있다.

(3) 경찰 정보 보고를 통해 본 식량 관리와 공출

〈자료 358〉 경무국 경제경찰과, 업계 및 일반 민중의 소리(情報週間展望 9집, 1941.04.20)

- 농민(여)

올가을부터 수확한 벼는 전부 당국에서 거둬 가서 우리 농민에게까지 배급 제도를 실시하려는 의도이지만 그러한 상태가 된다면 우리 농민은 노농(勞農)하는 것이 불가능하게 된다. 또한 농한기에는 강제적 가마니 짜기 때문에 일부 불가능한 자는 다른 사람으로부터 구입해서 납부해야 하지만, 공정가격 32전인 것을 40전에 팔면 구입이 불가능한 상태가 되기 때문에 우리 농민은 그저 고통을 느낄 뿐이다.

〈자료 359〉 경무국 경제경찰과, 업계 및 일반 민중의 소리(情報週間展望 11집, 1941.05.24)

- 군 양곡 배급 조합원

군 양곡 배급 조합원은 백미 및 잡곡의 소매 이외 달리 할 수 있는 일도 없고, 1인당 2,500원의 출자금에 대한 연 5분의 배당으로는 일당에도 미치지 못한다. 그중에서는 출자금 갹출 때문에 다른 사업자금에서 궁지에 빠질 수 있어서 돈을 빌린 자도 있는 형편이다. 최근 조합원은 집합할 때마다 조합에 가입한 것을 후회하고 출자금을 반환하면 언제라도 조합을 탈퇴한다는 등의 말을 누설하는 자가 많은 상황으로 이 기회에 당국의 선처를 바랄 수밖에 없다.

〔장연군 양곡 배급 조합원 길야성환(吉野成煥)〕(황해도)

〈자료 360〉 경무국 경제경찰과, 경제단체의 동정(情報週間展望 12집, 1941.05.31)

- 미곡 등 통제의 파문

본년 3월 15일부 부령 제70호로 통제되었던 곡물의 가공에 의해 생긴 부산물 중 미곡 그 외 부산물은 미쓰이(三井)물산에서 독점 취급을 하려고 운동 중인데 이러한 사실을 찰지한 관계 업자 중에서는 부산 사료(飼料)조합장을 중심으로 대책을 협의한 뒤 전선(全鮮) 업자에게

격문을 돌리고 강경한 반대운동을 일으켜 가고 있어서 그 추이는 상당한 주의를 요한다. (전라북도)

〈자료 361〉 경무국 경제경찰과, 생산 배급 관계(情報週間展望 13집, 1941.06.07)

- 만주 조속(粗粟)의 배급

이번 만주산 조속의 대량 배급이 있어서 부민들 사이에서는 식량 불안이 일소되어서 점점 눈살을 편 것이다. 그러나 해당 조속의 품질이 매우 불량하고 건조 부분은 이미 부패해서 악취를 내뿜을 뿐만 아니라 부패로 인해 약 5할 격감을 초래하는 등 때문에 불평이 많아 정요(精要)한 배급을 요망하고 있다. (경기도)

- 지도 취체 관계

쌀, 잡곡의 암거래 일제 단속

쌀, 잡곡 1두 이상의 매매는 금지되고 있음에도 불구하고 소농은 환금을 서둘러서 몰래 반출, 매도하는 경향이 있는 것이므로 연백서(署)에서는 지난 5월 27일 일제 단속을 실시, 27건의 위반을 적발했다. 게다가 대두, 소두(小豆)가 미곡보다 비싸기 때문에 쌀은 먹고 잡곡은 매각하는 경향이 현저하다. (황해도)

- 표시 사항의 지도 단속

전북, 경북의 두 도에서는 고시를 내서 폭리행위등취체규칙(暴利行爲等取締規則) 제3조의 규정에 의거한 표시 사항의 일제 지도 단속을 실시하였더니 전북 1,114건, 경북 304건의 위반을 발견, 각각의 사정에 응해 처리했는데 지도상 상당한 효과가 있는 듯하다. (경기도)

〈자료 362〉 경무국 경제경찰과, 잡보(雜報)(情報週間展望 15집, 1941.06.21)

- 농민의 동향

일반 농민은 각자 생산 확충에서 열정적인 활동을 해 가고 있는데 일부에서는 농업노무자 임금 공정(公定) 이래 농촌노동자가 번성한 산업 방면으로 유출되고 있기 때문에 고용하기가 극히 지난하게 되어 당장 모내기에 지장을 낳고 있다. 가령 근로보국단이 있다고 해도 기관 불비 때문에 이용이 지난하고, 게다가 모내기는 가능하다고 해도 비료는 제시간에 맞출 수 없다. 그뿐만 아니라 생산 양곡은 자유판매를 금지하고 있지만 공판에 의한 대가는 지불이 현저하게 지연되고 있기 때문에 당국의 시책을 어렵게 하는 경향이 있어서 관계 당국과 연계, 예의 지도 중.(경기도)

〈자료 363〉 경무국 경제경찰과, 업계 및 일반 민중의 목소리(情報週間展望 17집, 1941.07.05)

- 농민

맥곡(麥穀)은 잡곡배급통제규칙에 의해 조선총독부 또는 도지사의 지정자에 해당하지 않으면 이를 도 외로 반출하는 것을 허가하지 않는 관계상 종래의 상인은 대부가 제한되게 된 것이다. 더불어 통제기관의 대상(貸上) 사무 지연 등에 의해 농촌의 금융은 현저히 고갈해서 현재 농가에서는 비료 대금 조달 때문에 광분 중이지만 태반은 고리자금을 이용하는 것 외에는 방법이 없고, 식량 통제에 따라 농가에 미치는 영향이 막대해서 당국의 선처를 요망함. (경상남도)

〈자료 364〉 경무국 경제경찰과, 업계 및 일반 민중의 목소리(情報週間展望 21집, 1941.08.02)

- 농촌의 현상에 대한 농민 등의 소리

1) 춘견(春繭)은 생산이 감소하게 되는데도 호별세 양잠 저금 잠종대(蠶種代)는 예년대로 정산되어 손에 남은 잔금이 조금도 없다.

2) 맥작은 평년작의 8할 내외이고 매상대금의 지불 지연이 통례가 되었는데 이래서는 생활필수품의 구입에 지장이 있다.

3) 비료는 현금 구입이기 때문에 빈농은 당연히 구입 불가능으로 식량증산 각오가 없다.

4) 빈농의 생활은 비참하고 물가는 등귀하고 생활필수품은 현금 구입이고 게다가 물자도 없어 곤란에 빠져 있다고 운운.

원주군 흥업면 매지리 농업 이(李) 모. (강원도)

〈자료 365〉 경무국 경제경찰과, 업계 및 일반 민중의 목소리(情報週間展望 22집, 1941.08.09)

- 농민의 이귀농(離歸農) 상황

몇 해 전부터 농민 중에서는 농업경영 곤란의 여러 사정을 이유로 자유노동 혹은 번성한 산업 부문으로 전출하는 자가 상당하다. 본 도에서는 관하 각 서를 독촉해 이농 방지에 힘쓰고 있지만 그에 반해 도시 방면의 경우 여러 물자의 배급 중 식량 배급이 원활하지 못하고 아울러 중소 상공업자가 점점 실업함에 따라 귀농자가 점증하는 경향이 있어서 본년 1월부터 6월까지 상황은 다음대로이다.

기

이농자: 2,541호 898명

중소 상공업 귀농자: 232호 1,133명

(함경남도)

- 학교 아동마다 애국반 등의 농번기 출역 상황

본년은 특히 농업자의 도외 출가가 많을 뿐만 아니라 농업 노동자 대금(貸金) 공정의 관계 등에 따라 농촌에서는 노동력 부족을 나타내는 게 많다. 그러므로 이를 완화, 근로정신 함양에 일조하기 위해서 국민학교마다 애국반 국체출로(國體出勞)를 하고 있는데 효과를 볼만한 것이 있다. 따라서 출로 학교 수 120, 생도 총수 4만 3,664명, 횟수 521회, 보수금 1,190원은 저축헌금, 교구(校具) 구입에 충당시킴. (충청북도)

〈자료 366〉 경무국 경제경찰과, 금융관계(情報週間展望 23집, 1941.08.30)

- 곡류 공판에서의 공제 저금의 영향

종래 벼, 대맥 등의 공판 때에는 저축 장려를 위해 공제 저금을 실시하고 있었지만 이를 인출하는 것이 통상 수단으로는 불가능한 것을 주지하고 있던 농민 중에서는 최근 해당 저금을 저당으로 저리자금을 차수(借手)하는 자가 점증하는 경향이 있다. 이미 왜관금융조합으로부터 전기의 방법으로 차수된 금액은 작년 1월부터 지금까지 인출 건수 10건, 금액 1,900여 원의 다수에 달한다. 이와 같은 폐풍이 농민 사이에서 만연하면 시국하에서의 국민 저축 의지를 잃는 데 이르기에 계도가 필요할 것으로 인식된다.

- 예금 환급자의 증가

본년 5, 6, 7월에 걸쳐 예금 환급자 점증의 상황에 있던 것에 관해 진상조사를 시킨바 최근의 국제정세의 험악화와 실권(失權), 빠른 국채 증발을 걱정해서 장래 예금의 현금 환급에 기우(杞憂)를 가진 조선인 측 상류 및 유산계급자 등이 이러한 행동에 나선 것으로 판명, 현재 경계 중. (경상북도)

〈자료 367〉 경무국 경제경찰과, 업계 및 일반 민중의 목소리(情報週間展望 37집, 1941.11.22)

- 신 공출 독려에 관한 생산자의 감상

11월 22일부터 10일 간에 걸쳐 실시되었던 신탄(薪炭) 공출 주간은 노력을 기울였지만, 신탄을 필요로 하는 농번기에 제류(除留)함에 따라 농촌의 실정을 알지 못하고 행해진 것이라고 해도 과언이 아니다. 만약 경성의 경우 신탄의 수급이 이렇게 계획되면 일상생활에 지장이 있는 것이 된다. 부득이하게도 신문에 적힌 바에 따르자면 본 겨울의 연료는 걱정을 요한다고 한다. 또한 자동차에 의해 반출되는 새 송달처(届先)를 보면 대부분 요리옥, 음식점 방면으로 과연 경성에서의 군수공업 시국 및 일반 가정에서의 수급에 맞출 수 있을지 의심쩍은 것이나 우리들은 당국의 명이 있기 때문에 벼 수확 및 대맥의 파종을 방치하지 않도록 노력하는 바이다. 그렇지만 신탄 공출은 농번기를 이용해서 실시하는 것은 타당하지 않아서 장래에는 계획 수립상 상당한 고려의 여지가 있는 것이라고 사료된다. 그리고 경성부에서의 연료 문제를 그대로 방치한다면 산촌의 녹화정책은 근거가 빈약해지기 때문에 해결책으로 일반 소비 방면 규정을 연구할 필요가 있다고 사료된다고 운운. (경기도)

〈자료 368〉 경무국 경제경찰과, 지도 취체 관계(情報週間展望 40집, 1941.12.13)

- 벼 공판을 둘러싼 관민의 대립

벼 공판을 둘러싼 농민과 곡물검사소원, 부군면 직원과의 상호 대립은 검사 표준의 느슨함, 공판 장소의 부적절, 매상금의 지불 지연 등이 주된 원인으로 각 소에서 빈발하는 경향이 있다. 관하에서 다음과 같이 기록한 사례가 있어서 관계 관민의 동향에 상당한 주의가 필요하다고 인식된다.

1. 여주서 관내에서 11월 24일 검사소 고인(雇人) 김남수(金南壽)의 검사가 가혹하고 또 태도가 횡포해서 출하자는 군농회 기수에게 주의의 환기를 요망했다. 그렇기 때문에 군 기수는 김을 계도했는데 김은 반항의 기세를 보였다. 그래서 군 기수가 그를 구타한 것이 발단이 되어 검사소장은 부하가 구타해서 검사 속행 불가능하므로 검사의 중지를 선언했다. 하지만 이를 본 수검(受檢) 대기 중의 농민들이 검사소에 대한 평상시의 불만이 폭발해서 훤소(喧騷)의 상황을 보이던 것을 관할 서원(署員)의 검사 속행 종용에 의해 무사히 끝났다.
2. 수원서 관내에서 검사를 위해 부임한 인천곡물검사소원 2명은 검사 당일 오후 2시부터 검사를 개시했는데 수검 벼 중 건조가 불충분한 벼는 가마니에 파란 선을 그어서 재사용이 불가능하게 했다. 그리고 4,000가마니의 출하가 있음에도 불구하고 약 2,000가마니만을 마치고 오후 5시 30분경 면사무소로 귀환하려고 했다. 그러나 수검자 중 분노를 참지 못한 모가 검사의 조기 개시, 불합격한 경우에는 간절한 지도를 요구했더니 검사원 중 1명이 그를 구타했다. 이것이 발단이 되어 농민 측이 격앙했지만 소할 주재소원의 위로에 의해 무사히 끝났다. (경기도)

〈자료 369〉 경무국 경제경찰과, 지도 취체 관계(情報週間展望 43집, 1942.02.28)

- 벼 공판소 지도원의 부정 사건 검거

부안군 부령면 벼 공판소 지도원 중 수석감독의 지위에 있는 송산호기(松山好幾, 44)는 자기의 지위를 이용해 수하계(受荷系) 및 검근계(檢斤係)를 여러 차례 속이고 자기와 장남 송산규성(松山圭成)의 명의로 벼 143가마니의 출하 공전표(空傳票)를 위조, 이를 사용해서 부안금융조합으로부터 금 1,639여 원을 징수했다. 이어서 실형(實兄) 송산진덕(松山辰德) 명의로 벼 70가마니 출하 공전표를 작성, 사용해서 대금을 편취하려고 했지만 입고계(入庫係)에서 해당 벼의 현물이 없는 것을 발견하고 앞 부정부패를 판명하는 데 이르렀다. 현재 소할 서에서 검거 취조 중.

〈자료 370〉 경무국 경제경찰과, 긴급식량대책 관계(經濟治安週報 54집, 1942.05.16)

△ 진안군 백운면 동창리 681 진안군 백운면 장덕산 당춘(當春)은 직무와 동시에 농업을 영위해 가는 것이지만 본년 4월 13일 진안군 긴급식량대책협의회에 출석해서 4월 14, 15일 양

일에 걸쳐 식량의 일제 조사가 실시됨을 알고 13일 야음을 틈타 미리 은폐 중인 벼 19석을 자기 부락 소재의 식량조합창고에 은닉해 두고 조사할 때에는 발견되지 않게 하기 위해 동 창고 안에 은닉해서 공출을 기피하려는 것을 진안군 경찰서원이 탐지, 현재 검거 취조 중.

△ 임실군 둔남면 군평리에서 독려 중의 군면 독려반원은 동(同)리 산림 속에 벼 17석, 백미 1석 1두 5되가 은폐된 것을 발견하고 관계자를 엄탐(嚴探)했더니 식량공판에서 솔선수범해야 할 동(同)리 구장 최기범(崔奇範)과 제1애국반장 이노사(李魯士) 및 제3애국반장 최말중(崔末重) 등이 공판 기피를 위해 주모자가 되어 부락 사람 16명과 공동 은폐시킨 것으로 판명되었다. 동 부락은 전 호수 35호 중 경작을 하는 곳 29호인데 절반 이상의 자가 이러한 행위로 나온 것은 시국을 인식하지 못한 정도가 심각하다. 주모자와 구장, 애국반장 등에 대해서는 엄중 취조 중. (전라북도)

△ 칠곡군 지천면은 식량 수급이 갑자기 핍박해서 면민(面民) 중 약 5할은 소지 식량이 부족하게 되었다. 면에서 군에게 증배 방법을 간청한 결과 약간의 배급이 있었지만 동 면장은 이후를 염려해 인접 달성군 하빈면으로 출장, 부민 등에게 식량 핍박의 현황을 하소연해서 소지 벼의 양도 방법을 간원했다. 그러나 면장의 지시가 없는 한 응하기 어렵다고 거절했더니 지천면장은 이를 인보상조(隣保相助)의 정신에 어긋나는 것으로 해석하고 보복으로서 하빈면민이 지천면 산림에 입산 금지를 행해서 새 목재 혹은 녹비(綠肥) 등의 채취, 반출을 저지하려던 것을 소할서에서 탐지, 양자의 주된 자를 불러서 유지(諭旨)시킨 결과 큰일 없이 해결됨. (경상북도)

△ 본도에서는 양곡 사정에 대응해서 4월 1일부터 주조 원료미의 배급 정지를 실시했더니 주조업자 중에서는 "다수의 실업자를 내고 거기다 농민의 안정을 해쳐서 노동능률의 3할 감퇴를 불러올 것"이라며 미친 듯이 배급 부활운동에 나서고 일반 소비자 중에서도 주조업자와 함께 당국을 비난하고 있다. 경제 치안상 간과하기 어려운 것이기에 예의 지도 계몽 중임. (충청북도)

△ 미곡의 공출 성적이 불량한 것을 살펴보면, 본도 통제미 제1회 할당 3만 7,300석을 목표로 공출 강화 중이지만 4월 5일 현재 공출수량은 32만 8,763석으로 전기(前記) 목표에 도내 조작미 15만 석을 더한 52만 3,000석에 비해 63%의 약(弱) 성적으로 본도 통제미 제1회 할당량의 공출도 매우 걱정스럽다. 주무과에서 궁여책으로 각 읍면 또는 각 부락에서 실시 중

인 농량 벼 및 비축 저곡의 매상을 계획해서 각자 각 군수 앞으로 통첩했다. 그 총수량 2만 4,714석을 목표로 하고 있지만 현재 수량은 3월 말 현재 벼 3만 3,129석(백미 환산 1만 6,590석)에 불과하고 게다가 일부 군에서는 이미 대부가 해제된 곳도 있어서 전량의 공출은 불가능하다. 게다가 미곡의 공출 및 배급의 원활하지 못함을 두려워해서 각종 불평불만이 많은 때이므로 본 건 실시가 다시 민심의 동요를 불러오는 것이 아닌지 주의 중임. (충청북도)

△ 유언(流言)으로 인한 식량 낭비

본적: 함경남도 덕원군 풍하면 청동리

주소: 곡산군 이령면 거리소리 미덕동

광부 경산덕천(慶山德泉)

해당 인물은 본년 3월 본적지에서 여행할 때 친모 주(朱) 씨로부터 "원산에서 부인 3명이 나물 채취를 하러 산에 갔는데 호랑이와 마주쳐서 도망쳤다. 남자 3, 4명이 그 산에 갔더니 호랑이는 없고 그곳에 한 명의 노인이 있었다. 노인이 '금년은 비상히 풍작이 될 것이지만 질병이 유행한다'고 말해서 그 예방책을 물었더니 노인 왈 '이 말을 들은 날부터 3일 내로 벼를 십자형으로 해서 나무 찜통에 넣고 떡을 만들어서 가족에게 먹이는 방법뿐'"이라고 말한 것을 듣고 주소지 부민에게 전했다. 부락민 약 200호는 이를 맹신해서 각자 떡을 빚어 쌀, 잡곡 약 40석을 낭비했다. (황해도)

〈자료 371〉 경무국 경제경찰과, 긴급식량대책관계(經濟治安週報 55집, 1942.05.23)

△ 미곡의 미(未)공출 3,000원, 198석의 공출 완수 방법에 대해 예의 독려 중. 5월 4일까지 일단 관내 전반의 호별 식량조사를 종료했는데 민중이 소지한 석수가 494석 7두 5되에 불과해서 공출 완수는 도저히 불가능한 실정이다. 식량이 전혀 없어서 배급 말고는 다른 방도가 없는 호수가 약 5할 3분을 점하고, 이후 수확기까지 해당 호수가 증가할 예정 또한 2할 3분을 나타내는 모양이다. 부민(部民)의 활기 뒤에는 반 정도가 자포자기적 경향에 궁지에 몰린 자가 있는 것으로 식량문제에 관해 국민학교 아동 6년생 30명에게 그 실정을 조사시켰더니 다음과 같아서 식량 통제로 인한 혐오의 기운이 농후한 것이다.

질문 : 부모나 마을의 사람들은 벼 공출에 대해 어떠한 점을 우려하고 또 걱정하고 있는가?

답 :

번호	내용	수
1	농업을 해도 다 가져가기 때문에 오히려 농업을 하지 않는 쪽이 좋다고 하는 사람이 있다.	2
2	공출을 무리하게 해서 국민에게 죽으라고 하는 것과 같고 (…)	4
3	이렇게 배급을 안 한다면 면 사무에 무슨 일이라도 일어날 것이다.	1
4	빨리 옛날처럼 되면 좋겠다고 말하는 사람이 있다.	2
5	일본인만 식량을 주고 조선인은 굶어도 좋은가?	1
6	본년부터 농업은 안 한다.	2
7	식량이 없어서 아사하는 자가 있다.	1
8	아버지나 마을 사람들은 만주국에라도 가자고 말하고 있다.	2
9	배(腹)가 없어져서 인사할 수 없다.	15
10	나라를 위한 공출이라고 하는데 농민이 먹을 것 정도만큼은 남겨서 공출하면 안 되는가?	3
11	공출은 국민의 의무이나 할당수량은 시비를 가리지 않으면 안 된다.	1

△ 소량의 벼, 백미 등의 공출에 관해서는 좌담회를 개최하는 것과 함께 기회가 있을 때마다 지도 계몽에 힘쓴 결과 양호한 성적을 보이고 있으나 일부 완미몽매(頑迷蒙昧)한 무리 중에서는 가진 수단을 통해 벼, 백미를 은닉하고 있는 자가 있다. 그때마다 간절한 지도 계몽하에 공출시켜 가고 있지만, 고창군에서의 은닉 방법 및 발견한 수량은 다음과 같다.

번호	내용	수	발견 수량
1	산속 물가에 덮개로 덮어 벼를 은닉한 것	1	벼 20가마니
2	변소의 재 속에 은닉한 것	2	벼 4가마니
3	왕겨 속에 은닉시킨 것	1	벼 3가마니
4	앞마당에 솔잎, 짚 부스러기로 덮어 씌워 둔 것	8	벼 86가마니
			백미 27가마니
5	잡곡 속에 은닉해 둔 것	5	벼 20가마니
			백미 7가마니
6	상자 속에 백미를 넣고 위에 잡곡을 덮어 둔 것	1	백미 2가마니
7	경작하지 않는 빈곤자의 집에 맡겨 두는 것	2	벼 21가마니
			백미 5가마니

<table>
<tr><td rowspan="2">8</td><td rowspan="2">대나무 숲속에 은닉하고 있는 것</td><td rowspan="2">2</td><td>벼 4가마니</td></tr>
<tr><td>백미 2가마니</td></tr>
<tr><td rowspan="2">9</td><td rowspan="2">산속에 나뭇가지로 덮어 씌워 은닉한 것</td><td rowspan="2">3</td><td>벼 18가마니</td></tr>
<tr><td>백미 2가마니</td></tr>
<tr><td rowspan="2">10</td><td rowspan="2">창고 판자 틈새를 떼어 내고 숨긴 것</td><td rowspan="2">2</td><td>벼 9가마니</td></tr>
<tr><td>백미 5가마니</td></tr>
<tr><td>11</td><td>땅속에 상자를 묻은 뒤 모래를 쌓아 둬서 숨긴 것</td><td>1</td><td>백미 18가마니</td></tr>
<tr><td colspan="2" rowspan="2">계</td><td rowspan="2">28</td><td>벼 208가마니</td></tr>
<tr><td>백미 48가마니</td></tr>
</table>

(전라북도)

△ 미곡의 배급은 최근 현저하게 핍박될 뿐만 아니라 잡곡에 이르러서까지 궁한 상태가 되었지만 본도는 생산 도인 관계상 다른 도 또는 내지에 있는 친족, 지기 등의 의뢰에 의해 운임 관계 등을 고려하지 않고 양곡, 곡식 가루 등을 소포 우편으로 해서 반출하는 자가 점증하는 경향이 있다. 그렇기 때문에 1월부터 3월까지 실정 조사를 하였더니 소포 우편에서 인수된 수가 1만 4,942개로 전년의 양곡 및 그 가공품 8,709개였던 것에 비해 13할 정도의 점증을 보이고 있다. 특히 내지 앞으로 보낸 것이 많고, 이러한 소포 최대한도 4톤, 정미(正米) 3~5톤으로 백미로 하면 203석으로 전년 같은 시기에 비해 116석의 증가를 보이고 있다. (충청북도)

△ 식량의 배급이 핍박됨을 감안해 운곡국민학교 제6학년 생도 60명에게 무기명 작문으로 부형 및 부락민의 언동을 내사시켰더니 다음과 같다.

번호	내용	명수(名數)
1	가족은 많고 배급미는 적기 때문에 그 쌀로 살아가는 것이 불가능해서 왜 이런 세상에 사는 걸까 하고 생각됩니다.	3
2	식량 부족 때문에 이런 상태로는 살 수가 없고 전쟁에라도 나가 있는 쪽이 잘살 것이다.	1
3	식량 부족으로 국민은 어떻게 살아갈까.	2
4	배급 부족 때문에 배가 고파서 죽을지도 모른다.	1
5	식량 부족 때문에 전쟁이 빨리 끝나는 것이 좋다.	3
6	배급 부족 때문에 몸이 여위어서 훌륭한 황국신민이 될 수 없다.	3

7	식량 배급이 없기 때문에 농업을 그만둔다.	3
8	식량이 있으면 모두 가져가고 어떻게 하면 전쟁을 그만둘까.	3

(충청남도)

△ 청도군 매전면 덕산동 대야진관(大野鎭寬)은 1942년(昭和 17) 3월경부터 땔감 운반 등의 일용 노동에 종사하고 있던 자인데 최근 식량의 소비 규정 강화에 의해 일반 민중들이 소비 기준량에 따른 미곡 배급에 부족함을 느껴서 입수에 급급한 정황이 있는 것을 기회로 삼아 청도면 고수동 시장에서 같은 동 거주자 최기룡(崔基龍) 외 3명에게 "현금만 낸다면 자신은 청도청(淸道廳) 앞의 지인으로부터 백미를 매입할 수 있으므로 쌀의 매입을 알선할 수 있다"고 기만해서 64원을 편취, 도주한 것을 현재 범인 수사 수배 중.

△ 본년 2월 이래 미곡 공출을 강화하는 것과 함께 일반 식량의 배급량을 2합 5작으로 절감하고 재차 4월부터 긴급식량대책에 근거해 가공 원료 및 업무용 식량의 억제 내지 배급의 불원활 등에 의해 부정 사업이 증가하는 경향이 있는 것에 비추어 조사했던 바

번호	내용	건수
1	배급미 통장에 가족 수를 많이 기입한 건	1
2	반미(飯米)를 소유하고 있음에도 불구하고 배급을 받은 건	33
3	동일 기간 내 이중배급을 받은 건	3
4	배급미 통장 숫자를 개정(改訂)한 건	1
5	동일 가족에서 부부가 함께 배급 통첩을 받은 건	1
6	배급계원이 사사로이 잡곡 포합(抱合)을 완화시킨 건	1

등과 같은 것이고 또한 장래에도 소지 식량의 점감, 농번기의 배급미 부족 등에 따라 이러한 종류의 배반 행위 등을 감행할 것이라고 인식되어 주의 중.[120]

△ 영동군 용화면은 4월 중의 배급 식량은 58석 5두인데 면민 1,053석 내 약 절반은 배급을 요구하는 실정이기 때문에 앞 배급량으로는 균등하게 배분할 수 없어서 할 수 없이 135석을 배급했다. 그로 인해 군 당국으로부터 절대 초과배급을 인정하지 않는다는 뜻이 배급업자들에게 엄달(嚴達)된 까닭으로 5월 10일 배급일을 앞두고 수요자와 군 당국 사이에 껴서 이

120 원문에서 숫자가 미기입됨.

러지도 저러지도 못하던 것을 견디지 못한 계(係) 서기 2명은 소재를 감추면서 6월분 배급량 중 30석을 앞당겨 배급시켰다.

△ 음성군 삼성면 덕정리 삼성면 서기 정우택(鄭禹澤)은 수석 면서기로 근무 중에 있는 자인데 자택은 자작농으로 약 20석의 보관 명령을 받고 있는바 가족의 식량에 지장이 없음에도 불구하고 4월 10일 전후에 식량이 없다고 해서 배급을 받았다. 그러나 식량 일제조사 때 백미 5석, 벼 7석을 은닉한 것이 발견되어 타의 모범의 의미로 퇴직시켰다. (충청북도)

〈자료 372〉 경무국 경제경찰과, 긴급식량대책관계(經濟治安週報 57집, 1942.06.08)

△ 산청군 단성면 성내리에 있는 조선■■양조업(朝鮮■■釀造業) 송원■림(松園■林)은 주조미로 벼 150가마니를 은폐하던 중 군면 직원의 검색을 받아 전부 공출된 결과, 주류 판매업자 등에게 "술을 팔고 싶다면 군수에게 쌀의 배급을 신청하라"고 언도했기 때문에 주류 소매업자 15명은 4월 23일 산청군수의 귀도를 따라서 이를 진정하려던 바였으나 소할 주재소원의 유시(諭示)에 의해 큰일 없이 끝날 수 있었다.

△ 산청군 단성면 성내리에서는 부녀자 약 15명은 국민학교 뒷산의 소나무 숲에서 약 100그루의 소나무 껍질을 깎아서 식용으로 마련하려고 했기 때문에 소나무가 대부분 고사한 상태가 되었다. 그러나 이것은 관청의 지도에 반감을 품은 결과가 아니라고 인식되어서 배후 관계 조사 중.

△ "모든 쌀을 내면 먹을 것이 없어서 죽을 수밖에 없다. 우리들이 먼저 죽으면 다음으로는 관청의 지도자 등도 죽을 것이다. 술이라도 마실 수 있을 때까지 마실까" 등의 불온 언사를 함부로 쓰는 자가 있다.

△ 합천군 하동읍 두곡리 부락 71호의 부장은 4월 18일에 배급미의 증배를 대거 읍당국에 진정하려고 의논하던 중이었다. 소할서원이 이를 탐지해서 대거 진정과 같은 소요를 경계해 부락연맹 이사장 및 부락 유지를 호출하고 당국에 연락, 선처시켰지만 본 건과 같은 사안이 각지에서 제출되고 있어서 예의 경계 중.

△ 공출의 강화에 따른 민심의 고난이 더해 가는 것 외 당국 지도의 방침에도 의구심을 품고 교묘한 수단으로 공출 기피를 꾀하는 자가 있다. 최근 이를 은닉한 상황을 보면

1. 자택 앞마당에 구멍을 파서 바닥에 통나무를 깔아 벼를 두고 그 위에 짚을 덮어서 땅을

다진 자.

2. (중략)

3. 강바닥에 제방을 쌓고 은닉

소유자가 발각되지 않은 등 악질 은닉 수단이 많고 이들에 대해서는 여러 차례 단속 중이다.

△ 김해군 내 국민학교 아동의 도시락 조사에 의한 절미 상황

조사학교 수 20교, 아동 총수 6,526명

내역

순백미 380명

쌀 5할 정도의 자 1,358명

쌀 3할 정도의 자 821명

쌀 2할 이하 122명

순잡곡 3명

도시락을 지참하지 않은 자 3,842명

평소에도 도시락을 지참하지 않은 자 2,921명

(경상남도)

△ 공출 촉진으로 인해 농촌 식량사정은 상당히 핍박받고 있는데 영덕서에서 지정된 정미공장 기계 고장 때문에 양곡 배급 당일 배급해야 할 양곡이 없게 되었다. 수급자 중 일부 부녀자 약 100명은 군수에게 사정을 자세히 진술하려고 관사로 쇄도하였지만 경찰서의 설득에 의해 무사히 해산되었다.

△ 대구부에서 잡곡(보리)의 소비량은 1개월 2,000석이지만 계획대로 입하(入荷)되지 않고 수급 전망도 애매하기 때문에 5월 20일부터 6월 12일까지 잠정적으로 건도(乾稻)를 포함시켜 판매를 해서 조금이나마 잡곡을 보호하고, 수급 원활을 기하고 있다. (경상북도)

△ 원산부 두남리 689 음식점 겸 노동자 평산영택(平山永澤) 및 덕원군 부내면 상평리 음식점업 박동우(朴湩寓)는 배급미가 감소하면서 경영에 곤란을 겪으며 미곡의 입수에 광분하고 있었다. 그러던 중 박동우는 강원도 통천군 흡곡면 봉호리 농업 겸 정미업 강중운수(江重湨洙)(외 4명)와 친척인 것을 기회로 삼아 그와 공모해서 본년 4월 20일 이래 수회에 걸쳐 1석당 50원 내지 51원으로 7석을 모두 공정가격을 초과해 매입했다. 그리고 흡곡면 해안까지 야간에

우차(牛車)로 운반하고 다시 어선으로 반출하려고 준비 중이었던 것이 발견되어 현재 엄중 취조 중. (강원도)

〈자료 373〉 경무국 경제경찰과, 긴급식량대책관계(經濟治安週報 58집, 1942.06.15)

△ 잡곡의 부족에서 기인해서 초목피를 식료로 충당하는 자가 점증해서 현재 초근목피를 식용으로 하는 자들이 거창서 관내에 6,407호, 3만 1,974명으로 이 중에 종래부터 춘궁기와 똑같은 생활을 하는 계급 451호, 4,463명을 공제시켜도 본 대책 실시의 결과 5,756호, 2만 7,331명이 증가했다. 이 부민들에 대해서는 관계 방면으로 연락, 선처하는 것과 함께 좌담회 등을 개최해서 민심의 안정에 매우 힘쓰고 있다. (경상남도)

△ 곡류 공출을 기피하는 폐풍을 지워서 없앴지만 이번에 실시되는 일제 공출 독려 중에 발견된 은닉의 방법은 다음과 같다.

1. 온돌의 구석에 이중벽의 밀실 등에 의한 것
2. 항아리에 넣어서 된장, 간장 등을 덮은 것
3. 처마 위, 손그릇 또는 옷상자, 취사장, 헛간, 변소 등에 은닉한 것.
4. 지푸라기, 솔잎, 나뭇잎 등 속에 은닉한 것.
5. 소 우리, 돼지우리의 거적 더미 아래 혹은 도랑을 이용해서 상자를 넣어 은닉해 둔 것.
6. 산속에 은닉시킨 것.
7. 가정 내 나눠서 저장한 것.

△ 문경군 호계면 선암리 빈민 문공훈(文孔訓) 외 5호 36명의 가족은 식량 공출 때문에 일용 노동이 불가능하게 되고, 수입 수단을 잃었기 때문에 가족은 걸식을 할 수밖에 없어서 사방으로 흩어졌다.

△ 호계면 우로리의 부민에게 현재 실시 중인 치수공사 취로 방면을 당국에서 독려를 해도 약 50명의 노동자는 식량 결핍에 의해 출역이 불가능한 상태이다.

△ 호계면 우로리 서원제치(西原濟致, 37)는 면내 유력자로 가족 10명을 거느리고 약 30두 정도의 자작을 하고 있었지만 벼의 공출이 과중했기 때문에 4월 중순경부터 식량이 끊겼다. 이후 매일 식량을 구하기 위해 인접 군면 등에서 고기를 잡았지만 입수할 수 없었고 4월 28일은 이른 아침부터 나갔지만 빈손으로 돌아오던 중 배고파서 우는 가족을 보고 참지 못하고

입수, 자살을 꾀했으나 이웃에게 발견되어 미수로 끝났다.

△ 호계면 예천리 연초 경작자 김강종원(金岡鍾遠) 외 1명은 식량이 없기 때문에 연초의 비료로 배부받은 겨에 야채를 섞어서 밥을 지어 주식으로 하고 있다.

△ 동로면 명전리 제재소 노동자 20명, 광산 인부 35명은 식량 궁핍 때문에 취로할 수가 없어서 해산되었다.

△ 영순국민학교 훈도 이시즈루 타케시(石鶴猛)는 식량이 없기 때문에 이미 가족 모두 2끼니를 거르게 되어서 생도의 부형에게 사정을 고해 4~5일분의 식량의 분량을 나누어 받았다.

△ 문경군 호서남면 곡리 간이학교 전 생도 48명 중 음식의 결식자 27명에 달하고 또한 궐식(闕食)은 영양을 결핍한 자가 많기 때문에 건채(乾菜) 실습교육에 중점을 두고 있다. 그러나 해당 학교에서는 결식아동이 활기가 없어서 실습상 상당히 지장을 가져오고 있다.

△ 종래 고구마(甘藷) 재배는 군면 당국의 적극적 지도 독려에도 불구하고 일반 농민에게는 받아들여지지 않는 감이 있었는데 본년 문경면에서 종자용 고구마를 요구해서 그 진의를 내사하니 대부분 식량으로 충당하려 하고 종자용으로 쓰려는 자는 적다.

△ 문경면 갈평리 정벌진(丁垡鎭, 48)은 자산 약 4만 원을 가지고 1940년(昭和 15) 6월 본적지 영주군으로부터 이사를 와서 농업에 종사 중인 자인데 미곡 공출이 과중하면서 극도의 식량 결핍이 되어 이대로는 가족 13명과 함께 아사할 수밖에 없기에 본적지로 돌아갈 것을 결의했다. (경상북도)

△ 내지의 식량 대책에 아울러 내지 도항 노동자는 고향의 친족, 지기 등으로부터 식량을 구해 달라는 의뢰를 받아와서 최근에 이와 같은 체신이 점증하는 현상이 있다. 이러한 이출은 조선 내 식량 대책상으로도 영향하는 바가 적지 않으므로 종래 억제해 왔다. 근래 1월부터 3월에 쌀, 벼의 내지 이송 상황을 도내 일제히 조사했더니 약 4,000반에 달해서 전년 같은 시기에 비해 약 2배의 증가를 보이고 있다. 재차 관계기관과 연락을 밀접히 해서 이출 억제에 힘쓰고 있다. (충청남도)

△ 전주부 대정정 사정목 32 근본시중(根本時中, 57)은 본년 4월 30일 현재 백미 1석 6두 속맥(粟麥) 4두를 보유하고 있으면서도 5월 1일부터 양곡의 통장제(通帳制)가 실시되어 자유 구입이 불가능한 것을 찰지하고 5월 1일 전주부로부터 배급통장의 교부를 받아 1두 5되, 보리 8승 5합을 매수해서 모아두고 있는 것을 검거, 현재 엄중 취조 중. (전라북도)

△ 정읍군 산내면 매죽리 농업 김용헌(金溶憲, 51)은 5월 30일 리어카에 백미 2가마니, 보리 1가마니를 실고 부안군 부령면 동중리를 통행 중 부안서(署)원에게 발견되었다. 서원이 취조했더니 주소지는 식량이 부족해서 5월 27일 부안군 하서면 언독리 김창길(金昌吉)에게 의뢰해 앞 백미 및 보리를 46원 40전으로 매수했다고 판명되었다. 게다가 김창길 외 1명은 "작년 정읍군 산내면은 흉작이었음에도 불구하고 군, 면의 직원이 여러 차례 출장해서 각 호의 식량을 거둬 갔기 때문에 해당 면은 1원, 1명도 남지 않고 아사할 모양이라 정읍, 신태인, 부안 등에 식량 매출을 위해 왔다"고 인심을 혼란시킬 유언비어를 한 것으로 판명, 현재 검거 취조 중. (전라북도)

〈자료 374〉 경무국 경제경찰과, 잡보(經濟治安週報 58집, 1942.06.15)

△ 곡물검사원의 미곡 검사 상황

곡물검사원의 미곡 검사에 관해 수검자 및 공출 벼에 대한 응접, 취급의 불성의, 불친절, 검사의 불공평, 검사 일시의 돌발 변경, 검사 개시 시각의 지연, 마감 시한이 너무 이른 점 등의 사례가 많다. 그렇기 때문에 검사원에 대한 불평불만이 적지 않을 뿐만 아니라 미곡의 공출상 다대한 영향을 가져오고 있어서 도 주무과에서도 항상 검사소 관계 방면과 연결, 원활, 신속한 조치를 설명해서 최근 개선되고 있지만 지금도 악폐의 흔적을 지우지 못하고 미곡통제에 대한 생산자의 협력을 거부해서 원활한 진전을 저해하고 관민 이반의 요인이 되는 등 경시할 수 없는 상황이다.

최근의 개황은 다음과 같다.

1. 모 검사원 및 군농회 직원은 포장 불만인 것의 포장지를 절단하고 피검사자를 편단(偏斷)해 구타하는 데 이름.
2. 불합격이 된 경우 그 이유를 들으니 자신들은 직접 총독의 감독을 받는 자이고 군면의 감독을 받는 자가 아니라고 편단한 사례가 있음.
3. 검사 소재지에서 공출자는 오전 7시경부터 출하하고 있는데 검사원은 수 시간 후 출근해 검사에 착수하거나 또는 식사 때문에 수 시간을 필요로 하고 있음.
4. 검사원에게 공출자가 벼의 검사에 관해 논쟁을 했더니 검사원은 감정에 휘둘려 "공출자

의 반성을 촉구한다"는 이유로 검사 도중 귀환함.

5. 검사 합격품과 동일품이 다음 날 검사에서는 불합격이 됨.
6. 동일품인데 수검자가 다르면 등급에 차이가 생김.
7. 검사원에게 공출자 검사에 관해 문답했더니 검사원이 격앙해서 해당 수검 벼를 전부 등외로 함.
8. 불합격품을 동일 인명으로 수일 후 다시 수검했더니 2등, 3등으로 합격되었다.
9. 옥구군 대야면 공판소는 오후 1시부터 돌발적으로 검사를 개시해 오후 11시경 종료한 경우가 많음.
10. 1일 1,000가마니의 벼를 불과 2시간 만에 급속히 검사를 종료함.
11. 지정지 외의 검사 벼는 500가마니 이상의 경우에 한해 검사를 하는 것이기 때문에 수험 벼 약 1,500가마니 이상이 있음에도 불구하고 400가마니만 검사하고 검사증표에 남은 것이 없다고 허언을 늘어놓고 검사를 거절함.
12. 1일 검사 표준 700가마니인데 이를 초과하면 검사원이 면장을 질책하고 애써서 독려해 공출한 수백 가마니의 벼를 검사하지 않고 갖고 돌아가도록 시킴.
13. 3,000가마니의 수검 벼를 군농회 촉탁 임시 지도원은 이를 예비 검사했는데 검사원은 겨우 3가마니만 검사해서 등급을 결정함.
14. 2월 5일 검사일(순천)을 미통지하고 6일로 변경함. (전라북도)

2) 전시 식량 관리·공출 계획 및 내용

(1) 자료 해제

전시체제기 편찬된 공식 자료는 전쟁 협력을 유도하기 위해 전황을 호도하고 일방적인 선전의 내용을 포함하고 있다. 그러나 이러한 자료에서도 전시 식량정책의 내용을 추출해서 살펴볼 수밖에 없다. 이에 식량 공출 관련해서도 조선농회의 《조선농회보》는 물론 조선식산은행 발행 《식은조사월보(殖銀調査月報)》(월간), 조선금융조합연합회 발행 《조사휘보(調査彙報)》(월간) 등의 잡지도 전시 농업통제정책 관련 통계나 글이 많다. 특히 식량의 유통—소비 통제,

공출 관련 정책을 파악할 수 있는 자료이다.

일제는 전쟁 수행을 위해 식민지 조선에서 군수식량 확보에 매진했다. 일본제국권 내의 전시 식량 수급 상황과 물자 동원에 대해 일본 제국의회 중의원 회의 논의를 살펴보았다. 『제국의회 중의원의사속기록』 중 1941년 2월 중의원에서 결정된 〈중요물자 및 식량증산 확보 결의안〉을 수록했다. 아직 아시아·태평양전쟁 발발 이전이라 전시 물자 동원에 있어 약간의 여유를 갖는 시기였으나 의회에서도 군부와 행정권력의 전쟁 수행에 대해 적극 협력하며 앞장서고 있는 상황을 볼 수 있다. 다음으로 일제의 전쟁 패망이 가까워진 1944년~1945년의 조선의 식량 사정을 살펴볼 수 있는 『태평양전하조선(太平洋戰下の朝鮮)(4)』(近藤釼一 編, 1963, 友邦協會)에서 식량 수급 상황과 공출 관련 내용을 정리했다. 『太平洋戰下の朝鮮』 시리즈는 재단법인 우방협회에서 아시아·태평양전쟁기 조선총독부가 생산한 식민 통치 및 군수 관련 극비문서를 주제별로 편찬한 것이다. 그중 『태평양전하의 조선(4)』는 조선총독부 예산 「식량」 관계 중요문서 편집본으로 조선총독부 재무국과 일본 내무성 관리국에서 작성한 것인데 제86회 제국의회 설명 자료(1944년)와 제87·88회 제국의회 식량 관계 설명 자료(1945년)이다.

전시 미곡 유통은 시장에서 자유로운 유통이 불가하고 공출이라는 조선총독부 통제하에 유통기구와 쌀값을 강제로 공정하여 쌀을 매입하는 것이었다. 이에 '공정미가'는 전시 미곡 공출의 양상과 지주·생산자 농민들의 삶과 연결되는 것이다. 『공정미가의 변천에 관한 조사(公定米價の變遷に關する調査)』(朝鮮金融組合聯合會, 1944)는 전시체제기 쌀값 관련 내용을 일괄적으로 파악할 수 있는 자료이다. 이것은 1944년 조선금융조합연합회가 발간한 자료로 요시무라(芳村圭助)가 편찬의 책임을 맡았다. 1939년부터 1944년 3월까지 조선의 공정미가 변천 과정에 관련한 통계, 정책서 등 각종 조사 자료가 담겨 있다. 주로 미곡 가격에 대한 자료를 연도순으로 정리하고 거기에 저자의 간단한 해설을 붙이는 형식으로 구성되었기 때문에 이를 통해 전시체제기 미가 변천을 쉽게 파악할 수 있다.

(2) 전시 군수식량 확보와 식량관리정책 실시

〈자료 375〉 중요물자 및 식량증산 확보 결의안(重要物資及食糧增産確保決議案, 1941.02.07)

(북악사학회 근현대사분과 편, 1991, 『帝國議會 衆議院議事速記錄 8』, 太山, 216–219쪽)

〈중요물자 및 식량증산 확보 결의안(重要物資及食糧增産確保決議案)〉

중요물자 및 식량증산 확보 결의

대동아의 신질서를 건설하고 공영권의 확립을 기하는 것은 제국 부동의 국책으로서 이것의 수행을 위해서는 온갖 어려움을 물리치고 고도국방국가(高度國防國家)[121]의 완성에 매진하지 않으면 안 된다.

중요물자의 생산 확충, 식량증산의 확보는 고도국방국가의 초석으로서 현재 긴요한 임무이다. 정부는 모름지기 국제정세의 긴박(緊迫)과 국내 생산력의 현상에 비춰서 속히 다음과 같은 구체적 방책을 수립함으로써 시국 대처에 만전을 기할 것이다.

통제를 합리화해서 민간의 창의를 계도하고 체제를 정비해서 쓸모없는 마찰을 배제한다. 전시 물가정책을 검토함과 함께 노동력, 자재의 배급을 적정·원활하게 하고 특히 중점주의(重點主義)에 의한 과학 총동원을 단행하여 창의적 산업계획을 수립함으로써 철, 석탄, 기타 중요물자의 생산 확충을 할 것.

내외지를 통틀어서 식량증산계획에 입각하여 즉시 외미(外米) 의존 탈각의 목적하에 비료·기타 생산 필수자재의 적시 배급, 소요 노동력의 조정, 기술 동원 시설의 철저, 지도 독려망의 완비 등 일절의 수단을 다해서 식량의 증산을 확보할 것

○ 오카다(岡田忠彦) : 나는 여기에 본 결의안의 취지를 말하는 영광을 얻은 사람입니다. 우선 안건을 낭독하겠습니다. (중략) 안건은 이상대로입니다.

제군, 본 의원(本院)은 이미 의회 재개의 벽두에 있어서, 전시체제 강화에 관한 결의를 함으로써 중대 시국에 대처해야 할 국정의 운영에 대해서, 소신이 있는 바를 명확히 밝혔습니다.

(중략)

본 의원은 더욱이 나아가서 적극적으로 정부에 협력해서 시간(時艱) 극복의 국책을 확립시키기 위해서 이 결의안을 제출했습니다. 즉 여기에 고도국방국가의 기초여야 할 철·석탄·기

121 국민, 국가의 모든 요소가 국방력을 최고도로 발휘할 수 있도록 조직되고 통제되는 국가체제이다. 이 체제는 기존 체제의 자유주의·개인주의적 요소를 척결하고 전체주의 이념와 천황중심주의를 전면에 내걸고 재편되기 때문에 소위 신체제라고 하였다. 모든 인적·물적 자원이 전쟁 수행을 위해 동원되는 만큼, 사회 전반을 전체주의 이념으로 규제해야 했다(「전시동원체제의 구축」, 우리역사넷, http://contents.history.go.kr/).

타 중요물자의 생산 확충, 식량증산의 확보에 관하여 본 의원이 본 것을 솔직히 피력함으로써 일각이라도 속히 이것의 국책 수행상에 구현시키는 것을 요망하는 바입니다. 사변 이래 3년 반, 우리나라의 경제력이 금일에 이르러서 영미제국(英美諸國)의 예상과 달리 더욱더 강인한 저력을 발휘하고 있는 것은 전부 일억 국민이 각자 그 직역(職域)에서 봉공하고 있는 노력 때문입니다. 그러나 작년의 가을 이래 가중되어 온 국제정세의 중압은 경제 분야에 대해서도 심대한 영향을 주었습니다. 물자 및 식량의 증산은 종래의 속도와 계획으로써는 그 달성이 곤란해지고 있습니다.

(중략)

또한 급속히 고도국방국가체제를 정비할 필요가 있습니다. 다시 말하자면 보다 한정된 자원으로써 보다 빠른 속도와 보다 광대한 규모로 중요물자의 생산 확충, 식량증산의 확보에 매진하는 것이, 금일 우리나라의 앞에 놓여 있는 과제입니다. 무릇 비상한 시국에서는 비상한 구상이 필요합니다. 금일의 사태를 한 가지 수단으로써 해결할 수 있다고는 누구도 생각하지 않고 있습니다. 그래서 새로운 방책을 필요로 하기에 이르렀습니다. 우리가 정부에 향해서 진언하고자 하는 까닭도 또한 여기에 있습니다.

정부는 우선 급히 변하고 있는 시국에 즉응하기 위해서 수차례에 걸쳐 물동계획(物動計劃)의 개편을 했습니다. 이와 동시에 사생결단으로 중점주의를 채택함으로써 전시 중요물자의 증산 확보에 힘쓰고 있습니다. 또한 전반적인 신체제의 일익이 되어서 경제 신체제를 기획하고, 근로 신체제와 아울러서 생산 확충상에 새로운 구상과 공부를 시도하고 있습니다. 우리는 이러한 생산력의 확충에 고심(苦慮)하고 있는 정부의 노력에 대해서는 마음으로부터 경의를 표하는 바입니다. 그렇지만 현실의 구체적인 성과가 정부의 기도한 바에 부합할 수 없던 점에 이르러서는 유감스럽지만 이를 인정하지 않을 수 없습니다.

말할 것도 없이 고도국방국가의 기본은 철·석탄·기타 중요물자의 증산 자급과 식량의 자급자족에 있습니다. 적어도 내외지를 통틀어서 석탄 1억 톤의 생산을 확보하고, 1,000만 톤을 밑돌지 않는 철강의 생산량을 가지고, 또 자급자족할 수 있을 만큼 국민 식량을 확보한다면, 적어도 고도국방국가라고 칭할 수는 있을 것입니다. 우리나라가 특히 작년 이래 노력해 왔던 목표도 실로 여기에 있습니다.

그렇다면 현실의 사태는 이 목표에 부합하고 있을까요? 원료 자재의 부족, 노동력의 부족

등 여러 가지 곤란을 극복하여, 경이적인 성과를 거두고 있는 것은 말할 것도 없습니다. 그렇기는 하지만 또한 목표에 달성하지 못한 것도 매우 많습니다. 따라서 우리는 여기에 만난을 배격하고, 이것의 달성에 매진하지 않을 수 없습니다. 그 구체적인 방책이야말로, 최고로 중요한 현재의 국책이라고 말하지 않으면 안 됩니다.

(중략)

다음으로 식량문제에 대해서 말씀드리겠습니다. 이미 우리나라에서는 내지 및 대만, 조선을 포함하여 소위 내외지를 관통하는 식량증산계획이 확립되어 있습니다. 이 증산계획은 유감스럽지만 여러 가지의 장애 때문에 아직 실행으로 옮겨지지 않고 있습니다. 원래 내외지 계획의 일관성을 결여하는 것은 금일의 경우에 있어서는 안 될 것입니다. 이때 속히 내외지를 포괄하는 수급계획을 수립하고, 수미일관한 관리제도를 시행하는 일에 대승적인 고려를 기울이지 않으면 안 된다고 생각합니다. 식량, 특히 쌀의 부족에 대해서 오로지 외미에만 의존해서는 눈앞을 호도(糊塗)하고 있는 것에 지나지 않습니다. 말할 것도 없이 외미 의존은 근본적인 식량대책이라고 말할 수 없고, 유사시에 식량을 해외에 바라는 것 같은 약점은 절대로 이를 떨쳐 버리지 않으면 안 된다고 생각합니다. 그렇기 때문에 고도국방국가에서는 항상 식량의 자급자족이 그 최소한도로 요청되고 있는 것입니다. 식량증산계획을 실현하는 첫 번째 필요조건은 비료 및 필수 자재의 확보와 그 적시 배급입니다. 작년도에 미곡·기타 식량의 증산을 방해한 것은 주로 비료의 부족, 그 배급의 지연, 필수자재의 부족에 기인했습니다. 따라서 비료의 증산 시설을 확충함과 함께 이것의 일원적 적기 배급을 도모해야 한다고 생각합니다. 더욱이 무기질 비료가 부족한 경우에는 이를 보충하기 위해 어비(魚肥), 퇴비(堆肥), 구비(廐肥) 등의 유기질비료에 대해서 특별한 고려를 기울이지 않으면 안 된다고 생각합니다. 식량의 부족이 나아가서 사료(飼料) 부족으로 되고, 사료의 부족이 나아가서 유기질 비료의 부족으로 되고, 더욱이 식량 감산을 초래하는 순환적 결과를 야기하지 않도록 정부는 지금부터 충분한 대책을 강구해야 합니다.

식량증산의 두 번째 필요조건은 농촌 노동력의 보급과 이것의 조정입니다. 노무동원계획에 기초하거나 혹은 각지의 시국 산업 발흥에 따라서 농촌 노동력의 비상한 부족을 초래하고 있는 것은 다시 말할 필요도 없습니다. 게다가 이를 보충해야 할 우마(牛馬) 등에 이르러서는 증산을 달성하지 못하여 더욱더 농촌의 노동력 부족에 박차를 가하는 것이 오늘날의 현상입니다. 이를 어떻게 해서 보완할 수 있을까요? 농촌이동노동반(農村移動勞動班)의 편성은 일부에서는 유효한 결과를 거두고 있습니다만, 전체로부터 이를 관찰하면 그 효과는 아직 만족할 만한 경지에 이르지 못하고 있습니다. 금후 노동력의 조정에 대해서는 정부에서 협동력을 골자로 하는 대규모 계획을 수립함으로써 노동력의 확보를 도모하지 않으면 안 된다고 믿습니다.

식량증산의 세 번째 필요조건은 기술 지도의 철저, 과학 지식의 동원, 독려망(督勵網)의 조직 등, 증산을 자극하는 지도 독려의 방책입니다. 이는 현재 각각의 도부현(道府縣)에서 각기 다르게 진행되고 있습니다. 그렇지만 이들은 각종 사무에 쫓기고 있어서 그 지도력은 매우 저하되었고, 또한 역전의 우려조차 있습니다. 따라서 지금 시국에서 이를 전국에 걸쳐서 철저적·조직적으로 정비, 충실히 하는 것이 급무입니다.

다음으로 휴한지를 이용하는 것이 가장 필요합니다. 예를 들면 전국에 걸친 관 공유지의 적절한 이용, 오랜 기간 방치된 회사 예정지의 활용 같은 것은 지금 가장 고려해야 할 점이라고 생각합니다. 동료 미요시(三善) 대의사(大議士)는 향리(鄕里) 구마모토(熊本)에서 학교의 교정 일부를 동원해서 고구마를 재배하는 것을 장려했고, 이것이 현(縣)의 공명을 얻었다고 하는 것을 저는 예산위원회에서 이어서 크게 강조했습니다. 저는 이 취지를 전국의 학교에 퍼트린다고 하는 것은 우리 제2국민의 봉공심을 환기하는 데 있어서 지대한 공헌이 있다고 생각합니다. 또한 저위(低位) 경작자의 능률을 향상시키는 것, 이모작의 보급을 도모하는 것, 다른 작물을 식량 생산으로 전환하는 것 등의 일은 모두 즉시 실시해야 할 것입니다. 또한 국토계획에 기초해서 공장 등에 의한 미전(美田)의 파괴를 저지하는 것도 또한 지금 고려해야 할 것입니다.

이를 요약하면 우리나라 현재의 정세는 식량증산의 확보를 가장 긴급한 일임에도 그 방책은 반드시 우리의 요구에 응하고 있지 않습니다. 금일과 같은 상태에서 수수방관하고 좌시한다면, 매년 식량 생산 감퇴의 방향으로 향하지 않을까 두렵습니다. 식량 부족의 때에 외미 의존의 방책을 집행하여 외미 수입으로 고비를 넘긴다고 하는 것은 단연코 국가의 백년대계가 아닙니다. 이 모순을 극복하기 위해서는 무슨 일이 있어도 큰 결단으로써 식량증산 확보를 위해 이상 말씀드린 방책을 실시하는 것을 간절히 바라 마지않습니다.

또한 외미 의존의 탈각 방책으로서는 물가에 대하여 재검토를 하고, 주요 식량의 가격과 일반물가와의 균형에 관해 신중한 연구를 수행하여 이에 선처하는 것이 필요합니다. 이점에 대해서는 정부 스스로도 이미 인식하고 있는 것이라 믿기 때문에 특히 많은 말을 하지 않겠습니다.

〈자료 376〉 이와타 타츠오(岩田龍雄)·카네코(金子永徵), 전시하 조선에 있어서 미곡정책의 전개(상)(殖銀調査月報 64호(1943.09), 1-24쪽)

2. 1939년(昭和 14) 한해와 대책

1939년(昭和 14) 갑자기 남선 7도를 습격한 한발(旱魃)과 주고쿠(中國), 시고쿠(四國), 규슈(九州) 등 서일본의 한발을 계기로 해서 미곡문제는 종래의 과잉 문제로부터 일변해서 미곡 부족이라는 새로운 사태가 심각한 양상으로써 나타났다. 조선미의 증산 문제는 다시 미곡문제의 중심으로 되돌아왔다. 도하타(東畑) 씨의 말에 따르면 천천히 집적해 왔던 사정이 이 이변을 계기로 해서 만인에게 인정받기에 이르렀던 것이다. 게다가 1938년(昭和 13) 산미의 이월고(持越高)는 조장미(早場米)[122]의 출회와 농민의 퇴장(退藏), 기타의 원인에 의해서 11만 석이 감소하여 29만 2,000석으로 되었다. 1939년(昭和 14)의 실수확고는 1억 1,435만 석으로 평년작에 비하여 1,000만 석의 대감수였기 때문에 1940년(昭和 15)도의 미곡 수급 관계는 매우 어려워졌다.

(1) 미가 대책

이것으로부터 우선, 한발 예측에 의한 미가 폭등의 기운은 7월 초순경부터 투기(思惑), 매석(賣惜), 매점(買占) 등 일련의 악덕 행위와 결부되어서 점점 더 쉽지 않은 상황을 나타내고 있다. 즉 같은 해 4월경까지 경성 시내의 백미 시세는 33원이었던 것이, 매월 급등하여 9월에는 마침내 39원 65전을 호가하기에 이르렀다. 여기에 대해 총독부에서는 미가 앙등 억제 대책의 한 방법으로서 7월 6일 미즈타(水田) 재무국장 명의로써 영농자, 지주 등에 대해서는 신규 미곡 자금의 대출을 억제함과 함께 기(旣) 대출분에 대해서도 회수, 기타의 고려를 재촉하였다. 또 야적, 기타 완비되지 않는 창고보관분에 대한 대출에 대해서는 특히 회수에 노력하여 정미업자, 미곡상인 등에 대한 신규 미곡 자금의 대출은 인정했지만, 투기자금의 대출은 극력 경계하였다. 또한 위 대출은 가능한 단기로 하고 원칙적으로 연기어음(手形書替)을 인정하

122 통상적인 출하 시기보다 빠른 시기(주로 9월)에 출하되는 쌀.

지 않도록 한 통첩이 발포되었고, 7월 14일에는 경무, 농림국장의 명의로 폭리취체령(暴利取締令)에 의한 투기·매석 단속의 시달이 각 도지사에게 발포되었다. 나아가서 9월 20일에는 총독부 당국 담화의 형식으로써 다시 금융기관의 협력을 구하여 미곡 자금에 어느 정도의 억제를 가하는 것이 요청되었고, 만주로부터의 속(粟) 유입 수량을 확보하여 농촌에 대해서 저렴한 속의 공급에 힘쓸 방침을 밝히는 등 차차 응급의 행정조치를 강구하였는데, 각 도에서는 이것에 응하여 해당 도의 특수 사정을 감안해서 적절한 응급책을 강구하였다. 경기도에서는 경성부 내에 있어서 최고표준가격 1등 백미 1kg에 28전 5리, 벼 1근에 11전 4리로 정하여 7월 24일부터 실시했는데, 이것이 아마 조선에 있어서 미곡 공정가격의 효시일 것이다. 물론 이것은 법적 근거를 가진 것이 아닌 총독부의 응급적 행정조치에 지나지 않는 것은 말할 것까지도 없다. 충청북도에서는 자가소비량 이상의 소유 벼, 현미, 백미는 이를 판매용으로 제공하는 것으로 인정되어 폭리취체령에 의한 소유 수량의 보고를 요구받았고, 가격은 대체로 최고 1두 3원 85전 정도로 했다. 충남에서는 100석 이상의 미곡 소지자의 협의회를 개최하였고, 전남에서는 대지주, 상인 등의 저장 벼 및 현미를 적당한 가격으로서 시장 판매를 권장하였다. 경북에서는 정미, 백미 소매 각 업자의 조합을 결성하게 하는 한편 7월 11일의 가격 이상에 등귀가 없도록 협정하였고, 경남에서는 7월 15일 부산 1등 백미 1승 40전을 기준치로 해서 각지의 미가를 협정하게 하였다. 평남에서는 재고미를 반강제적으로 공판 출하하도록 기탁자에게 권장하였고, 평북에서는 대구벼(大口籾)[123] 소유자에게 시장 판매를 권장하는 등 온갖 시책이 강구되었다.

그러나 지방에서는 이들의 여러 대책을 무시하는 것 같은 암거래가 횡행하여, 전도(前途)가 점점 우려되기에 이르렀기 때문에 7월 29일 총독부 당국은 담화의 형식으로

(ㄱ) 취인소에 벼의 상장(上場)을 인정할 것

(ㄴ) 취인소에 있어서 벼 및 현미의 최고 거래가격을 임시로 정할 것

(ㄷ) 농장 지주 등의 저장 벼의 출하를 종용할 것

(ㄹ) 대용식량을 확보할 것

(ㅁ) 잡곡의 가격을 적정히 할 것

---

123 대지주나 대농으로 다량의 벼를 소유한 사람의 벼.

(ㅂ) 조선 내 소비미의 도정 정도를 저하할 것

(ㅅ) 대용식 및 혼식의 장려

의 7항목에 걸친 미각 대책의 근본 방침을 내세워서 혼돈인 와중에도 하나의 나아가야 할 큰길을 개척했다. 여기에 주의해야 할 것은 취인소에서 벼 및 현미의 최고가격이 잠정되었던 것으로, 당분간 각 취인소에서 벼, 현미의 선한(先限)[124] 거래가격이 현미 1석에 대해서 38원 40전, 벼 1근에 대해서 11전을 넘지 않게 되었다. 이 가격 발표와 동시에 종래의 관념에 기초한 취인소의 기능은 완전히 상실해 버렸다. 그리고 현미 1석에 38원 40전, 벼 1근에 11전의 시세는 그 표준 상품을 어떤 품종의 어떤 등급으로 지정되고 있는지, 그 구체적 내용에 대해서는 쉽게 그 진상을 파악하지 못한 채 불안을 일소하는 것은 불가능했는데, 8월 20일에는 전국 일제히 벼 가격 및 백미의 공정 소매가를 발표 엄수하게 하기로 했다. 벼의 가격은 은방자(銀坊子) 1근에 10전(3등)을 표준으로 하는 벼의 격차를 인정해서 경인(京仁), 군산, 목포, 부산, 진남포, 해주, 원산의 이출항별로 정하여, 각지의 생산자는 이 가격으로 벼를 매출시키도록 종용했고, 이 벼를 정제해서 백미 공정가로 매각하게 해여 미가의 억제를 도모했다.

다음으로 전국 주요 도시의 백미 소매가격에 대해서는 벼 11전을 기준으로 해서 신중 검토해서 산정했다. 총독부의 승인 가격은 전국 주요 소비 도시 21개에 걸치고 있는데, 최고는 함북 나진(羅津)의 1석당 42원, 최저는 충북 충주의 38원이고, 경성, 인천은 40원이었다. 이 최고가격에 대해서는 법적 근거는 없었지만, 경제경찰과 협력해서 전국 일제히 이를 엄수하게 하기로 했다.

그러나 이 가격도 실정과는 반드시 합치되지 않았고, 상당히 무리가 있었던 것도 부정할 수 없는 사실이었다. 그것은 공정가격에 대한 국민의 생각이 아직 성숙하지 않았던 것과 단속의 곤란 등에 의해서 암거래는 여전히 왕성했다. 각 도 또는 부군도에서는 미곡의 구역 외 반출을 제한하는 곳도 있어서 쌀은 국부적으로 편재(偏在)를 초래하는 등, 완연한 암거래의 시대를 나타내어 통제란 이름뿐으로 무통제, 무질서의 시대가 헛되이 경과할 뿐이었다.

---

124 미두거래소의 거래 방식 중 하나로 거래를 체결한 당월 말에 청산하는 것을 '당한(當限)', 다음 달 말에 청산하는 것을 '중한(中限)', 다다음달 말에 청산하는 것을 '선한(先限)'이라 한다. 이 중 변동이 가장 큰 거래 방식은 선한이다.

그런데 한편 내지에서도 한해를 계기로 해서 외지미의 이입 격감이 명확해져서, 그렇지 않아도 감소하고 있던 재미(在米)가 더욱더 주저앉아 8월 하순에는 농림성의 미곡통제법에 의한 가격 조작과 출하 장려에도 불구하고, 마침내 40원대를 돌파하였다. 시세는 점점 경화하였고 미가는 하늘 높은 줄 모르고 폭등해서 파는 사람이 점차 암시장에 나타나 정부 창고의 보유미로는 시장 조작을 충분히 행할 수 없어 미곡통제법은 사실상 무력화되고 있었다. 거기서 정부는 제74의회를 통과하지 못하고 있던 미곡배급통제법 제4조 제1항의 규정을 8월 20일에 발동하여 25일 관보에서 「미곡배급통제법 제4조 1항의 규정에 의한 미곡의 최고 판매가격에 관한 명령」 및 이에 기초한 각 산지 상품별 최고 판매가격을 고시하고, 다음 26일부터 실시하기로 되었는데, 이때 현미의 표준 최고판매가격이 38원으로 정해졌다.

이 최고가격은 거래소에서의 거래와 개인 간의 거래를 불문하고, 이를 초과하는 가격으로 미곡의 판매를 할 수 없는 것으로 미가의 안정과 수급의 원활을 도모했던 것이다. 이 점에서 미곡통제법에 기초한 최고 미가와 취지를 달리하고 있다. 더욱이 25일 개최의 미곡통제위원회의 자문을 거쳐서 미곡통제법 제2조의 소위 최고 표준가격도 또한 같은 취지하에 종래의 35원 40전이 38원으로 변경되었다.

정부가 취한 비상조치는 미가의 억제와 함께 출회 촉진을 위한 것이었는데, 출회는 여전히 촉진되지 않았을 뿐만 아니라, 이 가격은 할인되었고 암시장에 의해 수급의 원활은 저해되고 있었다.

그러거나 말거나 표준 최고미가 38원은 자성(茨城) 3등과 은방주가 동격이기 때문에 조선미도 1석당 38원 13전이 되었다. 그런데 총독부에서는 이전에 말했던 대로 조선 내 거래의 최고가격을 38원 40전으로 결정하여 실시 중이었기 때문에, 이것에 오사카-인천 간의 선임(船賃) 1원 60전을 더하면, 정확히 44원으로 되었다. 내지미의 26전 인상은 조선미에서는 1원 87전의 인하라는 기현상을 나타내어 그 영향하는 바가 특히 컸다. 그곳에서 당국은 미가의 내선간 균형을 지킬 필요를 느껴서, 1개월 늦은 9월 23일 미곡의 일반 최고거래가격으로 해서 처음으로 정리된 공정가격표가 공표되었다. 이는 벼, 현미, 백미 3가지를 중심으로 하여 종목, 등급, 종류별로 정리 통합해서 내지의 최고가격 38원을 기준으로 하는 사정을 감안하여 전국 일률적으로 종래의 미가 38원 40전에서 2원 60전 정도 인하하였다. 일반 거래가격과 취인소 가격으로 나눠서 전국 주요 도시에까지 확대해서 실시했다는 점에 있어서 아직 보지 못한 체계와 조직을 가진 공정가였다. 그러나 이 가격도 당국 담화가 "조선에서도 현 시국하에서 미곡문제의 중요성에 비춰 금일까지 각종 미곡 대책을 실시하여 관민 협력으로 이것의 달성에 매진해 왔는데, 내외지 미곡의 관련성으로부터 봐서 조선에 있어서 미곡의 최고판매가격에 대해서도 전면적으로 내지와 보조를 맞춰서 이를 실시할 필요가 있다. 현재 법제국과 절충 중인 조선미곡시장회사령(朝鮮米穀市場會社令) 및 조선미곡배급조정령(朝鮮米穀配給調整令) 발포의 때에는 이들의 법령에 기초해서 각각 처치를 강구할 생각인데, 만약 법령의 발포가 지연되는 경우에는 속히 임시 응급의 조치를 강구해서 내외지 미가의 어긋남(齟齬)을 초래하지 않도록 하고 싶다"라고 말하고 있는 것처럼 임시 응급의 조치로서 아직 특별의 법령에 의거하지 않은 가격이었던 것은 말할 것까지도 없었다.

그러나 내지에서는 11월 2일 미곡의 긴급조치에 관한 내각 결정을 보고 이것에 기초하여 소위 미곡국가관리안의 발표를 보기에 이르러 전시 식량정책은 점점 본격화해 왔다. 같은 해 11월 6일에 이르러 농림성은 현미의 공정 최고가격을 석당 5원의 재인상을 행하였다. 백미에 대해서도 새롭게 공정가격이 설정되었기 때문에, 조선도 이에 따라서 11월 10일 내지와 똑같이 현미 1석당 5원 인상을 결정하였다. 이후 일반 현미 도매 가격 및 거래소 최고가격을 결정했고, 또 현미로부터 환산해서 7분도 백미 소매 가격도 결정했다. 이때 미곡배급통제법이 시행되고 있지 않아서 조선에서는 거래소 최고판매가격은 종래대로 자숙가격(自肅價格)이고, 일반 현미 도매 가격과 백미 소매 가격은 모두 가격등통제령(價格等統制令) 제7조에 준거하여 공정가격으로써 정해 현미는 일률적으로 1석당 5원 인상하고 백미는 3원 50전에서 4원 30전으로 인상했다. 이렇게 해서 조선의 미가는 늦었지만 일단 법적 근거로써 확립된 것은 의미 깊은 일이었다고 말하지 않을 수 없다. 벼 가격의 공정은 아직 실시되기에 이르지 못하였고 벼의 일반 거래 가격은 철폐되어 오로지 9.18 가격에 의해 규제하게 되었다.

이렇게 해서 가격 면에서 통제는 일단의 체계를 갖추었지만, 국민의 주요 식량에 관한 혼란의 시정은 가격의 공정 문제 하나로만 종식할 수 없었다. 단지 가격 통제만으로는 매석, 밀매 등의 부정행위는 피할 수 없었기 때문이다. 여기에 있어서 한편에서 절미대용식(節米代用食), 혼식 등이 장려되었고, 다른 한편에서 배급의 원활을 기하기 위해 유통기구의 정비와 재편성을 서두르지 않을 수 없었다. 그래서 이 유통통제는 '단순한 통제'가 아닌 '가장 정교한 통제'가 행해지지 않으면 소기의 목적을 달성하는 것이 곤란했다.

(2) 소비 대책

양곡의 소비 규정에 대해서는 우선 정동조선연맹(精動朝鮮聯盟)[125]에서는 8월 15일 (1) 백미에서 흑미로 전환할 것, 즉 정백미를 6분 정도로 인하할 것, (2) 쌀의 비효율(無駄)을 극력 배제할 것, (3) 대용식의 철저화를 도모할 것의 3가지 목표하에 실천 운동을 전개했다. 총독부에서도 소비 규정의 목표를 전년도 소비량 1,700만 석에 대한 15%인 260만 석의 절미(節米)를 목표로 해서 절미운동에 적극적으로 나섰다.

(ㄱ) 쌀을 존중하는 관념의 환기
(ㄴ) 곡숙(穀菽) 등 식량품의 손모(損耗) 방지
(ㄷ) 혼사도(混砂搗)의 금지와 7분도의 상용
(ㄹ) 밀가루 잡곡 등의 혼식의 장려
(ㅁ) 죽, 메밀의 장려
(ㅂ) 공동취사의 실행

등 이른바 다각 도로부터 소비의 절약을 장려했는데, 시책은 단지 정신운동에 그치지 않고 수출입품 등에 관한 임시조치법에 기초해서 백미취체규칙(白米取締規則)을 10월 4일 공포하여 11월 1일부터 실시되었다. 이것은 원칙적으로 7분도 이상 및 혼사미(混砂米)의 판매를 금지하는 것으로, 예외로서 의료미(醫療米), 주조미(酒造米), 찹쌀(糯米)은 특별 허가에 따라서 판매가 인정되었다. 수이출미(輸移出米)에 대해서는 취체규칙의 적용을 받지 않았다.

그러나 국가총동원법에 기초하여 절미 대책으로서 미곡도정제한령(米穀搗精制限令) 및 농림성령 미곡도정제한규칙이 1939년(昭和 14) 10월 25일 공포, 12월 11일부터 내지에서 실시되었고, 조선에서도 내지의 방침에 순응해서 조선미곡도정제한규칙이 12월 11일 공포, 동시에 도분(搗粉)의 금지에 관한 부령 제207호가 실시되었기 때문에 백미취체규칙은 폐지되었다. 이

125 국민정신총동원조선연맹의 약자. 국민정신총동원조선연맹은 1938년 6월 민간 사회교화단체 대표자들이 총독부의 종용에 따라 총후 봉사활동을 내세우며 조직한 친일단체이다. 13도 방방곡곡에 지역연맹이 조직되었고, 이렇게 조직된 국민정신총동원조선연맹은 크게는 도(道), 작게는 정(町)연맹과 애국반에까지 조직 침투함으로써 국책 협력을 선동하는 중심적이며 주동적인 역할을 수행하였다(「국민정신총동원조선연맹」, 『한국민족대백과사전』. http://encykorea.aks.ac.kr/Contents/Index?contents_id=E0006318).

법령에 의해서 종래는 판매만 금지되고 있던 백미가 금후에는 제조도 금지되었고, 미곡도정제한령 제2조의 도정의 비율도 94%로 인상되었다(종래는 92%). 이에 종래 일반 세인에게 익숙했던 백미는 시장으로부터 반영구적으로 모습을 감추게 되었다.

상술했듯이 당시의 미곡 사정은 단지 가격의 통제만으로써는 안정될 수 없었기 때문에, 더욱더 배급의 원활과 가격의 적정을 기하기 위해서는 종래의 자유주의적 거래 기구를 개선해서 투기적 거래를 배제하고, 실수요에 기초한 정미(正米) 거래를 원칙으로 하는 기구를 확립하고, 사태가 급박한 경우에는 언제라도 국가 통제에 적응할 수 있는 체제를 갖추지 않으면 안 되었다.

(3) 미곡시장회사의 설립과 배급 통제

내지에 있어서는 이미 미곡의 배급기구를 전시체제화했기 때문에 그 중추기관인 국책 회사 미곡시장회사가 미곡배급통제법(1939년 4월 12일 공포)에 기초해서 1939년(昭和 14) 7월 설립되었다. 조선에서는 이에 호응해서 조선미곡시장주식회사령으로서 단독 입법에 의한 시장회사를 설립한 이유도 실로 여기에 그 목적이 있었다.

조선미곡시장회사령은 제령 제15호로 9월 22일 공포, 동시에 관계부령도 발포되어 순차적으로 시행되었다. 회사의 사업 경영상의 특전으로서 미곡시장은 이 회사에 한하여 경영할 것을 허가하였기 때문에 기존의 미곡 거래 시장은 폐지되었다.

그 사업의 골자는 다음과 같다.

(ㄱ) 미곡시장의 경영

(ㄴ) 전호의 사업에 부대하는 사업

(ㄷ) 기타 본 회사의 목적 달성상 필요한 사업

더욱이 조선총독은 시장원(市場員)에게 매매 거래에 관한 미곡의 배급 통제상 필요한 명령을 할 수 있게 했다.

이외에 조선에서는 잡곡의 미곡정책에 미치는 영향이 다대한 특수사정에 비춰서 특히 미곡시장에서 잡곡(대맥·대두·속)의 거래가 인정되는 것은 주목할 만한 가치가 있다. 또한 창립

총회는 12월 25일에 개최되었고 실제의 업무는 1940년(昭和 15)부터 개시하고 있다. 그리고 1939년(昭和 14) 12월 25일의 농무과장회의에서 이출미의 매상은 중앙에서 행하지만, 시장회사로 해서 대행하기로 하였고, 이에 필요한 자금은 총독부에서 알선한다는 방침이 천명되었다.

이처럼 조선미곡시장회사는 그 설립 방침 결정에서 창립에 이르기까지 상당한 기간을 경과했기 때문에, 미곡시장회사는 창립은 되었지만 그 사이에 미곡계의 급변동은 미곡회사가 그 기능을 충분히 발휘할 기회를 주지 않아 본래 기능을 발휘하지 못한 채 이출미의 독점 취급 기관화했다.

이 내지 이출미를 시장회사에서 독점으로 대행하게 되면 개항지에 있어서 종래의 이출업자는 전부 이 기능을 상실하고, 정미업자는 단지 임노동자로 전락할 수밖에 없었지만, 미곡사정으로 인해 업자의 희생도 또한 어쩔 수 없는 것이었다. 그러나 미곡의 배급기구를 조정하여 배급의 원활과 가격의 적정을 기하기 위해서는 단지 미곡시장회사의 기능만으로는 그 목적을 달성할 수 없었다. 이에 12월 27일 조선미곡배급조정령이 공포되어 조선의 식량대책도 내지에 순응해서 더욱더 강화되었고, 강력한 국가 통제에 순응할 수 있는 태세를 갖추게 되었다. 그 골자는 첫째로 미곡 취급업자를 허가제로 한다. 미곡의 매입 매도, 이것들의 대리업 또는 매개의 업무를 행한다고 하는 것은 특별의 것을 제외하고 허가제로 하여 업자의 남립(濫立)을 방지하고 경쟁 등에 의해서 생기는 배급의 원활하지 못함과 가격의 무통제를 구제한다. 둘째로는 총독은 재해 사변의 긴급조치, 기타 미곡 배급 통제상 필요한 경우에는 미곡업자는 물론 미곡의 소유자, 점유자에 대해서도 그 소비미를 제외하고는 미곡배급통제명령을 발하여서 집하에 편리하게 함과 함께 배급의 원활을 기한다. 셋째로는 조선 내 주요 6개항에 미곡수출조합(米穀輸出組合)을 조직하게 하여, 미곡의 수이출은 원칙적으로 본 조합이 담당한다. 이를 통해 종래의 자유 수이출에 의한 폐해를 교정하며, 내지 및 만주에 대해 적정 가격에 의한 배급의 원활을 기하고, 더욱이 미곡이출조합 중앙회를 설치해서 업무상의 지도와 회원의 편리를 도모했다.

그러나 이 이출조합은 조정령에서 규정되었을 뿐으로, 현실에는 끝내 설치되지 못했다. 대신 그 기능은 중앙배급조합과 도배급조합이 행하기로 했기 때문에 수이출에 관해서는 중앙배급조합이 대행기관으로 하고 미곡시장회사가 실권을 장악하게 되었다.

또 같은 날 제정된 부령 226호 「조선배급통제에 관한 건」에 의해서 그 구체적 내용이 점차 명시되었고, 미곡의 최고판매가격을 초과하는 거래는 금지되었다. 또 이 부령에 의해서 총독 또는 도지사는 미곡의 판매와 그 대리를 하는 자에 대해서 판매의 목적을 가지고 소유하고 있는 미곡을 최고판매가격으로 강제적으로 판매시킬 수 있었다. 뿐만 아니라 미곡의 배급통제 상에 있어서 특히 필요하다고 인정될 때는 미곡의 이동 또는 매매에 관해서도 필요한 명령을 발할 수 있게 되었다.

또 백미 및 현미의 최고거래가격에 대해서는 즉일 공정되었고, 벼에 대해서도 1940년(昭和 15) 1월 10일부터 실시되었다. 경성 시장에 있어서 최고가격은 다음과 같다.

(ㄱ) 현물 및 미도착의 거래에 있어서 최고가격은 현미(1석당) : 환인은방주(丸仁銀坊主) 4등 41원 30전〔1등미는 이것보다 60전 높고, 2등미는 40전 높고, 3등미는 20전 높고, 5등미는 30전 낮다〕

벼(1근당) : 환인은방주 3등 12전 2리 2모〔1등 3리 2모 높고, 2등 1리 5모 높음〕

(ㄴ) 연거래(延取引)에 있어서 최고가격

현미(1석당) : 환인은방주 4등 42원 15전, 능은방주(菱銀坊主) 4등 42원 28전, 각은방주(角銀坊主) 4등 42원 13전

벼(1근당) : 환인은방주 3등 12원 59전, 능은방주 3등 12원 53전, 각은방주 3등 12원 58전

미곡시장회사의 설립과 본령의 발포는 서로 맞물려서 미곡의 이동조정과 가격의 법적 조치에 의해서 사실상 조선미는 국가관리와 같은 제약을 받기에 이르렀다. 이렇게 해서 내지에서는 이미 일본미곡회사가 성립했고, 만주에서도 만주양곡회사에 의해 미곡의 국가관리가 실시되었고, 대만미는 일찍부터 대만총독부의 관리하에 놓여서 각 지역에 있어서 미곡은 지역마다 통제되었다. 미곡의 일원 통제는 점차 제도적으로는 거의 완성에 이르렀다고 볼 수 있었다.

다음은 미곡의 배급·수하인데, 이 시장회사의 업무 개시와 거의 같은 때인 1939년(昭和 14) 11월 21일 정무총감의 통첩이 발포되어 관하(管下)의 생산자 각 단체와 협력하여 출하를 원할하게 하기 위해 각 도의 유력업자를 망라한 식량배급조합(食糧配給組合)[126]이 각 도에서 결성

126 1939년 말부터 1941년까지 일제가 전시 식량 확보를 위해 식량 유통 및 소비를 통제하고자 설립한 단체로

되었다. 또 부군(府郡)에서도 그 하부 조직이 형성되었다. 위 조합은 직접 도 또는 군의 감독하에 있어서 농림단체, 기타 단체를 고도로 활용해서 출하 배급의 통제를 하여 과잉미의 출하 부족품의 수입을 했다. 도외 적출·수입은 총독부의 지시를 받고 또는 연락을 도모하는 것을 목적으로 하고 있는 것으로, 이렇게 해서 도내 식량은 도와 긴밀한 연감(聯監)하에 총독부에서 일원적으로 통제하게 되었다. 그러나 이 조합도 응급조치의 하나로 1940(昭和 15)미곡연도를 한해서 해산하여, 머지않아 양곡배급조합에서 각 도양곡주식회사로 발전해 가는 하나의 과정에 지나지 않았다.

미곡시장회사로 보면 각 도의 식량배급조합과는 자본적으로 어떠한 결합을 가질 수 없었다. 따라서 벼의 시장 출회를 촉진하기 위해서는 농장 및 지주의 저장벼 출하를 장려하는 것 이외에 별도로 새로운 방법도 없었던 것이다. 또 각 도 사이에는 도블록(道Block)이 형성되어서 총독부의 일원적 배급기구의 정비도 아직 말단까지 침투하지 못한 아쉬움이 있던 것도 또한 과도적 현상으로서 어쩔 수 없는 일이었다.

(4) 쌀의 이출과 잡곡의 수입

1939년(昭和 14)의 이변은 적어도 표면적으로는 너무나 갑자기 일어났기 때문에 각종의 응급조치가 차차 취해져 갔음에도 불구하고 수많은 우여곡절과 파란을 야기하지 않을 수 없었다.

그 첫 번째는 내지에 대한 이출미의 문제이고, 그 두 번째는 이에 관련한 잡곡의 수이입의 문제이다. 이출미에 대해서는 농림성은 최초 300만 석안을 주장한 데 반해 조선 측은 60만 석 이출안을 가지고 있었는데, 수차례에 걸친 당국의 절충에 의해서 절반 정도인 150만 석을 이출하기로 결정했다. 당시의 미곡 사정으로부터 보면 이 150만 석도 식량기지 조선의 체면을 건 봉임(奉任)이었다고 말하지 않으면 안 된다. 어쨌든 종래 조선에서 생산했던 쌀의 반분은 내지로 이출할 수 있다고 일반적으로 생각하고 있던 통념은 최초로 통용되지 않게 되었다.

그나저나 이 150만 석에 대한 대체품으로서 내지, 만주로부터 각각 150만 석, 합계 300만

전국적으로 도(道)-부군(府郡)-읍(邑) 단위의 조직을 두고 식량 배급을 통제했다. 그러나 식량배급조합은 대규모 미곡상, 정미업자 중심의 단체로서 주민들에 대한 직접적인 배급 통제에 대해 한계를 갖고 있었다. 또한 미곡뿐만 아니라 잡곡, 수입 양곡에 대한 통제도 필요했으므로 이를 포괄하는 더 강력한 통제 단체의 필요성이 제기되어 1941년 말부터 식량배급조합이 해소되고 양곡배급조합으로 전환되었다(「식량배급조합」, 『한국민족문화대백과사전』, http://encykorea.aks.ac.kr/Contents/Item/E0077986).

석의 잡곡을 수이입(輸移入)하기로 결정했다. 이것이 소위 삼각 '교환제도(バータ制)'이다. 따라서 조선 측으로서는 오직 관미(管米)의 이출에 힘써서 1월 말일까지 17~18만 석의 적송(積送)을 마쳤다.

그러나 내지 측에서는

(ㄱ) 내지의 잡곡은 조선보다 가치가 높은 것
(ㄴ) 잡곡에 대한 수이출 법규의 불완전과 이출 기구의 불비
(ㄷ) 정부는 내선 간의 잡곡의 가격차를 부담하지 않으면 안 됨
(ㄹ) 정부의 잡곡 강제매상은 미곡수급특별회계법의 개정이 선결 문제

등의 다툼이 일어나서 결국 잡곡 이출에 대해서는 그 실현이 곤란했다. 또 내지에 있어서 맥류의 집하도 생각하지 못해서 결국 유야무야로 끝났는데, 1940년(昭和 15) 4월 10일부터는 조선행 미곡, 대맥, 나맥(裸麥 : 쌀보리), 소맥분에 이출허가제를 단행하게 되어서 4월 1일 관계 법령의 시행을 보기에 이르렀다.

다음으로 만주에서는 잡곡의 가격이 수차례 걸쳐서 인상되었기 때문에 투기의 기운이 농후했다. 또 농사합작사(農事合作社)와 금융합작사(金融合作社)가 합체해서 새롭게 흥농합작사(興農合作社)가 탄생했는데, 이것은 출하를 담당하고 종래 집하면에서 세력을 가지고 있던 양잔(糧棧)을 배제했기 때문에 일시적으로 집하 계통에 혼란을 초래하여서 바람직한 결과를 얻을 수 없었다. 삼각교환제는 결국 소기의 효과를 거둘 수 없었다고는 하지만, 당국의 노력에 의해서 내지 잡곡 수입을 대신하여 상당량의 만주 속을 입하하여 조선의 춘궁기를 대비하는 등 조선 내 식량 사정을 완화하는 데 기여했다. 이외 내지행으로 적출 중인 외미의 일부가 조선으로 전용되기도 했다.

외미의 수입에 대해서는 1933년(昭和 8)경까지는 어떠한 제한 없이 자유롭게 수입할 수 있었다. 그러나 1934년(昭和 9) 이후는 금지에 가까운 수입허가제가 시행되고 있었기 때문에 수입이 전무한 상태였는데, 이번에는 오랜만에 외미의 수입을 보는 것이 가능했다.

어쨌든 당시의 조선으로서는 교환제에도 불구하고 '제국의 식량정책에 공헌하는 대정신하'에 조선미의 내지 이출을 확보할 수 있는 것으로서 가치가 있다고 하지 않으면 안 되었다.

이들 잡곡의 수이입 기관으로서는 새롭게 조선수이입잡곡중앙배급조합(朝鮮輸移入雜穀中央配給組合)이 12월 1일 결성(조합원으로서 미쓰이물산(三井物産) 경성지점 및 호코쿠제분주식회사(豊國製粉株式會社)가 지정)되었다. 배급에 대해서는 단지 한해 발생 도(道)에 한하지 않고 전국 각 도에 대해 다음 3가지에 의한 배급이 행해지게 되었다.

(ㄱ) 구조 대상 농가에 대해서는 도가 중앙배급조합으로부터 구조 대상 농가에 배급할 수량을 공급받아서 이를 읍면에 배급한다. 읍면은 이 식량을 농촌진흥회[127], 정동부락연맹(精動部落聯盟)[128] 등의 기관을 활용해서 구조 공사의 임금의 일부로서 구조 대상 농가에 대해 적절히 배급한다.

(ㄴ) 다음으로 일반 소비자에 대한 것에 대해서는 금융조합 및 조선금융조합연합회 회원인 산업조합으로 알선하는 것과 조선금융조합연합회의 회원이 아닌 산업조합과 곡물업자, 즉 상인 계열에서 판매하는 것 2가지인데, 전자에 있어서는 조선금융조합연합회 각 도 지부 및 중앙배급조합으로 소요 수량의 배급을 받아서, 이를 소속의 금융조합 및 산업조합에 배급했다. 후자에 대해서는 각 도에 도지사 감독하에 도내 유력 양곡업자로써 도곡물상배급조합(道穀物商配給組合)을 조직하게 하여서 이에 대해 중앙배급조합으로부터 소요 수량을 배급하고, 도곡물상배급조합은 산업조합 및 도내 곡물업자에 대해 소요 수량을 배급하기로 했다.

이렇게 해서 조선미의 이출 기관으로서 미곡시장회사와 잡곡의 수이입 기관으로서 조선수이입잡곡중앙배급조합 2가지 루트가 확립된 것이다.

또한 조선에 있어서는 잡곡의 식량으로서의 지위가 매우 높아서 잡곡 대책의 적절함이 곧바로 미곡의 수급 관계에 미치는 영향이 지대함에도 불구하고, 잡곡에 대해서는 아직 배급통제규칙이 없어서 자칫하면 잡곡 배급의 원활하지 못함을 초래할 우려가 있기 때문에 1940년

---

127 1930년대 농촌진흥운동기에 식민지 체제를 안정시키기 위한 목적으로 전국의 촌락 단위로 설치되었던 관제단체로 영농과 생활 개선에 관한 각종 시설, 중심 인물 양성, 강습회, 강화회와 간담회 개최, 우량 부락과 우량 진흥회 표창, 국민정신총동원운동의 철저 등의 사업을 추진하였다(「국민정신총동원조선연맹」, 『한국민족대백과사전』, http://encykorea.aks.ac.kr/).

128 국민정신총동원연맹의 지역 조직으로 각 부락의 농촌진흥회와 사실상 조직을 같이했다(「농촌진흥운동」, 『우리역사넷』, http://contents.history.go.kr/).

(昭和 15) 7월 20일 부령 제176호로 조선잡곡배급취체규칙(朝鮮雜穀配給取締規則)이 발포되어 8월 1일부터 시행되었다. 배급 통제된 잡곡류의 종류는 대맥, 나맥, 소맥, 내맥(來麥), 연맥(燕麥), 속, 대두로, 도외 반출의 제한, 판매 명령 및 보관 명령, 기타 배급 통제상 필요한 조치를 강구하게 되었다.

〈자료 377〉 이와타 타츠오(岩田龍雄)·카네코(金子永徵), 전시하 조선에 있어서 미곡정책의 전개(하)(殖銀調査月報 65호(1943.10), 1-34쪽)

4. 1941(昭和 16)미곡연도 이후의 식량대책의 변천

각종의 가격 대책으로부터 시작해서 수하 기관으로서는 도식량배급조합이 결성되고, 내지 이출미의 취급 기관으로서 미곡시장회사 기능의 정비, 각종의 소비 규정 대책, 조선미곡배급조정령에 기초한 강제보관 명령, 강제판매 명령, 도외 반출금지 명령, 더욱이는 미곡 대책의 근본을 거스르는 대증산계획 등 제반의 대책이 강구되었다. 특히 조선미곡배급조정령을 통해 미곡의 국가 관리에 가까운 체제를 갖춰 온 것은 종래에 볼 수 없는 미곡정책의 전진이었다. 그러나 이미 임시미곡배급통제규칙, 미곡관리규칙 등의 미곡 국가 관리가 정비된 내지에 비하면 조선에 있어서 미곡정책은 아직 미온적이고, 과도적 단계에 있는 상태였다고 말하지 않으면 안 된다.

그러나 현 단계에 있어서 미곡정책은 내외지를 통틀어서 일관한 방침하에 강력히 수행하지 않으면 도저히 소기의 목적을 달성하는 것이 불가능하다. 종래 내지블록, 조선, 대만의 각 블록의 이해가 대립하고, 각자의 특수성을 강조한 나머지, 전체의 입장을 잃어버리는 것 같은 태도가 보이는데, 시국은 이미 이러한 소승적(小乘的)인 태도를 허용할 수 없을 정도로 급격히 진전해 왔던 것이다. 이러한 단계에 순응해서 미곡의 수하, 배급, 소비 규정이 점점 강화되서 어쩔 수 없이 정비하게 되었다. 본 항에서는 주로 수하, 배급의 측면에서 1941년도(昭和 16) 이후의 변천과 그것에 부속하는 약간의 문제를 언급하고 전망을 시도해 보겠다.

(1) 1941년도(昭和 16)의 식량 대책

우선 1941년도(昭和 16)에 있어서 총독부는 미곡의 과잉도(過剩道)에 대해서는 과잉 수량의 매상 또는 강제보관을 명령했다. 과잉도는 과잉 수량을 도내 과잉 군에 과잉군은 과잉 읍면

에 각각 할당을 하여 출하의 통제를 하고, 도양곡배급조합(道糧穀配給組合)[129]이 일원적으로 매상했다. 그러나 실제적으로는 도양곡배급조합의 기구가 충분히 정비되지 않았기 때문에 공출을 명령받은 도에서는 농회, 기타 산업단체의 활동에 의지하거나 또는 국민정신총동원부락연맹을 단위로 하는 공출필행회(供出必行會)의 측면적 활동에 의해서 자발적으로 공출하게 하고 대금의 지불은 금융조합이 담당했다.

이렇게 해서 도양곡배급조합에 모인 벼 중 수이출분은 조선양곡중앙배급조합에 모아서 수이출하고, 기타는 도양곡배급조합에서 정미업자의 손에 의해 정백(精白)되어 과잉 도에서 부족 도로, 더욱이 도내 조작미(操作米)에 대해서는 도의 배급조합에서 부군도배급조합(府郡島配給組合)으로 흘러간 후 소매업자를 거쳐서 일반 소비자에게 넘겨졌다. 한편 특수 소비자에 대해서는 도배급조합으로부터 직접적으로 배급하는 시스템으로 되고 있었다.

이렇게 해서 수하기구로부터 배급기구의 말단에 이르기까지 종래처럼 중매인, 지방 미곡상, 정미업자 등 일련의 상업조직은 완전히 배제되었으며, 유통 계통이 현저히 합리화·간이화되고 자유거래와 자유기업의 여지가 매우 축소된 점에서 획기적인 기구 조정이었다.

1940년(昭和 15) 이미 수하 양곡의 매상기관으로서 식량배급조합이 만들어져서 체계는 거의 정비되었지만, 1941년(昭和 16)도에 식량배급조합이 더욱 확대 강화되어서 도양곡배급조합으로 발전적 해소를 이룬 점은 주목할 가치가 있다. 이 도양곡배급조합의 조직은 종래 내지 및 조선 내에 있어서 실적을 가진 유력한 상인 및 지주를 회원으로 하며, 회원의 선정은 도지사가 하고, 총독부의 허가에 의해서 결정되었다. 회원은 일정의 출자금을 각출하는데, 출자금액은 종래의 수이출 및 조선 내 거래의 실적에 따라서 다과(多寡)가 결정되어 개인의 독점을 피할 수 있게 되었다.

다음으로 조합의 사업은 미곡 및 잡곡류의 매매, 가공, 저장 및 배급을 주된 업무로 하고 기타 조합 자금의 조달, 알선, 저장창고의 할당, 기타 식량 배급상 필요한 사항을 행하기로

---

129 1941년 말 통합적이고 항구적인 전시 식량 통제를 위해 기존 식량배급조합을 해소하고 조직된 식량 유통 및 소비통제 단체로 양곡의 공출과 배급을 담당했다. 미곡조합과 잡곡조합이 병립했던 기존의 식량배급조합과 달리, 도양곡배급조합은 미곡부와 잡곡부의 2부제로 두 조합을 동일 조합 내로 포섭하여 일원적 통제를 시행하였다. 1943년 9월 조선식량관리령이 공포되면서 보다 강력하고 일원적인 식량의 국가 통제를 위해 도양곡배급조합은 해소되었고, 대신 조선식량영단을 설립했다(「도양곡배급조합」, 『한국민족문화대백과사전』. http://encykorea.aks.ac.kr/).

되었다.

조합자금은 전술한 대로 원칙적으로 조합원의 출자금에 의지하고, 부족분은 차입금에 의하기로 했다. 부군도배급조합의 조합원은 부군도 내의 곡물업자로 하고, 조합의 사업자금 조달의 방법은 도양곡배급조합과 동일하다. 도양곡배급조합 성립 당시 (1) 무한책임인 점 (2) 배당이 5% 제한인 점에 있어서 조합원으로 되어야 할 지주, 업자 가운데 반대를 하는 자도 있었는데, 도에 따라서는 무한책임을 유한책임으로 고치고, 배당에 대해서도 7% 정도까지 묵인하는 도(道)도 있어서 일단의 정리를 볼 수 있었다. 그러나 그 내용에 이르러서는 각 도가 각기 다르고, 경우에 따라서는 도양곡배급조합이 있기 때문에 도리어 도블록의 폐해를 조장하는 경향조차 있었다.

또 총독부의 통제 및 도내 조작미의 매상이 월별로 할당되었기 때문에, 아무래도 추수철부터 연말에 걸쳐서 살포되는 자금이 적고, 종래 추수철부터 연초에 걸쳐서 산미의 대부분이 급매되고 있던 조선 농촌경제에 있어서는 상당히 큰 영향을 주지 않을 수 없었다. 한편 소비 증가 경향을 조장했던 것도 또한 묵과할 수 없는 사실이었다. 다음으로 수이출미의 대체품으로서 잡곡의 이입은 조선양곡중앙배급조합(시장회사 대행)이 오로지 이를 담당하고, 도 이하의 배급기관을 통해서 소비자에 널리 퍼지도록 했다.

상술한 대로 종래의 조직은 면목을 일신했는데, 이것의 감독 및 조성에 대해서 조선양곡중앙배급조합은 조선 내에서는 도배급조합하고만 거래하게 되었고, 매수 또는 강제보관을 명령받은 양곡에 대해서는 표전(票箋) 등을 붙여서 다른 것과 구별함과 함께 그 소재 및 수량을 밝혔다. 강제보관을 명받은 양곡은 담보로 제공되는데 그것의 대상(代償)으로서 강제보관을 명받은 채 다음 해 2월 말일까지 매상을 하지 않는 것에 대해서는 3월 1일 이후 국고로부터 보조를 받고, 또 양곡 배급 통제로 인한 통제기관의 손실에 대해서도 국고로부터 보상을 받게 되었다. 즉 조성의 구체적 내용으로서는 3월 이후에 있어서 매상 된 총독부의 관리미에 대해서는 연 3.5%의 금리 조성이 되었고, 또 보관에 대한 조성금제도도 마련되었다.

그러나 대책은 반드시 예상한 것과 같은 좋은 결과만 얻을 수 없던 것도 또한 부정할 수 없다. 특히 종래 상업 부분을 농단하고 있던 업자들은 급격히 자유의 활약 무대를 빼앗기고, 자신들은 배급조합 조합원의 지위로 내몰렸기 때문에 자연히 그 태도는 소극적으로 되어 "따라서 도양곡배급조합의 주도권은 관청 측이 쥐게 되었고, 업자의 의견과 수완은 조금도 반영되지 않아 도양곡배급조합은 기구의 부정비(不整備)로 인해 무능력하게 되었다."

또 도배급조합의 조직은 회원으로서 종래 내지 및 조선 내에 있어서 실적을 가진 유력한 상인 및 지주에 한정되었고 나머지 업자는 나머지 부군도의 조합원으로서 겨우 여명(餘命)을 유지하는 데 지나지 않는 상태로 되었다. 또 생산자는 기구의 급변에 당황하거나 천인저금(天引貯金)[130], 검사제도의 엄격과 대금 지불의 지연 등에 의심을 품거나 또는 오해를 해서 미곡의 밀매, 현물의 은폐 등도 국부적으로 일어났는데, 이것도 또한 과도기에는 어쩔 수 없는 일이었다. 대책이 목표로 했던 '국민식량의 수급 조정, 국민생활의 안정 및 군수의 충족' 3가지 대목표는 그럭저럭 달성되었고, 수하·배급 기구의 획기적 변혁도 점차 궤도에 올랐다고 볼 수 있다. 미곡 국가 관리로 향하는 그 큰 발걸음을 내딛기 시작한 것도 또한 간과할 수 없는 일이었다.

(2) 1942년(昭和 17)의 식량 대책

다음으로 1942년도(昭和 17)에 있어서 대책은 12개 부문으로 되어 있다. 즉 통제의 대상, 통제의 주체, 양곡 기준 소매 비용, 통제 양곡의 공출, 양곡의 수하, 양곡의 배급, 통제의 기구, 수하 양곡의 대금 결제, 양곡의 금융, 양곡의 가격, 소비 규정이다.

특히 통제기구에 대해서는 중앙에 현재의 조선미곡시장회사를 개조하여 새롭게 조선양곡주식회사를 창설하였다. 더욱이 각 도에는 각각 각 도의 특수사정을 존중해서 각 도 양곡주식회사를 창설하여 중앙기관과의 밀접한 연락을 도모했다. 종래의 배급업자의 경험과 창의를 활용해서 기존의 도배급조합에 함몰될 우려가 있던 업자의 소극적 태도를 시정하고자 했다.

양곡회사는 종래의 도배급조합을 개조했던 것으로 다음의 설립 방침에 따라서 만들어졌다. 즉 자본금은 도에서 적절히 결정하고 출자는 민간 출자로 하는데, 조선양곡회사가 1/3 정도를 출자해서 중앙기관과 지방기관을 자금적으로 연결하고, 총독부의 출자는 현 시장회사의 출자에 그대로 전용할 뿐으로 극력 민간 자본을 활용했던 것은 주목할 만하다. 또한 회사는 도지사의 감독을 받아서 다음의 업무를 수행했다.

130 임금이나 상품대금의 지급 전에 미리 일정액을 공제하여 저축하게 하는 강제저축제도.

(ㄱ) 도내에 있어서 생산한 양곡의 매입

(ㄴ) 조선양곡회사 또는 다른 도양곡회사로부터의 양곡 매입

(ㄷ) 도내에 있어서 양곡의 배급

(ㄹ) 조선양곡회사 또는 다른 도양곡회사에 대한 양곡의 매도

(ㅁ) 양곡의 매상

(ㅂ) 기타 부대사업

이외에 도지사의 승인을 받아서 잡곡의 이출입을 할 수 있었다. 역원은 원칙적으로 민간 유력자를 기용하기로 했다.

양곡회사 설립에 대해서는 각 방면에 반향이 있던 것은 물론인데, 농장계에서는 회사로 개조됐다고 해도 단지 도배급조합의 의체(衣體)로 업자전제주의(業者專制主義)로부터 아무런 변화가 없으며, 과잉미의 도정에 관해서도 각 도에서 생산자 도정의 억제적 경향을 만들어서, 도 당국은 도배급조합 및 회사 등의 이익을 지나치게 보호한다고 하는 견해도 있었다. 양곡회사로서는 도내 양곡가공업도 이에 포괄할 방침이었는데, 업자의 가운데에는 최초 기회주의적 태도를 가진 자가 많았고, 특히 거대자본을 보유한 유력 가공업자가 많은 지방에서는 이것의 흡수에 곤란한 문제도 파생되었다. 그러나 대국적으로 보면 도배급조합의 양곡회사로의 개조는 임전체제에 즉응하는 매우 적절한 조치였다고 생각한다.

다음으로 각 도에 도양곡회사가 창설됨과 함께 종래의 부군도배급조합의 처리가 일정표에 올랐던 것도 또한 당연하다. 부군도배급조합을 개조해서 양곡회사의 지점 또는 출장소로서 일원전관(一元專管)해야 한다는 논거는 ㉠ 부군도배급조합의 존재는 도리어 양곡 조작의 지방 블록화를 조장하고, 가공 부문 통합의 장애로 되고 있다. ㉡ 자주적 조작 능력이 없이 헛되이 수수료를 증가하게 한다. ㉢ 금융의 측면에서 봐도 종래의 조합으로는 금융의 대상으로서 기초가 박약하기 때문에 일원적으로 통제하게 해야 한다 등이 그 주된 논리였다. 현상유지론의 근거는 ㉠ 생산부족군(郡)은 어찌 되었든 간에 생산과잉군(郡)에서는 수하배급상 자주적으로 조작 능력을 발휘하고 있다. ㉡ 부군도배급조합의 조직에 의해 소매업자는 전폐업의 종말을 보지 않도록 구제되었고, 조만간 몰락을 면할 업자가 의지해야 할 아성(牙城)으로 되고 있다 등이 주된 논거였다. 대세는 양곡회사의 일원적 통제를 유리하다고 하는 정세

로 이르렀다. 경기도를 비롯해서 여러 도에서는 이미 종래의 부군도양곡배급조합을 도양곡회사의 지점 또는 출장소로 개조하는 일원전관을 행했는데, 아직 종래의 부군도배급조합을 존속시키는 도(道)도 있어서 아직 결말을 알 수 없었다.

또 각 도 양곡회사의 일원적 통제기관으로서 중앙양곡회사가 결성되었고, 이에 의해서 각 도 블록의 폐해를 제거하는 방침하에 착착 준비가 진행되고 있던 것은 이미 말한 대로이다. 그런데 이러는 사이에 내지에서는 식량영단이 성립했기 때문에 조선도 이에 순응해서 중앙양곡회사의 설립은 그대로 흐지부지되고, 종합적인 식량국가관리의 기관으로서 1943년(昭和 18)에 후술할 조선식량영단[131]의 설립을 보기에 이르렀던 것이다.

또한 본년의 대책에 의한 구체적 조치로서 주목되는 점은 다음과 같다.

(ㄱ) 총독부 통제 미곡의 각 도 할당에 관해서는 각 도는 그 3/4 정도를 도내의 대·소 생산자에게 할당, 법규에 기초하여 이를 보관하게 하고 표전(票箋)을 붙이기로 한다. 이것들의 매수는 뒤로 미루어서 소농의 생산 미곡이 시기를 잃지 않도록 매수 기관을 동원해서 매수하기로 한다.

(ㄴ) 부동미(浮動米)라고 할지라도 매각을 희망하는 것은 필요에 응하여 통제미에 준해서 매수를 행하는데, 매각을 했던 것은 이후 구입을 인정하지 않기로 한다. 이것은 미가 인상에 의해서 고가로 판매하고 저렴한 공정가격으로 구입한다고 하는 분별없는 자를 방지하고자 함이다.

(ㄷ) 소작미에 대한 장려금의 교부에 대해서는 일반적으로 자못 주목되는 점이 있다. 즉 지주농장 방면만 그 은혜를 입고, 소농은 장려금의 은혜를 입지 못한 결과로 되는 것을 방지하기 위해 공판 장소 이외에 지정 매수인을 정해 생산자의 앞마당에서 매수를 행

131 1943년 10월 일제가 일원적이고 종합적인 식량 통제를 목적으로 설립한 반관반민(半官半民) 단체이다. 선미곡시장주식회사와 도양곡주식회사의 업무를 계승하여 주요 식량의 수집과 배급은 물론 원료 조곡(粗穀)의 불하, 도정, 가공에 이르기까지 양곡 유통을 일원적으로 담당했다. 식량영단의 통제 대상도 미곡·보리·밀·쌀보리·조, 기타 잡곡뿐만 아니라 전분·고구마·감자의 가공품과 면류 및 빵도 포함되었다. 조선식량영단의 주요 사업은 ① 주요 식량의 매입 ② 주요 식량의 매도 ③ 정부가 지정하는 식량의 저장 ④ 정부가 지정하는 주요 식량의 가공, 제조 및 보관 업무로 식량의 유통, 보관, 가공, 배급의 전 과정을 담당했다(「조선식량영단」, 『한국민족문화대백과사전』, http://encykorea.aks.ac.kr/).

하기로 했다. 게다가 가격 후려치기를 방지하기 위해 이것의 매수 가격을 총독부에서 지정했다.

(3) 1943년(昭和 18)의 식량 대책

이상 1942(昭和 17)미곡연도 대책의 특징적 골자를 이야기했는데, 1942년(昭和 17)은 상당히 광범한 한수해의 영향을 받아서 1943(昭和 18)미곡연도에 있어서 미곡의 수급은 반드시 낙관할 수 없는 사정에 이르렀기 때문에 총독부에서도 1943년도(昭和 18)의 대책에 대해서는 상당한 신중을 기했던 흔적이 나타나고 있다.

지금 대책의 구체적 조치에 대해서 보면, 통제의 대상으로서 들 수 있는 것은, 미곡으로서 벼, 현미, 백미는 물론이고 종래 자유 판매였던 싸라기(碎米), 설미(屑米)[132]가 새롭게 통제의 대상으로 되었다. 이제 미곡으로 이름 붙은 것은 모두 통제받게 되었던 것으로 여기에도 식량 수급의 긴박한 사정이 강하게 반영되어 있었다. 또 잡곡은 내맥 등이 새롭게 통제의 대상으로 되었고, 대맥, 나맥, 소맥, 내맥, 연맥, 속, 패(稗), 촉서(蜀黍, 수수), 옥촉서(옥수수), 서(黍, 기장), 대두 및 소두에 이르는 광범한 종류가 통제받게 되었다. 여기에도 종래 미곡으로 기울고 있던 식량정책에서 광범한 잡곡도 가미한 종합적인 식량정책으로의 전환을 엿볼 수 있다.

다음으로 가장 주목해야 할 것은 수하에 대해서 종래의 공출 시기가 11월부터 다음 해 7월까지였던 것을 금회는 11월부터 2월까지 전량 매수를 행하게 하고, 강제보관이 확실히 행해진다고 예상되는 농장 대지주에 한해서 2월 이후의 공출을 인정하기로 했던 것이다.

종래의 월별 매상량을 결정하는 계절적 평균 매상은 계획상으로는 이상적인데, 실제로는 반드시 소기의 목적을 달성하지 못하고 있던 것에 비춰서, 추수철에 집중적으로 매상하기로 했다. 다만 추수철에 집중적으로 매상하는 것은 일시에 다액의 미곡 자금을 필요로 하고, 나아가서 농촌 인플레이션을 조장할 우려도 있었는데, 이것은 별도 대책을 강구하기로 되었다.

다음으로 생산장려금은 비율과 시기에 관계없이 1석 1원 50전으로 해서 조기공출을 촉진하게 하고, 또 수하 배급의 구체적 방법에 있어서는 판매소에 공출하고, 검사에 있어서 재조정을 명받은 것도 농민이 갖고 돌아가지 않도록 적당한 방법으로 매상하기로 했다. 또 매상

132 씨앗 속에 있어서 발아하기 위한 양분을 저장하고 있는 조직이 제대로 채워지지 못하여 종실이 작은 쌀알.

자금, 수용 창고의 시설에도 특별의 주의를 기울이고 있다.

또한 공출 양곡의 계획에 비해 실효를 기하여 할당 양곡 수량의 완전한 수매를 기했기 때문에 총독부에서는 공출 성적이 우수한 군, 읍, 면, 부락에 대해서는 면포(綿布), 작업화(地下足袋), 수건 등의 생활필수품 또는 비료, 농구 등의 농경상 필요한 물자를 특별 배급 또는 우선 배급하거나 마른 명태어(明太漁), 재래건해(在來乾海) 등을 특별 배급함과 함께 공출 성적이 특히 현저한 부락은 이것을 골라서 장려할 방침을 취하기로 했다.

5. 미가정책의 전개

우리나라 현재의 농업정책 근간은 식량의 생산 증강에 있는 것은 지금 말할 필요도 없는데, 이 식량 생산 증강 대책의 가장 중요한 요소의 하나로서 농산물 가격 문제가 금일까지 여전히 중요한 지위를 점하고 있다. 사실 우리나라에서 최근의 농업문제의 중심은 농산물의 가격 동향에 있다고 해도 과언이 아닐 것이다.

1939년(昭和 14)의 이변을 중심으로 하는 조선 미가 동향에 대해서는 이미 서술했다. 따라서 본 항에서는 그 후에 가격정책의 전개를 시도하려고 하는데, 우선 우리들은 조선의 미가는 다른 제 물가에 비하여 어떠한 상태에 놓여 있는지를 연구하지 않으면 안 된다.

(1) 일반 물가의 동태와 미가 저락(米價安)

우선 첫째로 조선미 생산 과정의 분석은 생산비 조사가 공표되지 않았기 때문에, 이것을 밝히는 것은 불가능하다. 따라서 일반 물가의 동태와 미가와의 비교를 통해서 객관적 사태의 진상을 보기로 하자. 경성상공회의소의 통계에 기초해서 경성 도매물가지수·소매물가지수를 미가와 비교해서 보면 다음대로이다.

	1937.6.	1938.6.	1939.6.	1940.6.	1941.6.	1942. 6.
경성 도매물가지수 총평균	10,000	13,455	14,040	16,764	17,104	18,358
경성 소매물가지수 총평균	10,000	12,400	13,928	17,193	18,703	18,922
벼 도매 평균	10,000	10,360	12,224	13,896	13,896	14,314
현미 도매 평균	10,000	10,491	11,952	13,595	13,595	14,526
백미 도매 평균	10,000	9,657	11,000	12,176	12,386	12,477

비고 : 본 표는 경성상공회의소 《경제월보》의 조사 숫자를 개산(改算)한 것이다.

즉 위 표에 의하면 1939년(昭和 14) 가을에 9.18 가격정지령의 적용이 있었음에도 불구하고 1942년(昭和 17) 6월 현재에는 도·소매물가지수는 80% 이상의 앙등을 나타내고 있다. 이것에 대하여 미가는 벼 도매 평균은 43%의 등귀를 나타내는 데 지나지 않아서 일반 물가의 추세에 비교하면 훨씬 변동률이 낮은 것을 알 수 있다〔본 표에서 1942년(昭和 17) 6월의 벼 도매 평균가격지수에는 1941년(昭和 16) 산미에 대해 교부했던 장려금은 가산하지 않았는데, 이것을 고려한다 해도 이 경향에는 변화가 없다〕.

이상 단지 일반 물가와 미가의 상호 관계를 봤는데, 더욱이 관계한 농민에 있어서 필요한 개개 상품가격의 변동을 보면 그사이에 현저한 격차가 존재하여 그 오름세(騰勢)가 심한 것을 알아차릴 수 있다. 지금 똑같이 경성상공회의소의 소매물가 중 농촌경제에 관계가 많은 물품만을 채택하여 물품지수를 산출해 보면 다음과 같다.

연도	1937.6	1938.6	1939.6	1940.6	1941.6	1942.6
조포(粗布)	100	184	169	155	155	155
인견숙소(人絹熟素)	100	213	321	342	342	342
인견교직(人絹交織)	100	109	172	312	375	375
땔감	100	119	136	142	153	172
목탄	100	180	207	225	364	296
세탁비누	100	229	320	411	457	457
성냥	100	200	200	240	240	400
법랑철기(琺瑯鐵器)	100	100	116	116	116	194
도자기	100	100	100	167	208	208
고무신	100	100	192	175	200	200

앞 표에서 보이는 것처럼 농가가 구입해야 할 가계용품의 주된 것이 점진적으로 등귀하여 다수의 공정가격과 협정가격 등이 설정되고 있음에도 불구하고 동요를 계속해 왔고, 특히 암거래의 횡행은 이것에 박차를 가하고 있다. 또 농업 생산 자재도 각각 앙등을 나타내고 있어 농업자 특히 미작 농가는 이 물가 관계에 있어서 특히 불리한 입장에 놓여 있다.

그리고 농민이 구입하는 생활필수품 및 농업 생산 필수 자재의 등귀는 미곡 생산비를 앙등시키고 있는 실정으로, 나아가서는 이것이 농가의 수취 이윤의 축소 내지는 채산이 맞지 않는 원인의 하나가 되고 있던 것도 또한 부정할 수 없다. 더하여 쌀과 잡곡 또는 야채 등의 가격 불균형, 높은 노동보수를 바라고 시국 산업으로의 노동이동에 의한 농가 노동력의 양적 감소와 질적 저하 등의 여러 원인이 중첩해서 농업 재생산의 장애로 되고 있던 것이다.

그렇다면 이 미가 저하라는 것이 현실에 어떠한 형태로 농촌에 영향을 주고 있는지 2·3가지 지적해 보고자 한다.

(ㄱ) 미가 저락은 농촌에서 미곡의 소비 증가를 불러온다.

(ㄴ) 이 때문에 출하 능력이 감퇴하여 식량 공출이 원활하지 못한 원인이 된다.

(ㄷ) 논농사와 밭농사의 가격 불균형에 의해 비료, 기타 생산 자재가 미작 이상의 작물로 횡류(橫流)하는 경향이 있다.

(ㄹ) 가격이 생산비를 보상할 수 없기 때문에 노동력의 고용에 곤란이 생긴다. 즉 농가의 자가노동력을 화폐로 환산하면 매우 저렴하게 되는데 자가노동력은 별도로 하고 최근의 앙등한 임금(賃銀)으로 다른 사람을 노동력으로 고용하는 경우 채산이 성립하지 않는다.

(ㅁ) 이 때문에 미작 방기 내지는 일부 휴경의 원인으로조차 된다. 특히 도회지 부근 농촌에서는 농가의 주(主) 노동력이 다른 고임금 수취 노동력으로 전용되어서, 종(從) 노동력에 의한 자가 식량을 보유하는 데 만족할 정도의 농경만을 경영하는 형태를 채택하는 경향이 나타났다.

말할 것까지도 없이 이것들의 여러 현상은 다른 여러 가지의 원인과 서로 관련하여 착공되고 있기 때문에 단지 가격 관계로부터만 이와 같은 결과를 초래하는 것이라고 단언하는 것은 불가능한데, 미가가 그 중대한 요인 중 하나였다는 것도 또한 사실이다.

여기에 있어서 몇 가지 타개책을 강구하고 농촌에 명랑한 공기를 주입하여 농업보국에 정신(挺身)하게 할 필요가 생겨났다. 그 하나의 방책으로서 미가 인상의 문제는 해결하지 않으면 안 될 운명에 놓여 있었다.

지난 1939년(昭和 14) 11월에 내지 미가 인상과 병행해서 조선에서도 최초로 가격등통제령 제7조의 규정에 의해서 현미 도매가격과 백미 소매가격이 공정가격으로써 정해져서 현미는 일률적으로 석당 5원 인상되었고, 백미는 3원 50전부터 4원 30전으로 인상되었던 사정에 대해서는 이미 서술했다. 그러나 그 후의 일반 추세는 더욱이 미가 개정의 필요에 압박받아서 1941년(昭和 16) 내지에서는 미가의 이중가격제를 채용하게 되었기 때문에, 조선에서도 내지에 순응하여 1941년(昭和 16) 산미에 대해서 매상가격의 1원 인상과 생산자에 대한 장려금을 현미 석당 3원 지급하기로 10월 3일의 각의에서 결정했다. 총독부는 이중가격제의 실시에 있어서 통제미 가격의 인상분을 출하장려금, 생산자에 대한 장려금을 생산장려금이라 칭하여 통제미에 대한 장려금으로서 일괄 규정했다.

(2) 1943년(昭和 18) 산미에 대한 가격 인상

이 미가 방침은 1942년(昭和 17) 산미에 대해서는 거치되었지만, 대동아전쟁의 결전 단계의 생산 증강의 요청에 즉응하기 위해서는 더욱 획기적인 방책을 수립할 필요가 있었다. 제81의회에서도 미가 인상의 과제는 논의의 초점이었는데, 정부는 마침내 1943년(昭和 18) 4월 16일의 각의에서 긴급물가대책요강(緊急物價大策要綱) 및 가격보장제도요강(價格報獎制度要綱)을 결정·발표하였고, 미가도 이 요강에 의해서 획기적 인상을 보기에 이르렀다.

긴급물가대책요강의 확립은 확실히 물가정책의 전진으로 저물가정책을 여전히 견지하는 한편 생산자 가격을 보장함으로써 발생하는 가격차는 보조금으로 보충하고 더욱이 가격 보장제도에 의해서 생산을 자극한다고 하는 것이었다. 그 골자는 다음과 같다.

㉠ 적정 생산자 가격의 보장 ㉡ 악순환의 우려 없을 경우에는 수요자 가격 인상을 용인하고, 그렇지 않은 경우는 원칙적으로 수요자 가격을 거치한다 ㉢ 보조금제도 채용의 3항은 결국 생산 증강에 있어서 가격 내지 이윤의 역할을 중시하기에 이르렀던 정부의 정책 의도를 적극적으로 명시했던 것이다. 이 요강에 입각해서 1943년(昭和 18) 산미가격대책요강이 결정되어 지난 4월 20일에 그 개요의 발표를 보기에 이르렀다.

이것에 의하면 내지에서는 종래의 정부 매입 표준가격이 석당 44원을 47원으로 인상함과 함께 종래의 생산장려금 5원 이외에 새롭게 보조금 10원 50전을 증액하고, 생산 농가의 실질적 소득으로서는 49원부터 62원 50전까지 대폭 인상을 단행하는 한편 매도가격 43원은 46원으로 개정되었다.

조선에서도 내지에 순응해서 1943년(昭和 18)도 산미부터 미가 인상을 단행하기로 되었다.

그 구체적인 내용에 대해서는 5월 25일의 각의에서 이 요강의 결정을 봤다. 그 골자는 다음과 같다.

(ㄱ) 1943년(昭和 18) 산미의 실질상의 매입가격에 대해서는 생산비, 물가, 기타의 경제 사정을 참작해서 현미 석당 12원 인상할 것

(ㄴ) 위에 기초해서 1943년(昭和 18) 산미의 매입가격을 석당 3원 인상함과 함께 생산자에게는 그 자가소비미를 제외한 것에 대하여 재래의 장려금 석당 3원 이외에 금회 새롭게 정부로부터 보조금으로서 9원을 지출하고, 그중 7원은 이것을 생산자에게 교부하지만 잔여의 2원은 특히 쌀의 증산 상 필요한 시설로서 정부가 지시하는 용도로 충당하도록 조치할 것

(ㄷ) 미곡의 매도가격에 대해서는 가계비, 물가, 기타의 경제 사정을 참작하여 국민경제에 지장을 미치지 않고, 또 물가에 악순환이 발생하지 않을 정도를 감안해서 3원 인상할 것

또한 정부는 이번의 미가 개정 조치에 따라 다음과 같은 방침도 아울러서 결정했다.

(ㄱ) 미곡의 매입가격 및 장려금 또는 보조금의 인상은 금후 특별한 상황의 변화가 없는 한 이를 하지 않을 것

(ㄴ) 미곡의 매입가격의 인상 또는 보조금 교부에 의한 농가 수입의 증가는 힘써서 이를 저축으로 전용하도록 조치할 것

(ㄷ) 미가의 인상에 따른 급여, 임금의 증액을 하지 않기로 하고 기타 악순환의 발생 방지에 대해서 충분한 대책을 강구할 것

이번 미가 개정의 내용은 상당히 복잡한데, 그 점을 명확히 하면 1942년(昭和 17) 산미의 실질상의 매입가격은 기본미가 40원으로 하고 생산장려금 3원, 출하장려금 1원, 합계 14원이었던 것에 대하여, 1943년(昭和 18) 산미의 실질상의 매입가격은 이것에 3원의 기본 미가 인상과 9원의 신보조금을 합친 56원으로 이것은 자작농의 매상가격으로 되었는데, 소작농은 출하장려금이 없었기 때문에 55원, 지주는 출하장려금과 함께 45원의 수취가격으로 된 것이다. 그러나 소작인의 소작미에도 종래 3원의 생산장려금 이외에 보조금 9원도 교부하기로 되었

다. 지주, 자작농, 소작농의 판매미, 소작미에 대해서 석당 새롭게 인상된 액수를 보면 다음과 같다.

- 지주 판매미 : 3원
- 자작농 및 소작농의 정부 공출미 : 12원
- 소작농의 소작미 : 9원

현실의 생산자에 대한 적극적 우대의 길이 구체적으로 열린 것이다. 그러나 이 9원의 보조금 중 2원은 '특히 쌀의 증산상 필요한 시설로서 정부가 지시하는 용도에 충당'하기 위해 공제하기로 했다. 이것은 토지로부터 올린 수익의 일부를 증산 시설에 환원시키도록 한 것이고, 아울러서 정부가 식량 생산 증강을 위해서 사용할 수 있는 재원의 염출을 노렸던 것이어서 이것은 내지의 경우와 달리 특히 주목할 만한 가치가 있다.

이상은 본년 5월 정무총감 담화로써 발표된 1943년(昭和 18) 벼의 매입가격 인상의 대요인데, 그 후 조선식량관리령이 제정되어 미맥(米麥)의 매입가격은 매년 조선총독이 이를 정하여 고시하는 것(조선식량관리령 제8조)으로 됨으로써 최근 관계 규정의 시행을 대비하여 조선식량관리령에 기초한 고시의 형식으로써 이상 말한 것과 같은 내용의 매입가격 발표를 보게 될 것이다.

정부 표준 미곡 가격 변천표

가격별	생산자 가격	매입가격	생산장려금 또는 보조금	매도가격
1939년 11월	40	40		40
1941년 10월	44	41	3	40
금회	56	44	12	43

(3) 미가 인상의 기준

그렇다면 미가 인상에 관한 산정의 기초는 어떠한 근거로 되었을까? 내지에서는 식량관리법에 명시된 것처럼 '쌀의 생산비 및 일반 물가, 기타 경제 사정을 참작해서' 하는 것인데, 그중의 가장 중요한 기준으로 돼야 할 생산비의 산출 방침에 대해서, 특히 새로운 방법이 채택되었다고 전해지고 있다. 그 개정의 요점은 다음과 같다.

(ㄱ) 자가노동보수의 평가에 대해서는 종래 그 지방의 보통 일용임금으로써 하고 있었는데, 이번에 공장, 광산의 임금과 균형을 지키게 한다는 명분하에서 임금 단위의 인상을 행했다.

(ㄴ) 자급비료의 평가에 대해서 종래 그 속에 함유되는 비료 성분을 가지고 기준으로 하고 있던 것을 금회 그 생산에 필요한 노동력을 기준으로서 행하도록 개정했다.

(ㄷ) 종래는 기준 생산비로서 이른바 중용(中庸) 생산비를 사용했지만, 금회는 전 호수의 70~80%까지를 포함하는 생산비를 기준으로 취하도록 고쳤다.

조선에 있어서 이번의 미가 인상에 관해서는 '내지의 시책에 응해서' 그 산정의 기초를 '생산비, 물가, 기타의 경제 사정'에 두고 있는 것은 그 후 나온 조선식량관리령 및 시행규칙에서, 주요 식량의 매입가격 및 소비가격은 각각 생산비, 가계비 등을 참작해서 결정한다는 취지가 명시되어 있는 점으로부터 봐도 틀림없을 것이다. 그러나 최근의 생산비 조사가 전혀 공표되고 있지 않기 때문에 그 구체적인 내용을 아는 것은 불가능하다. 내지의 방침에 순응해서 대폭 인상을 행한 것은 단지 내지의 정책을 정치적으로 추수한다고 하기보다도, 전시하 조선 농촌의 실태가 내지의 그것과 수많은 공통점을 가졌기 때문에 내지와 똑같은 배려를 받고 있는 것으로 보는 것이 맞지 않을까 생각한다.

말할 것까지도 없이 현재의 농업정책의 근간은 식량의 생산 확보로 쌀을 중심으로 하는 주요식량의 강행적 국내 자급 생산체제의 확립이야말로 중요한 요청이다. 그 요청을 충족하기 위해서는 토지, 자본, 노동력의 생산수단 중 토지, 자본이 필연적 한계를 넘어서지 못할 때에는 소위 농업자의 정진 노력에 의한 생산 증강을 기대하지 않으면 안 된다. 현재 전시경제의 발전과 함께 신경제윤리관의 확립이 요청되어 대다수의 생산자는 문자 그대로 총후(銃後)의 전장에서 끝까지 생산에 정진을 계속해 왔던 것이다. 저물가정책의 견지하에 미가는 물가의 기준이기 때문에 극력 저위(低位)에 놓인 것이다. 현재 이윤의 추구는 허락할 것이 아니지만, 농업 생산자가 개별 경제에 있어서 생활의 책임자로 자기의 생활 유지 내지 충실을 도모해야 할 경제적 책임을 가진 이상, 적정한 미가가 주어지지 않으면, 이것은 미작 농가에 대해서 경영상 마이너스의 생산을 강요하는 것으로 된다.

이리하여서는 증산으로 향해야 할 노동력, 자본이 현재 비교적 고위에 있는 다른 농산물 혹은 다른 생산 부문으로 도피하는 것을 방지하는 것이 불가능하다. 자본은 고이윤을 추구하고, 노동은 높은 보수를 구해서 유출되는 것은 경제 법칙이다. 이것을 농업에 대해서 보면 농업소득-노동보수의 다과에 의해서 농업 전환 혹은 노동이동의 가능성이 존재한다. 이 점으로부터 고려한다면 금회의 미가 인상은 오카와(大川) 교수의 소위 '미작 농민의 국민적 균형화를 목표로 하는 노동소득 대칙', '타 부문으로 이동한다고 하는 노동력을 농업 부문으로 붙잡고, 붙잡은 노동력을 보다 집약적으로 활동하게 하는' 효과를 가진 것이었다. 농업소득의 증대에 의해 미작을 경제적으로 유리한 것으로 만들어 확장 재생산을 위한 여러 조건의 하나를 정비했던 것이라고 말할 수 있다.

6. 조선식량관리령의 발포와 그 내용

현재 우리나라의 식량 사정에 비춰 식량의 긴급 증산과 식량배급제도의 합리화와 이에 따른 소비 규정에 대해서는 위에서 서술해 왔던 것처럼 수많은 시책이 강구되어 왔다. 그러나 전시의 빠른 발전과 이에 대응하는 국내 체제의 결전적 재편성의 강렬한 국가적 요청은 식량 부문에 있어서도 종래의 시책, 제도만으로 도저히 국가적 요청에 응하는 것은 불가능해졌다.

조선의 수하, 배급 기구에 관해서는 이미 각 도에 식량회사가 설립되었고, 중앙에 조선미곡시장회사가 있어서, 종래 자주적 조합기구인 각 도의 양곡조합시대에 비하여 현저히 국가적 색채를 띠기에 이르러 통제의 철저를 기할 수 있었다. 그런데 식량 사정의 긴박함은 종래의 주식회사인 양곡회사의 기능만으로는 불충분한 점이 여러 가지 나타났고, 또 도별 기구로서는 도블록화의 경향을 완전히 불식시킬 수 없었다. 도(道)로서도 도내 식량 확보의 책임으로부터 말해도 자연히 이 경향을 조장했던 것도 또한 어쩔 수 없는 일이었다. 그러나 한 지방적 사정을 위해 전반적 통제에 지장을 초래하는 것 같은 사태를 언제까지나 용인하는 것은 당면의 긴급 과제인 생산력 확충과 국민 생활의 유지 확보의 점으로부터 봐도 결코 소홀히 할 수 없는 일이었다.

그렇다면 종래의 집하배급기구를 대신해서 만들어야 할 새로운 기구는 당연히 조직화된 공공적 기관이면서, 식량의 종합 배급을 수행하기에 충분한 근거와 힘을 가진 기관이 아니면 안 되었다. 이것이 식량관리령에 기초하여 식량영단을 조직하기에 이른 이유였다.

(1) 조선식량특별회계와 조선식량관리령

내지에 있어서는 지난 제79의회를 통과한 식량관리법이 작년 7월 1일부터 시행되었고, 그 시행과 동시에 식량영단이 중앙 및 지방에 설립되어 식량 국가관리의 단계에 도달하기에 이르렀다. 조선에서도 내지에 순응해서 식량통제기구를 강화하고 식량의 준전매제도(準專賣制度)라고도 칭할 수 있는 식량의 국가관리체제를 확립하고, 수하와 배급의 원활을 기하는 획기적 조치가 강구되기에 이르렀다. 즉 지난 8월 9일에 조선식량관리령이 공포되었고, 나아가서 9월 11일에는 시행규칙의 발포를 보기에 이르러 식량 국가관리의 근거법이 명확해졌다. 그러나 식량 국가관리를 철저히 하기 위해서는 국가 스스로 식량을 매수하고, 생산지로부터 필요한 장소에 필요한 양을 필요한 때에 신속 민첩하게 배급하는 방법을 취하는 것 이외에는 다른 방법이 없다. 그래서 총독부에서는 지난 6월 임시의회에 조선식량관리 특별회계 설치에 관한 법률안 및 예산안을 제출하고 6월 21일 조선식량관리특별회계법의 공포를 보았다. 이로써 내외지 一가 서로 호응해서 식량자급체제의 확립을 보기에 이르렀다.

조선에서도 특별회계를 실시해야 한다는 의견은 이미 수년 전부터 일부 식자의 사이에서 나오고 있었는데, 시국의 요청으로 이 현안을 한 번에 해소했던 것이다. 그 골자는

(1) 조선 내에 생산하는 미곡, 맥류, 속 등의 주요 식량에 대해서 생산자의 자가 보유량을 제외한 것 및 수이입 하는 식량은 모두 정부가 이것을 매입하기로 한다. 이 실시의 시기는 '미곡 및 잡곡은 1943년(昭和 18)산의 것부터 맥류는 1944년(昭和 19)산의 것부터'라고 규정한다.

(2) 정부는 위와 같이 매입된 식량을 일정의 배급 계획에 기초해서 원칙적으로 조선식량영단으로 하여금 조선 내에 배급하거나 또는 수이출하도록 한다.

(3) 식량의 매입 대금은 내지, 대만 또는 외국으로부터 직접 매입할 경우를 제외하고는 조선식량증권으로써 지불하기로 되어 있는데, 실제로는 생산자 또는 공출자에게는 직접 증권을 교부하지 말고 현금으로써 지불한다. 또한 식량증권은 1년 내에 상환해야 할 무기명증권으로 액면금액으로써 교부하고, 총독부 지정의 은행에서 할인을 행하는 형

태를 취하고 있다.

(4) 본 회계는 총독부의 특별회계로 하고 그 세입으로써 세출에 충당하는데, 세입을 구성하는 비목은 식량의 매도 대금, 세입금 및 부속 잡수입으로 한다. 세출을 구성하는 비목은 식량의 매입 대금, 식량의 매입·매도·교환·매수·가공·제조·저장·검사 및 운반에 관한 여러 비용, 조선총독부특별회계로의 조입금, 증권 및 차입금의 상환금 및 이자, 기타의 여러 비용으로 되어 있다.

위의 골자에서도 명료하듯이 식량관리특별회계를 설립하는 것 자체가 조선 식량정책상 획기적인 일이었다. 지금 이를 재정적으로 봐도 종래 조선총독부 특별회계의 하에서는 조선용품특별회계와 조선간이보험(簡易保險) 및 우편연금(郵便年金) 특별회계가 있었는데, 이번 새롭게 본 회계가 더해져서 재정은 현저히 복잡화했다. 예산에 대해서도 1943년(昭和 18)도 추가예산에 의하면 초년도 세입 4억 300만 원, 세출 3억 6,800만 원의 거액에 달하여 총독부 재정사에서 봐도 획기적인 발전이라고 말하지 않으면 안 된다. 또 본 법 제1조에 있어서 특별회계의 부담에서 차입금을 법적으로 인정한 것도 특례로 식량 국가관리의 재정적 기초가 점점 더 확립되기에 이르렀다.

다음으로 조선식량관리령은 미곡관리법과 식량관리법 조선시행령에 입각해서 제정되었던 것으로 규정은 실체법적 규정과 조직법적 규정의 2가지를 함축했다. 실체법 규정에 있어서는 종래 이미 실시해 왔던 식량 시책을 법적으로 확인하고, 국가관리의 방향에 따라서 이를 강화하고 있는 점이 두드러진 특징이었다. 조직법의 부분은 식량영단에 관한 규정이다.

우선 통제의 대상으로서는 국가관리의 대상인 '미맥'과 조선총독부가 지정하는 '기타 식량'이 있다. 제2조에서 미맥이란 미곡, 대맥류 및 속, 나맥, 소맥을 말한다고 규정하고 있는데, 시행규칙에 있어서는 기타에 잡곡, 전분, 감저, 마령서의 가공품인 식량, 면류 및 빵도 규정되었다. 그중 미맥 등 및 그것 이외의 주요 식량에 대해서는 국가 스스로 매상하여 관리하는데 기타의 것에 대해서는 가격, 기타에 따라서 필요한 통제를 행할 수 있는 것으로 되었다.

즉 정부는 미맥 등 그것 이외의 주요 식량을 직접 관리의 대상으로 하고, 기타의 것에 대해서도 필요가 있을 때는 언제라도 정부는 관리의 대상으로 할 수 있는 뜻을 보류(保留)했던 매우 강력한 식량의 종합배급체제를 확립한 것이다.

이것은 주로 저장에 편리하고 부패·변질이 적은 식량을 주로 했던 것으로 야채, 과실, 어육 등의 소위 생선 어패류는 아직 직접 관리의 대상으로는 되지 않았다. 이들 생선 어패류의 문제에 대해서는 금일 도시, 농산촌, 공장 등에서도 상당한 문제가 되고 있고, 이들의 물자는 일단 중앙도매시장을 통해서 수하, 배급하기로 되었는데, 그 유통은 반드시 원활히 행해지고 있지 않다. 그렇다고 해서 이들 부패하기 쉬운 식료를 곧바로 직접 국가관리의 대상으로 하는 것은 곤란하다. 이것의 적정한 배급에 대해서는 수하 계통, 가격 관계 등 각반의 사항에 걸쳐서 별도의 방책을 강구하기로 되어서, 지난 9월 30일에는 청과물선어개배급통제규칙(青果物鮮魚介配給統制規則)의 공포를 보기에 이르렀는데, 정실거래(情實取引)·암거래 등의 부정행위 절멸을 위해서는 식량영단 조직의 운영과 아울러서 신중한 배급 조정이 기대되고 있다. 그러나 장래는 주요 식량의 범위를 확충하고 이들 생선어패류도 종합적 식량정책의 확립이라는 입장에서 충분히 지방적 특수사정이 존중받으면서 영단 조직 가운데 넣어야 하지 않을까?

전시하 물자 배급 합리화의 필요에 대해서는 모든 물자에 있어서 통감되는 점인데, 식량배급의 합리화에 대해서는 한층 그 필요성이 깊다. 복잡 잡다한 식량을 특히 무수히 분산된 소생산자로부터 수하하여, 이를 또한 무수히 분산된 소비자에게 신속히 배급하는 것은 기술적으로 극복되지 않으면 안 되는 여러 가지 문제를 포함하고 있다. 예를 들면 생산자와 소비자의 조직화의 문제라든지, 영양학적 견지로부터 본 배급 식량의 합리적 배분과 그에 대응하는 식생활의 개선, 완전한 소비조사의 시행 등 금후의 해결에 기대하지 않으면 안 되는 문제가 산적해 있다. 관리령의 운영과 후술할 식량영단의 활동에 기대하는 것이 많은 까닭도 또한 실로 여기에 있다.

다음으로 생산자로부터의 매입에 대해서 기본 규정은 관리령 3조·4조·5조로 제3조에서 "미맥 등의 생산자 및 소작료(조선총독이 정한 기타의 급부를 포함한다, 이하 같음)로서 미맥 등을 받는 자는 조선총독이 정한 바에 의하여 생산하거나 또는 소작료로서 받는 미맥 등으로 조선총독이 정하는 것은 조선식량영단에 대하여 이를 정부에 매도할 취지를 위탁해야 한다"라고 규정하고 있기 때문에, 생산자는 식량영단에 대해서 정부에 매도해야 할 뜻의 위탁을 하지 않으면 안 된다. 즉 생산자로서는 직접 식량영단에 매도하고, 영단으로부터 정부로, 정부는 다시 배급 계획에 기초해서 영단에 불하하고 식량영단으로부터 소매상조합으로 배급하는 구조로 되고 있던 것이다. 내지에서는 식량영단의 임무는 오로지 주요 식량의 일원적 배급에 있기 때문에 광의의 생산자 단체인 산업조합에서 정부가 매상하여 이를 영단에 매도하는 것이어서 주요 식량의 배급에 있어 산업조합의 구매사업은 식량영단으로 이행했던 것이다. 그런데 조선에 있어서 배급은 물론 수하의 일원적 통제도 영단에서 행하게 되어 있다. 내지에 비하여 더욱 중앙집권적 색채가 강한 것은 한편에서 식량정책이 내지에 비하여 한층 철저하다는 것을 이야기하는 것인데, 그 반면에 조선에 있어서 농업단체 강화의 문제도 머지않아 일정에 올리지 않으면 안 되는 문제일 것이다.

다음으로 제3조에 있어서 '조선총독이 정한 기타의 급부'는 시행령 제2조에 있어서 비료대, 수리조합비 및 보의 사용료로 결정되고, 조선에 있어서 일반적으로 행해지고 있는 현물경제의 실정도 참작하고 있다. '조선총독이 정한 바에 의하여'는 시행령 제3조에 의해서 부윤 또는 읍면장이 도지사의 지시에 따라서 매도의 위탁을 해야 할 미맥의 수량을 정하기로 되어 있다.

이것은 본년부터 실시되고 있는 사전할당제를 의미하는 것이다.

관리령 제4조에 있어서는 자가 보유미의 매도에 대해서도 식량영단 이외로의 매도를 금지하는 정부의 강력한 의지를 표시하고 있다. 다만 이것에는 일부의 예외를 인정했다. 기타 시행령은 다시 4조 내지 7조에 있어서 공판 장소, 공판 시기, 강제보관 등에 관한 여러 사항을 결정하고 있다. 이걸로 주요 식량에 대해서는 생산자는 일정의 자가 소비량을 제외한 다른 것은 거둬서 정부에 공출해야 하는 제도의 확립을 본 것이다.

다음으로 주요 식량의 검사제도와 방법에 대해서는 종래의 조선곡물검사령은 관리령 부칙 제71조에 의해서 폐지되었고 새롭게 관리령 제12조 및 시행령 23조 내지 37조에서 검사 규정을 마련하고 있다. 이것에 의하면 소위 수납 검사에 중점을 두고 생산자 및 지주가 식량영단에 대해서 주요 식량을 정부에 매도해야 하는 위탁을 하는 장소에서 행해지게 되고 있어, 종래의 검사제도가 반출 검사가 있던 것과 크게 취지를 달리하고 있다. 구체적으로는 종래의 곡물검사소의 지소·출장소를 전부 식량관리소로 흡수하고, 주요 이출항에 설치되고 있던 검사구 및 출장검사의 제도도 폐지되어 도별로 재편성되었다. 도청 소재지에 관리소 지소가 설치되었다.

더욱이 이러한 식량 통제의 획기적 쇄신 개선에 즉응해서 미곡 행정기구에도 일대 쇄신이 행해져서 식량 행정의 원활을 도모하게 되었다. 즉 총독부 관제 및 지방 관제에 개정이 가해져서, 총독부 농림국의 양정과(糧政課)가 확충되어 종래의 양정사무 이외에 식량의 매입, 매도 등의 사무가 새롭게 더해졌다. 종래 곡물검사소에서 행하고 있던 사무는 농림국에 신설된 검사과(檢査課)에서 행하게 되어서 일원적 통일을 도모할 수 있게 되었다. 이렇게 해서 식량 행정 중추기관의 정비를 보았던 것인데, 이에 호응해서 지방에서는 새롭게 식량부(食糧部)가 신설되었다. 식량부에서는 곡물검사소 지소의 사무를 통합해서 관리과 아래 두고, 미곡의 수하 배급 이외에 매입 및 환매(賣戻)의 현업 사업과 식량 및 검사에 관한 사무를 관장하게 했다. 더욱이 종래 산업부하에 있던 농정과(農政課)를 농무과(農務課)로 통합해서 식량부에 속하게 하고 축산과(畜産課)가 있는 도는 이것을 더해서 3과제로 해서, 식량의 생산부터 수하 배급에 이르기까지 일관해서 국민 식량의 확보를 도모하여 식량 관리 태세는 이로써 완벽을 기하기에 이르렀다.

이상 대체로 관리령의 골자를 서술해 왔는데, 다음으로 정부가 주요 식량을 매입하고 매도하는 것에 대해서는 가격의 결정이 중요한 사항이었다. 이 매입가격 및 매도가격의 결정에 대해서 매입가격은 관리령 제6조에, 매도가격은 제9조 제15조에 규정하였다. 시행령에 있어서는 8조 내지 15조에 이를 정하여 각각 생산비 또는 가계비, 물가 등을 참작하여 현미에 대한 표준가격을 정하고 매년의 산미에 대해 조선총독이 이를 결정하기로 했다. 또 주요 식량의 수이입에 대해서는 원칙적으로 정부의 위탁을 받은 조선식량영단으로써 이를 담당하기로 했다. 다음은 관리령의 조직법의 부분에 근거를 두고 있는 식량영단에 대해서 보자.

(2) 조선식량영단의 설립

조선에 있어서는 이미 영단 기업의 형태로서 주택영단[133]과 농지개발영단[134] 2가지가 성립

133 조선주택영단은 조선총독부가 심각한 주택난을 타개하고 주거에 관한 국민생활의 향상·발전을 기할 목적으로 1941년 설립된 특수법인이다. 조선주택영단은 설립과 동시에 주택건설 4개년계획을 세웠다. 총독부는 1941년 1월 현재 경성을 포함한 19개 도시에 절대 부족한 주택이 6만 호이며, 그 3분의 1인 2만 호를 4년 동안에 건설하도록 하는 계획을 세우라고 지시했다. 그러나 정부의 의욕과 달리 패전 말기의 상황으로 자재난 속에 어려움을 겪었다. 그 결과, 영단은 설립 후부터 1945년 8월 15일 해방 전까지 영단이 건설한 주택은 총 1만 2,184호에 불과했다(「조선주택영단(朝鮮住宅營團)」, 『한국민족대백과사전』. http://encykorea.aks.ac.kr/).

134 조선농지개발영단은 중요 농산물의 증산을 도모하기 위해 필요한 농지 개발 사업을 목적으로 하여 1942년 설립 된 특수법인이다. 기존 수리조합 등의 토지개량사업과 달리 조선농지개발영단이 시행하는 사업에서는 토지 소유자의 의사와 관계없이 총독부가 농업 개발을 위해 필요하다고 인정할 경우 강제로 사업을 시행할 수 있는 강력한 권한이 부여되었다. 이와 같은 강제 규정을 근거로 국가계획하의 대행기관 사업 방식으로 공사를

하고 있었는데, 식량관리령에 기초해서 새롭게 식량영단이 설립되게 되었다. 이 식량영단의 설립은 식량관리령의 큰 요점임과 동시에 직접·간접적으로 영향을 주는 바가 크기 때문에, 그 성격과 운영에 대해서는 기설의 여러 영단에 비해 가장 많은 관심을 기울이고 있는 곳이다. 영단이라는 하나의 단어에 대해서도 그 내용·기능에 이르러서는 천차만별인데, 엔도(遠藤三郎) 씨는 식량영단의 실체에 대해서 "농지개발영단이 재단(財團)에 가까운 것이라고 한다면, 식량영단은 오히려 사단(社團)에 가깝다. 이 의미에서 우리들은 영단이라고 하기보다는 오히려 공사(公社)라고 하는 편이 식량영단의 성격을 적확하게 표현하고 있는 것이 아니겠냐고까지 생각하고 있다"라고 말하고 있다.

그래서 조선에 있어서 주요 식량을 국가관리로 옮기고 조작기관으로서 새롭게 설립된 조선식량영단은 9월 13일에 제1회 위원회를 개최했다. 다음으로 10월 5일 제2회 설립위원회를 개최하고 드디어 영단의 발족을 보기에 이르렀다. 즉 본 영단은 관리령 부칙에 의해서 폐지된 조선미곡시장회사와 13도 식량회사의 발전적 해소 위에 서서 곡창반도(穀倉半島) 식량의 계획배급과 저장에 만전을 기하기로 되었다. 그 기구는 본부에 총무, 기획, 미곡, 잡곡, 경리 5부와 관리 일택(一宅)을 두고, 경성, 청주, 대전, 전주, 광주, 대구, 부산, 해주, 평양, 신의주, 함흥, 청진에 각 지부를 설치하여 각 도 식량부와 긴밀한 연락하에 운영의 만전을 기하기로 되었다.

여기서 주목해야 할 것은 내지에 있어서는 중앙 식량영단과 지방 식량영단이라는 업무상의 연계는 제도적으로는 전혀 다른 것으로 이원적 구성 양식을 취하고 있었다. 이에 반해 조선식량영단에서는 본부·지부의 관계에 있어서 일원적으로 통일되고 종단적으로 일관한 제도로 되어 있다는 것으로 총독부의 행정기구 정비와 아울러서 종으로 일관된 2개의 계통이 정비되었다. 이 2개의 기관이 표리일체로 되어서 식량 운영의 원활을 도모한다고 하는 점이 내지와 다른 특색이고, 제도적으로는 오히려 내지에 비하여 일보 전진한 제도라고 말할 수 있다. 그러나 문제는 이미 이것으로 모든 것이 해결된 것은 아니다. 요는 이 제도를 어떻게 활

실시하게 된 조선농지개발영단은 조선증미확충계획에 의한 토지개량사업 가운데 대지구(300정보 이상)의 관개개선을 매년 3만 정보씩 10년간 30만 정보, 그리고 간척을 매년 2,000정보씩 8년간 1만 6,000정보, 합계 31만 6,000정보의 농지 개발을 목표로 했다. 그러나 물자와 노동력이 부족한 전시체제하에서 사업은 제대로 이루어지지 못하고 패전을 맞이하게 되었고, 전시형 설계라는 명목하에 속성으로 공사가 시행되어 공사 완성 후에 누수 등과 같은 결함이 발생하여 해방 후 운영에 지장을 초래했다(「농지개발영단」, 『국가기록원』, https://www.archives.go.kr/).

용해서 사용할지라는 운용의 문제로 금후의 성과 여하는 첫 번째로 오직 당사자의 노력에 기대지 않으면 안 된다.

다음으로 영단의 지부 이하의 말단 조직에 대해서는 지금 아직 정비되지 못하고 있다. 특히 종래의 미곡시장회사의 지점, 도양곡회사의 지소에 부(府)의 배급조합 등이 있는 곳에서는 일원화의 문제가 아직 긴급한 일이다. 식량영단의 목적에 대해서는 관리령 19조에 '조선식량영단은 조선총독이 정한 식량배급계획(각 도내에 있어서 지방적 식량 배급에 관하여 도지사가 정한 배급계획을 포함)에 기초하여 주요 식량을 배급함과 함께 조선총독이 지정하는 식량을 저장하기 위해 필요한 사업을 행하는 것을 목적으로 한다'라고 정했고, 제30조에서 식량영단의 사업을 규정하고 있다. 즉

(ㄱ) 정부에 대한 주요 식량의 매도 위탁
(ㄴ) 주요 식량의 매입 및 매도
(ㄷ) 조선총독이 지정하는 식량의 저장
(ㄹ) 조선총독이 지정하는 주요 식량의 가공 및 제조
(ㅁ) 이전 각 호의 사업에 부대하는 사업
(ㅂ) 이전 각 호 이외에 조선식량영단의 목적 달성상 필요한 사업

이라는 점으로부터 봐도 명확하듯이 식량영단제도 제정의 주목적은 주요 식량의 국가관리체제 강화, 주요 식량 배급의 합리화와 이것의 일원적 저장 및 주요 식량의 가공·제조에 두고 있는 것은 분명하다.

여기서 금일 가장 문제가 되고 있는 점은 어떻게 하면 수하 기능을 가장 잘 발휘할 수 있을까라는 점이다. 이 점에 관해서는 공판 장소, 대금 결제 방법, 매상 대금의 문제 등과 관련해서 금후보다 나은 해결에 기대지 않으면 안 되는 문제가 많다. 수하, 저장, 금융 등의 면에서 봐서 창고 설비와 그 기능은 관리제도하에 있어서 수하면의 중추적 기능을 가지게 되었고, 더욱이 검사제도는 관리제도하 점점 중요하게 되어 왔는데, 이 검사제도도 농업창고의 조직적 활동에 의해 비로소 소기의 목적을 달성할 수 있었다. 따라서 조선식량관리령 시행규칙에 규정된 지정 창고의 지정에 관해서는 깊은 관심을 기울이고 있었는데, 정무총감 통첩에 의해

서 조선미곡창고주식회사가 지정되었다. 식량영단의 조작 양곡은 일단 미창(米倉)의 이름으로 보관된 후 식량증권으로 되어 정부의 보유물로 되었다. 종래의 농회창고(農會倉庫), 간이창고(簡易倉庫)는 대체로 미창이 매수하였고, 금융조합, 지주창고 등은 모두 미창에서 차고(借庫)하기로 되었다.

다음으로 식량영단과 식량의 가공 및 제조업의 관계에 대해서도 식량영단과 가공 및 제조업자가 서로 긴밀해지고 있는 것은 아직 구체적으로 나타나고 있지 않고, 업자의 정리 통합의 문제에도 미해결의 부분이 많이 남아 있다. 식량관리령은 11조에 있어서 정부 스스로 제조, 가공업을 행할 수 있는 것을 규정하고 있고, 또 제17조에서는 특히 필요가 있다고 인정될 때는 조선총독이 정한 바에 의해서 주요 식량의 가공, 제조에 대해서도 필요한 제한을 가할 수 있다라고 되어 있었다. 이것은 물론 위임규정이기 때문에 구체적으로 어떠한 형태로 나타날지는 금후의 문제에 속한다. 제조가공업이라는 단어 가운데에는 제분업(製粉業), 제국업(製麴業), 제면업(製麵業), 정미업(精米業), 전분제조업(澱粉製造業) 등 그 규정과 내용에서 실로 천차만별의 것을 포함하여 이것을 전부 영단에서 직영하는 것은 도저히 불가능할 것이고, 또 영단으로서는 어디까지나 수하배급사업이 주된 사업이고 다른 업무는 이 수하배급사업을 수행하는 데 필요한 범위 내에서 실행하는 부차적 부분이기 때문에 그 필요도 없을 것인데, 관계하는 곳이 큰 만큼 그 결과는 매우 주목받고 있다. 그중 제분업과 정미업에 대해서 보면 제분업에 대해서는 현재 기업 수도 적고 통제협력회의(統制協力會議)를 만들어 자치적 통제를 행하고 있기 때문에 이것 이상 정리 통합을 보는 일은 없을 것이라고 보고 있는데, 문제는 정미업이다. 정미업자에 대해서는 지정 정미업자 이외는 이미 다수 전폐업하였고, 지정 정미업자도 현재 조합을 만들어서 자치통제를 행하고 있는데, 현상으로써는 도저히 식량영단 설립의 취지에 즉응하는 태세로서 매우 불충분한 것이었다. 어쨌든 가공 부문의 통합에 관해서 무언가 구체적 조치가 강구되는 날도 머지않았다고 생각한다.

다음으로 본 영단의 자본금은 3,000만 원으로 그중 30%가 납부금인데, 조선총독이 인가를 받아서 증가하는 것이 가능하다.

다음으로 출자금에 대해서 보면 자본은 이것을 60만 구(口)로 나눠서 1구의 출자금액을 50원으로 하고 있다. 출자증권은 기명식으로 1구권(口券), 5구권, 10구권, 100구권, 1,000구권 및 10,000구권 7종으로 제1회의 출자불입은 '이호(い號)'는 1구에 대해 50원, '로호(ろ號)'는 1구에 대해 12원 50전 '하호(は號)'는 1구에 대해 6원 25전으로 되고 있다.

여기에 주의해야 할 점은 내지에서는 식량영단의 정관 제9조에서 주요 식량의 배급가공 혹은 제조를 업으로 하지 않는다면 원칙적으로 영단의 출자자로 되는 것이 불가능하다. 예외로서 농림대신의 승인을 받은 자가 주주로 되는 것이 인정되고 있는데, 조선에서는 정부출자의 다른 출자를 넓게 민간에 구하고 있다. 그러나 출자자의 총회는 인정되지 않아서 역원의 정부 임명과 함께 주주회사하고는 현저히 성질을 달리하고 있다. 또 본 영단은 납부 금액의 5배에 한하여 조선식량채권을 발행할 수 있다. 식량채권은 액면금액 50원 이상, 무기명식 이찰(利札)을 붙이는데, 응모자 또는 소유자의 청구에 의해서 기명식으로 할 수 있다.

식량영단의 사업 실행에 대해서 문제가 되는 점은 식량의 배급 형식, 즉 말단 배급기구의 문제이다. 이 점에 대해서는 식량 배급과 상인성(商人性), 식량영단과 상인 관계로 본질적으로는 식량영단이 왜 설립되지 않으면 안 되는지라는 영단의 본질까지 거슬러 올라가는 문제이다. 식량영단의 본질로부터 보면, 그 배급 계통에는 상인성이 낄 수 있는 여지는 조금도 없는 것이다. 말단에 이르기까지 완전히 상인성을 불식한 영단이 배급소에서 공정 엄밀한 배급을 행하는 것은 원칙으로 되지 않으면 안 된다.

그런데 내지에서는 중소 상업자의 기업 정비에 관한 각의 결정에 의해서 금후는 소매업자의 정리 통합에 있어서는 소매업의 기업 형태를 존속하는 것을 원칙으로 하여 특별의 경우에 한해서 기업 합동의 방법에 의해 개인 기업을 폐지하는 취지를 밝혔다. 개인 기업의 존치도 고려한 내지의 소매기구에 대해서는 가정 배급까지 영단이 행하고 소매기관이 배급하는 경우에도 영단의 대위배급(代位配給)이라는 소형식으로 배급을 행하게 되었다. 그러나 조선에서는 산지(山地) 상공과장도 말하고 있듯이 조선에 있어서 각종 생활자재 및 소비자재는 종래 대부분 내지에 의존하고 있다. 따라서 상공업의 발달도 아직 발달의 단계에 있고 특히 만주사변 이후 조선의 대륙병참기지의 사명에 비춰서 종래에도 상공업의 유지 육성이 근본 방침으로 되어 왔던 것으로, 우수한 기술과 풍부함 경험을 가진 소위 노포적(老鋪的) 상공업자는 철저하게 유지 육성되어져서 소매상 독자의 입장도 내지에 비해서 보다 관대하게 인정되고 있다.

그렇다면 말단 배급은 현실에 어떤 조직으로 행해지고 있을까? 이 말단 배급의 조직에 대해서는 아직 전국적으로 통일되어 있지 않아서 반드시 한가지로 서술할 수는 없다. 예를 들어 경성부를 보면, 경성부에서는 1940년(昭和 15) 5월 식량배급기구를 전면적으로 개혁해서 종래의 개인 소매상의 난립을 방지하고 아울러서 식량 배급의 적정을 기하기 위해 경성부 식량배급조합을 부윤의 감독 아래에 설치하고, 매출표(買出標) 배급, 득의(得意)[135] 배급, 단체 배급 3가지를 축으로 해 왔다. 경성부 내 인구의 이동이 빈번하고 인구 동태가 자세하지 않아서 암거래, 이중배급의 흔적이 끊이지 않기 때문에, 1942년(昭和 17) 7월 1일부터 종전의 득의, 단체배급을 받고 있는 가정에는 정회총대(町會總代) 발행 미곡 구입 통장을 소지하게 하여 이중배급을 방지하고자 했다. 그런데 이것도 반드시 소기의 목적을 달성할 수 없었기 때문에 본년 4월 1일부터 현행의 경성부 식량배급조합에 의한 지구배급제(地區配給制)를 채용하기에 이르렀던 것으로, 금후에도 이 말단적 조직이 대체로 그대로 답습되어 가는 것으로 보인다.

말할 것까지도 없이 결전하에서는 국민 생활을 유지하는 데 필요한 식량의 확보에 대해서 국민에게 안심과 안전을 가져다주는 것이 절대적으로 필요하며 이 점으로부터 봐도 식량영단에 대한 기대는 크다. 첫 번째로 배격되지 않으면 안 되는 것은 영단의 관료화로 특히 수하부분과 말단의 배급 부분은 국민 대중에 직접 접촉하고 있는 만큼 종업자의 공공적 태도와 봉사적 정신에 의해서 소위 영단도(營團道)의 확립이 급속히 행해지지 않으면 안 된다. 이와 함께 소비자 측의 문제로서도 소비자 윤리를 확립해야 할 기반으로서의 소비자 조직의 문제도 당연히 일정에 올려 두어야 한다고 믿는다.

7. 결어

대동아전쟁은 지금 결전 단계에 돌입하여 결전이 계속되는 장기전의 양태를 나타내기에 이르렀다. 전선에 있어서는 밤낮 구별 없이 사투가 반복되어 잠깐이라도 정체가 허락되지 않는 중대한 전국(戰局)이 날마다 당면하고 있다. 이러한 단계에서 국내의 식량 결전 자급체제를 확립해야 할 여러 대책이 한층 세밀하고 강력하게 현실화해 가지 않으면 안 되는 것은 말할 것까지도 없다.

지금은 이미 제도 및 조직의 준비에 시간을 소모할 때가 아니라 이를 어떻게 활용해서 영미(英美) 격멸로 결집해야 할지를 고민할 때이다. 식량 부문의 총력전에 있어서 생산자는 공

---

135 언제나 상품을 사거나 거래하거나 하는 상대, 단골손님.

부를 반복하고 창의성을 활용해서 생산에 전념하고, 생산물을 명령받은 대로 공출해서 국가의 공출미를 풍부하게 하고, 식량의 수하 배급 부문의 담당자는 신속 과감히 필요한 식량을 필요한 양만큼 공출 장소로부터 수요지로 옮기고 이를 국가의 명령에 따라서 공평하게 배급하고, 소비자는 이것을 어떻게 헛되지 않고 유효하게 소비할지를 공부하지 않으면 안 된다. 이것 이외에 식량 결전체제는 있을 수 없다.

조선에 있어서는 이미 농산물증산계획의 방침도 결정하였고, 최근에는 식량영단의 설립도 봤기 때문에 핵심은 금후의 운용 여하에 달려 있다. 모든 식량 대책은 고매한 윤리를 떠나서 현실적인 과제로 되어 왔던 것이어서 일만(日滿)을 통틀어서 식량의 자급체제를 확립해 가는 것 이외에 전혀 새로운 방법은 없다. 조선에게 식량기지로서의 사명이 금일보다 중대한 적은 지금까지 없었다.

이상 논해 왔던 것은 정책의 개략을 스케치한 것에 지나지 않는다. 식량관리령의 공포와 조선식량영단의 설립은 확실히 조선 식량정책사상 획기적인 대변혁을 가져다준 것으로 생각한다. 이것이 전시하 식량정책의 전개 과정을 거슬러 올라가서 기술한 까닭이다.

〈자료 378〉 조선의 식량 사정 일반(近藤釼一 編, 1963, 「太平洋戰下の朝鮮(4)」, 友邦協會, 19~20쪽)

1. 만주 잡곡의 수입 상황 여하

종래 조선에서는 평년작을 확보할 수 있는 해에서도 상당량의 만주 잡곡을 수입하여 조선미의 이출력을 증가해 왔습니다. 이것의 수입 상황 여하는 곧바로 내지에 대한 이출 수량에 막대한 영향을 미치기 때문에 종래 빠르게 또 대량의 수입을 요망해 왔습니다. 다행히 1943(昭和 18)미곡연도에는 수송력 압박에도 불구하고, 예정 수량 250만 석을 순조롭게 수입할 수 있었습니다.

더욱이 1945(昭和 20)미곡연도 분에 대해서도 1개년간의 교류 계획은 아직 결정을 보지 못했습니다만, 우선 약 57만 석(12만 톤)의 조기 수입이 결정되었기 때문에, 만약 이것이 계획대로 수입된다면 금후의 조선 내에서 식량 조작을 원활하게 함과 함께 조선미의 이출에 좋은 영향을 줄 것을 확신할 수 있습니다. 만주 잡곡의 조기 수입에 대해서는 각계 각 방면의 협력을 부탁드립니다.

1. 쌀 및 기타 식량의 공출 강화 방책 여하

양곡의 공출 성적 여하는 군(軍)과 조선 내의 문제에 머물지 않고 제국 전반의 식량 사정에 중대한 영향에 미치기 때문에 조선에서도 1942(昭和 17)미곡연도 이후 국가관리를 시작하여 정부 스스로 이것을 매상하고 있습니다.

양곡 공출 강화의 근본 방책은 물론 농민으로 하여금 시국을 철저하게 인식시켜 식량 생산의 열의를 고양시키고 증산과 공출에 앞장서게 하도록 계도하는 것이 첫 번째로 중요합니다. 하지만 민도가 낮은 농민에 대하여 급속히 이것의 효과를 기대하는 것은 곤란한 실정입니다. 그렇기 때문에 이와 함께 물자적 우대 조치를 강구하여 공출의 노고에 보상하는 등 공출에 대한 열의의 앙등을 도모하고 있습니다.

즉 내지의 시책에 순응하여 보조금의 교부, 보장금(報奬金)·장려금 교부제도를 마련했습니다. 더욱이 농가의 생활 필수 물자인 면포류, 작업화, 고무신, 마른 명태(乾明太漁) 등의 우선 배급 및 주류의 특별배급 등을 행하여 공출 촉진에 다대한 효과를 거두고 있습니다. 또한 올해부터 공출은 부락 공동 출하의 방침을 채택하여 계획적 공출에 힘쓰고 있습니다.

조선에 있어서 감저(甘藷, 고구마)의 수급 상황 여하

평년의 생산고는 약 8,200만 관(貫)으로 이 가운데 종자 900만 관, 주정전분(酒精澱粉) 등의 원료 1,200만 관, 합계 2,100만 관을 특수 용도로 사용하고 나머지는 식량으로서 소비했으며, 종자용으로서 50만 관 정도를 내지로부터 이입하는 것 이외에 조선 내에서 자급자족해 왔습니다. 올해에는 항공기 연료, 기타의 공업 원료 소요량이 격증했고 또 식량의 공출 강화에 따라 농가의 보충 식량으로서의 수요가 증가함으로써, 생산책임제를 마련하여 증산에 노력했습니다. 그 결과 작부 면적의 확장과 아울러서 그 예상 수량고는 1억 1,000만 관으로서 평년작을 초과한 증수를 볼 수 있었습니다. 이처럼 식량의 궁박화에 따라서 대체식량으로서 더욱더 중요성을 증가해 왔기 때문에, 감저의 증산 확보와 공출 강화는 일단의 노력을 필요로 합니다.

식량 관계 각종 보장금의 농민에 대한 영향 및 이것의 식량증산의 효과 여하

식량에 대한 보장제도는 올해 7월 28일의 각의에서 결정을 본 「외지에 있어서 미곡 등의

증산 및 공출장려에 관한 특별 조치」에 기초한 「조선에서 양곡의 증산 및 공출장려에 관한 특별조치 요령」에 따라 1943년산 양곡부터 실시하기로 했습니다. 맥류에 대해서 처음으로 이것을 교부 중으로 아직 각 방면에 걸쳐 상세한 영향에 대해서는 자세히 알 수 없지만 대략 다음과 같습니다.

중대시국(重大時局)하에 국비가 다단(多端)함에도 불구하고 식량 확보의 중요성에 비춰 볼 때 국책으로서 본 제도의 결정으로 인해 각종의 악조건을 극복하고 확고한 필승 신념으로써 식량의 증산 및 공출에 노력을 기울이게 하는 것을 농민에게 요청할 수 있었습니다. 이와 함께 국가는 농민의 노력에 대하여 보장(報裝)제도로써 보답하는 취지를 널리 농민에게 철저히 퍼트려서 정부의 친심(親心)을 그들 마음에 새겼습니다. 또한 양곡의 증산 및 공출에 정진시키고 그 노력의 결과에 대해 보답하는 길을 강구하여 중대 시국에 대한 인식을 한층 깊어지도록 했습니다. 뿐만 아니라 증산 전사의 열의를 앙양시키고 부락이 혼연일체가 되어 연대공동책임하에 식량증산에 총력을 기울이고 국가의 요청에 응하도록 매진하고 노력하지 않으면 안 되는 관념을 심는 등 농민에게 매우 좋은 영향을 주었습니다.

본제도 실시를 비롯하여 교부 중인 본년산 맥류에 대해서는 좋은 기후 등으로 인해 생산고의 증수를 초래할 수 있었습니다. 올해 공출이 과거에 볼 수 없는 호성적을 거둘 수 있었던 이유는 위와 같은 좋은 기후뿐만 아니라 본 제도의 효과도 상당히 있어서 장래 식량증산 및 확보상 미치는 효과가 클 것으로 사료됩니다.

(3) 식량 공출의 실시

〈자료 379〉 1940미곡연도 식량 배급 방책(朝鮮總督府 司政局 社會課, 1943, 『昭和十四年寒害志』, 朝鮮總督府, 72-75쪽)

제1 미곡

1940(昭和 15)미곡연도에 있어서 전국을 통틀어서 미곡 250만 석을 다음의 방책에 따라 총독부에서 통제하고자 한다.

1. 250만 석의 내역

(1) 150만 석 : 수이출용

(2) 100만 석 : 조선 내 수급 조절용

2. 수이출에 충당하는 150만 석에 대한 조치

(1) 소요 수량의 미곡을 즉시 조선미곡시장주식회사로 하여금 벼의 형태로 매수하게 하고, 적당한 장소에 보관시켜 둘 것.

(2) 매수사무는 해당도(當該道)의 배급기관으로 하여금 대리하도록 하고 조선미곡시장주식회사에서 취급 수수료를 교부할 것.

(3) 소요 수량은 과잉 수량에 안분(按分)하여 과잉도에 할당하고 도지사의 책임하에 공출하게 할 것. 이 경우에 있어서 조선미곡배급조정령에 기초하여 강제공출 명령을 낼 수 있도록 법규를 정비해 둘 것.

(4) 소요 자금은 5,000만 원 정도를 예상하여 총독부에서 알선할 것.

(5) 위 매수미는 7분도(分搗)로 도정(搗精)한 후 수이출할 것. 다만 특수의 것은 현미로서 매각하지만 이 경우에서는 상당의 수수료를 예상할 것.

(6) 매수 후 수이출까지의 금리·보관료는 가능한 도정해서 매각하는 것에 따라서 이익금으로써 지변하기로 한다. 부족액이 생길 때는 국고에서 보조금을 교부할 것.

3. 조선 내 수급 조절용에 충당하는 100만 석에 대한 조치

(1) 각 도에 도내 미곡 수급 조절기관으로서 배급기관을 설치할 것.

(2) 소요 수량의 미곡을 과잉 도에 할당하고 해당 도의 배급기관으로 하여금 벼의 형태로 매수하게 할 것.

(3) 부족 도(不足道)에 대해서는 총독부의 지시에 따라 보관미 중에서 이를 공급하도록 하고 이 지시가 있을 때는 과잉 도의 배급기관은 바로 7분도로 도정한 뒤에 부족 도의 배급기관에 공급할 것.

(4) 매수자금은 공급 도(供給道)를 통틀어서 2,000만 원, 지급 도(支給道)를 통틀어서 450만 원 정도를 예상하여 총독부에서 알선할 것.

(5) 매수벼는 총독부의 지령이 있기까지 이를 보관하게 할 것.

(6) 부족 도에 대해서는 총독부의 지령에 따라 보관미 중에서 이를 공급하도록 하고, 이 지령이 있을 때는 과잉 도의 배급기관은 곧바로 7분도로 도정한 후 부족 도의 배급기관

에 공급할 것.

(7) 위 공급미의 공급가격은 매수지·매수도의 매수가격(최고 판매가격에서 소매상의 수수료를 뺀 것)을 표준으로 해서 관계 도의 관여 후 관계 도 배급기관의 협의에 따라 이를 정할 것(협의가 정해지지 않을 때는 총독부가 이를 정할 것).

(8) 전항의 운임, 보관 중의 금리·창고료·손모(損耗) 등의 여러 경비 및 도내 운임비는 가능한 도정해서 매각하는 것에 의한 이익으로써 지변함을 원칙으로 하지만 부족이 생길 경우는 필요한 금액을 국고에서 보조할 것.

(9) 공급을 받은 도의 배급기관의 배급가격은 도지사의 승인을 받게 할 것.

제2 잡곡

1. 잡곡의 통제는 조선 외에서 수이입 한 300만 석에 대해서 이를 실시하기로 하고, 조선수이입잡곡중앙배급조합(輸移入雜穀中央配給組合)이 단독으로 수이입하게 할 것.
2. 위 수이입에 필요한 자금은 예금부 자금(잡곡 수입자금)으로서 조선은행 및 식산은행에 각 600만 원씩 할당하여 충당하고 부족한 부분은 총독부에서 알선할 것.
3. 부족 도에 대해서는 총독부의 지령에 따라 중앙배급조합에서 해당 도의 배급기관(미곡에 관한 것과 동일)에 공급할 것. 다만 한해 구제용 잡곡으로서 읍면에 배급하거나 금융조합 혹은 산업조합에서 알선하는 것은 제외.
4. 중앙조합의 배급가격은 수급지의 공정가격에 대하여 채산이 맞는 범위 내에서 총독부가 이를 지정하기로 하고, 도 배급조합의 배급가격은 도지사의 승인을 받게 할 것.
5. (1) 중앙조합의 매도가격이 그 매입가격에 제 비용을 가산한 금액에 달하지 않을 때는 그 금액을 보상할 것.
   (2) 도의 알선배급에 관한 것에 대해서는 불가항력에 따른 감실·손모 및 변질로 인한 손실을 보상할 것.
6. 각 도내에 있어서 잡곡의 배급은 도지사의 책임하에 조치하게 할 것.
7. 잡곡에 대해서는 미곡과 달리 도내의 이동은 원칙적으로 이를 행하지 않지만 필요한 경우는 중앙조합으로서 알선하게 하기로 하고, 그 방법은 미곡의 경우에 준할 것.

〈자료 380〉 1941미곡연도 식량 대책 요강(朝鮮金融組合聯合會, 『調査彙報』 12(1940.11), 73–75쪽)

제1 출하 통제

1. 총독부는 주조용(酒造用), 제유용(製油用) 등 특수 용도의 것을 제외하고 일반적으로 직접 식량으로 제공되는 미곡에 대해서는 원칙적으로 1인당 소비량은 동일하다고 하고, 각 도마다 1년간의 소비 수량을 사정(査定)하여 각 도지사에게 통지할 것. 이 경우 최근의 조선 경제의 경이적 발달에 따른 광공업, 어업, 건축업에 종사하는 노동자의 격증에 비추어서 이들의 소비 수량에 대해서는 특별한 고려를 기울일 것.
2. 총독부는 과잉 도에 대해서는 과잉 수량의 매수 또는 강제보관을 명할 것.
3. 과잉 도는 과잉 수량을 도내 과잉 군에, 과잉 군은 과잉 읍면에 각각 할당하여 출하를 통제할 것.
4. 부족 도에 대해서는 과잉 도가 공급하도록 하고 총독부에서 이를 지시할 것.
5. 공출에 대해서는 자발적 실행을 기대하더라도 필요했을 때는 출하 명령을 발동하여 반드시 소정의 수량을 확보할 것.

제2 수하

1. 공출을 명령받은 도는 농회, 기타 산업단체의 원조를 받고, 국민정신총동원부락연맹을 단위로 한 공출필행회(供出必行會)를 조직하여, 총협화정신(總協和情神)에 따라 자발적으로 공출을 할 것.
2. 출하 수량의 매수는 도양곡배급조합(이하 배급조합으로 칭함)으로 해서 일원적으로 이를 행하게 할 것, 이 경우 생산자로부터의 매수는 원칙적으로 조곡(粗穀)[136]으로써 하게 할 것.
3. 도배급조합이 매수한 양곡의 매도처는 총독부의 지휘에 따라 조선양곡중앙배급조합(당분간은 조선미곡시장주식회사로서 이를 대행하게 한다), 부족 도 배급조합 또는 내외지의 식량 배급기관 혹은 내외지 상인으로 할 것.

136 수확한 그대로의 알곡.

제3 배급

1. 과부족 도 간의 배급은 총독부의 지령에 따라 도지사는 도배급조합으로서 행하게 할 것.
2. 도내에 있어서 배급은 도지사의 명령에 따라 도배급조합에서 부군(府郡), 도(島) 배급조합을 통해서 이것을 행하게 할 것, 다만 도지사가 지정하는 광산·공장 등 중요한 소비자 단체에 대해서는 직접 배급할 수 있다.
3. 공출을 명령받은 수량의 공출이 완료되기까지는 도내에서의 자유 거래를 금지할 것.
4. 특수 용도로 제공하는 양곡의 배급은 총독부의 지시에 따라 도배급조합에 대해서 도지사가 이것을 명령할 것.

제4 수이출입

1. 수이출입은 원칙적으로 총독부의 지휘에 의해 조선양곡중앙배급조합으로써 행하게 할 것.

(1) 수이출입에 대해서는 ㉠거래 상대방은 총독부가 지정하는 기관일 것 ㉡총독부가 지정하는 상인으로서 중개하게 할 것.

(2) 이출입에 대해서는 거래의 상대방은 식량 배급기관 또는 상인일 것.

2. 예외로서 도배급조합은 총독부의 승인을 받아서 이출입을 할 수 있다.

제5 도배급조합의 강화 확충

현재의 도배급조합의 조직을 강화 확충하여 도지사의 감독하에 둘 것.

제6 감독 및 조성

1. 조선양곡중앙배급조합은 조선 내에서는 도배급조합하고만 거래를 할 수 있다.
2. 매수 또는 강제보관을 명받은 양곡에는 표전(票箋) 등을 붙여서 다른 것과 구별함과 함께 그 소재 및 수량을 밝혀 둘 것.
3. 강제보관을 명받은 양곡은 담보로 제공하지 말 것, 이것의 대상으로서 강제보관을 명받은 대로 내년 2월 말일까지 매상을 하지 말 것.
4. 양곡 배급 통제 때문에 입은 통제기관의 손실에 대해서는 국고에서 이를 보상할 것.

제7 자금의 알선

조선양곡중앙배급조합 및 도배급조합의 소요 자금은 총독부에서 알선할 것.

제8 가격 조작

1. 공정가격은 생산자 판매가격, 도매가격 및 소매가격의 3가지로 할 것.
2. 통제기관 상호 간의 거래는 양곡 소재지의 공정가격에 따를 것.

제9 소비 규정

1. 소비 규정 중 계절미에 대해서 총독부, 도, 군, 기타 당국은 국민정신총동원연맹과 긴밀한 연락을 가짐과 함께 지방청의 수뇌부, 지방 유지 등을 망라하는 계절미장려위원회(季節米奬勵委員會) 등을 조직하여 대용식(代用食), 혼식(混食)의 상습화(常習化), 양곡 존중의 관념 철저 등 종래의 소비 규정에 관한 취지를 심화 철저히 할 것. 특히 최근 농촌에서 백미식(白米食)의 습관이 격증한 것처럼 보여도, 계절미의 실적은 오히려 농촌의 실적 여하에 관한 바가 많음으로써 특히 농촌에 대한 지도를 농후하게 할 것.

〈자료 381〉 1942미곡연도 식량 대책(朝鮮金融組合聯合會, 『調査彙報』 21(1941.10), 24-28쪽)

제1 통제의 대상

1. 통제해야 할 미곡의 종류

(1) 미곡, (2) 잡곡〔대맥, 나맥, 소맥, 연맥, 속, 패, 촉서, 옥촉서, 서, 교맥, 대두, 소두〕

2. 통제해야 할 양곡의 수량

(1) 각 도에 있어서 과잉 양곡의 전량

(2) 각 도에 있어서 도내 조작을 하는 양곡의 수량

제2 통제의 주체

각 도에 있어서 과잉 양곡은 총독부, 각 도의 도내 조작용 양곡은 도가 이것을 통제하는 것으로 한다.

제3 양곡 기준 소비량

1. 일반용 기준 소비량 : 기왕의 소비량을 참작하여 1인당 1년간의 소비량을 각 도의 실정에 따라 미곡 및 잡곡별로 총독부가 이것을 결정한다. 다만 중노동자에 대해서는 보통 사람에 비하여 증량한다.
2. 특수용 기준소비량 : 양조(釀造), 제분(製粉) 및 제유용(製油用) 등의 특수 용도에 대해서는 기왕의 실적을 참작하여 도별로 총독부가 이것을 결정한다.

제4 통제 양곡의 공출

갑. 미곡

1. 총독부 통제 미곡

(1) 본부는 과잉 도에 대하여 과잉량의 공출을 명령하는 것으로 한다.

(2) 과잉 도는 전항의 명령을 받을 때는 그 3/4 정도의 수량을 도내 대(大)·중(中) 생산자에게 할당하고 법규에 기초해 이것의 보관을 명령하며 해당 미곡에 보관 미곡인 것을 증명하는 표전을 붙이는 것으로 한다.

(3) 보관을 명받은 수량을 제외한 수량에 대해서는 매수기관을 동원하여 기대를 잃지 않을 만큼 매수를 하는 것으로 한다.

(4) 공출은 원칙적으로 벼로써 하는 것으로 한다.

(5) 공출에 있어서는 국민총력연맹의 기구에 따라 애국심의 발로인 공미보국운동(供米報國運動)을 전면적으로 전개하여 지방청, 농회, 금융조합, 기타의 산업단체를 협력하게 함으로써 소기의 목적 완수에 매진하는 것으로 한다.

2. 도 통제 미곡

(1) 통제해야 할 미곡의 수량은 도지사, 총독부의 승인을 받고 이를 정하는 것으로 한다.

(2) 전항의 승인을 받은 수량에 대해서는 총독부 통제 미곡에 준하여 이것의 공출을 명령할 수 있다.

3. 부동미곡(浮動米穀)

과잉 도 및 부족 도에 있어서 통제 미곡 이외의 미곡에 대해서도 매각 희망의 것이 있을 때는 필요 한도에 있어서 통제 미곡에 준하여 매수를 하는 것으로 한다. 다만 매각을 하는 자에게는 이후 미곡의 구입을 인정하지 않는다.

을. 잡곡

잡곡의 공출에 대해서는 그때마다 이를 정하는 것으로 한다.

제5 양곡의 수하

1. 양곡기관

(1) 수하는 도양곡주식회사(道糧穀株式會社)가 이를 담당하는 것으로 한다. 단 도양곡주식회사는 도지사의 승인을 받은 지정매수인으로 하여금 매입을 담당시킬 수 있다.

(2) 자기가 생산했거나 혹은 소작료로서 취득한 양곡 또는 다른 사람의 위탁을 받아 생산한 양곡을 판매하고자 하는 자는 해당 도양곡주식회사 또는 지정매수인 이외의 자에게 영리의 목적으로는 이를 양도할 수 없다.

(3) 도양곡주식회사의 매입은 공판 장소(共販場所), 지정매수인의 매입은 생산자의 앞마당 등에서 이를 행하는 것으로 한다.

(4) 지정매수인은 그 매입한 양곡을 모두 소속 도양곡주식회사에 인도할 의무가 있다.

(5) 지정매수인의 매수가격은 총독부가 정한 금액을 하회할 수 없다.

2. 수하 양곡의 처분

도양곡주식회사에 있어서 수하된 양곡은 다음의 구분에 따라 이것을 처분하게 한다.

(1) 총독부 통제 미곡

총독부의 명령에 의해 이를 다음의 자에게 매각하게 한다 : 조선미곡주식회사, 타도(他道)양곡주식회사(糧穀株式會社)

(2) 도 통제 양곡, 제6 갑의 2에 의하는 것으로 한다.

제6 양곡의 배급

갑. 조선 내 배급

1. 부족 도에 대한 과잉 도로부터의 양곡의 공급은 총독부가 이를 명한다.

2. 도내 소비에 충당해야 할 양곡의 배급은 다음에 의한다.

(1) 일반 양곡 : 도의 명령을 받아 도양곡주식회사에서 도가 지정하는 기관을 통해 행한다.

단, 도가 지정하는 중요한 소비자단체에 대해서는 직접 배급을 하도록 한다.

(2) 특수용 양곡 : 총독부의 지시에 의해 도지사가 도양곡주식회사에 배급을 명한다.

을. 수이출입

수이출입은 총독부의 지휘에 의해 조선양곡주식회사가 이를 행한다.

제7 통제기구

1. 중앙기구

중앙기관으로서 조선양곡주식회사를 창립하고, 총독부의 감독하에 주로 양곡의 수이출입 및 군수 공출의 임무를 담당하게 하는 동시에, 도양곡주식회사와의 자본적 연계를 긴밀히 하기 위하여 도양곡주식회사에 일정률(一定率)의 출자를 하게 한다.

2. 도의 기구

현재의 도양곡배급조합을 폐지하고 도양곡주식회사를 창립하여, 도의 감독하에 도내에서의 양곡의 수매·배급을 담당하게 하는 동시에, 가급적 도내 양곡가공업을 통합한 후에 양곡 가공 업무도 행하게 한다.

3. 부군도 기구

도가 지정하는 기관으로 하여금 부군도 내에서의 양곡의 배급을 담당하게 한다.

제8 수하 양곡의 대금 결제

1. 도양곡주식회사가 공판 장소에서 직접 매수를 할 경우는 금융조합 또는 회사의 기관에서 현금으로써 지변한다.

2. 도양곡주식회사의 지정매수인은 생산자의 앞마당에서 매수를 할 경우는 현금으로써 지변한다.

3. 대금 지불에 있어서는 상당액을 저축하게 하거나 또는 국고 채권으로써 이것을 교부하는 것으로 한다.

제9 양곡의 금융

1. 조선양곡주식회사 및 도양곡주식회사의 통제 양곡 매상에 대한 자금은 총독부가 이것

을 알선하는 것으로 한다.

2. 보관을 명받은 양곡을 담보로 제공할 때 이것을 취득했던 자는 전자의 보관 및 공출의 의무를 계승하는 것으로 한다.

제10 양곡의 가격

갑. 미곡

1. 가격의 공정은 생산자 판매가격, 도매 판매가격 및 소매 판매가격의 3가지로 하지만 현행의 가격에 대해서는 실정에 따라 일부 수정하는 것으로 한다.
2. 1942(昭和 17)미곡연도에 있어서 통제 미곡에 대해서는 매상가격의 인상, 기타 장려금을 교부하는 것으로 한다. 이 경우에 있어서 소비자에 대한 판매가격은 일부 수정하는 것을 제외하고 거치하는 것으로 한다.
3. 조선양곡주식회사와 도양곡주식회사 및 도양곡주식회사 상호 간의 매매는 매각미곡 소재지의 도매 공정가격에 의하는 것으로 한다.

을. 잡곡

1. 가격의 공정은 생산자 판매가격, 도매판매 판매가격 및 소매 판매가격(가공품에 대해서는 제조업자 판매가격을 더한다)의 3가지로 한다.
2. 잡곡의 가격은 원칙적으로 이것을 거치하는 것으로 한다.
3. 조선양곡주식회사와 도양곡주식회사 및 도양곡주식회사 상호 간의 매매는 매각잡곡 소재지의 도매 공정가격에 의하는 것으로 한다.

제11 국고보상

1. 공출자에 대한 보상

   법령에 의해 보관 명령을 받아 생산자로 해서 해당 미곡을 2월 말일까지 매상하지 않을 경우는 3월 이후의 보관 미곡에 대한 매상까지의 금리에 충당하기 위해 국고에서 이를 보상하는 것으로 한다.

2. 조선양곡주식회사에 대한 보상

   조선양곡주식회사 수이입 잡곡의 가격이 조선 내 공정가격을 초과했기 때문에 손실을 입을 때는 국고에서 이를 보상하는 것으로 한다.

제12 소비 규정

1. 도, 부, 군도 및 읍면은 월별 양곡 소비계량을 작성하여 두고 이를 각 월에 있어서 실제 소비량에 대비하여 소비의 적정을 기하는 것으로 한다.
2. 대용식, 혼식의 장려는 옛날보다 나아가서 식량 소비량 자체를 감축하게 함으로써 소비 규정의 철저를 도모하는 것으로 한다.
3. 농촌에 있어서 주식의 백미식 이행의 추세를 저지하고 도시, 농촌을 통틀어서 널리 소비 규정의 철저히 하도록 한다.

〈자료 382〉 통제미에 대한 장려금 교부 방침(朝鮮金融組合聯合會, 『調査彙報』 22(1941.11), 29-30쪽)

1. 장려금은 1941년(昭和 16)산 총독부 및 도의 통제미(統制米)로서 통제기관에 의해 매상되는 미곡에 대해 이것을 교부할 것
2. 장려금은 전항의 미곡의 생산자에 대해 교부하는 생산장려금과 공출자에 대한 출하장려금으로 한다.
3. 장려금은 매상의 월에 따라 다르며 벼 1석당 다음대로 한다.

월별	11월	12월	1월	2월 이후
생산장려금	1원	1원 25전	1원 50전	1원 60전
출하장려금	50전	50전	50전	50전
합계	1원 50전	1원 75전	2원	2원 10전

4. 위에 의하면 생산자가 자기의 생산미를 공출하는 경우는 합계 금액의 교부를 받는 것으로 한다.
5. 생산장려금은 소작미에 대해서도 이를 교부한다.
6. 장려금 교부의 대상으로 되어야 할 벼는 곡물검사소의 검사에 합격할 수 있는 벼 1가마니(182근 내지 184근)를 1석(石)으로 한다.
7. 장려금은 미곡 매상의 때 매상금액과 함께 통제기관에서 이를 교부한다.

또한 외지미 장려금 교부는 조선에 있어서 통제미에 대해서 실시되는 것인데, 조선은 통제미 1,600만 석에 대해 석당 4원, 총합계 6,400만 원의 지출을 요한다. 이 중 이출미에 대해서는 가격 개정의 형태로 조치되기 때문에 내지 이출미 약 800만 석에 대한 3,200만 원은 농림성 미곡수급특별회계에서 지출되고, 조선총독부의 지출은 3,200만 원 정도로 된다.

〈자료 383〉 벼천인저축실시요강(籾天引貯蓄實施要綱)(朝鮮金融組合聯合會, 『調査彙報』 22(1941.11), 35-36쪽)

취지

벼의 천인저축은 작년도(1940)에 있어서도 널리 이를 실시해 왔고, 본년도(1941)에 있어서는 미가 대책으로서 미곡 매입상 가격 인상 장려금의 교부결정을 보기에 이름에 따라 농촌의 부동구매력을 흡수하고 국민 저축의 증가를 도모하고자 한다.

실시 요강

1. 공판의 경우

(1) 저축 금액 : 벼 가마니당 1원 70전(현미일 때는 가마니당 2원 70전)

(2) 저축 방법 : 종래의 방법에 따라 예금은 원칙적으로 기간 1년 이상의 거치예금으로 하고 4년, 6년 장기거치로 하지 않도록 유의할 것, 공판 장소에서는 영수증을 발행하게 하여 가급적 신속히 예금 통장을 작성 교부하게 할 것, 예외로서 보국채권(報國債券, 1원권 또는 5원권)의 소화 상황에 따라 일부분은 채권으로써 천인저축을 할 수 있다.

(3) 보고 : 각 금융기관은 매월의 저축 성적을 별지에 따라 다음 달 10일까지 도지사에게 보고하고, 도지사는 15일까지 총독부에 보고할 것.

2. 앞마당 매수의 경우

(1) 저축 금액 : 공판의 경우와 같다. 다만 보국채권을 교부할 경우에 있어서는 1원 미만의 단수는 반올림하고, 한 가마니의 경우는 적절한 시기에 따라 1원 또는 2원으로 할 것.

(2) 저축 방법 : 원칙적으로 보국채권(1원권 또는 5원권) 교부에 의해 이것을 행하지만, 채권 부족의 경우에 있어서는 금융조합연합회 발행의 영수증(자기앞수표)을 교부한 후 이것

을 도내 임의 금융조합에 제시하게 하여 예금으로 대체해 주는 방법을 행한다. 즉

ㄱ. 금융기관에 있어서 채권 또는 수표의 준비 : 보국채권은 식산은행에 있어서 권업은행과 교섭 한 후 소요액의 채권(1원권 및 5원권 2종류)을 준비하여 미리 도청 소재지의 식산은행 지점에 배분해 둘 것, 금융조합연합회 발행의 수표는 금융조합연합회 본부에 있어서 인쇄한 후 미리 각 도 지부에 배포해 둘 것, 이 수표는

① 금액 1원 70전(1가마니 권) 및 50전(3가마니 권)의 2종류로 한다.

② 발행인은 금융조합연합회장으로 한다.

③ 수표 면에 '벼천인저축용' 표기 및 '발행의 기일부터 6개월 이내에 도내 가장 가까운 금융조합에 제시하여 수표에서 예금으로 대체를 받아야 할 것'을 명기할 것.

④ 기재 사항은 대개 부동문자로 인쇄한다.

ㄴ. 도양곡회사의 채권 또는 수표 준비 및 지정매수인에게 교부 : 도양곡회사는 미리 필요할 때마다 식산은행 지점 또는 금융조합연합회 지부로부터 채권 또는 수표를 매입할 것. 도양곡회사는 지정매수인의 지정에 즈음하여 "지정매수인이 앞마당 매수의 경우에는 반드시 소정의 저축금액을 채권 또는 수표로써 교부해야 할 것. 또한 위 취급은 모두 수수료 없이 할 것"을 확약하게 해 둘 것, 위 확약에 기초하여 지정매수인으로 해서 미리 필요 수량의 채권 또는 수표를 도양곡회사로부터 매입하게 할 것. 이 경우 도양곡회사는 지정매수인에 대부하는 매수자금 및 지정매수인의 벼 매수용의 자기 자금의 금액 등을 대조해서 채권 또는 수표의 수량이 불균형으로 되지 않도록 주의할 것.

ㄷ. 지정매수인의 채권 또는 수표의 교부 : 지정매수인은 앞마당 매수의 경우 반드시 소정의 비율에 의해 저축금액을 채권 또는 수표로써 교부할 것. 이 경우에 있어서 교부채권은 제1회 추첨이 종료되지 않는 것에 한정할 것. 채권 또는 수표를 벼 매각인에게 교부하는 데 있어서는 그 취지 및 취급에 대해 간절히 이해시킬 것.

ㄹ. 도양곡주식회사가 지정매수인으로부터 벼를 매상할 경우에 있어서 천인저축 장려의 확인 : 도양곡회사 지정매수인으로부터 벼를 매상할 경우는 해당 매수벼에 대해 소정의 저축이 려행(勵行)되는지 아닌지를 확인할 것.

ㅁ. 금융조합에 있어서 취급 : 금융조합에 있어서 수표를 예금으로 대체할 경우에는 원

칙적으로 기간 1년 이상의 거치예금으로 할 것.

(3) 보고 : 도양곡회사는 매월 지정매수인별 저축 성적을 별지 양식에 의해 다음 달 10일까지 도지사에게 보고하고, 도지사는 15일까지 총독부에 보고할 것.

〈자료 384〉 1943미곡연도 식량 대책 요강(朝鮮金融組合聯合會, 『調査彙報』 34(1942.11), 31–33쪽)

제1 통제의 대상

(1) 미곡 : 벼, 현미, 백미, 싸라기(碎米), 설미(屑米)

(2) 잡곡 : 대맥, 나맥, 소맥, 내맥, 연맥, 속, 패, 촉서, 옥촉서, 서, 대두, 소두

제2 식량의 소비량

(1) 식량용 미곡 및 잡곡의 기준 소비량 : 미곡 및 잡곡의 각 도 기준 소비량은 다음에 의해 총독부가 이를 정한다.

(ㄱ) 보통사람 : 1인당 1년간의 소비량은 기왕 수년간에 있어서 소비량을 감안해서 산출한다. 미곡 및 잡곡을 합친 소비량은 원칙적으로 각 도 같은 양으로 한다.

(ㄴ) 노동자 : 노동자의 소비량은 보통사람에 비해 증량한다.

(2) 특수용 미곡 및 잡곡의 소비량 : 된장 간장용, 주조용, 제분용, 제유용 등의 특수용 미곡 및 잡곡의 소비량은 기왕의 소비 실적을 감안해서 총독부가 이를 정한다.

제3 통제 식량의 수량

1. 미곡

(1) 총독부 통제미 : 각 도의 과잉 수량(미곡의 생산비가 식량의 기준 소비량에서 산출한 해당 도의 소비량 및 주조용 수량을 초과하는 수량으로 한다)

(2) 도 통제미 : 각 도에 있어서 도내 조작을 하는 데 필요한 수량으로서 총독부의 승인을 받아서 도지사가 이를 정한다.

2. 잡곡

(1) 총독부 통제 잡곡 : 도 사이의 조작용 및 특수용(주조 원료를 제외)으로서 필요한 수량에 대해서 그 종류 및 수량은 총독부가 이를 정한다.

(2) 도 통제 잡곡 : 각 도에 있어서 도내 조작을 하는 데 필요한 수량으로서 총독부의 승인을 받아서 도지사가 이를 정한다.

제4 식량의 수하

1. 수하 알선 기관 : 농회, 금융조합연합회, 식산계, 기타의 산업 단체 및 국민총력연맹기구로 한다.
2. 수하 기관 : 도양곡주식회사로 한다. 다만 도양곡주식회사는 도지사가 지정한 매수인으로 하여금 수하를 담당하게 할 수 있다.
3. 수하의 시기

(1) 미곡 : 총독부 통제미 및 도 통제미 둘 다 늦어도 2월 말일까지 전량의 매수를 완료하는 것으로 한다. 다만 도지사가 농장, 대지주 등으로서 강제보관이 확실하다고 인정되는 것에 대해서는 이것의 명령을 하여 3월 이후에 있어서도 매수를 할 수 있다.

(2) 잡곡 : 총독부 통제 잡곡에 대해서는 그때마다 이것을 정하여 도에 지시하는 것으로 한다. 도 통제 잡곡은 도지사가 이를 정한다.

4. 수하의 방법

(1) 도양곡주식회사의 매수는 공동판매장소, 지정매수인의 매수는 생산자의 앞마당 등에서 이것을 행하는 것으로 한다(한해 등 때문에 특수한 사정이 있을 때는 도에서 총독부의 승인을 받아서 이것과 다른 장소에서의 매수도 할 수 있다).

(2) 지정매수인은 그 매수한 미곡 및 잡곡을 모두 해당 도양곡주식회사에 인도하는 것으로 한다.

(3) 도양곡주식회사에 있어서 매수한 미곡 및 잡곡 중 총독부에서 통제해야 할 것은 지체 없이 이것을 조선미곡시장주식회사(朝鮮米穀市場株式會社)에 매각하는 것으로 한다.

(4) 전항의 경우에 있어서는 벼, 현미 및 백미로 매각하는 것으로 한다. 다만 총독부는 사정에 따라서 벼 또는 현미로서 매각해야 할 것을 명령할 수 있는 것으로 한다.

(5) 도양곡주식회사 및 지정매수인의 매수는 원칙적으로 벼로써 이를 한다.

5. 미곡 및 잡곡의 양도 제한 : 미곡 및 잡곡의 생산자 또는 취득자는 생산 또는 취득한 미곡 및 잡곡을 해당 도양곡주식회사 또는 그 지정매수인 이외의 자에게 매도하는 것이

불가능하다.

제5 식량의 배급

1. 부족 도에 대한 배급 및 특수용(주조원료를 제외)의 배급은 총독부의 지령에 의해 조선미곡시장주식회사가 이것을 행하는 것으로 한다.
2. 도내 소비에 충당해야 할 식량의 배급은 도지사의 지령에 의해 도양곡주식회사에 있어서 이것을 행하는 것으로 한다.

제6 식량의 수이출입

미곡 및 잡곡, 기타의 식량의 수출입은 총독부의 지령에 따라 모두 조선미곡시장주식회사가 이것을 행하는 것으로 한다.

제7 수하한 미곡 및 잡곡의 대금 결제

1. 수하한 미곡 및 잡곡의 대금의 결제는 원칙적으로 다음의 방법에 의하는 것으로 한다.
   (1) 도양곡주식회사가 공동판매 장소에서 직접 매수를 할 경우는 금융조합 또는 회사에서 현금을 가지고 지불하는 것으로 한다.
   (2) 도양곡주식회사의 지정매수인이 생산자의 앞마당에서 매수를 하는 경우는 현금으로써 지불을 하는 것으로 한다.
2. 대금 지불에 있어서 미곡에 대해서는 벼 1가마니에 대해 1원 70전(현·백미로 할 때는 2원 70전), 잡곡에 대해서는 대금액의 약 10% 상당액을 저장하게 하거나 또는 국고 채권을 가지고 이것을 교부하는 것으로 한다.

제8 금융

1. 조선미곡시장주식회사 및 도양곡주식회사의 통제 식량 매상에 필요한 자금은 총독부가 이를 알선하는 것으로 한다.
2. 보관을 명령한 미곡 및 잡곡을 담보로 제공할 때는 이를 취득한 자가 전자의 보관 및 공출의 의무를 계승하는 것으로 한다.

제9 국고의 조성

1. 야적 보관비 조성 : 강제보관을 명령받은 미곡을 농회 경영의 야적 설비에 보관할 때는 한 달에 대해 경영자에게 벼 1석당 2전을 보관비로서 보조하고, 야적의 경영자는 보관료를 징수하지 않는 것으로 한다.
2. 공출자에 대한 보상 : 도지사가 확실하다고 인정하여 강제보관을 명령한 미곡을 3월 1일 이후에 매상할 경우에는 3월 1일 이후 매상일까지 갑종은행의 정기예금 이자 정도의 보조금을 국고로부터 교부하는 것으로 한다.
3. 통제미에 대한 장려금의 교부 : 1942년(昭和 17) 산미(産米) 중 총독부 통제미 및 도 통제미로서 매상기관에 의해 매상되는 미곡에 대해서는 전년도의 교부 요강에 의해 매상의 시기 여하에 불구하고 일률로 다음의 금액을 교부하는 것으로 한다.

생산 장려금 : 벼 1석당 1원 50전, 출하 장려금 1석당 50전

제10 식량의 소비 규정

1. 도부군도 및 읍면은 월별 식량 소비계획을 작성해 두고 이를 각 월에 실제 소비량과 대비하여 소비의 적정을 기하는 것으로 한다.
2. 대용식 및 혼식의 장려는 기존보다 나아가서 식량 소비량 자체를 감축하게 함으로써 소비규정의 철저를 도모하는 것으로 한다.
3. 농촌에 있어서 주식인 백미식 이행의 추세를 저지하고 도시 농촌을 통틀어서 널리 소비규정의 철저를 기하는 것으로 한다.

〈자료 385〉 공출촉진조치 요강과 부진의 원인(近藤釼一 編, 1963,『太平洋戰下の朝鮮(4)』, 友邦協會, 90–92쪽)

〈공출촉진조치요강(供出促進措置要綱)과 부진의 원인〉

공출 촉진에 대한 조치

(1) 사전 조치

1) 부락 또는 애국반에 공동 탈곡 장려

2) 부락 공동 수하 및 공동 출하의 장려

3) 포장용 가마니의 생산 독려 혹은 구입 알선

4) 양곡 공출 대장(臺帳)의 정비

5) 양곡 공출에 관한 각종 회의의 개최

6) 말단 할당의 정부(正否)에 관한 사찰의 실시

(2) 공출 독려에 관한 사항

1) 도·군·면 직원의 책임담당 구역 설정

2) 도청원(道廳員) 일제 독려반을 군면으로 파견

3) 독려 통첩 또는 독려 전보의 발송

4) 도내 유식자층의 동원

5) 농상국(農商局) 간부의 일제 독려

6) 농상성(農商省) 고문의 공출 상황 조사 및 독려

7) 도 및 군 간부를 부락에 숙박시켜 독려

8) 경찰관헌의 적극적 원조 협력

9) 각종 지도기관의 총력적 응원

10) 부정 반출의 사찰 단속

(3) 포상에 관한 사항

1) 부군 및 읍면에 대한 지사(知事)의 표창 및 상금의 수여

2) 우량 부락에 대한 생활필수자의 특별배급

3) 도시에서 농촌에 대한 공출 감사 물품의 증여

(4) 공출 성적 불량자에 대한 조치

1) 불량 부락에 대한 물자 배급의 일시 정지

2) 불량자를 군(郡)으로 소환 및 공출 서약서의 징취(徵取)

3) 공출미 완료의 관공리 징벌

2. 양곡 공출 부진의 원인

(1) 과대한 할당에 의한 것

(2) 공출 지연에 따른 농가의 보류 조장

1) 공출할 당의 지연을 초래한 것

2) 공출 초기의 악천후에 의해 공출이 저해 받은 것

3) 포장용 가마니의 부족이 발생한 것

(3) 3년간에 걸친 흉작으로 인해 농가 식량에 탄력성을 잃은 것

(4) 만주 잡곡 수입의 지연에 따른 대체식량의 부족에 의한 것

〈자료 386〉 미곡생산확보보급금 교부 요강(朝鮮金融組合聯合會, 1944, 『公定米價の變遷に關する調査』, 93–95쪽)

1. 미곡의 생산을 확보하기 위해 본 요강에 의하여 국고로부터 보급금을 교부하는 것으로 한다.

1. 보급금은 매년 다음에 해당하는 미곡에 대해 그 미곡의 생산자에게 이를 교부하는 것으로 한다.

(1) 자작자에 있어서는 정부에 매도할 뜻으로 조선식량영단에 위탁한 것.

(2) 소작자에 있어서는 정부에 매도할 뜻으로 조선식량영단에 위탁하고 소작료로서 납부한 것.

(3) 자작자 또는 소작자가 비료 대금, 수리조합비, 수리계비 또는 보(洑) 사용료로서 납부한 것.

(4) 자작자 또는 소작자가 도지사의 지시 또는 농회의 알선에 의하여 동일한 도 내에 거주하는 자에 대해 그 종자로서 매도한 것.

1. 보급금의 액수는 검사 벼 1가마니당 2원 50전으로 하고, 검사 현·백미는 1가마니당 4원으로 한다.

1. 보급금은 원칙적으로 미곡을 조선식량영단에 대하여 정부에 매도할 뜻으로 위탁했을 때 이를 교부하는 것으로 한다.

1. 소작미에 대한 보급금의 교부 방법

(1) 소작미는 원칙적으로 지주로서 조선식량관리령 시행규칙 제4조 2항의 규정에 의하여 도지사가 정한 인도 장소에서 수납하게 하고 동시에 조선식량영단에 대하여 정부에 매도할 뜻으로 위탁하게 하는 것으로 한다.

(2) 전호의 소작미에 대한 보급금은 위 인도 장소에서 부군도 농회장이 발행하는 보급금 교부통지서에 의하여 이를 교부하는 것으로 한다.

(3) 지주의 자가보유미에 대한 보급금은 부윤 또는 읍면장이 발행하는 지주 자가보유미 승인서에 기초하여 부군도 농회장이 발행하는 보급금 교부통지서에 의해 그 미곡 생산자에 대하여 이를 교부하는 것으로 한다.

1. 비료 대금, 수리조합비, 수리계비 및 보 사용료로서 납부한 미곡의 보급금은 전항에 준하여 교부하는 것으로 한다.

1. 농회의 알선 등에 의하여 동일한 도 내에 거주하는 자에 대해 그 종자로서 매도한 미곡의 보급금은 부군도 농회장이 발행하는 보급금 교부통지서에 의하여 교부하는 것으로 한다.

1. 보급금 교부 경로

(1) 도비는 국고로부터 받은 보급금을 속히 조선식량영단 지부에 지출하는 것으로 한다.

(2) 조선식량영단 도지부(道支部)는 도비로부터 받은 보급금을 곧바로 조선금융조합연합회 도지부에 무이자로서 예입(五入)을 하는 것으로 한다.

(3) 보급금은 금융조합에 있어서 미곡 매입대금의 가도(假渡)를 할 때는 부군도 농회장이 발행하는 보급금 교부통지서에 의하여 동시에 입체(立替)[137] 교부하는 것으로 한다.

(4) 금융조합은 그 입체 교부한 전호의 금액에 대해 이자를 붙이지 않는 것으로 한다.

(5) 조선금융조합연합회 도지부는 각 금융조합으로부터 보고한 보급금 지불 집계표에 의하여 조선식량영단 도지부의 제2호의 예금으로 결제하는 것으로 한다.

〈자료 387〉 농업생산책임제 실시 요강(朝鮮總督府, 『朝鮮』 348(1944.05), 2–5쪽)

1. 방침

미맥 등 주요 식량의 급속 증산을 도모하고 일본·만주·중국을 통틀어서 식량의 자급 확보에 기여함과 함께 군수, 기타 필수 농산물자의 증산을 도모하는 것은 현재 조선 농촌에 부과된 중요한 책무로써 이것의 완수를 기하기 위해 농업생산책임제를 실시하여 생산 관계자

137 금전 등을 일시적으로 대신 지불하는 것.

로 하여금 왕성한 책임감을 가지게 함으로써 증산계획의 달성을 기하는 것으로 한다.

2. 요령

1) 책임 품목

쌀, 맥류, 저류(藷類), 잡곡, 채소, 목화(棉), 마류(麻類), 고치(繭), 고공품(藁工品), 소, 말, 돼지 및 면양으로 한다.

2) 책임 수량의 기준

책임 수량은 농업 관계자의 노력에 따른 달성해야 할 최저 수량으로 다음의 기준에 따라 결정하는 것으로 한다.

(ㄱ) 주요 식량 작물에 대해서는 농가의 자가 보유량 및 공출량을 기준으로 하는 생산 수량으로써 책임 수량으로 할 것.

(ㄴ) 야채, 섬유작물(纖維作物), 고치 및 고공품에 대해서는 공출량으로써 책임 수량으로 할 것.

(ㄷ) 소, 말, 돼지 및 면양에 대해서는 농업상 기타의 수요를 기초로 하는 생산 수량으로써 책임 수량으로 할 것.

3) 책임 수량의 할당

(ㄱ) 별도로 정한 품목별 책임 수량에 따라 원칙적으로 부락을 단위로 해서 할당하는 것으로 한다.

(ㄴ) 지주에 대한 책임 수량은 부윤, 읍면장이 이를 통지하는 것으로 한다.

4) 책임자

(ㄱ) 주요 식량 작물의 생산 책임자는 지주로 하고, 경작자는 책임 수량의 생산에 대해 부락이 연대해서 노력하는 것으로 한다.

(ㄴ) 야채, 섬유작물, 고치 및 고공품의 책임자는 부락(야채에 대해서는 생산조합)으로 한다.

(ㄷ) 축산에 관한 생산 책임자는 소유자 및 사육자로 한다.

(ㄹ) 총독부·도(道)·부군도(府郡島)·읍면(邑面)·각급 농회 및 수리조합 등은 지도상의 책임을 부담하는 것으로 한다.

5) 책임의 내용

(ㄱ) 성적이 우량한 자에 대해서는 정신적 및 물적 행상(行賞)의 길을 강구하는 것으로 한다.

(ㄴ) 생산 또는 공출에 관한 책임을 하지 않은 자에 대해서는 책임자의 종류에 따라 행정 상 적절한 조치를 강구하는 것으로 한다.

6) 작황 또는 사육 상황의 조사 보고

책임 수량의 달성을 반드시 기하기 위해 적절히 작황, 사육 상황 등을 조사하여 이것의 보고를 하는 것으로 한다.

3. 계획 달성상 특히 채택해야 할 조치

경종법 개선, 기타 증산 상 현재 채택하고 있는 방침을 한층 강화함과 함께 특히 다음의 사항에 대하여 이것의 철저를 도모하는 것으로 한다.

(ㄱ) 농업기술 지도의 종합화

도·부군도·읍면 및 농회에 있어서 기술자로 하여금 그 분담 사무에 구애받지 않고 각 농산물의 종합적 지도를 행하게 할 것.

(ㄴ) 제1선 직원의 자질 향상

부읍면 및 농회 등에 있어서 제1선 기술직원에 대하여 특히 기술에 관해 그 지방의 특성에 조응한 지도 및 훈련을 행하고, 그들의 자질 향상을 도모할 것.

(ㄷ) 농업증산대(農業增産隊)의 결성

부락 또는 애국반 등을 단위로 해서 군단(軍團) 조직에 의한 증산대를 결성할 것.

(ㄹ) 농촌 중견자의 양성 확보

농촌에 있어서 중견자를 양성함과 함께 이것을 농촌에서 확보하기 위해 적당한 조치를 강구할 것.

(ㅁ) 농사 지도를 하지 않는 지주에 대한 조치

농사의 개량 및 소작인의 지도에 있어서 현저히 열의를 결여하거나 또는 지도력이 없는 지주에 대해서는 적당한 자에게 농지를 관리하게 하는 등의 적당한 조치를 강구할 것.

(ㅂ) 타농자(惰農者)에 대한 조치

경작자로서 근로의 열의가 없고 증산의 성과를 거둘 수 없는 자에 대해서는 임시농지등관리령(臨時農地等管理令)에 기초하여 경작자의 변경 등의 조치를 할 것.

(ㅅ) 경지의 고도이용

작부(作付) 방식의 개선, 휴한지의 이용, 천수답의 밭 전환 등을 할 것.

(ㅇ) 출입경작지(出入耕作地)의 정리

분산 경지를 정리하여 단지(團地) 경영의 확립을 도모할 것.

(ㅈ) 비료의 중점 배급

토지·작물 및 시용자(施用者)에 대해 그 조건을 고려하여 중점적 배급을 할 것.

(ㅊ) 사료의 확보

주요 가축의 사료에 대해 초주곡종(草主穀從)에 입각하여 건초, 고간류(稿稈類)의 확보를 도모할 것.

4. 종류별 농업 생산 책임 수량

종류	작부(作付) 계획 면적	생산 수량
수도(水稻) 생산 수량	1,622,827.2정보(町)	26,000,000석(石)
맥류 및 잡곡 생산 수량	1,532,157정보(町)	9,333,340석(石)
저류(藷類) 생산 수량	223,000정보(町)	466,636,000관(貫)
섬유작물(纖維作物)		238,105,000kg
고치(繭)		2,550,000관(貫)
고공품(藁工品)		137,600,000관(貫)

4. 미곡통제·유통 관련 법령과 실행 결과

1) 미곡통제와 유통 관련 법령

(1) 법령 목록 및 해제

〈미곡통제와 유통 관련 법령 목록〉

연번	법령(명칭/호수/제정 연월일)				출처
1	미곡통제법	제정	법률 제24호	1933년(昭和 8) 3월 29일	『朝鮮總督府官報』, 1933.4.5.
		일부 개정	법률 제23호	1936년(昭和 11) 5월 27일	『朝鮮總督府官報』, 1936.6.3.
2	미곡통제법의 일부를 조선, 대만 및 화태에 시행하는 건	제정	칙령 제279호	1933년(昭和 8) 10월 21일	『朝鮮總督府官報』, 1933.10.27.
3	임시미곡이입조절법	제정	법률 제33호	1934년(昭和 9) 4월 7일	『朝鮮總督府官報』, 1934.4.7.
4	미곡자치관리법	제정	법률 제22호	1936년(昭和 11) 5월 26일	『朝鮮總督府官報』, 1936.6.3.
5	미곡검사규칙	제정	부령 제4호	1915년(大政 14) 2월 17일	『朝鮮總督府官報』, 1915.2.17.
6	조선농업창고업령	제정	제령 제14호	1931년(昭和 6) 7월 17일	『朝鮮總督府官報』, 1931.7.17.
7	이출미곡창고영업보조규칙	제정	부령 제149호	1931년(昭和 6) 11월 27일	『朝鮮總督府官報』, 1931.11.27.
8	조선곡물검사령	제정	제령 제2호	1932년(昭和 7) 9월 24일	『朝鮮總督府官報』, 1932.9.24.
9	조선총독부곡물검사소관제	제정	칙령 제264호	1932년(昭和 7) 9월 29일	『朝鮮總督府官報』, 1932.10.5.
10	조선미곡배급조정령	제정	제령 제23호	1939년(昭和 14) 12월 27일	『朝鮮總督府官報』, 1939.12.27.
11	조선잡곡등배급통제규칙	제정	부령 제176호	1940년(昭和 15) 7월 20일	『朝鮮總督府官報』, 1940.7.20.
12	조선미곡시장주식회사령	제정	제령 제15호	1939년(昭和 14) 9월 22일	『朝鮮總督府官報』, 1939.9.22.
13	조선식량관리령	제정	제령 제44호	1943년(昭和 18) 8월 9일	『朝鮮總督府官報』, 1943.8.9.

미곡 유통 및 통제 관련 법령은 일본 정부와 의회가 제국권 전체의 식량 수급을 조절하기 위해 제정한 것으로 일본 제국의회에서 법률의 형태로 제정되고 이 중 일부를 조선이나 다른 식민지에 적용하는 형태를 취했다. 일본 정부의 미곡 유통정책은 1921년 '미곡법' 제정으로부터 시작되었으나 이것은 조선에는 적용되지 않았다. 1920년대 후반~1930년대 초 농업공황이 발생하면서 조선쌀의 일본으로의 과잉 이출과 그로 인한 쌀값 폭락이 문제가 되면서 조선과 대만 등의 식민지에도 미곡정책이 시행되었다.

법적으로는 1928년 '미곡법' 제2조의 조선 적용에 이어 보다 강화된 미곡 유통 관리와 통제법령으로 1933년 3월 '미곡통제법'을 제정했고, 그해 10월 '미곡통제법의 일부를 조선, 대만 및 화태에 시행하는 건'을 칙령으로 공포하여 조선에서도 미곡통제법에 의한 미곡통제가 시행되었다. 그러나 일본 내에서 식민지쌀에 대한 이입 제한 요구가 커지면서 1934년 1년 한도의 임시법으로 '임시미곡이입조절법'이 제정되었다. 이후 일본 정부 내에서 식민지쌀에 대한 강력한 항구적 대책이 필요하다는 주장이 지배적으로 되면서 일본과 식민지 전체를 대상으로 각 지방에는 미곡통제조합을, 중앙에는 미곡자치관리위원회를 설립하고 중앙의 지도하에 과잉미를 각지에 할당하여 저장시킨다는 일본제국권 전체의 통일적 미곡 대책으로 '미곡자치관리법'이 1936년 5월 제정·공포되었다. 그러나 이 시기에는 이미 미곡의 '과잉'이 아닌 '부족'이 나타나기 시작했고, 1937년 중일전쟁으로 미곡 부족 현상은 심화되기 시작했다.[138]

조선에서 실시된 미곡정책 중 곡물 검사는 법령을 통해 제도를 마련했다. 1915년 조선총독부가 '미곡검사규칙'을 제정하여 지방행정기관의 감독하에 수이출되는 미곡에 대한 검사를 시행토록 했다. 이후 각 도별로 시행되던 미곡 검사는 1932년 '조선곡물검사령'과 '조선총독부곡물검사소관제'를 통해 조선총독부의 일원적인 감독과 지휘하에 이루어지는 '국영 검사'가 실시되었다. 이와 함께 미곡의 일본 이출을 통제하기 위한 미곡저장정책으로 조선총독부는 1931년 '조선농업창고업령'과 '이출미곡창고영업보조규칙'을 제정했다.

1936년까지는 '과잉미 대책'으로 실시되었던 미곡정책이 1937년 중일전쟁과 1939년 대가뭄을 계기로 전시 식량 수급을 위한 부족미 대책으로 전환되었다. 1939년 '조선미곡배급조정령'은 그 신호탄이었다. 미곡뿐만 아니라 잡곡도 통제 대상에 포함하여 공출하기 위해 '조선

138 전강수, 1993, 57쪽.

잡곡등배급통제규칙'을 제정했고, 식량 통제와 공출을 담당할 기구는 '조선미곡시장주식회사령'을 통해 설립되었다. 1940년 이후 매년 '식량 대책'이 발표되어 공출 방법 및 수량을 통제했다. 이러한 식량의 유통·소비 통제인 공출과 배급 시스템의 최종판은 1943년 '조선식량관리령'으로 총괄되었다.

(2) 관련 법령

1. 「미곡통제법(米穀統制法)」(법률 제24호, 1933년(昭和 8) 3월 29일)

제1조 정부는 미곡의 수량 또는 시가를 조절하고 미곡의 통제를 도모하기 위하여 이 법에 의하여 미곡의 매입 및 매도를 행한다.

제2조 ① 정부는 칙령이 정하는 바에 의하여 매년 미곡의 최저가격 및 최고가격을 공정하여 고시한다.

② 전항의 최저가격 및 최고가격은 칙령이 정하는 바에 의하여 미곡 생산비, 가계비 및 물가, 기타 경제 사정을 참작하여 정한다.

전항의 규정에 의하여 정한 최저가격 또는 최고가격은 칙령이 정하는 바에 의하여 물가의 변동이 현저한 경우 또는 미곡의 수급 상황에 현저한 변동이 발생하거나 발생할 우려가 있는 경우에는 개정할 수 있다.

제3조 정부는 제2조의 최저가격 또는 최고가격을 유지하기 위하여 칙령이 정하는 바에 의하여 최저가격에 의한 매도의 신청 또는 최고가격에 의한 매입의 신청에 상응하여 미곡의 매입 또는 매도를 한다.

제4조 정부는 도(道)·부(府)·현(縣)에서 해당 지역 밖으로 또는 조선이나 대만에서 내지로 이출하는 미곡의 수량을 월별 평균이 되게 하기 위하여 칙령이 정하는 바에 의하여 출회기(出廻期)에 미곡의 매입을 하고 출회기 후에 미곡의 매도를 할 수 있다.

제5조 정부는 필요에 상응하여 소유 미곡의 저장·환매·교환·가공 및 정리를 위하여 하는 매도, 수입을 목적으로 하는 미곡의 매입 및 수출을 목적으로 하는 미곡의 매도를 할 수 있다.

(중략)

제7조 미곡의 수입 또는 수출은 칙령에 별도의 규정이 있는 경우를 제외하고는 정부의 허가를 받지 아니하면 할 수 없다.

제8조 정부는 미곡의 통제를 도모하기 위하여 특히 필요하다고 인정하는 때에는 칙령이 정하는 바에 의하여 기간을 지정하고 속(粟)·고량(高粱) 또는 서(黍)의 수입을 제한할 수 있다.

제9조 정부는 미곡의 통제를 도모하기 위하여 특히 필요하다고 인정하는 때에는 칙령으로 기간을 지정하고 미곡·조·수수 또는 기장의 수입세를 증감하거나 면제할 수 있다.

제10조 미곡 생산비, 가계비, 미곡·기타 곡물의 생산고, 현재고, 이동 및 가격의 조사에 관하여 필요한 사항은 명령으로 정한다.

제11조 정부는 제10조에 규정된 사항, 기타 미곡의 통제에 관하여 필요한 사항을 조사하기 위하여 특히 필요하다고 인정하는 때에는 미곡·기타 곡물의 생산자, 거래업자, 창고업자, 기타 점유자에 대하여 필요한 사항의 보고를 명하거나 관리 또는 이원(吏員)에게 영업소, 창고, 기타 장소에 임검(臨檢)하여 장부 물건을 검사하게 할 수 있다.

전항의 경우에는 해당 관리 또는 이원은 신분을 증명할 증표를 휴대하여야 한다.

(중략)

제13조 제11조 제1항의 규정에 의한 명령에 위반하거나 해당 관리 또는 이원의 직무 집행을 방해한 자는 500원 이하의 벌금에 처한다.

2. 「미곡통제법의 일부를 조선, 대만 및 화태에 시행하는 건」(칙령 제279호, 1933년(昭和 8) 10월 21일)

미곡통제법 제7조 내지 제9조 및 제20조, 부칙 제3항 및 제항의 규정은 이를 조선, 대만 및 화태에 시행한다.

3. 「임시미곡이입조절법(臨時米穀移入調節法)」(법률 제33호, 1934년(昭和 9) 4월 7일)

제1조 정부는 조선미(朝鮮米) 및 대만미(臺灣米)의 일본으로의 이입 수량을 조절하기 위하여 이 법에 의해 1935년 3월 31일까지 조선미 및 대만미의 매입을 할 수 있다.

제2조 제1조의 규정에 의하여 매입한 미곡의 가격은 칙령이 정하는 일정 가격 이내에서 시

가(時價)에 준거하여 정한다.

제3조 정부는 칙령이 정하는 바에 의하여 제1조의 규정에 의하여 매입한 미곡의 매도, 저장 및 가공을 할 수 있다.

제4조 제3조의 규정에 의한 매도의 가격은 시가에 준거하여 정한다.

제5조 이 법에 의한 조선미 및 대만미의 매입, 매도, 저장 또는 가공에 관한 일체의 세입·세출은 미곡수급조절특별회계에 속한다.

4. 「미곡자치관리법(米穀自治管理法)」(법률 제22호, 1936년(昭和 11) 5월 26일)

제1조 이 법은 내지·조선 및 대만을 통하는 과잉 미곡을 통제하기 위하여 내지·조선 및 대만에서 미곡의 자치관리를 함을 목적으로 한다.

제2조 미곡 생산자, 토지에 대한 권리를 가진 자로 미곡을 소작료로서 받는 자 및 명령으로 지정한 이에 준하는 자는 미곡통제조합을 설립할 수 있다.

제3조 미곡통제조합은 법인으로 하고, 제1조의 자치관리를 함을 목적으로 한다.

제4조 ① 미곡통제조합은 그 목적을 달성하기 위하여 다음 각호의 사업에 한하여 이를 행하는 것으로 한다.

1. 제43조(제56조 제2항에서 준용하는 경우를 포함한다)의 규정에 의하여 조합에서 통제하여야 하는 미곡의 수량을 조합원에 대하여 할당하는 것
2. 조합에서 통제하여야 하는 미곡을 저장하는 것
3. 전호의 규정에 의하여 저장한 미곡에 대하여 조합원에게 자금의 융통 또는 알선을 하는 것
4. 제49조, 제50조(제56조 제2항에서 준용하는 경우를 포함한다) 또는 제57조의 규정에 의하여 미곡을 매도하는 것
5. 저장 미곡의 창고증권을 발행하는 것
6. 제2호의 규정에 의하여 저장한 미곡으로 저장을 해제한 것을 위탁받아 판매 또는 보관하고 기타 미곡의 자치관리에 부대하여 필요한 행위를 하는 것

② 전항 제5호의 창고증권 및 그 발행에 관하여 필요한 사항은 칙령으로 정한다.

제5조 ① 미곡통제조합의 지구는 내지에서는 시·정·촌, 조선에서는 부·군·도, 대만에서는

청 또는 군·시의 구역에 의한다.

② 특별한 사정이 있는 때에는 미곡통제조합의 지구는 전항의 구역에 의하지 아니할 수 있다.

③ 명령으로 정한 경우를 제외하고는 시·정·촌 등의 구역에 증감이 있는 때에는 그 구역을 지구로 하는 미곡통제조합의 지구도 이에 따라 증감이 있는 것으로 한다.

(중략)

제7조 미곡통제조합은 명령이 정하는 바에 의하여 그 지구 안의 제2조에 언급한 자를 조합원으로 한다.

(중략)

제9조 ① 행정관청은 필요하다고 인정하는 때에는 구역을 지정하고 조합원 자격을 가진 자에 대하여 미곡통제조합의 설립을 명할 수 있다.

② 전항의 규정에 의하여 설립을 명받은 자는 명령이 정하는 바에 의하여 창립총회를 열어 정관을 의정하고 기타 필요한 사항을 정하여 행정관청의 인가를 받아야 한다.

③ 설립을 명받은 자가 명령이 정한 기간 내에 설립인가를 신청하지 아니한 때에는 행정관청은 정관의 작성, 기타 설립에 관하여 필요한 처분을 할 수 있다.

(중략)

제11조 ① 미곡통제조합이 성립한 때에는 그 지구 안의 조합원 자격을 가진 자는 모두 그 조합원으로 한다.

② 제2조에 해당하는 자로서 제7조의 명령이 정하는 바에 의하여 조합원 자격을 가지지 아니한 자는 정관이 정하는 바에 따라 미곡통제조합에 가입할 수 있다.

(중략)

제18조 ① 미곡통제조합은 다음의 역원을 둔다.

조합장 1인

부조합장 1인

평의원 수인

② 역원은 조합원 중에서 선임한다. 다만, 조합장 및 부조합장은 그 외의 자 중에서 선임할 수 있다.

第19조 ① 조합장은 조합을 대표하고 조합의 사무를 총리한다.

② 부조합장은 조합장을 보좌하고 조합장이 사고가 있을 때에는 그 직무를 대리한다.

③ 평의원은 조합장의 자문에 응하고 조합의 사무 집행 및 재산 상황을 감사한다.

(중략)

第22조 ① 미곡통제조합은 정관이 정하는 바에 의하여 조합원에 대하여 경비를 분부(分賦)하고 과태금을 징수할 수 있다.

② 미곡통제조합의 경비 또는 과태금을 체납하는 자가 있는 경우에 조합장의 청구가 있는 때에는 시·정·촌은 시·정·촌세의 예에 의하여 이를 처분한다. 이 경우에 미곡통제조합은 징수 금액의 100분의 4를 시·정·촌에 교부하여야 한다.

(중략)

⑤ 조선 및 대만에서의 미곡통제조합의 경비 및 과태금의 분부 징수, 체납 처분, 선취 특권의 순위 및 시효에 관하여는 명령이 정하는 바에 의한다.

⑥ 경비의 분부 및 과태금의 징수에 관하여는 칙령이 정하는 바에 의하여 이의 신청, 소원 및 행정소송(조선에서는 이의 신청, 대만에서는 이의 신청 및 소원에 한한다)을 할 수 있다.

第23조 미곡통제조합은 정관이 정하는 바에 의하여 사용료 및 수수료를 징수할 수 있다.

(중략)

第25조 행정관청은 미곡통제조합에 대하여 조합의 사무에 관한 보고를 하게 하고 조합의 사무 집행 또는 재산 상황을 검사하며 정관, 수지예산 또는 경비의 분부·수입 방법의 변경을 명하고 기타 감독상 필요한 명령 또는 처분을 할 수 있다.

第26조 행정관청은 미곡통제조합의 결의나 선거 또는 임원의 행위가 법령이나 정관에 위반하거나 공익을 해하거나 해할 우려가 있다고 인정하는 때에는 결의, 선거 또는 당선을 취소하고 임원을 해임하며 대표의 개선을 명하고 조합의 사업을 정지하거나 조합의 해산을 명할 수 있다.

(중략)

제28조 ① 미곡을 취급하는 판매조합(이하 미곡판매조합이라 한다)이 있는 시·정·촌에 특별한 사정이 있는 때에는 칙령이 정하는 바에 의하여 미곡통제조합의 사업은 행정관청의 허가를 받아 미곡판매조합에서 할 수 있다.

(중략)

③ 조선 및 대만에서는 칙령이 정하는 바에 의하여 미곡을 취급하는 산업조합 또는 농회가 행정관청의 허가를 받아 미곡통제조합의 사업을 할 수 있다.

(중략)

제31조 미곡통제조합 및 그 사업을 하는 단체는 단체 상호의 연락을 도모하고 미곡의 자치관리를 할 목적으로 지방미곡통제조합연합회를 설립할 수 있다.

(중략)

제41조 ① 정부는 매년 내지·조선 및 대만을 통틀어 미곡 수급을 추산하여 미곡의 공급이 과잉되었다고 인정하는 때에는 그 과잉수량의 범위 안에서 정한 일정 수량의 미곡을 내지·조선 및 대만에서 통제하게 할 수 있다.

(중략)

③ 제1항의 일정 수량의 내지·조선 및 대만에 대한 할당 비율은 칙령이 정하는 바에 의하여 내지·조선 및 대만의 미곡의 관외 이출 수량의 증가 추세 외에 미곡의 관외 이출 수량, 미곡 수확의 풍흉 등도 참작하여 정한다.

제42조 ① 전조 제1항의 미곡 수급 추산 및 통제하여야 하는 미곡의 수량 및 동조 제3항의 할당 비율에 관하여는 미곡자치관리위원회에 자문하여 정한다.

② 미곡자치관리위원회의 조직 및 권한은 칙령으로 정한다.

제43조 ① 정부는 제41조의 규정에 의하여 내지·조선 및 대만에 대하여 정하여진 수량을 각 내지·조선 및 대만에서의 지방미곡통제조합연합회 또는 그 사업을 하는 도·부·현 미곡판매조합연합회에 할당하고 그 미곡에 대하여 통제를 명하며, 지방미곡통제조합연합회 또는 그 사업을 하는 도·부·현 미곡판매조합연합회는 할당된 수량을 미곡통제조합 또는 그 사업을 하는 단체에 할당하여야 한다.

② 미곡통제조합 또는 그 사업을 하는 단체는 할당된 수량을 단체원 및 제29조에 규정한 자에 할당하여야 한다.

③ 조선 및 대만에서 통제하게 하여야 하는 미곡 수량의 할당에 대하여는 전 2항의 규정에 관하여 칙령으로 특례를 만들 수 있다.

제44조 지방미곡통제조합연합회 또는 그 사업을 하는 단체, 미곡통제조합 또는 그 사업을 하는 단체가 전조의 규정에 의한 할당을 하지 아니하는 경우에는 정부는 이를 대신하여 할당할 수 있다.

(중략)

제46조 미곡통제조합 또는 그 사업을 하는 단체는 그 할당된 수량의 미곡을 저장하여야 한다. 다만, 그 저장을 해제한 것 및 제49조 또는 제50조의 규정에 의하여 정부가 매입한 것에 대하여는 그러하지 아니하다.

제47조 미곡통제조합 또는 그 사업을 하는 단체의 단체원은 제43조 또는 제44조의 규정에 의하여 할당된 수량의 미곡을 명령이 정하는 바에 의하여 미곡통제조합 또는 그 사업을 하는 단체에 기탁하여야 한다. 제29조 및 제30조에 규정한 자에 대하여도 같다.

제48조 ① 미곡통제조합 또는 그 사업을 하는 단체는 제2항의 경우 및 칙령이 정하는 경우를 제외하고는 제46조의 규정에 의하여 저장한 미곡에 대하여 저장을 해제할 수 있다.

② 정부는 필요하다고 인정하는 때에는 칙령이 정하는 바에 의하여 제46조의 규정에 의하여 저장한 미곡에 대하여 저장의 해제를 명할 수 있다.

제49조 ① 정부는 미곡통제조합 또는 그 사업을 하는 단체가 저장하여야 하는 미곡 중 저장 능력, 기타 사정에 의하여 저장이 곤란하다고 인정하는 것에 대하여 당해 단체로부터 매도 신청이 있는 경우에는 매입을 한다.

② 전항의 매입가격은 내지에서는 미곡통제법 제2조의 최저가격, 조선 및 대만에서는 칙령이 정하는 바에 의하여 미곡 생산비, 물가, 기타 경제 사정을 참작하여 정한 가격으로 한다.

제50조 ① 정부는 필요하다고 인정하는 때에는 미곡통제조합 또는 그 사업을 하는 단체가 제46조의 규정에 의하여 저장한 미곡으로 당해 미곡연도를 초과하여도 그 저장이 해제되지 아니한 것에 대하여 매입을 한다.

② 전항의 매입가격은 칙령으로 정한다.

제51조 ① 명령으로 지정하는 지역에서의 미곡 취급업자는 미곡상통제조합을 설립할 수 있다.

② 전항의 미곡 취급업자의 범위는 칙령으로 정한다.

제52조 미곡상통제조합은 법인으로 하고 제1조의 자치관리를 함을 목적으로 한다.

(중략)

제55조 칙령이 정하는 바에 의하여 정부는 제41조의 통제를 하여도 미곡의 공급 과잉으로 미가가 미곡통제법에 의한 명령에 정한 표준 최저가격 이하가 될 우려가 있다고 인정하는 때에는 미곡자치관리위원회에 자문하여 일정 수량의 미곡을 내지·조선 및 대만에서 통제하게 할 수 있다.

(중략)

제57조 ① 정부는 미곡통제조합 또는 그 사업을 하는 단체, 미곡상통제조합 또는 그 사업을 하는 단체가 전조의 규정에 의하여 저장하여야 하는 미곡 중 저장 능력, 기타 사정에 의하여 저장이 곤란하다고 인정하는 것에 대하여 당해 단체로부터 매도의 신청이 있는 경우에는 매입을 한다.

② 전항의 매입가격은 내지의 쌀은 미곡통제법 제2조의 최저가격, 조선 또는 대만의 쌀은 칙령이 정하는 일정 가격 이내에서 시가에 준거하여 정한 가격으로 한다.

제58조 조선 및 대만에서는 제12조, 제18조, 제19조 및 제36조의 규정(제37조 또는 제53조에서 준용하는 경우를 포함한다)에 관하여 명령으로 특례를 만들 수 있다.

제59조 지방미곡통제조합연합회 또는 그 사업을 하는 단체의 역원이 명령이 정한 제43조의 규정(제56조 제2항에서 준용하는 경우를 포함한다)에 의한 할당을 하는 데에 필요한 행위를 하지 아니한 때에는 500원 이하의 과료에 처한다. 미곡통제조합 또는 그 사업을 하는 단체, 미곡상통제조합 또는 그 사업을 하는 단체의 역원이 명령이 정한 제43조의 규정(제56조 제2항에서 준용하는 경우를 포함한다)에 의한 할당을 하는 데에 필요한 행위를 하지 아니한 때에도 같다.

(중략)

제61조 ① 미곡통제조합 또는 그 사업을 하는 단체, 미곡상통제조합 또는 그 사업을 하는

단체가 제46조의 규정(제56조 제2항에서 준용하는 경우를 포함한다)을 위반한 때에는 법인의 업무를 집행하는 역원을 500원 이하의 벌금에 처한다.

제62조 ① 미곡통제조합 또는 그 사업을 하는 단체, 지방미곡통제조합연합회 또는 그 사업을 하는 단체, 미곡상통제조합 또는 그 사업을 하는 단체의 역원, 제21조의 직원, 총대, 의원, 조합원 또는 대의원은 이 법에 의한 할당 또는 저장에 관하여 뇌물을 수수하거나 요구 또는 약속한 때에는 2년 이하의 징역에 처하고, 부정행위를 하거나 상당한 행위를 하지 아니한 때에는 5년 이하의 징역에 처한다.

② 전항의 경우에 수수한 뇌물은 몰수하고, 그 전부 또는 일부를 몰수할 수 없는 때에는 가액을 추징한다.

제63조 ① 전조 제1항에 언급한 자에 대하여 뇌물을 교부·제공 및 약속한 자는 2년 이하의 징역 또는 300원 이하의 벌금에 처한다.

② 전항의 죄를 범한 자가 자수한 때에는 그 형을 감형 또는 면제할 수 있다.

제64조 제49조, 제50조(제56조 제2항에서 준용하는 경우를 포함한다) 및 제57조의 규정에 의한 미곡의 매입에 관한 일체의 세입·세출은 미곡수급조절특별회계에 속하게 한다.

5. 「미곡검사규칙(米穀檢查規則)」(부령 제4호, 1915년(大正 4) 2월 17일)

제1조 조선미의 개량을 도모하기 위해 지방장관은 관내에서 혹은 관내를 경유해서 수출 또는 이출되는 조선미에 대해 검사를 할 수 있다. 다만 다른 도(道)에서 검사를 받은 쌀은 이에 해당하지 않는다.

제2조 지방장관이 제1조의 검사를 할 때는 검사 규칙을 정하고 조선총독의 허가를 받아야 한다.

제3조 검사는 건조의 정도, 돌(石), 벼(籾), 싸라기, 기타 혼합물 혼입의 많고 적음, 포장 및 중량(量目)의 적부(適否)에 대해서 해야 한다.

제4조 제1조 검사에 대해서는 한 가마니에 대해 2전 이내의 검사 수수료를 징수할 수 있다.

제5조 검사의 결과 다음 각호의 검사 표준에 합격한 쌀은 상격(上格)으로 하고 합격하지 못한 쌀은 하격(下格)으로 한다.

건조의 정도 : 건조가 충분한 것

협잡물 : 돌, 벼, 싸라기, 기타의 혼합물이 3/100 이내

한 가마니의 중량 : 5두(斗) 또는 4두

포장

1) 가마니 1매의 중량 : 700문(匁) 이상

2) 괘승(掛繩) : 횡승(橫繩) 4개소, 종승(縱繩) 2개소로 하고 1심(尋) 10문 이상의 새끼(繩)를 사용하여 근괘(筋掛)로 한다.

지방장관이 필요하다고 인정할 때는 협잡물 중 특히 돌의 혼입 비율을 검사할 수 있다.

전항의 검사에 따라 쌀 1승(升)에 대해 돌의 혼입 10립(粒) 이내로 정선한 쌀은 이를 우등(優等)으로 한다.

제6조 지방장관이 필요하다고 할 때는 조선총독의 허가를 받아서 하격미(下格米)의 수출 또는 이출을 제한할 수 있다.

제7조 검사를 한 쌀에는 우등, 상격 또는 하격 및 검사지를 표시하는데 충분한 증인(證印)을 각 가마니 면에 날인해야 한다.

제8조 다음 각호의 하나에 해당하는 자는 200원 이하의 벌금 또는 과료에 처한다.

1. 검사를 면할 목적으로써 사위(詐僞)의 행위를 하는 자
2. 제6조의 수출 또는 이출 제한을 위반한 자
3. 검사가 끝난 쌀 또는 그 포장 혹은 중량에 부정의 수단을 사용한 자

6. 「조선농업창고업령(朝鮮農業倉庫業令)」(제령 제14호, 1931년(昭和6) 7월 17일)

제1조 ① 본령(本令)에서 농업창고업자라 함은 농업을 경영하는 자가 생산한 미곡, 기타 조선총독이 지정하는 물품을 소유하는 경우 또는 토지에 대하여 권리를 가진 자가 소작료로 받은 미곡, 기타 조선총독이 지정하는 물품을 소유하는 경우에 그 자를 위하여 본령에 의하여 이를 창고에 보관하는 자를 말한다.

② 전항에서 규정한 기탁물에 대하여 소유권의 이전이 있다고 하여도 농업창고업자는 기탁물(寄託物)의 보관 기간의 만료에 이를 때까지 이를 보관할 수 있다.

제2조 ① 농업창고업자는 업무 규정의 정하는 바에 의하여 제1조의 사업 이외에 다음 각호

의 사업을 할 수 있다.

1. 수기물(受寄物)의 조제(調製), 개장 또는 포장을 하는 것

2. 수기물의 운송 또는 판매의 중립을 하는 것

3. 수기물의 운송 또는 판매의 중개를 하는 것

4. 기탁하고자 하는 소작료의 수령을 대리로 하는 것

제3조 농업창고업자는 영리를 목적으로 하여 그 사업을 할 수 없다.

제4조 농회(農會), 산업조합(産業組合) 및 농업의 발달을 목적으로 하는 공익법인이 아니면 농업창고업자가 될 수 없다.

(중략)

제6조 농업창고업자가 되고자 하는 자는 업무 규정을 구비하여 조선총독의 인가를 받아야 한다.

제7조 농업창고업자는 업무 규정이 정하는 바에 의하여 종류 및 품위(品位)가 동일한 기탁물을 혼합하여 보관할 수 있다.

제8조 농업창고업자는 기탁자의 청구에 의하여 기탁물의 창고증권을 교부하여야 한다.

제9조 ① 농업창고업자가 작성하는 창하증권에는 조선농업창고증권의 문자를 기재하여야 한다.

② 농업창고업자가 아닌 자가 작성하는 예증권(預證券) 및 질입증권 또는 창고증권에는 조선농업창고증권인 것을 나타내는 문자를 기재할 수 없다.

(중략)

제11조 ① 기탁물의 보관 기간은 기탁일로부터 6월 이내로 한다.

② 제1조 제1항에 규정한 기탁물에 대한 보관 기간을 갱신할 수 있다. 다만, 기탁자는 갱신 시 동항에 언급한 자이어야 한다.

③ 제1조 제2항에서 규정하는 기탁물에 대하여서는 제1조 제1항의 규정에 의한 보관에 지장이 없는 경우에 한하여 보관 기간을 갱신할 수 있다.

④ 전 3항의 규정에 의한 갱신 기간은 6월을 초과할 수 없다.

(중략)

제13조 농업창고업자는 자기 또는 그 사용인이 수기물 또는 제2조 제2항에 기재한 물품의

조제, 개장(改裝) 또는 하조(荷造)에 관하여 주의를 태만히 하지 않은 것을 증명하지 아니하면 그 멸실 또는 훼손에 대한 손해배상의 책임을 면할 수 없다.

제14조 농업창고업자가 업무 규정을 변경하고자 하는 때에는 조선총독의 인가를 받아야 한다.

제15조 조선총독은 공익상 필요하다고 인정하는 때에는 농업창고업자에 대하여 지정한 미곡, 기타 물품의 기탁을 받아 수기물의 검사, 기타 행위를 할 것을 명할 수 있다.

제16조 조선총독은 농업창고업자에 대하여 사업에 관한 보고를 시켜 서류, 장부 또는 업무 집행 혹은 재산 상황을 검사하고 기타 감독상 필요한 명령을 하거나 처분을 할 수 있다.

제17조 조선총독은 농업창고업자의 업무 집행 또는 재산 상황에 의하여 사업을 계속하는 것이 곤란하다고 인정하는 때, 농업창고업자의 행위가 법령 또는 업무 규정에 위반한 때, 그 행위가 공익을 해하거나 또는 해할 우려가 있다고 인정하는 때에는 사업 정지를 명하거나 인가를 취소할 수 있다.

(중략)

제28조 조선총독은 본령에서 규정하는 직권의 일부를 도지사에게 위임할 수 있다.

제29조 농업창고업자 또는 연합농업창고업자가 아니면서 그 명칭 중에 농업창고 또는 연합농업창고의 문자를 사용한 자는 500원 이하의 벌금에 처한다.

제30조 제9조 제2항 또는 제26조 제2항의 규정을 위반한 자는 500원 이하의 벌금에 처한다.

제31조 ① 농업창고업자 또는 연합농업창고업자인 법인의 이사 또는 이에 준하지 아니한 자가 본령 또는 본령에 의하여 발하는 명령 또는 처분을 위반한 때에는 10원 이상 1,000원 이하의 과료에 처한다.

7. 「이출미곡창고영업보조규칙(利出米穀倉庫營業補助規則)」(부령 제149호, 1931년(昭和 6) 11월 27일)

제1조 창고영업자로서 이출해야 할 미곡의 보관을 목적으로 하는 자에 대해서는 본령이 정한 바에 의하여 매년도 예산의 범위 내에서 보조금을 교부한다.

제2조 보조금의 액수는 다음 비용의 60% 이내로 한다.

창고 및 부속 건물의 신축, 증축, 개축, 이축, 매입 또는 차입에 필요한 비용

창고 영업 경영에 필요한 부지의 매입 또는 차입에 필요한 비용

부속 설비에 필요한 비용

(중략)

제4조 조선총독은 전조의 신청서를 수리하여 보조금을 교부해야 할 것으로 인정될 때는 보조금액, 보조금 교부의 방법, 기타 조건을 정하여 지령서를 교부한다.

제5조 보조금을 수리한 자는 공사의 준공 또는 창고 및 부속건물 혹은 부지의 매입 혹은 차입의 종료 후 한 달 내에 비용 청산서를 조선총독에게 제출하고 보조금의 교부를 청구해야 한다.

제6조 보조금을 받는 자는 다음 각호의 하나에 해당할 때는 조선총독의 인가를 받아야 한다.

영업소를 신설하거나 또는 그 소재지를 변경하고자 할 때

제3조 제2호, 제5호 내지 제13호에 있는 사항에 중대한 변경을 가해야 할 때

이익금의 처분을 한다고 할 때

영업을 양도하고자 할 때

다른 법인과 합병한다고 할 때

제7조 조선총독은 전조 제2호의 인가를 할 때는 그 변경의 정도에 응하여 보조금액 또는 보조금 교부의 방법, 기타 조건을 변경할 수 있다.

제8조 상속 또는 제6조 제4호 혹은 제5호의 규정에 의하여 영업의 승계가 있을 경우에서는 그 영업을 승계한 자로 해서 보조금을 받는 자로 간주한다.

제9조 공사를 준공하거나 또는 창고 및 부속 건물 혹은 부지의 매입 혹은 차입을 완료했을 때는 검사를 행한다.

제10조 비용 청산액이 보조금액 산출의 기초로 하는 비용액에 비하여 증감이 있을 때는 그 증감의 정도에 응하여 보조금을 변경할 수 있다.

(중략)

제12조 보조금을 받은 자는 다음 각호의 하나에 해당할 때는 지체없이 조선총독에게 신고해야 한다.

보조금을 받아야 할 공사에 착수하거나 또는 준공했을 때

창고 및 부속 건물 또는 부지의 매입 또는 차입을 완료했을 때

영업을 개시했을 때

상속에 의하여 영업을 승계했을 때

영업 규칙을 제외한 영업에 관한 규정을 마련하거나 또는 이를 변경 혹은 폐지했을 때

제13조 보조금을 받은 자는 영업을 휴지 또는 폐지하고자 할 때는 그 사유를 갖춰서 미리 이를 조선총독에게 신고해야 한다.

제14조 보조금을 받는 자는 이출해야 하는 미곡의 보관에 지장이 없는 경우가 아니면 다른 물품의 보관이 불가능하다.

제15조 보조금을 받은 자는 매 영업연도 종료 후 3개월 내에 이익금 처분 명세서를 조선총독에게 제출해야 한다.

제16조 조선총독에 공익상 필요하다고 인정될 때는 보조금을 받은 자에 대하여 그 지정하는 곡물의 기탁을 받아서 기탁물의 검사, 기타 행위를 할 것을 명령할 수 있다.

제17조 조선총독은 보조금을 받은 자에 대하여 업무에 관한 보고를 하게 하거나 창고, 서류, 창부 또는 업무 집행 혹은 재산의 상황을 검사하거나 영업 규칙의 변경을 명하거나 기타 감독상 필요한 처분을 할 수 있다.

제18조 보조금을 받은 자는 다음의 각호 하나에 해당할 때는 조선총독은 보조금의 전부 혹은 일부의 교부를 정지 혹은 폐지하거나 또는 이미 교부한 보조금의 전부 혹은 일부의 반환을 명령할 수 있다.

본령 또는 본령에 기초해서 하는 처분에 위반했을 때

공사 준공의 희망이 없는 데 이르렀을 때

창고 및 부속건물 또는 부지의 매입 또는 차입을 하지 않는 데 이르렀을 때

영업의 전부 또는 일부를 휴지 또는 폐지했을 때

전조의 규정에 의하여 검사를 거부, 방해하거나 또는 기피했을 때

사기, 기타 부정의 수단으로써 보조금 교부의 지령을 받거나 또는 보조금의 교부를 받았을 때

8. 「조선곡물검사령(朝鮮穀物檢査令)」(제령 제2호, 1932년(昭和 7) 9월 24일)

제1조 ① 조선총독이 지정하는 토지로부터 또는 지정한 토지를 거쳐 곡물을 반출하고자 하는 자는 그 곡물의 품질, 건조, 조제, 용량 또는 중량 및 포장에 대하여 조선총독부 곡물검사소의 검사를 받아야 한다.

② 전항의 규정에 의하여 검사를 받아야 하는 곡물은 조선총독이 정한다.

제2조 ① 제1조 제2항에 규정하는 곡물은 제1조 제1항의 검사에 합격한 것이 아니면 수출 또는 이출할 수 없다.

② 제1조 제1항의 검사에 합격한 곡물이라도 조선총독이 정한 경우에는 다시 검사를 받아 이에 합격한 것이 아니면 수출 또는 이출할 수 없다.

③ 조선총독이 필요하다고 인정하는 때에는 2항의 규정에 불구하고 별도로 정할 수 있다.

제3조 본령(本令)에서 규정하는 것 이외에 검사 방법, 기타 검사에 관하여 필요한 사항은 조선총독이 정한다.

제4조 해당 관리는 제1조 제2항에서 규정하는 곡물 거래업자, 창고업자, 소유자, 기타 점유자에 대하여 검사에 관한 필요한 사항의 보고를 하도록 할 수 있다.

제5조 해당 관리는 단속상 필요하다고 인정하는 때에는 점포·창고, 기타 장소에 임검(臨檢)하여 곡물·장부·기타 물건의 검사를 할 수 있다. 이 경우에는 증표를 휴대하여야 한다.

제6조 본령 또는 본령에 준하여 발하는 명령에 위반한다고 인정되는 때에 해당 관리는 제1조 제2항에서 규정하는 곡물 거래업자, 창고업자, 소유자, 기타 점유자에 대하여 곡물의 운반 정지 또는 적려(積戾)를 명하고 기타 필요한 처분을 할 수 있다.

제7조 ① 다음 각호의 1에 해당하는 자는 3,000원 이하의 벌금에 처한다.

1. 검사를 받지 아니하고 제1조 제2항에서 규정하는 곡물을 조선총독이 지정하는 토지로부터 또는 지정하는 토지를 거쳐 반출한 자
2. 제2조 제1항 또는 제2항의 규정에 위반하여 검사에 합격하지 아니한 곡물을 수출 또는 이출한 자
3. 사기 행위로 검사를 받은 자

② 전항의 미수죄는 벌한다.

제8조 제6조의 규정에 준하여 행한 처분에 위반한 자는 1,000원 이하의 벌금에 처한다.

제9조 다음 각호의 1에 해당하는 자는 500원 이하의 벌금에 처한다.

1. 제4조의 규정에 의한 보고를 하지 아니하거나 허위 보고를 한 자
2. 정당한 이유 없이 제5조의 규정에 의한 해당 관리의 임검 검사를 거부·방해 또는 기피하거나 그 심문에 대하여 답변을 하지 아니하거나 또는 허위 진술을 한 자

9. 「조선총독부곡물검사소관제(朝鮮總督府穀物檢査所官制)」(칙령 제264호, 1932년(昭和 7) 9월 29일)

제1조 조선총독부 곡물검사소는 조선총독의 관리에 속하고 다음의 사무를 관장한다.

곡물 및 가마니의 검사에 관한 사항

곡물 및 가마니의 검사, 저장 및 조제의 연구 및 조사에 관한 사항

곡물 및 가마니의 가격 조사에 관한 사항

제2조 ① 곡물검사소는 이를 경성에 둔다.

② 곡물검사소의 지소 명칭 및 위치는 조선총독이 이를 정한다.

제3조 곡물검사소에 다음의 직원을 둔다.

소장

기사(技師) – 전임 8명 주임관

촉탁(囑) – 전임 14명 판임관

기수(技手) – 전임 515명 판임관

제4조 소장은 기사로써 이것에 충당하고 조선총독의 지휘 감독을 받아서 사무를 장리한다.

제5조 기사는 상관의 명을 받아서 기술을 관장한다.

제6조 촉탁은 상관의 지휘를 받아서 서무에 종사한다.

제7조 기수는 상관의 지휘를 받아서 기술에 종사한다.

제8조 ① 곡물검사소의 지소에 지소장을 두고 기사로써 이에 충당한다.

② 지소장은 소장의 명을 받아서 지소의 사무를 장리한다.

제9조 조선총독은 필요하다고 인정되는 지역에 곡물검사소의 지소 출장소를 설치할 수 있다.

10. 「조선미곡배급조정령(朝鮮米穀配給調整令)」(제령 제23호, 1939년(昭和 14) 12월 27일)

제1장 미곡 취급업자

제1조 미곡의 매입·매도 또는 그 대리 또는 매개 업무를 행하고자 하는 자는 조선총독이 정하는 바에 의하여 그 허가를 받아야 한다. 다만, 조선총독이 정하는 자는 그러하지 아니하다.

(중략)

제3조 제1조의 허가를 받은 자가 조선총독이 정하는 바에 의하여 정당한 사유 없이 그 업무를 개시하지 아니한 때 또는 업무를 휴지한 때에는 조선총독은 허가를 취소할 수 있다.

제4조 조선총독은 제1조의 허가를 받은 자의 행위가 본령 혹은 본령에 근거하여 발하는 명령 또는 이에 의하여 행하는 처분에 위반하거나 공익을 해하거나 또는 해할 우려가 있다고 인정하는 때에는 허가를 취소하거나 그 업무를 제한 또는 정지할 수 있다.

제5조 조선총독은 필요하다고 인정하는 때에는 제1조의 허가를 받은 자에 대하여 그 업무에 관한 제반 보고를 명하거나 부하 관리로 하여금 그 장부·물건을 검사하게 할 수 있다.

제2장 미곡 배합 통제

제6조 조선총독은 특별히 필요한 경우에 미곡의 매입·매도·대리 또는 매개를 행하는 자에 대하여 조선총독이 정하는 바에 의하여 미곡의 배합 통제에 관한 명령을 할 수 있다.

제7조 조선총독은 미곡 배합 통제 상 필요한 사항을 조사하기 위하여 미곡의 매입·매도·대리·매개를 행하는 자에게 필요한 사항의 보고를 명하거나 부하 관리로 하여금 장부 물건을 검사하게 할 수 있다.

제3장 미곡수이출조합

제8조 미곡수이출조합(이하 조합이라 함)은 법인으로 하고, 미곡의 수출 및 이출의 조사를 행

하는 것을 목적으로 한다.

제9조 미곡의 수출 또는 이출은 조합이 아니면 할 수 없다. 다만, 정부가 소유한 미곡·기타 조선총독이 정하는 미곡의 수출 또는 이출에 한하여 그러하지 아니하다.

(중략)

제11조 ① 조합은 다음 각호의 업무를 행한다.

1. 조합원의 위탁을 받아 자기의 이름으로 미곡의 수출 또는 이출
2. 전호의 업무에 부대되는 업무
3. 조합원의 업무에 관한 연구·조사, 기타 조합의 목적을 달성하는 데에 필요한 시설

② 조합은 전항 제2호 또는 제3호의 업무를 행하고자 하는 때에는 조선총독의 인가를 받아야 한다.

(중략)

④ 조합은 특별히 필요한 때에는 조선총독이 정하는 바에 의하여 미곡을 매입 또는 처분할 수 있다.

(중략)

제13조 ① 조합은 정관이 정하는 바에 의하여 그 조합원에 대한 경비를 분부하거나 과태금을 징수할 수 있다.

② 전항의 경비 또는 과태금을 체납한 자가 있는 때에 조합장의 청구가 있는 때에는 부읍면은 국세의 예에 의하여 이를 처분한다. 이 경우에 조합은 그 징수금액의 100분의 5를 부읍면에 교부하여야 한다.

③ 전항에 규정한 징수금의 선취특권의 순위는 부읍면의 징수금 다음으로 하고, 그 시효에 대하여는 국세의 예에 의한다.

④ 경비의 분부 및 과태금의 징수에 관하여는 조선총독이 정하는 바에 의하여 이의신청 및 재결의 신청을 할 수 있다.

(중략)

제15조 ① 조합을 설립하고자 하는 때에는 조선총독이 정하는 바에 의하여 창립총회를 열어 정관 및 기타 필요한 사항을 정하여 조선총독의 인가를 받아야 한다.

② 조합은 전항의 인가가 있는 경우에 성립한다.

(중략)

第18조 조합에 대한 조합원의 출자 및 그 불입에 관하여 필요한 사항은 조선총독이 정한다.

(중략)

第55조 조선총독이 필요하다고 인정하는 때에는 조합에 대하여 다음 각호의 명령을 할 수 있다.

1. 경비의 수지 예산, 경비의 분부·수입 방법 및 정관의 변경
2. 분할 또는 합병
3. 조선총독이 지정하는 자의 가입 승낙
4. 미곡 판매처의 지정

第56조 조선총독은 조합에게 그 업무 및 재산 상황을 보고하게 하거나 이를 검사하거나 기타 감독상 필요한 명령 또는 처분을 할 수 있다.

第57조 조선총독은 조합 업무를 계속하는 것이 곤란하다고 인정하는 때 또는 조합의 행위가 법령, 정관 또는 조선총독의 명령에 위반하거나 공익을 해하거나 또는 해할 우려가 있다는 때에는 다음 각호의 처분을 할 수 있다.

1. 해산
2. 업무 정지
3. 임원의 해임
4. 총회의 결의 취소

(중략)

第4장 조선미곡수이출조합중앙회

第74조 조선미곡수이출조합중앙회(이하 중앙회라 한다)는 회원의 업무상의 지도를 하며, 회원 상호 간의 연락, 기타 회원의 업무 발전을 도모하는 것을 목적으로 하는 법인으로 하고, 주사무소를 경성부에 둔다.

(중략)

第76조 중앙회는 다음 각호의 업무를 행한다.

1. 회원에 대한 업무상 지도

2. 회원 상호 간의 연락

3. 회원의 업무에 관한 알선

4. 회원의 업무에 관한 연구, 조사, 기타 중앙회의 목적을 달성하는 데에 필요한 시설

第77조 ① 중앙회에는 회장 1인, 전무이사 1인, 이사 3인 이상, 감사 2인 이상 및 고문 약간 명을 둔다.

② 회장, 전무이사, 이사 및 고문은 조선총독이 임면한다.

③ 감사는 총회에서 회원의 대표자 중에서 선임한다.

④ 감사의 선임은 조선총독의 인가를 받지 아니하면 효력이 없다.

第78조 ① 회장은 중앙회를 대표하여 그 사무를 총리하며, 정관에 별도의 정함이 있는 경우를 제외하고 총회의 의장이 된다.

② 전무이사는 회장을 보좌하며 회장에게 사고가 있는 때에는 그 직무를 대리하고, 회장이 결원인 때에는 그 직무를 행한다.

③ 이사는 회장을 보좌하며 정관이 정하는 바에 의하여 중앙회의 사무를 분장하고 회장 및 전무이사가 더불어 사고가 있는 때에는 그 직무를 대리하며, 회장 및 전무이사가 더불어 결원인 때에는 그 직무를 행한다.

④ 고문은 중요한 사무에 대하여 회장의 자문에 응한다.

(중략)

第5장 잡칙 및 벌칙

第83조 조선총독은 명령으로써, 본령에 규정한 직권의 일부를 도지사에게 위임할 수 있다.

第84조 第1조의 규정에 위반하여 허가를 받지 아니하고 미곡의 매입 또는 매도, 대리 또는 매개의 업무를 한 자는 3,000원 이하의 벌금에 처한다.

第85조 다음 각호의 1에 해당하는 자는 1,000원 이하의 벌금에 처한다.

1. 第4조의 규정에 의한 제한 또는 정지의 처분에 위반한 자

2. 第6조의 규정에 의한 명령에 위반한 자

第86조 다음 각호의 1에 해당하는 자는 500원 이하의 벌금에 처한다.

1. 第5조 또는 第7조의 명령에 위반한 자

2. 제5조 또는 제7조의 규정에 의한 검사를 거부, 방해 또는 기피한 자

3. 제13조 제2항(제82조의 규정에 의하여 준용하는 경우를 포함한다)의 규정에 위반한 자

제87조 제9조의 규정에 위반하여 미곡의 수출 또는 이출을 한 자는 5,000원 이하의 벌금에 처하며, 그 미곡은 몰수하거나 그 전부 또는 일부를 몰수하는 것이 불가능한 때에는 그 가액을 추징한다.

11. 「조선잡곡등배급통제규칙(朝鮮雜穀等配給統制規則)」(부령 제176호, 1940년(昭和 15) 7월 20일)

제1조 잡곡 및 그 제품으로 별도로 지정한 것(이하 잡곡 등이라 한다)은 조선총독 또는 도지사가 지정한 것이 아니면 도외로 반출할 수 없다. 다만, 다음 각호의 1에 해당하는 경우에는 그러하지 아니하다.

1. 군이 소유한 것으로 그 증명이 있는 것을 반출할 때
2. 우편물로 반출할 때
3. 시험 조사용으로 제공하거나 전람회, 공진회, 품평회 등의 출품용으로 제공하는 것으로 관공서의 증명이 있는 것을 반출할 때
4. 특별한 사정에 의하여 도지사의 허가를 받을 때

제2조 도지사는 도내에 소재한 잡곡 등의 소유자 또는 점유자에 대하여 가격등통제령 제7조의 규정에 의하여 조선총독 또는 도지사가 지정한 가격으로 이를 지정한 자에게 판매할 것을 명할 수 있다.

제3조 도지사는 도내에 소재한 잡곡 등의 소유자 또는 점유자에 대하여 수량, 장소 및 기간을 정하여 보관을 명할 수 있다.

제4조 조선총독 또는 도지사는 잡곡 등의 배급을 통제를 위하여 특별히 필요한 때에는 잡곡 등의 소유자나 점유자 또는 잡곡 등의 매매 또는 그 대리를 하는 자에 대하여 잡곡 등의 배급 및 양도에 관하여 필요한 명령을 할 수 있다.

제5조 조선총독 또는 도지사는 제1조의 제한 또는 제3조의 명령 또는 처분에 관계가 있는 사항에 대하여 보고하게 하거나 해당 관리로 하여금 잡곡 등, 장부, 기타 물건을 검사하게 할 수 있다.

12. 「**조선미곡시장주식회사령**(朝鮮米穀市場株式會社令)」(제령 제15호, 1939년(昭和 14) 9월 22일)

제1조 조선미곡시장주식회사는 미곡 배합의 통제를 도모하기 위하여 조선에서 미곡시장의 경영 등을 하고자 하는 주식회사로 하고 그 본점을 경성부(京城府)에 둔다.

제2조 조선미곡시장주식회사의 자본은 500만 원으로 한다. 다만, 조선총독의 인가를 받아 증가할 수 있다.

제3조 조선미곡시장주식회사의 주식은 기명식으로 하고 정부, 공공단체, 제국신민, 제국법인으로서 사원 주주 또는 업무를 집행하는 임원의 반수 이상 또는 자본의 반액 이상 혹은 의결권의 과반수가 외국인 또는 외국 법인에 속하지 아니한 것에 한하여 소유할 수 있다.

(중략)

제6조 ① 조선미곡시장주식회사는 임원으로 사장 및 전무이사 각 1인, 이사 5인 이상 및 감사 2인 이상을 둔다.

② 사장은 조선미곡시장주식회사를 대표하여 그 업무를 총리한다.

③ 전무이사는 사장이 사고가 있는 때에는 그 직무를 대리하며, 사장이 결원인 때에는 그 직무를 행한다.

④ 전무이사 및 이사는 사장을 보좌하며 정관이 정하는 바에 의하여 조선미곡시장주식회사의 업무를 분장하거나 참여한다.

⑤ 감사는 조선미곡시장주식회사의 업무를 감사한다.

제7조 ① 사장 및 전무이사는 조선총독이 임명하고 임기는 5년으로 한다.

② 이사는 주주 중에서 주주총회에서 선임하여 조선총독의 인가를 받아야 하며 임기는 4년으로 한다.

③ 감사는 주주 중에서 주주총회에서 선임하며 임기는 2년으로 한다.

제8조 사장, 전무이사 및 업무를 분장하는 이사는 다른 직무 또는 상업에 종사할 수 없다. 다만, 조선총독의 인가를 받은 때에는 그러하지 아니하다.

제9조 ① 조선미곡시장주식회사의 임원 또는 사용인은 조선총독이 정하는 경우를 제외하고 누구라도 미곡시장의 매매 거래를 하거나 위탁을 할 수 없다.

② 조선미곡시장주식회사의 임원 또는 사용인은 시장원과의 사이에서 자금 제공,

손익 분배, 기타 시장원의 업무에 대하여 특별한 이해관계를 가질 수 없다.

제10조 ① 조선미곡시장주식회사는 다음 각호의 사업을 경영한다.

1. 미곡시장 경영
2. 전호의 사업에 부대하는 사업
3. 기타 회사의 목적 달성상 필요한 사업

② 조선미곡시장주식회사는 조선총독이 정하는 바에 의하여 그 인가를 받아 미곡시장에서 잡곡의 매매 거래도 취급할 수 있다.

③ 조선미곡시장주식회사는 제1항 제2호 또는 제3호의 사업을 경영하고자 하는 때에는 조선총독의 인가를 받아야 한다.

제11조 조선미곡시장주식회사는 미곡시장을 경영하고자 하는 때에는 조선총독이 정하는 바에 의하여 시장마다 조선총독의 인가를 받아야 한다.

제12조 조선미곡시장주식회사는 사업의 전부 또는 일부를 폐지하거나 휴지하고자 하는 때에는 조선총독이 정하는 바에 의하여 그 인가를 받아야 한다.

제13조 ① 미곡시장은 조선미곡시장주식회사에 한하여 경영할 수 있다.

② 누구도 미곡시장에 유사한 시설을 하거나 그 시설에 의하여 미곡의 매매 거래를 할 수 없다. 다만, 조선총독이 정하는 경우에는 그러하지 아니하다.

제14조 미곡시장의 매매 거래 가격은 조선총독이 정하는 바에 의하여 지정한 최저가격을 내리거나 최고가격을 올릴 수 없다.

(중략)

제17조 본령에서 규정한 것 이외의 미곡시장의 매매 거래 방법, 기타 매매 거래에 관하여 필요한 사항은 조선총독이 정한다.

제18조 미곡시장의 매매 거래는 그 시장의 시장원(市場員)에 한하여 할 수 있다. 다만, 조선총독이 정하는 경우에는 그러하지 아니하다.

(중략)

제23조 ① 시장원은 미곡시장에 의하지 아니하고 미곡의 매매 거래를 할 수 없다. 다만, 조선총독이 정하는 경우에는 그러하지 아니하다.

② 전항 단서의 경우에 미곡의 매매 거래 관하여 필요한 사항은 조선총독이 정한다.

(중략)

제27조 조선미곡시장주식회사는 미곡시장의 질서를 유지하기 위하여 정관이 정하는 바에 의하여 시장원에게 1,000원 이하의 과태금을 부과하고 시장원의 업무를 제한 또는 정지하거나 조선총독의 인가를 받아 시장원을 제명할 수 있다.

제28조 ① 조선미곡시장주식회사는 조선총독의 인가를 받아 미곡시장의 매매 거래 위약으로 인하여 생긴 손해에 대하여 배상금으로 책임질 수 있다.

② 조선미곡시장주식회사는 전항의 규정에 의하여 손해를 배상한 때에는 위약자에 대하여 배상한 금액 및 이에 필요한 비용에 대하여 구상권을 가진다.

제29조 ① 조선미곡시장주식회사는 증거금 및 신원보증금에 대하여 다른 채권자보다 우선권을 가진다.

② 시장원에게 미곡시장 매매 거래의 위탁을 행한 자는 위탁계약에 의하여 생기는 채권에 관하여 그 시장원의 신원보증금에 대하여 다른 채권자보다 우선권을 가진다.

③ 제1항의 우선권은 전항의 우선권에 대하여 우선의 효력을 가진다.

제30조 조선총독은 시장원에 대하여 미곡시장의 매매 거래에 관한 미곡의 배합 통제상 필요한 명령을 할 수 있다.

제31조 조선총독은 필요하다고 인정하는 때에는 언제라도 시장원에 대하여 업무에 관한 제반 보고를 명하거나 또는 부하 관리로 하여금 시장원의 장부 물건을 검사하도록 할 수 있다.

제32조 조선총독은 부정한 수단에 의하여 제19조의 면허를 받은 자를 발견한 때에는 그 면허를 취소할 수 있다.

제33조 조선총독은 시장원의 행위가 본령 또는 본령에 의한 명령 또는 이에 의하여 행하는 처분에 위반하거나 공익을 해하거나 또는 해할 우려가 있다고 인정하는 때에는 그 업무를 제한·정지 또는 그 면허를 취소할 수 있다.

제34조 조선총독은 조선미곡시장주식회사의 업무를 감독한다.

제35조 정관의 변경, 이익금의 처분, 사채의 모집, 합병 및 해산의 결의는 조선총독의 인가를 받지 아니하면 그 효력이 없다.

제36조 조선총독은 조선미곡시장주식회사에 대하여 미곡의 배합 통제상 필요한 명령을

할 수 있다.

第37조 조선총독은 조선미곡시장주식회사의 업무에 관하여 감독상 필요한 명령 또는 처분을 할 수 있다.

第38조 ① 조선총독은 조선미곡시장주식회사에 감리관을 두어 조선미곡시장주식회사의 업무를 감시하도록 한다.

② 조선미곡시장주식회사의 감리관은 언제라도 조선미곡시장주식회사의 금고, 장부 및 제반 문서 물건을 검사할 수 있다.

③ 조선미곡시장주식회사의 감리관은 필요하다고 인정하는 때에는 언제라도 조선미곡시장주식회사에 명하여 업무에 관한 제반 계산 및 상황을 보고하게 할 수 있다.

④ 조선미곡시장주식회사의 감리관은 주주총회 및 기타 제반 회의에 출석하여 의견을 진술할 수 있다.

第39조 조선총독은 조선미곡시장주식회사의 결의 또는 임원의 행위가 법령, 법령에 의한 처분 혹은 정관에 위반하거나 공익을 행하거나 또는 해할 우려가 있다고 인정하는 때에는 결의의 취소, 임원의 해임, 사업의 정지 또는 금지를 할 수 있다.

第40조 ① 조선미곡시장주식회사는 매 영업연도의 배당이익 금액이 정부 이외의 자가 소유한 주식의 납부한 주금액에 대하여 연 100분의 6의 비율에 달할 때까지 정부가 소유한 주식에 대하여 이익 배당을 하지 아니한다.

② 조선미곡시장주식회사의 매 영업연도의 배당이익 금액이 정부 이외의 자가 소유한 주식의 납부한 주금액에 대하여 연 100분의 6의 비율을 초과하는 경우에 정부 이외의 자가 소유한 주식에 대하여 연 100분의 6의 비율을 넘어 이익 배당을 하고자 하는 때에는 그 초과하는 이익 금액은 이익 배당이 총 주식의 불입한 주금액에 대하여 균일한 비율에 달하는 때까지 정부 이외의 자가 소유한 주식의 불입한 주금액 및 정부가 소유한 주식의 불입한 주금액에 대하여 1대 4와의 비율로서 배당하여야 한다.

(중략)

第43조 제13조 제2항의 규정에 위반하여 미곡시장에 유사한 시설을 한 자는 2년 이하의 징역 또는 5,000원 이하의 벌금에 처한다.

제44조 13조 제2항의 규정에 위반하여 미곡시장에 유사한 시설에 의하여 미곡의 매매 거래를 한 자는 1년 이하의 징역 또는 2,000원 이하의 벌금에 처한다.

제45조 제30조의 규정에 의한 명령에 위반한 자는 1,000원 이하의 벌금에 처한다.

제46조 제31조의 규정에 의한 검사를 거부, 방해 또는 기피한 자는 500원 이하의 벌금에 처한다.

(중략)

제49조 미곡시장에 있어서 상장의 변동을 도모하는 목적으로 허위의 풍설을 유포하고, 위계를 이용하거나, 폭행 또는 협박을 한 자는 2년 이하의 징역 또는 5,000원 이하의 벌금에 처한다.

제50조 다음 각호의 1에 해당하는 자는 1년 이하의 징역 또는 3,000원 이하의 벌금에 처한다.

1. 미곡시장에서 상장을 위장하여 공시한 자
2. 공시 또는 반포의 목적으로 허위로 상장을 기재한 문서를 작성하거나 반포한 자

제51조 미곡시장에 의하지 아니하고 미곡시장의 상장에 의하여 차금의 수수를 목적으로 하는 행위를 한 자는 1년 이하의 징역 또는 2,000원 이하의 벌금에 처한다. 다만, 조선형사령에 의할 것을 정한 형법 제186조의 규정을 적용할 수 있다.

13. 「조선식량관리령(朝鮮食糧管理令)」(제령 제44호, 1943년(昭和 13) 8월 9일)

제1조 본령은 국민 식량의 확보 및 국민 경제의 안정을 도모하기 위하여 식량을 관리하고, 식량의 수급 및 가격의 조정과 배급의 통제를 목적으로 한다.

제2조 본령에서 미맥 등이라 함은 미곡·대맥·나맥·소맥 및 밤을 말하고, 주요 식량이라 함은 미맥 등 및 조선총독이 정하는 기타 식량을 말한다.

제3조 미맥 등의 생산자 및 소작료(조선총독이 정하는 기타 급부를 포함한다. 이하 같음)로 미맥 등을 받는 자는 조선총독이 정하는 바에 의하여, 생산 또는 소작료로 받은 미맥 등으로 조선총독이 정하는 것은 조선식량영단에 정부에 매도하여야 하는 취지의 위탁을 하여야 한다.

제4조 전조에 언급한 자는 생산 또는 소작료로 받은 미맥 등으로 동조의 규정에 의하여 매도의 위탁을 하는 것 이외의 것은 조선총독이 정하는 바에 의하여, 조선식량영단에

정부에 매도하여야 하는 취지의 위탁을 하는 것 외에는 매도하지 못한다. 다만, 조선총독이 정하는 경우에는 그러하지 아니하다.

제5조 조선식량영단이 전2조의 규정에 의하여 미맥 등의 정부에 대한 매도의 위탁을 받은 때에는 조선총독이 정하는 바에 의하여 정부에 매도하여야 한다.

제6조 전 2조의 규정에 의하여 정부가 미맥 등을 매입하는 때의 가격은 생산비 및 물가, 기타의 경제사정을 참작하여 조선총독이 정한다.

제7조 조선총독은 제3조에 언급한 자에게 동조의 규정에 의하여 매도의 위탁을 하여야 하는 미맥 등의 보관에 관하여 필요한 명령을 할 수 있다.

제8조 ① 정부는 매입한 미맥 등을 조선식량영단 또는 조선총독이 지정하는 자에게 매도하는 것으로 한다.

② 전항의 경우 정부의 매도가격은 가계비 및 물가, 기타 경제 사정을 참작하여 조선총독이 정한다.

제9조 ① 정부는 식량관리상 필요하다고 인정되는 때에는 미맥 등 이외의 주요 식량을 매입 또는 매도할 수 있다.

② 제3조·제5조·제7조 및 전조 제1항의 규정은 전항의 규정에 의하여 정부가 매입 또는 매도하는 경우에 준용한다.

③ 제1항의 경우 정부의 매입 또는 매도가격은 시가에 준거하여 조선총독이 정한다.

제10조 ① 정부는 식량관리상 필요하다고 인정되는 때에는 주요 식량의 수입 또는 이입을 목적으로 하는 매입이나, 수출 또는 이출을 목적으로 하는 매도를 할 수 있다.

② 전항의 경우 정부의 매입 또는 매도가격은 조선총독이 정한다.

제11조 정부는 필요하다고 인정되는 때에는 주요 식량의 대부·교부 또는 저장·교환·가공·제조를 할 수 있다.

제12조 ① 제3조에 언급한 자는 동조 또는 제4조의 규정에 의하여 매도의 위탁을 하여야 하는 미맥 등을 조선총독이 정하는 바에 의하여 검사받아야 한다.

② 전항에 정한 사항을 제외하고, 조선총독은 필요하다고 인정되는 때에는 주요 식량에 대하여 검사받을 것을 명할 수 있다.

제13조 조선총독은 특히 필요하다고 인정되는 때에는 그 정하는 바에 의하여, 주요 식량의

판매를 업으로 하는 자 또는 그 단체에게 주요 식량의 배급에 관하여 필요한 명령을 할 수 있다.

제14조 정미 또는 정맥 설비의 신설·확장 또는 개량을 하고자 하는 자는 조선총독이 정하는 바에 의하여 허가를 받아야 한다.

제15조 조선총독은 특히 필요하다고 인정되는 때에는 그 정하는 바에 의하여 주요 식량의 가격·가공임 또는 제조 요금에 관하여 필요한 명령을 할 수 있다.

제16조 ① 주요 식량을 수입 또는 이입한 자는 조선총독이 정하는 바에 의하여 수입 또는 이입한 주요 식량을 정부에 매도하여야 한다.

② 전항의 경우 정부의 매입가격은 조선총독이 정한다.

제17조 조선총독은 특히 필요하다고 인정되는 때에는 본령이 정한 사항을 제외하고, 조선총독이 정하는 바에 의하여 주요 식량의 가공·제조·양도, 기타 처분·사용·소비 및 이동에 관하여 필요한 제한을 할 수 있다.

제18조 ① 주요 식량의 생산비·생산량·현재 수량 및 이동의 조사, 가계비의 조사, 기타 주요 식량의 관리를 위하여 필요한 조사에 관하여 필요한 사항은 조선총독이 정한다.

② 조선총독은 그 정하는 바에 따라 전항의 조사를 위하여 필요한 보고를 요구하거나, 당해 관리 또는 이원에게 필요한 장소에 임검하여 업무 상황 또는 장부·서류, 기타 물건을 검사하게 할 수 있다.

제19조 ① 조선식량영단은 조선총독이 정하는 식량배급계획(각 도내의 지방 사정에 맞는 식량 배급에 관하여 도지사가 정하는 배급계획을 포함)에 의하여 주요 식량을 배급함과 함께, 조선총독이 지정하는 식량을 저장하기 위하여 필요한 사업을 하는 것을 목적으로 한다.

② 조선식량영단은 법인으로 한다.

(중략)

제21조 ① 조선식량영단의 자본은 3,000만 원으로 하고, 60만 구좌로 나누어 1구좌의 출자금액을 50원으로 한다, 다만, 자본은 조선총독의 인가를 받아 증가할 수 있다.

② 정부는 1,000만 원을 한도로 조선식량영단에 출자한다.

③ 전항의 출자는 국채 증권을 교부하여 출자할 수 있다.

④ 전항의 규정에 의하여 교부하는 국채증권의 교부 가격은 정부가 정하는 바에

의한다.

(…)

제32조 조선식량영단에는 이사장·부이사장 각 1인, 이사 15인 이상 및 감사 2인 이상을 둔다.

제33조 ① 이사장은 조선식량영단을 대표하여 업무를 총리한다.

② 부이사장은 이사장에게 사고가 있을 때에는 직무를 대리하고, 이사장이 결원인 때에는 직무를 수행한다.

③ 부이사장 및 이사는 이사장을 보좌하고 정관이 정하는 바에 의하여 조선식량영단의 업무를 분장 또는 이에 참여한다.

④ 감사는 조선식량영단의 업무를 감사한다.

제34조 ① 이사장·부이사장·이사 및 감사는 조선총독이 임명한다.

② 이사장 및 부이사장의 임기는 5년, 이사의 임기는 4년, 감사의 임기는 2년으로 한다.

(중략)

제37조 ① 조선식량영단은 다음의 사업을 하는 것으로 한다.

1. 정부에 대한 주요 식량 매도의 수탁
2. 주요 식량의 매입 및 매도
3. 조선총독이 지정한 식량의 저장
4. 조선총독이 지정한 주요 식량의 가공 및 제조
5. 전 각호의 사업에 부대하는 사업
6. 전 각호를 제외하고, 조선식량영단의 목적 달성상 필요한 사업

② 조선식량영단이 전항 제5호 또는 제6호의 사업을 하고자 하는 때에는 조선총독의 인가를 받아야 한다.

③ 조선식량영단은 조선총독의 인가를 받지 아니하고 사업의 전부 또는 일부를 폐지 또는 휴지하지 못한다.

제38조 조선총독은 조선식량영단에게 주요 식량의 배급상 필요한 사업을 수행할 것을 명하고, 기타 업무에 관하여 공익상 필요한 명령을 할 수 있다.

제39조 ① 조선식량영단은 판매의 목적으로 매입하는 자에게 주요 식량을 매도하는 때에는 조선총독이 정하는 바에 의하여 인가를 받아 당해 주요 식량의 판매에 관하여 필요한 사항을 지시할 수 있다.

② 조선총독은 주요 식량의 배급상 특히 필요하다고 인정되는 때에는 전항의 자에게 동항의 지시에 따라야 할 것을 명할 수 있다.

제40조 조선식량영단은 불입자본 금액의 5배에 한하여 조선식량채권을 발행할 수 있다.

제41조 조선식량채권은 액면금액을 50원 이상으로 하고 무기명식 이찰부로 한다. 다만, 응모자 또는 소유자의 청구에 의하여 기명식으로 할 수 있다.

제42조 ① 조선식량영단은 조선식량채권의 차환을 위하여 일시적으로 제40조의 제한에 의하지 아니하고 조선식량채권을 발행할 수 있다.

② 전항의 규정에 의하여 조선식량채권을 발행한 때에는 발행 후 1월 이내에 발행액면금액에 상당하는 구조선식량채권을 상환하여야 한다.

제43조 조선식량영단이 조선식량채권을 발행하고자 하는 때에는 조선총독의 인가를 받아야 한다.

제44조 조선식량채권의 소멸시효는 원금은 15년, 이자는 5년으로 완성한다.

제45조 ① 조선식량채권의 소유자는 조선식량영단의 재산에 대하여 다른 채권자에 우선하여 자기의 채권을 변제받을 권리를 가진다.

② 전항의 규정은 조선민사령에 의할 것을 정한 민법의 일반선취특권의 행사를 방해하지 아니한다.

(중략)

제51조 ① 조선식량영단은 자본금액의 4분의 1에 달할 때까지 매 사업연도에 준비금으로 잉여금의 100분의 8 이상을 적립하여야 한다.

② 전항의 준비금은 조선총독이 정하는 경우를 제외하고 사용하지 못한다.

제52조 ① 조선식량영단은 불입한 출자금액에 대하여 조선총독이 정하는 비율을 초과하여 잉여금을 배당하지 못한다.

제53조 조선식량영단은 조선총독이 감독하고, 지부의 업무에 관하여는 도지사가 감독한다.

제54조 ① 조선총독은 조선식량영단에 대하여 업무 및 재산 상황에 관하여 보고하게 하

고, 검사, 기타 감독상 필요한 명령 또는 처분을 할 수 있다.

② 도지사는 조선식량영단 지부의 업무에 관하여 보고하게 하고, 기타 필요한 지시를 할 수 있다.

第55조 ① 조선총독은 조선식량영단에 감리관을 두어 조선식량영단의 업무를 감시하게 한다.

② 조선식량영단 감리관은 언제라도 조선식량영단의 업무 및 재산 상황을 검사할 수 있다.

③ 조선식량영단 감리관은 필요하다고 인정되는 때에는 언제라도 조선식량영단에 명하여 업무 및 재산 상황을 보고하게 할 수 있다.

④ 조선식량영단 감리관은 조선식량영단의 제반 회의에 출석하여 의견을 진술할 수 있다.

第56조 이사장·부이사장·이사 또는 감사가 법령이나, 법령에 의한 처분 또는 정관에 위반하거나 공익을 해치는 행위를 한 때에는 조선총독이 해임할 수 있다.

第57조 조선총독은 그 정하는 바에 의하여 본령이 규정한 직권의 일부를 도지사에게 위임할 수 있다.

第58조 다음 각호의 1에 해당하는 자는 3년 이하의 징역 또는 1만 원 이하의 벌금에 처한다.

1. 제3조(제9조 제2항에서 준용하는 경우를 포함)·제4조 또는 제16조 제1항의 규정에 위반한 자
2. 제7조(제9조 제2항에서 준용하는 경우를 포함)·제13조 또는 제15조의 규정에 의한 명령에 위반한 자

(중략)

第62조 다음 각호의 1에 해당하는 자는 1,000원 이하의 벌금에 처한다.

1. 부정한 수단으로 제12조의 규정에 의한 검사를 받거나 받으려고 한 자
2. 제12조 제2항의 규정에 의한 검사를 받지 아니한 자
3. 제18조 제2항의 규정에 의한 보고를 해태하거나 허위로 보고한 자

第63조 제18조 제2항의 규정에 의한 당해 관리 또는 이원의 검사를 거부·방해 또는 기피한 자는 500원 이하의 벌금에 처한다.

2) 미곡통제·공출의 실행 결과

(1) 자료 해제

일본제국권의 식량공급기지로 설정된 식민지 조선은 쌀 증산을 중심으로 식민 농정이 운영되었고, 이와 함께 증산량 이상을 꾸준히 일본으로 이출하기 위한 미곡 유통정책을 실시했다. 강제합방 이후 조선은 '다다익선'의 쌀 이출정책을 실시했지만, 1930년대 들어 일본 미곡시장의 쌀값 폭락과 일본 농민의 몰락에 대처하기 위해 일본 정부는 조선쌀의 이입을 통제하기 시작했다. 이러한 일본 정부의 미곡정책에 대응하여 조선총독부도 쌀 이출을 제한하기 위해 미곡저장정책(미곡창고)과 곡물검사제도를 강화했다. 1937년 중일전쟁이 발발하고, 1939년 대가뭄으로 전시 식량 부족이 나타나면서 강제 식량 유통인 공출정책이 실시되었다.

본 자료집에서는 1930년대 이후 조선총독부 미곡 유통·공출 정책 관련 내용에 대한 통계를 작성했다. '1912~1940년간 미곡 생산량 및 수이출량', '1927~1940년간 월별 미곡 이출량' 통계는 조선에서의 쌀 증산 대비 수이출량을 비교하여 조선의 미곡정책 목적과 결과를 살펴보았고, 미곡 유통정책이 본격화된 1927~1940년간에는 월별 미곡 이출량을 정리하여 11월~다음 해 2월 추수기에 쌀 이출이 집중된 현상과 이는 '궁박(窮迫) 판매'라는 조선 농촌의 위약성(危弱性)을 살펴볼 수 있다. '1930~1937년간 미곡창고 추이', '1938년 농업창고 기탁자 구성'에 대한 통계를 작성해 직접 생산자인 농민보다는 지주·미곡상이 쌀의 소유와 유통에 가장 큰 부분을 차지하고 있었음을 살펴보았다. '1941~1945년간 미곡 생산량 및 공출량'을 통해 전시체제기 미곡 공출의 실상을 파악할 수 있다.

미곡 유통 관련 통계를 작성하는 데 사용한 자료는 조선총독부와 관련 기관이 편찬 발행한 것이다. 이에 통계에 사용한 수치는 조선총독부의 입장에서 자신들의 치적을 정리하고자 하는 방향에서 정리된 것이라는 점을 전제로 살펴봐야 할 것이다.

『조선미곡요람(朝鮮米穀要覽)』(朝鮮總督府, 1936~1941)은 조선총독부 농림국에서 제작한 미곡 통계 자료로 1936~1941년간 발간되었다. 주로 미곡의 수급, 생산, 수이입, 수이출, 가격, 미곡검사, 미곡창고 등 미곡 관련 통계 자료를 담고 있다. 『조선미곡요람』의 통계는 전년도 11월 1일부터 당해연도 10월 말일을 기준으로 하는 미곡연도를 사용하고 있다. 수이입 및 수이출에 관한 부분은 '조선무역월표'의 통계 자료를 인용했다.

다음은 『조선미의 연구(朝鮮米の研究)』(菱本長次, 1938, 千倉書房)이다. 저자인 하시모토 나가츠구(菱本長次)는 1911년 청주공립농업학교 교유(敎諭)로 조선에 건너와 1912년부터 1926년까지 평안남도·충청남북도·전라남도의 농업기술관료(道技手, 道技師)로 근무하며 미곡 개량 업무에 오랜 기간 종사하다가 이후 선미협회(鮮米協會) 이사로 근무하면서 미곡의 배급 통제를 담당했던 인물이다. 30년 가까이 조선미의 생산·배급·통제 등에 직접 관여한 전문가인 하시모토는 1930년대 이후 조선미의 생산·배급·통제를 둘러싼 갈등의 원인이 조선 사정에 대한 일본의 이해 부족으로부터 발생했다고 생각했고 이를 해결하기 위해 이 책을 저술했다고 한다. 이 책은 조선미의 생산과 배급에 대한 주요한 정책들의 연혁·경과·실적 등을 중심으로 기술되어서 총독부 미곡정책의 연혁과 현재 직면하고 있는 다양한 문제점들을 쉽게 파악할 수 있도록 구성되어 있다.

(2) 미곡통제·공출 관련 통계

〈표 2-1〉 1911~1939년간 미곡 생산량 및 수이출량 (단위 : 石)

연도	생산량(A)	수이출량			비율		
		수출량(B)	이출량(C)	합계(D)	B/A	C/A	D/A
1911	11,568,362	234,299	291,022	525,321	2.03%	2.52%	4.54%
1912	10,865,051	183,381	393,277	576,658	1.69%	3.62%	5.31%
1913	12,109,840	192,293	1,099,197	1,291,490	1.59%	9.08%	10.66%
1914	14,130,578	272,738	2,058,385	2,331,123	1.93%	14.57%	16.50%
1915	12,846,085	384,080	1,439,382	1,823,462	2.99%	11.20%	14.19%
1916	13,933,009	637,048	1,296,514	1,933,562	4.57%	9.31%	13.88%
1917	13,687,895	212,872	1,979,645	2,192,517	1.56%	14.46%	16.02%
1918	15,294,109	84,034	2,874,855	2,958,889	0.55%	18.80%	19.35%
1919	12,708,208	111,602	1,750,588	1,862,190	0.88%	13.78%	14.65%
1920	14,882,352	189,389	3,080,662	3,270,051	1.27%	20.70%	21.97%
1921	14,324,352	73,130	3,316,245	3,389,375	0.51%	23.15%	23.66%
1922	15,014,292	38,647	3,624,348	3,662,995	0.26%	24.14%	24.40%
1923	15,174,645	30,778	4,722,541	4,753,319	0.20%	31.12%	31.32%
1924	18,219,322	14,986	4,619,504	4,634,490	0.08%	25.35%	25.44%
1925	14,773,102	9,003	5,429,735	5,438,738	0.06%	36.75%	36.82%
1926	15,300,707	10,343	6,186,925	6,197,268	0.07%	40.44%	40.50%
1927	17,298,887	15,703	7,405,477	7,421,180	0.09%	42.81%	42.90%
1928	13,511,725	9,862	5,609,018	5,618,880	0.07%	41.51%	41.59%
1929	13,701,746	6,846	5,426,476	5,433,322	0.05%	39.60%	39.65%
1930	19,180,677	3,409	8,409,005	8,412,414	0.02%	43.84%	43.86%
1931	15,872,999	16,130	7,569,837	7,585,967	0.10%	47.69%	47.79%
1932	16,345,825	102,199	7,972,219	8,074,418	0.63%	48.77%	49.40%
1933	18,192,720	75,386	9,425,836	9,501,222	0.41%	51.81%	52.23%
1934	16,717,238	144,509	8,856,722	9,001,231	0.86%	52.98%	53.84%
1935	17,884,669	52,991	9,460,421	9,513,412	0.30%	52.90%	53.19%
1936	19,410,763	40,035	7,161,553	7,201,588	0.21%	36.89%	37.10%
1937	26,796,950	293,814	10,702,890	10,996,704	1.10%	39.94%	41.04%
1938	24,138,874	842,629	6,051,872	6,894,501	3.49%	25.07%	28.56%
1939	14,355,793	172,337	429,470	601,807	1.20%	2.99%	4.19%

출전 : 朝鮮總督府農林局, 1941, 『朝鮮米穀要覽』, 朝鮮總督府, 2~3쪽.

* 비고

1. 연도 : 본년 11월~익년 10월(『朝鮮米穀要覽』의 전년 11월~본년 10월을 수정함).
2. 생산량 : 각 연도의 생산량을 계상. 1936년부터 통계 산정 방식이 바뀌었음.

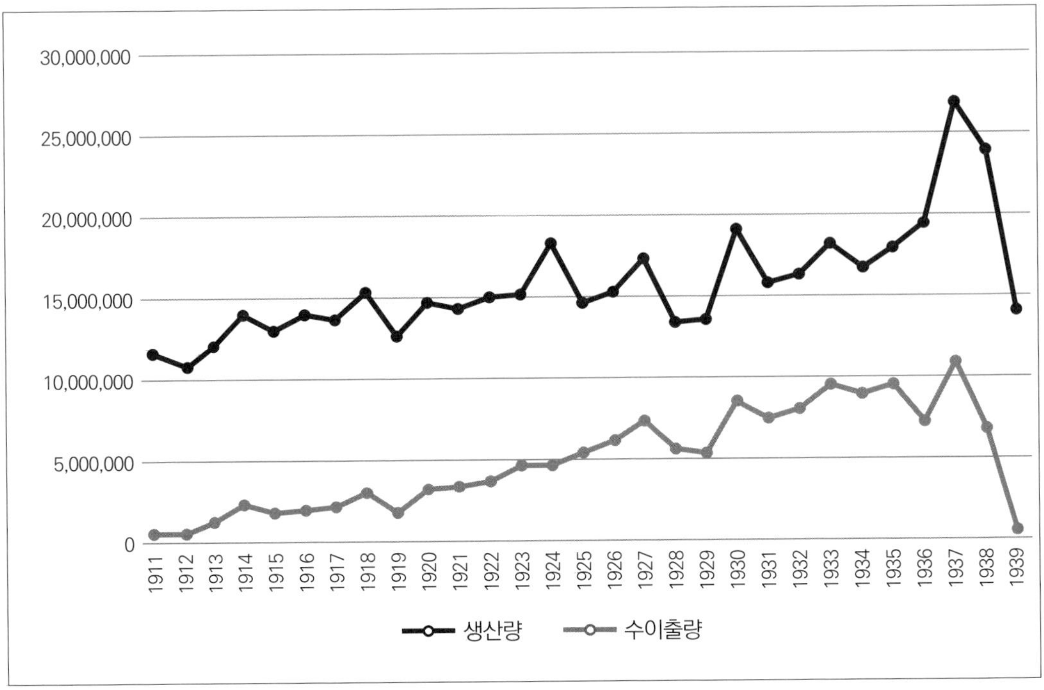

〈그림 2-1〉 1911~1939년간 미곡 생산량 및 수이출량 (단위 : 石)

출전 : 〈표 2-1〉과 같음.

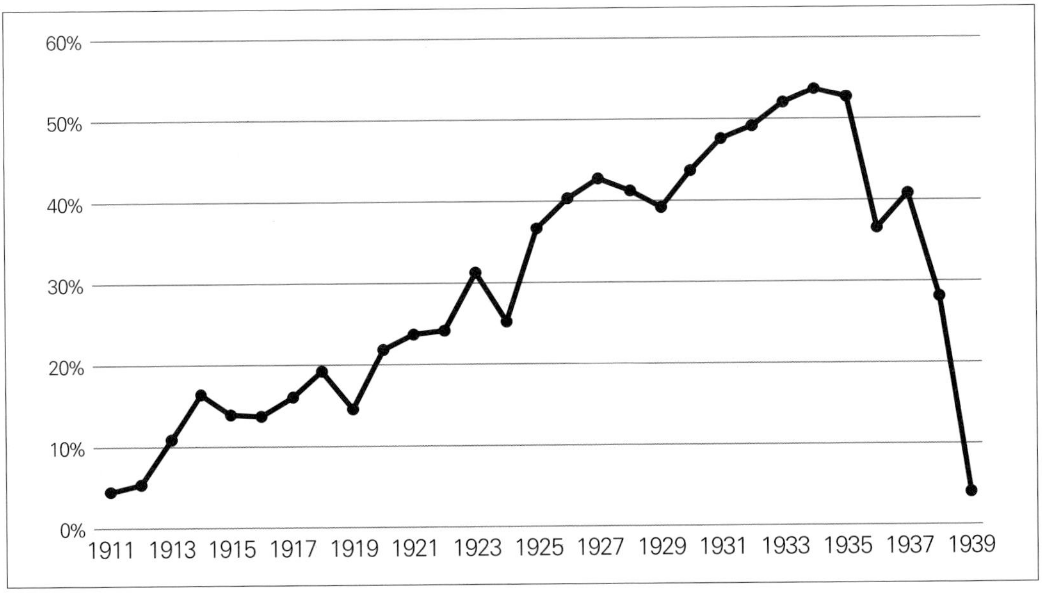

〈그림 2-2〉 미곡 생산량에서 수이출량이 차지하는 비중 (단위 : %)

출전 : 〈표 2-1〉과 같음.

〈표 2–2〉 1926~1939년간 월별 미곡 이출량 (단위 : 千石)

연도	11월	12월	1월	2월	3월	4월	5월	6월	7월	8월	9월	10월	합계
1926	846	976	658	637	656	527	464	285	279	266	253	341	6,187
1927	818	1,273	858	636	652	647	515	585	350	367	339	367	7,405
1928	692	1,003	583	441	668	589	469	368	208	155	69	363	5,609
1929	931	936	657	529	511	326	403	284	211	194	138	308	5,426
1930	617	991	908	999	1,132	916	651	622	614	345	234	382	8,409
1931	1,028	1,226	694	541	580	577	590	473	382	439	573	466	7,570
1932	819	1,344	816	379	622	670	767	681	544	527	396	407	7,972
1933	860	1,216	634	1,117	1,077	1,310	736	314	318	560	735	550	9,426
1934	1,135	1,360	910	1,072	1,021	693	641	539	528	268	154	535	8,856
1935	1,240	1,292	1,021	605	763	1,000	1,111	743	355	478	459	395	9,460
1936	903	1,065	814	558	671	703	685	505	419	203	186	449	7,162
1937	1,162	1,496	1,324	764	1,141	1,117	1,099	788	696	512	335	267	10,703
1938	711	1,019	731	610	625	650	763	341	196	189	151	65	6,052
1939	140	49	146	13	26	13	27	12	0	2	0	1	429

출전 : ① 1926~35 : 朝鮮總督府農林局, 1937, 『朝鮮米穀要覽』, 朝鮮總督府, 70–71쪽.

② 1936~39 : 朝鮮總督府農林局, 1941, 『朝鮮米穀要覽』, 朝鮮總督府, 54–55쪽.

* 비고

1. 연도 : 본년 11월~익년 10월(『朝鮮米穀要覽』의 전년 11월~본년 10월을 수정함).

2. 생산량 : 각 연도의 생산량을 계상. 1936년부터 통계 산정 방식이 바뀌었음.

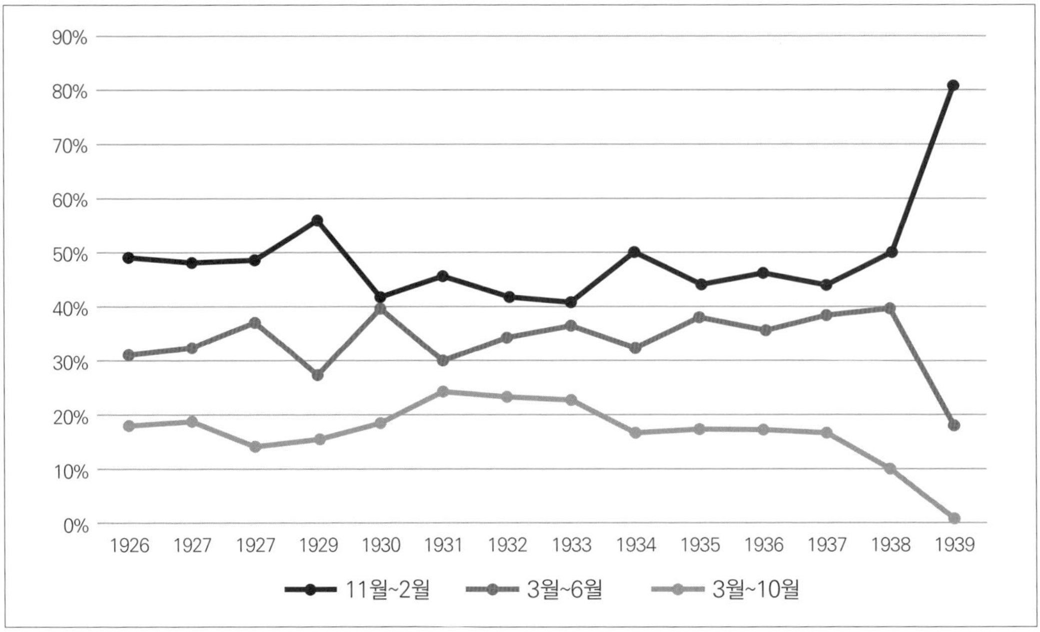

〈그림 2-3〉 1926~1939년간 월별 미곡 이출량 (단위 : %)

출전 : 〈표 2-2〉와 같음.

〈표 2-3〉 1930~1937년간 미곡창고 추이 (단위 : 坪)

연도	농업창고						상업창고				총계
	현미 창고	벼창고				합계	소유 창고	대여 창고	임시 대여 창고	합계	
		미곡 창고 계획	이출 통제 계획	벼 장기 저장 계획	소계						
1930	3,334	356			356	3,690					3,690
1931	6,063	406			406	6,469					6,469
1932	7,530	506			506	8,036	5,215	8,062	2,088	15,365	23,401
1933	9,289	533	2,579		3,112	12,401	9,715	8,272	3,596	21,583	33,984
1934	11,051	533	5,100	14,825	20,458	31,509	21,777	7,921	8,757	38,455	69,964
1935	11,049	533	5,100	15,025	20,658	31,707	52,314	7,609	8,178	68,101	99,808
1936	11,049	533	5,100	10,474	16,107	27,156	54,847	6,359	9,997	71,203	98,359
1937	11,049	533	5,100	11,602	17,235	28,284	58,688	5,659	6,028	70,375	98,659

출전 : 菱本長次, 1938, 『朝鮮米の研究』, 千倉書房, 360·371쪽.

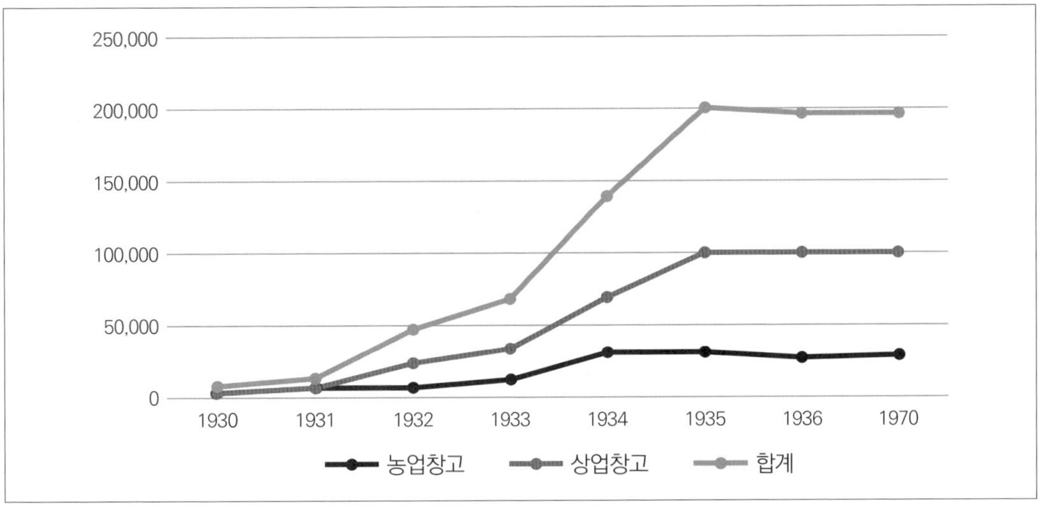

〈그림 2-4〉 1930~1937년간 미곡창고 추이 (단위 : 坪)

출전 : 〈표 2-3〉과 같음.

〈표 2-4〉 1938년 농업창고 기탁자 구성 (단위 : 石, 人)

구분		벼		현미		백미		합계	
		수량	비율	수량	비율	수량	비율	수량	비율
농업자	수량	513,603	25%	125,403	22%	642	3%	639,648	24%
	인원	4,815	51%	628	34%	20	14%	5,463	48%
	1인당 수량		106.7		199.7		32.1		117.1
지주	수량	938,878	45%	139,109	25%	2,768	14%	1,080,755	41%
	인원	3,366	36%	439	24%	24	17%	3,829	34%
	1인당 수량		278.9		316.9		115.3		282.3
미곡상	수량	626,075	30%	299,519	53%	16,560	83%	942,154	35%
	인원	1,211	13%	758	42%	100	69%	2,069	18%
	1인당 수량		517		395.1		165.6		455.4
합계	수량	2,078,556	100%	564,031	100%	19,970	100%	2,662,557	100%
	인원	9,392	100%	1,825	100%	144	100%	11,361	100%
	1인당 수량		221.3		309.1		138.7		234.4

출전 : 朝鮮總督府農林局, 1939, 『朝鮮米穀倉庫要覽』, 朝鮮總督府, 36-38쪽

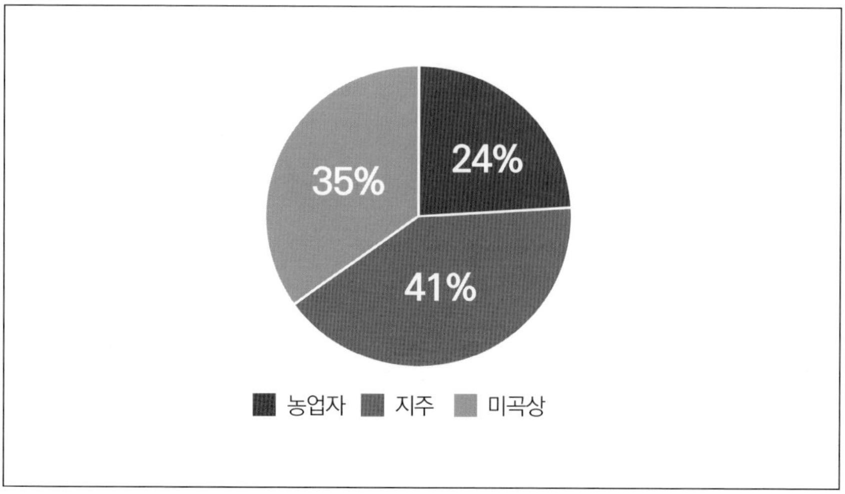

〈그림 2-5〉 농업창고 기탁자별 미곡 저장 수량

출전 : 〈표 2-4〉와 같음.

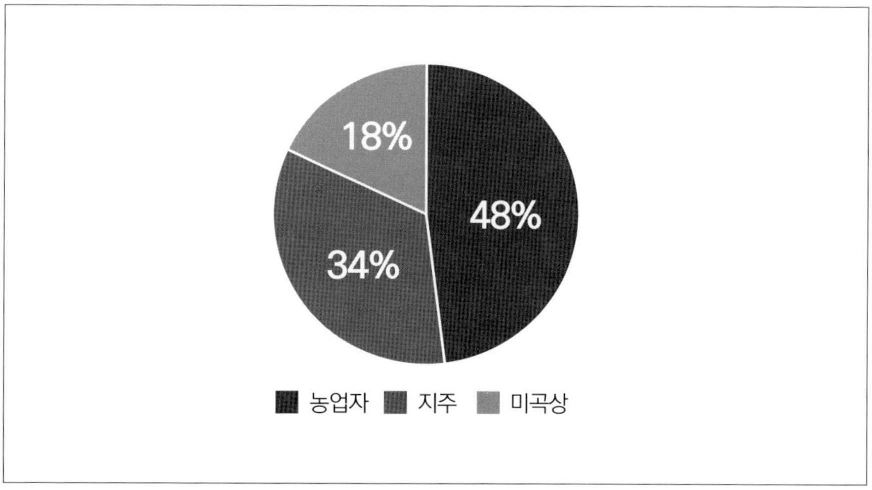

〈그림 2-6〉 농업창고 기탁자별 미곡 저장 인원

출전 : 〈표 2-4〉와 같음.

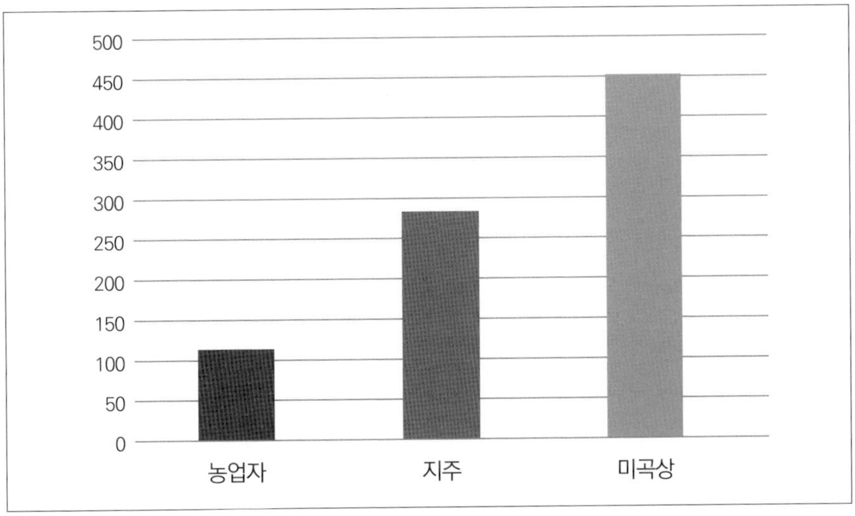

〈그림 2-7〉 농업창고 기탁자별 1인당 미곡 저장 수량 (단위 : 石)

출전 : 〈표 2-4〉와 같음.

〈표 2-5〉 1941~1945년간 미곡 생산량 및 공출량 (단위 : 千石)

연도	생산량 (A)	공출량(B)		수이출량(C)		군용미(D)	
		수량	B/A	수량	C/B	수량	D/B
1941	21,527	9,208	42.8%	4,232	46.0%	991	10.8%
1942	24,886	11,255	45.2%	6,273	55.7%	979	8.7%
1943	15,687	8,750	55.8%	1,303	14.9%	1,303	14.9%
1944	18,719	11,957	63.9%	4,121	34.5%	1,384	11.6%
1945	16,052	9,634	60.0%	1,756	18.2%	269	2.8%

출전 : 朝鮮商工會議所, 1949, 『朝鮮經濟統計要覽』, 36·38쪽.

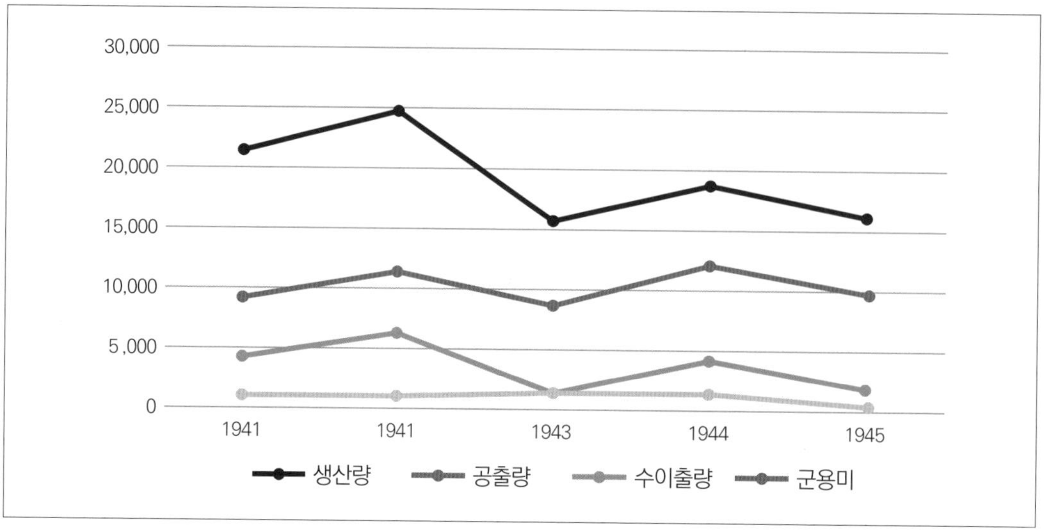

〈그림 2-8〉 1941~1945년간 미곡 생산량 및 공출량 (단위 : 千石)

출전 : 〈표 2-5〉와 같음.

III

식량 생산·기술 관련 조직과 기구

1. 조선총독부 농업 관련 기구 개관

1) 조선총독부 식민농정 관련 부서

1910년대 조선총독부 관제에서 식민농정 전반을 총괄하는 부서는 농상공부-농무과 체제였다. 농상공부는 대한제국 농상공부를 그대로 개편한 기구이다. 강제병합과 함께 마련된 '조선총독부 관제'(칙령 제354호, 1910.9.30)에서 농상공부-식산국-농무과 체제로 출범한 조선총독부 농업 관련 부서는 1912년 3월 '조선총독부관제 개정'(칙령 제22호, 1912.3.27)에서 농상공부-농림국-농무과 체제가 되었다가 1915년 4월 '조선총독부관제 개정'(칙령 제60호, 1915.4.30)으로 농상공부-농무과 체제로 개정되었다.

1919년 3·1운동을 계기로 일제는 조선 식민통치 방침을 전환하면서 1919년 8월 19일 대대적인 '조선총독부관제 개정'(칙령 제386호, 1919.8.19)이 이루어졌다. 5부(총무부, 내무부, 탁지부, 농상공부, 사법부) 체제가 6국(내무국, 재무국, 식산국, 법무국, 학무국, 경무국) 체제로 개정되면서 농상공부는 식산국이 되었다. 식산국하에서도 농업 관련 부서는 농무과로서 사무분장은 농업, 잠업, 축산업 관련 업무와 국유 미간지 관리를 관할했고, 소속 관서는 권업모범장과 수역혈청제조소였다. 기존 농무과 업무 중 수출우 검역소에 관한 사무는 경무국 위생과로, 농업교육 행정은 학무국 학무과로, 농업금융에 관한 사무는 재무국 이재과로 이전되었다.[139]

식산국은 '조선총독부사무분장규정 개정'(훈령 제390호, 1919.8.20)으로 기존 농상공부 조직을 그대로 따라 농무과·산림과·수산과·상공과·광공과의 5과로 출범했다. 식산국 중 농업 관련 부서를 살펴보면 1920년 산미증식계획 실시에 따라 1920년 11월 18일 토지개량과가 신설되었고, 1926년 산미증식갱신계획이 시행되면서 수리조합 사업 중심으로 토지개량사업을 확대하였는데 토지개량과만으로는 그 업무를 감당할 수 없어 1926년 6월 14일 수리과와 개간과가 신설되었다. 토지개량과는 토지개량사업의 감독, 토지개량 기본조사, 수리조합과 토지개량사업 추진 회사 등에 관한 사항을, 수리과는 수리조합 설치 인가와 수리조합에서 행한 토지개량사업의 조성에 관한 사항을, 개간과는 국유 미간지, 농업을 목적으로 하는 공유수면

139 이송순, 2018.5, 「1920년대 식민지 조선의 산미증식계획 실행과 농업기술관료」, 『사총』 94, 180-181쪽.

중 소택(沼澤)·간석(干潟)의 매립 등에 관한 사무를 관장했다.[140]

1927년 5월 25일 토지개량사업을 전담하는 임시기구로 국(局)과 동일한 위상과 권한을 가진 토지개량부가 신설되었다. 다음 날 '조선총독부사무분장규정 개정'(훈령 제16호, 1927.5.26)으로 식산국 산하 토지개량사업 관련 부서인 토지개량과·수리과·개간과의 3과를 토지개량부로 이관했다. 또한 토지개량사업 활성화 방안의 하나로 1926년 7월 대행기관인 조선토지개량주식회사와 동양척식주식회사 산하 토지개량부가 설치되었다. 그러나 1930년대 들어 세계대공황과 농업공황에 따른 쌀값 폭락과 일본의 조선쌀 이입 통제, 수리조합사업에 대한 조선인의 광범한 저항 등으로 산미증식계획은 더 이상 지속할 수 없는 상황이 되었다. 이에 따라 토지개량부를 비롯한 토지개량사업 추진기관도 정리 수순을 밟기 시작했다. 1932년 7월 26일 토지개량사업을 총괄했던 토지개량부가 폐지되고, 토지개량 관련 사무는 신설된 농림국의 토지개량과와 수리과로 이관되었다.[141]

1932년 7월 '조선총독부관제 개정'(칙령 제182호, 1932.7.26)으로 토지개량부와 산림부를 폐지하고 식산국에서 농업 관련 부서를 분리하여 농림국을 신설했다. 이후 농림국은 1943년 농상국으로 개편될 때까지 조선총독부 식민농정 전반을 총괄했다. 농림국 신설은 1930년대 조선농촌사회 위기에 따라 농촌 통제를 강화하고 식민농정을 체계적으로 추진하기 위한 것으로 각 기구에 분산되어 있던 식민농정 담당 부서와 업무를 일원화한 행정기구 개편이었다. 폐지된 토지개량부와 산림부의 부서는 물론 식산국 농무과가 농림국으로 이관되면서 농림국은 농무과·토지개량과·수리과·임정과·임업과의 5과로 출범하면서 농업·축산업·토지개량사업·임업 등 식민농정 전반을 총괄하게 되었다.[142] 이후 농림국은 농촌진흥운동과 일본정부의 '미곡통제법' 실시 등과 관련하여 부서 개편이 이루어졌다. 이어 1937년 중일전쟁 발발 이후 전시 식량동원체제에 발맞춰 부서를 개편했다.

일제는 1943년 11월 '결전행정(決戰行政)'을 내세워 '조선총독부관제 개정'(칙령 제890호, 1943.11.30)을 통해 대대적인 행정기구 개편을 단행했다. 핵심은 비용 절감을 위한 행정기구의 간소화와 일원화였다. 조선총독부 본부는 8국에서 6국으로 축소되었고(총무국·사정국 폐지), 농

140 민족문제연구소, 2017, 『일제식민통치기구사전』, 167쪽.
141 민족문제연구소, 2017, 앞의 책, 190-191쪽.
142 민족문제연구소, 2017, 앞의 책, 193쪽.

림국과 식산국은 농상국과 광공국으로 개편되었다. 농상국은 농림국과 식산국 업무 중 식량을 비롯한 생활물자와 관련된 농업·수산업·상업 등의 업무를 간소화·일원화하기 위해 설치된 기구였다. 농상국 조직은 '조선총독부사무분장규정 개정'(훈령 제88호, 1943.12.1)으로 농무과·양정과·농업자료과·경지과·수산과·상무과·농업토목기술원양성소의 7개 부서로 출발했다.[143] 이후 농상국은 일제 패망 때까지 3차례의 조직 개편이 이루어졌다.

2) 농업기술 기관 – 권업모범장·농사시험장

1905년 '을사조약'을 강제 체결한 일제는 통감부를 설치하고 통감부 주도의 권업모범장 설립을 주장하면서, 대한제국 정부의 농상공학교 부속 농사시험장을 1906년 5월 31일자로 폐지시켰다. 통감부는 1906년 6월 '권업모범장관제'[144]를 공포하고 6월 15일 경기도 수원에 권업모범장을 개설했다. 이에 대해 한국 정부는 권업모범장 양도를 강력하게 요구했고, 다시 이를 이양받아 1907년 3월 22일 한국 정부의 '권업모범장관제'가 공포되었다. 이것은 결국 강제 병합과 함께 1910년 9월 30일 '조선총독부권업모범장관제'(칙령 제370호)를 공포하여 조선총독부 소속 관서로 바뀌었다.[145]

권업모범장 조직은 본장(本長)과 지장(支長) 체제였는데, 「조선총독부권업모범장사무분장규정」(훈령 제19호, 1910.10.1)에서 본장은 수원, 지장은 대구·평양·용산·목포·뚝섬에 두었다. 이후 권업모범장은 여러 차례 조직을 재정비했다.

1910년대 권업모범장은 식민농정의 참모부 역할을 수행하며 농사개량, 축산, 잠업, 원예 등 다양한 사업을 전개했다. 그중에서 권업모범장의 가장 핵심적인 사업은 수원본장의 농사개량사업으로 일본 품종 쌀의 이식·보급을 통한 미작개량과 증산이었다. 일본 품종의 보급

---

143 민족문제연구소, 2017, 앞의 책, 216쪽.

144 '농사시험장'이 아닌 '권업모범장'이라는 명칭은 "권업모범장이라고 명명해서 內地類의 농업 방법을 이곳에서 실행해 보고 그것을 조선인에게 보여 개량에 노력하게 한다"(加藤茂苞, 1930.8, 「元勸業模範場の改名と農事指導に對する用意」, 『조선농회보』 4-8, 3쪽)는 것에서 알 수 있듯이 농사기술에 대한 시험과 실습이 아닌 이미 확보된 기술을 통해 '모범'을 보인다는 식민지배의 우월함을 배태한 용어라 할 수 있다.

145 이송순, 2016.3, 「도쿄제국대학 농대와 1910년대 조선총독부 농업고등기술관료 그룹의 형성」, 『한국인물사연구』 25, 235쪽.

과 이식은 시비와 수리개선과 병행되어야 효과가 컸다. 결국 토지개량이 뒷받침되지 않는 품종개량은 한계가 있었다. 이에 1920년대 산미증식계획에서는 토지개량사업이 중심이 되었다. 이에 1910년대 식민농정의 핵심인 농사개량사업의 중추적 역할을 담당했던 권업모범장의 위상은 약화되었다. 이에 따라 권업모범장을 실질적인 시험·연구기관으로 개편해야 한다는 주장이 제기되었다. 조선총독부 당국자도 권업모범장의 내실 강화를 통한 연구기관화 또는 새로운 시험기관의 설치를 강조했고 권업모범장 내부에서도 권업모범장을 농사시험장으로 전환시켜 줄 것을 요구했다. 이에 1929년 9월 '조선총독부농사시험장관제'(칙령 제279호, 1929.9.17)가 공포되면서 권업모범장은 농사시험장으로 전환되었다.[146]

권업모범장이 농사개량사업 중심의 지도·장려기관이었다면 농사시험장은 조사와 시험에 중점을 둔 연구기관의 성격을 띠고 있었다. 농사시험장은 '조선총독부농사시험장사무분장규정'(훈령 제7호, 1930.1.18)에서 수원본장에 서무과·종예부(種藝部)·화학부·병리곤충부·축산부·잠사부·여자잠업강습소의 부서를 두어 업무를 세분화했고, 각 지역의 지장과 출장소도 개편해 업무를 분장했다. 농사시험장은 1944년 5월 "농산의 과학기술진을 종합적·효과적으로 활용해 결전식량의 비약적 증산을 추진"한다는 명분으로 '조선총독부농업시험장관제'(칙령 제332호, 1944.5.9)를 공포하여 농업시험장으로 개편되었다.[147] 모든 농사시험 연구기구를 농업시험장으로 통합하여 조선총독부 산하로 일원화하였다. 중앙에는 본부를 두고 본부 내에 시험부, 총무부, 경영부를 설치하고 지방에는 8개 지장과 17개 분장을 설치했다('조선총독부농업시험장사무분장규정' 훈령 제47호, 1944.5.10). 특히 각 지역에 산재해 있는 시험 조사기구들이 지장과 분장으로 흡수되어 조직이 확대되었다.

3) 조선농회 및 농촌 산업단체

조선의 농촌 산업단체는 농업자(주로 지주)의 이익 대표기관인 조선농회를 중추기관으로 하는 계통농회 조직, 조선금융조합연합회를 중앙기관으로 하는 계통금융조합 조직[148] 및 식산

146 민족문제연구소, 2017, 앞의 책, 304-306쪽.
147 민족문제연구소, 2017, 앞의 책, 364-366쪽.
148 금융조합은 1907년 5월 '지방금융조합규칙'(칙령 제33호, 1907.5.30)을 통해 지방 금융조합이 설치되어 식민

계 조직, 산업조합 조직이 있었다. 본 자료집에서 농업 생산 및 유통 관련 농촌단체로서 농회와 산업조합에 대해 정리했다.

먼저 농회의 설립과 조직에 대해 살펴보자. 조선을 강제 개항시킨 후 한반도에 진출한 일본인들은 토지 투자와 농업 이민을 확대하면서 식민주의적 농사개량사업을 수행할 농업단체의 필요성을 인식하고 있었다. 러일전쟁 전부터 일본 영사관은 주재지를 중심으로 일본인 곡물상과 농업경영자들의 권익을 도모할 농업단체 조직을 지도했다. 1902년 목포 영사관 주선으로 목포흥농협회가 설립되었고, 1904년 군산농사조합, 1905년 강경토지조합, 부산농업조합이 설립되었다. 1906년 목포농회(8월), 대구농회(11월)가 설립되면서 '농회'라는 명칭의 일본인 농업단체가 나타났다.[149]

이러한 지역 단위의 일본인 농업단체 조직과 함께 통감부 설치로 일제의 한국 식민통치가 시작되면서 민간 차원에서 통감부의 농업정책에 부응하며 농사개량사업의 주도권을 장악하고자 1906년 11월 '한국중앙농회'가 설립되었다. 여기에는 한국에 거주하는 일본인 농상공부 관리·권업모범장 직원·농림학교 교원·곡물무역상·농업경영자 등이 참여했는데, 점차 조직의 확대를 꾀하여 지방 지회를 설치하고 한국인 지주도 포섭하기 시작했다.

1910년 8월 소위 '한일합방조약'이 체결되자 한국중앙농회는 '조선농회'로 명칭을 변경했다. 그러나 이는 명칭만 변경한 것이고 회원이나 임원, 조직을 개편한 것은 아니었다. 1919년 3·1운동 이후 농촌·농민 통제의 강화와 산미증식계획 지원을 위해 1920년대 초반부터 군·도(郡·島)농회와 그 상위조직인 도(道)농회를 설치하기 시작했다. 1920년대 전반기는 소작쟁의가 발생하고 사회주의 계열과 천도교 계열의 농민운동이 활성화되면서 관변 단체인 농회의 활동은 제대로 이루어질 수 없었다. 조선총독부는 1926년 산미증식갱신계획을 추진하면

농정의 실행 보조기관이 되었다. 강제병합 이후 1914년 5월 '지방 금융조합령'(제령 제22호, 1914.5.22) 제정으로 예금·대부 업무를 중심으로 하여 농촌 신용기관이 되었다. 1918년 6월 '지방금융조합령 개정'(제령 제13호, 1918.6.27)으로 촌락금융조합과 도시금융조합이 설립되었고, 도(道)를 구역으로 금융조합연합회가 조직되었다. 1933년 8월 '조선금융조합연합회령'(제령 제7호, 1933.8.17)에 의해 조선금융조합연합회(조금련)가 설립되어 금융조합의 일원적 계통체제가 마련되었다. 조금련은 단위 금융조합에 대한 업무 지도와 자금 통제 권한을 바탕으로 식민농정을 대행했다. 1930년대 금융조합은 독자적인 자금 조달과 운용을 통해 농촌진흥운동의 자금을 보급하는 역할을 하였고, 1937년 중일전쟁 이후에는 계통조직을 가진 독립된 금융기관으로 전시금융통제의 일원으로 활동하였다.

149 김용달, 2003, 『일제의 농업정책과 조선농회』, 혜안, 40-43쪽.

서 고양되는 농민운동에 대처하고 산미증식계획에 농민의 참여와 협조를 유도하기 위해 일사불란한 농민 통제체제 확립하고자 했다. 일본의 '농회법'(1922년 4월 제정)을 모법으로 1926년 1월 '조선농회령'(제령 제1호, 1926.1.25)과 '조선농회령시행규칙'(부령 제3호, 1916.1.25)을 제정 공포하고 그에 의거하여 기존의 농업단체를 통폐합하여 군·도(郡·島)농회(1926.6) → 도(道)농회(1926.10) → 조선농회(1927.3)로 조직된 조선농회 계통체제를 완성했다.

계통 조직으로서의 조선농회가 설립되기 전까지 '각종 산업단체의 남설 시대'라고 불릴 만큼 다종다양한 산업단체가 만들어졌다. 그러나 총독부는 단체의 남설로 인한 중복과 불합리함을 정리한다는 명분으로 행정관청의 강력한 지도하에 일원적으로 움직일 수 있는 관제단체로서 조선농회를 중심으로 기존 단체들을 정리하고 계통화했다. 농회는 농업의 개량 발달을 도모할 목적하에 ① 농업의 지도 장려에 관한 시설 ② 농업 종사자의 복리 증진에 관한 시설 ③ 농업에 관한 연구 및 조사 ④ 농업에 관한 분쟁 조정 및 중재 ⑤ 기타 농업개량 발달을 도모하는 데 필요한 사업을 시행하는 것이었다.

1933년 축산동업조합연합회를 계통농회로 흡수하여 농회의 기능은 더욱 확대되었다. 또한 농업공황 이래로 농촌경제가 어려워지자 농업 생산 부문의 지도 장려를 주 업무로 하던 계통농회는 농업자의 이익을 명분으로 1933년부터 판매구매사업 부문에 적극 진출하기 시작했다. 농회는 면작·양잠·축산 부문에서 이미 판매·알선을 행하고 있었지만 1933년 이후 보통 농사 부문의 판매·구매사업에도 급속히 진출한 것이다. 총독부-도(道)-군·도(郡·島)의 농업기술관료(기사·기수) 지도하에 곡물의 공동판매소를 시장에 설치하여 곡물을 팔기 위해 시장에 나온 농민은 모두 공동판매소에 기탁하게 하고 집하된 쌀이나 보리·밀 등을 정미업자나 제분업자에게 경쟁 입찰로 판매했다. 농회는 농민들에게 종래 판매미의 자가 조제를 장려하던 방침을 폐기하고 정미업자와 생산농민의 중간에서 벼의 공동판매를 담당했다. 이는 정미공장이나 미곡상의 이익을 우선할 뿐 농민의 이익이 되지 못했다. 이와 함께 1930년대 화학비료 공급이 본격화되면서 농회는 자체 가공공장을 조선 내 주요지에 설치하여 각종 비료를 가공하여 배급 판매하였다.[150]

한편 산업조합은 1926년 1월 '조선산업조합령'(제령 제2호, 1926.1.25)에 의해 설립되었다. 산

150 文定昌, 1942, 『朝鮮農村團體史』, 日本評論社, 139-142쪽.

업조합은 농회나 금융조합에 비해 상대적으로 관치적(官治的) 성격이 적었고 사업은 판매·구매·이용에 한정되었다. 신용사업이 배제된 이유는 금융조합이 이미 농촌금융을 전담하고 독자적으로 발달하고 있었기 때문이다. 산업조합의 활동을 시기별로 보면 제1기(1926~1932)는 특산물 조합시대, 제2기(1933~1936)는 농산품 조합시대, 제3기(1937년 이후)는 축소·수난시대로 나누어 볼 수 있다.

산업조합은 설립 초기부터 1932년까지는 특산품 취급을 주요 업무로 했으나 1933년 이후 일반 농업 생산물 공동판매 및 농업 생산자재 공동구입사업에 주력했다. 판매 면에서는 벼·콩·밀을, 구매사업에서는 비료·농기구·시멘트·식료품 및 일반 경제용품을 취급했다. 그러나 농회는 행정관청과 곡물검사소의 지원, 금융조합은 농촌에 대출된 3억 원의 자금력을 바탕으로 일반농산물 판매구매사업에서 압도적 우위를 보였다. 이에 반해 산업조합은 어떤 지원도 배경도 없어 그 역할이 축소하거나 사업에서 실패하여 거의 대부분의 조합이 해산될 수밖에 없었다. 1937년 중일전쟁 이후 통제경제가 확대 강화되면서 자유주의 경제의 소산인 협동조합으로서의 산업조합은 지탱하기 어려워졌다. 1939년 1월 부산 제1산업조합 해산을 시작으로 많은 산업조합이 해산되었다. 아시아·태평양전쟁 이후에는 강력한 통제경제가 시행되면서 대부분의 산업조합이 해산되었다. 1942년 6월 현재 총 117개 조합 중 80개가 해산되었다.[151]

전시 통제경제하에서 산업조합의 해산이 이루어지는 상황에서 조선 농촌 3단체(농회·금융조합·산업조합)의 통합 및 조정 문제가 제기되었다. 1939년 10월 조선총독부는 농촌단체 조정에 대한 구체안을 만들었다. 그 내용은 계통농회 조직은 본래 지도기관으로서의 역할을 하고, 운영하던 공동판매사업 중에서 기술적 지도가 필요한 견·면화·축산에 한해 공동판매·알선을 할 것, 금융조합은 금융사무를 본래의 주요 사무로 하고 각종 판매·구매·알선사업은 산하의 식산계가 수행하지만 조선금융조합연합회(조금련)는 이 사업 부문을 하지 않는 것으로 하였다. 이 안(案)에서는 농촌단체는 금융·사무·지도의 3분야를 명확히 하여 각각의 중앙기관을 설정하고 계통조직을 하부 기구로 배치하지만, 판매·구매·알선을 전담하는 '농촌공동

151 文定昌, 1942, 앞의 책, 앞의 책, 438-448쪽.

판매구매사업조합연합회(가칭)'를 신설하여 농촌 3단체의 마찰을 해소한다는 것이었다.[152]

이에 대해 조금련도 자체 '농업단체 개혁안'을 제시했다. 농회는 농사 지도기관으로 남고 조선농회 비료 배급소, 도농회 구매판매 부문, 가마니사업주식회사의 사업을 농회에서 분리시키고 산업조합과 금융조합은 해산하여 3자 통합의 새로운 단체를 만든다. 그 조직은 중앙에 '조선협동조합연합회(가칭)'로 하고 그 아래 각 도 지부 및 단위조합으로는 도시금조, 촌락금조-식산계 조직을 활용한다는 것이었다.[153] 그러나 전쟁 확대로 농업 생산 확충이 더욱 강조되면서 급격한 기구 조정은 적절치 않다 하여 농촌 3단체 조정 문제는 일단 연기되었고 농회와 금융조합의 경쟁으로 해방이 될 때까지 조정은 이루어지지 못했다.

152 전국경제조사기관연합회조선지부 편, 1940, 『朝鮮經濟年報』(昭和 15年 版), 改造社, 177쪽.
153 조선식산은행조사부, 1940.11, 『식은조사월보』 30호, 90쪽.

2. 각 기관별 연혁 및 활동 내용

1) 조선총독부 농상공부-식산국-농림국-농상국

(1) 농상공부

① 관제 및 사무분장

기구명	시기	주요 변경 사항	부서명		관장 사무
농상공부	1910.10.01	1910.09, 칙령 제354호 조선총독부관제 공포로 농상공부 신설	서무과		농상공부에 관한 문서의 접수 및 발송, 통계 및 보고 재료 수집, 부내 타과가 주관하지 않는 사무 등에 관한 사항
			식산국	농무과	농업 및 잠업, 축산 및 수렵, 국유 미간지, 관개, 권업모범장 및 농림학교 등에 관한 사항
				산림과	산림 및 산야에 관한 사항
				수산과	수산 및 수산조합에 관한 사항
			상공국	광무과	광업, 평양광업소에 관한 사항
				상공과	상공업, 도량형, 공업전습소 등에 관한 사항
농상공부	1912.03.27	칙령 제22호 조선총독부관제 개정으로 서무과, 상공국 폐지 후 농림국, 식산국 2국 체제로 변경	농림국	농무과	사무 변동 없음
				산림과	사무 변동 없음
			식산국	수산과	사무 변동 없음
				광무과	사무 변동 없음
				상공과	사무 변동 없음
	1914.06.03	부령 제89호에 의해 상주, 의주, 신흥에 광무과 출장소 설치			
농상공부	1915.04.30	훈령 제26호 조선총독부사무분장규정 개정으로 농림국 식산국을 폐지하고 5과 체제로 개편	농무과		농업 및 잠업, 축산 및 수렵, 국유 미간지, 권업모범장 및 농림학교 등에 관한 사항
			산림과		산림 및 산야, 영림창 등에 관한 사항
			수산과		수산, 수산조합 및 어업조합, 수산시장 등에 관한 사항
			상공과		상공업, 회사, 박람회 공진회 상품 진열관, 도량형, 중앙시험소 등에 관한 사항
			광무과		광업, 평양광업소 등에 관한 사항

	1918.05.22	칙령 제162호 조선총독부관제 개정으로 농상공부 내에 지질조사소 설치	지질조사소	지질조사 업무 담당
	1919.06.09	부령 제106호로 농상공부 산림과 출장소 설치	산림과 출장소	양주(경기), 안면도(충남), 완도(전남), 봉화(경북), 울진 · 삼척 · 강릉 · 양양 · 통천(강원), 부거(함북) 출장소 설치
1919.08.19 칙령 제386호 조선총독부관제 개정으로 농상공부에서 식산국으로 명칭 변경				

출전: 민족문제연구소, 2017, 『일제식민통치기구사전: 통감부 · 조선총독부 편』, 153–156쪽.

② 역대 장관

이름	소속	관직	역임 기간	비고
기우치 쥬시로(木內重四郎)	조선총독부 농상공부	장관	1910	1905년 한국통감부 상공국장 임명
기쿠치 다케카즈(菊池武一)	조선총독부 농상공부	장관 사무 취급	1911	1910년 조선총독부 농상공부 식산국장 임명
이시즈카 에이조(石塚英藏)	조선총독부 농상공부	장관	1912~1916	1907년 한국통감부 참사관 임명. 1915년 직원록에서 장관 누락됨. 정황상 이시즈카 에이조가 장관을 역임하고 있었을 것으로 판단됨.
오하라 신조(小原新三)	조선총독부 농상공부	장관	1917~1919	1910년 조선총독부 지방국장 임명

(2) 식산국

① 관제 및 사무분장

기구명	시기	주요 변경 사항	부서명	관장 사무
식산국	1919.08.19	칙령 제386호 조선총독부관제 개정으로 농상공부에서 식산국으로 명칭 변경	농무과	농업 및 잠업, 축산 및 수렵, 권업모범장 및 수역혈청제조소(獸疫血清製造所) 등에 관한 사항
			산림과	산림 및 산야, 영림창(營林廠) 등에 관한 사항
			수산과	수산, 수산조합 및 어업조합, 수산시장 등에 관한 사항
			상공과	상공업, 회사 · 상업회의소 · 중요물산동업조합, 박람회 · 공진회 · 상품진열관, 도량형, 중앙시험소 등에 관한 사항

			광무과	광업 및 광업령에 의한 토지의 사용·수용, 지질조사소, 평양광업소 등에 관한 사항
	1920.11.18	훈령 제57호 조선총독부사무분장규정 개정으로 토지개량과 설치	토지개량과	농업수리, 개간 및 토지개량·국유 미간지 등에 관한 사항
	1922.10.13	훈령 제50호 조선총독부사무분장규정 개정으로 연료선광연구소 설치	연료선광연구소	탄전 조사, 석탄의 이용 방법 조사 연구, 기타 연료의 조사 연구, 선광 제련 시험 등에 관한 사항
식산국	1926.06.12	칙령 제162호 조선총독부관제 개정으로 식산국 산림과가 산림부로 독립	농무과	사무 변동 없음
			수산과	사무 변동 없음
			상공과	사무 변동 없음
			광무과	사무 변동 없음
			토지개량과	토지개량사업의 감독, 토지개량 기본 조사, 수리조합과 토지개량사업을 추진하는 회사 등에 관한 사항
			연료선광연구소	사무 변동 없음
	1926.06.14	훈령 제22호 조선총독부사무분장규정 개정으로 식산국 수리과, 개간과 추가	수리과	수리조합 설치 인가와 수리조합에서 행한 토지개량사업의 조성 등에 관한 사항
			개간과	국유 미간지, 농업을 목적으로 하는 공유수면 중 소택(沼澤) 및 간석의 매립 등에 관한 사항
식산국	1927.05.25	칙령 제127호 「토지개량부 설치 및 임시직원 증치의 건」으로 식산국 토지개량과, 수리과, 개간과는 토지개량부로 이관		
식산국	1930.04.01	훈령 제18호 조선총독부사무분장규정 개정으로 상공장려관 설치	농무과	사무 변동 없음
			수산과	사무 변동 없음
			상공과	상공업, 회사·상업회의소·중요물산동업조합, 박람회·공진회, 도량형, 중앙시험소 등에 관한 사항
			광무과	사무 변동 없음
			연료선광연구소	사무 변동 없음
			상공장려관	조선총독부 상공장려관규칙에 의해 상품의 개량 및 판로의 확장에 관한 사항
식산국	1932.07.27	훈령 제46호 조선총독부사무분장규정 개정으로 식산국 농무과가 농림국으로 이관		
식산국	1933.06.30	훈령 제24호 조선총독부사무분장규정 개정으로 식산국 광무과가 광산과로 명칭 변경		

식산국	1938.04.01	훈령 제10호 조선총독부사무분장규정 개정으로 도량형소 설치	상공과	상공업, 상공회의소, 중요물산동업조합, 산업조합·취인소, 박람회·공진회, 중앙시험소 등에 관한 사항
			광산과	광업 및 광업령에 의한 토지의 사용·수용, 지질조사소 등에 관한 사항
			수산과	사무 변동 없음
			연료선광 연구소	사무 변동 없음
			상공 장려관	사무 변동 없음
			도량형소	도량형기 및 계량기의 제작 판매 수이입, 도량형기 및 계량기의 검정 및 단속에 관한 사항
	1938.05.20	훈령 제27호 조선총독부사무분장규정 개정으로 산금과 설치	산금과	산금에 관한 사항
	1938.05.27	훈령 제444호 조선총독부사무분장규정 개정으로 착암공양성소 설치	착암공 양성소	착암공 양성에 관한 사항
			상공과	상공업, 상공회의소, 중요물산동업조합, 산업조합·취인소, 박람회·공진회, 중앙시험소·도량형소 등에 관한 사항
			연료과	연료정책과 연료 자원의 개발 촉진 및 연료의 이용에 관한 사항
			광산과	사무 변동 없음
			수산과	사무 변동 없음
			연료선광 연구소	사무 변동 없음
			상공 장려관	사무 변동 없음
			임시물자 조정과	시국에 긴요한 물자의 수급 조정에 관한 사항
			산금과	산금, 일본산금진흥주식회사에 관한 사항
			착암공 양성소	사무 변동 없음
식산국	1939.11.29	훈령 제65호 조선총독부사무분장규정 개정으로 임시물자조정과가 폐지		
식산국	1940.02.03	훈령 제5호 조선총독부사무분장규정 개정으로 물가조정과 설치		

식산국	1941.11.19	훈령 제103호 조선총독부사무분장규정 개정으로 물가조정과 폐지. 광산과를 광정과, 특수광물과로 분리. 체신국 전기 제1과, 제2과가 식산국으로 이관	상공과	사무 변동 없음
			광정과	광업행정상의 제반 조사, 조선광업령의 시행, 조선광업경찰규칙의 시행, 보류광구, 제철사업법 시행, 철광 및 철동 등에 관한 사항
			특수 광물과	비금속광물, 비철금속광물, 조선광업진흥주식회사와 조선마그네슘개발주식회사 등에 관한 사항
			산금과	사무 변동 없음
			연료과	사무 변동 없음
			전기 제1과	전기사업의 감독(전기 제2과에서 관장하는 것 제외), 발전수력에 관한 사항
			전기 제2과	전기사업의 감독, 산금 송전 시설의 건설 및 보수에 관한 사항
			수산과	수산, 수산조합 및 어업조합, 수산시장, 수산시험장 등에 관한 사항
			연료선광 연구소	사무 변동 없음
			상공 장려관	사무 변동 없음
			착암공 양성소	사무 변동 없음
식산국	1942.06.01	훈령 제34호 조선총독부사무분장규정 개정으로 상공과를 상공 제1과, 제2과로 분리	상공 제1과	공업 입지의 조사 연구, 중요산업단체령, 공업조사 및 중요물자 재고 조사, 상업조합 공업조합의 지도 감독, 중소상공업 대책, 기업 허가, 경금속 제조사업, 금속공업 기계공업 화학공업 섬유공업, 상공회의소 및 중요물산동업조합, 공업협회·발명협회·조선물산협회, 중앙시험소·도량형소 등에 관한 사항
			상공 제2과	상업 조사, 보험, 거래소, 시장, 유가증권업의 단속, 무역, 박람회·공진회 등에 관한 사항
			상공과	상업 일반, 부역, 공업 일반, 섬유공업·화학공업·잡공업, 경금속 제조사업, 섬유·피혁·생고무·공업약품·화학성품류·경금속 및 잡품, 중앙시험소 및 도량형소 등에 관한 사항
			물가과	종합적 물가정책 수립 및 실사, 가격 등의 조정, 주택 건물 등의 가격 통제, 사치품 등의 제조 판매 제한, 폭리 행위 등 단속 규칙의 시행 등에 관한 사항

식산국	1942.11.01	훈령 제54호 조선총독부사무분장규정 개정으로 상공제1과, 제2과가 상공과로 재통합. 광정과, 특수광물과는 광산과와 철강과로 개편. 수산과는 농림국으로 이관. 물가과 신설	광산과	광업행정상의 제반 조사, 조선광업령의 시행, 조선광업경찰규칙의 시행, 보류광구, 타과 주관에 속하지 않는 광물 금속, 조선광업진흥주식회사와 조선마그네슘개발주식회사, 지질조사소에 관한 사항
			철강과	철강, 제철사업 및 기계공업, 철강(특수강 포함) 및 기계 등에 관한 사항
			산금과	사무 변동 없음
			연료과	사무 변동 없음
			전기제1과	사무 변동 없음
			전기제2과	사무 변동 없음
			연료선광연구소	사무 변동 없음
			상공장려관	사무 변동 없음
			착암공양성소	착암공(鑿岩工) 양성에 관한 사항
식산국	1943.05.01	훈령 제31호 조선총독부사무분장규정 개정으로 산금과가 광업정비과로 개편	상공과	사무 변동 없음
			물가과	사무 변동 없음
			광산과	사무 변동 없음
			철강과	사무 변동 없음
			광업정비과	광업 및 제련업의 정비, 제국광업개발주식회사 등에 관한 사항
			연료과	사무 변동 없음
			전기제1과	사무 변동 없음
			전기제2과	사무 변동 없음
			연료선광연구소	사무 변동 없음
			상공장려관	사무 변동 없음
			착암공양성소	사무 변동 없음
1943.11.30 칙령 제890호 조선총독부관제 개정으로 식산국이 폐지되고 일부 업무는 농상국 상공과로 이관				

출전: 민족문제연구소, 2017, 『일제식민통치기구사전: 통감부 · 조선총독부 편』, 166–172쪽.

② 역대 국장

이름	소속	관직	역임 기간	비고
니시무라 야스키치 (西村保吉)	조선총독부 식산국	국장	1920~1924	1919년 조선총독부 식산국장 및 토목국장 겸직
이케다 히데오 (池田秀雄)	조선총독부 식산국	국장	1925~1927	
이마무라 다케시 (今村武志)	조선총독부 식산국	국장	1928~1929	1908년 한국통감부 경제사항조사사무촉탁 임명
마쓰무라 마쓰모리 (松村松盛)	조선총독부 식산국	국장	1930~1931	1919년 전라북도 제3부장 임명
와타나베 시노부 (渡邊忍)	조선총독부 식산국	국장	1932	1919년 충청북도 제1부장 임명
호즈미 신로쿠로 (穗積眞六郎)	조선총독부 식산국	국장	1933~1941	1914년 조선총독부 시보 임명, 탁지부 근무
고타키 모토이 (上瀧基)	조선총독부 식산국	국장	1942~1943	1918년 조선총독부 시보 임명, 1919년 함경남도 사무관 임명

(3) 토지개량부

① 관제 및 사무분장

<table>
<tr><th>기구명</th><th>시기</th><th>주요 변경 사항</th><th>부서명</th><th>관장 사무</th></tr>
<tr><td rowspan="3">토지개량부</td><td rowspan="3">1927.05.25</td><td rowspan="3">칙령 제127호 「토지개량부설치및임시직원증치의건」으로 식산국 내 토지개량과, 수리과, 개간과가 토지개량부로 이관</td><td>토지개량과</td><td>토지개량사업의 감독, 토지개량 기본조사, 수리조합 및 토지개량사업을 행하는 회사, 부내 타과에 속하지 않는 사무 등에 관한 사항</td></tr>
<tr><td>수리과</td><td>수리조합 설치 인가와 수리조합에서 행한 토지개량사업의 조성 등에 관한 사항</td></tr>
<tr><td>개간과</td><td>국유 미간지, 농업을 목적으로 하는 공유수면 중 소택 및 간석의 매립, 수리조합 이외의 토지개량사업 조성 등에 관한 사항</td></tr>
<tr><td colspan="5">1932.07.26 칙령 제182호 조선총독부관제 개정, 칙령 제184호 「토지개량부 설치 및 임시직원 증치의 건 폐지의 건」으로 토지개량부 폐지되고 토지개량과와 수리과는 농림국으로 이관</td></tr>
</table>

출전: 민족문제연구소, 2017, 『일제식민통치기구사전: 통감부·조선총독부 편』, 189-191쪽.

② 역대 부장

이름	소속	관직	역임 기간	비고
마쓰무라 마쓰모리 (松村松盛)	조선총독부 토지개량부	부장	1928~1929	1930년 조선총독부 식산국장 임명
나카무라 토라노스케 (中村寅之助)	조선총독부 토지개량부	부장	1930~1932	1922년 조선총독부 비서관 겸 참사관 임명

(4) 농림국

① 관제 및 사무분장

기구명	시기	주요 변경 사항	부서명	관장 사무
농림국	1932.07.27	훈령 제46호 조선총독부사무분장규정 개정으로 농림국 신설	농무과	농업 및 잠업, 축산 및 수렵, 농업자의 이주, 농사시험장 및 수역혈청제조소, 타과에 속하지 않는 사무 등에 관한 사항
			토지개량과	토지개량사업의 감사, 수리조합 및 토지개량사업을 행하는 회사, 국유 미간지, 농업을 목적으로 하는 공유수면 중 소택 및 간석의 매립, 수리조합에서 행하는 토지개량사업 이외의 토지개량사업 조성 등에 관한 사항
			수리과	수리조합의 설치 및 수리조합의 사업계획 변경 인가, 수리조합으로 행하는 토지개량사업의 조성 등에 관한 사항
			임정과	임정상 제반 조사, 삼림령의 시행, 영림서 및 임업시험장, 국유 임야의 관리 및 보호 처분, 국유 임야의 존폐 구분·경계 사정·측량, 사방(砂防), 화전 정리, 임업의 조성 등에 관한 사항
			임업과	국유 임야의 시업계획, 국유 임야의 조림사업, 삼림산물의 처분, 작벌(斫伐), 운재(運伐), 유벌(流筏), 저목(貯木) 및 제재(製材), 재목(材木) 및 그 제품의 처분, 표류재목(漂流材木) 등에 관한 사항
농림국	1933.08.04	훈령 제30호 조선총독부사무분장규정 개정으로 농무과가 농정과, 농산과로 분리	농정과	농정의 제반 조사, 농회·기타 농업단체, 소작, 자작농 창설 유지, 농가의 부업, 잠사업(蠶絲業), 축산 및 수렵, 농업자의 이주, 농촌진흥, 종마목장 및 수역혈청제조소 등에 관한 사항

			농산과	농산물의 개량 증식, 비료, 미곡통제 및 그 자료 조사, 농업창고 및 미곡창고, 수이출입 식물 및 종묘의 단속, 농사시험장 및 곡물검사소 등에 관한 사항
			토지 개량과	사무 변동 없음
			수리과	사무 변동 없음
			임정과	사무 변동 없음
			임업과	사무 변동 없음
농림국	1936.10.16	훈령 제31호 조선총독부사무분장규정 개정으로 농촌진흥과, 미곡과가 신설되고 농정과, 농산과가 농무과로 재통합	농무과	쌀 이외의 농산물의 개량 증식, 비료·목화·기타 특용작물, 수이출입 식물 및 종묘의 단속, 잠사업, 축산 및 수렵, 농사시험장·종마목장·종양장 및 수역혈청제조소·농회·기타 농업상의 단체 등에 관한 사항
			농촌 진흥과	농촌진흥에 관한 제반 조사 및 연구 기획, 농가갱생계획, 농촌진흥위원회, 소작, 자작농창설 유지, 농가의 부업, 농업자의 이주 등에 관한 사항
			미곡과	미곡정책상 제반 조사, 산미의 개량 증식, 미곡통제, 미곡통제 자료 조사, 미곡의 수급 거래 및 가격 조사, 미곡의 수출입 허가와 조, 수수, 기장, 밀 및 밀가루의 수입 제한, 곡물검사소, 농업창고 등에 관한 사항
			토지 개량과	사무 변동 없음
			수리과	사무 변동 없음
			임정과	사무 변동 없음
			임업과	사무 변동 없음
농림국	1938.08.08	훈령 제48호 조선총독부사무분장규정 개정으로 축산과 신설, 수리과가 폐지되고 일부 업무는 토지개량과로 이관	농무과	쌀 이외의 농산물의 개량 증식, 비료, 목화, 기타 특용작물, 수이출입 식물 및 종묘의 단속, 잠사업, 축산 및 수렵, 농사시험장, 농회, 기타 농업상의 단체 등에 관한 사항
			축산과	가축의 개량증식, 마정(馬政), 축산물, 수렵, 수역혈청제조소, 종마목장 및 종양장 등에 관한 사항
			농촌 진흥과	사무 변동 없음
			미곡과	사무 변동 없음
			토지 개량과	토지개량사업의 조사, 수리조합, 수리조합 이외의 토지개량사업, 국유 미간지, 농업을 목적으로 하는 공유수면 중 소택 및 간석의 매립, 토지개량사업의 조성 등에 관한 사항
			임정과	사무 변동 없음
			임업과	사무 변동 없음

농림국	1940.02.03	훈령 제5호 조선총독부사무분장규정 개정으로 미곡과가 폐지되고 양정과(糧政課), 식량조사과 설치	농무과	사무 변동 없음
			축산과	사무 변동 없음
			농촌 진흥과	사무 변동 없음
			양정과	미곡정책, 미곡 및 잡곡의 통제, 미곡 및 잡곡의 수급 거래 및 가격, 미곡의 수출입 허가와 조, 수수, 기장, 밀 및 밀가루의 수입제한, 산미의 개량 증식, 곡물검사소, 농업창고 등에 관한 사항
			식량 조사과	미곡 및 잡곡의 생산비 조사, 생산고 조사, 재고 조사, 이동 조사 등에 관한 사항
			토지 개량과	사무 변동 없음
			임정과	사무 변동 없음
			임업과	사무 변동 없음
농림국	1940.10.16	훈령 제56호 조선총독부사무분장규정 개정으로 농무과 폐지하고 농정과, 농산과 설치. 농촌진흥과 폐지	농정과	농업 생산 계획의 종합, 농촌 지도, 농회, 산업조합,식산계, 기타 농업상의 단체, 비료, 농구, 기타 농업용 자료, 소작, 자작농창설·유지, 기타 농지의 조정, 농업 노동력의 조정 및 농업자의 이주 등에 관한 사항
			농산과	미곡 및 잡곡의 생산, 미곡 및 잡곡 이외의 농산물, 수이출입 식물 및 종묘의 단속, 잠사업, 농가의 부업, 농사시험장 등에 관한 사항
			축산과	사무 변동 없음
			양정과	사무 변동 없음
			식량조사과	사무 변동 없음
			토지개량과	사무 변동 없음
			임정과	사무 변동 없음
			임업과	사무 변동 없음
	1941.06.04	훈령 제66호 조선총독부사무분장규정 개정으로 농업토목기술원 양성소 설치	농업토목 기술원 양성소	농업토목기술원 양성에 관한 사항
	1942.04.01	훈령 제14호 조선총독부사무분장규정 개정으로 임업기술원양성소 설치	임업기술원 양성소	임업기술원 양성에 관한 사항
			농정과	사무 변동 없음

<table>
<tr><td rowspan="10">농림국</td><td rowspan="10">1942.11.01</td><td rowspan="10">훈령 제54호 조선총독부사무분장규정 개정으로 식량조사과 폐지. 수산과 신설</td><td>농산과</td><td>사무 변동 없음</td></tr>
<tr><td>축산과</td><td>사무 변동 없음</td></tr>
<tr><td>양정과</td><td>미곡정책, 미곡 및 잡곡의 통제, 미곡 및 잡곡과 기타 주요 식량의 수급 취인 가격, 미맥(米麥)의 수이출입 허가 및 미맥 이외의 주요 식량의 수이출입 금지와 제한, 산미의 개량증식, 곡물검사소, 곡류를 원료로 하는 공업, 미곡 및 잡곡의 생산비 조사 등에 관한 사항</td></tr>
<tr><td>토지개량과</td><td>사무 변동 없음</td></tr>
<tr><td>임정과</td><td>사무 변동 없음</td></tr>
<tr><td>임업과</td><td>사무 변동 없음</td></tr>
<tr><td>수산과</td><td>수산, 수산조합 및 어업조합, 수산시장, 수산시험장 및 수산제품검사소 등에 관한 사항</td></tr>
<tr><td>농업토목기술원양성소</td><td>사무 변동 없음</td></tr>
<tr><td>임업기술원양성소</td><td>사무 변동 없음</td></tr>
<tr><td rowspan="11">농림국</td><td rowspan="11">1943.09.30</td><td rowspan="11">훈령 제71호 조선총독부사무분장규정 개정으로 검사과 신설</td><td>농정과</td><td>사무 변동 없음</td></tr>
<tr><td>농산과</td><td>사무 변동 없음</td></tr>
<tr><td>축산과</td><td>사무 변동 없음</td></tr>
<tr><td>양정과</td><td>식량정책, 주요 식량의 수급 및 가격의 조정, 주요 식량의 배급 및 수이출입의 통제, 정부가 하는 주요 식량의 매입, 매도, 기타 주요 식량의 관리, 조선식량관리특별회계의 경리, 주요 식량의 가공, 제조 및 보관 등에 관한 사항</td></tr>
<tr><td>검사과</td><td>주요 식량 및 가마니의 검사 연구, 주요 식량에 관한 조사·연구 등에 관한 사항</td></tr>
<tr><td>토지 개량과</td><td>사무 변동 없음</td></tr>
<tr><td>임정과</td><td>사무 변동 없음</td></tr>
<tr><td>임업과</td><td>사무 변동 없음</td></tr>
<tr><td>수산과</td><td>사무 변동 없음</td></tr>
<tr><td>농업토목기술원양성소</td><td>사무 변동 없음</td></tr>
<tr><td>임업기술원양성소</td><td>사무 변동 없음</td></tr>
<tr><td colspan="5">1943.11.30 칙령 제890호 조선총독부관제 개정으로 농림국이 농상국으로 개편</td></tr>
</table>

출전: 민족문제연구소, 2017, 『일제식민통치기구사전: 통감부·조선총독부 편』, 192-196쪽.

② 역대 국장

이름	소속	관직	역임 기간	비고
와타나베 시노부(渡邊忍)	조선총독부 농림국	국장	1933~1934	1932년 식산국장에서 농림국장으로 전임
야지마 스기조(矢島杉造)	조선총독부 농림국	국장	1935~1936	1915년 조선총독부 시보 임명, 탁지부 근무
유무라 다쓰지로(湯村辰二郎)	조선총독부 농림국	국장	1937~1942	1918년 조선총독부 시보 임명, 1919년 충청북도 내무부장 임명
야마가타 이사부로(山澤和三郎)	조선총독부 농림국	국장	1942~1943	1918년 조선총독부 시보 임명, 1919년 경기도 사무관 임명

(5) 농상국

① 관제 및 사무분장

기구명	시기	주요 변경 사항	부서명	관장 사무
농상국	1943.12.01	훈령 제88호 조선총독부사무분장규정 개정	농무과	농정 일반, 농업 제 단체, 농작물의 생산, 비료, 농구, 기타 농업용 자료, 잠업, 축산, 가축 위생 및 마정, 개척민, 수이출입 식물 단속, 농사시험장, 가축위생연구소, 종마목장, 종양장, 종모양육성소, 생사검사소 및 이출우검역소 등에 관한 사항
농상국	1943.12.01	훈령 제88호 조선총독부사무분장규정 개정	양정과	주요 식량의 수급 및 가격의 조정, 주요 식량의 배급 및 수이출입의 통제, 정부가 하는 주요 식량의 매입, 매도, 기타 주요 식량의 관리, 조선식량관리특별회계의 경리, 주요 식량의 가공, 제조 및 보관, 농업창고 및 미곡창고 등에 관한 사항
농상국	1943.12.01	훈령 제88호 조선총독부사무분장규정 개정	농업자료과	농업 자료 조사, 주요 식량 및 가마니의 검사 등에 관한 사항
농상국	1943.12.01	훈령 제88호 조선총독부사무분장규정 개정	경지과	경지의 조성 및 개량, 수리조합, 국유 미간지, 농업을 목적으로 하는 공유수면 중 소택 및 간석의 매립 등에 관한 사항
농상국	1943.12.01	훈령 제88호 조선총독부사무분장규정 개정	수산과	수산, 수산조합 및 어업조합, 수산시장, 수산시험장 및 수산제품검사소 등에 관한 사항
농상국	1943.12.01	훈령 제88호 조선총독부사무분장규정 개정	상무과	상업, 교역, 섬유, 식량품, 기타 다른 주관에 속하지 않는 공업품, 상공회의소 및 상공업조합, 기업허가 및 기업정비의 종합, 가격통제, 도량형소 등에 관한 사항

			농업토목 기술원 양성소	농업토목기술원 양성에 관한 사항
농상국	1944.11.22	훈령 제96호 조선총독부사무분장규정 개정으로 농무과가 농상과, 농산과로 분리. 상무과가 생활물자과로 개편	농상과	농정 일반, 농업 제 단체, 개척민, 교역, 상공단체, 기업 허가 및 기업 정비의 통괄, 가격 통제의 통괄 조정, 도량형소 등에 관한 사항
			농산과	농작물의 생산 및 출하, 축산·가축 위생 및 마정, 잠사, 비료·농구 및 기타 농업용 자재, 수이출입 식물의 단속, 농업시험장·가축위생연구소·종마목장·생사검사소 및 이출우검역소 등에 관한 사항
			양정과	사무 변동 없음
			농업 자료과	사무 변동 없음
			경지과	사무 변동 없음
			수산과	사무 변동 없음
			생활 물자과	섬유, 식품 및 생활용 공업제품, 타과의 주관에 속하지 않는 공업품, 생활물자의 말단 배급 등에 관한 사항
			농업토목 기술원 양성소	사무 변동 없음
	1945.03.31	훈령 제13호 조선총독부사무분장규정 개정으로 농산국 내에 중앙농업수련도장 설치	중앙농업수련도장	농촌지도자 및 농촌 중견청년 수련에 관한 사항
농상국	1945.04.17	훈령 제18호 조선총독부사무분장규정 개정으로 농업자료과, 경지과 폐지. 해당 과의 업무는 양정과와 농산과로 이관	농상과	사무 변동 없음
			농산과	농작물의 생산 및 출하, 축산·가축 위생 및 마정, 잠사, 비료·농구 및 기타 농업용 자재, 수이출입 식물의 단속, 농업시험장·가축위생연구소·종마목장·생사검사소 및 이출우검역소, 경지의 조성 및 개량, 수리조합, 국유 미간지, 농업을 목적으로 하는 공유수면 중 소택 및 간석의 매립 등에 관한 사항
			양정과	주요 식량의 수급 및 가격의 조정, 주요 식량의 배급 및 수이출입의 통제, 정부가 하는 주요 식량의 매입, 매도, 기타 주요 식량의 관리, 조선식량관리특별회계의 경리, 주요 식량의 가공, 제조 및 보관, 농업창고 및 미곡창고, 농업자료 조사, 주요 식량 및 가마니의 검사 등에 관한 사항

			수산과	사무 변동 없음
			생활 물자과	사무 변동 없음
			농업토목 기술원 양성소	사무 변동 없음
			중앙농업 수련도장	사무 변동 없음

출전: 민족문제연구소, 2017, 『일제식민통치기구사전: 통감부 · 조선총독부 편』, 216-218쪽.

2) 조선총독부 권업모범장 - 농사시험장

(1) 권업모범장 관제 및 사무분장

기구명	시기	주요 변경 사항	부서명		관장 사무
권업모범장	1910.09.30	칙령 제370호 조선총독부권업모범장관제 공포로 조선총독부 소속관서로 개편	본장	수원본장	보통농사, 축산 및 분석 등에 관한 사항
			지장	대구지장	보통농사 및 농업수리 등에 관한 사항
			지장	평양지장	보통농사 및 축산 등에 관한 사항
			지장	용산지장	잠업에 관한 사항
			지장	목포지장	면화에 관한 사항
			지장	뚝섬지장	원예에 관한 사항
권업모범장	1911.02.06	훈령 제14호 권업모범장사무규정 개정으로 용산지장에 여자잠업강습소 설치			
권업모범장	1912.04.24	훈령 제52호 권업모범장사무규정 개정으로 원예 업무를 관장하는 원산출장소 신설			
권업모범장	1914.03.31	훈령 제7호 권업모범장사무규정 개정으로 수원본장에 원잠종제조소(原蠶種製造所), 여자잠업강습소 설치. 대구·평양·용산지장과 원산출장소 폐지. 덕원지장, 세포(洗浦)출장소 신설	본장	수원본장	보통농사, 축산 및 분석, 토지개량, 잠업 사무 등에 관한 사항
			제조소	원잠종 제조소	잠업 개량에 관한 사항
			강습소	여자잠업 강습소	잠업 개량에 관한 사항
			지장	목포지장	면화에 관한 사항
			지장	뚝섬지장	원예에 관한 사항

			지장	덕원지장	원예에 관한 사항
			출장소	세포출장소	축산에 관한 사항
권업모범장	1917.06.16	훈령 제23호 권업모범장사무규정 개정으로 난곡(蘭谷)지장 신설. 세포출장소가 세포지장으로 승격. 수원 원잠종제조소가 잠업시험소로 변경	본장	수원본장	사무 변동 없음
			시험소	잠업시험소	잠업 개량에 관한 사항
			강습소	여자잠업 강습소	사무 변동 없음
			지장	목포지장	사무 변동 없음
			지장	뚝섬지장	사무 변동 없음
			지장	덕원지장	사무 변동 없음
			지장	세포지장	목양(牧羊)에 관한 사항
			지장	난곡지장	목마(牧馬)에 관한 사항
	1920.03.27	훈령 제15호 권업모범장사무규정 개정으로 사리원 서선지장, 목포·용강 면작출장소 신설	지장	서선지장	전작(田作)에 관한 사항
			출장소	용강 면작출장소	면작에 관한 사항
권업모범장	1921.03.31	훈령 제23호 권업모범장사무규정 개정으로 덕원지장 폐지. 용강면작출장소가 목포지장 용강출장소로 축소			
권업모범장	1924.12.25	훈령 제38호 권업모범장사무규정 개정으로 난곡지장 폐지			

출전: 민족문제연구소, 2017, 『일제식민통치기구사전: 통감부·조선총독부 편』, 302–306쪽.

(2) 농사시험장 관제 및 사무분장

기구명	시기	주요 변경 사항	부서명		관장 사무
1929.09.17 칙령 제279호 조선총독부농사시험장관제 공포로 권업모범장을 농사시험장으로 개편					
농사시험장	1930.01.18	훈령 제7호 조선총독부농사시험장사무분장 규정 공포	본장	서무과	문서의 수수 발송과 보관, 인사, 회계, 관인(官印)의 관수, 타부서에 속하지 않는 업무 등에 관한 사항
				종예부	농작물 및 원예작물의 시험과 조사, 종묘의 생산과 배부, 개간간척 및 토지개량, 기타 종예 및 토지개량 등에 관한 사항

				화학부	토지와 비료의 시험과 조사, 농업과 관계된 물료(物料)의 분석 감정 및 조사, 기타 농예화학 등에 관한 사항
				병리곤충부	식물 병충해의 시험과 조사, 기타 식물 병리와 곤충 등에 관한 사항
				축산부	축산의 발달 개량에 관한 시험과 조사, 종축(種畜)·종금(種禽)·종란(種卵)의 생산과 배부, 기타 축산 등에 관한 사항
				잠사부	잠사업의 발달 개량에 관한 시험과 조사, 원잠종의 제조와 배부, 기타 잠사업 등에 관한 사항
				여자강습소	여자잠업강습소에 관한 사항
			이리 남선지장		면작에 관한 사무
			사리원 서선지장		전작에 관한 사무
			목포 면작지장		면작에 관한 사무
			김제 간척출장소		간척에 관한 사무
			용강 면작출장소		면작에 관한 사무
			차련관 잠업출장소		잠업에 관한 사무
	1933.03.26	훈령 제9호 조선총독부농사시험장사무분장규정 개정으로 북선지장 신설	갑산 북선지장		농사에 관한 사무
농사시험장	1934.03.19	훈령 제15호 조선총독부농사시험장사무분장규정 개정으로 용강 면작출장소 폐지			
농사시험장	1934.04.01	훈령 제9호 조선총독부농사시험장사무분장규정 개정으로 용강지장 설치	본장	서무과	사무 변동 없음
				종예부	사무 변동 없음
				화학부	사무 변동 없음
				병리곤충부	사무 변동 없음
				축산부	사무 변동 없음
				잠사부	사무 변동 없음
				여자강습소	사무 변동 없음
			이리 남선지장		사무 변동 없음

			사리원 서선지장	사무 변동 없음
			목포 면작지장	사무 변동 없음
			용강지장	면작에 관한 사무
			갑산 북선지장	사무 변동 없음
			김제 간척출장소	사무 변동 없음
			차련관 잠업출장소	사무 변동 없음

출전: 민족문제연구소, 2017, 『일제식민통치기구사전: 통감부·조선총독부 편』, 363-366쪽.

(3) 농업시험장 관제 및 사무분장

<table>
<tr><th>기구명</th><th>시기</th><th>주요 변경 사항</th><th colspan="2">부서명</th><th>관장 사무</th></tr>
<tr><td colspan="6">1944.05.09 칙령 332호 조선총독부농업시험장관제 공포로 농사시험장은 농업시험장으로 개편</td></tr>
<tr><td rowspan="11">농업시험장 내부 조직</td><td rowspan="11">1944.05.10</td><td rowspan="11">훈령 제47호 조선총독부농업시험장사무분장 규정 공포</td><td rowspan="2">총무부</td><td>서무과</td><td rowspan="2">인사, 회계, 관인의 보관, 장무(場務)의 기획 및 조사, 행정기관 및 농업기관과의 연락, 연구·조사·시험 결과의 발표 및 보급, 도서 및 자료의 수집 및 보관, 농업에 관한 강습·강화·실지 지도 및 농업기술자의 양성 등에 관한 사항</td></tr>
<tr><td>기획과</td></tr>
<tr><td rowspan="2">경영부</td><td>경영과</td><td rowspan="2">농업의 입지조건 연구, 농촌의 실태조사, 농가경제 및 농가경영, 실험농가, 농업노무 및 작업능률 증진 등에 관한 사항</td></tr>
<tr><td>노무후생과</td></tr>
<tr><td rowspan="6">시험부</td><td>종예과</td><td rowspan="6">농작물 및 원예작물의 개량 및 증진에 관한 연구·조사·시험, 농기구에 관한 연구·조사·시험, 토양 및 비료에 관한 연구·조사·시험, 농작물 병충해 등에 관한 연구·조사·시험, 가축의 개량 증진 및 사육에 관한 연구·조사·시험, 농산물과 축산물의 가공 이용에 관한 연구·조사·시험, 비료·농업용 약제 등에 관한 사항의 연구·조사·시험, 종자·종묘·종축·원잠종 기타 연구 조사 또는 시험 결과에 따른 물료의 육성·제조·배부 및 대부, 기타 농업기술 등에 관한 연구·조사·시험</td></tr>
<tr><td>농업물리과</td></tr>
<tr><td>농예화학과</td></tr>
<tr><td>병리곤충과</td></tr>
<tr><td>축산과</td></tr>
<tr><td>잠사과</td></tr>
<tr><td colspan="2">여자강습소</td><td>여자강습소에 관한 사무</td></tr>
</table>

농업시험장 지장·분장			경성지장	개풍분장, 춘천분장, 강릉분장, 철원분장
			이리지장	청주분장, 대전분장
			광주지장	목포분장
			대구지장	경주분장, 진주분장
			사리원지장	해주분장, 황주분장, 평양분장, 순천분장
			정주지장	강계분장, 차련관분장
			함흥지장	종성분장, 명천분장
			혜산지장	

출전: 민족문제연구소, 2017, 『일제식민통치기구사전: 통감부 · 조선총독부 편』, 435-437쪽.

(4) 권업모범장 및 농사시험장 역대 장장

이름	소속	관직	역임 기간	비고
혼다 고스케 (本田幸介)	한국통감부 농상공부 권업모범장	기감 (技監)	1906~1908	1906년 한국통감부 권업모범장 장장 임명
혼다 고스케 (本田幸介)	조선총독부 권업모범장	기장	1910~1919	1917년 조선총독부 농림학교장 겸직
하시모토 사고로 (橋本左伍郎)	조선총독부 권업모범장	장장	1920~1922	
다케다 소시치로 (武田總七郎)	조선총독부 권업모범장	장장	1923~1924	3등 칙임 대우
다이쿠하라 긴타로(大工原銀太郎)	조선총독부 권업모범장	장장	1925	
가토 시게모토 (加藤茂苞)	조선총독부 권업모범장	장장	1926~1929	
가토 시게모토 (加藤茂苞)	조선총독부 농사시험장	장장	1930~1931	
유카와 마타오 (湯川又夫)	조선총독부 농사시험장	장장	1932~1943	1932년 수원고등농림학교 교장 겸임

* 농업기구 관료

1. 농상국 국장, 농업시험장 장장은 직원록이 확보되지 않아 기재하지 않음.
2. 권업모범장, 농사시험장, 농업시험장의 장은 직원록에서 따로 명시되지 않는 경우가 있음. 해당 기구의 장은 기사 중 칙임관의 위치에 있는 자가 임명되었기 때문에 해당기구 소속 관리 관등 1, 2등에 해당하는 자거나 관보에 기록된 자를 위주로 기재함.
3. 권업모범장, 농사시험장, 농업시험장의 장장은 본장의 장장만 기재함.

3) 조선농회와 산업조합

(1) 조선농회

① 조선중앙농회 설립과 조선농회령 제정 및 계통농회로의 전환

〈자료 388〉 한국중앙농회의 사명(小早川九郎 編著, 1960, 『補訂 朝鮮農業發達史-發達篇』, 友邦協會, 124-127쪽)

한국중앙농회는 조선농회의 전신이지만 조직은 완전히 다르다. "한국의 농업 또는 곡물 무역에 종사하는 일본인"(동회 규약 제2조)을 회원으로 하는 임의 단체로 그 목적은 단순히 "한국의 농업 개량 발달을 꾀하는"(동회 규약 제4조) 것으로 그 창립 당초의 기세는 더없이 긴장된 것이었다. 즉 동회 부회장인 혼다(本田) 박사가 동회 설립의 취지 중에서, "그럼에도 불구하고 농업의 개량은 단순히 이러한 시설(권업모범장 및 농림학교 등)만으로 실현될 수 없고 반드시 각종 방면에서 농민을 유도하고, 개량 실행을 촉구해야만 한다. 왜냐하면 한국의 농민은 오랜 악정의 결과, 근검, 저축의 염려가 부족하고 진취의 기력이 결여되어 있고, 그러므로 이를 분발시켜서 농업의 진흥을 목표로 하는 것은 아마도 용이하지 않을 것이다. (중략) 이제는 우리나라(일본) 사람 중 한국 농사 경영에 뜻이 있는 자가 날로 다수를 더해 가고 있는 때이고, 적당한 기관을 설치해서 한국 농업 진흥의 방책을 공구하고, 아울러 농업 현상을 심의하는 것도 지극히 긴요하다고 믿는다"고 말하고 있는 것을 통해 이를 추측할 수 있다. 그렇지만 그것이 당시 전 조선을 일괄하고 있던 유일한 농업단체였던 것일 뿐, 그것을 운용해서 농업의 개발을 조장하려는 의도는 위정 당국에서도 진심이었다. 그 일부는 다음 해 1907년(明治 40) 10월, 동회 제1회 총회 석상에서의 이토(伊藤) 통감의 연설 중에서 발견할 수 있다. 즉

"그리고 지금은 제군이 이곳에 회합해서 한국 농업상에 대해 각지에서 실험, 연마한 것의 설명을 듣는 것이 매우 기쁜 것입니다. 어쨌든 농사에 대해서는 정치상으로부터 장려하고, 또한 여기에 협력할 필요가 있다는 것은 스스로도 인식하고 있지만 이에 대해 힘을 더하는 것은 조만간에 다소의 경비를 요하는 것입니다. 그럼에도 이 경비라고 하는 점에 있어 현재 한국 정부의 세입은 참으로 근근한 것이기 때문에 충분히 협력하는 것은 매우 어려운 사정입

니다. 또한 한국의 지질이나 혹은 기후 등에 대해서도 농학자가 전문적으로 연구할 필요가 있습니다. 그렇기 때문에 현재 한국중앙농회의 경우는 가장 유력한 공헌자로 인식되는 것이 마땅하다고 생각합니다. (…) 그런 까닭에 제군이 농사를 위해 각지에서 실험하는 것으로 정략의 기초를 정하기 위해 공헌하고, 한편으로는 한인의 농사를 선도적으로 교육하고, 또 한편으로는 일본에서 한국으로 이주한 자를 위해 편법(便法)을 보인다면 상호 간에 훨씬 이익이 된다고 생각되는 것입니다. 이쯤에서는 농회 등은 큰 힘이 되어 주고 있기 때문에 한국 정부를 유도하는 통감부로서는 가능한 한 힘을 다해서 한국을 발달시키기 위해 이를 응용할 계획이기 때문에 제군도 점점 한국의 농림업의 발달에 대해 실험상 및 학술상 연구 연마하고, 한국의 발달을 계획하는 것에 진력할 것을 희망합니다."*

주: "다음으로 농업의 개량에 착수해 주시는 것에 대해 농업단체를 종래보다도 한층 잘 이용하는 것에 주의할 필요가 있다고 생각합니다. 농상공부에서는 1906년(光武 10) 이래 농업단체에 끊임없이 주의를 기울이고 있는 것이므로 시종일관 조사를 다하고 있습니다. 근래 만들어진 중앙농회의 경우 이들 단체도 잘 이를 이용해 농업의 개량 실적을 빠르게 거두고 있는 것으로 한층 배려해 주시길 희망합니다" 운운.**

이렇기 때문에 한일병합과 함께 명칭은 조선농회로 개정되었지만 시종일관 조선농민 계몽운동의 사설 중심기관을 자임했다. 당초 회원을 일본인으로 한정해 두고 있던 것이 다음 해부터 조선인까지 이르게 해서 명실공히 전 조선적인 것으로 하고 그에 따라 창립 이래 발간하는 회보에도 동시에 조선문 기사를 함께 게재하도록 했다. 그 외 1911년(明治 44)경까지 행해진 주 사업을 보면 대개 농상공부의 조성에 의한 것들인데, 심멘탈(Simmenthal)종 수소의 대부, 제주도에서의 인삼(三椏) 재배 시험, 나고야(名古屋) 코친(Cochin) 및 플리머스 록(Plymouth Rock) 등의 우량 계(鷄)종의 무상 배부, 원예품평회의 개최, 농산물·농구·비료 등의 상설 진열소의 설치 등을 들 수 있다. 또한 동회 규약에 근거해 회원 100명 이상 거주하는 지역에 설치한 지회에서도 농산물품평회를 개최하거나 모범과수원·농사시험장·작잠(柞蚕)시험장 등을

---

* 「韓國中央農會第一回總會に於ける伊藤統監演説」, 『韓國中央農會報』, 1907.11.

** 「第二回韓國農業技術官會議に於ける中村農務局長演説」, 『韓國中央農會報』 3-12(1909.12), 5쪽.

개설하고, 잠업전습소를 설치하거나 잠업강습회, 도급(稻扱)전습소 등을 개최하거나 축우조합을 조직하고 있다. 그러나 회의 조직 방법 및 규모에서 보면 이 시설들의 실시가 농업 전체에 대해 어느 정도의 효과를 미치고 있는지, 또 창설 당시의 기세에 어느 정도 응할 수 있는 것인가는 단정하기 어렵다. 그렇지만 세상 또한 아직 매우 혼돈스럽고 제반 농정이 겨우 시작된 시기에 동회의 협력이 위정당국의 농정 효과를 조성했던 점은 의심할 여지가 없다.

〈자료 389〉 조선농회령 발포 경위(小早川九郎 編著, 1960, 493-495쪽)

농업에 관한 단체는 농사의 개량 장려 및 농민의 복리 증진의 목적으로서 보다 일찍 설치되고 발달했다. 1925년(大正 14) 말 조사*에 따르면 조선 전토를 구역으로 하는 조선농회, 조선축산협회, 조선잠사회(朝鮮蠶絲會), 도를 구역으로 하는 도농회, 축산동업조합연합회, 면작조합연합회, 군·도(島)를 구역으로 하는 군·도농회(郡·島農會), 지주회, 면작조합, 축산조합, 승입조합(繩叺組合), 과수조합 등 그 종류는 수십 종에 달하고, 그 수로는 군·도를 구역으로 하는 것만 해도 580개로 계산되고 그 회원 수는 340만, 경비 총액 510여 만 원에 달하는 상태이다. 원래부터 이 단체들은 위정당국의 지도를 따르고 장려지도의 방침에 순응해서 전문 기술원을 기르고, 이들이 단체원 지도를 맡고 더 나아가서는 농민의 복리를 증진함에 따라 국력의 진전에 공헌한 바가 적지 않다. 그럼에도 불구하고 당시 아직 준거해야 할 법규가 제정되는 데까지는 이르지 않았고, 이 단체들은 각 부문마다 다종다양 잡다하게 분립해서 그 사이에 어떠한 연계가 없었다. 그렇기 때문에 사업 수행상 통일을 결여해서 오히려 때에 따라서는 시설 장려 중 상호 간 의견 차이를 낳아 농민들이 따르는 데 혼란스럽게 하는 일도 드물지 않았다. 또한 구성 단체원에서도, 경비의 부과 방법에서도 각 단체 간에 서로 중복되는 것은 피할 수 없어서 각 단체 모두 스스로 경리의 복잡함과 사업 정체를 초래해서 단체 본래의 목적 달성에 지장을 주는 경우도 누차 발생하는 상태였다. 이와 같은 상태는 과도기적인 존재로서 어쩔 수 없는 것이긴 하지만 대국적으로 관찰해 보면 제반의 시설이 간신히 정비된 정세하에는 보통 용인될 수 없던 것들이 점차 일반으로 인정되어 가는 것이 되었다. 이러한 인식의 발생은 이러한 각종 농업단체들에게 법적 근거를 부여해서 그 기능을 발휘시키고 또한

---

* 『朝鮮總督府施政年報(昭和 元年版)』, 205쪽.

종래와 같이 무정부적 상태를 규제할 필요가 있다는 시기가 이미 도래했다는 것을 보여 준 것이었다. 총독부가 조선농회령을 공포 시행하는 데 이르게 된 것은 모두 이 시세의 추이를 통찰한 것이었다. 이미 산업단체 통일에 대한 여론이 점차 왕성해진 사정을 찰지하고 1919년(大正 8) 10월 개최된 도지사회의에서 종종 이러한 산업단체들의 통일과 농회령의 제정에 관한 의견이 나왔던 것으로, 총독부는 곧바로 산업단체의 조정 및 조선농회령의 제정에 착수했다. 그러한 한편 "조선에서는 이와 같은 산업단체를 조성하는 것보다도 오히려 그 단체를 절멸시켜 끝내고 종래 단체가 맡았던 직무의 일부분은 도 지방비로 이관하고, 나머지 일부는 면의 직무로 이관해서 맡는다면 지금보다도 이 이상으로 조선의 민도에 적절한 바를 지도할 수 있고, 더불어 그 성적을 볼 수 있을 것이라고 하는 논의"*도 있다. 그 외 조선의 실정에 비추어 완전한 성안을 만들기 위해서는 입안 심의에 용이하지 않는 것이 많아 고심을 더했고 이 때문에 약 7년의 시간을 소모했다.

〈자료 390〉 조선농회령의 특이점(小早川九郎 編著, 1960, 495~497쪽)

조선농회령**은 그 내용은 대부분 일본 제국농회법과 동일하다. 그 법령의 형식 또한 모두 일본의 것에 따랐다. 그러므로 조선농회령을 구성하는 전문 12개조는 조선에 특수한 사정이 존재한 결과 설치된 조문이라고 하는 의미가 포함된 것이어서 실제로 조선농회령의 내용을 구성하는 것은 그 12개조와 일본의 농회법 중 조선에서 인용되는 25개조가 포함되어 37개조로 구성되었다고 판단할 수 있다. 단, 동령이 일본법에 비해 특이하다고 하는 기본적인 주요점은 계통적 농회의 기본 단위를 부·군·도(島)농회로 한 점과 의사기관을 조직하는 통상의원 선출 방법에서 선거와 임명의 절충주의를 택했다는 점이다. 농회의 단위·단체로는 도저히 충분한 기능을 발휘할 수 없다는 점, 조선의 지방제도가 완전한 공선주의(公選主義)를 택하지 않았기 때문에 농회 의원의 선출 방법도 당연히 이와 권위를 갖게 할 필요가 있다고 하는 사정이라는 까닭도 있다. 그 외 농회원을 제외하는 것의 한도, 부과금의 부과율에 대해 일본에서의 것과 다르다고 할 수 있지만 농회가 법인인 점, 강제가입을 허가하는 점, 회비의 강제징

---

* 總督府 農務課長(渡辺豊日子),「農會令の由来と其の將來」,『朝鮮農會報』21-3(1915.03), 10쪽.

**『朝鮮總督府施政年報(昭和 元年版)』, 205-206쪽 및 同書 第二號 附錄.

수를 허가한다는 점 등은 모두 일본과 그 내용이 동일한 것이어서 여기서 이를 상술할 필요는 없다고 생각한다.

동령 실시 후 동년 6월 중순까지 전선 220개의 군·도 모두 농회를 설립하고, 10월 초순까지 13개 도에 전부 도농회를 설립하고, 다음 1927년(昭和 2) 3월 종래의 조선농회*를 폐지하고 개정해 동령에 의한 조선농회의 설립을 보고, 이에 계통농회를 완성하는 데 이르렀던 것이다. 이 농회들이 성립될 때 농회령 제정의 가장 중요한 동기가 되었던 각종 농업기관 단체의 통합이라고 하는 방침에 따라 기존의 농업기관 제 단체는 일단 전부 해산해서 각자 새로 계통농회 내로 포함되었다. 그중에서도 축산동업조합의 대부분은 당분간 이를 별개로 취급해서 잔존시키는 것으로 했는데, 이는 동 조합은 조선중요물산동업조합령에 준거해 설립되어서 이미 법인의 자격을 가지고 있을 뿐만 아니라 그 수입의 대부분은 거의 수수료 및 사용료여서 회원에게 부과시키는 조합비는 몹시 근소하고, 또한 조합의 기초가 확실해서 사업의 성적도 우수하다고 하는 특수사정을 참작한 것이다. 어쨌든 종래 극히 활발한 활동을 하고 상당한 성적을 거두고 있던 기타 단체, 예를 들자면 면작조합의 경우는 그 해산 및 농회로의 포함 방침에 대해서는 꼭 전폭적 찬의를 표하지 않았지만 이러한 각종 농회단체를 좋든 나쁘든 계통농회를 중심으로 정리, 통일하는 방침은 강력히 실시되었다. 축산조합의 경우도 1933년(昭和 8)에 이르러서 마침내 포함되었다.

〈자료 391〉 농회의 실제적 성격(小早川九郎 編著, 1960, 497-498쪽)

그럼에도 불구하고 업무 실시에 관해 농회의 성격이 법령으로 표시되는 것보다도 상당히 다르게 된 것은 조선의 환경이 그렇게 만든 것으로 주목해야 할 사항이라고 생각된다. 즉 군·도(島)농회의 사무소가 군·도청 내, 도(道)농회의 사무소가 도청 내에 배치된 것은 굳이 다르다고는 할 수 없지만 이 농회들에 대한 업무 집행상의 지도적 위치에는 모두 해당 감독관청의 관리원으로 충당해서 각자 그 감독관청의 지령하에서 관청의 의사대로 행동하도록 했

---

* 종래의 조선농회는 1921년(大正 10) 9월, 제3회 총회의 개최를 계기로 해서 크게 진용을 재정비하고, 한층 활력을 의도하긴 했어도 임의 단체로 활용하기에는 일이 많아서 의도에 부합하지 않고, 그 기능을 충분히 발휘하는 것이 불가능했다. 조선농회령 시행을 계기로 1927년(昭和 2) 3월 이를 해산시키고 그 대신 동월 조선농회령에 준거해 조직시킨 조선농회는 그 명칭은 동일하지만 그 성격, 기능에서 완전히 다른 종류의 것이 된 것이다.

다. 따라서 농회에서는 법령이 승인하는 농회 독자의 의사가 거의 허가되지 않고, 감독관청들의 농정 실시의 수단적 위치를 부여받은 것이다. 말하자면 감독관청들의 특설 기관의 역할을 부여받은 상태로 배치되어 모처럼 부여받은 법인 자격도 대부분 명의적인 것이 된 것이다. 본래 도농회와 군·도농회 간의 계통 관계는 잘 유지되고 있는 모양이지만 이것도 한발 나아가서 고찰해 보면 필경 농회의 업무 집행의 실질적 주체인 도 및 군·도가 하나의 명령계통 내에 있는 것이 원인으로서, 그것은 농회 자체의 관계라고 하기보다는 관청 자체의 관계인 것으로 해석해야 할 성질의 것이다. 이러한 상태는 일단 이들의 중앙기관인 조선농회의 입장을 생각해 보면 한층 명료하게 알아차릴 수 있다. 즉 조선농회 회장은 정무총감으로 하여금 이에 맡긴다(후일 민간으로부터 임명되게 된다)고 했지만 실제 업무 집행자는 민간인으로, 전부 감독관청의 관리로 충당시키지 않는 점에서 하급 농회의 경우와는 완전히 상이하고, 이에 한해서 민간단체로서 기능을 견지하고 있는 것이다. 또한 이 점은 때때로 업무 집행상 관청의 일부를 구성하는 것처럼 보이는 하급 농회에 대해 업무의 계통 관계로 생각하기 어렵다고 하는 사정이 잠재한 것도 있다. 특히 민간의 의사를 각각 하급기관을 통해 중앙기관에서 반응한다고 하는 민간 계통 기관 본연의 기능이 결여된 것이다. 예를 들자면 전게(前揭) 미곡문제에 관한 민간의 제 운동의 경우 미곡 생산 관계자 등은 직접 조선농회를 통해 이를 행하고, 그 외 하급농회는 모두 운동의 장외에 위치되고 있었던 것이다. 업무 집행자의 성격상으로부터 보면 하급농회가 앞과 같이 운동에 참가하기 어려운 사정에 있는 것은 충분히 납득할 수 있는 것이지만 이와 같은 계통농회령의 운용상 필연적으로 배치(背馳)되는 것으로 간주할 수밖에 없다. 그러나 한편 조선농회가 농업상 여러 종류의 운동이 구애받지 않고 행동하는 것을 허가하기에는 사회 정세가 도달하지 않았기 때문에 조선농회령의 운용을 통해서 조선의 특수사정을 인정했던 것이다.

어쨌든 간에 조선농회령의 발포에 의해 종래 무통제 아래에 있던 농업 관계 각종 단체가 일정 궤도에 오르게 되고 총독부의 방침 아래에서 농업행정의 달성에 공헌하는 정도를 상승시킨 공적은 등한시할 수 없다.

〈자료 392〉 조선농회의 판매 알선사업(小早川九郎 編著, 1960, 629쪽)

중앙기관인 조선농회에서는 축산조합이 포함된 것을 계기로 축우의 판매 알선을 강력히 시행하게 되고, 또한 1931년(昭和 6) 말 실시 중이었던 각종 농산물의 출하 단체의 조성사업도 이후 특히 총독부로부터의 보조금 1억 원을 지급받아서 다시 이를 강화하고 이와 동시에 판매 알선사업을 확장해서 경성부에서 적당한 도매상을 선정해 이들에게 위탁판매하는 방법에 의해 생산물의 출하를 행하게 했다. 그러는 한편 동회 감독 아래에서 거래의 공정과 원만, 그리고 대금 회수의 신속을 목표로 해서 생산자를 옹호하는 길을 꾀했다. 또한 이들 기관지로 매월 2회 알선 정보를 발행해서 정시에 시세 상황을 주지시킨 것 외에 필요에 따라 수시로 경성의 시세를 조사해서 이를 관계 방면에 서면 또는 전보로서 통보하도록 했다. 이처럼 조선농회가 출하를 조성했던 단체는 1933년(昭和 8) 내지 1936년(昭和 11)에 96개에 이르렀다.

〈자료 393〉 하급 농회의 활동(小早川九郎 編著, 1960, 629-630쪽)

조선농회는 농업계에서의 시사 문제에 대해 항상 농업 및 농민을 위해 만전의 노력을 기울여왔다. 전게 미곡문제에 대한 획책 및 운동의 경우가 그 사례이다. 그 외 강연회·강습회의 개최, 품평회·공진회의 개최, 또는 활동사진을 사용한 계몽운동 등에 의해 농민의 계발 및 농업의 진전에 큰 공헌을 하고 있다. 또 농민 지도의 제1선에 서서 활동하는 하급 농회, 특히 군·도(島)농회의 시설을 돌아보면 농업기술의 상승과 농업경제의 향상을 초래하기 위해 각자 편안한 날이 없고, 그 위에 농촌진흥운동의 실시와 함께 한층 더 바빠지고 있다. 그것은 하급 농회들이 농민 지도의 전진기지로서 활용되고 각종 농업 소단체의 현재 수로부터 미루어 봐도 그 대요를 엿볼 수 있다.

〈자료 394〉 농업 소단체(小早川九郎 編著, 1960, 630쪽)

각종 농업 소단체의 수는 1936년(昭和 11) 말 현재 다음 표와 같다.

식산 부문에 속하고 생산개량증식에 관한 단체	3,326
식산 부문에 속하고 판매·구매에 관한 단체	619
잠업 부문에 속하는 단체	129
축산 부문에 속하는 단체	1,481
부업에 관한 단체	180
수리에 관한 단체(계(契))	77

농민계발 및 복리증진에 관한 단체	1,111
자작농에 관한 단체	7
지주에 관한 단체	3
지주·소작인 협조에 관한 단체	4
소작인에 관한 단체	44
소농에 관한 단체	704
기타 단체	6
계	7,691

앞 단체는 산업조합·식산계(殖産契)·수리조합 및 농촌진흥운동에 수반한 단체를 포함하지 않은 것이지만, 그럼에도 약 7,700개를 집계할 수 있고 그것만으로 군·도(島)농회가 행하는 농민 및 농업의 지도 장려의 현황 여하를 두루 살펴 알 수 있다.

〈자료 395〉 시언(時言): 농회는 소작농민의 원부(怨府), 산업제일주의가 나은 농회령

(개벽 67호, 1926.03.01)

시모오카(下岡) 전 정무총감은 그 부임 벽두에 조선의 통치에는 산업제일주의가 가장 긴요함을 주설(主說)하고 그 결과는 소위 농회령이란 것의 탄생을 보게 되어 3월 1일부터는 실시된다고 한다. 그러면 산업제일주의를 고조하게 된 그 중요한 원인이 어디에 있는가 하면 여러 가지 당국자로서도 언명하는 바와 같이 조선의 산미증식을 도모함이며 조선의 산미증식은 일본의 부족되는 식량을 공급코저 함에 있는 것이다. 이것은 현재 자본주의의 사회에서는 피하지 못할 바이라 하며 자본주의 국가가 식민지를 요구하는 그 최대의 목적이 그에 있지 않은가. 그런 의미에서 시모오카 씨가 조선에 나오자 곳 산업제일주의를 창도한 것은 그 진보된 정책이라 할 수 있는 것이며 데라우치(寺內)나 하세가와(長谷川)의 고압적에 비하여 이지적(理智的)이라 할 수 있다.

그러나 우리는 기억하고 있을 것이다. 저 노예 생산제도가 농산물 생산제도로 변하고 다시 농산물 생산제도가 자유노동 생산제도에로 변한 것은 사실이지만은 그로 인하야 생산율이 확대된 것은 무엇보다도 실지(實地)가 증명하는바 명백한 일이라 할지나 과연 생산자의 복리가 얼마나 증진되었는가. 그를 생각하여 본다면 농회령 그것으로 하여금 다소간 사회적 및 자치적 성질을 띤 법령이라 산업의 증식을 보려는지 모르되 오늘과 같이 자본과 노동이 확연히 분립되어 생산자의 생산율 확대는 생산자와는 하등의 이해관계가 없고 생산기관을 소유한 자 즉 세상에서 칭하는 자본가의 소유로 돌아가는 경제조직에서 다시 말하면 이미 착취관계가 구성되어 있는 이상에 생산율의 증대가 생산자의 경제생활을 원활케 못하는 것이다.

조선의 산미의 증식을 도모하여 일본의 부족되는 식량문제의 해결을 꾀한다는 것은 식민지를 소유하는 자본주의의 국가로서는 당연히 그러할 일이다. 그러나 그것은 잠깐 여기에서는 문제 이외로 하고라도 이제 농회령이라는 그 내용 조문을 보면 외면(外面)에 있어서는 사회적이고 자치적인 듯하나 그 실(實)은 관권의 위력으로 회비의 강제 징수를 하며 그 이사 평의원 등의 역원(役員)이란 것도 관청의 승인을 얻게 되었다. 그러면 이사 평의원 등의 역원은 반듯이 자본가가 하게 될 것이니 자본가와 무산자와의 이해가 피차에 서로 용인되지 못하는 이상 농회는 결국 어느 계급의 기관이 될까를 고찰케 되면 그 근본 정신이 어디에 있음을 알게 될 것이 아닌가. 더욱이 포복할 것은 소작쟁의를 농회에서 조정 또는 중재한다는 것인 바 지주와 소작인 간에 이해의 상충으로 일으킨 투쟁을 지주회나 다름없는 농회가 조정하고 중재케 되었으니 그가 소작농민의 원수가 될 것은 명약관화하지 않은가.

〈자료 396〉 6호 통신: 농회의 강제 수단(개벽 70호, 1926.06.01)

농회는 소작민에게 해를 줄지언정 결코 이익을 주지 못할 것이다. 농사개량 산미증식 운운이 지주 본위의 말이 아니냐? 관선 민선의 표준이 지주를 옹호하고 소작농민을 구속하는 것이 아니냐?

농회가 아무리 농회령에 따라 조직되는 것이지마는 이 농회의 이해를 따져 보아 찬성치 않는 소작농민을 억지로 가입시키는 것은 일이 아니다. 그런데 요사이 보건대, 각면(各面) 각동(各洞)에서 면동민(面洞民)의 씨명을 쭉 써 가지고 다니면서 '만일 날인치 않으면 후일 군청에 호출되야 날인하게 된다고' 무지한 소작농민을 거짓말로 이렇듯 위협하야 억지로 농회에 가입케 하니 이런 강제 수단이 어디 있느냐? 당국자는 좀 생각하여 봄이 어떠한가.

② 조선농회령

1. 「조선농회령」(제령 제1호, 1926년(大正 15) 3월 26일, 『朝鮮總督府官報』 제4027호, 1926.1.25)

제1조 ① 농회에 관해서 본령에 규정하는 것 외에는 농회법에 의한다. 다만, 동법 제8조 내지 제11조, 제13조, 제14조, 제17조 내지 제20조, 제25조 단서, 제26조, 제27조, 제30조, 제34조, 제35조, 제38조 제1항 단서 및 제41조의 규정은 이에 의하지 않는다.

② 농회법 중 정(町)·촌(村)농회와 시(市)농회라는 것은 부·군·도(島)농회로 하고, 의원이라는 것은 통상의원으로 한다.

제2조 농회는 부·군·도농회, 도(道)농회 및 조선농회로 한다.

제3조 ① 농회의 지구는 부·군·도(島)농회에 있어서는 부·군·도(島), 도(道)농회에 있어서는 도, 조선농회에 있어서는 조선의 구역에 의한다.

② 특별한 사유가 있는 때에는 부·군·도(島)농회의 지구는 전항의 구역에 의하지 않을 수 있다.

③ 제1항의 구역에 증감이 있을 때는 그 구역을 지구로 하는 농회의 지구도 역시 그에 따라 증감하는 것으로 한다.

제4조 ① 농회의 명칭에는 부·군·도(島)농회, 도(道)농회 또는 조선농회라는 문자를 사용한다. 다만, 부·군·도(島)농회의 지구가 부·군 또는 도의 지구에 의하지 아니하는 때에는 그 명칭 중에 이들의 구역을 표시할 문자를 사용하지 아니할 수 있다.

② 본령에 의하여 설립한 농회가 아니면 그 명칭 중에 전항에 게재한 문자를 사용할 수 없다.

제5조 농회는 부·군·도(島)농회에서는 국가·공공단체 및 조선총독이 정하는 자를 제외하고는 그 지구 내에 경지·목장 또는 원야(原野)를 소유한 자 및 그 지구 내에서 농업을 영위하는 자를, 도(道)농회에서는 그 지구 내의 부·군·도농회, 조선농회에서는 도농회를 그 회원으로 한다.

제6조 ① 농회에 총회를 둔다.

② 총회는 회장·부회장·통상의원 및 특별의원으로 조직한다.

③ 통상의원은 부·군·도(島)농회에 있어서는 조선총독이 정하는 바에 따라 회원 중에서 선출된 자를, 도·농회 및 조선농회에 있어서는 그 회원인 농회의 총회를 그를 조직하는 자 중에서 선출된 자를 행정관청이 임명한다.

④ 특별의원은 농업에 관한 학식과 경험이 있는 자 중에서 행정관청이 임명한다.

⑤ 특별의원의 원 수는 통상의원 정수의 3분의 1을 초과할 수 없다.

제7조 ① 다음에 게재한 사항은 총회의 의결을 거친다.

1. 수지 예산
2. 경비의 분부(分賦)·수입 방법
3. 사업 보고 및 수지 결산
4. 차입금
5. 기본 재산의 조성, 관리 및 처분
6. 회칙의 변경
7. 제12조 제1항, 제2항, 농회법 제12조 제1항 및 동법 제24조 제2항의 동의

② 전항 제1호·제2호·제4호 및 제6호에 게재한 사항의 결의는 행정관청의 인가를 받지 않으면 그 효력을 발생하지 못한다.

제8조 ① 농회에 다음 임원을 둔다.

회장

부회장 1인

평의원 수 인

② 회장 및 부회장은 행정관청이 그를 임명한다.

③ 평의원은 총회에서 통상의원 및 특별의원 중에서 이를 선출한다.

제9조 본령에서 규정한 것 외에 총회·통상의원·특별의원 및 역원에 관하여 필요한 사항은 조선총독이 정한다.

제10조 ① 농회는 회칙이 정한 바에 따라 그 회원에 대하여 경비를 분부하고 과태금을 징수할 수 있다.

② 부·군·도(島)농회는 조선총독이 정한 바에 따라 물건으로 경비를 부담하게 할 수 있다.

③ 부·군·도농회의 경비 또는 과태금을 체납한 자가 있을 경우, 그 회장의 청구가 있을 때는 부·면(面)은 국세의 예에 따라 그를 처분한다. 이 경우에 있어 농회는 그 징수 금액의 100분의 5를 부·면에 교부하여야 한다.

④ 전항에 규정한 징수금의 선취특권의 순위는 부·면의 징수금 다음이고, 그 시효에 대해서는 국세의 예에 의한다.

⑤ 경비의 분부, 또는 과태금의 징수에 관해서는 조선총독이 정하는 바에 따라 이의의 신청 및 재결을 신청할 수 있다.

제11조 행정관청은 농회의 결의문 또는 역원의 행위가 법령 혹은 회칙에 위반하거나 또는 공익을 해하거나 혹은 해할 우려가 있다고 인정될 때는 결의를 취소, 역원·통상의원 혹은 특별의원을 해임하고, 농회의 사업 정지 또는 농회의 해산을 명할 수 있다.

제12조 ① 농회의 해산 또는 합병을 하려고 할 때는 그 회원의 3분의 2 이상의 동의를 얻어야 하고, 또 합병의 경우에 있어서는 회칙을 의정(議定)하고 사유를 보고하여 행정관청의 인가를 얻어야 한다.

② 농회 분할을 하려고 할 때는 전항의 규정에 준하는 동의 외에 분할하는 각 농회의 회원 또는 회원 자격을 가진 자의 3분의 2 이상의 동의를 얻고, 농회의 권리 의무의 한도를 정하고 또 회칙을 의정하고 사유를 보고하여 행정관청의 인가를 받아야 한다.

③ 농회법 제12조 제2항 및 제15조의 규정은 전 2항의 경우에 준용한다.

2. 「조선농회령시행규칙」(부령 제3호, 1926년(大正 15) 1월 25일, 『朝鮮總督府官報』 제4027호, 1926.1.25)

제1조 ① 부·군·도(島)농회의 지구 내에 있어 다음 각호의 1에 해당하는 농업만을 영위하는 자는 그 농회의 회원에서 제외한다.

1. 3단보 미만의 타인의 토지에서 행하는 경종(耕種)

2. 1년을 통하여 광제잠종(框製蠶種) 1매 미만 또는 이에 상당하는 잠종을 소립(掃立)하여 행하는 양잠

3. 전 2호에 게재한 것을 병행하는 농업

② 전항에 게재한 자 이외에 도지사가 특별히 부·군·도농회의 회원에서 제외할 필요가 있다고 인정하는 자가 있는 때는 조선총독의 허가를 받아 명령으로 정할 수 있다.

제2조 ① 부·군·도(島)농회는 회칙이 정하는 바에 의하여 그 지구 내에 거주하지 않는 회

원(법인인 회원에 있어서는 그 지구 내에 사무소를 갖지 않은 자)으로 하여금 그 지구 내에 대리인을 두도록 할 수 있다.

② 농회는 전항의 대리인에 대한 통지로서 본인에 대한 통지에 대신할 수 있다.

제3조 농회를 설립하려고 할 때는 회원 자격을 가진 자가 발기인이 되고, 다른 회원 자격을 가진 자에게 지구, 창립 비용, 수지 개산과 경비 분부 수입 방법의 개요를 통지하고 설립의 동의를 구하여야 한다.

제4조 창립총회는 부·군·도(島)농회에서는 그 회원 자격을 가진 자, 기타 농회에서는 그 회원 자격을 가진 농회의 회장, 회장에게 사고가 있는 때에는 부회장으로 조직한다.

제5조 발기인이 창립총회를 소집하고자 하는 때에는 조선농회는 최소한 30일 전에, 기타 농회는 최소한 14일 전에 회의의 목적 사항·일시 및 장소를 창립총회를 조직하여야 하는 자에게 통지하고 부·군·도(島)농회는 공고하여야 한다.

제6조 ① 창립총회의 의사는 그를 조직하는 자의 3분의 2 이상의 동의가 아니면 그를 의정할 수 없다.

② 부·군·도(島)농회의 창립에 있어서는 회원 자격을 가진 자는 다른 회원 자격을 가진 자에 위임하여 그 의결권을 행사할 수 있다. 이 경우에 있어서는 그 대리권을 증명할 서면을 제출해야 한다.

③ 창립총회의 의장은 출석자 중에서 호선한다.

④ 제21조의 규정은 창립총회에 그를 준용한다.

제7조 농회의 부담이 될 창립 비용과 그 상각 방법은 창립총회의 승인을 거쳐야 한다.

제8조 ① 창립총회가 종료한 때는 발기인은 지체없이 설립인가 신청서를 행정관청에 제출하여야 한다.

② 전항의 인가 신청서에는 회칙, 설립에 대한 법정의 동의가 있는 것을 증명하는 서면, 창립 비용의 명세서 및 의사록의 등본을 첨부하여야 한다.

③ 조선농회령 제3조 제2항 및 농회법 제12조 제2항 단서의 경우에 있어서는 전항에 게재한 것 이외에 사유를 기재한 서면을 첨부하여야 한다.

제9조 회칙에는 본령 및 조선농회령에 규정한 것 이외에 다음에 게재한 사항을 기재하여야 한다.

1. 명칭

2. 사업

3. 사무소

4. 조선농회령 제3조 제1항의 구역에 의하지 않는 농회는 그 지구

5. 평의원의 정수와 선거 방법

6. 통상의원의 정수와 통상의원 후보자 선출 방법

7. 회의에 관한 규정

8. 재산에 관한 규정

9. 회계에 관한 규정

제10조 농회의 설립을 인가할 때는 행정관청은 그 농회의 명칭, 지구, 사무소의 소재지와 인가 연·월·일을 고시해야 하고, 그 고시할 사항에 변경이 있는 때도 역시 같다.

(중략)

제12조 ① 부농회의 통상의원의 정수는 20인 이하에서, 군·도(島)농회의 통상의원의 정수는 그 지구 내의 면(面) 수의 2배 이하에서 회칙으로서 정하여야 한다.

② 도(道)농회 및 조선농회의 통상의원의 정수는 그 회원인 농회의 수로 한다.

제13조 전조의 통상의원의 정수는 군·도농회는 그 지구 안의 각 면에, 도농회 및 조선농회는 그 회원인 각 농회에 배당하여야 한다.

제14조 통상의원 후보자의 정수는 통상의원 정수의 2배로 한다.

제15조 통상의원 후보자는 부·군·도(島)농회에 있어서는 회원인 지구 네의 회원 중에서, 도(道)농회와 조선농회에 있어서는 그 회원인 농회의 총회에서 그 총회를 조직하는 자 중에서 본령이 정하는 바 이외에 회칙이 정하는 방법에 따라 그를 선출한다.

제16조 ① 통상의원의 후보자를 선출하는 권리는 각 회원 평등으로 한다.

② 전항의 권리는 대리인으로서 그를 행사할 수 있다.

③ 대리인은 회원 또는 동거하는 친족으로 한다.

④ 제1항의 권리는 미성년자와 금치산자에 있어서는 법정대리인으로서 그를 행하고 제2조의 대리인을 둘 경우에는 그 대리인으로서 그를 행할 수 있다.

제17조 농회의 통상의원 후보자의 선출에 관련된 사무는 회장이 관리한다.

제18조 통상의원, 특별의원과 임원의 임기는 농회의 사업연도에 따라 4년으로 한다. 다만, 보궐 평의원의 임기는 전임자의 잔임 기간으로 한다.

제19조 ① 총회를 소집하려고 할 때는 조선농회에 있어서는 적어도 30일 전에, 도(道)농회에 있어서는 적어도 14일 전에, 부·군·도(島)농회에 있어서는 적어도 7일 전에 회의 목적인 사항, 일시와 장소를 총회를 조직할 자에게 통지하여야 한다.

② 전항의 기간은 회칙으로서 그를 늘리거나 줄일 수 있다.

제20조 총회에 있어서는 전조의 규정에 의해 통지한 사항에 대해서만 의결할 수 있다. 다만, 회칙에 따로 정한 경우에는 이에 한하지 않는다.

(중략)

제23조 농회의 사업연도는 매년 4월 1일에 시작하여 익년 3월 31일에 끝난다.

제24조 ① 부·군·도(島)농회의 경비를 분부하려고 할 때는 다음의 방법과 금액 제한에 의한다.

1. 회원할(割) 평균 1인에 대해 30전 이내

2. 회원의 자격요건인 토지의 지세할 지세 납부액의 100분의 7 이내

② 원야로서 농업에 이용하지 않는 토지에 대해서는 지세할을 부과할 수 없다.

③ 특별한 사유가 있는 경우에는 부·군·도(島)농회는 조선총독의 인가를 받아 제1항의 부과 방법 또는 금액의 제한에 의하지 아니하고 경비를 분부할 수 있다.

제25조 ① 부·군·도(島)농회는 그 회원에 대하여 총회의 의결에 따라 곡물·누에고치, 기타의 농산물로서 경비를 부담하게 할 수 있다. 이 경우에 있어서는 물품의 가격은 경비 부과액에 상당하는 것을 요한다.

② 전항의 규정에 따라 경비를 부담해야 할 회원은 금전으로서 물건의 납부에 대행할 수 있다.

제26조 회장은 부·군·도농회의 경비를 분부해야 할 자로서 특별한 사정이 있는 자에 한하여 그 연납을 허가하고, 또는 그 분부를 감면할 수 있다. 다만, 분부의 감면에 대해서는 총회의 의결을 거칠 것을 요한다.

제27조 농회의 경비를 징수하려고 할 때는 회장은 납입 의무자에 대하여 납부액, 납기일과 납부 장소를 기재한 납입 고지서를 발행하여야 하고, 과태금을 징수하려고 할 때

도 역시 같다.

제28조 ① 경비의 분부 또는 과태금의 징수 통지를 받은 자가 그 처분에 불복할 때는 납입 고지서의 교부를 받은 날로부터 30일 이내에 그 농회의 회장에 이의를 신청할 수 있다.

② 전항의 이의 신청이 있을 때는 회장은 평의원의 의견을 구하고 지체 없이 결정하여 이의 신청인에게 그를 통지하여야 한다.

③ 전항의 결정을 받은 자가 그 결정에 불복할 때는 그 결정서의 교부를 받은 날로부터 14일 내에, 부·군·도(島)농회의 회원에 있어서는 도지사에, 도(道)농회와 조선농회의 회원에 있어서는 조선총독에게 재결을 신청할 수 있다.

제29조 수지 예산과 경비 분부 수입 방법의 인가신청서는 매년 2월 말일까지 행정관청에 제출하여야 한다. 다만, 설립의 인가를 받은 연도에 있어서는 총회의 의결을 거친 후 지체없이 제출하여야 한다.

제30조 회칙·수지 예산 및 경비 분부 수입 방법의 변경과 차입금의 인가 신청서에는 이유서를 첨부하고, 또 차입금의 인가 신청서에는 이율·기간·차입처와 상환 방법을 기재한 서면을 첨부하여야 한다.

제31조 사업 보고와 수지 결산은 다음 사업연도 내에 총회의 승인을 받아 지체 없이 그를 행정관청에 제출하여야 한다.

제32조 ① 농회의 해산·합병 혹은 분할, 또는 지구의 증감에 관한 회칙 변경의 인가 신청서에는 법정의 동의가 있을 것을 증명하는 서면을 첨부하고, 또 합병의 경우에 있어서는 합병 후 존속하는 농회 또는 합병에 의해 설립되는 농회의 회칙을, 분할의 경우에 있어서는 분할하는 각 농회의 회칙과 그 권리 의무의 한도를 기재한 서면을 첨부하여야 한다.

② 농회법 제12조 제2항 단서의 경우에 있어 합병 또는 분할의 인가 신청서에는 전항의 서류 외에 그 사유를 기재한 서면을 첨부하여야 한다.

제33조 농회의 해산, 합병 또는 분할을 인가할 때는 행정관청은 그 뜻을 고시하여야 한다.

제34조 청산 완료할 때는 청산인은 청산에 관한 일체의 서류를 첨부하여 그 뜻을 행정관청에 제출하여야 한다.

제35조 평의원의 선임 또는 해임이 있을 때는 농회는 지체 없이 그 뜻을 행정관청에 제출하여야 한다. 다만, 조선농회령 제11조의 규정에 의한 해임에 대해서는 이에 의하지 않는다.

제36조 부윤·군수 또는 도사가 부·군·도(島)농회의 통상의원과 특별의원을 임면할 때는 도지사에 보고하여야 한다.

제37조 ① 다음의 경우에 있어서는 도지사는 조선총독에게 보고하여야 한다.

1. 부·군·도(島)농회의 설립, 해산, 합병 또는 분할을 인가할 때

2. 조선농회령 제11조의 규정에 따른 처분을 하거나 또는 농회법 제32조의 규정에 의한 회칙 · 수지 예산 혹은 경비의 분부 수입 방법을 변경할 때

3. 부·군·도농회의 회장 및 부회장 및 도농회의 통상의원 및 특별의원을 임면한 때

② 전항 제2호의 경우에 있어서는 그 보고서에 사유서를 첨부하여야 한다.

제38조 ① 제8조·제10조·제22조·제29조·제31조·제33조 내지 제35조, 조선농회령 제7조·제8조·제11조·제12조, 농회법 제12조·제16조·제21조·제32조·제38조 내지 제40조에 있어 행정관청이라 칭함은 부·군·도(島)농회에 있어서는 도지사, 도(道)농회 및 조선농회에 있어서는 조선총독으로 한다.

② 조선농회령 제6조에서 행정관청이라 함은 부·군·도(島)농회는 부윤·군수 또는 도사, 도(道)농회에 있어서는 도지사, 조선농회에 있어서는 조선총독으로 한다.

③ 전항의 경우에 있어 부·군·도(島)농회의 지구가 2군 이상 또는 부·군에 걸친 때는 도지사는 그 행정관청인 부윤 또는 군수를 지정하여야 한다.

(2) 산업조합

① 산업조합 설립과 성격

〈자료 397〉 조선산업조합령의 목표(小早川九郎 編著, 1960, 498-500쪽)

조선산업조합령은 총독부가 "시정 이래 조선에서의 산업의 상태에 비추어 산업조합제도 확립의 필요를 인식하고 여러 가지 조사 연구를 거쳤음에도 불구하고 금융조합제도와의 조

화상 용이하게 성안을 얻는 데 이르지 못했는데, 총독 및 정무총감의 영단에 의해 다년의 현안을 깜짝할 사이에 해결을 알려*"서 발령된 것이지만 그와 같은 영단을 필요로 한 이유를 보면 대개 조선의 생산 조직은 소규모이고 특히 주요 산업인 농업의 대부분은 영세 소작농 조직이 점하고 있다. 따라서 그 경제적 기초의 빈곤함은 말할 필요도 없고 생산품은 정리 통일을 결여하고 유통은 대부분 정기 개장의 소규모 지방시장에 의존한다. 그렇기 때문에 생산과 소비 간의 투합(投合)이 원활하지 않아서 산업 발달이 저지되고 있는 상태였다. 이 점은 다른 면에서 관찰해 보면 산업 발달을 충족하고 중산 이하의 계급층에게 부단히 직업을 급여하는 것에는 자금의 윤택한 공급과 생산 및 거래 조직의 정비를 필요로 한다는 것을 보여 준 것이었다. 즉 생산조합은 이러한 필요에 대해 매우 적극적으로 평등하게, 평화롭게, 또한 어떠한 강제 없이 순수하게 자조(自助)적 방법으로 대응하고, 적합하다고 인식되는 것으로 그 실시 장래에 대해서도 조선에서는 "옛날부터 지금까지 계약(禊約)의 제(制), 향약의 유풍이 존재해서 여러 조합운동에 대해 어느 정도의 훈련과 소질을 가진 관계에서 봐도 산업조합제도도 적당한 지도 감독을 실시하는 것에서는 충분히 그 고유의 효과를 발휘해서 조선의 산업경제 내지 사회정책상 기여하는 바가 아마도 막대"**할 것이라고 기대되었다. 그렇기 때문에 설치된 "산업조합은 종래의 거래제도의 결함을 보충해서 무직자에게 수산(授産)의 길을 열고 제품의 안전한 판로를 얻게 하기 위한 것이고, 장래 조합이 성립하게 된다면 그들은 조합원으로서 구매사업에 의해 산업상 필요한 원료, 기타 기구의 공급을 받아 조합의 지도 감독에 따라 적당한 상품을 작성하고, 또 제품에 대해서는 판매사업에 의해 조합이 항상 중앙, 기타 시장과 연계해서 유리하게 판매하는 방법을 모색하기 때문에 조합원은 거의 노무만 제공하는 것으로 견실하게 산업에 종사하는 것이 가능하다"***는 것이었다.

〈자료 398〉 신용사업을 결여한 산업조합(小早川九郎 編著, 1960, 500-501쪽)

조선산업조합령****은 일본의 산업조합법을 모범으로 해서 제정된 것이다. 단 조선에서는

---

* 朝鮮總督府 殖産局, 「朝鮮産業組合令に付て」, 『朝鮮農會報』 20-3(1926.03), 38쪽.

** 朝鮮總督府 殖産局, 「朝鮮産業組合令に付て」, 『朝鮮農會報』 20-3(1926.03), 40쪽.

*** 朝鮮總督府 商工課長(安達房治郎), 「朝鮮産業組合令に就て」, 『朝鮮農會報』 20-3(1926.03)

**** 朝鮮總督府 商工課長(安達房治郎), 「朝鮮産業組合令に就て」, 『朝鮮農會報』 20-3(1926.03)

금융조합제도가 특수한 발달을 보였기 때문에 그 연혁, 성질 및 활동 현황 등을 숙고해서 신용사업을 제외하고 업무 범위를 판매사업, 구매사업, 이용사업의 3종으로 한정한 점은 일본 법과 현저하게 다르다. 그렇다고는 하지만 산업조합과 금융조합은 병립해야 할 성질의 것이라고 할 것까지는 아니다. 즉 조합원이 되는 대다수는 지극히 경제력을 결여한 자들이기 때문에 산업조합은 그 조합원에 대해 대금(代金)의 선지급(가불) 또는 연납(외상판매) 등으로 어느 정도의 산업자금 융통을 허가하고 있는 관계상 조합 자체에 대한 금융의 여하는 조합 업무의 수행상 중대한 관계를 가지기 때문에 금융조합과는 특히 자금 융통상 밀접할 수밖에 없는 관계를 맡아서 산업조합 자체를 금융조합연합회의 일원으로 하는 방도가 모색되고 있다. 또한 산업조합에 대한 융자에 관해서는 이외에 조선식산은행 및 기타 특수 금융기관과도 자금상 연계하고 있어서 장기 무담보 자금의 공급을 받는 것도 이루어지고 있다. 이외에 조직에서의 유한책임·무한책임 2종류에서 일본 법과 주요한 차이점이 있다. 조합원의 책임은 그 출자액을 한도로 하고 설립에 맞춰 그 설립자의 최소 인원이 이를 정하고, 의사기관으로 일본의 총대회제(總代會制) 대신 평의원회제(評議員會制)를 둬서 특수 사항을 대의 결정하는 것으로 했다. 업무 집행기관 및 감독기관은 조합장·이사·감사로 하고, 조합장 및 이사의 선임은 도지사의 인가를 받도록 했다. 그 외에도 감독 및 등기(登記)에 관해서 차이점이 있다. 또한 중앙회제도도 설치하지 않는 것으로 하고 있다.

산업조합은 동령 발포의 해에 설립을 허가받은 조합이 13개로 집계되었지만 이후의 발달 보급은 반드시 순조롭다고 할 만한 것은 아니고, 1930년(昭和 5)에 점증해 38개의 조합에 이르게 된 것에 불과하다. 업적 또한 극히 부진한 상태다. 이처럼 부진한 상태를 보이는 원인에 대해서는 이를 명료하게 설명할 자료는 없지만, 생각건대 산업조합제도의 조선에서의 적용상 착오, 산업조합에 대한 이해의 결여, 산업조합의 지도자 인물의 부재 등 여러 가지 원인이 착종된 결과라고 추측된다.

② 산업조합령

〈자료 399〉「조선산업조합령」(제령 제2호, 1926년(大正 15) 1월 25일, 조선농회, 1936, 『**朝鮮農務提要**』, 181-195쪽)

제1장 총칙

제1조 본령에서 산업조합이라 함은 조합원의 산업 또는 그 경제의 발달을 기도하기 위하여 다음 게재된 사항의 전부 또는 일부를 목적으로 하여 설립하는 사단법인을 말한다.

1. 조합원이 생산하는 물건을 가공 또는 가공하지 아니하고 매각하는 것
2. 산업 또는 경제에 필요한 물건을 매입하여 이를 가공하거나 가공하지 아니하고 조합원에게 매각 또는 산업, 경제에 필요한 물건을 생산하여 조합원에게 매각하는 것
3. 조합원으로 하여금 산업 또는 경제에 필요한 설비를 이용하게 하는 것

제2조 산업조합의 조합원은 조합의 구역 안에 거주하는 자에 한한다.

제3조 산업조합의 주소는 주사무소의 소재지로 한다.

제4조 ① 산업조합의 명칭 중에는 산업조합의 문자를 사용하여야 한다.

② 산업조합이 아니면 그 명칭 중에 산업조합임을 나타내는 문자를 사용할 수 없다.

제5조 산업조합에는 본령에서 별도로 규정한 것을 제외하고 상법 및 상법시행법 중 상인에 관한 규정을 준용한다.

제6조 본령에서 규정하고 있는 것 이외에 산업조합 업무의 단속에 관하여 필요한 사항은 조선총독이 정한다.

제2장 설립

제7조 산업조합을 설립하고자 하는 자는 정관을 만들어 조선총독의 허가를 받아야 한다.

제8조 정관에는 본령에서 규정한 것 이외에 다음 각호의 사항을 기재하여 설립자가 이에 서명 날인하여야 한다.

1. 목적
2. 명칭
3. 구역
4. 주사무소의 소재지
5. 출자 1구좌의 금액 및 그 납입 방법
6. 제1회 납입 금액
7. 잉여금 처분에 관한 규정

8. 준비금의 금액 및 그 적립 방법

9. 조합원 자격에 관한 규정

10. 조합원의 가입 및 탈퇴에 관한 규정

11. 조합 목적 사업의 집행에 관한 규정

12. 존립 시기 또는 해산의 사유를 정한 때에는 그 시기 또는 사유

제9조 산업조합은 그 조합원의 수를 한정할 수 없다.

제10조 ① 출자 1구좌의 금액은 균일하게 정하여야 한다.

② 출자 1구좌 금액의 최고한도는 조선총독이 정한다.

제11조 산업조합이 그 설립 허가를 받은 때에는 지체 없이 각 조합원으로 하여금 제1회의 납입을 하게 하여야 한다.

제12조 ① 전조의 납입을 한 때에는 2주일 내에 주사무소의 소재지에서 다음 각호의 사항을 등기하여야 한다.

1. 제8조 제1호 내지 제3호, 제5호 및 제12호에 게기한 사항

2. 주사무소

3. 출자의 총구좌 수 및 불입한 출자 총액

4. 설립 허가의 연월일

5. 조합장, 이사 및 감사의 성명 및 주소

② 전항의 게재 사항에 변경이 있는 때에는 2주일 이내에 등기를 하여야 한다. 다만, 전항 제3호의 사항에 대하여는 매 사업연도 말일 현재에 의하여 연도 종료 후 1월 이내에 등기를 할 수 있다.

(중략)

제15조 민법 제47조 및 제48조의 규정은 산업조합에 준용한다. 다만, 동법 제48조 중 1주일은 2주일로 한다.

제3장 조합원의 권리의무

제16조 조합원은 출자 1구좌 이상을 가지고 있어야 한다.

제17조 조합원의 책임은 그 출자액을 한도로 한다.

제18조 조합원은 조합에 납입하는 출자액에 대해서 상쇄로써 조합에 대항할 수 없다.

제19조 ① 조합원은 조합의 승낙이 없으면 그 지분을 양도할 수 없다.

② 조합원이 아닌 자가 지분을 양수하고자 할 때에는 가입의 예에 의하여야 한다.

③ 조합원의 지분은 질권(質權)의 목적으로 할 수 없다.

제20조 조합원은 지분을 공유할 수 없다.

제21조 지분의 양수인은 그 지분에 대하여 양도인의 권리의무를 승계한다.

제22조 ① 조합원은 총조합원의 5분의 1 이상의 동의를 얻어 총회의 목적 및 그 소집의 이유를 기재한 서면을 제출하여 총회의 소집을 조합장에게 청구할 수 있다.

② 전항의 청구가 있은 때에는 조합장은 2주일 내에 총회 소집의 수속을 하여야 한다.

제23조 조합원은 총회 소집의 수속 또는 그 결의 방법이 본령 또는 본령에 의한 명령 또는 정관에 위반한 것으로 인정된 때에는 결의한 날부터 1월 내에 그 결의의 취소를 도지사에게 청구할 수 있다.

제4장 관리

제24조 ① 산업조합에 다음 임원을 둔다.

1. 조합장
2. 이사 1인 또는 수 인
3. 감사 2인 이상

② 조합장·이사 및 감사는 총회에서 조합원 중에서 선임한다.

③ 조합원 및 이사의 선임은 도지사의 인가를 받아야 한다.

④ 산업조합 설립 당시의 조합장·이사 및 감사는 정관으로써 이를 정하여야 한다.

제25조 조합장·이사 및 감사의 선임은 총 조합원의 반수 이상이 출석하여 그 의결권의 과반수로 결정한다.

(중략)

제27조 ① 조합장은 산업조합을 대표한다.

② 조합장은 총회의 의장이 된다.

③ 조합장에게 사고가 있거나 궐원의 경우에는 정관이 정하는 바에 의하여 이사가

대리하거나 그 직무를 수행한다.

제28조 조합장 및 이사는 정관이 정하는 바에 의하여 산업조합의 업무를 집행한다.

제29조 민법 제44조 제1항·제54조·제55조·제60조 및 제61조 제1항의 규정은 산업조합에 준용한다. 다만, 동조 중 이사는 조합장으로 한다.

제30조 감사는 기타의 임원 또는 조합의 직원을 겸임할 수 없다.

제31조 민법 제59조의 규정은 산업조합의 감사에 준용한다.

제32조 ① 조합장 및 이사의 궐원시의 총회 소집은 감사가 행한다.

② 조합장이 제22조 제1항의 규정에 의한 청구가 있은 날부터 2주일 내에 정당한 사유 없이 총회 소집의 수속을 하지 아니할 때에는 감사는 그 총회를 소집하여야 한다.

제33조 조합이 조합장 또는 이사와 계약을 하는 경우에는 감사가 조합을 대표하며, 조합과 조합장 또는 이사와의 사이에서의 소송에 대하여도 같다.

제34조 ① 제24조의 임원 외에 정관이 정하는 바에 의하여 산업조합에 평의원을 둘 수 있다.

② 평의원은 평의원회를 조직한다.

③ 평의원회는 정관이 정하는 사항을 결의한다.

④ 평의원회의 소집, 결의 방법 기타 평의원회에 관한 사항은 정관으로 정한다.

제35조 총회의 결의는 본령 또는 정관이 별도로 정하는 경우를 제외하고 출석한 조합원의 의결권의 과반수로 행한다.

(중략)

제37조 ① 조합장은 정시총회의 날부터 적어도 1주일 전에 재산 목록·대차대조표·사업보고서 및 잉여금 처분안을 감사에 제출하고 이를 주사무소에 비치하여야 한다.

② 조합원 및 조합의 채권자는 전항에 게기한 서류의 열람을 요청할 수 있다.

제38조 ① 조합장은 전조 제1항에 게기한 서류 및 감사의 의견서를 정시총회에 제출하여 승인을 얻어야 한다.

② 조합장은 전항의 승인을 얻는 때에는 2주일 내에 그 서류를 도지사에게 제출하고 대차대조표를 공고하여야 한다.

제39조 ① 산업조합이 그 조합원에 대하여 하는 통지 또는 최고(催告)는 조합원 명부에 기

재한 조합원의 주소 또는 조합원이 조합에 통지한 주소 앞으로 보내는 것으로 족하다.

② 전항의 통지 또는 최고는 통상 도달할 시간에 도달한 것으로 본다.

제40조 민법 제62조, 제64조, 제65조 제1항 및 제66조의 규정은 산업조합에 준용한다.

제41조 ① 정관의 변경은 총회의 결의를 거쳐 조선총독의 인가를 받아야 한다.

② 전항의 결의는 총조합원의 반수 이상이 출석하여 그 결의권의 4분의 3 이상으로 결정한다. 다만, 정관이 별도로 정하는 때에는 그러하지 아니하다.

(중략)

제43조 ① 산업조합이 출자 1구좌 금액의 감소의 결의를 한 때에는 그 결의한 날부터 2주일 내에 재산 목록 및 대차대조표를 작성하여야 한다.

② 산업조합은 전항의 기간 내에 그 채권자에 대하여 이의가 있을 때에는 일정의 기간 내에 이에 대하여 설명하여야 할 취지를 정관이 정하는 방법에 따라 공고하여야 하고, 알게 된 채권자에게 각 별도로 통지하여야 한다. 다만, 그 기간은 2개월을 넘을 수 없다.

제44조 ① 채권자가 전조 제2항의 기간 내에 출자의 감소에 대하여 이의를 제기하지 아니할 때에는 이를 승인한 것으로 본다.

② 채권자가 이의를 제기한 때에는 조합은 이에 변제를 행하거나 상당의 담보를 제공하지 아니하면 출자를 감소할 수 없다.

제45조 ① 조합원이 출자의 납입을 종료할 때까지는 이에 배당하여야 할 잉여금은 그 납입으로 충당하여야 한다.

② 전항의 배당하여야 할 잉여금의 계산에 대하여는 계산상 불편한 납입금의 단수(端數)금액은 잘라 버릴 수 있다.

제46조 ① 산업조합은 손실을 전보한 후가 아니면 잉여금의 처분을 할 수 없다.

② 잉여금 배당에 관한 제한은 조선총독이 정한다.

제47조 산업조합은 정관으로 정한 준비금의 금액에 달할 때까지 매 사업연도의 잉여금의 4분의 1 이상을 적립하여야 한다.

제48조 산업조합은 조합원의 지분을 취득할 수 없다.

(중략)

제6장 감독

제57조 산업조합은 조선총독 및 도지사가 감독한다.

제58조 ① 감독관청은 산업조합으로 하여금 그 업무 및 재산 상황을 보고하게 하거나 검사할 수 있다.

② 감독관청은 산업조합의 업무 또는 재산의 상황에 의하여 조합에 대하여 재산의 공탁을 명하고 기타 감독상 필요한 명령 또는 처분을 할 수 있다.

③ 도지사가 필요하다고 인정한 때에는 부윤·군수 또는 도사가 제1항에 규정한 감독권의 일부를 행사할 수 있다.

제59조 조합장 및 이사의 권원으로 손해의 우려가 있는 때에는 도지사는 임시로 조합장 또는 이사를 선임할 수 있다.

제60조 ① 산업조합이 본령, 본령에 의한 명령 또는 처분에 위반한 경우, 정관에 위반한 때, 공익을 해할 우려가 있는 때 또는 조합사업의 승계가 곤란한 때에는 감독관청은 총회의 결의를 취소하고, 조합장·이사 또는 감사의 개선을 명하거나 조합의 사업을 정지할 수 있다.

② 전항의 경우에는 조선총독은 조합의 해산을 명할 수 있다.

제7장 해산

제61조 산업조합은 다음 각호의 사유에 의하여 해산한다.

1. 정관이 정하는 존립 시기의 만료 또는 사유 발생
2. 총회의 결의
3. 합병
4. 조합원의 결망(缺亡)
5. 파산
6. 전조 제2항의 명령

제62조 ① 해산 및 합병의 결의는 총조합원의 반수 이상 출석하여 그 의결권의 4분의 3 이

상으로 결정한다.

② 전항의 의결은 조선총독의 인가를 받아야 한다.

第63조 ① 산업조합이 해산한 때에는 합병 및 파산의 경우를 제외하고 2주일 이내에 주사무소의 소재지에서 그 등기를 하여야 한다.

② 제13조의 규정은 전항의 경우에 준용한다.

第64조 ① 합병으로 인하여 조합을 설립하는 경우에는 정관의 작성, 기타 설립에 관한 행위는 각 조합에서 선임한 자가 공동으로 하여야 한다.

② 제62조 제1항의 규정은 전항의 규정에 의한 선임에 준용한다.

第65조 제43조 및 제44조의 규정은 산업조합 합병의 경우에 준용한다.

第66조 ① 산업조합이 합병을 한 때에는 2주일 내에 주사무소의 소재지에서 합병 후 존속하는 조합은 변경 등기를, 합병에 의하여 소멸한 조합은 해산 등기를, 합병에 의하여 설립한 조합은 제12조 제1항의 등기를 하여야 한다.

② 제13조의 규정은 전항의 경우에 준용한다.

第67조 합병 후 존속하는 조합 또는 합병에 의하여 설립한 조합은 합병에 의하여 소멸한 조합의 권리의무를 승계한다.

第68조 ① 산업조합이 그 채무의 완제가 불가능한 때에는 재판소는 조합장 또는 채권자의 청구에 의하거나 직권으로 파산 선고를 한다.

② 전항의 경우에 조합장은 지체 없이 파산선고의 청구를 하여야 한다.

第69조 해산한 산업조합이 채무를 완제하고 잔여의 재산이 있는 때에는 정관이 정하는 바에 의하여 처분한다.

第8장 청산

第70조 청산인은 취직 후 지체 없이 조합재산의 상황을 조사하여 재산목록 및 대차대조표를 만들어 총회를 소집하고 이를 제출하여 승인을 얻어야 한다.

第71조 청산인은 조합의 채무를 변제하거나 변제에 필요한 금액을 공탁하지 아니하면 조합의 재산을 분배할 수 없다.

第72조 청산 사무가 종결한 때에는 청산인은 지체 없이 결산 보고서를 작성하여 총회를 소집하고 이를 제출하여 승인을 얻어야 한다.

제73조 청산인이 없는 때 또는 청산인의 결원으로 손해 발생의 우려가 있는 때에는 도지사는 청산인을 선임할 수 있다.

제74조 ① 감독관청은 청산 사무 및 재산 상황을 검사하여 재산의 공탁을 명하고 감독상 필요한 명령을 할 수 있다.

② 중요한 사유가 있을 때에는 도지사는 청산인을 해임할 수 있다.

제75조 ① 청산인은 취직 후 2주일 내에 주사무소의 소재지에서 그 성명 및 주소의 등기를 하여야 한다.

② 전항의 등기사항에 변경이 있을 때에는 청산인은 2주일 내에 주사무소의 소재지에서 그 등기를 하여야 한다.

③ 제13조의 규정은 전 2항의 경우에 준용한다.

제76조 ① 청산이 종결한 때에는 청산인은 지체 없이 주사무소의 소재지에서 그 등기를 하여야 한다.

② 전항의 경우에 청산인은 청산의 전말을 감독관청에 보고하여야 한다.

제77조 민법 제73조·제74조·제78조 내지 제81조 및 비송사건수속법 제138조의 규정은 산업조합의 청산에 준용한다. 다만, 민법 제74조 중 이사는 조합장으로 한다.

제9장 등기

제78조 산업조합의 등기에 대하여는 주사무소의 소재지를 관할하는 지방법원, 지청 또는 출장소를 관할등기소로 한다.

제79조 등기소에 산업조합등기부를 비치한다.

(중략)

제82조 출자 1구좌 금액 감소의 등기신청서에는 그 사실을 증명하는 서면 이외에 제43조 제2항의 규정에 의한 최고 및 이의를 제기한 채권자가 있는 때에는 이에 대한 변제 또는 담보 제공을 증명하는 서면을 첨부하여야 한다.

제83조 ① 산업조합 해산의 등기신청서에는 해산의 사유를 기재하고 총회의 결의 또는 합병으로 인하여 해산한 때에는 총회의 결의록을 첨부하여야 한다.

(중략)

제10장 산업조합 연합회

제87조 ① 산업조합은 다음 각호의 사항의 전부 또는 일부를 목적으로 하여 도의 구역에 의하여 산업조합연합회를 설립할 수 있다.

1. 소속 조합이 매각하는 물건을 가공하거나 가공하지 아니하고 이를 매각하는 것
2. 소속 조합이 구매하는 물건을 매입하여 이를 가공하거나 가공하지 아니하고 소속조합에 매각하거나 소속 조합이 구매하는 물건을 생산하여 소속 조합에 매각하는 것
3. 소속 조합이 필요한 설비를 이용하게 하는 것

② 산업조합연합회는 소속 조합에 대하여 업무상의 지도와 소속 조합 상호 간의 연락 및 사업상 알선을 할 수 있다.

제88조 산업조합연합회는 사단법인으로 한다.

제89조 ① 산업조합연합회에는 다음 각호의 임원을 둔다.

1. 이사장
2. 이사 1인 또는 수인
3. 감사 2인 이상

② 이사장 및 이사는 소속 산업조합의 조합장 및 이사 중에서, 감사는 소속 산업조합의 감사 중에서 총회에서 선임한다.

③ 이사장 및 이사의 선임은 조선총독의 인가를 받아야 한다.

④ 산업조합연합회의 설립 당시의 이사장·이사 및 감사는 정관으로 정하여야 한다.

제90조 ① 이사장은 산업조합연합회를 대표하여 그 업무를 집행한다.

② 이사장은 총회의 의장이 된다.

③ 이사는 이사장을 보좌하고 이사장에게 사고가 있을 경우 또는 결원의 경우에는 정관이 정하는 바에 의하여 그 직무를 대리하거나 직무를 행한다.

제91조 ① 산업조합이 산업조합연합회에 가입 또는 탈퇴하고자 할 때에는 총회의 결의를 거쳐야 한다.

② 제62조 제1항의 규정은 전항의 결의에 준용한다.

제92조 ① 산업조합연합회는 조선총독이 감독한다.

② 조선총독이 필요하다고 인정한 때에는 도지사가 그 감독권의 일부를 행사할 수 있다. 다만, 제58조 제2항 및 제60조의 규정에 의한 감독권에 대하여는 그러하지 아니하다.

제93조 제3조 내지 제23조·제25조·제26조·제29조 내지 제33조·제35조 내지 제42조·제45조 내지 제51조·제53조 내지 제56조, 제58조 제1항·제2항·제59조 내지 제81조 및 제83조 내지 제86조의 규정은 산업조합연합회에 준용한다. 다만, 제23조·제38조·제73조 및 제74조 중에서 도지사는 조선총독으로, 제12조·제22조·제25조·제26조·제29조·제32조·제33조·제37조·제38조·제59조·제60조·제68조 및 제77조 중에서 조합장은 이사장으로 한다.

제11장 벌칙

제94조 제4조 제2항의 규정에 위반한 자는 500원 이하의 벌금에 처한다.

제95조 다음 각호의 경우에는 산업조합의 조합장·이사·감사 또는 청산인, 산업조합연합회의 이사장·이사·감사 또는 청산인을 5원 이상 500원 이하의 과료에 처한다.

1. 감독관청의 인가를 받아야 하는 경우에 그 인가를 받지 아니한 때
2. 등기를 소홀히 하거나 부정하게 한 때
3. 관청 또는 총회에 대하여 부실한 신고를 하거나 또는 사실을 은폐한 때
4. 제11조·제14조 제2항·제22조 제2항·제38조·제43조·제44조 제2항·제45조 제1항·제47조·제48조·제68조 제2항 또는 민법 제60조의 규정에 위반한 때
5. 본령, 본령에 의한 명령 또는 정관에 위반하여 잉여금을 처분한 때
6. 제37조 제1항 또는 제42조 제1항의 규정에 위반하거나 제37조 제1항 또는 제42조 제1항에 게기하는 서류에 기재하여야 할 사항을 생략 또는 부정한 기재를 하거나 정당한 이유 없이 이를 열람시키지 아니한 때
7. 제58조 또는 제76조 제2항에 규정한 보고를 하지 아니한 때
8. 공고를 소홀히 하거나 부정한 공고를 한 때

9. 청산의 경우에 제70조 내지 제72조, 민법 제79조 또는 동법 제81조 제1항의 규정에 위반하거나 채권신청 기간 만료 전에 채권자에 대하여 변제를 한 때

10. 감독관청의 검사를 거부·방해 또는 기피하거나 당해 관리의 심문에 답변을 하지 아니하거나 허위 진술을 한 때

11. 감독관청의 명령 또는 처분에 따르지 아니한 때

제96조 비송사건수속법 제206조 내지 제208조의 규정은 전조의 과료에 준용한다.

〈자료 400〉「조선산업조합령시행규칙」(부령 제4호, 1926년(大正 15) 1월 25일, **朝鮮農會**, 1936, 『**朝鮮農務提要**』, 195-199쪽)

제1조 ① 산업조합(이하 조합이라 칭함)이 업무를 개시하고자 하는 때는 지체 없이 도지사에게 제출하여야 한다.

② 조합 설립에 관한 비용은 조합 설립 후 조합비로써 지불하여야 한다.

제2조 ① 조합이 주 사무소 이외의 사무소를 설치하고자 하는 때는 명칭, 위치 및 업무의 종류를 정해서 도지사의 인가를 받아야 한다. 이를 변경하거나 사무소를 폐지하고자 하는 때 역시 동일하다.

② 전항의 규정에 의해 설치한 사무소에서 업무를 개시하고자 하는 때는 지체 없이 도지사에게 제출하여야 한다.

제3조 조합의 출자 1구좌의 금액은 50원을 초과할 수 없다.

제4조 조합의 제1회 불입 금액은 출자 1구좌의 금액의 10분의 1을 넘어야 한다.

제5조 조합의 지불 금액은 출자 총액을 넘어야 한다.

제6조 ① 조합의 잉여금의 배당은 지분(持分)의 전부 혹은 일부 또는 취급하려는 물건의 수량, 가액 혹은 사업의 분량에 대한 것 이외에는 할 수 없다.

② 지분의 전부 또는 일부에 대한 잉여금 배당률은 연 7분을 초과할 수 없다. 단 특별한 사유가 있는 때는 도지사의 인가를 받아 연 1할까지 이를 증가할 수 있다.

제7조 조합이 새로 가입하는 자로부터 가입금을 징수하거나 새로 출자 구좌수를 증가하는 자로부터 증구금(增口金)을 징수한 때는 그 금액은 이를 준비금에 추가하여야 한

다. 탈퇴하고자 하는 조합원에 대해 그 지분의 일부를 환불하는 것으로 정했을 때는 그 금액에 대해서도 역시 동일하다.

제8조 조합의 업무상 여유금은 일시 국채증권 혹은 지방채증권을 매입해서, 우편저금으로 하거나 조선총독이 지정한 은행 혹은 금융조합연합회에 예입을 하는 것 이외에 이를 사용할 수 없다.

제9조 조합의 사업연도는 역년에 의한다. 단 특별한 사유가 있는 때는 그러하지 않는다.

제10조 조합의 역원은 정관의 규정 또는 총독의 결의에 의하지 않는다면 급료, 보수 또는 상여를 받을 수 없다.

제11조 ① 조합이 차입금을 하려고 하는 때는 도지사의 인가를 받아야 한다.

② 전항의 인가 신청서에는 차입금액, 이율, 기한, 상환 방법 및 차입처를 기재하여야 한다.

제12조 다음의 경우에는 조합은 도지사의 인가를 받아야 한다.

1. 업무, 급여, 복무 및 징계에 관한 규정을 설치하거나 이를 변경하려고 하는 때
2. 매 사업연도의 업무상 계획 및 경비 예산을 정하거나 이를 변경하려고 하는 때
3. 준비금 그 외의 적립금을 사용하려고 하는 때
4. 업무용 토지 혹은 건물을 취득하거나 업무용 건물을 신축, 개축 혹은 이축(移築) 하려고 하는 때
5. 국채증권 또는 지방채증권을 매입하거나 이를 매각하려고 하는 때
6. 재산 목록에 게기한 재산의 가액을 증가하려고 하는 때

제13조 역원에 이동이 있는 때는 조선산업조합령 제24조 제3항의 경우를 제외하고 등기(登記) 전에 지체 없이 그 사유, 씨명 및 주소를 도지사에게 제출하여야 한다.

제14조 조합총회를 열려고 하는 때는 적어도 10일 전에 회의의 목적인 사항, 개회의 일시 및 장소를 도지사에게 제출하여야 한다.

제15조 조합은 매월 실제 보고표를 조제해서 익월 5일까지 도지사에게 이를 제출하여야 한다.

제16조 조합의 사업보고서에는 다음의 사항을 기재하여야 한다.

1. 조합원의 직업별 수 및 출자 구좌 수의 이동

2. 출자 납입의 총액 및 잉여금으로써 출자의 납입으로 충당한 때는 그 총액

3. 차입 또는 상환한 금액 및 차입금의 이율

4. 손해의 계산

5. 준비금 그 외의 적립금

6. 총회의 결의 및 평의원을 둔 조합에서는 평의원회의 결의

7. 사업의 상황

제17조 조합의 공고는 소할 도청이 발행한 도보(道報) 및 조합사무소의 게시장에서 하여야 한다.

제18조 조합의 출자 1구좌 금액의 감소의 인가신청서 및 총회의 결의로 인한 해산의 인가신청서에는 재산 목록 및 대차대조표를 첨부하여야 한다.

제19조 도지사가 조선산업조합령 제58조 제2항·제59조 또는 제60조 제1항의 규정에 의해 명령 또는 처분을 한 때는 지체 없이 그 뜻을 조선총독에게 보고하여야 한다.

제20조 조합이 파산의 선고를 받은 때는 지체 없이 조선총독에게 제출하여야 한다.

제21조 조선산업조합령 제61조 제1항 제1호 또는 제4호의 사유로 인한 해산을 한 때는 그 사유를 기재해서 해산 당시의 감사 증명서를 첨부해서 지체 없이 이를 도지사에게 제출하여야 한다.

제22조 합병의 인가 신청서에는 합병 계약서, 재산 목록, 대차대조표 및 합병 후 존속하는 조합 또는 합병으로 인해서 설립한 조합의 정관 및 조선산업조합령 제64조 제1항의 경우에는 신청자가 동조의 규정에 의해 선임된 자인 것을 증명하는 서면을 첨부하여야 한다.

제23조 조합의 청산인은 조선산업조합령 제70조의 규정에 의해 총회의 승인을 얻은 때는 재산 목록 및 대차대조표를 조선총독에게 제출하여야 한다.

제24조 조합의 청산인은 매월 청산 사무보고서 및 대차대조표를 조제해서 익월 10일까지 조선총독에게 제출하여야 한다.

제25조 산업조합연합회(이하 연합회로 칭함)의 출자 1구좌의 금액은 500원을 초과할 수 없다.

제26조 조합의 가입을 승낙한 때는 연합회는 지체 없이 이를 조선총독에게 제출하여야 한다.

제27조 다음의 경우에는 연합회는 조선총독의 인가를 받아야 한다.

1. 업무, 급여 및 징계에 관한 규정을 설치하거나 이를 변경하려고 하는 때

2. 매 사업연도의 업무상 계획 및 경비 예산을 정하거나 이를 변경하려고 하는 때

3. 준비금 외의 적립금을 사용하려고 하는 때

4. 국채증권 또는 지방채증권을 매입하거나 이를 매각하려고 하는 때

第28조 다음의 경우에는 연합회는 도지사의 인가를 받아야 한다.

1. 업무용 토지 혹은 건물을 취득하거나 업무용 건물을 신축, 개축 혹은 이축하려고 하는 때

2. 재산 목록에 게기된 재산의 가액을 증가시키려고 하는 때

第29조 ① 연합회는 매년 1회 이상 소속 조합에 업무의 조사를 하여야 한다.

② 전항의 조사를 하는 때는 그 조사의 요령을 조선총독에게 제출하여야 한다.

第30조 소속 조합이 법령 또는 정관을 위반해서 기타 도지사 또는 조선총독의 처분을 필요로 하는 경우에는 연합회는 그 사유를 도지사 또는 조선총독에게 보고하여야 한다.

第31조 본령 또는 조선산업조합에 의해 조선총독 또는 도지사에게 제출하는 서류이면서 총회의 결의를 거친 사항에 관한 것은 그 결의록을 첨부하여야 한다.

第32조 제1조, 제4조 내지 제11조·제13조 내지 제18조 및 제20조 내지 제24조의 규정은 연합회에 이를 준용한다. 단 제1조·제6조·제11조·제13조 내지 제15조 및 제21조 중 도지사인 것은 조선총독으로 한다.

자료목록

자료번호	편저자	문건명(호수, 일자 등)	자료(책)명	발행처	발행일	원문쪽수	본문쪽수
01		사설: 미작개량의 훈령	매일신보		1912.03.15		21
02		중요 농산물과 총독의 훈령(1), 나카무라(中村) 농무과장의 담	매일신보		1912.03.17		22
03		데라우치(寺內) 총독 담(11), 미작 개량	매일신보		1913.07.06		23
04		조선의 지방행정, 총독부 모 당국자의 담	매일신보		1914.01.03		24
05		선미개량과 검사, 이시츠카(石塚) 장관 담	매일신보		1914.12.12		24
06		사설: 선미개량의 추세(1)	매일신보		1915.05.04		25
07		사설: 선미개량의 추세(2)	매일신보		1915.05.05		26
08		수리관개와 미작, 신수리조합령 발포에 대하여, 가와카미(川上) 동척 이사 담	매일신보		1917.07.20		27
09		미작 개량의 급무, 니시무라(西村) 식산국장 담	매일신보		1919.09.04		28
10			酒幕談叢: 1910년대 일제의 비밀사찰기 - 공주를 주막에서 엿듣다	국립공주대학교 공주학연구원·공주시	2017		29
11	小早川九郎	대한제국 농상공부 훈령(1904년, 光武 7)	補訂 朝鮮農業發達史 - 政策篇	友邦協會	1959	38-39	35
12	小早川九郎	통감부의 한국 농업에 대한 개입 방침	補訂 朝鮮農業發達史 - 政策篇	友邦協會	1959	35-36	36
13	小早川九郎	농상무성 한국토지농산조사사업	補訂 朝鮮農業發達史 - 政策篇	友邦協會	1959	46-47	37
14	小早川九郎	권업모범장의 농업개량 의견	補訂 朝鮮農業發達史 - 政策篇	友邦協會	1959	58-59	38
15	小早川九郎	이토(伊藤) 통감 농업 소견	補訂 朝鮮農業發達史 - 政策篇	友邦協會	1959	49-50	39
16		조선총독부 훈령 제10호	朝鮮總督府官報 제460호		1912.03.12		40
17		농업기술관 회동 지시(1913.12)	朝鮮農務提要	朝鮮農會	1936	1078-1079	42

18		농업기술관 회동 지시(1914.12)	朝鮮農務提要	朝鮮農會	1936	1082-1083	42
19		농업기술관 회동 지시(1915.12)	朝鮮農務提要	朝鮮農會	1936	1085-1087	43
20		농업기술관 회동 지시(1916.12)	朝鮮農務提要	朝鮮農會	1936	1089-1092	44
21		산미개량에 관한 유고	朝鮮農會報 6-8		1911.08	조선문 22	46
22		산미개량에 관한 전북장관의 유고	朝鮮農會報 6-12		1911.12	18-20	46
23		미곡개량에 관한 충남도장관 훈령	朝鮮農會報 13-11		1918.11	63-64	48
24	向板幾三郎	도작개량론(상)	朝鮮農會報 8-12		1913.12	1-4	50
25		조선인산업회 조사 방침 결정	동아일보		1921.07.05		56
26		조선인산업대회 건의안	동아일보		1921.09.16		56
27		사설: 조선산업조사회 개회를 맞아서(2). 농업	조선일보		1921.09.16		58
28		산업조사회 결의안	동아일보		1921.09.22		59
29		사설: 산업조사회의 결의안, 조선인 본위의 반대로 일본인 본위의 정책	동아일보		1921.09.23		59
30		산미증식계획, 보급금(補給金) 여하에 의하여	동아일보		1921.11.07		61
31		보급금 불성립과 정무 영향 여하	동아일보		1921.11.16		61
32		산미증식계획 내용, 경비 245만 원을 계상하여 15개년간에 40만 정보 토지개량	동아일보		1922.01.17		62
33		토지개량을 목적하는 특수회사 설립 문제 현재 의회에 심의하는 중 통과하면 금년 설립 착수, 시노하라(篠原) 총독부 농무과장 담	동아일보		1922.02.05		63
34		사설: 소위 산업제일주의와 조선 경제계	조선일보		1924.12.20		64
35		사설: 조선의 산미증식	조선일보		1924.12.23		64
36		시평: 산미정책	조선일보		1925.06.22		65
37		사설: 소위 산업제일주의 정책과 미곡 이출 문제에 관하여	조선일보		1925.07.09		65
38		사설: 산미증식책의 표리	시대일보		1925.08.07		66
39		산업제일주의, 각상(各相)에 역설	동아일보		1925.09.25		67
40		사설: 토지개량과 토지겸병	동아일보		1925.10.12		67
41		산미증식의 제1안은 실패, 제2안의 실현 노력	동아일보		1925.10.25		68
42		산미 타협 드디어 성립, 총경비 1억 900만 원 축소, 14년 계속사업으로	동아일보		1925.11.20		68
43		사설: 다시 산미증식 문제를 논함	조선일보		1925.11.20		69

44		타협이 성립된 산미증식안 내용, 14년 후 수입 인(籾) 401만 석	동아일보		1925.11.21		70
45		산미증식 진용 3과 신설, 개간, 서무, 수리로	동아일보		1926.05.09		70
46		사설: 산미증식계획 수행에 맞아서, 소작농과 자작농	동아일보		1926.10.30		71
47		사설: 토지와 농사의 개량, 조선인 본위로 하라	동아일보		1926.12.22		72
48		사설: 조선인의 식량	조선일보		1927.05.21		72
49		사설: 자작농의 몰락	조선일보		1932.07.30		73
50		사설: 토지개량 사업에 대하여, 수리조합과 민원	동아일보		1922.05.10		73
51		수리조합 실패, 지가 대저락	조선일보		1923.08.21		74
52		토지개량과 자금, 니시무라(西村) 식산국장 담	동아일보		1924.10.20		74
53		시평: 2배 된 수리비	조선일보		1924.11.16		75
54		산미증식계획 동척에 의촉?	동아일보		1925.03.26		75
55		관영 토지개량안 식량정책상 긴요한 문제	동아일보		1925.08.20		76
56		사설: 토지개량사업의 관영 문제	조선일보		1925.08.21		77
57		사설: 토지의 개량과 농민의 장래(상)	시대일보		1925.10.06		77
58		사설: 토지회사 설립에 대하여(상)	동아일보		1926.05.19		78
59		사설: 토지회사 설립에 대하여(하)	동아일보		1926.05.21		79
60		수리조합 소멸? 토지개량령으로	동아일보		1926.09.12		79
61		사설: 1700만 토지개량 저자, 우리에게 이익은 무엇?	동아일보		1927.04.10		80
62		사설: 문제되는 수리정책, 그 전환책이 여하?	조선일보		1927.08.06		81
63		토개령(土改令) 발포에 대하여, 아다치(安達) 토개과장(土改課長) 담	동아일보		1927.12.30		82
64		지방 논단: 수조 공사의 대행 문제, 재령 일 기자	동아일보		1928.02.05		83
65		사설: 토지개량령에 대하여	동아일보		1928.05.28		84
66		사설: 수조 시설과 지방민, 민간 이해를 무시하는 폐해	중외일보		1930.09.12		85
67		사설: 수리조합과 농민, 속히 그 선후책을 강구하라	조선일보		1931.05.06		86
68		사설: 대난관에 봉착, 수리사업의 궁상은 어떻게 진전되려나	조선일보		1931.05.18		86
69		지주와 소작인 공동으로 파탄, 부평수조 평의원 현정운 씨 담	조선일보		1931.12.10		87

70		사설: 토지겸병의 급속화	조선일보		1932.01.30		88
71		사설: 수리조합비 부과에 대하여(1)	중앙일보		1932.11.30		89
72		사설: 팽대(膨大)하는 수리조합 사업비	조선중앙일보		1933.04.07		90
73		13만 원 보조받아 설립되기도 전에 소비, 김포수리조합 부정 사실, 총독부는 반납 독촉	조선중앙일보		1933.05.21		90
74		사설: 때가 늦어도 호우(好雨)라 할까	시대일보		1926.07.17		90
75		수도종자갱신계획, 내년부터 제2기	동아일보		1926.08.27		91
76		지주의 탐리로 저자가 즉 고리, 농사개량 저자 대출 문제와 총독부 금융책의 일단	동아일보		1926.12.15		91
77		형식에 그치는 농사개량 방식, 농민들의 피해는 생각하지 않고 철도 연변에만 개량	조선일보		1930.06.18		92
78		자급비료 증시, 각 도 장려계획	동아일보		1926.08.08		92
79		유안(硫安) 수요 증가, 두박(豆粕)이 구축된다	동아일보		1927.12.21		93
80		비료취체령으로 일본의 부정품 방지	동아일보		1928.02.03		93
81		고리대 얻어서 산 인조비료 피해 격심, 농촌을 전율케 하는 도열병, 물경(勿驚)! 피해 3,500만 원, 직접 원인은 아니다, 총독부 농무과 미쓰이(三井) 기사 담	조선일보		1929.01.21		94
82		금비 장려의 폐(상). 쓸데없는 부담만 늘어가, 안성 일 기자	동아일보		1929.10.03		94
83		금비 장려의 폐(하). 쓸데없는 부담만 늘어가, 안성 일 기자	동아일보		1929.10.04		95
84		시평: 유안 폭등	중앙일보		1932.11.23		96
85		사설: 금비 장려책과 농가 증산책의 부수하는 부담고	조선중앙일보		1934.12.03		97
86		사설: 산미증식안을 중지하라, 미가문제의 근본 대책	동아일보		1930.10.25		98
87		사설: 산미증식계획을 중지하라, 체면 문제가 아니다	동아일보		1931.04.19		99
88		산미자금 감액으로 내정	동아일보		1931.04.28		99
89		사설: 문제 많은 수리조합, 다시 산미계획 중지를 촉구함	동아일보		1931.04.29		100
90		사설: 단연 중지하라, 기로에 선 산미증식계획	동아일보		1931.06.02		101
91		조선 농민에 관계 깊은 산미증식계획사업 중지, 미가의 저락과 일본 반대로 수리조합 신설도 이제부터는 중지, 수조난 잠시 모면	동아일보		1932.12.21		102

92		산미증식계획 중 신규 사업은 중지, 그러나 소화수리조합은 한다고, 재무국의 예산 방침	동아일보		1933.01.08		102
93		사설: 산미증식계획의 실적	조선중앙일보		1933.09.14		103
94		사설: 산미계획의 계속설을 듣고	조선일보		1933.10.07		103
95		산미증식계획은 의연 속행 방침, 항구대책이라는 총독부 의향 감산 문제와는 별개	동아일보		1933.10.07		105
96		사설: 산미증식계획을 중지하라	조선일보		1934.01.16		105
97		산미증식책을 포기코 토개 사업을 중지, 신규의 수조, 간척은 전부 파멸, 전 조선적으로 영향 심대	동아일보		1934.05.31		106
98		산미증식 중지의 경제적 영향 별무(別無), 사위(四圍) 정세의 호전으로	동아일보		1934.06.01		107
99		우리의 정중동관(靜中動觀): 산업대회와 산업조사회, 정반대의 기미가 있는 양 결의문	개벽 16호		1921.10.18		108
100	마명(馬鳴)	조선 사람의 운명을 지배하는 당면의 농촌정책 문제(상). 사회는 모름지기 큰 주의를 이에 던지라	별건곤 34호		1930.11.01		109
101	마명	조선 사람의 운명을 지배하는 당면의 농촌정책문제(하). 사회는 모름지기 큰 주의를 이에 던지라	별건곤 35호		1930.12.01		113
102	이광수	시화(時話)	동광 17호		1931.01.01		115
103	마명	농촌문제 특집: 농업공황과 농민의 몰락 과정	동광 20호		1931.04.01		116
104	오기영	농촌문제 특집: 수세연납운동과 미림수조 항쟁기	동광 20호		1931.04.01		117
105	주요한	내외 대관(大觀)	동광 21호		1931.05.01		118
106	임병철	조선 농촌문제 해부, 주로 농업정책에 대하여	동광 29호		1931.12.27		120
107	이훈구	수리조합의 위기, 조선 농촌의 암종(癌腫)	동광 30호		1932.01.25		121
108	小早川九郎	산업조사위원회	補訂 朝鮮農業發達史 - 政策篇	友邦協會	1959	371-373	126
109	小早川九郎	산업계획위원회의 「농업계획요항」	補訂 朝鮮農業發達史 - 政策篇	友邦協會	1959	373-374	127
110	朝鮮總督府 農林局	조선산미증식계획의 실적	朝鮮産米增殖計劃ノ實績		1933	1-5	129
111	朝鮮總督府	토지개량사업의 개황	土地改良事業の概況		1932	1-25	132
112	朝鮮總督府 農産課	수도종자갱신계획 및 그 실적 개요	朝鮮農會報 8-6	朝鮮農會	1934.06	58-62	145

113	朝鮮總督府 農林局	자급비료의 증산 장려	朝鮮の肥料(昭和 17年)		1942	2-20	148
114	이여성 김세용		數字朝鮮硏究 1	世光社	1931	32-48	153
115	박문병	농업 조선의 검토(19)·(20)	조선중앙일보		1936.07.9·10		158
116	강정택	조선 식량문제의 발전과정: 내지로의 쌀 보급과 관련하여	農業經濟硏究 16-2		1940		160
117		산미증식 재계획, 총독부는 추세 정관(靜觀)	동아일보		1935.10.05		166
118		소규모로 증산 부활, 농림 당국에서 구체안 작성 중, 구재(救災)의 일책으로 영농개량	동아일보		1936.06.03		167
119		사설: 산미증식사업 부활설, 항구적 정책을 수립하라	조선일보		1937.03.28		167
120		산미증식계획 5년계획으로 부활, 신산업 5개년계획과 병행하여 현재 구체안 입안 중	동아일보		1937.07.10		168
121		임시비료배급통제령 전문 6조 금일 공포, 주로 배급업자를 대상, 호즈미(穗積) 식산국장 담	동아일보		1937.07.10		168
122		사변과 사업·상품계의 현황(3). 화학공업, 대체 비관 무용, 의외로 불안은 희소	동아일보		1937.10.21		169
123		금비의 합리 시용으로 공급 부족을 완화, 녹비, 구비, 퇴비 등 자비(自肥)들 적극 장려, 농림성서 방법을 지시, 비료 대책	동아일보		1937.12.05		170
124		토지개량사업 진전. 농산자원의 개발, 토지협의회 석상 농림국장 훈시	동아일보		1938.03.26		171
125		자급비료증산계획에 의한 보조액 16만여 원, 금년부터는 헤아리베치에 치중, 7일부 보조 지령 발포	동아일보		1938.06.10		173
126		비료 통제의 강화, 배급기구 개혁 치중	동아일보		1938.06.12		173
127		조선미증식계획 내년부터 본격적 착수, 14년도에 신규 예산을 계상할 터, 경지 불확장, 경종개량	동아일보		1938.09.04		174
128		수급 부족 징조 없는 한 적극 증식은 문제, 전년 산미증식계획 부활 요망에 농성 오하마(小濱) 국장의 답변, 시조(時調)에서 논란된 조선미 문제	동아일보		1938.09.09		175
129		조선미증산계획 좌절, 예산 80만 원을 반삭코 현재 생산 확보에만 치중	동아일보		1939.01.07		176
130		토지개량사업 부활, 공유수면 매립 등 미간지 이용, 농림국의 응급대책	동아일보		1939.02.03		176

131		조선미 증산 목표 결국 90만 석 정도, 추가예산이 통과된다 해도 120만 석 증산은 난망	동아일보		1939.03.12		177
132		조선미 증산시설 구체적 내용 결정, 종자 개신(改新) 등 3항 실천	동아일보		1939.03.31		177
133		조선미증식에 대처 비료배급계획 결정, 배급은 농회, 금조(金組) 양편으로 알선, 소요자(所要資) 600만 원 융통	동아일보		1939.04.21		179
134		사설: 농가경제와 비료 가격	조선일보		1939.05.04		179
135		사설: 한발과 대책	동아일보		1939.06.03		180
136		결정된 한해 대책 요강, 대책위원회 설치, 정무총감이 위원장 취임·각 위원도 임명, 금월 중 불우(不雨) 시에 대처, 묘를 평균 분배·대작 종자도에서 알선, 대작(代作) 종자 운임을 5할 인하, 대작 못하면 부업 장려	동아일보		1939.07.22		181
137		사설: 한해 대책의 목표	동아일보		1939.07.28		182
138		한재 대책의 전면적 강화, 농경민의 이동을 방지, 축농산을 적극 보존, 소를 파는 것을 절대로 금지코 응급 자금도 대부, 식량의 무상 배급책도 강구	동아일보		1939.08.10		183
139		사설: 한재의 대책(2). 토목사업의 대규모적 진흥	조선일보		1939.08.17		183
140		한해 극복에 총동원, 당국의 항구적 대책 달성	동아일보		1939.09.01		184
141		사설: 토지개량사업의 부활설	조선일보		1939.07.05		185
142		사설: 토지사업 부활 긴급	동아일보		1939.08.03		185
143		일전(一轉) 대규모 계획화, 유무라(湯村) 농림국장 담	동아일보		1939.10.11		186
144		토개사업도 부활! 총독, 구체 입안을 명령	동아일보		1939.10.11		187
145		토개와 농사개량의 병진주의로 매진, 조선미 500만 석 증미계획안 금후, 농성과 절충 개시	동아일보		1939.10.14		187
146		금비에서 자비주의(自肥主意)로, 퇴비, 녹비 다산 다용, 자비는 3대 요소 풍재(豊在), 수입도 증진, 내년도 비료정책 강화	동아일보		1939.11.07		188
147		사설: 증미계획의 실현	동아일보		1940.01.11		188
148		사설: 증미계획과 기술자 부족	조선일보		1940.01.19		189
149	장현칠	조선증미계획 타진(3). 부활계획 요강과 증산안의 빈약상	동아일보		1940.01.20		190

150	장현칠	조선증미계획 타진(4). 품종개량 실적과 최근의 체감 경향	동아일보		1940.01.21		191
151	장현칠	조선증미계획 타진(5). 경종법 개선으론 증산 기대 난망	동아일보		1940.01.23		192
152	장현칠	조선증미계획 타진(7). 시행 가능 면적과 토개사업의 전도	동아일보		1940.01.25		194
153	장현칠	조선증미계획 타진(8). 예산 배정 내용과 기술 자재 문제	동아일보		1940.01.28		195
154		증미에는 기술자가 필요 속성으로 대량 양성, 경성농교에 농업토목과 신설	동아일보		1940.02.16		197
155		사설: 비료 기근의 원인과 대책에 대한 고려	동아일보		1940.04.14		197
156		사설: 수리조합계획	조선일보		1940.04.22		198
157		증미계획 달성 목표로 조선 총력을 응집, 계통적 지도망을 조직	동아일보		1940.04.25		199
158		증미계획과 자재난, 현재 설계의 재차 변경은 여지 거의 없음, 가급적 자재 불필요 지점에 허가 방침	동아일보		1940.05.02		199
159		공동묘판, 수조 개방으로 묘 부족을 방지하라, 각 도 내의 묘 수급계획을 확보하라고 유무라(湯村) 각 도지사에 통첩	동아일보		1940.05.15		199
160		증미계획 측면 추진, 수련(水聯) 창설과 유무라(湯村) 농림국장 담	동아일보		1940.07.14		200
161		수리조합연합회 창설, 금일 인가 즉일 시무, 증미계획의 완수에 협력	동아일보		1940.07.14		202
162		조선의 미곡 대책을 검토, 산미는 경종법 개선보담 토지개량사업에 중점, 농촌에는 잡곡, 도회에는 미의 배급량 증가, 조선미곡조사위원 종합의견	동아일보		1940.08.09		202
163		적확한 계획을 수립 증미 목표 달성하라, 농무과장회에서의 야마자와(山澤) 농림국장 훈시	매일신보		1942.02.06		203
164	朝鮮總督府 農林局	조선증미계획	朝鮮の農業(昭和 17年)		1942	289-297	206
165		3,500만 석을 목표, 개정 증미계획 수립	매일신보		1942.01.24		212
166	久間健一		朝鮮農政の課題	成美堂書店	1943	409-411	214
167		식량증산응급대책요강(1943년 6월 4일 각의 결정)	大野綠一郎 關係文書			1-6	215
168		총독부의 농사개량 대책, 비료 자금, 전작 장려 각 도 기술관 회의에서	동아일보		1928.03.23		220

169		속 수입 방지책 전작증식계획	동아일보		1929.04.07		220
170		속 모범 작포(作圃)의 적작(適作) 장려, 내년도로부터	동아일보		1930.10.17		221
171		전작개량증식 농민실업 완화로, 맥, 두, 기타 잡곡 수확은 5할 내지 10할의 증가	동아일보		1930.09.18		221
172		전작증식계획으로 잡곡의 생산 증가, 1억 원이 증식되는 동시에 6,000만 원 수입을 막게 된다, 마츠무라(松村) 총독부 식산국장 담	동아일보		1930.10.30		222
173		전작개량증식계획(1). 산미증식계획과 병행될 새로운 농사정책을 수립	동아일보		1930.11.29		222
174		전작개량증식계획(2). 산미증식계획과 병행될 새로운 농사정책을 수립	동아일보		1930.11.30		224
175		전작 장려비 1억 1,000만 원, 상당히 증수될 모양	동아일보		1930.12.13		225
176		방대한 전작계획 1억 1,000만 원 증수, 12개년 계속의 전작증식 계획안, 계획 완성되면 1,600만 석을 증수, 2,300의 지도포 신설	동아일보		1931.01.30		225
177		사설: 전작증식계획 검토, 증식만이 능(能)이 아니다	동아일보		1931.02.01		226
178		전작계획 실시 성적 양호, 식산국 야마모토(山本) 기사 담	동아일보		1931.11.25		227
179		사설: 전작개량증식계획	동아일보		1932.10.22		228
180		보식작물 증식, 계획안도 삭제	동아일보		1932.12.27		228
181		근본 대책으로 전곡증식계획, 특례 설안(設案)은 일 소극책, 아직도 전도요원	동아일보		1933.03.20		228
182		전작개량계획 내년도 제안	동아일보		1933.07.10		229
183		미작 만능시대에서 다원농업으로 전환, 미가는 해마다 저락 일로이나 대·소·나맥가는 3할 내지 9할이 앙등, 전도 유망한 조선 전작	동아일보		1934.02.23		229
184		영농 근본 개정, 각 도 연락시험 10년도부터 실시	동아일보		1934.03.01		230
185		전작개량증식 장려보조비 결정 총액 20만 5,000원	동아일보		1934.04.27		230
186		미작에서 전작에로 전향! 다각농업 구체안 작성, 국유 미간지 불하하여 재원 염출 개간비에는 3할 정도의 국고보조를 지급코, 내년도 신규사업으로 예산 요구	동아일보		1934.05.25		231

187		산미에서 잡곡으로 전향, 전작지 개간 조성 10개년계획 수립, 전조선 120만 정보 미간지 제1기로 3만 정보 개간	동아일보		1934.07.21		231
188		전작개량조합 1,090여 신설, 총계는 4,138개 조합, 금후도 증설 개량 방침	동아일보		1935.06.11		232
189		조선 잡곡 자급의 증식계획을 성안 중, 북조선 산지대에 장려하려고, 현 면적 130만 정보	조선일보		1935.06.23		232
190		전작개량증식계획 실시를 철저, 농림국에서 각 도에 통첩	조선일보		1936.03.25		233
191		서북조선에 2년 3작 확충, 주목되는 합리적 영농	동아일보		1936.04.28		235
192		농사시험장의 시험 범위를 확대, 전작 기타 시험에도 착수 계획	조선일보		1936.07.25		235
193		전작개량조합을 적극적으로 조성	조선일보		1936.07.30		236
194		공업용 작물 장려 10개년계획 수립, 농림국 구체안 성립	동아일보		1936.08.09		236
195		전작 단당 수확을 적극적으로 증대 도모, 12년도 이후부터 주력	동아일보		1936.08.11		237
196		5개년계획으로 소맥증산계획	동아일보		1937.07.30		237
197		동척은 다시 전작 진출	동아일보		1937.12.01		238
198		사설: 농산물증식계획	동아일보		1938.09.03		238
199		전작물개량증산 신목표로 매진 결정, 면적 증대, 수량 인상 등	동아일보		1938.11.29		239
200		상업작물 편중 시정, 내년부터 잡곡 증산, 휴한지 이용, 기전 집약 고도화로, 당국 구체적 연구 착수	동아일보		1940.05.08		240
201		사설: 농업의 종합적 계획	동아일보		1940.05.10		241
202		전작식량증산, 예비금 지출 결정에 대비하여 농무과장회의도 소집	매일신보		1941.05.10		242
203		전작증산계획 실시, 금일 본부서 타합회	매일신보		1941.05.14		242
204		시상만화(時相漫話): 소위 전작증식계획	별건곤 35호		1930.12.01		243
205	임병철	조선 농촌 문제 해부, 주로 농업정책에 대하야	동광 29호		1931.12.27		244
206	武田總七郎	도작 개량에 대하여(상)	朝鮮農會報 9-2		1914.02	1-6	246
207	朝鮮總督府農林局	식량전작물증산계획	朝鮮の農業(昭和 17年)		1942	297-302	251
208	朝鮮總督府農林局	고구마증산장려계획	朝鮮の農業(昭和 17年)		1942	302-306	254
209	久間健一		朝鮮農政の課題	成美堂書店	1943	40-44	257

210		일본 미곡법 조선에 적용 상조, 일본 농상무성 견해	동아일보		1924.09.16		312
211		미곡법 조선 적용, 일본 측도 희	동아일보		1925.02.24		313
212		미곡법 적용은 신중 정사(精査)한 후에	조선일보		1926.06.19		313
213		미곡법의 조선 적용 문제, 미곡대회에서 열렬한 주장	동아일보		1927.02.17		314
214		미가 조절을 조선뿐만은 불능, 미곡법 적용이 필요	동아일보		1927.08.19		314
215		일선공풍(日鮮共豊)으로 미가 유지 심란, 조선미 매상 불능, 미곡법의 일대결함	동아일보		1927.09.18		315
216		논설: 미가 조절 문제 필경 무책(無策)	중외일보		1927.10.27		315
217		사설: 미곡법 개정안에 대하야	동아일보		1927.12.06		316
218		미곡법 문제로 총독부는 두통, 실시되어도 곤란	동아일보		1927.12.07		318
219		소농의 생활비만 높여, 텐니치 쓰네지로(天日常次郎) 씨 담	동아일보		1928.01.15		318
220		논설: 미곡법 제2조의 조선 적용	중외일보		1928.01.18		319
221		미곡법 제2조 적용은 선거의 대책, 일본 농민 환심 목적	동아일보		1928.01.18		320
222		미곡법 제2조 조선 적용에 절대 반대, 【이유는 관세권 침해와 부담과중】재무당국 태도 강경	동아일보		1928.01.20		320
223		2조 적용과 조선미 매상 문제, 선일 양지 간의 상호 영향	동아일보		1928.01.28		322
224		총독부의 계획 중인 미가 조절의 대책, 3정책 중 1을 선정	중외일보		1928.03.15		323
225		사설: 미곡법 전부 적용 문제, 주목할 금후의 추세	동아일보		1928.10.08		324
226		농림성 미가 대책에 희생되랴는 조선미, 일본 이입 방지는 대불가(大不可)	중외일보		1928.11.22		326
227		조선 대만에 미곡법을 실시, 정부와 위원의 의견 일치	동아일보		1929.06.21		327
228		미곡법 조선에 적용, 식산국장 주장	동아일보		1929.06.23		329
229		사설: 미곡법 실시 문제	동아일보		1929.06.24		329
230		미곡법 폐지에 조선 찬성 결정, 16일 경성곡물상이	동아일보		1929.07.18		331
231		소비자로 본 미법(米法) 철폐 문제, 사계정통(斯界精通)의 모 방면 관측	동아일보		1929.08.01		331
232		미곡전매 재론, 야하기(矢作) 안을 반대함	중외일보		1929.09.17		332
233		산미증식이면서 이입 제한은 모순, 조선에도 미곡법을 적용하라	동아일보		1930.02.26		333

234		미가 저락의 방지책 효과 여하, 만주속 수입관리론 일부서 대두	중외일보		1930.09.04		334
235		사설: 미곡법 연장 실시에 대하야, 속히 실시를 바란다	동아일보		1930.11.22		334
236		'조선미도 매상하라! 미곡법 시행 당연' 조선농회에서 운동	동아일보		1931.02.11		335
237		미두여화(米豆餘話)	조선일보		1932.01.29		336
238		조선미 매상 주체 총독부? 정부? 신미곡법 제정설이 있으나 수속 번잡으로 가능성 적어, 결국 현 미곡법으로	동아일보		1932.08.12		336
239		개정미곡법의 모순	동아일보		1932.09.14		337
240		미곡조사위원회는 미가 조절을 해결, 조선미의 통제는 상미정(尙未定), 이마무라 타케시(今村武志) 식산국장 담	동아일보		1929.06.26		338
241		미곡문제엔 통일책을 쓰라, 농업자대회의 중심 문제	동아일보		1929.09.28		339
242		미곡조사회의 각 위원의 제출안, 수량조절 철저가 주장	동아일보		1929.10.09		339
243		미조특별위원회(米調特別委員會)의 의제	동아일보		1930.01.19		342
244		미곡조사회 답신안 내용, 조선미의 이출 조절과 미가 표준의 설정 기타	동아일보		1930.03.23		344
245		전 조선의 농업자대회, 미가 조절의 대책으로 농회의 계획	동아일보		1930.09.10		346
246	이봉수	풍년공황과 농민의 각성(6)	동아일보		1930.11.12		346
247		사설: 미곡통제법안, 조선의 처지로 본 비평	동아일보		1933.01.17		347
248		미 문제 귀결이 어디로,【2】구미곡법으로 손실의 막대, 중외상업신보 소재	동아일보		1933.08.17		349
249		미 문제 귀결이 어디로,【3】신통제법의 효과가 의문, 중외상업신보 소재	동아일보		1933.08.18		350
250		미곡문제, 미곡통제법 발동 절대로 불가능, 11월까지 정관(靜觀) 외 무방도(無方途), 농상이 수상에게 언명	동아일보		1933.09.06		352
251		정부 태도 정관, 정우회 태도	동아일보		1933.09.06		353
252		통제법 시행 단축 결의, 민정당 간부회	동아일보		1933.09.06		353
253		미곡통제법의 효과, 조선 농촌에는 기대난, 현실적 효과는 상인에게 상품미가 넘어간 후?	동아일보		1933.11.12		353
254		조선 미곡문제는 어디로? 발전되어 가는 이해충돌에서 조선미를 어떻게 옹호할까	동아일보		1934.02.13		354

255	신태익	증수로 인한 미가 폭락과 조선 농촌 경제의 조락	별건곤 34호		1930.11.01		357
256	주요한	내외대관(內外大觀), 과거 1개월간 조선과 세계의 정치적 경제적 동향의 객관적 기록	동광 17호		1931.01.01		362
257	서춘	오를까 내릴까 이번 가을의 미가 관(觀), 1근 3전 9리 호(乎)	동광 24호		1931.08.04		365
258	서춘	미 전매 문제	동광 26호		1931.10.04		367
259	오익은	동아보(東亞報)상(上)의 궁민구제안 비판	동광 37호		1932.09.01		371
260	서춘	미로선상(迷路線上)의 조선미	개벽(신간) 1호		1934.11.01		372
261	신태익	조선 미가의 전망	개벽(신간) 2호		1934.12.01		374
262	왕촌생(汪村生)	재계단평(財界短評), 무장 평화의 경제전	개벽(신간) 2호		1934.12.01		377
263	정인관	쌀의 미(謎) '생산비' 문제	개벽(신간) 3호		1935.01.01		379
264	박용래	조선미통제 종횡관(縱橫觀)	삼천리 7권 5호		1935.06.01		384
265	小早川九郎	미곡을 둘러싼 일선상극(日鮮相克)	補訂 朝鮮農業發達史 - 政策篇	友邦協會	1959	479-480	391
266	小早川九郎	정부의 조선미 대책	補訂 朝鮮農業發達史 - 政策篇	友邦協會	1959	481-482	392
267	小早川九郎	조선미 수출조절문제 간담회	補訂 朝鮮農業發達史 - 政策篇	友邦協會	1959	482	393
268	小早川九郎	미가대책 간담회	補訂 朝鮮農業發達史 - 政策篇	友邦協會	1959	483-484	394
269	藤井寛太郎	제국의 식량문제와 조선의 미(米)	朝鮮農會報 3-7	朝鮮農會	1929.07	2-12	395
270	韓相龍	미곡 이입(移入) 제한에 대하여	朝鮮農會報 4-1	朝鮮農會	1930.01	10-12	397
271	齋藤久太郎	선미(鮮米) 수이출 통제에 대하여	朝鮮農會報 4-2	朝鮮農會	1930.02	12-16	398
272	木村東次郎	조선 내에서 미곡 수요량의 고찰과 미가 대책	朝鮮農會報 5-3	朝鮮農會	1931.03	87-89	401
273	朝鮮總督府農林局	조선에 미곡법 제2조 시행	朝鮮に於ける米穀統制の經過		1938	1	403
274	朝鮮總督府農林局	미곡의 수출입 허가제도(1931년 7월 1일부터 전국적으로 시행)	朝鮮に於ける米穀統制の經過		1938	6	403
275	朝鮮總督府農林局	조선미의 계절매상(1932년 9월 8일 미곡법개정)	朝鮮に於ける米穀統制の經過		1938	9	404
276		미곡통제 3안	동아일보		1932.10.23		404
277	小早川九郎	일본에서의 다난(多難)한 미곡 대책	補訂 朝鮮農業發達史 - 政策篇	友邦協會	1959	554-559	406
278	小早川九郎	조선미곡조사회 조직의 제창	補訂 朝鮮農業發達史 - 政策篇	友邦協會	1959	559-560	409
279	小早川九郎	임시조선미곡조사위원회 설치 및 그 답신	補訂 朝鮮農業發達史 - 政策篇	友邦協會	1959	561-562	410

280	小早川九郎	조선미 정부 매상에 대한 요망	補訂 朝鮮農業發達史 - 政策篇	友邦協會	1959	562-564	411
281	小早川九郎	조선미곡통제 요강	補訂 朝鮮農業發達史 - 政策篇	友邦協會	1959	564-565	413
282		조선미 자발통제의 미조절위원회 답신안, 「조선미 이출의 경제적 통제요강」	동아일보		1933.01.23		414
283		임시미곡조사위원회 설치	朝鮮農會報 7-2	朝鮮農會	1933.02	92	415
284		미곡통제조사회 답신안	朝鮮農會報 7-2	朝鮮農會	1933.02	96	415
285		농성감소시안요강(農省減少試案要綱) 금일 협의회에 제출, 「임시미곡작부반별감소 시안요강(試案要綱)」	동아일보		1933.09.22		417
286	한만희(韓萬熙)	미곡통제법과 조선	朝鮮農會報 7-11	朝鮮農會	1933.11	31-33	418
287		사설: 미곡창고 설치에 대하야	동아일보		1928.04.14		423
288		미곡창고 제2단 계획, 설계는 이미 완성	동아일보		1928.04.18		424
289		창고 건설과 미곡 자금이 필요, 매상의 급속 실시는 곤란, 총독부 측의 관측	동아일보		1929.06.13		425
290		미조위원회(米調委員會)와 조선 측의 제안, 산지 미곡창고 건설이 필요	동아일보		1929.09.20		426
291		조선의 미곡창고(1)	동아일보		1930.02.13		426
292		조선의 미곡창고(2)	동아일보		1930.02.14		428
293	김우평	미곡창고와 미가문제 연구(1)	동아일보		1930.09.16		430
294	김우평	미곡창고와 미가문제 연구(2)	동아일보		1930.09.17		431
295	김우평	미곡창고와 미가문제 연구(3)	동아일보		1930.09.18		432
296	김우평	미곡창고와 미가문제 연구(4)	동아일보		1930.09.19		433
297		특권 회사의 출현	동아일보		1930.11.20		436
298		미창 저자 부진은 요금고(料金高) 장소 불통, 금조(金組), 사창(私倉) 이용이 2원 유리, 보관료 감하 외 무도리	동아일보		1931.02.01		437
299		정조 300만 석의 저장창고 도별 결정, 농업, 정조, 야적 및 미창 등	동아일보		1934.01.10		437
300		미창 지점 원산 설치를 함흥부민은 반대, 미곡이 모두 원산에 집중된다고, 유지 궐기작전을 준비	동아일보		1935.11.23		438
301		천여 인부 미곡 운반을 곡창회사에서 거절, 인천 개항 이래 영신(永信), 인신(仁信) 양조(兩組)하던 일, 돌연 운임의 반감 요구	동아일보		1936.02.22		439
302		미곡창고의 통제와 차고미(借庫米) 금융 폐지, 조선은행은 적극적 의향	동아일보		1937.10.24		439

303		미곡검사 통일 계획	동아일보		1921.09.05		440
304		미곡 검사규칙 개정 요점	동아일보		1924.03.15		440
305		합격 못 되면 노임도 불급(不給), 고원 미곡검사 로동자들의 불평 자자	동아일보		1925.12.25		441
306		고읍(古邑)에서도 미곡 검사 지연, 검사를 해주지 않아 못 팔어, 일반 농민 곤란 막심	동아일보		1930.12.10		441
307		미곡 검사에 불평 등급 불공평과 불친절로, 검사원에 대한 비난 자자	동아일보		1931.01.14		441
308		마산 미곡 검사 가혹, 1일 손해 2000원, 타지방 합격미가 마산선 불합격, 곡상대회(穀商大會)서 당국에 항의	동아일보		1931.02.17		442
309		미곡 검사 엄중으로 경북미(慶北米) 유출 격증, 당업자들은 당국에 완화를 진정	동아일보		1931.03.22		443
310		미곡 검사 국영의 계획, 현재 진행중이다	동아일보		1932.04.07		444
311		미곡 검사 통일로 조합 유지 곤란, 결국 생산자 부담	동아일보		1932.09.13		444
312		미곡 검사 국영 이래 불편과 불평성(不平聲) 발생, 지정지 운반비만도 상당한 거액	동아일보		1932.10.16		445
313		미곡 검사의 무료를 주장, 부읍면 사업금 40만 원 기채, 경남도 임시회의서	동아일보		1932.12.25		446
314		미곡 검사 국영으로 미상입직자(米商叺織者) 타격, 4, 50리 와서 기다리다 묵어, 입대식비(叺代食費)에도 부족	동아일보		1933.01.24		446
315		미곡검사장료 때문에 검사 맡고 출하 불능, 김해 곡물검사장에서 2전 징수, 부산 운반 독점에 불평	동아일보		1933.06.15		447
316		미곡 검사 엄중으로 조가(租價) 폭락을 현출, 남북의 당사자가 호응하야 개선완화운동 전개	동아일보		1933.12.02		448
317		순천 미곡 검사에 조선인은 대불평, 차별적 검사를 한다고	동아일보		1934.03.11		448
318		미곡 검사에 불평, 검사관의 위약이 빈번, 남해 미곡상의 비난	동아일보		1935.01.26		449
319		가마니 검사원 농민을 구타치상, 함평군 검사원 폭행에 피해자는 고소 준비	조선일보		1935.01.29		450
320		미곡 검사 문제로 생로(生路) 잃은 수천 노동자, 정미업자와 미검소(米檢所)의 상지(相持)로 구세모(舊歲暮)에 일대 사회문제	동아일보		1935.01.30		450

321		농민 무지를 이용 중간착취 우심(尤甚), 미곡 강제검사제가 나은 결과, 전주 미곡소에만 수건	동아일보		1935.10.24		451
322		검사 부정의 박 기수에 10개월	동아일보		1936.03.13		451
323		검사표준만 높여 합격품은 희소, 남포 관내 생산자 불평	동아일보		1937.11.04		452
324	마명	조선 사람의 운명을 지배하는 당면의 농촌정책 문제, 사회는 모름지기 큰 주의를 이에 던지라	별건곤 34호		1930.11.01		453
325		시상만화(時相慢話)	별건곤 36호		1931.01.01		456
326	天日常次郎	농업창고 건설의 필요를 절규한다	朝鮮農會報 3-1	朝鮮農會	1929.01	28-30	457
327	朝鮮總督府農林局	농업창고의 시험적 설치	朝鮮に於ける米穀統制の經過		1938	2	459
328	朝鮮總督府農林局	조선미곡창고계획 수립	朝鮮に於ける米穀統制の經過		1938	2	460
329	朝鮮總督府農林局	조선미곡창고계획 수립의 연혁	朝鮮に於ける米穀統制の經過		1938	3-6	460
330	朝鮮總督府農林局	조선미곡창고계획(1930)	朝鮮に於ける米穀統制の經過		1938	17-28	462
331		미가 대책에 의한 미창(米創)의 이용 확장	朝鮮農會報 5-1	朝鮮農會	1931.01	128-129	467
332	朝鮮總督府農林局	1933년(昭和 8) 3월 조선미곡이출통제계획 요지	朝鮮に於ける米穀統制の經過		1938	65-68	468
333	朝鮮總督府農林局	벼장기저장계획(籾長期貯藏計畫)(1933)	朝鮮に於ける米穀統制の經過		1938	74-87	469
334	小原新三	미곡검사규칙의 개정 및 대두검사규칙의 제정에 대하여	朝鮮農會報 12-11		1917.11	35-36	475
335	小早川九郎	곡물 검사의 국영	補訂 朝鮮農業發達史 - 政策篇	友邦協會	1959	591-593	478
336	小早川九郎	곡물검사제도의 개요	補訂 朝鮮農業發達史 - 政策篇	友邦協會	1959	593-596	479
337	小早川九郎	곡물검사령시행규칙 개정	補訂 朝鮮農業發達史 - 政策篇	友邦協會	1959	597-598	482
338	小早川九郎	가마니 검사(叺檢查)의 국영	補訂 朝鮮農業發達史 - 政策篇	友邦協會	1959	598	482
339	小早川九郎	가마니 배급기관의 통제	補訂 朝鮮農業發達史 - 政策篇	友邦協會	1959	598-599	483
340		신체제의 쌀 문답, 미곡 조선의 중요성, 먼저 식량 사정을 알라	매일신보		1940.11.14		488
341		절미(節米)와 미곡 공출, 지시대로 철저 장려하라, 총력강원도연맹, 각 군에 비격(飛檄)	매일신보		1940.11.21		490
342		공출 미가의 선제저금(先除貯金), 강제적 장려는 회피, 농가의 실정을 충분히 참작, 유무라(湯村) 농림국장 담	매일신보		1941.02.18		492

343		미곡 공출을 강화, 매인당(每人當) 연 1석을 공제	매일신보		1941.09.24		492
344		이중배급을 시정 - 경북서 미곡 공출 강화	매일신보		1942.03.27		493
345		소맥 공출 협의, 13일 황해도서 개최	매일신보		1942.07.19		493
346		식량 배급 조정코자 자가 도정을 엄금, 강원서 미곡 출하 종료기까지	매일신보		1942.10.23		494
347		미곡 공출에 협력, 자가도정, 암거래에 주의하라	매일신보		1942.11.13		494
348		건조 조제를 독려, 가평군농회서 미곡 공출자에 주의	매일신보		1942.11.15		494
349		미곡 공출 우량 부락엔 각종 물품 특배(特配)한다, 우스이(碓井) 황해지사 도내 순시귀임 담	매일신보		1943.01.26		495
350		미곡 공출 독려전, 양주군 은현면서 공직자대회 열고	매일신보		1943.01.30		496
351		식량 절약도 전투다. 시장한 것쯤 참자! 공출 주저, 암취인은 비국민(非國民)의 행위	매일신보		1943.02.07		496
352		미곡 사전할당과 농민의 협력, 지주, 작인 적극 협력, 책임량 공출에 전력을 경주, 황해편 최 특파원	매일신보		1943.07.16		497
353		미곡(米穀) 공출 상황 시찰 보고. 양정과 주최 좌담회, 농민의 심리를 파악 불안 없게 함이 필요	매일신보		1944.01.27		500
354		미곡(米穀) 공출 상황 시찰 보고. 양정과 주최 좌담회, 조사의 정확과 가마니 준비를 하라	매일신보		1944.01.27		501
355		미곡 공출 성의로, 미곡에 토사를 섞지 말라	매일신보		1944.10.15		504
356		미곡 공출 현지 보고, 필승 식량전에 감투(敢鬪), 책임 완수에 관민 총친화의 실천	매일신보		1945.01.22		504
357		미곡 공출 현지 보고, 군량 맡았다는 자각, '콩깻묵'을 먹더라도 책임은 완수	매일신보		1945.01.25		507
358	경무국 경제경찰과	업계 및 일반 민중의 소리	情報週間展望 9집		1941.04.20		510
359	경무국 경제경찰과	업계 및 일반 민중의 소리	情報週間展望 11집		1941.05.24		510
360	경무국 경제경찰과	경제단체의 동정	情報週間展望 12집		1941.05.31		510
361	경무국 경제경찰과	생산 배급 관계	情報週間展望 13집		1941.06.07		511
362	경무국 경제경찰과	잡보(雜報)	情報週間展望 15집		1941.06.21		511

363	경무국 경제경찰과	업계 및 일반 민중의 목소리	情報週間展望 17집		1941.07.05		512
364	경무국 경제경찰과	업계 및 일반 민중의 목소리	情報週間展望 21집		1941.08.02		512
365	경무국 경제경찰과	업계 및 일반 민중의 목소리	情報週間展望 22집		1941.08.09		512
366	경무국 경제경찰과	금융관계	情報週間展望 23집		1941.08.30		513
367	경무국 경제경찰과	업계 및 일반 민중의 목소리	情報週間展望 37집		1941.11.22		514
368	경무국 경제경찰과	지도 취체 관계	情報週間展望 40집		1941.12.13		514
369	경무국 경제경찰과	지도 취체 관계	情報週間展望 43집		1942.02.28		515
370	경무국 경제경찰과	긴급식량대책 관계	經濟治安週報 54집		1942.05.16		515
371	경무국 경제경찰과	긴급식량대책 관계	經濟治安週報 55집		1942.05.23		517
372	경무국 경제경찰과	긴급식량대책 관계	經濟治安週報 57집		1942.06.08		521
373	경무국 경제경찰과	긴급식량대책 관계	經濟治安週報 58집		1942.06.15		523
374	경무국 경제경찰과	잡보	經濟治安週報 58집		1942.06.15		525
375	북악사학회 근현대사분 과 편	중요물자 및 식량증산 확보 결의안 (重要物資及食糧增産確保決議案, 1941.02.07.)	帝國議會 衆議院議事 速記錄 8	太山	1991	216-219	527
376	岩田龍雄 金子永徵	전시하 조선에 있어서 미곡정책의 전개(상)	殖銀調査月報 64호		1943.09	1-24	532
377	岩田龍雄 金子永徵	전시하 조선에 있어서 미곡정책의 전개(하)	殖銀調査月報 65호		1943.10	1-34	544
378	近藤釼一	조선의 식량 사정 일반	太平洋戰下の朝鮮(4)	友邦協會	1963	19-20	569
379	朝鮮總督府 司政局 社 會課	1940미곡연도 식량 배급 방책	昭和十四年寒害志		1943	72-75	571
380		1941미곡연도 식량 대책 요강	調査彙報 12호	朝鮮金融組 合聯合會	1940.11	73-75	574
381		1942미곡연도 식량 대책	調査彙報 21호	朝鮮金融組 合聯合會	1941.10	24-28	576
382		통제미에 대한 장려금 교부 방침	調査彙報 22호	朝鮮金融組 合聯合會	1941.11	29-30	581
383		벼천인저축실시요강(籾天引貯蓄實施要綱)	調査彙報 22호	朝鮮金融組 合聯合會	1941.11	35-36	582

384		1943미곡연도 식량 대책 요강	調査彙報 34호	朝鮮金融組合聯合會	1942.11	31-33	584
385	近藤釼一	공출촉진조치 요강과 부진의 원인	太平洋戰下の朝鮮(4)	友邦協會	1963	90-92	587
386		미곡생산확보보급금 교부 요강	公定米價の變遷に關する調査	朝鮮金融組合聯合會	1944	93-95	589
387		농업생산책임제 실시 요강	朝鮮 348호	朝鮮總督府	1944.05	2-5	590
388	小早川九郎	한국중앙농회의 사명	補訂 朝鮮農業發達史 - 發達篇	友邦協會	1960	124-127	664
389	小早川九郎	조선농회령 발포 경위	補訂 朝鮮農業發達史 - 發達篇	友邦協會	1960	493-495	666
390	小早川九郎	조선농회령의 특이점	補訂 朝鮮農業發達史 - 發達篇	友邦協會	1960	495-497	667
391	小早川九郎	농회의 실제적 성격	補訂 朝鮮農業發達史 - 發達篇	友邦協會	1960	497-498	668
392	小早川九郎	조선농회의 판매 알선사업	補訂 朝鮮農業發達史 - 發達篇	友邦協會	1960	629	669
393	小早川九郎	하급 농회의 활동	補訂 朝鮮農業發達史 - 發達篇	友邦協會	1960	629-630	670
394	小早川九郎	농업 소단체	補訂 朝鮮農業發達史 - 發達篇	友邦協會	1960	630	670
395		시언(時言): 농회는 소작농민의 원부(怨府), 산업제일주의가 나은 농회령	개벽 67호		1926.03.01		671
396		6호 통신: 농회의 강제 수단	개벽 70호		1926.06.01		672
397	小早川九郎	조선산업조합령의 목표	補訂 朝鮮農業發達史 - 發達篇	友邦協會	1960	498-500	680
398	小早川九郎	신용사업을 결여한 산업조합	補訂 朝鮮農業發達史 - 發達篇	友邦協會	1960	500-501	681
399		조선산업조합령(제령 제2호, 1926년(大正 15) 1월 25일)	朝鮮農務提要	朝鮮農會,	1936	181-195	682
400		조선산업조합령시행규칙(부령 제4호, 1926년(大正 15) 1월 25일)	朝鮮農務提要	朝鮮農會,	1936	195-199	693

| 참고문헌

– 신문·잡지

《매일신보》《동아일보》《조선일보》《시대일보》《중외일보》《중앙일보》《조선중앙일보》

《개벽》《별건곤》《동광》《삼천리》

《朝鮮》《朝鮮農會報》《殖銀調査月報》《調査彙報》

《情報週間展望》《經濟治安週報》

– 자료

『舊韓國官報』.

『朝鮮總督府官報』.

『大野綠一郎 關係文書』.

강성준 등 역, 2017, 『酒幕談叢 : 1910년대 일제의 비밀사찰기 – 공주를 주막에서 엿듣다』, 국립공주대학교 공주학연구원·공주시.

강정택, 2008, 『식민지 조선의 농촌사회와 농업경제』, YBM si-sa.

久間健一, 1943, 『朝鮮農政の課題』, 成美堂書店.

近藤釼一 編, 1963, 『太平洋戰下の朝鮮(4)』, 友邦協會.

菱本長次, 1938, 『朝鮮米の研究』, 千倉書房.

大韓水利組合聯合會, 1956, 『韓國土地改良事業十年史』.

민족문제연구소, 2017, 『일제식민통치기구사전』.

북악사학회 근현대사분과 편, 1991, 『帝國議會 衆議院議事速記錄 8』, 太山.

小早川九郎 編著, 1959, 『補訂 朝鮮農業發達史 – 政策篇』, 財團法人 友邦協會.

오미일, 1991. 『식민지시대 사회성격과 농업문제』, 풀빛.

이여성·김세용, 1931, 『數字朝鮮研究 1』, 世光社.

朝鮮金融組合聯合會, 1944, 『公定米價の變遷に關する調査』.

朝鮮農會, 1936, 『朝鮮農務提要』.

朝鮮銀行調査部, 1942, 『朝鮮經濟年報』.

朝鮮商工會議所, 1949, 『朝鮮經濟統計要覽』.

朝鮮總督府, 1932, 『土地改良事業の概況』.

朝鮮總督府, 1938,『農業統計表』.
朝鮮總督府農林局, 1933,『朝鮮産米增殖計劃ノ實績』.
朝鮮總督府農林局, 1938,『朝鮮に於ける米穀統制の經過』.
朝鮮總督府農林局, 1939,『朝鮮米穀倉庫要覽』.
朝鮮總督府農林局, 1942,『朝鮮の農業(昭和 17年)』.
朝鮮總督府農林局, 1942,『朝鮮の肥料(昭和 17年)』.
朝鮮總督府農林局, 각년판,『朝鮮米穀要覽』.
朝鮮總督府司政局社會課, 1943,『昭和十四年寒害志』.
朝鮮總督府土地改良部, 각년판,『朝鮮土地改良事業要覽』.

– 저서

김도형, 2009,『일제의 한국 농업정책사연구』, 한국연구원.
김용달, 2003,『일제의 농업정책과 조선농회』, 혜안.
文定昌, 1942,『朝鮮農村團體史』, 日本評論社.
우대형, 2001,『한국근대농업사의 구조』, 한국연구원.
이송순, 2008,『일제하 전시 농업정책과 농촌 경제』, 도서출판 선인.
全國經濟調査機關聯合會朝鮮支部 編, 1940,『朝鮮經濟年報(昭和 15年版)』, 改造社.
허수열, 2005,『개발 없는 개발 – 일제하 조선경제 개발의 현상과 본질』, 은행나무.

– 논문

김경남, 2016,「조선총독부 정무총감 오노 로쿠이치로(大野綠一郎) 컬렉션」,『복현사림』34, 경북사학회.
오미일, 1990,「1930년대 사회주의자들의 사회성격논쟁 : 농업문제를 둘러싼 인정식·박문병의 논쟁을 중심으로」,『역사비평』8, 역사비평사.
우대형, 2006,「일제하 조선에서의 미곡기술정책의 전개」,『한국근현대사연구』38, 한국근현대사학회.
이송순, 2016,「도쿄제국대학 농대와 1910년대 조선총독부 농업고등기술관료 그룹의 형성」,『한국인물사연구』25, 한국인물사연구소.
______, 2018,「1920년대 식민지 조선의 산미증식계획 실행과 농업기술관료」,『사총』94, 고려대학교 역사연구소.
이송순 · 정병욱, 2000,「식민지 자본주의의 형성과 발전」,『한국 자본주의의 역사』, 역사비평사.
이형식, 2015,「패전후 조선통치관계자의 조선통치사 편찬 : 우방협회를 중심으로」,『동양사학연구』131, 동양사학회.
장신·임동근, 2017.「1910년대 매일신보의 쇄신과 보급망 확장」,『동방학지』180, 연세대학교 국학연구원.
전강수, 1993,『식민지 조선의 미곡정책에 관한 연구 : 1930~45년을 중심으로』, 서울대학교 경제학과 박사학위논문.

지수걸, 2017, 「『酒幕談叢』의 사료 가치와 읽기 방법」, 『주막담총 : 1910년대 일제의 비밀사찰기 - 공주를 주막에서 엿듣다』, 국립공주대학교 공주학연구원·공주시.

– 인터넷 자료

국가기록원(www.archives.go.kr)
국사편찬위원회 한국사데이터베이스(db.history.go.kr)
우리역사넷(contents.history.go.kr)
한국역사정보통합시스템(www.koreanhistory.or.kr)
한국민족문화대백과사전(encykorea.aks.ac.kr)

| 찾아보기

ㄱ

ㄴ

ㄷ

ㅁ

동북아역사재단 일제침탈사 자료총서 31
경제편

농업 · 임업정책(1)

일제 식민농정 식량 관련 생산 및 유통 · 공출 정책

초판 1쇄 인쇄 2021년 12월 20일
초판 1쇄 발행 2021년 12월 31일

기획 | 동북아역사재단 일제침탈사 편찬위원회
편역 | 이송순 · 노성룡 · 이대열
펴낸이 | 이영호
펴낸곳 | 동북아역사재단

등록 | 제312-2004-050호(2004년 10월 18일)
주소 | 서울시 서대문구 통일로 81 NH농협생명빌딩
전화 | 02-2012-6065
팩스 | 02-2012-6189
홈페이지 | www.nahf.or.kr
제작 · 인쇄 | (주)동국문화

ISBN 978-89-6187-696-4 94910
978-89-6187-695-7 (세트)